秦漢史

吕思勉全集

4

前　　言

　　《秦漢史》是呂思勉先生的中國斷代史系列著作的第二部，寫於二十世紀三四十年代，一九四七年三月由上海開明書店初版發行。先生對此書曾有這樣的評説：“此書自問，敍西漢人主張改革，直至新莽；及漢武帝之尊崇儒術，爲不改革社會制度而轉入觀念論之開端；儒術之興之真相；秦漢時物價及其時富人及工資之數；選舉、刑法、宗教各章節，均有特色。”①《秦漢史》出版以後，呂先生曾作過仔細的校訂；五十年代初，他整理自己的舊作，將此書中“有獨見”、可成“精湛之作”的地方摘出，寫有《秦漢史》劄録一册，以備以後研究之用。八十年代初，楊寬、呂翼仁先生曾做過一次整理校訂，作爲上海古籍出版社“呂思勉史學論著”之一種，於一九八二年二月影印出版。

　　自二十世紀六十年代以來，《秦漢史》在大陸、港臺有多種翻印、重印本：②如香港太平書局版（一九六二年出版），臺北市開明書店版（未題作者，版權頁印有“編著者本店編輯部，校訂者夏德儀”，一九六九年一月出版）。又收入上海古籍出版社“呂思勉文集”（二〇〇五年十一月出版）、商務印書館“中華現代學術名著”叢書（二〇一〇年十二月出版）等。改書名的有北京長征出版社“領導幹部讀經典”叢書《呂思勉講秦漢帝國》（二〇〇八年十月出版）和江西教育出版社“瞭若指掌”叢書的《大師的國學課九：中國斷代史·秦漢卷》（二〇一三年二月出版）。此外，還有《秦漢史》的文白對照版（束江濤、張德强、張坤譯，瀋陽出版社二〇一三年十二月出版）等。

　　此次將《秦漢史》收入《呂思勉全集》重印出版，我們以開明書店的初版本爲底本，吸取了呂先生和楊寬、呂翼仁先生的校訂成果，將原書的繁體直排、雙行夾註，改爲繁體橫排、單行夾註。除訂正原書的一些錯字、訛誤外，其他

---

①　呂思勉：《三反及思想改造學習總結》，參見《呂思勉全集》之《論學叢稿》下。

②　有關《秦漢史》的再版、翻印的情況，詳見《呂思勉全集》之《呂思勉先生編年事輯》附録二《呂思勉先生著述繫年》的記録。

如習慣用詞、行文遣句、概念術語等，均未改動。《秦漢史》的札録，原是作者爲自己的研究工作所做的摘録，文字非常簡略，只是提示性的輯要，但都標有相應的頁碼，現以頁下注的方式，將札録附在正文下，以便於讀者的閲讀參考。

李永圻　張耕華
二〇一四年七月

目　　録

第一章　總　論

　　自來治史學者，莫不以周、秦之間爲史事之一大界，此特就政治言之耳。若就社會組織言，[①]實當以新、漢之間爲大界。蓋人非役物無以自養，非能羣無以役物。邃古之世，人有協力以對物，而無因物以相爭，此實人性之本然，亦爲治世之大道。然人道之推行，不能不爲外物所格。人之相人偶，本可以至於無窮也，而所處之境限之，則爭奪相殺之禍，有不能免者矣。爭奪相殺之局，不外兩端：一恃强力奪人之所有以自奉，或役人勞作以自養。其羣之組織，既皆取與戰鬥相應；見侵奪之羣，亦不得不以戰鬥應之；率天下而惟戰鬥之務，於是和親康樂之風，渺焉無存；誅求抑壓之事，扇而彌甚；始僅行於羣與羣之間者，繼遂推衍而及於羣之內，而小康之世所謂倫紀者立，而人與人相處之道苦矣。又其一爲財力。人之役物也，利於分工，而其所以能分工，則由其能協力，此自邃古已然。然協力以役物，僅限於部族之內，至兩部族相遇，則非爭奪，亦必以交易之道行之，而交易之道，則各求自利。交易愈盛，則分工益密，相與協力之人愈衆，所耗之力愈少，所生之利愈多，人之欲利，如水就下，故商業之興，沛乎莫之能禦。然部族之中，各有分職，無所謂爲己，亦無所謂爲人，有協力以對物，而無因物以相爭之風，則自此泯矣。蓋商業之興也，使山陬海澨，不知誰何之人，咸能通功易事，分工協力之途愈廣，所生之利愈饒，其利也；而其相交易也，人人以損人利己之道行之，於是損人利己之風，亦徧於山陬海澨，人人之利害若相反，此則其害也。語曰：“作始也簡，將畢也鉅。”至於人自私其所有，而恃其多財，或善自封殖以相陵轢而其禍有不忍言者矣。由前之説，今人所謂封建勢力。由後之説，則今人所謂資本勢力也。封建之暴，尤甚於資本，故人必先求去之。晚周以來，蓋封建勢力日微，而資本勢力方興之會。封建勢力，如死灰之不可復然矣，而或不知其不可然而欲

---

　　①　社會：社會組織當以新漢之間爲大界，民族關係兩漢魏晉間爲一大界（見第一一三頁）。

1

然之；資本勢力，如洪水之不可遽湮也，而或不知其不可湮而欲湮之；此爲晚周至先漢擾攘之由，至新室亡，人咸知其局之不易變，或且以爲不可變，言治者但務去泰去甚，以求苟安，不敢作根本變革之想矣。故曰：以社會組織論，實當以新、漢之間爲大界也。

《漢書·貨殖列傳》曰："昔先王之制，自天子公侯卿大夫士，至於皁隸、抱關擊柝者，其爵禄、奉養、宫室、車服、棺椁、祭祀、死生之制，各有差品，小不得僭大，賤不得踰貴。夫然，故上下序而民志定。於是辯其土地川澤、丘陵、衍沃、原隰之宜，教民樹種、畜養五穀、六畜，及至魚鼈、鳥獸、雚蒲、材幹器械之資，所以養生、送終之具，靡不皆育。育之以時，而用之有節。草木未落，斧斤不入於山林；豺獺未祭，罝網不佈於墟澤；鷹隼未擊，矰弋不施於徯隧。既順時而取物，然猶山不槎蘖，澤不伐夭，蝝魚麛卵，咸有常禁。所以順時宣氣，蕃阜庶物，稸足功用，如此之備也：然後四民因其土宜，各任知力，夙興夜寐，以治其業，相與通功易事，交利而俱贍，非有徵發期會，而遠近咸足。故《易》曰：后以財成輔相天地之宜，以左右民；備物致用，立成器以爲天下利，莫大乎聖人。及周室衰，禮法墮。諸侯刻桷、丹楹，大夫山節、藻梲，八佾舞於庭，雍徹於堂，其流至於士庶人，莫不離制而棄本。稼穡之民少，商旅之民多，穀不足而貨有餘。陵夷至乎桓、文之後，禮誼大壞，上下相冒；國異政家殊俗；耆欲不制，僭差亡極。於是商通難得之貨，工作亡用之器，士設反道之行，以追時好而取世資。僞民背實而要名，姦夫犯害而求利。篡弒取國者爲王公，圉奪成家者爲雄桀。禮誼不足以拘君子，刑戮不足以威小人。富者木土被文錦，犬馬餘肉粟，而貧者裋褐不完，唅菽飲水。其爲編户齊民同列，而以財力相君，雖爲僕虜，猶亡慍色。故未飾變詐爲姦軌者，自足乎一世之間，守道循理者，不免於飢寒之患。其教自上興，繇法度之無限也。"此文最能道出東周以後社會之變遷，及其時之人之見解。蓋其所稱古代之美，一在役物之有其方，一則人與人相處之得其道，此實大同之世所留詒，而非小康之世，世及爲禮之大人所能爲，《先秦史》已言之。然世運既降爲小康，治理之權，既操於所謂大人者之手，人遂誤以此等治法，爲此大人之所爲，撥亂世，反之正，亦惟得位乘時者是望。其實世無不自利之黨類（Class），望王公大人及所謂士君子者，以行大平大同之道，正如與虎謀皮。然治不至於大平大同，則終潛伏擾亂之因；其所謂治者，終不過苟安一時，而其決裂亦終不可免；此孔子所以僅許爲小康也。先秦諸子，亦非不知此義，然如農家、道家等，徒陳高義，而不知所以致之之方。墨家、法家等，則取救一時之弊，而於根本之計，有所不暇及。儒家、陰陽家等，知治化之當分等級，且知其當以漸而升矣，然又不知世無不自利之黨類，即欲進於升平，亦非人民自爲謀不可，而欲使在上者爲之代謀，遂不免與虎謀皮之誚。此其所以陳義雖高，用心雖苦，而卒不得其當也。參看《先秦史》第十五章第五節。秦、漢之世，先秦諸子之言，流風未沫，士蓋無不欲以其所學，移易天下者。新室之所爲，非王巨君等一二人之私見，而其時有志於治平者之公言也。一擊不中，大亂隨之，根本之計，自此乃無人敢言，言之亦莫或見聽矣。此則資本勢力，正當如日方升之時，有非人力之所能爲者在也。

以民族關係論，兩漢、魏、晉之間，亦當畫爲一大界。自漢以前，爲我族征服異族之世，自晉以後，則轉爲異族所征服矣。蓋文明之範圍，恒漸擴而大，而社會之病狀，亦漸漬益深。孟子曰：“仁之勝不仁也，猶水勝火。”以社會組織論，淺演之羣，本較文明之國爲安和，所以不相敵者，則因其役物之力大薄之故。然役物之方，傳播最易。野蠻之羣，與文明之羣遇，恒慕效如恐不及焉。及其文明程度，劣足與所謂文明之族相抗衡，則所用之器，利鈍之別已微，而羣體之中，安和與乖離迥判，而小可以勝大，寡可以敵衆，弱可以爲強矣。自五胡亂華以後，而沙陀突厥，而契丹，而女真，而蒙古，而滿洲，相繼入據中原，以少數治多數，皆是道也。侵掠之力，惟騎寇爲強。春秋以前，我所遇者皆山戎，至戰國始與騎寇遇，《先秦史》亦已言之。戰國之世，我與騎寇爭，尚不甚烈，秦以後則不然矣。秦、漢之世，蓋我恃役物之力之優，以戰勝異族，自晉以後，則因社會之病狀日深，而轉爲異族所征服者也。故曰：以民族關係論，漢、晉之間，亦爲史事一大界也。

第二章 秦代事迹

第一節 始皇治法

秦王政二十六年,民國紀元前二千一百三十二年,而西曆紀元前二百二十一年也。初併天下。令丞相御史曰:"天下大定,今名號不更,無以稱成功,傳後世。其議帝號。"丞相綰、御史大夫劫、廷尉斯等皆曰:"昔者五帝,地方千里。其外侯服、夷服,諸侯或朝或否,天子不能制。今陛下興義兵,誅殘賊,平定天下,海內爲郡縣,法令由一統,自上古以來未嘗有,五帝所不及。臣等謹與博士議曰:古有天皇,有地皇,有泰皇,①泰皇最貴。臣等昧死上尊號:王爲泰皇,命爲制令爲詔,天子自稱曰朕。"王曰:"去泰著皇,採上古帝位號,號曰皇帝。他如議。"制曰:可。追尊莊襄王爲大上皇,制曰:"朕聞大古有號毋謚。中古有號,死而以行爲謚。如此,則子議父,臣議君也,甚無謂,朕弗取焉。自今已來,除謚法,朕爲始皇帝,後世以計數,二世、三世,至千萬世,傳之無窮。"史公謂:"始皇自以爲功過五帝,地廣三王,而羞與之儕。"《秦始皇本紀贊》。案琅邪刻石云:"古之帝者,地不過千里,諸侯各守其封域,或朝或否,相侵暴亂,殘伐不止,猶刻金石,以自爲紀。古之五帝三王,知教不同,法度不明,假威鬼神,以欺遠方。實不稱名,故不久長。其身未殁,諸侯背叛,法令不行。今皇帝併一海內,以爲郡縣,天下和平。昭明宗廟,體道行德,尊號大成。"合羣臣議帝號之言觀之,秦之所以自負者可知,史公之言,誠不繆也。盡廢封建而行郡縣,其事確爲前此所未有,固無怪秦人之以此自負。君爲一羣之長,王爲一區域中所歸往,其稱皆由來已舊,戰國時又有陵駕諸王之上者,則稱爲帝,已見《先秦史》第十章第一節。秦人之稱帝,蓋所以順時俗,又益之以皇,則取更名號耳。皇帝連稱,古之所無,而《書·呂刑》有皇帝清問下民之辭,蓋漢人之

---

① 政體:泰皇人皇之誤?秦所益者戰國來習稱之帝耳。《呂刑》皇帝漢人之辭。

所爲也。漢人傳古書，尚不斤斤於辭句，説雖傳之自古，辭則可以自爲。

　　郡縣之制，由來已久，亦見《先秦史》第十四章第一節，惟皆與封建並行，盡廢封建而行郡縣，實自始皇始耳。二十六年，丞相綰等言："諸侯初破，燕、齊、荆地遠，不爲置王，毋以填之。請立諸子，惟上幸許。"始皇下其議於羣臣。羣臣皆以爲便。廷尉李斯議曰："周文、武所封子弟同姓甚衆，然後屬疏遠，相攻擊如仇讎。諸侯更相誅伐，周天子弗能禁止。今海内賴陛下神靈，一統皆爲郡縣，諸子功臣，以公賦税重賞賜之，甚足，易制，天下無異意，則安寧之術也。置諸侯不便。"始皇曰："天下共苦戰鬥不休，以有侯王，賴宗廟，天下初定，又復立國，是樹兵也。而求其寧息，豈不難哉？廷尉議是。"分天下以爲三十六郡。郡置守、尉、監。秦、漢時之縣，即古之所謂國，爲當時施政之基，郡則有軍備，爲控制守禦而設，亦見《先秦史》第十四章第一節。故決廢封建之後，遂舉分天下以爲郡也。三十四年，淳于越非廢封建，仍爲李斯所駁，且以此招焚書之禍，見下。李斯持廢封建之議，可謂甚堅，而始皇亦可謂能終用其謀矣。

　　是歲，又收天下兵，聚之咸陽。銷以爲鍾鐻，金人十二，重各千石，置廷宮中。此猶今之禁藏軍火。當時民間兵器本少也。參看第十八章第六節。《始皇本紀》但言銷兵，《李斯傳》則云"夷郡縣城，銷其兵刃，示不復用"；賈生言秦"墮名城"，《始皇本紀贊》。《秦楚之際月表》曰"墮壞名城，銷鋒鏑"；《叔孫通傳》：通對二世問曰"天下合爲一家，毁郡縣城，鑠其兵，示天下不復用"；嚴安上書：言秦"壞諸侯之城，銷其兵，鑄以爲鍾虡，示不復用"；《漢書》本傳。則夷城郭實與銷鋒鏑並重。《張耳陳餘傳》：章邯引兵至邯鄲，皆徙其民河内，夷其城郭，則名城亦有未盡毁者，然所毁必不少矣。《宋史·王禹偁傳》：禹偁上書，言"大祖、大宗，削平僭僞。當時議者，乃令江、淮諸郡，毁城隍，收兵甲，徹武備者二十餘年。書生領州，大郡給二十人，小郡減五人，以充常從。號曰長吏，實同旅人；名爲郡城，蕩若平地"。則宋時猶以此爲制馭之方，無怪秦人視此爲長治久安之計矣。三十年碣石門刻曰"皇帝奮威德，併諸侯，初一泰平，墮壞城郭，決通川防，夷去險阻，地勢既定"，則當時並有利交通之意，不徒爲鎮壓計也。後人舉而笑之，亦過矣。

　　銷兵之後，《史記》又稱其一法度衡石丈尺，車同軌，書同文字。此自一統後應有之義，然此等事收效蓋微，世或以爲推行盡利，則誤矣。參看第十九章第二節。

　　又徙天下豪富於咸陽十二萬户，①此所以爲彊幹弱枝計也。《劉敬傳》：

_____

　　①　移民：秦漢移民彊幹弱枝之計（又見第三四四頁）。

敬使匈奴結和親。還言："匈奴河南白羊、樓煩王，去長安近者七百里，輕騎一日一夜，可以至秦中。秦中新破，少民，地肥饒，可益實。夫諸侯初起時，非齊諸田，楚昭、屈、景莫能興。今陛下雖都關中，實少人，北近胡寇；東有六國之族，宗彊；一日有變，陛下亦未得高枕而臥也。臣願陛下徙齊諸田，楚昭、屈、景，燕，趙，韓，魏後及豪桀、名家居關中。無事可以備胡；諸侯有變，亦足率以東伐；此彊本弱末之術也。"上曰："善。"乃使敬徙所言關中十餘萬口。此策全與始皇同。《漢書·地理志》言："秦既滅韓，徙天下不軌之徒於南陽。"蓋豪傑宗彊者，使之去其故居，則其勢力減，而又可以實空虛之處。當宗法盛行時，治理之策，固不得不然也。

　　以上所言始皇之政，皆有大一統之規模，亦不能謂其不切於時務，論者舉而笑之，皆史公所謂耳食者流也。見《六國表》。始皇之誤，則在其任法爲治。《史記》言："始皇推終始五德之傳，以爲周得火德，秦代周，德從所不勝，方今水德之始。改年始，朝賀皆自十月朔。衣服、旄、旌、節、旗皆上黑。數以六爲紀。符、法冠皆六寸，而輿六尺。六尺爲步。乘六馬。更命河曰德水。以爲水德之始，剛毅戾深，事皆決於法，刻削毋仁恩和義，然後合五德之數。於是急法，久之不赦。"案陰陽家之學，實謂治法當隨世變而更，非徒斤斤於服飾械器之末。見《先秦史》第十五章第五節。吕不韋作《春秋》，著十二紀，其學蓋久行於秦。一統之後，考學術以定治法，宜也。然果能深觀世變，則必知法隨時變之義，一統之治，與列國分立不同，正當改絃易轍。始皇即不及此，當時道術之士，豈有不知此義者？博士七十人，必有能言之者矣。而竟生心害政，終致滅亡，則其資刻深而士遂莫敢正言爲之也。善夫賈生之言之也，曰："秦併海内，兼諸侯，南面稱帝，以養四海，天下之士，斐然鄉風。若是者何也？曰：近古之無王者久矣。周室卑微，五霸既殁，令不行於天下。是以諸侯力政，彊侵弱，衆暴寡，兵革不休，士民罷敝。今秦南面而王天下，是上有天子也。[1]既元元之民，冀得安其性命，莫不虛心而仰上。當此之時，守威定功，安危之本，在於此矣。秦王懷貪鄙之心，行自奮之智；不信功臣，不親士民；廢王道，立私權；禁文書而酷刑法，先詐力而後仁義；以暴虐爲天下始。夫併兼者高詐力，安定者貴順權，此言取與守不同術也。秦離戰國而王天下，其道不易，其政不改，是其所以取之守之者異也。孤獨而有之，故其亡可立而待。借使秦王計上世

──────────

　　[1]　政體：賈生言始皇之立是上有天子。二世宜復封建（第七頁），嚴安言壞城銷兵爲善政（第七頁），賈生言子嬰去帝可保關中（第二十七頁），案趙高豈以此説二世？

之事，並殷、周之迹，以制御其政，後雖有淫驕之主，而未有傾危之患也。故三王之建天下，名號顯美，功業長久。今秦二世立，天下莫不引領而觀其政。夫寒者利裋褐，而飢者甘糟糠，天下之嗷嗷，新主之資也，此言勞民之易爲仁也。鄉使二世有庸主之行，而任忠賢。臣主一心，縞素而正先帝之過。裂地分民，以封功臣之後，建國立君，以禮天下。此所以安失職之貴族，當時此等人固亂階也。秦併天下之後，若衆建小侯，而又輔之以漢關內侯之法，一再傳後，天下既安，乃徐圖盡廢之而行郡縣，秦末之亂，或不至若是其易。當時揭竿首起者，雖萌隸之徒，繼之而起者，實多六國豪族，劉敬所謂非齊諸田，楚昭、屈、景莫能興者也。政治不能純論是非，有時利害即是非。蓋是非雖爲究竟義，然所以底於是而去其非者，其途恒不得不迂曲也。廢封建，行郡縣，事最明白無疑，然猶不宜行之大驟如此。此以見天下事之必以漸進，而躁急者之不足以語於治也。虛囹圄而免刑戮。除去收帑汙穢之罪，使各反其鄉里。發倉廩，散財幣，以振孤獨窮困之士。輕賦少事，以佐百姓之急。約法省刑，以持其後。使天下之人，皆得自新，更節修行，各慎其身，塞萬民之望，而以威德與天下。天下集矣，即四海之內，皆讙然各自安樂其處，惟恐有變。雖有狡猾之民，無離上之心，則不軌之臣，無以飾其智，而暴亂之姦止矣。二世不行此術，而重之以無道。壞宗廟，與民更始，作阿房宮。繁刑嚴誅，吏治刻深。賞罰不當，賦斂無度。天下多事，吏弗能紀。百姓困窮，而主弗收恤。然後姦偽並起，而上下相遁。蒙罪者衆，刑戮相望於道，而天下苦之。自君卿以下，至於衆庶，人懷自危之心，親處窮苦之實，咸不安其位，故易動也。是以陳涉不用湯、武之賢，不藉公侯之尊，奮臂於大澤，而天下響應者，其民危也。故先王見始終之變，知存亡之機，是以牧民之道，務在安之而已。天下雖有逆行之臣，必無響應之助矣。故曰：安民可與行義，而危民易與爲非，此之謂也。"《史記·秦始皇本紀》。嚴安亦曰："秦王蠶食天下，併吞戰國，稱號皇帝。一海內之政。壞諸侯之城。銷其兵，鑄以爲鍾虡，示不復用。元元黎民，得免於戰國，逢明天子，人人自以爲更生。鄉使秦緩刑罰，薄賦斂，省繇役；貴仁義，賤權利；上篤厚，下佞巧；變風易俗，化於海內；則世世必安矣。"《漢書》本傳。蓋雖有良法美意，必衆不思亂而後可行，而秦初苟能改絃更張，又確可使衆不思亂，故始皇之因循舊法，實爲召亂速亡之原。漢人之言，率多如此。當時去秦近，其言自有所見，未可以爲老生常談而笑之也。

既以專制爲治，乃欲一天下之心思。三十四年，始皇置酒咸陽宮。[①] 博士七十人前爲壽，僕射周青臣進頌曰："他時秦地不過千里。賴陛下神靈明聖，

---

① 政體：《始皇本紀》贊，始皇自以爲功過五帝，地廣三王，而羞與之伍，案此當時實事，周青臣所言，亦此之謂也。

平定海内，放逐蠻夷。日月所照，莫不賓服。以諸侯爲郡縣。人人自安樂，無戰争之患。傳之萬世。自上古不及陛下威德。"始皇説。博士齊人淳于越進曰："臣聞殷、周之王千餘歲。封子弟功臣，自爲枝輔。今陛下有海内，而子弟爲匹夫。卒有田常六卿之臣，無輔拂，何以相救哉？事不師古，而能長久者，非所聞也。今青臣又面諛以重陛下之過，非忠臣。"始皇下其議。丞相李斯曰："五帝不相復，三代不相襲，各以治，非其相反，時變異也。今陛下創大業，建萬世之功，固非愚儒所知。且越言乃三代之事，何足法也？異時諸侯並争，厚招游學。今天下已定，法令出一，百姓當家則力農工，士則學習法令辟禁。今諸生不師今而學古，以非當世，惑亂黔首。丞相臣斯昧死言：古者天下散亂，莫之能一。是以諸侯並作：語皆道古以害今，飾虚言以亂實；人善其所私學，以非上之所建立。今皇帝併有天下，别黑白而定一。①句。《李斯傳》作"今陛下併黑白而定一尊，而私學乃相與非法教之制"，似以尊字斷句者，乃妄人改竄。尊私學而相與非法教。人聞令下，則各以其學議之。入則心非，出則巷議。夸主以爲名，異取以爲高，率羣下以造謗。如此弗禁，則主勢降乎上，黨與成乎下。禁之便。臣請史官非秦紀皆燒之。非博士官所職，天下有敢藏詩書百家語者，悉詣守尉雜燒之。有敢偶語詩書棄市。以古非今者族。吏見知不舉與同罪。令下三十日不燒，黥爲城旦。所不去者，醫藥、卜筮、種樹之書，若有欲學法令，以吏爲師。"制曰："可。"②《李斯傳》略同。而曰："始皇下其議丞相，丞相謬其説，絀其辭，乃上書曰"云云，蓋駁淳于越是一奏，請焚書又是一奏，本紀以其事相因，遂連叙之，未加分别。若有欲學法令，③《集解》引徐廣曰："一無法令二字。"案《李斯傳》無之。傳云："臣請諸有文學詩書百家語者，蠲除去之。"又云："始皇可其議。收去詩書百家之語，以愚百姓，使天下無以古非今。明法度，定律令，皆以始皇起，同文書。"所謂文學，④蓋指自古相傳之書文辭有異於俗語者言之。文學與當時俗語之異，猶今文言與白話之異。此即漢人之所謂爾雅。漢人尊古，則以古爲正。秦人賤古，則拉雜摧燒之而已。所存法度律令，既皆以始皇起，自不更以古字書之，古語出之，故又言同文書與二十六年之書同文字，事若同而意實異也。法令二字蓋注語，或混入本文，或傳寫奪漏，要不失李斯之意。或謂以吏爲師，吏

———————————

①　史事：别黑白而定一句。
②　史事：駁淳于越請焚書各一奏。
③　史事：若有欲學法令，法令注語。
④　文字：《李斯傳》云："臣請諸有文學詩書百家語者，蠲除去之。"所謂文學蓋即爾雅，故下云同文書。

即博士，秦禁私學而不禁民受學於博士，則又繆矣。阬儒之事，世每與焚書並言，然其事實因方士誹謗始皇而起，所阬者非盡儒生也，見第三節。

第二節　始皇拓土

秦始皇之拓土，事始於其三十二年，是年，始皇之碣石。《漢書·地理志》：右北平驪城縣，大碣石山在西南。漢驪城，今河北樂亭縣。使燕人盧生求羨門、高誓。巡北邊，從上郡入。盧生使入海還，以鬼神事，因奏録圖書曰："亡秦者胡也。"始皇乃使將軍蒙恬發兵三十萬人北擊胡，略取河南地。三十三年，發諸嘗逋亡人、贅壻、賈人略取陸梁地，爲桂林、《集解》：韋昭曰：今鬱林是也。漢鬱林郡，治今廣西貴縣。象郡、《集解》：韋昭曰：今日南。漢日南郡，在今越南中部。南海，《正義》：即廣州南海縣。今廣東南海縣。以適遣戍。西北斥逐匈奴。自榆中《集解》：徐廣曰：在金城。案金城郡，晉初治榆中，今甘肅榆中縣。並河以東，屬之陰山，以爲三十四縣。城河上爲塞。又使蒙恬渡河，取高闕《匈奴列傳集解》：徐廣曰：在朔方。《正義》：《地理志》云：朔方臨戎縣北有連山，險於長城。其山中斷，兩峯俱峻，土俗名爲高闕也。案臨戎，漢縣，後漢爲朔方郡治，故城在今綏遠鄂爾多斯右翼境内。陶山、北假中，《正義》：酈道元注《水經》云：黄河逕河目縣故城西在北假中。案河目，漢縣，屬五原，在今綏遠烏剌特旗界内。築亭障，以逐戎人。徙適實之初縣。三十四年，適治獄吏不直者築長城及南越地。《東越傳》云：閩越王無諸、越東海王摇，皆句踐後。秦已併天下，皆廢爲君長，以其地爲閩中郡。《集解》：徐廣曰：今建安侯官是，今福建閩侯縣。《西南夷列傳》叙莊蹻王滇後，又云：秦時嘗略通五尺道，《正義》引《括地志》云：在郎州。案郎州，後改爲播州，今貴州遵義縣。諸此國頗置吏焉。其事未知在何年，要未嘗甚煩兵力。自三十二年至三十四三年中，則秦之大舉開拓也。南越文化，雖後北方，然據《漢書·地理志》，其户口甚庶，可見其開闢已久，楚既經營於前，秦又竟其全功於後，自爲統一後應有之義。騎寇爲中國患較深，攘而斥之，尤爲當務之急矣。始皇之開拓，蓋因北巡而起，謂因盧生奏録圖書者妄也。《蒙恬傳》云：秦已併天下，乃使蒙恬將三十萬衆，北逐戎狄，收河南，築長城，因地形，用險制塞，起臨洮，《集解》：徐廣曰：屬隴西。今甘肅岷縣。至遼東，延袤萬餘里。於是渡河據陽山，《集解》：徐廣曰：五原西安陽縣北有陰山。陰山在河南，陽山在河北。西安陽，在今綏遠烏剌特旗界内。逶蛇而北，暴師於外十餘年，居上郡。今陝西綏德縣。《匈奴傳》云：始皇帝使蒙恬將十萬之衆北擊胡，悉收河南地。因河爲塞。築四十四縣，城臨河，徙適戍以充之。而通直道，自九原秦九原，漢五原郡，今綏遠五原縣。至雲陽。漢縣，今陝西淳化縣。《始皇本紀》事在三十五年。因邊山險，壍谿谷，可繕者治之。起臨洮，至遼東，萬餘里。又度河據陽山北假中。綜諸文觀之，河南築縣移民，河北則僅遣兵戍守。《主父偃傳》：偃上書諫伐匈奴云：“秦皇帝欲攻匈奴，李斯諫不聽。遂使蒙恬將兵攻胡，辟地千里，以河爲境。地固澤鹹鹵，不生五穀。然後發天下丁男，以守北河。暴兵露師，十有餘年，死者不可勝數，終不能踰河而北。”蓋謂殖民僅及河南。此乃開拓需時，初非秦之威力遂限於此。漢時北假有田官，使假以時日，秦亦未嘗不能踰河而北也。當時皆以謫戍，而偃謂發天下丁男；自始皇三十二年，至秦之亡僅九年，而偃云暴師於外十餘年；皆失實。偃又言秦“使天下蜚芻輓粟，起於東腄、見第三節。琅邪。秦郡，漢因之，治東武，今山東諸城縣。負海之郡，轉輸北河，率三十鍾而致一石”。伍被亦言秦轉海濱之粟，致於西河。及後議立朔方，則又云：“朔方地肥饒，外阻河，蒙恬城之，以逐匈奴。內省轉輸戍漕，廣中國，滅胡之本也。”其言正相反，知漢人輕事重言，述古事多不審諦，未可概據爲信史也。傳又載公孫弘之言，謂秦時嘗發三十萬衆築北河，終不可就，已而棄之。據《匈奴傳》，則秦末，天下亂，諸所徙適戍邊者皆去，匈奴乃復度河南，非秦棄之；未亂時築縣至數十，亭障且及河北，不能謂其功之不就；亦不審之談也。《匈奴傳》言秦有隴西、治狄道，今甘肅臨洮縣。北地、治義渠，今甘肅寧縣。上郡，築長城以拒胡。趙築長城，自代漢代郡，治桑乾，今察哈爾蔚縣。並陰山至高闕爲塞。燕亦築長城，自造陽《集解》：韋昭曰：在上谷。至襄平，今遼寧遼陽縣。置上谷、漢治沮陽，今察哈爾懷來縣。漁陽、治漁陽，今河北密雲縣。右北平、治平剛，今熱河平泉縣。遼西、治且慮，今河北盧龍縣。遼東郡治襄平。以拒胡。《史記·夏本紀索隱》引《大康地志》云：樂浪遂城縣有碣石山，長城所起，地在今朝鮮境內。則始皇所修者，全係六國時遺迹，惟河南一帶爲新拓之地。《始皇本紀》二十六年述秦地云：“東至海，暨朝鮮；西至臨洮羌中；南至北鄉戶；北據河爲塞，並陰山，至遼東。”所述蓋即此時事，非初併天下時已然也。淮南王安諫伐閩越云：“臣聞長老言：秦之時，嘗使尉屠睢擊越。又使監禄鑿渠通道。越人逃入深山林叢，不可得攻。留軍屯守空地，曠日持久，士卒勞倦，越乃出擊之，秦兵大破。乃發適戍以備之。”見《漢書·嚴助傳》。《嚴安傳》載安上書之言略同，而云使尉佗將卒以戍越，則大繆矣。可見漢人述古事，多不審諦。案《張耳陳餘傳》，耳、餘説趙地豪桀云：“秦北有長城之役，南有五嶺之戍。”《集解》引《漢書音義》，謂五嶺在交阯界中。漢交阯郡，今越南東京。《漢書注》引服虔，亦謂交阯合浦界有此嶺。漢合浦郡，治徐聞，今廣東海康縣，後漢治合浦，今廣東合浦縣。其地當在今廣東、越南界上。師古引裴氏《廣州記》、鄧德明《南康記》以駁之，二説皆謂在今粵、湘、贛界上，則繆矣。《漢書·高帝紀》：十一年，立趙它爲南粵王。詔曰：“粵人之俗，好相攻擊。前時秦徙中縣之民南方三郡，使與百粵雜處。

會天下誅秦，南海尉它居南方長治之，甚有文理。中縣人以故不耗減。粵人相攻擊之俗益止。"則屠睢之敗，僅一小挫，於大體實無傷，知凡過秦者皆不免失之大甚也。然秦開拓雖云成功，而其勞民亦特甚。伍被言"秦收泰半之賦，發閭左之戍"，《漢書》本傳。《漢書·食貨志》亦云志載董仲舒之言，謂秦民"月爲更卒，已復爲正，一歲屯戍，一歲力役，三十倍於古"，此所謂收泰半之賦。鼂錯言秦時"北攻胡貉，築塞河上，南攻揚粵，置戍卒焉。夫胡貉之地，積陰之處也。木皮三寸，冰厚六尺，食肉而飮酪。其人密理，鳥獸毳毛，其性能寒。揚粵之地，少陰多陽。其人疏理，鳥獸希毛，其性能暑。秦之戍卒，不能其水土，戍者死於邊，輸者償於道。秦民見行，如往棄市。因以謫發之，名曰謫戍。先發吏有謫及贅壻、賈人，後以嘗有市籍者，又後以大父母、父母嘗有市籍者，後入閭取其左。發之不順，行者深怨，有背畔之心。凡民守戰至死而不降北者，以計爲之也。故戰勝守固，則有拜爵之賞；攻城屠邑，則得其財鹵，以富家室。故能使其衆蒙矢石，赴湯火，視死如生。今秦之發卒也，有萬死之害，而亡銖兩之報；死事之後，不得一算之復。天下明知禍烈及己也，陳勝行戍，至於大澤，爲天下先倡，天下從之如流水者，秦以威劫而行之之敝也"。《漢書》本傳。蓋遣行至於閭左，而其酷甚矣。開邊拓土，固立國之宏規，然亦宜內度其力，行之大驟，未有不反招他禍者，《易》所謂亢龍之悔也。

第三節　秦　之　失　政

秦人致敗之由，在嚴酷，尤在其淫侈。用法刻深，拓土不量民力，皆可諉爲施政之誤，淫侈則不可恕矣。《始皇本紀》：二十六年，諸廟及章臺、上林，皆在渭南。秦每破諸侯，寫放其宮室，作之咸陽北阪上，臨渭。自雍門《正義》：今岐州雍縣東。雍，今陝西鳳翔縣。以東至涇、渭，殿屋、複道、周閣相屬，所得諸侯美人、鐘鼓，以充入之。二十七年，始皇巡隴西、北地，出雞頭山，《正義》：《括地志》云：雞頭山，在成州上禄縣東北二十里。原州高平縣西百里，亦有笄頭山。案上禄，今甘肅成縣。高平，今甘肅固原縣。過回中焉。《集解》：應劭曰：回中在安定高平。孟康曰：回中在北地。《正義》：《括地志》云：回中宮，在雍州西四十里。唐雍州，今陝西長安縣。作信宮渭南，已更命信宮爲極廟，象天極。自極廟道通酈山。作甘泉前殿。築甬道，自咸陽屬之。是歲，賜爵一級，治馳道。二十八年，始皇東行郡縣。上鄒嶧山，《集解》：韋昭曰：鄒，魯縣，山在其北。案鄒，今山東鄒縣。立石，與魯諸儒生議刻石頌秦德。議封禪望祭山川之事。乃遂上泰山，立石，封，祠祀。下，風雨暴至，休於樹下，因封其樹爲五大夫。禪梁父。刻所立石。於是乃並勃海以東，過黃、腄，《集解》：案《地理志》：東萊有黃縣、腄縣。《正義》：《十三州志》云：牟平縣，古腄縣也。案黃、牟平，皆山東今縣。窮成山，登之罘，立石頌秦德焉而去。南登琅邪，大樂之，留三月。乃徙黔首三萬戶琅邪臺下，復十二歲。作琅邪臺，立石刻頌秦德，明得意。既已，齊人徐市等上書，言海中有三神山，名曰蓬萊、方丈、瀛洲，僊人居之，請得齋戒，與童男女求之。於是遣徐市發童男女數千人入海求僊人。始皇還過彭城，齋戒禱祠，欲出周鼎泗水。使千人没水求之，弗得。乃西南渡淮之衡山。此當係今之霍山，以湖南衡山當之者非。浮江之湘山祠。逢大風，幾不得渡。上問博士曰："湘君何神？"對曰："聞之：堯女，舜之妻，而葬此。"於是始皇大怒，使刑徒三千人皆伐湘山樹，赭其山。上自南郡由武關歸。二十九年，始皇東游。至陽武博浪沙中，陽武，今河南縣。爲盜所驚。求弗得。乃令天下大索十日。參看第三章第二節。登之罘，刻石。旋，遂之琅邪。道上黨入。三十一年，始皇始爲微行咸陽，與武士四人俱。夜出，逢盜蘭池，見窘，武士擊殺盜。關中大索二十日。三十二年，始皇之碣石，使燕人盧生求羨門、高誓。刻碣石門，因使韓終、侯公、石生求僊人不死之藥。始皇巡北邊，從上郡入。三十五年，除道。道九原抵雲陽。塹山堙谷，直通之。見上節。《蒙恬傳》：乃使蒙恬通道，自九原抵甘泉，塹山堙谷千八百里。於是始皇以爲咸陽人多，先王之宮廷小。吾聞周文王都豐，武王都鎬，豐、鎬之間，帝王之都也。乃營作朝宮渭南上林苑中。先作前殿阿房，東西五百步，南北五十丈。上可以坐萬人，下可以建五丈旗。周馳爲閣道，自殿下直抵南山。表南山之顛以爲闕。爲復道，自阿房渡渭，屬之咸陽，以象天極閣道，絶漢抵營室也。阿房宮未成，成欲更擇令名名之，作宮阿房，故天下謂之阿房宮。或作酈山，發北山石椁。乃寫蜀、荆地材皆至關中計宮三百關外四百餘。於是立石東海上朐界中，以爲秦東門。秦朐縣，今江蘇東海縣。因徙三萬家酈邑，五萬家雲陽，皆復不事十歲。盧生説始皇曰："臣等求芝、奇藥、仙者，常弗遇，類物有害之者。方中，人主時爲微行，以辟惡鬼。惡鬼辟，真人至。人主所居，而人臣知之，則害於神。真人者，入水不濡，入火不蓺，陵雲氣，與天地久長。今上治天下，未能恬淡。願上所居宮毋令人知，然後不死之藥殆可得也。"於是始皇曰："吾慕真人。"自謂真人，不稱朕。乃令咸陽之旁二百里内宮觀二百七十，復道、甬道相連，帷帳、鐘鼓、美人充之，各案署不移徙。行所幸，有言其處者罪死。始皇帝幸梁山宮。《集解》：徐廣曰：在好畤。今陝西乾縣。從山上見丞相車騎衆，弗善也。中人或告丞相，丞相後損車騎。始皇怒曰："此中人泄吾語。"案問，莫服。當是時，詔捕諸時在旁者皆殺之。自是莫知行之所在。聽事，羣臣受決事,悉於咸陽宮。案觀此,知二世之常居禁中,公卿希得朝見,非必由於趙高之蒙蔽也。侯生、盧生相與謀曰:"始皇爲人,天性剛戾,自用。起諸侯,併天下,意得欲從,以爲自古莫及己。專任獄吏。獄吏得親幸,博士雖七十人,①特備員,弗用。丞相諸大臣皆受成,事倚辦於上。上樂以刑殺爲威。天下畏罪持禄,莫敢盡忠。上不聞過而日驕,下懾服,謾欺以取容。秦法不得兼方,不驗輒死。然候星氣三百人,皆良士,畏忌諱諛,不敢端言其過。天下之事,無大小,皆決於上,上至以衡石量書,日夜有呈,不中呈,不得休息。貪於權勢至如此,未可爲求僊藥。"於是乃亡去。始皇聞亡,乃大怒曰:"吾前收天下書不中用者盡去之。悉召文學方術士甚衆。欲以興大平。方士欲練以求奇藥。今聞韓衆去不報,徐市等費以鉅萬計,終不得藥,徒姦利相告日聞。盧生等吾尊賜之甚厚,今乃誹謗我,以重吾不德也。諸生在咸陽者,吾使人廉問,或爲訞言,以亂黔首。"於是使御史悉案問諸生。諸生傳相告引,乃自除犯禁者四百六十餘人,皆阬之咸陽使天下知之以懲後。益發謫徙邊。始皇長子扶蘇諫曰:"天下初定,遠方黔首未集。諸生皆誦法孔子,今上皆重法繩之,臣恐天下不安。唯上察之。"始皇怒,使扶蘇北監蒙恬於上郡。案阬儒之事,既因方士誹謗而起,則所誅者未必盡儒生,當時治百家之學者,皆可爲博士,如《漢書·藝文志》,名家有《黄公》四篇,《注》云:"名疵,爲秦博士"是,所謂諸生,亦不必誦法孔子。扶蘇諫辭,蓋後人所附會,非當時語實如是也。三十六年,有墜星下東郡,今河北濮陽縣。黔首或刻其石曰:"始皇帝死而地分。"始皇聞之,使御史逐問。莫服。盡取石旁居人誅之。因燔銷其石。三十七年,十月,始皇出遊。左丞相斯從,右丞相去疾守。少子胡亥愛慕請從,上許之。十一月,行至雲夢。望祀虞舜於九疑山。此九疑山尚非如漢人説,在今湖南寧遠縣,説見《先秦史》第七章第四節。浮江下,觀籍柯,渡海渚,《正義》引《括地志》云:在舒州,疑海字誤。案唐舒州治懷寧,在今安徽潛山縣境。過丹陽,今安徽當塗縣。至錢唐。今浙江杭縣。臨浙江,水波惡,乃西百二十里從狹中渡。《集解》:徐廣曰:蓋在餘杭也。案餘杭,今爲浙江縣。上會稽,祭大禹。望於南海,而立石刻頌秦德。還過吳,從江乘渡。江乘,秦縣,今江蘇句容縣。並海,北至琅邪。方士徐市等入海求神藥,數歲不得,費多,恐譴,乃詐曰:"蓬萊藥可得,然常爲大鮫魚所苦,故不得至。願請善射與俱,見則以連弩射之。"始皇夢與海神戰,如人狀。問占夢博士,曰:"水神不可見,以大魚蛟龍爲候。今上禱祠備謹,而有此惡神,當除去,而善神可致。"乃令入海者齎捕鉅魚具,而自以連

---

① 學術:博士七十人不必盡儒生。占夢博士(第十三頁)。

弩候大魚出射之。自琅邪北至榮成山，弗見。至之罘，見鉅魚，射殺一魚。遂並海西。至平原津而病。《正義》：今德州平原縣南六十里，有張公故城，城東有水津焉，後名張公渡，恐此平原郡古津也。案唐平原，今爲縣，屬山東。七月，丙寅，始皇崩於沙丘平臺。《集解》：徐廣曰：年五十。趙有沙丘宮，在鉅鹿。案鉅鹿，秦郡，今河北平鄉縣。於是廢立之事作，而諸侯之兵，亦旋起矣。大史公曰："吾適北邊，自直道歸行觀蒙恬所爲秦築長城亭障，塹山堙谷，通直道，固輕百姓力矣。"《蒙恬列傳》。賈山言："秦起咸陽而西至雍，離宮三百，鐘鼓帷帳，不移而具。又爲阿房之殿。殿高數十仞。東西五里，南北千步。從車羅騎，四馬鶩馳，旌旗不橈。爲馳道於天下，東窮燕、齊，南極吳、楚，江湖之上，瀕海之觀畢至。道廣五十步，三丈而樹，厚築其外，隱以金椎，樹以青松。死葬乎驪山，吏徒數十萬人，曠日十年。下徹三泉，合採金石治。銅錮其內，桼塗其外。被以珠玉，飾以翡翠。中成觀游，上成山林。"《漢書》本傳。劉向言："秦始皇帝葬於驪山之阿。下錮三泉，上崇山墳。其高五十餘丈，周回五里有餘。石椁爲游館，人膏爲燈燭，水銀爲江海，黃金爲鳧雁。珍寶之臧，機械之變，棺椁之麗，宮館之盛，不可勝原。又多殺宮人，生薶工匠，計以萬數。"《漢書·楚元王傳》。蓋其爲宮室、葬埋之侈如此。當時天下初定，始皇之巡行，初亦或有鎮厭之意，然後亦爲遊觀之樂所奪矣。奇藥何與於治，而與致大平並言？尊方士侔於道術之士，謂非自私得乎？語曰："作法於涼，其弊猶貪，作法於貪，弊將若之何？"身死而地分，亦不得盡咎後人之不克負荷矣。

第四節　二　世　之　立

《秦始皇本紀》曰：始皇病益甚，乃爲璽書賜公子扶蘇曰："與喪會咸陽而葬。"《李斯列傳》上多以兵屬蒙恬五字。書已封，在中車府令趙高行符璽事所，未授使者。始皇崩，丞相斯爲上崩在外，恐諸公子及天下有變，乃祕之。棺載輼涼車中，故幸宦者參乘，所至上食，百官奏事如故。宦者輒從輼涼車中可其奏事。獨子胡亥、趙高及所幸宦者五六人知上死。趙高故嘗教胡亥書及獄律令法事，胡亥私幸之。高乃與公子胡亥、丞相斯陰謀，破去始皇所封書賜公子扶蘇者。而更詐爲丞相斯受始皇遺詔沙丘，立子胡亥爲大子。更爲書賜公子扶蘇、蒙恬，數以罪，俱賜死。語俱在《李斯傳》中。行，遂從井陘抵九原。會暑，上輼車臭，乃詔從官，令車載一石鮑魚，以亂其臭。行從直道至咸陽，發喪，大子胡亥襲位，爲二世皇帝。《李斯傳》載高說斯，斯曰："安得亡國之言？此非人臣所當議也。"高曰："君侯自料：能孰與蒙恬？功高孰與蒙恬？謀遠不失，孰與蒙恬？無怨於天下，孰與蒙恬？長子舊而信之，孰與蒙恬？"斯曰："此五者皆不及蒙恬，而君責之何深也？"高曰："高固內官之廝役也。幸得以刀筆之文，進入秦宮，管事二十餘年，未嘗見秦罷免丞相、功臣，有封及二世者也，卒皆以誅亡。皇帝二十餘子，皆君之所知。長子剛毅而武勇，信人而奮士。即位，必用蒙恬爲丞相，君侯終不懷通侯之印，歸於鄉里明矣。"斯乃仰天而歎，垂淚大息曰："嗟乎！獨遭亂世，既以不能死，安託命哉？"於是斯乃聽高。乃相與謀，詐爲受始皇詔丞相，立子胡亥爲大子。更爲書，賜長子扶蘇，賜劍以自裁。將軍恬賜死。以兵屬裨將王離。封其書以皇帝璽。遣胡亥客奉書賜扶蘇於上郡。使者至，發書。扶蘇泣。入內舍，欲自殺。蒙恬止扶蘇曰："陛下居外，未立大子，使臣將三十萬衆守邊，公子爲監，此天下重任也。今一使者來，即自殺，安知其非詐？請復請。復請而後死，未暮也。"使者數促之。扶蘇爲人仁，謂蒙恬曰："父而賜子死，尚安復請？"即自殺。蒙恬不肯死。使者即以屬吏，繫於陽周。《集解》：徐廣曰：屬上郡。案今陝西安定縣。使者還報。胡亥、斯、高大喜。至咸陽，發喪，大子立，爲二世皇帝。《蒙恬傳》曰：恬弟毅。始皇甚尊寵蒙氏，信任賢之。而親近蒙毅，位至上卿。出則參乘，入則御前。恬任外事，而毅常爲內謀，名爲忠信，故雖諸將相，莫敢與之爭焉。趙高者，諸趙疏遠屬也。趙高昆弟數人，皆生隱宮。其母被刑僇。世世卑賤。秦王聞高彊力，通於獄法，舉以爲中車府令。高即私事公子胡亥，喻之決獄。高有大罪，秦王令蒙毅法治之。毅不敢阿法，當高罪死，除其官籍。帝以高之敦於事也，赦之，復其官爵。始皇道病，使蒙毅還禱山川。未反，始皇至沙丘崩，祕之，羣臣莫知。高雅得幸於胡亥，欲立之，又怨蒙毅法治之而不爲己也，因有賊心。乃與丞相李斯、少子胡亥陰謀，立胡亥爲大子。大子已立，遣使者以罪賜公子扶蘇、蒙恬死。扶蘇已死，蒙恬疑而復請之。使者以蒙恬屬吏。還報，胡亥已聞扶蘇死，即欲釋蒙恬。趙高恐蒙氏復貴而用事怨之，毅還至，趙高因爲胡亥忠計，欲以滅蒙氏，乃言曰："臣聞先帝欲舉賢立大子久矣，而毅諫曰：不可。以臣愚意，不若誅之。"胡亥聽，而繫蒙毅於代。喪至咸陽，已葬，大子立，爲二世皇帝，而趙高親近，日夜毀惡蒙氏，求其罪過，舉劾之。子嬰進諫，胡亥不聽，而遣御史曲宮乘傳之代。令蒙毅曰："先王欲立大子，而卿難之。今丞相以卿爲不忠，罪及其宗。朕不忍，乃賜卿死，亦甚幸矣，卿其圖之。"毅對曰："以臣不能得先王之意，則臣少宦，順幸沒世，可謂知意矣。以臣不知大子之能，則大子獨從，周旋天下，去諸公子絕遠，臣無所疑矣。夫先王之舉用大子，數年之積也，臣乃何言之敢諫？何慮之敢謀？願大夫爲慮焉，使臣得死情實。"使者知胡亥之意，不聽蒙毅之言，遂殺之。二世又遣使者之陽周，令蒙恬曰："君之過多矣，而君弟毅有大罪，法及内史。"恬曰："自吾先人及至子孫，積功信於秦三世矣。恬大父蒙驁，驁子武，武子恬。今臣將兵三十餘萬，身雖囚繫，其勢足以倍畔，自知必死而守義者，不敢辱先人之教，以不忘先王也。"乃吞藥自殺。案古大子皆不將兵。使將兵，即爲有意廢立，晉獻公之於申生是也。扶蘇之不立，蓋決於監軍上郡之時。二十餘子，而胡亥獨幸從，則蒙毅謂先王之舉用大子，乃數年之積，其説不誣。始皇在位，不爲不久，而迄未建儲，蓋正因欲立少子之故。扶蘇與蒙氏，非有深交，而李斯爲秦相，積功勞日久，安知扶蘇立必廢斯而任蒙恬？斯能豫燭蒙恬用，己必不懷通侯印歸鄉里，豈不能逆料趙高用而己將被禍乎？故知史所傳李斯、趙高廢立之事，必非其實也。

　　始皇崩之歲九月，葬始皇酈山。始皇初即位，穿治酈山。及併天下，天下徒送詣七十餘萬人。穿三泉，下銅而致椁。宮觀百官，奇器珍怪徒藏滿之。令匠作機弩矢，有穿近者，輒射之。以水銀爲百川江河大海，機相灌輸，上具天文，下具地理。以人魚膏爲燭，度不滅者久之。二世曰："先帝後宮非有子者，出焉不宜。皆令從死。"死者甚衆。葬既已下，或言工匠爲機藏，皆知之，藏重即泄。大事畢，已藏，閉中羨，下外羨，門盡閉，工匠藏者無復出者。樹草木以象山。二世皇帝元年，年二十一。趙高爲郎中令，任用事。二世與趙高謀曰："朕年少，初即位，黔首未集附。先帝巡行郡縣以示彊，威服海内。今晏然不巡行，即見弱，無以臣畜天下。"春，二世東行郡縣。李斯從。到碣石，並海南。至會稽，而盡刻始皇所立刻石，石旁著大臣從者名，以章先帝成功盛德焉。遂至遼東而還。於是二世乃遵用趙高，申法令。乃陰與趙高謀曰："大臣不服，官吏尚彊，及諸公子必與我争，爲之奈何？"高勸以因此時，案郡縣守尉有罪者誅之。收舉餘民，賤者貴之，貧者富之，遠者近之。二世曰："善。"乃行誅大臣及諸公子。以罪過連逮少近官。三郎無得立者。而六公子戮死於杜。今陝西長安縣南。公子將閭昆弟三人，囚於内宮，議其罪獨後。二世使使令將閭曰："公子不臣，罪當死，吏致法焉。"皆流涕拔劍自殺。將閭兄弟三人，蓋公子中之貴者。宗室振恐。羣臣諫者以爲誹謗，大吏持禄取容，黔首振恐。四月，二世還至咸陽。曰："先帝爲咸陽朝廷小，故營阿房宮，未就，會上崩，罷其作者，復土酈山。酈山事大畢，今釋阿房宮弗就，則是章先帝舉事過也。"復作阿房宮，外撫四夷，如始皇計。盡徵其材士五萬以爲屯衛咸陽令教射。狗馬禽獸當食者多，度不足，下調。郡縣轉輸菽粟芻藳，皆令自齎糧食。咸陽三百里内，不得食其穀。用法益刻深。以上據《秦始皇本紀》。《李斯列傳》云：以趙高爲郎中令，常侍中，用事。二世燕居，乃召高與謀事，謂曰："夫人生居世間也，譬猶騁六驥過決隙也。吾既已臨天下矣，欲悉耳目之所好，窮心志之所樂，以安宗廟而極萬姓，長有天下，終吾年壽，其道可乎？"高曰："此賢主之所能行也，而昏亂主之所禁也。臣請言之，不敢避斧鉞之誅，願陛下少留意焉。夫沙丘之謀，諸公子及大臣皆疑焉，而諸公子盡帝兄，大臣又先帝之所置也；今陛下初立，此其屬意怏怏，皆不服，恐爲變。且蒙恬已死，蒙毅將兵居外。臣戰戰栗栗，惟恐不終，且陛下安得爲此樂乎？"二世曰："爲之奈何？"趙高曰："嚴法而刻刑。令有罪者相坐誅，至收族。滅大臣而遠骨肉。貧者富之，賤者貴之。盡除去先帝之故臣，更置陛下之所親信者近之，此則陰德歸陛下，害除而姦謀塞，羣臣莫不被潤澤，蒙厚德，陛下則高枕肆志寵樂矣。計莫出於此。"二世然高之言，乃更爲法律。於是羣臣、諸公子有罪，輒下高令鞫治之。殺大臣蒙毅等。公子十二人僇死咸陽市，十公主矺死於杜。財物入於縣官。相連坐者不可勝數。公子高欲奔，恐收族，乃上書請從死。胡亥可其書，賜錢十萬以葬。法令誅罰，日益刻深。羣臣人人自危，欲畔者衆。又作阿房之宮，治直馳道，賦斂愈重，戍徭無已。案二世趙高之所爲，一言蔽之曰：一切因循始皇，而又加以殺戮大臣、諸公子而已。內不安者，必謹守不敢出，而二世即位未幾，即東行郡縣，知其憂大臣公子之叛，不如其憂黔首不集之深。亦可見謂蒙恬將三十萬衆，勢足背叛者之誣也。三十萬衆，疑亦虛號，非實數。秦、漢時防邊者，兵數從未聞如此其多也。漢時，簡策之用尚少，行事率由口耳相傳，易致譌繆；漢人又多輕事重言，率意改易；故其所傳多不足信，秦與漢初事尤甚。且如《李斯列傳》：二世問趙高責李斯，及斯上書，皆以行督責恣睢廣意爲言。此乃法家之論之流失。世有立功而必師古者矣，有圖行樂而必依據師說者乎？故知《李斯列傳》所載趙高之謀，二世之詔，李斯之書，皆非當時實錄也。而趙高說李斯立二世之說視此矣。此說或將爲人所駭，然深知古書義例者，必不以爲河、漢也。

第三章 秦漢興亡

第一節 陳涉首事

秦二世元年，七月，陳勝吳廣起蘄。今安徽宿縣。勝，陽城人，今河南登封縣。字涉。廣，陽夏人，今河南太康縣。字叔。時發閭左戍漁陽，九百人，屯大澤鄉。徐廣曰：在蘄縣。勝、廣皆爲屯長。會天大雨，道不通，度已失期。失期法皆斬。勝、廣乃謀曰："今亡亦死，舉大計亦死，等死，死國可乎？"勝曰："天下苦秦久矣！吾聞二世少子也，不當立，當立者乃公子扶蘇。扶蘇以數諫故，上使外將兵。今或聞無罪，二世殺之。百姓多聞其賢，未知其死也。項燕爲楚將，數有功，愛士卒，楚人憐之，或以爲死，或以爲亡。今誠以吾衆詐自稱公子扶蘇、項燕，爲天下唱，宜多應者。"吳廣以爲然。殺兩尉，召令徒屬。徒屬皆曰："敬受命。"乃詐稱公子扶蘇、項燕。袒右，稱大楚。勝自立爲將軍，廣爲都尉。攻大澤鄉收而攻蘄，蘄下。乃令符離人葛嬰將兵徇蘄以東。符離，今安徽宿縣。葛嬰至東城，立襄彊爲楚王。後聞陳王已立，殺襄彊還報，陳王誅殺葛嬰。東城，今安徽定遠縣。行收兵，北至陳，車六七百乘，騎千餘，卒數萬人。入據陳。召三老、豪桀皆來會計事。三老、豪桀皆曰："將軍身被堅執銳，伐無道，誅暴秦，復立楚之社稷，功宜爲王。"涉乃立爲王，號張楚。當此時，諸郡縣苦秦吏者，皆刑其長吏，殺之，以應陳涉。乃以吳叔爲假王，監諸將，以西擊滎陽。今河南滎澤縣。令陳人武臣、張耳、陳餘徇趙，汝陰人鄧宗徇九江郡，汝陰，今安徽阜陽縣。九江郡，治壽春，今安徽壽縣。魏人周市北徇魏地。李由爲三川守，守滎陽，吳叔弗能下。陳王徵國之豪桀與計，以上蔡人房君蔡賜爲上柱國。上蔡，今河南上蔡縣。房君，房邑君。周文，陳之賢人也。嘗爲項燕軍視日，事春申君。自言習兵。陳王與之將軍印，西擊秦。行收兵，至關，車千乘，卒數十萬。至戲，軍焉。戲，顏師古曰：水名，在新豐東。新豐，今陝西臨潼縣。二世大驚，與羣臣謀。少府章邯曰："盜已至，衆彊。今發近縣，不及矣。酈山徒多，請赦之，授兵以擊之。"

二世乃大赦天下，免酈山徒，人奴産子悉發，令章邯將以擊楚大軍，盡敗之。周文敗，走出關，止曹陽。師古曰：曹水之陽也。其水出陝縣西南。西北流入河，今謂之好陽澗。在陝縣西。唐陝縣，即今河南陝縣。二三月，章邯追敗之。復走，次澠池，今河南澠池縣。十餘日，章邯擊，大破之。周文自剄，軍遂不戰。二世益遣長史司馬欣、董翳佐章邯擊盜。張耳，大梁人。今河南開封縣。少時及魏公子無忌爲客。後取外黃富人女，外黃，今河南杞縣。女家厚奉給耳。耳以故致千里客，宦魏，爲外黃令。陳餘，亦大梁人。好儒術。數游趙苦陘，今河北無極縣。富人公乘氏以其女妻之。餘年少，父事耳，相與爲刎頸交。秦滅魏數歲，聞此兩人，魏之名士也，購求耳千金，餘五百金。耳、餘乃變名姓，俱之陳，爲里監門。陳涉入陳，耳、餘上謁。餘説陳王，請奇兵北略趙地。陳王以故所善陳人武臣爲將軍，邵騷爲護軍，耳、餘爲左右校尉，予卒三千人，北略趙地。行收兵，得數萬人。號武臣爲武信君至邯鄲，今河北邯鄲縣。耳、餘聞周章軍至戲卻又聞諸將爲陳王徇地，多以讒毀得罪誅；怨陳王不以爲將，而以爲校尉；乃説武臣，立爲趙王。餘爲大將軍，耳爲右丞相，邵騷爲左丞相。陳王怒，欲族武臣等家，而發兵擊趙。房君諫。陳王用其計，徙繫武臣等家宮中，封耳子敖爲成都君，使使者賀趙，令趣發兵西入關。耳、餘説武臣曰：“王王趙非楚意，願王毋西兵，北徇燕、代，南收河内以自廣。”趙王以爲然，因不西兵，而使韓廣略燕，李良略常山，今河北正定縣。張黶略上黨。今山西長子縣。韓廣至燕，燕人因立廣爲燕王。李良已定常山，還報，趙王復使良略大原。今山西大原縣。至石邑，今河北獲鹿縣。秦兵塞井陘，井陘、獲鹿兩縣間之隘道。未能前。秦將詐稱二世使人遺李良書曰：“良誠能反趙爲秦，赦良罪，貴良。”良得書，疑不信，乃還之邯鄲請益兵。道逢趙王姊，以爲王，伏謁。王姊醉，不知其將，使騎謝良，良怒，遣人追殺王姊。因將其兵襲邯鄲。邯鄲不知，竟殺武臣。邵騷、耳、餘得脱，出收其兵，得數萬人，求得趙歇，立爲趙王，居信都。後項羽改曰襄國，今河北邢臺縣。李良擊陳餘，餘敗良，良走歸章邯。周市北至狄。狄人田儋，故齊王田氏族也。儋從弟榮，榮弟橫，皆豪桀宗彊，能得人。儋殺令，自立爲齊王。發兵擊周市。市軍散。還至魏地，欲立魏後故甯陵君咎爲魏王。時咎在陳王所，不得之魏。魏地已定，欲相與立市爲魏王。市不肯。使者五反，陳王乃立咎爲魏王，遣之國。周市爲相。將軍田臧等相與謀曰：“周章軍已破矣，秦兵旦暮至。我圍滎陽城弗能下，秦軍至，必大敗。不如少遺兵，足以守滎陽，悉精兵迎秦軍。今假王驕，不知兵權，不可與計，非誅之，事恐敗。”因相與矯王令以誅吳叔，獻其首於陳王。陳王賜田臧楚令尹印，使爲上將。

臧使諸將李歸等守滎陽，自以精兵西迎秦軍於敖倉。在今河南河陰縣。與戰，臧死，軍破。邯進擊歸等滎陽下，破之。歸等死。邯擊陳，柱國房君死。進擊陳西張賀軍，陳王出監戰，軍破，張賀死。臘月，陳王之汝陰。還至下城父，今安徽蒙城縣西北。其御莊賈殺以降秦。陳王故涓人將軍呂臣爲倉頭軍，起新陽。今安徽大和縣。攻陳，下之，殺莊賈，復以陳爲楚。初，陳王至陳，令銍人宋留將兵定南陽，入武關。銍，縣名，今安徽宿縣。南陽郡，治宛，今河南南陽縣。武關，在今陝西商縣東。留已徇南陽。聞陳王死，南陽復爲秦。留不能入武關，乃東至新蔡。今河南新蔡縣。遇秦軍，以軍降秦。秦傳留至咸陽，車裂以徇。陳王初立時，陵人秦嘉等特起，圍東海守慶於郯。陵，縣名，今江蘇宿遷縣。東海郡，治郯，今山東郯城縣。陳王聞，使武平君畔爲將軍，監郯下軍。秦嘉矯以王命殺武平君。聞陳王軍破出走，乃立景駒爲楚王。引兵之方與，今山東魚臺縣。欲擊秦軍定陶下。今山東定陶縣。使公孫慶使齊王，欲與併力俱進。齊王曰：“聞陳王戰敗，不知其死生，楚安得不請而立王？”公孫慶曰：“齊不請楚而立王，楚何故請齊而立王？且楚首事，當令於天下。”田儋誅殺公孫慶。秦左右校復攻陳，下之。呂將軍走，收兵復聚。鄱盜當陽君黥布之兵相收。黥布，六人，坐法黥。居江中爲羣盜。陳勝起，布見番君，番君以女妻之。後屬項梁。梁以爲當陽君。六，今安徽六安縣。番，今江西鄱陽縣。擊秦左右校，破之青波，《集解》：《漢書音義》曰：地名。復以陳爲楚。會項梁立懷王孫心爲楚王。案陳涉首事，詐稱公子扶蘇，此已可怪；又稱楚項燕，項燕以立昌平君而死，安得輔扶蘇？又袒右稱大楚；自立爲王則號張楚；似舉棋不定，徒爲賢者驅除難者。然觀其所遣兵，北攻滎陽，西入函谷，西南叩武關，非畏懦無方略者比。《史記》言涉少時，嘗與人傭耕。已爲王，王陳，其故人嘗與傭耕者聞之，之陳，扣宮門曰：“吾欲見涉。”宮門令欲縛之。自辨數乃置，不肯爲通。陳王出，遮道而呼涉。陳王聞之，乃召見，載與俱歸。客出入愈益發舒，言陳王故情。或説陳王曰：“客愚無知，顓妄言，輕威。”陳王斬之。諸陳王故人，皆自引去。由是無親陳王者。此等傳説，雖不足信，然可見陳王不任所私暱。[①] 惟不任私暱，乃能廣用賢才，漢高實以此成大功，安知陳王非其人？豈得以成敗論英雄乎？《史記》又謂陳勝雖已死，其所遣置侯王將相竟亡秦，由涉首事也，此蓋當時公論，時代近者，必有真知灼見也。陳王所以敗者，諸侯各自爲，莫肯盡力。趙叛楚，燕又叛趙，齊至陳王死時，猶不肯與楚併力，賈生所謂名爲亡秦，其實利之也。《秦本紀贊》。

---

① 史事：陳王不任私暱。

其交未親，又非素有臣主之分，發縱指示，自然不易爲功。然陳王之才，要當不減於楚懷王耳。

第二節　劉項亡秦

項籍者，下相人也，今江蘇宿遷縣。字羽。其季父梁，梁父即燕。項氏世世爲楚將，封於項，今河南項城縣。故姓項氏。項籍少時，學書不成，去學劍，又不成。項梁怒之。籍曰：“書足以記名姓而已。劍一人敵，不足學。學萬人敵。”於是項梁乃教籍兵法。籍大喜，略知其意，又不肯竟學。項梁殺人，與籍避仇於吳中，吳中賢士大夫皆出項梁下。每吳中有大繇役及喪，項梁嘗爲主辦，陰以兵法部勒賓客及子弟，以是知其能。籍長八尺餘，力能扛鼎，才氣過人，雖吳中子弟，皆已憚籍矣。秦二世元年九月，會稽守通秦會稽郡治吳。謂梁曰：“江西皆反，此亦天亡秦之時也。吾聞先即制人，後即爲人所制。吾欲發兵，使公及桓楚將。”是時桓楚亡，在澤中。梁請召籍，使受命召桓楚。守曰：“諾。”梁召籍入，籍遂拔劍斬守頭。項梁持守頭，佩其印綬。門下大驚，擾亂。籍所擊殺數十百人。一府中皆慴伏，莫敢起。梁乃召故所知豪吏，諭以所爲，起大事。遂舉吳中兵。使人收下縣，得精兵八千人。梁爲會稽守，籍爲裨將，徇下縣。籍時年二十四。

漢高祖，沛豐邑中陽里人。沛，今江蘇沛縣。豐，後爲縣，今江蘇豐縣。姓劉氏，字季。《索隱》：“《漢書》名邦，字季，此單云字，亦又可疑。按《漢書》高祖長兄名伯，次名仲，不見別名，則季亦是名也。故項岱云：高祖小字季，即位易名。”案伯仲季乃次第，並不得云字。人不得皆無名字，蓋《史記》文略耳。仁而愛人，喜施，意豁如也。常有大度，不事家人生產作業。及壯，試爲吏。爲泗水亭長。《正義》：《括地志》云：泗水亭，在沛縣東。廷中吏無所不狎侮。好酒及色。以亭長爲縣送酈山徒，多道亡。自度比至皆亡之，到豐西澤中，止飲，夜，乃解縱所送徒，曰：“公等皆去，吾亦從此逝矣。”高祖亡匿芒、碭山澤巖石之間。芒、碭皆縣名，今江蘇碭山縣地。秦二世元年秋，諸郡縣皆多殺其長吏，以應陳涉。沛令恐，欲以沛應涉，掾主吏蕭何、曹參請召諸亡在外者以劫衆。乃令樊噲召劉季。樊噲，沛人。以屠狗爲事。以呂后弟呂嬃爲婦。與高祖俱隱。劉季之衆，已數十百人矣。於是樊噲從劉季來。沛令後悔，恐其有變，乃閉城城守，欲誅蕭、曹。蕭、曹恐，踰城保劉季。劉季書帛射城上。父老乃率子弟共殺沛令，開城門迎劉季。立季爲沛公。時二世元年九月，於是少年豪吏，如蕭、曹、樊噲等，皆爲收沛子弟，二三千人，攻胡陵、縣名，今山東魚臺縣。

方與，還守豐。

廣陵人召平，廣陵，今江蘇江都縣。爲陳王徇廣陵，未能下。聞陳王敗走，秦兵又且至，乃渡江，矯陳王命，拜梁爲楚王上柱國，曰：“江東已定，急引兵西擊秦。”梁乃以八千人渡江而西。陳嬰者，故東陽令史。東陽，今安徽天長縣。東陽少年殺其令，彊立爲長，以兵屬項梁。項梁渡淮，黥布、蒲將軍亦以兵屬焉。凡六七萬人。軍下邳。今江蘇邳縣。當是時，秦嘉已立景駒爲楚王，軍彭城東，彭城，今江蘇銅山縣。欲距項梁。梁擊嘉，嘉死，軍降，景駒走死梁地。項梁已併秦嘉軍，軍胡陵，引兵入薛。今山東滕縣東南。聞陳王定死，召諸別將會薛計事。時秦二世二年四月，居鄛人范增，居鄛，今安徽巢縣。年七十。素居家，好奇計。往説項梁曰：“陳勝敗固當。夫秦滅六國，楚最無罪。自懷王入秦不反，楚人憐之至今。故楚南公曰：楚雖三户，亡秦必楚也。今陳勝首事，不立楚後而自立，其勢不長。今君起江東，楚蠭起之將皆争附君者，以君世世楚將，爲能復立楚之後也。”項梁然其言。乃求楚懷王孫心民間，爲人牧羊。立以爲楚懷王，從民所望也。都盱台。今安徽盱眙縣。項梁自號武信君。時二世二年六月。

先是，秦泗川監平《集解》：泗川，高祖更名沛。將兵圍豐。高祖出與戰，破之。令雍齒守豐。引兵之薛。泗川守壯敗於薛，走之戚。今濮陽縣北。得，殺之。還軍亢父。今山東濟寧縣。雍齒反爲魏。沛公攻豐，不能取，聞東陽寧君、秦嘉立景駒爲假王，在留，在沛縣東南。往從之。欲請兵以攻豐。時章邯從陳，別將司馬尼將兵北定楚地，屠相，至碭。東陽寧君、沛公西與戰。還軍豐。聞項梁在薛，從騎百餘往見之。項梁益沛公卒五千人還攻豐，拔之，雍齒奔魏。

章邯已破陳王，進兵擊魏王於臨濟。《續漢書·郡國志》：陳留郡平丘縣有臨濟亭，魏咎都。平丘，今河北長垣縣。魏王使周市出，請救於齊、楚。齊、楚遣項它、田巴將兵隨市救魏。章邯擊破，殺周市等。圍臨濟。咎爲其民約降，自燒殺。章邯殺齊王田儋於臨菑。今山東臨淄縣。案此語見《漢書·項籍傳》。《史記·田儋列傳》曰：儋將兵救魏，章邯夜銜枚擊，大破魏軍，殺田儋於臨濟下。《漢書》作大破齊、楚軍，《高帝紀》亦云：章邯破殺魏王咎，齊王田儋於臨濟，疑誤。儋弟榮，收儋餘兵走東阿。今山東陽穀縣東北阿城鎮。齊人聞儋死，立故王建弟假爲王。田角爲相，田間爲將，以距諸侯。田榮之走東阿，章邯追圍之。項梁聞田榮急，引兵擊破邯軍東阿下。邯走而西，項梁因追之。田榮引兵歸，擊逐齊王假。假亡走楚，角走趙。角弟間前求救趙，因留不敢歸。榮立儋子市爲齊王，相之。橫爲將。章邯兵益盛。項梁使告趙、齊共擊邯，田榮曰：“楚殺田假，趙殺田角、田間，乃發兵。”梁曰：此據《項羽本紀》，《田儋傳》作楚懷王曰。“田假與國之王，窮來歸我，不忍殺。”趙亦不殺田角、田間，以市於齊。齊遂不肯發兵。梁使沛公及項羽別攻城陽，今山東濮縣。屠之。西破秦軍濮陽東。今河北濮陽縣。秦兵收，入濮陽。沛公、項羽攻定陶，定陶未下。去，西略地，至雍丘。今河南杞縣。大破秦軍，斬李由。還攻外黃，外黃未下。項梁起東阿，西北至定陶，再破秦軍；項羽等又斬李由；益輕秦，有驕色。宋義諫，弗聽。乃使宋義使於齊。道遇齊使者高陵君顯，曰：“公將見武信君乎？”曰：“然。”曰：“臣論武信君軍必敗。公徐行，即免死，疾行，則及禍。”秦果悉起兵益章邯。擊楚軍，大破之定陶。項梁死。時二世二年九月。沛公、項羽去外黃，攻陳留。今河南陳留縣。陳留未下。沛公、項羽相與謀曰：“今項梁軍破，士卒恐。”乃與呂臣俱引而東。呂臣軍彭城東，項羽軍彭城西，沛公軍碭。章邯已破項梁軍，則以爲楚地兵不足憂，乃渡河擊趙，大破之。張耳與趙王歇走入鉅鹿城。今河北平鄉縣。章邯令王離、涉間圍鉅鹿。章邯軍其南，築甬道而輸之粟。陳餘北收常山兵，得數萬人，軍鉅鹿北。楚兵已破於定陶，懷王恐，從盱台之彭城，併項羽、呂臣軍，自將之。以呂臣爲司徒，其父呂青爲令尹。以沛公爲碭郡長，封武安侯，將碭郡兵。高陵君顯見楚王曰：“宋義論武信君之軍必敗，居數日，軍果敗。兵未戰而先見敗徵，此可謂知兵矣。”王召宋義與計事而大説之。因置以爲上將軍，項羽爲魯公，爲次將，范增爲末將，救趙。諸別將皆屬宋義，號爲卿子冠軍。懷王是時，蓋收項氏之權。項梁與齊不合，而舉宋義者適出齊使，蛛絲馬迹，不無可尋。然則謂項梁以驕至敗，亦誣辭也。時又令沛公西略地入關。《高祖本紀》曰：與諸將約，先入定關中者王之。當是時，秦兵彊，常乘勝逐北，諸將莫利先入關。獨項羽怨秦破項梁軍，奮，願與沛公西入關。懷王諸老將皆曰：“項羽爲人，僄悍猾賊。嘗攻襄城，今河南襄城縣。襄城無遺類。諸所過無不殘滅。且楚數進取，前陳王、項梁皆敗。不如更遣長者，扶義而西，告諭秦父兄。秦父兄苦其主久矣，今誠得長者往，毋侵暴，宜可下，今項羽僄悍，不可遣。獨沛公寬大長者，可遣。”卒不許項羽，而遣沛公西。此亦事後附會之辭。陳平曰：“項王爲人，恭敬愛人。”《陳丞相世家》。韓信曰：“項王見人，恭敬慈愛，言語嘔嘔。人有疾病，涕泣分食飲。”《淮陰侯列傳》。此豈恣意殘殺者？項王之暴，在阬秦降卒新安，此自兵權不得不然。其入關、破齊後之殘虐，則是時之爲兵者，類多僄悍無賴之徒，非主將所能約束，恐不獨項羽之兵爲然。① 史於項羽未免故甚其辭，於漢則又諱而不言耳。周市以百萬之衆入關而敗，安得云告諭可下？是時所急者河北，入關尚爲緩圖，劉、項安得俱入

① 史事：項王非特别残虐（又見第二十九頁）。

關？故知史之不可信久矣。

宋義至安陽，_{今山東曹縣東。}留四十六日不進。項羽曰："吾聞秦軍圍趙王鉅鹿，疾引兵渡河，楚擊其外，趙應其內，破秦軍必矣。"宋義曰："不然，夫搏牛之䖟，不可以破蟣蝨。今秦攻趙，戰勝則兵罷，我承其敝；不勝，則我引兵鼓行而西，必舉秦矣；故不如先鬥秦、趙。夫被堅執銳，義不如公，坐而運策，公不如義。"因下令軍中曰："猛如虎，狠如羊，貪如狼，彊不可使者，皆斬之。"乃遣其子宋襄相齊，身送之至無鹽。_{今山東東平縣。}飲酒高會。天寒大雨，士卒凍飢。項羽曰："將戮力而攻秦，久留不行。今歲飢民貧，士卒食芋菽，軍無見糧，乃飲酒高會；不引兵渡河，因趙食，與趙併力攻秦，乃曰承其敝。夫以秦之彊，攻新造之趙，其勢必舉趙，趙舉而秦彊，何敝之承？且國兵新破，王坐不安席，掃竟內而專屬於將軍，國家安危，在此一舉。今不恤士卒而徇其私，非社稷之臣。"項羽晨朝上將軍宋義，即其帳中斬宋義頭。出令軍中曰："宋義與齊謀反楚，楚王陰令羽誅之。"當是時，諸將皆慴伏，莫敢枝梧。皆曰："首立楚者，將軍家也。今將軍誅亂。"乃相與共立羽爲假上將軍。使人追宋義子，及之齊，殺之。使桓楚報命於懷王。懷王因使項羽爲上將軍。當陽君、蒲將軍皆屬項羽。宋義之久留，蓋實與項氏相持。義之進既由齊使，是時又使子相齊，云與齊謀反楚，誣，云楚結齊共謀項氏，則頗有似矣。《史記》此節記事，蓋項氏之辭，亦非情實也。

項羽已殺卿子冠軍，威震楚國，名聞諸侯。乃遣當陽君、蒲將軍將卒二萬渡河救鉅鹿，戰少利。陳餘復請兵，項羽乃悉引兵渡河，皆沈船，破釜甑，燒廬舍，持三日糧，以示士卒必死，無一還心。於是至則圍王離，與秦軍遇，九戰，絕其甬道，大破之。殺蘇角，虜王離，涉間不降楚，自燒殺。當是時，楚兵冠諸侯。諸侯軍救鉅鹿下者十餘壁，_{《張耳陳餘列傳》：燕齊楚聞趙急，皆來救。張敖亦北收代，得萬餘人來，皆壁餘旁。}莫敢縱兵。及楚擊秦，諸將皆從壁上觀。楚戰士無不一以當十，楚兵呼聲動天，諸侯軍無不人人惴恐。於是已破秦軍，項羽召見諸侯將，諸侯將入轅門，無不膝行而前，莫敢仰視。項羽由是始爲諸侯上將軍，諸侯皆屬焉。時秦二世三年十二月。古荊楚衆本僄悍，江、淮尤甚，特其文化程度大低，無用之者，則莫能自振。項氏世世楚將，起江東，渡江西，行收兵而北，其形勢，正與吳闔廬、越句踐同，而章邯之兵，久戰罷敝；此蓋項羽之所以制勝。先是秦軍彊，常乘勝逐北，至是大敗；秦又內亂，後援絕；關以東遂無能與楚抗者矣。

《秦始皇本紀》曰：趙高說二世曰："先帝臨制天下久，故羣臣不敢爲非，進邪説。今陛下富於春秋,初即位,奈何與公卿廷決事?事即有誤,示羣臣短也。天子稱朕,固不聞聲。”於是二世常居禁中,與高決諸事。其後公卿希得朝見。盜賊益多,而關中卒發東擊盜者無已。右丞相去疾、左丞相斯、將軍馮劫進諫,請且止阿房宮作者,減省四邊戍轉。二世曰:“吾聞之韓子曰:堯、舜採椽不刮,茅茨不翦;飯土塯,啜土形;雖監門之養,不斁於此。禹鑿龍門,通大夏,決河亭水,放之海,身自持築臿,脛無毛,臣虜之勞,不烈於此矣。凡所爲貴有天下者,得肆意極欲,主重明法,下不敢爲非,以制御海内矣。夫虞、夏之主,貴爲天子,親處窮苦之實,以徇百姓,尚何於法?朕尊萬乘,毋其實。吾欲造千乘之駕,萬乘之屬,充吾號名。且先帝起諸侯,兼天下,天下已定,外攘四夷,以安邊境;作宮室以章得意。而君觀先帝功業有緒;今朕即位,二年之間,羣盜並起,君不能禁;又欲罷先帝之所爲;是上無以報先帝,次不爲朕盡忠力何以在位?”①下去疾、斯、劫吏,案責他罪。去疾、劫自殺。斯卒囚。三年,冬,趙高爲丞相,竟案李斯殺之。《李斯傳》:二世責問斯,亦引韓子語。又云斯欲求容,以書對,云行督責之術,則能犖然行恣睢之心,而獨擅天下之利。意皆與《秦本紀》略同。又云:趙高爲郎中令,所殺及報私怨衆多,恐大臣入朝奏事毀惡之,乃説二世居禁中。高乃見丞相曰:“君何不見?”斯曰:“今時上不坐朝廷,欲見無間。”高曰:“君誠能諫,請爲君候上間。”於是趙高待二世方燕樂,使人告丞相:“上方間,可奏事。”丞相至宮門上謁,如此者三。二世怒曰:“吾嘗多間日,丞相不來,吾方燕私,丞相輒來請事,丞相豈少我哉?且固我哉?”趙高因曰:“如此,殆矣。夫沙丘之謀,丞相與焉。今陛下已立爲帝,而丞相位不益,此其意,亦望裂地而王矣。且陛下不問臣,臣不敢言。丞相長男李由爲三川守,楚盜陳勝等,皆丞相旁縣之子,斯,上蔡人。以故楚盜公行過三川,城守不肯擊。高聞其文書相往來,未得其審,故未敢以聞。且丞相居外,權重於陛下。”二世以爲然,使人案驗三川守與盜通狀。李斯不得見,因上書言趙高之短。二世私告趙高。高曰:“丞相所患者獨高。高已死,丞相即欲爲田常所爲。”於是二世使高案丞相獄,治罪,責斯與子由謀反狀,皆收捕宗族、賓客。趙高治斯,榜掠千餘。不勝痛,自誣服。斯從獄中上書,高使吏棄去不奏。高使其客十餘輩,詐爲御史、謁者、侍中,更覆訊斯。斯更以其實對,輒使人復榜之。後二世使人驗斯,斯以爲如前,終不敢更言。辭服,奏當上,二世喜曰:

----

① 史籍:二世責去疾、斯、劫。斯對書,皆偽,蓋疾惡法學者所爲。公文可偽如唐書云諫武后淫矣。婁敬勸都關中真,其言乃如治儒學者偽也。凡辭令皆可由執筆者爲之。

"微趙君，幾爲丞相所賣。"及二世所使案三川之守至，則項梁已擊殺之。使者來，會丞相下吏，趙高皆妄爲反辭。二世二年，七月，具斯五刑論，要斬咸陽市。《秦本紀》與《李斯傳》言斯罪狀及死時皆不同，足見其不可信。二世之辭，李斯之奏，蓋皆儒家毀法學者之所爲，餘語則尤類平話矣。李斯之見殺，真相已不可知，然必出於猜忌之心，與其殺蒙恬兄弟同，則無足疑也。斯之死，實爲秦事一大變。朝廷無復重臣。於是内亂起，而沛公安行入關矣。

　　章邯軍棘原，晉灼曰：地名，在鉅鹿南。項羽軍漳南，相持未戰。秦軍數卻。二世使人讓章邯。章邯恐，使長史欣請事，至咸陽，留司馬門三日，趙高不見，有不信之心。長史欣恐，還走其軍，不敢出故道。趙高果使人追之，不及。欣至軍，報曰："趙高用事於中，下無可爲者。今戰能勝，高必疾妒吾功；不能勝，不免於死。願將軍執計之。"陳餘亦遺章邯書。邯狐疑，陰使侯始成使項羽，欲約。約未成，羽使蒲將軍日夜引兵渡三戶。津名，孟康云：在鄴西。鄴，今河南臨漳縣。軍漳南。與秦戰，再破之。項羽悉引兵擊秦軍汙水上，《集解》：徐廣曰：在鄴西。大破之。章邯使人見項羽，欲約。項羽召軍吏謀曰："糧少，欲聽其約。"軍吏皆曰："善。"項羽乃與期洹水南殷虛上。在今河南安陽縣北。已盟，章邯見項羽，而流涕爲言趙高。項羽乃立章邯爲雍王，置楚軍中。使長史欣爲上將軍，將秦軍爲前行。時秦二世三年七月。據《項羽本紀》，邯之叛，實由趙高迫之使然，而賈生過秦，言以三軍之衆要市於外。案邯爲秦將二歲，失亡多，又大敗於鉅鹿，秦法嚴，迄不易將，安知其無要市之事？然非李斯死，趙高立，意僅保關中，見下。接濟不絶，似亦不至遽叛。然則秦之亡，二世、趙高專意於去偪，而遂無意於天下事，實其大原因也。

　　沛公之西入秦也，道碭。秦三年，二月，北攻昌邑。今山東金鄉縣。未下，西過高陽。文穎曰：聚邑名，屬陳留。臣瓚曰：《陳留傳》曰：在雍丘西南。酈食其説沛公襲陳留，沛公以爲廣野君，以其弟商爲將，將陳留兵。三月，攻開封，今河南開封縣。未拔，西與秦將楊熊會戰白馬。縣名，在今河南滑縣東。又戰曲遇東，地名，在今河南中牟縣東。大破之。楊熊走之滎陽，二世使使斬之以徇。四月，南攻潁川。郡名，治陽翟，今河南禹縣。屠之，因張良遂略韓地。張良者，其先韓人。大父開地，父平，五世相韓。韓破，良悉以家財求客刺秦王，爲韓報仇。得力士，爲鐵椎，重百二十斤。秦皇帝東游，良與客狙擊秦皇帝博浪沙中，見第二章第三節。誤中副車。陳涉等起兵，良亦聚少年百餘人。遇沛公，屬焉。及沛公之薛見項梁，項梁立楚懷王，良乃説項梁，立韓諸公子橫陽君成爲韓王，以良爲韓申徒。《集解》：徐廣曰：即司徒。與韓王將千餘人西略韓地，得數城。往來爲游兵潁川。時趙別將司馬卬方欲渡河入關，沛公乃北攻平陰，_{縣名，今河南孟津縣東。}絕河津，南戰雒陽東，軍不利。從轘轅至陽城，收軍中馬騎。_{轘轅，險道名，在今河南偃師縣東南，接鞏縣登封界。}令韓王成留守陽翟，與良俱南。六月，與南陽守齮戰犨東，_{犨縣名，今河南魯山縣東南。}大破之，略南陽郡。南陽守走保城，守宛。沛公引兵過宛西，張良諫，沛公乃夜引軍從他道還，圍宛。南陽守欲自剄，其舍人陳恢踰城見沛公，曰："爲足下計，莫若約降，封其守，因使止守，引其甲卒與之西。"沛公曰："善。"七月，南陽守齮降，引而西，無不下者。八月，沛公攻武關，入秦。趙高陰與其壻咸陽令閻樂、弟趙成謀，使郎中令爲内應。_{《集解》：徐廣曰：一云郎中令趙成。}詐爲有大賊。令樂召吏發卒。追劫樂母置高舍，遣樂將吏卒千餘人至望夷宮斬衛令。郎中令與樂俱入，射上幄。二世自殺。趙高乃悉召諸大臣、公子，告以誅二世之狀，曰："秦故王國，始皇君天下，故稱帝。今六國復自立，秦地益小，乃以空名爲帝，不可。宜爲王如故便。"立二世兄子公子嬰爲王，令子嬰齊，當廟見，受玉璽。齊五日，子嬰與其子二人謀曰："我聞趙高乃與楚約，滅秦宗室而王關中，今使我齊見廟，此欲因廟中殺我。我稱病不行，丞相必自來，來則殺之。"高使人請子嬰數輩，子嬰不行。高果自往。子嬰遂刺高於齊宮，三族高家，以徇咸陽。_{以上據《秦始皇本紀》。《李斯列傳》云：子嬰即位，稱疾不聽事，與宦者韓談及其子謀殺高。高上謁請病，因召入，令韓談刺殺之，夷其三族。《高祖本紀》云：趙高已殺二世，}使人來，欲約分王關中，沛公以爲詐。案趙高雖用事，位素卑，安有取秦而代之之望？且高之殺蒙恬，害李斯，戮諸公子，雖竟危秦，究不可謂不忠於二世；而二世亦素任高；此時忽生篡弒之謀，亦殊可怪。賈生《過秦》之論曰："秦小邑併大城，守險塞而軍。高壘毋戰，閉關據扼，荷戟而守之。諸侯起於匹夫，以利合，非有素王之行也，其交未親；其下未附；名爲亡秦，其實利之也。彼見秦阻之難犯也，必退師，安土息民，以待其敝；收弱扶罷，以令大國之君；不患不得意於海内。藉使子嬰有庸主之材，僅得中佐，山東雖亂，秦之地可全而有；宗廟之祀，未當絶也。"可見保守關中，實爲此時之至計。然惟大勇者乃能豫有所割棄，此豈二世所及？抑卑踰尊、疏踰戚之不易久矣。李斯且死，何有於趙高？二世所患，特諸公子，宗室疏屬，勢非相偪，危急時安知不相仗？而秦立國數百年，當危急時，宗室中亦應有奮起自效者。疑章邯軍敗後，趙高或以去帝號保關中進説，二世不説，且舉前事悉以責之，宗室遂有乘間圖之者，釁由是生，遂至弒二世而並欲盡滅秦之宗室，藉敵人之力以分王關中，亦所謂騎虎之勢不得下也，然其不能爲沛公所信，則勢固然矣。武關既失，秦遣將將兵距嶢關。_{在今陝西藍田縣東南。}沛公欲擊之。張良曰："秦兵尚彊，未可輕，此亦見秦不内潰,關中未嘗不可保。願先遣人益張旗幟於山上爲疑兵,使酈食其、陸賈往説秦將,啗以利。"秦將果欲連和,俱西襲咸陽。沛公欲許之。張良曰:"此獨其將欲叛,恐其士卒不從,不如因其怠懈擊之。"沛公引兵繞嶢關,踰蕢山,擊秦軍,大破之藍田南,遂至藍田。今陝西藍田縣。又戰其北,秦兵大敗。明年,漢元年,冬十月,沛公至霸上。在今陝西長安縣東,接藍田縣界。秦王子嬰降。沛公以屬吏,遂西入咸陽。秦亡。

第三節　諸侯相王

沛公入咸陽,欲止宮休舍,樊噲、張良諫。乃封秦重寶財物府庫,還之霸上。十一月,召諸縣豪桀曰:"父老苦秦苛法久矣,誹謗者族,耦語者棄市。吾與諸侯約:先入關者王之,吾當王關中。與父老約:法三章耳;殺人者死,傷人及盜抵罪,餘悉除去秦法,吏民皆按堵如故。凡吾所以來,爲父兄除害,非有所侵暴,毋恐。且吾所以軍霸上,待諸侯至而定要束耳。"乃使人與秦吏行至縣、鄉、邑,告諭之,秦民大喜。爭持牛羊酒食,獻享軍士。沛公讓不受,曰:"倉粟多,不欲費民",民又益喜,惟恐沛公不爲秦王。或説沛公曰:"秦富十倍天下,地形彊。今聞章邯降項羽,羽號曰雍王,王關中,即來,沛公恐不得有此。可急使守函谷關,毋内諸侯軍,稍徵關中兵以自益,距之。"沛公然其計,從之。是時爲沛公計,擇地而王,關中自是上選。既求王關中,自不肯殘暴其民,約法三章,不受獻享,雖有溢美之辭,當不至全非實録也。

項羽將諸侯兵三十餘萬,行略地,至河南,遂西到新安。今河南澠池縣東。諸侯吏卒,異時繇使、屯戍過秦中,秦中吏卒遇之多無狀。及秦軍降諸侯,諸侯吏卒乘勝,多奴虜使之,輕折辱秦吏卒。秦吏卒多竊言曰:"章將軍等詐吾屬降諸侯。今能入關破秦,大善。即不能,諸侯虜吾屬而東,秦必盡誅吾父母妻子。"諸將微聞其計,以告項羽。項羽乃召黥布、蒲將軍計曰:"秦吏卒尚衆,其心不服,至關中,不聽,事必危,不如擊殺之,而獨與章邯、長史欣、都尉翳入秦。"於是楚軍夜擊阬秦卒二十餘萬人新安城南。行,略定秦地。至函谷關,不得入。使當陽君等擊關。項羽遂入,至於戲西。沛公左司馬曹無傷使人言於項羽曰:"沛公欲王關中,使子嬰爲相,珍寶盡有之。"項羽大怒,曰:"旦日饗士卒,爲擊破沛公軍。"當是時,項羽兵四十萬,在新豐鴻門,孟康曰:在新豐東十七里。案漢新豐,在今陝西臨潼縣東。沛公兵十萬,在霸上,力不敵。楚左尹項伯者,項羽季父也。素善張良,夜馳至沛公軍,具告以事,欲與俱去。良入,具告沛公。

沛公要項伯入，約爲昏姻，曰："吾入關，秋豪不敢有所近，籍吏民、封府庫而待將軍。所以遣將守關者，備他盜之出入與非常也。日夜望將軍至，豈敢反乎？願伯具言臣之不敢背德也。"項伯許諾。謂沛公曰："旦日，不可不蚤自來謝項王。"沛公曰："諾。"於是項伯復夜去。至軍中，具以沛公言報項王。因言曰："沛公不先破關中，公豈敢入乎？今人有大功而擊之，不義也，不如因善遇之。"項王許諾。沛公旦日，從百餘騎見項王。項王因留與飲。范增數目項王，舉所佩玉玦以示之者三。項王默然不應。范增起出，召項莊入，前爲壽，壽畢，請以劍舞，因擊沛公於坐，殺之。項莊拔劍起舞，項伯亦拔劍起舞，常以身翼蔽沛公，莊不得擊。於是張良至軍門見樊噲。樊噲入，譙讓羽。有頃，沛公起如廁，招樊噲出，令張良留謝羽，置車騎，脱身獨騎，樊噲等四人持劍盾步走，間至軍。以上事詳見《項羽本紀》，詼詭幾類平話。[①] 秦亡後五年，天下復定於一，此乃事勢推移使然。當時方以秦滅六國爲暴無道，詆秦曰强虎狼，安有一人，敢繼秦而欲帝天下？而史載范增說項羽曰："沛公居山東時，貪於財貨，好美姬。今入關，財物無所取，婦女無所幸，此其志不在小，吾令人望其氣，皆爲龍虎，成五采，此天子氣也，急擊勿失。"又稱張良入謝，獻玉斗亞父，亞父受，置之地，拔劍撞而破之，曰："唉！竪子不足與謀，奪項王天下者，必沛公也，吾屬今爲之虜矣。"七十老翁，有如是其魯莽者乎？其非實録，不待言矣。

　　居數日，項羽引兵西屠咸陽，殺秦降王子嬰。燒秦宮室，火三月不滅。收其寶貨婦女而東。人或説項王曰："關中阻山河，四塞；地肥饒；可都以霸。"項王見秦宮室皆以燒殘破；又心懷思欲東歸；曰："富貴不歸故鄉，如衣繡夜行，誰知之者？"説者曰："人言楚人沐猴而冠耳，果然。"項王聞之，烹説者。此亦事後附會之辭。漢高兵力弱，不足以控制中原，則思王關中。項羽世楚將，起江東，安有不用楚人之理？且漢高就封後，以士懷思欲東歸，因用其鋒以爭天下。項羽是時，不復欲有所爭，都關中，何以處楚士之思歸者乎？抑盡棄楚士，獨與秦人孤居邪？燒秦宮室，收其寶貨婦女，則當時之士卒固如是，約束非易。漢高欲王關中，乃約束其衆，不敢爲殘暴，抑亦分封未定，士猶有所冀望耳。使入漢中以後，士謳歌思東歸，而不用其鋒，東鄉以爭天下，安知其不怨叛？怨叛之衆，又安保其不所過殘滅乎？入彭城後，何爲收貨寶美人，日置酒高會哉？豈不知項羽之衆尚在齊，將兼程還救乎？故知史所稱漢之仁，項羽之暴，諱飾誣詆之辭多矣。

　　既以秦滅六國爲無道而亡之,自無一人可專有天下者,當分王者誰乎?
一六國之後,一亡秦有功之人;其如何分剖,則決之以公議;此不易之理也。
《項羽本紀》曰:項羽使人致命懷王,懷王曰:"如約。"乃尊懷王爲義帝。項
王欲自王,先王諸將相,謂曰:"天下初發難時,假立諸侯後以伐秦,然身被堅
執鋭,首事,暴露於野三年,滅秦定天下者,皆將相諸君與籍之力也。義帝雖
無功,此語,苞諸侯後言,乃古人言語以偏概全之例,非專指義帝一人。故當分其地而王
之。"諸將皆曰:"善。"乃分天下,立諸將爲侯王。項王、范增疑沛公之有天
下,業已講解;又惡負約,恐諸侯叛之;乃陰謀曰:"巴、蜀道險,秦之遷人多
居蜀。"乃曰:"巴、蜀亦關中地也。"故立沛公爲漢王,王巴、蜀、漢中,都南
鄭。今陝西南鄭縣。而三分關中,王秦降將,以距塞漢王。項王乃立章邯爲雍
王,王咸陽以西,都廢丘。今陝西興平縣。長史欣者,故爲櫟陽獄掾,嘗有德於
項梁,上文云:項梁嘗爲櫟陽逮捕,乃請蘄獄掾曹咎書抵櫟陽獄掾司馬欣,以故事得已。都尉董
翳者,本勸章邯降楚。故立司馬欣爲塞王,王咸陽以東,至河,都櫟陽,今陝西
臨潼縣。立董翳爲翟王,王上郡,都高奴。今陝西膚施縣。徙魏王豹爲西魏王,魏
王咎弟。《豹傳》云:咎自殺,豹亡走楚。楚懷王與豹數千人,復徇魏地。項羽已破秦,降章邯,豹下
魏二十餘城,立豹爲魏王。豹引精兵從項羽入關。羽封諸侯,欲有梁地,乃徙豹於河東。王河東,
都平陽。今山西臨汾縣。瑕丘申陽者,張耳嬖臣也,先下河南,迎楚河上。故立
申陽爲河南王,都雒陽。今河南洛陽縣。韓王成因故都,都陽翟。趙將司馬卬,
定河内,數有功,故立卬爲殷王,王河内,都朝歌。今河南淇縣。徙趙王歇爲代
王。趙相張耳,素賢,又從入關,故立爲常山王,王趙地,都襄國。當陽君黥
布,爲楚將,常冠軍,故立布爲九江王,都六。見第一節。鄱君吳芮,率百越佐
諸侯,又從入關,故立芮爲衡山王,都邾。今湖北黄岡縣。義帝柱國共敖將兵擊
南郡,功多,因立敖爲臨江王,都江陵。今湖北江陵縣。徙燕王韓廣爲遼東王。
《集解》:徐廣曰:都無終,今河北薊縣。燕將臧荼從楚救趙,因從入關,故立荼爲燕
王,都薊。今河北北平市。徙齊王田市爲膠東王。《集解》:徐廣曰:都即墨。今山東即
墨縣。齊將田都,從共救趙,因從入關,故立都爲齊王,都臨菑。故秦所滅齊
王建孫田安,項羽方渡河救趙,田安下濟北數城,引其兵降項羽,故立安爲濟
北王,都博陽。今山東泰安縣。田榮者,數負項梁,又不肯將兵從楚擊秦,以故
不封。成安君陳餘,棄將印去,不從入關,《張耳陳餘列傳》:王離急攻鉅鹿。鉅鹿城中
食盡,兵少,張耳數使人召陳餘。餘自度兵少,不敵秦,不敢前。數月,張耳大怒,怨陳餘,使張黶、陳
澤往讓餘,要以俱死。餘使五千人令張黶、陳澤先嘗秦軍,至,皆没。張耳出鉅鹿,與餘相見,問張
黶、陳澤所在。陳餘曰:"臣使將五千人先嘗秦軍,皆没不出。"耳不信,以爲殺之,數問餘。餘怒曰:

"不意君之望臣深也？豈以臣爲重去將哉？"乃脱解印綬，推與張耳。耳亦愕，不受。陳餘起如厠，客有說張耳曰："天與不取，反受其咎。"耳乃佩其印，收其麾下。餘還，亦望耳不讓，遂趨出。張耳遂收其兵。餘獨與麾下所善數百人之河上漁獵。然素聞其賢，有功於趙，聞其在南皮，今河北南皮縣。故因環封三縣。《集解》：《漢書音義》曰：繞南皮三縣以封之。番君將梅鋗，功多，故封十萬户侯。項王自立爲西楚霸王，王九郡，都彭城。漢之元年，四月，諸侯罷戲下，各就國。當時分封，就《史記》所言功狀，所以遷徙或不封之故觀之，實頗公平。封定而後各罷兵，則其事實非出項羽一人，《自序》所以稱爲"諸侯之相王"也。①《高祖本紀》曰：項羽使人還報懷王。懷王曰："如約。"項羽怨懷王不肯令與沛公俱西入關而北救趙，後天下約，乃曰："懷王者，吾家項梁所立耳，非有功伐，何以得主約？本定天下，諸將及籍也。"此實極公平之言。且懷王特楚王，即謂項王、沛公當聽其命，諸侯何緣聽之？此理所不可，亦勢所不行，其不得不出於相王者勢也。漢高之爲義帝發喪也，告諸侯曰："天下共立義帝，北面事之。"此乃誣罔之辭。南面而政諸侯，當有實力，義帝豈足以堪之？三代之王，固嘗號令天下矣，及其後，政由五霸。然則義帝擁帝名，而政由羽出，亦可云前有所承。既不襲秦郡縣之制，不得謂稱帝者實權皆當如秦之皇帝也。立章邯在羽入關前，當時形勢，安知沛公能先入關？且秦吏卒尚衆，非此無以鎮之，此亦事勢使然也。敗軍之將，不可以言勇，亡國之大夫，不足與圖存，韓信之說漢王曰："三秦王爲秦將，將秦子弟數歲矣，所殺亡不可勝計。又欺其衆降諸侯，至新安，項王詐阬秦降卒二十餘萬，唯獨邯、欣、翳得脱。秦父兄怨此三人，痛入骨髓。今楚彊以威王此三人，秦民莫服也。"此豈項羽所不知，而謂王此三人，可距塞漢路乎？此時漢王之可畏，豈能甚於田榮而距之也？長史欣首告章邯："趙高用事於中，事無可爲者"，豈不與董翳同功，而曰：以其有德於項梁而立之乎？

第四節　楚漢興亡

　　《項羽本紀》曰："項王出之國，使人徙義帝，曰：古之帝者，地方千里，必居上游。乃使使徙義帝長沙郴縣，今湖南郴縣。趣義帝行。其羣臣稍稍背叛之。乃陰令衡山、臨江王擊殺之江中。"《高祖本紀》云：殺義帝江南。《黥布列傳》曰："項氏立懷王爲義帝，徙都長沙，今湖南長沙縣。乃陰令九江王布等行

---

① 史事：諸侯之相王（第三十一—三十一、三十九頁），當時無一人有之之理（第二十九頁）。

擊之。其八月，布使將擊義帝，追殺之郴縣。"《漢書・高帝紀》則云："二年，冬，十月，項羽使九江王布殺義帝於郴。"郴在楚極南，項羽即欲放逐義帝，亦不得至此，然則《黥布傳》云都長沙者是也。《項羽本紀》之郴縣二字，蓋後人側注，誤入本文。義帝殆見迫逐，自長沙南走至郴而死也。義帝在當時，既無足忌，項羽殺之何爲？衡山、臨江、九江，主名尚無一定，則義帝死事，實已不傳，史之所書，皆傳聞誣妄之説耳。①

《項羽本紀》又曰：韓王成無軍功，項王不使之國，與俱至彭城，廢以爲侯，已又殺之。案既封之，不得無故復廢殺之，此亦必有其由，特今不可知耳。又云：臧荼之國，因逐韓廣之遼東。廣弗聽，荼擊殺廣無終，併王其地，此則行諸侯之約，非壞諸侯之約也。其壞諸侯之約者，則爲田榮與漢王。

田榮聞項羽徙齊王市膠東而立田都，大怒。不肯遣齊王之膠東，因以齊反，迎擊田都。田都走楚。市畏項王，乃亡之膠東就國。案項王遠，田榮近，項王雖强，其可畏必不如田榮，此可見榮與市實不合，其叛非因市也。田榮怒，追擊，殺之即墨。② 榮因自立爲齊王，而西擊殺濟北王田安，併王三齊。彭越者，昌邑人。嘗漁鉅野澤中爲羣盜。鉅野，今山東鉅野縣。陳勝、項梁起歲餘，澤間少年相聚百餘人，以爲長。收諸侯散卒，居鉅野澤中，衆萬餘人，毋所屬。榮與越將軍印，令反梁地。陳餘使張同、夏説説齊王。齊王許之。遣兵之趙。餘悉發三縣兵，與齊併力擊常山，大破之。張耳走歸漢，餘迎故趙王歇於代，反之趙。趙王因立餘爲代王，餘留傅趙王，而使夏説以相國守代。

諸侯之相王也，漢王欲攻項羽，灌嬰、樊噲皆勸之，蕭何諫，乃止。以何爲丞相。項羽使卒三萬人從漢王，楚子諸侯人之慕從者數萬人。張良辭歸韓，漢王送至褒中，因説漢王燒絶棧道，③以備諸侯盜兵，亦視項羽無東意。漢王果欲東兵，未必肯自絶棧道，可見是時尚無叛意也。既至南鄭，諸將及士卒皆歌謳思東歸，多道亡還者。韓信爲治粟都尉，亦亡去。蕭何追還之，因薦於漢王。漢王拜信爲大將軍，問以計策。信對曰："吏卒皆山東之人，日夜企而望歸，及其鋒而用之，可以有大功。天下已定，民皆自寧，不可復用，不如決策東鄉。"因陳羽可圖，三秦易併之計。漢王大説，遂聽信策，部署諸將，留蕭何收巴、蜀租，給軍糧食。五月，漢王出襲雍，定雍地。八月，塞王欣、翟王翳皆降。項羽以故吳令鄭昌爲韓王，距漢。令蕭公角擊彭越，越敗

① 史事：義帝之死，韓王成之死亦必有其由。
② 史事：田榮叛非以田市之徙。
③ 史事：漢燒棧道時無叛意，蓋以防士卒之亡。漢王都櫟陽，三月乃再出。

角兵。時張良徇韓地，遺羽書曰：“漢欲得關中，如約，即止。”又以齊反書遺羽，曰：“齊與趙欲併滅楚。”史云羽以故無西意而北擊齊。然漢入關，未能遽搖動大局，齊撓梁、趙以叛則不然，釋漢而擊齊，亦用兵形勢當爾，未必由聽張良也。漢二年，十月，漢王如陝。今河南陝縣。河南王申陽降。使韓大尉韓信故韓襄王孽孫。擊韓。韓王鄭昌降。十一月，立信爲韓王。漢王還歸，都櫟陽。春，正月，項羽擊田榮城陽，榮敗，走平原。今山東平原縣。平原民殺之，齊皆降楚。楚遂北燒夷齊城郭室屋，皆阬降卒，係虜其老弱婦女，徇齊至北海，多所殘滅。齊人相聚而叛之。三月，漢王自臨晉渡河。臨晉，今陝西大荔縣。魏王豹降，將兵從下河內，虜殷王卬，至洛陽，新城三老董公新城，漢縣，在今河南洛陽縣南。遮說漢王，於是漢王爲義帝發喪，發使告諸侯曰：“天下共立義帝，北面而事之。今項羽放殺義帝江南，大逆無道，寡人悉發關中兵，收三河士，南浮江、漢以下，願從諸侯王擊楚之殺義帝者。”義帝之死，既係疑案，此云浮江、漢而下，蓋以告南方諸侯，云天下共立義帝，北面而事之，乃後人附會之語，必非當時情實也。四月，田榮弟橫收得數萬人，反城陽，立榮子廣爲齊王。羽雖聞漢東，既擊齊，欲遂破之，而後擊漢。漢王以故得劫五諸侯兵，徐廣曰：塞、翟、魏、殷、河南。應劭曰：雍、塞、翟、殷、韓。韋昭曰：塞、翟、殷、韓、魏。顏師古曰：常山、河南、韓、魏、殷。案《淮陰侯列傳》：漢二年，出關，收魏、河南、韓、殷王皆降，合齊、趙共擊楚。時張耳已走歸漢，齊兵則自距項羽，但與漢合勢耳，顏說是也。凡五十六萬人，東伐楚。到外黃，彭越將三萬人歸漢。漢王拜越爲魏相國，令定梁地。漢王遂入彭城。收羽美人、貨賂，置酒高會。羽聞之，令其將擊齊，自以精兵三萬人南。從魯出胡陵，而從蕭，今江蘇蕭縣。晨擊漢軍，而東至彭城。日中，大破漢軍。漢軍皆走，相隨入穀、泗水。殺漢卒十餘萬人。漢卒皆南走山，楚又追擊，至靈壁東睢水上，靈壁，在今安徽宿縣西北。漢軍卻，爲楚所擠，多殺漢卒十餘萬人，皆入睢水，睢水爲之不流。漢王與數十騎遁去。諸侯見漢敗，皆亡去。塞王欣、翟王翳降楚，殷王卬死。呂后兄周呂侯澤，將兵居下邑，縣名，在今江蘇碭山縣東。漢王往從之。稍收士卒，軍碭。漢王之至下邑，問曰：“吾欲捐關以東棄之，誰可與共功者？”張良曰：“九江王布，楚梟將，與項王有隙，彭越與田榮反梁地，此兩人可急使；而漢王之將，獨韓信可屬大事，當一面；即欲捐之，捐之此三人，則楚可破也。”漢王乃遣隨何說九江王布，而使人連彭越。初，項王擊齊，徵兵九江。九江王布稱病不往，遣將將數千人行。漢之敗楚彭城，布又稱病不佐楚。項王由此怨布，數使使者誚讓，召布。布愈恐，不敢往。隨何往說，布果叛楚。五月，漢王屯滎陽，蕭何發關中老弱未傅者悉詣軍，韓信亦收兵與漢王會，兵復大振。與楚戰滎陽南京、索間，破之。築甬道屬河，以取敖倉粟。

　　魏王豹謁告視親疾，至則絕河津，反爲楚。六月，漢王還櫟陽，立大子。引水灌廢丘，廢丘降，章邯自殺。八月，漢王如滎陽。使酈食其往說魏王豹，豹不聽。漢以韓信爲左丞相，與曹參、灌嬰俱擊魏。九月，信等虜豹，傳詣滎陽，定魏地。使請兵三萬人，願以北舉燕、趙，東擊齊，南絕楚糧道。漢王與之。初，漢擊楚，使告趙，欲與俱。陳餘曰：“漢殺張耳乃從。”於是漢王求人類張耳者斬之，持其頭遺陳餘。餘乃遣兵助漢。漢之敗於彭城，餘亦復覺張耳不死，即背漢。漢遣張耳與韓信俱，破代，禽夏説閼與。今山西和順縣。三年，冬，十月，以兵數萬，欲東下井陘。趙王、陳餘聚兵井陘口，號稱二十萬。廣武君李左車説成安君：“深溝高壘勿與戰。假臣奇兵三萬人，從間路絕其輜重。”不聽。韓信遂下，破趙軍，斬成安君，禽趙王歇。《張耳陳餘列傳》云：追殺趙王歇襄國。生得廣武君。從其策，發使使燕。燕從風而靡。乃遣使報漢，因請立張耳爲趙王，以鎮撫其國。漢王許之。信之下魏、代，漢輒使人收其精兵詣滎陽以距楚。楚數使奇兵渡河擊趙，趙王耳、韓信往來救趙，因行定趙城邑，發兵詣漢。隨何既説黥布，布起攻楚。楚使項聲、龍且攻布，布戰，不勝。十二月，布與隨何間行歸漢。漢王分之兵。與俱收兵，至成皋。今河南汜水縣。項羽數侵奪漢甬道，漢軍乏食。夏，四月，項羽圍漢滎陽，漢王請和。割滎陽以西者爲漢。亞父勸項羽急攻滎陽。五月，將軍紀信詐爲漢王降楚。漢王與數十騎遁。令御史大夫周苛、魏豹、樅公守滎陽，周苛、樅公殺魏豹。漢王出滎陽，至成皋。自成皋入關收兵，欲復東。轅生説漢王：“出武關，項王必引兵南走。王深壁，令滎陽、成皋間且得休息。使韓信等得輯河北趙地，連燕、齊。君王乃復走滎陽。如此，則楚所備多，力分，漢得休息，復與之戰，破之必矣。”漢王從其計，出軍宛、葉間。葉，今河南葉縣。與黥布行收兵。羽聞漢王走宛，果引兵南。漢王堅壁不與戰。是月，彭越渡睢，與項聲、薛公戰下邳，破殺薛公。羽使終公守成皋，而自東擊彭越。漢王引兵北擊破終公，復軍成皋。六月，羽已破走彭越，聞漢復軍成皋，乃引兵西。拔滎陽城，烹周苛，殺樅公，而虜韓王信。遂圍成皋。漢王跳。北渡河，宿小修武。今河南獲嘉縣。自稱使者，晨馳入張耳、韓信壁，奪之軍。令張耳備守趙地，拜韓信爲相國，收趙兵未發者擊齊。漢王得韓信軍，復大振。八月，臨河南鄉，軍小修武。欲復戰。郎中令鄭忠説止漢王，漢王聽其計。使盧綰、劉賈將卒二萬人，騎數百渡白馬津，在河南滑縣。佐彭越燒楚積聚，復擊破楚軍燕郭西。燕縣，古南燕國，今河南延津縣。攻下睢陽、外黃十七城。睢陽，今河南商丘縣。九月，羽謂海春侯大司馬曹咎曰："謹守成皋。即漢王欲挑戰，慎勿與戰，勿令得東而已。我十五日，必定梁地，復從將軍。"羽引兵東擊彭越。初，項羽釋齊歸擊漢，因連與漢戰，以故田橫復得收齊城邑，立榮子廣爲齊王，而橫相之，專國政。政無鉅細，皆斷於相。聞韓信且東，使華毋傷、田解軍於歷下，今山東歷城縣。以距漢。漢使酈生説下齊王廣及其相橫，橫以爲然；解其歷下軍。四年，十月，韓信用蒯通計，襲破齊。齊烹酈生。王廣東走高密，今山東高密縣。相橫走博陽。今山東泰安縣。羽使從兄子項它爲大將，龍且爲裨將，救齊。此從《漢書‧項籍傳》。《史記‧項羽本紀、淮陰侯、田儋列傳》，皆僅云龍且。《高祖本紀》作龍且、周蘭。漢果數挑成皋戰，楚軍不出，使人辱之，數日，大司馬咎怒，渡兵汜水。士卒半渡，漢擊之，大破楚軍，大司馬咎、長史欣皆自剄汜水上。漢王引兵渡河，復取成皋，軍廣武，孟康曰：於滎陽築兩城相對，名爲廣武，在敖倉西山上。就敖倉食。羽下梁地十餘城，聞海春侯破，乃引兵還。軍廣武，與漢相守。十一月，韓信與灌嬰擊破楚軍，殺龍且，追至城陽，虜齊王廣。齊相田橫自立爲齊王，奔彭越。關中兵益出，而彭越、田橫居梁地，往來苦楚兵，絕其糧食。韓信已破齊，使人言曰："齊邊楚，不爲假王，恐不能安齊。"漢王怒，欲攻之。張良曰："不如因而立之，使自爲守。"二月，遣良操印立信爲齊王。項王使盱眙人武涉往説齊王信反漢，與楚連和，三分天下而王之。武涉已去，蒯通知天下權在韓信，深説以三分天下之計。信猶豫，遂不聽。七月，立黥布爲淮南王。八月，項羽自知少助，食盡；韓信又進兵擊楚，羽患之。漢使侯公説羽。羽乃與漢約：中分天下。割鴻溝以西爲漢，以東爲楚。九月，歸大公、吕后。彭城之敗，審食其從大公、吕后間行，反遇楚軍，羽常置軍中以爲質。羽解而東歸。漢王欲西歸，張良、陳平諫曰："今漢有天下大半，而諸侯皆附，楚兵罷食盡，此天亡之時，不因其幾而遂取之，所謂養虎自遺患也。"漢王從之。五年，十月，漢王追項羽。至陽夏南，止軍，與齊王信、魏相國越期會擊楚。至固陵，今河南淮陽縣西北。不會。楚擊漢軍，大破之。漢王復入壁，深塹而守。謂張良曰："諸侯不從，奈何？"良對曰："楚兵且破，未有分地，其不至固宜。君王能與共天下，可立致也。齊王信之立非君王意，信亦不自堅。彭越本定梁地，始君王以魏豹故，拜越爲相國，今豹死，越亦望王，而君王不早定。今能取睢陽以北至穀城，今山東東阿縣。皆以王彭越，從陳以東傅海與齊王信。信家在楚，其意欲復得故邑。能出捐此地，以許兩人，使各自爲戰，則楚易敗也。"於是漢王發使使韓信、彭越。此實平敵相約分地，非漢王能封之也。至，皆引兵來。十一月，劉賈入楚地，圍壽春。今安徽壽縣。漢亦遣人誘楚大司馬周殷。殷畔楚，以舒屠六。舒，今安徽廬江縣。舉九江兵，迎黥布，並行屠城父。_{今安徽靈壁縣。}隨劉賈皆會。十二月，圍羽垓下。_{李奇曰：沛洨縣聚邑名，在今安徽靈壁縣東南。}羽夜聞漢軍四面皆楚歌，知盡得楚地，從八百餘人，直夜潰圍南出馳走。平明，漢軍乃覺之。令騎將灌嬰以五千騎追之。項王渡淮，騎能屬者百餘人耳。至陰陵，_{縣名，在今安徽定遠縣西北。}迷失道。問一田父，田父紿曰：“左。”左，乃陷大澤中。以故漢追及之。項王乃復引兵而東。至東城，_{見第一節。}乃有二十八騎。漢騎追者數千人。項王自度不得脫，謂其騎曰：“吾起兵至今八歲矣，身七十餘戰，所當者破，所擊者服，未嘗敗北，遂霸有天下。然今卒困於此，此天之亡我，非戰之罪也。今日固決死，願爲諸君決戰，必三勝之；爲諸君潰圍斬將刈旗；令諸君知天亡我，非戰之罪也。”乃分其騎以爲四隊，四鄉。漢軍圍之數重。項王謂其騎曰：“吾爲公取彼一將。”令四面騎馳下，期山東爲三處。於是項王大呼馳下，漢軍皆披靡。遂斬漢一將與其騎會爲三處，漢軍不知項王所在，乃分軍爲三，復圍之。項王乃馳，復斬漢一都尉，殺數十百人。復聚其騎，亡其兩騎耳。乃謂其騎曰：“何如？”騎皆伏曰：“如大王言。”於是項王乃欲東渡烏江。_{今安徽和縣。}烏江亭長檥船待，謂項王曰：“江東雖小，地方千里，衆數十萬人，亦足王也，願大王急渡。今獨臣有船，漢軍至，無以渡。”項王笑曰：“天之亡我，我何渡爲？且籍與江東子弟八千人渡江而西，今無一人還，縱江東父兄憐而王我，我何面目見之？縱彼不言，籍獨不愧於心乎？”乃令騎皆下馬步行，持短兵接戰。獨籍所殺漢軍數百人。項王身亦被十餘創，顧見漢騎司馬呂馬童，曰：“若非吾故人乎？”乃曰：“吾聞漢購我頭千金，邑萬戶，吾爲若德。”乃自刎而死。楚地皆降漢，獨魯不下，乃持項王頭示魯，魯父兄乃降。初，懷王封項籍爲魯公；及其死，魯最後下；故以魯公禮葬項王穀城。項羽所立臨江王共敖前死，子尉嗣爲王，不降，遣盧綰、劉賈擊虜尉。田橫懼誅，與其徒屬五百餘人入海，居島中。高帝恐後爲亂，使使赦橫罪，召之。未至，自剄。

劉、項成敗，漢得蕭何以守關中，韓信以下趙、代、燕、齊，而楚後路爲彭越所擾，兵少食盡，固爲其大原因。然漢何以得蕭何、信、越等，而楚親信如英布、周殷等，且紛紛以叛乎？高祖置酒雒陽宮，曰：“列侯諸將，無敢隱朕，皆言其情。吾所以有天下者何？項氏之所以失天下者何？”高起、王陵對曰：“陛下慢而侮人，項羽仁而愛人，然陛下使人攻城略地，所降下者，因以予之，與天下同利也。項羽妒賢疾能，有功者害之，賢者疑之，戰勝而不予人功，得地而不與人利，此所以失天下也。”高祖曰：“公知其一，未知其二：夫運籌帷帳之中，決勝於千里之外，吾不如子房，填國家，撫百姓，給餽饟，不絕糧道，吾不如蕭何,連百萬之軍,戰必勝,攻必取,吾不如韓信。此三人皆人桀也：吾能用之,此吾所以取天下也。項羽有一范增而不能用,此其所以爲我禽也。"高祖所言,與高起、王陵所説,其實是一。韓信曰："項王使人,有功當封爵者,印刓弊,忍不能予。"陳平言："項王不能信人,其所任愛,非諸項,即妻之昆弟,雖有奇士不能用。"酈食其説齊王,亦言項羽非項氏莫得用事。蓋項氏故楚世家,其用人猶沿封建之世卑不踰尊、疏不踰戚之舊,漢高起於氓庶,則不然也。然是時知勇之士,固不出於世禄之家,此其所以一多助、一寡助乎？然則劉、項之興亡,實社會之變遷爲之矣。

第四章　漢　初　事　迹

第一節　高　祖　初　政

漢五年，既滅項籍。二月，楚王韓信、淮南王英布、梁王彭越、故衡山王吳芮、王芮詔曰：諸侯立以爲王，項羽侵奪之地，謂之番君，故是時稱故。趙王張敖、耳子，見下。燕王臧荼上尊號，漢王即皇帝位於氾水之陽。自義帝亡，惟項羽稱霸王，爲諸侯長，然諸侯多叛之，至此，天下始復有共主矣。

夏，五月，兵皆罷歸家。詔曰："諸侯子在關中者，復之十二歲，其歸者半之。民前或相聚保山澤，①不書名數。今天下已定，令各歸其縣，復故爵田宅。吏以文法教訓辨告，勿笞辱。民以飢餓自賣爲人奴婢者，皆免爲庶人。軍吏、卒會赦，其亡罪會赦得免罪及本無罪。而亡爵及不滿大夫者，皆賜爵爲大夫。故大夫以上，賜爵各一級，其七大夫以上，皆令食邑，非七大夫以下皆復其身及戶，勿事。"又曰："七大夫、公乘以上，皆高爵也。諸侯子及從軍歸者，甚多高爵。吾數詔吏：先與田宅，及所當求於吏者亟與。爵或人君，上所尊禮，久立吏前，曾不爲決，甚亡謂也。異日秦民爵公大夫以上，令、丞與亢禮，今吾於爵非輕也，吏獨安取此？且法以有功勞行田宅，今小吏未嘗從軍者多滿，而有功者顧不得，背公立私，守、尉、長吏教訓甚不善，其令諸吏善遇高爵，稱吾意。且廉問，有不如吾詔者，以重論之。"此皆所以撫慰爲兵及失職者也。變亂之際，此輩往往蕩無家室可歸，又或習於戰鬥虜掠，不肯事生產，實爲致亂之原。有以撫慰之，則俱欲休息乎無爲，而亂原塞矣。韓信言天下已定，民皆自寧，不可復用，高帝時，諸侯叛者，迄不能有成，以此。

齊人婁敬戍隴西，過洛陽，見齊人虞將軍曰："臣願見上言便事。"虞將軍

---

① 兵：民保山澤。彭越居鉅野澤（第三十二頁）。樊崇初起入山（第一五三頁）。新市初入澤後藏綠林（第一五五頁）。營堡堡壁（第一六二、一七六頁）。董卓郿塢（第二四五頁）。李榷北塢（第二四八頁）。

言上，上召問。敬説曰："秦地被山帶河，四塞以爲固。卒然有急，百萬之衆可具也。因秦之故，資甚美膏腴之地，此所謂天府者也。陛下入關而都之，山東雖亂，秦之故地，可全而有也。"上疑之。左右大臣皆山東人，多勸上都雒陽。"雒陽東有成皋，西有殽、黽，倍河，鄉伊、雒，其固亦足恃。"留侯曰："雒陽雖有此固，其中小，不過數百里。田地薄，四面受敵，此非用武之國也。夫關中，左殽、函，右隴、蜀，沃野千里，南有巴、蜀之饒，北有胡苑之利。阻三面而守，獨以一面專制諸侯。諸侯安定，河、渭漕輓天下，西給京師；諸侯有變，順流而下，足以委輸。此所謂金城千里，天府之國也。敬説是也。"於是高帝駕，即日西都關中。賜敬姓劉氏。觀劉敬及留侯之説，知是時漢尚未敢欲全有天下，[1]其後數年之間，異姓諸侯叛者，無不敗亡，復成郡縣之局，尚非是時所及料也。漢高於東方非有根柢，關中則用之已數年，自欲因循舊業，亦非盡因地理形勢。以此而議項羽之背關懷楚，語見《史記·項羽本紀》：背關，謂不都關中也。顏師古曰"謂背約不王高祖於關中"，繆矣。爲致亡之由，繆矣。

後九月，徙諸侯子關中，此蓋其不能歸者。後九年十一月，又徙齊、楚大族昭氏、屈氏、景氏、懷氏、田氏五姓關中，與利田宅，其事亦由劉敬之説。已見第二章第一節。

六年，十月，令天下縣、邑城。此與秦之夷郡縣城適相反，蓋時承揭竿斬木之後，欲防人民之叛，與秦之專猜忌豪族者異勢也。十二月，詔曰："天下既安，豪桀有功者封侯，新立，未能盡圖其功。身居軍九年，或未習法令，或以其故犯法，大者死、刑，吾甚憐之，其赦天下。"此亦所以撫慰曾從軍者也。

七年，二月，自櫟陽徙都長安。蕭丞相營作未央宫，立東闕、北闕、前殿、武庫、大倉。八年，高祖東擊韓王信餘寇於東垣，今河北正定縣。還，見宫闕壯甚，怒，謂蕭何曰："天下匈匈，苦戰數歲，成敗未可知，是何治宫室過度也？"何曰："天下方未定，故可因遂就宫室。且夫天子以四海爲家，非壯麗無以重威，且亡令後世有以加也。"高祖乃説。何之言，實文過免罪之辭。聞安民可與行義，勞民易與爲非矣，未聞天下匈匈，可因之以興勞役。昧旦丕顯，後世猶怠，豈有先爲過度之事，而冀後世之無所加者乎？論史者多稱何能鎮撫關中，實則其爲繭絲殊甚。[2]彭城之敗，何發關中老弱未傅者悉詣軍，是時楚、漢戰爭

---

① 政體：婁敬留侯説漢高之辭時，尚未敢欲全有天下。

② 史事：蕭何治關内爲繭絲。

方始，則其後此所發，皆本無役籍者可知也。是歲，關中大饑，米斛萬錢，人相食，令民就食蜀、漢。《食貨志》言秦錢文曰半兩，重如其文，漢興，以爲秦錢重難用，更令民鑄莢錢，[1]不軌逐利之民，畜積餘贏，以稽市物，痛騰躍，米至石萬錢，馬至匹百金，即此時事也。廢重作輕，而又放民私鑄，物之騰踊宜矣。顧歸咎於民之逐利，可乎？ 然則漢之刻剥其民，而爲史所不詳者多矣。

第二節　高祖剪除功臣

封建之制，至秦滅六國，業已不可復行。然當時之人，不知其不可行也。乃以秦滅六國，爲反常之事。陳涉一呼，舊邦悉復；戲下之會，益以新封；幾謂帶礪河山，可傳苗裔，然不可行者，終於不可行也。五年擾攘，所建侯王，幾無不隕命亡國，耗矣。然人仍不知其不可行也，於是有漢初之封建。

漢初之封建，先以異姓諸侯王。高祖與功臣戮力共定天下，其勞亦相等耳，一人貴爲天子，而其餘則無尺土之封，必非情理之所安，觀高祖成敗未可知之言；劉敬山東雖亂，秦地可全之説；則數年之間，翦滅殆盡，不獨非諸侯王所及料，抑亦非漢之君臣始願所及也。劉季之不可信，韓信豈不知之？ 而終距蒯徹三分之計，其以此與？

漢五年，十二月，漢王還至定陶，馳入齊王信壁，奪其軍。正月，立信爲楚王，王淮北，都下邳。彭越爲梁王，王魏故地，都定陶。二月，以長沙、豫章、象郡、桂林、南海立吳芮爲長沙王，都臨湘。今湖南長沙縣。故粤王無諸爲閩粤王，王閩地。張耳先已立爲趙王。韓王信剖符王潁川。黥布亦剖符爲淮南王，都六，九江、廬江、衡山、豫章郡皆屬焉。《史記·黥布列傳》《漢書》同。《漢書》本紀言豫章以封吳芮，而此又云屬黥布者，政令改變，史文容或不具，且或有錯誤也。時戲下舊封，仍有臧荼。七月，荼反。上自將征之。九月，虜荼。立長安侯盧綰爲燕王。六年，十月，人告楚王信謀反。上問左右，左右爭欲擊之。問陳平。平曰：“陛下兵精孰與楚？”上曰：“不能過。”平曰：“陛下將用兵，有能過韓信者乎？”上曰：“莫及也。”平曰：“今兵不如楚精，而將不能及，而舉兵攻之，是趣之戰也。竊爲陛下危之。”上曰：“爲之奈何？”平曰：“古者天子巡守，會諸侯。陛下第出，僞游雲夢，會諸侯於陳。陳，楚之西界，信聞天子以好出游，其勢必無事而郊迎謁，謁而陛下因禽之，此一力士之事耳。”高帝以爲然。發使告諸侯，因隨以行。信欲

---

① 錢幣：漢初物價騰貴由鑄莢錢。此藉惡幣籌款見記載最早者。

發兵反，自度無罪。欲謁上，恐見禽。項王亡將鍾離眛，素與信善，亡歸信，漢詔楚捕眛，人或説信曰“斬眛謁上，上必喜，無患”。眛自剄。信持其首謁高祖於陳。上令武士縛信。田肯説上曰：“甚善。陛下得韓信，又治秦中。秦形勝之國也，帶河阻山，縣隔千里，持戟百萬，秦得百二焉。地勢便利，其以下兵於諸侯，譬猶居高屋之上建瓴水也。夫齊，東有琅邪、即墨之饒，南有泰山之固，西有濁河之限，北有勃海之利，地方二千里。持戟百萬。縣隔千里之外，齊得十二焉。此東西秦也。非親子弟莫可使王齊者。”上曰：“善。”還至雒陽，赦韓信，封爲淮陰侯。始剖符，封功臣曹參等爲通侯。正月，以故東陽郡、鄣郡、吳郡五十三縣立劉賈爲荆王。高帝從父兄。劉攽曰：按《地理志》：東陽、鄣、吳，皆非秦郡，後漢順帝始分會稽爲吳，此文殊不可曉。案史據後來封域言之，而誤加故字耳，古人於此等處不甚審諦也。以碭郡、薛郡、郯郡三十六縣立弟交爲楚王。以雲中、雁門、代郡五十三縣立兄宜信侯喜爲代王。以膠東、膠西、臨淄、濟北、博陽、城陽郡七十三縣立子肥爲齊王。《齊悼惠王世家》：食七十餘城，諸民能齊言者皆予齊王。以大原郡三十一縣爲韓國，徙韓王信都晉陽。今山西大原縣。上已封大功臣三十餘人，其餘争功，未得行封。上居南宮，從復道上，見諸將往往耦語。以問張良。良曰：“陛下與此屬共取天下。今已爲天子，而所封皆故人、所愛，所誅皆平生仇怨。今軍吏計功，以天下爲不足用徧封，而恐以過失及誅，故相聚謀反耳。”上曰：“爲之奈何？”良曰：“取上素所不快，計羣臣所共知最甚者一人，先封以示羣臣。”三月，上置酒封雍齒。因趣丞相：急定功行封。罷酒，羣臣皆喜曰：“雍齒且侯，吾屬亡患矣。”案高帝之擊陳豨，封趙壯士四人各千户，左右諫曰：“從入蜀、漢，伐楚，賞未徧行”，則其時功臣尚未盡封，可見酬功之不易，此大兵之後皆然也。韓王信之徙也，《史記》本傳云：“上以信材武，所王北近鞏、洛，南迫宛、葉，東有淮陽，皆天下勁兵處，乃詔徙王大原，以北備禦胡”，蓋本有猜忌之意。信上書曰：“國被邊，匈奴數入，晉陽去塞遠，請治馬邑。”今山西朔縣。上許之。九月，匈奴圍信馬邑。信數使使胡求和解。漢發兵救之。疑信數間使，有二心，使人責讓信。信恐誅，因與匈奴約共攻漢。反，以馬邑降胡，擊大原。七年十月，上自將擊信於銅鞮，今山西沁縣西南。斬其將。信亡走匈奴，與其將曼丘臣、王黃共立故趙後趙利爲王。收信散兵，與匈奴共距漢。上從晉陽連戰，乘勝逐北，至樓煩。今雁門關北。高祖用兵亦甚速，會大寒，士卒墮指者什二三，遂至平城。今山西大同縣。爲匈奴所圍，七日，用陳平祕計得出。參看第三節。使樊噲留定代地。十二月，上還過趙。先是張耳薨，子敖嗣。五年秋。高祖長女魯元公主爲后。高祖過趙，趙王禮甚卑，高祖箕踞罵，甚慢易之。趙相貫高、趙午等，年六十餘，故張耳客也。生平爲氣，怒，請爲王殺之。敖不可。是月，匈奴攻代，代王喜棄國，自歸雒陽，赦爲合陽侯，立子如意爲代王。八年，冬，上東擊韓信餘寇於東垣，還過趙，貫高等乃壁人柏人，今河北唐山縣。要之置。上過，不宿去。九年，貫高怨家知其謀，上變告之，於是並逮捕趙王。趙午等十餘人争自到。貫高隨王詣長安。高對獄曰："獨吾屬爲之，王實不知。"吏治，榜笞數千，刺剟，身無可擊者，《漢書》作刺爇，身無完膚。終不復言。使中大夫泄公以私問之。高具道本指。正月，廢趙王敖爲宣平侯。徙代王如意爲趙王。十年，九月，代相國陳豨反。豨者，宛句人。今山東菏澤縣。不知始所以得從。韓王信反入匈奴，上至平城還，豨以郎中封爲列侯，以趙相國將，監趙、代邊，邊兵皆屬焉。豨少時嘗稱慕魏公子，及將守邊，招致賓客。嘗告過趙，賓客隨之者，千餘乘，邯鄲官舍皆滿。趙相周昌乃求入見上，具言豨賓客盛，擅兵於外，恐有變。上令人覆案豨客居代者諸爲不法事，多連引豨。豨恐，陰令客通使王黄、曼丘臣所。是年，秋，大上皇崩。上因是召豨。豨稱病，遂與王黄等反，自立爲代王，劫略趙、代。上自東至邯鄲。十一年，冬，破之。大尉周勃道大原入，定代地。正月，淮陰侯韓信謀反長安，夷三族。《淮陰侯列傳》云：陳豨拜爲鉅鹿守。《集解》：徐廣曰：表云爲趙相國，將兵守代也。辭於淮陰侯。淮陰侯挈其手，辟左右，與之步於庭。仰天歎曰："子可與言乎？欲與子有言也。"豨曰："唯將軍令之。"淮陰侯曰："公所居，天下精兵處也。而公，陛下之信幸臣也。人言公之畔，陛下必不信。再至，陛下乃疑矣。三至，必怒而自將。吾爲公從中起，天下可圖也。"陳豨素知其能也，信之，曰："謹奉教。"陳豨反，上自將而往，信病不從。陰使人至豨所，曰："第舉兵，吾從此助公。"信乃謀與家臣夜詐詔諸官徒奴，欲發以襲吕后、大子。部署已定，待豨報。其舍人得罪於信，信囚欲殺之，舍人弟上變告信欲反狀於吕后。吕后欲召，恐其黨不就，乃與蕭相國謀，詐令人從上所來，言豨已得，死。列侯羣臣皆賀。相國紿信曰："雖疾，强入賀。"信入，吕后使武士縛信，斬之長樂鍾室。案陳豨當初受命時，未必有反心，信安得與之深言？吕氏以失南北軍而敗，信是時，與長安將相大臣，一無要結，豈有但恃家臣徒奴，可以集事之理？趙、代、長安，相去數千里，聲援不相及，信苟決發，何待豨報？部署既定矣，豨報不至，又可已乎？其誣不待言矣。將軍柴武斬韓王信於參合。縣名，今山西陽高縣。立子恒爲代王，都晉陽。如淳曰：《文紀》言都中都。又文帝過太原，復晉陽、中都二歲，似遷都於中都也。中都，今山西平遙縣。三月，梁王彭越謀反，夷三族。《越傳》云：陳豨反代地，高帝自往擊，至邯鄲，徵兵梁王，梁王稱病，使將將兵詣邯鄲。高帝怒，使人讓梁王。梁王恐，欲自往謝。其將扈輒曰："王始不往，見讓而往，往則爲禽矣，不如遂發兵反。"梁王不聽，稱病。梁王怒其大僕，欲斬之，大僕亡走漢，告梁王與扈輒謀反。於是上使使掩梁王。梁王不覺。捕梁王，囚之雒陽。有司治反形已具，請論如法。上赦以爲庶人，傳處蜀青衣。縣名，今四川雅安縣。西至鄭，今陝西華縣。逢吕后從長安來，欲之雒陽。道見彭王，彭王爲吕后泣涕，自言無罪，願處故昌邑，吕后許諾。與俱東至雒陽，吕后白上曰："彭王壯士，今徙之蜀，此自遺患，不如遂誅之，妾謹與俱來。"於是吕后乃令其舍人告彭越復謀反。廷尉王恬開奏請族之。上乃可。案高帝之猜忌甚矣，越果反形已具，安得赦之？其誣又不待言也。立子恢爲梁王，子友爲淮陽王。今河南淮陰縣。五月，立南海尉它爲南越王。參看第五章第七節。七月，淮南王布反，高后誅淮陰侯，布因心恐。漢誅彭越，醢之，盛其醢徧賜諸侯。淮南王大恐。陰令人部聚兵，候伺旁郡警急。布所幸姬疾，請就醫。醫家與中大夫賁赫對門，姬數如醫家。賁赫自以爲侍中，乃厚餽遺，從姬飲醫家。姬侍王，從容，語次譽赫長者也。王怒曰："女安從知之？"具説狀。王疑其與亂。赫恐，稱病。王愈怒，欲捕赫。赫言變事，乘傳詣長安。布使人追，不及。赫至，上變，言布謀反有端，可先未發誅也。上語蕭相國，相國曰："布不宜有此，恐仇怨妄誣之，請繫赫，使人微驗淮南王。"淮南王遂族赫家，發兵反。東擊殺荆王劉賈。劫其兵，度淮擊楚，楚王交走入薛。上立子長爲王。赦天下死罪以下，皆令從軍。徵諸侯兵。上自將以擊布。十二年，十月，上破布軍於會甀。在蘄西。布走，命別將追之。布故與番君昏，長沙王吳芮子成王臣。使人紿布，與亡，信而隨之番陽，番陽人殺布。周勃定代，斬陳豨於當城。縣名，今察哈爾蔚縣。立沛侯濞爲吳王，帝兄仲之子也。盧綰者，豐人也。與高祖同里。綰親與大上皇相愛。高祖、綰同日生，里中持羊酒賀兩家。及高祖、綰壯，俱學書，又相愛也。里中嘉兩家親相愛，生子同日，壯又相愛，復賀兩家羊酒。高祖爲布衣時，有吏事辟匿，綰常隨，出入上下。起沛，綰以客從。入漢中，爲將軍，常侍中。東擊項籍，以大尉從，出入卧內。衣被、飲食、賞賜，羣臣莫敢望。雖蕭、曹等特以事見禮，至親幸，莫及綰。陳豨反，高祖如邯鄲擊豨兵，綰亦擊其東北。豨使王黄求救匈奴，綰亦使其臣張勝於匈奴，言豨等軍破。故燕王臧荼子衍亡在胡，見勝曰："公所以重於燕者，以習胡事也。燕所以久存者，以諸侯數反，兵連不決也。今公爲燕，欲急滅豨等。已盡，次亦至燕；公等亦且爲虜矣。公何不令燕且緩陳豨而與胡和？事寬，得長王燕，即有漢急，可以安國。"張勝以爲然。乃私令匈奴助豨等擊燕。綰疑勝與胡反，上書請族勝。勝還具道所以爲者，燕王寤，乃詐論他人，脫勝家屬，使

43

得爲匈奴間,而陰使范齊之陳豨所,欲令久亡,連兵勿決。豨裨將降,言范齊。高祖使使召綰,綰稱病。上又使辟陽侯審食其、御史大夫趙堯往迎燕王,因驗問左右。綰愈恐,閉匿。謂其幸臣曰:"非劉氏而王,獨我與長沙耳。往年春漢族淮陰,夏誅彭越,皆呂后計。今上病,屬任呂后。呂后婦人,專欲以事誅異姓王者及大功臣。"乃遂稱病不行。其左右皆亡匿。語頗泄,辟陽侯聞之,歸,具報上。上益怒,又得匈奴降者,言張勝亡在匈奴,爲燕使。於是上曰:"綰果反矣。"三月,使樊噲將兵擊燕,立子建爲燕王。人有惡噲:"黨於呂氏,即一日宮車晏駕,噲欲以兵盡誅滅戚氏、趙王如意之屬。"高帝聞之,大怒。用陳平謀,召絳侯周勃受詔牀下,曰:"平亟馳傳載勃代噲將。平至軍中,即斬噲頭。"二人既受詔,行計之曰:"樊噲帝之故人也,功多,且又呂后弟呂嬃之夫,有親且貴。帝以忿怒故欲斬之,恐後悔,寧囚而致上,上自誅之。"未至軍,爲壇,以節召噲。噲受詔,即反接載檻車,使詣長安,而令勃代將。燕王綰悉將其宮人、家屬、騎數千,居長城下候伺,幸上病愈,自入謝。四月,高祖崩,綰遂將其眾亡入匈奴。匈奴以爲東胡盧王,居歲餘死。樊噲至長安,高祖已崩,呂后釋噲,使復爵邑。韓信、彭越罪狀之誣,少深思之即可見,即黥布亦非有反謀,迫於不得不然耳,況盧綰乎?因循數年,身死,嗣子文弱,必不能復有反謀,漢朝亦不之忌,豈不可以久存?然終不免於賁赫、張勝之交構,則其時各種情勢,固皆與封建之制不相容。事至與各種情勢皆不相容,此等枝節,自然錯出不已,防不勝防,正不能就一枝一節,論其得失也。漢初異姓王,惟長沙傳五世,文王芮、成王臣、哀王回、共王右、靖王差,羌《表》作產。至孝文後七年,乃以無子國除,歷四十六年,則以其地最偏僻,無與大局故也。

第三節　高祖和匈奴

自戰國以前,中國所遇者多山戎,至秦、漢之世,乃與騎寇遇,《先秦史》已言之。第十章第一節。騎寇之強大者,則匈奴也。《史記·匈奴列傳》,舉古來北狄,悉羅而致之一篇之中。一若其皆與匈奴同族者,固爲非是。然匈奴漸漬中國之文化確頗深。《史記》曰:"匈奴,其先祖夏后氏之苗裔也。曰淳維。"固無確據,然繫世所傳,多非虛罔,讀《先秦史》可見。文化恒自一中心傳播於其四面;文明民族中人,入野蠻部落,爲之大長者,尤僂指難悉數;則《史記》此語,雖不能斷其必確,亦無由斷其必誣,此固無足深論,然匈奴文化,受諸中國者甚多,則彰彰矣。其最大者,當爲與中國同文。《元史譯文證補》曰:"羅馬史謂匈奴西徙後,有文字，有詩詞歌詠。當時羅馬有通匈奴文者，匈奴亦有通拉丁文者，惜後世無傳焉。"案《匈奴列傳》言漢遺單于書，牘以尺一寸，中行說令單于遺漢書以尺二寸牘，及印封，皆令廣長大。則其作書之具，實與中國同。從來北狄書疏，辭意類中國者，莫匈奴若，初未聞其出於譯人之潤飾。《漢書·西域傳》曰："自且末以往，有異乃記。"記其與中國異，而略其與中國同者，當時史法則然，然則史於安息明著其畫革旁行爲書記，而於匈奴文字，獨不之及，正可證匈奴與中國同文也。攘斥騎寇者，始於趙武靈王，林胡樓煩等，皆爲所滅，而匈奴以地遠獲自存。秦始皇使蒙恬斥逐匈奴時，匈奴單于曰頭曼。匈奴稱其君曰撑犂孤塗單于。撑犂，天也，孤塗，子也，單于者，廣大之貌也。北族無稱其君爲天子者，而匈奴獨有是稱，蓋亦受諸中國者也。頭曼不勝秦，北徙十餘年，而蒙恬死，諸侯畔秦，中國擾亂，諸秦所徙適戍邊者皆復去，於是匈奴得寬，復稍度河南，與中國界於故塞。《史記·匈奴列傳》文。自蒙恬取河南至其死，實不及十餘年，蓋古書辭不審諦，亦或頭曼北徙，實在蒙恬收河南地之前也。《漢書·高帝紀》：二年，六月，興關中卒乘邊塞。匈奴之復度河南，當在此時。單于有大子名冒頓，後有所愛閼氏，生少子。單于欲廢冒頓，立少子。冒頓殺單于，破滅東胡王，西擊走月氏，南併樓煩、白羊河南王。如淳曰：白羊王居河南。侵燕、代，悉復收蒙恬所奪地，與漢關故河南塞，至朝那、今甘肅平涼縣。膚施，遂侵燕、代。是時漢兵與項羽相距，中國罷於兵革，以故冒頓得自彊。控弦之士三十餘萬。《史記》云："自淳維以至頭曼，千有餘歲，時大時小，別散分離，尚矣，其世傳不可得而次云。然至冒頓而匈奴最彊大，盡服從北夷，而南與中國爲敵國。"《史記》此語，蓋謂匈奴先世之事，雖不可盡記，然其皆不如冒頓時之彊大，則猶有可知，此亦可見匈奴史事，非盡無徵也。[①] 匈奴中當自有傳說，漢人亦或知其略，特未嘗筆之於書。盡服從北夷，蓋指漠南近塞之國，後又北服渾窳、屈射、丁靈、鬲昆、薪犂之國，則漠北亦爲所懾服。丁靈，亦作丁令、丁零，即後世之鐵勒，其所占之地甚廣。匈奴此時所服，蓋在蒙古、西伯利亞之間，鬲昆，即堅昆，當在其西北，見第五章第十三節。薪犂《漢書》作龍新犂，龍字爲誤衍，抑《史記》奪佚，難考。薪犂蓋民族名，《李斯列傳》斯諫逐客書曰"乘纖離之馬"，纖離似即薪犂。[②] 疑亦近塞之族，奔迸而北者也。蒙古高原與中國內地相抗之局，成於此矣。

漢與匈奴構兵，始於平城之役。時匈奴援韓王信之兵皆敗，高帝乘勝北逐之，多步兵。高帝先至平城，上白登。平城旁高地。爲匈奴所圍，七日，用陳平計得出。《陳丞相世家》云"用平奇計，使單于閼氏"；《韓王信列傳》云"上使人厚遺閼氏，閼氏說冒頓"；《匈奴列傳》云"冒頓與王黃、趙利期不來，疑其與漢有謀，亦取閼氏之言"；此非情實。[③]《陳丞相世家》又云"其計祕，世莫得聞"；

---

① 四裔：匈奴史事非盡無徵。

② 四裔：薪犂疑即纖離，亦近塞族奔迸而北。

③ 史事：平城何以免。

《漢書・匈奴列傳》載揚雄諫距單于朝書亦曰"卒其所以得脱者，世莫得而言也"；又載武帝大初四年詔曰"高皇帝遺朕平城之憂，昔襄公復九世之讎，《春秋》大之"；則必有如顏師古所言，其事醜惡者。案《史記》言匈奴"自左右賢王以下至當户，大者萬騎，小者數千，凡二十四長，立號曰萬騎"，所謂控弦之士三十餘萬，蓋合單于之衆計之。匈奴士力能彎弓，盡爲甲騎，則其丁壯之數，即其控弦之數。南單于降漢後，户口勝兵，數皆可考，勝兵之數，約當口數四之一强。然則匈奴人口，不過百餘萬。故賈生謂其不過漢一大縣。以中國之力制之，實綽乎有餘。然漢是時，方務休養生息，亦且命將則懲韓王信之事，自將則不能專力於匈奴，故遂用劉敬之策，①與之和親，事見《史記・敬傳》，曰：上問敬，敬曰："天下初定，士卒罷於兵，未可以武服也。冒頓殺父代立，妻羣母，以力爲威，未可以仁義説也。獨可以計久遠，子孫爲臣耳，然恐陛下不能爲。"上曰："誠可，何謂不能？顧爲奈何？"對曰："陛下誠能以適長公主妻之，厚奉遺之，彼知漢適女，送厚，蠻夷必慕，以爲閼氏，生子必爲大子，代單于，何者？貪漢重幣。陛下以歲時漢所餘彼所鮮數問遺，因使辯士風諭以禮節。冒頓在固爲子壻，死則外孫爲單于，豈嘗聞外孫敢與大父抗禮者哉？兵可無戰，以漸臣也。若陛下不能遣長公主，而令宗室及後宮詐稱公主，彼亦知，不肯貴近，無益也。"高帝曰："善。"欲遣長公主。呂后日夜泣曰："妾惟大子一女，奈何棄之匈奴？"上竟不能遣長公主，而取家人子名爲長公主妻單于。使敬往結和親約。《匈奴列傳》曰：歲奉匈奴絮、繒、酒、米、食物各有數，約爲昆弟《漢書》作兄弟，案古稱結昏姻爲兄弟，見《禮記・曾子問》。以和親。蓋薦女贈遺，實當時議和之兩條件也。以結昏姻羈縻目前，隱爲漸臣之計，古列國間固多此事，劉敬乃戰國策士之流，其畫此計，固無足怪。至是時匈奴之形勢，與前此之蠻夷不同，非復此策所能臣屬，則曠古未開之局，往往非當時之人所能知，亦不足爲敬咎。必遣適長公主，乃傳者附會之辭，不足信。要之以薦女贈遺爲和戎之計，以和戎息民而免反側者之乘釁，則當爲敬所畫而高帝用之耳。然以薦女贈遺結和親，遂爲漢家故事，並爲後世所沿襲矣。賈生曰："夷狄徵令，是主上之操也。天子共貢，是臣下之禮也。足反居上，首顧居下，倒縣如此，莫之能解，猶爲國有人乎？"雖曰一時之計，究可羞也，況遂沿爲故事乎？始作俑者，不得辭其責矣。然百姓新困於兵，又内多反側者，固不得不如此，故内争未有不召外侮者也。

---

①　史事：劉敬主與匈奴和親。云必適長公主疑附會。

第四節 漢初功臣外戚相誅

内任外戚，[1]外封建宗室，此漢初之治法也。知此，則可與言吕氏之事矣。《史記・吕后本紀》曰：吕大后者，高祖微時妃也。生孝惠帝，女魯元大后。及高祖爲漢王，得定陶戚姬，愛幸，生趙隱王如意。孝惠爲人仁弱，高祖以爲不類我，常欲廢大子，立戚姬子如意，如意類我。戚姬幸，常從上之關東，日夜啼泣，欲立其子。吕后年長，常留守，希見上，益疏。如意立爲趙王後，幾代大子者數矣。賴大臣争之，及留侯策，大子得毋廢。吕后爲人剛毅，佐高祖定天下，所誅大臣，多吕后力。吕后兄二人，皆爲將。長兄周吕侯，名澤。死事，封其子吕台爲酈侯，子産爲交侯，次兄吕釋之爲建成侯。高祖崩，大子襲號爲帝。吕后令永巷囚戚夫人，而召趙王。孝惠元年，十二月，酖之。徙淮陽王友爲趙王。遂斷戚夫人手足，去眼，煇耳，飲瘖藥，使居厠中，命曰人彘。[2]居數日，乃召孝惠帝觀人彘。孝惠大哭，因病，歲餘不能起，使人請大后曰："此非人所爲，臣爲大后子，終不能治天下。"孝惠以此日飲爲淫樂，不聽政，故有病也。二年，齊悼惠王來朝。十月，孝惠與齊王燕飲大后前。孝惠以爲齊王兄，置上坐，如家人之禮。大后怒，乃令酌兩卮置前，令齊王起爲壽。齊王起，孝惠亦起取卮，欲俱爲壽。大后乃恐，自起泛孝惠卮。案孝惠即尊齊王，齊王是時，是否敢居上坐，已有可疑。大后欲酖齊王，何時不可，豈必行之燕飲之間？酖酒豈不可獨酌一卮，而必並酌兩卮，致待自起泛之乎？故知漢初事傳者，多類平話，人彘等説，亦不足盡信矣。齊王怪之，因不敢飲，詳醉去。問，知其酖，齊王恐，自以不得脱長安。齊内史士説王，上城陽之郡，治莒，今山東莒縣。尊魯元公主爲王大后，吕后喜，許之。乃置酒齊邸，樂飲，罷歸齊王。七年，八月，孝惠帝崩。發喪，大后哭，泣不下。留侯子張辟彊爲侍中，年十五，謂丞相曰："大后獨有孝惠，今崩，哭不悲，君知其解乎？"丞相曰："何解？"辟彊曰："帝毋壯子，大后畏君等。君今請拜吕后，吕産、吕禄爲將，將兵居南北軍；及諸吕皆入宫，居中用事，如此，則大后心安，君等幸得脱禍矣。"丞相如辟彊計。大后説，其哭乃哀，吕氏權由此起。大子即位爲帝。元年，號令一出大后，大后稱制，議欲立諸吕爲王，問右丞相王陵。王陵曰："高帝刑白馬盟曰：非劉氏而王，天下共擊之，今王吕氏，非約也。"大后不説，

---

[1] 史事：漢初内任外戚，外任宗室。吕氏事真相（第四十七—五十四頁）。

[2] 史事：人彘、鴆齊王……不足信。四皓（第五十一頁）策士言（第五十三頁）。非劉氏王共擊（第四十七、四十九、五十二頁）。云皆大臣之議（第五十頁），可見無約。

問左丞相陳平,絳侯周勃,勃等對曰:"高帝定天下,王子弟,今大后稱制,王昆弟諸呂,無所不可。"大后喜。十一月,大后欲廢王陵,乃拜爲帝大傅,奪之相權,王陵遂病免歸。乃以左丞相平爲右丞相,以辟陽侯審食其爲左丞相。左丞相不治事,監宮中,如郎中令。食其故得幸大后,楚取大上皇、呂后爲質,食其以舍人侍呂后。常用事,公卿皆因而決事。四月,魯元公主薨,賜謚爲魯元大后。子偃爲魯王。封齊悼惠王肥子章爲朱虛侯,以呂禄女妻之。乃封呂種爲沛侯,徐廣曰:釋之子。呂平爲扶柳侯。徐廣曰:大后姊子。立孝惠後宮子彊爲淮陽王,不疑爲常山王,山爲襄城侯,朝爲軹侯,武爲壺關侯。大后風大臣,大臣請立酈侯呂台爲呂王。割齊之濟南郡。建成康侯釋之卒,嗣子有罪廢,立其弟呂禄爲胡陵侯,續康侯後。二年,常山王薨,以其弟襄城侯山爲常山王,更名義。十一月,呂王呂台薨,謚爲肅王,大子嘉代立。四年,封呂頫爲臨光侯,呂他爲俞侯,呂更始爲贅其侯,徐廣曰:表云:呂后弟子淮陽丞相呂勝爲贅其侯。呂忿爲呂城侯,及諸侯丞相五人。徐廣曰:中邑侯朱通、山都侯王恬開、松滋侯徐屬、滕侯呂更始、醴陵侯越。宣平侯女爲孝惠皇后,無子,詳爲有身,取美人子名之,殺其母,立所名子爲大子。孝惠崩,大子立爲帝。帝壯,或聞其母死,非真皇后子,乃出言曰:"后安能殺吾母而名我?我未壯,壯即爲變。"大后聞而患之,恐其爲亂,乃幽殺之。立常山王義爲帝,更名曰弘。不稱元年,以大后制天下事也以軹侯朝爲常山王。置大尉官,絳侯勃爲大尉。五年,八月,淮陽王薨,以弟壺關侯武爲淮陽王。六年,十月,大后曰:"呂王嘉居處驕恣",廢之。以肅王台弟呂産爲呂王。夏,封齊悼惠王子興居爲東牟侯。七年,正月,大后召趙王友。友以諸呂女爲后,弗愛,愛他姬。諸呂女妒,怒,去,讒之於大后,誣以罪過,曰:"呂氏安得王?大后百歲後,吾必擊之。"大后怒,以故召趙王。趙王至,置邸,不見,令衛圍守之,弗與食,餓死。二月,徙梁王恢爲趙王。呂王産徙爲梁王。梁王不之國,爲帝大傅。立皇子平昌侯大爲呂王。更名梁曰呂,呂曰濟川。大后女弟呂頫有女,爲營陵侯劉澤妻,澤爲大將軍。大后王諸呂,恐即崩後,劉將軍爲害,乃以劉澤爲琅邪王,割齊之琅邪郡。以慰其心。梁王恢之徙王趙,心懷不樂。大后以呂産女爲趙王后。王后從官皆諸呂,微伺趙王,趙王不得自恣。王有所愛姬,王后使人酖殺之,王悲。六月,即自殺。大后聞之,以爲王用婦人棄宗廟禮,廢其嗣。宣平侯張敖卒,以子偃爲魯王。秋,大后使使告代王,欲徙王趙。代王謝,願守代邊。呂禄立爲趙王。九月,燕靈王建薨,有美人子,大后使人殺之,無後,國除。八年,十月,立呂肅王子東平侯通爲燕王,弟莊爲東平侯。三月,高后病,后爲魯元王偃年少,蚤失父母,乃封張敖前姬兩子,侈爲新都侯,壽爲樂昌侯,以輔魯元王。及封中大謁者張釋爲建陵侯,呂榮爲祝兹侯。

徐廣曰:呂后昆弟子。諸中宦者令丞皆爲關内侯,食邑五百户。七月,高后病甚,
乃令趙王呂禄爲上將軍,居北軍;呂王産居南軍。大后誠産、禄曰:“高帝已定
天下,與大臣約曰:非劉氏王者,天下共擊之。今呂氏王,大臣弗平。我即崩,
帝年少,大臣恐爲變。必據兵衛宫,慎毋送喪,毋爲人所制。”高后崩,呂王産
爲相國。呂禄女爲帝后。高后已葬,以左丞相審食其爲帝大傅。朱虚侯劉章
有氣力,東牟侯興居其弟也,皆齊哀王弟,名襄,悼惠王肥子,悼惠王卒於惠帝六年十月。
居長安。當是時,諸吕用事擅權,欲爲亂,畏高帝故大臣絳、灌等,未敢發。朱
虚侯婦吕禄女,陰知其謀,恐見誅,乃陰令人告其兄齊王,欲令發兵西,誅諸吕
而立。朱虚侯欲從中與大臣爲應。齊王欲發兵,①其相弗聽。八月,齊王欲使
人誅相,相召平乃反,興兵欲圍王。王因殺其相,遂發兵東。詐奪琅邪王兵,
並將之而西。相國吕産等遣潁陰侯灌嬰將兵擊之。嬰至滎陽,使使諭齊王及
諸侯,與連和,以待吕氏變,共誅之。齊王聞之,乃還兵西界待約。吕禄、吕産
欲發亂關中,内憚絳侯、朱虚等,外畏齊、楚兵,又恐灌嬰畔之,欲待灌嬰兵與
齊合而發,猶豫未决。當是時,濟川王大、淮陽王武、常山王朝,名爲少帝弟,
及魯元王,吕后外孫,皆年少,未之國,居長安。趙王禄、梁王産各將兵居南北
軍,皆吕氏之人。列侯、羣臣,莫自堅其命。大尉絳侯勃不得入軍中主兵。曲
周侯酈商老病,其子寄,與吕禄善。絳侯乃與丞相陳平謀,使人劫酈商,令其
子寄往紿説吕禄,曰:“高帝與吕后共定天下,劉氏所立九王,吕氏立三王,皆
大臣之議,事已布告諸侯,諸侯皆以爲宜。今大后崩,帝少,而足下佩趙王印,
不急之國守藩,乃爲上將,將兵留此,爲大臣諸侯所疑。足下何不歸將印,以
兵屬大尉,請梁王歸相國印,與大臣盟而之國? 齊兵必罷,大臣得安,足下高
枕而王千里,此萬世之利也。”吕禄信然其計,使人報吕産及吕氏老人,或以爲
便,或曰不便,計猶豫,未有所决。左丞相食其免。八月,庚申,旦,平陽侯窋曹
參子。行御史大夫事,見相國産計事。郎中令賈壽使從齊來,因數産曰:“王不
蚤之國,今雖欲行,尚可得邪?”具以灌嬰與齊、楚合從,欲誅諸吕告産。乃趣
産急入宫。平陽侯頗聞其語,乃馳告丞相、大尉。大尉欲入北軍,不得入。襄
平侯通《功臣表》襄平侯紀通,父成,以將軍定三秦,死事,子侯。尚符節,乃令持節矯内大尉
北軍。大尉復令酈寄與典客劉揭先説吕禄曰:“帝使大尉守北軍,欲足下之

---

① 史事:能起兵者獨一齊,相反之而敗,諸吕無能起兵者,見封建無益,然亦以諸吕皆在内地。
七國反時濟北郎中令劫守其王,不得發兵(第五十九頁)。

國。急歸將印辭去。不然，禍且起。"呂禄以爲酈兄_{徐廣曰：音況，字也。}不欺己，遂解印屬典客，而以兵授大尉。大尉將之，入軍門，行令軍中曰："爲呂氏右襢，爲劉氏左襢。"軍中皆左襢，爲劉氏。大尉行至，呂禄亦已解上將印去，大尉遂將北軍，然尚有南軍。平陽侯聞之，以呂產謀告丞相平。丞相平乃召朱虚侯佐大尉。大尉令朱虚侯監軍門，令平陽侯告衛尉："毋入相國產殿門。"呂產不知呂禄已去北軍，乃入未央宮，欲爲亂。殿門弗得入，徘徊往來。平陽侯恐弗勝，馳語大尉。大尉尚恐不勝諸呂，未敢訟言誅之，乃遣朱虚侯，謂曰："急入宮衛帝。"朱虚侯請卒，大尉予卒千餘人。入未央宮門，遂見產廷中。日餔時，遂擊產。產走，逐殺之。帝命謁者持節勞朱虚侯，朱虚侯欲奪節信，謁者不肯，朱虚侯則從與載，因節信馳走，斬長樂衛尉呂更始。還馳入北軍報大尉。遂遣人分部悉捕諸呂男女，無少長皆斬之。辛酉，捕斬呂禄，而笞殺呂嬃，使人誅燕王呂通，而廢魯王偃。壬戌，以帝大傅食其復爲左丞相。戊辰，徙濟川王王梁，而立趙幽王子遂爲趙王。遣朱虚侯章以誅諸呂事告齊王，令罷兵。灌嬰兵亦罷滎陽而歸。諸大臣相與陰謀曰："少帝及梁、淮陽、常山王，皆非真孝惠子也。呂后以計詐名他人子，殺其母，養後宮，令孝惠子之，立以爲後及諸王，以彊呂氏。今皆已夷滅諸呂，而置所立，即長用事，吾屬無類矣。不如視諸王最賢者立之。"或言"齊悼惠王，高帝長子，今其適子爲齊王，推本言之，高帝適長孫，可立也"。大臣皆曰："呂氏以外家惡，而幾危宗廟，亂功臣。今齊王母家駟鈞，駟鈞惡人也。即立齊王，則復爲呂氏。"欲立淮南王，以爲少，母家又惡，乃曰："代王方今高帝見子最長，仁孝寬厚。大后家薄氏，謹良。且立長故順，以仁孝聞於天下，便。"乃相與共陰使人召代王。代王使人辭謝。再反。然後乘六乘傳，後九月晦日己酉，至長安，舍代邸。大臣共尊立爲天子。東牟侯興居請除宮，載少帝出舍少府。代王即夕入未央宮。夜，有司分部誅滅梁、淮陽、常山王及少帝於邸。呂后之事，見於《史記》本紀者如此。案《高祖本紀》言：呂后父呂公，爲沛令重客。《紀》云：_{單父人呂公，善沛令，避仇，從之客，因家沛焉。沛中豪桀吏聞令有重客，皆往賀。單父，今山東單縣。}呂后二兄皆爲將。其妹夫樊噲，則始與高祖俱隱，起兵時又從之來。知呂氏親黨，皆一時豪桀，高祖創業，深得其後先奔走之力。田生謂"呂氏雅故，本推轂高帝就天下"。見《史記·荊燕世家》。信不誣也。史稱大子得毋廢者，以大臣爭之，及留侯策。大臣爭廢大子者，有叔孫通及周昌，此豈高祖所憚？留侯策尤類兒戲。《留侯世家》：上欲廢大子。呂后使建成侯呂澤劫留侯畫計。留侯曰："此難以口舌爭也。顧上有不能致者，天下有四人，今公誠能無愛金玉璧帛，令大子爲書，卑辭安車，因使辯士固請，宜來。來以爲客，時時從入朝，令上見之，則一助也。"於是迎此四人。四人至，客建成侯所。十一年，黥布反，上病，欲使大子將往擊之，四人説建成侯曰："大子將兵，有功，則位不益，無功還，則從此受禍矣。君何不急請吕后，承間爲上泣言：黥布天下猛將也，善用兵。今諸將皆陛下故等夷，乃令大子將此屬，無異使羊將狼，莫肯爲用。且使布聞之，則鼓行而西耳。"吕澤立夜見吕后。吕后承間爲上泣涕而言。於是上自將兵而東。留侯病，自彊起至曲郵見上。因説上：令大子爲將，監關中兵。上曰："子房雖病，彊卧而傅大子。"是時叔孫通爲大傅，留侯行少傅事。十二年，上從擊破布軍歸，疾益甚，愈欲易大子。留侯諫，不聽，因疾不視事。叔孫大傅稱説，引古今，以死争。上詳許之，猶欲易之。及燕，置酒，大子侍，四人從，年皆八十有餘，鬚眉皓白，衣冠甚偉。上怪之。問曰："彼何爲者？"四人前對，各言名姓，曰東園公、角里先生、綺里季夏、黄公。上乃大驚曰："吾求公數歲，公辟逃我，今公何自從吾兒游乎？"四人皆曰："陛下輕士善駡，臣等義不受辱，故恐而亡匿。竊聞大子爲人，仁孝，恭敬，愛士，天下莫不延頸欲爲大子死者，故臣等來耳。"上曰："煩公，幸卒調護大子。"四人爲壽，已畢，趨去，上目送之。召戚夫人，指示四人者曰："我欲易之，彼四人輔，羽翼已成，難動矣。吕后真而主矣。"此説一望而知爲東野人之言。四人之名，見《漢書·王貢兩龔鮑傳》。東園公作園公，師古曰"四皓稱號，本起於此"，則《史記》不應有其名，蓋後人所竄。角乃俗字，恐並非《漢書》元本，小顔無識，不知辨也。戚姬乃高祖爲漢王後所得，高祖自爲漢王至崩，不過十年，如意生即蚤，高祖末年，不過十歲，安知其類已？知漢世所謂《吕后語》者，悉誕謾不中情實。倚任外戚，乃當時風氣。高祖爲皇帝後，東征西討，不恒厥居。留守可信任者，宜莫如蕭相國，然被械繫如徒隸，知其並無重權。《蕭相國世家》：漢十一年，陳豨反，高祖自將至邯鄲，未罷，聞淮陰侯誅，使使拜丞相何爲相國，益封五千户，令卒五百人一都尉爲相國衛。諸君皆賀，召平獨弔，曰："禍自此始矣。上暴露於外，而君守於中，非被矢石之事，而益君封置衛者，以今者淮陰侯新反於中，疑君心矣。夫置衛君，非以寵君也。願君讓封勿受，悉家私財佐軍，則上心説。"相國從其計，高帝乃大喜。十二年，秋，黥布反，上自將擊之。數使使問相國何爲？相國爲上在軍，乃拊循勉力百姓，悉以所有佐軍，如陳豨時。客有説相國曰："君滅族不久矣夫！君位爲相國，功第一，可復加哉？然君初入關中，得百姓心，十餘年矣，皆附君，常復孳孳得民和。上所爲數問君者，畏君傾動關中。今君胡不多買田地，賤貰貸以自汙，上心乃安。"於是相國從其計。上乃大説。上罷布軍歸，民道遮行上書，言相國賤彊買民田宅數千萬。上至，相國謁，上笑曰："夫相國，乃利民？"民所上書，皆以與相國，曰："君自謝民。"相國因爲民請曰："長安地狹，上林中多空地，棄，願令民得入田，毋收稾爲禽獸食。"上大怒曰："相國多受賈人財物，乃爲請吾苑？"乃下相國廷尉，械繫之。數日，乃以王衛尉言赦出。忽悉家財佐軍，忽賤買田地，事貰貸；方予以民所上書，又爲民請上林苑空地；舉動如此，豈不益令人疑？果賤買民田宅至數千萬，高帝即不知治，豈能縱之不問？蕭何爲文臣，其見疑於漢高，猶劉穆之之不見疑於宋武。論功時以何爲第一，正所以風示武臣耳。何慮其傾動關中？蓋因何被械繫，策士等造作此説耳。何因何事被繫，已不可知，然此語不能造作，此固資侮人者之所輕也。權之所寄，非吕后而誰哉？留侯招四皓事，固同兒戲，即史所傳張辟彊説丞相，令吕氏掌南北軍，亦不足信。然留侯黨於吕氏，則無疑矣。革易之際，佐命之臣，起於草澤者，多傾危好亂，本爲貴族者，則恒樂安定，嚴天澤之分，蓋其所習使然。平、勃等卒行廢弒，而張良扶翼大子，即由於此。武有周吕、建成、舞陽之倫，文有留侯、叔孫、周昌之輩，以爲之輔,然則大子蓋本不易動搖,無待於口舌之爭矣。不然,高祖之敗彭城,則推墮孝惠、魯元,見《樊酈滕灌列傳》。及軍廣武,項王爲高俎,置大公其上,曰:"今不急下,吾烹大公。"高祖則曰:"吾與項羽約爲兄弟,吾翁即若翁,必欲烹而翁,則幸分我一杯羹。"《項羽本紀》。其忍如此,而豈有所念於吕后之攻苦食啖,叔孫通語,見本傳。而不忍背者哉?高后一崩,惠帝之後無遺種,立如意,豈可一日居乎?高帝之世,異姓王者八國。盧綰之廢,乃在高祖崩年,長沙則始終安存,白馬之盟,不知竟在何時?果有其事,史安得絕無記載,而僅出諸王陵之口乎?平、勃等謂"高帝定天下,王子弟,今大后稱制,王昆弟諸吕,無所不可",此實持平之言。酈寄説吕禄曰:"劉氏所立九王,吕氏立三王,皆大臣之議,事已布告諸侯,諸侯皆以爲宜",此當時實在情形也。張皇后之立,據《漢書》本紀,事在孝惠四年十月,至少帝四年僅七年,其所名子,安知欲爲變?齊王之起兵也,遺諸侯書曰:"今高后崩,而帝春秋富,未能治天下,固恃大臣諸侯。"即絳侯、朱虛誅諸吕後,仍徙濟川王王梁,可知謂少帝、梁、淮陽、常山皆非孝惠子,必爲臨時造作之語。《高祖本紀》言:高祖病甚,吕后問曰:"陛下百歲後,蕭相國即死,令誰代之?"上曰:"曹參可。"問其次。上曰:"王陵可。然陵少戇,陳平可以助之。陳平智有餘,然難以獨任。周勃重厚少文,然安劉氏者必勃也,可令爲大尉。"其説尤傅會可笑,高祖果有此言,則倒持干戈,授人以柄,以自絕其家嗣耳。平、勃等之攻吕氏,乃適逢其會,謂其固有是謀者,事後增飾之辭也。《爰盎傳》:盎告文帝曰:"方吕后時,諸吕用事,擅相王,劉氏不絕如帶,是時絳侯爲大尉,本兵柄,弗能正,吕后崩,大臣相與共誅諸吕,大尉主兵,適會其成功",此當時情實也。《陸賈傳》言賈説陳平交驩大尉,兩人深相結,吕氏謀益衰,尤矯誣之説。吕氏之敗,蓋全出於諸功臣之陰謀,觀平陽侯、酈寄、紀通,無不合爲一黨,即審食其亦爲之用可知。《高祖本紀》又言:高祖以甲辰崩,四日不發喪,吕后與審食其謀曰:"諸將與帝爲編户氓,今北面爲臣,此常快快。今乃事少主。非盡族是,天下不安。"人或聞之,語酈將軍。酈商。酈將軍往見審食其曰:"誠如此,天下危矣。陳平、灌嬰將十萬守滎陽,樊噲、周勃將二十萬定燕、代,此聞帝崩,諸將皆誅,必連兵還鄉,以攻關中。大臣内叛,諸侯外反,亡可翹足而待也。"審食其入言之,乃以丁未發喪。此豈似彊毅佐高祖定天下者之所爲乎?《陳丞相世家》曰:平既執樊噲,行,聞高帝崩,平恐吕大后及吕嬃讒怒,乃馳傳先去。逢使者,詔平與灌嬰屯於滎陽。平受詔,立復馳至宫,哭甚哀。因奏事喪前。吕大后哀之。曰:"君勞,出休矣。"平畏讒之就,因固請,得宿衛中,大后乃以爲郎中令,曰:"傅教孝惠。"此叔孫先、留侯之任也。又曰:吕嬃常以前陳平爲高帝謀執樊噲,數讒曰:"陳平爲

相，非治事，日飲醇酒，戲婦女。"陳平聞，日益甚。吕大后聞之，私獨喜。面質
吕頿於陳平，曰："鄙語曰：兒婦人口不可用，顧君與我何如耳，無畏吕頿之讒
也。"此説又爲策士之倫所造。然蕭何死，相曹參；曹參死，相陳平；又以周勃
爲大尉；既非高祖顧命，則皆吕后之謀，然則吕后實惟功臣之任。《吕后本紀》
言：孝惠帝崩，張辟彊説丞相拜吕台、吕産、吕禄爲將，將兵居南北軍，吕氏權
由此起。果如所言，少帝廢後，安得又以周勃爲大尉？然則産、禄之居南北
軍，實在高后臨命之際，即其封王吕氏，亦在稱制之年，蓋誠以少帝年少，欲藉
外戚以爲夾輔，亦特使與劉氏相參。吕后初意，固惟漢宗室、功臣之任也。吕
氏之敗，正由其本無翦滅宗室、功臣之計，臨事徒思據軍以爲固；既無心腹爪
牙之任；齊兵卒起又無腹心可使，而仍任灌嬰；遂至内外交困，不得已，欲聽酈
寄之計。使其早有危劉氏之計，何至是乎？乃誣以産、禄欲爲亂關中。産、禄果
有反謀，安得吕禄去軍，而不以報吕産？吕産又徒手入未央宫，欲何爲乎？故知
漢世所傳吕后事，悉非實録也。然其明言諸大臣之廢立爲陰謀，已非後世之史
所及矣。

　　《齊悼惠王世家》曰：朱虚侯嘗入侍高后燕飲，高后令爲酒史。章自請曰：
"臣將種也，請得以軍法行酒。"高后曰："可。"酒酣，章進飲，歌舞。已而曰：
"請爲大后言耕田歌。"高后兒子畜之，笑曰："顧而父知田耳，若生而爲王子，
安知田乎？"章曰："臣知之。"大后曰："試爲我言田。"章曰："深耕溉種，立苗欲
疏，非其種者，鋤而去之。"吕后默然。頃之，諸吕有一人醉，亡酒。章追，拔劍
斬之。而還報曰："有亡酒一人，臣謹行法斬之。"大后左右皆大驚，業已許其
軍法，無以罪也。因罷。自是之後，諸吕憚朱虚侯，雖大臣皆依朱虚侯，劉氏
爲益彊。此又東野人之言。朱虚侯在當時，安敢觸犯大后如此？燕飲而行軍
法，古未之聞，果許之遂無以罪，大后安得老悖至此乎？朱虚侯之意，蓋徒欲
謀立其兄，本非有所惡於吕氏，即齊王亦然。其後之不得立，則以齊在當時，
聲勢可畏，抑朱虚、東牟之椎埋，未始非招忌之一端也。《悼惠王世家》言：王
既殺召平，發兵，使祝午東詐琅邪王："齊王自以兒子，年少不習兵革之事，
願舉國委大王。大王自高帝將也，習戰事。齊王不敢離兵，使臣請大王：幸之
臨菑，見齊王計事，並將齊兵以西。"琅邪王信之，西馳見齊王。齊王因留琅邪
王，而使祝午盡發琅邪國，而並將其兵。琅邪王既見欺，乃説齊王曰："悼惠
王，高帝長子，推本言之，大王高皇帝適長孫也，當立。今諸大臣狐疑未有所
定，而澤於劉氏，最爲長年，大臣固待澤決計。今大王留臣，無爲也，不如使我
入關計事。"齊王以爲然。乃益具車送琅邪王。琅邪王至長安，遂與於立文帝

之謀。蓋琅邪王始以齊王爲兒子而爲所欺，齊王卒又以急於干位，而爲琅邪王所賣矣。齊雖强，然欲西攻長安，力固有所不逮，而名亦弗正，乃不得不俯首罷兵，雖朱虛侯，亦不料其徒爲漢大臣驅除難也。此又以見年少椎埋者，卒非老而習事者敵也。然齊王兄弟，既存覬覦之心，其謀終不能以此而遂已。孝文帝元年，盡以高后時所割齊之城陽、琅邪、濟南郡復與齊，而徙琅邪王王燕。是歲，齊哀王卒，大子則立，是爲文王。明年，漢以齊之城陽郡立朱虛侯爲城陽王，濟北郡立東牟侯爲濟北王，即割齊地以酬朱虛、東牟之功，其計可謂甚巧。[1]《漢書·高五王傳》云：始誅諸呂時，朱虛侯章功尤大，大臣許以趙地王章，以梁地王興居。及文帝即位，聞朱虛、東牟初欲立齊王，故黜其功，此言亦非實錄。朱虛、東牟之欲立其兄，事甚明白，文帝豈待即位後知之邪？文帝竟違漢大臣故約，則可謂有決矣。又明年，四月，城陽王薨。五月，匈奴入居北地、河南爲寇，上幸甘泉，遣丞相灌嬰擊匈奴。匈奴去，上自甘泉幸大原。濟北王聞帝之代，欲自擊匈奴，乃反，欲襲滎陽。於是詔罷丞相兵，以棘蒲侯柴武爲大將軍，將四將軍十萬擊之。八月，虜濟北王，自殺。是時文帝之位久定，即有匈奴之釁，大位亦豈可妄干？東牟之寡慮輕動如此，況朱虛乎？苟爲後義而先利，不奪不饜，然則即立齊王，又豈可一日安也？封建之爲自樹兵，信矣。然當時劉氏之不亡，又不可謂非同姓諸侯之力。平、勃等之迎代王也，代王問左右。郎中令張武等議曰：“漢大臣皆故高帝時大將，習兵，多謀詐。此其屬意非止此也，特畏高帝、呂大后威耳。今已誅諸呂，新喋血京師。此以迎大王爲名，實不可信。願大王稱疾毋往，以觀其變。”獨中尉宋昌勸王行，曰：“高帝封王子弟，地犬牙相錯，此所謂磐石之宗也，天下服其彊。”其言可謂深得事情，不徒漢大臣之不敢有異意以此，即呂氏，始終不敢萌取劉氏而代之之心，亦未必不以此也。《漢書·諸侯王表》曰“高祖創業，日不暇給，孝惠享國又淺，高后女主攝位，而海內晏如，亡狂狡之憂，卒折諸呂之難，成大宗之業者，亦賴之於諸侯也”，自是平情之論。然則漢初之封建，固不可謂無夾輔之效矣。蘧廬可一宿而不可久處也，雖不可久處，而又不能謂無一宿之用，此言治之所以難也。呂氏之敗，張皇后廢處北宮，孝文後元年薨。張偃，孝文元年復廢爲侯。信都、樂昌二侯以非正免。樊噲卒於孝惠六年，子伉，嗣爲舞陽侯，坐呂氏誅。孝文元年，紹封其子市人爲侯。

第五節　漢初休養生息之治

《史記·平準書》述漢武帝初年情形云：“漢興七十餘年之間，國家無事。

非遇水旱之災，民則人給家足，都鄙廩庾皆滿，而府庫餘貨財。京師之錢累鉅萬，貫朽而不可校。大倉之粟，陳陳相因，充溢露積於外，至腐敗不可食。衆庶街巷有馬，阡陌之間成羣，而乘字牝者，擯而不得聚會。守閭閻者食粱肉，爲吏者長子孫，居官者以爲姓號。故人人自愛而重犯法，先行義而後絀恥辱焉。”世皆以是爲文、景二帝休養生息之功，其實亦不盡然。《高后本紀贊》曰：“孝惠皇帝、高后之時，黎民得離戰國之苦，君臣俱欲休息乎無爲，故惠帝垂拱；高后女主稱制，政不出房户；天下晏然，刑罰罕用，罪人是希，民務稼穡，衣食滋殖。”《曹相國世家》言：參之相齊，盡召長老諸生，問所以安集百姓。諸儒以百數，言人人殊，參未知所定。聞膠西有蓋公，善治黃、老言，使人厚幣請之。既見蓋公，蓋公爲言治道貴清静而民自定，推此類具言之。參於是避正堂舍蓋公焉。其治要用黃、老術。故相齊九年，齊國安集，大稱賢相。蕭何卒，召參。參去，屬其後相曰：“以齊獄市爲寄，慎勿擾也。”後相曰：“治無大於此者乎？”參曰：“不然。夫獄市者，所以並容也。今君擾之，姦人安所容也？①吾是以先之。”參爲漢相國，舉事無所變更，一遵蕭何約束。擇郡國吏木訥於文辭，重厚長者，即召除爲丞相史。吏之言文刻深，欲務聲名者，輒斥去之。百姓歌之曰：“蕭何爲法，顜若畫一。曹參代之，守而勿失。載其清浄，民以寧一。”則漢以無爲爲治，由來久矣。有爲之治求有功，無爲之治，則但求無過，雖不能改惡者而致諸善，亦不使善者由我而入於惡。一統之世，疆域既廣，政理彌殷。督察者之耳目，既有所不周，奉行者之情弊，遂難於究詰。與其多所興作，使姦吏豪強，得所憑藉，以刻剥下民，尚不如束手一事不辦者，譬諸服藥，猶得中醫矣。故歷代清静之治，苟遇社會安定之際，恒能偷一日之安也。

文帝頗多仁政。《漢書·食貨志》言：賈生説上以積貯，上感其言，始開藉田，躬耕以勸百姓。《紀》在二年。鼂錯復説上務農貴粟，帝從其言，令民入粟邊拜爵。錯復奏言：“邊食足以支五歲，可令入粟郡縣。足支一歲以上，可時赦，勿收農民租。”上復從其言，乃下詔賜民十二年租税之半。案據《本紀》，二年已嘗賜天下田租之半。明年，遂除民田之租税。後十三歲，孝景二年，令民半出田租，三十而税一。終兩漢之世皆沿焉。其於農民，可謂寬厚矣。初即位，即下詔議振貸及存問長老之法，令郡國毋來獻。《本紀》元年。以列侯多居長安，邑遠，吏卒給輸費苦，令之國。二年。又令列侯、大夫人、夫人、諸侯王子及吏二千石無

----

① 政治：勿擾獄市。案此容奸斥吏之刻深者，則大善矣，孝景紀贊（第五十六頁）此意也。

得擅徵捕。① 七年。亦皆恤民之政。又除關，無用傳。十二年。夫貨物流通，則價貴而生之者益勸，此尤於人民生計有益，故論者亟稱之。除肉刑之舉，爲千古仁政。十三年。然前此已除收孥相坐之法，元年。誹謗訞言之罪矣。二年。其於刑獄，亦不可謂不留意也。景帝雖令民半出租，復置諸關，用傳出入，三年。寬仁似不逮文帝，然盡除田租，本難爲繼。符傳之用，特以七國新反，備非常，注引應劭説。此亦勢不容已，後遂沿而弗改，實非帝之初意也。景帝嘗令郡國務勸農桑。吏發民若取庸採黃金珠玉者，坐臧爲盜。後三年。改磔爲棄市，勿復磔。中二年。諸獄疑，若雖文致於法，而於人心不厭者，輒讞之。中元年。又詔獄疑者讞有司，有司所不能決移廷尉，有令讞而後不當，讞者不爲失。後元年。又減笞法，定箠令。中六年。其寬仁，固無異於文帝也。

　　然漢人之稱文、景，亦有頗過其實者，《漢書・文帝紀贊》曰："孝文皇帝即位二十三年，宮室苑囿，車騎服御，無所增益。有不便，輒弛以利民。嘗欲作露臺，召匠計之，直百金。上曰：百金，中人十家之產也。吾奉先帝宮室，常恐羞之，何以臺爲？ 身衣弋綈。所幸慎夫人，衣不曳地。以示敦樸，爲天下先。治霸陵，皆瓦器，不得以金、銀、銅、錫爲飾。因其山，不起墳。南越尉佗自立爲帝，召貴佗兄弟，以德懷之，佗遂稱臣。與匈奴結和親，後而背約入盜，令邊備守，不發兵深入，恐煩百姓。吳王詐病不朝，賜以几杖。羣臣袁盎等諫説雖切，常假借納用焉。張武等受賂金錢覺，更加賞賜，以媿其心。專務以德化民。是以海內殷富，興於禮義，斷獄數百，幾致刑措。烏乎！ 仁哉！"《景帝紀贊》曰："周、秦之敝，罔密文峻，而姦軌不勝。漢興，掃除煩苛，與民休息。至於孝文，加之以恭儉。孝景遵業，五六十載之間，至於移風易俗，黎民醇厚。周云成、康，漢言文、景，美矣！"其稱頌之可謂至矣。然應劭《風俗通義》言：成帝嘗問劉向以世俗傳道文帝之事，而向皆以爲不然。其説云："文帝雖節儉，未央前殿至奢，雕文五采畫，華榱壁璫，軒楹皆飾以黃金，其勢不可以囊爲帷。即位十餘年時，五穀豐熟，百姓足，倉廩實，稸積有餘。然文帝本脩黃、老之言，不甚好儒術，其治尚清静無爲，以故禮樂、庠序未脩，民俗未能大化，苟溫飽完給而已。其後匈奴數犯塞，深入寇掠，北邊置屯待戰，轉輸絡繹；因以年歲不登；百姓飢乏，穀糴常至石五百，不升一錢。前待詔賈捐之爲孝元皇帝言：大宗時民賦四十，斷獄四百餘。案大宗時民重犯法，治理不能過中宗之

56

世，地節元年，天下斷獄四萬七千餘人，捐之言復不類。又文帝時政頗遺失。大中大夫鄧通，以佞幸吮癰瘍膿汁，見愛擬於至親，賜以蜀郡銅山，令得鑄錢。通私家之富，侔於王者、封君。又爲微行，數幸通家。文帝代服，衣屬，襲氊帽，騎駿馬，從侍中、近臣、常侍、期門武騎獵漸臺下，馳射狐兔，畢雉刺彘。是時待詔賈山諫，以爲不宜數從郡國賢良出游獵。大中大夫賈誼，亦數陳上游獵。案二賈之言，皆見《漢書》本傳。又《袁盎傳》言上從霸陵上，欲西馳下峻阪，盎諫乃止，知文帝確不免輕俊自喜。誼與鄧通俱侍中，同位，誼又惡通爲人，數廷譏之，由是疏遠，遷爲長沙大傅。既之官，内不自得。及渡湘水，投弔書曰：闒茸尊顯，佞諛得意，以哀屈原離讒邪之咎，亦因自傷爲鄧通等所愬也。"案《史》、《漢》皆但云賈生爲絳、灌之屬所毀而已，不云爲鄧通所愬也，豈所謂爲賢者諱邪？成帝曰："其治天下，孰與孝宣皇帝？"向曰："中宗之世，政教明，法令行；邊竟安，四夷親；單于款塞；天下殷富，百姓康樂；其治過於大宗之時，亦以遭遇匈奴賓服，四夷和親也。"上曰："後世皆言文帝治天下幾至大平，其德比周成王，此語何從生？"向對曰："生於言事。文帝禮言事者，不傷其意。羣臣無小大，至即從容言，上止輦聽之。其言可者稱善，不可者喜笑而已。言事多褒之，後人見遺文，則以爲然。世之毀譽，莫能得實。審形者少，隨聲者多，或至以無爲有。然文帝節儉約身，以率先天下，忍容言者，含咽臣子之短，此亦通人難及，似出於孝宣皇帝。如其聰明遠識，不忘數十年事，制持萬幾，天資治理之材，恐不及孝宣。"然則文帝乃中主，雖有恭儉之德，人君優爲之者亦多。即以西漢諸帝論：元帝之寬仁，殊不後於文帝，其任石顯，亦未甚於文帝之寵鄧通也。文、景之致治，蓋時會爲之，王仲任治期之論，見《論衡》。信不誣矣。《漢書·東方朔傳》：朔對武帝，言文帝身衣弋綈，足履革舄，以韋帶劍，莞蒲爲席，兵木無刃，衣緼無文，集上書囊，以爲殿帷，即劉向所辨世俗不審之辭也。《漢書》於朔事雖明爲好事者所附著，然《文景紀》中所舉亦此等説也。信審形者之少，隨聲者之多矣。

第六節　封建制度變遷

封建者，過時之制也。漢初用之，雖一收夾輔之效，然其勢終不可以復行，故至文、景之世，功臣外戚之患皆除，而同姓諸王，轉爲治安之梗焉。

漢列二等之爵。所謂侯者，其地小不足數，而其所謂王者，則夸州兼郡，連城數十，勢足以抗拒中央。高帝所封異姓王國，存者惟一長沙。同姓：兄伯之子，僅得爲羹頡侯。見《史記·楚元王世家》。仲王代，爲匈奴所攻，棄國。子濞，封於吳。弟交，封於楚。高帝八子：孝惠帝、文帝，皆繼嗣爲帝。趙隱王如意、幽王友、共王恢，皆死孝惠、吕后時；燕靈王建，子爲吕后所殺無後；及齊悼惠王肥，子哀王襄，孫文王則，悼惠王子城陽、濟北二王，事皆見前。淮南厲王長者，高祖少子。母故趙王張敖美人。高祖八年，過趙，趙王獻之，得幸有身。及貫高等謀反，事發，並逮治王，盡收捕王母兄弟美人，繫之河内。厲王母亦繫，告吏曰："得幸上，有身。"吏以聞。上方怒，未理。厲王母弟趙兼，因辟陽侯言吕后。吕后妒，弗肯白。辟陽侯不彊争。厲王母已生厲王，恚，即自殺。吏奉厲王詣上。上悔，令吕后母之。厲王蚤失母，常附吕后孝惠。吕后時，得幸無患害。文帝元年，立趙幽王子遂爲趙王。二年，又立幽王子辟彊爲河間王，是爲文王，立十三年薨。傳子哀王福，一年薨，無後。三年，淮南王入朝。自袖鐵椎，椎殺辟陽侯。文帝赦弗治，王益驕恣。六年，謀使人反谷口。縣名，在今陝西醴泉縣東北。事覺，廢處蜀嚴道。今四川榮經縣。王不食，道死雍。十五年，齊文王薨，無子。明年，文帝分齊地爲六：封悼惠王子將閭爲齊王，志爲濟北王，賢爲菑川王，都劇，今山東壽光縣。雄渠爲膠東王，都即墨。卬爲膠西王，都高苑，今山東桓臺縣。辟光爲濟南王。又分淮南地，立厲王子安爲淮南王，勃爲衡山王，賜爲廬江王。《漢書・賈誼傳》謂帝思誼衆建諸侯而少其力之言，故有此舉，則已稍爲削弱諸侯之謀矣。然吳、楚尚未及削，而當時江、淮之俗尤票輕，故卒釀七國之亂。

　　吳王濞，初封沛侯。英布之反，高帝自將往誅，濞年二十，以騎將從。荆王劉賈爲布所殺，無後。上患吳、會稽輕悍，無壯王以填之，諸子少，乃立濞於沛，爲吳王。後徙江都。孝惠、高后時，天下初定，郡國諸侯，各務自拊循其民。吳有豫章郡銅山，《漢書》注：韋昭曰：此有豫字誤也，但當言章郡，今故章也。案故鄣，在今浙江長興縣西南。《史記正義》云：銅山，今宣州及潤州句容縣有。案宣州，今安徽宣城縣。句容，今江蘇句容縣。濞則招致天下亡命者。益鑄錢，煮海水爲鹽。以故無賦，[①]國用富饒。孝文時，吳大子入見，得侍皇大子飲博，争道不恭，皇大子引博局提殺之。吳王由此稱病不朝。京師知其以子故，諸吳使來，輒繫治責之。吳王恐，爲謀滋甚。後吳使者説上與更始，天子乃賜吳王几杖，老不朝。吳得釋，謀亦益解。然其居國以銅鹽故，百姓無賦，卒踐更，輒與平賈。歲時存問茂材，賞賜閭里。佗郡國吏欲來捕亡人者，訟共禁弗與。如此者四十餘年，以故能使其衆。鼂錯爲大子家令，得幸大子，數從容言吳過可削，又上書説孝文帝。文帝寬，不忍罰。以此吳日益横。及孝景帝即位，[②]錯爲御史大夫。説上，謂削之亦反，

---

① 賦：吳無賦。踐更與平賈。
② 官制：景帝即位，鼂錯以御史大夫用事，丞相權輕，皇帝私人權重矣。又張湯（第九十九頁）。

不削亦反。削之，其反亟，禍小，不削，反遲，禍大。時楚元王傳子夷王郢，《漢
書》作郢客。至孫王戊，淫虐，景帝三年，朝。鼂錯言其往年爲薄大后服，私姦服
舍，請誅之。詔赦，罰削東海郡。因削吳之豫章郡、會稽郡。及前二年，趙王
有罪，削其河間郡。膠西王卬，以賣爵有姦，削其六縣。吳王恐削地無已，欲
舉事。聞膠西王勇，好氣，喜兵，使中大夫應高誂膠西王。歸報，又身自爲使，
使於膠西，面結之。遂發使約齊、菑川、膠東、濟南、濟北，皆許諾。及削吳會
稽、豫章郡書至，則吳王先起兵。膠西、膠東、菑川、濟南、楚、趙皆反。齊王後
悔，背約城守。濟北王城壞未完，其郎中令劫守其王，不得發兵。膠西爲渠
帥，與膠東、菑川、濟南共攻圍臨菑。趙王陰使匈奴，與連兵。吳王悉其士卒，
下令國中曰：“寡人年六十二，身自將。少子年十四，亦爲士卒先。諸年上與
寡人比，下與少子等者皆發。”發二十餘萬人。南使閩越、東越，東越亦發兵
從。孝景帝三年，正月，初起兵於廣陵。西涉淮，因併楚兵。發使遺諸侯書
曰：“敝國雖貧，寡人節衣食之用，積金錢，修兵革，聚穀食，夜以繼日，三十餘
年矣，願諸王勉用之。能捕斬大將者，賜金五千斤，封萬户；列將三千斤，封五
千户；裨將二千斤，封二千户；二千石千斤，封千户；千石五百斤，封五百户；皆
爲列侯。其以軍若城邑降者：卒萬人，邑萬户，如得大將；人户五千，如得列
將；人户三千，如得裨將；人户千，如得二千石。其小吏皆以差次受爵、金。佗
封賜皆倍常法。其有故爵邑者，更益勿因。寡人金錢在天下者，往往而有，非
必取於吳，諸王日夜用之弗能盡，有當賜者，告寡人，寡人且往遺之。”反書聞，
天子遣大尉條侯周亞夫將三十六將軍往擊吳、楚，曲周侯酈寄擊趙，將軍欒布
擊齊。大將軍竇嬰屯滎陽，監齊趙兵。初，袁盎爲吳相，盎素不好鼂錯，孝景
即位，錯爲御史大夫，使吏案盎受吳王財物，抵罪。詔赦以爲庶人。吳、楚反
聞，錯謂丞史曰：“袁盎多受吳王金錢，專爲蔽匿言不反，今果反，欲請治盎，宜
知其計謀。”人有告盎。盎恐，夜見竇嬰，爲言吳所以反，願至前口對狀。錯之
請諸侯罪過，削其支郡，上令公卿列侯宗室雜議，莫敢難，獨竇嬰爭之，由此與
錯有隙。嬰入言，上乃召盎。盎入見，言吳、楚以誅錯復故地爲名。方今計獨
斬錯，發使赦七國，復其故地，則兵可毋血刃而俱罷。於是上默然良久，曰：
“顧誠何如，吾不愛一人以謝天下。”乃拜盎爲大常，吳王弟子德侯爲宗正。《集
解》：徐廣曰：名通，其父名廣。駰案《漢書》曰：吳王弟子德侯廣爲宗正也。盎裝治行。後十餘
日，丞相青翟劾奏錯當要斬。錯殊不知，乃使中尉召錯，紿載行東市，錯衣朝
衣斬東市。則遣袁盎奉宗廟，宗正輔親戚使吳如盎策。至吳，吳、楚兵已攻梁
壁矣。吳王不肯見盎，而留之軍中，欲劫使將。盎亡走梁軍。條侯乘六乘傳

會兵滎陽,至雒陽,問故父絳侯客鄧尉,從其策,堅壁昌邑南,使輕兵絕淮、泗口,塞吳饟道。吳王之初發也,吳臣田禄伯爲大將軍。田禄伯曰:"兵屯聚而西,無佗奇道,難以就功。臣願得五萬人,別循江、淮而上,收淮南、長沙,入武關,與大王會,此亦一奇也。"吳王大子諫曰:"王以反爲名,此兵難以藉人,藉人,亦且反王,奈何?且擅兵而別,多佗利害,未可知也,徒自損耳。"吳王即不許田禄伯。吳少將桓將軍說王曰:"吳多步兵,步兵利險。漢多車騎,車騎利平地。願大王所過城邑不下,直棄去,疾西據雒陽武庫,食敖倉粟,阻山河之險,以令諸侯。雖毋入關,天下固已定矣。即大王徐行,留下城邑,漢軍車騎至,馳入梁、楚之郊,事敗矣。"吳王問諸老將,老將曰:"此少年椎鋒之計可耳,安知大慮乎?"於是王不用桓將軍計。吳王專併將其兵,度淮,與楚王西敗棘壁,在今河南柘城縣東北。乘勝前,銳甚。梁數使使報條侯求救,條侯不許。又使使惡條侯於上,上使人告條侯救梁,復守便宜不行。梁使韓安國及楚死事相弟張羽爲將軍。楚相張尚,諫王而死。乃得頗敗吳兵。吳兵欲西,梁城守堅,不敢西,即走條侯軍,會下邑,縣名,今江蘇碭山縣東。欲戰,條侯堅壁不肯戰。吳兵既餓,乃引而去。大尉出精兵追擊,大破之。吳王棄其軍,與壯士數千人走丹徒,今江蘇丹徒縣。保東越。漢使人以利啗東越。東越縱殺吳王,盛其頭,馳傳以聞。吳王之未度淮,諸賓客皆得爲將、校尉、侯、司馬,獨周丘不得用。①周丘者,下邳人,亡命吳,酤酒無行,吳王薄之,弗任。丘上謁,願得王一漢節,必有以報王。王予之。丘夜馳入下邳,以罪斬令,召告昆弟所善豪吏,一夜得三萬人,使人報吳王。遂將其兵北略地。比至城陽,衆十餘萬,破城陽中尉軍。聞吳王敗走,自度無與共成功,即引兵歸下邳。未至,疽發背死。吳王之棄其軍亡也,軍遂潰,往往稍降大尉、梁軍。楚王戊軍敗自殺。凡相攻守三月,而吳、楚破平。三王之圍齊也,齊使告於天子。天子復令還告齊王:善堅守。齊初圍急,與三國有謀,其大臣乃復勸王毋下三國。三月,漢兵至,膠西、膠東、菑川王各引兵歸,膠西王大子德曰:"漢兵還,臣觀之,已罷,可襲。願收大王餘兵擊之,不勝,乃逃入海,未晚也。"王曰:"吾士卒皆已壞,不可用。"弗聽,王自殺。膠東、菑川、濟南王皆死。國除。趙城守邯鄲,相距七月。匈奴聞吳、楚敗,不肯入邊。欒布併兵引水灌趙城,城壞,王遂自殺。濟北王以劫故得不誅,徙王菑川。齊圍之解,欒布等聞齊王初與三國有謀,欲移兵伐齊,齊王懼,飲藥自殺。景帝以爲齊首善,以迫劫有謀,非其罪,召立其子。案《史記·絳

侯世家》言：孝文且崩，誡大子曰："即有緩急，周亞夫真可任將兵。"論者因謂文帝雖優容吳，實有備之之策。此乃爲文帝虛譽所惑，抑亦成敗論人之言。文帝此言，特因其前一年，後六年。匈奴入邊，使劉禮軍霸上，徐厲軍棘門，在今陝西咸陽縣南。亞夫軍細柳在咸陽東北。以備之，上自勞軍，至霸上、棘門，皆直馳入，至細柳不得入耳。然紀律特將兵之一端，非恃此遂可必勝。吳王蓋本無遠略，亦且不能用兵，觀其違田祿伯、桓將軍，棄周丘可知。果能廣羅奇譎之士，率其輕果之衆，分途並進，正軍則乘鋭深入，一亞夫果足以禦之乎？然則文帝之不聽鼂錯，特因循憚發難而已，非真有深謀奇計也。至景帝之舉動，則更爲錯亂，不足論矣。然則七國之亂，漢殆幸而獲濟也。然文、景固不失爲中主，策治安者，必植遺腹朝委裘而天下不亂，安所得英武之主繼世以持之？宜乎文、景時之局勢，①賈、鼂觀之，蹙然若不可終日也。

吳、楚既平，而梁仍爲大國，梁孝王武，景帝同母弟也。少子，母竇大后愛之。景帝七年，入朝，因留，入則侍帝同輦，出則同車游獵，射禽獸上林中。梁侍中、郎、謁者，著籍出入殿門，與漢宦官無異。十一月，上廢栗大子，臨江閔王榮，栗姬子。大后欲以王爲嗣，大臣及袁盎等有所關説於帝，大后議格。事祕，世莫知，孝王乃辭歸國。怨，與其臣羊勝、公孫詭之屬謀，陰使人刺殺袁盎及他議臣十餘人。然則上之日與同車輦，許其人出入殿門者，亦危矣。史言梁大國，居天下膏腴地，列四十餘城，多大縣，府庫金錢，且百鉅萬，珠玉寶器，多於京師。孝王死，藏府餘黃金四十餘萬斤，他財物稱是。招延四方豪傑，自山以東，莫不畢至。公孫詭多奇邪計，初見，王賜千金，官至中尉，號之曰公孫將軍。多作兵器，弓、弩、矛數千萬。苟非七國新破，漢聲威方震，其爲謀又寧止於是也？且王築東苑，方三百餘里，廣睢陽城七十里。大治宮室，爲複道，自宮連屬於平臺，三十餘里。與其府藏之厚，何莫非取之於民？雖微闚干天位之謀，又焉得不爲民除此狪獺也？信乎封建之不可行矣。袁盎等死，天子意梁王。逐賊，果梁使之。乃遣使冠蓋相望於道，覆按梁，捕公孫詭、羊勝。詭、勝匿王後宮。梁相軒丘豹、內史韓安國諫。王乃令勝、詭自殺，出之，因長公主謝罪，然後得釋。中元六年，卒，分其地，立其子五人爲王。

《漢書·諸侯王表》曰："文帝采賈生之議，分齊、趙。景帝用鼂錯之計，削吳、楚，武帝施主父偃之策，下推恩之令，使諸侯王得分戶邑以封子弟。《景十三

①　封建：文景時情勢危？梁如何（第六十一頁），淮南、恒山（第六十一——六十四頁）、江都（第六十四頁），吳破後，徙王江都者易王非驕。子建淫虐（第六十四頁），雖列侯亦無兢兢，後入庸保（第六十五頁）。

王傳》云：漢爲制定封號，輒別屬漢郡。自此以來，齊分爲七，趙分爲六。徐廣曰：河間、廣川、中山、常山、清河。案河間，景帝二年，立子獻王德。廣川立子彭祖。七國反後徙王趙，是爲趙敬肅王。中山，三年封子靖王勝。常山，中四年封子憲王舜。清河，中三年封子哀王乘。梁分爲五，淮南分爲三。皇子始立者，大國不過十餘城。長沙、燕、代，雖有舊名，皆無南北邊矣。”制馭諸侯之策，固不外衆建而少其力一語也。然當推行之初，猶未能遽收其效。七國之反也，吳使者至淮南，淮南王欲發兵應之，以其相不聽，未果。至廬江，廬江王弗應，而往來使越。至衡山，衡山王堅守無二心。則淮南、廬江之有反謀舊矣。吳、楚已破，衡山王徙王濟北，史云：南方卑溼，所以褒之。廬江王邊越，數使使相交，故徙爲衡山王，王江北。惟淮南王如故。濟北王既徙，明年薨，賜諡爲貞王，至武帝元狩元年，而淮南、衡山二國，皆以反誅。史稱淮南王以武帝建元二年入朝。素善武安侯，武安侯時爲大尉，乃逆王霸上，與王語曰：“方今上無大子，大王親高皇帝孫，行仁義，天下莫不聞，即宮車一日晏駕，非大王當誰立者?”淮南王大喜，厚遺武安侯財物，陰結賓客，拊循百姓，爲畔逆事。又言淮南、衡山，初不相能，衡山以淮南有反謀，恐爲所併，故亦治兵，欲俟淮南已西，發兵定江、淮間有之。至元朔六年，衡山王過淮南，乃除前郤，約束爲反具。此皆非其真。淮南之謀反也，王有女陵，慧有口辯，常多與金錢，爲中詗長安，約結上左右。后荼，王愛幸之，生大子遷。取王皇大后外孫脩成君女爲妃。王大后，武帝母，先適金氏，生三女。王謀爲反具，畏大子妃知而内泄事，乃與大子謀，令詐弗愛，三月不同席。王詳爲怒大子，閉大子，使與妃同内，三月，大子終不近妃。妃求去，王乃上書謝，歸去之。元朔五年，大子學用劍，聞郎中雷被巧，召與戲。誤中大子。被恐，此時有欲從軍者，輒詣京師。被即願奮擊匈奴。王使郎中令斥免，被遂亡至長安，上書自明。詔下其事廷尉、河南，河南逮治淮南大子。王、王后計，欲毋遣大子，遂發兵反。計猶豫未定，會有詔即訊大子。當是時，淮南相怒壽春丞留大子逮不遣，劾不敬。王以請相，相弗聽，王使人上書告相。事下廷尉治，蹤迹連王。王使人候伺漢公卿，公卿請逮捕治王，王恐，欲發。大子遷謀曰：“漢使即逮王，王令人衣衛士衣，持戟居庭中王旁，有非是，則刺殺之，臣亦使人刺殺淮南中尉，乃舉兵，未晚。”漢中尉宏至，訊王以斥雷被事耳。王自度無何，不發，中尉還以聞。公卿治者曰：“淮南王安擁閼奮擊匈奴者，廢格明詔，當棄市。”詔弗許。請廢弗王，弗許。請削五縣，詔削二縣。使中尉宏赦王罪。王初聞漢公卿請誅之，未知得削地，聞漢使來，恐其捕之，乃與大子謀刺之，如前計。及中尉至，即賀王，王以故不發。然其爲反謀益甚，日夜與伍被、左吳等案輿地圖，部署兵所從入。王有孽子不害，最長，弗愛。不害子建，材高有氣，常怨望大子不省其父。又怨時諸侯皆得分子弟爲侯，而淮南獨二子，一爲大子，建父獨不得爲侯。建具知大子謀欲殺漢中尉，即使所善壽春莊芷，《漢書》作嚴正。以元朔六年，上書天子，言建具知淮南陰事，可徵問。上以其事下廷尉，廷尉下河南治，建辭引淮南大子及黨與。王患之，欲發。問伍被，被請"僞爲丞相御史請書：徙郡國豪傑任使，及有耐罪以上，赦令除其罪，家産五十萬以上者，皆徙其家屬朔方。益發甲卒，急其期日，又僞爲左右都司空、上林、中都官詔獄逮書，以逮諸侯大子、幸臣。如此，則民怨，諸侯懼，即使辯武《集解》：徐廣曰：淮南人名士曰武。隨而説之"。王欲如被計，使人僞得罪而西，事大將軍、丞相，一日發兵，即刺殺大將軍，而説丞相下之。王欲發國中兵，恐相、二千石不聽，乃與伍被謀，先殺相、二千石。又欲令人求狀盜衣，持羽檄從東方來，呼曰"南越兵入界"，因以發兵。未發，上遣廷尉監，因拜淮南中尉，逮捕大子。淮南王聞，與大子謀，召相、二千石，欲殺而發兵。相至，内史以出爲解。中尉曰："臣受詔使，不得見王。"王念獨殺相，無益也，即罷相。王猶豫，計未決。大子念所坐者謀刺漢中尉，所與謀者已死，以爲口絶，乃謂王曰："羣臣可用者皆前繫，今無足與舉事者。王以非時發，恐無功。臣願會逮。"王亦偷欲休，即許大子。大子即自刭不殊。伍被自詣吏，因告與淮南王謀反，反蹤迹具如此。吏因捕大子、王后。圍王宮。盡求捕王所與謀反賓客在國中者。索得反具以聞。上下公卿治。所連引與淮南王謀反，列侯、二千石、豪傑數千人，皆以罪輕重受誅。有司請逮捕衡山王。天子曰："諸侯各以其國爲本，不當相坐。"使宗正以符節治淮南王。未至，王自刭殺。王后荼、大子遷、諸所與謀反者皆族。天子以伍被雅辭，多引漢之美，欲勿誅。廷尉湯曰："被首爲王畫反謀，被罪無赦。"遂誅被。國除，爲九江郡。衡山王賜后乘舒，生子三人：長男爽爲大子。次男孝。次女無采。姬徐來，生子男女四人。美人厥姬，生子二人。乘舒死，徐來爲后。厥姬惡徐來於大子曰："徐來使婢蠱道殺大子母。"大子心怨徐來。無采及孝早失母，附王后，王后詐愛之，與共毀大子。王欲廢大子，立其弟孝。王后又欲併廢孝，立其子廣。王后有侍者，善舞，王幸之，王后欲令侍者與孝亂以汙之。王奇孝材能，佩之王印，號曰將軍。令居外宅。多給金錢，招致賓客。使孝客江都人救赫、救《漢書》作枚。陳喜作輣車、鏃矢，刻天子璽，將、相、軍吏印。王日夜求壯士如周丘等。元朔六年中，王使人上書，請廢大子，立孝。爽聞，即使所善白嬴之長安上書，言孝作輣車鏃矢，與王御者姦。王聞爽使白嬴上書，恐言國陰事，即上書告爽所爲不道棄市罪。事下沛郡治。元狩元年，冬，有司公卿下沛郡求捕所與淮南謀反者，未得，得陳喜於孝家，劾孝首匿喜。孝以爲陳喜雅數與王計謀反，恐其發之，聞律先自告除其罪，又疑大子使白嬴上書發其事，即先自告，告所與謀反者救赫、陳喜等。天子遣即問王，王具以情實對。吏皆圍王宮而守之。公卿請遣宗正、大行與沛郡雜治王。王聞，即自到殺。孝先自告反，除其罪，坐與王御婢姦，棄市。王后徐來，亦坐蠱殺前王后；及大子爽，坐告王不孝；皆棄市。諸與衡山王謀反者皆族。國除，爲衡山郡。史稱淮南王好讀書，不喜弋獵狗馬。行陰德，拊循百姓。招致賓客方術之士數千人，作爲内書二十一篇，外書甚衆。外書今無傳，内書則今所謂《淮南子》也。王蓋有道術之君，必非闚干天位者。武帝即位年十六，建元二年，年十八耳，而王與田蚡，以上無儲嗣，宮車晏駕起異意，有是理乎？謂衡山慮爲淮南所併，乃有反謀，亦非其實，此蓋漢遣使即問時之對辭也。伍被烈士，必無臨難苟免之理，其自首亦必有故，特今不可知耳。漢人甚重復仇，《史記》云"淮南王時時怨望厲王死，欲叛逆"；《漢書》云"江、淮間多輕薄，以厲王遷死感激安"；明其叛逆之由，在彼而不在此。淮南王后荼、大子遷、女陵、衡山王子孝，蓋皆與王同心者，其他妻妾子女，則不然也。女爲中詗，子割恩愛；慮非時而舉之無成，則寧自到以爲後圖；亦烈矣。吳王之用兵，以鹵莽而敗，淮南王則以過審慎而敗。觀其審慎之過，知其計慮之深。使其發舉，其必不如吳之易平審矣。樹國固必相疑之勢也。

　　景帝子江都易王非，前三年立爲汝南王。吳、楚反時，非年十五，有材氣，上書自請擊吳。景帝賜非將軍印，擊吳。吳已破，徙王江都，治故吳國，以軍功賜天子旗。非好氣力，治宮館，招四方豪傑，驕奢甚，二十七年薨。元朔元年。子建嗣，專爲淫虐，自知罪多。國中多欲告言者，心不安。亦頗聞淮南、衡山陰謀。遂作兵器；具天下輿地及軍陳圖；使人通越繇王、閩侯，約有急相助。此則真欲乘機以弋利者也。淮南事發，治黨與，頗連及建，建使人多推金錢，絕其獄，後復謂近臣曰："我爲王，詔獄歲至，生又無驩怡日，壯士不坐死，欲爲人所不能爲耳。"時佩其父所賜將軍印，載天子旗出。積數歲，事發覺。案得反具，建自殺，國除。案史言建淫虐事幾無人理，建爲大子時，邯鄲人梁蚡，持女欲獻之易王。建聞其美，私呼之，因留不出。蚡宣言曰："子乃與其公爭妻？"建使人殺蚡。易王薨，未葬，建居服舍，召易王所愛美人淖姬等凡十人與姦。建女弟徵臣，爲蓋侯子婦，以易王喪來歸，建復與姦。建游章臺宮，令四女子乘小船，建以足蹈覆其船，四人皆溺，二人死。後游雷波，天大風，建使郎二人乘小船入波中，船覆，兩郎溺。攀船，乍見乍没。建臨觀大笑，令皆死。宮人姬八子有過者，輒令贏立擊鼓，或置樹上，久者三十日乃得衣。或髡鉗，以鉛杵舂，不中程，輒掠。或縱狼令齧殺之，建觀而大笑。或閉不食令餓死。凡殺不辜三十五人。建欲令人與禽獸交而生子，彊令宮人贏而四據，與羝羊及狗交。

然漢諸侯王如此者實不止一人，人民何辜，徒以有天下者欲廣彊庶孽，而遭此荼毒乎？此亦見封建之制之必不可行也。

《漢書·諸侯王表》又云："景遭七國之難，抑損諸侯，減黜其官。武有衡山、淮南之謀，作左官之律，服虔曰：仕於諸侯爲左官，絕不得使仕於王侯也。設附益之法。師古曰：蓋取孔子云：求也爲之聚斂而附益之之義。諸侯惟得衣食稅租，不與政事。至於哀、平之際，皆繼體苗裔，親屬疏遠。生於帷墙之中，不爲士民所尊，勢與富室無異。《高五王傳贊》曰："時諸侯得自除御史大夫，羣卿以下衆官如漢朝。漢獨爲置丞相，自吳、楚誅後，稍奪諸侯權，左官、附益、阿黨之法設。其後諸侯惟得衣食租稅，貧者或乘牛車。"王莽分遣五威之吏，馳傳天下，班行符命。漢諸侯王厥角稽首，奉上璽綬，惟恐在後。或乃稱美頌德，以求容媚，豈不哀哉？"此漢同姓諸侯王盛衰之大略也。《史記·高祖功臣侯表》云："漢興，功臣受封者百有餘人。天下初定，故大城名都散亡，户口可得而數者十二三。是以大侯不過萬家，小者五六百户。後數世，民咸歸鄉里，户益息。蕭、曹、絳、灌之屬，或至四萬，小侯自倍，富厚如之。子孫驕溢，忘其先，淫嬖。至大初，百年之間，見侯五，餘皆坐法隕命亡國，耗矣。罔亦少密焉。然皆身無兢兢於當世之禁云。"則雖列侯之國，亦多不克自保矣。《漢書·高惠高后文功臣表》云："孝宣皇帝愍而録之，詔令有司，求其子孫。咸出庸保之中。並受復除，或加以金帛。降及孝成，復加卹問。稍益衰微，不絕如綫。杜業納説，謂雖難盡繼，宜從尤功。於是成帝復紹蕭何。哀、平之世，增修曹參、周勃之屬而已。"天之所廢，固莫能興之哉！

第五章　漢中葉事迹

第一節　漢代社會情形

撫循失職之民，翦滅功臣，輯和外國，削弱同姓諸王，皆所以使秩序不亂，民遂其生者也。然僅能維持見狀而已，自晚周以來，衆共謂當改正之事，未之能改也。此乃天下初定，有所未皇云爾，固非謂其不當改。治安既久，不復樂以故步自封，終必有起而正之者，則漢武帝其人矣。

自晚周以來，衆共謂當改正者何事乎？人民之生計其首也。當封建全盛之世，井田之制猶存；工業之大者，皆屬官營；商人則公家管理之甚嚴；除有土之君，食租衣稅，富厚與民懸絕外，其餘固無大不均。至東周以後，小康之世之遺規，亦且廢墜，則大不然矣。董仲舒說武帝曰："富者田連阡陌，貧者無立錐之地。又顓川澤之利，筦山林之饒。荒淫越制，踰侈以相高。邑有人君之尊，里有公侯之富，小民安得不困？"鼂錯說文帝曰："今農夫五口之家，其服役者不下二人，其能耕者不過百畝。百畝之收，不過百石。春耕，夏耘，秋穫，冬藏。伐薪樵，治官府，給繇役。春不得避風塵，夏不得避暑熱，秋不得避陰雨，冬不得避寒凍。四時之間，無日休息。又私自送往迎來，弔死問疾，養孤長幼在其中，勤苦如此，尚復被水旱之災；急政暴虐，賦斂不時，朝令而暮改。當其有者，半賈而賣，無者取倍稱之息。於是有賣田宅、鬻子孫以償責者矣。而商賈：大者積貯倍息，小者坐列販賣，操其奇贏，日游都市。乘上之急，所賣必倍。故其男不耕耘，女不蠶織，衣必文采，食必粱肉。無農夫之苦，有阡陌之得。因其富厚，交通王侯，力過吏勢，以利相傾，千里游敖，冠蓋相望，乘堅策肥，履絲曳縞。此商人所以兼併農人，農人所以流亡者也。"皆見《漢書・食貨志》。蓋自地狹人稠，耕地不給以來，阡陌開而井田之制，稍以破壞，於是私租起而田可賣買。有財勢者乘機兼併，乃生所謂田連阡陌之家。至於山林川澤，則初由人君加以封禁，後遂或以賞賜，或取貢稅，畀之能事經營之人，於是田以外之土地,亦變公爲私矣。文明程度愈高,則分工愈密。《貨殖列傳》列舉末業,微至販脂、賣醬,猶可以財雄一方,況其大焉者乎?董仲舒對策曰:"已受大,又取小,天不能足,而況人乎?"緬懷"古之所予禄者,不食於力,不動於末",引"公儀子相魯,之其家,見織帛,怒而出其妻,食於舍而茹葵,愠而拔其葵"以明之。深訾當時"身寵而載高位,家温而食厚禄"之徒,"因乘富貴之資,力以與民争利於下"。《漢書》本傳。案《漢書·張安世傳》,載其"貴爲公侯,食邑萬户,身衣弋綈,夫人自紡績,家童七百人,皆有手技作事,内治産業,累積纖微",即仲舒之所指斥者也。然則封君、地主、苞田連阡陌及顓川澤之利、筦山林之饒者。工商,漢世所謂商人,實兼苞農工業家,如鬻鹽、開礦、種樹皆農業,冶鑄實工業是也。以皆自行販賣,當時通稱爲商人。競肆攘奪,平民復何以自存哉?《史記·平準書》述武帝初年富庶情形,見第四章第三節。而繼之曰:"當是之時,網疏而民富,役財驕溢,或至兼併。豪暴之徒,以武斷於鄉曲。宗室有土公卿大夫以下,争於奢侈。"夫果人給家足,誰肯爲人所兼併?又誰能兼併人?奢儉以相形而見,果其養生送死之奉,無大差殊,論者又何至疾首蹙頞,羣以奢侈爲患哉?然則《平準書》之所云,特通計全國之富,有加於前,實非真人給家足。分財不均,富者雖有餘於前,貧者之蹙然不可終日如故也。制民之産之規,制節謹度之道,蕩焉無存,闕焉不講者,固已久矣。

次於生計者爲教化。賈誼上疏陳政事曰:"商君遺禮義,棄仁恩,併心於進取,行之二歲,秦俗日敗。故秦人家富子壯則出分,家貧子壯則出贅。借父耰鉏,慮有德色。母取箕帚,立而誶語。抱哺其子,與公併倨。婦姑不相説,則反脣而相稽。其慈子耆利,不同禽獸者亡幾耳。然併心而赴時,猶曰蹶六國,兼天下。功成求得矣,終不知反廉愧之節,仁義之厚;信併兼之法,遂進取之業。天下大敗,衆掩寡,智欺愚,勇威怯,壯陵衰,其亂至矣。是以大賢起之,威震海内,德從天下。曩之爲秦者,今轉而爲漢矣。然其遺風餘俗,猶尚未改。今世以侈靡相競,而上亡制度。棄禮誼、捐廉恥日甚,可謂月異而歲不同矣。逐利不耳,慮非顧行也。今其甚者殺父兄矣。盜者剟寢户之簾,白晝大都之中,剽吏而奪之金。矯僞者出幾十萬石粟,賦六百餘萬錢,乘傳而行郡國。此其亡行義之尤至者也。而大臣特以簿書不報期會之間,以爲大故。至於俗流失,世敗壞,因恬而不知怪,慮不動於耳目,以爲是適然耳。夫移風易俗,使天下回心而鄉道,類非俗吏之所能爲也。俗吏之所務,在於刀筆筐篋,而不知大體,陛下又不自憂,竊爲陛下惜之。"董仲舒對策曰:"自古以來,未嘗有以亂濟亂,大敗天下之民如秦者也。其遺毒餘烈,至今未滅,使習俗薄惡,人民嚚頑、抵冒、殊扞、孰爛如此之甚者也。孔子曰：腐朽之木，不可彫也。糞土之牆，不可圬也。今漢繼秦之後，如朽木糞牆矣。雖欲善治之，亡可奈何。法出而姦生，令下而詐起。如以湯止沸，抱薪救火，愈甚，亡益也。竊譬之：琴瑟不調，甚者必解而更張之，乃可鼓也。爲政而不行，甚者必變而更化之，乃可理也。當更張而不更張，雖有良工，不能善調也。當更化而不更化，雖有大賢，不能善治也。故漢得天下以來，常欲善治，而至今不可善治者，失之於當更化而不更化也。"此特舉其兩端，漢人議論，類此者不可悉數。以一切之失，悉歸諸秦，固爲非是，然當時風氣，自有志者觀之，蹙然不可終日，則無疑矣。

　　要而言之，社會有兩種：有能以人力控制者，有不然者。立乎今日以觀往古，能以人力控制者，蓋惟孔子所謂大同之世爲然。小康之世，則承其遺緒者也。自小康之治云遙，凡事一任其遷流之所至，遂成爲各自爲謀，弱肉強食之世界矣。欲正其本，非剗除黨類（class）不可，此固非漢人所知。而既有黨類，即利害相反，而終無以幾於郅治，又非漢人之所知也。其爭欲以吾欲云云之策，謀改革之方也，亦宜矣。

　　以上就國內言之也。若言國外，則異民族林立，上焉者宜有以教化之，使之偕進於禮義，下焉者亦宜有以懾服之，使不爲我患，此亦當時之人，以爲當務之急者也。《史記·律書》曰："高祖有天下，三邊外叛，大國之王，雖稱蕃輔，臣節未盡。會高祖厭苦軍事，亦有蕭、張之謀，故偃武一休息，羈縻不備。歷至孝文即位，將軍陳武等議曰：南越、朝鮮，自全秦時內屬爲臣子，後且擁兵阻阨，選蠕觀望。高祖時，天下新定，人民小安，未可復興兵。今陛下仁惠撫百姓，恩澤加海內，宜及士民樂用，征討逆黨，以一封疆。孝文曰：朕能任衣冠，念不到此。會呂氏之亂，功臣宗室，共不羞恥，誤居正位，常戰戰慄慄，恐事之不終。且兵凶器，雖克所願，動亦耗病。謂百姓遠方何？又先帝知勞民不可煩，故不以爲意，朕豈自謂能？今匈奴內侵，軍吏無功，邊民父子，荷兵日久，朕常爲動心傷痛，無日忘之。[1] 今未能銷鉅願，且堅邊設候，結和通使，休寧北陲，爲功多矣，且無議邊。"此可見秦皇、漢武之開邊，亦非其一人所爲也。語曰：英雄造時勢，時勢亦造英雄。時勢造英雄，屢見之矣，英雄造時勢，則未之聞。所謂英雄，皆不過爲一時風氣之所鼓動而已矣。

----

[1]　史事：漢文初羣臣開邊之議，此可見武帝開邊亦因時勢。

第二節　儒術之興

中國自漢以後，儒術盛行，其事實始於武帝，此人人能言之。然武帝非真知儒術之人也。武帝之侈宮室、樂巡游，事四夷，無一不與儒家之道相背。其封禪及起明堂，則惑於神仙家言耳，非行儒家之學也。然儒術卒以武帝之提倡而盛行，何哉？則所謂風氣既成，受其鼓動而不自知也。

《漢書·武帝本紀》：建元元年，冬，十二月，詔丞相、列侯、中二千石、二千石、諸侯相舉賢良方正直言極諫之士。丞相綰衛綰。奏所舉賢良，或治申、商、韓非、蘇秦、張儀之言，亂國政，請皆罷，奏可。此與後來之立《五經》博士，建元五年。爲置弟子元朔五年。同其功。利禄之途，一開一塞，實儒術興盛之大原因也。[①] 而武帝於其元年行之，《贊》所由美其初立卓然罷黜百家，表章《六經》也。《董仲舒傳》云：“自武帝初立，魏其、武安侯爲相而隆儒矣。及仲舒對策，推明孔氏，抑黜百家。立學校之官，州郡舉茂材、孝廉，皆自仲舒發之。”案本紀：元光元年，冬，十一月，初令郡國舉孝、廉各一人。五月，詔賢良，於是董仲舒、公孫弘等出焉。仲舒對策，事在五月，而十一月已舉孝廉，則不得云仲舒發之。《通鑑》乃繫其事於建元元年，云不知在何時，惟建元元年舉賢良著於紀，故繫之。又疑紀言是年十一月初舉孝廉爲誤。見《考異》。後人並有謂仲舒對策，實在建元元年者。然《封禪書》謂建元六年竇大后崩，其明年，徵文學之士公孫弘等，[②]《漢書·郊祀志》無此四字，蓋爲鈔胥所删，昔人鈔書，隨手删節處甚多。自唐以前，《漢書》之傳習，較《史記》爲廣，故其見删節亦較甚。《史》、《漢》相同處，《漢書》辭句，率較《史記》爲簡由此。後人謂孟堅有意爲之，據之以言文字，則大繆矣。古人著書，襲前人處，率皆直録，事有異同，亦不删定，如《漢書·陳勝傳》襲《史記》至今血食之文是也。何暇删節虛字邪？則弘之見擢，確在元光元年。紀言弘事不誤，其言仲舒事不誤可知。云舉孝廉自仲舒發之者？蓋初特偶行，得仲舒之言，遂爲經制，抑本傳辭不審諦，要未可據以疑本紀也。武帝即位，年僅十六，踰年改元，則十七耳。雖非昏愚之主，亦未聞其天縱夙成，成童未久，安知隆儒？即衛綰亦未聞其以儒學顯，然則罷黜百家、表章《六經》之事，其爲風氣使然，無足疑矣。

魏其、武安之事，見於《史記》本傳。曰：建元元年，丞相綰病免。以魏其

---

① 史事：儒術之興，非由武帝。武帝徒鶩其表（又見第七十一、九十四頁）。

② 文例：鈔胥之删節。

侯爲丞相，武安侯爲大尉。魏其、武安俱好儒術，推轂趙綰爲御史大夫，王臧爲郎中令，迎魯申公，欲設明堂，令列侯就國，除關，以禮爲服制，以興大平。舉適諸竇宗室毋節行者，除其屬籍。時諸外家爲列侯，列侯多尚宗室，皆不願就國，以故毀日至竇大后。大后好黃、老之言，而魏其、武安、趙綰、王臧等務隆推儒術，貶道家言，是以竇大后滋不説魏其等。及建元二年，趙綰請毋奏事東宮，竇大后大怒，乃罷逐趙綰、王臧等，而免丞相、大尉。《儒林傳》：王臧、趙綰嘗受《詩》申公，綰、臧請天子，欲立明堂以朝諸侯，不能就其事，乃言師申公，於是天子使使束帛加璧駟馬迎申公，以爲大中大夫，舍魯邸，議明堂事。大皇竇大后好老子言，不説儒術，得趙綰、王臧過，以讓上。上因廢明堂事。盡下趙綰、王臧吏，後皆自殺。申公亦疾免以歸。二年請毋奏事東宮，則元年常奏事東宮可知。然則罷黜百家之事，雖謂大后可其奏可也。《儒林傳》言大后召轅固生問《老子》書。固曰："此是家人言耳。"大后怒，使入圈擊豕。果爲五千言之文，固即不説道家，豈得詆爲家人言？疑大后所好者實非今《老子》書也。要之大后實無所知，其賊趙綰、王臧，非欲隆道而抑儒，特惑於外家之毁言耳。《五經》博士之立，事在建元五年，大后亦尚未崩，未聞其爭不立老子，此大后不疾儒術之證。以本無所知之人，而亦能可罷黜百家之奏，益知儒術之興，由於時會也。《禮書》曰："秦有天下，悉内六國禮儀，采擇其善。至於高祖，光有四海。叔孫通頗有所增益減損，大抵皆襲秦故。自天子稱號，下至佐僚及宮室、官名，少所變改。孝文即位，有司議欲定儀禮。孝文好道家之學，以爲繁禮飾貌，無益於治，躬化謂何耳。故罷去之。孝景時，御史大夫鼂錯，明於世務刑名，數干諫孝景曰：諸侯藩輔，臣子一例，古今之制也。今大國專治異政，不稟京師，恐不可傳後。孝景用其計，而六國畔逆，以錯首名，天子誅錯以解難。是後官者，養交安禄而已，莫敢復議。今上即位，招致儒術之士，令共定儀。十餘年不就，或言古者大平，萬民和喜，瑞應辨至，乃采風俗，定制作。上聞之，制詔御史曰：蓋受命而王，各有所由興，殊路而同歸，謂因民而作，追俗爲制也。議者咸稱大古，百姓何望？漢亦一家之事，典法不傳，謂子孫何？化隆者閎博，治淺者褊狹，可不勉與？乃以大初元年，改正朔，易服色；封泰山；定宗廟百官之儀，以爲典常，垂之於後云。"案《屈原賈生列傳》，言賈生以爲漢興至孝文二十餘年，天下和洽，當改正朔，易服色，法制度，定官名，興禮樂。乃悉草具其事儀法：色上黃，數用五，爲官名，悉更秦之故。絳、灌之屬害之。乃不用。然則其初亦有意於用之矣。賈山亦勸文帝定明堂，造大學，見《漢書》本傳。《孝文本紀》言：魯人公孫臣上書陳《終始傳》五德事。言方今土德時，土德應，黃龍見，當改正朔、服色、制度。天子下其事。丞相張蒼。推以爲今水德始,罷之。十五年,黃龍見成紀。天子乃復召公孫臣,以爲博士,申明土德事。《封禪書》曰:與諸生草改曆、服色事。是歲,《封禪書》作明年。新垣平見。《封禪書》云:帝使博士諸生刺《六經》中作《王制》,謀議巡狩封禪。十七年,平以詐誅,帝乃怠於改正朔、服色之事。然則文帝且嘗頗行之矣。謂其好道家之學,而謝有司之議,實不審之談也。不特此也,秦始皇之怒侯生、盧生也,曰:“吾前收天下書不中用者盡去之。悉召文學方術士甚衆,欲以興大平,方士欲練以求奇藥。”興大平指文學士言。《叔孫通傳》云:秦時以文學徵,待詔博士。伏生亦故秦博士。《儒林傳》。然則始皇雖焚書,所用未嘗無儒生。蓋亦有意於改制度、興教化之事矣。其任法爲治,特因天下初定,欲以立威,使其在位歲久,自以晏然無復可虞,亦未必不能爲漢武之所爲也。然則法制度,興教化,乃晚周以來,言治者之公言,自秦始皇至漢文、景,非有所未皇,則謙讓而不能就其事耳。至於武帝,則有所不讓矣。夫欲法制度,定教化,固非儒家莫能爲。故儒術之興,實時勢使然,不特非武帝若魏其、武安之屬所能爲,並非董仲舒、公孫弘輩所能扶翼也。然武帝終非能知儒術之人也。叔孫通之爲漢立朝儀也,徵魯諸生三十餘人。有兩生不肯行。曰:“禮樂,積德百年而後可興也,今死者未葬,傷者未起。”兩生蓋謂通將大有所爲,不知其僅以折夫拔劍擊柱者之氣也。《禮書》訾通多襲秦故,於官名少所變改;其言孝景,則並鼂錯之削弱諸侯,亦以爲議禮之事;賈生爲官名,悉更秦之故;趙綰、王臧亦欲令列侯就國,除關;然則漢儒之言改制者,其所苞蓋甚廣,非徒改正朔、易服色,無與實際之事而已。今《史記》、《禮書》已亡,武帝之所定者,已不可見,度不過儀文之末。何則?苟有大於此者,節文度數,雖不可得而詳,後人必有能言其略者也。《漢書·武帝紀》言大初元年,改曆,用夏正,色上黃,數用五,定官名,協音律。今觀《百官公卿表》,武帝於秦官實少所變改,則其所定者皆瑣細不足道可知。當時議者,或欲俟諸大平之後,乃采風俗,定制作;此六字最精。采風俗而後定制作,所謂因人情而爲之節文,其所定者,必皆切於民生實用,非如後世之制禮者徒以粉飾視聽,民莫之知,而其意亦本不欲民之知之也。或則高談皇古;蓋皆不肯苟焉而已。而武帝則徒欲其速成,雖褊狹有所不恤。其曰漢亦一家之事,非知五帝不襲禮,三皇不沿樂之義,特惡夫高議難成而已。自是以後,所謂禮樂者,遂徒以飾觀聽,爲粉飾昇平之具,而於民生日用無與焉,豈不哀哉?

第三節　武帝事四夷一

自劉敬使匈奴,結和親之約,冒頓寢驕。孝惠、高后時,爲書遺高后,妄言。高后欲擊之，以季布諫而止。孝文三年，匈奴右賢王入居河南爲寇。遣丞相灌嬰擊之。右賢王走出塞。明年，單于遺漢書。六年，漢亦報以書。頃之，冒頓死，子稽粥立，號曰老上單于。文帝復遣宗室女爲單于閼氏。使宦者燕人中行説傅之。説不欲行，漢强使之，説因降單于，教之猾夏。十四年，單于十四萬騎入朝那蕭關。在今甘肅固原縣南。候騎至雍甘泉。雍，漢縣，在今陝西鳳翔縣南。甘泉，宮名。漢發車千乘，騎十萬，軍長安旁。又發車騎，使五將軍往擊之。單于留塞内月餘。漢逐出塞即還，不能有所殺。匈奴日以驕。歲入邊，殺掠人民畜産甚衆。漢患之。使使遺之書。單于亦使報謝。後二年，復和親。明年，老上單于死，子軍臣單于立。中行説復事之。後六年，絶和親，大入上郡、雲中。漢發三將軍屯北地，郡名。治馬領，今甘肅環縣。代屯句注，即雁門山，在今山西代縣西北。趙屯飛狐口，在今察哈爾蔚縣南。緣邊堅守以備之。又置三將軍屯長安西，數月乃罷。文帝崩，景帝立，趙王遂陰使匈奴。漢圍破趙，匈奴亦止。景帝復與匈奴和親。通關市，給遺單于，遣公主如故約。終景帝世，時時小入盜邊，無大寇。武帝即位，明和親約束，厚遇，通關市以饒給之。匈奴自單于以下皆親漢，往來長城下。元光二年，雁門豪聶壹因大行王恢言："匈奴初和親，親信邊，可誘以利，致之，伏兵襲擊，必破之道也。"上召問公卿。恢請擊之。御史大夫韓安國不可。上從恢議。使壹亡入匈奴，陽爲賣馬邑城，以誘單于。漢伏兵三十餘萬馬邑旁。單于以十萬騎入武州塞。武州，漢縣，今山西左雲縣。未至馬邑，覺漢謀，引還。自是之後，匈奴絶和親，攻當路塞，往往入盜於邊。不可勝數，然尚樂關市，耆漢財物。漢亦關市不絶以中之。元光六年，漢始出兵擊匈奴。自此至征和三年，凡四十年，漢與匈奴屢構兵，而其中大有關係者凡三役：（一）元朔二年，衛青取河南地，築朔方，漢郡，今鄂爾多斯左翼後旗。復繕蒙恬所爲塞，因河而爲固。四年，軍臣單于死，弟左谷蠡王伊稚斜自立。軍臣大子於單亡降漢，漢封爲陟安侯，數月死。時右賢王怨漢，數寇邊，及入河南，侵擾朔方。五年，衛青出朔方，夜圍右賢王，右賢王脱身走。於是河南之勢固，秦中之患息，而廓清幕南之基，且於是立矣。（二）元狩二年，昆邪王殺休屠王降漢。《地理志》：武威郡，故匈奴休屠王地。張掖郡，故匈奴昆邪王地。漢減北地以西戍卒半，以其地爲武威、今甘肅武威縣。酒泉郡。今甘肅高臺縣。後又置張掖、今甘肅張掖縣。敦煌郡，今甘肅敦煌縣。徙民以實之。據《本紀》，張掖、敦煌之分，事在元鼎六年。《地理志》則武威，大初四年開。張掖、酒泉，大初元年開。敦煌，後元年分酒泉置。而漢通西域之道開，羌、胡之交關絶矣。（三）爲元狩四年衛、霍之大舉。先是胡小王趙信降漢，漢封爲翕侯。後復爲匈奴所得，單于以爲自次王，以其姊妻之，與謀漢。信教單于：益北絶幕，以誘疲漢兵，徼極而取之。單于從其計。是年，漢謀，以爲信爲單于計，居幕北，以爲漢兵不能至。乃粟馬，發十萬騎，負私從馬凡十四萬匹，糧重不與焉。令衛青、霍去病中分軍。青出定襄，漢郡，治成樂，今綏遠和林格爾縣。去病出代，咸約絕幕擊匈奴。單于聞之，遠其輜重，以精兵待幕北。與青接戰，一日，弗能與，遁走。青北至闐顏山趙信城。去病出代二千餘里，封於狼居胥山，禪姑衍，臨瀚海而還。是後匈奴遠遁，而幕南無王庭。漢度河，自朔方以西至令居，漢縣，今甘肅永登縣。往往通渠，置田官，吏卒五六萬人，稍蠶食，地接匈奴以北。言抵匈奴舊竟更北進。然是役也，漢士卒物故亦萬數，馬死者十餘萬，匈奴雖病遠去，而漢馬亦少，無以復往矣。是武帝時兵威之極也。元鼎三年，伊稚斜單于死，子烏維立。漢方南誅兩越，不擊匈奴，匈奴亦不入邊。元封元年，武帝親巡朔方，勒兵十八萬騎。使郭吉風告單于曰："南越王頭已縣於漢北闕。單于能，即前與漢戰，天子自將待邊。不能，即南面而臣於漢。何徒遠走亡匿於幕北苦寒無水草之地？毋爲也。"單于怒，留吉，而終不肯爲寇於漢邊，數使使好辭甘言求和親。然漢使楊信説單于曰："即欲和親，以單于大子爲質於漢。"而單于曰："非故約。故約：漢嘗遣公主，給繒絮、食物有品以和親。今乃欲反古，令吾大子爲質，無幾矣。"則尚崛強，未肯臣服也。元封六年，烏維單于死，子詹師盧立。年少，號爲兒單于。《史記》云："自此之後，單于益西北，左方兵直雲中，右方直酒泉、敦煌。"案《史記》前言，匈奴"諸左方王將居東方，直上谷，以東接穢貉、朝鮮，右方王將居西方，直上郡，以西接月氏、氐、羌，而單于庭直代、雲中"。元帝時侯應議罷邊備塞吏卒曰："北邊塞至遼東，外有陰山，東西千餘里，草木茂盛，多禽獸，本冒頓單于依阻其中，治作弓矢，來出爲寇，是其苑囿也。"則《史記》初所述者，蓋冒頓時疆域，自武帝出兵討伐，乃漸徙而西北也。兒單于年少，好殺伐，國中不安。左大都尉欲殺單于降，求援應。大初元年，漢爲築受降城。在今烏喇特旗北界。猶以爲遠。二年，使趙破奴出朔方，西北二千餘里。左大都尉欲發而覺，單于誅之。破奴軍亦没。三年，單于死，子少，匈奴立烏維單于弟右賢王呴犂湖。漢使光祿徐自爲出五原塞，五原，漢郡，見第二章第二節。數百里，遠者千餘里，築城障，列亭至盧朐。又使彊弩都尉路博德築居延澤上。秋，匈奴大入定襄、雲中。行壞光祿所築。又入酒泉、張掖。冬，單于死，弟左大都尉且鞮侯立。四年，漢既誅大宛，威震外國，天子意欲遂困胡，乃下詔曰："高皇帝遺朕平城之憂。高后時，單于書絕悖逆。昔齊襄公復百世之讎，《春秋》大之。"然天漢二年、四年，數道出兵，均不甚利。大始元年，且鞮侯單于死，長子左賢王立，爲狐鹿姑單于。征和三年，李廣利等復大出。會廣利妻子坐巫蠱收，欲深入要功，其下謀共執廣利，廣利乃還。爲單于所遮,軍敗,廣利降。是役也,漢失大將,士卒數萬人,不復出兵。後三歲而武帝崩。

第四節　武帝事四夷二

西域二字,義有廣狹。《漢書》云:"南北有大山,中央有河,今塔里木河。東則接漢,阨以玉門、陽關,兩關俱屬漢龍勒縣,在今甘肅敦煌縣西。西則限以蔥嶺",此爲西域之初疆,實指今之天山南路言之。其後使譯所及益廣,而亦概稱爲西域,則西域之版圖式廓矣。歷代所謂西域,率隨其交通所至而名之,其境界初無一定也。《漢書》云:"自玉門、陽關出西域有兩道:從鄯善,傍南山北,波河西行,至莎車,爲南道。南道西踰蔥嶺,則出大月氏、安息。自車師前王庭隨北山,波河西行,至疏勒,爲北道。北道西踰蔥嶺,則出大宛、康居、奄蔡。"以孝武時始通。本三十六國,後稍分至五十餘。師古曰:司馬彪《續漢書》曰:至於哀、平,有五十五國也。今表其境界、道里及戶口、勝兵之數如下。[1] 除大月氏、康居、大宛、烏孫爲蔥嶺西之大國外,口數逾萬者,僅鄯善、拘彌、于闐、西夜、難兜、莎車、疏勒、姑墨、龜茲、焉耆十國,小者乃不盈千。蓋多處山谷之間,或在沙漠中之泉地,故其形勢如此云。

國　名	都城名	境界道里	戶　數	口　數	勝兵數	今　地
婼羌		辟在西南,不當孔道,西與且末接。	四百五十	千七百五十	五百	柴達木區域
鄯善 本名樓蘭。	扞泥城	至山國千三百六十五里。西北至車師千八百九十里。西通且末七百二十里。	千五百七十	萬四千一百	二千九百十二	羅布泊南
且末《三國志注》引《魏略》作且志,誤。	且末城	北接尉犂。南至小宛可三日行。西通精絕二千里。	二百三十	千六百一十	三百二十	在車爾成河上
小宛	扞零城	東與婼羌接。辟南,不當道。	百五十	千五十	二百	戈壁
精絕	精絕城	南至戎盧國四日行。西通扞彌四百六十里。	四百八十	三千三百六十	五百	戈壁

---

[1] 四裔:漢西域諸國戶口。

國　名	都城名	境界道里	戶　數	口　數	勝兵數	今　地
戎盧	卑品城	東與小宛，南與婼羌，西與渠勒接。辟南，不當道。	二百四十	千六百一十	三百	戈壁
扜彌《史記·大宛列傳》作扜罙。《漢書》云，今名寧彌。蓋據班氏作傳時言之也。《後漢書》作拘彌。	扜彌城	南與渠勒，東北與龜兹，西北與姑墨接。西通于闐三百九十里。	三千三百四十《後書》二千一百七十三。	二萬四十《後書》七千二百五十一。	三千五百四十《後書》一千七百六十。	戈壁
渠勒	鞬都城	東與戎盧，西與婼羌，北與扜彌接。	三百一十	二千一百七十	三百	戈壁
于闐	西城	南與婼羌，北與姑墨接。西通皮山三百八十里。	三千三百《後書》三萬二千。	萬九千三百《後書》八萬三千。	二千四百《後書》三萬餘。	和闐縣南
皮山《魏略》作皮穴	皮山城	西南至烏秅國千三百四十里。南與天篤接。北至姑墨千四百五十里。西南當罽賓、烏弋山離道。西北通莎車三百八十里。	五百	三千五百	五百	皮山縣
烏秅	烏秅城	北與子合、蒲犁，西與難兜接。	四百九十	二千七百三十三	七百四十	巴達克山
西夜《漢書》云：王號子合王。《後書》：西夜國一名漂沙。《漢書》中誤云：西夜、子合是一國，今各自有王。	呼犍谷《後書》子合國居呼犍谷。		三百五十《後書》二千五百。子合戶三百五十。	四千《後書》萬餘。子合口四千。	千《後書》三千，子合戶千。	葉城縣南
蒲犁《魏略》作滿犁。	蒲犁谷	東至莎車五百四十里。北至疏勒五百五十里。西至無雷五百四十里。	六百五十	五千	二千	蒲犁縣
依耐		至莎車五百四十里，至無雷五百四十里，北至疏勒六百五十里。南與子合接。	百二十五	六百七十	三百五十	英吉沙縣

國　名	都城名	境界道里	户　數	口　數	勝兵數	今　地
無雷	盧城	南至蒲犂五百四十里。南與烏秅,北與捐毒,西與大月氏接。	千	七千	三千	在蘇俄境内
難兜		西至無雷三百四十里。西南至罽賓三百三十里。南與婼羌,北與休循,西與大月氏接。	五千	三萬一千	八千	巴達克山西境
罽賓 不屬都護。		東至烏秅二千二百五十里。東北至難兜九日行。西北與大月氏,西南與烏弋山離接。	户口勝兵多,大國也。			克什米爾
烏弋山離 不屬都護,《後書》云:時改名排特。《魏略》作烏弋,云一名排持。持,北宋本作特。		東與罽賓,北與撲桃,西與犂靬、條支接。行可百餘日至。自玉門、陽關出南道,歷鄯善而南行,至烏弋山離。南道極矣,轉北而東得安息。	户口勝兵大國也。案兵下疑奪多字。			Zalan窪地
安息不屬都護。	番兜城《後書》作和櫝城。	北與康居,東與烏弋山離,西與條支接。	《後書》云:口、勝兵,最爲殷盛。			波斯
大月氏 不屬都護。	監氏城《史記》作藍氏城,《後書》同。	西至安息四十九日行。南與罽賓接。	十萬《後書》同。	四十萬《後書》同。	十萬《後書》十餘萬。	今索格日亞（Sogdiana）。藍氏城,今班勒紇(Balkh)
康居不屬都護。	冬治樂越匿地到卑闐城,至越匿地馬行七日。至王夏所居蕃内九千一百四里。案距離當據到卑闐城言之。樂越匿地即越匿地,不知上文衍抑下文脱。到卑闐城,《大宛傳》中但作卑闐城,疑到字衍。		十二萬	六十萬	十二萬	鹹海緣岸錫爾河下流

國　名	都城名	境界道里	戶　數	口　數	勝兵數	今　地
大宛	貴山城	北至康居卑闐城千五百十里。西南至大月氏六百九十里。北與康居,南與大月氏接。	六萬	三十萬	六萬	貴山城,今霍闡
桃槐			七百	五千	千	當在蔥嶺西
休循《魏略》作休修。	烏飛谷	至捐毒衍敦谷二百六十里。西北至大宛九百二十里。西至大月氏千六百一十里。	三百五十八	千三十	四百八十	Irkeshcam
捐毒		東至疏勒。南與蔥嶺屬。西上蔥嶺,則休循也。西北至大宛千三十里。北與烏孫接。	三百八十	千一百	五百	Kalategin
莎車	莎車城	西至疏勒五百六十里。西南至蒲犁七百四十里。	二千三百三十九	萬六千三百七十三	三千四十九	莎車縣
疏勒《魏略》作竭石。	疏勒城	南至莎車五百六十里。西當大月氏、大宛、康居道。	千五百一十《後書》二萬一千。	萬八千六百四十七	二千《後書》三萬餘。	疏勒縣
尉頭	尉頭谷	南與疏勒接,山道不通。西至捐毒千三百一十四里,徑道馬行二日。	三百	二千三百	八百	烏什縣
烏孫	赤谷城	西至康居蕃内地五千里。東與匈奴,西北與康居,西與大宛,南與城郭諸國相接。	十二萬	六十三萬	十八萬八千八百	吉利吉思曠原。赤谷城在錫爾河上流納林河岸。
姑墨	南城	南至于闐馬行十五日。北與烏孫接。東通龜茲六百七十里。	三千五百	二萬四千五百	四千五百	阿克蘇縣
温宿	温宿城	西至尉頭三百里。北至烏孫赤谷六百一十里。東通姑墨二百七十里。	二千二百	八千四百	千五百	烏什縣
龜茲	延城	南與精絶,東南與且末,西南與扜彌,北與烏孫,西與姑墨接。東至都護治所烏壘城三百五十里。	六千九百七十	八萬一千三百一十七	二萬一千七十六	庫車縣
烏壘	與都護同治	其南三百三十里至渠犁。	百一十	千二百	三百	庫車東南

國　名	都城名	境界道里	户　數	口　數	勝兵數	今　地
渠犂		東北與尉犂,東南與且末,南與精絶接。西至龜兹五百八十里。東通尉犂六百五十里。	百三十	千四百八十	百五十	庫車、焉耆間。
尉　犂《魏略》作尉棃。	尉犂城	西至都護治所三百里。南與鄯善,且末接。	千二百	九千六百	二千	尉犂縣
危須	危須城	西至都護治所五百里,至焉耆百里。	七百	四千九百	二千	焉耆東北
焉耆	員渠城《後書》作南河城。	西南至都護治所四百里。南至尉犂百里。北與烏孫接。	四千《後書》萬五千。	三萬二千一百《後書》五萬二千。	六千《後書》二萬餘。	焉耆縣
烏貪訾離《魏略》作烏貪。	于婁谷	東與單桓,南與且彌,西與烏孫接。	四十一	二百三十一	五十七	瑪納斯河、額畢湖間。
卑陸《魏略》作畢陸。	天山東乾當國	西南至都護治所千二百八十七里。	二百二十七	千三百八十七	四百二十二	阜康縣
卑陸後國	番渠類谷	東與郁立師,北與匈奴,西與劫國,南與車師接。	四百六十二	千一百三十七	三百五十	阜康縣東北
郁立師	内咄谷	東與車師後城長,西與卑陸,北與匈奴接。	百九十	千四百四十五	三百三十一	古城西北
單桓	單桓城		二十七	百九十四	四十五	迪化縣境
蒲類《魏略》作蒲陸。	天山西疏榆谷	西南至都護治所千三百八十七里。	三百二十五《後書》八百餘。	二千三十二《後書》二千餘。	七百九十九《後書》七百餘。	吐魯番縣北
蒲類後國			百	千七十	三百三十四	巴里坤湖北
西且彌	天山東于大谷	西南至都護治所千四百八十七里。	三百三十二	千九百二十六	七百三十八	呼圖壁河至瑪納斯河間
東且彌	天山東兑虚谷	西南至都護治所千五百八十七里。	百九十一《後書》三千餘。	千九百四十八《後書》五千餘。	五百七十二《後書》二千餘。	
劫國	天山東丹渠谷	西南至都護治所千四百八十七里。	九十九	五百	百十五	昌吉縣北。

國　名	都城名	境界道里	戶　數	口　數	勝兵數	今　地
狐胡	車師柳谷	西至都護治所千一百四十七里,至焉耆七百七十里。	五十五	二百六十四	四十五	鬭展西
山國		西至尉犂二百四十里。西北至焉耆百六十里。西至危須二百六十里。東南與鄯善、且末接。	四百五十	五千	千	巴格喇赤湖、羅布泊間。
車師前國	交河城	西南至都護治所千八百七里,至焉耆八百三十五里。	七百《後書》千五百餘。	六千五十《後書》四千餘。	千八百六十五《後書》二千。	廣安城西二十里
車師後國	務塗谷	西南至都護治所千二百三十七里。	五百九十五《後書》四千餘。	四千七百七十四《後書》萬五千餘。	千八百九十《後書》三千餘。	濟木薩南
車師都尉國			四十	三百三十三	八十四	廣安城東七十里喀喇和卓
車師後城長			百五十四	五百六十	二百六十	奇臺縣北

　　諸國民族,可分數派。《漢書》云:"西夜與胡異,其種類氐、羌,行國。"又云:"蒲犂及依耐、無雷,皆西夜類也。"又云:"無雷俗與子合同。"《後書》又有德若,云:"與子合相類,其俗皆同。"又有移支,"居蒲類地,被髮,隨畜逐水草"。蓋皆氐、羌之類,緣南山而西出者也。《漢書》云:烏孫本塞地。"昔匈奴破大月氏,月氏西君大夏,而塞王南君罽賓。塞種往往分散爲數國。自疏勒以西,休循、捐毒之屬,皆故塞種也。"《穆天子傳》爲魏、晉後僞書,所述皆漢以後情形,已見《先秦史》第八章第八節。此書於地名、器物,皆著之曰西膜之所謂某某,足見西膜爲西方一大族。西膜與塞疑即一語,或白種中之塞米族(Semites)耶? 又烏孫,顏師古《注》云:"於西域諸戎,其形最異。今之胡人,青眼赤鬚,狀類獼猴者,本其種也。"近日史家,皆謂烏孫與堅昆同種。堅昆即唐時之黠戛斯,元時之吉利吉思,今之哈薩克。黠戛斯,《唐書》固明言其"赤髮、皙面、綠瞳"也。近年英、俄、法、德諸考古家,在新疆發見古書,有與印度歐羅巴語類者,以其得之之地名之曰焉耆語、龜茲語。焉耆語行於天山之北,龜茲語行於天山之南。頗疑龜茲語爲塞種語,焉耆語爲烏孫等游牧民語也。西史家謂西域人稱希臘爲伊耶安(Yavanas),爲耶而宛(Ionian)轉音,故大宛實爲希臘

人東方殖民地。安息即西史之泊提亞(Paltnia)，大夏則巴克特利亞(Bactlia)，皆亞歷山大死後東方分裂所生之新國。安息猶率其游牧之俗，大夏文化，則酷類希臘焉。故漢通西域，實爲東西洋文化交通之始也。《史記・大宛列傳》云："自宛以西至安息，雖頗異言，然大同俗，相知言；《漢書・西域傳》作"然大同，自相曉知也"。其人皆深眼，多鬚髯"，可以知其種族矣。然玉門、陽關以西，亦非遂無華人。《漢書》曰："自且末以往，皆種五穀。土地，畜産，作兵，略與漢同。有異乃記云。"今觀其書，記者少，不記者多，則諸國之俗，實與漢大同。案《管子・揆度》，"北用禺氏之玉，南貴江、漢之珠"，何秋濤謂禺氏即月氏。日本桑原騭藏言：月氏據甘肅，故天山南路之玉，經其地而入中國，玉門之名，或亦因此而得，見所著《張騫西征考》，楊鍊譯，商務印書館本。説頗有理。人民移殖，率在國家開拓之先。漢朝未知西域及西南夷，①而枸醬、竹杖，即已遠屆其地，此其明證。然則謂漢世天山南路多有華人，必非傅會之談也。至於後世，胡人益盛，漢族稍微，則因道里有遠近之殊，移居有多少之異。猶之朝鮮之地，自漢以降，貉族轉多，然不能謂《方言》所載，北燕、朝鮮之間，言語皆同，及《後書》辰韓言語，有似秦人爲虛語也。《魏書・西域于闐傳》云："自高昌以西，諸國人等，皆深目高鼻。惟此一國，貌不甚胡，頗類華夏。"《大唐西域記》亦謂于闐之語，與他國不同。今考古學家謂于闐東之克里雅人，體格多似黃人。掘地所得陶象及雕刻、壁畫，面貌亦與黃人相似，古書非印度、伊蘭、突厥語，而與西藏語相類，斷其人來自藏地，此則不知漢時已然否耳。

漢通西域，起於武帝之欲攻匈奴，而成於武帝之侈心。初，敦煌、祁連間有行國曰月氏。匈奴西邊，又有小國曰烏孫。《史記・大宛列傳》。《漢書・張騫傳》曰："烏孫與大月氏，俱在祁連、敦煌間。"《西域傳》同，而奪祁連二字。月氏爲冒頓所破。老上單于又破月氏王，以其頭爲飲器。《史記・大宛列傳》：建元中，天子問匈奴降者，皆言匈奴破月氏王，以其頭爲飲器。《匈奴列傳》：孝文帝三年，老上單于遺漢書曰："今以小吏之敗約，故罰右賢王，使之西求月氏擊之。以天之福，吏卒良，馬彊力，以夷滅月氏，盡斬殺降下之。定樓蘭、烏孫、呼揭，及其旁二十六國，皆以爲匈奴。"匈奴之破月氏、烏孫，定西域，當在此時。②竊疑烏孫難兜靡，亦實爲匈奴所殺，《漢書》云爲大月氏所殺，乃因烏孫攻逐月氏而附會也。月氏西破走塞王。塞王南越縣度。在烏秅西。大月氏居其地。烏孫昆莫難兜靡，或云爲匈奴所殺，《史記・大宛列傳》。或云爲大月氏所殺。《漢書・張騫傳》。其子獵驕靡，仍屬匈奴。自請於單于，西攻破月氏。月氏乃遠去。過大宛，西擊大夏而臣之。都嬀水北爲王

---

① 四裔：漢時西域亦有華族。
② 四夷：匈奴定西域。

庭。嬀水,今阿母河。而烏孫稍强,亦不復肯朝事匈奴,取羈屬而已。建元中,匈奴降者言月氏怨匈奴,無與共擊之。漢因欲通使,而時匈奴右方居鹽澤,今羅布泊。以東至隴西長城,南接羌,隔漢道。漢欲通使,道必更匈奴中。乃募能使者。張騫以郎應募。爲匈奴所得。留十餘年,與其屬亡鄉月氏。西走數十日,至大宛。大宛爲發道譯抵康居,傳致大月氏。時月氏地肥饒,少寇,志安樂;又自以遠漢;殊無報胡之心。騫留歲餘還。並南山,欲從羌中歸。復爲匈奴所得留歲餘,單于死,元朔三年軍臣單于。左谷蠡王攻其大子自立,國内亂,騫乃得亡歸。騫身所至者,大宛、大月氏、大夏、康居,而傳聞其旁大國五六。具爲天子言之。騫曰:"臣在大夏時,見邛竹杖、蜀布。問曰:安得此?大夏國人曰:吾國人往市之身毒。身毒在大夏東南,可數千里。其俗土著,大與大夏同,而卑溼暑熱云。其人民乘象以戰,其國臨大水焉。以騫度之:大夏去漢萬二千里,居漢西南,今身毒國又居大夏東南數千里,有蜀物,此其去蜀不遠矣。今使大夏,從羌中,險,羌人惡之。少北,則爲匈奴所得。從蜀,宜徑,又無寇。"天子既聞大宛及大夏、安息之屬皆大國,多奇物,①土著頗與中國同業,而兵弱,貴漢財物;其北有大月氏、康居之屬,兵彊,可以賂遺設利朝也。且誠得而以義屬之,則廣地萬里,重九譯,致殊俗,威德徧於四海。天子欣然,以騫言爲然。乃令騫因蜀、犍爲發閒使,四道並出。出駹,出冉,出徙,出邛僰,皆各行一二千里。其北方閉氐、筰,南方閉巂、昆明,終莫得通。參看第七節。然傳聞其西可千餘里,有乘象國,名曰滇越,而蜀賈姦出物者或至焉。武帝是時,蓋動於侈心,絕非攻胡之初志矣。及渾邪王降,金城、河西西並南山至鹽澤,空無匈奴。其後二年,漢又擊走單于於幕北。是後天子數問騫大夏之屬。騫請厚幣賂烏孫,招以益東,居故渾邪之地。既連烏孫,自其西大夏之屬,皆可招來而爲外臣。天子以爲然。拜騫爲中郎將。齎金幣帛,直數千鉅萬,多持節副使,道可使,使遺之他旁國。騫既至烏孫,諭指。烏孫昆莫獵驕靡。有十餘子,中子大禄彊,善將。大禄兄爲大子,有子曰岑娶。《漢書》作岑諏,官名。名軍須靡。大子蚤死,謂昆莫曰:"必以岑娶爲大子。"昆莫哀而許之。大禄怒,畔,謀攻岑娶及昆莫。昆莫予岑娶萬餘騎,令別居。國分爲三,不能專制。又遠漢,未知其大小,素服屬匈奴,又近之。其大臣皆不欲徙。但發通譯送騫還。而騫所分遣使通大宛、康居、大月氏、大夏、安息、身毒、于寘、扜罙及諸旁國者,後頗與其人俱來,西北國始通於漢矣。匈奴聞漢通烏孫,怒,欲擊之。烏孫乃

———————

①　四夷:武帝通西域之動機,云以騫言爲然,則説出騫。使者之劣(又見第九十、九十一頁)。

恐，使使獻馬，願得尚漢女。元封中，乃遣江都王建見第四章第六節。女細君爲公主，妻昆莫。昆莫年老，又使岑娶尚公主云。時漢築令居以西，置酒泉郡，以通西北國。一歲中使多者十餘，少者五六輩。樓蘭、姑師當道，苦之。攻劫漢使王恢等。又數爲匈奴耳目，令其兵遮漢使。元封三年，武帝遣恢佐趙破奴虜樓蘭王，遂破姑師。於是酒泉列亭障至玉門矣。天子好宛馬，使從者言宛有善馬，在貳師城，匿不肯與漢使。天子使壯士車令等持千金及金馬以請，宛不肯與。漢使怒，妄言，椎金馬而去。宛貴人怒，令其東邊郁成遮攻殺漢使。大初元年，漢拜李廣利爲貳師將軍。發屬國六千騎及郡國惡少年數萬以往，伐宛。當道諸國，各堅城守，不肯給食。比至郁成，士不過數千，皆飢疲。攻郁成，郁成大破之，所殺傷甚衆。引還，往來二歲。至敦煌，士不過什一二。天子使使遮玉門，曰：“軍有敢入者，輒斬之。”貳師恐懼，因留敦煌。天子案言伐宛尤不便者。赦囚徒材官，益發惡少年及邊騎。歲餘而出敦煌者六萬人。負私從者不與。所至小國，莫不迎，出食給軍。兵到者三萬人。圍其城，攻之四十餘日。宛貴人殺其王毋寡。漢立貴人善漢者昧蔡爲王。別將破郁成。郁成王亡走康居。康居出以與漢。貳師之東，諸所過小國聞宛破，皆使其子弟從軍入獻見天子，因以爲質焉。時爲大初四年。歲餘，宛貴人以爲昧蔡善諛，使我國遇屠，相與殺昧蔡，立毋寡昆弟蟬封爲宛王，而遣其子入質於漢。漢因使使賂遺以填撫之。自伐大宛後，西域震懼，多遣使來貢獻。漢使西域者益得職。於是自敦煌西至鹽澤，往往起亭，而輪臺、《李廣利傳》注：輪臺，國名。今新疆輪臺縣。渠犂，皆有田卒數百人，置使者校尉領護，以給外國使者焉。天漢二年，以匈奴降者介和王爲開陵侯，將樓蘭國兵擊車師。匈奴遣右賢王將數萬騎救之。漢兵不利，引去。征和四年，遣重合侯馬通將四萬騎擊匈奴，道過車師北，復遣開陵侯將樓蘭、尉犂、危須凡六國兵別擊車師，勿令得遮重合侯道。諸國共圍車師。車師王降。於是搜粟都尉桑弘羊，與丞相、御史奏遣卒田輪臺以東。募民壯健有累重敢從者詣田所。稍築列亭，連城而西，以威諸國，輔烏孫。時李廣利以軍降匈奴，上既悔遠征伐，乃下詔，深陳既往之悔，由是不復出軍，而封丞相田千秋爲富民侯，以明休息，思富養民云。

第五節　武帝事四夷三

羌爲亞洲中央一大族。在漢世可考見者，凡分三支：一在西域，已見上節。一在今甘肅、四川、雲南等省，見第七節。其爲患最深者，則居河、湟間之一支也。河、湟間之羌，緣起見《後漢書・西羌傳》，曰：“羌無弋爰劍者，秦厲公時，爲秦所拘執，以爲奴隸。後得亡歸。而秦人追之急，藏於巖穴中得免。羌人云：爰劍初藏穴中，秦人焚之，有景象如虎，爲其蔽火，得以不死。既出，又與劓女遇於野，遂成夫婦。女恥其狀，被髮覆面，羌人因以爲俗。遂俱亡入三河間。《注》：“《續漢書》曰：遂俱亡入河、湟間。今此言三河，即黃河、賜支河、湟河也。”丁謙《考證》云：賜支河，即《水經注》浩亹河，今名大通河，湟河在大通河南。諸羌見爰劍被焚不死，怪其神，共畏事之，推以爲豪。河、湟間少五穀，多禽獸，以射獵爲事。爰劍教之田畜，遂見敬信。廬落種人依之者日益衆。羌人謂奴爲無弋，以爰劍嘗爲奴隸，故因名之。其後世世爲豪。至爰劍曾孫忍時，秦獻公初立，欲復穆公之迹，兵臨渭首，滅狄獂戎，忍季父卬，畏秦之威，將其種人附落而南，出賜支河曲西數千里，與衆羌絕遠，不復交通。其後子孫分別，各自爲種，任隨所之。或爲氂牛種，越巂羌是也。或爲白馬種，廣漢羌是也。或爲參狼種，武都羌是也。廣漢，郡名。前漢治梓潼，今四川梓潼縣。後漢治雒，今四川廣漢縣。餘見第七節。忍及弟舞，獨留湟中。並多娶妻婦。忍生九子，爲九種，舞生十七子，爲十七種。羌之興盛，從此始矣。”又云：“自爰劍後，子孫支分，凡百五十種。其九種在賜支河首以西，及在蜀漢徼北，前史不載口數，惟參狼在武都，勝兵數千人。其五十二種，衰少不能自立，分散爲附落，或絕滅無後，或引而遠去。其八十九種，惟鍾最強，勝兵十餘萬，其餘大者萬餘人，小者數千人，更相鈔盜，盛衰無常，無慮順帝時勝兵合可二十萬人。發羌、唐旄等絕遠，未嘗往來，氂牛、白馬羌在蜀漢，其種別名號，皆不可紀知也。”所言爰劍之事，雖不足信，然今青海、甘肅、四川、雲南之羌，共爲一族，則較然可知矣。《後書》又云：忍子研豪健，羌中號其後爲研種，武帝度河湟，築令居塞，初開河西，列置四郡，通道玉門，隔絕羌、胡，使南北不得交關，於是障塞亭燧，出長城外數千里。時先零羌與封養、牢姐種解仇結盟，與匈奴通。合兵十餘萬，共攻令居、安故，今甘肅臨洮縣。遂圍枹罕。今甘肅臨夏縣。漢遣將軍李息、郎中令徐自爲將兵十萬擊平之。始置護羌校尉，持節統領焉。《漢書・武帝紀》，事在元鼎五年，安故作故安，誤。羌乃去湟中，依西海、鹽池左右。漢遂因山爲塞。河西地空，稍徙人以實之。案羌之爲患，皆因據有河、湟，武帝時逐出之，而徙民以實河西，規模頗遠，惜乎後世之不克負荷也。

第六節　武帝事四夷四

中國文化，傳播於四方者，以東方爲最盛。東方諸國，漸染中國文化最深者，莫如朝鮮。其所由然，實以其久隸中國爲郡縣故，而首郡縣朝鮮者，①則漢武帝也。《史記・朝鮮列傳》云：朝鮮王滿者，故燕人也。自始全燕時，嘗略屬真番、朝鮮，爲置吏，築鄣塞。秦滅燕，屬遼東外徼。漢興，爲其遠，難守，復修遼東故塞，至浿水爲界。浿水，今大同江。屬燕。燕王盧綰反，入匈奴，滿亡命，聚黨千餘人，魋結，蠻夷服，而東走出塞。渡浿水，居秦空地上下鄣。稍役屬真番、朝鮮蠻夷，及故燕、齊亡命者，王之。都王險。當在漢江流域。會孝惠、高后時，天下初定，遼東大守即約滿爲外臣。保塞外蠻夷，無使盜邊。諸蠻夷君長欲入見天子，勿得禁止。以聞。上許之。以故滿得以兵威財物，侵降其旁小邑。真番、臨屯，皆來服屬。傳子至孫右渠。所誘漢亡人滋多，又未嘗入見。真番旁衆國欲上書見天子，又擁閼不通。元封二年，漢使涉何誘諭。右渠終不肯奉詔。何去，至界上，臨浿水，使御刺殺送何者。歸報天子曰："殺朝鮮將。"上爲其名美，不詰。拜何爲遼東東部都尉。朝鮮襲攻殺何。天子募罪人擊朝鮮。楊僕從齊浮渤海，荀彘出遼東。兩將乖異。使濟南大守公孫遂往政之。遂使彘執僕，併其軍。三年，夏，朝鮮尼谿相參殺右渠降，遂定朝鮮，以其地爲真番、臨屯、樂浪、玄菟四郡。案《後漢書・東夷傳》云：武王封箕子於朝鮮，其後四十餘世，至朝鮮侯準，自稱王。《三國・魏志・東夷傳注》引《魏略》云：周衰，燕自稱爲王，欲東略地。朝鮮侯亦自稱爲王，欲興兵逆擊燕。其大夫禮諫之，乃止。使禮西說燕，燕止之此之字疑衍。不攻。後子孫稍驕虐。燕乃遣將秦開攻其西方，取地二千餘里，至滿潘汗爲界。漢遼東郡有番汗縣，沛水所出，疑即故滿潘汗地。沛水今清川江。朝鮮遂弱。及秦併天下，使蒙恬築長城，到遼東。時朝鮮王否，畏秦襲之，略服屬秦，不肯朝會。案此當謂不肯詣赴遼東，非謂不入朝咸陽也。否死，子準立，二十餘年，案自秦併天下至陳、項起，尚不及二十餘年，自蒙恬築長城起計，更無論矣。疑此四字係準在位年數，自其立至爲衛滿所滅，二十餘年也。而陳、項起，天下亂。燕、齊、趙民愁苦，稍亡往準，準乃置之於西方。及漢以盧綰爲燕王，朝鮮與燕界於溴水。溴，浿之誤。及綰反，入匈奴，燕人衛滿亡命，爲胡服，東渡溴水，詣準降。說準求居西界。準信寵之，封之百里，令守西邊。滿誘亡，黨衆稍多。乃詐遣人告準，言漢兵十道至，求入宿衛。遂還攻準。準與滿戰，不敵也。《志》云：侯淮既僭號稱王，爲燕亡人衛滿所攻奪，將其左右宮人去，入海居韓地，自號韓王。其後絶滅，今韓人猶有奉其祭祀者。淮即準，蓋《國志》字誤也。《志》又云：韓有三種：一曰馬韓，二曰辰韓，三曰弁韓。辰韓者，古之辰國。

---

① 四夷：古朝鮮三韓（見第八十三—八十五頁）。

《後書》云：馬韓五十四國，辰韓十有二國，弁辰亦十有二國，凡七十八國，皆古之辰國也。《史記》之眞番旁衆國，《漢書》作眞番辰國，疑當作眞番旁辰國，《漢書》奪旁字，《史記》則淺人臆改也。三韓分立以前，辰爲一統之國。準所攻破者即此。是時辰國之王，當爲馬韓人，故《後書》言"馬韓最大，共立其種爲辰王"，又云："準後滅絕，馬韓人復自立爲辰王"也。然則欲入見天子者，正箕子之後矣。此衛氏所由忌而阻閼之與？樂浪，今朝鮮平安南道及黃海、京畿二道地。臨屯爲江原道地。玄菟爲咸鏡南道。眞番跨鴨淥江上流。《後書》云：昭帝始元五年，罷臨屯、眞番，以併樂浪、玄菟，玄菟復徙居高句驪。縣名。自單單大嶺以東，沃沮、濊貉，悉屬樂浪。後以境土廣遠，復分嶺東七縣置樂浪東部都尉。《沃沮傳》云：武帝滅朝鮮，以沃沮地爲玄菟郡，後爲夷貉所侵，徙郡高句驪西北，更以沃沮爲縣，屬樂浪東部都尉，則沃沮初係玄菟郡治。單單大嶺，當係縱貫半島之山。《漢書·武帝紀》：元朔元年，東夷薉君南閭等口二十八萬人降，爲蒼海郡，至三年乃罷，當即嶺東之濊貉也。《史記·平準書》：彭吳賈滅朝鮮，置滄海之郡。《漢書·食貨志》作彭吳穿濊貉、朝鮮，置滄海郡。當係《史記》誤。元朔時，朝鮮尚未滅也。

第七節　武帝事四夷五

　　川、滇、粤、桂之開闢，戰國時啓其端，秦始皇繼其後，漢武帝成其功。今日內地十八省之規模，實略定於武帝時也。

　　趙佗，眞定人。今河北正定縣。秦時爲南海龍川令。今廣東龍川縣。二世時，南海尉任囂病且死，被佗書行尉事。佗即絕道，據兵自守，稍以法誅秦所置長吏，以其黨爲假守。秦已破滅，佗即擊併桂林、象郡，自立爲南越武王。《史記》云：自尉佗初王，後五世九十三歲而國亡，則其初王當在高帝五年。高帝十一年，遣陸賈立佗爲南越王。與剖符通使。和集百越，毋爲南邊患害。高后時，有司請禁南越關市鐵器。佗曰："此必長沙王計，欲倚中國，擊滅南越而並王之。"乃自尊號爲南越武帝，①發兵攻長沙邊邑，敗數縣而去。高后遣將軍隆慮侯竈擊之。會暑溼，士卒大疫，兵不能踰嶺。歲餘，高后崩，即罷兵。佗因此以兵威財物賂遺閩越、西甌駱，役屬焉。文帝使陸賈賜佗書。佗爲書謝，去帝制。至孝景時，稱臣，使人朝請。然其居國中竊如故號。至武帝建元四年，《史記》此處有卒字，《漢書》無，無之者是也。《史記》言南越王五世，則佗之子亦當爲王，蓋佗卒子繼，失其年代故不記。

---

　　①　政體：趙佗自尊爲南越武帝。

《史記》之卒字，乃後人妄補也。佗孫胡爲南越王，三年，而閩越王郢興兵擊南越。

　　閩越王無諸、越東海王搖，皆句踐後。秦併天下，廢爲君長，以其地爲閩中郡。諸侯叛秦，無諸、搖率越歸吳芮。漢擊項籍，佐漢。漢五年，復立無諸爲閩越王，王閩中故地，都東冶。今福建閩侯縣。孝惠三年，立搖爲東海王，都東甌。今浙江永嘉縣。世俗號曰東甌王。吳王濞大子駒亡走閩越，怨東甌殺其父，常勸閩越擊東甌。建元三年，閩越發兵圍東甌。東甌使人告急。天子遣莊助發會稽郡兵浮海救之。未至，閩越引兵去。東甌請舉國徙中國。乃悉舉衆來處江、淮間。《集解》：徐廣曰：《年表》曰：東甌王廣武侯望，率其衆四萬餘人來降，家廬江郡。漢廬江，今安徽廬江縣。六年，閩越擊南越。南越以聞。上遣王恢出豫章，韓安國出會稽。兵未踰嶺，閩越王弟餘善殺王以降。乃立無諸孫繇君丑爲越繇王。南越遣大子嬰齊入宿衛。餘善威行國中，國民多屬，竊自立爲王。繇王不能矯其衆，持正。天子聞之，爲餘善不足復興師，因立爲東越王，與繇王並處。後十餘歲，南越王胡薨。謚爲文王。嬰齊嗣立。嬰齊在長安時，娶邯鄲摎氏女，生子興。及即位，上書請立摎氏女爲后，興爲嗣，遣子次公入宿衛。嬰齊薨。謚爲明王。興代立，其母爲大后。大后自未爲嬰齊姬時，與霸陵人安國少季通。元鼎四年，漢使少季往諭王、王大后入朝。大后復私焉。國人頗知之，多不附大后。大后恐亂作，亦欲倚漢威，數勸王及羣臣求內屬。即因使者上書：請比內諸侯，三歲一朝，除邊關。天子許之。其相呂嘉，年長矣。相三王。宗族官仕爲長吏者七十餘人，男盡尚王女，女盡嫁王子兄弟宗室，及蒼梧秦王有連。其居國中甚重，得衆心愈於王。王之上書，數諫止王。王弗聽，有畔心。王、王大后置酒，介漢使者權，謀誅嘉等。使者狐疑，莫敢發。天子遣韓千秋與王大后弟摎樂將二千人往。入越境，嘉遂反。攻殺王、王大后及漢使者。立明王長男越妻子建德。擊千秋等，滅之。天子令罪人及江、淮以南樓船十萬師往討之。元鼎五年，秋，路博德出桂陽，今湖南郴縣。下匯水。《漢書》作湟水。楊僕出豫章，下橫浦。《漢書·武帝本紀》作下湞水。故歸義越侯二人出零陵，今湖南零陵縣。或下灕水，或抵蒼梧。馳義侯因巴、蜀罪人發夜郎兵下牂柯江。咸會番禺。六年冬，僕、博德先後至，番禺降。嘉、建德亡入海，得之。以其地爲儋耳、今廣東儋縣。珠厓、今廣東瓊山縣。南海、今廣東南海縣。蒼梧、今廣西蒼梧縣。鬱林、今廣西貴縣。合浦、今廣東合浦縣。交阯、今越南河內。九真、今越南清華。日南今越南乂安。九郡。

　　南越之反也，餘善上書，請以卒八千人從楊僕擊呂嘉等。兵至揭陽，今廣東揭陽縣。以海風波爲解，不行。持兩端，陰使南越。及漢破番禺，僕上書，願便引兵擊東越。上以士卒勞倦，罷兵，令諸校留屯豫章、梅嶺待命。《集解》：徐廣曰：

在會稽界。《正義》引《括地志》云在虔化縣東北百二十里。虔化，今江西寧都縣。餘善聞之，遂反。入白沙、武林、《集解》：徐廣曰：在豫章界。《索隱》：今豫章北二百里接鄱陽界，地名白沙。有小水入湖，名曰白沙。沙東南八十里有武陽亭，亭東南三十里，地名武林。案白沙，地在今江西鄱陽縣西。武林，在今江西餘干縣東北。梅嶺，殺漢三都尉。天子遣韓說出句章，漢縣，今浙江慈谿縣。浮海從東方往。楊僕出武林。王温舒出梅嶺。越侯出若邪、《漢書》作如邪，《索隱》：案姚氏云：若邪，地名，今闕。《正義》云：越州有若耶山、若耶溪。越州，今浙江紹興縣。白沙。元封元年，冬，咸入東越。故越衍侯吳陽前在漢，漢使歸諭餘善。反攻越軍，及故越建成侯敖與繇王居股謀，俱殺餘善降。詔軍吏皆將其民徙處江、淮間，東越地遂虛。

《史記·西南夷列傳》云：“西南夷君長以十數，夜郎最大。今貴州桐梓縣。其西靡莫之屬以十數，滇最大。今雲南昆明縣。自滇以北，君長以十數，邛都最大。今西康西昌縣。此皆椎結，耕田，有邑聚。其外，西自桐師未詳。以東，北至葉榆，澤名，今洱海。名爲巂、昆明。皆編髮，隨畜移徙。亡常處，亡君長。地方數千里。自巂以東北，君長以十數，徙、今西康天全縣。筰都，今西康漢源縣。最大。自筰以東北，君長以十數，冉駹最大。今四川茂縣。其俗或土著，或移徙。自駹以東北，君長以十數，白馬最大。今甘肅成縣。皆氐類也。”夜郎、滇、邛都之屬爲濮，在黔江、金沙江流域。巂、昆明爲羌，參看第五節。在今瀾滄江流域。徙、筰都、冉駹之屬雜氐、羌，在今岷江大渡河流域。白馬則嘉陵江上游之氐也。莊蹻王滇，秦時略通五尺道，已見第二章第二節及《先秦史》第十章第一節。《史記·司馬相如傳》：相如言邛、筰、冉駹近蜀，①道易通，秦時嘗通爲郡縣。此事《史記·西南夷傳》不載。然云“及漢興，皆棄此國，而開蜀故徼，巴、蜀民或竊出商賈，取其筰馬、僰僮、髦牛，以此巴、蜀殷富”，則秦時置郡縣與否，雖無確據，而巴、蜀與邛、筰、冉駹之有交往則審矣。武帝建元六年，王恢擊東越，因兵威，使番陽令唐蒙風曉南越。南越食蒙蜀枸醬。蒙問所從來，曰：“道西北牂柯江。”蒙歸至長安，問蜀賈人。賈人曰：“獨蜀出枸醬，多竊出市夜郎。夜郎者，臨牂柯江。江廣百餘步，足以行船。南越以財物役屬夜郎，西至桐師，然亦不能臣使也。”蒙乃上書說上，以浮船牂柯江出不意，爲制越一奇。乃拜蒙爲中郎將，從巴屬筰關入，見夜郎侯多同，厚賜，諭以威德，約爲置吏，使其子爲令。夜郎旁小邑，皆貪漢繒帛，以爲漢道險，終不能有也，乃且聽蒙約。還報，乃以爲犍爲郡。發巴、蜀卒治道，自僰道指牂柯江。蜀人司馬相如亦言

---

① 四夷：秦通邛、筰、冉駹。

邛、筰可置郡，使以中郎將往諭，皆如南夷，爲置一都尉，十餘縣，屬蜀。《司馬相如列傳》：西夷邛、筰、冉駹、斯榆之君，皆請爲内臣。除邊關。關益斥，西至沫、若水，南至牂牁爲徼。通零關道，橋孫水，以通邛都、斯榆。《索隱》云："《益部耆舊傳》謂之斯臾。《華陽國志》云邛都縣有四部，斯臾是也。"沫水，今大渡河。若水，今雅龍江。零關道，《漢書》作靈山道，蓋關以山名。《地理志》：越巂有靈關道。孫水，今安寧河。當是時巴、蜀四郡通西南夷道，戍轉相饟。數歲道不通。士罷餓，離濕，死者甚衆。西南夷又數反，發兵興擊，耗費無功。上患之。使公孫弘往視問焉。還對，言其不便。及弘爲御史大夫，是時方築朔方，弘因數言西南夷害可且罷，專力事匈奴。上罷西夷，獨置南夷夜郎兩縣一都尉，稍令犍爲自保就。及元狩元年，張騫使大夏來，言居大夏時，見蜀布、邛竹杖。使問所從來。曰：從東南身毒國，可數千里，得蜀賈人市。或聞邛西可二千里有身毒國。騫因盛言大夏在漢西南，慕中國，患匈奴隔其道。誠通蜀、身毒道，便近，又無害。於是使間出西夷，西指求身毒國。至滇，滇王嘗羌《漢書》作當羌。乃留，爲求道西，十餘輩。歲餘，皆閉昆明，莫能通。參看第四節。及南越反，上使馳義侯因犍爲發南夷兵。且蘭君反。今貴州平越縣。發巴、蜀罪人嘗擊南越者八校尉擊破之。會越已破，八校尉不下，即引兵還。行誅頭蘭。《索隱》即且蘭也。案《漢書》作且蘭。頭蘭，嘗隔滇道者也。已平頭蘭，遂平南夷爲牂牁郡。夜郎遂入朝。上以爲夜郎王。又以邛都爲越巂郡，筰都爲沈黎郡，天漢四年，併蜀爲西部，置兩都尉，一居旄牛，主徼外夷；一居青衣，主漢人。旄牛在今西康漢源縣南。青衣在今西康雅安縣北。冉駹爲汶山郡，宣帝地節三年，併蜀，爲北部都尉。白馬爲武都郡。使風諭滇王入朝。未肯聽。而其旁東北勞浸、《漢書》作勞深。靡莫數侵犯使者吏卒。元封二年，發巴、蜀兵擊滅勞浸、靡莫。滇舉國降。以爲益州郡。賜滇王王印，復長其民。

第八節　論武帝用兵得失

漢武帝東征西討，所開拓者頗廣，後世盛時之疆域，於此已略具規模，讀史者或稱道之。[1] 然漢人之議論，則於武帝多致譏評。宣帝初即位，欲褒先帝，令列侯、二千石、博士議，夏侯勝即言武帝無功德於民，不宜爲立廟樂，見《漢書》本傳。《史記·大宛列傳》之敘事，《漢書·西域傳贊》之議論，於武帝皆深致譏焉。而《漢書·武五子傳贊》，言之尤痛。何哉？予謂是時之開拓，乃中國之國力爲之，即微武帝，亦必有起而收其功者，而武帝輕舉寡慮，喜怒任情，用人以私，使中國之國力，爲之大耗，實功不掩其罪也。漢世大敵，莫如匈奴。匈奴之衆，不過漢一大縣，已見第四章第三節。又

---

[1]　史事：漢武帝用兵得失。

是時匈奴,殊無民族意識。試觀軍臣單于以嗜漢物,幾墮馬邑之權,然仍樂關市可知。中行說教單于曰:"匈奴人衆,不過當漢之一郡,所以强之者,以衣食異,無仰於漢也。今單于變俗,好漢物,漢物不過十二,則匈奴盡歸於漢矣。其得漢繒絮,以馳草棘中,衣袴皆裂敝,以示不如旃裘之完善也。得漢食物皆去之,以示不如湩酪之便美也。"此真忠於爲匈奴謀者也。與賈生三表、五餌之策,可謂若合符節。賈生五餌之策,欲以車服壞其目,飲食壞其口,音聲壞其耳,宮室壞其腹,榮寵壞其心,《見新書》。非處士之大言,其效誠有可期者也。使武帝而有深謀遠慮,當時之匈奴,實可不大煩兵力而服。即謂不然,而征伐之際,能多用信臣宿將,其所耗費,必可大減,而所成就,反將遠勝,此無可疑者也。《史記》言衞青僅以和柔自媚於上。《史記》中稱衞青之美者,僅《淮南王傳》中伍被之辭,此乃被求免之供辭,抑真出於被與否,猶未可知也。而世竟有據之以稱衞青而訛公孫弘者,真瞽瞍之不若矣。霍去病則少而侍中,貴不省士,其從軍,天子爲遣大官齎數十乘,既還,重車餘棄粱肉,而士有飢者;其在塞外,卒乏糧,或不能自振,而去病尚穿域蹋鞠,事多類此。此等人可以爲將乎? 較之李廣將兵,乏絶之處,見水,士卒不盡飲,廣不近水,士卒不盡食,廣不嘗食者何如? 李廣利之再征大宛也,出敦煌六萬人,負私從者不與,馬三萬匹,軍還,入玉門萬餘人,馬千餘匹而已。史言後行非乏食,戰死不甚多,而將吏貪,不愛卒,侵牟之,以此物故者衆,其不恤士卒,亦去病之類也。天子嘗欲教去病孫吳兵法。對曰:"顧方略何如耳,不至學古兵法。"此去病不學無術之明徵,亦漢武以三軍之衆,輕授諸不知兵法之將之鐵證。世顧或以是爲美談,此真勢利小人之見。世多以成敗論人,其弊遂中於讀史,皆由勢利之見,先有以累其心也。彼衞、霍之所以致勝者,乃由其所將常選,而諸宿將所將,常不逮之耳,史又稱去病敢深入,常與壯騎先其大軍,軍亦有天幸,未嘗乏絶也。不敗由天幸,信然。敢深入,適見其不知兵法也。非其能也。漢去封建之世近,士好冒險以立功名;不知義理,徒爲愚忠;皆與後世絶異。[①] 即以李廣之事論之。廣與程不識,俱爲邊郡名將,匈奴畏之久矣。又嘗俱爲衞尉,天子知其能亦久矣。征胡而擇大將,非廣、不識輩而誰? 乃漢武之所任者,始則衞、霍,後則李廣利也。以椒房之親,加諸功臣宿將之上,不亦令戰士短氣矣乎? 衞青父鄭季,給事平陽侯家,與侯妾衞媼通,生青,冒衞氏。衞媼長女君孺,爲大僕公孫賀妻。次女少兒,先與霍仲孺通,生去病。後爲詹事陳掌妻。次女子夫,自平陽公主家得幸武帝,元朔元年,有男,立爲皇后。先是武帝陳皇后,大長公主女也。大長公主聞子夫幸有身,使人捕青,欲殺之。公孫敖時爲騎郎,與壯士往篡之,得不死。其後青之徙李廣部,亦以敖新失侯,欲與俱當單于也。公孫賀從青將,有功,封侯,後遂爲相。陳掌,武帝亦召貴之。廣利,李夫人兄。元狩四年之役,武帝本令去病當單于,

---

故敢力戰深入之士皆屬焉。至於衛青，任之本不甚重。《史記·李將軍列傳》云："廣數自請行，天子以爲老，弗許，良久，乃許之，以爲前將軍。"此非實録。既以爲老弗許矣，豈又以爲前部乎？"及出塞，青捕虜，知單于所在，乃自以精兵走之，而令廣併於右將軍軍"，此實顯違上令。其云"陰受上誠，以爲李廣老，數奇，毋令當單于，恐不得所欲"，乃誣罔之辭。上既不令青當單于，又自以廣爲前將軍，安得有此言乎？廣既失道，青又逼迫令自殺，違旨而賊重臣，其罪大矣，天子弗能正。廣子敢，怨青之恨其父，擊傷之，青匿諱之，蓋其事實有不堪宣露者，而去病又射殺敢。上乃爲諱，云鹿觸殺之。尚不如鄭莊公之於潁考叔，能令卒出豭，行出犬、雞，以詛賊之者也，可以持刑政乎？李氏之於衛、霍，蓋有不共戴天之讎二焉。縱不敢以此怨懟其君，亦不足爲之盡力矣，而陵_{廣子當户之子。}猶願以步卒五千，爲涉單于庭，既敗，司馬遷推言陵之功，則以爲欲沮貳師，爲陵游説，下之腐刑。所終始右護者，瑣瑣姻婭而已，而又收族陵家，此真所謂淫刑以逞，視臣如草芥者。無爲戎首，不亦宜乎？而司馬遷猶惜陵生降隤其家聲；隴西士大夫，猶以李氏爲愧。專制之世，士大夫之見解，固非吾儕小人所能忖度矣。_{李陵之降，爲欲得當以報於漢，此百世之下所可共信者也。收族其家，君臣之義絶矣，雖欲爲漢，惡可得乎？然其在匈奴，尊寵不如衛律，則陵終未肯爲匈奴謀漢也。其於武帝，優於子胥之於平王遠矣。真爲匈奴謀漢者衛律，李延年所薦也，延年，李夫人之兄也。}得此等將帥而用之，所費士馬如此，而匈奴猶終武帝之世不能平，可謂能用兵乎？_{以上所引，見《史記·李將軍、衛將軍、驃騎將軍》、《漢書·李廣、蘇建、司馬遷傳》。}

《史記·大宛列傳》曰："自博望侯開外國道以尊貴，其後從吏卒皆争上書，言外國奇怪利害，求使。天子爲其絶遠，非人所樂往，聽其言，予節，募吏民，毋問所從來，爲具備人衆遣之，以廣其道。來還，不能毋侵盜幣物，及使失指，天子爲其習之，輒覆案，致重罪，以激怒，令贖，復求使。使端無窮，而輕犯法。其吏卒，亦輒復盛推外國所有，言大者予以節，言小者爲副。故妄言無行之徒，皆争效之。其使皆貧人子，私縣官齎物，欲賤市，以私其利外國。外國亦厭漢使人人有言，輕重。度漢兵遠，不能至，而禁其食物，以苦漢使。漢使乏絶，積怨，至相攻擊。"_{漢之求善馬於宛，宛私計曰："漢使數百人爲輩來，而常乏食，死者過半。"可見被禍者之衆。}蓋其所遣者皆無賴之徒，樓蘭、車師、大宛之釁，未必非此輩啓之。《大宛列傳》又云："自烏孫以西，至安息，以近匈奴，匈奴困月氏也，匈奴使持單于一信，則國國傳送，食，不敢留苦及至漢使，非出幣帛不得食，不市畜不得騎用。所以然者，遠漢而漢多財物，故必市乃得所欲，然以畏匈奴於漢使焉。"《漢書·西域傳》云："及呼韓邪單于朝漢後，咸尊漢矣。"其實初苦漢而後不然者,事久則習而安之;亦或漢使屢見苦,後稍斂迹;非必畏漢兵威也。不然,匈奴之兵威,亦曷嘗能真及西域? 自烏孫尚中立不肯朝會,況於西至安息哉?

"張騫之再使西域也,所齎金幣帛,直數千鉅萬。其後諸使外國,一輩大者數百,少者百餘人,人所齎持,大放博望侯時,其後益習而衰少焉。"此可見事積久,則必漸近常軌,漢使之稍益斂迹,亦此理也。然"漢率一歲中使多者十餘,少者五六輩,遠者八九歲,近者數歲而反",其所耗費,已不貲矣。西域之來也,漢武"方數巡狩海上,乃悉從外國客,大都多人則過之。散財帛以賞賜,厚具以饒給之,以覽示漢富厚焉。於是大觳抵,出奇戲諸怪物,多聚觀者,行賞賜,酒池肉林。令外國客徧觀各倉庫府藏之積,見漢之廣大,傾駭之。及加其幻者之工,而觳抵奇戲,歲增變甚盛,益興自此始"。此其所爲,與隋煬帝亦何以異? 獲保首領,没於五柞,豈不幸哉? 此段所引,亦見《大宛列傳》。

第九節　武帝求神仙

漢武帝之舉事也,好大喜功,而不顧其後。在位時,除事四夷爲一大耗費外,又遭河決之患,元光三年至元封二年乃塞。開漕渠,《平準書》:番係欲省砥柱之漕,穿汾河渠,以爲溉田,作者數萬人。鄭當時爲渭漕渠回遠,鑿直渠,自長安至華陰,作者數萬人。朔方亦穿渠,作者數萬人。各歷二三期,功未就,費亦各鉅萬十數。事移民,《平準書》:山東被水災,民飢乏,天子遣使者虛郡國倉廥以振貧民,猶不足。又募豪富人相假貸。乃徙貧民於關以西,及充朔方以南新秦中,七十餘萬口。衣食皆仰給縣官,數歲,假與產業。使者分部護之,冠蓋相望。費以億計。《集解》:臣瓚曰:秦逐匈奴,以收河南地,徙民以實之,謂之新秦。皆所費無藝,而其尤亡謂者,則事祠祭,求神仙也。古代迷信本深。秦、漢統一,各地方之迷信,皆集於京都,故其爲害尤甚。參看第二十章第一節。武帝初所惑者爲神君。神君者,長陵女子,長陵,漢縣,在今陝西咸陽縣東北。以乳死,見神於先後宛若,宛若祠之其室,民多往祠。帝求,舍之上林中蹏氏觀。是時李少君亦以祠竈、穀道、卻老方見上,曰:"祠竈則致物,致物而丹沙可化爲黃金,黃金成,以爲飲食器則益壽,益壽而海中蓬萊僊者乃可見,見之以封禪則不死,黃帝是也。臣常游海上,見安期生。安期生僊者,通蓬萊中,合則見人,不合則隱"。於是天子始親祠竈,遣方士入海求蓬萊安期生之屬,而事化丹沙諸藥齊爲黃金矣。居久之,少君病死。天子以爲化去不死,而使黃錘史寬舒受其方,求蓬萊安期生莫能得,而海上燕、齊怪迂之方士,多更來言神事矣。亳人謬忌奏祠大一方。天神貴者大一,大一佐曰五帝。天子令大祝立其祠長安東南郊。其後人有上書,言古者天子三年一用大牢祠三一，天一，地一，泰一，天子令大祝領，祠之於忌泰一壇上，後人復有上書，言祠黃帝、冥羊、馬行、大一、澤山君、地長、武夷君、陰陽使者，令祠官領之，而祠大一於其大一壇旁。此據《封禪書》。澤山君，徐廣曰：澤一作皋。《孝武帝本紀》作皋山山君，《漢書·郊祀志》作皋山山君，無地長二字。元狩二年，齊人少翁，以鬼神方見上，拜爲文成將軍。賞賜甚多，以客禮禮之。文成言曰："上即欲與神通，宮室被服非象神，神物不至。"乃作畫雲氣車及各以勝日駕車辟惡鬼。又作甘泉宮，中爲臺室，畫天、地、大一諸鬼神，而致祭具，以致天神。居歲餘，其方益衰，神不至。乃爲帛書以飯牛，詳不知，言曰："此牛腹中有奇。"殺視，得書。書言甚怪。天子識其手書，於是誅文成，隱之。其後則又作柏梁、臺名，據《漢書·武帝本紀》，事在元鼎二年。銅柱、承露仙人掌之屬矣。明年，天子病鼎湖甚。《索隱》：《三輔黃圖》云：鼎湖宮名，在藍田。游水發根言上郡有巫，病而鬼神下之。上召置，祠之甘泉。及病，使人問神君。《集解》：韋昭曰：即病巫之神。神君言曰："天子無憂病，病少愈，彊與我會甘泉。"於是病愈，遂起幸甘泉。病良已。大赦，置壽宮神君。蓋置壽宮以奉神君也。《封禪書》置下有酒字，似非。《孝武本紀》、《漢書·郊祀志》皆無，神君最貴者曰大一，其佐曰大禁、司命之屬。元鼎四年，立后土祠汾陰脽上。汾陰，漢縣，今山西榮河縣。上親望拜，如上帝禮。禮畢，遂至榮陽而還。是歲，天子始巡郡縣，侵尋於泰山矣。其春，樂成侯上書言樂大。樂大者，膠東宮人，故嘗與文成將軍同師。拜爲五利將軍。又佩天士將軍、地士將軍、大通將軍印，封樂通侯，以衛長公主妻之。衛大子姊。又刻玉印曰天道將軍。言爲天子道天神。使使衣羽衣，夜立白茅上，五利將軍亦衣羽衣立白茅上受，以示不臣。於是五利常夜祠其家，欲以下神。其後裝治行東入海求其師云。大見數月，佩六印，貴震天下，而海上燕、齊之間，莫不搤腕而自言有禁方、能神僊矣。其夏六月中，汾陰巫錦爲民祠魏脽后土營旁，捝地得鼎。言吏。吏告河東大守勝，勝以聞。使迎至甘泉。其秋，上幸雍，且郊。或曰："五帝，大一之佐也，宜立大一而上親郊之。"上疑未定。齊人公孫卿曰："今年得寶鼎，其冬辛巳朔旦冬至，與黃帝時等。"卿有札書曰："黃帝得寶鼎宛朐，即冤句，漢縣，今山東菏澤縣。問於鬼臾區。鬼臾區對曰：黃帝得寶鼎神策。是歲己酉朔旦冬至，得天之紀，終而復始。於是黃帝迎日推策。後率二十歲復朔旦冬至。凡二十推，三百八十年，黃帝僊登於天。"因嬖人奏之。上大說，召問卿，對曰："受此書申公。《孝武本紀》作申功。申公，齊人也，與安期生通受黃帝言，無書，獨有此鼎。書曰：漢興，復當黃帝之時。漢之聖者，在高祖之孫且曾孫也。寶鼎出而與神通，封禪。封禪七十二王，惟黃帝得上泰山封。申公曰：漢主亦當上封，上封則能僊登天矣。"於是拜卿爲郎，東使候神於大室。上遂郊雍。至隴西，登空桐，在今甘

肅岷縣。幸甘泉。令祠官寬舒等具大一祠壇。十一月甲子朔旦昧爽，天子始郊
拜大一。朝朝日，夕夕月，則揖而見大一，如雍禮。元鼎五年。五利將軍使不敢
入海，之泰山祠。上使人隨驗，實無所見。五利妄言見其師。其方盡，多不
讎。上乃誅五利。其冬，元鼎六年。公孫卿候神河南，見僊人迹緱氏城上，云有物
若雉，往來城上。緱氏，漢縣，在今河南偃師縣南。天子親幸緱氏城視迹。於是郡國各除
道，繕治宮館、名山神祠，所以望幸也。元封元年，冬，上議曰："古者先振兵澤
旅，《集解》：徐廣曰：古釋字作澤。然後封禪。"乃遂北巡朔方，勒兵十餘萬。還祭黃
帝冢，澤兵須如。《集解》：徐廣曰：須一作涼，案《漢書·郊祀志》作涼。李奇曰：地名。三月，
東幸緱氏。禮登中嶽大室。東巡海上。行，禮祠八神。一曰天主，祠天齊。天齊淵
水，居臨菑南郊山下。二曰地主，祠大山梁父。三曰兵主，祠蚩尤。蚩尤在東平陸監鄉。四曰陰主，祠
三山。五曰陽主，祠之罘。六曰月主，祠之萊山。七曰日主，祠成山。八曰四時主，祠琅邪。八神莫知
起時，秦始皇東游即祠之，見《封禪書》。東平陸，漢縣，今山東汶上縣，地接壽張，壽張，蚩尤冢所在也。
齊人之上疏言神怪、奇方者以萬數。乃益發船，令言海中神山者數千人求蓬
萊神人。公孫卿持節，嘗先行候名山。至東萊，漢郡，治掖，今山東掖縣。言"夜見大
人長數丈，就之則不見，見其迹甚大，類禽獸云"。羣臣有言"見一老父，牽狗，
言吾欲見巨公，已忽不見"。上即見大迹，未信，及羣臣有言老父，則大以為僊
人也。宿留海上。予方士傳車，及間使求僊人以千數。四月，還至奉高。漢縣，
今山東泰安縣。封泰山，禪肅然。泰山下趾東北。既無風雨菑，而方士更言蓬萊諸
神，若將可得。於是上欣然，庶幾遇之。乃復東至海上望，冀遇蓬萊焉。並海
上，北至碣石，巡自遼西，歷北邊至九原。五月，返甘泉。《郊祀志》云：周萬八千里。
二年春，公孫卿言見神人東萊山，若云見天子。天子於是幸緱氏城，拜卿為中
大夫。遂之東萊，宿留之，數日毋所見，見大人迹。復遣方士求神怪，採芝藥
以千數。是時，既滅南越，越人勇之乃言："越人俗信鬼，而其祠皆見鬼數有
效。昔東甌王敬鬼，壽至百六十歲。後世謾怠，故衰耗。"乃令越巫立越祝祠。
公孫卿曰："仙人可見，而上往常遽，以故不見。今陛下可為觀，如緱氏城，置
脯棗，神人宜可致。且仙人好樓居。"於是上令長安則作蜚廉、桂觀，甘泉則作
益延壽觀。使卿持節而候神人。乃作通天臺，置祠具其下，將招來神仙之屬。
於是甘泉更置前殿，始廣諸宮室。四年，上郊雍，通回中道。徐廣曰：在扶風汧縣。
案汧，今陝西隴縣。巡之。春，至鳴澤。服虔曰：在涿郡遒縣界。案遒，今河北淶水縣。從西
河歸。其明年，冬，上巡南郡，至江陵而東，登禮潛之天柱山，號曰南嶽。漢潛
縣，今安徽霍山縣。浮江，自尋陽出樅陽。漢尋陽縣，在今湖北黃梅縣界。樅陽縣，今安徽桐城
縣。過彭蠡，祀其名山川。北至琅邪，並海上。四月中，至奉高，脩封焉。初，

上令奉高作明堂汶上。元封二年。及五年脩封，則祠大一五帝於明堂，以高祖配。大初元年十一月甲子朔旦冬至，推曆者以本統。天子親至泰山，以十一月甲子朔旦冬至日祠上帝明堂。東至海上，考入海及方士求神者，莫驗，然益遣，冀遇之。十一月，柏梁菑。十二月，甲午朔，上親禪高里。山名，在泰山下。祠后土，臨渤海，將以望祠蓬萊之屬，冀至殊庭焉。公孫卿曰："黃帝就青靈臺，十二日燒，黃帝乃治明庭。"勇之曰："越俗有火菑，復起屋，必以大，用勝服之。"於是作建章宮。夏，漢改曆。① 以正月爲歲首，而色尚黃，官名更印章以五字。三年，東巡海上，考神仙之屬，未有驗者。方士有言："黃帝時爲五城十二樓以候神人於執期，命曰迎年。"上許作之如方。夏，遂還泰山，修五年之禮，如前，而加禪，祠石閭。在泰山下阯南方，方士多言此僊人之閭也，故上親禪焉。天漢三年，復至泰山修封。還過祭常山。後五年，復至泰山修封。東幸琅邪，禮日成山，登之罘，浮大海，用事八神，延年。又祠神人於交門宮。在琅邪，大始三年、四年。後五年，復修封於泰山。東游東萊，臨大海。征和四年。方士之候祠神人，入海求蓬萊，終無有驗，而公孫卿之候神者，猶以大人迹爲解，無其效。天子益怠厭方士之怪迂語矣。然終羈縻不絕，冀遇其真。自此以後，方士言祠神者彌衆，然其效可覩矣。案武帝之崇儒，在其即位之初，而封泰山乃在其後三十年，改正朔，易服色，則又在其後，其非用儒家言可知。武帝蓋全惑於方士之言，其封泰山，亦欲以求不死而已。終武帝世，方士之所費，蓋十倍於秦始皇，況又益之以事巡游、修宮室邪？武帝當建元三年，即爲微行，因此起上林苑，見《漢書·東方朔傳》。然在近畿之地，非如後來巡游所至之廣也。元狩三年，因習水戰，修昆明池，又增甘泉宮館，見《漢書》本紀、《食貨志》及《揚雄傳》。又《鹽鐵論·散不足篇》，言秦始皇覽怪迂，信禨祥，當此之時，燕、齊之士，釋鋤耒爭言神仙。方士趨咸陽者以千數。言仙人食金飲珠，然後壽與天地相保。於是數巡狩五嶽濱海之館，以求神仙蓬萊之屬。數幸之郡縣。富人以貲佐，貧者築道旁。其後小者亡逃，大者藏匿。吏捕索掣頓，不以道理。名宮之旁，廬舍丘落，無生苗立樹。百姓離心，怨思者十有半。此託之始皇，實譏武帝也。亦可見求神仙與事巡游之關係矣。

第十節　武帝刻剝之政

武帝所事既廣，其費用，自非經常歲入所能供，故其時言利之事甚多。雖其初意，亦或在摧抑豪强，然終誅求刻剝之意多，裒多益寡之意少，故終弊餘於利，至於民愁盜起也。今略述其事如下：

————————

① 宗教：武帝改曆，色尚黃，印章五字。

一笄鹽鐵　以東郭咸陽、孔僅爲大農丞，領鹽鐵事。僅、咸陽言：願募民自給費，因官器作煑鹽。官與牢盆。蘇林曰：牢，價值也。如淳曰：牢，廩食也，古者名廩爲牢。盆，煑鹽器也。敢私鑄鐵器、煑鹽者，釱左趾，没入其器物。郡不出鐵者，置小鐵官，使屬所在縣。使僅、咸陽乘傳舉行天下鹽鐵。此事在元狩五年。至元封元年，桑弘羊爲治粟都尉，領大農，盡代僅笄天下鹽鐵。案鹽鐵爲用至廣，故所税之數雖微，而國家已得鉅款；又可防豪民之專擅；收歸官營，實爲良法，故輕重之家，久提唱之。僅、咸陽之笄鹽鐵，亦未嘗不以是爲言。僅、咸陽言：浮食奇民，欲擅笄山海之貨，以致富羨，役利細民，其沮事之議，不可勝聽。然卜式已謂縣官作鹽鐵，鐵器苦惡，賈貴，或强民買之；而昭帝時賢良文學之對，言其弊尤痛切；見《鹽鐵論·水旱篇》。綜其弊：則苦惡，一也。縣官鼓鑄，多爲大器，務應員程，不給民用，二也。善惡無所擇，三也。吏數不在，器難得，四也。鐵官賣器不讎，或頗賦於民，五也。卒徒作不中程，時命助之，發徵無限，更縣以劇，六也。賢良文學言：故民得占租鼓鑄煑鹽之時，鹽與五穀同賈，器和利而中用，農事急，輒運，衍之阡陌之間，民得以財貨五穀新弊易貨，或貰。縣官得以徒復作修治道橋。今貧民或木耕、手耨、土耰、淡咶。官私營業，優劣相縣如此，此社會革命，所由不易以國家之力行之也。則笄鹽鐵雖有裨國計，而民之受其弊實深矣。

二算緡　公卿言異時算軺車、賈人緡錢各有差，請算如故。諸賈人、末作、貰貸、賣買、居邑、稽諸物及商以取利者，雖無市籍，各以其物自占，率緡錢二千而一算。諸作有租及鑄，率緡錢四千一算。非吏比者，三老、北邊騎士軺車一算。商賈人軺車二算。船五丈以上者一算。匿不自占，占不悉，戍邊一歲，没入緡錢。有能告者，以其半界之。《漢書·武帝本紀》：元光六年，冬，初算商車。元狩四年，初算緡錢。元鼎三年十一月，令民告緡，以其半與之。楊可告緡徧天下。中家以上，大抵皆遇告。杜周治之，獄少反者。乃分遣御史、廷尉正、監往往即治郡國緡錢。得民財物以億計，奴婢以千萬數。田，大縣數百頃，小縣百餘頃，宅亦如之。乃分緡錢諸官。而水衡、少府、大農、大僕各置農官，往往即郡縣比没入田田之。其没入奴婢，分諸苑養狗馬禽獸，及與諸官。諸官新置多，徒奴婢衆，而下河漕，度四百萬石，及官自糴乃足。案公卿言異時嘗算，則此税舊有之，當必沿自戰國之世。然其所及不必如是之廣。舊法雖惡，民既習之，且有成法可循，新税則異是，而更行之以操切，則其害有不可勝言者矣。史言商賈中家以上大率破，民偷，甘食好衣，不事畜藏之業，其禍可謂極烈。卜式言船有算，商者少，物貴，猶其小焉者矣。《後漢書·西域傳》：陳忠言武帝算至舟車，貰及六畜。[1]《注》：六

---

① 賦税：貰及六畜。

畜無文。案此謂數畜以定其資力，猶後世計物力以定户等，非謂税之也。告緡之法，至桑弘羊領大農後始罷。

三均輸　元封元年，桑弘羊領大農。弘羊以諸官各自市，相與爭，物故騰躍，而天下賦輸，或不償其僦費。乃請置大農部丞數十人，分部主郡國。各往往縣置均輸、鹽鐵官。令遠方各以其物，異時商賈所轉販者爲賦，而相灌輸。置平準於京師，都受天下委輸。召工官治車。諸器皆仰給大農。大農之諸官，盡籠天下之貨物，貴即賣之，賤則買之。如此，富商大賈，無所牟大利，則反本，而萬物不得騰踴。故抑天下物，名曰平準。天子以爲然，許之。案古代税收，多取實物。當國小民寡，生事簡陋之世，自無所謂利與不利。及夫疆理既恢，所取之物亦雜，則某物取之某處最宜，某物致之某處最便，其中實大有計度。計度得宜，可使民便輸將，國饒利益，抑且省漕轉之勞，《鹽鐵論·本議篇》：大夫曰：“往者郡國諸侯，各以其物貢輸，往來煩雜，物多苦惡，或不償其費。故郡置輸官，以相給運，而便遠方之貢，故曰均輸。”案弘羊使郡國各以異時商賈所販者爲賦，其策實極巧妙。商賈所販，必協事宜，如此，則不待考察，而已知某處之物，致之某處爲最便矣。後世理財之家如劉晏等，所長實在於此，此弘羊所謂“均輸則民齊勞逸”。又税收之物，官用之不盡者，自可轉賣於民，苟其策畫得宜，亦可藉以平抑物價，使齊民不受商賈之剥削，此弘羊所謂“均輸則民不失職”也。弘羊語，亦見《鹽鐵論·本議篇》。弘羊之説，皆出古之輕重家言，誠有所本。《漢書·食貨志》曰：“管仲相桓公，通輕重之權，曰：歲有凶穰，故穀有貴賤。令有緩急，故物有輕重。人君不理，則畜賈遊於市，乘民之不給，百倍其本矣。民有餘則輕之，故人君斂之以輕，民不足則重之，故人君散之以重，凡輕重、斂散之以時則準平。”此可見平準爲舊有之説，非弘羊所杜撰也。《贊》曰：“弘羊均輸，壽昌常平，亦有從徠。顧古爲之有數，吏良而令行，故民賴其利，萬國作乂。及孝武時，國用饒給，而民不益賦，其次也。至於王莽，制度失中，姦軌弄權，官民俱竭，亡次矣。”自是平情之論。然戰國時，大國不過千里，制馭較易，究之輕重家言，亦未有能起而行之者，與儒家井田之説等耳。貨不必藏於己、力不必爲己之風既渺，而人又非通功易事，無以爲生，商人本不易制馭，況弘羊欲行之於一統之世乎？不能抑商賈以利齊民，而徒與商賈爭利，蓋勢所必至矣。然能省漕轉之勞，且使國用充裕，則亦不可誣也。弘羊行均輸後，史言天子北至朔方，東到泰山，巡海上，並北邊以歸，所過賞賜用帛百餘萬匹，錢金以鉅萬計，皆取足大農，其款不必盡出均輸，然均輸之所裨益者必多也。

四酒酤　《漢書·武帝本紀》：天漢三年，初榷酒酤。《鹽鐵論·輕重篇》：文學言：大夫以心計策國用，參以酒榷，則酒榷亦弘羊所建也。酒榷在當時，蓋爲利最薄，故昭帝六年，賢良文學願罷鹽鐵、酒榷、均輸官，弘羊即與丞相共奏罷酒酤。《鹽鐵論·鹽鐵取下篇》云：並罷關内鐵官。

　　五賣爵贖罪　漢沿秦制，爵二十級。初級僅爲虛名，必至第九級得免役，乃有實利。故當生計寬裕，民樂榮寵時，賜爵足以歆動人民，而爵亦可以買賣。至政令嚴急時，則不然矣。武帝令入財若買爵者得試吏補官，及買復者多，則又濫施役使，且令入財者得以贖罪，其壞選法及刑法，實非淺鮮也。《平準書》言：武帝募民能入奴婢，得以終身復，爲郎增秩。又令民得買爵及贖禁錮，免臧罪。置賞官，命曰武功爵。級十七萬，凡直三十餘萬金。臣瓚引《茂陵中書》武功爵十一級，則級十七萬之萬爲衍字，十七當作十一。諸買武功爵官首者，試補吏，先除，千夫如五大夫。師古曰：五大夫，舊二十等爵之第九級也。至此以上始免徭役。故每先選以爲吏。千夫者，武功十一等爵之第七也，亦得免役，今則先除爲吏比於五大夫也。其有罪，又減二等。爵得至樂卿。師古曰：樂卿者武功爵第八等也。言買爵惟得至第八也。以顯軍功。此事當在元朔六年。法既益嚴，吏多廢免，兵革數動，民多買復，及五大夫、千夫、徵發之士益鮮。於是除千夫、五大夫爲吏，不欲者出馬。故吏皆適令伐棘上林，作昆明池。《漢書》本紀：元狩三年，發謫吏穿昆明池。令吏得入穀補官，郎至六百石。所忠言：世家子弟富人，或鬥雞走狗馬，弋獵博戲，亂齊民。乃徵諸犯令，相引數千人，名曰株送徒。入財者得補郎。如淳曰：諸坐博戲事決爲徒者，能入錢得補郎。桑弘羊領大農，又請令吏得入粟補官，及罪人贖罪。令民入粟甘泉各有差，以復終身。天漢二年，令死罪入贖錢五十萬，減死一等。大始二年又行之。《漢書》本紀。

　　以上皆苛取於民者，其未嘗逕取於民，而實則害民尤甚者，則爲錢法。秦錢文曰半兩，重如其文。漢興，更令民鑄莢錢，已見第四章第一節。高后二年，行八銖錢。應劭曰：即半兩也。六年，行五分錢。應劭曰：即莢錢也。孝文五年，除盜鑄令，更造四銖錢，文亦曰半兩。見《漢書·食貨志》。當時放鑄之弊甚大，賈誼極言之，而文帝不能聽。見《食貨志》。武帝建元二年二月，行三銖錢。五年，罷三銖錢，行半兩錢。見《漢書》本紀。從建元以來，用少，縣官往往即多銅山而鑄錢。民亦間盜鑄錢，不可勝數。錢益多而輕，物益少而貴。有司言曰："古者皮幣，諸侯以聘享。金有三等：黃金爲上，白金爲中，赤金爲下。今半兩錢法重四銖，而姦或盜摩錢質而取鋊，此從《漢書》。《平準書》作盜摩錢裏取鋊，非也。如淳曰："錢一面有文，一面幕，幕爲質。民盜摩漫面，而取其鋊，以更鑄作錢也。"臣瓚引"許慎云：鋊，銅屑也。"鋊冶器法，非其義。《史記》蓋亦本作鋊，傳寫誤爲鎔，徐廣音容，非也。錢益輕薄而物貴，則遠方用幣，煩費不省。"乃以白鹿皮方尺，緣以藻繢，爲皮幣，直四十萬。王侯宗室朝覲聘享，必以皮幣薦璧，然後得行。又造銀錫爲白金。以爲天用莫如龍，地用莫如馬，人用莫如龜，故白金三品：其一曰重八兩，圜之，其文龍，名曰白選，直三千。二曰重差小，方之，其文馬，直五百。三曰復小，橢之，其文龜，直三百。《漢書》本紀，事在元狩四年。① 令縣官銷半兩錢，更鑄三銖錢，重如其文。《漢書》本紀《注》，謂《食貨志》此文，與建元元年行三銖錢是一事。然《志》此文在造皮幣白金後，《志》文本於《平準書》，《平準書》叙事，固不甚拘年代，然元狩四年，上距建元元年二十有一年，顛倒不應如此之甚。況紀建元五年，已罷三銖行半兩矣，而《平準書》下文云："有司言三銖錢輕，易姦詐，乃請更造五銖"，是造五銖時三銖猶可行使也，亦與紀文不合。疑此事自在元狩四年造皮幣白金之後，與本紀建元元年之行三銖錢，實非一事也。或曰：《漢書·武紀》：元狩五年，又云罷半兩錢，行五銖錢，明鑄五銖時方行半兩，三銖已罷於建元五年也。然則請鑄五銖時，有司何以不言半兩之弊，顧咎久罷之三銖乎？予謂元狩四年，雖有銷半兩鑄三銖之議，實未曾行，半兩自亦未罷，至明年，乃以有司之請，罷半兩而鑄五銖也。盜鑄諸金錢者罪皆死，而吏民之盜鑄白金者不可勝數。有司言三銖錢輕，易姦詐，乃更請諸郡國鑄五銖錢，周郭其質，令不可得摩取鋊。從《漢書》，《史記》作周郭其下，令不可磨取鎔。自造白金五銖錢後五歲而赦，吏民之坐盜鑄金錢死者，數十萬人。其不發覺相殺者，不可勝計。赦自出者百餘萬人，然不能半自出。天下無慮皆鑄金錢矣。郡國多姦鑄錢，錢多輕，而公卿請令京師鑄鍾官赤側，《漢書》作官赤仄，蓋奪鍾字。一當五。賦官用，非赤側不得行。白金稍賤，民不寶用。縣官以令禁之，無益。歲餘，白金終廢不行。史云是歲張湯死，則事在元鼎二年。其後二歲，赤側錢賤，民巧法用之，不便，又廢。於是悉禁郡國無鑄錢，專令上林三官鑄。《集解》：駰案《漢書·百官表》：水衡都尉，武帝元鼎二年初置，掌上林苑，屬官有上林、均輸、辨銅令，然則上林三官，其是此三令乎？錢既多，而令天下非三官錢不得行。諸郡國前所鑄錢，皆廢銷之，輸其銅三官。而民之鑄錢益少，計其費不能相當，惟真工大姦，乃盜爲之。以上據《平準書》。案漢是時所行，與生計學理頗合，故錢法自此漸定。然民之受其害者，則既不可勝言矣。

　　武帝所用言利之臣，爲孔僅、東郭咸陽、桑弘羊《平準書》謂三人言利事析秋豪者也。咸陽，齊之大煑鹽，僅，南陽大冶，鄭當時言進之。當時以任俠自喜，而好交游，僅、咸陽，蓋亦鼂錯所謂"交通王侯，力過吏勢"者。其行事他無可考。弘羊，洛陽賈人子。以心計，年十三，侍中。見《史記·平準書》。《鹽鐵論·貧富篇》：大夫曰："予結髮束脩，年十三，幸得宿衛，給事輦轂下。"其議論，具見《鹽鐵論》中。《鹽鐵論》爲桓寬所撰。弘羊治法家之學，稱引管、商、申、韓。賢良文學則儒家者流，誦法孔、孟。桓寬亦儒生，必無左祖弘羊之理。然就《鹽鐵論》所載往復之辭觀之，弘羊持理殊勝，知非俗吏徒知搜括者。然其行之終不能無弊，何哉？蓋法家之言輕重，意在抑强扶弱。强者誰與？商人是也。弱者誰與？農

---

① 錢幣：鑄三銖之年。孔僅、東郭咸陽、桑弘羊倫。

民是也。當時社會組織，商人實居形勢之地，豈如弘羊者所能裁抑？況弘羊所引用者，亦多商人，用商人以裁抑商人，是與虎謀皮也。《張湯傳》言：「縣官所興，未獲其利，姦吏並侵漁。」又載武帝問湯曰：「吾所爲，賈人輒知，益居其物，類有以吾謀告之者。」當時官吏商人，狼狽爲姦，可以想見。何怪民受其害，而國亦不蒙其利乎？然加賦之所最忌者，爲盡取之於農民。鹽鐵、均輸等，究皆取之農民以外。史稱其民不益賦而用饒，固不能謂非桑、孔、東郭等之功也。又武帝之事四夷，雖多失策，然攘斥夷狄之計，在當時固不容已。賢良文學欲罷鹽鐵、酒酤、均輸，弘羊難，以爲「此國家大業，所以制四夷，安邊足用之本，不可廢」，亦不能謂其無理也。

　　《史記·酷吏傳》言：張湯承上指，請造白金及五銖錢，籠天下鹽鐵，排富商大賈，出告緡令，鉏豪強併兼之家，舞文巧詆以輔法；湯每朝奏事，語國家用，日晏，天子忘食，丞相取充位；湯時爲御史大夫。則湯亦頗與計政。時又有趙禹，爲御史，至中大夫，與湯論定諸律令。作《見知》，吏得傳相監司。義縱以鷹擊毛摯爲治。五銖錢白金起，民爲姦，京師尤甚。乃以縱爲右內史，王溫舒爲中尉。又有杜周爲廷尉，其治大放張湯。皆見《酷吏傳》。當時刻剝之政之所以能行，亦藉法吏左右之也。漢世酷吏，誠多摧抑豪強之意，然一切以武斷出之，禍豈能無及於齊民哉？

　　《酷吏傳》又言：自王溫舒等以惡爲治，而郡守、都尉、諸侯、二千石欲爲治者，大抵盡放溫舒。而吏民益輕犯法，盜賊滋起。南陽有梅免、白政。白，《漢書》作百。楚有殷中、杜少。齊有徐勃。燕、趙之間有堅盧、范生之屬。范生，《漢書》作范主。大羣至數千人，擅自號，攻城邑，取庫兵，釋死罪，縛辱郡大守、都尉，殺二千石。爲檄告縣趣具食。小羣盜以百數，掠鹵鄉里者，不可勝數。天子使御史中丞、丞相、長史督之，猶弗能禁，乃使光祿大夫范昆，諸輔都尉及故九卿張德等，衣繡衣，持節、虎符發兵以興擊。斬首，大部或至萬餘級，及以法誅通飲食，坐連諸郡，甚者數千人。《漢書》作坐相連，郡甚者數千人。數歲，乃頗得其渠率。散卒失亡，復聚黨阻山川者，往往而羣居，無可奈何。於是作《沈命法》，《集解》：《漢書音義》曰：沈，藏匿也，命，亡逃也。曰：羣盜起不發覺，發覺而捕弗滿品者，二千石以下至小吏主者皆死。其後小吏畏誅，雖有盜不敢發，恐不能得，坐課累府，府亦使其不言，故盜賊寖多，上下相爲匿，以文辭避法焉。《漢書·武帝紀》：天漢二年，泰山羣盜徐勃等阻山攻城，道路不通。遣直指使者暴勝之等衣繡衣，杖斧，分部逐捕，刺史郡守以下皆伏誅，即《酷吏傳》所云也。其不至於土崩者亦僅矣。宜乎宣帝欲立武帝廟樂，而夏侯勝訟言距之也。

第十一節　巫蠱之禍

語曰：種瓜得瓜，種豆得豆，因果之理，不可誣也。漢世迷信本深，武帝縱恣尤甚。事祠祭，求神仙，民脂民膏，爲所浪費者，蓋不知凡幾。而又喜怒任情，刑殺不忌，惑於女謁，而不能守法。惡之既稔，安得不變生骨肉之間，禍起宮廷之内哉？

《左氏》曰：“於文，皿蟲爲蠱。”昭公元年。又蠱之義爲惑。蓋物之敗壞曰蠱，人之惑亂亦曰蠱。物之敗壞，蟲實使之，人之惑亂，甚至喪亡，亦必有使之然者，故巫以術賊害人亦曰蠱。蠱之道多端，武帝時所謂巫蠱者，則爲祝詛及埋偶人。案《封禪書》言：秦祝官有祕祝，即有災祥，輒祝祠移過於下，文帝十三年始除之。《孝文本紀》：二年，上曰：“民或祝詛上，以相約結，而後相謾，吏以爲大逆。自今以來，有犯此者，勿聽治。”《漢書·武帝本紀》：天漢二年，秋，止禁巫祠道中者。[①] 文穎曰：“始漢家於道中祠，排禍咎，移之於行人百姓。以其不經，今止之。”師古曰：“文説非也。祕祝移過，文帝久已除之，今此總禁百姓巫覡於道中祠祭者耳。”案師古説是也。《王嘉傳》：嘉奏封事，言董賢母病，長安廚給祠具，道中過者皆飲食，蓋即所謂祠道中者。然漢家果無祠道中之事，文穎豈得妄説？則以此釋《武紀》天漢二年之事非，其言自有所據也。又漢世貴人，以祝詛獲罪者甚多，如江都王建后成光，以祝詛棄市，見《漢書·景十三王傳》。鄗侯周坐呪詛上要斬，安檀侯福坐祝詛訊未竟病死，平曲節侯曾坐父祝詛上免，皆見《漢書·王子侯表》。可見其時視祝詛之重。至以木偶象人，加害於木偶，謂可禍及所象之人，其由來亦甚古，貍首之射是也。[②] 亦見《史記·封禪書》。然漢世此事不多，而《史記·酷吏傳》，言匈奴爲偶人象郅都，令騎馳射；江充之掘偶人，實與胡巫俱；疑時又來自外國。觀秦、晉、梁、荆之巫，立於高祖之世，而武帝又立越巫，則漢代之京師，固華夷迷信之所萃也。

武帝陳皇后，長公主嫖女，父陳嬰曾孫午。元光五年廢，其廢也即以巫蠱，受誅者三百人。衛皇后，字子夫，衛青同母兄也。自平陽公主家得幸。《史記·曹相國世家》：參曾孫時，尚武帝姊陽信長公主，時襲平陽侯，亦稱平陽公主。時，《漢書·衛青傳》作壽。元朔元年，生男據，立爲皇后。元狩元年，據立爲大子，年七歲。至征和二年三十九

---

① 宗教：祠道中。
② 宗教：漢京師多巫。江充爲胡巫。

歲。征和中，武帝春秋高，意多所惡，以爲左右皆爲蠱道祝詛，有與無莫敢訟其冤者。時丞相公孫賀夫人君孺，衛皇后姊也。賀相，子敬聲代爲大僕。驕奢不奉法。擅用北軍錢千九百萬。發覺，下獄。是時詔捕陽陵朱安世不得，陽陵，漢縣，在今陝西咸陽縣東。上求之急，賀自請逐捕安世，以贖敬聲罪。上許之。後果得安世。安世，京師大俠也。聞賀欲以贖子罪，笑曰：“丞相禍及宗矣。”從獄中上書，告敬聲與陽石公主武帝女。私通，及使人巫祭祠詛。上且上甘泉，馳道埋偶人。祝詛有惡言。下有司案驗。賀父子死獄中，家族。巫蠱由此起。江充者，本名齊，有女弟，嫁趙敬肅王彭祖景帝子。大子丹，齊得幸於敬肅王，爲上客。史言彭祖爲人，巧佞足恭，而心刻深，好法律。每相二千石至，多設疑事，以詐動之，得二千石失言，中忌諱，輒書之。二千石欲治者，則以此迫劫。不聽，乃上書告之，及汙以姦利事。立六十餘年，相二千石無能滿二歲，輒以罪去，大者死，小者刑，以故二千石莫敢治。齊得幸於彭祖，其非端人可知矣。久之，大子疑齊以己陰私告王，與齊忤，使吏逐捕齊，不得，收繫其父兄。按驗，皆棄市。齊亡，西入關，更名充，詣闕告大子與同産姊及王後宮姦亂，交通郡國豪猾，攻剽爲姦。天子遣使者捕治，罪至死。久之乃赦出。然竟坐廢。充拜爲直指繡衣使者，督三輔盜賊。後從上甘泉，逢大子家使乘車馬行馳道中，充以屬吏。大子使人謝。充不聽，遂白奏。上曰：“人臣當如是矣。”大見信用。遷爲水衡都尉。久之，坐法免。後上幸甘泉，疾病。充見上年老，恐晏駕後爲大子所誅，奏言上疾祟在巫蠱。上以充爲使者治。充將胡巫掘地求偶人，捕蠱及夜祠視鬼，染汙令有處，輒收捕驗治，燒鐵鉗灼强服之。民轉相誣以巫蠱。吏輒劾以大逆無道。坐而死者，前後數萬人。充因言宮中有蠱氣。先治後宮希幸夫人，以次及皇后。遂掘蠱於大子宮，得桐木人。大子召問少傅石德。德懼爲師傅併誅，勸大子矯節收捕充等繫獄，窮治其姦詐。征和二年，七月，大子使客爲使者，收捕充等。發長樂宮衛士。告令百官曰：“江充反。”乃斬充以徇。炙胡巫上林中。詔發三輔近縣兵，使丞相劉屈氂將。大子亦矯制赦長安中都官囚徒，毆四市人與丞相戰。五日，死者數萬人。丞相附兵寖多。大子軍敗，亡走湖。縣名，今河南閿鄉縣東。皇后自殺。大子匿湖泉鳩里。發覺，吏圍捕大子。大子自度不得脫，入室距户自經。大子之亡也，司直田仁部閉城門，坐令大子得出，丞相欲斬仁。御史大夫暴勝之謂丞相，丞相釋仁。上聞而大怒，下吏責問勝之，勝之自殺。北軍使者任安坐受大子節，懷二心，及田仁皆要斬。有功者皆封侯，諸大子賓客出入宮門者皆坐誅。其隨大子發兵者，以反法族。已而壺關三老茂壺關，漢縣，在今山西長治縣東南。上書訟大子：特子盜父兵，以救難自免耳。請亟罷甲兵，毋令大子久亡。上感悟，而大子已死矣。乃封泉鳩里足蹋開戶及趨抱解大子者爲侯。久之，巫蠱事多不信。高寢郎田千秋，即車千秋。爲相後年老，上優之，朝見，得乘小車入宮中，因號曰車丞相，蓋其後以此改氏車。復訟大子冤。上遂擢千秋爲丞相，而族滅江充家。上初使助充者蘇文焚於橫橋上。泉鳩里加兵刃於大子者，初爲北地大守，後族滅。其賞罰無章如此。初，侍中僕射莽何羅與江充相善。何羅弟通，用誅大子時力戰封重合侯。及充宗族夷滅，何羅兄弟懼及，遂謀爲逆。上幸林光宮，何羅袖白刃從東廂上。金日磾捽胡投何羅殿下，得禽縛之。窮治，皆伏辜。變起蕭牆，亦危矣。而武帝遺詔，日磾及霍光、上官桀，皆以捕反者功封侯。

武帝六子：衛王后生戾大子據。王夫人生齊懷王閎。李姬生燕剌王旦、廣陵厲王胥。李夫人生昌邑哀王髆。[①]　而趙倢伃以大始三年生子弗陵，即昭帝也。貳師將軍李廣利，李夫人兄也。女爲劉屈氂子妻。征和三年，廣利出擊匈奴。屈氂爲祖道。廣利曰：“願君侯早請立昌邑王爲大子。”屈氂許諾。內者令郭穰告丞相夫人，以丞相數有譴，使巫祠社祝詛主上，有惡言；及與貳師共禱，欲令昌邑王爲帝。有司奏請按驗，罪至大逆不道。詔載屈氂廚車以徇，要斬東市。妻子梟首華陽街。貳師妻子亦收。貳師聞之，降匈奴，宗族遂滅。時齊懷王已前死。元封元年。燕剌王自以次第當立，上書求入宿衛。上怒，下其使獄。後坐藏匿亡命，削三縣。武帝由是惡旦。廣陵厲王好倡樂逸游，力扛鼎，空手搏熊羆猛獸，動作無法度，故終不得爲漢嗣。以上見《漢書·武五子傳》。《外戚傳》言燕王、廣陵王多過失，齊懷王、昌邑哀王蚤薨，故武帝疾病，立昭帝爲大子。然昌邑哀王以天漢四年立，十一年薨，實與武帝之崩同年，不得云蚤死。而趙倢伃亦蚤以譴死，則昭帝之立，亦非牽於母愛。蓋武帝末年，繼嗣之際，事有不可知者矣。《漢書·外戚傳》言欲立昭帝，以其年穉，母少，恐女主顓恣亂國家，猶與者久之。褚先生補《史記·外戚世家》言：倢伃死後，帝閒居，問左右曰：“人言云何？”左右對曰：“人言且立其子，何去其母乎？”帝曰：“是非兒曹愚人所知也。往古國家所以亂也，由主少母壯也。女主獨居驕蹇，淫亂自恣，莫能禁也。女不聞呂后邪？”讀史者因頌武帝能防患未然，或則議其酷，實皆不察情實之談。遠慮豈武帝所有？褚先生曰：“故諸爲武帝生子者，無男女，其母無不譴死。”便見造作趙倢伃事者，並衛皇后之事，亦不能知，真可發一大噱。褚先生又言：“上居甘泉宮，召畫工，圖畫周公負成王也。於

---

① 史事：武昭繼嗣之不可信。昌邑非早死。句弋死事難信（第一〇二—一〇三頁）。

是左右羣臣知武帝意欲立少子也。"《漢書・霍光傳》曰："上察羣臣惟光任大重，可屬社稷。上乃使黃門畫者畫周公負成王朝諸侯以賜光。後元二年春，上游五柞宮，病篤。光涕泣問曰：'如有不諱，誰當嗣者？'上曰：'君未諭前畫意邪？立少子，君行周公之事。'"夫光疏賤，武帝即欲託以後事，豈得擬之周公？光與金日磾、上官桀之以遺詔封侯也，侍衛王莽子男忽侍中，揚語曰："帝病，忽常在左右，安得遺詔封三子事？羣兒自相貴耳。"光聞之，切讓王莽，莽酖殺忽。畫周公負成王朝諸侯以賜光之語，又安知非光等爲之邪？然則昭帝之立，果武帝意與否，信不可知矣。

有大臣焉，有小臣焉。大臣者，以安社稷爲說者也。小臣則從君之令而已。武帝冢嗣絶，衆子疏，以幼子主神器，而臨終顧命，僅得一不學無術之人，則其生平予智自雄，言莫予違之習，有以致之也。武帝之疾病也，立昭帝爲大子。年八歲。以霍光爲大司馬大將軍，金日磾爲車騎將軍，上官桀爲左將軍，桑弘羊爲御史大夫，皆拜卧内牀下，受遺詔輔少主。光，仲孺子。仲孺通衞媼生去病，吏畢歸家，取婦生光。因絶不相聞。去病既壯大，乃自知父爲霍仲孺，將光至長安，任爲郎。稍遷諸曹侍中。去病死後，光爲奉車都尉光禄大夫。出則奉車，入侍左右。出入禁闥，十有餘年，小心謹慎，未嘗有過。甚見親信。金日磾者，匈奴休屠王大子。以父不降見殺，没入官，輸黃門養馬。久之，武帝游宴見馬，後宮滿側。日磾等數十人牽馬過殿下，莫不竊視。至日磾，獨不敢。拜爲馬監。遷侍中駙馬都尉，光禄大夫。既親近，未嘗有過失，上益信愛之。日磾子二人，皆愛，爲帝弄兒。弄兒壯大，不謹，自殿下與宮人戲。日磾適見，遂殺弄兒，弄兒則日磾長子也。日磾在左右，目不忤視者數十年。賜出宮女不敢近。上欲納其女後宮，不敢。上官桀者，少爲羽林期門郎。遷未央廐令。上嘗體不安，及愈，見馬，馬多瘦。上大怒："令以我不復見馬邪？"欲下吏。桀頓首曰："臣聞聖體不安，日夜憂懼，誠念不在馬。"言未卒，泣數行下。上以爲忠，由是親近。爲侍中，稍遷至大僕。皆小廉曲謹之徒，便辟側媚之士也。此豈可以託六尺之孤邪？然以武帝之賞罰任情，又好逆詐億不信，其所得人，固不過如此矣，亦所謂種瓜得瓜、種豆得豆者也。昭帝立，姊鄂邑公主益湯沐邑爲長主，共養省中。光領尚書事。政事壹決於光。

燕王旦，與中山哀王昌景帝孫，中山靖王勝子。之子長、齊孝王孫澤結謀。① 詐言以武帝時受遺詔，得職吏事，脩武備。爲姦書，言少帝非武帝子，褚先生《補史

---

① 史事：燕王、蓋主、上官桀、桑弘羊之事。

記》：旦言今立者乃大將軍子也。天下宜共伐之。使人傳行郡國。澤謀歸發兵臨菑，與燕王俱起。事覺，澤等伏誅。辭連燕王。有詔勿治。而光長女爲桀子安妻，有女，年與帝相妃，桀因蓋主即鄂邑長公主，爲蓋侯所尚，故又稱蓋主。納安女後宮爲倢伃。數月，立爲皇后。始元四年，時后年六歲。安爲票騎將軍。光時休沐，輒入代光決事。蓋主幸河間丁外人，桀、安爲外人求封，光不許。爲求光禄大夫，欲令得召見，又不許。蓋主大以是怨光。桀、安亦慙。自武帝時，桀已爲九卿，位在光右。及父子並爲將軍，有椒房中宮之重，皇后親安女，光乃其外祖，而欲專制朝事。由是與光爭權，及桑弘羊建造酒榷、鹽鐵，爲國興利，伐其功，欲爲子弟求官，亦怨恨光。於是蓋主、桀、安、弘羊皆與燕王通謀。詐令人爲燕王上書，言光專權自恣，疑有非常，願入宿衛。候司光出沐日奏之。桀欲從中下其事，弘羊當與諸大臣共執退光。書奏，上不肯下。此據《漢書·霍光傳》。傳言燕王上書，言光出都肄，郎羽林道上稱趯，上言調校尉以來，未能十日，燕王何以知之？因覺其詐，此非實録。果如所言，詐爲燕王書者皆狂癲邪？《光傳》言蓋主等詐令人爲燕王上書，《武五子傳》又言王自上書，其說已不讎矣。奏何以不獲下，其事不可知也。桀等乃謀令蓋主置酒請光，伏兵共格殺之，因廢帝，迎立燕王爲天子。稻田使者燕蒼知其謀，以告大司農楊敞。敞素謹，畏事，移病臥，以告諫大夫杜延年。延年以聞。光盡誅桀、安、弘羊、外人宗族。蓋主、燕王皆自殺。時元鳳元年九月也。光威震海内。昭帝既冠，遂委任光。案昭帝初，丞相爲車千秋。史稱光謂千秋曰："始與君侯俱受遺詔。今光治内，君侯治外。宜有以教督之，使光毋負天下。"千秋曰："惟將軍留意，即天下幸甚。"終不肯有所言。蓋時丞相之權，已移於尚書矣。金日磾，昭帝元年即薨。桀、安、弘羊既死，光引尚書令張安世爲右將軍、光禄勳以自副。是歲，車千秋卒，王訢代爲丞相。明年死，楊敞代之。元平元年死，蔡義代之。敞與義皆故給事大將軍幕府者也。義年八十餘，行步俛僂，嘗兩吏扶掖，乃能行。議者譏光置宰相不選賢，茍用可顯制者焉。案《外戚傳》言上官安罪惡辭多誣。云欲誘徵燕王，至，殺之而立桀，尤不近情。然《胡建傳》言丁外人驕恣，怨故京兆尹樊福，使人射殺之。客臧公主廬，吏不敢捕。建爲渭城令，漢縣，即秦咸陽。將吏卒圍捕。蓋主聞之，與外人、上官將軍多從奴客往，奔射追吏。吏散走。主使僕射主家之僕射。劾渭城令游徼傷主家奴。建報無他坐。蓋主怒，使人上書告建。光寢其奏。後光病，上官氏代聽事，下吏捕建。建自殺。則上官氏之持政，更不如光，此其所以卒敗與？然上官桀亦武帝所信愛以爲忠者也，又安知霍光之不爲上官桀哉？用小廉曲謹便辟側媚之士者亦危矣。

昭帝在位十三年，以元平元年四月崩。亡嗣。《外戚傳》言桀、安宗族既滅，皇后以年少不與謀，亦光外孫，故得不廢。光欲皇后擅寵有子。帝時體不安，左右及醫，皆阿意言宜禁内。雖宮人使令，皆爲窮袴，多其帶。後宫莫有進者。皇后立十歲而昭帝崩，后年十四五云。然則昭帝之亡嗣，霍氏爲之也。時武帝男獨廣陵王胥在。羣臣議所立，咸持廣陵王。① 郎有上書，言周大王廢大伯立王季，文王廢伯邑考立武王，惟在所宜。廣陵王不可以承宗廟。光以視丞相敞等，擢郎爲九江大守。承皇大后詔，迎立昌邑哀王子賀。六月丙寅，受皇帝璽綬。七月癸酉，又奏皇大后廢之。時光徙張安世爲車騎將軍，與共謀。將廢昌邑王，又引故吏大司農田延年爲給事中。議既定，乃使延年報丞相敞。敞驚恐，不知所言，汗出浹背。延年起更衣，敞夫人謂敞曰："君侯不疾應，先事誅矣。"乃與延年參語許諾，及召丞相、御史、將軍、列侯、中二千石、大夫、博士會議。羣臣皆驚愕失色，莫敢發言。延年前離席按劍曰："今日之議，不得旋踵。有後應者，臣請劍斬之。"乃皆叩頭曰："惟大將軍令。"然後延年以没入商賈所豫收方上不祥器物，爲富人亡財者所怨，出錢求其罪。御史大夫田廣明謂大僕杜延年："《春秋》之義，以功覆過，當廢昌邑王時，非田子賓之言，大事不成。願以愚言白大將軍。"延年言之大將軍。而大將軍曰："曉大司農，通往就獄，得公議之。"延年遂自刎死。光之忌刻亦甚矣。史所言昌邑王罪狀，皆不足信。《王吉傳》：吉爲昌邑中尉，王見徵，奏書戒王：政事壹聽大將軍，垂拱南面而已。《張敞傳》：爲大僕丞，上書諫，以國輔大臣未褒，而昌邑小輦先遷，爲過之大者。《光傳》：昌邑羣臣二百餘人悉見殺。出死，號呼市中曰："當斷不斷，反受其亂。"昌邑之所以廢可知矣。宣帝立，光稽首歸政，而帝謙讓不受，諸事皆先關白光，此其所以獲安與？

戾大子三男一女：長男史良娣子，號史皇孫。納王夫人。女，平輿侯嗣子尚焉。大子敗，皆遇害。二幼子死於湖。宣帝，王夫人子，號皇曾孫。時生數月，繫郡邸獄。丙吉爲廷尉監，治巫蠱獄郡邸，哀曾孫之無辜，使女徒復作乳養，私給衣食，視遇甚有恩。巫蠱事連歲不解。至後元二年，武帝疾，望氣者言長安獄中有天子氣。上遣使者分條中都官獄繫者，輕重皆殺之。吉拒閉使者，不得入。因遭大赦。吉乃載曾孫送史良娣家。後有詔掖庭養視，上屬籍宗正。掖庭令張賀，安世兄也。幸於衛大子。大子敗，賓客皆誅。安世爲賀上書，得下蠶室。賀思顧舊恩，視養甚謹。曾孫壯大，賀欲以女孫妻之。安世

---

① 史事：不立廣陵，昌邑廢。

怒曰："曾孫乃衛大子後也。幸得以庶人衣食縣官,足矣,勿復言予女事。"賀於是止。《外戚傳》。爲取暴室嗇夫許廣漢女,曰平君。曾孫因依倚廣漢兄弟及祖母家史氏。案後元二年,爲武帝崩之歲。武帝久悔殺大子,爲歸來望思之臺於湖矣。皇曾孫繫郡邸獄,①安得久不釋? 雖寢疾之際,亦安得遂忘之? 武帝雖殘暴,亦未聞以術士一言,盡殺繫囚,況曾孫在其中乎? 然則武帝果自知尚有曾孫與否? 盡殺中都官獄繫囚之命,是否出於武帝? 又可疑也。《外戚傳》言曾孫數有徵怪,賀聞之,爲安世道之,稱其材美,安世輒絶止,以爲少主在上,不宜稱述曾孫,光之忌曾孫可知。然昌邑王廢,光卒言大后,徵立曾孫者? 奏記光出於丙吉,吉嘗爲光長史。《安世傳》言天子甚尊憚大將軍,内親安世,心密於光。《光傳》言宣帝始立,謁見高廟,光從驂乘,上内嚴憚之,若有芒刺在背。後安世代光驂乘,天子從容肆體,甚安近焉。則安世之不敢稱曾孫,特畏慎爲求全計,其於曾孫實親。又《杜延年傳》:宣帝與延年中子佗相友善,延年勸光、安世立焉。則爲曾孫道地者,皆光心腹也。抑昌邑以親藩邸舊臣敗,光未嘗不懲其事,宣帝起匹夫,則無輔之者矣,此其所以始忌之而後卒立之與?

宣帝既立,楚王延壽王戊之死,景帝立元王子平陸侯禮爲楚王,是爲文王。傳安王道、襄王經、節王純至延壽。爲其後母弟取廣陵王女爲妻,有反謀。事覺,誅。辭連及廣陵王。有詔勿治。後復以祝詛事發自殺。賀廢處昌邑,宣帝心忌之。詔山陽大守張敞密警察。敞奏王清狂不惠。上知其不足忌,乃封爲海昏侯。海昏,漢縣,今江西永修縣。後薨,國除。宣帝立六年,地節二年,霍光薨。自昭帝時,光子禹及兄孫雲,皆中郎將。雲弟山,奉車都尉,侍中,領胡、越兵。雲、山皆去病孫。光兩女壻,爲東西宮衛尉。范明友未央,鄧廣漢長樂。昆弟、諸壻、外孫,皆奉朝請,爲諸曹大夫、騎都尉、給事中。黨親連體,根據於朝廷。光病篤,拜禹爲右將軍。光薨,既葬,封山爲樂平侯,以奉車都尉領尚書事。宣帝之立也,許平君爲倢伃。時霍將軍有小女,公卿議更立皇后,皆心儀霍將軍女。上乃詔求微時故劍。大臣知旨,白立許倢伃爲皇后。明年,后當娠病。女醫淳于衍,霍氏所愛,嘗入宮侍皇后疾。霍光夫人顯謂衍:"今皇后當免身,可因投毒藥去也。"衍即擣附子齎入宮。皇后免身後,衍取附子,并合大醫大丸,以飲皇后。有頃,曰:"我頭岑岑也,藥中得毋有毒?"對曰:"無有。"遂加煩懑崩。後人有上書告諸醫侍疾無狀者,皆收繫詔獄。顯恐事急,即以狀具語光。奏上,光署衍

---

①　史事:宣帝,武帝曾孫?

勿論。光女立爲后。立三歲而光薨。後一歲，上立許后男爲大子。_{地節三年四}
_{月。}顯怒恚曰："此乃民間時子，安得立？即后有子，反爲王邪？"教皇后令毒大
子。皇后數召大子賜食。阿保輒先嘗之。后挾毒不得行。初，車千秋子爲雒
陽武庫令。千秋死，其子自見失父，而河南大守魏相治郡嚴，恐久獲罪，乃自
免去。相使掾追呼之。遂不肯反。相獨恨曰："大將軍聞此令去官，必以爲我
用丞相死，不能遇其子，殆矣。"武庫令至長安，光果以是責過相。後人有上書
告相。大將軍用武庫令事，下相廷尉獄。久繫逾冬，會赦。後復起。相與丙
吉善。宣帝即位，徵爲大司農。遷御史大夫。光薨數月，相因平恩侯許伯_{許廣}
_漢。上封事，言"光死，子復爲大將軍，_{大當作右。}兄子秉樞機，_{謂山爲禹兄子。}昆弟
諸壻據權勢，在兵官。光夫人顯及諸女，皆通籍長信宮，或夜詔門出入。驕奢
放縱，恐寖不制，宜有以損奪其權。"又故事：諸上書者皆爲二封，署其一曰副。
領尚書者先發副封，所言不善，屏去不奏。相復因許伯白"去副封，以防雍
蔽。"宣帝善之。詔相給事中。皆從其議。霍氏殺許后之謀，始得上聞。韋賢
以老病去，_{本始三年，蔡義薨，賢代爲丞相。}遂代爲丞相。徙光女壻鄧廣漢、范明友、
任勝。_{中郎將羽林監。}復出光姊壻、壻孫壻。以禹爲大司馬，罷其右將軍屯兵。
張安世亦拜大司馬車騎將軍，領尚書事。數月，更爲衛將軍，兩宮衛尉、城門北
軍兵皆屬焉。諸領胡、越兵騎、羽林，及兩宮衛將屯兵，悉易以所親信許、史子弟。
禹、山、雲自見日侵削。顯具告以毒殺許皇后，始有邪謀。謀令大后爲博平君_宣
_{帝外祖母。}置酒，召丞相以下，使范明友、鄧廣漢承大后制引斬之，因廢天子而立
禹。事發覺，雲、山、明友自殺。顯、禹、廣漢等捕得。禹要斬。顯及女昆弟皆棄
市。霍后廢處昭陽宮。與霍氏相連坐滅者數千家。史言光死後顯及禹、雲、山
等驕侈殊甚，然實非自光死後始。禹故吏任宣謂禹曰："大將軍持國權柄，殺生
在手中。廷尉李种、王平，左馮翊賈勝胡及車丞相女壻少府徐仁，皆坐逆將軍意
下獄死。使_{或作史}樂成小家子，得幸將軍，至九卿，封侯。百官以下，但事馮子都、
王子方等，_{服虔曰：皆光奴。}視丞相蔑如也。"山亦言："今丞相用事，盡變易大將軍
時法令。以公田賦與貧民，暴揚大將軍過失。又諸儒生多竇人子，遠客飢寒，
喜妄説狂言，不避忌諱，大將軍常讎之。"光之專權自恣，侵削平民，杜絕言路
可見矣。宣帝之除霍氏，匕鬯不驚，蓋由禹、雲、山等皆庸才，兵權先去之故。
其所以能漸去其權，張安世似甚有力，非徒魏相之功也。霍氏誠有取禍之道，
然謂禹謀自立，則與謂上官桀欲殺燕王而自立，同一無稽。[①] 即弒許后亦莫須

---

① 史事：霍氏罪狀卻又不可信。蕭望之、魏相皆反對霍氏之人（第一二〇頁）。

有之事。附子非能殺人，尤不能殺人於俄頃間。宣帝非愚駭者，即視后死不能救，又寧待魏相、許伯而後知之乎？

第十二節　昭宣時政治情形

昭、宣之世，可謂君如贅旒，而劉氏之統緒，亦幾於不絶如縷矣。然猶克稱爲西漢之治世，而四夷賓服，聲威且盛於武帝時者？則是時之權臣，雖擅權於上，顧未嘗擾及人民；不惟不擾，且頗能與民休息；及至宣帝親政，又以其舊勞於外，知民生之疾苦，與吏治之得失，頗能綜覈名實之故也。四夷賓服，乃以其時適直匈奴内亂，此可謂之天幸。國家之盛衰，固亦半由人事，半由運會也。

《漢書·昭帝紀贊》云："孝昭承孝武奢侈餘敝，師旅之後，海内虛耗，户口減半。霍光知時務之要，輕繇薄賦，與民休息。至始元、元鳳之間，匈奴和親，百姓充實"焉。今案昭帝之世，寬政之見於本紀者：則罷民共出馬。始元四年。又罷天下亭母馬及馬弩關。五年。《食貨志》：車騎馬乏，縣官錢少，買馬難得，乃著令：令封君以下至三百石吏以上，差出牝馬天下亭，亭有畜字馬，歲課息。《景帝紀》：中四年，御史大夫綰奏禁馬高五尺九寸目上，齒未平，不得出關。孟康曰：舊馬高五尺六寸，齒未平，弩十石以上，皆不得出關，今不禁也。令郡國毋斂當年馬口錢。元鳳二年，令郡國毋斂今年馬口錢。減漕。元鳳二年詔云："前年減漕三百萬石。"三年，詔止四年毋漕。減免口賦、更賦。元鳳四年，詔毋收四年、五年口賦。三年以前，逋更賦未入者皆勿收。元平元年，減口賦錢什三。三輔、太常，得以菽粟當賦。元鳳二年、六年。詔有司問賢良文學民所疾苦，因罷榷酤官。始元六年。皆是也：自上官桀等誅，光以刑罰繩下，繇是吏尚嚴酷。《循吏·黃霸傳》。然亦有杜延年，輔之以寬。延年數爲光言：年歲比不登，流民未盡還，宜修孝文時政，示以儉約寬和，光亦納焉。則頗能用善言矣。然光究爲不學無術之人。《貢禹傳》：元帝時，爲諫大夫，奏言："武帝時多取好女數千人，以填後宫。及棄天下，昭帝幼弱，霍光專事，不知禮正，妄多藏金錢財物、鳥獸、魚鼈、牛馬、虎豹等生禽凡百九十物，盡瘞藏之。又皆以後宫女置於園陵。昭帝晏駕，光復行之。至孝宣皇帝時，陛下惡有所言，羣臣亦隨故事。"[①]案文帝霸陵，頗遵節儉。又遺詔歸夫人以下至少使。景帝詔所由美其重絶人之世者也。景帝遺詔，亦出宫人歸其家，蓋猶能守文帝遺法。而光遽違之。作法於貪，害延三世。宦

_____

① 葬埋：霍光厚葬武帝。陵邑（第一二七頁）。

官宦妾之爲忠，詒禍可謂烈矣。豈足當總己之任哉？然以大體言之，則固能矯武帝之失矣。

宣帝亦多寬政。見於紀者：如屢免租賦。事振貸。以公田池籞假與貧民。減天下口錢五鳳三年。又甘露二年，減口算三十。及鹽賈。地節四年。置常平倉以給北邊。五鳳四年。有大父母、父母喪者勿繇事。地節四年。皆是也。本紀贊曰："孝宣之治，信賞必罰，綜覈名實。政事、文學、法理之士，咸精其能。至於技巧工匠器械，自元、成間鮮能及之。亦足以知吏稱其職，民安其業也。"《循吏傳》曰："孝宣興於閭閻，知民事之艱難。自霍光薨後，始躬萬機。厲精爲治。五日一聽事。自丞相以下，各奉職而進。及拜刺史、守、相，輒親見問，觀其所繇。退而考察所行，以質其言。有名實不相應，必知其所以然。常稱曰：庶民所以安其田里而亡歎息愁恨之心者，政平訟理也。與我共此者，其惟良二千石乎？以爲大守者，吏民之本也。數變易則下不安。民知其將久，不可欺罔，乃服從其教化。故二千石有治理效，輒以璽書勉厲，增秩賜金，或爵至關內侯。公卿缺，則選諸所表，以次用之。是故漢世良吏，於是爲盛，稱中興焉。"案紀載元康二年詔：戒擅興繇役，飾廚傳，稱過使客，以取名譽。① 三年，以小吏皆勤事而奉禄薄，益吏百石以下奉十五。黃龍元年，以上計簿具文而已，令御史察，疑非實者按之。則帝於吏治，信可謂盡心焉矣。《刑法志》言："孝武招進張湯、趙禹之屬，條定法令。作《見知》、《故縱》、《監臨》、《部主》之法。緩深故之罪，急縱出之誅。其後姦猾巧法，轉相比況，禁罔寖密。郡國承用者駁，或罪同而論異。姦吏因緣爲市，所欲活則傅生議，所欲陷則予死比。議者咸冤傷之。宣帝自在閭閻，而知其若此。及即尊位，置廷平。秩六百石，員四人。事在地節三年。選于定國爲廷尉，求明察寬恕黃霸等以爲廷平。季秋後請讞，上常幸宣室，齊居而決事，獄刑號爲平矣。"紀載地節四年詔令郡國歲上繫囚以掠笞若瘐死者所坐縣名爵里，丞相、御史課殿最以聞。元康二年詔：以吏用法或持巧心，析律貳端，深淺不平。增辭飾非，以成其罪。奏不如實，上亦無繇知。二千石各察官屬，勿用此人。其於刑獄，亦可謂盡心焉矣。人之昏明，視其所習，所習由其所處。歷代帝王，多生於深宮之中，長於阿保之手，民之情僞，一物不知，焉得智？故凡開創之君，興於草澤；嗣世之主，爰暨小人者；其政事必較清平，事理固然，無足怪也。紀稱宣帝"好游俠，鬭雞走馬，具知閭里姦邪，吏治得失，數上下諸陵，周徧三輔"，此其所以能勤於察吏，寬以馭民與？

---

① 政治：宣帝戒稱過使客，以取名譽。

然帝雖有閱歷，而無學問。故能理當時之務，而不能創遠大之規。王吉勸其述舊禮，明王制，則見爲迂闊。鄭昌勸其刪定律令，以開後嗣，則不暇修正。見《刑法志》。又其天資近於刻薄，故喜柔媚之人，而不能容骨鯁之士。其所任者，若魏相、丙吉，實皆規模狹隘，謹飭自守之人；黃霸傷於巧僞；陳萬年則姦佞之流耳。宣帝初以魏相爲丞相，丙吉爲御史大夫。神爵三年，相薨，吉代爲丞相，蕭望之爲御史大夫。望之後貶，代以黃霸。五鳳三年，吉薨，霸爲相，杜延年爲御史大夫。後于定國代之。甘露三年，霸薨，定國代相，陳萬年爲御史大夫。魏相頗有才能，然史稱其好觀漢故事及便宜章奏。[1] 以爲古今異制，方今務在奉行故事而已，數條漢興以來國家便宜行事，及賢臣所言，奏請施行之，則僅能彌縫匡救，較之欲大事改革之家，氣力已薄。杜延年徒習於事。丙吉則失之寬弛。公府自吉後始不案吏，即其一端。蓋其性然也。黃霸爲張敞所劾，見《漢書》本傳。宣帝所賞治行尤異，見於紀者，一爲霸，[2] 一爲膠東相王成。成之見襃，以流民自佔八萬餘口。史言：“後詔使丞相御史問郡國上計長吏、守、丞以政令得失。或對言前膠東相成，僞自增加，以蒙顯賞，是後俗吏多爲虛名云。”則成亦巧僞之徒也。蕭望之陳義較高，帝疑其意輕丙吉罷，此乃以私意進退之。陳萬年善事人。賂遺外戚許、史，傾家自盡。尤事樂陵侯史高。子咸，以萬年任爲郎，數言事，譏刺近臣。萬年嘗病，命咸教戒於牀下。語至夜半，咸睡，頭觸屏風。萬年大怒，欲杖之。咸叩頭謝，曰：“具曉翁言，大要教咸諂也。”佞媚如此，無等矣。忠直之臣，如楊惲、蓋寬饒等，則多不得其死。[3] 史言惲刻害，好發人陰伏，又以其能高人，故敗，此乃莫須有之辭。凡剛直者固易被此誣。惲，敞子，敞乃霍氏私人，而惲首發霍氏反謀，即可知其忠正。其敗也，以與戴長樂相失。長樂，宣帝在民間時所善，此亦以私意誅賞也。寬饒陳高誼以劘切其君。且譏其以刑餘爲周、召，法律爲《詩》、《書》，其識力尤非惲所及，乃以在位及貴戚人與爲怨敗。鄭昌訟之曰“上無許、史之屬，下無金、張之託，職在司察，直道而行，多仇少與”，豈不哀哉？宣帝可謂真能任法乎？宮室卑服，盛於昭帝時。外戚許、史、王氏貴寵。《王吉傳》。信任中尚書宦官。《蓋寬饒傳》。弘恭、石顯，亂政雖在元帝時，任用實自帝始也。先漢之衰亂，不得不歸咎於帝之詒謀不臧矣。孟子曰“徒善不足以爲政”，況不能善乎？

第十三節　昭宣元成時兵事一

漢自昭帝以後，用兵於四夷，遠不如武帝時之烈，然其成功，轉較武帝爲大，則時會爲之也。《史記》言匈奴之法，常以大子爲左賢王，其繼承似有定法。然冒頓、伊稚斜、句黎湖、且鞮侯四世，即已不遵成憲矣。且鞮侯兩子：長

---

① 政治：魏相觀漢故事及便宜章奏，與大改革者各爲一派。

② 政治：黃霸取名譽爲王成。

③ 史事：楊惲、蓋寬饒之誅。宣帝始任弘恭、石顯。

爲左賢王，次爲左大將。病且死，言立左賢王。左賢王未至，貴人以爲有病，更立左大將。左賢王聞之，不敢進。左大將使人召而讓位焉。左賢王辭以病。左大將不聽，謂曰：“即不幸死，傳之於我。”左賢王許之，遂立，爲狐鹿姑單于。以左大將爲左賢王。數年，病死。其子先賢撣不得代，更以爲日逐王，而自以其子爲左賢王。狐鹿姑有異母弟爲左大都尉，賢，國人鄉之。母閼氏恐單于不立子而立左大都尉也，私使殺之。左大都尉同母兄怨，不肯復會單于庭。始元二年，單于病且死，謂諸貴人：“我子少，不能治國，立弟右谷蠡王。”單于死，衛律與所幸顓渠閼氏謀，更立其子左谷蠡王爲壺衍鞮單于。左賢王、右谷蠡王去居其所，未嘗肯會龍城，分裂之機肇矣。昭帝末，匈奴擊烏孫，取車延惡師地。烏孫公主上書。下公卿議救，未決而昭帝崩。宣帝即位，烏孫昆莫復上書。本始二年，漢發五將軍十五萬騎，出塞各二千餘里擊匈奴。匈奴老弱奔走，驅畜產遠遁，是以五將少所得。然匈奴民衆死傷，及遠移死亡者，亦不可勝數。校尉常惠護烏孫兵，昆彌自將翕侯以下五萬餘騎從西方入，虜馬、牛、羊、驢、贏、橐駝七十餘萬。①此據《匈奴列傳》。《烏孫傳》同，少一贏字。《常惠傳》云：馬、牛、驢、贏、橐駝五萬餘匹，羊六十餘萬頭，其數相合。然又云：烏孫皆自取所虜獲，則無可覆校，可知不免誇張也。匈奴遂衰耗。怨烏孫。其冬，單于自將萬騎擊烏孫。頗得老弱。欲還，會天大雨雪，一日深丈餘。人民畜產凍死。還者不能什一。於是丁令乘弱攻其北，烏桓入其東，烏孫擊其西，凡三國所殺數萬級，馬數萬匹，牛羊甚衆。重以餓死。人民死者什三，畜產什五。諸國羈屬者皆瓦解，攻盜不能理。滋欲鄉和親，而邊竟少事矣。地節二年，壺衍鞮單于死，弟左賢王立，是爲虛閭權渠單于。黜先單于所幸顓渠閼氏。顓渠、閼氏與烏維單于耳孫右賢王屠耆堂私通。神爵二年，虛閭權渠死。顓渠閼氏與其弟左大且渠都隆奇謀立屠耆堂，是爲握衍朐鞮單于。盡殺虛閭權渠時用事貴人，免其子弟近親。虛閭權渠子稽侯狦，亡歸妻父烏禪幕。本烏孫、康居間小國，數見侵暴，率其衆數千人降匈奴。狐鹿姑以其弟子日逐王姊妻之。使長其衆，居右地。先賢撣素與握衍朐鞮有隙，率其衆歸漢。漢封爲歸德侯。單于更立其從兄薄胥堂爲日逐王。神爵四年，東邊姑夕王與烏禪幕及左地貴人共立稽侯狦，爲呼韓邪單于。握衍朐鞮兵敗自殺。其弟右賢王，與都隆奇共立薄胥堂爲屠耆單于。東襲呼韓邪。呼韓邪敗走。屠耆聽西方呼揭王及唯犂當户讒，殺右賢王父子。後知其冤，又殺唯犂當户。呼揭王恐，自立爲呼揭單于。屠耆先使先賢撣之兄右奧鞮王與

---

① 兵：常惠取馬牛等七十萬之譌。

烏藉都尉屯兵東方，以防呼韓邪。至是，右奧鞬王自立爲車犂單于。烏藉都尉亦自立爲烏藉單于：凡五單于並立。時爲五鳳元年。屠耆自將東擊車犂，使都隆奇擊烏藉。烏藉、車犂皆敗，西北走。烏藉、烏揭去單于號，併力尊輔車犂。又爲屠耆所敗，西北走。明年，屠耆復爲呼韓邪所敗，自殺。都隆奇與其少子亡歸漢。車犂降呼韓邪。呼韓邪復都單于庭。然衆裁數萬人。而屠耆從弟休旬王，又自立爲閏振單于，在西邊。呼韓邪兄左賢王呼屠吾斯亦自立爲郅支骨都侯單于，在東邊。五鳳四年，閏振東擊郅支。郅支與戰，殺之。併其兵。進攻呼韓邪。呼韓邪走。郅支都單于庭。呼韓邪左伊秩訾王勸令稱臣入朝，從漢求助。呼韓邪問諸大臣，皆曰：“不可。匈奴之俗，本上氣力而下服役，以馬上戰鬥爲國，故有威名於百蠻。戰死，壯士所有也。今兄弟爭國，不在兄，則在弟，雖死猶有威名，子孫常長諸國；漢雖强，猶不能兼併匈奴；奈何亂先古之制，臣事於漢，卑辱先單于，爲諸國所笑？雖如是而安，何以復長百蠻？”諸大人相難久之，呼韓邪卒從左伊秩訾計。引衆南近塞，遣子入侍。是歲甘露元年也。明年，呼韓邪款五原塞，願朝三年正月。先是匈奴亂，議者多曰：“匈奴爲害日久，可因其壞亂，舉兵滅之。”獨御史大夫蕭望之以爲《春秋》不伐喪，①宜遣使者弔問，輔其微弱，救其災患。及是，詔公卿議其儀。丞相霸、御史大夫定國謂禮儀宜如諸侯王，位次在下。望之以爲“單于非正朔所加，故稱敵國。宜待以不臣之禮，位在諸侯王上。後嗣卒有鳥竄獸伏，闕於朝享，不爲畔臣”。天子采之，令單于位在諸侯王上，贊謁稱臣而不名。案敵不可盡，因亂侮人，徒招怨恨，伏報復之根。力不能及，自大何益？世惟足於己者，不鶩虛名，亦惟中有所慊者，乃欲自炫於外耳。《尚書大傳》載越裳氏重譯獻白雉，周公曰：“德不加焉，則君子不饗其質；政不加焉，則君子不臣其人。吾何以獲此賜也？”望之之説，蓋本於此。使近世之人而知此義，則不致以朝見禮節等，與西人多費脣舌矣。知守舊之徒，實多不知古義也。呼韓邪既來，漢遣兵送出塞，因留衛單于，助誅不服。又轉邊穀、米、糒給贍其食。黃龍元年，又來朝。其後人衆漸盛，遂歸北庭。郅支亦遣子入侍，貢獻。以爲呼韓邪兵弱，不能自還，引其衆而西，欲攻定右地。屠耆單于小弟，收兩兄餘兵數千，自立爲伊利目單于。道逢郅支，合戰。郅支殺之。併其兵，五萬餘人。聞漢出兵、穀助呼韓邪，遂留居右地。自度力不能定匈奴，乃益西近烏孫。遣使見

---

①　儒術：蕭望之不欲乘匈奴亂伐其喪。待以不臣。周公不欲受越裳。賈捐之棄珠崖（第一一七頁）。淮南王諫伐閩越，王莽更匈奴章（第一五〇頁）。

小昆彌烏就屠。烏就屠見呼韓邪爲漢所擁,郅支亡虜,欲攻之以稱漢。乃殺郅支使,持頭送都護在所。發八千騎迎郅支。郅支逢擊,破之。因北擊烏揭,烏揭降。發其兵,西破堅昆,北降丁令。因留都堅昆。《三國志注》引《魏略》,謂此三國,俱去匈奴單于庭安習水七千里。安習水者,今額爾齊斯河。額爾齊斯河在當時蓋亦堅昆地,而郅支居之也。郅支自以道遠,又怨漢擁護呼韓邪。元帝初元四年,遣使上書求侍子。漢遣谷吉送之。郅支殺吉。自知負漢,又聞呼韓邪益强恐見襲擊,欲遠去。會康居王爲烏孫所困,欲迎郅支置東邊,使合兵取烏孫以立之。郅支大説,引兵而西。人衆中寒道死。餘裁三千人到康居。康居王甚尊敬郅支,妻之以女。郅支亦以女與康居王。數借兵擊烏孫。深入至赤谷城。烏孫西邊空虛不居者且千里。郅支乘勝驕,殺康居王女及貴人、人民數百,或支解投都賴水中。今塔拉斯河。發民築城水上,日五百人,二歲乃已。建昭三年,西域副都護陳湯與都護甘延壽謀,矯制發諸國兵、車師戊己校尉屯田吏士,合四萬餘人,分兩道襲郅支。南道踰葱嶺,出大宛,北道入赤谷,過烏孫,涉康居界。郅支被創死。傳首京師。匈奴自漢初與中國相抗,至此凡百七十年,而爲漢所摧破。案歷代北狄敗亡,無不由於内亂,而其内亂,無不由於繼嗣之爭者。[①]　知不徒選君非易,即家天下之制,至於嚴天澤之分,懔儲貳之位而不敢干,亦非一朝一夕之故也。

第十四節　昭宣元成時兵事二

漢通西域,雖始武帝,然其成功,亦在宣、元時。桑弘羊議遣卒田輪臺,武帝不許,已見第四節。昭帝時,用弘羊前議,以扞彌大子賴丹爲校尉,將軍田輪臺。賴丹本爲質龜兹,李廣利擊大宛還,將與俱至京師者也。廣利責龜兹:"外國皆臣屬於漢,龜兹何以得受扞彌質?"龜兹貴人姑翼謂其王曰:"賴丹本臣屬吾國,今佩漢印綬來,迫吾國而田,必爲害。"王即殺賴丹。宣帝時,常惠使烏孫還,以便宜發諸國兵討之。龜兹後王執姑翼詣惠。惠斬之。時烏孫公主遣女來至京師學鼓琴。漢遣送主女,過龜兹。龜兹王前遣人至烏孫求公主女,未還。會女過龜兹,龜兹王留不遣。復使使報公主。公主許之。後公主上書,願令女比宗室入朝。而龜兹王絳賓,亦愛其夫人,上書言得尚漢外孫,爲昆弟,願與公主女俱入朝。元康元年,遂來朝賀。王及夫人皆賜印綬。夫人號稱公主。

---

① 政體:四夷以繼嗣之爭敗(第一四九、一八三頁)。

賜以車騎旗鼓，歌吹數十人，綺繡雜繒琦珍凡數千萬。留且一年，厚贈送之。後數來朝賀。樂漢衣服制度。歸其國，治宮室，作徼道周衛，出入傳呼，撞鐘鼓，如漢家儀。外國胡人皆曰："驢非驢，馬非馬，若龜兹王所謂羸也。"絳賓死，其子丞德，自謂漢外孫，成、哀帝時，往來尤數，漢遇之亦甚親。

　　樓蘭降漢後，匈奴發兵擊之。樓蘭遣一子質匈奴，一子質漢。樓蘭最在東垂，近漢，當白龍堆，乏水草。常主發導，負水、儋糧，送迎漢使，又數爲吏卒所寇盜，懲艾，不便與漢通。復爲匈奴反間，數遮殺漢使。王弟尉屠耆降，具言狀。昭帝元鳳四年，霍光使傅介子往刺其王嘗歸，立尉屠耆。更名其國爲鄯善。因尉屠耆請，遣司馬一人，吏士四十人田伊循，城名，《馮奉世傳》作伊脩，在其國西界。以填撫之。

　　車師自征和四年降漢後，見第四節。昭帝時，匈奴復使四千騎往田。宣帝遣五將軍擊匈奴，田者驚去。車師復通於漢。匈奴怒，召其大子軍宿，欲以爲質。軍宿，焉耆外孫，亡走焉耆。車師王更立子烏貴爲大子。烏貴爲王，與匈奴結昏姻，教匈奴遮漢道通烏孫者。地節二年，漢使鄭吉以侍郎將免刑罪人田渠犂，積穀，欲以攻車師。車師降。其王恐匈奴兵復至，奔烏孫。吉使吏卒三百人別屯車師。匈奴遣騎來擊。吉盡將渠犂田士千五百人往田。匈奴益遣騎來。漢召軍宿，立爲王，徙其民居渠犂，以車師故地與匈奴。元康元年，莎車王弟呼屠徵與旁國共殺其王萬年，並殺漢使，自立。萬年，烏孫公主小子，莎車王愛之。王死，無子，萬年在漢，國人欲自託於漢，又欲得烏孫心，請以爲王。既爲呼屠徵所弒，適匈奴又攻車師，莎車遣使揚言："北道諸國，已屬匈奴矣。"攻劫南道，與歙盟叛漢。從鄯善以西，皆絕不通。馮奉世使送大宛客，以便宜發諸國兵討之。攻拔其城。呼屠徵自殺。更立它昆弟子爲王。明年，漢遷鄭吉爲衛司馬，護鄯善以西南道。神爵三年，匈奴日逐王來降，乃使吉並護車師以西北道，號曰都護。西域諸國，故皆役屬匈奴。日逐王置僮僕都尉，使領西域。常居焉耆、危須間，賦稅諸國，取富給焉。及是，僮僕都尉罷。匈奴益弱，不得近西域。於是徙屯田，田於北胥鞬。徐松曰："下言披莎車，是地近莎車，故《水經注》以爲自輪臺徙莎車。第通檢《漢書》，絕不見莎車屯田之事；且遠於烏壘千餘里，非都護與田官相近之意。疑莎車爲車師之譌。特《水經注》已然，是酈氏所見《漢書》，已同今本。"案徙田與披莎車地或係兩事，而酈氏誤合之。披莎車之地。屯田校尉始屬都護。都護督察烏孫、康居諸外國動静。有變，以聞。可安輯，安輯之，可擊，擊之。都護治烏壘城，與渠犂田官相近。土地肥饒，於西域爲中，故都護治焉。元帝初元元年，復置戊己校尉，屯田車師前王庭。是時，匈奴東蒲類王移力支將人衆千百餘人降都護。都護分車師後王之西爲烏貪訾離地以處之。

烏孫獵驕靡死，軍須靡立。江都公主死，漢復以楚王戊孫解憂爲公主妻之。軍須靡且死，胡婦子泥靡尚小，以國與大禄子翁歸靡，曰："泥靡大，以國歸之。"翁歸靡既立，號肥王。復尚楚主，生三男兩女。其中男曰萬年，爲莎車王。長女弟史，爲龜兹王絳賓妻。長男曰元貴靡。元康二年，翁歸靡因常惠上書，願以元貴靡爲嗣，令復尚漢公主。漢以解憂弟子宋祁曰：《越本》無子字。相夫爲公主，送至敦煌。未出塞，聞翁歸靡死，烏孫貴人共從本約立泥靡，乃徵還少主。泥靡立，號狂王。復尚楚主，生一男鴟靡。不與主和，又暴惡失衆。主與漢使謀，置酒，使士拔劍擊狂王。狂王傷，上馬馳去。其子細沈瘦，會兵圍漢使者及公主於赤谷城。都護鄭吉發諸國兵救之，乃解去。翁歸靡胡婦子烏就屠，襲殺狂王自立。漢遣辛武賢將兵萬五千人至敦煌，欲討之。初，楚主侍者馮嫽，能史書，習事。嘗持漢節，爲公主使，行賞賜於城郭諸國。諸國敬信之，號曰馮夫人。爲烏孫右大將妻。右大將與烏就屠相愛。鄭吉使馮夫人説烏就屠，以漢兵方出，必見滅，不如降。烏就屠恐，曰："願得小號。"乃立元貴靡爲大昆彌，烏就屠爲小昆彌。常惠將三校屯赤谷，爲分別其人民地界。然衆心皆附小昆彌。元貴靡子星靡弱，都護段會宗安定之。死，子雌栗靡代。小昆彌烏就屠死，子拊離代。爲弟日貳所殺。漢使立拊離子安日。日貳亡阻康居。安日爲降民所殺。段會宗立其弟末振將。大昆彌雌栗靡健，末振將恐爲所併，使貴人詐降，刺殺雌栗靡。漢立其季父公主之孫伊秩靡。久之，大昆彌翁侯難棲殺末振將，安日子安犂靡代爲小昆彌。漢恨不自責誅末振將，成帝元延二年，復使段會宗即斬其大子番丘。末振將弟卑爰疐，本共謀殺雌栗靡，將衆八萬，北附康居，謀藉兵兼併兩昆彌。元始中，都護孫建襲殺之。

第十五節　昭宣元成時兵事三

羌人以武帝時去湟中，已見第五節。宣帝時，光禄大夫義渠安國使行諸羌。先零種豪言願時渡湟水北，逐民所不田處，畜牧。安國以聞。後將軍趙充國劾安國奉使不敬。是後羌人旁緣前言，抵冒渡湟水，郡縣不能禁。元康三年，先零遂與諸羌種豪二百餘人解仇，交質盟詛。上聞之，以問充國。充國言："匈奴欲與羌合，非一世也。間者匈奴困於西方，數使使尉黎、危須諸國。疑更遣使至羌中。宜及未然爲之備。"後月餘，羌侯狼何果遣使至匈奴藉兵，欲擊鄯善、敦煌，以絶漢道。兩府復白遣安國行視諸羌，分別善惡。安國至，召先零諸豪三十餘人，此據《漢書·趙充國傳》，《後漢書·西羌傳》作四十餘人。以尤桀黠皆斬之。縱兵擊其種人，斬首千餘級。於是諸降羌及歸義羌侯楊玉等，遂劫掠小種背叛。犯塞，攻城邑，殺長史。安國以騎都尉將騎三千屯備羌。至浩亹，師古曰：水名，今大通河。爲虜所擊，失亡車重兵器甚衆，引還。神爵元年春也。時充國年七十餘，上老之，使問誰可將者？充國對曰："無踰於老臣者矣。"四月，遣充國往。充國欲以威信招降罕、开及劫略者，解散虜謀，徼極乃擊之。時上已發三輔、大常徒、弛刑、諸郡材官、騎士、羌騎與武威、張掖、酒泉大守各屯其郡者，合六萬人矣。酒泉大守辛武賢，請以七月上旬，並出張掖、酒泉，合擊罕、开在鮮水上者，鮮水，今青海。奪其畜產，虜其妻子，冬復擊之。大兵仍出，虜必震壞。充國言："如是，虜必逐水草，入山林。隨而深入，即據前險，守後阨，以絕糧道。且恐匈奴與羌有謀，張掖、酒泉兵不可發。請先行先零之誅，罕、开之屬，可不煩兵而服。"上納武賢策，拜爲破羌將軍。侍中許延壽爲彊弩將軍。以書敕讓充國，令引兵並進。充國上書陳利害。上乃報從充國計。充國引兵驅先零度湟水。罕竟不煩兵而下。充國請罷騎兵，留弛刑、步兵、吏士、私從者萬二百八十一人屯田。排折羌虜，令不得歸肥饒之地。治湟陿以西道橋七十所，令可至鮮水，從枕席上過師。上兩從充國、武賢計。令武賢、延壽、充國子右曹中郎將印出擊，皆有降斬。乃罷兵，獨留充國屯田。明年，五月，充國奏："羌本可五萬人。凡斬首七千六百級。降者三萬一千二百人。溺河、湟，飢餓死者五六千人。遺脱與亡者，不過四千人。請罷屯兵。"奏可。充國振旅而還。其秋，羌斬先零大豪猶非、楊玉首，及諸豪率四千餘人降。《紀》在五月，云羌虜降伏，斬其首惡大豪楊玉、酋非首，酋猶古字通，事當在秋，《紀》蓋誤繫於充國奏請罷兵之月也。初置金城屬國，以處降羌。元帝永光二年，秋，隴西乡姐等七種反。右將軍馮奉世言："反虜無慮三萬人，法當倍用六萬人。然羌戎弓矛之兵耳，器不犀利，可用四萬人，一月足以決。"丞相韋玄成等謂民方收斂，未可多發，遣奉世將萬二千人擊之，不利。奉世具上地形部衆多少之計。天子爲大發兵六萬餘人，乃擊破之。餘皆走出塞。案《後漢書·西羌傳》言："景帝時，研種留何率種人求守隴西塞，於是徙留何等於狄道、今甘肅臨洮縣西南。安故、見第五節。氐道、今甘肅清水縣西南。羌道縣。"今甘肅西固縣西北。乡姐等蓋其後，此爲羌人附塞之始。其時種衆尚未甚多，故未足爲大患也。

第十六節　昭宣元成時兵事四

以上所述，皆昭帝以後用兵四夷，關係較大者。其較小者，則昭帝始元元年，益州廉頭、姑繒、牂牁談指、同並二十四邑皆反。遣水衡都尉呂破胡此據本紀，《西南夷傳》作呂辟胡，《百官公卿表》同。擊破之。紀云擊益州，《西南夷傳》云擊牂牁，蓋二郡皆破胡所定。談指、同並，並縣名。談指，在今貴州桐梓縣東南。同並，在今雲南霑益縣北。廉頭、姑繒，《地理志》不載。四年，姑繒、葉榆復反。葉榆縣，屬益州，在今雲南大理縣北。破胡擊之，不利。六年，大鴻臚田廣明、軍正王平擊破之。六年，以鉤町侯毋波擊反者有功，立爲鉤町王。鉤町縣，屬牂牁，在今雲南通海縣東北。元鳳元年，武都氐人反。遣執金吾馬適建、龍雒侯韓增、大鴻臚廣明擊之。四年，冬，遼東烏桓反。以中郎將范明友爲度遼將軍，將北邊七郡郡二千騎擊之。案《匈奴傳》云：漢得匈奴降者，言烏桓嘗發先單于冢，單于怨之，方發二萬騎擊烏桓。霍光欲發兵邀擊之，以問護軍都尉趙充國。充國以爲烏桓間數犯塞，今匈奴擊之，於漢便。又匈奴希寇盜，北邊幸無事。蠻夷自相攻擊，而發兵要之，招寇生事，非計也。光更問中郎將范明友，明友言可擊。於是拜明友爲度遼將軍，將二萬騎出遼東。匈奴聞漢兵至，引去。初，光誡明友：“兵不空出，即後匈奴，遂擊烏桓。”烏桓時新中匈奴兵，明友既後匈奴，因乘烏桓敝擊之，斬首六千級，獲三王首。還封爲平陵侯。然則謂烏桓反而擊之者誣也。明友，光壻，光蓋欲生事以侯之耳。① 紀載五年六月，發三輔及郡國惡少年，吏有告劾亡者屯遼東。六年正月，募郡國徒築遼東玄菟城。烏桓復犯塞，遣明友擊之。蓋東北邊因此擾攘不寧者累歲。光以私意勞民，亦可謂甚矣。《後漢書‧烏桓傳》言明友擊烏桓，烏桓由是復寇幽州，至宣帝時，乃保塞無事。元帝初元三年，棄珠厓，事見《賈捐之傳》。傳云：武帝立珠厓、儋耳郡，其民暴惡，自以阻絶，數犯吏禁，吏亦酷之，率數年一反，殺吏。漢輒發兵擊定之。自初爲郡，至昭帝始元元年，二十餘年，凡六反叛。至其五年，罷儋耳郡，並屬珠厓。宣帝神爵三年，珠厓三縣復反。反後七年，甘露元年，九縣反。輒發兵擊定之。元帝初元元年，珠厓又反。發兵擊之。諸縣更叛，連年不定。上與有司議大發軍。捐之建議以爲不當擊。上以問丞相、御史，御史大夫陳萬年以爲當擊。丞相于定國以爲前日興兵擊之，連年，護車、都尉、校尉及丞凡十一人，還者二人，卒士及轉輸死者萬人以上，費用三萬萬餘，尚未能盡降。今關東困乏，民難搖動，捐之議是。上乃從之。下詔罷珠厓郡。民有慕義欲內屬，便處之，不欲勿彊。案境土開闢，實皆人民拓殖之功。拓殖之力未及，而强以兵力據之，則徒勞民而其地終不可保。元帝之棄珠厓，以視武、昭、宣之勤民，倜乎遠矣。成帝河平中，夜郎王興與鉤町王禹、

---

① 史事：霍光擊烏桓，蓋以侯其壻范明友。

漏臥侯俞漏臥縣,屬牂柯,在今雲南羅平縣南。更舉兵相攻,王鳳以杜欽説,薦陳立爲牂柯大守誅興。興妻父翁指,與興子邪務收餘兵,脅旁二十二邑反,立又平之。未嘗調發郡國,其廟算亦較昭、宣時爲勝也。

第六章 漢末事迹

第一節 元帝寬弛

漢室盛衰，當以宣、元爲界。自宣帝以前，一切根本之計，實未嘗行，讀第四章第五節，第五章第二第十二節可見。自元帝以後，則頗行之矣。然漢轉以衰亂者，則宣帝以前，朝綱較爲整飭，元帝以後，則較廢弛也。漢世儒家，常懷根本改革之計，其意非不甚善。然根本改革之計，欲藉政治之力以行之，則其道適相反。蓋黨類（class）既異，利害必不相容。操治理之權者，其利正在於剥削人民。不能輔翼平民，使起與屬己者爭，而望屬民者行保民之政，則與虎謀皮矣，有是理乎？元帝以後，所行仁政甚多，然民獲其利者，未知幾何，而權臣貴戚，競肆貪殘，民之受其害者，則不知凡幾矣。此其所以日趨衰亂，終至不可收拾歟？

《漢書·元帝紀》云：帝柔仁好儒。見宣帝所用多文法吏，以刑名繩下。嘗侍燕，從容言："陛下持刑大深，宜用儒生。"宣帝作色曰："漢家自有制度，本以霸王道雜之，①奈何純任德教，用周政乎？且俗儒不達時宜，好是古非今，使人眩於名實，不知所守，何足委任？"乃歎曰："亂我家者大子也。"繇是疏大子而愛淮陽王。曰："淮陽王明察好法，宜爲吾子。"而王母張倢伃尤幸。上有意欲用淮陽王代大子，然以少依許氏，俱從微起，故終不背焉。所謂以霸王道雜之者，王指儒，霸指法。以儒家寬仁之政待民，法家督責之術繩吏，確爲秦、漢以降，汔可小康之道。所謂是古非今，使人眩於名實者，謂不察實在情形，徒執古事，欲施之今世，漢世儒家，亦確有此病也。崔寔《政論》曰："孝宣皇帝明於君人之道，審於爲政之理，嚴刑峻法，破姦宄之膽。海内清肅，天下密如。

---

① 學術：漢以五霸雜。案宣帝獎王成（第一一〇頁），誅楊惲、蓋寬饒等（第一一〇頁），非能任法者，此言蓋造作也，其所謂法者，任弘恭、石顯反周堪、劉更生等耳（第一二一頁），京房（第一二三頁），又（第一二四頁）儒生或不能辦事，然用督責之術以辦事則可，並反其事不可，俗吏則多如此也。石顯之敗，中書罷（第一二五頁）。

算計見效，優於孝文。元帝即位，多行寬政，卒以墮損。威權始奪，遂爲漢室基禍之主。"《後漢書》本傳。寔法家，其言庸有過當，然去先漢之世近，所言二帝之事，必有爲後世所不知者，知宣、元確爲先漢盛衰之界也。

漢世儒家所懷根本改革之計，雖迄未嘗行，然奮起而主張之者，亦迄未嘗絶。觀眭弘、王吉、貢禹等事可知。《弘傳》云：孝昭元鳳三年，泰山萊蕪山南有大石自立。是時昌邑有枯社木卧復生。又上林苑中大柳樹，斷枯卧地，亦自立生。有蟲食樹葉成字，曰公孫病已立。此當係事後附會之談。眭弘字。推《春秋》之意，以爲當有匹夫爲天子者，即説漢帝宜誰差天下，求索賢人，禪以帝位，而退自封百里。① 使友人内官長賜上此書。時霍光秉政，惡之，下其書。廷尉奏賜、弘妄設妖言惑衆，大逆不道，皆伏誅。以後世眼光觀之，甚似教霍光以篡奪者。② 然宣帝忌刻殊甚，蓋寬饒奏封事，引《韓氏易傳》"五帝官天下，三王家天下，家以傳子，官以傳賢，四時之運，功成者退，不得其人，則不居其位"，竟以是誅。且其所用，無一非齮齕霍氏之人。魏相無論矣，即蕭望之亦然。望之當光秉政時，爲長史丙吉所薦，與同薦者數人皆召見。光自誅上官桀後，出入自備，吏民當見者，露索，去刀兵，兩吏挾持。望之獨不肯，自引出閣。於是光獨不除用望之。魏相爲御史大夫，除望之爲屬，察廉，爲大行治水丞。地節三年，夏，京師雨雹，望之以爲大臣任政，一姓擅勢所致，由是拜謁者，累遷諫大夫。弘果有逢迎霍氏之心，安得獨邀寬宥？而帝顧徵其子爲郎，即可知其非霍氏之黨矣。徒取諸彼以與此，仁者不爲，知弘必更有經綸待展布也。宣帝之世，抗高議者莫如王吉，帝見爲迂闊不用，已見上節。吉所非者：世俗嫁娶大蚤，聘妻送女無節，貧人不及，故不舉子。衣服、車馬，上下僭差，人人自制，是以貪財誅利，不畏死亡，欲上除任子之令。外家及故人，可厚以財，不宜居位。又欲去角牴，減樂府，省尚方，明示天下以儉。皆輔世長民之術，且能毅然責難於君者也。吉與貢禹爲友，世稱"王陽吉字。在位，貢公彈冠"，言其取舍同也。元帝即位，使徵禹、吉。吉年老，道病卒。禹至，爲諫大夫。遷光禄大夫。初元五年，陳萬年卒，遂代爲御史大夫。數月卒。用其言：令大僕減食穀馬。水衡減肉食獸。省宜春下苑，以與貧民。罷角牴諸戲及齊三服官。事在初元二年、五年。令民産子七歲乃出口錢。武帝令民産子三歲出口錢。罷上林宮館希御幸者。省建章、甘泉宮衛卒。初元三年。減諸侯王廟衛卒，省其半。蓋宣帝所難行者，元帝無不行之矣。禹所言：尚有罷採珠玉金銀鑄錢之官，毋復以爲幣。諸官奴婢十餘萬，宜免爲庶人，令代關東戍卒乘北邊亭塞候望。近臣自諸曹侍中以上，家亡得私販賣，與民爭利，犯者輒免官削爵，不得仕宦。除贖罪之法。相、守選舉不以實及有臧罪者，輒行其誅，毋但免官。

① 政體：西漢易姓者論（又見第一三四─一三五頁）。
② 政治：漢根本改革之論（又見第九十八、一二五、一三四頁）。

蓋未能悉行。時又有翼奉。徵待詔，以災異見問。奉以爲祭天地於雲陽、汾陰，及諸寢廟不以親疏迭毀，皆煩費違古制。又宫室苑囿，奢泰難共。以故民困國虚，亡累年之蓄。不改其本，難以末正。乃上疏，請徙都成周，定制，與天下更始。此則較諸貢禹，謂惟"宫室已定，亡可奈何，其餘盡可減損"者，尤爲卓絶矣。遷都正本，元帝雖未能行，然宗廟迭毀及徙南北郊之議，實發自奉，至韋玄成爲相遂行之。在當時，亦不能謂非卓然不惑之舉也。見第二十章第一節。此外元帝仁政，見於史者：又有罷鹽鐵官、常平倉，令博士弟子毋置員，《本紀》初元五年。輕殊死之刑，《後漢書·梁統傳》：統上疏，言元、哀二帝，輕殊死之刑一百二十三事。手殺人者減死一等。《注》引《東觀記》曰：元帝初元五年，輕殊死刑三十四事，哀帝建平元年，輕殊死刑八十一事，其四十二事，手殺人者減死一等。及罷珠厓、見第五章第十六節。北假田官等。初元五年。北假，見第二章第二節。雖以用度不足，民多復除，無以給中外繇役，復鹽鐵官、博士弟子員，《本紀》永光三年。然已可謂難矣。竟寧中，召信臣徵爲少府，奏請上林諸離遠宫館希御幸者，勿復繕治共張。又奏省樂府黄門倡優諸戲，及宫館、兵弩、什器，減過泰半。大官園種冬生葱韭菜茹，覆以屋廡，晝夜爇蘊火，待溫氣乃生。信臣以爲此皆不時之物，有傷於人，不宜以奉共養。及它非法食物悉奏罷。省費歲數千萬。《循吏傳》。此亦元帝節儉之一端。王嘉稱其溫恭少欲，本傳。信不誣矣。以視武、宣之奢泰何如哉？

　　然元帝雖躬行恭儉，而於奸以事君者，不能決然斥去，遂致下陵上替，威柄倒持，此則深堪浩歎者也。宣帝之寢疾也，以樂陵侯史高，史良娣兄恭之子。爲大司馬車騎將軍，大子大傅蕭望之爲前將軍光禄勳，少傅周堪爲光禄大夫，皆受遺詔輔政，領尚書事。望之、堪本以師傅見尊重。上即位，數宴見，言治亂，陳王事。望之選白宗室散騎諫大夫劉更生給事中，與侍中金敞並拾遺左右。四人同心謀議，勸道上以古制，多所欲匡正。上甚鄉納之。初，宣帝不甚從儒術，任用法律，而中書宦官用事。中書令弘恭、石顯，《佞幸傳》：恭爲令，顯爲僕射。元帝即位數年，恭死，顯代爲尚書令。久典樞機，明習文法，亦與高爲表裏，論議常獨持故事，不從望之等。望之以爲中書政本，宜以賢明之選。自武帝游宴後庭，故用宦者，非國舊制，且違不近刑人之義，白欲更置士人。繇是大與高、恭、顯忤。上初即位，謙讓重改作，議久不定。出劉更生爲宗正。望之、堪數薦名儒茂材，以備諫官。會稽鄭朋，陰欲附望之，上疏言高遣客爲奸利郡國，及言許、史子弟罪過。章視周堪。堪白令待詔金馬門。朋奏記望之。望之見納朋，接待以意。後朋行傾邪，望之絶不與通。朋與大司農李宫俱待詔，堪獨白宫爲黄門郎。朋怨恨，更求入許、史。華龍者，宣帝時待詔，以行汙穢不進。欲入堪等，堪等不納。恭、顯令二人告望之等謀欲罷車騎將軍，疏退許、史狀。事下弘恭問狀，恭、顯奏望之、堪、更生朋黨，更相稱舉。數譖訴大臣，毀離親戚，欲以專擅權勢。爲臣不忠，誣上不道。請謁者召致廷尉。時上初即位，不省謁者召致廷尉爲下獄也，可其奏。後上召堪、更生。曰："繫獄。"上大驚，曰："非但廷尉召問邪？"以責恭、顯，皆叩頭謝。上曰："令出視事。"恭、顯因使高言："上新即位，未以德化聞於天下，而先驗師傅。既下九卿大夫獄，宜因決免。"於是赦望之罪，及堪、更生皆免爲庶人。其春，地震。夏，客星見昴、卷舌間。上感悟。下詔賜望之爵關内侯，食邑六百户。奉朝請。秋，徵堪、更生，欲以爲諫大夫。恭、顯皆白爲中郎。冬，地復震。時恭顯、許史子弟、侍中、諸曹，皆側目於望之等。更生懼焉。乃使其外親上變事，言宜退恭、顯，進望之等。書奏，恭、顯疑其更生所爲。白請考姦詐。辭果伏。遂逮更生繫獄。下大傅韋玄成、諫大夫貢禹與廷尉雜考。更生坐免爲庶人。會望之子散騎中郎伋上書訟望之前事。詔下有司。復奏望之教子上書，失大臣體，不敬，請逮捕。恭、顯建白："望之前欲排退許、史，非頗詘望之於牢獄，聖朝亡以施恩厚。"上曰："蕭大傅素剛，安肯就吏？"顯等曰："人命至重，望之所坐，語言薄罪，必無所憂。"上乃可其奏。望之自殺。初元二年十二月。天子聞之，驚，推手曰："曩固疑其不就獄，果然。殺吾賢傅。"召顯等，責問以議不詳。皆免冠謝。良久然後已。望之有罪死，有司請絶其爵邑。有詔加恩，長子伋，嗣爲關内侯。天子追念望之不忘。每歲時，遣使者祠祭望之冢，終元帝世。望之之死，天子甚悼恨之，乃擢周堪爲光禄勳，堪弟子張猛光禄大夫，給事中，大見信任。恭、顯憚之，數譖毀焉。更生見堪、猛在位，幾已得復進，懼其傾危，乃上封事，言佞邪與賢良，並在交戟之内。宜決斷狐疑，分别猶豫。恭、顯見其書，愈與許、史比而怨更生等。是歲，夏寒，日青無光，恭、顯及許、史皆言堪、猛用事之咎。上内重堪，又患衆口之寖潤，無所取信。長安令楊興，常稱譽堪，上欲以爲助，乃見問興。興者，傾巧士，謂上疑堪，因順指言可賜爵關内侯，勿令與事。會城門校尉諸葛豐亦上書言堪、猛短。上發怒，免豐。然仍左遷堪爲河東大守，猛槐里令。顯等專權日甚。後三歲餘，孝宣廟闕災。其晦，日有食之。於是上召諸前言日變在堪、猛者責問。皆稽首謝。徵堪詣行在所。拜爲光禄大夫，秩中二千石。領尚書事。猛復爲大中大夫給事中。顯幹尚書事，尚書五人，皆其黨也。堪希得見，常因顯白事。事決顯口。會堪疾，瘖不能言而卒。顯誣譖猛，令自殺於公車。永光四年。更生遂廢。十餘年，成帝即位，顯等伏辜，乃復進用，更名向。以上略據《望之》《向傳》，其事可疑者甚多。元帝不省召致廷尉爲下獄，知蕭大傅不肯就吏，而又可恭、顯之奏，其事皆不近情理。即更生使外親上變事亦然。更生前後數直諫，堪、猛再用時，亦自上封事，何以身爲中郎，乃忽使外親上變邪？要之，望之、堪、猛、更生等與史高、恭、顯等相持凡九年，屢仆屢起，可知元帝非真信恭、顯者。《顯傳》云：“帝被疾不親政事，方隆好於音樂，以顯久典事，中人無外黨，精專可信任，遂委以政事，事無大小，因顯白決。”以中人爲精專無黨而信之，或因般樂怠敖而委政於下，歷代人主，如是者誠甚多，然元帝尚非其倫，觀其屢起望之、堪、猛、更生等可知。其終於見排，實以恭、顯依附許、史，而元帝不能決斷故也。自來居高位者，恒不樂於更新。史言望之等多所欲匡正，史高、恭、顯等常持故事，蓋其齟齬之由。觀此，知宣帝以前，外戚宦官之未甚跋扈，未嘗不以政事因循，無所改革，非必盡由在上者之明察也。堪、猛敗後二年，_{建昭元年。}又有京房見賊之事。

京房者，①治《易》，事梁人焦延壽。其說長於災變。分六十四卦，更直日用事，以風雨寒溫爲候，各有占驗。房用之尤精。初元四年，以孝廉爲郎。永光、建昭間，西羌反，日食，又久青無光，陰霧不精。房數上疏先言其將然，近數月，遠一歲，所言屢中。天子說之，數召見問。房對曰：“古帝王以功舉賢，則萬化成，瑞應著。末世以毀譽取人，故功業廢而致災異。宜令百官各試其功，災異可息。”詔使房作其事。房奏考功課吏法。上令公卿朝臣與房會議。皆以房言煩碎，令上下相司，不可許。上意鄉之。時部刺史奏事京師，上召見諸刺史，令房曉以課事。刺史復以爲不可行。惟御史大夫鄭弘、光禄大夫周堪初言不可行，後善之。上令房上弟子曉知考功課吏事者，欲試用之。房上中郎任良、姚平，願以爲刺史，試考功法。臣得通籍殿中，爲奏事，以防壅塞。時中書令石顯專權，顯友人五鹿充宗爲尚書令，疾房，欲遠之。建言宜試以房爲郡守。元帝於是以房爲魏郡大守。得以考功法治郡。房自請：願無屬刺史。得除用他郡人。自第吏千石以下。歲竟乘傳奏事。天子許焉。未發，上令陽平侯鳳承制詔房，止無乘傳奏事。去月餘，竟徵下獄。初，淮陽憲王_{名欽，}_{即張倢伃子，宣帝欲以代元帝爲大子者。}舅張博，從房受學，以女妻房。房與相親。每朝見，輒爲博道其語。以爲上意欲用房議，而羣臣惡其害己，故爲衆所排。博欲令王上書求入朝，得佐助房。房曰：“中書令石顯，尚書令五鹿君，及丞相韋侯，皆久無補於民，此尤不欲行考功者也。淮陽王即朝見，勸上行考功事，善。不然，但言丞相、中書令任事久而不治，可休丞相，以御史大夫鄭弘代之；遷中書令置他官，以鉤盾令徐立代之。如此，房考功事得施行矣。”博因令房爲淮

---

　①　選舉：京房。

陽王作求朝奏草，皆持橐與淮陽王。石顯微司，具知之，以房親近，未敢言。及房出守郡，顯告房與張博通謀，誹謗政治，歸惡天子，註誤諸侯王。房、博皆棄市。此據《房傳》。《淮陽憲王傳》則謂博爲王求朝，實有覬覦天位之心。其説皆非實録。覬覦天位無論矣，即僅欲使入朝佐助房，亦已處嫌疑之際，何至以房親近而不敢言？房去至陝，嘗上封事，言"臣願出任良試考功，臣得居内，議者知如此於身不利，故云使弟子不若試師；臣爲刺史，又當奏事，故復云：爲刺史，恐大守不與同心，不若以爲大守，此其所以隔絶臣也"。蓋其初意，僅欲隔絶房使不得奏事，房既去，乃又造淮陽之獄以陷之也。若當房未去之際，已微司得其與張博之謀，則房之不及歲竟，已可豫知，又何必止其乘傳奏事乎？成帝即位後，淮陽憲王上書陳張博時事，頗爲石顯等所侵，因爲博家屬徙者求還。上加恩許之。據此，即知張博之獄之誣。不然，王未必敢上書，成帝亦無緣許之也。史但言房從焦延壽學《易》，然王符《潛夫論・考績篇》，稱"先師京君，科察考功，以遺賢俊，大平之基，必自此始"，而元帝亦使房上弟子知考功課吏事者，則考功課吏之法，亦代有師承。史言焦延壽補小黄令，以候司先知姦邪，盜賊不得發。又言得我道以亡身者京生，蓋皆非指《易》學言。疑別有督責之術，而房從而受之也。督責之術，實君主專制之世致治之基，爲石顯、王鳳等所害而不能行，較之蕭望之等之見廢，實尤可惜也。不然，元帝何至蒙威權墮損，爲漢基禍之詒哉？

　　蕭望之、周堪、京房而外，直臣見厄者，又有御史中丞陳咸、待詔賈捐之，皆以奏封事言顯短；鄭令蘇建，得顯私書奏之；後皆以他事論死。史言"自是公卿以下，重足一迹"焉。顯見左將軍馮奉世父子爲公卿著名，女又爲昭儀，在内，心欲附之。薦言昭儀兄謁者逡，修敕，宜侍帷幄。天子召見，欲以爲侍中。逡請間，言顯專權，罷歸郎官。後御史大夫缺，羣臣皆舉逡兄大鴻臚野王。天子以問顯。顯曰："恐後世必以陛下私後宮親。"遂廢不用。其巧於擠排如此。韋玄成、匡衡爲相，玄成永元元年爲相，三年薨，衡代之。皆名儒。史言其畏顯不敢失其意。案毁廟之事，實成於玄成手。衡持之亦甚堅。見第二十章第一節。衡初爲郎中博士給事中，上疏言："今天下俗貪財賤義；好聲色，上侈靡；廉恥之節薄，淫辟之意縱；不改其原，雖歲赦之，刑猶難使錯而不用也。臣愚以爲宜一曠然大變其俗。"又言"長安天子之都，親承聖化，然其習俗無以異於遠方。郡國來者，無所法則，或見侈靡而放效之。此教化之原本，風俗之樞機，宜先正者也"。"宜減宮室之度，省靡麗之飾。"其議論，實與王、貢、翼奉等同。後遷光禄大夫大子少傅。時上好儒術文辭，頗改宣帝之政，言事者多進見，人人自以爲得上意。衡上疏言："論議者争言制度不可用也，務變更之，所更或不可行，而復復之，是以羣下更相是非，吏民無所信。臣竊恨釋樂成之業，而虛爲此紛紛也。"則頗類乎獨持故事者矣。豈衡本史高所薦，稍依附之邪？成帝即位後，衡與御史張譚奏廢顯。司隸校尉王尊劾衡、譚居大臣位，不以時白，而阿諛曲從，附下罔上，衡固百喙無以自解矣。顯訾至一萬萬。長安豪俠萬章，與顯相善。得顯權力，門車常接轂。顯當去，留牀席器物，欲以與章，其直亦數百萬。顯之交私，可謂甚矣。《後漢書·侯霸傳》：族父淵，以宦者，有才辯任職，元帝時佐石顯等領中書，號曰大常侍。成帝時，任霸爲大子舍人。霸家累千金，疑亦淵之所遺，或倚淵勢以致者也。所謂精專可信任者安在？中書政本，更置士人，實爲當時急務，而元帝卒不能斷，其不足與有爲可知，宣帝之欵，有以夫！

第二節　成帝荒淫

漢治陵夷，始於元帝，而其大壞則自成帝。帝之荒淫奢侈，與武帝同，其優柔寡斷，則又過於元帝。朝政自此亂，外戚之勢自此成，漢事遂不可爲矣。

元帝三男：王皇后生成帝。傅昭儀生定陶共王康。馮昭儀生中山孝王興。成帝以宣帝甘露三年生，爲世適皇孫。宣帝愛之。自名曰驁，字大孫。皇后自有子後，希復進見。大子壯大，幸酒，樂燕樂，元帝不以爲能。而傅昭儀有寵，定陶共王多材藝，上愛之，常有意欲廢大子而立共王。賴侍中史丹高子擁右大子；上亦以皇后素謹慎，而大子先帝所常留意；故得不廢。咸寧元年，元帝崩，成帝即位。遷石顯爲長信中大僕。顯失意離權。數月，丞相、御史條奏顯舊惡。及其黨牢梁、陳順皆免官。顯與妻子徙歸故郡。憂懣不食，道病死。諸所交結，以顯爲官皆廢罷。至建始四年，遂罷中書宦官。此爲元帝所不能行者。然宦官去而外戚愈張，亦無補於治也。

王大后兄弟八人：曰鳳、曼、譚、崇、商、立、根、逢時。惟曼早死。而鳳及崇與后同母。成帝后許氏，父嘉，廣漢弟延壽之子也。自元帝時爲大司馬車騎將軍，輔政，已八九年矣。成帝立，復以鳳爲大司馬大將軍，與嘉並。久之，策免嘉。鳳故襲父禁爲陽平侯。崇以后同母弟封安成侯。譚、商、立、根、逢時皆賜爵關內侯。河平二年，又悉封五人爲侯。譚，平陽侯；商，成都侯；立，紅陽侯；根，曲陽侯；逢時，高平侯。王氏子弟，皆卿、大夫、侍中、諸曹，分據勢官，滿於朝廷。上遂謙讓無所顓。宣帝舅子王商，帝即位爲左將軍，與鳳議論不平。建始四年，代匡衡爲丞相。河平四年，鳳使人上書言商閨門內事，免相。三日，發病歐血薨。子弟親屬，皆出補吏，莫得留給事宿衛者。定陶共王來朝，天子留不遣。

會日食，鳳言宜遣王之國。上不得已，許之。京兆尹王章言災異之發，爲大臣顓政。並訟王商。又言鳳知其小婦弟張美人已嘗適人，託以爲宜子，內之後宮。鳳不可久令典事。宜退使就第，選忠賢以代之。天子謂章："試爲朕求可以自輔者。"章薦中山孝王舅琅邪大守馮野王。初，章每召見，上輒辟左右。大后從弟長樂衛尉弘子侍中音獨側聽，具知章言，以語鳳。鳳稱病出就第。上書乞骸骨，辭指甚哀。大后聞之，爲垂涕不御食。上少而親倚鳳，弗忍廢。使尚書劾奏章，下廷尉；死獄中。妻子徙合浦。自是公卿見鳳，側目而視。郡國守、相、刺史，皆出其門。又以音爲御史大夫，列於三公。五侯羣弟，爭爲奢侈。賂遺珍寶，四面而至。後庭姬妾，各數十人。僮奴以千百數。羅鐘磬，舞鄭女，作倡優。狗馬馳逐。大治第室，起土山、漸臺，洞門、高廊、閣道，連屬彌望。然皆通敏人事。好士養賢，傾財施予，以相高尚。鳳輔政凡十一歲，陽朔三年薨，薦音自代。音爲大司馬車騎將軍。譚位特進，領城門兵。時崇已前死。音既以從舅越親用事，小心親職。歲餘，封爲安陽侯，食邑與五侯等。初，商嘗病，欲避暑，從上借明光宮。後又穿長安城，引內灃水，注第中大陂以行船。上幸商第，見，內銜之，未言。後微行出，過曲陽侯第，又見園中土山、漸臺，似類白虎殿。怒，以讓音。商、根兄弟欲自黥劓謝大后。上聞之，大怒。乃使尚書責問司隸校尉、京兆尹：知成都侯擅穿帝城，決引灃水；曲陽侯根驕奢僭上，赤墀青瑣；紅陽侯立父子臧匿姦猾亡命，賓客爲羣盜；阿縱不舉奏。賜音策書曰："外家何甘樂禍敗，而欲自黥劓相戮辱於大后前，傷慈母之心？外家宗族彊，上一身寖弱，日久，今將一施之，君其召諸侯，令待府舍。"是日，詔尚書奏文帝時誅將軍薄昭故事。文帝舅。音藉槀待罪。商、立、根皆負斧質謝。上不忍誅，然後得已。久之，譚薨。大后憐弟曼早死，獨不封。永始元年，上追封曼，爲新都哀侯。子莽嗣爵爲新都侯。後又封大后姊子淳于長爲定陵侯。王氏親屬侯者凡十人。上悔廢譚不輔政而薨也，乃復進商以特進領城門兵。置幕府，得舉吏，如將軍。音以永始二年薨。商爲大司馬衛將軍。立位特進，領城門兵。商輔政四歲，元延元年，病，乞骸骨。天子閔之，更以爲大將軍。商薨，立次當輔政，有罪過，立使客因南郡大守李尚占墾草田數百頃，頗有民所假少府陂澤，略皆開發。上書願以入縣官。有詔郡平田予直。丞相司直孫寶發其姦，尚下獄死。上乃廢立而用根爲大司馬票騎將軍。輔政五歲，綏和元年，乞骸骨。逢時前死。先是淳于長以外屬能謀議爲衛尉，侍中，在輔政之次。是歲，莽告長伏罪，與立相連。長下獄死，立就國。見下。故根薦莽自代。莽遂爲大司馬。歲餘而成帝崩。帝之世，王氏迄專權。外戚許嘉、王商，皆爲所排。王章欲推轂馮野王而未果。宰相則自王商死後，張禹、河平四年。薛宣、鴻嘉元年。翟方進、永始二年。孔光，綏和二年。相繼居職。禹爲帝師，奢淫好殖貨財。光久領尚書，徒以周密謹慎見稱。宣、方進皆明習文法，方進尤號通明，爲上所倚。然史言其内求人主微指，以固其位，皆非骨骾之臣。蓋威權之去王室久矣。《叙傳》言成帝性寬，進入直言，是以王音、翟方進等，繩法舉過，而劉向、杜鄴、王章、朱雲之徒，肆意犯上。自帝師安昌侯、張禹。諸舅大將軍兄弟及公卿大夫、後宮、外屬許、史之家，有貴寵者，莫不被文傷詆。雖谷永駁譏趙、李亦無間。所謂寬仁，乃班氏爲漢臣子，故其言如是，實則闇昧不明，優柔寡斷而已。從來朋黨之成，每由在上者之漫無别白，而其别白之當否尚次之。史言劉向以帝時復進用，上疏言王氏之盛，爲歷古至秦、漢所未有，與劉氏且不並立。天子徒召見歎息，悲傷其意。谷永譏切趙、李，上大怒，使侍御史收永，王商密諭永令去，御史追不及還，上意亦解。其知善言而不能決，決而不能堅持，正與其惡王鳳而不能去，怒王商、王立、王根而不能決罪，同一病根。谷永、杜鄴，史言其爲王氏之黨；雖張禹亦爲之言；蓋上無誅賞，則下不得不依附權門以自固，黨與成而人主孤立矣。此專制之世之大戒也。王氏之篡國，多士實爲其一因，而士之依附王氏，則帝之爲淵毆魚也。見漸臺土山，一怒而王音藉藁，諸舅負質，則知帝之世，威權猶非不能振起。且時王氏之於霍氏何如哉？宣帝能除霍氏，而謂王氏不可去也？然則帝之姑息養奸，不可謂非漢亡之由矣。而其荒淫，寵任便嬖，溺於色，廢許后，立微賤之趙氏，使朝無持重之臣，外戚亦無强輔，亦其爲王氏驅除難之一端。

成帝雖荒淫，亦頗有善政。[1] 如減天下賦錢算四十，孟康曰：本算百二十，今減四十，爲八十。罷六厩技巧官，建始二年。遣使舉三輔、三河、河内、河南、河東。弘農冤獄，鴻嘉元年。皆恤民之政也。使光禄大夫劉向校中祕書，謁者陳農使求遺書於天下，河平三年。詔丞相、御史與中二千石、二千石雜舉可充博士位者，陽朔二年。皆右文之治也。永始四年，以公卿、列侯親屬、近臣，奢侈逸豫。務廣第宅，治園池。多畜奴婢。被服綺縠，設鐘鼓，備女樂。車服、嫁娶、葬埋過制。申敕有司，以漸禁之。尤前世所未能行。蓋承元帝之遺風然也。然空言無施，雖切何補，觀於其時外戚嬖幸之奢縱，而其政事可知矣。

漢代帝王，營葬甚厚。移民以奉陵邑，詒害尤鉅。參看第十七章第五節。元帝時，渭陵不復徙民起邑。成帝營初陵，數年後，樂霸陵曲亭南，更營之。將作

---

[1]　政治：成帝亦多仁政。哀帝（第一三〇—一三五頁）。

大匠解萬年與陳湯善，教其求徙初陵，爲天下先。鴻嘉二年，遂徙郡國豪桀訾五百萬以上五千户於昌陵。昌陵之功，增卑爲高，積土爲山。發民墓墳，積以萬數。《劉向傳》。卒徒工庸，以鉅萬數。至然脂火夜作，取土東山，與穀同賈。《陳湯傳》。五年而功不成。至永始元年，乃罷之。二年，徙萬年敦煌郡。然民之受害已深矣。

鴻嘉元年，帝始爲微行。與富平侯張放俱。安世元孫，父臨，尚元帝妹敬武公主。北至甘泉，南至長楊、五柞，鬥雞、走馬長安中。崇聚輕剽小人，以爲私客。飲醉吏民之家，亂服共坐，流湎媟嫚者積數年。《張放谷永傳》。放驕蹇縱恣。至奴從支屬，並乘權勢爲暴虐。求吏妻不得，殺其夫，或患一人，妄殺其親屬，輒亡入放第不得，而其身所爲無論矣。帝雖上迫大后，下用大臣，遷之於外，猶屢召入。其去，常泣涕而遣之。元延二年，將大誇胡人以多禽獸。秋，命右扶風發民入南山。西自褒斜，東至弘農，南毆漢中，張羅罔罝罘，捕熊、羆、豪豬、虎、豹、狖、玃、狐、兔、麋、鹿，載以檻車，輸長楊射熊館。長楊，宮名，在盩厔東。以罔爲周陆，縱禽獸其中，令胡人手搏之，自取其獲。上親臨觀焉。是時，農民不得收斂。《揚雄傳》。其荒淫如此。

其時關東又遭大水。陽朔二年。於是反者漸起。陽朔三年，潁川漢郡，治陽翟，今河南禹縣。鐵官徒申屠聖等百八十人殺長吏，盜庫兵，自稱將軍，經歷九郡。鴻嘉三年，廣漢見第五章第五節。男子鄭躬等六十餘人攻官寺，篡囚徒，盜庫兵，自稱山君。永始三年，山陽漢郡，治昌邑，今山東金鄉縣。鐵官徒蘇令等二百二十八人攻殺長吏，盜庫兵，自稱將軍，經歷郡國十九。雖旋皆平定，勢已騷然不寧矣。

成帝許皇后，聰慧善史書。自爲妃至即位，常寵於上。後宮希得進見。嘗有一男，失之。班倢伃況子，固之祖姑。亦嘗再就館，有男，數月失之。鴻嘉後，上稍隆於内寵。倢伃進侍者李平。平得幸，立爲倢伃。上曰“始衛皇后亦從微起”，乃賜平姓曰衛。案衛皇后之禍，可謂酷矣，而成帝不知鑒，可見紈綺子弟之全無心肝也。生於深宮之中，長於阿保之手之人君，乃紈綺子弟之大者也。趙皇后本長安宮人。省中侍使官婢。屬陽阿主家，學歌舞，號曰飛燕。帝微行過陽阿主家作樂，見而説之。召入宮，大幸。有女弟，復召入。俱爲倢伃。班倢伃及許皇后皆失寵，希復進見。后姊平剛侯夫人謁等爲媚道，咒詛後宮有身者王美人及鳳等。事發覺。大后大怒。下吏考問，謁等誅死，許后廢處昭臺宮。在上林苑中。親屬皆歸故郡。山陽。后弟子平恩侯旦就國。時爲鴻嘉三年。趙飛燕並譖告班倢伃，考問。倢伃對曰：“妾聞死生有命，富貴在天。修正尚未獲福，爲邪欲以何望？使鬼神有知，不受不臣之愬。如其無知，愬之何益？"上善其對，獲免。倢伃恐久見危，求共養大后長信宮。上欲立趙倢伃，大后嫌其所出微，難之。淳于長爲侍中，數往來傳語，得大后指，上立封倢伃父臨爲成陽侯。諫大夫劉輔言卑賤之女，不可以母天下。繫獄，減死一等，論爲鬼薪。月餘，遂立倢伃爲皇后。時永始元年也。長封爲定陵侯。大見信用，貴傾公卿。外交諸侯。賂遺賞賜，亦累鉅萬。后既立，寵少衰，而弟絶幸。爲昭儀，居昭陽舍。其中庭彤朱，而殿上髹漆，切皆銅沓冒，黄金塗，白玉階，壁帶往往爲黄金釭，函藍田璧，明珠、翠羽飾之，自後宮未嘗有焉。姊弟顓寵十餘年，卒皆無子。廢后在昭臺歲餘，還徙長定宮。綏和元年，上憐許氏，還平恩侯旦及親屬。是歲廢后敗。先是廢后姊孈寡居，與淳于長私通，因爲之小妻。長紿之曰："我能白東宮，復立許后爲左皇后。"廢后因孈私賂遺長，數通書記相報謝。長書有諝謾。此據《外戚傳》。《長傳》：許后因孈賂遺長，欲求復爲倢伃。長受許后金錢、乘輿服御物前後千餘萬。詐許爲白上，立爲左皇后。孈每至長定宮，輒與孈書，戲侮許后，嫚易無不言。其説大同小異，要可見紈綺子弟之貪淫欺詐，肆無忌憚也。發覺，天子使賜廢后藥自殺。免長官，遣就國。初，紅陽侯立獨不得爲大司馬輔政，自疑爲長毁譖，常怨毒長。上知之。及長當就國也，立嗣子融從長請車騎，長以珍寶因融重遺立，立因爲長言，於是天子疑焉。事下有司案驗。吏捕融。立令融自殺以滅口。上愈疑其有大姦。遂逮長繫洛陽詔獄，窮治。長具服戲侮長定宮，謀立左皇后。罪至大逆，死獄中。立就國。案許后之廢，王鳳死已四年，而《傳》云呪詛鳳，其辭似有未諦，或誣以鳳未死時事。然必與王氏有關，則無疑矣。大后一怒，而許后以廢，其姊以死；趙后之立，又以淳于長通指長信宮；知元后干政頗甚。班倢伃求共養長信宮，蓋知廢置生殺之權，悉操諸王氏，而求自親，以防擁蔽交構也。然淳于長之死，大后初不能救，則知王氏實無能爲，有威柄者，何爲濡忍而不用哉？王、許同爲外家，許廣漢之於宣帝，可謂有生死肉骨之功，而漢報許后兄弟以死，亦酷矣。立后所出卑微，自今日觀之，誠無甚關係。然在當時，固舉國以爲不可，悍然違衆而行之，可謂與習俗大背。人之能不顧習俗者，非大知勇，則愚無知，或沈溺不能自振者耳，所謂材能不及中庸也。故知歷代帝王，多今所謂水平綫以下之人矣。

定陶共王以陽朔二年薨，子欣嗣立。元延四年，與中山孝王俱入朝。共王母傅昭儀，有才略，善事人。多以珍寶賂遺趙昭儀及王根。昭儀及根見上無子，亦欲豫自結，爲長久計。皆更稱定陶王，勸帝以爲嗣。成帝亦自美其材，爲加元服而遣之。時年十七矣。明年，徵立爲大子。是爲哀帝。《孔光傳》：

上召丞相翟方進，御史大夫光，右將軍廉襃，後將軍朱博，議中山、定陶王誰可爲嗣者？方進、根以爲定陶王帝弟之子，《禮》曰：昆弟之子猶子也，爲其後者，爲之子也，定陶王宜爲嗣。襃、博皆如方進、根議。光獨以爲禮立嗣以親。中山王先帝之子，帝親弟也，以《尚書》盤庚殷之及王爲比，中山王宜爲嗣。①上以禮兄弟不相入廟，又皇后、昭儀欲立定陶王，故遂立爲大子。光以議不中意，左遷廷尉。綏和二年，成帝崩。《外戚傳》云：帝素彊，無疾病。昏夜平善。鄉晨，傅綺韤欲起，因失衣，不能言。晝漏上十刻而崩。民間歸罪趙昭儀。皇大后詔掖庭令雜與御史、丞相、廷尉治，問皇帝起居發病狀。趙昭儀自殺。案王鳳白遣定陶共王時，史言上謂共王：“我未有子。人命不諱，一朝有他，且不復相見。爾長留侍我矣。”其後不得已於鳳，遣王之國，與相對泣而訣，《元后傳》。一似成帝危在旦夕者。及其崩，則又言其素彊無疾病，民間皆歸罪趙昭儀。②一從後人歸咎王氏之辭，一從王氏蔽罪趙氏之語，皆不加別白。信以傳信，疑以傳疑，古人著書，體例固如是。若皆據爲信史，則誤矣。宮禁之事，人民何知焉？乃歸罪於昭儀乎？哀帝立，尊趙皇后爲皇大后，封大后弟侍中駙馬都尉欽爲新成侯。數月，司隸解光奏許美人及故中宮史曹宮，皆嘗御幸成帝，有子，爲趙后所殺。《本紀》：元延元年，昭儀趙氏害後宮皇子，亦據事後之辭書之。於是免新城侯及臨子成陽侯訢，皆爲庶人，將家屬徙遼西。議郎耿育上疏言光誣汙先帝。史言哀帝爲大子，亦頗得趙大后力，遂不竟其事。此由哀帝非爲王氏牽鼻者耳。哀帝崩，元后詔有司：謂趙后殘滅繼嗣，貶爲孝成皇后，徙居北宮。後月餘，復下詔廢爲庶人，就其園。是日自殺。史言傅大后恩趙大后，趙大后亦歸心，成帝母及王氏皆怨之，可知趙氏之禍所由來矣。

第三節　哀帝縱恣

　　成帝之爲人也；失之於弱，哀帝則頗剛，史稱其“睹孝成世祿去王室，威柄外移，臨朝屢誅大臣，欲彊主威，以則武、宣”是也。《本紀贊》。然欲正人而不能正己，去王氏而以丁、傅之族代之，享國不永，朝無重臣，國政仍入王氏之手，是則可哀也。

　　哀帝之即位也，尊成帝母爲大皇大后，趙皇后爲皇大后。帝祖母傅大后、母丁后，皆在國邸，自以定陶共王爲稱。有詔問丞相孔光、大司空何武：定陶共王大后，宜當何居？光素聞傅大后爲人剛暴，長於權謀，自帝在襁褓而養長

---

①　政體：漢成帝無子，孔光主立帝。
②　史事：成帝崩，歸罪趙昭儀之誤。元后干政之甚（第一二九頁）。

教道，至於成人，帝之立又有力，恐其與政事，不欲令與帝旦夕相近。即議以爲定陶大后，宜改築宮。武曰：可居北宮。上從武言。北宮有紫房復道，通未央宮。傅大后果從復道朝夕至帝所。高昌侯董宏上書，言宜立定陶共王后爲皇大后。事下有司。左將軍師丹與大司馬王莽共劾奏宏。上新立謙讓，用莽、丹言，免宏爲庶人。傅大后大怒，要上必欲稱尊號。於是以大皇大后詔，尊定陶共王爲共皇。遂尊傅大后爲共皇大后，丁姬爲共皇后。建平二年，郎中令冷襃、黄門郎段猶等，復奏言定陶共皇大后、共皇后皆不宜復引定陶，著國之名，以冠大號。車馬、衣服，宜皆稱皇之意。置吏二千石以下，各共厥職。又宜爲共皇立廟京師。上復下其議。有司皆以爲宜如襃、猶言。丹議獨異。遂以事策免。數月，上用朱博議，尊傅大后爲帝大大后，後又更號皇大大后。稱永信宮。共皇后曰帝大后，稱中安宮。立共王廟於京師。是歲，帝大后崩。起陵共皇之園。傅大后以元壽元年崩，合葬渭陵，稱孝元傅皇后焉。傅大后父同産弟四人：曰子孟、中叔、子元、幼君。子孟子喜，至大司馬，封高武侯。中叔子晏，亦大司馬，封孔鄉侯。幼君子商，封汝昌侯。爲大后父崇祖侯後。更號崇祖曰汝昌哀侯。大后父蚤卒，母更嫁，爲魏郡鄭翁妻，生男惲，前死。以惲子業爲陽信侯。追尊惲爲陽信節侯。鄭氏、傅氏侯者凡六人，大司馬二人，九卿、二千石六人，侍中、諸曹十餘人。帝大后兩兄：忠、明。明以帝舅封陽安侯。忠蚤死，封忠子滿爲平周侯。大后叔父憲、望。望爲左將軍。憲爲大僕。明爲大司馬票騎將軍，輔政。丁氏侯者凡二人，大司馬一人，將軍、九卿、二千石、侍中、諸曹六十餘人。后傅氏，晏子。哀帝爲定陶王時，傅大后欲重親，取以配王者也。杜鄴對策，譏其寵意並於一家，皇甫、三桓，無以盛此，宜矣。

《元后傳》云：哀帝即位，大后詔莽就第，避帝外家。哀帝初優莽，不聽。莽上書，固乞骸骨。《莽傳》：莽與師丹共劾宏。後日，未央宮置酒，内者令爲傅大后張幄坐於大皇大后旁。莽案行，責内者令曰："定陶大后藩妾，何以得與至尊並？"徹去，更設坐。傅大后聞之，大怒，不肯會。重怨恚莽。莽復乞骸骨。上乃下詔，以莽爲特進，朝朔望。又還紅陽侯立京師。帝少而聞知王氏驕盛，心不能善，以初立故，優之。後月餘，司隸校尉解光奏曲陽侯根及成都侯況罪。乃遣根就國，免況爲庶人，歸故郡。根及況父商所薦舉爲官者皆罷。後二歲，傅大后、丁姬稱尊號。有司奏莽前爲大司馬，貶抑尊號之議，虧損孝道；及平阿侯紅臧匿趙昭儀親屬；皆就國。以上據《元后傳》。傅氏子惟喜最賢。哀帝初即位，爲衛尉，遷右將軍。莽之乞骸骨，衆庶屬望於喜。傅大后始與政事，喜數諫之，由是傅大后不欲令喜輔政。上乃用師丹代莽。哀帝爲大子，丹爲大傅，及即位，爲左將軍，領尚書事。喜上將軍印綬，以光禄大夫養病。大司空何武、尚書令唐林爭之。上亦自賢之。明年，建平元年。乃徙丹爲大司空，而拜喜爲大司馬。丁、傅驕奢，皆疾喜之恭儉。傅大后求稱尊號，喜與孔光、師丹共執正議。傅大后大怒。上不得已，先免師丹，以感動喜。喜終不順。明年，二月，遂策免喜。代以丁明。傅大后又自詔丞相、御史，遣喜就國。時孔鄉侯晏順旨，與京兆尹朱博謀成尊號，縣是代師丹爲大司空。傅氏在位者，與博爲表裏，共譖毀孔光。遂策免光。博代爲丞相。傅大后怨喜不已，使孔鄉侯風丞相，令奏免喜侯。博與御史大夫趙玄議。玄言事已前決，得無不可？已復附從。上知傅大后素嘗怨喜，疑博、玄承指，即召玄詣尚書問狀。玄辭服。減玄死罪三等。削晏戶四分之一。召丞相詣廷尉詔獄。博自殺。時建平二年八月也。平當代爲丞相。明年，三月，薨。王嘉代相。又以董賢事敗。

　　董賢，初以父恭爲御史，任爲大子舍人。哀帝立，賢隨大子官爲郎。二歲餘，賢傳漏在殿下。哀帝望見，說其儀貌。因引上與語。拜爲黃門郎。縣是始幸。爲駙馬都尉，侍中。出則參乘，入御左右。旬月間賞賜累鉅萬。貴震朝廷。常與上臥起。每賜洗沐，不肯出，常留中視醫藥。上以賢難歸，詔令賢妻得通，引籍殿中，止賢廬，若吏妻子居官寺舍。又召賢女弟，以爲昭儀。昭儀與妻旦夕上下，並侍左右，賞賜亦各千萬數。賢父爲雲中侯，徵爲霸陵令。遷光禄大夫。復遷少府。賜爵關內侯，食邑。復徙爲衛尉。又以賢妻父爲將作大匠，弟爲執金吾。詔將作大匠爲賢起大第。木土之功，窮極技巧。下至賢家僮僕，皆受上賜。及武庫禁兵，上方珍寶，其選物上第，盡在董氏，而乘輿所服，乃其副也。及至東園秘器，珠襦玉柙，豫以賜賢，無不備具。又令將作爲賢起冢義陵旁。《漢書・佞幸傳贊》云："柔曼之傾意，非獨女德，蓋亦有男色焉？觀籍、閎、鄧、韓之徒，非一，而董賢之寵尤盛。"此所謂男色，與今所謂男色異義。傳言賢性柔和便辟，善爲媚以自固，即贊所云柔曼傾意者，皆指性情言之也。然董賢之寵，出乎情理之外，則誠有今所謂男色之嫌焉。賢後敗，縣官斥賣董氏財，凡四十三萬萬。哀帝之溺於嬖倖，可謂甚矣。帝欲侯賢而未有緣，會待詔息夫躬告東平王之事起。

　　初，傅大后素怨中山孝王母馮大后。孝王薨，綏和元年。有一男，嗣爲王，未滿歲。有眚病。大后自養視，數禱祠解。哀帝即位，遣中郎謁者張由將醫治中山小王。由素有狂易病。病發，怒去。西歸長安。尚書簿責擅去狀。由恐，誣言中山大后呪咀上及大后。使案驗。馮大后自殺。弟宜鄉侯參，寡弟婦君之，女弟習夫及子當相坐者，或自殺，或伏法。參女弁，爲孝王后，有兩女,有司奏免爲庶人,與馮氏宗族徙歸故郡。息夫躬者,河内河陽人。_{河陽,漢}縣,在今河南孟縣西。少爲博士弟子,受《春秋》。通覽記書傅晏與躬同郡,相友善。躬由是以爲援,交游日廣。先是長安孫寵,亦以游説顯名。免汝南大守,與躬相結。俱上書,召待詔。是時哀帝被疾,中山大后既以咒咀自殺。是後無鹽危山有石自立開道。_{無鹽,漢縣,見第三章第二節。}躬與寵謀曰:"上亡繼嗣;體久不平,關東諸侯,心争陰謀。今無鹽山有大石自立,聞邪臣託往事,以爲大山石立而先帝龍興。東平王雲_{謚煬,宣帝子東平思王宇之子。}以故與其后日夜祠祭咒咀上,欲求非望。而后舅伍宏,反因方術以醫技得幸,出入禁門。察國姦,誅主讎,取封侯之計也。"乃與中郎右師譚共因中常侍宋弘上變事告焉。上惡之。下有司案驗。雲、雲后謁及伍宏等皆坐誅。_{建中三年。}上擢寵爲南陽大守,譚潁川都尉,弘、躬皆光禄大夫、左曹、給事中;定躬、寵章,掇去宋弘,更言因董賢以聞;皆先賜爵關内侯。頃之,欲封賢等,上心憚王嘉,先使傅晏持詔視丞相、御史。嘉與御史大夫賈延上封事。上感其言止。數月,遂下詔封賢爲高安侯,寵爲方陽侯,躬爲宜陵侯,食邑各千户。賜譚爵關内侯,食邑。_{建平四年三月。}後數月,月食,嘉復奏封事言賢。上寖不説。元壽元年,正月,傅大后薨。因託遺詔,令成帝母王大后下丞相、御史,益封賢二千户,及賜孔鄉侯、汝昌侯、陽新侯國。嘉封還詔書。因奏封事,諫上及大后。初,廷尉梁相疑東平獄冤,奏欲傳之長安,更下公卿覆治。尚書令鞫譚、僕射宗伯鳳以爲可許。制詔免相等。後數月大赦,嘉奏封事,薦此三人。上不能平。及是,以責問嘉,致之廷尉詔獄。二十餘日,嘉不食,歐血死。大司馬丁明素重嘉,上遂免明,以董賢代之,而以孔光爲相。賢由是權與人主侔矣,而息夫躬亦仍爲賢所齮齕以死。

躬既親近,數進見言事,論議無所避。衆畏其口,見之反目。躬上疏歷詆公卿大臣。董賢貴幸日盛,丁、傅害其寵。孔鄉侯晏與躬謀,欲求居位輔政。建平四年,關東民傳行西王母籌,經歷郡國,西入關,至京師。民又會聚祠西王母。或夜持火上屋,繫皷號呼,相驚恐。是年,匈奴單于_{烏珠留若鞮}。上書願朝五年。其明年,改元元壽。單于當發而病,復遣使言願朝明年。躬言疑有他變。又言往年熒惑守心,大白高而芒光,又角星茀於河皷,其法爲有兵亂,是後謠言行詔籌,經歷郡國,天下騷動,恐必有非常之變。可遣大將軍行邊兵,敕武備,斬一郡守以立威,震四夷,因以厭應變異。於是以傅晏爲大司馬衛將軍,丁明爲大司馬票騎將軍。是日,日有食之。董賢因此沮躬、晏之策。後數日,收晏衛將軍印綬。而丞相、御史奏躬罪過。下詔免躬、寵官,遣就國。

躬歸國，未有第宅，寄居丘亭。姦人以爲侯家富，常夜守之。躬邑人河内掾賈
惠往過躬，教以呪盜方。以桑東南指枝爲匕，畫北斗七星其上。躬夜自被髮
立中庭，鄉北斗，持匕招指祝盜。人有上書言躬懷怨恨，非笑朝廷所進，候星
宿，視天子吉凶，與巫同祝咀。上遣侍御史、廷尉監逮躬繫雒陽詔獄。欲掠
問。躬仰天大謼，因僵仆。吏就問，云咽已絕，血從鼻耳出。食頃死。黨友謀
議相連下獄百餘人。躬母聖，坐祠竈祝詛上，大逆不道。聖棄市。妻充漢，與
家屬徙合浦。躬同族親屬，素所厚者，皆免廢錮。案息夫躬實非邪人。[1] 雖與
董賢俱封，初非因賢而進。觀其歷詆公卿大臣，多所建白，蓋亦欲有所爲，而
爲董賢所厄耳。或疑躬之告東平王爲傾危，依附傅晏爲不正，然東平王獄果
冤曲否，非今日所能知；任用外戚，在當時已成故事，欲得政者，勢不能無所馮
藉，亦不足爲躬咎也。觀董賢齮齕之之深，則知薰蕕之不同器。仰天絕咽，事
屬罕聞，竊疑吏實承賢指殺之也。觀其黨友親屬連坐之多，知董賢與丁、傅相
爭之烈。此獄必別有隱情，而無傳於後耳。

　　哀帝之初即位也，嘗罷樂府；定限田之法；參看第十五章第三節。齊三服官諸
官織綺繡難成害女紅之物，皆止無作輸；除任子令及誹謗詆欺法；掖庭宮人年
三十以下出嫁之；官奴婢五十以上，免爲庶人；禁郡國毋得獻名獸；益吏三百
石以下奉；察吏殘賊酷虐者以時退；有司無得舉赦前往事；博士弟子父母死，
予寧三年；初陵勿徙郡國民；建平二年。皆卓然有元帝之風。其後又嘗一用李
尋。李尋者，王根所薦。帝初即位，待詔黃門。勸上毋聽女謁邪臣，少抑外親
大臣，拔進英雋，退不任職。遷黃門侍郎。以尋言且有水災，拜爲謁者，使護
河隄。初，成帝時，齊人甘忠可，詐造《天官曆包元大平》經十二卷。以言漢家
逢天地之大終，當更受命於天。天帝使真人赤精子下教我此道。忠可以教重
平夏賀良、容丘丁廣世、重平，漢縣，屬勃海，今河北吳橋縣南。容丘，漢縣，屬東海，今江蘇邳縣
北。東郡郭昌等。中壘校尉劉向奏忠可假鬼神，罔上惑眾。下獄治服。未斷，
病死。賀良等坐挾學忠可書，以不敬論。後賀良等復私以相教。哀帝初立，
司隸校尉解光，亦以明經通災異得幸。白賀良等所挾忠可書。事下奉車都尉
劉歆。歆以爲不合《五經》，不可施行。而李尋亦好之。光曰："前歆父向奏忠
可下獄，歆安肯通此道？"時郭昌爲長安令，勸尋宜助賀良等。尋遂白賀良等，
皆待詔黃門。數召見。陳説漢曆中衰，當更受命，成帝不應天命，故絕嗣。今
陛下久疾，變異屢數，天所以譴告人也。宜急改元易號，乃得延年益壽，皇子

────────────

① 史事：息夫躬非傾險之人。

生，災異息矣。得道不行，咎殃且亡。不有洪水將出，災火且起，滌盪民人。哀帝久寢疾，幾其有益。於是制詔丞相、御史：以建平二年爲大初元將元年。號曰陳聖劉大平皇帝。漏刻以百二十爲度。後月餘，上疾自若。賀良等復欲妄變政事。大臣爭，以爲不可許。賀良等奏言大臣皆不知天命。宜退丞相、御史，以解光、李尋輔政。上以其言毋驗，遂下賀良等吏。下詔："六月甲子詔書，非赦令也，皆蠲除之。"賀良等皆下獄，伏誅。尋及解光減死一等，徙敦煌郡。案賀良言漢家當更受命，猶之眭孟言漢帝當求索賢人，禪以帝位，蓋皆欲大有所爲。哀帝固非其人，然改革之論，如此其盛，終必有起而行之者，而新室遂應運而興矣。

　　哀帝即位，徵龔勝。勝又薦龔舍及寧壽、侯嘉。壽稱疾不至。勝等皆爲諫大夫。舍旋病免。勝數上書求見。言百姓貧，盜賊多，吏不良，風俗薄，災異數見，不可不憂。制度泰奢，刑罰泰深，賦斂泰重。宜以儉約先下。其言祖述王吉、貢禹之意。爲大夫二年，遷丞相司直。徙光祿大夫。以言董賢亂制度，逆上指，見出。鮑宣爲諫大夫，言民有七死、七亡，皆公卿守相，貪殘成化所致。責上私養外親幸臣。上以其言徵孔光、何武、師丹、彭宣、傅喜，免孫寵、息夫躬，罷侍中、諸曹、黃門郎數十人。拜宣爲司隸。司隸校尉改。後以摧辱宰相，下獄髡鉗。又有郭欽，爲丞相司直。以奏董賢左遷。毋將隆爲執金吾。上使中黃門發武庫兵，前後十輩，送董賢及上乳母王阿舍。隆奏請收還。上不說。頃之，傅大后使謁者買諸官婢，賤取之，復取執金吾官婢八人，隆奏言買賤，請更平直，亦左遷。鄭崇者，傅喜爲大司馬所薦，擢爲尚書僕射。數求見諫諍。上初納用之。久之，上欲封傅大后從弟商，崇諫，大后大怒，卒封商爲汝昌侯。崇又以董賢貴寵過度諫，爲尚書令趙昌所奏，死獄中。孫寶者，成帝時爲益州刺史，劾王音姊子廣漢大守扈商。遷丞相司直。發紅陽侯立罪。哀帝即位，徵爲諫大夫。遷司隸。馮大后自殺，寶奏請覆治。傅大后大怒。上順指下寶獄。尚書僕射唐林爭之。上以林朋黨比周，左遷敦煌魚澤障候。大司馬傅喜、光祿大夫龔勝爭之。上乃爲言大后，出寶復官。鄭崇下獄，寶上書請治，復免爲庶人。蓋婞直之臣，無不爲外戚嬖幸所敗者。《王嘉傳》：嘉奏封事，言帝初即位，易帷帳，去繡飾，乘輿席緣，綈繒而已。共皇寢廟，比比當作，憂閔元元，惟用度不足，以義割恩，輒且止息。《孔光傳》言帝初即位，躬行儉約，省減費用，政事由己出，朝廷翕然望至治焉。此實爲漢室起衰振敝之機，而卒爲外戚嬖幸所敗，惜哉！

第七章　新室始末

第一節　新莽得政

中國之文化，有一大轉變，在乎兩漢之間。自西漢以前，言治者多對社會政治，竭力攻擊。東漢以後，此等議論，漸不復聞。漢、魏之間，玄學起，繼以佛學，乃專求所以適合社會者，而不復思改革社會矣。人與動物之異，在於人能改變其所處之境，動物則但能自變以求與所處之境相合。人既能改造所處之境，故其與接爲構者，實以業經改變之境爲多，而人與人之相處，關係尤鉅。不能改變所處之境，而徒責人以善處，此必不可得之數也。東漢以後，志士仁人，欲輔翼其世，躋世運於隆平，畀斯民以樂利者甚多，其用思不可謂不深，策畫不可謂不密，終於不能行，行之亦無其效者，實由於此。故以社會演進之道言之，自東漢至今二千年，可謂誤入岐途，亦可謂停滯不進也。

先秦之世，仁人志士，以其時之社會組織爲不善，而思改正之者甚多，讀《先秦史》第十五章第五節，可見其概。此等見解，旁薄鬱積，匯爲洪流，至漢而其勢猶盛，讀第五章第一節，及上章各節，亦可以見其概矣。此等思想，雖因種種阻礙，未之能行，然既旁薄鬱積如此，終必有起而行之者，則新莽其人也。新莽之所行，蓋先秦以來志士仁人之公意，其成其敗，其責皆當由抱此等見解者共負之，非莽一人所能尸其功罪也。新莽之爲人也，迂闊而不切於事情，其行之誠不能無失。然苟審於事情，則此等大刀闊斧之舉動，又終不能行矣。故曰：其成其敗，皆非一人之責也。

欲知新莽之改革，必先知莽之爲人，及其得政之由。《漢書》本傳言：莽羣兄弟皆將軍五侯子，乘時侈靡，以輿馬、聲色、佚游相高。莽獨孤貧，因折節爲恭儉。受《禮經》，師事沛郡陳參。勤身博學，被服如儒生。事母及寡嫂，養孤兄子，行甚敕備。又外交英俊，內事諸父，曲有禮意。永始元年，封新都侯。遷騎都尉、光禄大夫、侍中。爵位益尊，節操愈謙。散輿馬衣裘，振施賓客，家無所餘。收贍名士，交結將相、卿大夫甚衆。故在位更推薦之，游者爲之談説。虛譽隆洽，傾其諸父矣。綏和元年，擢爲大司馬。年三十八。莽既拔出同列，繼四父而輔政，欲令名譽過前人。遂克己不倦。聘諸賢良，以爲掾史。賞賜邑錢，悉以享士。愈爲儉約母病，公卿列侯遣夫人問疾，莽妻迎之，衣不曳地，布蔽膝，見之者以爲僮使，問，知其夫人，皆驚。凡莽之所行，漢人悉以一僞字抹殺之，其實作僞者必有所圖，所圖既得，未有不露其本相者，莽則始終如一，果何所爲而爲僞哉？《漢書》言其敢爲激發之行，處之不慙恧，此乃班氏父子曲詆新室之辭，平心論之，正覺其精神之誠摰耳。

　　哀帝時，莽就國，杜門自守。其中子獲殺奴，莽切責獲，令自殺。在國三歲，吏上書冤訟莽者以百數。元壽元年，日食，賢良周護、宋崇等對策，深訟莽功德。上於是徵莽及平阿侯仁還京師侍大后。哀帝崩，無子。大皇大后即日駕之未央宮，收取璽綬。遣使者馳召莽。詔尚書：諸發兵符節，百官奏事，中黄門、期門兵皆屬莽。莽白大司馬董賢年少，不合衆心，收印綬。賢即日自殺。《後漢書·張步傳》：哀帝臨崩，以璽綬付董賢，曰：無妄以與人。王閎白元后請奪之，即帶劍至宣德後闥，舉手叱賢曰："宮車晏駕，國嗣未立，公受恩深重，當俯伏號泣，何事久持璽綬，以待禍至邪？"賢知閎必死，不敢拒之，乃跪授璽綬。閎，平阿侯譚子也。此時之董賢、丁、傅，豈足以當大任？漢用外戚既久，出膺艱鉅者，自非莽莫屬，此固不能爲元后咎也。詔有司舉可大司馬者。自大司徒孔光以下舉朝皆舉莽。何武爲前將軍，與左將軍公孫祿相善。二人獨謀，以爲孝惠、孝昭之世，外戚昌、霍、上官持權，幾危社稷。今孝成、孝哀，比世無嗣，宜令異姓大臣持權，師古曰：異姓，謂非宗室及外戚。[1] 親疏相錯。於是武舉公孫祿，祿亦舉武。大后竟自用莽爲大司馬。莽風有司劾奏武、祿互相稱舉，皆免。於是議立嗣。使迎中山王子箕子。孝王子。元始二年，更名衎。九月，即帝位。是爲平帝。年九歲。大皇大后臨朝。莽秉政。百官總己以聽。莽白趙氏前害皇子，傅氏驕僣。貶皇大后趙氏爲孝成皇后，退居北宮。哀帝皇后傅氏退居桂宮。後俱廢爲庶人，就其園。皆自殺。貶傅大后號爲定陶共王母，丁大后號丁姬。孔鄉侯傅晏、少府董恭賢父。皆免官爵，徙合浦。丁氏徙歸故郡。後復發共王母及丁姬冢，取帝大后、皇大大后璽綬消滅。徙共王母及丁姬歸定陶，葬共王冢次。事在元始五年。諸造議者冷襃、段猶等皆徙合浦。免高昌侯宏爲庶人。時孔光爲大司徒，莽引光女壻甄邯爲侍中奉車都尉。諸哀帝外戚，及大臣居位素所不説者，莽皆傅致其罪，爲請奏，令郎持與

---

[1]　宗族：非外戚爲異性。

光上之,莽白大后可其奏。紅陽侯立、平阿侯仁皆就國。王舜、王邑爲腹心,甄豐、甄邯主擊斷,平晏領機事,劉歆典文章,孫建爲爪牙。豐子尋、歆子棻、涿郡崔發、南陽陳崇,皆以材能幸於莽。元始元年,正月,越裳氏重譯獻白雉一,黑雉二。羣臣奏言莽功德比周公。賜號爲安漢公。初,孔光乞骸骨,徙爲帝大傅。至是,以光爲大師,王舜爲大保,甄豐爲少傅,莽爲大傅,幹四輔事。令大后下詔:惟封爵以聞,他事安漢公、四輔平決。莽建言宜立諸侯王後,及高祖以來功臣子孫。大者封侯,或賜爵關內侯,食邑。然後及諸在位,各有第序。上尊宗廟,增加禮樂。下惠士民鰥寡,恩澤之政,無所不施。又爲致大平之事。如立明堂、辟雍,遣使者觀風俗,還言天下風俗齊同等,見第二節。州牧、二千石及茂材吏初除奏事者,輒引入至近署對安漢公,考故官,問新職,以知其稱否。於是莽人人延問,密致恩意,厚加贈送,其不合指,顯奏免之,權與人主侔矣。

　　王莽以平帝爲成帝後,不得顧私親,母衛姬及外家,皆不得至京師。拜衛姬爲中山孝王后,賜帝舅寶、寶弟玄爵關內侯。莽長子宇,私與衛寶通書記。教衛后上書謝恩,因陳丁、傅舊惡,幾得至京師。莽白大后,下詔益其湯沐邑。宇復教令上書求至京師。與師吳章及婦兄呂寬議其故。章以爲莽不可諫,而好鬼神,可爲變怪,以驚懼之,章因推類説令歸政於衛氏。宇即使寬夜持血灑莽第門。吏發覺之。莽執宇送獄,飲藥死。宇妻焉懷身,繫獄,須産子已殺之。盡誅衛氏支屬。窮治呂寬之獄。連引郡國豪桀素非議己者。内及敬武公主、宣帝女,爲薛宣所尚,事丁、傅。宣子況與呂寬相善。梁王立、孝王八世孫。紅陽侯立、平阿侯仁,使者迫守,皆自殺。死者以百數。吳章要斬,磔尸東市門。弟子皆禁錮。見《云敞傳》。何武、鮑宣、辛通父子,通弟遵、茂等,通、慶忌子。皆死於是獄。案漢既習用外戚,是時之衛氏,自不免有人援引。莽之斥絶之,亦自不得不然。權利之際,戈矛起於庭闈者甚多;世族子弟,尤多無心肝;宇之交通衛寶,蓋亦不過權利之見,《漢書》謂其恐帝長大後見怨者,非也。王氏當是時,勢已騎虎不得下。果慮後禍,何止一衛氏? 是時之平帝,必不能至於長大而親政,亦愚人知之矣。《後漢書·申屠剛傳》,言平帝時王莽專政,隔絶馮、衛二族,剛疾之,因對策極言,莽令元后下詔罷歸田里,恐其子孫虛構之辭,如韋孟《諫》詩,非自己出。見《漢書·韋賢傳》。《郅惲傳》言莽時,惲西至長安,上書勸其歸政劉氏,疑亦此類也。

　　元始四年,二月,莽女立爲皇后。採伊尹、周公稱號,尊安漢公曰宰衡。位在諸侯王上。五年,十二月,帝崩。時元帝世絶,而宣帝曾孫有見王五人、列侯四十八人。莽惡其長大,曰:"兄弟不得相爲後。"乃選玄孫中最幼廣戚侯子嬰楚孝王囂玄孫。爲皇帝,年二歲。大后下詔：令安漢公居攝踐阼,如周公故事。羣臣奏請安漢公居攝踐阼,服天子韍冕,背斧依於戶牖之間,南面朝羣臣,聽奏事。車服,出入警蹕,民臣稱臣妾,皆如天子之制。郊祀天地,宗祀明堂,共事宗廟,享祭羣神,贊曰假皇帝。民臣謂之攝皇帝。自稱曰予。其朝見皇大后、帝大后,皆復臣節。自施政教於其宮家國采,如諸侯禮儀故事。明年,改元曰居攝。居攝元年,三月,立嬰爲皇大子,號曰孺子。安衆侯劉崇景帝子長沙定王發七世孫。安衆,在今河南鎮平縣東南。起兵攻宛,不得入而敗。羣臣曰："崇等謀逆,以莽權輕也,宜尊重以填海內。"五月,太后詔莽朝見大后稱假皇帝。二年,九月,東郡大守翟義方進子。都試勒車騎,因發奔命,並東平,立嚴鄉侯劉信爲天子。東平王雲之子。比至山陽,衆十餘萬。莽遣王邑、孫建等八將擊義,分屯諸關守阨塞。槐里男子趙明、霍鴻等槐里,漢縣,在今陝西興平縣南。起兵以和翟義,衆且十萬。莽遣將軍王級等將兵拒之。十二月,邑等破翟義於圉。漢縣,今河南杞縣南。義與劉信棄軍庸亡至固始界中。固始,漢縣,在今河南淮陽縣西北。捕得義尸,磔陳都市。卒不得信。三年春,邑等還京師,西與王級等合,擊明、鴻,皆破滅。莽並先破益州蠻夷及金城塞外羌功,封侯、伯、子、男及附城,關內侯更名,參看第三節。凡數百人,是歲,廣饒侯劉京等奏符命。十一月,莽奏大后：請共事神祇、宗廟,奏言大皇大后、孝平皇后,皆稱假皇帝。其號令天下,天下奏事毋言攝。以居攝三年爲初始元年,漏刻以百二十爲度,用應天命。孺子加元服,復子明辟,如周公故事。奏可。梓潼人哀章作銅匱,爲兩檢,署其一曰天帝行璽金匱圖,其一署曰赤帝行璽某漢高帝名。傳與黃帝金策書。昏時,衣黃衣,持匱至高廟,以付僕射。① 僕射以聞。莽至高廟拜受金匱神嬗。遂即真天子位。定有天下之號曰新。以孺子嬰爲定安公。

　　王莽爲有大志之人。欲行其所懷抱,勢不能不得政權,欲得政權,勢不能無替劉氏,欲替劉氏,則排擯外戚,誅鋤異己,皆勢不能免,此不能以小儒君臣之義論也。即以尋常道德繩之,後人之責莽,亦仍有過當者。莽之誅董賢、丁、傅,或出於欲得政權,然謂董賢、丁、傅可無誅焉,得乎？改葬定陶大后等,自今日視之,庸或過當,固非所論於當日也。傅晏雖誅,傅喜固莽所召,董宏雖廢,師丹亦莽所徵,謂其全無是非曲直得乎？孔光之所奏免,呂寬之獄之所牽連,又安知其皆無罪哉？

---

① 宗教：王莽土德。

第二節　新室政治上

　　新室政治,可分數端:一曰均貧富,二曰興教化,三曰改官制,四曰修庶政,五曰興學術。凡莽之所懷抱者,多未能行,或行之而無其效,雖滋紛擾,究未足以召大亂,其召亂者,皆其均貧富之政,欲求利民,而轉以害之之故也。今略述其事如下:

　　漢世儒家,所最痛心疾首者,爲地權之不均。董仲舒首建限民名田之策;哀帝時,師丹輔政,定其法,而未能行;此爲漸進之策。參看第十五章第三節。其急進之策,則收土田爲國有而均分之,所謂井田之制也。新莽行急進之策。始建國元年,詔曰"予前在大麓,始令天下公田口井,遭反虜逆賊且止",則劉崇、翟義叛前,已行之矣。去剛卯刀錢詔曰:"予前在大麓,至於攝假。"師古曰:大麓者,謂爲大司馬宰衡時,妄引舜納於大麓烈風雷雨不迷也。是年,乃更名天下田曰王田,奴婢曰私屬,皆不得賣買。其男口不盈八,而田過一井者,分餘田予九族、鄰里、鄉黨。《莽傳》文。《食貨志》同,無鄰里二字。故無田今當受田者如制度。敢有非井田聖制,無法惑衆者,投諸四裔,以禦魑魅。《莽傳》文。《食貨志》云:"犯令法至死。"然下文亦云"非井田、挾五銖錢者爲惑衆,投諸四裔,以禦魑魅"。《食貨志》云:制度不定,吏緣爲姦,天下警警,陷刑者衆。後三歲,始建國四年。莽知民愁,下詔:"諸食王田及私屬,皆得賣買,勿拘以法。"據《莽傳》,事由區博之諫,博言:"井田雖聖王法,其廢久矣。周道既衰而民不從。秦知順民之心,可以獲大利也,故滅廬井而置阡陌,遂王諸夏。訖今海内未厭其敝。今欲違民心,追復千載絕迹,雖堯、舜復起,而無百年之漸,弗能行也。"井田之制,必非如莽之政所能復,博之言,固非無見也。《莽傳》又載地皇二年公孫祿之對,謂"明法男張邯、地理侯孫陽造井田,使民棄土業",蓋井田之行,此二人實主其事。①《莽傳》:地皇三年,廉丹已死,王匡等戰數不利,莽知天下潰畔,事窮計迫,乃議遣風俗大夫司國憲等分行天下。除井田、奴婢、山澤、六筦之禁,一似井田之法仍存者,蓋始建國四年之詔,特謂違法者暫勿問,而其法初未除。故其詔云:"諸名食王田者,皆得賣之,勿拘以法,犯私買買庶人者,且一切勿治"也。

　　始建國二年,始設六筦之制,《食貨志》云:莽性躁擾,不能無爲,每有所興造,必欲依古得經文。國師公劉歆言:"周有泉府之官,收不讎與欲得,即《易》所謂理財正辭,禁民爲非者也。"莽乃下詔曰:"夫《周禮》有賒貸,而《樂語》有

_____

　　①　史事:王莽行井田之年。

五均，鄧展曰：《樂語》、《樂元語》，河間獻王所傳，道五均事。臣瓚曰：其文云：天子取諸侯之土，以立五均，則市無二賈，四民常均，彊者不得困弱，富者不得要貧，則公家有餘，恩及小民矣。案此亦輕重之説。傳記皆有幹焉。今開賒貸，張五均，設諸幹者，所以齊衆庶，抑並兼也。”遂於長安及五都立五均官，更名長安東、西市令及洛陽、邯鄲、臨菑、宛、成都市長皆爲五均司市師。今本作“司市稱師”，稱字涉下文而衍。東市稱京，西市稱畿，洛陽稱中。餘四都各用東、西、南、北爲稱。皆置交易丞五人，錢府丞一人。工商能採金、銀、銅、連、錫，登龜，取貝者，皆自占司市、錢府，順時氣而取之。又以《周官》税民，凡田不耕爲不殖，出三夫之税；城郭中宅不樹蓺者爲不毛，出三夫之布；民浮游無事，出夫布一匹。其不能出布者，冗作縣官衣食之。諸取衆物、鳥獸、魚龜、百蟲於山林、水澤及畜牧者，嬪婦桑蠶、織絍、紡績、補縫，工匠，醫，巫，卜，祝及它方技，商販，買人，坐肆列里區謁舍，皆各自占所爲於其在所之縣官。除其本，計其利，十一分之，而以其一爲貢。敢不自占，占不以實者，盡没入所採取，而作縣官一歲。諸司市常以四時中月，實定所掌，爲物上中下之賈，各自用爲其市平，毋拘它所。衆民賣買五穀、布帛、絲縣之物，周於民用而不讎者，均官有以考檢厥實，用其本賈取之，毋令折錢。萬物卬貴過平一錢，則以平賈賣與民，其賈氐賤減平者，聽民自相與市，以防貴庾者。民欲祭祀、喪紀而無用者，錢府以所入工商之貢但賒之。祭祀毋過旬日，喪紀毋過三月。民或乏絶，欲貸以治産業者，均受之，除其費，計所得受息，毋過歲什一。《莽傳》曰：收息百，月三。如淳曰：出百錢與民，月收其息三錢也。羲和魯匡言名山大澤、鹽、鐵、布帛、五均、賒貸，幹在縣官，唯酒酤獨未幹。請法古，令官作酒。羲和置命士，督五均、六幹。郡有數人。皆用富賈。洛陽薛子仲、張長叔、臨菑姓偉等，乘傳求利，交錯天下。因與郡縣通姦，多張空簿。府臧不實，百姓俞病。莽知民苦之，復下詔曰：“夫鹽，食肴之將；酒，百藥之長，嘉會之好；鐵，田農之本；名山大澤，饒衍之臧；五均賒貸，百姓所取平，卬以給澹；鐵布銅冶，通行有無，備民用也。此六者，非編户齊民，所能家作，必卬於市。雖貴數倍，不得不買。豪民富賈，即要貧弱。先聖知其然也，故幹之。”每一幹爲設科條防禁，犯者罪至死。據《莽傳》，事在天鳳四年。姦吏猾民並侵，衆庶各不安生。案據莽詔，則所謂六筦者，鹽一，酒二，鐵三，名山大澤四，五均賒貸五，鐵布銅冶六。① 而《漢書》諸文，或以五均與六筦並言，或以山澤與六筦對舉，一似其在六筦之外者，則古人辭不審諦也。此舉將大業歸諸官營；税無税者以貸乏絶；

―――――――

① 生計：五均、山澤皆爲六筦之一。

有用之物,保其不折本,以護農、工、商;亦保其不卬於平賈,以衞適市者;可謂體大思精,然其不能行,則亦無待再計也。《莽傳》:地皇二年,公孫祿言魯匡設六筦以窮工商,莽怒,然頗采其言,左遷匡爲五原卒正。六筦非匡所獨造,莽厭衆意而出之。三年,又下書曰:"惟民困乏,雖溥開諸倉,以振贍之,猶恐未足。其且開天下山澤之防。諸能採取山澤之物而順月令者,其恣聽之,勿令出税,至地皇三十年如故"云。

　　莽所行最不可解者,爲其錢幣之制。居攝二年,五月,以周錢有子母相權,更造大錢,徑寸二分,重十二銖,文曰大錢五十。又造契刀、錯刀。契刀,其環如大錢,身形如刀,長二寸,文曰契刀五百。錯刀,以黃金錯,其文曰一刀直五千。與五銖凡四品並行。莽即真,以爲書劉字有金刀,乃罷錯刀、契刀及五銖錢。《食貨志》。《莽傳》,事在始建國元年。並罷剛卯,莫以爲佩。更作小錢,徑六分,重一銖,文曰小錢直一。與前大錢五十者爲二品並行。欲防民盜鑄,乃禁不得挾銅炭。百姓便安漢五銖錢,以莽錢大小兩行,難知;又數變改不信;皆私以五銖錢市買。謡言大錢當廢,莫肯挾。莽患之。復下書:諸挾五銖錢。言大錢當罷者,比非井田制,投四裔。於是農商失業,食貨俱廢。民人至涕泣於市道。及坐賣買田宅、奴婢、鑄錢,自諸侯卿大夫至於庶民,抵罪者不可勝數。又遣諫大夫五十人分鑄錢於郡國。二年,以錢幣訖不行,復下書曰:"民以食爲命,以貨爲資,是以八政以食爲首;寶貨皆重,則小用不給,皆輕,則儳載煩費,輕重大小,各有差品,則用便而民樂。"於是造寶貨五品。《莽傳》。小錢,徑六分,重一銖,文曰小錢直一。次七分,三銖,曰幺錢一十。次八分,五銖,曰幼錢二十。次九分,七銖,曰中錢三十。次一寸,九銖,曰壯錢四十,因前大錢五十,是爲錢貨六品:直各如其文,黃金重一斤,直錢萬。朱提銀重八兩爲一流,直一千五百八十;師古曰:朱提,縣名,屬犍爲。案在今四川宜賓縣西南。它銀一流,直千:是爲銀貨二品:元龜岠冉長尺二寸,直二千一百六十,爲大貝十朋。公龜九寸,直五百,爲壯貝十朋。侯龜七寸以上,直三百,爲幺貝十朋。子龜五寸以上,直百,爲小貝十朋。是爲龜寶四品:大貝四寸八分以上,二枚爲一朋,直二百一十六。壯貝三寸六分以上,二枚爲一朋,直五十。幺貝二寸四分以上,二枚爲一朋,直三十。小貝寸二分以上,二枚爲一朋,直十。不盈寸二分,漏度,不得爲朋,率枚直錢三:是爲貝貨五品:大布、次布、弟布、壯布、中布、差布、厚布、幼布、幺布、小布。小布長寸五分,重十五銖,文曰小布一百。自小布以上,各相長一分,相重一銖,文各爲其布名,直各加一百。上至大布,長二寸四分,重一兩,而直千錢矣。是爲布貨十品:凡寶貨,五物,六名,二十八品。

鑄作錢布，皆用銅，殽以連錫。文質周郭，放漢五銖錢云。百姓憒亂，其貨不行。乃但行小錢直一，與大錢五十，二品並行。龜、貝、布屬且寢。《食貨志》。盜鑄錢者不可禁，乃重其法，一家鑄錢，五家坐之，没入爲奴婢。吏民出入，持布錢以副符傳，不持者，厨傳勿舍，關津苛留；公卿皆持以入宫殿門；欲以重而行之。五年，以犯挾銅炭者多，除其法。地皇元年，罷大小錢。更行貨布，長二寸五分廣一寸，直貨錢二十五。貨錢徑一寸，重五銖，枚直一。兩品並行。敢盜鑄錢及偏行布貨，伍人知不發舉，皆没入爲官奴婢。其男子檻車，兒女子步，以鐵鎖琅當其頸，傳詣鍾官，以十萬數。到者易其夫婦。愁苦死者什六七。案民之不能無通工易事久矣。公産之制既替，通工易事，久藉貿易以行，未有他法以代之，貿易勢不能廢。不則率天下而路也。不特此也，貿易既興，生之爲之者，皆非欲食之用之，而欲持以與人爲易，故農工實惟商之馬首是瞻，商業敗壞，農工亦無所適從矣。交易之行，必資錢幣。莽之幣制，蓋無一不與生計學理相背者，安得不商業紊而農工隨之邪？《漢書》所謂食貨俱廢。致禍速亡，莫甚於此矣。

　　莽於用財，亦有制度。平帝元始三年，奏車服制度，吏民養生、送終、嫁娶、奴婢、田宅、器械之品。本紀天鳳三年，下吏禄制度。又令用上計時通計天下。即有災害，以什率多少而損其禄。大官膳羞亦然。案生之者衆，必兼食之者寡；爲之者疾，必兼用之者舒言之，而後其義始備。否則食用無論如何充餘，必仍見爲不足。以必有好奢之人，恣意妄行，而衆人慕效之也。所謂足不足，本難以物言，而多由於欲。縱欲相逐，生之者雖衆，爲之者雖疾，亦安能及之？且侈靡之物，苟不許食，不許用，自亦無生之爲之者矣。但務生之爲之之多，不言食之用之節，一若生之爲之果多，雖無節而不害者，此資本主義之流失，非生計學之真實義也，不逮古説多矣。莽所定制，卓然猶有古義，惜未必能行耳。

　　生計與教化，爲漢儒所欲改革之兩大端。已見第五章第一節。所謂教化者，非曰諄諄命之，亦非曰立一法而强之使行，必先改其所處之境。此在古代，義本明白，西漢論者，亦仍如此，讀《先秦史》第十五章第四節，及本編第六章各節，亦可見之矣。然自宣帝已後，漸有離生活而言教化，以沽名譽者，[1]黃霸等實開其端，第五章第十二節，亦已略及之。王莽亦坐此弊。平帝元始三年，莽奏立學官，郡國曰學，縣、道、邑、侯國曰校，校、學置經師一人。鄉曰庠，聚曰序、庠置《孝經》師一人。四年，奏立明堂、辟廱。參看第十九章第一節。遣大僕王

---

[1]　政治：離生活而言教化之弊。

惲等八人置副假節，分行天下，覽觀風俗。莽又奏爲市無二賈，官無獄訟，邑無盜賊，野無飢民，道不拾遺，男女異路之制。犯者象刑。地皇元年，以唐尊爲大傅。尊曰："國虛民貧，咎在奢泰。"乃身短衣小袖，乘牧馬柴車，藉槀瓦器，又以歷遺公卿。出見男女不異路者，尊自下車，以象刑赭幡汙染其衣。莽聞而說之。下詔申敕公卿，思與厥齊。封尊爲平化侯。皆黄霸之故智也。民本不知矯誣也，或雖欲矯誣而猶有所不敢也，啓之矣。

第三節　新室政治下

《平帝紀》：元始四年，分京師置前煇光、後丞烈二郡。更公、卿、大夫、八十一元士官名位次，及十二州名分界，郡國所屬，罷置改易，天下多事，吏不能紀。此乃要其終言之，非一時事也。據《莽傳》：則是年正十二州名分界。翟義等破滅時，已定爵五等，公、侯、伯、子、男，關内侯更名附城。地四等。始建國元年，置四嶽、東嶽大師、南嶽大傅、西嶽國師、北嶽國將。三公、司馬、司徒、司空。九卿、司馬司允、司徒司直，司空司若，位皆孤卿。更名大司農曰羲和，後更爲納言。大理曰作士。大常曰秩宗。大鴻臚曰典樂。少府曰共工。水衡都尉曰予虞。與三公司卿凡九卿，分屬三公。二十七大夫、每一卿置大夫三人。八十一元士，一大夫置元士三人。分主中都官諸職。又改諸官名，如郡大守曰大尹，都尉曰大尉，縣令、長曰宰。及新置諸官。莽所改官制，與實際無甚關係，今不備舉。定漢諸侯王之號皆稱公，四夷僭號者爲侯。封王氏齊衰之屬爲侯，大功爲伯，小功爲子，緦麻爲男，女皆爲任。及黄帝、少昊、顓頊、嚳、堯、舜、禹、皋陶、伊尹之後。侯、伯、子。漢、周之後爲賓。公。殷、夏之後曰恪。侯。周公、孔子後已前定。四年，以洛陽爲東都，常安長安改。爲西都。州從《禹貢》爲九。爵從周氏有五。諸侯之員千有八百，附城之數亦如之。公萬户，方百里。侯、伯户五千，方七十里。子、男户二千五百，方五十里。附城食邑九成。大者户九百，方三十里。降殺以兩，至於一成。授諸侯茅土。使侍中講理大夫孔秉等與州、部衆郡曉知地理圖籍者共校治。天鳳元年，又以《周官》、《王制》之文，置卒正、連率、大尹，職如大守。屬令、屬長，職如都尉。置州牧，其禮如三公。郡監二十五人，位上大夫，各主五郡。今本誤作"置州牧部監二十五人，見禮如三公，監位上大夫，各主五郡"，從《漢紀》正。公氏作牧，侯氏卒正，伯氏連率，子氏屬令，男氏屬長，皆世其官。其無爵爲尹。西都曰六鄉。分長安城旁地爲之，置帥各一人。衆縣曰六尉。分三輔爲六尉郡。東都曰六州。置州長各一人。益河南屬縣滿三十，人主五縣。衆縣曰六隊。河東、河内、弘農、河南、潁川、南陽爲六隊郡。置大夫，職如大守。屬正職如都尉。更名河南大尹曰保忠信卿。案六隊即六遂。粟米之内曰内郡，其外曰近郡，有郵徼者曰邊郡。合百二十有五郡。九州之內，縣二千二百有三。公作甸服，是爲惟城；諸在侯服，是爲惟寧；在採任諸侯，是爲惟翰；在賓服，是爲惟屏；在揆文教，奮武衛，是爲惟垣；在九州之外，是爲惟藩；各以其方爲稱。總爲萬國焉。案設官分職，實爲出治之原；體國經野，亦宜與地理相合；莽之加意於此，不可謂非知治本，然其制度，皆慕古而不切實際。授茅土後，以圖簿未定，未授國邑。其後歲復變更，一郡至五易名，而還復其故，吏民不能紀。每下詔書，輒繫其故名，則徒滋紛擾，而制度實未定也，更無論其行之矣。

新莽作事之無成，實由其規模之過大。其徒滋紛擾可議，其規模之大，仍足稱道也。《溝洫志》言：莽時徵能治河者以百數。《志》載關並、張戎、韓牧、王橫之議，皆可謂有所見。志又言桓譚爲司空掾，典其議。爲甄豐言："凡此數者，必有一是。宜詳考驗，計定然後舉事。費不過數億萬，可以上繼禹功，下除民疾。"此何等策畫乎？志又言莽時"但崇空語，無施行者"。[1] 此乃漢人訾謷之辭，莽在位僅十四年，所施行則經緯萬端，以其時則變亂迭起，安能以其一事未及施行而罪之？漢武帝在位五十二年，其時河患甚烈，並空語而無之，班氏何以不之責邪？且亦知崇空語之未足爲累乎？凡事考察宜精，研求宜細，一著手，即往往不易補救矣。今世科學家之舉事，無不然者，未聞或以其事前多費而訾之也。舊時議論，拘於近利，有勤於考察研求者，輒以空言詆之，此舉事之所以多敗，並利害亦不能明也。

莽之專制，頗類於秦始皇，其於學術，則與始皇大異，即由其好研求故也。[2] 始皇燔詩書，禁偶語，莽則爲學者築舍萬區。又立《樂經》，益博士員。經各五人。徵天下通一藝，教授十一人以上，及有逸禮、古書、《毛詩》、《周官》、《爾雅》、天文、圖讖、鍾律、月令、兵法、史篇、文字，通知其意者，皆詣公車。網羅天下異能之士，至者前後千數，皆令記說廷中，將令正乖繆，壹異說云。《平帝紀》：元始五年，徵天下通知逸經、古記、天文、曆算、鍾律、小學、史篇、方術、本草，及以《五經》、《論語》、《孝經》、《爾雅》教授，在所爲駕一封軺，傳遣詣京師。至者數千人。與此即係一事。翟義黨王孫慶捕得，莽使大醫、尚方與巧屠共刳剝之，量度五臟，以竹筳導其脈，知所終始，云可以治病。元鳳三年。匈奴寇邊甚，博募有奇技術，可以攻匈奴者，將待以不次之位。言便宜者以萬數。或言能度水不用舟楫，連馬接騎，濟百萬師。或言不持斗糧，服食藥物，三軍不飢。或言能飛，一日千里，可窺匈奴。莽輒

試之。取大鳥翮爲兩翼，頭與身皆著毛，通引環紐。飛數百步墮。莽知其不可用，苟欲獲其名，皆拜爲理軍，賜以車馬。元鳳六年。以上皆見《莽傳》。夫苟知其不可用，貪其虛名何爲？蓋亦千金市駿骨之意，所謂過而廢之，毋寧過而存之也。

　　莽之病，在於偏重立法，而不計法所以行。雖亦欲行督責之術，而不知社會組織不變，黨類利害相違，弊端終將百出無已，斷非督責之術所能補救也。①本傳言莽意以爲制定則天下自平，故銳思於地理，制禮，作樂，講合《六經》之説。公卿旦入暮出，議論連年不決。不暇省獄訟冤結，民之急務。縣宰缺者，數年守兼，一切貪殘日甚。中郎將、繡衣執法在郡國者，並乘權勢，傳相舉奏。又十一公士分佈勸農桑，班時令，案諸章，冠蓋相望，交錯道路。召會吏民，逮捕證左。郡縣賦斂，遞相賕略。白黑紛然。守闕告訴者多。莽自見前顓權以得漢政，故務自攬衆事，有司受成苟免。諸寶物名帑藏錢穀官，皆宦者領之。②吏民上封事書，宦官左右開發，尚書不得知。其畏備臣下如此：又好變改制度，政令煩多。當奉行者，輒質問乃以從事。前後相乘，憒眊不渫。莽常御燈火，至明，猶不能勝。尚書因是爲姦寢事。上書待報者，連年不得去。拘繫郡縣者，逢赦而後出。衛卒不交代三歲矣。課計不可理。吏終不得禄，各因官職爲姦，受取賕略，以自共給。天鳳五年，莽下詔曰：“詳考始建國二年胡虜猾夏以來，諸軍吏及緣邊吏大夫以上，爲姦利增産致富者，收其家所有財産五分之四，以助邊急。”公府士馳傳天下，考覆貪饕。開吏告其將，奴婢告其主。幾以禁姦，姦愈甚。尤備大臣，抑奪下權。朝臣有言其過失者，輒拔擢。孔仁、趙博、費興等，以敢擊大臣，故見信任，擇名官而居之。公卿入宮，吏有常數。大傅平晏從吏過例，掖門僕射苟問不遜，戊曹士收繫僕射。莽大怒。使執法發車騎數百圍大傅府捕士，即時死。大司空士夜過奉常亭，亭長苟之。告以官名。亭長醉，曰：“寧有符傳邪？”士以馬箠擊亭長。亭長斬士亡。郡縣逐之。家上書。莽曰：“亭長奉公，勿逐。”大司空邑斥士以謝。劉攽曰：前云斬士，後云斥士，則非斬也，疑是斫字。案《漢書》於莽，無一佳語。然即如所述，亦見其奉法無私。以康濟天下爲懷者，必不計一人之禍福，謂莽以攬權得漢政，因猜防其臣下，淺之乎測丈夫矣。《後漢書·陳元傳》：元上疏，言：“王莽遭漢中衰，專操國柄，以偷天下。況己自喻，不信羣臣。奪公輔之任，損宰相之威。以刺舉爲明，徼訏爲直。至乃陪僕告其君長，子弟變其父

---

①　史事：王莽行督責之術（第一四六——一四七頁）。用財之節（第一五八頁）。刑之平（第一五八頁）。

②　職官：爲防弊而用宦者，雖王莽亦如此。

兄。罔密法峻，大臣無所措手足。"蓋漢人通常議論如此。《劉昆傳》：王莽世，教授弟子，恒五百餘人。每春秋饗射，常備列典儀，以素木瓠葉爲俎豆。桑弧矢，以射菟首。每有行禮，縣宰輒率吏屬而觀之。王莽以昆多聚徒衆，私行大禮，有僭上心，乃繫昆及家屬於外黃獄。此則漢世豪桀大姓，往往私結黨羽，謀爲不軌，亦不可不防也。臣主異利，莽蓋未嘗不知，謂其以闇昧致奸欺，亦非情實。蓋莽所行者爲革命之事，其利害與官吏根本不能相容，故雖嚴於督責，而卒弗能勝也。勤於立法，而忽目前之務，誠爲政之大戒，然欲開非常之原，立百年之計，拘於目前，得乎？莽既御燈火至明矣，猶弗能勝，可奈何？故莽之敗，究由所行之事，與社會情勢不合者居多，其身之失，薄乎云爾。

舉事規模過大，遂致流於奢侈而不自知，亦爲莽之一失。始建國四年，莽下書，欲以五年二月東巡狩。於是羣公奏請募吏民人馬布帛綿。又請内郡國十二買馬，發帛四十五萬匹輸常安。前後毋相須。至者過半。莽下書曰："文母大后體不安，莽改號元后爲新室文母，絕之於漢。其且止侍後。"事未舉而所費已不訾矣。其起九廟，窮極百工之巧，功費數百鉅萬，卒徒死者萬數。時在地皇元年，下江之兵已起。明年，郎陽成脩獻符命，言繼立民母。莽妻，宜春侯王咸女，生四男：宇、獲、安、臨。宇、獲誅死，已見前。安頗荒忽，莽以臨爲大子。莽妻以莽數殺其子，涕泣失明。莽令臨居中養焉。莽妻旁侍者原碧，莽幸之，後臨亦通焉。恐事泄，謀共殺莽。臨妻愔，國師公女，能爲星。語臨：宮中且有白衣會。臨喜，以爲所謀目成。地皇元年，莽以符命文，立安爲新遷王，臨爲統義陽王，出在外第。愈憂恐。會莽妻病困，臨予書曰：上於子孫至嚴。前長孫、中孫，年俱三十而死。今臣臨復適三十。誠恐一旦不保，中室則不知死命所在。莽候妻疾，見其書，大怒。疑臨有惡意。二年，正月，莽妻死，不令得會喪。既葬，收原碧等考問，具服姦謀殺狀。賜臨藥，臨自刺死。莽詔國師公：臨本不知星，事從愔起。愔亦自殺。是月，安病死。初，莽爲侯就國時，幸侍者增秩、懷能、開明。懷能生男興。增秩生男匡，女曅。開明生女捷。皆留新都國。以其不明故也。及安疾甚，莽自病無子爲安作奏，言興等母雖微賤，屬猶皇子，不可以棄。於是迎興等。封興爲功脩公，匡爲功建公，曅爲睦脩任，捷爲睦逮任。《漢書·莽傳》所言如此。案臨爲大子已久，忽焉而廢，與安俱死旬月間，古雖賤庶孽，亦未聞棄其所生子女，其事種種可疑，恐其中別有變故，爲史所不知矣。堯誅丹朱，舜誅商均，其事久遠難明，若莽則誠以爲民請命故，致不諒於衆人，變生骨肉之間，四子咸以強死，亦可哀矣。子貢曰：伯夷、叔齊怨乎？子曰：求仁得仁，又何怨？此莽之所以能行誅於至親而無悔邪？觀此，知國師公之離心亦已久，而誅戮初不之及，亦見其用刑之平恕，而漢人之目爲暴虐者，皆誣詆之辭也。又曰：黃帝以百二十女致神僊。莽於是遣中散大夫、謁者各四十五人分行天下，博采鄉里所高有淑女者上名。四年，進所徵杜陵史氏女爲皇后。備和、嬪、美、御。和人三，位視公。嬪人九，視卿。美人二十七，視大夫。御人八十一，視元士。凡百二十人。則已在其敗亡之歲矣。魚遊沸鼎之中，燕巢危幕之上，竟漠然不知其所處之境爲何若也，哀哉！

《記》曰："不誠無物。"人之知愚，恒略相等，人未有能欺人者也，況以一人而欲塗飾萬民之耳目乎？《三國志注》引《魏武故事》，載公建安十五年十二月己亥令，於立身始末，詳哉言之，絕無誇張掩飾之語，不獨英雄本色，而如此開誠佈公，即所以使天下之人，披心相見，亦即教化之道也。而莽之所行，則適與相反。①《漢書·莽傳》言其欲有所爲，微見風采，黨與承其指意而顯奏之，莽稽首涕泣，固推讓焉。此非盡漢人相誣之辭，觀莽之所爲，固可信其如此。將立莽女爲后也，莽上言：“身亡德，子材下，不宜與眾女並采。”大后下詔曰：“王氏女朕之外家，其勿采。”庶民、諸生、郎吏以上，守闕上書者，日千餘人。公、卿、大夫，或詣廷中，或伏省戶下，咸言：“明詔聖德巍巍如彼，安漢公盛勳堂堂如此。今當立后，獨奈何廢公女？天下安所歸命？願得公女爲天下母。”莽遣長史以下分部曉止公卿及諸生，而上書者愈甚。大后不得已，聽公卿采女。莽復白宜博選眾女。公卿爭白：不宜采諸女，以貳正統。莽乃白願見女。吏民以莽不受新野田而上書者，前後四十八萬七千五百七十六人。風俗使者八人還，言天下風俗齊同。詐爲郡國造歌謠，頌功德，凡三萬言。此等事將誰欺乎？衛鞅行法十年，秦民初言令不便者，有來言令便，鞅曰“此皆亂化之民也”，盡遷之邊城，蓋惟不藉譸張之人擁戴，乃能不爲傾仄之人所覆。“毋教猱升木，如塗塗附”，莽之從政亦舊矣，奈何並此義猶不之知邪？以符命登大位，已又欲絕之，致興大獄，心腹駢誅。《莽傳》：始建國元年秋，遣五威將王奇等十二人班符命四十二篇於天下。二年，是時爭爲符命封侯，其不爲者，相戲曰：“獨無天帝除書乎？”司命陳崇白莽曰：“此開姦臣作福之路，而亂天命，宜絕其原。”莽亦厭之。遂使尚書大夫趙並驗治。非五威將率所班皆下獄。初，甄豐、劉歆、王舜爲莽腹心。唱導在位，襃揚功德。安漢、宰衡之號，及封莽母、兩子、兄子，皆豐等所共謀。而豐、舜、歆亦豫其賜。並富貴矣，非復欲令莽居攝也。居攝之萌，出於泉陵侯劉慶、前煇光謝囂、長安令田終術。莽羽翼已成，意欲稱攝。豐等承順其意。莽輒復封舜、歆兩子及豐孫。豐等爵位已盛，心意既滿，又實畏漢宗室、天下豪傑，而疏遠欲進者，並作符命，莽遂據以即真。舜、歆內懼而已。豐素剛彊，莽覺其不說，故徙大阿右拂大司空。豐託符命文爲更始將軍，與賣餅兒王盛同列。豐父子默默。時子尋爲侍中京兆大尹茂德侯。即作符命，言新室當分陝立二伯，以豐爲右伯，大傅平晏爲左伯。莽即從之。拜豐爲右伯。當述職西出，未行，尋復作符命，言故漢氏平帝后黃皇室主爲尋之妻。莽以詐立，心疑大臣怨謗，欲震威以懼下。因是發怒曰：“黃皇室主天下母，此何謂也。”收捕尋。尋亡。豐自殺。尋隨方士入華山。歲餘，捕得。辭連國師公歆子棻，棻弟泳，大司空邑弟奇，及歆門人丁隆等。牽引公卿黨親列侯以下，死者數百人。尋手理有天子字，莽解其臂入視之，曰：此一天子也！或曰：一六子也。六者，戮也，明尋父子當戮死也。乃流棻於幽州，放尋於三危，殛隆於羽山，皆驛車載其尸傳致云。《儒林傳》：高相子康，以明《易》爲郎。翟義謀舉兵，事未發，康候知東郡有兵，私語門人。門人上書言之。後數月，翟義兵起。莽召問。對受師高康。莽惡之。以爲惑眾，斬康。及

---

① 史事：教化之道貴真，魏武庶幾，王莽適相反。

變生骨肉之間，則仍託符命之文，以黜儲貳。心勞日拙，豈不哀哉？尤可笑者，莽以子宇之變，作書八篇，以戒子孫，大司馬護軍褒言：宜班郡國，令學官以教授。事下羣公，請令天下吏能誦公戒者，以著官簿，比《孝經》。夫人之心思，恒好想向反面。人苟不自誇飾，庸或爲人所恕，及其自誇飾焉，則人人齒冷矣。故徒黨標榜，未有不招人厭惡者，所謂愛之適以害之也。王安石之變法也，曰：人言不足恤，其光明磊落，豈不遠勝於莽？然頒《三經新義》於學官，猶不免爲盛德之累也。而況於莽乎？

第四節　新莽事四夷

新莽之性質，可謂最不宜於用兵，蓋用兵必知彼知己，敏捷以赴事機，而莽則固執成見，不察事勢也。莽之敗，亦可謂時勢爲之。蓋當西漢之世，吾國國力方盛。宣、元以降，尤威行萬里，無敢抗顏行者。莽襲強富之資，遂謂可爲所欲爲，舉宇宙之間，一切如吾意措置之矣。殊不知國家若民族之爭鬥，關涉之方面極多，初非徒計度土地人民，較量兵甲械器，遂可判勝負之數也。一意孤行，内未安而外亦終不能攘，好逞行直遂者，可以鑒矣。

匈奴郅支單于之死也，呼韓邪且喜且懼，竟寧元年，復入朝。願壻漢氏以自親。元帝以後宮良家子王嬙字昭君者賜之。呼韓邪取左伊秩訾之兄呼衍王女二人。長女顓渠閼氏，生二子：長曰且莫車，次曰囊知牙斯。少女爲大閼氏，生四子：長曰雕陶莫皋，次曰且麋胥，皆長於且莫車，少子咸、樂，皆小於囊知牙斯。他閼氏子十餘人。顓渠閼氏貴，且莫車愛。呼韓邪病且死，遺命立雕陶莫皋，約傳國與弟。於是復株累若鞮、<small>雕陶莫皋</small>。搜諧若鞮、<small>且麋胥</small>。車牙若鞮、<small>且莫車</small>。烏珠留若鞮單于<small>囊知牙斯</small>。相繼立。《漢書》云：<small>匈奴謂孝爲若鞮。呼韓邪與漢親密，見漢謚爲孝，慕之，故皆爲若鞮，《後漢書》但作鞮</small>。匈奴自呼韓邪後，事漢甚謹。烏珠留之立，漢中郎將夏侯藩使匈奴，時王根領尚書事，或説根曰："匈奴有斗入漢地，直張掖郡，生奇材、木箭、竿、就羽。如得之，於邊甚饒。"根爲成帝言其利。上直欲從單于求之，爲有不得，傷命損威，根乃令藩以己意求之。而藩仍稱詔旨。單于不許。以其狀上聞。時藩已返國，爲大原大守。漢乃徙藩濟南，不令當匈奴。是爲匈奴有距漢之語之始。初，文帝後二年遺匈奴書曰："先帝制：長城以北，引弓之民，受命單于。長城以内，冠帶之室，朕亦制之。"是時之政治，爲屬人而非屬地，則逃民必當交還。書又云"來者不止，天之道也。朕釋逃虜民，單于無言章尼等"，乃謂捐前事勿復言，非謂後此來者皆不止也。

故宣帝所爲約束,仍云"長城以南,天子有之,長城以北,單于有之",而又云:"有犯塞輒以狀聞,有降者不得受。"然自武帝以後,漢屬國實已遠出長城之外,此約束遂不足以盡事情。烏珠留單于時,車師後王句姑、去胡來王唐兜亡降匈奴。漢命匈奴遣還。單于引宣、元時約束曰:"此外國也,得受之。"漢使不許。單于叩頭謝罪,執二虜還付使者。漢乃造設四條:中國人亡入匈奴者,烏孫亡降匈奴者,西域諸國佩中國印綬降匈奴者,烏桓降匈奴者,皆不得受。而收故宣帝所爲約束。護烏桓使者因此告烏桓民:"毋得復與匈奴皮布稅。"匈奴歐烏桓婦女弱小且千人去。置左地。告烏桓曰:"持馬畜皮布來贖。"烏桓人往贖。匈奴又受留不遣。王莽秉政,令中國不得有二名,因使使者諷單于更名曰知。始建國元年,莽使五威將奉符命,齎印綬,王侯以下及吏官名更者,外及蠻夷,皆即授新室印綬,因收漢故印綬。東出者至玄菟、樂浪、高句驪、夫餘。南出者踰徼外,歷益州,貶句町王爲侯。西出者至西域,盡改其王爲侯。北出者至匈奴庭,授單于印,改漢印文"匈奴單于璽"曰"新匈奴單于章"。匈奴以漢制,諸王以下,乃有漢言章,今印去璽加新,與臣下無別,不說。使者見所留烏桓人,命遣之。匈奴遂以護送烏桓爲名,勒兵朔方塞下。二年,車師後王須置離謀降匈奴,都護但欽誅之,置離兄狐蘭支舉國亡降匈奴,共寇車師。戊己校尉史陳良、終帶,司馬丞韓玄,右曲候任商,見西域頗背叛,聞匈奴欲大侵,殺戊己校尉刁護,脅略吏士男女二千餘人入匈奴。莽乃大分匈奴之地爲十五。誘咸及其子登、助,拜咸爲孝單于,助爲順單于。三年,單于遂遣兵入雲中塞。據《匈奴傳》。《莽傳》:建國二年,匈奴單于求故璽,莽不與,遂寇邊郡,殺吏民,乃要其終言之。又歷告左右部都尉、諸邊王入塞寇盜。大輩萬餘,中輩數千,少者數百。略吏民畜產,不可勝數。緣邊虛耗。先是莽更名匈奴單于曰降奴伏于。建國二年十二月,見《莽傳》。及是,乃拜十二部將帥。發郡國勇士、武庫精兵,各有所屯守。轉委輸於邊。《莽傳》:以趙竝爲田禾將軍,發戍卒屯田北假,以助軍糧。議滿三十萬衆,齎三百日糧,同時十道並出,窮追匈奴,內之於丁令,因分其地,立呼韓邪十五子。嚴尤諫,言今既發兵,宜縱先至者,深入霆擊,且以創艾胡虜。莽不聽。咸馳出塞,具以見脅狀白單于,單于更以爲於粟置支侯,匈奴賤官也。後助病死,莽以登代助爲順單于。是時匈奴數爲邊寇,捕得虜生口驗問,皆曰:孝單于咸子角數爲寇。四年,莽會諸蠻夷,斬登於長安市。北邊自宣帝以來,數世不見煙火之警,人民熾盛,牛馬佈野。及匈奴構難,邊民死亡、係獲。又十二部兵,久屯而不出,吏士罷弊。數年之間,北邊空虛,野有暴骨矣。五年,烏珠留單于死。王昭君女云,爲右骨都侯須卜當妻。當用事,而云常欲與中國和親。又素與咸厚善。見咸前後爲莽所拜，乃越輿而立咸，案前云咸、樂，其後烏珠留單于立，以樂爲左賢王，輿爲右賢王，此云越輿而立咸，則樂長於輿，咸小於輿。云咸、樂者次序實倒。但云越輿，蓋樂已前死矣。爲烏累若鞮單于。天鳳元年，云，當遣人至西河虎猛制虜塞下。虎猛，漢縣，故城在今綏遠境内鄂爾多斯左翼前旗。求見昭君兄子和親侯歙。莽使歙及其弟展德侯颯往使。紿言侍子登在，購求陳良、終帶等二十七人燒殺之。於是罷諸將率屯兵，但置游擊都尉。匈奴送歙、颯使者還，知登前死，又内利寇掠，外不失漢故事，而寇虜從左地入不絕。使者問。單于輒曰："烏桓與匈奴無狀黠民共爲寇入塞，譬如中國有盜賊耳。咸初立持國，威信尚淺，不敢有二心。"二年，莽復遣歙等歸登及諸貴人從者喪。多遺單于金珍。因諭説其改號。號匈奴曰恭奴，單于曰善于。單于貪莽金幣，故曲聽之。然寇盜如故。《莽傳》云：莽選儒生能顓對者濟南王咸使送登尸。敕令掘單于知墓，棘鞭其尸。又令匈奴卻塞於漠北。責單于馬萬匹，牛三萬頭，羊十萬頭，及稍所掠邊民生口在者，皆遣之。咸到單于庭，陳莽威德，責單于背畔之罪，應敵從橫，單于不能詘，遂致命而還之。案單于之不逆命，固非盡咸之力，然咸亦必一奇士，可見莽所用，人才亦不少矣。三年，六月，遣并州牧宋弘、遊擊都尉任明等將兵擊匈奴，至邊，止屯。五年，咸死，輿立，爲呼都而尸道皋若鞮單于。遣大且渠奢與云女弟子俱奉獻。莽遣和親侯歙與奢等俱至制虜塞下，與云、當會。因以兵迫脅，將至長安。拜當爲須卜單于，欲出大兵以輔立之。嚴尤諫曰："當在匈奴，右部兵不侵邊，單于動靜，輒語中國，此方面之大助也。迎置長安，槖街一胡人耳，不如在匈奴有益。"莽不聽。時匈奴寇邊甚，莽大募天下丁男及死罪囚、吏民奴，名曰豬突豨勇，以爲鋭卒。一切税天下吏民訾，三十取一，縑帛皆輸長安。令公卿以下至郡縣黄綬，皆保養軍馬，多少各以秩爲差。又博募有奇技術可以攻匈奴者，將待以不次之位。參看第三節。既得當，欲遣尤與廉丹擊匈奴，誅輿而立當以代。尤素有智略，非莽攻伐四夷，數諫不從，著古名將樂毅、白起不用之意，及言兵事，凡三篇，奏以風諫莽。及當出，廷議。尤固言匈奴可且以爲後，先憂山東盜賊。莽大怒，策免尤。地皇二年，轉天下穀幣詣西河、五原、朔方、漁陽，每一郡以百萬數，欲以擊匈奴。兵調度亦不合，而匈奴愈怒，並入北邊，北邊由是敗壞云。莽之欲攻匈奴，其意始終未變。其調度雖繆，然欲窮追匈奴，内之丁令，則其籌策不可謂不遠。歷代北狄之爲患，固皆以其據有漠南北也。莽之計，較之秦始皇之築長城，又遠過之矣。其魄力之大，固亦可驚歎也。

莽又發高句驪兵，欲以伐胡。不欲行，郡强迫之，皆亡出塞。因犯法爲寇。始建國四年，遼西大尹田譚追擊之，爲所殺。州郡歸咎於高句驪侯騶。

嚴尤奏言貉人犯法，不從騶起。正有他心，宜命州郡且慰安之。今猥被以大罪，恐其遂畔。夫餘之屬，必有和者。匈奴未克，夫餘、穢貉復起，此大憂也。莽不慰安，穢貉遂反。詔尤擊之。尤誘高句驪侯，至而斬之，傳首長安。莽大說。下書，更名高句驪爲下句驪。於是貉人愈犯邊。高句驪，漢縣，見第五章第六節。縣蓋因部族爲名，故又有高句驪侯。與夫餘、穢貉，並見第九章第六節。

西域之叛，起於平帝元始中。時車師後王國有新道，出五船北，通玉門關，往來差近。戊己校尉徐普欲開以省道里半，避白龍堆之阨。車師後王姑句不肯，繫之。姑句突出，入匈奴。去胡來王唐兜，國比大種赤水羌，數相寇，不勝，告急都護，都護但欽不以時救，東守玉門關，關又不納，亦亡降匈奴。匈奴受之，使上書言狀。時莽執政，使告單于：西域内屬，不當得受。單于謝罪，執二王以付使者。莽會西域諸國王，斬以示之。始建國二年，以甄豐爲右伯，當出西域。車師後王須置離憚給使者，欲亡入匈奴。戊己校尉刁護聞之，召驗問。辭服。械致但欽。欽斬之。置離兄狐蘭支將置離衆二千餘人，驅畜産，舉國亡降匈奴。時莽易單于璽，單于怨恨，遂受之。遣兵共擊車師，殺後城長。時刁護病，史陳良、終帶、司馬丞韓玄、右曲候任商殺護。盡脅略吏士男女二千餘人入匈奴。烏累單于和親，莽遣使者多齎金帛賂單于購求。單于盡收四人及手殺刁護者芝音妻子以下二十七人付使者。莽皆燒殺之。和親絕，匈奴大擊北邊，西域亦瓦解。焉耆近匈奴，先叛。殺都護但欽。始建國五年。天鳳三年，遣五威將王駿、西域都護李崇將戊己校尉郭欽出西域。焉耆詐降，及姑墨、尉犁、危須襲擊駿，殺之。欽別將後至，焉耆兵未還，欽擊殺其老弱，引兵還。崇收餘士還保龜兹。數年，莽死，崇遂没。西域因絕。

莽之致太平也，北化匈奴，莽奏云：匈奴單于順制作，去二名。東致海外，莽奏云：東夷王度大海獻國珍。南懷黄支。莽奏云：越裳氏重譯獻白雉，黄支自三萬里貢生犀。越裳氏事已見第一節。黄支國獻犀牛，見《平帝紀》元始二年。參看第九章第四節。惟西方未有加。乃遣中郎將平憲等多持金幣，誘塞外羌獻鮮水海、允谷、鹽池。莽奏大后，以爲西海郡，因正十二州名分界。見第三節。又增法五十條，犯者徙之西海。徙者以千萬數。民始怨矣。元始五年。居攝元年，西羌龐恬傅幡等怨莽奪其地，反。攻西海大守程永。永奔走。莽誅永。遣護羌校尉竇況擊羌。二年，春，破之。莽敗，衆羌遂還據西海爲寇。據《後書·羌傳》。

莽之貶鉤町王爲侯也，其王邯怨恨。牂柯大尹周欽詐殺邯。邯弟承攻殺欽。州郡擊之，不能服。三邊蠻夷愁擾，盡反。復殺益州大尹程隆。莽遣馮茂發巴、蜀、犍爲吏士，賦斂取足於民，以擊益州。天鳳元年。出入三年，疾疫死者什七。巴、蜀騷動。莽徵茂還，誅之。天鳳三年。更遣廉丹與庸部牧史熊，師古曰：莽改益州爲庸部。大發天水、隴西騎士，廣漢、巴、蜀、犍爲吏民十萬人，轉輸者合二十萬人，擊之。始至，頗斬首數千。莽徵丹、熊，丹、熊願益調度，必克乃還。復大賦斂。就都馮英不肯給。莽於蜀郡廣都縣置就都大尹，今四川華陽縣。上言宜罷兵屯田，明設購賞。莽怒，免英官。其後軍糧前後不相及，士卒饑疫，三歲餘，死者數萬。天鳳六年，更始將軍廉丹擊益州，不克，徵還。後大司馬護軍郭興、庸部牧李曅擊蠻夷若豆等。地皇三年，大赦天下。惟劉伯升、北狄胡虜逆興、南僰虜若豆、孟遷不用此書。而越巂蠻夷任貴，亦殺大守枚根，自立爲邛穀王云。

第五節　新莽敗亡

新莽所行之政，擾民如此，自不能免於亂。案新末之起兵者，多借劉氏爲名，世因謂人心思漢，其實非也。[①] 莽未即真時，劉崇即已起兵，翟義亦立劉信爲天子，皆見前。莽即真後，又有徐鄉侯劉快，師古曰：膠東恭王子，《王子侯表》作劮。起兵其國，今山東黄縣。敗死。真定劉都等謀舉兵，發覺誅。始建國元年。又有陵鄉侯劉曾、師古曰：楚思王子。扶恩侯劉貴等，師古曰：不知誰子孫。聚衆謀反，據始建國二年孫建之言，見《莽傳》。皆無所成。足見人民之於劉於王，無適無莫。隗囂謂依託劉氏者之多，乃由愚人習識姓號，見《後漢書・班彪傳》。誠不誣也。莽末之亂，自以法禁煩苛，吏不能治盜；莽又不能用兵；遂至星星之火，終於燎原耳。於劉氏何與哉？

天鳳四年，臨淮瓜田儀等爲盜賊，依阻會稽長洲。今江蘇吳縣。琅邪女子吕母亦起。《後漢書・劉盆子傳》：琅邪海曲吕母，子爲縣吏，犯小罪，宰論殺之。母家素豐，密聚客，規以報仇。入海中，招合亡命。還攻破海曲，殺宰。復還海中。吕母死，其衆分入赤眉、青犢、銅馬中。海曲，今山東日照縣。五年，赤眉力子都、樊崇等起琅邪。《後漢書・劉盆子傳》：崇，琅邪人，起於莒。時青、徐大饑，寇賊蠭起，以崇勇猛，皆附之，一歲間至萬餘人。崇同郡人逢安、東海徐宣、謝禄、楊音各起兵，合數萬人，復引從崇。王莽遣廉丹、王匡擊之。崇等欲戰，恐其衆與莽兵亂，乃皆朱其眉，以相識別，由是號曰赤眉。遣使者發郡國兵擊之，不能克。六年，力子都等黨衆寖多。莽欲遣嚴尤與廉丹擊匈奴，尤固言匈奴可且以爲後，先憂山東盜賊。莽怒，策免尤。時尤爲大司馬。地皇元年，綠林兵起。見下。二年，遣大師犧仲、景

尚，更始將軍護軍王黨擊青、徐，不克。是歲，南郡秦豐衆且萬人，平原女子遲昭平，平原，漢郡，今山東平原縣南。亦聚衆萬人，在河阻中。時翼平連率田況，《地理志》：北海郡壽光，莽曰翼平，蓋分北海置翼平郡。壽光，今山東壽光縣。素果敢。發民年十八以上四萬餘人，授以庫兵，與刻石爲約。赤眉聞之，不敢入界。後況自請出界擊賊，所鄉皆破。莽以璽書令況領青、徐二州牧事。況上言："盜賊始發，其原甚微。非部吏伍人所能禽也。咎在長吏不爲意，縣欺其郡，郡欺朝廷，實百言十，實千言百，朝廷忽略，不輒督責，遂至延曼運州。乃遣將率，多發使者，傳相監趣。郡縣力事上官，應塞詰對，共酒食，具資用，以救斷斬，不給復憂盜賊，治官事。將率又不能躬率吏士，戰則爲賊所破，吏氣寖傷。徒費百姓。前幸蒙赦令，賊欲解散，或返遮擊，恐入山谷，轉相告語，故郡縣降賊，皆更驚駭，恐見詐滅，因饑饉易動，旬日之間，更十餘萬人，此盜賊所以多之故也。今洛陽以東，米石二千。竊見詔書，欲遣大師、更始將軍。二人爪牙重臣，多從人衆，道上空竭，少則亡以威視遠方。宜急選牧尹以下，明其賞罰。收合離鄉小國亡城郭者，徙其老弱，置大城中。積臧穀食，並力固守。賊來攻城，則不能下，所過無食，勢不得羣聚，如此，招之必降，擊之則滅。今空復多出將率，郡縣苦之，反甚於賊。宜盡徵還乘傳諸使者，以休息郡縣。委任臣況以二州盜賊，必平定之。"莽畏惡況，陰爲發代。遣使者賜況璽書。使者至，見況，因令代監其兵。況去，齊地遂敗。案《莽傳》又言："四方皆以飢寒窮愁，起爲盜賊。稍稍羣聚。常思歲熟，得歸鄉里。衆雖萬數，但稱鉅人、從事、三老、祭酒。不敢略有城邑，轉掠求食，日闋而已。案據《後書·劉盆子傳》。樊崇初起，亦稱三老，入山。諸長吏牧守，皆自亂鬥中兵而死，賊非敢欲殺之也。而莽終不諭其故。"觀《後書·光武紀》：劉縯初起兵時，諸家子弟，皆亡逃自匿，及見光武，皆驚曰"謹厚者亦復爲之"，乃稍自安，則民非有意叛亂可知也。此亦見謂人心思漢之誣。然《莽傳》又載莽責七公之言曰："飢寒犯法，惟有二科：大者羣盜，小者偷穴。今乃結謀連黨，以千百數，是逆亂之大者，豈飢寒之謂邪？"其言亦不得謂誤。蓋初雖但求免死，及其勢之既張，則始願所不及者，亦將乘勢而爲之矣。此乃事理之自然，況復有有大欲者從而用之邪？恤民當於平時，盜賊已起，必資斬斷。斬斷不行，盜賊肆擾，雖欲恤民，云胡可得？故莽之敗，不善用兵，實爲召禍之媒，非盡用兵之咎也。三年，四月，莽遣大師王匡、更始將軍廉丹東。合將銳士十餘萬人，所過放縱。東方爲之語曰："寧逢赤眉，不逢大師。大師尚可，更始殺我。"卒如田況之言。莽又遣孔仁部豫州，嚴尤、陳茂擊荆州。冬，無鹽索盧恢等舉兵反城。無鹽，漢縣，見第三章第二節。廉丹、王匡攻拔之，斬首萬餘級。赤眉別校董憲，衆數萬人，在梁郡。漢梁國，蓋莽改爲郡。王匡欲進擊之。廉丹以爲新拔城，衆勞，當且休士養威。匡不聽，引兵獨進。丹隨之。合戰成昌，師古曰：地名。兵敗。匡走，丹戰死。校尉汝雲、王隆等二十餘人別鬥，聞之，皆曰："廉公已死，吾誰爲生？"馳奔賊，皆戰死。此可見莽非無扞城之將，徒以用之不善，空仗節死綏，無補於事也。東方之兵既挫，南方之寇復熾。

莽末，南方饑饉，人庶羣入野澤，掘鳧茈而食之。更相侵奪。新市人王匡、王鳳爲平理諍訟，遂推爲渠帥，衆數百人。新市，在今湖北京山縣境，後漢爲縣。於是諸亡命馬武、王常、成丹等往從之。共攻離鄉聚，藏於緑林中。山名，在今湖北當陽縣東北。數月，衆至七八千人。二年，荆州牧某，發奔命二萬人攻之。匡等迎擊，大破牧軍，殺數千人，盡獲輜重。遂攻拔竟陵，漢縣，在今湖北天門縣東北。轉擊雲杜、漢縣，在今湖北沔陽縣西北。安陸。漢縣，在今湖北安陸縣北。多略婦女，還入緑林中，至有五萬餘口。三年，大疾疫，死者且半，乃各分散。王常、成丹西入南郡，號下江兵。王匡、王鳳、馬武及其支黨朱鮪、張卬等北入南陽，號新市兵。皆自稱將軍。平林人陳牧、廖湛復聚衆千餘人，號平林兵以應之。平林，地名，今湖北隨縣。初，景帝子長沙定王發，生春陵節侯買。春陵，今湖南寧遠縣。買卒，子戴侯熊渠嗣。熊渠卒，子孝侯仁嗣。仁以春陵地勢下濕，山林毒氣，上書求減邑內徙。元帝初元四年，徙封南陽之白水鄉，猶以春陵爲國名。今湖北棗陽縣。遂與從弟鉅鹿都尉回及宗族往家焉。回之父曰鬱林大守外，亦買子也。回生南頓令欽。取同郡樊重女，生三男三女：長男縯，次仲，次秀，是爲後漢世祖光武皇帝。南陽蔡陽人也。蔡陽，漢縣，在今棗陽縣西南。熊渠生蒼梧大守利。利生子張。納平林何氏女，生子玄。玄，光武族兄也。以上兼據《後漢書·光武紀、劉玄傳、城陽恭王傳》及《劉玄傳注》引《帝王紀》。往從陳牧等。光武性勤於稼穡。而兄縯好俠養士。使鄧晨起新野。晨娶光武姊元。光武與李通及通從弟軼起於宛。通後娶光武女弟伯姬，是爲寧平公主。縯自發春陵子弟，合七八千人。部署賓客，自稱柱天都部。使宗室劉嘉等往誘新市、平林兵。遂與王匡、陳牧等合兵而進。至小長安，《注》引《續漢書》曰：淯陽縣有小長安聚。與莽前隊大夫甄阜、屬正梁仁賜戰，大敗。還保棘陽。漢侯國，在今河南新野縣東北。阜、賜乘勝，南渡潢淳水，臨沘水。新市、平林各欲解去。縯患之。會下江兵五千餘人至宜秋。聚名。縯乃與光武、李通共造王常壁，爲説合從之勢。下江從之。縯於是大饗軍士，潛師夜起。遂斬阜、賜。嚴尤、陳茂聞阜、賜軍敗，欲據宛。縯乃陳兵誓衆，焚積聚，破釜甑，鼓行而前。與尤、茂遇育陽下。漢縣，在今河南南陽縣南。戰，大破之。尤、茂棄軍走。縯進圍宛。自號柱天大將軍。劉玄號更始將軍。自阜、賜死後，百姓日有降者,衆至十餘萬。諸將會議,立劉氏以從人望。南陽士大夫及王常欲立縯。新市、平林將帥共定策立玄,然後召縯示其議。縯言"恐赤眉復有所立,宜且稱王以號令。若赤眉所立者賢,相率而往從之。若無所立,破莽,降赤眉,然後舉尊號,未晚也"。諸將多曰善。張卬拔劍擊地曰:"疑事無功。今日之議,不得有二。"乃皆從之。立更始爲天子。建元曰更始元年。以縯爲大司徒,光武爲大常偏將軍。三月,光武別與諸將徇昆陽、_{漢縣,今河南葉縣南。}定陵、_{漢縣,今河南舞陽縣北。}郾,_{漢縣,今河南郾城縣南。}皆下之。五月,縯拔宛。六月,更始入都之。莽遣大司空王邑馳傳至洛陽,與司徒王尋發衆郡兵百萬,號曰虎牙五威兵,平定山東。得顓封爵。除用徵諸明兵法六十三家術者,各持圖書,受器械,備軍吏,傾府庫以遣邑,多齎珍寶、猛獸,欲視饒富,用怖山東。邑至洛陽,州郡各選精兵,牧守自將,定會者四十二萬人。餘在道不絕。車甲士馬之盛,自古出師,未嘗有也。六月,邑與尋發洛陽。欲至宛,道出潁川,過昆陽,縱兵圍之。嚴尤、陳茂與二公會。尤曰:"稱尊者在宛下,宜亟進,彼破,諸城自定。"不聽。尤又曰:"歸師勿遏,圍城爲之闕,可如兵法,使得逸出,以怖宛下。"又不聽。先是光武將數千兵徼尋、邑兵於陽關。_{聚名,在今河南禹縣西北。}諸將見尋、邑兵盛,反走。馳入昆陽。皆惶怖,憂念妻孥,欲散歸諸城。光武言:"如欲分散,勢無俱全。今不同心膽,共舉功名,反欲守妻子財物邪?"諸將怒曰:"劉將軍何敢如是?"光武笑而起。會候騎還,言大兵且至城北,軍陳數百里,不見其後。諸將遽相謂曰:"更請劉將軍計之。"光武復爲圖畫成敗。諸將皆曰:諾。時城中惟有八九千人。光武乃使王鳳、王常留守,夜自與十三騎出收兵。既至郾、定陵,悉發諸營兵。而諸將貪惜財寶,欲分留收之。光武曰:"今若破敵,珍寶萬倍,大功可成,如爲所敗,首領無餘,何財物之有?"衆乃從。光武遂與營部俱進。尋、邑自將萬餘人行陳,敕諸營皆按部毋得動。獨迎與漢兵戰,不利。大兵不敢擅相救。漢兵乘勝殺尋。昆陽中兵出並戰。邑走。軍亂。大風飛瓦,雨如注水,大衆崩壞號呼,虎豹股栗。士卒奔走,各還歸其郡。邑獨與所將長安勇敢數千人還洛陽。關中聞之震恐,盜賊並起。豪桀殺其牧守,自稱將軍,旬月之間,徧於天下。案觀劉縯諍立更始之言,知新市、平林兵力,尚遠不逮赤眉,安能與新室大兵相抗?而莽之用兵,惟知以多爲貴,多而不整,反致一敗塗地。① 大兵既折,後路空虛,並關中亦不能安集矣。是皆莽之自敗,非漢之遺孽能敗莽也。昆陽之戰,漢人自詫爲奇績。然光武以

_____

① 兵:昆陽何以敗。

三千人衝尋、邑兵中堅，度其後繼，必倍於此，城中復有數千人出與合勢，是其兵數實多於尋、邑，何足爲奇？尋、邑之敗，敗於大兵之不敢相救，大兵之不敢相救，則尋、邑救其案部毋得動故也。尋、邑所以有是救，蓋亦知兵非素習，倉卒烏合之故。用兵專務於多者，可以知所戒矣。

昆陽既敗，衛將軍王涉與大司馬董忠、國師公劉歆謀劫莽東降。事覺，忠伏誅，歆、涉皆自殺。莽召王邑還，以爲大司馬。成紀隗崔兄弟，成紀，今甘肅秦安縣。共劫大尹李育，以兄子隗囂爲大將軍。攻殺雍州牧陳慶，安定卒正王旬，《後書》作安定大尹王向，云平阿侯譚子。並其衆。移書郡縣，數莽罪惡。析人鄧曄、于匡起兵南鄉。師古曰：析縣鄉名。漢析縣，在今河南內鄉縣西北。攻武關。西拔湖。漢縣，在今河南閿鄉縣東。莽拜將軍九人，皆以虎爲號。將北軍精兵數萬人東。六虎敗，三虎郭欽、陳翬、成重收散卒保京師倉。師古云：在華陰灌北渭口，案灌水北入渭，見《水經注》。更始遣王匡攻洛陽，申屠建攻武關。鄧曄開武關。李松將二千餘人至湖。與曄等共攻京師倉，未下。曄以弘農掾王憲爲校尉，入左馮翊界，北至頻陽。漢縣，在今陝西富平縣東北。李松遣偏將軍韓臣等西至新豐。大姓櫟陽申碭、下邽王大、下邽，漢縣，今陝西渭南縣東北。盩厔嚴春、盩，漢縣，今陝西武功縣西南。茂陵董喜、茂陵，漢縣，今陝西興平縣東北。藍田王孟、槐里汝臣、槐里，漢縣，今陝西興平縣東南。盩厔王扶、盩厔，漢縣，今陝西盩厔縣東。陽陵嚴本、陽陵，漢縣，今陝西咸陽縣東。杜陵屠門少之屬，杜陵，漢縣，今陝西長安縣東南。衆皆數千人，假號稱漢將軍。時李松、鄧曄以爲京師小小倉，尚未可下，何況長安城？當須更始大兵到，即引軍至華陰治攻具。華陰，漢縣，今陝西華陰縣。而長安旁兵四會城下，聞天水隗氏兵方到，天水，漢郡，治平襄，在今甘肅通渭縣西南。皆爭欲先入城，貪立大功、鹵掠之利。莽遣使者分赦城中諸獄囚徒，皆授兵，更始將軍史諶將。度渭橋，皆散走。諶空還。衆兵發掘莽妻子父祖冢，燒其棺槨，及九廟、明堂、辟雍，火照城中。十月朔，兵從宣平門入。王邑、王林、王巡、蕫惲等分將兵距擊北闕下。二日，城中少年朱第、張魚等趨讙並和，燒作室門，斧敬法闥，火及掖庭承明。莽避火宣室前殿，曰：“天生德於予，漢兵其如予何？”三日，之漸臺，欲阻池水。公、卿、大夫、侍中、黃門郎從官尚千餘人隨之。王邑晝夜戰，罷極，士死傷略盡。馳入宮。間關至漸臺。見其子侍中睦解衣冠欲逃，邑叱之令還，父子共守莽。衆兵圍漸臺數百重。臺上亦弓弩與相射。矢盡，短兵接。王邑父子、蕫惲、王巡戰死。王揖、趙博、苗訢、唐尊、王盛、中常侍王參等皆死臺上。商人杜吳殺莽，取其綬。校尉公賓就，故大行治禮，見吳，問綬主所在。曰：“室中西北陬間。”就識斬莽首。軍人分裂莽身支節肌骨，臠分，爭相殺者數十人。而此一代之大革命家，遂以爲民請命而成仁矣。莽揚州牧李聖、司命孔仁兵敗山東。聖格死，仁將其眾降。已而歎曰：“吾聞食人食者死其事。”拔劍自刎死。及曹部監杜普、陳定大尹沈意、九江連率賈萌，皆守郡不降，爲漢兵所誅。[①] 賞都大尹王欽及郭欽守京師倉，聞莽死，乃降。更始義之，皆封爲侯。大師王匡、國將哀章降洛陽，傳詣宛，斬之。《後漢書‧劉玄傳》云：拔洛陽，生縛王匡、哀章，至皆斬之，不云其降。嚴尤、陳茂敗昆陽下，走沛郡譙。今安徽亳縣。自稱漢將，召會吏民。尤爲稱説王莽篡位，天時所亡，聖漢復興狀。茂伏而涕泣。聞故鍾武侯劉聖《後漢書‧劉玄傳》作劉望。聚眾汝南，漢郡，今河南汝南縣東南。稱尊號，尤、茂降之。以尤爲大司馬，茂爲丞相。十餘日敗。更始使劉信擊殺之。信，賜之兄子。尤、茂並死。初，申屠建嘗事崔發爲《詩》。建至，發降之。後復稱説。師古曰：妄言符命不順漢。建令劉賜光武族兄。斬發以徇。案莽之敗，爲之盡節者不少，視漢末無一人死難者，翟義非正人，其起兵未必爲漢。劉崇等皆漢宗室，不足論也。相去遠矣。知謂人心思漢者，乃班氏父子之私言，非天下之公言也。劉歆莽舊臣，其叛也，其子伊休侯疊，以素謹，歆訖不告，但免侍中中郎將，更爲中散大夫，可見其用刑之平。九虎之東也，省中黃金萬斤者爲一匱，尚有六十匱：黃門鉤盾臧府、中尚方，處處各有數匱；長樂御府、中御府及都内，平準帑藏錢帛、珠玉、賜物甚眾；莽但賜九虎士人四千錢，可見其用財之謹。以莽之規模弘遠，夫豈出内之吝者？誠其意但求利民，不爲一身利害計，故不肯妄費也，亦可哀矣。

公賓就既斬莽首，持詣王憲。憲自稱漢大將軍，城中兵數十萬皆屬焉。舍東宮，妻莽後宮，乘其車服。申屠建至，收斬之。又揚言三輔黠，共殺其主。吏民皇恐，屬縣屯聚。建等不能下，馳白更始。二年，二月，更始到長安，下詔大赦，三輔悉平。

---

① 史事：忠於莽者之多。

第八章　後漢之興

第一節　更始劉盆子之敗

　　新市、平林之兵，本屬飢民，苟以救死，徼幸昆陽一勝，王莽自亡，更始移都長安，遂若漢室復興者。然功業終非可幸致，新市、平林諸將，其無規模太甚，遂至爲赤眉所覆，而赤眉之不成氣候，尤甚於新市、平林，於是出定河北之偏師，遂因緣時會，而爲海內之真主矣。

　　《後書》言更始之立也，南面立朝羣臣，素懦弱，羞愧流汗，舉手不能言。及入長安，居長樂宮，升前殿，郎吏以次列庭中，更始羞怍，俛首刮席不敢視。諸將後至者，更始問虜掠得幾何？左右侍者，皆宮省久吏，各驚相視。此皆誣罔之談。更始在民間，已能結客爲弟報讎，斯蓋豪傑之流，安有懦弱至此之理？劉知幾説，見《史通·曲筆篇》。《鄭興傳》言：更始諸將皆山東人，咸勸留洛陽。興説以山西豪傑，久不撫之，恐百姓離心，盜賊復起，國家之守，轉在函谷。更始曰：“朕西決矣。”即拜興爲諫大夫，使安集關西及朔方、涼州。其英斷爲何如？《玄傳》所云，蓋久宦者自謂能知朝廷舊章，而輕視起於草野之主，遂爲此誣罔之辭。[1] 不獨更始，即史所傳劉盆子之事，亦不盡可信也。更始之敗，蓋全由爲羣盜所把持，不能自振。然羣盜中亦非無有心人。史稱李松與趙萌説更始：宜悉王諸功臣。朱鮪爭之，以爲高祖約，非劉氏不王。更始乃先封宗室，後遂立諸功臣爲王。鮪辭曰：“臣非劉宗，不敢干典。”遂讓不受。可謂不苟得矣。乃徙鮪爲左大司馬，本大司馬。劉賜爲前大司馬，使與李軼、李通、王常等鎮撫關中。以李松爲丞相，趙萌爲右大司馬，共秉內任。更始納趙萌女爲夫人，有寵，遂委政於萌。日夜與婦人飲讌後庭。羣臣欲言事，輒醉不能見。此蓋迫不得有所豫，

---

　　① 史事：宦人自謂能知舊章，輕視起於草野者。更始劉盆子被誣（見第一五九——一六二頁）。劉永奉更始謂自稱帝誣（第一六八頁）。

非荒淫也。史稱萌私忿侍中，引下斬之，更始救請不從，可見其權力之大。於是李軼、朱鮪，擅命山東；王匡、張卬，橫暴三輔。其所授官爵者，皆羣小賈豎，或有膳夫、庖人。長安爲之語曰："竈下養，中郎將。爛羊胃，騎都尉。爛羊頭，關内侯。"自是關中離心，四方怨叛。諸將出征，各自專置牧守，州郡交錯，不知所從，而赤眉入關之禍起。

　　王匡之敗也，赤眉寇東海，漢郡，今山東郯城縣西南。掠楚、即彭城。沛、漢郡，今安徽宿縣。汝南、潁川，還入陳留。漢郡，今河南陳留縣東北。攻拔魯城，漢郡，今山東曲阜縣。轉至濮陽。漢縣，今河北濮陽縣南。更始都洛陽，遣使降樊崇。崇等聞漢室復興，即留其兵，自將渠帥二十餘人隨使者至洛陽降。更始皆封爲列侯。崇等既未有國邑，而留衆稍有離叛，乃遂亡歸其營。將兵入潁川。分其衆爲二部：崇與逢安爲一部。徐宣、謝禄、楊音爲一部。戰雖數勝，而衆疲敝，厭兵，日夜愁泣思東歸。崇等計議：衆東鄉必散，不如西攻長安。更始二年，冬，崇、安自武關，宣等從陸渾關，漢陸渾縣，在今河南嵩縣東北。兩道俱入。三年，正月，俱至弘農。漢郡，今河南靈寶縣南。時平陵人方望，立前孺子劉嬰爲天子。方望者，隗囂爲上將軍，聘請以爲軍師。更始二年，遣使徵囂及崔、義等。義，崔兄。囂將行，望以爲更始未可知，固止之。囂不聽。望以書辭謝而去。其書辭旨，斐然可觀，見《後漢書·隗囂傳》。蓋亦知略之士。是時與安林人弓林等於長安中求得嬰，將至臨涇立之。臨涇，漢縣，今甘肅鎮原縣南。更始遣李松、蘇茂等擊破，皆斬之。又使蘇茂拒赤眉於弘農，茂軍敗。三月，遣李松會朱鮪與赤眉戰於蓩鄉，《續漢志》：弘農有蓩鄉。松等大敗，棄軍走。時王匡、張卬守河東，爲鄧禹所破，見第三節。還奔長安。卬與諸將議："勒兵掠城中，轉攻所在，東歸南陽。事若不集，復入湖池中爲盜。"申屠建、廖湛等皆以爲然。共入説更始。更始怒，不應。莫敢復言。此亦見更始非懦弱者。時赤眉連戰克勝，衆遂大集。乃分萬人爲一營，凡三十營。進至華陰。軍中常有齊巫，鼓舞祠城陽景王以求福助。巫狂言："景王大怒曰：當爲縣官，何故爲賊？"有笑巫者輒病。軍中驚動。方望弟陽，怨更始殺其兄，並説崇等：立宗室，扶義西伐。劉盆子者，城陽景王後。祖父憲，元帝時封爲式侯。式，漢縣，未詳所在。父萌嗣。王莽篡位，國除，因爲式人。赤眉過式，掠盆子，及二兄恭、茂，皆在軍中。恭少習《尚書》，略通大義。及隨崇等降，更始即封爲式侯。以明經數言事，拜侍中，從更始在長安。盆子與茂留軍中，屬右校卒史劉俠卿，主芻牧牛，號曰牛吏。及崇等欲立帝，求軍中景王後，得七十餘人，惟盆子與茂及西安侯劉孝，最爲近屬。乃書札爲符，又以兩空札置筒中，於鄭北設壇場祠城陽景王。三人以年次探札。盆子最幼，後探得符。諸將乃皆稱臣拜。盆子時年十五，被髮徒跣，敝衣赭汗。見衆拜，恐畏欲啼。茂謂曰：“善藏符。”盆子即齧折棄之。復還依俠卿。案盆子列侯之子，兄通《尚書》，著節更始，見下。雖曰少在兵間，流離失教，其野鄙似不至是。且時赤眉非貧弱，豈有求得盆子，令其探符，而猶敝衣徒跣者乎？亦見其言之不詳也。赤眉本烏合求食，是時累戰皆勝，迫近長安，乃有取更始而代之之意。史稱崇雖有勇力，爲衆所宗，然不知書數，徐宣故縣獄吏，能通《易經》，遂共推宣爲丞相，崇御史大夫，則崇之不堪人主可知。崇等既不堪人主，當時情勢，自以立宗室爲宜，欲立宗室，自應於鄉里中求之。盆子年最少，易於操縱，此蓋其所以得符，齊巫狂怒，亦未必非籌火狐鳴類也。更始使王匡、陳牧、成丹、趙萌屯新豐，李松軍陝。《續漢志》新豐有陝城。張卬、廖湛、胡殷、申屠建等與御史大夫隗囂合謀，欲以立秋日貙膢時，共劫更始，俱成前計。更始託病不出。召張卬等，將悉誅之。惟隗囂不至。更始狐疑，使卬等待於外廬。卬與湛、殷疑有變，遂突出。獨申屠建在，更始斬之。卬與湛、殷遂勒兵掠東西市。昏時，燒門入。戰於宮中，更始大敗。明旦，將妻子車騎百餘東奔趙萌於新豐。更始復疑王匡、陳牧、成丹與張卬等同謀，乃並召入。牧、丹先至，即斬之。王匡懼，將兵入長安，與張卬等合。李松還從更始。與趙萌共攻匡、卬於城內。連戰月餘，匡等敗走。更始徙居長信宮。赤眉至高陵，漢縣，今陝西高陵縣西南。匡等迎降之。遂共連兵而進。更始城守。使李松出戰。敗，死者二千餘人。赤眉生得松。時松弟汎爲城門校尉。赤眉使謂之曰：“開城門，活汝兄。”汎即開門。九月，赤眉入城。更始單騎走。初，劉恭以赤眉立盆子，自繫詔獄。聞更始敗，乃出，步從至高陵。止傳舍。右輔都尉嚴本，恐失更始，爲赤眉所誅，將兵在外，號爲屯衛，而實囚之。赤眉下書曰：“聖公降者，聖公，更始字。封長沙王。過二十日勿受。”更始遣劉恭請降。赤眉使謝禄往受之。十月，更始遂隨禄肉袒詣長樂宮，上璽綬於盆子。赤眉坐更始置庭中，將殺之。劉恭、謝禄爲請，不能得。遂引更始出。劉恭追呼曰：“臣誠力竭，請得先死。”拔劍自刎。樊崇等遽共救止之。乃赦更始，封爲畏威侯。劉恭復爲固請，竟得封長沙王。更始嘗依謝禄居。劉恭亦擁護之。三輔苦赤眉暴虐，皆憐更始。張卬以爲慮，謂謝禄曰：“今諸營長多欲篡聖公者。一旦失之，合兵攻公，自滅之道也。”於是禄使從兵與更始共牧馬於郊下，因令繊殺之。劉恭夜往收藏其尸。後爲更始報殺謝禄。觀劉恭之始終不貳，雖謝禄初亦歸心，更始之爲人可知。使非爲諸將所挾持，其雄略，未必讓光武弟兄也。然則光武之不獲正位，乃正其所由成功耳。

赤眉既入長安，其規模彌不如更始。諸將日會論功，爭言讙呼，拔劍擊柱，不能相一。三輔郡縣營長遣使貢獻，兵士輒剽奪之。又數虜暴吏民。百姓堡壁，由是皆復固守。盆子獨與中黃門共卧起而已。劉恭見赤眉衆亂，知其必敗，自恐兄弟俱禍，密教盆子歸璽綬，習爲辭讓之言。建武二年，正月朔，崇等大會。盆子下牀，解璽綬，叩頭乞骸骨。崇等皆避席頓首，抱持盆子，帶以璽綬。罷出，各閉營自守。三輔翕然，稱天子聰明。百姓爭還，長安市里且滿。得二十餘日，赤眉貪財物，復出大掠。城中糧食盡，遂收載珍寶，因大縱火燒宮室，引兵而西。衆號百萬。自南山轉掠城邑。入安定、北地。至番須中，番須，谷名，在今陝西隴縣西北。逢大雪，阬谷皆滿，士多凍死。乃復還。發掘諸陵，取其寶貨。鄧禹時在長安，見第三節。遣兵擊之郁夷，漢縣，今甘肅隴縣西。爲所敗。禹乃出，之雲陽。漢縣，今陝西淳化縣西北。九月，赤眉復入長安。時漢中賊延岑出散關，在今陝西寶雞縣西南。屯杜陵。逢安將十餘萬人擊之。禹以逢安精兵在外，惟盆子與羸弱居城中，自往攻之。謝禄救之。夜戰槀街中，禹兵敗走。延岑及更始將軍李寶合兵數萬人，與逢安戰於杜陵，大敗，死者萬餘人。寶降安。岑收散卒走。寶密使人謂岑曰："子努力還戰，吾當於内反之。"岑即還挑戰。安等空營擊之。寶從後悉拔赤眉旌幟，更立己旛旗。安等戰疲，還營，見旗幟皆白，大驚，亂走，自投川谷死者十餘萬。逢安與數千人脱歸長安。時三輔大饑，人相食。城郭皆空，白骨蔽野。遺人往往聚爲營保，各堅守不下。赤眉虜掠無所得。十二月，乃引而東歸，遂爲光武所滅。

第二節　光武定河北自立

更始既立，劉縯被殺。縯本傳云：光武兄弟威名日甚，更始君臣不自安，遂共謀誅伯升。縯字。乃大會諸將，以成其計。更始取伯升寶劍視之。申屠建隨獻玉玦。更始竟不能發。初，李軼諂事更始貴將，光武深疑之，嘗以戒伯升曰："此人不可復信。"伯升不受。伯升部將宗人劉稷，數陷陳潰圍，勇冠三軍。時將兵擊魯陽。漢縣，今河南魯山縣。聞更始立，怒曰："本起兵圖大事者，伯升兄弟也，今更始何爲者邪？"更始君臣聞而心忌之。以稷爲抗威將軍，稷不肯拜。更始乃與諸將陳兵數千人，先收稷，將誅之，伯升固爭。李軼、朱鮪因勸更始並執伯升，即日害之。觀諸將欲誅伯升而更始不發，則知更始本無意於殺伯升，特爲諸將所脅耳。光武自父城馳詣宛謝，父城，漢縣，今河南寶豐縣東。拜爲破虜大將軍，封武信侯。更始將北都洛陽，以光武行司隸校尉，使前整修宮府。至洛陽，乃遣光武以破虜將軍行大司馬事。十月，持節北渡河。《安城孝侯劉賜。傳》云：更始欲令親近大將徇河北，未知所使。賜言諸家子獨有文叔可用。文叔，光武字。朱鮪等以爲不可。更始狐疑。賜深勸之，乃拜光武行大司馬，持節過河。《馮異傳》云：更始數欲使光武徇河北，諸將皆以爲不可。是時左丞相曹光，子詡爲尚書，父子用事，異勸光武厚結納之。及度河北，詡有力焉。蓋時新市、平林諸將，與南陽劉宗，齟齪殊甚，故光武欲脫身不易如此。然非脫身而出，則爲諸將所牽率，亦終於敗滅耳。光武之力求出，蓋以此也。

光武至河北，遇一大敵，時爲王昌。《昌傳》云：昌一名郎，邯鄲人。素爲卜相，工明星曆。常以爲河北有天子氣。時趙繆王子林景帝七世孫。好奇數，任俠於趙、魏間，多通豪俠，而郎與之親善。初，王莽篡位，長安中或自稱成帝子輿者，莽殺之，郎緣是詐稱真子輿。林與趙國大豪李育等立之邯鄲。時更始元年十二月也。《光武本紀》云：進至邯鄲，故趙繆王子林説光武曰：“赤眉今在河東，但決水灌之，百萬之衆，可使爲魚。”光武不答，去之真定。今河北正定縣。林乃立郎爲天子。蓋林等皆河北豪俠，與光武未能相合，故別樹一幟也。郎遣將帥徇下幽、冀，移檄州郡。趙國以北，遼東以西，皆從風而靡。二年，正月，光武北徇薊。郎移檄購光武十萬户。故廣陽王子劉接，廣陽王名嘉，武帝五世孫。起兵薊中以應郎。光武復南出。時惟信都大守任光，信都，今河北薊縣。光，宛人，與光武破王尋、王邑，更始以爲信都大守。和成大守邳彤，王莽分鉅鹿爲和成郡，居下曲陽。彤爲卒正。光武至，彤降，復以爲大守。下曲陽，漢縣，在今河北晉縣西。堅守不下。光武至信都，謂光曰：“伯卿，光字。今勢力虛弱，欲俱入城頭子路、東平人，姓爰，名曾，字路。與肥城劉詡，起兵盧城頭，故號其兵爲城頭子路。寇掠河、濟間，衆至二十餘萬。更始立，曾遣使降。拜曾東萊大守，詡濟南大守，皆行大將軍事。是歲，曾爲其將所殺。衆推詡爲主。更始封詡助國侯，令罷兵歸本郡。肥城，漢縣，今山東肥城縣。盧，漢縣，今山東沂水縣西南。力子都兵中，力子都，東海人。起兵鄉里，鈔擊徐、兗界，衆六七萬。更始立，遣使降。拜子都徐州牧。爲其部曲所殺。餘黨復相衆，與餘賊會於檀鄉。其渠帥董次仲，與五校合。建武二年，爲吳漢所破，見下。《後漢書注》云：今兗州瑕丘縣東北有檀鄉。唐瑕丘縣，在今山東滋陽縣西。何如？”光曰：“不可。”光武曰：“卿兵少，何如？”光曰：“可募發奔命，出攻旁縣，若不降者，恣聽掠之，人貪財物，則兵可招而致也。”時彤亦來會。議者多言可因信都兵自送，西還長安。彤言：“明公既西，邯鄲城民，不肯捐父母，背城主，而千里送公，其離散可必也。”乃拜彤爲後大將軍，光爲左大將軍，從。光多作檄文，曰：“大司馬劉公，將城頭子路、力子都兵百萬衆從東方來，擊諸反虜。”遣騎馳至鉅鹿界中，吏民得檄，傳相告語。光武遂與光等投暮入堂陽界。堂陽，漢縣，今河北新河縣西。使騎各持炬火，彌滿澤中，光炎燭天地，舉城震怖；彤亦先使曉譬吏民；其夜即降。王郎遣將攻信都，信都大姓馬寵等開城內之。光武使任光救信都，光兵於道散降王郎。會更始遣將攻破信都，光武乃使信都都尉李忠還行大守事。收郡中大姓附邯鄲者，誅殺數百人。時昌城人劉植，昌城，漢縣，今河北欒縣西南。宋子人耿純，宋子，漢縣，今河北趙縣北。各率宗親子弟，據其城邑，以奉光武。而真定王劉揚，起兵以附王郎，眾十餘萬。光武遣植說揚，揚降。光武因留真定，納郭后。后揚之甥，以此結之也。後揚復造作讖記以惑眾，建武二年，遣耿純誅之。於是北降下曲陽。眾稍合，樂附者至數萬人。復北擊中山。所過發奔命，移檄邊部，共擊邯鄲。郡縣還復響應。南入趙界，攻王郎大將李育於柏人，漢縣，見第四章第一節。不下。會上谷大守耿況、王莽改上谷爲朔調，況爲連率，以莽所置，不自安，使子弇詣更始求自固。道謁光武，留署門下吏。薊亂，光武南馳，弇說況使寇恂東約彭寵，各發突騎二千匹，步兵千人，以佐光武。漁陽大守彭寵，宛人。父宏，哀帝時爲漁陽大守。王莽居攝，遇害。寵少爲郡吏。從王邑東拒漢軍。到洛陽，聞同産弟在漢軍中，懼誅，即與鄉人吳漢亡至漁陽，抵父時吏。更始立，使謁者韓鴻持節徇北州，承制得專拜二千石以下。鴻至薊，以寵、漢並鄉閭故人，相見歡甚，即拜寵偏將軍，行漁陽大守事，漢安樂令。漢說寵從光武，耿況亦使寇恂至，寵乃發兵，與上谷兵合而南。安樂，今河北順義縣西。各遣其將吳漢、寇恂等將突騎來。更始亦遣尚書僕射謝躬討郎。光武因大饗士卒，東圍鉅鹿。月餘不下。耿純說光武逕攻邯鄲。五月，拔之。王郎夜亡走，追殺之。收文書，得吏人與郎交關謗毀者數千章。光武不省，會諸將軍燒之，曰："令反側子自安。"案光武爲客軍，而王郎爲河北豪桀，其勢實不相敵。光武所以終克郎者，得漁陽、上谷之力實多，①邊兵強而內郡弱，其勢昉見於此矣。更始遣立光武爲蕭王，令罷兵，與諸將有功者還長安。遣苗曾爲幽州牧，韋順爲上谷大守，蔡充爲漁陽大守。耿弇說光武不可從。願歸幽州，益發精兵，以集大計。光武大悅。遂辭以河北未平，不就徵。拜弇爲大將軍，與吳漢北發幽州十郡兵。弇到上谷，收韋順、蔡充斬之。漢亦誅苗曾。於是悉發幽州兵，引而南。

時海內割據者眾，而《後書》所云"別號諸賊銅馬、大肜、高湖、重連、鐵脛、大槍、尤來、上江、青犢、五校、檀鄉、五幡、五樓、富平、獲索等，各領部曲，眾合數百萬人，所在寇掠"者，爲害尤鉅。蓋此輩皆流寇，略無規模，尚不足語於割據也。光武乃先定之。更始二年，秋，擊銅馬於鄔，漢縣，今河北束鹿縣東。絕其糧道。積月餘日，賊食盡，夜遁去。追至館陶，漢縣，今山東館陶縣西南。

---

① 兵：光武平王郎，多得漁陽上谷之力。涼州之彊（第二二二頁）。

大破之。受降未盡，而高湖、重連從東南來，與銅馬餘衆合。光武復與大戰於蒲陽，山名，在今河北完縣西。悉破降之，封其渠帥爲列侯。降者猶不自安。光武知其意，勅令各歸營勒兵，乃自乘輕騎案行部陳。降者更相語曰："蕭王推赤心置人腹中，安得不投死乎？"由是皆服。悉將降人分配諸將，衆遂數十萬。光武前此，實藉郡縣歸附，發其兵以事征討，至此始自有大軍矣。赤眉別帥與大彤、青犢十餘萬衆在射犬。《耿純傳》云：青犢、上江、大彤、鐵脛、五幡。射犬，聚名，在今河南沁陽縣東北。光武進擊，大破之。衆皆散走。初，光武與謝躬相忌，光武嘗請躬置酒高會，欲因以圖之，不克，見《馬武傳》。雖俱在邯鄲，遂分城而處。躬既而率兵數萬，還屯於鄴。光武南擊青犢，謂躬曰："我追賊於射犬，必破之。尤來在山陽者，漢縣，今河南修武縣西北。必當驚走。以君威力，擊此散虜，必成禽也。"躬曰：善。自率諸將軍擊之。窮寇死戰，其鋒不可當，躬遂大敗。光武因躬在外，使吳漢、岑彭襲其城，殺躬。其衆悉降。於是更始之力，不復及於河北矣。

　　時赤眉入函谷關攻更始。光武乃遣鄧禹引兵而西，以乘其亂。更始使朱鮪、陳僑、李軼與河南大守武勃屯洛陽。光武將北徇燕、趙，以魏郡、河內，獨不逢兵，城邑完，倉廩實，乃拜寇恂爲河內大守，馮異爲孟津將軍，統二郡，軍河上，與恂合勢，以拒鮪等。明年，更始三年，而光武之建武元年也。光武北擊尤來、大槍、五幡於元氏。漢縣，今河北元氏縣西北。追至右北平，連破之。又戰於順水北。乘勝輕進，反爲所敗。賊亦引去。大軍復還，至安次，漢縣，今河北安次縣西北。與戰，破之，賊入漁陽。遣吳漢窮追。賊散入遼西、東，或爲烏桓、貊人所鈔擊，略盡。於是諸將議上尊號。六月，即帝位於鄗。改爲高邑，今河北柏鄉縣北。初，李軼與光武首結謀約，加相親愛。及更始立，反共陷伯升。雖知長安已危，欲降，又不自安。馮異遺軼書，説以轉禍爲福。軼亦報書，言思成斷金，惟深達蕭王。軼自後不復與異爭鋒。異得北攻天井關，在山西晉城縣南。拔上黨兩城，南下成皋以東十三縣。武勃將萬餘人攻討畔者，異度河破斬勃，軼又不救。異見其信效，具以奏聞。光武故宣露軼書，令朱鮪知之。鮪怒，使人刺殺軼。由是城中乖離，多有降者。光武既即位，使吳漢圍鮪於洛陽。九月，赤眉入長安，更始奔高陵。光武封爲淮南王。朱鮪等猶堅守不肯下。光武以岑彭嘗爲鮪校尉，令往説之。鮪曰："大司徒被害時，鮪與其謀，又諫更始無遣蕭王北伐，誠自知罪深。"彭還具言。光武曰："夫建大事者不忌小怨。鮪今若降，官爵可保，況誅罰乎？河水在此，吾不食言。"彭復往告。鮪乃降。十月，光武入洛陽，遂定都焉。

第三節　光武平關中

鄧禹之西也，破更始將樊參、王匡等，遂定河東，渡河入夏陽。_{漢縣，今陝西}韓城縣南。赤眉入長安。是時三輔連覆敗，赤眉所過殘滅，百姓不知所歸，聞禹乘勝獨克，而師行有紀，皆望風相攜負以迎軍，降者日以千數，衆號百萬。諸將豪桀，皆勸禹逕攻長安。禹曰：“吾衆雖多，能戰者少。前無可仰之積，後無轉餽之資。赤眉新拔長安，財富充實，鋒鋭未可當也。夫盜賊羣居，無終日之計。上郡、北地、安定，土廣人希，饒穀多畜。吾且休兵北道，就糧養士，以觀其弊。”於是引軍北至栒邑。_{漢縣，今陝西栒邑縣東北。}禹所到擊破赤眉別將。諸營保郡邑，皆開門歸附。禹分遣將軍別攻上郡諸縣，更徵兵引穀，歸至大要。_{縣名，屬北地。}遣馮愔、宗歆守栒邑。二人爭機相攻。愔遂殺歆。因反擊禹。禹遣使以聞。光武遣尚書宗廣持節降之。

二年，春，赤眉西走，禹乃南至長安。與延岑戰於藍田，不克。復就穀雲陽。漢中王劉嘉詣禹降。嘉相李寳，倨慢無禮，禹斬之。_{嘉，光武族兄，隨更始征伐。嘗擊延岑，降之，更始以爲漢中王，都南鄭。建武二年，岑復反，攻漢中，嘉敗走。岑進兵武都，爲更始柱功侯李寳所破，而南鄭亦爲公孫述將侯丹所取。嘉以寳爲相，南攻丹，不克。後遂詣鄧禹於雲陽。}寳弟收寳部曲擊禹，殺將軍耿訢。自馮愔反後，禹威稍損。又乏食，歸附者離散。赤眉還入長安，禹與戰，敗走。至高陵，軍士飢餓者皆食棗菜。帝乃徵禹還，遣馮異代之。禹慚於受任而功不遂，數以飢卒徼戰，輒不利。二年，春，引歸。與異相遇，要異共攻赤眉，大爲所敗，與二十四騎還宜陽。_{漢縣，今河南宜陽縣西。}異收散卒，招集諸營保數萬人，破赤眉於崤底，降男女八萬人。餘衆尚十餘萬，東走宜陽。光武聞，自將邀其走路。赤眉忽遇大軍，驚震不知所爲，乃遣劉恭乞降。積兵甲宜陽城西，與熊耳山齊焉。令樊崇等各與妻子居洛陽，賜宅人一區，田二頃。其夏，崇、逢安謀反，誅死。楊音與徐宣俱歸鄉里，卒於家。劉恭爲更始報殺謝祿，自繫獄，赦不誅。帝憐盆子，以爲趙王郎中。後病失明，賜滎陽均輸官地，以爲列肆，使食其稅終身焉。[①]

時赤眉雖降，衆寇猶盛。延岑據藍田，王歆據下邽，芳丹據新豐，蔣震據霸陵，_{漢縣，今陝西長安縣東。}張邯據長安，公孫守據長陵，_{漢縣，今陝西咸陽縣東北。}楊周據谷口，_{漢縣，今陝西醴泉縣東北。}呂鮪據陳倉，_{漢縣，今陝西寶雞縣東。}角

---

① 宮室：列肆之税。

閎據汧、駱，汧，漢縣，在今陝西隴縣。駱谷，在陝西盩厔縣西南。蓋延據盩厔，任良據鄠，漢縣，今陝西鄠縣北。汝章據槐里，各稱將軍。擁兵多者萬餘，少者數千人。馮異且戰且行，屯軍上林苑中。九月，延岑大破赤眉於杜陵，欲據關中，引張邯、任良共攻異。異擊破之。岑走攻析。異遣兵要擊，又大破之。岑遂自武關走南陽。時百姓飢餓，人相食，軍士悉以果實爲糧。詔拜趙匡爲右扶風，將兵助異。並送縑穀。異兵食漸盛，乃稍誅擊豪桀不從令者，褒賞降附有功勞者，悉遣其渠帥詣京師，散其衆歸本業。惟呂鮪、張邯、蔣震遣使降蜀，其餘悉平。三年，延岑自武關出攻南陽。耿弇與戰，破之。岑走與秦豐將合，又爲朱祐所破，遂走歸豐。四年，寇順陽。漢縣，在今河南淅川縣東。爲鄧禹所破，奔漢中，後歸於公孫述。

東方諸流寇：建武二年，正月，吳漢擊檀鄉於鄴東，大破降之。八月，帝自將征五校，大破之於羛陽，聚名，在河南內黃縣南。降之。十一月，銅馬、青犢、尤來餘賊共立孫登爲天子於上郡。登將樂玄殺登，以其衆五萬餘人降。三年，吳漢擊青犢於軹西，軹，漢縣，在今河南濟源縣東南。大破降之。四年，四月，吳漢擊五校於箕山，在今山東濮縣東。大破之。五年，漢擊富平，獲索於平原，漢郡，在今山東平原縣南。大破降之。《後書》所謂別號諸賊略盡矣。

第四節　光武平羣雄上

割據東方，形勢最彊者爲劉永。永，梁王立子。更始即位紹封，都睢陽。聞更始政亂，遂據國起兵。招諸豪桀沛人周建等，並署爲將帥。攻下濟陰、山陽、沛、楚、淮陽、汝南，凡得二十八城。又使拜西防賊帥佼彊爲將軍。西防，縣名，在今山東單縣。是時東海人董憲，起兵據其郡，張步亦定齊地，永拜爲將軍，與共連兵，遂專據東方。及更始敗，永自稱天子。時建武元年十一月也。二年，夏，光武遣蓋延等伐永。初，陳留人蘇茂，爲更始討難將軍，與朱鮪守洛陽。鮪既降，茂亦歸命。光武使與延俱攻永。軍中不相能，茂遂反，據廣樂。城名，在今河南虞城縣西。蓋延圍睢陽。數月，拔之。永將家屬走虞。漢縣，在虞城縣西南。虞人反，殺其母及妻子。永與麾下數十人奔譙。蘇茂、佼彊、周建合軍救永，爲延所敗。茂奔還。彊、建從永走保湖陵。漢縣，今山東魚臺縣東南。三年，春，永使立張步爲齊王，董憲爲海西王。初，更始遣王閎平阿侯譚子。爲琅邪大守，步拒之。閎爲檄曉諭吏人，降贛榆等六縣。贛榆，今江蘇贛榆縣。收兵數千人。與步戰，不勝。及劉永拜步爲將軍，使督青、徐二州，征不從命者。步乃理兵於劇。

漢縣，今山東壽光縣東南。遣將徇泰山、東萊、城陽、膠東、北海、濟南諸郡，皆下之，拓地寖廣，兵甲日盛。閎懼衆散，乃詣步相見。步令閎掌郡事。及是，光武遣伏隆持節使齊，拜步爲東萊大守。永聞，乃馳遣立步爲齊王。步即殺隆而受永命。吳漢等圍蘇茂於廣樂。周建救茂。戰敗，棄城復還湖陵。而睢陽人反城迎永。吳漢與蓋延等合軍圍之。城中食盡，永與茂、建走酇。漢縣，今河南永城縣西南。諸將追急，永將慶吾斬永首降。茂、建奔垂惠，聚名，今安徽蒙城縣西北。立永子紆爲梁王。佼彊還保西防。四年，秋，遣馬武、王霸圍紆、建於垂惠。蘇茂救之。紆、建亦出兵戰，不克。建兄子誦反，閉城門拒之。建、茂、紆等皆走。建於道死。茂奔下邳，與董憲合。紆奔佼彊。《本紀》：垂惠之拔，在五年二月。五年，遣杜茂攻西防。彊與紆奔董憲。龐萌者，山陽人，初亡命在下江兵中。更始立，以爲冀州牧。與謝躬共破王郎。躬敗，萌降。與蓋延共擊董憲。詔書獨下延，萌以爲延譖己，遂反。襲破延。與董憲連和，屯桃鄉北。桃鄉，漢縣，今山東汶上縣東北。帝自將討萌。憲聞，乃與紆等還蘭陵。漢縣，今山東嶧縣東。使茂、彊助萌。合兵三萬，急圍桃城。帝馳赴師次。親搏戰，大破之。萌、茂、彊夜棄輜重逃奔。憲與紆悉其兵數萬人屯昌慮。漢縣，今山東滕縣東南。帝親臨攻，又大破之。遣吳漢追擊。彊降。茂奔張步。憲及萌入郯城。郯，漢縣，今山東郯城縣西南。漢等攻拔郯。憲、萌走保朐。漢縣，今江蘇東海縣。劉紆不知所歸，軍士斬其首降。梁地悉平。吳漢進圍朐。明年，城中穀盡，憲、萌潛出，襲取贛榆。琅邪大守陳俊攻之。憲、萌走澤中。會吳漢下朐城，獲憲妻子。憲乃謝其將士，將數十騎夜去，欲從閒道歸降。漢校尉韓湛追斬憲於方與。漢縣，今山東魚臺縣北。方與人黔陵亦斬萌。初，劉永死，張步等欲立紆爲天子，自爲安漢公，置百官。王閎諫曰：「梁王以奉本朝之故，山東頗能歸之。今尊立天子，將疑衆心。」乃止。五年，秋，遣耿弇討張步。步以其將費邑爲濟南王，屯歷下。今山東歷城縣。冬，弇破斬邑。進拔臨菑。步以弇兵少遠客，可一舉而取，乃悉將其衆攻弇於臨菑。大敗，還奔劇。帝自幸劇。步退保平壽。漢縣，今山東平度縣西南。蘇茂將萬餘人來救之。帝乃遣使告步，茂：能相斬降者，封爲列侯。步遂斬茂降。後與妻子俱居洛陽。王閎亦詣劇降。八年，夏，步將妻子逃奔臨淮，漢郡，今安徽盱眙縣西。與弟弘、藍，欲招其故衆，乘船入海。陳俊追斬之。案《張步傳》言永自以更始所立，承制拜步，則永實奉承更始者。更觀王閎諫張步之言，知謂永自稱天子者必誣。蘇茂之叛，蓋亦非徒以與蓋延不協。《龐萌傳》言：光武即位，以爲侍中。萌爲人遜順，甚見親愛。帝嘗稱曰：「可以託六尺之孤，寄百里之命者，龐萌是也。」及反，帝聞之，大怒。乃自將討萌。與諸將書曰：「吾常以龐萌社稷之臣,將軍得毋笑其言乎?"萌之見親信如此,豈以詔書獨下蓋延而遂自疑? 萌殆深自韜晦,欲爲謝躬報讎者邪? 東漢人作史,不甚敢言更始之長,亦不甚敢著光武叛更始之迹,故其事之真不見。然蛛絲馬迹,猶有可尋。觀於歸心者之多,而更始之爲人可見矣。成敗儻來之運,豈得以此定聖公與伯升、文叔之優劣哉。

擅命東南,其力亞於劉永者爲李憲。憲,許昌人,王莽時爲廬江屬令。莽末,江賊王州公等起,衆十餘萬,攻掠郡縣。莽以憲爲偏將軍廬江連率,擊破州公。莽敗,憲據郡自守。更始元年,自稱淮南王。建武三年,遂自立爲天子。置公卿百官。擁九城衆十餘萬。四年,秋,光武幸壽春,遣馬成擊憲,圍舒。漢縣,今安徽廬江縣西。至六年,正月,拔之。憲亡走。其軍士追斬憲降。憲餘黨淳于陵等聚衆數千,屯潛山。漢縣,今安徽潛山縣。揚州牧歐陽歙遣兵攻之,不能克。帝議欲討之。廬江人陳衆爲從事,白歙,往說而降之。

其跋扈於荆州者,則有秦豐、田戎等。豐,南郡人,據黎丘,今湖北宜城縣北。自稱楚黎王。略有十二縣:董訢起堵鄉。訢,堵鄉人。建武二年,反宛,堅鐔徇南陽諸縣,訢棄城,走還堵鄉。見《鐔傳》。堵鄉,即堵陽,漢縣,今河南方城縣東。許邯起杏。《注》云:南陽復陽縣有杏聚。復陽,在今河南桐柏縣東。又更始諸將,各擁兵據南陽諸城。帝遣吳漢伐之。漢軍所過多侵暴。時破虜將軍鄧奉晨兄子。謁歸新野,怒漢掠其鄉里,遂反。擊破漢軍。屯據淯陽,與諸賊合從。二年,岑彭破杏,降邯。復遣八將軍與彭併力討奉。先擊堵鄉。奉將萬餘人救訢。訢、奉皆南陽精兵,彭等攻之,連月不克。三年,夏,帝自將南征。至堵陽,奉逃歸淯陽。訢降。追奉於小長安。帝率諸將親戰,大破之。奉迫急,乃降,斬之。車駕引還,令彭等三萬餘人南擊豐。豐與其大將蔡宏拒彭等於鄧,漢縣,今湖北襄陽縣北。數月不得進。帝怪,以讓彭。彭懼,從川谷間伐木開道,直襲黎丘。豐馳歸救。彭逆擊之,豐敗走。追斬蔡宏。豐相趙京等舉宜城降。宜城,漢縣,今湖北宜城縣東。共圍豐於黎丘。時田戎據夷陵。漢縣,今湖北宜昌縣。戎,西平人。西平,漢縣,今河南西平縣西。與同郡陳義,客夷陵,爲羣盜。更始元年,陷夷陵。及是,懼大兵至,欲降。戎妻兄辛臣諫,不聽。四年,春,戎留辛臣守夷陵,自將兵沿江泝沔,止黎丘。刻期日當降,而辛臣盜戎珍寶,從間道先降於彭。戎疑必賣己,遂不敢降。反與豐合。彭出兵攻戎。數月,大破之。戎亡歸夷陵。彭攻黎丘三歲,斬首九萬餘級。豐餘兵裁千人。又城中食且盡。帝以豐轉弱,十一月,令朱祐代彭守之。使彭與傅俊南擊田戎。大破之。遂拔夷陵。追至秭歸。漢縣,今湖北秭歸縣。戎與數十騎亡入蜀。明年,夏,城中窮困,豐乃將母妻子九人降。轞車傳送洛陽,斬之。俊因將兵徇江東,揚州悉定。岑彭之破田戎也,引兵屯津鄉,漢縣,今湖北江陵縣東。喻告諸蠻夷,降者奏封其君長。初,彭與交阯牧鄧讓厚善,與讓書,陳國家威德。又遣偏將軍屈充移檄江南,班行詔命。於是讓與江夏大守侯登、武陵大守王堂、長沙相韓福、桂陽大守張隆、零陵大守田翕、蒼梧大守杜穆、交阯大守錫光等,相率遣使貢獻。悉封爲列侯。或遣子將兵,助彭征伐。於是江南之珍,始流通焉。《本紀》,見建武十一年。

　　拒命於北方者,有彭寵及盧芳。寵助光武平王郎,已見第二節。光武追銅馬北至薊,寵上謁,自負其功,意望甚高,光武接之不能滿,以此懷不平。及即位,吳漢、王梁,寵之所遣,並爲三公,而寵獨無所加,愈怏怏。是時北州破散,而漁陽差完。有舊鹽鐵官,寵轉以貿穀,積珍寶,益富强。朱浮爲幽州牧,守薊,與寵不相能,數譖構之。建武二年,春,詔徵寵。寵意浮賣己,上疏願與浮俱徵。帝不許。益以自疑。遂反。自將二萬人攻浮於薊。分兵徇廣陽、上谷、右北平。秋,帝使鄧隆救薊。寵大破隆軍。明年,春,遂拔右北平、上谷。數遣使以美女、繒綵賂遺匈奴,要結和親,單于使七八千騎往來爲游兵以助寵。又南結張步及富平、獲索諸豪桀,皆與交質連衡。遂攻拔薊城,自立爲燕王。五年,春,蒼頭子密等三人斬寵詣闕。其尚書韓立等共立寵子午爲王。國師韓利斬午首,詣祭遵降。夷其宗族。寵之叛也,涿郡大守張豐亦舉兵反,與寵連兵。四年,五月,祭遵討斬之。

　　盧芳,安定三水人。三水,漢縣,在今甘肅固原縣北。居左谷中。《續漢志》曰:三水縣有左、右谷。王莽時,詐稱武帝曾孫劉文伯。云曾祖母匈奴谷蠡渾邪王之姊,爲武帝皇后,生三子。遭江充之亂,大子誅,皇后坐死。中子次卿亡之長陵,小子回卿逃於左谷。霍將軍迎次卿,迎回卿,回卿不出,因居左谷。生子孫卿。孫卿生文伯。莽末,乃與三水屬國羌、胡起兵。更始至長安,徵芳爲騎都尉,使鎮撫安定以西。更始敗,三水豪桀共計議:以芳劉氏子孫,宜承宗廟,乃共立芳爲上將軍西平王。使使與西羌、匈奴結和親。單于使句林王將數千騎迎芳。芳與兄禽、弟程俱入匈奴,單于遂立芳爲漢帝。以程爲中郎將,將胡騎還入安定。初,五原人李興、隨昱,朔方人田颯,代郡人石鮪、閔堪,各起兵自稱將軍。建武四年,單于遣無樓且渠王入五原塞,與李興等和親。告興,欲令芳還漢地爲帝。五年,李興、閔堪引兵至單于庭迎芳。與俱入塞,都九原縣。今綏遠五原縣。掠有五原、朔方、雲中、定襄、雁門五郡,並置守令。與胡通兵,侵苦北邊。芳後以事誅其五原大守李興兄弟。其朔方大守田颯,雲中大守橋扈懼,舉郡降。光武令領職如故。七年冬。後吳漢、杜茂數擊芳,並不克。事在九年、十年。十二年,芳與賈覽共攻雲中,久不下。其將隨昱留守九原，欲脅芳降。芳知羽翼外附，心膂內離，遂棄輜重，與十餘騎亡入匈奴。其衆盡歸隨昱。昱隨使者詣闕。拜爲五原大守。十六年，芳復入居高柳，漢縣，今山西陽高縣北。與閔堪兄林使使請降。乃立芳爲代王，堪爲代相，林爲代大傅。因使和集匈奴。其冬，芳入朝，有詔止令更朝明歲。芳憂恐，復叛。與閔堪、閔林相攻。匈奴迎芳及妻子出塞。芳留匈奴中十餘年，病死。初，安定屬國胡與芳爲寇。及芳敗，胡人還鄉里。積苦縣官徭役。其中有駮馬少伯者，素剛壯。二十一年，遂率種人反叛，與匈奴連和，屯聚青山。《注》：青山在今慶州。案唐慶州，今甘肅慶陽縣。遣將兵長史程訢擊之。少伯降，遷於冀縣。今甘肅甘谷縣南。

第五節　光武平羣雄下

新室之末，羣雄割據者，惟隗囂、公孫述少有規模。囂起兵後，分遣諸將徇隴西、武都、金城、武威、張掖、酒泉、敦煌，皆下之。更始二年，遣使徵囂及崔、義等。至長安，以囂爲右將軍，崔、義皆即舊號。其冬，崔、義謀欲叛歸。囂懼併禍，告之。崔、義誅死。更始感囂忠，以爲御史大夫。明年，夏，赤眉入關，三輔擾亂，流聞光武即位河北。囂即説更始：歸政於光武叔父國三老良。更始不聽。更始使使者召囂，囂稱疾不入。因令客王遵、周宗等勒兵自守。更始使執金吾鄧曄將兵圍囂。囂閉門拒守。至昏時，遂潰圍，亡歸天水。述，茂陵人。天鳳中，爲導江卒正，導江，蜀郡改。居臨邛。漢縣，今四川邛崍縣。更始立，豪桀各起其縣以應漢。南陽人宗成略漢中。商人王岑，亦起兵於雒縣，今四川廣漢縣。殺莽庸部牧以應成。述使迎成等。成等至成都，虜掠暴橫。述攻破之。二年，秋，更始遣柱功侯李寶、益州刺史張忠徇蜀漢。述使其弟恢於緜竹擊寶、忠，緜竹，漢縣，今四川德陽縣北。大破之。於是自立爲蜀王。建武元年，四月，遂自立爲天子，號成家。越嶲任貴殺王莽大尹，據郡降述。述遂使將軍侯丹北守南鄭；任滿下江州，漢縣，今四川江北縣。東據扞關；在今四川奉節縣東。盡有益州之地。

陳囂素謙恭愛士。更始敗，三輔耆老士大夫皆奔歸囂。囂傾身引接，爲布衣交。由此名震西州，聞於山東。馮愔叛，西向天水，囂逆擊，破之。鄧禹承制，命囂爲西州大將軍，得專制涼州、朔方事。及赤眉去長安，欲西上隴，囂又遣將軍楊廣逆擊破之。建武三年，囂乃上書詣闕。光武素聞其風聲，報以殊禮。言稱字，用敵國之儀。述使李育、程烏出陳倉，與呂鮪徇三輔。囂遣兵佐馮異擊走之。其後述數出兵漢中，遣使以大司馬扶安王印綬授囂。囂斬其使，出兵擊之，連破述軍。以故蜀兵不復北出。時關中將帥，數上書言蜀可擊之狀。帝以示囂，因使討蜀。囂乃遣長史上書，盛言三輔單弱，劉文伯在邊，未宜謀蜀。帝知囂欲持兩端，不願天下統一，於是稍黜其禮，正君臣之儀。

初，囂與來歙、馬援相善，故帝數使歙、援奉使往來，勸令入朝。五年，復遣歙說囂遣子入侍。囂聞劉永、彭寵皆已破滅，乃遣長子恂隨歙詣闕。囂將王元、王捷，常以爲天下成敗未可知，不願專心内事。囂心然其計。而延岑、田戎，亦皆爲漢兵所敗，亡入蜀。述以岑爲大司馬，封汝寧王，戎翼江王。六年，關東悉平。帝積苦兵閒，以囂子内侍，述遠據邊垂，乃謂諸將曰：“且當置此兩子於度外耳。”而述遣田戎與任滿出江關，在今四川奉節縣東。欲取荆州諸郡。乃詔囂：當從天水伐蜀。囂復多設支閣。帝知其終不爲用，遂西幸長安，遣耿弇等七將軍從隴道伐蜀。囂使王元據隴坻。諸將與囂戰，大敗，各引還。囂因使王元、行巡侵三輔。馮異、祭遵等擊破之。囂乃上疏謝。帝使來歙至汧，賜囂書曰：“今若束手，復遣恂弟歸闕庭者，則爵禄獲全，有浩大之福矣。吾年垂四十，在兵中十歲，厭虛語浮辭。即不欲，勿報。”囂知帝審其詐，遂遣使稱臣於公孫述。明年，述以囂爲朔寧王。遣兵往來，爲之援勢。述騎都尉荆邯説述：“發國内精兵，令田戎據江陵，傳檄吳、楚；延岑出漢中，定三輔；如此，海内震搖，冀有大利。”蜀人及其弟光，以爲不宜空國千里之外，決成敗於一舉，固爭之。述乃止。延岑、田戎亦數請兵立功，述終不聽。述性苛細，察於小事，敢誅殺，而不見大體。又立其兩子爲王，食犍爲、廣漢各數縣。羣臣多諫，以爲成敗未可知，戎士暴露，而遽王皇子，示無大志，傷戰士心。述不聽，惟公孫氏得任事，由此大臣皆怨。秋，囂將步騎三萬侵安定。至陰槃。縣名，今陝西長武縣西北。馮異率諸將拒之。囂又令別將下隴，攻祭遵於汧。兵並無利，乃引還。八年，春，來歙從山道襲得略陽城。略陽，漢縣，今甘肅秦安縣東。囂悉大衆圍歙。述亦遣其將李育、田弇助囂。攻略陽，連月不下。帝乃率諸將西征之。數道上隴。囂大將十三人，屬縣十六，衆十餘萬皆降。王元入蜀求救。囂將妻子奔西城從楊廣，西城，漢縣，今陝西安康縣西北。而田弇、李育保上邦。詔告囂曰：“若束手自詣，父子相見，保無它也。”囂終不降。於是誅其子恂。使吳漢、岑彭圍西城，耿弇、蓋延圍上邦。李育軍没。潁川盜賊起，寇没屬縣，河東守兵亦叛，京師騷動。帝自上邦晨夜東馳。九月，還宮。自征潁川，盜賊皆降。帝勅吳漢曰：“諸郡甲卒，但坐費糧食，若有逃亡，則沮敗衆心，宜悉罷之。”漢等貪併力攻囂，不能遣。糧食日少，吏士疲敝。數月，王元、行巡、周宗將蜀救兵五千餘人至，漢遂退敗。迎囂歸冀。安定、北地、天水、隴西復反爲囂。九年，春，囂死。王元、周宗立囂少子純爲王。明年，來歙、耿弇、蓋延等攻破落門。聚名，在甘肅甘谷縣西。周宗、行巡等將純降。王元留爲蜀將，蜀破，乃降。純徙弘農。十八年，與賓客數十騎亡入胡。至武威，捕得，誅之。

　　王元之降蜀也，公孫述以爲將軍。建武九年，述使元與領軍環安拒河池。漢縣，今甘肅徽縣西。又遣田戎、任滿下江關，拔夷陵，據荆門。山名，在今湖北宜都縣西北。十一年，岑彭攻破之。述將王政斬滿降，田戎走保江州。彭以其食多，難卒拔，留馮駿守之，十二年，七月，拔之，獲戎。自引兵至墊江。漢縣，今四川合川縣。帝與述書，陳言禍福，明丹青之信。述省書歎息。以示所親大常常少、光禄勳張隆。隆、少皆勸降。述曰：“廢興命也，豈有降天子哉？”左右莫敢復言。來歙急攻王元、環安。安使客刺殺歙。述使延岑、呂鮪及其弟恢悉兵拒廣漢及資中，漢縣，今四川資陽縣北。侯丹拒黃石。灘名，在今四川涪陵縣。彭使臧宮拒岑等。自還江州。襲擊侯丹，大破之。因倍道兼行，拔武陽。漢縣，今四川彭山縣東。使精騎馳廣都，漢縣，今四川華陽縣東南。去成都數十里。蜀地震駭。述令客刺殺彭。會吳漢泝江上，並將其軍。十二年，圍武陽。述遣子壻史興救之。漢迎擊，盡殪其衆。進拔廣都。逼成都。述使謝豐、袁吉攻漢，漢破之，斬豐、吉，引還廣都。自是戰於廣都、成都之間，八戰八克。遂軍於郭中。時臧宮已破延岑，降王元，拔緜竹，破涪城，涪，漢縣，今四川緜陽縣。斬述弟恢，攻拔繁、漢縣，今四川新繁縣東北。郫，漢縣，今四川郫縣。與漢會。述乃悉散金帛，募敢死士五千餘人，以配延岑。遣步兵出吳漢軍後，襲擊破漢。漢墮水，緣馬尾得出。十一月，臧宮軍至咸門。《注》：成都北面有二門，其西者名咸門。述自將數萬人攻漢，使延岑拒宮。大戰。岑三合三勝。自旦及日中，軍士不得食，並疲。漢因令壯士突之。述兵大亂。被刺洞胸墮馬。左右輿入城。述以兵屬延岑。其夜死。明旦，岑降。吳漢乃夷述妻子，盡滅公孫氏，並族延岑。遂放兵大掠，焚述宮室。漢前以軍行侵暴，致鄧奉之叛，破蜀又殘虐如此，可謂暴矣。十八年，蜀郡守將史歆反，漢又率劉尚、臧宮討平之。

　　隴、蜀既平，河西則以竇融故，不煩兵力而自服。融，平陵人。平陵，漢縣，在今陝西咸陽縣西北。七世祖廣國，漢孝文皇后之弟。融，王莽時嘗爲軍官。莽敗，降更始大司馬趙萌。萌以爲校尉，甚重之。薦融爲鉅鹿大守。融見更始新立，東方尚擾，不欲出關。而高祖父嘗爲張掖大守，從祖父爲護羌校尉，從弟亦爲武威大守，累世在河西，知其土俗。獨謂兄弟曰：“天下安危未可知。河西殷富，帶河爲固；張掖屬國，精兵萬騎；一旦緩急，杜絶河津，足以自守；此遺

173

種處也。"兄弟皆然之。融於是日往守候萌,辭讓鉅鹿,圖出河西。萌爲言更始,乃得爲張掖屬國都尉。融大喜。即將家屬而西。既到,撫結雄桀,懷輯羌虜,甚得其歡心。河西翕然歸之。是時酒泉大守梁統、金城大守庫鈞、張掖都尉史苞、酒泉都尉竺曾、敦煌都尉辛肜並州郡英俊,融皆與爲厚善。及更始敗,統等乃推融行河西五郡大將軍事。武威大守馬期、張掖大守任仲,並孤立無黨。乃共移書告示之。二人即解印綬去。於是以梁統爲武威大守,史苞爲張掖大守,竺曾爲酒泉大守,建武七年,曾以弟報怨殺人去,融以辛肜代之。辛肜爲敦煌大守,庫鈞爲金城大守。融居屬國,領都尉職如故。置從事監察五郡。河西民俗質樸,融等政亦寬和,上下相親,晏然富殖。修兵馬,習戰射,明烽燧之警。羌、胡犯塞,融輒自將,與諸郡相救,皆如符要。每輒自破之。其後匈奴懲艾,稀復侵寇,而保塞羌、胡,皆震服親附。安定、北地、上郡流人避凶飢者,歸之不絕。時隗囂先稱建武年號,融等從受正朔。囂皆假其將軍印綬。使辯士說河西,與隴、蜀合從。融等召豪桀及諸大守計議,決策東鄉。建武五年,夏,遣長史劉鈞奉書獻馬。先是帝聞河西完富,地接隴、蜀,常欲招之,以逼囂、述,亦發使遺融書。遇鈞於道,即與俱還。帝授融涼州牧。隗囂叛,融與五郡大守上疏請師期。初,更始時,先零羌封何諸種殺金城大守,居其郡。隗囂使使略遺封何,與共結盟,欲發其衆。融與諸郡擊封何,大破之。八年,夏,車駕西征。融等與大軍會高平第一。《注》:高平,今原州縣。《郡國志》云:高平有第一城。案今甘肅固原縣。及隴、蜀平,詔融與五郡大守奏事京師,以列侯奉朝請焉。據《梁統傳》。

以上所言,皆新、漢閒割據擾亂之較大者。其較小者:則《光武本紀》建武十六年云:"郡國大姓及兵長羣盜,處處並起。攻劫在所,殺害長吏。郡縣追討,到則解散,去復屯結。青、徐、幽、冀四州尤甚。冬,十月,遣使者下郡國,聽羣盜自相糾擿,五人共斬一人者除其罪。吏雖逗留、回避、故縱者皆勿問,聽以禽討爲效。其牧、守、令、長,坐界内盜賊而不收捕者,又以畏懦捐城委守者,皆不以爲負,但取獲賊多少爲殿最,惟蔽匿者乃罪之。於是更相追捕,賊並解散。徙其魁帥於他郡,賦田受稟,使安生業。自是牛馬放牧,邑門不閉。"蓋北方實至此而始平也。其南方:則海濱、江淮,多擁兵據土者。建武六年,以李忠爲丹陽大守。忠到郡,招懷降附。其不服者悉誅之。旬月皆平。十七年,七月,妖巫李廣等羣起,據皖城。漢縣,今安徽潛山縣北。遣馬援、段志討破之。十九年,妖巫單臣、傅鎮等反,據原武。漢縣,今河南陽武縣。臧宮討斬之。又更始敗時,樂浪人王調,殺郡守劉憲,自稱大將軍樂浪大守。建武六年,光武遣大守王遵將兵擊之。郡人王景等殺調迎遵。牂柯：公孫述時，大姓龍、傅尹、董氏與郡功曹謝暹保境爲漢。遣使從番禺江奉貢。益州：大守文齊，固守拒險。述拘其妻子，許以封侯。齊遂不降。聞光武即位，乃間道遣使自聞。越嶲：王莽時，郡守枚根，調邛人長貴，以爲軍侯。更始二年，長貴率種人攻殺枚根，自立爲邛穀王，領大守事。又降於公孫述。述敗，光武封長貴爲邛穀王。建武十四年，長貴遣使上三年計。即授越嶲大守印綬。十九年，劉尚擊益州夷，路由越嶲。長貴聞之，疑尚既定南邊，威法必行，己不得放縱。即聚兵，起營臺，招呼諸君長。多釀毒酒，欲先以勞軍，因襲擊尚。尚知其謀，即分兵先據邛都，遂掩長貴誅之。徙其家屬於成都。長貴，《岑彭傳》作任貴，入蜀時遣使迎降，《前書》亦作任貴。交阯：十六年，女子徵側及女弟徵貳反。攻沒其郡。九真、日南、合浦蠻夷皆應之。寇略嶺外六十餘城。側自立爲王。拜馬援爲伏波將軍，督樓船將軍段志等擊之。軍至合浦，志病卒，詔援併將其衆，緣海而進。隨山刊道千餘里。至十九年正月，乃平之。斬徵側、徵貳，傳首洛陽焉。

第九章　後漢盛世

第一節　光武明章之治

　　凡舊勞於外之主，率能洞達民情，況興於草澤者乎？《後漢書·循吏傳》云："光武長於民間，頗達情偽。見稼穡艱難，百姓病害。至天下已定，務用安静。解王莽之繁密，還漢世之輕法。身衣大練，色無重采。耳不聽鄭、衛之音，手不持珠玉之玩。宮房無私愛，左右無偏恩。建武十三年，異國有獻名馬者，日行千里；又進寶劍，賈兼百金；詔以馬駕鼓車，劍賜騎士。損上林池籞之官，廢馳騁弋獵之事。其以手迹賜方國者，皆一札十行，①細書成文。勤約之風，行於上下。數引公卿郎將，列於禁坐，廣求民瘼，觀納風謠。故能內外匪懈，百姓寬息。自臨宰邦邑者，競能其官。然建武、永平之間，吏事刻深。亟以謡言單辭，轉易守、長，②故朱浮數上諫書，箴切峻政；鍾離意等亦規諷殷勤，以長者爲言；而不能得也。"浮、意之言，皆見《後漢書》本傳。又《鄭興傳》：興亦因建武七年三月晦日食，上言今陛下高明，而羣臣皇促，宜留思柔克之政。案《續漢書·百官志》言：世祖中興，務從省約。併官省職，費減億計。③《郡國志》言：其所省者，郡國十，縣、邑、道、侯國四百餘所。《注》引應劭《漢官》曰："世祖中興，海內人民，可得而數，裁十二三。邊垂蕭條，靡有孑遺。郛塞破壞，亭隊絶滅。建武二十一年，始遣中郎馬援謁者分築烽候堡壁，稍興立郡縣，十餘萬户。或空置大守、令、長，招還人民。上笑曰：今邊無人而設長吏治之，難如《春秋》素王矣，乃建立三營，屯田殖穀。弛刑謫徒，以充實之。"蓋時海內凋敝已甚，不得不一出於節約也。本紀言帝在兵間久，厭武事，且知天下疲耗，思樂息肩。自隴、蜀平後，非儆急，未嘗復言軍旅。皇大子嘗問攻戰之事。帝曰："昔衛靈公問陳，孔

---

①　文具：光武一札十行。
②　文學：建武以謡言單辭更易守長。
③　職官：光武省官。

176

子不對，此非爾所及。"每旦視朝，日側乃罷。數引公卿郎將，講論經理，夜分乃寐。皇大子諫。帝曰："我自樂此，不爲疲也。"《皇后紀》言：光武中興，斲雕爲朴。六宮稱號，惟皇后貴人。貴人金印紫綬，奉不過數十斛。又置美人、宮人、采女三等，並無爵秩。歲時賞賜，充給而已。其愛養元元之心，及其勤勞不怠之風，行過乎儉之意，自有足取者，故能開一代之治也。

其致治之術，實在以吏事責三公，而功臣不用。《賈復傳》言：是時列侯公卿，參議國家大事者，惟高密、鄧禹。固始、李通。膠東賈復。三侯而已。故復等亦能剽甲兵，敦儒學焉。《馬武傳》言：帝雖制御功臣，而每能回容，宥其小失。遠方貢珍甘，必先徧賜列侯，而大官無餘。有功輒增邑賞，不任以吏職。故皆保其福祿，無誅譴者。然《杜詩傳》：詩上疏言："臣伏覩將帥之情，功臣之望，冀一休足於内郡，然後即戎出命，不敢有恨。誠宜虛缺數郡，以俟振旅之臣。重複厚賞，加於久役之士。"桓譚亦言："陛下用兵，諸所降下，既無重賞，以相恩誘，或至虜掠，奪其財貨。是以兵長渠帥，各生狐疑，黨輩連結，歲月不解。"則光武於將士，御之未嘗不嚴，且其待之頗薄。所云"高爵厚祿，允答元功"者，特在其功成身退之後而已。然寇、鄧之高勳，耿、賈之鴻烈，分土不過大縣數四，所加特進朝請而已。①《朱景王杜馬劉傅堅馬傳贊》。而奉命莫不惟謹，軍旅之事，貴於威克厥愛，信哉！

帝於文史，督責尤嚴。《申屠剛傳》云：時内外羣官，多帝自選舉。加以法理嚴察，職事過苦。尚書羣臣，至乃箠撲牽曳於前。羣臣莫敢正言。剛每極諫，帝不納。爲大司徒者：自鄧禹而後，伏湛坐事策免。侯霸以薦閻楊，楊爲帝所素嫌，幾至不測。霸薨後，韓歆代之。以直言無隱諱，免歸田里。復遣使宣詔責之。歆及子嬰皆自殺。歐陽歙、戴涉繼之，皆坐事下獄死。其後蔡茂、王況、馮勤雖得薨位，然史稱帝賢勤，欲令以善自終，乃因燕見，從容戒之曰："朱浮上不忠於君，下陵同列，竟以中傷至今，死生吉凶未可知，豈不惜哉？人臣放逐受誅，雖復追加賞賜賻祭，不足以償不訾之身"云云，則勤之處境亦危矣。其時大司農江馮上言，至欲令司隸校尉督察三公，見《陳元傳》。其遇大臣寡恩如此。②《續書·百官志注》引《決録》云：故事，尚書郎以令史久缺補之。世祖始改用孝廉，以丁邯補焉。邯稱疾不就。詔問實病？羞爲郎乎？對曰："臣實不病，恥以孝廉爲令史職耳。"③世祖怒，杖之數十。詔問欲爲郎不？邯

①　兵：光武不以功臣爲郡，用兵又無重賞。
②　職官：光武待文臣嚴而寡恩，然權戚威横（第一七八頁）。光武實乃無禮，明帝沿之（第一八一頁）。
③　職官：令史爲卑微（又見第二一四頁）。

曰："能殺臣者陛下，不能爲郎者臣。"中詔遣出，竟不爲郎。其遇羣臣之無禮
又如此。《五行志》言：建武十六年，諸郡大守坐度田不實，世祖怒，殺十餘人。
皇子諸王招來文章談説之士，有人奏諸王所招待者或真偽，雜受刑罰者子孫，
宜可分別。上怒，詔捕諸王客，皆被以苛法，死者甚多。《後漢書·第五倫
傳》：倫上疏言："光武承王莽之餘，頗以嚴猛爲政。後代因之，遂成風化。郡
國所舉，類多辨職俗吏，殊未有寬博之選，以應上求。"則其用刑之不詳，毒且
流於後嗣矣。然猶能稱後漢之治世者，則以其遇臣下雖嚴，而於小民頗寬也。
《後書》本紀：建武二十六年，詔有司增百官奉。千石已上，減於西京。六百石
已下，增於舊秩。則帝於小臣，亦頗能體恤。與前世寬縱大臣、近臣，不恤小
臣、遠臣，急於察吏，聽其虐民者迥異。此其所以能下啓永平，同稱東京之治
世歟？

　　漢世權戚，最稱縱恣。西京陵替，職此之由。以光武之嚴明，似可以斂迹
矣。然《酷吏傳》言：董宣爲江夏大守，外戚陰氏爲郡都尉，宣輕慢之，坐免。
後特徵爲洛陽令。時湖陽公主蒼頭白日殺人，因匿主家，吏不能得。及主出
行，以奴參乘。宣於夏門亭候之。乃駐車叩馬，以刀畫地，大言數主之失。叱
奴下車，因格殺之。主即還宮訴帝。帝大怒。召宣，欲箠殺之。宣叩頭曰：
"願乞一言而死。"帝曰："欲何言？"宣曰："陛下聖德中興，而縱奴殺良人，將何
以理天下乎？臣不須箠，請得自殺。"即以頭擊楹，流血被面。帝令小黄門持
之。使宣叩頭謝主。宣不從。彊使頓之。宣兩手據地，終不肯俯。主曰："文
叔爲白衣時，藏亡匿死，吏不敢至門，今爲天子，威不能行一令乎？"帝笑曰：
"天子不與白衣同。"因勅彊項令出。賜錢三十萬。此事昔時論史者，或轉以
爲美談，然去舜爲天子，皋陶爲士，瞽瞍殺人執之之義亦遠矣。昔之持論者，
多自託於孔、孟，如此等處，曷嘗能折衷於六藝邪？《蔡茂傳》：茂因宣事上書，
言"頃者貴戚椒房之家，數因恩勢，干犯吏禁，殺人不死，傷人不論"，可見壞法
者之多。帝之所謂嚴明者安在哉？豈專施諸疏逖乎？然帝之時，權戚之縱
恣，究較後世爲愈。故《朱浮傳》載浮上疏，言"陛下清明履約，率禮無違，自宗
室諸王，外家后親，皆奉遵繩墨，無黨勢之名，至或乘牛車，齊於編人"也。外
戚中竇融最稱恭謹，然以子孫縱誕，永平初卒遭譴謫。永平之政，多遵建武，
夫固可以參觀也。

　　光武之所委任者，爲明習故事之臣，如伏湛、侯霸、馮勤，皆自尚書登相位
是也。亦頗獎飾恬退之士，如卓茂與孔休、蔡勳、劉宣、龔勝、鮑宣六人，同志
不仕王莽，名重當時，咸加褒顯，或封其子孫是也。論者因稱光武能獎厲名

節，後世卒食其報。其實襃顯不仕莽朝者，不過一姓之私；而漢末所謂名士者，亦徒氣矜之隆，正如畫餅充飢，不可得啖，即微黨錮之禍，其徒咸獲登用，亦未必能收澄清之效也。參看第十四章第五節自明。

《儒林列傳》言：光武愛好經術，未及下車，先訪儒雅。采求闕文，補綴漏逸。先是四方學士，多懷挾圖書，遁逃林藪。自是莫不抱負墳策，雲集京師。於是立《五經》博士，各以家法教授。建武五年，修起大學。中元元年，初建三雍。明帝即位，遂親行其禮焉。此事讀史者尤以爲美談。然秦、漢而後，所謂辟雍，已與教化無涉。《漢書·禮志》，已有微辭。光武亦非知禮樂之人，其勤於建立，或轉以承新室之後，聞見所習耳。《三國·魏志·袁渙傳》：魏國初建，渙言於大祖曰：“今天下大難已除，文武並用，長久之道也。可大收篇籍，明先聖之教，以易民視聽。”此所謂柔之之術，光武或亦有此志耳。偃武修文，誠爲定亂後之亟務，然治以實不以名，與其隆辟雍，曷若興庠序邪？[①] 而後漢右文之主，始終慮不及此，可見其所謂右文者，仍不免徒飾觀聽，與先漢武帝同病也。辟雍之議，發自耿純，而成於桓榮。建武三十年，純又奏上宜封禪。中元元年，帝遂東巡岱宗焉。此又於教化何涉？況以當時海内之彫敝，而可爲告成功之祭乎？《續漢書·祭祀志》云：建武三十年二月，羣臣上言，即位三十年，宜封禪泰山。詔書云：“即位三十年，百姓怨氣滿腹，吾誰欺？欺天乎？曾謂泰山，不如林放？若郡縣遠遣吏上壽，盛稱虛美，必髠，兼令屯田。”自此羣臣不敢復言。三十二年，正月，上齊，夜讀《河圖會昌符》，曰：“赤劉之九，會命岱宗。不慎克用，何益於承？誠善用之，姦偽不萌。”感此文，乃詔梁松等案索《河》、《洛》讖文言九世封禪事者。松等列奏乃許焉。夫既能爲三十年之詔，豈復有三十二年之求？若謂爲圖讖所惑，豈有躬創大業之人，没於迷信者？光武之信讖，殆亦欲以此愚民耳。[②] 三年之間，而其自相矛盾若此，足見昔時史籍，稱美帝王之言，多不免於虛誣也。

仁民之政，光武確亦有之。如建武五年，即復三十而一之稅；十六年又復五銖錢；二年、六年、七年、十三年、十四年，屢詔免嫁妻、賣子及奴婢是也。其不肯用兵匈奴，及卻西域都護之請，亦不失爲度德量力。惟罷郡國都尉及輕車、騎士、材官、樓船，_{建武六年、七年。}雖有休息之效，而使民兵之制，自茲而廢，則亦未免昧於遠大之議焉。

---

① 學校：後漢始終飾辟雍，不興庠序。

② 宗教：光武封禪信讖？愚民耳。

光武郭皇后，真定恭王名普，景帝七世孫。女郭主之子。更始二年，春，光武擊王郎，至真定，因納后，已見前。及即位，以爲貴人。建武元年，生皇子彊。陰皇后，諱麗華，南陽新野人。初，光武適新野，聞后美，心悅之。後至長安，見執金吾車騎甚盛，因歎曰："仕宦當作執金吾，娶妻當得陰麗華。"更始元年，六月，遂納后於宛當成里。即位，爲貴人。欲崇以尊位。后以郭氏有子，終不肯當。建武二年，郭氏立爲皇后。彊爲皇大子。後寵稍衰。十七年，廢爲中山王大后。時進后中子右翊公輔爲中山王，二十年，徙沛，后爲沛大后。立陰貴人爲皇后。彊戚戚不自安。數因左右及諸王，陳其懇誠，願備蕃國。十九年，封爲東海王。立陰后子莊爲大子。中元元年，二月，世祖崩，大子即位，是爲顯宗孝明皇帝。時郭后已前卒。建武二十八年。廣陵思王荆，亦陰后子。詐稱后弟大鴻臚郭況書與彊，言"君王無罪，猥被斥廢，而兄弟至有束縛入牢獄者"。勸其舉兵，"雪沈沒之恥，報死母之讎"。彊得書惶怖，即執其使，封書上之。顯宗以荆母弟，祕其事。遣荆出止河南宮。時西羌反，荆不得志，冀天下因羌驚動有變，私迎能爲星者與謀議。帝聞之，乃徙封荆廣陵王，遣之國。後荆復呼相工，謂曰："我貌類先帝，先帝三十得天下，我今亦三十，可起兵未？"相者詣吏告之。荆皇恐，自繫獄。帝復加恩，不考極其事，下詔不得臣屬吏人，惟食租如故。使相、中尉謹宿衛之。荆猶不改，使巫祭祀祝詛。有司舉奏，請誅之。荆自殺。永平十年。楚王英，許美人子。自顯宗爲大子時，英常獨歸附大子，大子特親愛之。英少時好游俠，交通賓客。晚節更喜黃、老學，爲浮屠齋戒祭祀。後遂大交通方士。作金龜玉鶴，刻文字以爲符瑞。永平十三年，男子燕廣告英與漁陽王平、顏忠等造作圖書，有逆謀。事下案驗。有司奏英招聚姦猾，造作圖讖，擅相官秩，置諸侯、王、公、將軍、二千石。大逆不道。請誅之。帝以親親，不忍，乃廢英，徙丹陽涇縣。今安徽涇縣西。明年，至丹陽，自殺。郭后子濟南安王康，在國不循法度，交通賓客。人上書告其招徠州郡姦猾漁陽顏忠、劉子産等。又多遺其繒帛，案圖書，謀議不軌。有司舉奏之。削五縣。阜陵質王延，本王淮陽。永平中，有上書告延與姬兄謝弇及姊館陶主壻駙馬都尉韓光招姦猾，作圖讖，祠祭祝詛。事下案驗。光、弇被殺。辭所連及，死徙者甚衆。延徙爲阜陵王，食二縣。建初中，復有告延與子男魴造逆謀者。貶爲阜陵侯，食一縣。使謁者一人監護延國，不得與吏人通。章和元年，行幸九江，賜延書，與車駕會壽春，乃復爲阜陵王，增封四縣，幷前爲五縣焉。楚獄連繫者數千人。顯宗怒甚，吏皆皇恐，一切陷入，無敢以情恕者。迫痛自誣死者甚衆，見寒朗及袁安《傳》。《安傳》言帝以安奏，感悟，得出者四百餘家。然《楊終傳》言廣陵、楚、淮陽、濟南之獄，徙者萬數，則感悟釋出者，曾不及十之一耳。

《鍾離意傳》言：明帝性褊察，好以耳目隱發爲明。公卿大臣，數被詆毀。近臣尚書以下，至見提拽。嘗以事怒郎藥崧，以杖撞之。崧走入牀下。帝怒甚，疾言曰："郎出郎出。"崧曰："天子穆穆，諸侯皇皇，未聞人君，自起撞郎。"帝赦之。《左雄傳》：大司農劉據，以職事被譴，召詣尚書，傳呼促步，又加以捶撲。雄上言："九卿位亞三事，班在大臣。行有佩玉之節，動有庠序之儀。孝明皇帝始有撲罰，皆非古典。"順帝從而改之。其後九卿無復捶撲者。朝廷莫不悚栗。爭爲嚴切，以避誅責。惟意獨敢諫爭，數封還詔書。臣下過失，輒救解之。會連有變異，意復上疏，咎羣臣以苛刻爲俗，吏殺良人，繼踵不絶，感逆和氣，以致天災。以此不得久留，出爲魯相。卒官。復遺言上書陳升平之世，難以急化，宜少寬假。《宋均傳》：均性寬和，不喜文法。常以爲吏能弘厚，雖貪汙放縱，猶無所害。至於苛察之人，①身或廉法，而巧黠刻削，毒加百姓，災害流亡，所由而作。及在尚書，恒欲叩頭爭之。以時方嚴切，遂不敢陳。蓋建武刻急之治，至永平，幾於變本加厲矣。

明帝在位十八年崩，子炟立，是爲肅宗孝章皇帝。帝少寬容，好儒術。《後書》本紀論曰："明帝善刑理，法令分明。日晏坐朝，幽枉必達。內外無倖曲之私，在上無矜大之色。斷獄得情，號居前代十二。故後之言事者，莫不先建武、永平之政。而鍾離意、宋均之徒，常以察慧爲言。夫豈弘人之度量未優乎？"又云："魏文帝稱明帝察察，章帝長者。章帝素知人，厭明帝苛切，事從寬厚。感陳寵之義，除慘獄之科。《寵傳》：肅宗初爲尚書。是時承永平故事，吏政尚嚴切。尚書決事，率近於重。寵以帝新即位，宜改前世舊俗。乃上疏。帝敬納寵言，每事務於寬厚。其後遂詔有司，絶鈷鑽諸慘酷之科，解妖惡之禁，除文致之請。讞五十餘事，定著於令。著胎養之令。元和二年詔曰："令云：人有產子者，復勿算三歲。今諸懷姙者，賜胎養穀人三斛，復其夫勿算一歲，著爲令。"平繇簡賦，人賴其慶。"蓋明帝之爲人，頗類前漢宣帝，而章帝則頗類元帝也。然外戚之禍，遂萌芽於章帝之時。則甚矣，爲人君者之不可以不知法術也。

明帝馬皇后，援之小女。援卒後家失勢，數爲權貴所侵侮。后從兄嚴，不勝憂憤。白大夫人，絕婚竇氏，求進女掖庭。由是選入大子宮。顯宗即位，以后爲貴人。時后前母姊女賈氏，亦以選入，生肅宗。帝以后無子，命養之。永平三年，立爲皇后。后能誦《易》。好讀《春秋》、《楚辭》。尤善《周官》、董仲舒書。常衣大練，裙不加緣。建初元年，章帝欲封爵諸舅。大后不聽。明年，

---

①　政治：苛察者身或廉法，而流毒百姓。

夏,大旱。言事者以爲不封外戚之故。有司因此上奏,宜依舊典。帝復重請之。大后卒不許。四年,天下豐稔,方垂無事,帝遂封三舅廖、防、光爲列侯。大后以爲恨。廖等不得已,受封爵而退位歸第。是歲,大后崩。八年,廖子步兵校尉豫,投書怨誹。有司奏免豫,遣廖、防、光就封。① 豫隨廖歸國,考擊物故。後詔還廖京師。史言廖性寬緩,不能教勒子孫,而防、光奢侈,好樹黨羽,一似罪專在防、光者。然《第五倫傳》:倫以肅宗初爲司空,上疏言:"近代光烈皇后,雖友愛天至,而卒使陰就歸國,徙廢陰興賓客。其後梁、竇之家,互有非法,明帝即位,竟多誅之。自是洛中無復權戚,書記請託,一皆斷絕。而今之議者,復以馬氏爲言,竊聞衛尉廖,以布三千匹,城門校尉防,以錢二百萬,私贍三輔衣冠。知與不知,莫不畢給。又聞臘日,亦遺其在洛中者錢各五千。越騎校尉光,臘用羊三百頭,米四百斛,肉五千斤。"則廖亦未嘗不奢侈,好樹黨與也。後馬防爲車騎將軍,當出征西羌,倫又上疏,言:"聞防請杜篤爲從事中郎,多賜財帛。篤爲鄉里所廢,客居美陽。女弟爲馬氏妻,恃此交通。在所縣令,苦其不法,收繫論之。今來防所,議者咸致疑怪。況乃以爲從事?將恐議及朝廷。今宜爲選賢能以輔助之,不可復令防自請人,有損事望。"不見省用。則太后之裁抑外家,亦徒有其名而已。《援傳》言:"帝數加譴敕,所以禁遏甚備。由是權勢稍損,賓客亦衰。"其事蓋在馬后崩後。然猶歷四年,乃遣歸國,則章帝之制馭外戚,不如明帝遠矣。然馬氏究猶爲賢者。至竇后,專寵宮闈,而害和帝之母,遂爲東京外戚之禍之始焉。

第二節　匈奴分裂降附

前漢之末,北邊形勢,頗爲完固。蓋自武帝以來,仍世出兵征討,威憺遠澹,而邊塞之修起,亦非一日之功,故其勢屹然不可犯也。侯應議罷邊備塞卒云:"起塞以來,百有餘年,非皆以土垣也。或因山巖石,木柴僵落,谿谷水門,稍稍平之。卒徒作治,功費久遠,不可勝計。"可見前漢邊備,頗爲整飭。《漢書·匈奴傳》叙昭帝時事曰"是時漢邊郡燧火候望精明,匈奴爲邊寇者少利,希復犯塞",非偶然也。新莽撫御失宜,四夷俱叛。徒集大兵,不能出塞,而蠻夷入犯,且無以過之,遂至邊民蕩析離居,障塞破壞,守備空虛,而東漢以彫敝之局承其後,蓋岌岌乎其可危矣。然未幾即轉危爲安,抑且威行朔漠,有非前世所敢望者,則匈奴之分裂實爲之,不可謂非天幸也。

---

① 史事:馬氏非不縱恣,此見信史之少,蓋徒據傳者書之。

王莽拜須卜當爲單于，欲出兵輔立之，已見前。後當病死。漢兵誅莽，云及大且渠奢亦死。更始二年冬，漢遣中郎將歸德侯颯、大司馬護軍陳遵使匈奴，授單于漢舊制璽綬。單于輿驕，謂遵、颯曰：匈奴本與漢爲兄弟。孝宣皇帝輔立呼韓邪單于，故稱臣以尊漢。今漢亦大亂，爲王莽所篡，匈奴亦出兵擊莽，空其邊境，令天下騷動思漢，莽卒以敗，而漢復興，亦我力也當復尊我。遵與相掌拒，單于終持此言。光武六年，始與匈奴通好。單于驕倨，自比冒頓。帝待之如初。而匈奴數與盧芳共侵北邊。帝但嚴兵防之。事見蘇竟、郭伋、杜茂、王霸、馬成、張堪等傳。而徙幽、并邊人於常山關、居庸關以東。匈奴遂復轉居塞內。而烏桓、鮮卑，又爲所懾服。

烏桓、鮮卑，《後漢書》云：“本東胡，漢初冒頓滅其國，餘類分保此二山，因號焉。”二山當在今蒙古東境。蓋其西上谷之北，爲匈奴左方王將，其東松花江畔，則爲夫餘矣。烏桓邑落各有小帥，數百千落，自爲一部，有勇健能理決鬥訟者，推爲大人，無世業相繼。鮮卑習俗與烏桓同。蓋尚如戰國以前之匈奴，未能統一也。烏桓自爲冒頓所破，常臣伏匈奴。武帝遣霍去病擊破匈奴左地，因徙烏桓於上谷、漁陽、右北平、遼西、遼東五郡塞外，爲漢偵察匈奴動靜。其大人歲一朝見。置護烏桓校尉監領之，使不得與匈奴交通。昭帝時，范明友擊烏桓。烏桓由是寇幽州。見第五章第十六節。宣帝時，乃稍保塞降附。王莽篡位，欲擊匈奴，興十二部軍，使嚴尤領烏桓、丁零兵屯代郡，皆質其妻子於郡縣。烏桓不便水土，求去，莽不肯遣，遂自亡畔，還爲鈔盜。諸郡盡殺其質，由是結怨。匈奴因誘其豪帥以爲吏，餘皆羈縻屬之。光武初，與匈奴連兵爲寇。居止近塞，朝發穿廬，暮至城郭，五郡民庶，家受其辜。鮮卑之禍，則中於遼東。建武十七年，蔡彤守遼東。招鮮卑大都護偏何，使攻匈奴及赤山烏桓。《烏桓傳》云：赤山在遼東西北數千里。玄菟及樂浪胡夷，亦來內附。然其事已在永平後矣。

匈奴單于輿弟右谷蠡王伊屠知牙斯，王昭君子。以次當爲左賢王。單于欲傳其子，遂殺知牙師。烏珠留若鞮單于子比，爲右奧鞬日逐王，部領南邊及烏桓。內懷猜懼，庭會希闊。單于疑之。乃遣兩骨都侯監領比所部兵。建武二十二年，單于輿死，子左賢王烏達鞮侯立。復死，弟左賢王蒲奴立。比不得立，既懷憤恨，而匈奴中連年旱蝗，赤地數千里，人畜饑疫，死耗大半。單于畏漢乘其敝，乃遣使詣漁陽求和親。於是遣中郎將李茂報命。而比密遣漢人郭衡奉匈奴地圖，二十三年，詣西河大守求內附。兩骨都侯頗覺其意，白單于欲誅之。二十四年，八部大人共議，立比爲呼韓邪單于。以其大父嘗依漢得安，故欲襲其號。款五原塞，願永爲蕃蔽，扞禦北虜。事下公卿。議者皆以爲天下初定，中國空虛，夷狄情僞難知，不可許。惟五官中郎將耿國謂宜如孝宣故事，受令東扞鮮卑，北拒匈奴。帝從其議。遂立比爲南單于。此處采《耿弇傳》，謂許其爲南單于，與北單于對立也。《南匈奴傳》云："其冬，比自立爲呼韓邪單于。"《本紀》云："比自立爲南單于。"比之自立，實在求附之時，亦不得以南單于自號也。二十五年，春，遣弟左賢王莫擊北單于弟奠鞬左賢王，生獲之。又破北單于帳下。北單于震怖，卻地千里。二十六年，遣中郎將段郴、副校尉王郁使南單于。立其庭去五原西部塞八十里。單于乃延迎使者。使者曰："單于當伏拜受詔。"單于顧望有頃，乃伏稱臣。郴等反命。詔乃聽南單于入居雲中。令中郎將置安集掾史，將弛刑五千人，持兵弩，隨單于所處，參辭訟，察動靜。單于歲盡輒遣奉奏，送侍子入朝，中郎將從事一人將領詣闕。漢遣謁者送前侍子還單于庭，交會道路。冬，復詔單于徙居西河美稷。漢縣，在今綏遠境內鄂爾多斯左翼前旗。因使段郴、王郁留西河擁護之，爲設官府從事掾史。令西河長史歲將騎二千、弛刑五百人助中郎將衛護單于，冬屯夏罷。自後以爲常。於是雲中、五原、朔方、北地、定襄、雁門、上谷、代八部之民，歸於本土。據本紀。《趙憙傳》：二十七年，拜大尉。時南單于稱臣，烏桓、鮮卑並來入朝，帝令憙典邊事，思爲久長。憙上復緣邊諸郡。幽、幷二州，由是大定。案徙諸郡民於内地，事見《本紀》建武九年、十年、十五年、二十年。南單于亦列置諸部王，助爲扞戍。使韓氏骨都侯屯北地，右賢王屯朔方，當于骨都侯屯五原，呼衍骨都侯屯雲中，郎氏骨都侯屯定襄，左南將軍屯雁門，栗籍骨都侯屯代郡。皆領部衆，爲郡縣偵羅耳目。

　　二十七年，北單于遣使詣武威求和親。天子召公卿廷議，不決。皇大子言恐南單于將有二心；北虜降者，且不復來矣。帝然之。告武威大守，勿受其使。二十八年，北匈奴復遣使詣闕。帝下三府，議酬答之宜。司徒掾班彪謂可頗加賞賜，略與所獻相當。明加曉告以前世呼韓邪、郅支行事。帝從之。《臧宮傳》云：匈奴飢疫，自相分爭。帝以問宮。宮曰："願得五千騎以立功。"帝笑曰："常勝之家，難與慮敵。吾方自思之。"二十七年，宮與馬武上書，言："福不再來，時或易失，豈宜固守文德，而墮武事？"詔報曰："百姓人不自保，傳聞恒多失實。誠能舉天下之半，以滅大寇，豈非至願？苟非其人，不如息民。"①自是諸將莫敢復言兵事者。敵不可盡，徒滋勞擾，光武之計，固不可謂非持重也。

　　匈奴既定，烏桓、鮮卑皆隨之降附，北邊遂獲安寧。建武二十二年，匈奴

①　兵：光武不伐匈奴爲名言。

亂，烏桓承弱擊破之。匈奴北徙數千里，漢南地空。據《烏桓傳》。本紀同。帝乃以幣帛賂烏桓。① 二十五年，遼西烏桓大人郝旦等九百二十二人率衆鄉化，詣闕朝貢。封其渠帥爲侯、王、君長者八十一人。皆居塞內，佈於緣邊諸郡。令招來種人，給其衣食。遂爲漢偵候，助擊匈奴、鮮卑。司徒掾班彪以爲宜復置烏桓校尉，從之。置於上谷寧城，漢寧縣，在今察哈爾宣化縣西北。開營府，並領鮮卑賞賜質子，歲時互市焉。鮮卑：二十五年，始通譯使。其後偏何等詣祭肜求自效。出兵擊北虜，還輒持首級詣遼東受賞賜。三十年，鮮卑大人於仇賁、滿頭等率種人詣闕朝貢，慕義內屬。帝封於仇賁爲王，滿頭爲侯。永平元年，鮮卑大人皆來歸附。並詣遼東受賞賜。青、徐二州給錢歲二億七千萬爲常。

南匈奴呼韓邪單于薨，弟丘浮尤鞮單于莫，中元元年立。凡《後漢書》言南匈奴單于某年立者，皆其先單于薨之明年。薨，弟伊伐於慮鞮單于汗，中元元年立。薨，單于比之子醢僮尸逐侯鞮單于適，永平二年立。薨，單于莫之子丘除車林鞮單于蘇，永平四年立。數月薨。單于適之弟胡邪尸逐侯鞮單于長，永平六年立。時北匈奴猶盛，數寇邊，朝廷以爲憂。會北單于欲合市，遣使求和親。顯宗冀其不復爲寇，許之。八年，遣越騎司馬鄭衆北使報命。而南部須卜骨都侯等欲畔，密因北使，令遣兵迎之。衆伺侯得，上言宜更置大將，以防二虜交通。由是始置度遼營，屯五原曼柏。漢縣，在今綏遠境內蒙古烏喇特旗黃河北。又遣兵屯美稷。北虜復寇鈔邊郡，河西城門晝閉。帝患之。十六年，乃大發緣邊兵及羌、胡、南單于、鮮卑兵，使竇固、耿忠出酒泉，耿秉、秦彭出居延，祭肜、吳棠出高闕，來苗、文穆出平城塞。固、忠至天山，《注》云：在西州交河縣東北。唐交河縣，在今新疆吐魯番縣西。擊呼衍王，斬首千餘級。呼衍王走。追至蒲類海。留吏士屯伊吾盧城。今新疆哈密縣。耿秉、秦彭絕漠六百餘里，至三木樓山。來苗、文穆至匈奴河水上，虜皆奔走，無所獲。祭肜、吳棠坐不至涿邪山，免爲庶人。據《竇融傳》。章帝元和二年，時北虜衰耗，黨衆離畔，南部攻其前，丁零寇其後，鮮卑擊其左，西域侵其右，不復自立，乃遠引而去。案前一年，北單于尚遣驅牛馬至武威與漢賈客交易，則此所謂遠引而去者，當謂去武威塞外。單于長薨。是歲，單于汗之子伊屠於閭鞮單于宣立。章和元年，鮮卑入左地，擊北匈奴，大破之，斬優留單于。案《陳禪傳》禪以安帝永寧元年拜遼東大守，使曉慰北匈奴，單于隨使還郡，則北匈奴西徙後，其左地有自號單于者。此優留單于，亦必非北匈奴之大單于也。是歲，單于宣薨，單于長之弟休蘭尸逐侯鞮單于屯屠何立。時北虜大亂，加以饑饉，降者前後而至。南單于將併北庭。

---

① 通商：漢以錢鮮卑，必以求華物，是發出錢以旺商務也。

會肅宗崩，竇大后臨朝。其年七月，單于上言："新降虛渠等詣臣自言：去歲三月中發虜庭。北單于創艾南兵，又畏丁令、鮮卑，遯逃遠去，依安候河西。此當係前所謂遠引而去者。今年正月，骨都侯等復共立單于異母兄右賢王爲單于。其人以兄弟爭立，並各離散。"求出兵討伐，破北成南，併爲一國。且言"今年不往，恐復併壹"。大后以示耿秉，秉言可許。會大后兄憲有罪，懼誅，求擊匈奴以贖死。乃拜憲車騎將軍，秉爲副。和帝永元元年，憲與秉各將四千騎，及南匈奴左谷蠡王師子萬騎出朔方雞鹿塞。在窳渾縣北。漢窳渾縣，在今綏遠境內阿爾坦山之南騰格里湖側。南單于將萬餘騎出滿夷谷。度遼將軍鄧鴻及緣邊義從羌、胡八千騎，與左賢王安國萬騎出稇陽塞。漢稇陽縣，在今陝西神木縣南。皆會涿邪山。憲分遣副校尉閻盤，司馬耿夔、耿譚將左谷蠡王師子、右呼衍王須訾等精騎萬餘，與北單于戰於稽落山，大破之。虜衆崩潰，單于遁走。追擊諸部，遂臨私渠北鞮海。降者前後二十餘萬人。憲、秉遂登燕然山，去塞三千餘里。刻石勒功，紀漢威德。遣軍司馬吳汜、梁諷奉金帛遺北單于，宣明國威，而兵隨其後。及單于於西海上。單于將其衆與諷俱還。到私渠海，聞漢軍已入塞，乃遣弟右溫禺鞮王奉貢入侍，隨諷詣闕。憲以單于不身到，奏還其侍弟。詔即五原拜憲爲大將軍。明年，憲將兵出鎮涼州。北單于以漢還侍弟，復遣款居延塞，欲入朝見，願請大使。憲上遣班固行中郎將，與梁諷迎之。南單于復上書求併北庭。於是遣左谷蠡王師子將左右部八千騎出雞鹿塞，中郎將耿譚遣從事將護之。至涿邪山，乃留輜重，分爲二部，各引輕兵兩道襲之。左部北過西海，至河雲北。右部從匈奴河水西，繞天山，南至甘微河。二軍俱會，夜圍北單于。單于大驚，率精兵千餘人合戰。單于被創，墮馬復上，將輕騎數十遁去。固至私渠海而還。憲以北虜微弱，欲遂滅之。明年，復遣耿夔等將精騎八百直奔北單于庭於金微山。單于與數騎脫亡。去塞五千餘里，自漢出師，所未嘗至也。北單于逃亡，不知所在。此據《南匈奴傳》。《袁安傳》云：遁走烏孫。餘部不知所屬。憲上"立降者左鹿蠡王阿佟爲北單于，置中郎將領護，如南單于故事"。事下公卿議。大尉宋由、大常丁鴻、光祿大夫耿秉等十人議可許。司徒袁安、司空任隗，以爲宜令南單于反其北庭，無緣復立阿佟，以增國費。宗正劉方、大司農尹睦同安議。事奏，未以時定，安復獨上書事言之。《袁安傳》。而單于弟右谷蠡王於除鞬自立爲單于，將衆數千人止蒲類海，遣使款塞。憲上立爲北單于。朝廷從之。四年，遣耿夔即授璽綬。中郎將任尚持節衛護，屯伊吾，如南單于故事。方欲輔歸北庭，會竇憲被誅，五年，於除鞬自畔還北。帝遣將兵長史王輔以千餘騎與任尚共追誘，將還斬之。破滅其衆。十六年，北單于遣使詣闕貢獻。願和親，脩呼韓邪故約。帝以其舊禮不備，未許。元興元年，重遣使詣敦煌貢獻。辭以國貧，未能備禮，願請大使，當遣子入侍。時鄧大后臨朝，亦不答其使，但加賜而已。《鮮卑傳》云：永元中，耿夔擊破匈奴，北單于逃走，鮮卑因此轉徙據其地。匈奴餘種留者，尚有十餘萬落，皆自號鮮卑。鮮卑由此轉盛。《宋均傳》：章和二年，鮮卑擊破北匈奴，而南單于乘此請兵北伐，因欲還歸舊庭。時竇大后臨朝，議欲從之。均族子意上疏曰："自漢興以來，征伐數矣，其所克獲，曾不補害。今鮮卑奉順，斬獲萬數。中國坐享大功，而百姓不知其勞。漢興功烈，於斯爲盛。所以然者，夷虜相攻，無損漢兵也。臣察鮮卑侵伐匈奴，正是利其鈔掠，及歸功聖朝，實由貪得重賞。今若聽南虜還歸北庭，則不得不禁制鮮卑，鮮卑外失暴掠之願，內無功勞之賞，豺狼貪婪，必爲邊患。今北虜西遁，請求和親。宜因其歸附，以爲外扞。若引兵費賦，以順南虜，則坐失上略，去安即危矣。"會南單于竟不北徙。意策未嘗非是，然其後，漢未能遏鮮卑於方興，聽其坐大，亦一失也。北匈奴破敗後，仍時與漢爭車師，事見下節。

南匈奴單于屯屠何薨，單于宣弟安國，永元五年立。安國初爲左賢王，而無稱譽。左谷蠡王師子素勇黠多知。前單于宣及屯屠何，皆愛其氣決。故數遣將兵出塞，掩擊北庭。還受賞賜，天子亦加殊異。國中盡敬師子而不附安國。安國由是疾師子，欲殺之。其諸新降胡，舊在塞外，數爲師子所驅掠，多怨之。安國因是委計降者，與同謀議。安國既立爲單于，師子以次轉爲左賢王。覺單于與新降者有謀，乃別居五原界。單于每龍會議事，師子輒稱病不往。行度遼將軍皇甫稜知之，亦擁護不遣。單于懷憤益甚。六年，春，皇甫稜免，以朱徽行度遼將軍。時單于與中郎將杜崇不相平，乃上書告崇。崇諷西河大守，令斷單于章，無由上聞。崇因與朱徽上言："安國疏遠故胡，親近新降，欲殺左賢王師子及左臺且渠劉利等。又右部降者，謀共迫脅安國，起兵背叛西河。請上郡、安定，爲之儆備。"和帝下公卿議。皆以爲宜遣有方略使者之單于庭，與杜崇、朱徽及西河大守，並力觀其動靜。帝從之。徽、崇遂發兵造其庭。安國夜聞漢軍至，大驚，棄帳而去。因舉兵，及將新降者，欲誅師子。師子先知，乃悉將廬落入曼柏城。安國追到城下，門閉不得入。朱徽遣吏曉譬和之。安國不聽，引兵屯五原。崇、徽因發諸郡騎追赴。急，安國舅骨都侯喜爲等慮並被誅，乃格殺安國。單于適之子師子，永元六年立，是爲亭獨尸逐侯鞮單于。降胡五六百人夜襲師子。安集掾王恬將衛護士與戰，破之。新降胡遂相驚動，十五部二十餘萬人皆反。脅立屯屠何子奧鞬日逐王逢侯爲單于。遂殺略吏民，燔燒郵亭廬帳，將軍重向朔方，欲度漠北。於是遣行車騎將軍鄧鴻，越騎校尉馮柱及徽，將左右羽林、北軍五校士及郡國積射緣邊兵，烏桓校尉任尚將烏桓、鮮卑合四萬人討之。逢侯遂率衆出塞，漢兵不能追。七年，帝知徽、崇失胡和，又禁其上書，以致反畔，皆徵，下獄死。以龐奮行度遼將軍。逢侯於塞外分爲二部：自領右部，屯涿邪山下，左部屯朔方西北，相去數百里。八年，冬，左部胡自相疑，畔還入朔方塞。龐奮迎受慰納之。其勝兵四千人，弱小萬餘口悉降，以分處北邊諸部。南單于以其右温禺犢王烏居戰，始與安國同謀，欲考問之。烏居戰將數千人畔。出塞外山谷間，爲吏民害。時馮柱將虎牙營留屯五原。奮、柱與諸郡兵擊烏居戰，其衆降。及諸還降者二萬餘人徙安定、北地。柱還。逢侯部衆飢窮，又爲鮮卑所擊，無所歸，竄逃去塞者，絡繹不絶。師子薨，單于長之子檀，永元十年立，是爲萬氏尸逐鞮單于。十二年，龐奮遷河南尹，以王彪行度遼將軍。南單于歲遣兵擊逢侯，多所虜獲。收還生口，前後以千數。逢侯轉困迫。安帝永初三年，夏，漢人韓琮隨南單于入朝。既還，説南單于云：“關東水潦，人民飢餓，死盡，可擊也。”單于信其言，遂起兵反畔。四年，以梁慬行度遼將軍，與遼東大守耿夔，將鮮卑。擊破之。單于降。脱帽徒跣，對雄等拜，陳道死罪。於是赦之，遇待如初。元初四年，逢侯爲鮮卑所破，部衆分散，皆歸北虜。五年，逢侯將百餘騎亡還，詣朔方塞降，度遼將軍鄧遵奏徙逢侯於潁川郡。案納降最難，北虜雖亡，南虜亦擾攘至此然後安定也。

第三節　後漢定西域

漢時西域諸國，或居天山之麓，或處沙漠之中，往來甚難，不利兼并，故無大國興起。然閲時既久，亦終必有狡焉思啓者，特爲漢所臨制耳。臨制之力一衰，則併兼之謀獲逞矣。此事成於東漢之末，[①]見第十二章第十節。而西漢之末已啓其機，莎車、于闐之稱霸其選也。

王莽時，西域怨叛，並復役屬匈奴。匈奴斂税重刻，諸國不堪命。[②]莎車王延，元帝時嘗爲侍子，長於京師，慕樂中國，亦復參其典法。匈奴略有西域，惟延不肯附屬。天鳳五年，延死，謚忠武王。子康代立。光武初，康率旁國拒匈

---

① 四夷：西域諸國互相兼并，始於漢末，其吞併（第一八七—一八八頁）。

② 封建：多滅國而立所欲立之人王，莎車王賢則其例（又見第一八九頁）。

奴。擁衛故都護吏士妻子千餘口。檄書河西，問中國動靜，自陳思慕漢家。建武五年，竇融承制立康爲漢莎車建功懷德王、西域大都尉。五十五國皆屬焉。九年，康死，謚宣成王。弟賢代立。十四年，攻破拘彌、西夜國。皆殺其王，而立其兄康兩子。十四年，賢與鄯善王安並遣使詣闕貢獻，西域始通。蔥嶺以東諸國皆屬賢。十七年，賢復遣使奉獻，請都護。天子以問大司空竇融。融以爲賢父子兄弟，相約事漢。款誠又至，宜加位號，以鎮安之。帝乃因其使，賜賢西域都護印綬。敦煌大守裴遵上言："夷狄不可假以大權。又令諸國失望。"詔書收還印綬，更賜賢以漢大將軍印綬。其使不肯易，遵迫奪之。賢由是始恨。而猶詐稱大都護，移書諸國。諸國悉服屬焉，號賢爲單于。賢浸以驕橫。重求賦稅。數攻龜茲諸國。諸國愁懼。二十一年，冬，車師前王、鄯善、焉耆等十八國俱遣子入侍。流涕稽首，願得都護。天子以中國初定，北邊未服，皆還其侍子。厚賞賜之。諸國憂恐。與敦煌大守檄：願留侍子，以示莎車，言都護尋出，冀且息其兵。裴遵以狀聞。許之。二十二年，賢知都護不至，遂遺鄯善王安書，令絕通漢道。安殺其使。賢大怒。發兵攻鄯善。安迎戰。兵敗，亡入山中。賢殺掠千餘人而去。其冬，賢復攻殺龜茲王，遂兼其國。鄯善、焉耆諸國侍子，久留敦煌，愁思，皆亡歸。鄯善王上書："願復遣子入侍，更請都護。都護不出，誠迫於匈奴。"天子報曰："今使者大兵，未能得出。如諸國力不從心，東西南北自在也。"於是鄯善、車師復附匈奴。而賢益橫。嬀塞王自以國遠，遂殺賢使者，賢擊滅之，立其國貴人駟鞬。賢又自立其子則羅爲龜茲王。賢以則羅年少，乃分龜茲爲烏壘國，徙駟鞬爲烏壘王。又更以貴人爲嬀塞王。數歲，龜茲貴人共殺則羅、駟鞬，而遣使匈奴，更請立王。匈奴立貴人身毒爲龜茲王。龜茲由是屬匈奴。賢以大宛貢稅減少，自將諸國兵數萬人攻大宛。大宛王延留迎降。賢因將還國。徙拘彌王橋塞提爲大宛王。而康居數攻之。歲餘，橋塞提亡歸。賢復以爲拘彌王，而遣延留還大宛，使貢獻如常。又徙于寘王俞林爲驪歸王，立其弟位侍爲于寘王。歲餘，賢疑諸國欲畔，召位侍及拘彌、姑墨、子合王盡殺之。不復置王，但遣將鎮守其國。以上皆光武建武二十二年以後，明帝永平二年以前十四年間事也。爲所破者，既有八國矣。

莎車將君得在于寘暴虐，百姓患之。永平三年，其大人都末與其兄弟共殺君得。而大人休莫霸，復與漢人韓融等殺都末兄弟，自立爲于寘王。復與拘彌國人攻殺莎車將在皮山者。賢遣其大子、國相將諸國兵二萬人擊休莫霸，敗走。賢復發諸國兵數萬，自將擊休莫霸。霸復破之，斬殺過半。賢脫身走歸國。休莫霸進圍莎車，中流矢死，兵乃退。休莫霸兄子廣德立。匈奴與龜茲諸國共攻莎車，不能下。廣德承莎車之敝，復使攻之。賢連被兵革，乃遣使與廣德和。先是廣德父拘在莎車數歲，於時賢歸其父，而以女妻之，結爲昆弟。廣德引兵去。明年，莎車相且運等患賢驕暴，密謀反城降于寘。廣德乃將諸國兵三萬攻莎車。誘賢與盟，執之，而併其國。鎖賢將歸，歲餘殺之。匈奴聞廣德滅莎車，遣五將發焉耆、尉黎、龜茲十五國兵三萬餘人圍于寘。廣德乞降。以其大子爲質，約歲給罽絮。匈奴復遣兵將賢質子不居徵立爲莎車王。廣德又攻殺之，更立其弟齊黎。其國轉盛，從精絕西北至疏勒十三國皆服從。而鄯善王亦始強盛。自是南道自蔥嶺以東，唯此二國爲大。《後漢書·西域傳序》云：賢死之後，遂更相攻伐。小宛、精絕、戎盧、且末爲鄯善所併；渠勒、皮山爲寘所統；皆悉有其地。郁立、單桓、孤胡、烏貪訾離爲車師所滅。後其國皆復立。蓋漢人復通西域後，不容其互相兼併，乃爲之興滅繼絕也。

　　永平中，北虜脅諸國共寇河西，郡縣城門晝閉。十六年，奉車都尉竇固出擊匈奴，取伊吾盧地，置宜禾都尉以屯田，車師始復內屬。固以班超爲假司馬，與從事郭恂俱使西域。超到鄯善，與吏士三十六人攻殺匈奴使者。鄯善王廣納子爲質。還奏固。固大喜。上超功效。帝以超爲軍司馬，令遂前功。超與所屬三十六人俱至于闐。是時于闐王廣德，新攻破莎車，遂雄張南道，而匈奴遣使監護其國。超誅其巫。巫言神怒，何故欲鄉漢？廣德皇恐，攻殺匈奴使者降。龜茲王建爲匈奴所立，倚恃虜威，據有北道。攻破疏勒，殺其王成，自以龜茲左侯兜題爲疏勒王。明年，超從間道至疏勒。勒吏田慮先往，劫縛兜題，而自往立其故王兄子忠。於是于闐諸國皆遣子入侍，西域絕六十五載復通焉。是年，詔耿秉、竇固出白山擊車師前後王，降之。始置西域都護、戊己校尉。以耿恭爲戊校尉，屯後王都金蒲城。即務塗谷，見第五章第四節。關寵爲己校尉，屯前王柳中城。今新疆鄯善縣魯克察克。恭至部，移檄烏孫，示漢威德。大昆彌以下皆歡喜，遣使獻名馬，及奉宣帝時所賜公主博具願遣子入侍。恭乃發使齎金帛迎其侍子。明年，三月，匈奴破殺後王安得，而攻金蒲城。恭擊卻之。恭以疏勒城旁有澗水可固，五月，乃引兵據其城。七月，匈奴復來攻恭。於城下擁絕澗水。恭於城中穿井十五丈，不得水。吏士渴乏，筰馬糞汁而飲之。恭整衣服鄉井再拜。有頃，水泉奔出。乃令揚水以示虜。虜以爲神明，遂引去。時焉耆、龜茲攻沒都護陳睦，北虜亦圍關寵於柳中。會顯宗崩，救兵不至。車師復畔，與匈奴攻恭。數月，恭才餘數十人。初，關寵上書求救。時肅宗新即位，乃詔公卿會議。司空第五倫以爲不宜救。司徒鮑昱議曰：“今使人

於危難之地，急而棄之，匈奴如復爲寇，陛下將何以使將？"乃遣耿秉屯酒泉，
行大守事。遣秦彭與謁者王蒙、皇甫援發張掖、酒泉、敦煌三郡及鄯善兵，合
七千餘人。建初元年，正月，會柳中。擊車師，北虜驚走，車師復降。會關寵
已歿，蒙等聞之，便欲引兵還。先是恭遣軍吏范羌至敦煌迎兵士冬服，羌因隨
軍俱出塞。乃分兵二千人與羌，從山北迎恭。遇大雪丈餘，軍僅能至。遂相
隨俱歸。虜兵追之，且戰且行。發疏勒時，尚有二十六人，三月至玉門，惟餘
十三人而已。時大旱穀貴。郎楊終上疏請罷事西域，帝從之，不復遣都護。
二年，復罷屯田伊吾。匈奴因遣兵守伊吾地。時龜茲、姑墨數發兵攻疏勒。
班超守槃橐城，與疏勒王忠爲首尾，士吏單少。拒守歲餘，肅宗恐超單危不能
自立，下詔徵超。超發還，疏勒舉國憂恐。至于寘，王侯以下皆號泣，互抱超
馬腳不得行。此等蓋皆請留之辭，不必實。超乃更還疏勒。疏勒兩城，自超去後，
復降龜茲，而與尉頭連兵。超捕斬反者，擊破尉頭，疏勒復安。三年，超率疏
勒、康居、于寘、拘彌兵一萬人攻姑墨石城，破之。欲因此遂平諸國。乃上疏
請兵。平陵人徐幹上疏，願奮身佐超。五年，遂以幹爲假司馬，將弛刑及義從
千人就超。先是莎車以爲漢兵未能出，遂降於龜茲，而疏勒都尉番辰亦復畔。
超與幹擊番辰，大破之。欲進攻龜茲，以烏孫兵彊，宜因其力，上言可遣使招
慰。帝納之。八年，拜超爲將兵長史，以徐幹爲軍司馬。元和元年，復遣假司
馬和恭等四人將兵八百詣超。超因發疏勒、于寘兵擊莎車。莎車陰通使疏勒
王忠，啗以重利，忠遂反從之，西保烏即城。超乃更立其府丞成大爲疏勒王，
悉發其不反者以攻忠。積半歲，而康居遣精兵救之，超不能下。是時月氏新
與康居昏，相親。超乃使使多齎錦帛遺月氏王，令曉示康居。康居王乃罷兵。
執忠以歸其國。烏即城遂降於超。後三年，忠說康居王，借兵還據損中。《注》
云："損中未詳。《東觀記》作頓中，《續漢》及華嶠《書》並作損中，本或作植，未知孰是也。"密與龜茲
謀，遣使僞降。超斬之。因擊破其衆。南道遂通。明年，超發于寘諸國兵二
萬五千人復擊莎車。龜茲王遣大將軍發溫宿、姑墨、尉頭，合五萬人救之。超
擊破之。莎車遂降。自是威震西域。初，月氏嘗助漢擊車師有功。是歲，貢
奉珍寶、符拔、師子，因求漢公主。超拒還其使。由是怨恨。和帝永元二年，
其副王謝將兵七萬攻超。超堅守不下。鈔掠無所得。使賂龜茲求救。超伏
兵遮擊，盡殺之。謝使請罪，願得生歸。超縱遣之。月氏由是大震，歲奉貢
獻。是年，竇憲破匈奴。遣副校尉閻槃擊伊吾，破之。車師前後王各遣子奉
貢入侍。明年，龜茲、姑墨、溫宿皆降。乃以超爲都護，居龜茲。徐幹爲長史。
復置戊校尉，領兵五百人，居車師前部高昌壁。在新疆吐魯番縣東。又置戊部候，

居車師後部候城。相去五百里。拜白霸龜茲侍子。爲龜茲王,遣司馬姚光送之。超與光共脅龜茲,廢其王尤利多而立白霸。使光將尤利多還詣京師。超居龜茲它乾城,徐幹屯疏勒。西域惟焉耆、危須、尉黎、山國,以前殺都護懷二心,其餘悉定。六年,秋,超遂發龜茲、鄯善等八國兵,合七萬人,及吏士、賈客千四百人討焉耆。焉耆王廣、尉黎王汎詣超,超收,於陳睦故城斬之。更立焉耆左侯元孟爲王。於是西域五十餘國,悉皆納質內屬焉。明年,下詔封超爲定遠侯。超至永元十四年乃還,在西域凡三十一年。

《班超傳》云:超被徵,以戊己校尉任尚爲都護。與超交代,尚謂超曰:"君侯在外國三十餘年,而小人猥承君後,任重慮淺,宜有以誨之。"超曰:"塞外吏士,本非孝子順孫。皆以罪過,徙補邊屯。而蠻夷懷鳥獸之心,難養易敗。今君性嚴急。水清無大魚,察政不得下和。宜蕩佚簡易,寬小過,總大綱而已。"超去後,尚私謂所親曰:"我以班君,當有奇策。今所言平平耳。"尚至數年,而西域反亂,以罪被徵,如超所戒。案《李恂傳》言:恂徵拜謁者,使持節領西域副校尉。北匈奴數斷西域車師、伊吾。隴沙以西,《注》:《廣志》曰:流沙在玉門關外,東西數百里,有三斷,名曰三隴也。使命不得通。恂設購賞,遂斬虜帥,縣首軍門。自是道路夷清。恂領西域副校尉,不能確知其在何年,然必在和帝之世。則匈奴窺伺西域久矣。諸國從漢,本非心服;漢亦無大兵力,徒恃縱橫捭闔之策以御之,豈能持久? 西域之復叛,亦不盡由任尚之嚴急也。[①] 殤帝延平元年,梁懂拜西域副校尉。行至河西,會西域諸國反叛,攻任尚於疏勒。尚上書求救。詔懂將河西四郡羌、胡五千騎馳赴之。未至,尚已得解。令徵尚還。以騎都尉段禧爲都護,西域長史趙博爲騎都尉。禧、博守它乾城,城小,懂以爲不可固,乃譎説龜茲王白霸,欲入共保其城,白霸許之。而吏人並叛其王,與溫宿、姑墨共圍城。懂等出戰,大破之。龜茲乃定。而道路尚隔,檄書不通。公卿議者,以爲西域阻遠,數有背叛。吏士屯田,其費無已。安帝永初元年,遂罷都護,迎懂、禧、博還。北匈奴即復收屬諸國,共爲邊寇。元初六年,敦煌大守曹宗,上遣行長史索班將千餘人屯伊吾以招撫之。於是車師前王及鄯善王來降。數月,北匈奴復率車師後部王共攻沒班等。遂擊走前王,略有北道。鄯善王急,求救於曹宗。宗請出兵擊匈奴,復取西域。班超少子勇上議,以爲"府藏未充,師無後繼,不可許。舊敦煌郡有營兵三百人,今宜復之。復置護西域副校尉,居於敦煌,如永元故事。又宜遣西域長史將五百人屯樓蘭。西

---

① 四夷:西域之畔,不盡由任尚嚴急。

當焉耆、龜茲經路，南彊鄯善、于寘心膽，北扞匈奴，東近敦煌"。鄧大后從勇議，復敦煌營兵，置西域副校尉，羈縻而已。其後北虜連與車師入寇河西，朝廷不能禁。議者因欲閉玉門、陽關，以絕其患。延光二年，敦煌大守張璫上書，以爲"北虜呼衍王，常展轉蒲類、秦海之間，蒲類海，今巴里坤湖。秦海，《注》曰：大秦國在西海西，故曰秦海也。大誤。丁謙《西域傳考證》云：當指烏魯木齊西北阿雅爾泊。專制西域，共爲寇鈔。今以酒泉屬國吏士二千餘人，集昆侖塞，《注》：《前書》敦煌郡廣至有昆侖障。廣至故城，在今瓜州常樂縣東。案唐常樂縣，在今甘肅安西縣西。先擊呼衍王，絕其根本；因發鄯善兵五千人，脅車師後部；此上計也。若不能出兵，可置軍司馬，將士五百人，四郡供其犂牛穀食，出據柳中，此中計也。如又不能，則宜棄交河城，收鄯善等悉使入塞，此下計也"。朝廷下其議。尚書陳忠上疏曰："今北虜已破車師，勢必南攻鄯善。棄而不救，則諸國從矣。若然，則虜財賄益增，膽勢益殖。威臨南羌，與之交連。如此，河西四郡危矣。河西既危，不得不救，則百倍之役興，不貲之費發矣。"帝納之。乃以班勇爲西域長史。將弛刑士五百人，西屯柳中。明年，正月，至樓蘭。開示恩信。龜茲王白英率姑墨、溫宿降。因發其兵，到車師前王庭，擊走匈奴伊蠡王。前部復通。還屯田柳中。四年，秋，勇發敦煌、張掖、酒泉六千騎，及鄯善、疏勒、車師前部兵擊後部，大破之。捕得其王軍就及匈奴持節使者，將至索班沒處斬之。順帝永建元年，勇率後部故王子加特奴、八滑等發精兵擊北虜呼衍王，破之。上立加特奴爲後王，八滑爲後部親漢侯。又使別校誅斬東且彌王，立其種人爲王。於是車師六國悉平。其冬，勇發諸國兵擊匈奴呼衍王。呼衍王亡走。捕得單于從兄，勇使加特奴手斬之，以結車師、匈奴之隙。北單于自將萬騎入後部。勇使司馬曹俊馳救之，單于引去。於是呼衍王徙居枯梧河上。是後車師無復虜迹，城郭皆安。惟焉耆王元孟與尉黎、危須不降。二年，勇上請攻元孟。遣敦煌大守張朗將河西四郡兵三千人配勇。因發諸國兵四萬餘人，分爲兩道擊之。朗先有罪，欲徼功自贖，先期至。元孟降。勇以後期徵，下獄免。於是龜茲、疏勒、于寘、莎車等十七國皆來服從，而烏孫與蔥嶺以西遂絕。六年，復令伊吾開設屯田，如永元時事，置司馬一人。案自漠南北入西域，其勢甚易。班勇上議，謂"北虜遣責諸國，備其逋租，高其價直，嚴以期會。若西域望絕，屈就北虜，因其租入之饒，兵馬之衆，以擾動緣邊，是爲富仇讎之財，增暴夷之勢。河西城門，必復晝閉。中國之費，不止千億"。則後漢之事車師，殊不能與前漢之通烏孫連類而並議之矣。中葉以後，西北有羌患而無匈奴之憂，未始非安、順閒綏定之效也。班氏父子之功，亦偉矣哉！

第四節　漢與西南洋交通

　　世界之交通，塞於陸而通於海。亞洲之東方與西方，中間以重山及沙漠，故其阻隔尤甚。[①] 張騫之通西域，史家稱爲鑿空，可見漢朝是時，與天山南路，尚絕無往還。然邛竹杖、蜀布，業經身毒以至大夏者？《史記·大宛列傳》言：武帝使張騫發間使出駹、冉、徙、邛、僰，以求大夏。其北方閉氐、筰，南方閉嶲、昆明，終莫得通。然傳聞其西可千餘里有乘象國，名曰滇越，而蜀賈姦出物者或至焉。參看第五章第四節。此乘象國，當在今緬甸境。邛竹杖、蜀布之入身毒，疑自此途。昆明之屬無君長，善寇盜，輒殺略漢使，此固漢使之所畏，而非商賈之所畏也。然則自蜀通印、緬海口之道，其開通，固早於自秦、隴通西北之道矣。至交、廣之域，則海道交通尤暢。《貨殖列傳》言：番禺爲珠璣、犀、瑇瑁、果、布之湊。珠璣、犀、瑇瑁、果品等，爲南海所饒，固不俟論。布疑即木棉所織。趙佗遺漢白璧一雙，翠鳥千，犀角十，紫貝五百，桂蠹一器，生翠四十雙，孔雀二雙，固亦海外之珍奇，非陸梁之土産也。

　　《漢書·地理志》言："自日南障塞徐聞、漢縣，今廣東海康縣。合浦漢縣、今廣東合浦縣東北。船行。可五月，有都元國。又船行。可四月，有邑盧沒國。又船行。可二十餘日，有諶離國。步行。可十餘日，有夫甘都盧國。自夫甘都盧國船行。可二月餘，有黃支國。民俗略與珠崖相類。其州廣大，户口多，多異物。自武帝以來皆獻見。有譯長屬黃門，與應募者俱入海，市明珠、璧流離、奇石、異物。齎黃金雜繒而往。所至國皆禀食爲耦，蠻夷賈船轉送致之。亦利交易，剽殺人。又苦逢風波溺死。不者，數年來還，大珠至圍二寸以下。自黃支船行。可八月，到皮宗。船行。可二月，到日南象林界云。黃支之南，有己程不國。漢之譯使，自此還矣。"都元，日本籐田豐八謂即《通典》之都昆或都軍，在今馬來半島。邑盧沒，即《新唐書·南蠻傳》之拘蔞密，在緬甸緣岸。諶離，即賈耽《入四夷道里》中之驃國悉利城。夫甘都盧，即緬之蒲甘城。黃支，即《西域記》達羅荼毗之都建志補羅。據馮承鈞《中國南洋交通史》。其説當大致不誤。據此，先漢譯使，已至印度矣。《後漢書·西南夷傳》云：永元九年，徼外蠻及撣國王雍由調遣重譯奉國珍寶。《紀》云：永昌徼外蠻夷及撣國重譯奉貢。永寧元年，撣國王雍由調復遣使者詣闕朝賀。獻樂及幻人。能變化，吐火，自支解，易牛馬

―――――――――――

頭。又善跳丸，數乃至千。自言我海西人。海西即大秦也，撣國西南通大秦。《紀》云：永昌徼外撣國遣使貢獻。案其事亦見《陳禪傳》。禪言撣國越流沙，踰縣度，撣國之來，未必由此，蓋指海西人言之也。《順帝紀》：永建六年，日南徼外葉調國、撣國遣使貢獻。葉調，馮承鈞謂即爪哇。撣，《東觀記》作擅。《後漢書·和帝紀》及《西南夷傳注》。今暹羅人自號其國曰泰，其種族之名則曰暹。説者謂泰即氐，暹即蜀，亦曰寰曰叟，亦即撣也。暹羅之稱，由暹與羅斛合併而得。羅斛即古之獠，今之犵狫云。案後漢時之哀牢夷，本係越族，而文明程度頗高。見第六節。可見漢世西南夷，近海者開通，在内地者閉塞，撣國殆亦在今緬甸境，而由海道與西南諸國交通者也。

《史記·大宛列傳》言："張騫身所至者，大宛、大月氏、大夏、康居，而傳聞其旁大國五六。"下文除此諸國外，又述烏孫、奄蔡、安息、條枝、犂軒、身毒，凡六國，蓋即其所傳聞。奄蔡臨大澤無涯，蓋即黑海。條枝在安息西數千里，臨西海，蓋即波斯灣。犂軒，或云即亞歷山大城，或云指叙利亞，未能定，要必大秦重鎮，而大秦之即羅馬，則似無可疑也。《大宛列傳》又言："騫之使烏孫，分遣副使使大宛、康居、大月氏、大夏、安息、身毒、于實、扞罙及諸旁國，後頗與其人俱來。"又云："漢使至安息，安息王令將二萬騎迎於東界。東界去王都數千里，行比至，所過數十城，人民相屬甚多。漢使還，而後發使隨漢使來，觀漢廣大，以大鳥卵及黎軒善眩人獻於漢。及宛西小國驩潛大益，宛東姑師、扞罙、蘇薤之屬，皆隨漢使獻見天子。伐宛之後，漢發使十餘輩至宛西諸外國求奇物。"此先漢之世與西域陸路交通情形也。《大宛列傳》云："安息長老傳聞條枝有弱水、西王母而未嘗見。"①《漢書·西域傳》同。又云："自條支乘水西行，可百餘日，近日所入云。"《後漢書·西域傳》云："或云大秦國西有弱水、流沙，近西王母所居處，幾於日所入也。《漢書》云：從條支西行二百餘日，近日所入，則與今異矣。前世漢使皆自烏弋以還，莫有至條支者也。"蓋漢時流俗，習以流沙、西王母爲極西之地，隨所知之極西，則以爲更在其表，此可見漢初通西域時，尚未知有大秦也。②《後書》云："大秦國一名犂鞬。以在海西，亦云海西國。"犂鞬即犂軒，《漢書》作犂軒，並無大秦之名，而《後書》忽有之，似非即大秦之都，特屬於大秦而已。《後書》又云："自安息西行，三千四百里至阿蠻國。從阿蠻西行，三千六百里至斯賓國。從斯賓南行，度河，又西南至於羅國，九百六十里。安息西界極矣。自此南乘海，乃通大秦。和帝永元九年，都護班超遣甘英使大秦。

---

① 四夷：古以極西境爲弱水、西王母（第三二八頁）。
② 四夷：漢初通西域時，未知有大秦，則犂軒非大秦都。

抵條支,臨大海欲度。安息西界船人謂英曰:海水廣大,往來者逢善風,三月乃得渡。若還遲風,亦有二歲者。故入海人皆齎三歲糧。海中善使人思土戀慕,數有死亡者。英聞之,乃還。"此即總敘所云"班超遣掾甘英窮臨西海而還"者,其爲《史記》所云條枝臨西海之西海可知也。《後書》又云:"大秦王嘗欲通使於漢,而安息欲以漢繒采與之交市,故遮閡不得自達。至桓帝延熹九年,大秦王安敦 Marcus Aurelius Antoninus,生於西元百二十一年,殁於百八十年,約自後漢安帝建光元年至靈帝光和三年。遣使自日南徼外獻象牙、犀角、瑇瑁,始乃一通焉。"蓋陸路之隔閡如此。然漢張掖有驪靬縣。《説文・革部》靬下云:武威有麗靬縣。嚴可均云:"《兩漢志》,驪靬屬張掖,《晉志》屬武威。此亦云武威者?《武紀》:元鼎六年,分武威、酒泉地,置張掖、敦煌郡。許或據未分時圖籍。不則校者依《字林》改也。"案許無據未分時圖籍理。謂後人以《字林》改《説文》,亦近億測。蓋《許書》説解,原係衷録舊文,此所據者,尚係元鼎六年以前之舊説也。然則犂軒人之東來舊矣。[1] 合邛竹杖、蜀布之事觀之,可見國家信使之往還,實遠較民間之交通爲後也。《爾雅・釋獸》:贊,有力。《注》云:"出西海大秦國。有養者。似狗,多力,獷惡。"大秦之獸,中華至有養者,可見來者非少。《後書》又言:遠國蒙奇、兜勒皆來歸服,遣使貢獻。其事亦見《和帝紀》永元九年。兩國皆無地理、事迹,無由考其所在,然亦必在安息之表也。

　　《後書・天竺傳》云:"和帝時,數遣使貢獻,及西域反畔,乃絶。至桓帝延熹二年、四年,頻從日南徼外來獻。"則西域未絶時,印度亦自陸路通中國也。其佛教入中國事,別見第二十章第七節。

第五節　後漢平西羌

　　王莽之開西海郡也,築五縣邊海,亭燧相望。莽敗,諸羌還據西海爲寇。更始、赤眉之際,羌遂放縱,寇金城、隴西。隗囂不能討,乃就慰納。因發其衆,與漢相距。囂死,以司徒掾班彪言,復置護羌校尉。建武九年。以牛邯爲之。邯卒而職省。建武十年,先零豪與諸種相結,復寇金城、隴西,遣中郎將來歙等擊破之。十一年,先零種復寇臨洮。隴西大守馬援破降之。後悉歸服。徙置天水、隴西、扶風三郡。是爲漢徙羌人入塞之始。《援傳》云:自王莽末,西羌寇邊,遂入居塞內。金城屬縣,多爲虜有。是時朝臣以金城、破羌以西,破羌,

---

[1]　四夷:犂軒人東來甚早。

漢縣,在今碾伯縣西。塗遠多寇,議欲棄之。援上言:"破羌以西,城多完牢,易可依固。其田土肥壤,灌溉流通。如令羌在湟中,則爲害不休,不可棄也。"帝然之。詔武威大守:令悉還金城客民,歸者三千餘口。使各反舊邑。援奏爲置長吏,繕城郭,起塢候。開道水田,勸以耕牧。郡中樂業。蓋棄地之議,後漢初年已有倡之者矣。

爰劍玄孫研之後爲研種,已見第五章第五節。研十三世孫燒當,復豪健,其子孫更以燒當爲種號。自燒當至玄孫滇良,世居河北大允谷,《水經注》:河水入塞,又東逕允川,歷大、小榆谷。丁謙《西羌傳考證》云:允川即大允谷所出之水,在今青海巴燕縣西北。大允谷在西寧縣境。大、小榆谷在黃河之南循化縣境。種小人貧。而先零、卑湳,並皆强富。數侵犯之。滇良父子,據《後書·羌傳》,[1]燒當種世系可考者:滇良子滇吾、滇岸。滇吾子東吾、迷吾、號吾。東吾子東號。迷吾子迷唐。東號子麻奴、犀苦。而據《晉書》載記,則姚弋仲之先填虞,爲燒當七世孫。漢中元末,寇擾西州,爲馬武所敗,徙出塞。虞九世孫遷那,率種人內附,處於南安之赤亭。遷那玄孫柯迴,則弋仲之父也。積見陵易,憤怒,而素有恩信於種中。於是即會附落,及諸雜種,掩擊先零、卑湳,大破之。奪居其地大榆中。由是始强。子滇吾立。附落轉盛,常雄諸羌。每欲侵邊者,滇吾轉教以方略,爲其渠帥。明帝永平元年,遣中郎將竇固、捕虜將軍馬武等擊滇吾於西邯,《馬武傳注》:"《水經注》曰:邯川城左右有水,自此出,南經邯亭,注於河。蓋以此水分流,謂之東、西邯也。在今廓州化陰縣東。"《西羌傳注》云:"邯,水名。邯分流左右,在今廓州。"案唐廓州治廣威,在今巴燕縣境,黃河北岸。大破之。滇吾遠引去。餘悉散降。徙七千口置三輔。以謁者竇林領護羌校尉,居狄道。漢縣,今甘肅臨洮縣西南。林爲諸羌所信,滇岸遂詣林降。明年,滇吾復降。滇吾子東吾,以父降漢,入居塞內,謹願自守,而諸弟迷吾等數爲寇盜。肅宗建初元年,拜吳棠領護羌校尉,居安夷。漢縣,在今西寧縣東。二年,迷吾叛。棠不能制。坐徵免。傅育代爲校尉,居臨羌。漢縣,今西寧縣西。迷吾與封養種豪布橋等寇隴西、漢陽,遣馬防、耿恭討破之。迷吾降。防乃築索西城,《注》:"故城在今洮州。"唐洮州,在今甘肅臨潭縣西。徙隴西南部都尉戍之。悉復諸亭候。元和三年,迷吾復與弟號吾諸雜種反畔。章和元年,傅育擊之,戰死。張紆代爲校尉。迷吾入金城塞。紆遣從事司馬防敗之。迷吾降。紆設兵大會,施毒酒中。羌飲醉,伏兵起,殺酋豪八百餘人。斬迷吾等五人頭,以祭育冢。迷吾子迷唐及其種人,鄉塞號哭。與諸種解仇交質,寇隴西塞。大守寇紆與戰白石,縣名,今甘肅導河縣西南。迷唐不利,引還大、小榆谷。北招屬國諸胡,會集附落,種衆熾盛,張紆不能討。和帝永元元年,紆坐徵。鄧訓代爲校尉。稍以賞賂離

---

① 四夷:羌燒當種世系。

間之。由是諸種少解。號吾降。此據《西羌傳》。《鄧訓傳》作迷吾。訓遣兵擊迷唐。迷唐去大、小榆谷，徙居頗巖谷。四年，訓卒，聶尚代爲校尉。欲以文德服之。招迷唐還居大、小榆谷。迷唐復叛。五年，尚坐徵免。貫友代爲校尉。遣譯使構離諸種，誘以財貨。由是解散。乃夾逢留大河築城塢，作大航，造河橋，渡河擊迷唐。迷唐乃率部落遠依賜支河曲。見第五章第五節。八年，友病卒。史充代爲校尉。發湟中羌、胡出塞。羌迎敗充兵。明年，充坐徵。吳祉代爲校尉。其秋，迷唐率八千人寇隴西，殺數百人。乘勝深入，脅塞內諸種羌，共爲寇盜，衆羌復悉與相應。遣劉尚、趙代討之。迷唐懼，引去。明年，尚、代並坐畏懦徵，下獄免。謁者王信領尚營屯枹罕耿譚領代營屯白石。譚設購賞諸種頗來內附。迷唐恐，乃請降。信、譚遂受降罷兵。遣迷唐詣闕。其餘種人，不滿二千，飢窘不立，入居金城。和帝令迷唐將其種人還大、小榆谷。迷唐以爲漢作河橋，兵來無常，故地不可復居。辭以種人飢餓，不肯遠出。吳祉等乃多賜迷唐金帛，令糴穀市畜，促使出塞。種人更懷猜驚。十二年，遂復背叛。脅將湟中諸胡，寇鈔而去，信、譚、祉皆坐徵。周鮪代爲校尉。明年，迷唐復還賜支河曲。初，累姐種附漢，迷唐怨之，遂擊殺其酋豪。由是與諸種爲讎，黨援益疏。其秋，迷唐復將兵向塞。周鮪合諸郡兵，屬國羌、胡三萬人出塞。至允川，與迷唐戰，羌衆折傷，種人瓦解。降者六千餘口。分徙漢陽、安定、隴西。迷唐遂弱，種衆不滿千人，遠踰賜支河首，依發羌居。後病死，有一子來降，時西海及大、小榆谷左右，無復羌寇。隃麋相曹鳳上言：隃麋，後漢侯國，在今陝西汧陽縣東。"自建武以來，犯法者常從燒當種起。以其居大、小榆谷，土地肥美，又近塞內諸種，易以爲非。南得鍾存，以廣其衆。北阻大河，因以爲固。又有西海魚鹽之利。緣山濱水，以廣田畜。故能彊大，常雄諸種。宜及此時，建復西海郡縣，規固二榆，廣設屯田。"於是拜鳳爲金城西部都尉，將徙士屯龍耆。《注》："龍耆，即龍支也，今鄯州縣。"案唐龍支，在今青海樂都縣南。後金城長史上官鴻上開置歸義、建威屯田二十七部；護羌校尉侯霸復上置東西邯屯田五部，增留逢二部。帝皆從之。列屯夾河，合三十四部。其功垂立。至永初中，諸羌叛，乃罷。《和帝紀》：永元十四年，二月，繕修故西海郡，徙金城西部都尉以戍之。

第六節　後漢開拓西南

交州開爲郡縣後，其地之人民，一時未能與華同化，而與西南洋頗有交往，珍奇之品頗多，官其地者率多貪暴，遂至激而生變，其後終以是喪安南焉。

在後漢之初，則有徵側及其妹徵貳之變。徵側者，麊泠縣雒將之女。麊泠，《晉書·地理志》作麋泠，在今越南北境。嫁爲朱䳒人詩索妻。朱䳒，漢縣，《晉志》作朱鳶，在今越南河内東南。甚雄勇。交阯大守蘇定以法繩之，側忿，故反。時在光武建武十六年二月。九真、日南、合浦蠻里皆應之。凡略六十五城。自立爲王。《馬援傳注》引《越志》云：都麊泠。光武詔長沙、合浦、交阯具車船，修道橋，通鄣谿，儲糧穀。十八年，遣馬援、段志發長沙、桂陽、零陵、蒼梧兵萬餘人討之。至合浦，志病卒。援並將其兵，緣海而進。隨山刊道千餘里。明年，四月，破交阯。斬徵側、徵貳等，餘皆降散。進擊九真賊都陽等，破降之。嶺表悉平。光武此役，用兵蓋極謹慎；馬援亦良將；然至二十年秋振旅，軍吏死者猶十四五焉，可見用兵南方之不易也。

　　後漢時南方諸國，通貢獻若内屬者頗多。有極野蠻者，如烏滸人是。《後漢書·南蠻傳》云：“《禮記》稱南方曰蠻，雕題交阯。其俗男女同川而浴，故曰交阯。其西有噉人國。生首子，輒解而食之，謂之宜弟。味旨則以遺其君，君喜而賞其父。取妻美則讓其兄。今烏滸人是也。”《注》引萬震《南州異物志》曰：“烏滸，地名也。在廣州之南，交州之北。恒出道間，伺候行旅，輒出擊之。利得人食之，不貪其財貨。並以其肉爲肴葅。又取其髑髏破之以飲酒。以人掌趾爲珍異，以食老也。”《傳》云：靈帝建寧三年，鬱林大守谷永以恩信招降烏滸人十餘萬内屬。皆受冠帶。開置七縣。光和元年，交阯、合浦、烏滸蠻反叛。招誘九真、日南，合數萬人，攻没郡縣。四年，刺史朱儁擊破之。案其事亦見本紀。本紀建寧三年《注》引《廣州記》曰：“其俗食人。以鼻飲水，口中進噉如故。”有較文明者，如撣國是。《後書·西南夷傳》曰：“哀牢夷者：其先有婦人名沙壹，居於牢山。嘗捕魚水中，觸沈木，若有感，因懷姙。十月，産子男十人。後沈木化爲龍，出水上。沙壹忽聞龍語曰：若爲我生子，今悉何在？九子見龍驚走。獨小子不能去，背龍而坐。龍因舐之。其母鳥語，謂背爲九，謂坐爲隆，因名子曰九隆。及後長大，諸兄以九隆能爲父所舐而黠，遂共推以爲王。後牢山下有一夫一婦，復生十女子。九隆兄弟，皆娶以爲妻。後漸相滋長。種人皆刻畫其身，象龍文，衣著尾。”《注》：自此以上，並見《風俗通》也。又云：“哀牢人皆穿鼻儋耳。其渠帥自謂王者，耳皆下肩三寸，庶人則至肩而已。”觀其傳說及其習俗，其爲越族之臨水而居者可知也。然《傳》又云：“土地沃美，宜五穀、蠶桑。知染采、文繡、罽、氍、帛疊、蘭干、細布，織成文章如綾錦。有梧桐木華，績以爲布。幅廣五尺，潔白不受垢汙。出銅、鐵、鉛、錫、金、銀、光珠、虎魄、水精、瑠璃、軻蟲、蚌珠、孔雀、翡翠、犀、象、猩猩、貃獸。”觀其物産多南方珍品，而知其文明來自海表也。《傳》又云：“九隆死，世世相繼。《注》：《哀牢傳》曰：九隆代代相繼，名號不可得而數。至於禁高，乃可記知。禁高死，子吸代。吸死，子建非代。建非死，子哀牢代。哀牢死，子桑藕代。桑藕死，子柳承代。柳承死，子柳貌代。柳貌死，子扈栗代。乃分置小王，往往邑居，散在谿谷。絶域荒外，山川阻深，生人以來，未嘗交通中國。建武二十三年,其王賢栗遣兵乘箄船南下江、漢,擊附塞夷鹿茤。《注》:其種今見在。鹿茤人弱,爲所禽獲。於是震雷疾雨,南風飄起,水爲逆流,翻涌二百餘里,箄船沈没,哀牢之衆,溺死數千人。賢栗復遣其六王將萬人以攻鹿茤。鹿茤王與戰,殺其六王。哀牢耆老共埋六王。夜,虎復出其尸而食之。餘衆驚怖引去。賢栗皇恐,謂其耆老曰:‘我曹入邊塞,自古有之。今攻鹿茤,輒被天誅。中國其有聖人乎? 天祐助之,何其明也?’此事蓋中國人所附會。二十七年,賢栗等遂率種人詣越巂大守鄭鴻降,求內屬。光武封賢栗等爲君長。自是歲來朝貢。永平十二年,哀牢王柳貌遣子率種人內屬。其稱邑王者七十七人。顯宗以其地置哀牢、博南二縣。哀牢,今雲南保山縣東。博南,今雲南永平縣東。割益州郡西部都尉所領六縣,合爲永昌郡。始通博南山,度蘭倉水。行者苦之,歌曰:‘漢德廣,開不賓。度博南,越蘭津。度蘭倉,爲它人。’”一時雖不免勞費,然雲南西境,自此遂爲中國之地矣。

永平中,益州刺史梁國朱輔,好立功名。在州數歲。宣示漢德,威懷遠夷。自汶山以西,前世所不至,正朔所未加,白狼、槃木、唐菆等百餘國,舉種奉貢。輔上其樂詩,皆夷人本語。今其詩猶存於《後漢書·西南夷傳》中,而章懷並録《東觀記》所載夷言,以爲注焉。《明帝紀》:永平十七年,西南夷哀牢、儋耳、僬僥、槃木、白狼、勤黏諸種,前後慕義貢獻。輔卒後,遂絕。順帝後,种暠爲益州刺史。在職三年,宣恩遠夷,開曉殊俗。岷山雜落,皆懷服漢德。其白狼、槃木、唐菆、邛、僰諸國,復舉種鄉化。《暠傳》。

漢時,中國良吏,能化導南夷者不少。《馬援傳》言:援征交阯,所過輒爲郡縣治城郭。穿渠灌溉,以利其民。條奏越律與漢律駮者十餘事,與越人申明舊制,以約束之,自後駱越奉行馬將軍故事。《循吏傳》云:含洭、今廣東英德縣西。湞陽、英德縣東。曲江今廣東曲江縣西。三縣,越之故地。武帝平之,內屬桂陽。民居深山,濱溪谷,習其風土,不出田租。去郡遠者,或且千里。吏事往來,輒發民乘船,名曰傳役。每一吏出,徭及數家,百姓苦之。颯乃鑿山通道,五百餘里。列亭傳,置郵驛。於是役省勞息,姦吏杜絕。流民稍還,漸成聚邑。使輸租賦,同之平民。又云:許荆,和帝時稍遷桂陽大守。郡濱南州,風俗脆薄,不識學義。荆爲設喪紀、昏姻制度,使知禮禁。《南蠻傳》云:凡交阯所統,雖置郡縣,而言語各異,重譯乃通。人如禽獸,長幼無別。項髻徒跣,以布貫頭而著之。《續漢書·郡國志注》引《博物記》曰:日南有野女,羣行不見夫。[1] 其狀晶且白,裸袒無衣

---

① 社會:“日南有野女,羣行不見夫。”蓋女子自爲羣。

襦。後頗徙中國罪人，使雜居其間，乃稍知言語，漸見禮化。光武中興，錫光爲交阯，任延守九真，於是教其耕稼，制爲冠履；初設媒娉，始知姻娶；建立學校，道之禮義。《循吏傳》曰：九真俗以射獵爲業，不知牛耕，民常告糴交阯，每致困乏。延乃令鑄作田器，教之墾闢。田疇歲歲開廣，百姓充給。又駱越之民，無嫁娶禮法。各因淫好，無適對匹。不識父子之姓，夫婦之道。延乃移書屬縣：各使男年二十至五十，女年十五至四十，皆以年齒相配。其貧無禮聘，令長吏以下，各省奉禄，以振助之。此安能給？故知史多溢美之辭。同時相娶者二千餘人。其産子者始知種姓，咸曰：使我有是子者任君也。多名子爲任。此辭亦必不實。初，平帝時，漢中錫光爲交阯大守。教道民夷，漸以禮義。化聲侔於延。王莽末，閉境拒守。建武初，遣使貢獻。封鹽水侯。領南華風，始於二守焉。《西南夷傳》云：肅宗元和中，蜀郡王追爲益州大守，政化尤異。始興起學校，漸遷其俗。又云：桓帝時牂柯尹珍，自以生於荒裔，不知禮義，乃從汝南許慎、應奉受經書、圖緯。學成，還鄉里教授。於是南域始有學焉。鑿渾沌之七竅者，不必爲渾沌之利，此義非當時之人所知。勤勤懇懇，俾夷爲華，要不可謂非一時豪桀之士也。

第七節　後漢時東北諸族

漢世東北諸族：曰夫餘，曰高句驪，曰沃沮，曰濊貉，皆古之貉人。曰挹婁，即古之肅慎，後世之女真。曰三韓，其種族蓋與倭相雜。曰倭，即今之日本也。夫餘在玄菟北千里。南與高句驪、東與挹婁、西與鮮卑接。北有弱水，地方二千里。於東夷之域，最爲平敞。蓋今吉林西境。弱水，今松花江也。高句驪在遼東之東千里。南與朝鮮、濊貉，東與沃沮，北與夫餘接。地方二千里。多大山深谷，人隨而爲居。蓋跨鴨淥江上游兩岸，今遼寧東南境，朝鮮平安道北境也。東沃沮，在高句驪蓋馬大山之東。東濱大海。北與挹婁、夫餘，南與濊貉接。其地東西狹，南北長，折方可千里。土肥美，背山鄉海。蓋在今咸鏡道境。蓋馬大山，蓋平安、咸鏡兩道間之山也。北沃沮，一名置溝婁。去南沃沮八百餘里。界南接挹婁。蓋在今咸鏡道北境。濊，北與高句驪、沃沮，南與辰韓接。東窮大海。西至樂浪。今江原道之地。挹婁，在夫餘東北千餘里。東濱大海。南與北沃沮接。不知其北所極。在今吉林東境，包括俄領緣海州。三韓：馬韓在西。北與樂浪、南與倭接。爲今忠清道地。辰韓在東，弁辰在辰韓之南，皆今慶尚道地也。

《後漢書》述夫餘緣起云：初，北夷索離國王出行，其侍兒於後姙身。王還，欲殺之。侍兒曰：前見天上有氣，大如雞子，來降我，因以有身。王囚之。後遂生男。王令置於豕牢，豕以口氣嘘之，不死。復徙於馬闌，馬亦如之。王以爲神，乃聽母收養。名曰東明。東明長而善射，王忌其猛，復欲殺之。東明奔走。南至掩淲水，以弓擊水，魚鼈皆聚浮水上，東明乘之得度。因至夫餘而王之焉。《後書》此文，本於《魏略》，見《三國志·夫餘傳注》引。索離作橐離，掩淲水作施掩水。《後書》注云：索或作橐。疑索爲橐之誤，橐又囊之譌。此與《魏書》所述高句麗始祖朱蒙緣起，明係一事。《魏書》云：高句麗者，出於夫餘。自言先祖朱蒙。朱蒙母河伯女。爲夫餘王閉於室中。爲日所照。引身避之，日景又逐。既而有孕。生一卵，大如五升。夫餘王棄之與犬，犬不食。棄之與豕，豕又不食。棄之於路，牛馬避之。後棄之野，衆鳥以毛茹之。夫餘王割剖之，不能破。遂還其母。其母以物裹之，置於暖處。有一男，破殼而出。及其長也，字之曰朱蒙。其俗言朱蒙者善射也。夫餘人以朱蒙非人所生，將有異志，請除之。王不聽。命之養馬。朱蒙每私試，知有善惡。駿者減食令瘦，駑者善養令肥。夫餘王以肥者自乘，以瘦者給朱蒙。後狩於田，以朱蒙善射，限之一矢。朱蒙雖矢少，殪獸甚多。夫餘之臣，又謀殺之。朱蒙母陰知，告朱蒙曰：國將害汝。以汝才略，宜遠適異方。朱蒙乃與烏引、烏違等二人棄夫餘東南走。中道，遇一大水。欲濟無梁。夫餘人追之甚急。朱蒙告水曰：我是日子，河伯外孫。今日逃走，追兵垂及，如何得濟？於是魚鼈並浮，爲之成橋。朱蒙得渡，魚鼈乃解。追騎不得渡。朱蒙遂至普述水。遇見三人：其一人著麻衣，一人著衲衣，一人著水藻衣。與朱蒙至紇升骨城，遂居焉。號曰高句麗，因以爲氏焉。《魏書》謂句麗出於夫餘，乃因夫餘在塞外，建國較早云然。原其部落，固不得云有先後也。此事又與《博物志》所載徐偃王事相類，已見《先秦史》第十章第一節。契之生，固由簡狄吞玄鳥卵；見《先秦史》第八章第二節。即《生民》之詩，所謂"不坼不副"者，疑亦如《魏書》所言朱蒙卵生，夫餘王割剖之不能破；貉本東南部族，播遷而至東北，似無足疑。《後書·高句驪傳》云"東夷相傳，以爲夫餘別種，故言語法則多同"；《濊傳》云："耆老自謂與句驪同種，言語法俗，大抵相類"；《沃沮傳》云"言語，飲食，居處，衣服，有似句驪"；可見此族蔓延之廣。《挹婁傳》云"人形似夫餘，而言語各異"，則知其確爲異族。知挹婁即古肅慎者？《傳》言其弓長四尺，力如弩。矢用楛，長一尺八寸。青石爲鏃。鏃皆施毒，中人即死。肅慎在古代，固曾以楛矢石砮爲貢也。亦見《先秦史》第十章第一節。《韓傳》云：馬韓，"其南界近倭，亦有文身者"。弁辰，"其國近倭，故頗有文身者"。近倭者文身，遠倭者則否，知韓自爲大陸民族，特與倭相雜耳。[①] 倭男子皆黥面文身。衣橫幅，結束相連。女人被髮屈紒，衣如單被，貫頭而著之。並

---

① 四夷：韓爲大陸民族，特與倭雜。

丹朱坋身,如中國之用粉也。與朱崖、儋耳相近,故其法俗多同。其爲越族無疑矣。

諸國文化,高低不等。貉族皆能勤稼穡,祭天及鬼神。有城郭宮室。或冠弁衣錦,器用俎豆。《漢書》《地理志》。及《後漢書》,《東夷傳論》。皆稱其風俗醇厚,歸功於箕子之教。此亦未必然。要之南方開化早,北方開化遲,貉本東南之民,故其法俗,與挹婁、韓、倭迥乎不同耳。馬韓無城郭。作土室,形如冢,開戶鄉上。不貴金、銀、錦、罽。不知騎乘牛馬。惟重纓珠,以綴衣爲飾,及縣頸垂耳。挹婁亦穴居。冬以豕膏塗身。夏則裸袒,以尺布蔽其前後。臭穢不潔。作厠於中,圜之而居。東夷飲食皆用俎豆,惟此獨無。法俗最無綱紀。則皆不足觀矣。

夫餘至後漢始通中國,而其建國則遠在西漢之世。[1]《漢書・王莽傳》:莽篡位,使五威將四出。東出者至玄菟、樂浪、高句驪、夫餘。及高句驪亡出塞,州郡歸咎於高句驪侯騊,嚴尤言被以大罪,恐其遂畔,夫餘之屬,必有和者。參看第七章第四節。則當先漢之末,業已嶄然見頭角矣。光武建武二十五年,夫餘王始遣使奉貢。光武厚報答之。於是使命歲通。其後雖閒或犯塞,然大體服從。順帝永和元年,其王曾來朝京師,挹婁自漢興以後,臣屬夫餘,故未嘗自通於漢云。

高句驪本玄菟屬縣。玄菟初治沃沮,昭帝時徙治高句驪。自單單大嶺以東,沃沮、濊貉,悉屬樂浪。後以境土廣遠,復分嶺東七縣置樂浪東部都尉。已見第五章第六節。故夫餘爲塞外之地,句驪、沃沮、濊,則皆在邦域之中也。高句驪凡有五族:有消奴部、絶奴部、順奴部、灌奴部、桂婁部。本消奴部爲主,稍微弱,後桂婁部代之。王莽時事,已見第六章第四節。建武八年,高句驪遣使朝貢。光武復其王號。二十五年,春,句驪寇右北平、漁陽、上谷、大原。遼東大守祭肜以恩信招之,皆復款塞。後句驪王宮,生而開目能視,國人懷之。及長,勇壯。數犯邊境。安帝永初五年,宮遣使貢獻。求屬玄菟。元初五年,復與濊貉寇玄菟,攻華麗城。華麗,漢縣,屬樂浪郡。建光元年,幽州刺史馮煥,玄菟大守姚光,遼東大守蔡諷等將兵出塞擊之。宮遣嗣子遂成詐降,據險阨以遮大軍,而潛遣三千人攻玄菟、遼東,焚城郭,殺傷二千餘人。於是發廣陽、漁陽、右北平、涿郡屬國三千餘騎同救之。而貉人已去。夏,復與遼東鮮卑八千餘人攻遼隊,漢縣,今遼寧海城縣西。殺掠吏民。蔡諷等追擊於新昌,漢縣,

---

① 四夷:夫餘西漢時已建國。

今海城縣東。戰没。秋，宮遂率馬韓、濊貊數千騎圍玄菟。夫餘王遣子尉仇台將二萬餘人與州郡並力討破之。是歲，宮死，子遂成立。姚光上言：欲因其喪擊之。尚書陳忠謂宜遣弔問，因責讓前罪，赦不加誅，取其後善。安帝從之。明年，遂成詣玄菟降。遂成死，子伯固立。其後濊貊率服，東垂少事。順帝陽嘉元年，置玄菟郡屯田六部。質、桓之間，復犯遼東西安平。漢縣，在今遼寧遼陽縣東。殺帶方令。帶方縣，在今朝鮮平壤西南。掠得樂浪大守妻子。建寧二年，玄菟大守耿臨討之，斬首數百級。伯固降伏，乞屬玄菟云。

　　三韓：《後書》云：馬韓最大，共立其種爲辰王，都目支國，盡王三韓之地。其諸國王，先皆是馬韓種人焉。又云：初，朝鮮王準爲衛滿所破，乃將其餘衆數千人走入海。攻馬韓，破之。自立爲韓王。準後滅絶，馬韓人復自立爲辰王。案自三韓以前，辰爲一統之國，[①]已見第五章第六節。馬韓最大，故其種皆稱王，而箕氏亡後，辰王之位，亦仍爲馬韓所據也。《後書》又云：辰韓耆老，自言秦之亡人，避苦役適韓國。馬韓割東界地與之。其名國爲邦，弓爲弧，賊爲寇，行酒爲行觴，相呼爲徒，有似秦語，故或名之爲秦韓。辰韓僅諸小別邑各有渠帥，蓋皆不足稱王。然有城郭屋室。知乘駕牛馬。國出鐵，濊、倭、馬韓，並從市之。凡諸貿易，皆以鐵爲貨。與馬韓之無城郭，作土室，不知騎乘，惟重纓珠者大異矣。弁辰與辰韓雜居，言語風俗有異，而城郭、衣服皆同。甚矣，文明之易於傳播也。建武二十年，韓人廉斯人蘇馬諟等詣樂浪貢獻。光武封蘇馬諟爲漢廉斯邑君。使屬樂浪郡，四時朝謁。

　　《後漢書·倭傳》云：倭凡百餘國。自武帝滅朝鮮，使驛當作譯。通於漢者三十許國。國皆稱王。其大倭王居邪馬臺國。建武中元二年，倭奴國奉貢朝賀。使人自稱大夫。倭國之極南界也。光武賜以印綬。《本紀》：東夷倭奴國王遣使奉獻。安帝永初元年，倭國王帥升等獻生口百六十人，願請見。《本紀》：倭國遣使奉獻。案《後書》記倭事，略同《國志》，而不如《國志》之詳。《國志》述自帶方至倭道里云：從郡至倭：帶方，後漢末公孫康改爲郡。循海岸水行，歷韓國，乍南乍東，到其北岸狗邪韓國，七千餘里。始度一海，千餘里，至對馬國。又南，渡一海，千餘里，命曰瀚海，至一大國。又渡一海，千餘里，至末盧國。東南陸行，五百里到伊都國。東南至奴國百里。東行至不彌國百里。南至投馬國，水行二十日。南至邪馬臺國，女王之所都，女王見第十二章第十節。水行十日，陸行一月。日本木宮泰彦《中日交通史》謂：狗邪韓即迦羅。對馬即今對馬。一大，當依《北

_____

　　① 　四夷：三韓以前，辰爲一統之國。

史》作一支，今壹岐。末盧今肥前之松浦，伊都今築前之怡土。奴即築前之
儺。不彌，築前之宇瀰。投馬，築後之三潴。又其國博士内籐氏之説云：北宋
本《通典》有倭面土國王師升。日本古本《後漢書》有倭面土國王師升、倭面國
王師升。異稱《日本傳》引《通典》有倭面土地王師升。蓋本作倭面土國王，後
省稱倭面國王，又省爲倭國王，或誤爲倭面土地王。倭面土當讀爲セマト，即
大和國，邪馬臺亦即此三字之異譯也。據陳捷譯本。商務印書館本。日本天明四年，
築前那珂人掘地，得一石室。上覆鉅石，下以小石爲柱。中有金印一，蛇紐，
方寸，文曰漢委奴國王。黃遵憲嘗於博覽會中親見之。見遵憲所著《日本國志·鄰交
志》。案《國志》又云：自女王國以北，其户數道里可略載。其餘旁國，絶遠，不
可得詳。次有斯馬國。次有己百支國。次有伊邪國。次有都支國。次有彌
奴國。次有好古都國。次有不呼國。次有姐奴國。次有對蘇國。次有蘇奴
國。次有呼邑國。次有華奴蘇奴國。次有鬼國。次有爲吾國。次有鬼奴國。
次有祁馬國。次有躬臣國。次有巴利國。次有支惟國。次有烏奴國。次有
奴國。此女王境界所盡。其南有狗奴國，男子爲王。建武、中元之時，倭之極
南界，雖不可知，似不能逮女王時。三國時可詳知者，尚僅限於女王國以北，
則倭奴或即邪馬臺之大酋，亦未可知。即謂不然，而帥升與後來之女王，必即
其大酋，則無疑矣。日本史家，每讕言受封於我者，爲彼之小酋，祇見其褊淺
耳。《國志》云：舊百餘國，漢時有朝見者。今使譯所通三十國。則三十國之
通實三國時事，疑後漢尚未逮此。[①] 而《後書》云：自武帝滅朝鮮，使驛通於漢
者三十許國，一似自武帝時即然者，措辭似亦未審也。

---

① 四夷：倭使所通卅國，似三國時事，史所舉名或即逮州。

205

第十章　後漢衰亂

第一節　後漢外戚宦官之禍上

後漢外戚之禍，始自章帝時。帝后竇氏，融之曾孫。父勳，尚東海恭王女沘陽公主。永平中，融年老，子孫縱誕，多不法，勳坐事死洛陽獄。建初二年，后與女弟俱入掖庭。明年，立爲皇后。妹爲貴人。后寵幸殊特，專固後宮。宋貴人者，昌八世孫，父楊，楊之姑，明德馬后之外祖母也。楊二女，永平末，選入大子宮，甚有寵。肅宗即位，並爲貴人。建初三年，大貴人生慶。明年，立爲皇大子。梁貴人者，竦女。竦，統子。少失母，爲伯母舞陰公主所養。舞陰公主，光武女，下嫁統子松。建初二年，亦與中姊俱選入掖庭，爲貴人。四年，生肇，后養爲己子。后誣宋貴人欲作蠱道呪詛。七年，帝遂廢慶爲清河王而立肇。出貴人姊妹置丙舍，使小黃門蔡倫考實之。皆承風旨，傅致其事。乃載送暴室。二貴人同時飲藥自殺。后欲專名外家，而忌梁氏。八年，乃作飛書陷竦，死獄中。家屬徙九真。辭語連舞陰公主，坐徙新城。漢新成縣，《後漢》作新城，在今河南洛陽縣南。使者護守。貴人姊妹以憂卒。宮省事密，莫有知和帝梁氏生者。章和二年，正月，章帝崩。肇即位，是爲和帝。案章帝即位，年僅十九，建初四年，年二十四耳，中宮無子，理宜待之，何必亟亟立慶爲大子？[①] 則知帝乃好色之徒，燕溺而不能持正，宜其肇後漢宮闈之禍也。

和帝即位，年十歲。尊皇后曰皇大后。大后臨朝。兄憲，以侍中內幹機事，出宣詔命。弟篤，肅宗遺詔以爲虎賁中郎將。篤弟景、瓖，並中常侍。憲以前大尉鄧彪，仁厚委隨，以爲大傅，令百官總己以聽。屯騎校尉桓郁，累世帝師，而性和退自守，令授經禁中。內外協附，莫生疑異。憲性果急。睚眥之

---

① 史事：章帝立慶爲大子，蓋出好色。

怨，莫不報復。謁者韓紆，嘗考勳獄，憲遂令客斬紆子，以首祭勳冢。齊殤王子都鄉侯暢，殤王名石，武王縯孫，哀王章子。來弔國憂，得幸大后。憲懼其見幸，分宮省之權，遣客刺殺暢於屯衛之中。何敞辟大尉宋由府，請獨奏案，由許焉。二府皆遣主者隨之。推舉具得事實。大后怒，閉憲於内宮。憲懼誅，求擊匈奴以贖死。於是有永元元年北伐之役。既克，詔即五原拜憲爲大將軍。是時篤爲衛尉，景、瓌皆侍中、奉車、駙馬都尉。四家競修第宅，窮極工匠。明年，憲將兵出鎮梁州。以侍中鄧疊行征西將軍事爲副。又明年，遣耿夔等擊北虜於金微山。既平匈奴，威名大盛。尚書僕射郅壽、樂恢，並以忤意，相繼自殺。何敞拜爲尚書，以切諫，出爲濟南大傅。雖司徒袁安，司空任隗，並不之附，且數舉劾，並及其黨，不能正也。篤進位特進，得舉吏，見禮依三公。景爲執金吾。瓌光禄勳。權貴顯赫，傾動京都。雖俱驕縱，而景爲尤甚。奴客緹騎，依倚形勢，侵陵小民，强奪財貨，篡取罪人，妻略婦女，商賈閉塞，如避寇讎。大后聞之，使謁者策免景官，以特進就朝位。瓌少好經書，節約自修。出爲魏郡，遷潁川大守。竇氏父子兄弟，並居列位，充滿朝廷。憲既負重勞，陵肆滋甚。其年，封鄧疊爲穰侯。疊與其弟步兵校尉磊，及母元，又憲女壻射聲校尉郭舉，舉父長樂少府璜，皆相交結。元、舉並出入禁中。舉得幸大后。遂共圖爲殺害。帝陰知其謀，乃與中常侍鄭衆定議誅之。以憲在外，慮其懼禍爲亂，忍而未發。會憲及鄧疊班師還京師。司徒丁鴻因日食上封事。帝以鴻行大尉，兼衛尉。幸北宮。詔執金吾、五校尉勒兵屯衛南北宮。閉城門。收捕疊、磊、璜、舉，皆下獄誅。家屬徙合浦。收憲大將軍印綬，更封爲冠軍侯。及篤、景、瓌皆遣就國。帝以大后故，不欲名誅憲，爲選嚴能相督察之。憲、篤、景到國，皆迫令自殺。宗族賓客，以憲爲官者，皆免歸本郡。瓌以素自修，不被逼迫。明年，坐稟假貧人，徙封羅侯，不得臣吏人。初，竇后之譖梁氏，憲等豫有謀焉。永元十年，梁棠竦子。兄弟徙九真還，路由長沙，逼瓌令自殺。鄭衆以功遷大長秋，由是常與議事，中官用權，自衆始焉。十四年，封爲鄭侯，食邑千五百户。

　　和帝陰皇后，光烈皇后兄識之曾孫。永元四年，選入掖庭。以先后近屬，得爲貴人。有殊寵。八年，立爲皇后。是年，和熹鄧皇后入宮，愛寵稍衰，數有恚恨。十四年，以巫蠱廢。鄧后立。后禹之孫，父訓，母陰氏，光烈皇后從弟女也。元興元年，帝崩。《后紀》云：長子平原王有疾，而諸皇子夭殁，前後十數，後生者輒隱祕，養於民間。殤帝名隆。生始百日，后乃迎立之。[1]尊皇后

爲皇大后。大后臨朝。明年，延平元年。八月，殤帝崩。大后與兄車騎將軍騭定策禁中，迎立清河孝王慶之子祜，是爲恭宗孝安皇帝。年十三。大后猶臨朝。明年，永初元年，十一月，司空周章密謀廢立，策免，自殺。《章傳》云：是時中常侍鄭衆、蔡倫等皆秉勢執政，章數進直言。初，和帝崩，鄧大后以皇子勝有痼疾，不可奉承宗廟，貪殤帝孩抱，養爲己子，故立之。以勝爲平原王。及殤帝崩，羣臣以勝疾非痼，意咸歸之。大后以前既不立，恐後爲怨，乃立安帝。章以衆心不附，遂密謀閉宮門，誅鄧騭兄弟及鄭衆、蔡倫，劫尚書，廢大后於南宮，封帝爲遠國王，而立平原王。事覺，勝策免，章自殺。説與《后紀》絕異。《續漢書·五行志》：永初二年漢陽、河陽失火條，略與《章傳》同。其元興元年郡國四冬雷一條，則又同《后紀》。蓋史故有此兩文，司馬氏、范氏皆兼采之也。《后紀》云：皇子後生者輒隱祕，養於民間，似其數不在少；而《五行志》云：和帝崩，有皇子二人，一勝，一即殤帝，則又似僅此二子者。其説既不符會，而殤帝既迎自民間，所生母又無考，其究爲安帝之子與否，又可疑也。《清河王傳》云：鄧大后以殤帝襁抱，遠慮不虞，留慶長子祜與適母耿姬居清河邸，至秋，帝崩，遂立祜爲嗣，爲和帝嗣。則排勝之計，大后慮之夙矣。

　　《鄧后紀》云：后六歲能史書，十二通《詩》、《論語》。諸兄每讀經傳，輒下意難問。志在典籍，不問居家之事，家人號曰諸生。自入宮掖，從曹大家受經書。兼天文、算數。晝省王政，夜則誦讀。其人蓋頗知學問，故所爲究異於常人。紀言其臨朝時，以鬼神難徵，淫祀無福，乃詔有司，罷諸祠官不合典禮者。又詔赦除建武以來諸犯妖惡，及馬、竇家屬所被禁錮者，皆復之爲平民。減大官、導官、尚方、内者服御、珍膳，靡麗難成之物。自非供陵廟，稻粱米不得導擇。朝夕一肉飯而已。舊大官、湯官經用，歲且二萬萬，大后勅止日殺，有珍費，自是裁數千萬。及郡國所貢，皆減其過半。悉斥賣上林鷹犬。其蜀漢釦器，九帶佩刀，並不復調。止畫工三十九種。又御府、尚方、織室錦繡、冰紈、綺縠、金、銀、珠、玉、犀、象、瑇瑁、彫鏤、翫弄之物，皆絕不作。離宮別館，儲峙米糒薪炭，悉令省之。又詔諸園貴人：其宮人有宗室同族，若羸老不任使者，令園監實覈上名。自御北宮增喜觀閲問之。恣其去留。即日免遣者五六百人。殤帝康陵方中祕藏，及諸工作，事事減約，十分居一。舊事，歲終當饗遣衛士，大儺逐疫，大后以陰陽不和，軍旅數興，詔饗會勿設戲作樂，減逐疫侲子之半，悉罷象橐駞之屬，豐年復故。自后臨朝，水旱十載，四夷外侵，盜賊内起，每聞民飢，或達旦不寐，而躬自減徹，以救災阨，故天下復平，歲還豐穰。其辭誠不免溢美，然較諸淫侈之主，則自賢矣。嘗學問者，究與恆人不同也。

　　后兄弟五人：騭、京、悝、弘、閶。惟京先後臨朝卒。騭，延平元年拜車騎
將軍。悝虎賁中郎將。弘、閶皆侍中。安帝立，悝遷城門校尉。弘虎賁中郎
將。自和帝崩後，騭兄弟常居禁中。騭謙遜，不欲久在內，連求還第。歲餘，
大后乃許之。騭後征羌無功，徵還，仍迎拜爲大將軍。永初四年，母新野君
薨。騭等並乞身行服。服闋，詔諭騭還朝輔政。騭等固讓。於是並奉朝請，
有大議，乃詣朝堂與公卿參謀。元初二年，弘卒。五年，悝、閶相繼並卒。建
光元年，大后崩。帝少號聰敏，及長，多不德。而乳母王聖，見大后久不歸政，
慮有廢置，常與中黃門李閏，候伺左右。及大后崩，宮人先有受罰者，誣告悝、
弘、閶先從尚書鄧訪取廢帝故事，謀立平原王得。平原王勝無嗣，鄧大后立樂安夷王寵
子得爲平原王。寵，章帝子千乘貞王伉之子也。帝聞，追怒。令有司奏悝等大逆無道。
廢京子珍，悝子廣宗，弘子廣德、甫德，閶子忠，皆爲庶人。騭以不與謀，但免
特進，遣就國。宗族皆免官歸故郡。沒入騭等貲財田宅。徙鄧訪及家屬於遠
郡。郡縣逼迫，廣宗及忠皆自殺。又徙封騭爲羅侯。本上蔡侯。騭與子鳳並不
食而死。騭從弟河南尹豹，度遼將軍舞陽侯遵，將作大匠暢皆自殺。惟廣德
兄弟以母閶后戚屬，得留京師。案鄧氏在東京外戚中，猶稱謹敕，然鄧后專權
固政大久，故卒不免身後之禍也。《杜根傳》：永初元年，舉孝廉，爲郎中。根以安帝年長，宜
親政事，乃與同時郎上書直諫。大后大怒。收執根等令盛以縑囊，於殿上撲殺之。執法者以根知名，
私語行事人，使不加力。既而載出城外，根得蘇。大后使人檢視。根遂詐死。三日，目中生蛆。因得
逃竄。爲宜城山中酒家保，積十五年。及鄧氏誅，左右皆言根等之忠。帝謂根已死，乃下詔佈告天下，
錄其子孫，根方歸鄉里。徵詣公車，拜侍御史。初，平原郡吏成翊世亦諫大后歸政，坐抵罪。與根俱
徵，擢爲尚書郎。《宦者傳》曰：“中興之初，宦官悉用閹人，不復雜調他士。至永平
中，始置員數，中常侍四人，小黃門十人。和帝即祚幼弱，而竇憲兄弟專總權
威，内外臣僚，莫由親接，所與居者，惟閹宦而已。① 故鄭衆得專謀禁中，終除
大憝。遂享分土之封，超登公卿之位。於是中官始盛焉。自明帝以後，迄乎
延平，委用漸大。而其員稍增，中常侍至有十人，小黃門二十人。改以金璫右
貂，兼領卿署之職。鄧后以女主臨政。朝臣國議，無由參斷帷幄。稱制下令，
不出房闈之間，不得不委用刑人，寄之國命。手握王爵，口含天憲，非復掖庭
永巷之職，闈牖房闥之任也。其後孫程定立順之功，曹騰參建桓之策，續以
五侯合謀，梁冀受鉞，迹因公正，恩固主心，故中外服從，上下屏氣，漢之綱紀

---

　　① 職官：後漢之任閹人。

大亂矣。"然則宦官之禍,雖曰詒謀之不臧,後嗣之昏亂,鄧后亦不能辭其責也。后從兄康,爲越騎校尉。以後久臨朝政,宗門盛滿,數上書長樂宮諫諍:宜崇公室,自損私權。言甚切至。大后不從。康心懷畏懼。永寧元年,遂謝病不朝。大后使内侍者問之。時宫人出入,多能有所毁譽。其中耆宿,皆稱中大人。所使者乃康家先婢,亦自通中大人。康聞,詬之曰:"汝我家出,亦敢爾邪?"婢怨恚,還説康詐疾而言不遜。大后大怒,遂免康官,遣歸國,絶屬籍。此事見本傳,亦見后《紀》。可見后之暱於近習矣。

　　鄧大后崩,安帝始親政。后兄閻顯及弟景、耀、晏,並爲卿校,典禁兵。舅耿寶,弇弟舒之孫。監羽林左騎,位至大將軍。李閏封雍鄉侯。又小黄門江京,以讒諂進,初迎帝於邸,以功封都鄉侯。閏、京並遷中常侍。京兼大長秋。與中常侍樊豐、黄門令劉安、鉤盾令陳達及王聖、聖女伯榮,扇動内外,競爲侈虐。耿寶、閻顯更相阿黨。司徒楊震上疏,不省。延光二年,震代劉愷爲大尉。時詔遣使大爲阿母修第。樊豐及侍中周廣、謝惲等,更相扇動,傾摇朝廷。震復上疏。豐、惲等見震連切諫不從,無所顧忌。遂詐作詔書,調發司農錢穀,大匠見徒、材木,各起家舍。園池廬觀,役費無數。震因地震,復上疏。三年,春,東巡岱宗。樊豐等因乘輿在外,競修第宅。震部掾高舒召大匠令史考校之。得豐等所詐下詔書,具奏,須行還上之。豐等聞,惶怖,遂共譖震:"鄧氏故吏,有患恨之心。"及車駕行還,便時大學,夜遣使者策收震大尉印綬。於是柴門絶賓客。豐等復惡之。乃請耿寶奏震大臣不服罪,懷患望。有詔遣歸本郡。行至城西夕陽亭,飲酖而卒。時年七十餘。弘農大守移良,承樊豐等旨,遣吏於陝縣留停震喪,露棺道側,讁震諸子代郵行書。道路皆爲隕涕。時帝數遣黄門、常侍及中使伯榮往來甘陵。陳忠上疏,言"使者所過,威權翕赫,震動郡縣。王侯二千石,至爲伯榮獨拜車下。長吏惶怖譴責,或邪諂自媚。發民修道,繕理亭傳,多設儲峙,徵役無度。老弱相隨,動有萬計。賂遺僕從,人數百匹。頓踣呼嗟,莫不叩心"。其暴横如此。《翟酺傳》:安帝始親政事,追感祖母宋貴人,悉封其家。又耿寶及閻顯等,並用威權。酺上疏諫曰:"今自初政已來,日月未久,費用賞賜,已不可算。斂天下之財,積無功之家。帑藏單盡,民物彫傷。卒有不虞,復當重賦百姓。怨叛既生,危亂可待也。"鄧后雖好專權,頗存節儉,至是則遺規蕩然矣。

　　閻后專房妒忌。帝幸宫人李氏,生子保,遂鴆殺李氏。永寧元年,保立爲皇大子。延光三年,大子驚病不安,避幸王聖舍。大子乳母王男、厨監邴吉等,以爲聖舍新繕修,犯土禁,不可久御。與聖及其女永、江京、樊豐,互相是非。聖、永遂誣譖男、吉，皆幽囚死。大子思男等，數爲歎息。京、豐懼有後害，構讒大子及東宮官屬。帝怒。召公卿以下會議廢立。耿寶等承旨，皆以爲當廢。遂廢爲濟陰王。見《來歙傳》。四年春，后從帝幸章陵。帝道疾，崩於葉。后、顯及江京、樊豐謀，僞云帝疾甚，徙御臥車驅馳還宮，乃發喪。尊皇后曰皇大后。大后臨朝。以顯爲車騎將軍、儀同三司。大后與顯等定策禁中，迎立濟北惠王壽章帝子。子北鄉侯懿。顯風有司，奏耿寶及其黨與中常侍樊豐，虎賁中郎將謝惲，惲弟侍中篤，篤弟大將軍長史宓，侍中周廣，阿母野王君王聖，聖女永，永壻黃門侍郎樊嚴等，更相阿黨，互作威福，探刺禁省，更爲唱和，皆大不道。豐、惲、廣皆下獄死。家屬徙比景。漢縣，屬日南郡，在今越南南境。宓、嚴減死髡鉗。貶寶爲則亭侯，遣就國，自殺。王聖母子徙雁門。於是景爲衛尉，耀城門校尉，晏執金吾。兄弟權要，威福自由。少帝立二百餘日而疾篤。初，崔瑗辟閻顯府，知顯將敗，因長史陳禪，欲共說顯，白大后收江京等，廢少帝，引立濟陰王。禪猶豫未敢從。及是，京語顯曰："北鄉侯病不解，國嗣宜時有定。前不用濟陰王，今若立之，後必當怨。何不早徵諸王子，簡所置乎？"顯以爲然。及少帝薨，京白大后，徵濟北、河間王子。濟北、河間，皆章帝子封國。未至。中黃門孫程等十九人謀，夜入章臺門，斬江京、劉安、陳達。脅李閏，迎立濟陰王。是爲順帝。閻顯時在禁中，憂迫不知所爲。小黃門樊登勸顯發兵。以大后詔召越騎校尉馮詩，虎賁中郎將閻崇屯朔平門，以禦程等。顯以詩所將衆少，使與登迎吏士於左掖門外。詩因格殺登，歸營屯守。景還外府收兵。至盛德門，程傳召諸尚書使收景。尚書郭鎮率直宿羽林出南止車門，逢景，禽之，送廷尉獄，即夜死。旦日，會侍御史收顯、耀、晏，並下獄誅。家屬徙比景。遷大后於離宮，明年崩。程等十九人皆封侯。孫程、王康、王國、黃龍、彭愷、孟叔、李建、王成、張賢、史汎、馬國、王道、李元、楊佗、陳予、趙封、李剛、魏猛、苗光。拜程騎都尉。時司徒李郃，亦與少府陶範、步兵校尉趙直謀立順帝，會孫程事先成，後亦錄陰謀功封侯，固辭不受。

時中常侍張防，特用權勢。虞詡爲司隸校尉，每請託受取，輒案之而屢寢不報。詡不勝憤，乃自繫廷尉，奏言不忍與防同朝。防流涕訴帝。詡坐論輸左校。防必欲害之，二日之中，傳考四獄。孫程、張賢等乞見。請急收防送獄，以塞天變。時防立在帝後，程乃叱防曰："姦臣張防，何不下殿？"防不得已，趨就東箱。程曰："陛下急收防，無令從阿母求請。"阿母，宋娥也。帝問諸尚書。尚書賈朗，素與防善，證詡之罪。帝疑焉。謂程曰："且出，吾方思之。"於是詡子顗，與門生百餘人，舉幡候中常侍高梵車，叩頭流血，訴言枉狀。梵乃入言之。防坐徙邊。賈朗等六人，或死或黜。即日赦出詡。程復上書陳詡有大功，語甚切激。帝感悟。復徵拜議郎。數日遷尚書僕射。然程亦以呵叱左右免官，因遣十九侯悉就國。觀此，知順帝之漫無別白矣。詡薦議郎左雄，拜爲尚書，再遷尚書令。上疏言“俗浸彫敝，巧僞滋萌。下飾其詐，上肆其殘。典城百里，轉動無常。各懷一切，莫慮長久。謂殺害不辜爲威風，聚斂整辨爲賢能。以理己安民爲劣弱，以奉法循理爲不化。髡鉗之戮，生於睚眦。覆尸之禍，成於喜怒。視民如寇讎，稅之如豺虎。監司項背相望，與同疾疢，見非不舉，聞惡不察。觀政於亭傳，責成於期月。言善不稱德，論功不據實。虛誕者獲譽，拘檢者離毁。或因罪而引高，或色斯以求名；州宰不覆，競共辟召；踴躍升騰，超等踰匹。或考奏捕案，亡不受罪；會赦行賂，復見洗滌。朱紫同色，清濁不分。故使姦滑枉濫，輕忽去就。拜除如流，缺動百數。鄉官部史，職斯祿薄，車馬衣服，一出於民。廉者取足，貪者充家。特選橫調，紛紛不絕。送迎煩費，損政傷民。和氣未洽，災眚不消，咎皆在此”。可見當時吏治之壞。史言雄所言皆明達政體，而宦官擅權，終不能用。陽嘉二年，李固對策，言“今之進者，惟財與力。伏聞詔書：務求寬博，疾惡嚴暴。而今長吏多殺伐、致聲名者，必加遷賞；其存寬和，無黨援者，輒見斥逐。又詔書所以禁侍中、尚書、中臣子弟不得爲吏察孝廉者，以其秉威權，容請託故也。[1] 而中常侍在日月之側，聲勢振天下，子弟祿仕，曾無限極。雖外託謙默，不干州郡，而諂僞之徒，望風選舉。今可設爲常禁，同之中臣。又宜罷退宦官，去其權重。裁置常侍二人，方直有德者，省事左右；小黃門五人，才智閑雅者，給事殿中”。帝覽其對，多所納用。即時出阿母還舍。諸常侍悉叩頭請罪。朝廷肅然。以固爲議郎。而阿母、宦者疾固言直，因詐飛章，以陷其罪。事從中下。大司農黃向等請之於大將軍梁商。又僕射黃瓊，救明固事。久乃得拜議郎。大尉王龔，深疾宦官專權，上書極言其狀，請加放斥。諸黃門恐懼，各使賓客誣奏龔罪。帝令亟自實。前掾李固，時爲大將軍梁商從事中郎，奏記於商。商言之於帝，事乃得釋。漢安元年，遣杜喬、周舉、郭遵、馮羨、欒巴、張綱、周栩、劉班等八人分行州郡，班宣風化，舉實臧否。多所劾奏，其中並是宦者親屬，輒爲請乞，帝遂令勿考。李固爲大司農，與廷尉吳雄上疏，帝乃更下免八使所舉刺史二千石。襄楷言宦官至順帝而益繁熾，信不誣也。

---

[1] 選舉：順帝時禁中臣子弟不得察孝廉，中常侍則否。養子許爲後（第二一六、四六一頁）。

第二節　後漢外戚宦官之禍下

順帝梁皇后，統曾孫商之女。以陽嘉元年立。三年，以商爲大將軍，固稱疾不起。四年，使大常桓焉奉策就第即拜，商乃詣闕受命。商自以戚屬居大位，每存謙柔。虛己進賢，檢御門族，未嘗以權盛干法。而性慎弱，無威斷。頗溺於內豎。以小黃門曹節等用事於中，遂遣子冀、不疑與爲交友。然宦者忌商寵任，反欲害之。永和四年，中常侍張逵、蘧政，內者令石光，尚方令傅福，宄從僕射杜永連謀，共譖商及中常侍曹騰、孟賁，云欲徵諸王子，圖議廢立。請收商等案罪。帝曰：“大將軍父子我所親，騰、賁我所愛，必無是。但汝曹共妒之耳。”逵等知言不用，懼。遂出，矯詔收縛騰、賁於省中。帝聞，震怒。敕宦者李歆急呼騰、賁釋之。收逵等悉伏誅。順帝時宦官之橫，亦可見已。六年，商卒。未葬，即拜冀大將軍，不疑河南尹。冀少爲貴戚，逸游自恣，多不法。漢安元年，遣八使徇行風俗，餘人受命之部，張綱獨埋其車輪於洛陽都亭，曰：“豺狼當道，安問狐狸？”遂奏冀、不疑無君之心十五事。帝知綱言直，終不忍用。

建康元年，七月，帝崩。虞貴人子炳立，是爲沖帝。年二歲。詔冀與大傅趙峻、大尉李固參錄尚書事。明年，永嘉元年。正月，帝崩。初，清河孝王慶卒，子愍王虎威嗣。無子。鄧大后立樂安夷王寵子延平爲清河王，是爲恭王。卒，子蒜嗣。及是，徵至京師。李固以其年長有德，欲立之。冀不從。乃立樂安夷王之孫瓚。父渤海孝王鴻。是爲質帝。年八歲。大后以比遭不造，委任宰輔。固所匡正，每輒從用。黃門宦者，一皆斥遣。天下咸望遂平。而梁冀猜專，每相忌疾。初，順帝時，諸所除官，多不以次，及固任事，奏免百餘人。此等既怨，又希望冀旨，遂共作飛章，虛誣固罪。書奏，冀以白大后，使下其事。大后不聽，得免。帝少而聰慧。知冀驕橫。嘗朝羣臣，目冀曰：“此跋扈將軍也。”冀聞，深惡之。遂令左右進鴆，加煑餅。帝即日崩。時本初元年閏六月。李固伏尸號哭，推舉侍醫。冀慮事泄，大惡之。因議立嗣。固與司徒胡廣、司空趙戒及大鴻臚杜喬，皆以清河王明德著聞，又屬最尊親，欲立之。初，中常侍曹騰謁蒜，蒜不爲禮，宦者由此惡之。騰等夜往説冀。明日，重會公卿。冀意氣凶凶，而言辭激切。自胡廣、趙戒以下，莫不慴憚之。皆曰：“惟大將軍令。”獨固與喬堅守本議。冀屬聲曰：“罷會。”固復以書勸。冀愈激怒。乃説大后，先策免固。竟立蠡吾侯志，祖父河間孝王開，章帝子。父蠡吾侯翼。是爲桓帝。

時年十五。建和元年，甘陵人劉文與南郡《梁冀傳》作魏郡。妖賊劉鮪謀立蒜，事覺，誅。有司因劾奏蒜。坐貶爲尉氏侯，徙桂陽。自殺。冀因諷有司，劾固與文、鮪等交通，殺之。益封冀萬三千戶。增大將軍府舉高第茂才，官屬倍於三公。又封不疑爲潁陽侯，不疑弟蒙西平侯，冀子胤襄邑侯，各萬戶。和平元年，重增冀封萬戶，并前所襲合三萬戶。妻孫壽爲襄城君。兼食陽翟租，歲入五千萬。加賜赤紱，比長公主。壽性鉗忌，能制御冀，冀甚寵憚之。冀愛監奴秦宮，官至大倉令。得出入壽所。壽因與私焉。宮內外兼寵。刺史二千石皆謁辭之。冀用壽言，多斥奪諸梁在位者。外以謙讓，而實崇孫氏。宗親冒名而爲侍中、卿、校、郡守、長吏者千餘人。皆貪叨凶淫。各遣私客，籍屬縣富人，被以它罪，閉獄掠考，使出錢自贖。貲物少者，至於死徙。其四方調發，歲時貢獻，皆先輸上第於冀，乘輿乃其次焉。吏人齎貨求官請罪者，道路相望。冀又遣客出塞，交通外國，廣求異物。因行道路，發取妓女御者。而使人復乘勢橫暴，妻略婦女，歐擊吏卒，所在怨毒。冀乃大起第舍。壽亦對街爲宅。殫極土木，互相誇競。又多拓林苑，禁同王家。西至弘農，東界滎陽，南極魯陽，見第八章第二節。北達河、淇。周旋封域，殆將千里。又起菟苑於河南城西，經亘數十里。發屬縣卒徒，繕修樓觀，數年乃成，移檄所在，調發生菟，刻其毛以爲識。人有犯者，罪至刑死。又起別第於城西，以納姦亡。或取良人爲奴婢，至數千人，名曰自賣人。[①] 元嘉元年，帝以冀有援立之功，欲崇殊典，乃大會公卿，共議其禮。於是有司奏冀入朝不趨，劍履上殿，謁讚不名，禮儀比蕭何。悉以定陶、陽成餘戶增封，爲四縣，比鄧禹。賞賜金錢、奴婢、采帛、車馬、衣服、甲第比霍光。每朝會，與三公絕席。十日一入，平尚書奏事。宣佈天下，爲萬世法。冀猶以所奏禮薄，意不說。專擅威柄，凶恣日積。機事大小，莫不咨決之。官衛近侍，並所親樹，禁省起居，纖微必知。百官遷召，皆先到冀門，牋檄謝恩，然後敢詣尚書。下邳吳樹爲宛令，誅殺冀客爲民害者數十人。後爲荊州刺史，辭冀，冀爲設酒，因鴆之，樹出死車上。遼東大守侯猛，初拜不謁冀，託以他事要斬之。郎中汝南袁著，詣闕上書，言大將軍宜遵縣車之禮。冀密遣掩捕。著乃變易姓名。後託病僞死，結蒲爲人，市棺殯送。冀廉問，知其詐，陰求得，笞殺之。隱蔽其事。學生桂陽劉常，當世名儒，素善著，冀召補令史以辱之。大原郝潔、胡武，皆危言高論，與著友善。先是潔等連名，奏記三府，薦海內高士，而不詣冀，冀追怒之，又疑爲著黨，勅中都官移檄捕前奏記

---

① 階級：梁冀取良人爲奴婢，名自賣人，蓋誣其自賣也。

者,並殺之。遂誅武家,死者六十餘人。潔初逃亡。知不得免,因輿櫬奏書冀門。書入,仰藥而死。家乃得全。冀諸忍忌,皆此類也。不疑好經書,善待士,冀陰疾之,因中常侍白帝,轉爲光禄勳。不疑恥兄弟有隙,遂讓位歸第,與弟蒙閉門自守。冀不欲令與賓客交通,陰使人變服至門,記往來者。南郡大守馬融,江夏大守田明,初除過謁不疑,冀諷州郡,以他事陷之,皆髡笞徙朔方。融自刺不殊。明遂死於路。永興二年,封不疑子馬爲潁陰侯,胤子桃爲城父侯。冀一門:前後七封侯,三皇后,六貴人,二大將軍,夫人、女食邑稱君者七人,尚公主三人,其餘卿、將、尹、校五十七人。在位二十餘年,窮極滿盛。威行內外,百僚側目,莫敢違命。天子恭己,不得有所親豫,恆不平,恐言泄,不敢謀之。后梁氏,順烈皇后女弟也。藉姊兄廕勢,恣極奢靡。宮幄彫麗,服御珍華,巧飾制度,兼倍前世。及皇大后崩,和平元年。恩愛稍衰。后既無子,潛懷怨忌。宮人孕育,鮮得全者。帝雖迫畏冀,不敢譴怒,然見御轉希。延熹二年,后以憂恚崩。帝因如廁,獨呼小黃門史唐衡,問左右與外舍不相得者誰乎? 衡對曰:"單超,中常侍。左悺,小黃門史。前詣河南尹不疑,禮敬小簡,不疑收其兄弟送洛陽獄,二人詣門謝,乃得解。徐璜、具瑗,皆中常侍。常私忿疾外舍放橫,口不敢道。"初,掖庭人鄧香妻宣生女猛。香卒,宣更適梁紀。梁紀者,冀妻壽之舅也。壽引進猛入掖庭。見幸,爲貴人。冀因欲訒猛爲其女以自固,乃易猛姓爲梁。時猛姊壻邴尊爲議郎。冀恐尊沮敗宣意,乃結刺客,於郾城刺殺尊。又欲殺宣。宣馳白帝。帝大怒。乃與超等五人定議。帝嚙超臂出血爲盟。使尚書令尹勳持節勒丞郎以下,皆操兵守省閤。斂諸符節送省中。使黃門令具瑗將左右廄驪、虎賁、羽林都候,劍戟士合千餘人,與司隸校尉張彪共圍冀第。使光禄勳袁盱持節收冀大將軍印綬。徙封比景都鄉侯。冀及妻壽即日皆自殺。悉收諸梁及孫氏中外宗親送詔獄。無長少皆棄市。不疑、蒙先卒。它所連及,公卿、列校、刺史、二千石,死者數十人。故吏、賓客,免黜者三百餘人。朝廷爲空。惟尹勳、袁盱及廷尉邯鄲義在焉。是時事卒從中發,使者交馳,公卿失其度,官府市里鼎沸,數日乃定。百姓莫不稱慶。收冀財貨,縣官斥賣,合三十餘萬萬。以充王府用,減天下稅租之半。散其苑囿,以業窮民。錄誅冀功,封尹勳以下數十人。單超、徐璜、具瑗、左悺、唐衡同日封,世謂之五侯。又封小黃門劉普、趙忠等八人爲鄉侯。

梁冀之驕橫,固前此外戚所無,而桓帝時之宦官,亦非順帝時比矣。順帝所封十九侯:王康、王國、彭愷、王成、趙封、魏猛六人早卒。黃龍、楊佗、孟叔、李建、張賢、史汎、王道、李元、李剛九人,與阿母山陽君宋娥,更相貨賂,求高官增邑，又誣罔中常侍曹騰、孟賁等，發覺，遣就國，減租四分之一。宋娥奪爵歸田舍。唯馬國、陳予、苗光保全封邑。初，帝見廢，監大子家小黃門籍建，傅高梵，長秋長趙熹，丞良賀，藥長夏珍，皆以無過獲罪。及帝即位，並擢爲中常侍。建後封東鄉侯。其中惟梵坐臧罪，而賀清儉退厚，位至大長秋。陽嘉中，詔九卿舉武猛，賀獨無所薦。帝引問其故。對曰："昔衛鞅因景監以見，有識者知其不終。得臣舉者，匪榮伊辱。"而孫程、張賢、孟叔、馬國等，亦能爲虞詡訟罪。則知順帝時宦官，尚非盡惡人也。桓帝時則不然。黃瓊疾篤上疏，言"黃門協邪，羣輩相黨。自冀興盛，腹背相親。朝夕圖謀，共構姦軌。臨冀當誅，無可設巧，復記其惡，以要爵賞"。則當時宦官，本冀黨類，復以私怨相圖，而帝引爲心腹，設更傾仄，豈不殆哉？五侯惟單超於受封之明年即死，而四侯轉橫。皆競起第宅，樓觀壯麗，窮極伎巧。金銀罽氊，施於犬馬。多取良人美女，以爲姬妾，皆珍飾華侈，擬則宮人。其僕從皆乘牛車，而從列騎。[①]又養其疏屬，或乞嗣異姓，或買蒼頭爲子，並以傳國襲封。順帝陽嘉四年，詔宦官養子，悉聽得爲後襲封爵，定著於令。見《本紀》及《宦者孫程傳》。兄弟姻戚，皆宰州臨郡，辜較百姓，與盜賊無異。延熹七年，衡、瑗皆死。明年，司隸校尉韓演奏悺及其兄大僕南鄉侯稱罪惡，皆自殺。又奏瑗兄沛相恭臧罪。徵詣廷尉。瑗詣獄謝，上還東武侯印綬。詔貶爲都鄉侯。侯覽者，桓帝初爲中常侍。以佞猾進，倚勢貪放，受納貨遺，以鉅萬計。延熹中，連歲征伐，府帑空虛，乃假百官俸祿，王侯租稅，覽亦上縑五千匹，賜爵關內侯。又託以與議誅梁冀功，進封高鄉侯。小黃門段珪，家在濟陰，見第八章第四節。與覽並立田業，近濟北界。僕從賓客，侵犯百姓，劫掠行旅。濟北相滕延，一切收捕，殺數十人，陳尸路衢。覽、珪大怨，以事訴帝。延坐多殺無辜，徵詣廷尉免。覽等得此，愈放縱。覽兄參，爲益州刺史。民有豐富者，輒誣以大逆，皆誅滅之，没入財物，前後累億計。大尉楊秉奏參，檻車徵，於道自殺。京兆尹袁逢於旅舍閱參車，三百餘兩，皆金銀錦帛珍玩，不可勝數。覽坐免。旋復復官。建寧二年，喪母還家大起塋冢。督郵張儉，因舉奏覽貪侈奢縱，前後請奪人宅三百八十一所，田百一十八頃，起立第宅十有六區，皆有高樓池苑，堂閣相望飾以綺畫丹漆之屬制度重深儗類宮省；又豫作壽冢，石椁雙闕，高廡百尺，破人居室，發掘墳墓，虜奪良人，妻略婦女，及諸罪釁，請誅之。而覽伺候遮截，章竟不上。儉遂破覽冢宅，藉没資財，具言罪狀。又奏覽母生時交通賓客，干亂郡國。復不得御。覽遂誣儉爲鉤

---

① 交通：四侯僕從皆乘牛車，從列騎。

黨,及故長樂少府李膺、大僕杜密等,皆夷滅之,遂代曹節領長樂大僕。熹平
元年,有司舉奏覽專權驕奢,策收印綬,自殺。

　　梁冀被誅,黃瓊首居公位,時大尉胡廣、司徒韓縯、司空孫朗皆坐阿附免廢。拜瓊為大
尉。舉奏州郡貪汙,至死徙者十餘人,海內翕然望之。尋而五侯擅權,傾動內
外,自度力不能匡,乃稱疾不起。時又立掖庭民女亳氏為皇后,數月間,后家
封者四人,賞賜鉅萬。白馬令李雲,露布上書,移副三府。帝震怒,下有司逮
雲,送黃門北寺獄,使中常侍管霸與御史、廷尉雜考之。弘農五官掾杜衆上
書,願與雲同日死。帝愈怒,遂併下廷尉。大鴻臚陳蕃,大常楊秉,洛陽市長
沐茂,郎中上官資並上疏請雲。詔切責蕃、秉,免歸田里。茂、資貶秩二等。
管霸奏雲等事,詭言曰:"李雲野澤愚儒,杜衆郡中小吏,出於狂贛,不足加
罪。"帝恚曰:"帝欲不諦,書曰:孔子曰:帝者諦也。今官位錯亂,小人諂進,財貨公行,政化
日損,尺一拜用,不經御省,是帝欲不諦乎? 是何等語? 而常侍欲原之邪?"顧使小黃門
可其奏。雲、衆皆死獄中。其愎諫如此。延熹五年,冬,楊秉為大尉。六年,
周景為司空。是時宦官方熾,任人及子弟為官,佈滿天下,競為貪淫。秉、景
奏諸姦猾,自將軍、牧、守以下五十餘人,或死或免。連及侯覽、具瑗,皆坐黜。
八年,陳蕃代秉為大尉。中常侍蘇康、管霸等復被任。大司農劉祐,廷尉馮
緄,河南尹李膺,皆以忤旨抵罪。蕃因朝會,固理膺等。帝不聽。時小黃門趙
津,南陽大猾張氾等奉事中宮,乘勢犯法。二郡大守劉瓆、成瑨考案其罪。雖
經赦令,並竟考殺。成瑨、劉瓆事《後書》附《陳蕃傳》,又見《襄楷傳注》引《東觀記》。王允時為瓆
吏,岑晊為瑨功曹,並見其傳。宦官怨恚。有司承旨,遂奏瓆、瑨罪當棄市。又山陽大
守翟超,沒入中常侍侯覽財產,東海相黃浮,誅殺下邳令徐宣。徐璜兄子。並坐
髡鉗,輸作左校。蕃與司徒劉矩、司空劉茂諫請。帝不說。有司劾奏之。矩、
茂不敢復言。蕃獨上疏。帝愈怒,竟無所納。初,李膺與馮緄、劉祐得罪輸
作。司隸校尉應奉上疏理膺等,乃悉免其刑。膺再遷,復拜司隸校尉。時張
讓桓帝時為小黃門。弟朔為野王令,貪殘無道,至乃殺孕婦。聞膺屬威嚴,懼罪,
逃還京師。因匿讓舍,藏合柱中。膺知其狀,率將吏卒,破柱取朔,付洛陽獄。
受辭畢,即殺之。讓訴冤於帝。詔膺入殿,御親臨軒,詰以不先請便加誅辟之
意。膺對特乞留五日,剋殄元惡,退就鼎鑊。帝無復言,遣出之。自此諸黃門
常侍皆鞠躬屏氣,休沐不敢復出宮省。是時朝廷日亂,綱紀積弛,膺獨持風
裁,以聲名自高。士有被其容接者,名為登龍門。及遭黨事,當考實膺等。案
經三府,陳蕃不肯平署。帝愈怒。遂下膺等於黃門北寺獄。膺等頗引宦官子
弟。宦官多懼,請帝以天時宜赦。於是大赦天下。膺免歸田里。蕃因上疏極

諫。帝諱其言切,託以辟召非人,策免之。時又有兗州刺史第五種,冀州刺史朱穆,沛相荀昱,廣陵大守荀曇,河東大守史弼,彭城令魏朗,揚州刺史陳翔,大山大守范康,皆以治宦官親黨獲罪。甚至如趙岐,徒以與從兄襲貶議唐衡兄玹,玹爲京兆尹,遂收岐家屬宗親,陷以重法,盡殺之。岐逃難四方,藏安丘_{漢縣,今山東安丘縣西南。}孫嵩複壁中數年,諸唐死滅,因赦乃出。宦官之專橫,可謂極矣。

　　梁冀既誅,桓帝立鄧香女爲皇后。帝多内幸,博采宫女,數至五六千人,及驅役從使,復兼倍於此。荀淑對策,譏其"冬夏衣服,朝夕稟糧,耗費縑帛,空竭府藏。空賦不幸之民,以供無用之女"。陳蕃亦言"采女數千,食肉衣綺,脂油粉黛,不可勝計"。帝之惡德,可謂多矣。鄧后恃尊驕忌。與帝所幸郭貴人,更相譖訴。延熹八年,詔廢后送暴室,以憂死。桓思竇皇后立。章德竇皇后從祖弟之孫女也。御見甚希。帝所寵惟采女田聖等。永康元年,冬,帝寢疾。遂以聖等九女皆爲貴人。十一月,帝崩。無嗣。后爲皇大后,大后臨朝。后與父城門校尉武定策禁中,立解瀆亭侯宏,_{曾祖河間孝王,祖淑,父萇,世封解瀆亭侯。}是爲靈帝。年十二。以武爲大將軍。陳蕃爲大傅,與武及司徒胡廣參録尚書事。大后素忍忌,積怒田聖等,桓帝梓宫尚在前殿,遂殺聖。又欲盡誅諸貴人,中常侍蘇康、管霸苦諫,乃止。初,桓帝欲立聖爲后,陳蕃以田氏卑微,竇族良家,争之甚固,帝不得已,乃立竇后,故后委用於蕃。與武同心盡力。徵用名賢,共參政事。而帝乳母趙嬈,旦夕在大后側。中常侍曹節、王甫等,與共交構。諸事大后。大后信之。蕃、武共謀誅之。武於是引同志尹勳爲尚書令,劉瑜爲侍中,馮述爲屯騎校尉。又徵天下名士廢黜者,前司隸李膺、宗正劉猛、大僕杜密、廬江大守朱寓等,列於朝廷。請前越巂大守荀昱爲從事中郎,辟潁川陳寔爲屬,共定計策。五月,日食,蕃説武斥罷宦官,大后不肯。時中常侍管霸,頗有才略,專制省内。武先白誅霸及蘇康等,竟死。復數白誅曹節等。大后冘豫未忍,故事久不發。至八月,大白出西方。劉瑜素善天官,惡之。與武、蕃書,言宜速斷大計。於是以朱寓爲司隸校尉,劉祐爲河南尹,虞祁爲洛陽令。武乃奏免黄門令魏彪,以所親小黄門山冰代之。使冰奏素狡猾尤無狀者長樂尚書鄭颯送北寺獄。令冰與尹勳、侍御史祝瑨雜考颯。辭連曹節、王甫。勳、冰即奏收節等,使劉瑜内奏。時武出宿歸府。典中書者先以告長樂五官史朱瑀。瑀盜發武奏,罵曰:"中官放縱者,自可誅耳,我曹何罪,用當盡見族滅?"因呼曰:"陳蕃、竇武奏白大后廢帝,爲大逆。"乃夜召素所親壯健者長樂從官史共普、張亮等十七人,歃血共盟誅武等。曹節聞之,驚起。白

帝曰："外間切切,請出御德陽前殿。"令帝拔劍踴躍。趙嬈等擁衞左右。取桀
信閉諸禁門。召尚書官屬,脅以白刃,使作詔板。拜王甫爲黃門令持節至北
寺獄收尹勳、山冰。冰疑不受詔。甫格殺之。遂害勳,出鄭颯。還,共劫大
后,奪璽書。令中謁者守南宮,閉門絕複道。使鄭颯持節,及侍御史、謁者捕
收武等。武不受詔。馳入步兵營,與兄子紹共射殺使者,召會北軍五校士數
千人屯都亭下。令軍士曰:"黃門常侍反,盡力者封侯重賞。"詔以少府周靖行
車騎將軍,加節,與護匈奴中郎將張奐率五營士討武。夜漏盡,王甫將虎賁、
羽林、廄騶都候、劍戟士合千餘人,出屯朱雀掖門,與奐等合。明旦,悉軍闕
下,與武對陳。甫兵漸盛。使其士大呼武軍曰:"竇武反,汝皆禁兵,當宿衞宮
省,何故隨反者乎?先降有賞。"營府素畏服中官,於是武軍稍稍歸甫。自旦
至食時,兵降略盡。武、紹走,諸軍追圍之,皆自殺。梟首洛陽都亭。收捕宗
親、賓客、姻屬悉誅之,及劉瑜、馮述,皆夷其族。徙武家屬日南。遷大后於雲
臺。陳蕃聞難作,將官屬、諸生八十餘人,並拔刃,突入承明門。攘臂呼曰:
"大將軍忠以衞國,黃門反逆,何云竇氏不道邪?"王甫時出,與蕃相迕。讓蕃
曰:"先帝新棄天下,山陵未成,竇武何功,兄弟父子,一門三侯?又多取掖庭
宮人,作樂飲燕。旬月之間,貲財億計。大臣若此,是爲道邪?"遂令收蕃。蕃
拔劍叱甫。甫兵不敢近。乃益人,圍之數十重。遂執蕃送黃門北寺獄。黃門
從官騶蹋踧蕃曰:"死老魅,復能損我曹員數,奪我曹稟假不?"即日害之。徙
其家屬於比景。宗族、門生、故吏皆斥免禁錮。曹節遷長樂衞尉,封育陽侯,
增邑三千戶,甫遷中常侍,黃門令如故。瑀封都鄉侯,千五百戶。普亮等五人
各三百戶。餘十一人皆爲關內侯,歲食租二千斛。張奐新徵,奐時督幽、并、涼三
州,擊匈奴、烏桓、鮮卑、東羌。不知本謀,深病爲節所賣,固讓封爵。明年,上疏請改
葬武、蕃,徙還家屬。薦王暢、李膺。司隸校尉王寓,出於宦官,欲借寵公卿,
以求薦舉,奐獨拒之。遂陷以黨罪,禁錮。案後來袁紹說何進,謂五營士生長
京師,服畏中人,而竇氏反用其鋒,遂叛走歸黃門,自取破滅,《三國志·紹傳注》引
《九州春秋》。此武之所以敗也。《武傳》稱其清身疾惡,禮賂不通,妻子衣食,裁
足而已。得兩宮賞賜,悉散與大學諸生,及載肴糧於路,匃施貧民。兄子紹爲
虎賁中郎將,性疏簡奢侈,武數切厲,獨不覺悟,乃上書求退紹位。①此固不免
矯激,然矯激者必重惜名譽,豈有多取宮人,作樂燕飲,旬月之間,貲財億計者
邪?此宦官誣罔之辭,而讀史者或以之議武,過矣。

────────────

① 史事:王甫言竇武奢侈之誣。云陽球奴事甫父子亦誣(第二二〇頁)。

　　竇氏雖誅，靈帝猶以大后有援立之功，建寧四年，十月朔，率羣臣朝於南宮，親饋上壽。黃門令董萌，因此數爲大后訴怨。帝深納之，供養資奉，有加於前。曹節、王甫疾萌附助大后，誣以謗訕永樂宮，靈帝母所居。萌坐下獄死。熹平元年，大后母卒於比景，后感疾而崩。宦者積怨竇氏，遂以衣車載后尸，置城南市舍數日。曹節、王甫欲用貴人禮殯。帝曰："大后親立朕躬，統承大業。《詩》云：無德不報，無言不酬，豈宜以貴人禮終乎？"於是發喪成禮。及將葬，節等復欲別葬大后，而以馮貴人配。大尉李咸、廷尉陽球力爭，乃已。於是有何人書朱雀闕，言天下大亂，曹節、王甫幽殺大后，侯覽多殺黨人，公卿皆尸祿，無有忠言者。詔司隸校尉劉猛逐捕。猛以誹書言直，不肯急捕，月餘，主名不立。猛坐左轉爲諫議大夫。以御史中丞段熲代猛。乃四出逐捕，及大學游生繫者千餘人。節等怨猛不已，使熲以他事奏猛抵罪，輸左校。節遂與王甫等誣奏桓帝弟渤海王悝謀反，誅之。悝本襲封蠡吾侯。後改封，以奉渤海孝王祀。桓帝延熹八年，以謀爲不道，貶爲癭陶王。因王甫求復國，許謝錢五千萬。帝臨崩，遺詔立爲渤海王。悝知非甫功，不肯還謝錢。甫怒，陰求其過。初，迎立靈帝，道路流言：悝恨不得立，欲鈔徵書。而中常侍鄭颯，中黃門董騰，並任俠剽輕，數與悝交通。王甫伺察，以爲有姦。密告司隸校尉段熲。熹平元年，遂收颯送北寺獄。迫責悝，悝自殺。妃妾十一人，子女七十人，伎女二十四人，皆死獄中。傅相以下，以輔道王不忠，悉伏誅。其恣毒如此。以功封者十二人。甫封冠軍侯。節亦增邑四千六百户，併前七千六百户。父兄子弟，皆爲公、卿、列校、牧、守、令、長，布滿天下。光和二年，陽球爲司隸校尉，奏收甫及中常侍淳于登、袁赦、封昜，中黃門劉毅，小黃門龐訓、朱禹、齊盛等及子弟爲守令者，姦猾縱恣，罪合滅族。大尉段熲，諂附佞倖，宜並誅戮。於是悉收甫、熲等送洛陽獄，及甫子永樂少府萌、沛相吉。球自臨考甫等，五毒備極。萌謂球曰："父子既當伏誅，少以楚毒假借老父。"球曰："若罪惡無狀，死不滅責，乃欲球假借邪？"萌乃罵曰："爾前事吾父子如奴，奴敢反汝主乎？"案陽球《後漢書》列《酷吏傳》，其爲人剛決尚氣，安有奴事甫父子之理？此蓋明知必死，乃爲是誣詞耳。球使以土窒萌口，箠樸交至，父子悉死杖下。熲亦自殺。乃僵磔甫尸於夏城門，大署榜曰賊臣王甫。盡没入財產。妻子皆徙比景。《楊震傳》：曾孫彪，爲京兆尹，王甫使門生於郡界辜榷官財物七千餘萬。彪發其姦，言之司隸。司隸校尉陽球因此奏誅甫。天下莫不愜心。時順帝虞貴人葬，百官會喪還。曹節見磔甫尸道次，慨然拄淚。入白帝，言陽球故酷暴吏，不宜使在司隸。帝乃徙球爲衞尉。時連有災異。郎中梁人審忠上書請誅朱瑀，不報。初，侍中劉儵，與竇武同謀俱死。儵弟郃爲司徒，與永樂少府陳球相結，謀誅宦官。球勸郃徙陽球爲司隸。尚書劉納，以正直忤宦官，出爲步兵校尉,亦深勸郃。陳球小妻,程璜之女。璜用事宮中,所謂程大人也。節等頗得聞知,乃重賂於璜,且脅之。璜懼迫,以球謀告節。節因誣郃等與藩國交通,謀爲不軌。郃與陳球、陽球、劉納皆下獄死。節遂領尚書令,四年,卒。後瑀亦病卒。而張讓、趙忠及夏惲、郭勝、孫璋、畢嵐、栗嵩、段珪、高望、張恭、韓悝、宋典十二人,復封侯貴寵。

第三節　後漢羌亂

禍莫大於縱弛。後漢政治之寬縱,蓋自章帝以來。鄧后女主,雖知詩書,頗存儉德,而督責之術,非其所知。降羌隱患,遂以決裂,幾至不可收拾焉。羌兵不若匈奴之強,衆不逮鮮卑之盛,而患轉甚於匈奴、鮮卑者,以其居塞內故也。故東漢羌亂,實晉代五胡之亂之先聲也。

安置降種,使居塞內,俾夷爲華,盛事也。然同化非旦夕可幾,而吏民或乘戰勝之威,加之刻虐,則激而思變矣。班彪之請立護羌校尉也,曰:"今涼州部皆有降羌。羌、胡被髮左衽,而與漢人雜處。習俗既異,言語不通。數爲小吏黠民,所見侵奪。窮恚無聊,故致反叛。蠻夷寇亂,皆爲此也。"可謂知其本矣。然則歷代降夷之亂,雖謂其過多在漢人可也。[①]　安帝永初元年,夏,遣騎都尉王弘發金城、隴西、漢陽羌數百千騎征西域。弘迫促發遣,羣羌懼遠屯不還,行到酒泉,多有散叛。諸郡各發兵徼遮,或覆其廬落。勒姐、當煎大豪東岸等愈驚,遂同時奔潰。東號子麻奴,初隨父降,居安定,因此與種人俱西出塞。先零別種滇零,與鍾羌諸種,大爲寇掠,斷隴道。時羌歸附既久,無復器甲;[②]或持竹竿木枝,以代戈矛;或負板案以爲楯;或執銅鏡以象兵;而郡縣畏懦不能制。遣車騎將軍鄧騭、征西校尉任尚討之,敗績。明年,冬,滇零遂自稱天子於北地。招集武都、參狼、上郡、西河諸雜種,衆遂大盛。東犯趙、魏,南入益州,寇鈔三輔,斷隴道。湟中諸縣,粟石萬錢。百姓死亡,不可勝數。時左校令龐參,坐法輸作若盧,使其子俊上書,言"百姓力屈,不復堪命。萬里運糧,遠就羌戎,不若總兵養衆,以待其疲。車騎宜且振旅,留征西使督涼州士民,轉居三輔。休徭役以助其時,止煩賦以益其財。令男得耕種,女得織紝。然後畜精銳,乘懈沮,出其不意,攻其不備"。鄧大后納其言。即擢參於

---

① 四夷:降夷之亂,其過多在漢人。

② 兵:羌無器甲。

徙中,召拜謁者,使西督三輔諸軍屯,而徵鄧騭還,留任尚屯漢陽,爲諸軍節度。三年,復遣騎都尉任仁督諸郡屯兵救三輔。仁每戰不利。四年,以軍營久出無功,有廢農桑,詔任尚將吏兵還屯長安。龐參奏記鄧騭,言宜徙邊郡不能自存者,入居諸陵,田戍故縣,孤城絶郡,以權徙之。騭及公卿,以國用不足,欲從參議。郎中虞詡説大尉李脩曰:"涼州既棄,即以三輔爲塞;三輔爲塞,則園陵單外;此不可之甚者也。嗟曰:關西出將,關東出相。觀其習兵壯勇,實過餘州。今羌、胡所以不敢入據三輔,爲心腹之害者,以涼州在後故也。其土人所以推鋒執鋭,無反顧之心者,爲臣屬於漢故也。若棄其境域,徙其人庶,安土重遷,必生異志。如使豪雄相聚,席卷而東,雖賁、育爲卒,大公爲將,猶恐不足當禦。議者喻以補衣猶有所完,<small>鄧騭言:譬若衣敗,一以相補,猶有所完。若不如此,將兩無所保。</small>詡恐其疽食侵淫而無限極。棄之非計。"脩曰:"微子之言,幾敗國事。計當安出?"詡曰:"今涼土擾動,人情不安,竊憂卒然有非常之變。誠宜令四府九卿,各辟彼州數人。其牧、守、令、長子弟,皆除爲宂官。外以勸厲,答其功勤内以拘致,防其邪計。"脩善其言。更集四府。皆從詡議。於是辟西州豪傑爲掾屬,拜牧、守、長吏子弟爲郎,以安慰之。案羌亂情形,詳見王符《潛夫論・勸將》、《救邊》、《邊議》、《實邊》諸篇。《救邊篇》言:"前羌始反,公卿師尹,咸欲捐棄涼州,卻保三輔,朝廷不聽,後羌遂侵,論者多恨不從或議。"此篇作於羌亂既起九年之後,猶有持是論者,可見公卿之怯愞。然《龐參傳》謂騭及公卿,欲從參議,以衆多不同而止,可見持是論者實不多也。是時羌既轉盛,而二千石令長,多内郡人,並無戰守意,爭上徙郡縣,以避寇難。是年,三月,既徙金城郡居襄武。<small>縣名,屬隴西,在今甘肅隴西縣西南。</small>明年,春,任尚坐無功徵免。羌遂入寇河東,至河内。使北軍中候朱寵將五營士屯孟津。詔魏郡、趙國、常山、中山繕作塢候六百一十六所。復移隴西徙襄武,安定徙美陽,<small>縣屬右扶風,今陝西武功縣東南。</small>北地徙池陽,<small>縣屬左馮翊,今陝西涇陽縣西北。</small>上郡徙衙。<small>縣屬左馮翊,今陝西白水縣東北。</small>蓋已幾棄涼州矣。《潛夫論・實邊篇》言:"民之於徙,甚於伏法。① 伏法不過家一人死耳。諸亡失財貨,奪土遠移,不習風俗,不便水土,類多滅門,少能還者。邊民謹頓,尤惡内留。大守、令、長,畏惡軍事,至遣吏兵,發民禾稼,發徹屋室,夷其營壁,破其生業。彊劫驅掠,與其内入。捐棄羸弱,使死其處。當此之時,萬民怒痛,泣血叫號,誠愁鬼神而感天心。民既奪土失業,又遭蝗旱飢遣,逐道東走,流離分散。幽、冀、兗、豫、荆、揚、

---

① 移民:王符言遷者多滅門。

蜀、漢，飢餓死亡，復失大半。邊地遂以兵荒，至今無人。"棄地之禍，可謂烈矣。其秋，漢陽人杜琦及弟季貢、同郡王信等，與羌通謀，聚衆入上邽。漢縣，今甘肅天水縣西南。漢陽大守趙博遣客刺殺琦。侍御史唐喜領諸郡兵討斬信。杜季貢亡從滇零。六年，滇零死，子零昌代立。年幼，同種狼莫，爲其計策。以杜季貢爲將軍，別居丁奚城。在今寧夏靈武縣境。元初元年，遣兵屯河內。通谷衝要三十三所，皆作塢壁，設鳴鼓。零昌遣兵寇雍城。又號多與當煎、勒姐大豪共脅諸種，分兵鈔掠武都、漢中。巴郡板楯蠻救之。號多退走，斷隴道，與零昌通謀。龐參爲校尉，以恩信招誘。二年，春，號多詣參降。參始還居令居，通河西道。而零昌種復寇益州。秋，蜀人陳省、羅橫應募刺殺零昌黨呂叔都。又使屯騎校尉左雄屯三輔。左馮翊司馬鈞行征西將軍，與龐參分道擊零昌，不克。以馬賢代領校尉。後遣任尚爲中郎將，代班雄屯三輔。懷令虞詡說尚曰："兵法：弱不攻强，走不逐飛，自然之勢也。今虜皆馬騎，以步追之，勢不相及，所以曠而無功。三州屯兵，二十餘萬，棄農桑，疲苦徭役，勞費日滋。爲使君計：莫如罷諸郡兵，各令出錢數千，二十人共市一馬。以萬騎之衆，逐數千之虜，追尾掩截，其道自窮。"尚上用其計。四年，尚遣當闐種榆鬼等五人刺殺杜季貢。復募效功種號封刺殺零昌。與校尉馬賢破狼莫於北地。五年，度遼將軍鄧遵募上郡全無種羌雕何等刺殺狼莫。任尚與遵爭功；又詐增首級，受賕枉法，臧千萬以上；徵棄市。自零昌、狼莫死後，諸羌瓦解，三輔、益州，無復寇徼。延光三年，隴西郡始還狄道。順帝永建元年，涼州無事。四年，尚書僕射虞詡上復三郡。使謁者郭璜督促徙者，各歸舊縣。繕城郭，置候驛。既而激河浚渠，爲屯田，省內郡費歲一億計。初，當煎種大豪忍良結麻奴寇湟中、金城，南還湟中，建光元年。馬賢追破之。麻奴詣漢陽降。弟犀苦立。延光元年。賢以犀苦兄弟數背叛，因繫質於令居。是冬，賢坐徵免，韓皓代爲校尉。明年，犀苦詣皓自言，求歸故地。皓復不遣。因轉湟中屯田置兩河間，以逼羣羌。皓復坐徵，馬續代爲校尉。兩河閒羌以屯田近之，恐必見圖，乃解雠詛盟，各自儆備。續欲先示恩信，上移屯田還湟中，羌意乃安。陽嘉元年，以湟中地廣，更增置屯田五部，併爲十部。二年，夏，復置隴西南部都尉，如舊制。治臨洮。羌事至此小定。永和元年，馬續遷度遼將軍，復以賢代爲校尉。四年，賢徵，以來機爲并州刺史，劉秉爲涼州刺史。機等天性虐刻，到州之日，多所擾發。五年，夏，且凍、傅難等遂反叛。攻金城。與西塞及湟中雜種羌、胡大寇三輔，殺害長史。機秉並坐徵。發京師近郡及諸州兵討之。拜馬賢爲征西將軍，以騎都尉耿叔副，將十萬人屯漢陽。又於扶風、漢陽、隴道作塢壁三百所,置屯兵以保聚百姓。六年,馬賢及二子皆戰歿。東西羌遂大合。復徙安定居扶風,北地居馮翊。漢安元年,以趙沖爲護羌校尉。建康元年,戰歿。沖雖死,而前後多所斬獲,羌由是衰耗。沖帝永嘉元年,張貢代爲校尉,稍以恩信招誘,隴右復平。

　　桓帝延熹二年,羌亂復起。燒當、燒何、當煎、勒姐等八種寇隴西、金城塞。時段熲爲護羌校尉,擊破之。追討,南渡河,破之羅亭。《本紀》。《注》:《東觀記》曰:追到積石山,即與羅亭相近,在今鄯州也。唐鄯州,今青海樂都縣。明年,春,餘羌復與燒何大豪寇張掖。熲追至河首積石山,出塞二千餘里。《本紀》。《注》:積石山,在今鄯州龍支縣南。龍支,見第九章第四節。冬,勒姐、零吾種圍允街。漢縣,在今甘肅永登縣南。熲擊破之。四年,六月,零吾羌與先零諸種並叛,寇三輔。冬,上郡沈氏、隴西牢姐、烏吾諸種共寇并、涼二州。熲將湟中義從討之。涼州刺史郭閎貪共其功,稽固熲軍,使不得進。義從役久,皆悉反叛。郭閎歸罪於熲。熲坐徵下獄,輸作左校。以胡閎爲校尉。閎無威略,羌遂陸梁。覆没營塢,唐突諸郡。大山大守皇甫規上疏求自效。冬,三公舉規爲中郎將,持節監關西兵。討零吾等,破之。先零諸種慕規威信,相勸降者十餘萬。明年,規因發其騎兵,共討隴右。東羌遣使乞降。涼州復通。先是安定大守孫儁,受取狼籍。屬國都尉李翕,督軍御史張稟,多殺降羌。涼州刺史郭閎,漢陽大守趙熹,並老弱不堪任職。而皆倚恃權貴,不遵法度。規到州界,悉條奏其罪,或免或誅。羌人聞之,翕然反善。沈氏大豪滇昌、飢恬等十餘萬口復詣規降。規出身數年,持節爲將,擁衆立功,還督鄉里,規,安定朝那人。朝那,漢縣,見第四章第三節。既無他私惠,而多所舉奏,又惡絕宦官,不與交通,於是中外並怨。遂共誣規貨賂羣羌,令其文降。天子璽書誚讓相屬。規懼不免,上書自訟。其冬,徵還,拜議郎。論功當封,而中常侍徐璜、左悺欲從求貨,數遣賓客,就問功狀。規終不答。璜等忿怒,陷以前事,下之於吏。官屬欲賦斂請謝,規誓而不聽。遂以餘寇不絕,坐繫廷尉,論輸左校。諸公及大學生張鳳等三百餘人詣闕訟之,會赦歸家。六年,冬,復以段熲爲護羌校尉乘驛之職。明年,羌封僇、良多、滇那等酋豪三百五十五人率三千落詣熲降。當煎、勒姐等,猶自屯結。冬,熲將萬餘人擊破之。八年,春,破勒姐種。夏,進軍擊當煎種,破之湟中。熲遂窮追,自春及秋,無日不戰。虜遂飢困敗散。永康元年,當煎諸種復反,欲攻武威,熲復破之。西羌於此弭定。桓帝詔問,欲熲移兵東討。熲因上言:"東種所餘,三萬餘落。居近塞內,路無險折。久亂并、涼,累侵三輔。西河、上郡,已各內徙。安定、北地,復至單危。自雲中、五原西至漢陽,二千餘里,匈奴、種羌,並擅其地,是爲癃疽伏疾，留滯脅下。今若以騎五千，步萬人，車三千兩，三冬二夏，足以破之。無慮用費爲錢五十四億。如此，可令羣羌破盡，匈奴長服。內徙郡縣，得反本土。"帝許之，悉聽如所上。靈帝建寧元年，春，潁破先零諸種於高平。見第八章第四節。夏，追羌至涇陽。漢縣，今甘肅平涼縣西。餘寇四千落，悉散漢陽山谷間。漢陽，前漢天水郡改名。治冀，今甘肅甘谷縣。時張奐上言："東羌雖破，餘種難盡。潁性輕果，慮負敗難常。宜且以恩降，可無後悔。"詔書下潁。潁復上言："昔先零作寇，趙充國徙令居內；煎當亂邊，馬援遷之三輔；始服終叛，至今爲鯁。今旁郡戶口單少，數爲羌所創毒，而欲令降徙，與之雜居，是猶種枳棘於良田，養虺蛇於室內也。故臣欲絕其本根，不使能殖。每奉詔書，軍不內御，願卒斯言，一以任臣。"二年，詔遣謁者馮禪說降漢陽散羌。潁以春農，百姓佈野，羌雖暫除，而縣官無廩，必當復爲盜賊，不如乘虛放兵，勢必殄滅。夏，潁自進營，破之凡亭山。瓦亭山之訛，在今甘肅固原縣南。羌東奔射虎谷。在今甘肅天水縣西。潁規一舉滅之，不欲復令散走，遣千人於西縣結木爲柵遮之。西縣，在今天水縣西南。而縱兵擊破之。東羌悉平。

羌亂凡分三次：段潁言永初中諸羌反叛，十有四年，用二百四十億。永和之末，復經七年，用八十餘億。是第一次自永初元年至永寧元年，第二次自永和四年至漢安元年也。《後書·羌傳》述羌亂用費，即本於此。而第一次誤作十二年，第二次亦誤云十餘年。其第三次，自延熹二年至建寧二年，凡十一年。合計三十有二年。《潛夫論》言羌始叛時，"計謀未善，黨與未成，人衆未合，兵器未備"；《邊議》。及百姓"暴被殃禍，亡失財貨，則人懷奮怒，各欲報讎"；《實邊》。其勢實極易平。然竟蔓延如此之廣，經歷如此之久者？《潛夫論》又云："乃者邊害，振如雷霆，赫如日月，而談者皆諱之，陶陶閒澹，臥委天聽。羌獨往來，深入多殺。已乃陸陸，相將詣闕，諧辭禮謝。退坐朝堂，轉相顧望，日晏時移，議無所定，已且須後。少得小安，則恬然棄忘。旬月之間，虜復爲害，乃復怔忪如前。"《救邊》。王氏至謂："今公卿苟以己不被傷，故競割國家之地以與敵，殺主上之民以餧寇。今諸言邊可不救者，誠宜以其身若子弟補邊大守、令、長、丞、尉，然後是非之情乃定。"《邊議》。語雖憤激，當時泄沓情形，則可見矣。王氏又言："今吏從軍敗沒死公事者以十萬數，上不聞弔唁嗟歎之榮名，下又無祿賞之厚實。節士無所勸慕，庸夫無所貪利。士民貧困，器械不簡習，將恩不素結，卒然有急，則吏以暴發虐其士，士以所拙遇敵巧。此爲吏驅怨以禦讎，士卒縛手以待寇也。"《勸將》。皇甫規論羌事疏曰："每惟賢等，馬賢。擁衆四年，未有成功，縣師之費，且百億計。出於平民，回入姦吏。故江湖之民，羣爲盜賊。青、徐荒飢，糴負流散。夫羌戎潰叛，不由承平。皆由邊將失於綏御。乘常守安，則加侵暴。苟競小利，則致大害。勝則虛張首級，敗則隱匿不言。軍士勞怨，困於猾吏。進不得快戰以要功，退不得溫飽以全命。餓死溝渠，暴骨中原。是以安不能久，敗則經年。"《後書》亦言"諸將多斷盜牢稟，私自潤入。皆以珍寶，賂上左右。上下放縱，不恤軍事。士卒不得其死者，白骨相望於野"。且如段熲，《後書》以爲良將。然計其功勳云：凡百八十戰，斬三萬八千六百餘級，而軍士死者僅四百餘人，則無此理。本規三歲之費，用五十四億，其後實用四十四億，歲凡十有四億，亦反較永初、永和所費爲鉅也。王信之死，漢軍收金、銀、采帛一億以上。賊衆如此，官軍以對照而可知。將帥如此，賊安得不大縱，民安得不重困哉？吾嘗謂後漢羌亂，與清川、楚教匪之役最相似，信不誣也。

第四節　黨錮之禍

上刑賞貿亂，則下務立名以爲高。上肆其虐，下務其名以相角，意氣所激，不顧一切以徇之，而天下事不可爲矣。歷代之黨禍是也。然後漢黨禍，本起於小人之依附權勢，互相譏評。《後書・黨錮傳》云："初，桓帝爲蠡吾侯，受學於甘陵周福。甘陵，漢厝縣。後漢安帝更名。移清河國治焉。在今山東清平縣南。或云：在今河北清河縣東南。及即帝位，擢福爲尚書。時同郡河南尹房植，有名當朝。鄉人爲之謠曰：天下規矩房伯武，因師獲印周仲進。二家賓客，互相譏揣。遂各樹朋徒，漸成尤隙。由是甘陵有南北部。"此特食客之好事者爲之耳，無與大局也。後"汝南大守宗資，任功曹范滂。南陽大守成瑨，亦委功曹岑晊。二郡又爲謠曰：汝南大守范孟博，南陽宗資主畫諾。南陽大守岑公孝，弘農成瑨但坐嘯。因此流言，轉入大學。諸生三萬餘人，郭林宗、泰。賈偉節。彪。爲其冠。與李膺、陳蕃、王暢更相褒重。學中語曰：天下模楷李元禮，不畏強禦陳仲舉，天下俊秀王叔茂。又渤海公族進階、扶風魏齊卿，並危言深論，不隱豪強。自公卿以下，莫不屣履到門"。於是意氣之爭，與權利之爭相雜，居首善之區，而承之以好交結之貴游，務聲華之游士，而所牽引者大矣。時河內張成，善說風角，推占當赦，遂教子殺人。李膺爲河南尹，督促收捕。既而逢宥獲免。膺愈懷憤疾，竟案殺之。初，成以方伎交通宦官，帝亦頗諮其占。成弟子牢修，因上書誣告膺等養大學游士，交結諸郡生徒，更相驅馳，共爲部黨，誹訕朝廷，疑亂風俗。於是天子震怒。班下郡國，逮捕黨人。佈告天下，使同忿疾。遂收執膺等。其辭所連及，陳寔之徒，二百餘人。或有遁逃不獲，皆縣金購募。使者四出，相望於道。時爲延熹九年。明年，尚書霍諝、城門校尉竇武並表爲請。帝意稍解。乃皆赦歸田里，禁錮終身。而黨人之名，猶書王府。夫上之人挾其威力，以與爭名者角，而欲止之，未有能勝者也。於是海內希風之流，遂共相標榜。指天下名士，爲之稱號：上曰三君，君者，言一世之所宗也。次曰八俊，俊者，言人之英也。次曰八顧，顧者，言能以德行引人者也。次曰八及，及者，言其能道人追宗者也。次曰八厨。厨者，言能以財救人者也。初，山陽大守翟超，請張儉爲東部督郵，時中常侍侯覽，家在防東，後漢縣，屬山陽。在今山東金鄉縣西南。殘暴百姓，所爲不軌。儉舉劾覽及其母罪惡，請誅之，覽遏絕章表，並不得通，參看第二節。《范康傳》云：儉殺常侍侯覽母，誤。由是結讎。鄉人朱並，素性佞邪，爲儉所棄，並懷怨恚，遂上書告儉與同鄉二十四人，別相署號，共爲部黨，圖危社稷。靈帝詔刊章捕儉等。大長秋曹節，因此諷有司奏捕前黨。故司空虞放，大僕杜密，長樂少府李膺，司隸校尉朱寓，潁川大守巴肅，沛相荀昱，河內大守魏朗，山陽大守翟超，任城相劉儒，大尉范滂等百餘人，皆死獄中。餘或先歿不及，或亡命獲免。自此諸爲怨隙者，因相陷害，睚眦之忿，濫入黨中；又州郡承旨，或有未嘗交關，亦離禍毒；其死徙廢禁者，六七百人。時爲建寧二年。熹平五年，永昌大守曹鸞上書大訟黨人，言甚方切。帝省奏大怒，即詔司隸、益州，檻車收鸞，送槐里獄，掠殺之。於是又詔州郡，更考黨人。門生故吏，父子兄弟，其在位者，免官禁錮，爰及五屬。《注》：謂斬衰、齊衰、大功、小功、緦麻也。光和二年，上禄長和海上禄在今甘肅成縣西南。上言："禮，從祖兄弟，別居異財，恩義已輕，服屬疏末。而今黨人，錮及五族。既乖典訓之文，有繆經常之法。"帝覽而悟之。黨錮自從祖以下，皆得解釋。中平元年，黃巾賊起。中常侍呂彊言於帝曰："黨錮久積，人情多怨。若久不赦宥，輕與張角合謀，爲變滋大，悔之無救。"帝懼其言，乃大赦黨人。誅徙之家，皆歸故郡。案鉤黨之徒，品類非一。有通經之士，如劉淑。有游俠之徒。如何顒。有挺身徇節者，如李膺、巴肅、范滂。亦有遁逃奔走，累及他人者。如張儉。又如成瑨委任岑晊、張牧，殺張汎及其宗族賓客二百餘人，瑨徵下獄死，晊、牧顧遁逃亡匿，則殊有媿於烈士之風矣。有本無意於交結，邂逅遇之，不得免焉者。如夏馥，不交時宦，特以聲名爲中官所憚，遂與范滂、張儉等同被誣陷。亦有本係魁首，以處世巧滑，轉得脫然無累者。如郭泰。傳言其雖善人倫，而不爲危言覈論，故宦官擅政而不能傷也。及黨事起，知名之士，多被其害，惟林宗及汝南袁閎得免焉。并有本無關係，欲依附以爲榮者。如皇甫規。傳言黨事大起，天下名賢，多見染逮。規雖爲名將，素譽不高。自以西州豪桀，恥不得豫。乃上言：臣前薦故大司農張奐，是附黨也。又臣昔論輸左校時，大學生張鳳等上書訟臣，是臣爲黨人所附也。臣宜坐之。形形色色，非可一概而論。其人激於意氣，所爲不免過當，任之亦未足以爲治。且互相標榜，本係惡習。當時之士，所以趨之若鶩者，一則務於立名，一亦以漢世選舉，競尚聲華，合黨連羣，實爲終南捷徑耳。參看第十八章第四節自明。然桓、靈信任宦官，誅夷士類，延及無辜，前後歷二十餘年，則自爲虐政，不以黨人之無足取而末減也。

第五節　靈帝荒淫

後漢國事，大壞於桓、靈。《後漢書·桓帝紀論》曰："前史稱桓帝好音樂，善琴笙。飾芳林而考濯龍之宮，設華蓋以祠浮圖、老子，見第二十章第六、第七節。斯將所謂聽於神乎?"蓋亦淫侈之君。五邪嗣虐，流毒四方，正爲是也。然桓帝之荒淫，實遠不如靈帝之甚。

靈帝好微行，游幸外苑。造畢圭靈琨苑。見《楊震傳》。後宮采女，數千餘人。衣食之費，日數百金。每郡國貢獻，先輸中署，名爲導行費。《宦者吕强傳》。熹平四年，改平準爲中準，使宦者爲令，列於内署。自是諸署悉以閹人爲令。《本紀》：熹平四年。光和元年，開西邸賣官。自關内侯、虎賁、羽林入錢各有差。《本紀》。《注》引《山陽公載紀》曰：時賣官：二千石二千萬。四百石四百萬。其以德次應選者半之或三分之一。於西園立庫貯之。私令左右賣公卿。公千萬，卿五百萬。中平四年，賣關内侯，假金印紫綬，傳世，入錢五百萬。皆見《本紀》。《崔駰傳》：靈帝時，開鴻都門，榜賣官爵。公卿、州郡，下至黄綬各有差。其富者則先入錢，貧者到官而後倍輸。或因常侍阿保，別自通達。是時段熲、樊陵、張温等，雖有功勤名譽，然皆先輸貨財，而後登公位。崔烈時因傅母入錢五百萬，得爲司徒。及拜日，天子臨軒，百僚畢會。帝顧謂親幸者曰："悔不小靳，可至千萬。"程夫人於旁應曰："崔公冀州名士，豈肯買官? 賴我得是，反不知姝邪?"光和四年，初置騄驥廄丞，領受郡國調馬。豪右辜榷，馬一匹至二百萬。《本紀》。其時外戚貴幸之家，及中官公族，造起館舍，凡有萬數。喪葬踰制，奢麗過禮。《吕强傳》。皆上之化也。

帝好學，自造《皇羲篇》五十章。因引諸生能爲文賦者。本頗以經學相招，後諸爲尺牘及工書鳥篆者，皆加引召。遂至數千人。侍中祭酒樂松、賈護，多引無行趣勢之徒，並待制鴻都門下。喜陳方俗間里小事。帝甚悦之，待以不次之位。光和元年，遂置鴻都門學。其諸生皆勅州郡三公舉用辟召。或出爲刺史大守，入爲尚書侍中，乃有封侯賜爵者，士君子皆恥與爲列。《蔡邕傳》。楊賜對策，至比諸驩兜、共工，更相薦説焉。《楊震傳》。又市賈小民，爲宣陵孝子者數十人。悉除爲郎中、大子舍人。以蔡邕言，乃改爲丞尉。亦見

《邕傳》。

帝好胡服、胡帳、胡牀、胡坐、胡飯、胡箜篌、胡笛、胡舞。[①] 京都貴戚，皆競爲之。於西園駕四白驢，躬自操轡，驅馳周旋，以爲大樂。公卿貴戚，轉相仿效。至乘輻軒，以爲騎從。互相侵奪，賈與馬齊。數游戲於西園中。令後宮采女爲客舍主人，身爲商賈服，行至舍，采女下酒食，因共飲食，以爲戲樂。《續漢書·五行志》。亦見《後漢書·靈帝紀》光和四年。

中平二年，南宮災。張讓、趙忠等說帝，令斂天下田畝稅十錢，以修宮室。發大原、河東、狄道諸郡材木及文石。每州郡部送至京師，黃門、常侍輒令譴呵不中者，因強折賤買，十分顧一。因復貨之於宦官。復不爲即受，材木遂至腐積，宮室連年不成。刺史、大守復增私調，百姓呼嗟。凡詔所徵求，皆令西園騶密約勒，號曰中使。恐動州郡，多受賕賂。刺史、二千石及茂才、孝廉遷除，皆責助軍、修宮錢。大郡至二三千萬，餘各有差。當之官者，皆先至西園諧價，然後得去。有錢不畢者，或至自殺。其守清者，乞不之官，皆迫遣之。時鉅鹿大守河內司馬直新除，以有清名，減責三百萬。辭疾，不聽。行至孟津，上書極陳當世之失，古今禍敗之戒，即吞藥自殺。書奏，帝爲暫絕修宮錢。又造萬金堂於西園，引司農金錢、繒帛，仞積其中。又還河間買田宅，起第觀。明年，遂使鉤盾令宋典繕修南宮玉堂。又使掖庭令畢嵐鑄銅人四，列於蒼龍、玄武闕。又鑄四鐘，皆受二千斛，縣於玉堂及雲臺殿前。又鑄天祿蝦蟆，吐水於平門外橋東，轉水入宮。又作翻車、渴烏，[②]施於橋西，用灑南北郊路。《注》：翻車，設機車以引水。渴烏，爲曲筒，以氣引水上也。帝本侯家，宿貧，每歎桓帝不能作家居，故聚爲私藏，復藏寄小黃門、常侍錢各數千萬。常云：“張常侍是我父，趙常侍是我母。”張讓、趙忠。宦官得志，無所憚畏，並起第宅，擬則宮室焉。《宦者張讓趙忠傳》。案靈帝即位，年僅十二，安能憶爲侯時之貧？此宦官欲自聚斂，而委過於君也。根柢之深固如此，非用兵力，固不能剗除矣。

第六節　後漢中葉後外患

自北匈奴亡後，南匈奴及烏桓，居皆近塞，而鮮卑徙居北匈奴故地，勢漸張。明、章、和三世，烏桓保塞無事，鮮卑則或降或畔，然患亦未甚。安帝永初

---

① 四夷：靈帝好胡事物。

② 工業：靈帝作翻車、渴烏。

以後，烏桓、鮮卑，始多反畔。遼西鮮卑其至鞬尤强。自永寧至陽嘉，迄爲邊患。其至鞬死，寇盜乃稍希。南匈奴單于檀奴，弟烏稽尸逐鞮單于拔，安帝延光三年立四年薨。弟去特若尸逐就單于休利，順帝永建三年立。永和五年，左部句龍王、吾斯、車紐等叛，立車紐爲單于東引烏桓，西收羌戎，及諸胡數萬人，寇掠并、涼、幽、冀四州。中國至徙西河治離石，漢縣，今山西離石縣。上郡治夏陽，漢縣，今陝西韓城縣南。朔方治五原以避之。中郎將陳龜，以單于不能制下，逼迫之。單于及其弟左賢王皆自殺。兜樓儲先在京師，立之，是爲呼蘭尸逐就單于。車紐降。中郎將馬寔募刺殺吾斯，擊其餘黨，平之。兜樓儲立五年薨，伊陵尸逐就單于居車兒，桓帝建和元年立。延熹元年，南單于諸部並畔。遂與烏桓、鮮卑寇緣邊九郡。以張奐爲北中郎將討之。諸部悉降。單于居車兒薨，子屠特若尸逐就單于某，《注》云：凡言某者，史失其名。又云：某即是其名。蓋並存兩說。熹平元年立。時鮮卑有檀石槐者，勇健有智略，部落畏服。乃施法禁，平曲直，無敢犯者。遂推以爲大人。立庭於彈汗山歠仇水上，去高柳北三百餘里。高柳，漢縣，見第八章第四節。兵馬甚盛。東西部大人皆歸焉。因南抄緣邊，北拒丁零，東卻夫餘，西擊烏孫，盡據匈奴故地。東西萬四千餘里。網羅山川、水澤、鹽池。乃自分其地爲三部：從右北平東至遼東，接夫餘、濊貊二十餘邑爲東部。從右北平以西至上谷十餘邑爲中部。從上谷以西至敦煌、烏孫二十餘邑爲西部。各置大人主領之。靈帝立，幽、并、涼三州緣邊諸郡，無歲不被寇鈔，殺掠不可勝數。熹平三年冬，夏育遷護烏桓校尉。六年，秋，請徵幽州諸郡兵出塞擊之。一冬二春，必能破滅。朝廷未許。先是護羌校尉田晏坐事論刑被原，欲立功自效。乃請中常侍王甫，求得爲將。甫因此議遣兵與育并力討賊。帝乃拜晏爲破鮮卑中郎將，大臣多有不同。乃召百官議朝堂。議郎蔡邕言其不可。帝不從。遂遣育出高柳，晏出雲中，匈奴中郎將臧旻率南單于出雁門。各將萬騎，出塞二千餘里。檀石槐命三部大人各率衆逆戰，育等大敗，喪其節傳輜重，各將數千騎奔還，死者十七八。三將檻車徵下獄，贖爲庶人。案蔡邕之議，謂"自匈奴遁逃，鮮卑强盛，據其故地，稱兵十萬。才力勁健，意智益生。加以關塞不嚴，禁網多漏。精金良鐵，皆爲賊有。漢人逋逃，爲之謀主。兵利馬疾，過於匈奴"。蓋是時之鮮卑，業已統一漠北，代匈奴而興矣。然其部落程度究淺，結合不固。光和中，檀石槐死，子和連代立。才力不及父，性貪淫，斷法不平，衆畔者半。出攻北地，廉人善弩射者射中之，即死。廉，漢縣，今甘肅固原縣東北。其子騫曼年小，兄子魁頭立。後騫曼長大，與之爭國，衆遂離散焉。烏桓大人：靈帝初，上谷有難樓，九千餘落，遼西有丘力居，五千餘落；皆自稱王。又遼東蘇僕延，衆千餘落，自稱峭王。右北平烏延，衆八百餘落，自稱汗魯王。並勇健而多計策。中平四年，前中山大守張純畔，入丘力居衆中，自號彌天安定王。遂爲諸郡烏桓元帥。寇掠青、徐、幽、冀四州。五年，以劉虞爲幽州牧。虞購募斬純首，北州乃定。匈奴單于某，以擊檀石槐之年薨。子呼徵，光和元年立。二年，中郎將張修與單于不相能，修擅斬之，更立右賢王羌渠。修以擅殺，檻車徵詣廷尉抵罪。張純畔，詔發南匈奴兵配劉虞討之。單于遣左賢王將騎詣幽州。國人恐單于發兵無已，五年，右部醢落與休著各胡白馬銅等十餘萬人反，攻殺單于。子持至尸逐侯單于於扶羅，中平五年立。國人殺其父者遂畔，共立須卜骨都侯爲單于。於扶羅詣闕自訟。會靈帝崩，天下大亂。單于將數千騎與白波賊合，見第七節。寇河內諸郡。時民皆保聚，鈔掠無利，而兵遂挫傷。復欲歸國，國人不受，乃止河東。須卜骨都侯爲單于一年而死。南庭遂虛其位，以老王行國事焉。

西域：《後漢書》云："自陽嘉以後，朝威稍損，諸國驕放，轉相陵伐。元嘉二年，長史王敬爲于寘所没；永興元年，車師後王復反攻屯營；雖有降首，曾莫懲革，自此浸以疏慢矣。"蓋其失馭，亦在桓、靈之世也。順帝永建四年，于寘王放前殺拘彌王興，自立其子爲拘彌王，而遣使者貢獻於漢。敦煌大守徐由上求討之。帝赦于寘罪，令歸拘彌國。放前不肯。陽嘉元年，徐由遣疏勒王臣槃發二萬人擊于寘破之。更立興宗人成國爲拘彌王而還。桓帝元嘉元年，長史趙評在于闐病癰死。評子迎喪，道經拘彌。成國與于寘王建素有隙，乃語評子云："于寘王令胡醫持毒藥著創中，故致死耳。"評子信之。還入塞，以告敦煌大守馬達。明年，以王敬代爲長史。達令敬隱覈其事。敬先過拘彌，成國復說云："于寘人欲以我爲王。今可因此罪誅建，于寘必服矣。"敬貪立功名，且受成國之說，前到于寘，設供具請建，殺之。于寘侯將輸僰等會兵攻殺敬。輸僰欲自立，國人殺之，而立建子安國。馬達聞之，欲將諸郡兵出塞擊于寘。桓帝不聽，徵達還，而以宋亮爲敦煌大守。亮到，開募于寘，令自斬輸僰。時輸僰死已經月，乃斷死人頭送敦煌，而不言其狀。亮後知其詐，而竟不能出兵。于寘恃此遂驕。靈帝熹平四年，安國攻拘彌，大破之，殺其王，死者甚衆。戊己校尉、西域長史各發兵輔立拘彌侍子定興爲王，人衆裁千口耳。

車師之勢，與北匈奴甚逼。順帝陽嘉三年，車師後部司馬率加特奴等千五百人掩擊北匈奴於閶吾陸谷。壞其廬落，斬數百級。獲單于母、季母及婦女數百人，牛、羊十餘萬頭，車千餘兩，兵器、什物甚衆。四年，春，北匈奴呼衍王率兵侵後部。帝以車師六國,接近北虜,爲西域蔽扞,乃令敦煌大守發諸國兵及玉門關候、伊吾司馬合六千三百騎救之。掩擊北虜於勒山,漢軍不利。秋,呼衍王復將二千人攻後部,破之。桓帝元嘉元年,呼衍王將三千餘騎寇伊吾。伊吾司馬毛愷遣吏兵五百人於蒲類海東與戰,悉爲所没。呼衍王遂攻伊吾屯城。夏,遣敦煌大守司馬達將敦煌、酒泉、張掖屬國吏士四千餘人救之。至蒲類海,呼衍王引去。永興元年,後部王阿羅多與戊部候嚴皓不相得,反畔。攻圍漢屯田且固城,殺傷吏士。後部候炭遮領餘人叛阿羅多,詣漢吏降。阿羅多迫急,將其母、妻子,從百餘騎亡走北匈奴中。敦煌大守宋亮上立後部故王軍就質子卑君爲後部王。後阿羅多復從匈奴中還,與卑君争國,頗收其國人。戊校尉閻詳慮其招引北虜,將亂西域,乃開信告示,許復爲王。阿羅多乃詣詳降。於是收奪所賜卑君印綬,更立阿羅多爲王。仍將卑君還敦煌,以後部三百帳別役屬之,食其税。

安帝元初中,疏勒王安國以舅臣磐有罪,徙於月氏。月氏王親愛之。後安國死,無子,母持國政,與國人共立臣磐弟子遺腹爲疏勒王。臣磐聞之,請月氏王曰:"安國無子,種人微弱。若立母氏,我乃遺腹叔父也。我當爲王。"月氏乃遣兵送還。疏勒國人素敬愛臣磐,又畏憚月氏,即共奪遺腹印綬,迎臣磐,立爲王。後莎車連畔于寘,屬疏勒,疏勒以强,與龜兹、于寘爲敵國。順帝永建二年,臣磐遣使奉獻。帝拜臣磐爲漢大都尉。五年,臣磐遣侍子與大宛、莎車使俱詣闕貢獻。陽嘉二年,臣磐復獻師子、封牛。至靈帝建寧元年,疏勒王漢大都尉疏勒王仍膺漢大都尉之號,而佚其名。本疏勒王下或有與字,非是。於獵中爲其季父和得所射殺。和得自立爲王。三年,涼州刺史孟佗遣從事任涉將敦煌兵五百人,與戊己司馬曹寬,西域長史張晏將焉耆、龜兹、車師前後部合三萬餘人討疏勒。攻楨中城,四十餘日,不能下,引去。其後疏勒王連相殺害,朝廷亦不能禁。

以上皆諸國疏慢之由也。後漢再定西域,未設都護,故其威嚴不逮前漢,蓋屯田校尉秩卑而無威,敦煌大守勢遠而不及,不如中西域而立幕府者之便於制馭也。班超久居西域,信使幾通大秦,班勇繼立大功,蔥嶺以西遂絶,職是故也。然漢通西域,本爲扞禦匈奴。車師之守既堅,呼衍王終難得志,已足扞河西而休邊氓矣。自此以西,於中國本無大利害,勞師務遠,實爲非計。則後漢之於西域,或轉較前漢爲得策也。[1]

_____

[1]　四夷:後漢於西域視前漢爲得策。

第七節　後漢中葉後內亂

　　後漢自鄧后以女主御宇,朝政不綱,吏治廢弛,伏莽之禍,即已潛滋。歲月浸淫,終不能絕。至靈帝之世,遂一發而不可收拾矣。所謂履霜堅冰,其所由來者漸也。安帝永初三年,七月,海賊張伯路等寇掠緣海九郡。遣侍御史龐雄督州郡兵討破之。伯路等乞降。尋復屯聚。明年,伯路復與勃海、平原劇賊劉文河、周文光等攻厭次,後漢縣,在今山東陽信縣東南。轉入高唐,漢縣,今山東禹城縣西南。黨衆浸盛。遣御史中丞王宗發幽、冀諸郡兵,徵法雄爲幽州刺史,并力討之。至五年乃平。時百姓流亡,盜賊並起。郡縣更相飾匿,莫肯糾發。尚書陳忠上疏曰:“臣竊見元年以來,盜賊連發。攻亭劫掠,多所傷殺。夫穿窬不禁,則致彊盜;彊盜不斷,則爲攻盜;攻盜成羣,必生大姦。故亡逃之科,憲令所急,至於通行飲食,罪致大辟。而頃者以來,莫以爲憂。州郡督録怠慢,長吏防禦不肅。皆欲采獲虛名,諱以盜賊爲負。雖有發覺,不務清澄。至有逞威濫怒,無辜僵仆。或有蹢躅比伍,轉相賦斂。或隨吏追赴,周章道路。是以盜發之家,不敢申告;鄰舍比里,共相壓迮。或出私財,以償所亡。其大章著不可掩者,乃肯發露。陵遲之漸,遂且成俗。寇攘誅咎,皆由於此。前年勃海張伯路,可爲至戒。”讀此,可知盜賊之所由來矣。

　　順帝陽嘉元年,二月,海賊曾旌等寇會稽,殺句章、見第五章第七節。鄞、漢縣,今浙江奉化縣東。鄮漢縣,今浙江鄞縣東。三縣長。攻會稽東部都尉。三月,揚州六郡妖賊章河等寇四十九縣,殺傷長吏。三年,三月,益州盜賊劫質令長,殺列侯。永和二年,七月,九真、交阯二郡兵反。八月,江夏盜賊殺邾長。邾,漢縣,見第三章第三節。三年,四月,九江賊蔡伯流寇郡界及廣陵,殺江都長。江都,漢縣,今江蘇江都縣西南。閏月,蔡伯流等率衆詣徐州刺史應奉降。五月,吳郡丞羊珍反,攻郡府。大守王衡破斬之。永和中,荊州盜賊起,彌年不定。以李固爲刺史,固到,遣吏勞問境內,赦寇盜前釁,與之更始。於是賊帥夏密等,斂其魁黨,六百餘人,自縛歸首。固皆原之,遣還,使自相招集。半歲閒,餘類悉降。州內清平。漢安元年,廣陵盜賊張嬰等寇郡縣,積十餘年,是歲,詣大守張綱降。建康元年,三月,南郡、江夏盜賊寇掠城邑,州郡討平之。八月,揚、徐盜賊范容、周生等寇掠城邑,遣御史中丞馮緄本紀誤作赦,此依《滕撫傳》。督州郡兵討之。九月,揚州刺史尹耀、九江大守鄧顯討范容等於歷陽,秦縣,今安徽和縣。軍敗,爲賊所殺。十一月,九江盜賊徐鳳、馬勉等復寇郡縣。鳳稱無上將軍,依《滕撫傳》。

《本紀》：徐鳳、馬勉等稱無上將軍，疑有奪字。十二月，九江賊黄虎等攻合肥。沖帝永嘉元年，正月，張嬰等復反，攻殺堂邑、漢縣，今江蘇六合縣北。江都長。徐鳳攻殺曲陽、後漢侯國，今江蘇東海縣西南。東城長。見第三章第四節。三月，馬勉稱皇帝。九江都尉滕撫討馬勉、范容、周生，大破斬之。四月，丹陽賊陸宮等圍城，燒亭寺。丹陽，漢郡，治宛陵，今安徽宣城縣。大守江漢擊破之。五月，下邳人謝安應募擊徐鳳等，斬之。七月，廬江盜賊攻尋陽、盱眙。滕撫遣司馬王章擊破之。十一月，中郎將滕撫撫時拜中郎將，督揚、徐二州事。擊張嬰，破之。歷陽賊華孟自稱黑帝，攻殺九江大守楊岑，滕撫率諸將擊破斬之。於是東南悉平，振旅而還。時天下饑饉，帑藏空虛。每出征伐，常減公卿奉禄，假王侯租賦。前後所遣將帥，宦官輒陷以折耗軍資，往往抵罪。撫性方直，不交權勢，宦官懷忿，及論功賞，當封，大尉胡廣時録尚書事，承旨奏黜撫，天下怨之。據《馮緄滕撫傳》。宦官之禍漢，可謂深矣。

桓帝建和二年，十月，長平陳景自號黄帝子，長平，漢縣，在今河南西華縣東北。黄帝子，依商務印書館百衲本，今本或作皇。署置官屬；又南頓管伯，亦稱真人；南頓，漢縣，在今河南項城縣北。並圖舉兵，悉伏誅。和平元年，十二月，扶風妖賊裴優自稱皇帝，伏誅。永興二年，閏九月，蜀郡李伯詐稱宗室當立，爲大初皇帝，伏誅。十一月，泰山、琅邪賊公孫舉等反叛，殺長吏。永壽二年，七月，中郎將段熲討破斬之。據《熲傳》，賊首尚有東郭竇。延熹三年，九月，泰山、琅邪賊勞丙等復叛，寇掠百姓。遣御史中丞趙某持節督州郡討之。四年，十月，南陽黄武與襄城惠得、襄城，秦縣，見第三章第二節。昆陽樂季訞言相署，皆伏誅。五年，四月，長沙賊起，寇桂陽、蒼梧。五月，長沙、零陵賊起，攻桂陽、蒼梧、南海、交阯。遣御史中丞盛脩督州郡討之，不能克。豫章艾縣人六百餘，艾縣，在今江西修水縣西。應募而不得賞直，遂反。八月，焚燒長沙郡縣，寇益陽，漢縣，今湖南益陽縣。殺令。又遣謁者馬睦，督荆州刺史劉度擊之。軍敗。乃擢右校令度尚爲荆州刺史。尚躬率部曲，與同勞逸。廣募雜種諸蠻夷，明設購賞。進擊，大破之。桂陽宿賊渠帥卜陽、潘鴻等徙入山谷。尚窮追入南海，破平之。出兵三年，羣寇悉定。六年，七月，桂陽盜賊李研等寇郡界。大尉楊秉表陳球爲零陵大守。球到，設方略，期月間，賊虜消散。而荆州兵朱蓋等征戍久，財賞不贍，忿患，八年，五月，復作亂。與桂陽賊胡蘭攻没郡縣，轉寇零陵。陳球固守。復以度尚爲中郎將，與長沙大守抗徐等擊破斬之。九月，勃海妖賊蓋登等稱大上皇帝，皆伏誅。九年，正月，沛國戴異得黄金印，無文字。遂與廣陵人龍尚等共祭，并作符誓，稱大上皇。伏誅。永康元年，五月，廬江賊起，寇郡界。靈帝建寧三年，冬，濟南賊起，攻東平陵。漢縣，在今山東歷城縣東。熹平元年，十一月，會稽妖賊許昭起兵句章，自稱大將軍，立其父生爲越王，寇郡縣。遣揚州刺史臧旻，丹陽太守陳夤討破之。三年，十一月，破平之，獲昭父子。斬生。兼據《本紀》及《臧洪傳》。至中平元年，而黃巾起矣。

初，鉅鹿張角，自稱大賢良師。奉事黃、老道。見第二十章第六節。畜養弟子，跪拜首過，符水呪説以療病，病者頗愈，百姓信鄉之。角因遣弟子八人，使於四方，轉相誑惑。十餘年間，衆徒數十萬。青、徐、幽、冀、荊、揚、兗、豫八州之人，莫不畢應。遂置三十六方。方猶將軍號也。大方萬餘人，小方六七千。各立渠帥。訛言蒼天已死，黃天當立。歲在甲子，天下大吉。以白土書京城寺門及州郡官府，皆作甲子字。中平元年，大方馬元義等先收荊、揚數萬人，期會發於鄴。元義數往來京師，以中常侍封諝、徐奉等爲內應。約以三月五日，內外俱起。未及作亂，角弟子濟南唐周上書告之。[①] 於是車裂元義於洛陽。角等知事已露，晨夜馳敕諸方，一時俱起。皆著黃巾爲標幟。時人謂之黃巾，亦名爲蛾賊。《注》:喻賊衆多。角稱天公將軍，角弟寶稱地公將軍，寶弟梁稱人公將軍。所在燔燒官府，劫略聚邑。州郡失據，吏多逃亡。旬日之間，天下響應，京師震動。《後漢書·皇甫嵩傳》。拜盧植爲北中郎將，持節，以護烏桓中郎將宗員副，將北軍五校士，發天下諸郡兵征之。連戰破賊。角等走保廣宗。後漢縣，今河北威縣東。植築圍鑿塹，造作雲梯，垂當拔之。帝遣小黃門左豐詣軍觀賊形勢。或勸植以賂送豐，植不肯。豐還，言於帝曰:"廣宗賊易破耳，盧中郎固壘息軍，以待天誅。"帝怒，遂檻車徵植。拜董卓爲東中郎將，代植。敗於下曲陽。漢縣，今河北晉縣西。時皇甫嵩爲左中郎將，持節，與右中郎將朱儁共發五校、三河騎士，及募精勇，合四萬餘人，共討潁川黃巾。後又遣騎都尉曹操將兵往，大破之。乘勝進討汝南、陳國黃巾，三郡悉平。進擊東郡，詔嵩討角。嵩與角弟梁戰於廣宗，斬梁。角先以病死，乃剖棺戮尸，傳首京師。嵩復與鉅鹿太守郭典攻角弟寶於下曲陽，斬之。時選拜王允爲豫州刺史，討擊黃巾別帥，大破之。與嵩、儁等受降數十萬。南陽黃巾張曼成起兵，稱神上使，衆數萬，殺郡守褚衰。後太守秦頡擊殺曼成。賊更以趙弘爲帥，衆浸盛，遂十餘萬。據宛城。儁與荊州刺史徐璆及秦頡合兵圍弘。自六月至八月，不拔。有司奏欲徵儁，司空張溫上疏，帝乃止。儁因急擊弘，斬之。賊帥韓忠復據宛。

① 史事:黃巾之亂，中常侍與通聲氣(第二三七頁)。盧植不克，董卓敗績(第二三五頁)，角先病死，乃平。俱起者衆(第二七三頁)，久之不平(第二三五、二三六、二七二頁)。公孫瓚欲擁黑山之衆(第二五九、二六三頁)，青州兵出黃巾(第二五一頁)，遭赦不侮，簡別流人(第二三五頁)。

儁破之,忠降。秦頡積忿忠,殺之。餘衆懼不自安,復以孫夏爲帥,還屯宛中。儁急攻之,夏走。賊遂解散。案張角似本無大略,徒以訞妄誘惑;又起兵未久即死;其徒黨亦無能用其衆者;故旋即摧破。然《三國志·張燕傳注》引《九州春秋》曰:"張角之反也,黑山、白波、黃龍、左校、牛角、五鹿、祇根、苦蝤、劉石、平漢、大洪、司隸、緣城、羅市、雷公、浮雲、飛燕、白爵、楊鳳、于毒等各起兵,大者二三萬,小者不減數千。靈帝不能討。乃遣使拜楊鳳爲黑山校尉,領諸山賊。得舉孝廉計史。後遂彌漫,不可復數。"《注》又引《典略》曰:"黑山、黃巾諸帥,本非冠蓋,自相號字,謂騎白馬者爲張白騎,謂輕捷者爲張飛燕,謂聲大者爲張雷公,其饒鬚者則自稱于祇根,其眼大者自稱李大目。"又引張璠《漢記》云:"又有左校、郭大賢、左髭丈八三部也。"《後書·朱儁傳》末叙述諸寇,略同此注,而又小有異同。則黃巾雖平,與黃巾並起者,初未能平矣。且所破黃巾,亦僅大股。其餘黨蔓衍,及以黃巾自號者,實不可勝數。《後漢書·靈帝紀》:中平五年,二月,黃巾餘賊郭大等起於西河白波谷,在今山西汾城縣東南。是白波賊實黃巾也。八月,汝南葛陂在今河南新蔡縣北。黃巾攻沒郡縣。六月,益州黃巾馬相攻殺刺史郗儉。十月,青、徐黃巾復起,寇郡縣。《獻帝紀》:初平二年,十一月,青州黃巾寇泰山,大守應劭擊破之。轉寇渤海,公孫瓚與戰於東光,侯國,今河北東光縣東。復大破之。三年,四月,青州黃巾擊殺兖州刺史劉岱於東平。今山東東平縣。東郡大守曹操大破黃巾於壽張,降之。建安十二年,十月,黃巾賊殺濟南王贇。《三國·魏志·夏侯淵傳》,有濟南、樂安黃巾徐和、司馬俱等,攻城殺長吏。《何夔傳》:夔遷長廣大守,長廣,在今山東萊陽縣境。郡濱山海,黃巾未平,豪桀多背叛,袁譚就加以官位。《蜀志·先主傳》:曹公與袁紹相拒於官渡,汝南黃巾劉辟等叛曹公應紹。《魏志·于禁傳》云:從征黃巾劉辟、黃邵等。《吳志·大史慈傳》:孔融爲北海相,以黃巾寇暴,出屯都昌,漢縣,在今山東昌邑縣西。爲管亥所圍。《張昭傳注》引《吳書》,言權每出征,留昭鎮守,領幕府事。後黃巾賊起,昭討平之。《朱治傳》言治佐定東南,禽截黃巾餘類陳敗、萬秉等。則黃巾餘黨,實歷時甚久,蔓延且及吳、蜀,而中原無論矣。《後漢書·楊震傳》:張角等執左道,稱大賢,以誑耀百姓。天下繩負歸之。賜時在司徒,召掾劉陶告曰:"張角等遭赦不悔,而稍益滋蔓。今若下州郡捕討,恐更騷擾,速成其患。且欲切勅刺史二千石:簡別流人,各護歸本郡,以孤弱其黨,然後誅其渠帥,可不勞而定,何如?"陶對曰:"此孫子所謂不戰而屈人之兵,廟勝之漸也。"賜遂上書言之。會去位,事留中。《劉陶傳》:陶與奉車都尉樂松、議郎袁貢連名上疏曰:"今張角支黨,不可勝計。前司徒楊賜奏下詔書,切勅州郡,護送流民。會賜去位,不復捕錄。雖會赦令,而謀不解散,四方私言:云角等竊入京師，覘視朝政；鳥聲獸心，私共鳴呼。州郡忌諱，不欲聞之，但更相告語，莫肯公文。宜下明詔：重募角等，賞以國土。有敢回避，與之同罪。"帝殊不悟，方詔陶次《春秋條例》。明年，張角反亂。然則致亂之原，實由人民之流離失所，護送流民，購募魁首，已不足云曲突徙薪之計，猶不失爲先聲奪人之圖，而在下者諱不肯言，在上者漫不加察，遂至一朝橫決，莫之能禦，泄沓壅蔽之禍，可勝歎哉？王允之受降也，於賊中得張讓賓客書疏，與黃巾交通，允具發其姦，以狀聞。靈帝責怒讓，竟不能罪之。而讓懷挾忿怒，以事中允。明年，遂傳下獄。會赦還復刺史，旬日間，復以它罪被捕。大將軍何進、大尉袁隗、司徒楊賜共上疏請之，乃得以減死論。是冬大赦，而允獨不在宥。三公咸復爲言。至明年，乃得解釋。是時宦者橫暴，睚眦觸死。允懼不免，乃變易名姓，轉側河南、陳留閒。綱紀若此，復何言哉？

　　後漢之世，涼州喪亂久，其民風氣本強悍，又習於兵，而國家控制之力，有所不及，故靈帝末年，海內雲擾，他方皆旋告戡定，惟涼州則歷久不能平。中平元年，冬，北地先零羌及枹罕、河關羣盜反叛。後漢北地郡，治富平，在今寧夏靈武縣西南。枹罕縣今甘肅導河縣。河關縣在今導河縣西。共立義從胡北宮伯玉、李文侯爲將軍。殺護羌校尉伶徵。伯玉等乃劫致金城人邊章、韓遂，使專任軍政。章本名允，遂本名約，見《後書・董卓傳注》引《獻帝春秋》。共殺金城大守陳懿，後漢金城郡，治允吾，在今甘肅皋蘭縣西北。攻燒州郡。明年，春，將數萬騎入寇三輔，侵逼園陵。託誅宦官爲名。時徵發廣，司徒崔烈以爲宜棄涼州。詔會公卿百官。議郎傅燮執不可，乃已。以車騎將軍皇甫嵩討之，中郎將董卓爲副。初，嵩討張角，路由鄴，見中常侍趙忠舍宅踰制，乃奏沒入之。又中常侍張讓，私求錢五千萬，嵩不與。二人由此爲憾，奏嵩連戰無功，所費者多。其秋徵還。而邊章、韓遂等大盛。時賊所署將帥，多段熲時吏，曉習戰陳，識知山川，見《劉陶傳》。以司空張溫爲車騎將軍，假節。執金吾袁滂爲副，拜董卓爲破虜將軍，與盪寇將軍周慎，並統於溫，併諸郡兵步騎合十餘萬，屯美陽以衛園陵。美陽，漢縣，今陝西武功縣西南。章、遂亦進兵美陽。十一月，卓與右扶風鮑鴻等併兵破之。章、遂走榆中。漢縣，今甘肅榆中縣西北。溫遣周慎將三萬人追討，不克。三年，冬，徵溫還京師。韓遂乃殺邊章及伯玉、文侯。《三國志・魏武帝紀》建安二十年《注》引《典略》謂章病卒。擁兵十餘萬，進圍隴西。今甘肅臨洮縣東北。大守李相如反，與遂連和。漢陽王國，自號合衆將軍，與遂合。涼州刺史耿鄙率六郡兵討國、遂，漢陽大守傅燮，以邊兵多勇，而新合之衆，上下未知，勸止之。不從。行至狄道，果有反者，害鄙。賊遂進圍漢陽。燮戰歿。鄙司馬扶風馬騰《三國・蜀志・馬超傳注》引《典略》曰：騰字壽成，馬援後也。桓帝時，其父字子碩，嘗爲天水蘭干尉。後失官，因留隴西，與羌錯居。家貧無妻，遂娶羌女，生騰。騰少貧無產業，常從郹山中斫材木負販詣城市以自供給。騰爲人長八尺餘，身體洪大，面鼻雄異，而性賢厚，人多敬之。靈帝末，涼州刺史耿鄙信任姦吏，民王國等及氐、羌反叛，州郡募發民中有勇力者欲討之。騰在募中，州郡異之，署爲軍行事，典領部衆，討賊有功，拜軍司馬。擁兵反叛，共推王國爲主。寇掠三輔。五年，圍陳倉。漢縣，今陝西寶雞縣東。復拜皇甫嵩爲左將軍，董卓爲前將軍，各率二萬人拒之。嵩以陳倉守固，不進。國圍陳倉，自冬迄春，八十餘日，不能拔。疲敝，解去。嵩進擊，大破之。國走死。此據《皇甫嵩傳》。《董卓傳》云：韓遂等共廢國。韓遂等劫故信都令漢陽閻忠，使督統諸部。忠感恚病死。遂等稍爭權利，更相殺害，其諸部曲，並各分乖，一時不能爲大害，然涼州一隅，遂同化外，而西征諸將，且倒戈而爲中樞之患矣。

第十一章　後　漢　亂　亡

第一節　何　進　之　敗

靈帝崇信宦官。士大夫如蔡邕，邕以災異被詔問，對言乳母趙嬈、永樂門史霍玉及程大人等，爲曹節所竊見，事遂漏露。初，邕與司徒劉郃素不相平，叔父衞尉質又與將作大匠楊球有隙，球即中常侍程璜女夫也，璜遂使人飛章言邕、質數以私事請託於郃，郃不聽，邕含隱切，志欲相中。於是下邕，質洛陽獄，劾棄市。中常侍呂强愍邕無罪，請之。有詔減死一等，與家屬徙朔方，不得以赦令除。楊球使客追路刺邕，客感其義，皆莫爲用。球又賂其部主，使加毒害，所賂者反以其情戒邕，故每得免焉。邕前在東觀，與盧植、韓説等撰補《後漢記》。會遭事流離，不及得成，因上書自陳，奏其所著《十意》。帝嘉其才高。會明年大赦，乃宥邕歸本郡。將還就路，五原大守王智餞之。酒酣，智起舞，屬邕，邕不爲報。智者，中常侍王甫弟也，素貴驕，慚於賓客，訴邕曰：“徒敢輕我？”邕拂衣而去。智銜之。密告邕怨於囚放，謗訕朝廷。内寵惡之。邕慮卒不免，乃亡命江海，積十二年，靈帝崩，董卓爲司空，聞邕名高，乃辟之。**宦官中之賢者如呂强等**，强上疏論采女衆多，縱情土木，外戚、中官奢僭之害，又言多蓄私藏及選舉專任尚書之非，語極切直。黃巾起後，帝問强所宜施行。强欲先誅左右貪濁者，大赦黨人，料簡刺史、二千石能否。帝納之。乃先赦黨人。中常侍趙忠、夏惲等共構强。帝使中黃門持兵召强，强自殺。**皆爲所陷。張角叛後，劉陶、張鈞仍以言宦官見殺**。陶爲諫議大夫，上疏陳八事，大較言天下大亂，皆由宦官。宦官事急，共讒陶曰：“州郡不上，陶何由知？疑陶與賊通情。”於是收陶下黃門北寺獄，掠按日急，陶閉氣而死。鈞爲郎中，上書言“張角所以能興兵作亂，萬民所以樂附之者，皆由十常侍多放父兄子弟，婚親賓客，典據州郡，辜榷財利，侵掠百姓。宜斬十常侍，縣頭南郊，以謝百姓。又遣使者佈告天下，可不須師旅而大寇自消”，帝怒曰：“此真狂子也，十常侍固當有一人善者否？”鈞復重上，猶如前章。輒寢不報。詔使廷尉、侍御史考爲張角道者。御史承張讓等旨，遂誣奏鈞學黃巾道，收掠死獄中。時又有陳耽者，爲司徒。光和五年，詔公卿以謠言舉刺史、二千石爲民蠹害者。大尉許馘、司空張濟，承望内官，受取貨賂，其宦者子弟、賓客，雖貪汙穢濁，皆不敢問，而虛糾邊遠小郡清修有惠化者二十六人。吏民詣闕陳訴。耽與議郎曹操言之。帝以讓馘、濟。諸坐謠言徵者，悉拜議郎。宦官怨之。遂誣陷耽，死獄中。亦見《劉陶傳》。張鈞事見《宦者張讓傳》。**將帥中如傅燮**、燮爲護軍司馬，與皇甫嵩俱討張角，燮素疾中官，既行，因上疏言天下之禍，不由於外，皆興於内。宦者趙忠見而忿惡。及破張角，燮功多，當封，忠訴譖之，帝猶識燮言，得不加罪，竟亦不封。頃之，忠爲車騎將軍。詔忠論討黃巾之功。執金吾甄舉等謂忠曰：“今將軍親當重任，宜進賢理

239

屈，以副衆心。"忠納其言，遣弟致殷勤，變正色拒之。忠愈懷恨，遂出爲漢陽太守。盧植、皇甫嵩等，亦皆以不事宦官遭挫折。甚至如王允，業已得宦官交通黄巾之迹，而反以獲罪。其時握兵者，蓋勳、劉虞、袁紹等謀誅宦官而未成。勳拜討虜校尉，與劉虞、袁紹同典禁兵。勳謂虞、紹曰：吾仍見上，上甚聰明，但擁蔽於左右耳。若共併力誅嬖幸，然後徵拔英俊，以興漢室，功遂身退，不亦快乎？虞、紹亦素有謀，因相連結。未及發，而司隸校尉張温舉勳爲京兆尹。帝方欲延接勳，而蹇碩等心憚之，並勸從温奏，遂拜京兆尹。張玄又以勸張温。玄，霸孫。中平二年，温出征涼州賊。玄要説温曰："聞中貴人公卿以下，當出祖道於平樂觀，若於中坐酒酣，鳴金鼓，整行陳，召軍正，執有罪者誅之，引兵還屯都亭，以次翦除中官，解天下之倒縣，報海内之怨毒，然後顯用隱逸忠正之士，則邊章之徒，宛轉股掌之上矣。"温聞，大震，不能對。閻忠則竟説皇甫嵩徵兵以誅宦官，然後南面稱制。事在嵩平黄巾後，見《嵩傳》。温、嵩皆無大略，不敢行，然海内之絶望於朝廷，則可見矣。顧慮名義者，莫敢爲非常之舉，而暴戾恣睢者，乃乘之而起。

靈帝母孝仁董皇后，竇氏誅之明年，迎至京師。竇大后崩，始與朝政。使帝賣官求貨，自納金錢，盈滿堂室。中平五年，以后兄子衛尉修侯重爲驃騎將軍，領兵千餘人。《徐璆傳》：遷荆州刺史。時董大后姊子張忠爲南陽太守，因勢放濫，臧罪數億。璆臨當之郡，大后遣中常侍以忠屬璆。璆對曰："臣身爲國，不敢聞命。"大后怒，遂徵忠爲司隸校尉，以相威臨。璆到州，舉奏忠臧餘一億，使冠軍縣上簿詣大司農，以彰暴其事。又奏五郡大守及屬縣有臧汙者，悉徵案罪。威風大行。中平元年，與朱儁擊黄巾於宛，破之。張忠怨璆，與諸閹宦構造無端，璆遂以罪徵。靈帝宋皇后無寵，後宫幸姬，衆共譖毁。初，中常侍王甫枉誅勃海王悝及妃宋氏。妃即后之姑也，甫恐后怨之，乃與大中大夫程阿共構言皇后挾左道祝詛，帝信之。光和元年，遂策收璽綬。后自致暴室，以憂死。父兄及弟並被誅。靈思何皇后，家本屠者，以選入掖庭，生皇子辯，養於史道人家，①號曰史侯。《注》引《獻帝春秋》曰：靈帝數失子，不敢正名，養道人史子眇家，號曰史侯。拜后爲貴人。光和三年，立爲皇后。四年，王美人生皇子協。后酖殺美人。帝大怒，欲廢后。諸宦官固請得止。董大后自養協，號曰董侯。中平元年，張角起，以后兄進爲大將軍，率左右羽林五營士屯都亭，修理器械，以鎮京師。張角別黨馬元義謀起洛陽，進發其姦，以功封慎侯。四年，滎陽數千人羣起攻燒郡縣，殺中牟縣令。今河南中牟縣東。詔使進弟河南尹苗出擊之，平定而還。拜爲車騎將軍，封濟陽侯。五年，天下滋亂，望氣者以爲京師當有大兵，兩宫流血。大將軍司馬許涼、假司馬伍宕説進曰："大公《六韜》有天子將兵事，可以威厭四方。"進以爲然，入言之於帝。於是乃詔進大發四方兵，講武於平樂觀。天子

---

① 宗教：史道人。

親出臨軍。詔使進悉領兵屯於觀下。是時置西園八校尉：以小黃門蹇碩爲上軍校尉，虎賁中郎將袁紹爲中軍校尉，屯騎都尉鮑鴻爲下軍校尉，議郎曹操爲典軍校尉，趙融爲助軍校尉，淳于瓊爲佐軍校尉，又有左右校尉。帝以蹇碩壯健而有武略，特親任之，以爲元帥，督司隸校尉以下，雖大將軍亦領屬焉。碩雖擅兵於中，而猶畏忌於進，乃與諸常侍共說帝，遣進西擊邊章、韓遂。帝從之。進陰知其謀，乃上遣袁紹東擊徐、兗二州，須紹還即戎事，以稽行期。初，羣臣請立大子，帝以辯輕佻無威儀，不可爲人主，然皇后有寵，且進又居重權，故久不決。六年，帝疾篤，屬協於蹇碩。帝崩，碩時在內，欲先誅進而立協。及進從外入，碩司馬潘隱與進有舊，迎而目之。進驚，馳從儳道歸營，引兵入屯百郡邸。因稱疾不入。碩謀不行。皇子辯乃即位。何大后臨朝。進與大傅袁隗輔政，錄尚書事。進素知中官天下所疾，兼忿蹇碩圖己，陰規誅之。袁紹亦素有謀，因進親客張津勸之。進然其言。又以袁氏累世寵貴，海內所歸，而紹素善養士，能得豪桀用，其從弟虎賁中郎將術，亦尚氣俠，故並厚待之。因復博徵智謀之士龐紀、何顒、荀攸等，與同腹心。蹇碩疑不自安，與中常侍趙忠書曰：“大將軍兄弟，秉國專朝，今與天下黨人謀誅先帝左右，掃滅我曹。但以碩典禁兵，故且沈吟。今宜共閉上閣，急捕誅之。”中常侍郭勝，進同郡人也，大后及進之貴幸，勝有力焉，故勝親信何氏。遂共趙忠等議，不從碩計，而以其書示進。進乃使黃門令收碩誅之，因領其屯兵。董重與進權勢相害。董后每欲參干政事，大后輒相禁塞。董后忿恚，嘗言曰：“汝今輈張，怙汝兄邪？當敕驃騎斷何進頭來。”大后聞，以告進。進與三公及弟車騎將軍苗奏蕃后故事不得留京師，請遷宮本國。奏可。進遂舉兵圍驃騎府收重，重自殺。董后憂怖，疾病，暴崩。袁紹復說進，且言不宜輕出入宮省。進甚然之。乃稱疾不入陪喪，又不送山陵。遂與紹定籌策，而以其計白大后。大后不聽。進難違大后意，且欲誅其放縱者。紹以爲今不悉廢，後必爲患。而大后母舞陽君及苗，數受諸宦官賂遺，知進欲誅之，數白大后，爲其障蔽。又言大將軍專殺左右，擅權以弱社稷。大后疑，以爲然。中官在省闥者或數十年，封侯貴寵，膠固內外，進新當重任，素敬憚之，雖外收大名，而內不能斷，故事久不決。紹等又爲畫策，多召四方猛將及諸豪桀，使並引兵鄉京城，以脅大后。進然之。主簿陳琳入諫曰：“大兵集會，強者爲雄，功必不成，祇爲亂階。”不聽。遂西召前將軍董卓屯關中上林苑。又使府掾泰山王匡東發其郡強弩。並召東郡大守橋瑁屯成皋。使武猛都尉丁原燒孟津，火照城中。皆以誅宦官爲言。大后猶不從。苗謂進曰：“始共從南陽來，俱以貧賤，依省內以致富貴。國家之事，亦何容易？覆水不收，宜深思之，且與省内和也。"進意更狐疑。紹懼進變計，乃脅之曰："交構已成，形勢已露，事留變生，將軍復欲何待，而不早決之乎？"進於是以紹爲司隸校尉，假節，專命擊斷。從事中郎王允爲河南尹。紹使洛陽方略武吏司察宦者，而促董卓等使馳驛上欲進兵平樂觀。大后乃恐，悉罷中常侍、小黃門，使還里舍，惟留進素所私人，以守省中。諸常侍、小黃門皆詣進謝罪，惟所措置。袁紹勸進便於此決之，至於再三，進不許。紹又爲書告州郡，詐宣進意，使案捕中官親屬。進謀積日，頗泄。中官懼而思變。張讓子婦，大后之妹也。讓鄉子婦叩頭曰："老臣得罪，當與新婦俱歸私門。惟受恩累世，今當遠離宮殿，情懷戀戀，願復一入直，得暫奉望大后陛下顏色，然後退就溝壑，死不恨矣。"子婦言於舞陽君，入白大后，乃詔諸常侍皆復入直。八月，進入長樂白大后：請盡誅諸常侍以下，選三署郎入守宦官廬。張讓等使人潛聽，具聞其語。乃率常侍段珪、畢嵐等數十人持兵竊自側闥入，伏省中。及進出，因詐以大后詔召進入。尚方監渠穆拔劍斬進於嘉德殿前。讓、珪等爲詔，以故大尉樊陵爲司隸校尉，少府許相爲河南尹。尚書得詔版，疑之，曰："請大將軍出共議。"中黃門以進頭擲與尚書，曰："何進謀反，已伏誅矣。"進部曲將吳匡、張璋，素所親幸，聞進被害，欲將兵入宮。宮閣閉，袁術與匡共斫攻之。中黃門持兵守閣。會日暮，術因燒南宮九龍門及東西宮，欲以脅出讓等。讓等入白大后，言大將軍兵反，燒宮，攻尚書闥。因將大后、天子及陳留王，少帝即位，封協爲渤海王，徙封陳留王。又劫省内官屬從複道走北宮。尚書盧植執戈於閣道窗下仰數段珪。珪等懼，乃釋大后。大后投閣得免。袁紹與叔父隗矯詔召樊陵、許相，斬之。苗、紹乃引兵屯朱雀闕下。捕得趙忠等，斬之。吳匡素怨苗不與進同心，而又疑其與宦官同謀，乃令軍中曰："殺大將軍者即車騎也，士吏能爲報讎乎？"進素有仁恩，士卒皆流涕曰："願致死。"匡遂引兵與董卓弟奉車都尉旻攻殺苗，棄其尸於苑中。紹遂閉北宮門，勒兵捕宦者，無少長，皆殺之。紹因進兵排宮，或上端門屋，以攻省内。張讓、段珪等困迫，遂將帝與陳留王數十人步出穀門，奔小平津。在今河南孟津縣。公卿並出平樂觀，無得從者。惟尚書盧植夜馳河上。王允遣河南中部掾閔貢隨植後。貢至，手劍斬數人。餘皆投河而死。明日，公卿百官乃奉迎天子還宮。

董卓，中平五年以前將軍擊韓遂等。六年，徵爲少府，不肯就。上書言"所將湟中異從及秦、胡兵皆詣臣曰：牢直不畢，廩賜斷絕，妻子飢凍。牽挽臣車，使不得行"。朝廷不能制，頗以爲慮。及靈帝寢疾，璽書拜卓爲并州牧，令以兵屬皇甫嵩。卓復上書，言"掌戎十年，士卒大小，相狎彌久，戀臣畜養之恩，爲臣奮一旦之命，乞將之北州，效力邊垂”。於是駐兵河東，以觀時變。及何進召卓，侍御史鄭泰謂進曰“董卓彊忍寡義，志欲無厭，若借之朝政，授以大事，將恣凶欲，必危朝廷”，不聽。卓得召，即時就道，未至而進敗。聞少帝在北芒，山名，洛陽東北。因往奉迎。帝見卓將兵卒至，恐怖涕泣。卓與言，不能辭對。與陳留王語，遂及禍亂之事。卓以王爲賢，且爲董大后所養，卓自以與大后同族，有廢立意。初，卓之入也，步騎不過三千。尋而何進及弟苗先所領部曲，皆歸於卓。卓又使呂布殺執金吾丁原而并其衆。布九原人，以驍武給并州刺史丁原，爲騎都尉，屯河内，以布爲主簿。卓兵士大盛，乃諷朝廷，策免司空劉弘而代之。遂脅大后策廢少帝爲弘農王，而立陳留王，是爲獻帝。遷大后於永安宮，因進鴆弒。卓遷大尉，領前將軍事，更封郿侯。尋進相國。入朝不趨，劍履上殿。是時洛中貴戚，室第相望，金帛財産，家家殷積。卓縱放兵士，突其廬舍，淫略婦女，剽虜資物，謂之搜牢。人情崩恐，不保朝夕。及何后葬，開文陵，卓悉取藏中珍物。又姦亂公主，妻略宮人。虐刑濫罰，睚眦必死。羣僚内外，莫能自固。卓嘗遣軍至陽城，見第三章第一節。時人會於社下，悉令就斬之，駕其車重，載其婦女，以頭繫車轅，歌呼而還。又廢五銖錢，更鑄小錢。悉取洛陽及長安銅人、鍾虡、飛廉、銅馬之屬，以充鑄焉。故貨賤物貴，穀石數萬。卓雖忍性矯情，擢用羣士，幽滯多所顯拔，所親愛並不處顯職，但將校而已，亦無益矣。

第二節　董卓之亂

《三國·吳志·孫堅傳》言：張温討邊章、韓遂，表請堅與參軍事，屯長安。温以詔書召卓，卓良久乃詣温，温責讓卓，卓對應不順，堅時在坐，前耳語温：“宜以召不時至，陳軍法斬之。”温不能用。《後漢書·皇甫嵩傳》，謂卓拜爲并州牧，詔使以兵委嵩，卓不從，嵩從子酈勸嵩討之，嵩亦不聽。意若深惜之者。然時温、嵩兵力，皆未必能制卓。孫堅再請，温曰：“君且還，卓將疑人”，其憚之如是，安能陳兵誅之？且時涼州將帥之跋扈久矣，亦非殺一董卓所可定也。及卓既入洛陽，擁彊兵，有異志，則爲安定京師計，誠不得不與之一決。何進先遣騎都尉鮑信募兵，適至，勸袁紹及其初至疲勞襲之，紹不敢發，則誠可惜也。内莫能與之抗，而兵遂起於外。

董卓之欲廢立也，袁紹爭之，與卓言語不協，遂奔冀州。侍中伍瓊等陰爲紹説卓曰：“袁氏樹恩四世，紹高祖父安生京、敞。京生彭、湯。湯生平、成、逢、隗。安、敞、湯、逢、隗皆爲三公。紹，成子，術，逢子。《後漢書·紹傳注》引袁山松書曰：紹，逢之孽子，出後成。《三國

243

志·紹傳注》引華嶠書曰：紹、術異母兄。門生故吏，徧於天下。今急購之，勢必爲變。收豪桀以聚徒衆，英雄因之而起，山東非公之有也。不如赦之，拜一郡守。紹喜於免罪，必無患矣。”卓以爲然，乃遣授紹渤海大守。後漢渤海治南皮，今河北南皮縣。初平元年，紹以渤海起兵。後將軍袁術，卓將廢立，以術爲後將軍，術畏禍，奔南陽。冀州牧韓馥，豫州刺史孔伷，兗州刺史劉岱，陳留大守張邈，廣陵大守張超，河内大守王匡，山陽大守袁遺，東郡大守橋瑁，濟北相鮑信同時俱起，衆各數萬。約盟，遥推紹爲盟主。先是卓表曹操爲驍騎校尉，欲與計事，操乃變易姓名，閒行東歸，散家財合義兵，起兵於己吾。中平六年十二月。己吾，後漢縣，今河南寧陵縣西南。及是，衆推操行奮武將軍。卓乃鴆殺弘農王，遷天子西都。盡徙洛陽人數百萬口於長安，步騎驅蹙，更相蹈藉，飢餓寇掠，積尸盈路。卓自屯留畢圭苑中，悉燒宮廟、官府、居家，二百里内，無復子遺。又使吕布發諸帝陵及公卿已下冢墓，收其珍寶。是時袁紹屯河内，張邈、劉岱、橋瑁、袁遺屯酸棗，漢縣，今河南延津縣北。袁術屯南陽，孔伷屯潁川，韓馥在鄴。卓兵彊，紹等莫敢先進。曹操曰：“舉義兵以誅暴亂，大衆已合，諸君何疑？鄉使董卓聞山東兵起，倚王室之重，據二周之險，東鄉以臨天下，雖以無道行之，猶足爲患。今焚燒宮室，劫遷天子，海内震動，不知所歸，此天亡之時也，一戰而天下定矣，不可失也。”遂引兵西，將據成皋。張邈遣將衛兹分兵隨操。到滎陽汴水，遇卓將徐榮，與戰，不利，夜遁去。榮見操所將兵少，力戰盡日，謂酸棗未易攻也，亦引兵還。操到酸棗，諸軍兵十餘萬，日置酒高會，不圖進取。操責讓之。因爲謀曰：“諸君聽吾計：使渤海引河内之衆，臨孟津；酸棗諸將守成皋，據敖倉，塞轘轅、大谷，見下。全制其險；使袁將軍率南陽之軍軍丹、析，入武關，以震三輔；皆高壘深壁，勿與戰。益爲疑兵，示天下形勢。以順誅逆，可立定也。今兵以義動，持疑而不進，失天下之望，竊爲諸君恥之。”邈等不能用。初，長沙賊區星自稱將軍，衆萬餘人，攻圍城邑。以孫堅爲長沙大守，克破星等。周朝、郭石亦帥徒衆起於零、桂，與星相應，遂越竟尋討，三郡肅然。《三國·吳志》本傳。《後漢書·靈帝紀》：中平四年，十月，零陵人觀鵠自稱平天將軍，寇桂陽，長沙大守孫堅擊斬之。州郡討卓，堅亦舉兵。荆州刺史王叡素遇堅無禮，堅過殺之。比至南陽，衆數萬人。大守張咨聞軍至，晏然自若。堅以牛酒禮咨，咨明日亦答詣堅，堅斬之。郡中震慄，無求不獲。前到魯陽，見第八章第二節。與袁術相見。術表堅行破虜將軍，領豫州刺史。遂治兵於魯陽。卓先遣將徐榮、李蒙四出虜掠。榮遇堅於梁，漢縣，今河南臨汝縣東。與戰，破堅，生禽潁川大守李旻，烹之。卓所得義兵士卒，皆以布纏裹，倒立於地，熱膏灌殺之。《後漢書·卓傳》。《三國志·卓傳注》引《獻帝紀》曰：卓獲山東兵，以豬膏塗布十餘匹，用纏其身，然後燒之，先從足起。獲袁紹豫州從事李延，責殺之。卓所愛胡恃寵放縱，爲司隸校尉劉謙所殺。卓大怒曰：我愛狗尚不欲令人呵之，而況人乎？乃召司隸都官擒殺之。《續漢書·五行志》：靈帝中平中，京都爲《董逃》之歌，《注》引《風俗通》曰：卓以《董逃》之歌，主爲己發，大禁絕之，死者千數。王匡屯兵河陽津，將以圖卓。卓遣疑兵挑戰，而潛使銳卒從小平津過津北，破之，死者略盡。《魏志注》引謝承書曰：匡敗，走還泰山。收集勁勇，得數千人。欲與張邈合。匡先殺執金吾胡母班，班親屬與大祖併勢共殺匡。明年，孫堅收合散卒，進屯梁縣之陽人。聚名。卓遣將胡軫、呂布攻之。布與軫不相能，軍自驚恐，士卒散亂。堅追擊之，軫、布敗走。卓遣將李傕詣堅求和，堅拒絕不受。進軍大谷，《後漢書注》：大谷口，在故嵩陽西北八十五里，北出對洛陽故城。案嵩陽，隋縣，唐改爲登封，即今河南登封縣。距洛九十里。卓自出與堅戰於諸陵墓間，卓敗走，卻屯澠池，見第三章第一節。聚兵於陝。堅進洛陽宣陽城門，更擊呂布，布復破走。堅乃掃除宗廟，平塞諸陵。分兵出函谷關，至新安、澠池間，以截卓後。卓乃使東中郎將董越屯澠池，中郎將段煨屯華陰，中郎將牛輔屯安邑，其餘中郎將、校尉，布在諸縣，以禦山東。卓諷朝廷，拜爲大師，位在諸侯王上。乃引還長安。以弟旻爲左將軍，封鄠侯，兄子璜爲侍中中軍校尉，皆典兵事。於是宗族內外，並居列位。其子孫雖髫齔，男皆封侯，女爲邑君。數與百官置酒宴會，淫樂縱恣。乃結壘於長安城東以自居。又築塢於郿，漢縣，今陝西郿縣東北。高厚七丈，號曰萬歲塢。積穀爲三十年儲。自云事成雄據天下，不成守此足以畢老。常至郿行塢，公卿已下祖道於橫門外，卓施帳幔飲設，誘降北地反者數百人，於坐中殺之。先斷其舌，次斬手足，次鑿其眼目，以鑊烹之。未及得死，偃轉杯案閒。會者戰栗，亡失匕箸，而卓飲食自若。諸將有言語蹉跌，便戮於前。又稍誅關中舊族，陷以叛逆。時大史望氣，言當有大臣戮死者。卓乃使人誣告大尉張溫與袁術交通，遂笞溫於市殺之，以塞天變。溫時與司徒王允、司空荀爽陰謀誅卓，未及發而見害。爽病薨。

初，卓留洛陽，朝政大小，悉委之於允。允矯情屈意，每相承附，卓亦推心，不生乖疑。允密與司隸校尉黃琬、尚書鄭泰等謀誅卓。乃上護羌校尉楊瓚行左將軍事，執金吾士孫瑞爲南陽大守，並將兵出武關道，以討袁術爲名，實欲分路征卓，而後拔天子還洛陽。卓疑而留之。允乃引內瑞爲僕射，瓚爲尚書。初平三年，允與瑞、瓚復結前謀。初，呂布斬丁原首詣卓，卓以爲騎都尉，甚愛信之，誓爲父子。稍遷至中郎將。卓自以遇人無禮，恐人謀己，行止常以布自衛。然卓性剛而褊，忿不思難。嘗小失意，拔手戟擲布，布拳捷避之，由是陰怨卓。卓常使布守中閤，布與卓侍婢私通，恐事發覺，心不自安。

允先以布鄉里壯健，允，大原祁人；布，五原九原人。厚接納之。乃潛結布，使爲内應。四月，帝疾新愈，大會未央殿。允與瑞密表其事。使瑞自書詔以授布。令騎都尉李肅與布同心勇士十餘人，僞著衛士服，於北掖門内以待卓。卓入門，肅以戟刺之，衷甲不入，傷臂墮車。顧大呼曰："吕布何在？"布曰："有詔討賊臣。"卓大罵曰："庸狗敢如是邪！"布應聲持矛刺卓，趣兵斬之。士卒皆稱萬歲。百姓歌舞於道。長安中士女，賣其珠玉衣裝，市酒肉相慶者，填滿街肆。使皇甫嵩攻卓弟旻於郿塢。殺其母、妻、男女，盡滅其族。塢中珍藏，有金二三萬斤，銀八九萬斤，錦綺繢縠，紈素奇玩，積如丘山。

第三節　李傕郭汜之亂

　　董卓之入關也，留河南尹朱儁守洛陽。儁與山東諸將通謀爲内應。既而懼爲卓所襲，乃棄官奔荆州。卓以弘農楊懿爲河南尹，守洛陽。儁聞，復進兵還洛。懿走。儁以河南殘破，無所資，乃東屯中牟。移書州郡，請師討卓。徐州刺史陶謙遣精兵三千餘。州郡稍有所給。謙乃上儁行車騎將軍。初，卓以牛輔子壻，素所親信，使以兵屯陝。輔分遣其校尉李傕、郭汜、張濟將步騎數萬擊破儁於中牟。因掠陳留、潁川諸縣，殺略男女，所過無復遺類。吕布乃使李肅以詔命至陝討輔等，輔等逆與肅戰，肅敗走弘農。布誅殺之。其後牛輔營中無故大驚，輔懼，乃齎金寶踰城走。左右利其貨，斬輔，送首長安，傕、汜等以王允、吕布殺董卓，故忿怒并州人，并州人在其軍者，男女數百人，皆誅殺之。牛輔既敗，衆無所依，欲各散去。傕等恐，乃先遣使詣長安，求乞赦免。允初議赦卓部曲，吕布亦數勸之。既而疑曰："此輩無罪，從其主耳。今若名爲惡逆，而特赦之，適足使其自疑，非所以安之之道也。"吕布又欲以卓財物班賜公卿將校，允又不從。而素輕布，以劍客遇之。布亦負其功勞，多自誇伐。既失意望，漸不相平。允性剛稜疾惡。初懼董卓豺狼，故折節圖之。卓既殲滅，自謂無復患難。及在際會，每乏温潤之色。仗正持重，不循權宜之計。是以羣下不甚附之。董卓將校及在位者多涼州人，允議罷其軍。或説允曰："涼州人素憚袁氏，而畏關東，一旦解兵，必人人自危，可以皇甫義真嵩字。爲將軍，就領其衆，因使留陝，以安撫之，而徐與關東通謀，以觀其變。"允曰："不然。關東舉義兵者，皆吾徒耳。今若距險屯陝，雖安涼州，而疑關東之心，甚不可也。"時百姓訛言當悉誅涼州人，遂轉相恐動。其在關中者，皆擁兵自守。及傕等求赦，允以爲一歲不可再赦，不許之。傕等憂懼，不知所爲。武威人賈詡,時在傕軍,説之曰:"聞長安中議欲盡誅涼州人。諸君若棄軍單行,則一亭長能束君矣。不如相率而西,以攻長安,爲董公報仇。事濟,奉國家以正天下,若其不濟,走未後也。"傕等然之。各相謂曰:"京師不赦我,我當以死決之。若攻長安剋,則得天下矣,不剋,則鈔三輔婦女財物,西歸鄉里,尚可延命。"衆以爲然。於是共結盟。率軍數千,晨夜西行。允聞之,乃遣卓故將胡軫、徐榮擊之於新豐。榮戰死。軫以衆降。傕隨收兵,比至長安,已十餘萬。與卓故部曲樊稠、李蒙等合。《注》引袁宏記曰:蒙爲傕所殺。圍長安城。城峻不可攻。守之八日。呂布軍有叟兵內反,引傕衆得入。城潰。放兵虜掠,死者萬餘人。呂布戰敗出奔。初,允以同郡宋翼爲左馮翊,王宏爲右扶風。是時三輔民庶熾盛,兵穀富實。李傕等欲即殺允,懼二郡爲患,乃先徵翼、宏。宏遣使謂翼曰:"郭汜、李傕,以我二人在外,故未危王公。今日就徵,明日俱族。計將安出?"翼曰:"雖禍福難量,然王命所不得避也。"宏曰:"義兵鼎沸,在於董卓,況其黨與乎? 若舉兵共討君側惡人,山東必應之,此轉禍爲福之計也。"翼不從。宏不能獨立,遂俱就徵。下廷尉。傕乃收允,及翼、宏併殺之。傕遷車騎將軍,開府,領司隸校尉,假節。汜後將軍。稠右將軍。張濟爲鎮東將軍。傕、汜、稠共秉朝政,濟出屯弘農。初,卓之入關,要韓遂、馬騰共謀山東。遂、騰見天下方亂,亦欲倚卓起兵。興平元年,馬騰從隴右來朝,進屯霸橋。時騰私有求於傕,不獲,而怒,遂與侍中馬宇,右中郎將劉範,焉子。前涼州刺史种邵,中郎將杜稟合兵攻傕。連日不決。韓遂聞之,乃率衆來,欲和騰、傕。已而復與騰合。傕使兄子利共郭汜、樊稠與騰、遂戰於長平觀下,《注》引《前書·音義》曰:長平,坂名也。在池陽南,有長平觀,去長安五十里。遂、騰敗,斬首萬餘級。种邵、劉範等皆死。《注》引《獻帝紀》曰:杜稟督右扶風,吏民爲騰守槐里,傕令樊稠及利數萬人攻圍槐里。夜梯城,城陷,斬稟,梟首。槐里,見第七章第五節。遂、騰走還涼州。稠等追之。韓遂使人語稠曰:"天下反覆未可知,相與州里,今雖小違,要當大同,欲共一言。"乃騈馬,交臂相加,笑語良久。軍還,利告傕曰:"樊、韓騈馬笑語,不知其辭,而意愛甚密。"於是傕、稠始相猜疑,猶加稠及郭汜開府,與三公合爲六府,皆參選舉。時長安中盜賊不禁,白日虜掠,傕、汜、稠乃參分城內,各備其界,猶不能制。而其子弟縱橫,侵暴百姓。是時穀一斛五十萬,豆、麥二十萬,人相食噉,白骨委積,臭穢滿路。明年,春,傕因會刺殺樊稠於坐。由是諸將各相疑忌。傕、汜遂復治兵相攻。安西將軍楊定者,故卓部曲將也。懼傕忍害,乃與汜合,謀迎天子幸其營。傕知其計。即使兄子暹將數千人圍宮,以車三乘迎天子、皇后。帝遂幸傕營。亂兵入殿,掠宮人什物。傕又徙御府金帛,乘輿器服，而放火燒宮殿、官府、居人悉盡。帝使大尉楊彪與司空張喜等十餘人和催、汜，汜不從。遂質留公卿，引兵攻催，矢及帝前。催復移帝幸其北塢。自爲大司馬。與郭汜相攻連月，死者以萬數。張濟自陝來，和解二人，仍欲遷帝權幸弘農。帝亦思舊京，因遣使敦請催求東歸，十反乃許。車駕即日發邁。李催出屯曹陽。見第三章第一節。以張濟爲驃騎將軍，復還屯陝。遷郭汜車騎將軍，楊定後將軍，楊奉興義將軍。奉，催將，故白波帥，時將兵救催者。白波者，靈帝末，黃巾餘黨郭太等起西河白波谷，轉寇大原，遂破河東，百姓流轉三輔，號爲白波賊，衆十餘萬，見《後漢書·董卓傳》。白波谷，在今山西汾城縣東南。又以故牛輔部曲董承爲安集將軍。《注》引《蜀志》曰：承，獻帝舅也。裴松之《注》曰：承，靈帝母大后之姪。汜等並侍送乘輿。汜復欲脅帝幸郿。定、奉、承不聽。汜恐變生，乃棄軍還就李催，車駕進至華陰。寧輯將軍段煨乃具服御及公卿以下資儲，請帝幸其營。初，楊定與煨有隙，遂誣煨欲反，乃攻其營，十餘日不下，而煨猶奉給御膳，稟贍百官，終無二意。《注》引《典略》曰：煨在華陰，特修農事。蓋唐韓建之儔，諸將中之佼佼者也。李催、郭汜既悔令天子東，乃來救段煨，因欲劫帝而西。楊定爲汜所遮，亡奔荆州，而張濟與楊奉、董承不相平，乃反，合催、汜。共追乘輿，大戰於弘農東澗，承、奉軍敗。百官士卒，死者不可勝數。皆棄其婦女輜重。御物符策典籍，略無所遺。天子遂露次曹陽。承、奉乃譎催等與連和，而密遣間使至河東，招故白波帥李樂、韓暹、胡才，及南匈奴右賢王去卑。並帥其衆數千騎來。與承、奉共擊催等，大破之，斬首數千級。乘輿乃得進。董承、李樂擁衛左右。胡才、楊奉、韓暹、去卑爲後距。催等復來戰，奉等大敗，死者甚於東澗。自東澗兵相連綴，四十里中，方得至陝。乃結營自守。時殘破之餘，虎賁、羽林，不滿百人，皆有離心。承、奉等夜乃潛議過河。使李樂先度，具舟船，舉火爲應。帝步出營，臨河欲濟，岸高十餘丈，乃以絹縋而下。餘人或匍匐岸側，或從上自投下，死亡傷殘，不復相知。爭赴船者，不可禁制，董承以戈擊披之，斷手指於舟中者可掬。同濟惟皇后、宋貴人、楊彪、董承及后父執金吾伏完等數十人。其宮女皆爲催兵所掠奪。凍溺死者甚衆。既到大陽，漢縣，今山西平陸縣東北。止於民家。然後幸李樂營。百官飢餓。河內大守張楊使數千人負米貢餉。帝乃御牛車。因都安邑。河東大守王邑奉獻縣帛，悉賦公卿以下，封邑爲列侯。拜胡才征東將軍，張楊爲安國將軍，皆假節，開府。其壘壁羣豎，競求拜職，刻印不給，至乃以錐畫之。或齎酒肉就天子燕飲。又遣大僕韓融至弘農與催、汜等連和。催乃放遣公卿百官，頗歸宮人婦女，及乘輿器服。初，帝入關，三輔户口尚數十萬。自催、汜相攻，天子東歸後，長安城空四十餘日。强者四散，羸者相食。二三年間，關中無復人迹。建安元年，春，諸將爭權，韓暹遂攻董承。承奔張楊。楊乃使承先繕修洛宫。七月，帝還至洛陽。張楊還野王。漢縣，今河南沁陽縣。楊奉亦出屯梁。乃以張楊爲大司馬，楊奉爲車騎將軍，韓暹爲大將軍，領司隸校尉，皆假節鉞。暹與董承並留宿衞。暹矜功恣睢，干亂政事，董承患之，遂潛召曹操於兗。

第四節　東諸侯相攻

　　董卓西遷，東諸侯既莫能追討，遂競圖據地以自肥，合從連衡，互相兼併，而擾亂之局成焉。初，光和中，涼州賊起，發幽州突騎三千人，假涿令令支公孫瓚都督行事使將之。軍到薊中，漁陽張純，誘遼西烏丸丘力居等叛，劫略薊中，自號將軍，略吏民，攻右北平、遼西屬國諸城，所至殘破。瓚將所領追討有功，遷騎都尉中郎將，封都亭侯。進屯屬國，與胡相攻擊，五六年。丘力居等鈔略青、徐、幽、薊，四州被其害，瓚不能禦。朝議以宗正劉虞，昔爲幽州刺史，恩信流著，乃以虞爲幽州牧。中平五年。虞到，遣使至胡中，告以利害，責使送純首。丘力居等聞虞至，喜，各遣譯自歸。瓚害虞有功，乃陰使人徼殺胡使。胡知其情，閒行詣虞。虞上罷諸屯兵，但留瓚將步騎萬人屯右北平。純乃棄妻子逃入鮮卑，爲其客王政所殺，送首詣虞。虞以功即拜大尉，封襄賁侯。會董卓至洛陽，遷虞大司馬，瓚奮武將軍，封薊侯。初平二年，袁紹與韓馥推虞爲帝。[1] 此蓋亦謀挾天子以令諸侯，獻帝爲董卓所立，而東諸侯以討卓爲名，固可以不之卹也。然虞雖專一州，聲威實非紹之敵，苟如其意，則冒天下之不韙，徒爲紹驅除耳，故虞卒不肯受。《三國·魏志·武帝紀》云：紹與馥謀立虞，大祖拒之，蓋亦以立虞則權全出於紹也。要之是謀當出於紹，即韓馥殆亦爲紹所挾耳。董卓之將廢少帝也，以袁術爲後將軍。術畏卓之禍，出奔南陽。會孫堅殺張咨，術得據其郡。南陽户口數百萬，而術奢淫肆欲，徵斂無度，百姓苦之。時詔書以劉表爲荆州刺史。江南宗賊大盛，宗同賨。而術阻兵魯陽，表不得至。乃單馬入宜城，見第八章第四節。請南郡人蒯越，襄陽人蔡瑁，與共謀畫。使越遣人誘宗賊帥斬之，而襲取其衆。惟江夏賊張虎、陳坐擁兵據襄陽城。表使越與龐季往譬之，乃降。江南悉平。諸守令聞表威名，多解印綬去。表遂理兵襄陽，以觀時變。後漢

---

　　① 史事：袁紹欲立劉虞（第二五九頁）。虞欲迎獻帝不成。韓馥、袁術、公孫瓚等之向背（第二五〇頁）。獻帝嘗召吕布（第二五四頁）。

荆州刺史，本治漢壽，故城在今湖南常德縣東。今移治襄陽，則去中原近，而於南陽尤逼矣。孫堅客軍孤寄，術雖表爲豫州刺史，力實未能定豫，其必與術合以謀表者勢也。劉虞之拒袁紹、韓馥也，選掾右北平田疇、從事鮮于銀間行奉使長安。獻帝既思東歸，見疇等，大悦。時虞子和爲侍中，遣潛從武關出，告虞將兵來迎。道由南陽，術質和，使報虞遣兵俱西。虞使數千騎就和。瓚固止之，虞不從。瓚亦遣從弟越將千騎詣術以自結。陰勸術執和，奪其兵。初，義兵之起也，州郡蠭起，莫不以袁氏爲名。韓馥見人情歸紹，恐將圖己，常遣從事守紹門，不聽發兵。橋瑁乃詐作三公移書，傳驛州郡，説董卓罪惡，天子危逼，企望義兵，以釋國難，馥方聽紹舉兵，猶深疑於紹，每貶節軍糧，欲使離散。初平二年，馥將麴義反畔。馥與戰，失利。紹既恨馥，乃與義相結。紹客逢紀説紹：密要公孫瓚，將兵南下，馥必駭懼，並遣辯士，爲陳禍福，必可因據其位。紹然之，以書與瓚。瓚遂引兵而至，外託討卓，陰謀襲馥。紹乃使外甥陳留高幹及潁川荀諶等説馥，舉冀州以讓紹，紹遂領冀州牧。馥去依張邈。後紹遣使詣邈，有所計議，馥謂見圖構，自殺。時初平二年七月。案韓馥初與袁紹共推劉虞，已又以橋瑁移書，聽紹舉兵，則似已陰結長安，紹是時當亦陽示願勤王，故能得其許而舉兵。然紹與董卓，勢不兩立，故終不肯奉獻帝，乃誘麴義結公孫瓚以傾馥。瓚故與劉虞相害，而虞遙戴長安，紹、瓚本可合以攻虞，然瓚淺躁無謀，亡馥而未得所欲，遽與紹相攻，於是禍復起於幽、冀之間。袁術本與瓚合，孫堅與術相依，劉表之勢，則與孫堅、袁術相害，而紹與表相結，術與瓚相結之形成矣。堅屯陽城，紹使周昂奪其處，術遣公孫越與堅攻昂，不勝，越爲流矢所中死。瓚遂出軍屯槃河，《後書・袁紹傳注》云：故河道在今德州昌平縣界，入滄州樂陵縣，今名枯槃河。樂陵，今山東樂陵縣。將以報紹。紹懼，以所佩渤海大守印綬授瓚從弟範，遣之郡，欲以結援。範遂以渤海兵助瓚，破青、徐黄巾，兵益盛，進軍界橋。《後書・袁紹傳注》引《九州春秋》曰：還屯廣宗界橋，今貝州宗城縣東有古界城，此城近枯漳水，則界橋蓋當在此之側也。案唐宗城縣，在今河北威縣東。以嚴綱爲冀州，田楷爲青州，單經爲兗州，置諸郡縣。紹軍廣川，後漢王國，今河北棗强縣。令麴義先登，與瓚戰，生禽綱。瓚軍敗，走渤海，與範俱還薊。紹遣將攻圍固安，今河北固安縣。不下，退軍南還。瓚將步騎三萬人追擊於鉅馬水，大破其衆。乘勝而南，攻下郡縣，遂至平原，見第八章第三節。遣田楷據有齊地。時爲初平三年正月。先是袁術使孫堅擊劉表，表遣黃祖逆於樊、鄧之間，堅擊破之，遂圍襄陽。單馬行峴山，在襄陽南。爲祖軍士所射殺。是歲，魏武帝亦據兗州，而陶謙牧徐州，適掎其後。於是兗曹與冀袁合，徐州陶謙與公孫瓚、袁術合，合從連衡之局益廣。

曹操説東諸侯進取，不能用，乃詣揚州募兵。刺史陳溫、丹陽大守周昕與兵四千餘人。還到龍亢，漢縣，今安徽懷遠縣西北。士卒多叛。至銍、漢縣，今安徽宿縣西南。建平，漢侯國，今河南永城縣西。復收兵，得四千餘人，進屯河内。劉岱與橋瑁相惡，岱殺瑁，以王肱領東郡大守。初平二年，秋，黑山賊于毒、白繞、眭固等十餘萬衆略魏郡，見第八章第二節。東郡，王肱不能禦。操引兵入東郡，擊白繞於濮陽，見第三章第二節。破之。袁紹因表操爲東郡大守，治東武陽。今山東朝城縣西。三年，春，操軍頓丘。漢縣，今河北清豐縣西南。毒等攻東武陽。操引兵西入山，攻毒等本屯。毒聞之，棄武陽還。操要擊眭固，又擊匈奴於夫羅於内黄，漢縣，今河南内黄縣西北。皆大破之。夏，青州黄巾衆百萬入兗州，劉岱欲擊之，濟北相鮑信諫，不從，果爲所殺。信乃與州吏迎操領兗州牧。擊黄巾於壽張東，壽張，後漢縣，今山東東平縣西南。信力戰鬥死，僅而破之。追至濟北，乞降。冬，受降卒三十餘萬，男女百萬餘口。收其精鋭者，號爲青州兵。於是操亦得一州，且有彊兵矣。初，徐州黄巾起，以陶謙爲徐州刺史，擊黄巾，破走之。李傕、郭汜作亂關中，四方斷絶，謙每遣使間行奉貢。詔遷爲徐州牧。是時徐方百姓殷盛，穀實甚豐，流民多歸之，而謙信用非所，刑政不理，由斯漸亂。然襲豐厚之資，地與兗州相逼，自不免相猜忌。蜀漢先主劉備，涿郡涿縣人，漢景帝子中山靖王勝之後。靈帝末，黄巾起，州郡各舉義兵，備率其屬從校尉鄒靖討賊，有功，除安喜尉。安喜，後漢縣，今河北定縣東。後爲公孫瓚別部司馬，使助田楷以拒袁紹，試守平原令，領平原相。於是瓚使劉備屯高唐，漢縣，今山東禹城縣西南。單經屯平原，陶謙屯發干漢縣，今山東堂邑縣西南。以逼紹。操與紹會擊，皆破之。四年，春，劉表斷袁術糧道。術引軍入陳留，屯封丘，漢縣，今河南封邱縣。黑山餘賊及於夫羅佐之，爲操所破，走九江，漢郡，後漢治陰陵，今安徽定遠縣西北。殺陳溫，據其地。夏，下邳闕宣聚衆數千，自稱天子。謙與共舉兵，取泰山漢郡，治博，今山東泰安縣東南。華、漢縣，後漢併入費縣，今山東費縣東北。費、今山東費縣西北。略任城。今山東濟寧縣。秋，操攻謙，下十餘城。至彭城，大戰，謙兵敗走，死者萬數，泗水爲之不流。謙退守郯。漢縣，今山東郯城縣西南。操以糧少，引軍還。興平元年，夏，使荀彧、程昱守鄄城，漢縣，今河北濮陽縣東。復東伐，略定琅邪、漢郡，治開陽，今山東臨沂縣北。東海諸縣。東海，漢郡，治郯。謙恐，欲走歸丹陽。漢郡，治宛陵，今安徽宣城縣。而張邈叛迎呂布之事起。

《三國志・魏武帝紀》云：“大祖父嵩，去官後還譙。董卓之亂，避難琅邪，爲陶謙所害，[①]故大祖志在復讎，東伐。”案曹嵩之死，舊有兩説：“《後漢書・陶

謙傳》云："嵩避難琅邪，時謙別將守陰平，士卒利嵩財寶，遂襲殺之。"此與《國志·魏武紀》所云，係屬一說。一云爲謙所害，一云爲謙別將士卒所殺者？約束不嚴，咎在主帥，魏武東征，蓋以此爲口實，《國志》依其辭而録之，故不復別白也。《後書·應劭傳》曰："拜泰山太守。興平元年，曹嵩及子德從琅邪入泰山，劭遣兵迎之。未到，而陶謙怨操數擊之，使輕騎追嵩及德，並殺之於郡界。"此説出於《世語》，見《三國志·魏武紀注》。《注》又引韋曜《吳書》，謂大祖迎嵩，輜重百餘兩，謙遣都尉張闓將騎二百衛送，闓於泰山華、費閒殺嵩取財物，因奔淮南。説雖小異，俱謂殺嵩者爲謙所遣兵。案發干之屯，泰山華、費之略，皆謙先侵操而操乃報之，則謂謙怨操數擊之，乃使騎追殺嵩者，顯與事實不合。《國志·陶謙傳注》引《吳書》，謂操以嵩被殺，欲伐謙而畏其強，乃表令州郡一時罷兵。謙被詔，上書距命，操乃進攻彭城。裴氏謂此時天子在長安，曹公尚未秉政，罷兵之詔，不得由曹氏出，其説是也。此等犖犖大端，尚不能知，可見江表傳聞，語多失實。蓋以曹氏聲言嵩爲陶謙所害，又以當日徐、兗構兵，實在泰山華、費之境，遂億度而爲之辭。其實曹嵩之死，當如《後書·謙傳》之説也。董卓之亂，未及於譙，而嵩須避難者？以操起兵討卓也。其所避當爲今山東諸城縣東南之琅邪山，而非在今臨沂縣境之琅邪郡。漢陰平縣，在今江蘇沭陽縣東北，其地距琅邪山頗近，故謙別將守此者士卒得殺嵩。部曲縱恣，主帥固難辭咎，然亦止於約束不嚴而已，究與躬自發令者有別。然則陶謙攻兗，固爲無名之師，曹操攻徐，實亦利其土地，特以漢人重報讎，借死父以爲口實耳。徐方殷富，利盡東海，使操能兼據之，則北距青、冀，南控揚、豫，形勢益利便矣。而不圖呂布之乘機而起，徐方未定，兗土先危也。呂布之敗於長安也，出武關詣袁術。術惡其反覆，拒而不受。北詣袁紹。紹與布擊張燕於常山，見第六節。破燕軍。布求益兵，將士鈔掠，紹患忌之。布覺其意，從紹求去。紹恐還爲己害，遣壯士夜掩殺布，不獲。事露，布走河內，與張楊合。初，操與張邈，首舉義兵。汴水之戰，邈遣衛兹將兵隨操。袁紹既爲盟主，有驕矜色，邈正議責紹，紹使操殺邈，操不聽，邈知之，益德操。操之征陶謙，勑家曰："我若不還，往依孟卓。"邈字。後還見邈，垂泣相對，其親如此。布之從張楊也，過邈臨別，把手共誓。紹聞之，大恨，邈畏操終爲紹擊己也，心不自安。操復征謙，邈弟超與操將陳宮等共謀叛操。宮説邈迎呂布牧兗州，邈從之。操初使宮將兵留屯東郡，遂以其衆東迎布。據濮陽，郡縣皆應。惟鄄城、范、漢縣，今山東范縣東南。東阿漢縣，今山東陽穀縣東北阿城鎮。不動。布軍降者，言陳宮欲自將取東阿，使汎嶷取范。荀或謂程昱曰："今兗州反，惟有此三城，宮等以重兵臨之，非有以深結其心，三城必動。君民之望也，歸而説之，殆可。"昱，東阿人。昱乃歸。過范，説其令靳允。時允母、弟、妻、子，爲布所執。時汎嶷已在縣，允乃見嶷，伏兵刺殺之，歸勒兵守。昱又遣别騎絶倉亭津，在今朝城縣東北。陳宫至，不得渡。昱至東阿，東阿令棗祇已率屬吏民，拒城堅守。又兗州從事薛悌，與昱協謀。卒完三城。操引軍還。布到，攻鄄城，不能下，西屯濮陽。操曰："布一旦得一州，不能據東平，漢郡，治無鹽，今山東東平縣。斷亢父、秦縣，今山東濟寧縣南。泰山之道，乘險要我，而乃屯濮陽，吾知其無能爲也。"遂進軍攻之。布出兵戰。先以騎犯青州兵，青州兵奔，操陳亂，馳突火出，墜馬，燒左手掌，司馬樓異扶操上馬，遂引去。未至營止。諸將未與操相見，皆怖。操乃自力勞軍，令軍中促爲攻具，進復攻之。與布相守百餘日，蝗蟲起，百姓大餓，布糧食亦盡，各引去。九月，操還鄄城。布到乘氏，漢縣，今山東鉅野縣西南。爲其縣人李進所破。東屯山陽。見第六章第二節。先是劉備與田楷俱救陶謙，備遂去楷歸謙，謙表備爲豫州刺史，屯小沛。即沛縣，對沛郡稱小沛。沛郡治今宿遷。謙死，别駕麋竺帥州人迎備，備遂領徐州。二年，操攻拔定陶，分兵平諸縣。布東奔備。張邈從，使弟超將家屬保雍丘。漢縣，今河南杞縣。八月，操圍雍丘。十二月，雍丘潰，超自殺，夷邈三族。邈詣袁術請救，爲其衆所殺。兗州平。案兗州之亡，曹操事勢實甚危急。[1]《程昱傳》言操之攻濮陽而引去也，袁紹使人説操連和，欲操遣家居鄴，操新失兗州，軍食盡，將許之，以昱諫而止。蓋紹是時，欲一舉而臣操矣。《荀彧傳》言操聞陶謙死，欲遂取徐州，還乃定布，以彧諫而止。操是時之力，安能留兵距布，更取徐州？蓋欲棄兗而奔徐也。布之所以能扼操者？操是時恃青州兵以爲彊，青州兵雖百戰悍賊，然其剽鋭，究尚非布精甲之比。布之見禽於操也，請曰："明公所患，不過於布，今已服矣。明公將步，令布將騎，天下不足定也。"其騎兵之精鋭可知。《武帝紀》譏布不能據亢父、泰山之險，乃事後傅會之辭，非情實。布兵多騎，騎兵利平地，焉用扼險？濮陽之戰，操勢幾危，此則騎兵馳突之效也。操之所以終獲濟者，以是時兩軍皆飢，而操能勒兵以收熟麥，約食蓄穀，一舉而乘布之敝耳。見《荀彧傳》。然使袁紹果有雄心，乘曹、呂相持之時，行卞莊刺虎之計，則操必危。又使徐州非新遭破壞，而劉備據之，更圖取兗，則操亦必危。所幸者，袁紹多陰謀而無壯志，雖使臧洪據青州，取東郡，而仍不欲遽與操啓釁，洪欲請兵以救張超，卒不之許。而劉備之救陶謙也，不過自有兵千餘人，及幽州、烏丸雜胡騎，又略得飢民數千人；既到，謙亦不過益以丹陽兵四千；及據徐州，陳

---

① 史事：曹操失兗州時之危。以兗州比關中、河内之阨（第二五八頁）。

登欲爲合步騎十萬,則未及措手,而袁術已來攻,遂使操得以其間平定兗土,而兩虎相爭之禍,轉中於徐、揚之間耳。事之成敗,固亦有天幸存於其間也。《任峻傳注》引《魏武故事》載令曰:棗祇天性忠能。始共舉義兵,周旋征討。後袁紹在冀州,亦貪祇欲得之,祇深附託於孤。使領東阿令,呂布之亂,兗州皆叛,惟范、東阿完在,由祇以兵據城之力也。後大軍糧乏,得東阿以繼,祇之助也。亦可見是時用兵形勢。

第五節　曹操平定北方上

自董卓廢立,李傕、郭汜繼之作亂,漢朝政令,不出國門,東方諸侯,競欲力征經營矣。既未能改玉改步,其勢不得無所尊奉。於斯時也,非別戴一君,以距董卓之所立,則將奉以號令焉。由前之説,袁紹以之,而其事未成。由後之説,懷是計者亦不乏,而卒成之者魏武,此則半由人力,半亦由於事機也。

獻帝以興平二年十二月至安邑。其明年爲建安元年,七月,還洛陽。是時居京師者爲韓暹、董承,而二人不和。《後漢書·獻帝紀》:建安二年,二月,暹攻承。楊奉屯梁,漢縣,今河南臨汝縣東。張楊居河內,皆不能匡正王室,董承乃召曹操。《三國志·呂布傳注》引《英雄記》,言天子在河東,有手筆版書召布來迎,布軍無積蓄,不能自致。案其時雄據河北者,惟袁紹爲彊,然夙與長安不合;劉虞、袁術,或遠不相及,或爲中朝所畏憚;荆、揚則勢稍遠矣。欲求輔佐,自在兗、徐。呂布雖反覆,然本有誅董卓之功,與傕、汜爲敵,流離顛沛之中,更思倚布,亦事勢應爾也。布又不能自致,則勤王之勳,勢不得不留待魏武矣。

獻帝至安邑之月,曹操定兗州。先二月,天子拜操兗州牧。東略陳地。明年,正月,袁術所置陳相袁嗣降,西行之道始開。初,操之領兗州,遣使詣張楊,欲假塗西至長安,楊不聽。時袁紹以董昭領魏郡大守,紹受讒,將致罪於昭,昭欲詣獻帝,至河內,爲所留。昭説楊,楊乃通操上事,並表薦之。昭爲操作書與長安諸將,各隨輕重致殷勤。楊亦遣使詣操。操遺楊犬馬金帛,遂與西方往來。天子在安邑,昭從河內往,拜議郎。及是,操將迎天子,諸將或疑,荀彧、程昱勸之,乃遣曹洪將兵西迎。董承與袁術將萇奴拒險,洪不得進。汝南、見第七章第五節。潁川見第三章第二節。黃巾何儀、劉辟、黃邵、何曼等,衆各數萬。初應袁術,又附孫堅。二月,操進軍討破之,斬辟、邵等,儀及其衆皆降。天子拜操建德將軍。操兵在許,遣使詣河東。時董昭已從河內往安邑,拜議郎。昭以楊奉兵馬最彊,而少黨援,作操書與奉。言“羣凶猾夏,四海未寧,神器至重,本在維輔,誠非一人所能獨建。心腹四肢,實相恃賴。將軍當爲内主,吾爲外援。今吾有糧，將軍有兵，有無相通，足以相濟。死生契闊，相與共之”。奉得書喜悦。語諸將軍，共表操爲鎮東將軍，襲父爵費亭侯。六月。七月，操至洛陽。假節鉞，録尚書事。董昭説操，言諸將人殊意異，未必服從。惟有移駕幸許。操曰：“楊奉近在梁，聞其兵精，得無爲累？”昭曰：“奉少黨援，將獨委質。宜時遣使，厚遺答謝，以安其意。説京都無糧，欲車駕暫幸魯陽，魯陽近許，轉運稍易，可無縣乏之憂。奉爲人勇而寡慮，必不見疑。比使往來，足以定計，何能爲累？”操曰：“善。”九月，車駕自轘轅而東。奉自梁欲要之，不及。十月，操征奉，奉南奔袁術，遂攻其梁屯，拔之。先是操奏韓暹、張楊之罪，暹懼誅，單騎奔楊奉，奉與俱要遮車駕，不及，又同奔袁術，遂縱暴揚、徐間。明年，劉備誘奉斬之。暹懼，走還并州，道爲人所殺。胡才、李樂留河東。才爲怨家所害。樂自病死。張濟飢餓，出至南陽，攻穰，漢縣，今河南鄧縣東南。戰死。郭汜爲其將伍習所殺。三年，使謁者僕射裴茂詔關中諸將段煨等討李傕，夷三族。於是自初平以來干亂政事者略盡矣。惟董承爲車騎將軍，開府。案諸將中承最後亡者，以其初結張楊，後結曹操，得外援也。然承亦牛輔部曲，豈能終與魏武一心，故其後復有與劉備同謀之事焉。

　　曹操之入洛，幾於不勞而定，然袁紹虎視河北；劉表坐鎮荆、襄；劉備、吕布、袁術縱横徐、揚之境；張濟之死也，從子繡領其衆，屯宛，復與劉表聲勢相倚；四方之難，正未息也。車駕之出轘轅而東也，以操爲大將軍，封武平侯。十月，以袁紹爲大尉。紹恥班在操下，不肯受。操乃固辭，以大將軍讓紹。天子拜操司空，行車騎將軍。是歲，操用棗祇、韓浩等議，始興屯田。自遭荒亂，率乏糧穀。諸軍並起，無終歲之計。飢則寇略，飽則棄餘。瓦解流離，無敵自破者，不可勝數。是歲募民屯田許下，得穀百萬斛。於是州郡例置田官，所在積穀，征伐四方，無轉運之勞，戡定之基立矣。參看第十六章第一節。

　　劉備之領徐州也，袁術攻之。備拒之盱眙、見第三章第二節。淮陰。漢縣，今江蘇淮陰縣東南。操表備爲鎮東將軍，封宜城亭侯。術欲引吕布擊備，與布書，送米二十萬斛，言非惟此止，當駱驛復致。布大悦，勒兵襲下邳，虜備妻子。備轉軍海西，漢縣，今江蘇東海縣南。求和於布。布患術運糧不復至，還備妻子，具車馬迎備，以爲豫州刺史。布自號徐州牧。備遣關羽守下邳，自還小沛。術懼布爲己害，爲子求昏，布復許之。術遣將紀靈等步騎三萬攻備。備求救於布。諸將謂布曰：“將軍常欲殺劉備，今可假手於術。”布曰：“不然，若破備，則北連泰山，吾爲在術圍中，不得不救也。”便率步騎千餘馳往。靈等聞布至，皆斂兵而止。布屯沛城外，遣人招備，並請靈等，與共饗飲，各罷。備復合兵，得萬餘人。布惡之，自出兵攻備。備敗，走歸曹操。操厚遇之，以爲豫州牧。將至沛，收散卒，給其軍糧，益與兵，使東擊布。時建安元年也。二年，正月，操南征，軍淯水。今白河。張繡降。操納濟妻，繡恨之。操聞，密有殺繡之計。計漏，繡掩襲操，操敗還。繡奔穰，與劉表合。袁術少見識書，言代漢者當塗高，自云名字應之，又以袁氏出陳爲舜後，以黃代赤，德運之次，遂有僭逆之謀。沛相下邳陳珪，故大尉球弟子也。術與珪俱公族子孫，少共交游。書與珪，且脅致其中子應，圖必致之。珪答書，以死拒。興平二年，冬，天子敗於曹陽，術會羣下，欲僭號。主簿閻象諫，術不悅。時孫策已據江東，聞術欲僭號，與書諫，術不納，策遂絕之。建安二年，春，術遂僭號，自稱仲家。使韓胤以僭號議告布，並求迎婦。陳珪恐徐、揚合從，往說布，布亦怨術初不己受也，女已在塗，追還絕昏，械送韓胤，梟首許市。珪欲使子登詣操，布不肯遣。會使者至，拜布左將車，布大喜，即聽登往。登見操，因陳布勇而無計，輕於去就，宜早圖之。操即增珪秩中二千石，拜登廣陵大守。臨別，執登手曰："東方之事，便以相付。"令登陰合部衆，以爲内應。術與韓暹、楊奉等連勢，遣大將張勳攻布。布用珪策，遣人說暹、奉與己併力，軍資所有，悉許暹、奉。暹、奉從之。勳大破敗。九月，術侵陳，操東征之。術聞操自來，棄軍走，渡淮。時南陽、章陵即春陵，後漢改縣。諸縣復叛爲繡，操遣曹洪擊之，不利。還屯葉，見第三章第四節。數爲繡、表所侵。十一月，操南征，至宛。拔湖陽、漢縣，今河南泌源縣南。舞陰。漢縣，今河南泌陽縣西北。三年，正月，還許。三月，圍繡於穰。五月，劉表遣兵救繡，以絕軍後。操引還，到安衆，漢縣，今河南鎮平縣東南。繡、表合兵東追，操設奇兵大破之。吕布復爲袁術，遣高順攻劉備於沛，破之。操遣夏侯惇救備，爲順所敗，九月，操東征布。十月，屠彭城。進至下邳。布自將騎逆擊，大破之。追至城下。遺布書，爲陳禍福。布欲降。陳宮等自以負罪，深沮其計。布遣人求救於術，術不能救，出戰，又敗，乃還固守。攻之不下。時操連戰，士卒罷，欲還。荀攸、郭嘉說曰："吕布勇而無謀，今三戰皆北，其鋭氣衰矣。三軍以將爲主，主衰則軍無奮意。夫陳宮有智而遲。今及布氣之未復，宮謀之未定，進急攻之，布可拔也。"遂決泗、沂水以灌城。月餘，布將侯成、宋憲、魏續等執陳宮、高順，舉城降。布與其麾下登白門樓，兵圍急，乃下降。於是縊殺布與宮、順等，皆梟首送許，然後葬之。《三國志・吕布傳注》引《英雄記》曰：建安元年六月夜半時，布將河内郝萌反，入布所治下邳府，大呼攻閤。布牽婦科頭袒衣，從溷上排壁出，詣都督高順營。萌將曹性反。萌與對戰。萌刺傷性，性斫萌一臂。順斫萌首。牀輿性送詣布。布問性：萌受袁術謀，謀者悉誰？性言陳宮同謀。時宮在坐上，面赤，旁人悉覺之，布以宮大將，不問也。又言曹操之攻下邳，布欲令陳宮、高順守城，自將騎斷大祖糧道。布妻謂曰："宮、順素不和，將軍一出，宮、順必不同心共城守也。如有蹉跌，將軍當如何自立乎？願將軍計之，無爲宮等所誤也。"又引《魏氏春秋》曰：陳宮謂布曰："曹公遠來，勢不能久。若將軍以步騎出屯，爲勢於外，宮將餘衆閉守於內，若向將軍，宮引兵而攻其背，若來攻城，將軍爲救於外，不過旬日，軍食必盡，擊之可破。"布然之。布妻曰："昔曹氏待公臺宮字。如赤子，猶舍而來，今將軍厚公臺不過於曹公，而欲委金城，捐妻子，孤軍遠出，若一旦有變，妾豈得爲將軍妻哉？"布乃止。又引《英雄記》曰："順爲人清白，有威嚴。不飲酒，不受饋遺。所將七百餘兵，號爲千人，鎧甲鬥具，皆精練齊整，每所攻擊，無不破者，名爲陷陳營。順每諫布，言凡破家亡國，非無忠臣明智者也，但患不見用耳。將軍舉動，不肯詳思，輒喜言誤，誤不可數也。布知其忠，然不能用。布從郝萌反後，更疏順，以魏續有內外之親，悉奪順所將兵以與續。及當攻戰，故令順將續所領兵。順亦終無恨意。"合觀諸說，陳宮蓋傾危之士。[1] 操攻下邳，本欲退兵，以荀攸、郭嘉之言乃復進，知其兵力非甚有餘。如得忠誠之將如高順者以守於內，而布躬自率兵犄角於外，操之能克與否，殊未可知，而卒以陳宮難信，而又卒不能去其權，遂以不果，則宮以其反覆之性，幾敗曹公，而卒又以之敗布也。宮與曹公構釁之由不可知，然曹公之待人，大致尚偏於厚。觀第十二章第一節所言可知，則宮與曹公之構隙，疑其咎不在曹公矣。一舉而危曹公，敗呂布，殺張邈，毒流兗、徐，罩及揚域者五年，甚矣，傾危之士之不可與處也。

　　初，泰山臧霸，從陶謙擊破黄巾，拜騎都尉，遂收兵於徐州，與孫觀、吳敦、尹禮、昌狶各聚衆，霸爲帥，屯於開陽。漢縣，今山東臨沂縣北。呂布之破劉備也，霸等悉從布。既禽布，霸自匿。操募索得霸，悦之。使霸招敦、禮、觀、觀兄康。以霸爲琅邪相，敦利城、漢縣，今山東臨沂縣東。禮東莞、漢縣，今山東沂水縣。觀北海、後漢北海郡治劇，今山東壽光縣。康城陽大守。見第三章第二節。割青、徐二州委霸。後操與袁紹相拒，霸數以精兵入青州，故操得專事紹，不以東方爲念焉。張楊素與呂布善。操之圍布，楊欲救之，不能，乃出兵東市，胡三省曰：在野王縣。遙爲之勢。四年，二月，其將楊醜殺楊以應操。楊將眭固殺醜，以其衆屬袁紹，屯射犬。四月，操進軍臨河，使史渙、曹仁破斬固，操濟河，圍射犬，降之。於是自河以南略平，袁、曹構兵之機迫矣。

---

① 史事：陳宮之傾危。

第六節　曹操平定北方下

　　《三國志·荀彧傳》，載彧諫魏武勿取徐州，以兗州比漢高之關中，光武之河内，讀史者亟稱之，此不察情實之談也。漢高與項羽，始終相持於滎陽、成皋之間，關中距前敵甚遠，自可倚爲根本。光武之據河内，勢已異是，然其時兵力，猶足自立。若魏武失兗州之時，則强敵在前，飢軍不立，而狡焉思啓者，且環伺於其旁，救死不贍，安敢望削平海宇哉？知往史所載謀臣碩畫，多事後附會之辭，非其實矣。魏武一生，所遭危機有二：一爲張邈、陳宫以兗州叛迎吕布之時，一則都許之後，袁紹挾四州之勢以相臨。雖其機權勇決，自有制勝之方，然其成敗亦閒不容髮，非有必克之道也。

　　《三國志·袁紹傳》云："初，天子之立非紹意，及在河東，紹遣郭圖使焉，圖還，説紹迎天子都鄴，紹不從。"《注》引《獻帝傳》云：沮授説紹，而郭圖、淳于瓊沮之，《後書·紹傳》用其説，然亦云"帝立既非紹意，竟不能從"，則當曹操迎獻帝以前，袁紹迄未有承順之意。蓋其時漢室威靈已替，天子僅亦守府，挾以爲資，實亦無足重輕也。迎獻帝都鄴之説，《國志》謂出郭圖，《獻帝傳》謂出沮授，疑當以《國志》爲得實，緣後來傳河北事者，率多美授而歸罪於圖也。《志》又云：大祖迎天子都許，收河南地，關中皆附，紹悔，欲令大祖徙天子都鄄城以自密近，大祖拒之。《後書》云：建安元年，曹操迎天子都許，乃下詔書於紹，責以地廣兵多，而專自樹黨，不聞勤王之師，而但擅相討伐。紹上書自辯，乃以紹爲大尉，封鄴侯。時操自爲大將軍，紹恥爲之下，表辭不受；操大懼，乃讓位於紹。二年，使孔融持節拜紹大將軍，錫弓矢、節鉞、虎賁百人，兼督冀、青、幽、并四州，然後受之。則當都許之初，袁、曹似幾至決裂，旋復斂兵而止者，蓋由朝以四州之地畀紹。其時許都草創，操固無力攻紹；河北未定，紹亦不能專志河南；故遂各守疆場，爲後圖也。

　　袁紹以初平三年敗公孫瓚於界橋。瓚又遣兵至龍湊挑戰，紹復擊破之。瓚遂還幽州，不敢復出。四年，初，天子遣大僕趙岐和解關東，使各罷兵，瓚因此以書譬紹，紹於是引軍南還。時魏郡兵反，與黑山賊于毒等共覆鄴城，殺郡守。紹討破之，斬毒。遂尋山北行，進擊諸賊，屠其屯壘。與黑山賊張燕及四營屠各、雁門烏桓戰於常山，連十餘日，燕兵死傷多，紹軍亦疲，遂各退。《後漢書·朱儁傳》云：自黄巾賊後，復有黑山、黄龍、白波、左校、郭大賢、于氐根、青牛角、張白騎、劉石、左髭丈八、平漢、大計、司隸、掾哉、雷公、浮雲、飛燕、白雀、揚鳳、于毒、五鹿、李大目、白繞、畦固、苦哂之徒，並起山谷閒,不可勝數。其大聲者稱雷公,騎白馬者爲張白騎,輕便者號飛燕,多髭者號于氐根,大眼者爲大目。如此稱號,各有所因。大者二三萬,小者六七千。賊帥常山人張燕,輕勇趫捷,故軍中號曰飛燕。善得士卒心。乃與中山、常山、趙郡、上黨、河內諸山谷寇賊,更相交通,衆至百萬,號曰黑山賊。河北諸郡縣,並被其害。朝廷不能討。燕乃遣使至京師,奏書乞降。遂拜平燕中郎將,使領河北諸山谷事。歲得舉孝廉計吏。燕後漸寇河內,逼近京師。於是出儁爲河內大守,將家兵擊卻之。其後諸賊多爲袁紹所定,事在紹傳。《紹傳》云:紹出軍入朝歌鹿腸山蒼巖谷口討于毒,圍攻五日,破之,斬毒及其衆萬餘級。紹遂尋山北行,進擊諸賊左髭丈八等,皆斬之。又擊劉石、青牛角、黃龍、左校、郭大賢、李大目、于氐根等,復斬數萬級,皆屠其屯壘,遂與黑山賊張燕及四營屠各、雁門烏桓戰於常山。燕精兵數萬,騎數千匹。連戰十餘日,燕兵死傷雖多,紹軍亦疲,遂各退。《三國志・燕傳》云:真定人。本姓褚。黃巾起,燕合聚少年爲羣盜,在山澤閒。轉攻還真定,衆萬餘人。博陵張牛角亦起,自號將兵從事,與燕合。燕推牛角爲帥,俱攻癭陶。牛角爲飛矢所中,被創,且死,令衆奉燕,故改姓張。張牛角當即青牛角也。朝歌,漢縣,在今河南淇縣東北。癭陶,亦漢縣,在今河北寧晉縣西南。《後書・朱儁傳》之文,略本《九州春秋》、《典略》、張璠《漢紀》,見《國志・張燕傳注》。青牛角,《九州春秋》但作牛角。苦哂作苦蝤。大計作大洪。掾哉作緣城。又有羅市,《後書》無其名。雷公,《典略》作張雷公。《九州春秋》又云:靈帝拜楊鳳爲黑山校尉,領諸山賊,得舉孝廉計吏,與《國志》云張燕者異。麴義自恃有功,驕縱不軌,紹召殺之而幷其衆。先是劉虞稍節公孫瓚稟假,瓚怒,屢違節度,築京於薊城以備虞。是年,冬,虞舉兵襲瓚,大敗,奔居庸。漢縣,今察哈爾延慶縣東。瓚攻拔居庸,生獲虞。會董卓死,天子遣使者段訓增虞邑,督六州,瓚遷前將軍,封易侯。瓚誣虞欲稱尊號,脅訓斬虞。上訓爲幽州刺史。瓚徙鎮易。漢縣,今河北雄縣西北。虞從事鮮于輔等率州兵欲報瓚,以燕國閻柔素有恩信,共推柔爲烏丸司馬。柔招誘烏丸、鮮卑,得胡、漢數萬人,與瓚所置漁陽大守鄒丹戰於潞北,大破之,斬丹。袁紹又遣麴義及虞子和和逃術還北,爲紹所留。將兵與輔合擊瓚,瓚軍數敗,乃走還易京固守。爲圍塹十重。於塹裏築京,皆高五六丈,爲樓其上。中塹爲京,特高十丈,自居焉。積穀三百萬斛。瓚曰:"昔謂天下事可指麾而定,今日視之,非我所決,不如休兵,力田蓄穀。兵法百樓不攻,今吾樓櫓千重,食盡此穀,足知天下之事矣。"欲以此弊紹。紹遣將攻之,連年不能拔。建安四年,紹悉軍圍之。瓚遣子求救於黑山賊。復欲自將突騎直出,傍西南山,擁黑山之衆,陸梁冀州,橫斷紹後。長史關靖說瓚,謂將士皆已土崩瓦解,舍之而去,易京之危可立待。瓚遂止。救至,欲內外擊紹,遣人與子書刻期,紹候者得其書,紹設伏擊,大破之,復還守。紹爲地道,突壞其樓,稍至中京。瓚自知必敗,盡殺其妻子,乃自殺。於是河北略定。紹遂出長子譚爲青州,中子熙爲幽州,甥高幹爲幷州。簡精卒十萬,騎萬匹,欲以攻許矣。

　袁術自敗於陳,稍困,將歸帝號於紹。袁譚自青州遣迎之。術欲從下邳北過,操遣劉備、朱靈要之,術復走還壽春。至江亭,憤慨結病,歐血死。時建安四年六月也。八月,曹操進軍黎陽。漢縣,今河南濬縣東北。使臧霸等入青州,破齊、漢郡,治臨菑。北海、東安。漢縣,今山東沂水縣南。留于禁屯河上。九月,操還許。分兵守官渡。城名,在今河南中牟縣東北。袁紹遣人招張繡。繡從賈詡計,十一月,率衆降操。十二月,操軍官渡。劉備未出時,董承辭受帝衣帶中密詔誅操,備與同謀。至下邳,遂殺徐州刺史車胄,留關羽守下邳,而身還小沛。東海昌霸反,郡縣多叛操爲備。備衆數萬人,遣孫乾與袁紹連和。操遣劉岱、王忠擊之,不克。五年,春,正月,董承等謀泄,皆伏誅。操自將東擊備,破之。備走奔紹。獲其妻子。攻下邳,關羽降。昌豨叛爲備,又攻破之。二月,紹遣郭圖、淳于瓊、顔良等攻東郡大守劉延於白馬。津名,見第三章第四節。紹引兵至黎陽,將渡河。四月,操北救延。荀攸説操曰:"今兵少不敵,分其勢乃可。公到延津,在今河南延津縣北。若將渡兵向其後者,紹必西應之,然後輕兵襲白馬,掩其不備,顔良可禽也。"操從之。紹聞兵渡,即分兵西應之。操乃引軍兼行趣白馬。未至十餘里,良大驚,來逆戰。使張遼、關羽前登,擊破斬良。遂解白馬圍。徙其民循河而西。紹渡河追操。軍至延津南,操擊斬其騎將文醜。良、醜皆紹名將也,再戰悉禽,紹軍大震。操還軍官渡。紹進保陽武。見第二章第三節。關羽亡歸劉備。八月,紹連營稍前,依沙塠爲屯,東西數十里。操亦分營與相當。合戰,不利。紹復進臨官渡,起土山地道。操亦於内作之以相應。紹射營中,矢如雨下,行者皆蒙楯,衆大懼。時操糧少,與荀彧書,議欲還許。彧以爲"紹悉衆聚官渡,欲與公決勝敗,公以至弱當至彊,若不能制,必爲所乘,是天下之大機也"。操乃止。汝南降賊劉辟等叛應紹,略許下。紹使劉備助辟,操使曹仁擊破之,備走,遂破辟屯。袁紹運穀車數千乘至,操用荀攸計,遣徐晃、史渙邀擊,大破之,盡燒其車。十月,紹遣車運穀,使淳于瓊等將兵萬餘人送之。紹謀臣許攸貪財,紹不能足,奔操,説操擊瓊等。左右疑之。荀攸、賈詡勸操。操乃留曹洪守,自將步騎五千人往。大破瓊等,皆斬之。紹聞操擊瓊,使張郃、高覽攻曹洪。郃等聞瓊敗,遂降。紹衆大潰。紹及子譚棄軍走渡河。追之,不及。冀州諸軍多舉城邑降者。六年,四月,揚兵河上。擊紹倉亭軍,見第四節。破之。紹歸,復收散卒,攻定諸叛郡縣,然其勢已不能復振矣。

　　袁、曹成敗,[1]往史議論甚多,然多事後附會之辭,不足信也。《魏武帝本

---

① 史事:袁曹成敗。荀彧之劃(又見第二六二頁)。

紀》云：劉備舉兵，公將東征，諸將皆曰："與公爭天下者袁紹也，今紹方來而棄之東，紹乘人後，若何?"公曰："夫劉備，人傑也。今不擊，必爲後患。袁紹雖有大志，而見事遲，必不動也。"郭嘉亦勸公。《嘉傳》無此事。遂東擊備，破之。公還官渡，紹卒不出。《紹傳》云：大祖東征備，田豐説紹襲大祖後，紹辭以子疾，不許。豐舉杖擊地曰："夫遭難遇之機，而以嬰兒之病失其會，惜哉!"此即附會之辭。夫兵有輕進逐利，有持重後進。許下距河北遠，多遣兵則行遲，勢不相及，少遣兵則徒遭挫折，無益於事，此紹之所以不肯輕進，操亦度其如此，故敢自將而東，非真能決其見事之遲也。袁紹既招張繡於前，復有劉辟應之於後，又嘗遣使招誘豫州諸郡，諸郡多受其命，惟陽安不動。陽安，漢縣，在今河南確山縣東北，蓋是時暫立爲郡。陽安都尉李通，操之信臣也，紹以爲征南將軍，事雖不成，然時通急録戶調，朗陵長趙儼，憂民心之變，言之苟彧，彧以白操，操遂下令：縣絹悉以還民。見《李通趙儼傳》。則紹謀犄操之後，不爲不力。其不肯遣大兵往援者，此本牽制之師，猶操之用臧霸，亦僅欲紓東顧之憂，不能仗之以攻冀州也。且劉辟舉兵而使劉備爲之應，其所遣亦不爲不重矣。曹操之攻淳于瓊也，紹聞之曰："就彼破瓊，吾攻拔其營，彼固無所歸矣。"其計亦未爲誤。然張郃謂曹公營固，攻之必不拔，其後果然，則操之出兵，本據必甚堅固。以相持久疲敝之餘，而猶如此，況欲以輕兵襲許乎？紹之計，蓋欲一舉而大潰操兵，使其不能復振。其將南下也，田豐説紹曰："曹公善用兵，變化無方，衆雖少，未可輕也。不如以久持之。將軍據山河之固，擁四州之衆，外結英雄，内修農戰；然後閒其精銳，分爲奇兵，乘虛迭出，以擾河南；救右則擊其左，救左則擊其右；使敵疲於奔命，民不得安業，我未勞而彼已困，不及二年，可坐克也。今釋廟勝之策，而決成敗於一戰，若不如志，悔無及也。"及兵既交，沮授又曰："北兵數衆，而果勁不及南，南穀虛少，而貨財不及北。南利在於急戰，北利在於緩搏。宜徐持久，曠以日月。"豐之策紹未能從，授之計則不可謂未見用。紹與操相持逾二時。所以不獲速決者，固由操之善守，亦由紹不急攻。不然，勝負之機，本不待決諸半年外也。《紹傳》云"太祖與紹相持日久，百姓疲乏，多叛應紹"，此即紹持久之效。操與苟彧書欲還許，蓋其勢實已不支。《彧傳》云"欲還許以引紹"，夫以相持日久，糧盡勢竭之餘，安能復引人深入？一舉足，則敵以全力躡其後，勢如山崩瓦解矣。彧所謂"若不能制，必爲所乘"也。《彧傳》載彧報操之辭曰："畫地而守之，扼其喉而不得進，已半年矣，情見勢竭，必將有變，此用奇之時，不可失也。"此亦以勢處於無可如何，而教之以涉險耳。許攸來自敵軍，進襲淳于瓊之策，而操遽自將以行，雖曰智勇過人，其道亦甚危矣,非處甚窘之勢,安肯冒昧出此哉?故曰:袁、曹成敗之機,實間不容髮也。

《魏志·荀彧傳》載彧策曹操有四勝,曰:"紹貌外寬而内忌,任人而疑其心,公明達不拘,惟才所宜,此度勝也。紹遲重少決,失在後機,公能斷大事,應變無方,此謀勝也。紹御軍寬緩,法令不立,士卒雖衆,其實難用,公法令既明,賞罰必行,士卒雖寡,皆争致死,此武勝也。紹馮世資,從容飾智,以收名譽,故士之寡能好問者多歸之,公以至仁待人,推誠心不爲虚美,行己謹儉,而與有功者無所恡惜,故天下忠正效實之士,咸願爲用,此德勝也。"《郭嘉傳注》引《傅子》,載嘉謂操有十勝,紹有十敗,與此大同小異,其爲後人附會,亦顯然可見。然此説亦頗足考袁、曹爲人之異同也。[1]

劉備之敗於曹仁也,還紹軍,欲離紹,乃説紹南連劉表。紹遣備將本兵復至汝南,與賊龔都等合,衆數千人。操遣蔡陽擊之,不利。操南征備。備聞操自行,走奔劉表。都等皆散。時操以糧少,不足與河北相支,欲因紹新破,以其間討擊劉表。荀彧曰:"今紹敗,其衆離心,宜乘其困遂定之,而背兗、豫,遠師江、漢,若紹收其餘燼,承虚以出人後,則公事去矣。"《注》引《彧别傳》載操表曰:"昔袁紹侵入郊甸,戰於官渡。時兵少糧盡,圖欲還許,書與彧議,或不聽臣,建宜住之便,恢進討之規,更起臣心,易臣愚慮,遂摧大逆,覆取其衆,此彧視勝敗之機,略不世出也。及紹破敗,臣糧亦盡,以爲河北未易圖也,欲南討劉表,彧復止臣,陳其得失。臣用反斾,遂吞凶族,克平四州。向使臣退於官渡,紹必鼓行而前,有傾覆之功,無克捷之勢。後若南征,委棄兗、豫,利既難要,將失本據。彧之二策,以亡爲存,以禍致福,謀殊功異,臣所不及也。"則此二策確出於彧,且與當時形勢,大有關係。操從之。七年,復進軍官渡。紹自軍破後,發病歐血,五月死。紹愛少子尚,欲以爲後,而未顯。審配、逢紀,與辛評、郭圖争權。配、紀與尚比,評、圖與譚比。衆以譚長,欲立之。配等恐譚立而評等爲己害,緣紹素意,乃奉尚代紹位。譚至,不得立,自號車騎將軍。由是譚、尚有隙。九月,操攻譚、尚。譚軍黎陽。尚少與譚兵,而使逢紀從譚。譚求益兵。配等議不與。譚怒,殺紀。操渡河攻譚,譚告急於尚。尚欲分兵益譚,恐譚遂奪其衆,乃使審配守鄴,自將兵助譚。大戰城下,譚、尚敗,走入城守。八年,春,三月,攻其郭,乃出戰。擊,大破之。譚、尚夜遁。四月,進軍鄴。五月,還許,留賈信屯黎陽。八月,操征劉表,軍西平。漢縣,今河南西平縣西。《郭嘉傳》:從討譚、尚於黎陽,連戰數克。諸將欲乘勝遂攻之。嘉曰:"急之則相持,緩之而後争心生,不如南向荆州,若征劉表者,以待其變,變成而後擊之,可一舉定也。"大祖曰"善",乃南征。操之去鄴而南也,譚、尚遂舉兵相攻。譚敗,奔平原。尚

攻之急。譚遣辛毗乞降請救。《辛毗傳注》引《英雄記》曰：郭圖說譚曰："今將軍國小兵少，糧匱勢弱，顯甫之來，久則不敵。愚以爲可呼曹公，來擊顯甫，曹公至，必先攻鄴。顯甫還救，將軍引兵而西，自鄴以北，皆可虜得。若顯甫軍破，其兵奔亡，又可斂取，以拒曹公。曹公遠僑而來，糧饟不繼，必自逃去。比此之際，趙國以北，皆我之有，亦足與曹公爲敵矣。不然不諧。"譚始不納，後遂從之。諸將皆疑。荀攸言："兄弟遘惡，勢不兩全。若有所併則力專，力專則難圖也。及其亂而取之，天下定矣，此時不可失也。"操乃引軍還。十月，到黎陽。爲子整與譚結昏。尚聞操北，乃釋平原還鄴。其將呂曠、呂翔叛尚，屯陽平。率其衆降。九年，正月，操濟河。二月，尚復攻譚，留蘇由、審配守鄴。由欲爲内應，謀泄，與配戰城中，敗，出奔操。操攻鄴，爲土山地道。武安長尹楷屯毛城，在今河南涉縣西。通上黨糧道。四月，操留曹洪攻鄴，自將擊楷，破之。尚將沮鵠守邯鄲，又擊拔之。五月，毀土山地道。作圍壍，決漳水灌城。城中餓死者過半。七月，尚還救鄴。操逆擊，破走之。遂圍其營。尚夜遁，保祁山。《袁紹傳》云：尚走走濫口。其將馬延、張顗等臨陳降，衆大潰。尚走中山。八月，審配兄子榮夜開所守城東門内兵。生禽配，斬之。天子以操領冀州牧。操讓還兗州。操之圍鄴也，譚略取甘陵、後漢縣，今山東清平縣南。安平、今河北冀縣。渤海、後漢治南皮，今河北南皮縣。河間。今河北獻縣。尚敗，還中山。譚攻之。尚奔故安，漢縣，今河北易縣東南。從熙。譚遂並其衆。操遺譚書，責以負約，與之絕昏。女還然後進軍。譚懼，拔平原，走保南皮。見第三章第三節。十年，正月，攻拔之，斬譚及郭圖等，冀州平。是月，袁熙大將焦觸、張南等叛，攻熙、尚。熙、尚奔三郡烏丸，觸等舉其縣降。初，袁紹與公孫瓚爭冀州，張燕遣將助瓚，與紹戰，爲紹所敗，人衆稍散。鮮于輔將其衆奉王命，以爲建忠將軍，督幽州六郡。操與紹相拒於官渡，閻柔遣使詣操受事，遷護烏丸校尉，而輔身詣操，拜左度遼將軍，遣還鎮撫本州。將定冀州，燕遣使求佐王師，拜平北將軍，率衆詣鄴。故安趙犢、霍奴等殺幽州刺史、涿郡太守。三郡烏丸攻輔於獷平。漢縣，今河北密雲縣東北。八月，操征之，斬犢等。乃渡潞河救獷平。烏丸奔走出塞。操之拔鄴，高幹降，以爲并州刺史。聞操討烏丸，以州叛。十一年，正月，操征幹。幹走入匈奴求救。單于不受。幹走荊州。上洛都尉王琰捕斬之。上洛，漢縣，今陝西商縣。《杜畿傳》：高幹反，時河東大守王邑被徵，河東人衛固、范先，外以請邑爲名，内實與幹通謀。大祖謂荀彧曰："關西諸將，恃險與馬，征必爲亂。張晟寇殽、澠間，南通劉表，固等因之，吾恐其爲害深。河東被山帶河，四鄰多變，當今天下之要地也。君爲我舉蕭何，寇恂以鎮之。"或曰："杜畿其人也。"遂拜畿爲河東大守。固等使兵數千人絕陝津。畿詭道從郖津度。范先欲殺畿以威衆。固曰"殺之無損，徒有惡名，且制之在我"，遂奉之。畿以固爲都督，行丞事，領功曹。將校吏兵三千餘人，皆范先督之。固欲大發兵，畿患之。說固曰："今大發兵，衆必擾，不如徐以貲募兵。"固以爲然，從之。又喻固等曰："人情顧

263

家,諸將掾史,可分遣休息,急緩召之不難。"固等惡逆衆心,又從之。於是善人在外,陰爲己援,惡人分散,各還其家。畿知諸縣多附己,因出單將數十騎赴張辟拒守。固等與幹、晟共攻之,不下。會大兵至,幹、晟敗,固等伏誅。是時天下郡縣皆殘破,河東最先定,少耗減。畿治之,崇寬惠,與民無爲。韓遂、馬超之叛也,弘農、馮翊多舉縣邑以應之。河東雖與賊接,民無異心。大祖西征,至蒲阪,與賊夾渭爲軍,軍食一仰河東。及賊破,餘畜二十餘萬斛。《梁習傳》曰:并土新附,習以別部司馬領并州刺史。時承高幹荒亂之餘,胡狄在界,張雄跋扈。吏民亡叛,入其部落。兵家擁衆,作爲寇害,更相扇動,往往棊跱。習到官,誘諭招納,皆禮召其豪右,稍稍薦舉,使詣幕府。豪右已盡,乃次發諸丁彊,以爲義從。又因大軍出征,分請以爲勇力。吏兵已去之後,稍移其家,前後送鄴,凡數萬口。其不從命者,興兵致討,斬首千數,降附者萬計。單于恭順,名王稽顙。部曲服事供職,同於編户。邊境肅清。百姓布野,勤勞農桑。令行禁止。案喪亂之際,戡定雖賴兵力,其後撫綏生聚,則無不藉良吏者,觀此二事可知也。十二年,操北征三郡烏丸。五月,至無終。漢縣,今河北玉田縣。初,田疇爲劉虞奉使還,未至,虞已爲公孫瓚所害。疇乃入徐無山中,山在今玉田縣北。營深險平敞地而居。百姓歸之者,數年間至五千餘家。疇爲立約束。北邊翕然,服其威信。操北征烏丸,先使辟疇,隨軍次無終。時方夏水雨,而濱海洿下,濘滯不通,虜亦遮守險要,軍不得進。操患之,以問疇。疇言"舊北平郡治在平岡,道出盧龍,在今河北遷安縣北。達於柳城。當在今淩南、興城之間。自建武以來,陷壞斷絶,垂二百載,而尚有微徑可從。今虜以大軍當由無終,不得進而退,懈弛無備。若默回軍,從盧龍口,越白檀之險,白檀,漢縣,在今熱河承德縣西。出空虛之地,路近而便,掩其不備,蹋頓之首,可不戰而禽也"。操曰:"善。"令疇將其衆爲鄉導,引軍出盧龍塞。塞外道絶不通。乃塹山堙谷,五百餘里,東指柳城。未至二百里,虜乃知之。尚、熙與蹋頓、遼西單于樓班、右北平單于能臣抵之等將數萬騎逆軍。八月,縱兵擊之,虜衆大崩。斬蹋頓及名王以下。胡、漢降者二十餘萬口。遼東單于速僕丸,及遼西、北平諸豪,棄其種人,與尚、熙奔遼東。初,遼東大守公孫康恃遠不服,及操破烏丸,或説操遂征之,尚兄弟可禽也。操曰:"吾方使康斬送尚、熙首,不煩兵矣。"九月,操引兵自柳城還,康即斬尚、熙及速僕丸等,傳其首。諸將或問:"公還而康斬送尚、熙,何也?"操曰:"彼素畏尚等,吾急之則并力,緩之則自相圖,其勢然也。"案患莫大於養癰。三郡烏丸,種類繁熾,又數受袁氏恩,内利鈔掠,使尚、熙獲用其衆,其爲患,必不止如後漢初之盧芳而已。曹操大舉征之,雖曰乘危以徼幸,《武帝紀注》引《曹瞞傳》操自道語。然烏丸自此遂不能爲大患,其用兵亦云神矣。[①] 參看第十二章第十節。

---

　　① 史事:曹操征烏丸用兵之神。

是時海內之患，以幽、并、青、冀、兗、徐爲急，及是略已平定，關中操任鍾繇撫之，涼州窵遠，諸將皆無大略，非可急圖，亦不虞其爲大患也，故烏丸平，操遂南征荊州。

第七節　孫氏據江東

孫堅之死也，兄子賁，將大衆就袁術，術復表賁爲豫州刺史。堅長子策，渡江居江都。徐州牧陶謙深忌策。策舅吳景，時爲丹陽大守，策乃載母徙曲阿，_{秦縣，今江蘇丹陽縣。}與呂範、孫河俱就景。因緣召募，得數百人。興平元年，從術。術甚奇之。以堅部曲還策。術初許策爲九江大守，已而更用丹陽陳紀。後術欲攻徐州，從廬江大守陸康求米，_{廬江，漢郡，在今安徽廬江縣西。}康不與。術大怒，遣策攻康，謂曰："今若得康，廬江真卿有也。"策攻康，拔之。術復用其故吏劉勳爲大守，策益失望。先是劉繇爲揚州刺史，州舊治壽春，壽春術已據之，繇乃渡江治曲阿。時吳景尚在丹陽，策從兄賁，又爲丹陽都尉，繇至，皆迫逐之。景、賁退舍歷陽。繇遣樊能、于麋、陳橫屯江津，張英屯當利口_{在今安徽和縣東南。}以距術。術自用故吏琅邪惠衢爲揚州刺史。更以景爲督軍中郎將，與賁共將兵擊英等，連年不克。漢命加繇爲牧，策乃說術，乞助景等平定江東。術表策爲折衝校尉，行殄寇將軍。兵財千餘，騎數十匹，賓客願從者數百人。比至歷陽，衆五六千。渡江轉鬥，所向皆破。劉繇奔丹徒。將奔會稽，許劭曰："會稽富實，策之所貪；且窮在海隅，不可往也。不如豫章，北連豫壤，西接荊州。若收合吏民，遣使貢獻，與曹兗州相聞，雖有袁公路隔在其間，其人豺狼，不能久也。足下受王命，孟德、景升，必相救濟。"繇從之。_{據《三國志・劉繇傳注》引袁宏《漢紀》。}泝江南保豫章。尋病卒。吳人嚴白虎等衆各萬餘人，處處屯聚。吳景等欲先擊破虎等，乃至會稽。策曰："虎等羣盜，非有大志，此成禽耳。"遂引兵渡浙江。會稽大守王朗舉兵與戰，敗績。浮海至東冶。_{見第五章第七節。}策又追擊，朗乃詣策。策攻破虎等。盡更置長吏。自領會稽大守。復以吳景爲丹陽大守。以孫賁爲豫章大守_{時豫章大守爲華歆，知策善用兵，乃幅巾相迎。}分豫章爲廬陵郡，_{治高昌，在今江西吉安縣境。}以賁弟輔爲大守。丹陽朱治爲吳郡大守。時袁術僭號，策以書責而絕之。曹操表策爲討逆將軍，封爲吳侯。後術死，長史楊弘、大將張勳等將其衆欲就策，劉勳要擊，悉虜之。策聞之，僞與勳好盟。時豫章上繚_{在今建昌縣南。}宗民萬餘家在江東，策勸勳攻取之。勳既行，策輕軍晨夜襲拔廬江。勳衆盡降。勳獨與麾下數百人歸曹操。是時袁紹方彊，而策併江東，操力未能遑，且欲撫之，乃以弟女配策小弟匡，又爲子章取賁女，皆禮辟策弟權、翊，又命揚州刺史嚴象舉權茂才。建安五年，策爲故吳郡大守許貢客所殺。《三國志·孫策傳》云："曹公與袁紹相拒於官渡，策陰欲襲許迎漢帝，①密治兵，部署諸將，未發，爲貢客所殺。"《魏武帝紀》亦云："孫策聞公與紹相持，乃謀襲許，未發，爲刺客所殺。"《策傳注》引《江表傳》則云："廣陵大守陳登，治射陽。漢縣，在今江蘇淮安縣東南。登即瑀之從兄子也。策前西征，登陰復遣閒使以印綬與嚴白虎餘黨，圖爲後害，以報瑀見破之辱。策歸，復討登。軍到丹徒，須待運糧。策性好獵。將步騎數出。策驅馳逐鹿，所乘馬精駿，從騎絕不能及。初，吳郡大守許貢上表於漢帝曰：孫策驍雄，與項籍相似。宜加貴寵，召還京邑。若放於外，必作世患。策候吏得貢表，以示策。策請貢相見，以責讓貢。貢辭無表。策即令武士絞殺之。貢奴客潛民閒，欲爲貢報讎。獵日，卒有三人，即貢客也。策問爾等何人？答云是韓當兵，在此射鹿耳。策曰：當兵吾皆識之，未嘗見汝等。因射一人，應弦而倒。餘二人怖急，便舉弓射策，中頰。後騎尋至，皆刺殺之。"案策兵雖強，豈足與中國争衡？漢室是時，威靈已替，挾一獻帝，豈足以號召天下？曹公之克成大業，亦以其法嚴令行，用兵如神耳，非眞藉漢天子之虛名也。以策之望輕資淺，挾一漢帝，局促吳、越，此義帝之居郴耳，何足有爲？裴松之謂淮、泗之閒，所在可都，試問策之衆，視陶謙、袁術、劉備、呂布何如？諸雄相次覆亡，何有於策？況策徒輕剽，實無大略，又安知挾天子以令諸侯也。然則《江表傳》之言，爲得其實矣。《吳志·呂範傳》曰：下邳陳瑀，自號吳郡大守，住海西，與彊族嚴白虎交通。策自將討虎，別遣範與徐逸攻瑀於海西，梟其大將陳牧。《策傳注》引《江表傳》，則謂建安二年夏，詔以策爲騎都尉，襲爵烏程侯，領會稽大守。又詔與平東將軍領徐州牧溫侯布，及行吳郡大守安東將軍陳瑀同討袁術，則瑀稱吳郡大守，實出朝命，非由自號。《傳》又云：瑀陰圖襲策，遣使持印，與諸險縣大帥，使爲内應，伺策軍發，欲攻取諸郡。策覺之，遣呂範、徐逸攻破瑀。案策之渡江，本爲袁術。此時漢朝雖有討術之命，實權宜用之，非信其心也。苟有機會，乘閒圖之，夫固未爲非計？《張邈傳注》引《九州春秋》，言陳登甚得江、淮閒歡心，有吞滅江南之志。孫策遣軍攻登，再敗。登遷爲東城大守，孫權遂跨有江外。大祖每臨大江而歎，恨不早用陳元龍計，元龍，登字。而令封豕養其爪牙。元龍父子，初閒呂布、袁術之交，卒定揚、徐之境，瑀或亦志平江表者。即

---

① 史事：孫策謀襲許之誣（第二六五—二六七頁）。

謂其未可知,而登之志皎然而才可用則信矣。拒敵再克,其效已見。呂布亡而忽視東南,使長才不竟其用,豈不惜哉? 此魏武慮事之一疏也。

　　孫策之將死也,呼權佩以印綬。曹操表權爲討虜將軍,領會稽大守,屯吳,使丞之郡行文書事。是時惟有會稽、吳郡、丹陽、豫章、廬陵,然深險之地,猶未盡從。權乃分部諸將,鎮撫山越,討不從命。建安八年,權西伐黃祖,破其舟軍,惟城未克,而山寇復動。還過豫章,使呂範平鄱陽、漢縣,今江西鄱陽縣東。會稽,程普討樂安,今江西德興縣東,吳立爲縣。大史慈領海昏,漢縣,今江西永修縣。韓當、周泰、呂蒙等爲劇縣令、長。九年,權弟丹陽太守翊爲左右所害,以從兄瑜代翊。十年,權使賀齊討上饒,分爲建平縣。上饒,漢縣,今江西上饒縣西北。建平,今福建建陽縣。十二年,西征黃祖,虜其人民而還。十三年春,權復征黃祖,屠其城。祖挺身亡走,騎士馮則追梟其首。虜其男女數萬口。是歲,使賀齊討黟、漢黝縣,今安徽黟縣。歙,漢縣,今安徽歙縣。分歙爲始新、在今浙江淳安縣西。新定、今浙江遂安縣。犁陽、今安徽休寧縣東南。休陽縣,後避孫休諱,改爲海陽,在休寧縣東。以六縣爲新都郡。此時權所務者,西征江夏,内平山越以撫定諸縣。《賀齊等傳評》曰"山越好爲叛亂,難安易動,是以孫權不皇外禦,卑辭魏氏",則當赤壁戰後,權猶不能不以山越爲患也,況於即位之初? 況於孫策之世邪? 亦足見謂策欲襲許之誣矣。然赤壁一戰,權竟能與劉備協力以破曹公,則全由江、淮輕剽之性爲之,此可以覘南北古今風氣之不同矣。

第八節　赤　壁　之　戰

　　曹操以建安元年入洛陽,遷獻帝都許,自此至十二年,凡一紀,東平呂布,摧袁術,走劉備,北破袁紹,西撫關中,當時所謂中原之地略定,然天下卒成三分之局者,則以赤壁一戰,犯兵家之忌,爲權、備所乘;其後又以北方尚未大定;且以當時形勢,舉中國之衆,與吳、蜀爭衡,勢亦有所未便;遂至廓清掃蕩,虛願徒存。使赤壁一戰而操更獲勝,則順流而下,江東指日可定,劉備自無立足之地,益州更不能負固矣。故赤壁一戰,實當時事勢轉變之大關鍵也。

　　《蜀志·諸葛亮傳》載亮初見先主時之言曰:"今操已擁百萬之衆,挾天子以令諸侯,此誠不可與爭鋒。孫權據有江東,已歷三世,國險而民附,賢能爲之用。此可與爲援而不可圖也。荊州北據漢、沔,利盡南海,東連吳會,西通巴、蜀,此用武之國,而其主不能守,此殆天所以資將軍,將軍豈有意乎? 益州險塞,沃野千里,天府之土,高祖因之,以成帝業。劉璋闇弱,張魯在北,民殷國富，而不知存恤，智能之士，思得明君。將軍既帝室之胄，信義著於四海，總攬英雄，思賢如渴。若跨有荊、益，保其巖阻，西和諸戎，南撫夷越，外結好孫權，內修政理；天下有變，則命一上將，將荊州之軍，以向宛、洛，將軍身率益州之衆，以出秦川，百姓孰敢不簞食壺漿，以迎將軍者乎？誠如是，則霸業可成，漢室可興矣。"此文以與後來情事，大相符合，人或疑之。然跨據荊、益，連結吳會，可與北方抗衡，當時事勢固爾，不容謂亮見不及此。《三國志》所載當時謀臣策畫，可疑者甚多，此顧無足深疑也。此亦可見三國之分立，實時勢使然，而非出於偶然矣。

　　李傕、郭汜之入長安也，欲連劉表爲援，以表爲荊州牧。天子都許，表雖遣使貢獻，然北與袁紹相結。張濟入荊州界，攻穰城，爲流矢所中，死，表使人納其衆。長沙桓階，說大守張羨，舉長沙及旁三郡以拒表，遣使詣曹操。表圍之連年，不下。羨病死，長沙復立其子懌。表遂攻並懌。南收零、桂，北據漢川，地方數千里，帶甲十餘萬。曹操與袁紹相持於官渡，紹遣人求助，表許之而不至，亦不佐操，欲保江、漢閒，觀天下變。從事中郎韓嵩、別駕劉先說表舉州附操。大將蒯越亦勸表。表狐疑，乃遣嵩詣操，以觀虛實。嵩還，深陳操威德，說表遣子入質。表疑嵩反爲操，大怒。欲殺嵩。考殺嵩隨行者，知嵩無他意，乃止。先主之奔表，表自郊迎，以上賓禮待之。益其兵，使屯新野。<small>漢縣，今河南新野縣南。</small>建安十三年七月，操南征表。八月，表卒。二子：琦、琮。表初以琦貌類於己，甚愛之。後爲琮娶其後妻蔡氏之姪，蔡氏遂愛琮而惡琦。毀譽之言，日聞於表。表寵耽後妻，每信任焉。又妻弟蔡瑁，及外甥張允，並得幸於表，又睦於琮。琦不自寧，與諸葛亮謀自安之術。亮曰："君不見申生在內而危，重耳居外而安乎？"琦意感悟，陰規出計。會江夏大守黃祖爲孫權所殺，琦遂求代其任，及表病甚，琦歸省疾，允等遏於戶外，使不得見，琦流涕而去。遂以琮爲嗣。琮以侯印授琦。琦怒，投之地，將因奔喪作難。會曹操軍至新野。琦走江南。操軍到襄陽，琮舉州請降。劉備屯樊，不知操卒至，至宛，乃聞之，遂將其衆去。過襄陽，諸葛亮說備攻琮，荊州可有。<small>案當時即得襄陽，其何能守？此說疑不實。</small>備曰："吾不忍也。"乃駐馬呼琮，琮懼不能起。琮左右及荊州人多歸備。比到當陽，<small>漢縣，今湖北當陽縣東。</small>衆十餘萬，輜重數千兩，日行十餘里。別遣關羽乘船數百艘，使會江陵。操以江陵有軍實，恐備據之，乃釋輜重，輕軍到襄陽。聞備已過，操將精騎五千急追之，一日一夜行三百餘里，及於當陽之長阪。備棄妻子，與諸葛亮、張飛、趙雲等數十騎走。斜趣漢津，適與羽船會，得濟沔。遇琦衆萬餘人，與俱到夏口。操以表大將文聘爲江夏大守，備表琦爲荆州刺史。明年卒。

《三國·吴志·孫權傳》云：荆州牧劉表死，魯肅乞奉命弔表二子，且以觀變。肅未到而曹公已臨其境，表子琮舉衆以降。劉備欲南濟江，肅與相見。因傳權旨，爲陳成敗。備進住夏口，使諸葛亮詣權。《肅傳》曰：劉表死，肅進説曰：“夫荆楚與國鄰接，水流順北，外帶江、漢，内阻山陵，有金城之固。沃野萬里，士民殷富。若據而有之，此帝王之資也。今表新亡，二子素不輯睦，軍中諸將，各有彼此。加劉備天下梟雄，與操有隙，寄寓於表，表惡其能而不能用也。若備與彼協心，上下齊同，則宜撫同，與結盟好。如有離違，宜别圖之，以濟大事。肅請得奉命弔表二子，並慰勞其軍中用事者，及説備：使撫表衆，同心一意，共治曹操。備必喜而從命。如其克諧，天下可定也。今不速往，恐爲操所先。”權即遣肅行，到夏口，聞曹公已向荆州，晨夜兼道。比至南郡，治江陵。而表子琮已降，備皇遽奔走，欲南渡江，肅徑迎之。到當陽長阪，與備會。宣騰權旨，及陳江東彊固，勸備與權併力。備甚歡悦。時諸葛亮與備相隨。肅謂亮曰：“我子瑜友也。”亮兄瑾，字子瑜，事權。即共定交。備遂到夏口，遣亮使權，肅亦反命。會權得曹公欲東之問，與諸將議，皆勸權迎之，而肅獨不言。權起更衣，肅追於宇下。權知其意，執肅手曰：“卿欲何言？”肅對曰：“向察衆人之議，專欲誤將軍，不足與圖大事。今肅可迎操耳，如將軍不可也。何以言之？今肅迎操，操當以肅還付鄉黨，品其名位，猶不失下曹從事，乘犢車，從吏卒，交游士林，累官故不失州郡也。將軍迎操，欲安所歸？願早定大計，莫用衆人之議也。”權歎息曰：“諸人持議，甚失孤望。今卿廓開大計，正與孤同。此天以卿賜我也。”時周瑜受使至鄱陽，肅勸追召瑜還。遂任瑜以行事，以肅爲贊軍校尉，助畫方略。《瑜傳》曰：曹公入荆州，劉琮舉衆降，曹公得其水軍船步兵數十萬。將士聞之，皆恐懼。延見羣下，問以計策。議者咸曰：“曹公豺虎也，然託名漢相，挾天子以征四方，動以朝廷爲辭，今日拒之，事更不順。且將軍大勢，可以拒操者長江也。今操得荆州，奄有其地，劉表治水軍，蒙衝鬥艦，乃以千數，操悉浮以沿江，兼有步兵，水陸俱下，此爲長江之險，已與我共之矣。而勢力衆寡，又不可論。愚謂大計不如迎之。”瑜曰：“操雖託名漢相，其實漢賊也。將軍以神武雄才，兼杖父兄之烈，割據江東，地方數千里，兵精足用，英雄樂業，尚當横行天下，爲漢家除殘去穢，況操自送死，而可迎之邪？請爲將軍籌之。今使北土已安，操無内憂，能曠日持久，來爭疆場；又能與我校勝負於船楫，可乎？今北土未安，加馬超、韓遂，尚在關西，爲操後患。且舍鞍馬，杖舟楫，與吴、越争衡，本非中國所長。又今盛寒，馬無藁草。驅中國士衆，遠涉江湖之間，不習水土，必生疾病。此數者，用兵之患也，而操皆冒行之。將軍禽操，宜在今日。瑜請得精兵三萬人，進住夏口，保爲將軍破之。"權曰："老賊欲廢漢自立久矣，徒忌二袁、呂布、劉表與孤耳。今數雄已滅，惟孤尚存。孤與老賊，勢不兩立。君言當擊，甚與孤合，此天以君授孤也。"觀此，知拒操之議，實出於瑜、肅二人。《瑜傳注》引《江表傳》：曹公新破袁紹，兵威日盛。建安七年，下書責權質任子。權召羣臣會議。張昭、秦松等猶豫不能決。權意不欲遣質。乃獨將瑜詣母前定議。瑜曰："將軍承父兄餘資，兼六郡之衆，兵精糧多，將士用命。鑄山爲銅，煮海爲鹽，境內富饒，人不思亂。汎舟舉帆，朝發夕到。土風勁勇，所向無敵。有何逼迫，而欲送質？質一人，不得不與曹氏相首尾，與相首尾，則命召不得不往，便見制於人也。極不過一侯印，僕從十餘人，車數乘，馬數匹，豈與南面稱孤同哉？不如勿遣，徐觀其變。若曹氏能率義以正天下，將軍事之未晚。若圖爲暴亂，兵猶火也，不戢將自焚。將軍韜勇抗威，以待天命，何送質之有？"權母曰：公瑾瑜字。議是也。遂不送質。瑜之議，與魯肅肅可迎操，將軍不可之對，用意正同。足見拒操爲權與瑜、肅等素定之計。① 故赤壁戰前，曹操以大兵臨之，江東羣臣，多挾迎降之議，而權等數人，決策不疑如此。不特此也，權之立，魯肅還葬祖母，東城劉子揚與肅友善，遺書勸肅北行，肅，東城人。瑜謂肅曰："吾聞先哲祕論，承運代劉氏者，必興於東南，足下不須以子揚之言介意。"因薦肅。權與語，甚說之，衆賓罷退，獨引肅還，合榻對飲。肅曰："昔高帝區區，欲事義帝而不獲者，以項羽爲害也。今之曹操，猶昔項羽，將軍何由得爲桓、文乎？肅竊料之，漢室不可復興，曹操不可卒除，爲將軍計，惟有鼎足江東，以觀天下之釁，因北方多務，勦除黃祖，進伐劉表，竟長江所極，據而有之，然後建號帝王，以圖天下，此高帝之業也。"其後權與陸遜論瑜、肅曰"公瑾昔邀子敬來東，致達於孤，孤與燕語，便及大略，帝王之業"，蓋即指此。權稱尊號，臨壇顧謂公卿曰："昔魯子敬嘗道此，可謂明於事勢矣。"然則權之欲廢漢自立久矣，顧以此誣魏武；豈不悖哉？《張昭傳注》引《江表傳》曰：權既即尊位，請會百官，歸功周瑜。昭舉笏欲褒贊功德。未及言。權曰："如張公之計，今已乞食矣。"昭大慙，伏地流汗。昭忠謇亮直，有大臣節，權敬重之，然所以不相昭者，蓋以昔駁周瑜、魯肅等議爲非也。裴松之謂："鼎峙之計，本非昭志。曹公杖順而起，功以義立。冀以清一諸華，拓平荊、郢。大定之機，在於此會。若使昭議獲從，則六合爲一，豈

---

① 史事：抗操爲權、瑜、肅素定之計。

有兵連禍結,遂爲戰國之弊哉?雖無功於孫氏,有大當於天下矣。昔竇融歸漢,與國升降。張魯降魏,賞延於世。況權舉全吳,望風順服。寵靈之厚,其可測量哉?然則昭爲人謀,豈不忠且正乎?"今案赤壁之戰,曹操雖犯兵家之忌,然在權、備,亦爲幸勝,使其不捷,其爲後禍,寧可測量。《先主傳》評曰"折而不撓,終不爲下者,揆彼之量,必不容己,非惟競禍,且以避害。"蓋始佐公孫瓚而救陶謙,繼藉操之力以誅呂布,而反合於董承,操與備之釁則深矣。若權,操安知爲何如人?乃曰:"其所以不能廢漢者,徒忌二袁、呂布、劉表與孤",又曰"孤與老賊,勢不兩立",此豈當時情實?然則權之決策拒操,可謂狼子野心,而周瑜、魯肅,亦皆可謂爲好亂之士也。徒以二三剽輕之徒,同懷行險徼幸之計,遂肇六十年分裂之禍,豈不哀哉。可見地方風氣之關係於治亂者大也。

《魏志·賈詡傳》曰:大祖破荆州,欲順江東下。詡諫曰:"明公昔破袁氏,今收漢南,威名遠著,軍勢既大,若乘舊楚之饒,以饗吏士,撫安百姓,使安土樂業,則可不勞衆而江東稽服矣。"大祖不從,軍遂無利。案諸葛亮告孫權曰:"曹操之衆,遠來疲弊。聞追豫州,輕騎一日一夜行三百餘里,此所謂彊弩之末,勢不能穿魯縞者也。故兵法忌之,曰必蹶上將軍。且北方之人,不習水戰。又荆州之民附操者,偪兵勢耳,非心服也。今將軍誠能命猛將,統兵數萬,與豫州協規同力,破操軍必矣。"此與周瑜所道,皆確爲操軍可乘之隙,賈詡所以不主速進者蓋以此。然亮言豫州軍雖敗於長阪,今戰士還者及關羽水軍,精甲萬人,劉琦合江夏戰士,亦不下萬人,而《孫權傳》言周瑜、程普爲左右督,各領萬人,與備俱進,則權、備之兵,各不過二萬人耳,其寡可謂已甚,此操所以不之忌歟?時操軍已有疾病。遇於赤壁,今湖北嘉魚縣東北。初一交戰,操軍敗退,引次江北。瑜等在南岸。瑜部將黃蓋曰:"今寇衆我寡,難與持久。然觀操軍,方連船艦,首尾相接,可燒而走也。"乃取蒙衝鬥艦數十艘,實以薪草,膏油灌其中,裹以帷幕。上建牙旗。先書報操,欺以欲降。又豫備走舸,各繫大船後。因引次俱前。操軍吏士,皆引頸觀望,指言蓋降。蓋放諸船,同時發火。時風盛猛,悉延燒岸上營落。頃之,煙炎漲天,人馬燒溺死者甚衆。軍遂敗退,還保南郡。備與瑜等,復共追操。操留曹仁等守江陵城,徑自北歸。瑜與程普又進取之。權拜瑜偏將軍,領南郡大守,屯據江陵。而先主南征武陵、長沙、桂陽、零陵,四郡皆降。廬江雷緒,率部曲數萬口稽顙。劉琦病死,羣下推先主爲荆州牧,治公安。鼎足之形漸成矣。《魏志·程昱傳》曰:劉備奔吳,案備僅遣諸葛亮詣權,身實未嘗奔吳,此《國志》措辭不審。論者以爲孫權必殺備。昱料之曰:"孫權新在位,未爲海内所憚。曹公無敵於天下,初舉荆州,威震江表,權雖有謀,不能獨當也。劉備有英名;關羽、張飛,皆萬人之敵也;權必資之以禦我。難解勢分,備資以成,又不可得而殺也。"其料事可謂審矣。然其癥結,仍由於操軍之不能久留。故周瑜逆料操不能持久,諸葛亮亦謂操軍破必北還也。然則海宇不能統一,仍由亂勢熾而非一時可了耳。

第九節　劉備入蜀

赤壁戰後,曹操圖南,改道揚州,荆州僅遣將守禦。上流形勝之地,既爲孫、劉所同利;益州天府,尤其所共覬覦,於是劉備入益州,與孫權爭荆州之事起。而曹操亦於此時,南定漢中,備又北爭之,於是關羽取襄陽,孫權乘其後以取荆州之事又起矣。

曹操之於東南,初所任者爲劉馥。馥,相人,避亂揚州。建安初,説袁術將戚寄、秦翊俱詣操。操悅之,辟爲司徒掾。後孫策所置廬江大守李述攻殺揚州刺史嚴象。廬江梅乾、雷緒、陳蘭等聚衆數萬,在江、淮間,郡縣殘破。操方有袁紹之難,遂表馥爲揚州刺史。馥既受命,單馬造合肥空城,今安徽合肥縣北。建立州治。南懷緒等,皆安集之。流民越江山而歸者以萬數。於是廣屯田,爲戰守備。其後孫權率十萬衆攻圍合肥城百餘日,卒不能破,以馥豫爲之儲也。馥以建安十三年卒。《魏志·武帝紀》:是年十二月,孫權爲備攻合肥。公自江陵征備,至巴丘,遣張憙救合肥,權聞憙至,乃走。叙在赤壁戰前。《吳志·孫權傳》則叙於赤壁戰後,云權自率衆圍合肥,使張昭攻九江之當塗。昭兵不利。權攻城踰月不能下。曹公自荆州還,遣張喜將騎赴合肥。未至,權退。《魏志注》引孫盛《異同平》云:《吳志》爲是。要之是時權不過牽制之兵而已,其所重實在上流,故救至而即退也。操自赤壁還,十四年三月,軍至譙。作輕舟,治水軍。七月,自渦入淮。出肥水,軍合肥。置揚州郡縣長史,開芍陂屯田。在今壽縣南。十二月,軍還譙。十六年,權徙治秣陵。漢縣,在今首都東南。明年,城石頭。在今首都西。改秣陵爲建業。聞曹公將來侵,作濡須塢。夾濡須水口立塢。濡須水,出巢湖,至無爲縣入江。是歲,操征孫權。十八年,正月,進軍濡須口。權與相拒月餘。操望權軍,歎其整肅,乃退。初,操恐江濱郡縣,爲權所略,徵令内移。民轉相驚。自廬江、九江、蘄春、漢縣,今湖北蘄春縣西北。廣陵户十餘萬,皆東渡江。江西遂虛。合肥以南,惟有皖城,皖,漢縣,今安徽潛山縣。操遣朱光爲廬江大守,屯皖,大開稻田。吕蒙曰:"皖田肥美,若一收熟,彼衆必增。如是數歲，操態見矣。宜早除之。"乃具陳其狀。十九年五月，權征皖城。閏月，克之。獲朱光。拜呂蒙廬江大守。七月，操征孫權。十月，自合肥還。使張遼、樂進、李典等將千餘人屯合肥。二十年，權攻合肥，爲遼等所敗。二十一年十月，操征孫權。二十二年正月，軍居巢。二月，進軍屯江西郝谿。在居巢東，濡須之西。權在濡須口築城拒守，遂逼攻之，權退走。三月，操引軍還。留夏侯惇、曹仁、張遼等屯居巢。權令都尉徐詳詣操請降。操報使修好，誓重結昏。《張遼傳》：孫權復稱藩，遼還屯雍丘。緣江之爭，至此而息。

靈帝時，大常劉焉建議，言刺史大守，貨賂爲官，割剝百姓，以致離叛，可選清名重臣，以爲牧伯，鎮安方夏。會益州刺史郤儉，賦斂煩擾，謠言遠聞；而并州殺刺史張益，梁州殺刺史耿鄙；焉謀得施，出爲監軍使者，領益州牧。時爲中平五年，是時涼州逆賊馬相、趙祇等，於縣竹縣今四川德陽縣。自號黃巾，殺縣竹令，前破雒縣。今四川廣漢縣。攻益州，殺儉。又到蜀郡犍爲。旬月之閒，破壞三郡。馬相自稱天子，衆至十餘萬人。遣兵破巴郡，殺郡守趙部。州從事賈龍，素領兵數百人，在犍爲東界。攝斂吏民，得千餘人，攻相等。數日破走。州界清静。龍乃選吏卒迎焉。焉徙治縣竹。漢益州刺史本治雒縣。撫納離叛，務行寬惠，陰圖異計。張魯者，沛國豐人。祖父陵，客蜀，學道鵠鳴山中，造作道書，以惑百姓。從受道者出五斗米，故世號米賊。陵死，子衡行其道。衡死，魯復行之。此據《三國志·魯傳》，其記事不必實，參看第二十章第六節。焉以魯爲督義司馬，與別部司馬張脩擊漢中大守蘇固。魯遂襲脩，殺之，奪其衆。焉上書，言米賊斷道，不得復通。又託他事，殺州中豪強十餘人，以立威刑。犍爲大守任岐及賈龍由此反，攻焉。焉擊殺岐、龍。焉意漸盛，造作乘輿車具千餘乘。時焉子範爲左中郎將，誕治書御史，璋奉車都尉，皆從獻帝在長安，惟小子別部司馬瑁素隨焉。獻帝使璋曉諭焉，焉留璋不遣。馬騰與範謀誅李傕，焉遣叟兵五千助之。戰敗，範見殺，收誕行刑。議郎河南龐羲，與焉通家，乃募將焉諸孫入蜀。時焉被天火燒城，車具蕩盡，延及民家，焉徙治成都。既痛其子，又感袄災，興平元年，癰疽發背而卒。州大吏趙韙等貪璋温仁，共上璋爲益州刺史。詔書因以爲監軍使者，領益州牧。以韙爲征東中郎將。先是荊州牧劉表，表焉僭擬乘輿器服。韙以此遂屯兵朐䏰漢縣，今四川雲陽縣西。備表。據《後漢書·焉傳》。《三國志·焉傳注》引《英雄記》曰：焉死，子璋代爲刺史，會長安拜潁川扈瑁爲刺史，入漢中。荊州別駕劉闔，璋將沈彌、婁發、甘寧反。擊璋，不勝，走入荊州。璋使趙韙進攻荊州，屯朐䏰。初，南陽、三輔民數萬户，流入益州，焉悉收以爲衆，名曰東州兵。璋性柔寬，無威略，東州人侵暴爲民患，不能禁制，舊士頗有離怨。趙韙之在巴中，甚得衆心，璋委之以權。趙因人情不輯，乃陰結州中大姓，建安五年，還共擊璋。蜀郡、廣漢、犍爲皆反應。東州人畏見誅滅，乃同心併力，爲璋死戰。遂破反者。進攻趙於江州，漢縣，今四川江北縣。斬之。張魯以璋闇懦，不復承順。璋怒，殺魯母及弟，而遣其將龐羲等攻魯，數爲所破。魯部曲多在巴土，故以羲爲巴郡太守。魯因襲取之，遂雄於巴、漢。漢力不能征，遂寵魯爲鎮民中郎將，領漢寧太守，通貢獻而已。十三年，曹操自將征荆州，璋遣使致敬。操加璋振威將軍，兄瑁平寇將軍。瑁狂疾物故。璋復遣別駕張松詣操。操時已定荆州，走先主，不復存録松，松以此怨。會操軍不利於赤壁，兼以疫死。松遂疵毀操，勸璋自絶。因説璋曰："劉豫州使君之肺腑，可與交通。"璋皆然之。遣法正連好先主。尋又令正及孟達送兵數千，助先主守禦。後松復説璋曰："今川中諸將龐羲、李異等，《二牧傳注》引《英雄記》，李異乃趙韙將，殺韙者。皆恃功驕豪，欲有外意。不得豫州，則敵攻其外，民攻其内，必敗之道也。"璋又從之。遣法正迎先主。璋主簿黄權，陳其利害，從事王累，自倒縣於州門以諫，璋一無所納。勅在所供奉先主，先主入境如歸。先主至江州，北由墊江水詣涪。漢縣，今四川縣陽縣。是歲，建安十六年也。璋往就與會。先主所將將士，更相之適，歡飲百餘日。璋資給先主，使討張魯，然後分別。以上據《二牧傳》。《先主傳》云：璋聞曹公將遣鍾繇等討張魯，内懷恐懼。張松説璋曰："劉豫州使君之宗室，而曹公之深讎也，善用兵。若使之討魯，魯必破。魯破則益州强，曹公雖來，無能爲也。"璋然之，遣法正將四千人迎先主。其説與《二牧傳》又異。案曹公征荆州時，璋已遣使致敬，此時豈有割據之心？其所以迎備入蜀，似當以《二牧傳》所言爲是。蓋自爲牧益州以來，與土著迄未能和協，①璋是時所患者，實在蜀中諸將，而無端而召先主，將爲羣下所疑，故以討張魯爲名；抑張魯既下，即以漢中處備，既不慮益州之域，莫能兩大，又可相爲輔車，以懾蜀中諸將，在璋未嘗不自謂得計，而惜乎上下乖離，欲用人而反爲人所用也。趙韙巴西人，棄官隨焉入蜀。張魯雖豐人，然三世客蜀，已同土著矣。龐羲初爲璋親信，《志》云：後與璋情好攜隙，蓋亦與土著合。故張松憂其民攻於内。先主入蜀，諫者黄權閬中人，王累廣漢人，皆土著。贊之者惟張松蜀郡人，見《先主傳》。法正郿人，璋初所遣致敬於曹公者陰溥，則河内人也。先主之圍成都也，《志》云：城中尚有精兵三萬人，穀帛支二年，吏民咸欲死戰，璋言父子在州二十餘年，無恩德以加百姓，攻戰三年，肌膏草野者，以璋故也，何心能安？遂開城出降。夫誠恤百姓，何不早爲備下，乃爲三年之戰乎？蓋亦度上下乖離，無與同心守禦者耳。用客兵已不易，況益之以本兵之乖離乎？據其地而不能和其民者，可以鑒矣。

***

① 史事：劉璋召先主之由，與土著不和。

赤壁戰後，先主表劉琦爲荆州刺史。琦病死，羣下推先主爲荆州牧，治公安。權稍畏之，進妹固好。先主至京見權。京城，今江蘇鎮江縣。周瑜上疏曰："劉備以梟雄之姿，而有關羽、張飛熊虎之將，必非久屈爲人用者。愚謂大計，宜徙備置吳，盛爲築宫室，多其美女、玩好，以娱其耳目；分此二人，各置一方，使如瑜者，得挾以攻戰；大事可定也。今猥割土地，以資業之；聚此三人，俱在疆場；恐蛟龍得雲雨，終非池中物也。"權以曹公在北方，當廣攬英雄；又恐備難卒制，故不納。瑜乃詣京見權，乞"與奮威孫静子瑜，爲奮威將軍。静，堅弟。俱進取蜀。得蜀而並張魯，因留奮威固守其地，好與馬超結援，瑜還，與將軍據襄陽以蹙操，北方可圖也"。權許之。瑜還江陵爲行裝，道病卒。以魯肅代瑜領兵。《肅傳》云：備詣京見權，求都督荆州，惟肅勸權借之，共拒曹公。《吕範傳》云：劉備詣京見權，範密請留備。《肅傳注》引《漢晉春秋》曰：吕範勸留備。肅曰："不可。將軍雖神武命世，然曹公威力實重，初臨荆州，恩信未洽，宜以借備，使撫安之，多操之敵，而自爲樹黨，計之上也。"權即從之。蓋是時權之力，實未足以控制上流，故其計如此。《吕蒙傳》謂權與陸遜論周瑜、魯肅及蒙，謂"肅勸吾借玄德地，是其一短"，乃事後之辭，當時情勢，固未必爾也。曹公待關羽不爲不厚，而羽卒奔先主於袁軍，羈備於吳，分置羽、飛，挾以攻戰，安能得其死力？且難保無他變。瑜之此計，雖雄而未免冒險，宜乎孫權不之許。然權之力雖未足以下備，備是時，亦必不敢顯與權敵，置備而先取益州，益州既下，則長江全入於吳，備雖雄，亦無能爲矣，此瑜之計所以爲雄，惜乎瑜死而莫之能行也。《先主傳》云：權遣使云欲共取蜀。或以爲宜報聽許，吳終不能越荆有蜀，蜀地可爲己有。荆州主簿殷觀進曰："若爲吳先驅，進未能克蜀，退爲吳所乘，即事去矣。今但可然贊其伐蜀，而自説新據諸郡，未可與動，吳必不敢越我而獨取蜀。如此，進退之計，可以收吳、蜀之利。"先主從之，權果輟計。蓋周瑜既死，無能奮身獨取蜀者，故又欲藉先主爲前驅，成則可以有蜀，不成亦可以借此以弊先主也。其計未嘗不狡。然先主更事多矣，豈能入其彀中哉？固不若周瑜之所爲，一決之於實力也。《魯肅傳》云：周瑜、甘寧並勸權取蜀，權以咨備。備内欲自規，乃僞報：備與璋託爲宗室，冀憑英靈，以匡漢朝。今璋得罪左右，備獨竦懼，非所敢聞，願加寬貸。若不獲請，備當放髮，歸於山林。此即所謂然贊權伐蜀而自説未可動者，特其措辭少異耳。

蜀地險塞，易守難攻。周瑜之心雖雄，然即天假以年，能否長驅直入，亦未可知也。先主所以取之易者，則以璋先開門揖之，所謂國必自伐而後人伐之也。法正之迎先主也，因陳益州可取之策。先主留諸葛亮、關羽等據荆州，將步卒數萬人入益州。至涪，璋自出迎。相見甚歡。張松令法正白先主，及謀臣龐統進説，便可於會所襲璋。先主曰："此大事也，不可倉卒。"《龐統傳》：先主曰：初入他國，恩信未著，此不可也。璋推先主行大司馬，領司隸校尉。先主亦推璋持鎮西大將軍，領益州牧。璋增先主兵，使擊張魯。又令督白水軍。白水，漢縣，今四川昭化縣西北。先主並軍三萬餘人，車甲器械資貨甚盛。是歲，璋還成都。先主北到葭萌，漢縣，蜀漢改爲漢壽，在今昭化東南。未即討魯，厚樹恩德，以收衆心。明年，曹公征孫權，權呼先主自救。此蓋先主託辭。先主乃從璋求萬兵及資寶，欲以東行。璋但許兵四千，其餘皆給半。張松書與先主及法正曰："今大事垂可立，如何釋此去乎？"松兄廣漢大守肅懼禍及己，白璋發其謀。於是璋收斬松，嫌隙始構矣。璋勑關戍諸將：文書勿復關通先主。統復説曰："陰選精兵，晝夜兼道，徑襲成都。璋既不武，又素無豫備，大軍卒至，一舉便定，此上計也。楊懷、高沛，璋之名將。各杖彊兵，據守關頭。聞數有牋諫璋，使發遣將軍還荆州。將軍未至，遣與相聞，説荆州有急，欲還救之。並使裝束，外作歸形。此二子既服將軍威名，又喜將軍之去，計必乘輕騎來見，將軍因此執之，進取其兵，乃向成都，此中計也。退還白帝，城名，在今四川奉節縣東。連引荆州，徐還圖之，此下計也。若沈吟不去，將致大困，不可久矣。"先主然其中計。即斬懷、沛，使黃忠、卓膺勒兵向璋。先主逕至關中，質諸將並士卒妻子，引兵與忠、膺等進。到涪，據其城。璋遣劉璝、冷苞、張任、鄧賢等拒先主於涪，皆破敗，退保綿竹。璋復遣李嚴督綿竹諸軍。嚴率衆降先主。先主軍益彊。分遣諸將平下屬縣。諸葛亮、張飛、趙雲等將兵泝流定白帝、江州、江陽。漢縣，今四川瀘縣。先主進軍圍雒。璋子循守城，被攻且一年。十九年，夏，雒城破。進圍成都。數十日，璋出降。遷於公安。孫權取荆州，以璋爲益州牧，駐秭歸。璋卒，雍闓據益州反，附於吳，權復以璋子闡爲益州刺史，處交、益界首。諸葛亮平南土，闡還吳，爲御史中丞。先主復領益州牧。

孫權以備已得益州，令諸葛瑾從備求荆州諸郡。備不許，曰："吾方圖涼州。涼州定，乃盡以荆州與吳耳。"權曰："此假而不反，而欲以虛辭引歲。"遂置南三郡長吏。關羽盡逐之。權大怒。乃遣呂蒙督鮮于丹、徐忠、孫規等兵二萬取長沙、零陵、桂陽三郡。使魯肅以萬人屯巴丘，山名，在今湖南岳陽縣西南。以禦關羽。權住陸口，今湖北嘉魚縣西南陸溪口。爲諸軍節度。蒙到，二郡皆服。惟零陵大守郝普未下。先主引兵五萬下公安。使關羽將兵三萬至益陽。漢縣，今湖南益陽縣西。權乃召蒙等，使還助肅。蒙使人誘普，普降。盡得三郡將守。因引軍還，與孫皎、潘璋並魯肅兵並進，拒羽於益陽。未戰，會曹公入漢中，備使使求和。權令諸葛瑾報，更尋盟好。遂分荆州長沙、江夏、桂陽以東屬權，南郡、零陵、武陵以西屬備。先主引軍還江州。

第十節　曹操平關隴漢中

曹操有事山東，以關右爲憂，乃表鍾繇以侍中守司隸校尉，持節督關中諸軍，委之以後事。《荀彧傳》：大祖恐紹侵擾關中，亂羌、胡，南誘蜀漢。或曰：關中將帥以十數，莫能相一，惟韓遂、馬超最彊。彼見山東方爭，必各擁衆自保。今若撫以恩德，遣使連和相持，雖不能久安，比公安定山東，足以不動。鍾繇可屬以西事，則公無憂矣。繇至長安，移書騰、遂等，爲陳禍福。騰、遂各遣子入侍。袁尚拒操於黎陽，遣所置河東大守郭援、并州刺史高幹及匈奴單于取平陽。漢縣，今山西臨汾縣南。發使西，與關西諸將合從。繇遣張既説騰等。騰遣子超將兵萬餘人與繇會。擊幹、援，大破之。斬援首。幹及單于皆降。後幹復舉并州反。河内張晟衆萬餘人，無所屬，寇崤、澠閒。三崤山，在今河南洛寧縣西北。西接陝縣，東接澠池。澠阪，在澠池縣西北。河東衛固、弘農張琰各起兵以應之。操以既爲議郎，參繇軍事。使西徵諸將。騰等皆引兵會。擊晟等，破之。斬琰、固首。幹奔荆州。操將征荆州，復遣既喻騰等，令釋部曲求還。騰已許之，而更猶豫。既恐爲變，乃移諸縣，促儲偫，二千石郊迎。騰不得已，發東。操表騰爲衛尉。子超爲將軍，統其衆。以上據《魏志・張既傳》。《蜀志・馬超傳》云：騰與韓遂不和，求還京畿，徵爲衛尉。以超爲偏將軍，領騰部曲。《注》引《典略》云：騰與韓遂結爲異姓兄弟，始甚相親，後以部曲相侵，更爲讎敵。騰攻遂，遂走，合衆還攻騰，殺騰妻子，連兵不解。建安之初，國家綱紀殆弛，乃使司隸校尉鍾繇、涼州牧韋端和解之。徵騰還槐里，轉拜爲前將軍，假節，封槐里侯。北備胡寇，東備白騎，待士進賢，矜救民命，三輔甚安愛之。十五年，徵爲衛尉。騰自見年老，遂人宿衛，超拜偏將軍，領騰營。又拜超弟休爲奉車都尉，休弟鐵騎都尉。徙其家屬皆詣鄴。惟超獨留。案是時馬騰年老，已有悔禍之心，而超棄其老父，置闔族之生命於不顧，可謂好亂性成矣。此皆其習於羌俗爲之也。槐里，見第七章第五節。十六年三月，遣鍾繇討張魯。夏侯淵等出河東與繇會，《衛覬傳注》引《魏書》云：是時關西諸將，外雖懷附，内未可信。鍾繇求以三千兵入關，外託討張魯，内以脅取質任。太祖使荀彧問覬。覬以爲西方諸將，皆豎夫崛起，無雄天下意，苟安樂目前而已。今國家厚加爵號，得其所志，非有大故，不憂爲變也，宜爲後圖。若以兵入關中，當討張魯，魯在深山，道徑不通，彼必疑之。一相驚動，地險衆彊，殆難爲慮。或以覬議呈大祖。大祖初善之，而以繇自典其任，遂從繇議。兵始進而關右大叛，大祖親征，僅乃平之，死者萬計。大祖悔不從覬議，由是益重覬。《高柔傳》云：大祖欲遣鍾繇等討張魯，柔諫，以爲今猥遣大兵，西有韓遂、馬超，謂爲己舉，將相扇動作逆。宜先招集三輔。三輔苟平，漢中可傳檄而定也。蓋時以孤軍入關，冀以虛聲脅服諸將，實爲涉險之策也。旣入關，馬超與韓遂、楊秋、李堪、成宜等果叛。《超傳注》引《典略》云：超與侯選、程銀、李堪、張橫、梁興、成宜、馬玩、楊秋、韓遂等凡十部俱反。其衆十萬。遣曹仁討之。超等屯潼關。在今潼關東南。操勑諸將：關西兵精悍，堅壁勿與戰。七月，操西征。與超等夾關而軍。操急持之，而潛遣徐晃、朱靈等夜渡蒲阪津，在今山西永濟縣西。據河西爲營。操自潼關北渡。循河爲甬道而南。賊退拒渭口。操乃多設疑兵，潛以舟載兵入渭爲浮橋。夜，分兵結營於渭南。賊夜攻營，伏兵擊破之。超等屯渭南，遣信求割河以西請和。操不許。九月，進軍渡渭。超等數挑戰，又不許。固請割地，求送任子。操用賈詡計，僞許之。韓遂請與操相見。操與遂父同歲孝廉，又與遂同時儕輩，於是交馬語，移時，不及軍事，但說京都舊故，拊手歡笑。旣罷，超等問遂：操何言？遂曰："無所言也。"超等疑之。他日，操又與遂書，多所點竄，如遂改定者。超等愈疑。操乃與克日會戰。先以輕兵挑之。戰良久，乃縱虎騎夾擊，大破之。斬成宜、李堪等。遂、超等走涼州。楊秋奔安定。關中平。諸將或問操曰："初賊守潼關，渭北道缺，不從河東擊馮翊，而反守潼關，引日而後北渡，何也？"操曰："賊守潼關，若吾入河東，賊必引守諸津，則西河未可渡。吾故盛兵向潼關，賊悉衆南守，西河之備虛，故二將得擅取西河，然後引軍北渡，賊不能與我爭西河者，以有二將之軍也。連車樹柵，爲甬道而南，旣爲不可勝，且以示弱。渡渭爲堅壘，虜至不出，所以驕之也。故賊不爲營壘，而求割地。吾順言許之，所以從其意，使自安而不爲備。因畜士卒之力，一旦擊之，所謂疾雷不及掩耳。兵之變化，固非一道也。"始賊每一部到，操輒有喜色。賊破之後，諸將問其故。操答曰："關中長遠，若賊各依險阻，征之，不一二年，不可定也。今皆來集，其衆雖多，莫相歸服。軍無適主，一舉可滅。爲功差易，吾是以喜。"案此役也，自關以西，雖未能一舉大定，然其後涼州之平，未嘗大煩兵力，誘而殱之之功，究不可誣也。操之用兵，誠可謂神矣。十月，軍自長安北征楊秋。圍安定。秋降。復其爵位，使留撫其民人。十二月，自安定還，留夏侯淵屯長安。十七年正月，操還鄴。馬超餘衆梁興等屯藍田，使夏侯淵擊平之。馬騰坐夷三族。

馬超之戰敗渭南也，走保諸戎。操追至安定，而蘇伯反河間，將引軍東還。涼州別駕楊阜言於操曰："超有信、布之勇，甚得羌、胡心，西州畏之。若大軍還，不嚴爲之備，隴上諸郡，非國家之有也。"操善之，而軍還倉卒，爲備不周。超率諸戎渠帥，以擊隴上郡縣。隴上郡縣皆應之。惟冀城奉州郡以固守。超盡兼隴右之衆，而張魯又遣大將楊昂助之。凡萬餘人，攻城。阜率國士大夫及宗族子弟勝兵者千餘人。使從弟岳於城上作偃月營，與超接戰。自正月至八月，救兵不至。刺史韋康端子及大守有降超之計。阜諫，不聽，卒開門迎超。超入，拘岳。使楊昂殺刺史、大守。夏侯淵救康，未到，康敗。超來逆戰，軍不利。汧氐反，淵引軍還。楊阜外兄姜敍屯歷城。在今西和縣北，天水縣南。阜與定計，並結安定梁寬、南安趙衢等。十八年九月，阜與敍起兵於鹵城。在今甘肅天水、伏羌兩縣間。超自將攻之不能下。衢、寬等閉冀城，討超妻子。超奔張魯。紀在十九年正月。還圍祁山。敍等急，求救。夏侯淵救之，超走。後降劉備。韓遂徙金城入氐王千萬部落。在顯親。後漢侯國，在今甘肅天水縣西北。淵欲襲取之，遂走。追至略陽。淵以長離諸羌長離水，在今甘肅秦安縣。多在遂軍，攻之。遂救長離。淵大破其軍。遂走西平。後漢郡，今青海西寧縣。進圍興國，城名，在秦安縣東北。千萬逃奔馬超，餘衆降。初，枹罕宋建，枹罕，漢縣，今甘肅臨夏縣。因涼州亂，自號河首平漢王。改元置百官。三十餘年。遣淵自興國討之。十月，屠枹罕，斬建。涼州平，操遂西征張魯。

　　二十年三月，曹操至陳倉，將自武都入氐。氐人塞道，先遣張郃、朱靈等攻破之。四月，操自陳倉出散關，至河池。見第八章第四節。氐王竇茂衆萬餘人，恃險不服。五月，操攻屠之。西平、金城諸將麴演、蔣石等共斬韓遂首。《武帝紀注》引《典略》曰：遂字文約。始與同郡邊章，俱著名西州。宋揚、北宮玉等反，舉章、遂爲主。章尋病卒。遂爲揚等所劫，不得已，遂阻兵爲亂，積三十二年。至是乃死，年七十餘矣。又《張既傳注》引《典略》曰：韓遂在湟中，其壻閻行，欲殺遂以降，夜攻遂，不下。遂歎息曰：“丈夫困厄，禍起昏姻乎？”謂成公英曰：“今親戚離叛，人衆轉少，當從羌中西南詣蜀耳。”英曰：“興軍數十年，今雖罷敗，何有棄其門而依於人乎？”遂曰：“吾年老矣，子欲何施？”英曰：“曹公不能遠來，獨夏侯爾。夏侯之衆，不足以追我，又不能久留。且息肩於羌中，以須其去。招呼故人，綏會羌、胡，猶可以有爲也。”遂從其計。時隨從者男女尚數千人。遂宿有恩於羌，羌衛護之。及夏侯淵還，使閻行留後，乃合羌、胡數萬將攻行。行欲走，會遂死。又引《魏略》曰：成公英，金城人也。中平末，隨韓約爲腹心。建安中，約爲華陰破走還湟中，部黨散去，惟英獨從。閻行，金城人也。少有健名。始爲小將，隨韓約。建安十四年，爲約使詣大祖。大祖厚遇之，表拜犍爲大守。行因令其父入宿衛。西還見約，宣大祖教云：“謝文約。卿始起兵時，自有所逼，我所具明也。當早來共匡輔國朝。”行因謂約曰：“行亦爲將軍。興軍以來，三十餘年，民兵疲瘁，所處又狹，宜早自附。是以前在鄴，自啓當令老父詣京師。誠謂將軍亦宜遣一子，以示丹赤。”約曰：“且可復觀望。”後遂遣其子與行父母俱東。會約西討張猛，留行守舊營。而馬超等結反謀，舉約爲都督。行諫約，不欲令與超合。約謂行曰：“今諸將不謀而同，似有天數。”乃東詣華陰。及大祖與約交馬語，行在其後。大祖望行謂曰：“當念作孝子。”及超等破走，行隨約還金城。大祖聞行前意，故但誅約子孫在京師者。乃手書與行曰：“觀文約所爲，使人笑來。吾前後與之書，無所不說，如此何可復忍？卿父諫議，自平安也。雖然，牢獄之中，非養親之處；且又官家亦不能久爲人養老也。”約聞行父獨在，欲使並遇害，以一其心，乃強以少女妻行。行不獲已。大祖果疑行。會約使行別領西平郡，遂勒其部曲，與約相攻擊。行不勝。乃將家人東詣大祖。大祖表拜列侯。案觀閻行所宣魏武帝敕，知遂之叛實出迫脅，非其本懷。然七十之年，甘棄其子，與馬超共叛，及其敗逋欲入蜀，成公英猶加諫阻，一日擁兵，難以棄去如此，此亂萌之所以不可啓歟？遂亦幸而爲諸將所殺耳，不然，招合羌、胡，勢固仍可自擅於遠也。七月，操至陽平。關名，在今陝西沔縣西北。魯欲舉漢中降。其弟衛不肯，與楊昂等率數萬人拒守。攻之不能拔。操乃僞退，襲破之。魯聞陽平已陷，將稽顙。功曹閻圃曰：“今以迫往，功必輕。”不如依杜、濩、赴朴、胡相拒，然後委質，功必多。乃奔南山入巴中。左右欲悉燒寶貨倉庫。魯曰“本欲歸命國家，而意未達。今之走，避銳鋒，非有惡意。寶貨倉庫，國家之有”。遂封藏而去。操入南鄭，甚嘉之。又以魯本有善意，遣人慰喻，魯盡將家出。操逆拜魯鎮南將軍。待以客禮，封閬中侯，邑萬户，封魯五子及閻圃等皆爲列侯。

第十一節　劉備取漢中

《三國・魏志・劉曄傳》曰：大祖征張魯，既至漢中，山峻難登，軍食頗乏。大祖曰：此妖妄之國耳，何能爲有無？吾軍少食，不如速還。便自引歸，令曄督後諸軍，使以次出。曄策魯可克，加糧道不繼，雖出軍猶不能皆全。馳白大祖：不如致攻。遂進兵。漢中平。曄進曰：“今舉漢中，蜀人望風，破膽失守。推此而前，蜀可傳檄而定。劉備人傑也，有度而遲；得蜀日淺蜀人未附也。若小緩之，諸葛亮明於治而爲相，關羽、張飛勇冠三軍而爲將，蜀民既定，據險守要，則不可犯矣。今不取，必爲後憂。”大祖不從。《注》引《傅子》曰：居七日，蜀降者説蜀中一日數十驚，備雖斬之，而不能安也。大祖乃問曄曰：“今尚可擊否？”曄曰“今已小定，未可擊也。”《晉書・宣帝紀》亦曰：從討張魯，言於魏武曰：“劉備以詐力虜劉璋，蜀人未附，而遠征江陵，此機不可失也。今若曜威漢中，益州震動，進兵臨之，勢必瓦解。”魏武曰：“人苦無足。既得隴右，復欲得蜀？”言竟不從。此皆附會之辭。攻取漢中，謀之積年，見山險而輕退；劉曄之謀，既已見拒，聞降人之言而又欲動；魏武之用兵，有如是其輕率者乎？《和洽傳》言：大祖克張魯，洽陳便宜，以時拔軍徙民，可省置守之費。大祖未納。其後竟徙民棄漢中。《張既傳》亦云：張魯既降，既説大祖拔漢中民數萬户以實長安及三輔。雖取漢中，而力不足以守之，或爲當時情實耳。

然劉備當是時，力亦未足以爭漢中。《蜀志・黃權傳》曰：曹公破張魯，魯走入巴中，權進曰：“若失漢中，則三巴不振，謂巴郡及劉璋所置巴東、巴西二郡。巴郡治江州。巴西,在今四川閬中縣西。巴東,在今四川奉節縣東北。此爲割蜀之股臂也。"於是先主以權爲護軍,率諸將迎魯。魯已還南鄭,北降曹公。是先主當時,欲迎張魯且未得,更無論出兵以爭漢中矣。是歲十二月,曹操自南鄭還。留夏侯淵屯漢中。張郃別督諸軍,降巴西、巴東二郡,進軍宕渠。後漢郡,今四川渠縣東北。先主令張飛進破郃等。郃還南鄭,先主亦還成都。

二十二年,法正説先主曰:"曹操一舉而降張魯,定漢中,不因此勢以圖巴、蜀,而留夏侯淵、張郃屯守,身遽北還,此非其智不逮而力不足也,必將内有憂偪故耳。今策淵、郃才略,不勝國之將帥,舉衆往討,必可克之。克之日,廣農積穀,觀釁伺隙。上可以傾覆寇敵,尊獎王室,中可以蠶食雍涼,廣拓境土;下可以固守要害,爲持久之計,此蓋天以與我,時不可失也。"先主善其策,進兵漢中。遣張飛、馬超、吳蘭等屯下辯。操遣曹洪拒之。二十三年,洪破吳蘭,飛、超走。陰平氐强端斬吳蘭,傳其首。先主次陽平關,與淵、郃等相拒。七月,曹操西征。九月,至長安。二十四年春,備自陽平南渡沔水,緣山稍前。於定軍山勢作營。定軍山,在今陝西沔縣東南。淵將兵來爭,備命黃忠攻破之,斬淵及操所署益州刺史趙顒等。三月,操自長安出斜谷,遂至陽平。備斂衆拒險,積月不拔,亡者日多。五月,操引軍還長安,使曹真至武都迎曹洪等,還屯陳倉。備遂有漢中。初,孟達副法正迎備,蜀平,以爲宜都大守。三國時郡,治夷道,在今湖北宜都縣西北。是年,命達北攻房陵。漢末郡,今湖北房縣。房陵大守蒯祺爲達兵所害。達將進攻上庸,漢縣,是時置郡,今湖北竹山縣。備陰恐達難獨任,遣養子劉封自漢中乘沔水下統達軍,與達會上庸。上庸大守申耽降。秋,羣下上備爲漢中王。還治成都。拔魏延爲都督,鎮漢中。

關中之平,以徐奕爲雍州刺史,後以張既代之。曹操自到漢中,引出諸軍,令既之武都,徙氐五萬餘落,出居扶風、天水界。是時武威顔俊張掖和鸞、酒泉黃華、西平麴演等並舉兵反。自號將軍,更相攻擊。俊遣使送母及子詣操爲質求助。操問既。既曰:"俊等外假國威,内生傲悖,計定勢足,後即反耳。今方事定蜀,且宜兩存而鬥之,猶卞莊子之刺虎,坐收其獘也。"操曰:"善。"歲餘,鸞殺俊,武威王祕又殺鸞。文帝即王位,初置涼州,以安定大守鄒岐爲刺史。張掖張進,執大守杜通,舉兵拒岐。黃華、麴演各逐故大守,舉兵以應之。時以金城大守蘇則爲護羌校尉。武威三種胡並寇鈔,道路斷絶。武威大守毌丘興告急於則。時雍、涼諸豪,皆驅略羌、胡,以從進等。郡人咸以爲進不可當。將軍郝昭、魏平,先是各屯守金城,亦受詔不得西度。則曰:"今賊雖盛,然皆新合,或者脅從,未必同心,因釁擊之,善惡必離。若待大軍,曠日持久，善人無歸，必合於惡。"昭等從之，乃發兵救武威。降其三種胡。與興擊進於張掖。演聞之，將步騎三千迎則，辭來助軍，而實欲爲變。則誘與相見，因斬之，出以徇軍，其黨皆散走。則遂與諸軍圍張掖，破之，斬進及其支黨。衆皆降。華懼，出所執乞降。以上據《三國·魏志·張既》、《蘇則傳》。又河西之平，毌丘興亦甚有功，見《毌丘儉傳注》引《魏名臣奏》。初，敦煌大守馬艾卒官，府又無丞，功曹張恭，素有學行，郡人推行長史事，恩信甚著。乃遣子就詣大祖請大守。至酒泉，爲黃華所拘執。恭攻酒泉，別遣迎大守尹奉。《閻溫傳》。於是河西五郡皆平。時張既亦遣兵爲蘇則聲勢，故則得以有功。涼州盧水胡反，河西大擾。乃召鄒岐，以既代之。遣護軍夏侯儒、將軍費曜等繼其後。既破胡於顯美。漢縣，今甘肅永昌縣東。酒泉蘇衡反，與羌豪鄰戴及丁令胡攻邊縣，既與儒擊破之。衡及鄰戴等皆降。遂上疏請與儒治左城，築障塞，置烽候邸閣以備胡。西羌恐，率衆二萬餘落降。其後西平麹光等殺其郡守，既檄告諭諸羌："爲光等所詿誤者原之。能斬賊帥送首者，當加封賞。"於是光部黨斬送光首，其餘咸安堵如故焉。

第十二節　孫權取荊州

命將將荊州之兵，以向宛、洛，而身率益州之衆，以出秦川，此諸葛亮初見劉備時爲備所畫之策也。當備取漢中時，固未足以語此，然逐利之兵，亦宜同時並出，首尾相應，故劉備之兵未還，關羽之師已起矣。

備之西取益州也，拜關羽董督荊州事，而曹操以曹仁行征南將軍，假節，屯樊，城名，在襄陽北，與襄陽隔漢相對。鎮荊州。建安二十三年，冬十月，宛守將侯音等反，執南陽大守，與羽連和。據《武帝紀注》引《曹瞞傳》。二十四年正月，仁屠宛，斬音。羽攻仁於樊。操遣于禁助仁。秋，大霖雨，漢水汎溢，禁所督七軍皆没，禁降羽。羽又斬將軍龐德。《羽傳》云：梁、郟、漢縣，今河南郟縣。陸渾漢縣，今河南嵩縣東北。羣盜，或遥受羽印號，爲之支黨。羽威震華夏。曹公議徙許都以避其鋭。司馬宣王、蔣濟以爲關羽得志，孫權必不願也，可遣人勸權躡其後，許割江南以封權，則樊圍自解。曹公從之。《蔣濟傳》亦載此語，謂大祖以漢帝在許近賊，欲徙都。《晉書·宣帝紀》亦曰：漢帝都許昌，魏武以爲近賊，欲遷河北，以諫而止。案羽軍威即盛，安能遠懾許、洛？操即畏怯，亦何至狼狽若此。《滿寵傳》言羽遣別將已在郟下，自許以南，百姓擾攘，在郟下者，蓋即受羽印號之羣盜。操以禦羽徵調頗廣，據《溫恢》及《張遼傳》，是時曾召兗州裴潛豫州呂貢及遼之兵，以救曹仁。

軍行所至,閭閻騷然,或以此耳。《諸葛亮傳注》引張儼《默記》云:備出兵陽平,禽夏侯淵,羽圍襄陽,將降曹仁,生獲于禁。當時北邊,大小憂懼孟德身出南陽,樂進、徐晃等爲救,圍不即解,故蔣子通濟字。言彼時有徙許渡河之計,會國家襲取南郡,羽乃解軍。則遷都之説,或江外傳聞不審之辭耳。

　　周瑜勸孫權取劉備,權不敢發,魯肅則主與備和,已見第九節。《肅傳》云:與羽鄰界,數生狐疑。疆埸紛錯,肅常以歡好撫之。建安二十二年,肅卒,呂蒙西屯陸口。《蒙傳》云:魯肅等以爲曹公尚存,禍難始構,宜相輔協,與之同仇。蒙密陳計策曰:"今征虜守南郡,孫皎,靜字。潘璋住白帝,蔣欽將游兵萬人循江上下,應敵所在,蒙爲國家前據襄陽,如此,何憂於操?何賴於羽?且羽君臣矜其詐力,所在反覆,不可以腹心待也。今羽所以未便東向者,以至尊聖明,蒙等尚存也。不於彊壯時圖之,一旦僵仆,欲復陳力,其可得邪?"權深納其策。又與論取徐州。蒙對曰:"今操遠在河北,新破諸袁,撫集幽、冀,未暇東顧。徐土守兵,聞不足言。往自可克。然地勢陸通,驍騎所騁。至尊今日得徐州,操後旬必來爭,雖以七八萬人守之,猶當懷憂。不如取羽,全據長江,形勢益張。"權尤以此言爲當。《全琮傳》言關羽圍樊、襄陽,琮上疏,陳羽可討之計。《是儀傳》言呂蒙圖襲關羽,權以問儀,儀善其計,勸權聽之。則吳人議論,自有和羽取羽兩派。魯肅在時,和羽之論得勝,呂蒙代肅,取羽之論復張耳。此乃其素定之計,謂由曹操之勸,亦未必然矣。《魏武紀》云:權使上書,以討關羽自效。

　　時滿寵汝南大守。助曹仁固守,曹操自陽平引出漢中諸軍,復遣徐晃助仁屯宛。羽圍仁於樊,又圍將軍呂常於襄陽。晃所將多新卒,以羽難與爭鋒,遂前至陽陵陂屯。復遣將軍徐商、呂建等詣晃。令曰:"須兵馬集至,乃俱前。"賊屯偃城。晃到,詭道作都塹,示欲截其後,賊燒屯走。晃得偃城,兩面連營稍前。去賊圍三丈所,未攻,大祖前後遣殷署、朱蓋等凡十二營詣晃。賊圍頭有屯,又別屯四冢。陽陵陂、偃城、四冢皆近樊。晃揚聲當攻圍頭屯,而密攻四冢。羽見四冢欲壞,自將步騎五千出戰。晃擊之,退走。遂追陷,與俱入圍,破之,或自投沔水死。大祖令曰:"賊圍塹鹿角十重,將軍致戰全勝,遂陷賊圍,多斬首虜。吾用兵三十餘年,及所聞古之善用兵者,未有長驅徑入敵圍者也。"蓋攻者不足,守者有餘,羽頓兵堅城,鋭氣久挫,而晃又以操勑,厚集其力,故能一舉而破之也。《桓階傳》曰:曹仁爲關羽所圍,大祖遣徐晃救之,不解。大祖欲自南征。以問羣下。羣下皆謂王不亟行,今敗矣。階獨曰:"大王以仁等爲足以料事勢不也?"曰:"能。""大王恐二人遺力邪?"曰:"不。""然則何爲自往?"曰:"吾恐虜衆多而晃等勢不便耳。"階曰:"今仁等處重圍之中,而守死無貳者? 誠以大王遠爲之勢也。夫居萬死之地,必有死爭之心。内懷死爭,外有彊救,大王案六軍以示餘力,何憂於敗,而欲自往?"大祖善其言,駐軍於摩陂。在河南郟縣東南。

關羽之討樊,留兵將備公安、南郡。吕蒙上疏曰:"羽討樊而多留備兵,必恐蒙圖其後故也。蒙常有病,乞分士衆還建業,以治疾爲名。羽聞之,必撤備兵,盡赴襄陽。大軍浮江,晝夜馳上,襲其空虛,則南郡可下而羽可禽也。"遂稱病篤。權乃露檄召蒙還,陰與圖計。羽果信之,稍撤兵以赴樊。蒙至都,權問誰可代卿者? 蒙對曰:"陸遜意思深長,才堪負重,而未有遠名,非羽所忌,無復是過。若用之,當令外自韜隱,内察形便,然後可克。"權乃召遜,拜偏將軍右都督代蒙。遜至陸口,書與羽。羽覽遜書,有謙下自託之意,意大安,無復所嫌。遜具啓形狀,陳其可禽之要。權乃潛軍而上,使遜與吕蒙爲前部。蒙至尋陽,漢縣,今湖北黃梅縣北。盡伏其精兵䑽艫中,使白衣搖櫓,作商賈人服,晝夜兼行。至羽所置江邊屯候,盡收縛之,是故羽不聞知。遂到南郡。南郡大守麋芳在江陵,將軍傅士仁屯公安,素皆嫌羽輕己。羽之出軍,芳、仁共給軍資,不悉相救,羽言還當治之,芳、仁咸懷懼不安。於是權陰誘芳、仁,芳、仁遣使迎權。時權遣使於曹操辭以遣兵西上,欲掩取羽江陵、公安累重。羽失二城,必自奔走。樊軍之圍,不救自解。乞密不漏,令羽有備。操詰羣臣。羣臣咸言宜當密之。董昭曰:"軍事尚權,期於合宜。宜應權以密而内露之。羽聞權上,若還自護,圍則速解,便獲其利。可使兩賊,相對銜持,坐待其弊。祕而不露,使權得志,非計之上。又圍中將吏,不知有救,計糧怖懼。儻有他意,爲難不小。露之爲便。且羽爲人彊梁,自恃二城守固,必不速退。"操曰:"善。"即勅徐晃,以權書射著圍裏及羽屯中。圍裏聞之,志氣百倍。羽果猶豫。及二郡既失,及引軍退還。蒙入南郡,盡得羽及將士家屬,皆撫慰。約令軍中,不得干歷人家,有所求取。旦暮使親近存恤耆老,問所不足。疾病者給醫藥,飢寒者賜衣糧。羽還在道路,數使人與蒙相聞,蒙輒厚遇其使。周遊城中,家家致問,或手書示信。羽人還,私相參訊,咸知家門無恙,見待過於平時,故羽吏士無鬥心。會權尋至,羽還當陽,自知孤窮,西保麥城。在今當陽縣東南。權使誘之。羽僞降,立幡旗爲象人於城上,因遁走。兵皆解散,尚十餘騎。權先使朱然、潘璋斷其徑路。十二月,璋司馬馬忠獲羽及其子平、都督趙累等於章鄉。在今當陽縣東北。此據《吳志·孫權傳》。《吕蒙傳》作漳鄉。《蜀志·羽傳》則云:權遣將逆擊羽,斬羽及子平於臨沮。漢臨沮縣,故城在今當陽縣西北。蓋一以縣名、一以鄉名言之。以蒙爲南郡大守。陸遜先領宜都大守，別取宜都。備宜都大守樊友委郡走。諸城長吏及蠻夷君長皆降。時十一月。荊州遂定。

羽之圍襄、樊也，連呼劉封、孟達，令發兵自助。封、達辭以山郡初附，未可動搖，不承羽命。會羽覆敗，劉備恨之。又封與達忿爭不和。達既懼罪，又忿恚封，遂率所領降魏。魏文帝合房陵、上庸、西城三郡，西城，漢縣，是時置郡，今陝西安康縣。以達領新城大守。遣夏侯尚、徐晃與達共襲封。初，申耽之降也，先主使領上庸大守如故。以耽弟儀爲西城大守。及是，申儀叛封。封破，走還成都。申耽降魏。魏徙之南陽。諸葛亮慮封剛猛，易世之後，終難制御，勸備因此除之。於是賜封死。

關羽之敗，蓋由其剛而自矜。劉備當日，力豈足取許、洛，所以令羽進兵，亦以方圖漢中，用爲牽制之計耳。曹公既悉引出漢中之兵，初計可謂已遂。襄、樊不下，外援踵至，雖微孫權之謀，亦宜退兵以全其鋒。計不出此，反信陸遜之言，撤後備以赴襄、樊，至曹操宣露權書，猶猶豫不能退，豈非彊梁貪功之念，有以誤之歟？《三國志》言羽善待卒伍，而驕於士大夫。夫羽之不遽退者，亦以南郡、公安非可卒下，而不圖芳、仁之叛於後也。董昭欲使兩賊銜持，坐待其弊。羽之走也，曹仁會諸將議。咸曰：“今因羽危懼，必可追禽也。”趙儼曰：“權邀羽連兵之難，欲掩制其後，顧羽還救，恐我乘其兩疲，故順辭求效，乘釁因變，以觀利鈍耳。今羽已孤迸，更宜存之。以爲權害。若深入追北，權則改虞於彼，將生患於我矣。王必以此爲深慮。”仁乃解嚴。然則羽之一敗塗地，非徒曹操所不及料，即孫權，亦未必能豫計其敗若此之速也。史稱羽與張飛皆萬人敵，羽自隨劉備，常別將一軍，其才自有可取，而終以驕矜敗，可不鑒哉？然孫權於是役，則可謂徼幸矣。權既與操和，操遂表權爲荊州牧。

第十二章　三　國　始　末

第一節　三　國　分　立

魏武帝威望之隆，蓋自平袁紹始。建安十三年，漢罷三公官，置丞相、御史大夫。六月，以操爲丞相。十六年，命操世子丕爲五官中郎將，置官屬，爲丞相副。十七年，割河南之蕩陰、<small>今河南湯陰縣西南。</small>朝歌、<small>今河南淇縣東北。</small>林慮，<small>今河南林縣。</small>東郡之衛國、<small>今山東觀城縣西。</small>頓丘、<small>今河北清豐縣西南。</small>東武陽、<small>見第十一章第四節。</small>發干，<small>今山東堂邑縣西南。</small>鉅鹿之廮陶、<small>見第十一章第六節。</small>曲周、<small>今河北曲周縣東北。</small>南和，<small>今河北南和縣。</small>廣平之任城，<small>今山東濟寧縣。</small>趙之襄國、<small>見第三章第一節。</small>邯鄲、易陽，<small>今河北永年縣西。</small>以益魏郡。十八年五月，封操爲魏公。十月，分魏郡爲東西部，置都尉。十九年三月，天子使魏公位在諸侯王上。十一月，皇后伏氏坐昔與父故屯騎校尉完書，云帝以董承被誅，怨恨操，辭甚醜惡，發聞，后廢黜死，兄弟皆伏法。[①]《注》引《曹瞞傳》曰：公遣華歆勒兵入宮收后。后閉戶匿壁中。歆壞戶發壁牽后出。帝時與御史大夫郗慮坐。后被髮徒跣，過執帝手，曰：“不能復相活邪？”帝曰：“我亦不知命在何時也。”帝謂慮曰：“郗公，天下寧有是乎？”遂將后殺之。完及宗族死者數百人。此乃野言。《後漢書·后紀》，完以建安十四年卒，而《曹瞞傳》謂其死於是時，其不足信，概可知矣。二十年，立操中女爲皇后。命操承制封拜諸侯、守、相。二十一年五月，進操爵爲魏王。命王女爲公主，食湯沐邑。二十二年，命王冕十有二旒，乘金根車，駕六馬，設五時副車。以五官中郎將丕爲魏大子。二十三年正月，京兆韋褘、與少府耿紀、丞相司直韋晃、大醫令吉本、本子邈、邈弟穆等結謀，燒丞相長史王必營。必與潁川典農中郎將嚴匡討斬之。二十四年十月，操南征關羽。二十五年正月，卒於洛陽。<small>年六十六。</small>子丕嗣爲丞相魏王。十月，受漢禪，是爲魏

[①]　史事：曹操殺伏后事誣。

文帝。案自後漢至南北朝，彊臣篡奪相繼，其事實始於魏文。魏文之基業，皆詒於魏武，世因以魏武爲司馬宣王之倫，此大誤也。魏武果欲篡奪，何時不可自爲？豈必待諸其子？《三國志注》引《魏武故事》載操建安十五年十二月己亥令，自言初欲秋夏讀書，冬春射獵，以待時之清。後徵爲校尉，遷典軍校尉，乃更欲爲國家討賊立功，題墓道言漢征西將軍曹侯之墓。遭董卓之難，乃興義兵。合兵能多得，然常自損，恐兵多意盛，與彊敵爭，更爲禍始。其後破黄巾，討二袁、劉表，皆意望已過。可謂言言肺腑。其述不欲代漢之志云："或者見孤彊盛，又性不信天命之事，恐私心相評，言有不遜之志，[1]妄相忖度，每用耿耿。齊桓、晉文，所以垂稱至今日者，以其兵勢廣大，猶能奉事周室也。《論語》云：三分天下有其二，以服事殷，周之德，可謂至德矣，夫能以大事小也。昔樂毅走趙，趙王欲與之圖燕，樂毅伏而垂泣，對曰：臣事昭王，猶事大王。臣若獲戾，放在他國，没世然後已，不忍謀趙之徒隸，況燕後嗣乎？胡亥之殺蒙恬也，恬曰：自吾先人，及至子孫，積信於秦三世矣。今臣將兵三十餘萬，其勢足以背叛，然自知必死而守義者，不敢辱先人之教，以忘先王也。孤每讀此二人書，未嘗不愴然流涕也。孤祖父以至孤身，皆當親重之任，可謂見信者矣。以及子桓兄弟，過於三世矣。孤非徒對諸君說此也，常以語妻妾，皆令深知此意。孤謂之言：顧我萬年之後，汝曹皆當出嫁，欲令傳道我心，使他人皆知之。孤此言皆肝鬲之要也。所以勤勤懇懇叙心腹者，見周公有金縢之書以自明，恐人不信之故。然欲孤便爾委捐所典兵衆，以還執事，歸就武平侯國，實不可也。何者？誠恐己離兵爲人所禍也。既爲子孫計，又己敗則國家傾危，是以不得慕虛名而處實禍。前朝恩封三子爲侯，固辭不受，今更欲受之，非欲復以爲榮，欲以爲外援，爲萬安計"云云。自古英雄之自道，有如是其坦率誠摯者乎？身敗則國家傾危，有能謂其言不然者乎？《注》又引《魏略》，言建安二十四年，孫權上書稱臣，稱說天命。《魏氏春秋》曰：夏侯惇謂王曰："天下咸知漢祚已盡，異代方起。自古已來，能除民害，爲百姓所歸者，即民主也。今殿下即戎三十餘年，功德著於黎庶，爲天下所依歸。應天順民，復何疑哉？"王曰："施於有政，是亦爲政，若天命在吾，吾爲周文王矣。"與此可以參觀。又引《曹瞞傳》及《世語》，並云：桓階勸王正位，夏侯惇以爲宜先滅蜀，蜀亡則吳服，二方既定，然後遵舜、禹之軌，王從之。及至王薨，惇追恨前言，發病卒。夫建安二十四年，即關羽圍襄、樊，孫權取江陵之歲也。吳、蜀方彊，可卒定乎？其爲

---

[1]　史事：曹操之爲人。三國時史事不可信者多（第二八九頁）。

野言，又不問可知矣。《三國志·荀彧傳》云：建安十七年，董昭等謂大祖宜進爵國公，九錫備物，以彰殊勳。密以諮彧。彧以爲大祖本興義兵，以匡朝寧國，秉忠貞之誠，守退讓之實，君子愛人以德，不宜如此。大祖由是心不能平。會征孫權，表請彧勞軍於譙。因輒留彧，以侍中光禄大夫持節參丞相軍事。大祖軍至濡須，彧留壽春，以憂薨。明年，大祖遂爲魏公矣。此又誣罔之談。《郭嘉傳》言：嘉死，大祖臨其喪，哀甚。謂荀攸等曰："諸君年皆孤輩也。惟奉孝最少，天下事竟，欲以後事屬之，而中年夭折，命也夫！"此爲天下得人之盛心也。禪讓之志，惟公實無媿焉，而謂其不平於荀彧，有是理乎？朝代革易之際，漢與魏、晉，實爲古今一大升降。王莽之代漢，意本欲以拯救天下。魏武則功成不居，誠無媿孔子所謂至德。司馬懿、蕭道成之流，則徒爲一身權位富貴之計，不足道矣。《武紀注》又引《魏書》言其行軍用師，大較依孫、吳之法，而因事設奇，譎敵制勝，變化如神。自作兵書十餘萬言。諸將征伐，皆以新書從事。臨事又手爲節度。從令者克捷，違教者負敗。與虜對陳，意思安閒，如不欲戰然，及至決機乘勝，氣勢盈溢，故每戰必克，軍無幸勝。知人善察，難眩以僞。拔于禁、樂進於行陳之閒，取張遼、徐晃於亡虜之內，皆佐命立功，列爲名將。其餘拔出細微，登爲牧守者，不可勝數。是以剏造大業，文武並施。御軍三十餘年，手不捨書。晝則講武策，夜則思經傳。登高必賦。及造新詩，被之管絃，皆成樂章。才力絶人，手射飛鳥，躬禽猛獸。常於南皮射雉，一日獲三十六頭。及造作宮室，繕制器械，無不爲之法則，皆盡其意。雅性節儉，不好華麗。後宮衣不錦繡，侍御履不二采。帷帳屏風，壞則補納。茵褥取温，無有緣飾。攻城拔邑，得靡麗之物，則悉以賜有功。勳勞宜賞，不吝千金。無功望施，分豪不與。四方獻御，與羣下共之。常以送終之制，襲稱之數，繁而無益，俗又過之，故豫自制終亡衣服，四篋而已。《傅子》曰：大祖愍嫁娶之奢僭。公女適人，皆以皁帳。從婢不過十人。其略不世出，而又躬行儉德如此，豈流俗之士所能知哉？競爲野言，緣以造謗，宜矣。《三國志注》又引《曹瞞傳》，謂大祖爲人，佻易無威重。好音樂，倡優在側，嘗以日達夕。持法峻刻，諸將有計畫勝己者，隨以法誅之，及故人舊怨，亦皆無餘。其所刑殺，輒對之垂涕嗟痛之，然終無所活。其言與《魏略》適相反。然不足信也。史所載魏武猜忌殘酷之事頗多，如《魏志》崔琰、邊讓、孔融、禰衡等皆是也。然細思之，諸人實未必無取死之道。史之所傳，蓋不盡實。《曹瞞傳》爲吳人所作，其傳聞不審，而又有意造謗，自更無論矣。《吳志·諸葛瑾傳》載孫權論操之語，亦僅云"殺伐小爲過差"，他無貶辭也。

　　魏文帝稱尊號，或傳聞漢帝見害，先主乃發喪制服，追謚曰孝愍皇帝。明年四月，即位。是爲蜀漢昭烈帝。《蜀志·費詩傳》曰：羣臣議欲推漢中王稱尊號，詩上疏曰："殿下以曹操父子，偪主篡位，故乃羈旅萬里，糾合士衆，將以討賊。今大敵未克,而先自立,恐人心疑惑。昔高祖與楚約,先破秦者王,及屠咸陽,獲子嬰,猶懷推讓。況今殿下未出門庭,便欲自立邪?愚臣誠爲殿下不取也。"由是忤旨左遷。又《劉巴傳注》引《零陵先賢傳》曰:是時中夏人情未一,聞備在蜀,四方延頸,而備銳意欲即真,巴以爲如此,示天下不廣,且欲緩之。與主簿雍茂諫備。備以他事殺茂。由是遠人不復至矣。此亦野言。《傳》稱先主稱尊號,昭告於皇天上帝、后土神祇,凡諸文誥策命,皆巴所作,此豈不欲其即真者邪?以此推之,知三國時史事,不可信者甚多也。孫權是時尚稱藩於魏。魏封爲吳王,領荊州牧,加九錫。其明年,乃改年拒魏。至魏篡漢後十年_{魏明帝大和三年,蜀後主建興七年。}乃稱帝。詳見第二節及第八節。

第二節　三國初年和戰

三國分立之後,首之以吳、蜀之交兵,是爲猇亭之役。《魏志·劉曄傳》言:黃初元年,詔問羣臣:"今料劉備,當爲關羽出報吳不?"衆議咸云:"蜀小國耳,名將惟羽,羽死軍破,國內憂懼,無緣復出。"曄獨曰:"蜀雖狹弱,而備之謀,欲以威武自彊,勢必用衆,以示其有餘。"《蜀志·趙雲傳注》引《雲別傳》曰:先主欲討孫權。雲諫曰:"國賊是曹操,非孫權也。且先滅魏則吳自服。當因衆心,早圖關中,居河、渭上流,以討凶逆。不應置魏,先與吳戰。兵勢一交,不得卒解也。"先主不聽。《秦宓傳》:先主將東征吳,宓陳天時,必無其利,坐下獄幽閉,然後貸出。《法正傳》言先主敗後,諸葛亮歎曰:"法孝直_{正字。}若在,則能制主上,令不東行;就復東行,必不傾危矣。"則先主是時,征吳之志頗決。竊意是時蜀之力實未足以攻魏,而魏亦無力以事荊州,故先主欲乘是機,先與吳爭也。然是役實爲忿兵,又失地利,其致敗也固宜。

蜀漢先主章武元年,魏文帝黃初二年也。七月,先主帥諸軍伐吳。黃權諫曰:"吳人悍戰;又水軍順流,進易退難;臣請爲先驅以嘗寇,陛下宜爲後鎮。"先主不從。以權爲鎮北將軍,督江北軍,以防魏師。孫權遺書請和,不許。權乃以陸遜爲督,督朱然、潘璋等五萬人,屯巫、_{漢縣,今四川巫山縣東。}秭歸以拒。張飛率兵萬人,當自閬中會江州。_{見第八章第五節。}臨發,其帳下將張達、范彊殺飛,持其首順流奔孫權。將軍吳班、馮習自巫攻破吳兵。先主軍次秭歸。吳班、陳式水軍屯夷陵,_{漢縣,今湖北宜昌縣。}夾江東西岸。以金錦、爵賞,誘動諸夷。武陵、五谿蠻夷_{五谿謂雄、樠、無、酉、辰,見《水經·沅水注》。}遣使請兵。明年二月，先主自秭歸率諸將進軍。緣截山嶺，於夷道、猇亭在今宜都縣北。駐營。自很山漢縣，今湖北長楊縣。通武陵。遣侍中馬良安慰五谿蠻夷，咸相率響應。黃權督江北諸軍，與吳軍相拒於夷陵道。六月，陸遜大破先主軍於猇亭。先主還秭歸，收合離散。遂棄船舫，由步道還魚復。漢縣，今四川奉節縣西北。改魚復曰永安。吳遣將軍李異、劉阿等踵躡先主軍，屯駐南山。八月，收兵還巫。步隲自交州受代還，會先主東下，武陵蠻夷蠢動，孫權命隲上益陽。先主既敗，零、桂諸郡，猶相驚擾，處處阻兵。隲周旋征討，皆平之。黃權道隔絕不得還，降於魏。先主疾不豫。明年魏黃初四年。四月，殂於永安宮。五月，大子禪襲位於成都，是爲後主，時年十七。案猇亭之役，於蜀所損實多。蓋自經此役，則蜀不能復窺荊州，而局促一隅之勢成矣。趙雲諫先主，謂兵勢一交，不得卒解，可見雲雖不欲征吳，亦未料其遽至大敗也。先主之敗，實失之於驕與忿。《吳志·陸遜傳》：遜上疏言：“臣初嫌之水陸俱進，今反舍船就步，處處結營。察其佈置，必無他變。”諸將並曰：“攻備當在初，今乃令入五六百里，相銜持經七八月，其諸要害，皆已固守，擊之必無利矣。”遜曰：“備是猾虜，更嘗事多。其軍始集，思慮精專，未可干也。今住已久，不得我便，兵疲意沮計不復生。犄角此寇，正在今日。”乃先攻一營，不利，諸將皆曰：“空殺兵耳。”遜曰：“吾已曉破之之術。”乃勑各持一把茅，以火攻之。一爾勢成，通率諸軍，同時進攻。備軍遂土崩瓦解。蓋頓兵久則銳氣挫，故卒至爲吳所乘也。夫既親率大兵而來，則宜猛進決之於一戰，否則何必自行？是所謂進退失據者。豈其忿不思難，而又年老氣衰，致有此失與？

　　孫權之攻關羽也，遣使上書於曹操，乞以討羽自效。及定荊州，操表權爲驃騎將軍，假節，領荊州牧。建安二十五年四月，權自公安都鄂，改名武昌。今湖北武昌縣。使稱藩，及遣于禁等還。及先主來伐，又遣都尉趙咨使魏。文帝欲封權子登。權以登年幼，上書辭封。重遣西曹掾沈珩陳謝，並獻方物。魏封權爲吳王，以大將軍使持節督交州，領荊州牧事，加九錫。時魏以荊、揚江表八郡爲荊州，荊州江北諸郡爲郢州，及權復叛，乃復郢州爲荊州。《魏志·劉曄傳注》引《傅子》曰：孫權遣使求降，帝以問曄。曄對曰：“權無故求降，必內有急。宜大興師，徑襲其內。蜀攻其外，我襲其內，吳之亡不出旬月矣。吳亡則蜀孤。若割吳半，蜀固不能久存，況蜀得其外，我得其內乎？”帝曰：“人稱臣降而伐之，疑天下欲來者心。孤何不且受吳降，而襲蜀之後乎？”對曰：“蜀遠吳近。又聞中國伐之，便還軍，不能止也。今備已怒，故興兵擊吳。聞我伐吳，知吳必亡，必喜而進，與我爭割吳地，必不改計，抑怒救吳也。”帝不聽，遂受吳降。案自赤壁戰後，魏武自將攻吳，非止一次，而卒不能克，非有遺力，力自不足也。吳此時雖有蜀難，下流豈得全無備禦？豈易一舉而取之？《傅子》之辭，又爲不審矣。黃初三年，蜀章武二年，吳黃武元年。魏欲遣侍中辛毗尚書桓階往與盟誓，並徵侍子。權辭讓不受。九月，魏乃命曹休、張遼、臧霸出洞口，在今安徽和縣西南。曹仁出濡須，曹真、夏侯尚、張郃、徐晃圍南郡。權遣呂範等督五軍以舟軍拒休等。諸葛瑾、潘璋、楊粲救南郡，朱桓以濡須督拒仁。時揚、越蠻夷，多未平集，內難未弭，故權卑辭上書，求自改屬。文帝報書，仍責任子。權遂改年，臨江拒守。猶與魏文帝相往來，至後年乃絕。十月，文帝自許昌南征，諸軍並進。至明年三月，乃皆退。先是吳戲口守將晉宗殺將王直，以衆叛如魏。魏以爲蘄春大守。蘄春，漢縣，魏置郡，今湖北蘄春縣西北。數犯邊境。六月，權令將軍賀齊督糜芳、劉邵等襲虜宗。黃初五年蜀後主建興二年，吳黃武三年。八月，魏文帝爲水軍，親御龍舟，幸壽春。九月，遂至廣陵。望大江，曰："彼有人焉，未可圖也。"乃還。明年三月，又爲舟師東征。十月，至廣陵故城。臨江觀兵。戎卒十餘萬，旌旗數百里。是歲大寒，水道冰，舟不得入江，乃引還。又明年五月，魏文帝殂。七月，權征江夏，圍石陽，城名，在今湖北黃陂縣西。不克。諸葛瑾、張霸等攻襄陽。魏司馬懿破之，斬霸。曹休又破其別將於尋陽。是歲，蜀諸葛亮亦出屯漢中矣。

　　吳與魏暫合而旋離，與蜀則暫離而復合，此用兵形勢使然也。《吳志·陸遜傳》云：劉備既住白帝，徐盛、潘璋、宋謙等各競表言，備必可禽，乞復攻之。權以問遜。遜與朱然、駱統，以爲曹丕大合士衆，外託助國討備，內實有姦心。謹決計輒還。無幾，魏軍果出，三方受敵。蓋吳之所虞，究在於魏也。戰於猇亭之歲，十一月，權使鄭泉聘於白帝，備遣宗瑋報命。明年，先主殂，後主立，諸葛亮秉政，使鄧芝聘吳，吳亦遣張溫報聘。《蜀志·鄧芝傳》云：亮慮權聞先主殂殞，恐有異計，未知所如。芝見亮曰："今主上幼弱，初在位，宜遣大使，重申吳好。"亮乃遣芝修好於權。權果狐疑，不時見芝。芝乃自表請見。曰："臣今來，亦欲爲吳，非但爲蜀也。"權乃見之。語芝曰："孤誠願與蜀和親，然恐蜀主幼弱，國小勢偪，爲魏所乘，不自保全，以此猶豫耳。"芝對曰："吳、蜀二國，四州之地。大王命世之英，諸葛亮亦一時之傑也。蜀有重險之固，吳有三江之阻，合此二長，共爲脣齒，進可并兼天下，退可鼎足而立，此理之自然也。大王今若委質於魏，魏必上望大王之入朝，下求大子之內侍，若不從命，則奉辭伐叛；蜀必順流，見可而進；如此，江南之地，非復大王之有也。"權默然良久曰："君言是也。"遂自絕魏，與蜀連和。芝之所言，非徒游説之辭，實亦當時形勢,宜其能見聽也。及權稱帝,蜀遣陳震慶權踐位,權乃與蜀約盟,交分天下。[1]"豫、青、徐、幽屬吳,兗、冀、并、涼屬蜀。其司州之土,以函谷關爲界。戮力一心,同討魏賊。若有害漢,則吳伐之;若有害吳,則漢伐之。各守分土,無相侵犯。"《諸葛亮傳》注引《漢晉春秋》曰:孫權稱尊號,其羣臣以並尊二帝來告。議者咸以爲交之無益,而名體弗順,宜顯明正義,絶其盟好。亮曰:"權有僭逆之心久矣。國家所以略其釁情者,求掎角之援也。今若加顯絶,讎我必深,便當移兵東戍,與之角力,須併其土,乃議中原。彼賢才尚多,將相輯穆,未可一朝定也。頓兵相持,坐而須老,使北賊得計,非算之上者。今議者咸以權利在鼎足,不能併力;且志望已滿,無上進之情;推此皆似是而非也。何者? 其志力不侔,故限江自保。權之不能越江,猶魏賊之不能渡漢,非力有餘而利不取也。若大軍致討,彼上當分裂其地,以爲後規;下當略民廣境,示武於内;非端坐者也。就其不動,而睦於我,我之北伐,無東顧之憂;河南之衆,不得盡西;此之爲利,亦已深矣。"此説於三國和戰形勢,可謂言之了然。權之使張溫至蜀也,謂溫曰:"卿不宜遠出,恐諸葛孔明不知吾所以與曹氏通意,故屈卿行。"溫對曰:"諸葛亮達見計數,必知神慮屈申之宜。"《蜀志·宗預傳》言:諸葛亮卒,吳慮魏或承衰取蜀,增巴丘守兵萬人,一欲以爲救援,二欲以事分割。蜀聞之,亦益永安之守,以防非常。蓋和戰之宜,明者咸能洞見之,故亮與權皆有以相信也。其後蜀亦守其遺策不變。至吳赤烏七年,魏正始五年,蜀延熙七年。亮卒已十歲矣。步隲、朱然等上疏,云"自蜀還者,咸言欲背盟,與魏交通。多作舟船,繕治城郭。又蔣琬守漢中,聞司馬懿南向,不出兵乘虛以掎角之,反委漢中,還近成都。事已彰灼,無所復疑,宜爲之備"。權仍決其不然。蓋事勢所係,自有不容違逆者在也。

第三節　諸葛亮伐魏

蜀漢先主之病篤也,召諸葛亮於成都,屬以後事。謂亮曰:"君才十倍曹丕,必能安國,終定大事。若嗣子可輔,輔之;如其不才,君可自取。"又爲詔勅後主曰:"汝與丞相從事,事之如父。"建興元年,魏黃初四年。封亮武鄉侯。開府治事。頃之,又領益州牧。政事無鉅細,咸決於亮。南中諸郡,並皆叛亂。亮以新遭大喪,故未便加兵。且遣使聘吳,因結和親,遂爲

---

[1] 政體:吳蜀結好,二帝並稱。

與國。三年，魏黃初六年。亮率衆南征。其秋，悉平。軍資所出，國以富饒。乃治戎講武，以俟大舉。

五年魏明帝大和元年。春，亮率諸軍北駐漢中。是歲十二月，孟達反魏爲蜀。魏司馬懿時督荊豫，屯宛。明年魏大和二年。正月，討斬之。亮揚聲由斜谷道取郿。漢縣，今陝西郿縣東北。使趙雲、鄧芝爲疑軍，據箕谷。在今陝西襃城縣西北。亮身率諸軍攻祁山。在今甘肅西和縣西北。戎陳整齊，賞罰肅而號令明。南安、後漢郡，治獂道，今甘肅隴西縣東北。天水、漢郡，後漢改曰漢陽，魏復曰天水，治平襄，今甘肅通渭縣西南。安定漢郡，後漢治臨涇，今甘肅鎮原縣南。三郡，叛魏應亮。關中響震。魏明帝西鎮長安。遣大將軍曹真都督關右。真軍郿。命張郃拒亮。亮使馬謖督諸軍在前。與郃戰於街亭，前漢街泉縣，後漢省。《續書·郡國志》：略陽西有街泉亭，即街亭。在今甘肅秦安縣西北。敗績。高詳屯列柳城，亦爲魏雍州刺史郭淮所破。趙雲、鄧芝亦失利，以斂衆固守，得不大敗。亮拔西縣今甘肅天水縣西南。千餘家，還於漢中。戮謖以謝衆。上疏請自貶。於是以亮爲右將軍，行丞相事，所總統如前。《蜀志·亮傳注》引《亮集》云：建興元年，魏司徒華歆，司空王朗，尚書令陳羣，大史令許芝，謁者僕射諸葛璋，各有書與亮，陳天命人事，欲使舉國稱藩，則魏是時蓋以蜀爲無能爲，雖知其不可遽取，亦不意其能出兵，故無備而幾至大敗，而馬謖違亮節度，以致失機，亮雖能属兵講武，使民忘其敗，《亮傳注》引《漢晉春秋》語。然是後魏亦有備，得志非易矣。故街亭之役，於蜀所損甚大也。馬謖亦奇才，舉事一不當，遽遭誅戮，雖曰明罰勑法，亦以所損過大，不得不然與？《謖本傳》言：謖好論軍計。亮以爲參軍。每引見談論，自晝達夜。軍出時，有宿將魏延、吳壹等，論者皆言宜令爲先鋒，而亮違衆，拔謖統大衆在前。此亦必非偶然，不能以其一敗而貶之也。

是冬，亮聞孫權破曹休，魏兵東下，關中虛弱，《本傳注》引《漢晉春秋》。復出散關，見第八章第一節。圍陳倉。曹真遣將軍費曜拒之。亮糧盡而還。魏將王雙率騎追亮。亮與戰，敗之，斬雙。七年，魏大和三年。亮遣陳式攻武都、陰平。漢道，今甘肅文縣西北。郭淮率衆欲擊式。亮自出，至建威，城名，今甘肅成縣西北。淮退還。遂平二郡。詔復亮丞相。八年，魏大和四年。曹真以蜀連出侵邊境，宜遂伐之，數道並入，可大克也。魏明帝從其計。真以八月發長安，從子午道南入。子午谷，北口曰子，在今陝西長安縣南百里。南口曰午，在今陝西洋縣東百六十里。司馬懿泝漢水，當會南鄭。諸軍或從斜谷道，或從武威入。武威，漢縣，今甘肅鎮番縣北。此據《魏志·真傳》。《蜀志·後主傳》云：魏使司馬懿出西城，張郃由子午，曹真由斜谷，欲攻漢中。丞相亮待之於城固赤阪。西城，漢縣，後漢末爲郡，見第十一章第十二節。城固，漢縣，今陝西城固縣西北。會大霖雨，三十餘日。或棧道斷絕。九月，詔真等班師。《陳羣傳》云：曹真表欲數道伐蜀，從斜谷入。羣以爲"大祖昔到陽平攻張魯，多收豆麥，以益軍糧，魯未下而食猶乏。今既無所因；且斜谷阻險，難以進退，轉運必見鈔截；多留兵守要，則損戰士；不可不熟慮也"。帝從羣議。真復表從子午道，羣又言其不便。則是役，即不遇霖雨，真亦未能必有功也。九年，_{魏大和五年。}亮復出祁山，以木牛運。招鮮卑軻比能。比能等至故北地石城以應亮。_{據《亮傳注》引《漢晉春秋》。案其事亦見《魏志·牽招傳》。漢北地郡，治馬領，在今甘肅環縣東南。後漢徙治富平，在今寧夏靈武縣西南。}於是曹真有疾，魏明帝使司馬懿西屯長安。遇於上邽之東。_{上邽，漢縣，今甘肅天水縣西南。}懿斂兵依險，軍不得交，糧盡還軍。與魏將張郃交戰，射殺郃。十年，_{魏大和六年。}亮休士勸農於黄沙。_{城名，在今陝西沔縣東北。}作流馬、木牛畢。教兵講武。十一年，_{魏青龍元年。}亮使諸軍運米，集於斜谷。治斜谷邸閣。十二年_{魏青龍二年。}春，亮悉士衆由斜谷出。以流馬運。據武功五丈原。_{武功，漢縣，在今陝西郿縣東，原在今郿縣西南，接岐山縣界。}與司馬懿對於渭南。亮每患糧不繼，使己志不伸，是以分兵屯田，爲久住之基。耕者雜於渭濱居民之間，而百姓安堵，軍無私焉。相持百餘日。八月，亮疾病，卒於軍。初，魏延以部曲隨先主入蜀，數有戰功，遷牙門將軍。先主爲漢中王，遷治成都，當得重將，以鎮漢川，衆論以爲必在張飛，飛亦以心自許，先主乃拔延爲督漢中，鎮遠將軍，領漢中大守，一軍盡驚。建興五年，諸葛亮駐漢中，更以延爲督前部，領丞相司馬，涼州刺史。八年，使延西入羌中。魏後將軍費瑤、雍州刺史郭淮與延戰於陽谿，延大破淮等。遷爲前軍師征西大將軍，假節，進封南鄭侯。延每隨亮出，輒欲請兵萬人，與亮異道會於潼關，如韓信故事。亮制而不許。延常謂亮爲怯，歎恨己才用之不盡。_{《延傳注》引《魏略》曰：夏侯楙爲安西將軍，鎮長安。亮於南鄭與羣下計議。延曰："聞夏侯楙少主壻也，怯而無謀。今假延精兵五千，直從褒中出循秦嶺而東，當子午而北。不過十日，可到長安。楙聞延奄至，必乘舡逃走。長安中惟有御史、京兆、大守耳。橫門、邸閣與散民之粟，足周食也。比東方相合聚，尚二十許日。而公從斜谷來，必足以達。如此，則一舉而咸陽以西可定矣。"亮以爲此縣危，不如安從坦道，可以平取隴右。十全必克而無虞，故不用延計。案楙，夏侯惇中子。尚大祖女清河公主。文帝少與親。及即位，以爲安西將軍，持節，承夏侯淵處，都督關中。楙性無武略，而好治生。至大和二年，明帝西征，人有白楙者，遂召還爲尚書。見《惇傳注》引《魏略》。}而楊儀爲丞相參軍，署府事，遷長史。亮數出軍，儀常規畫分部，籌度糧穀。不稽思慮，斯須便了。軍戎節度，取辦於儀。延性矜高，當時皆避下之，惟儀不假借延，延以爲至忿，有如水火。是歲亮出，延爲前鋒。亮病，密與儀及司馬費褘、護軍姜維等作身歿之後退軍節度。令延斷後，姜維次之。若延或不從命，軍便自發。亮卒，祕不發喪。儀令褘往揣延意指。延曰："丞相雖亡，吾自見在。府親官屬，便可將喪還葬，吾自當率諸軍擊賊。云何以一人死廢天下之事邪？且魏延何人，當爲楊儀所部勒，作斷後將乎？”因與禕共作行留部分。令禕手書與己連名，告下諸將。禕紿延曰：“當爲君還解楊長史。長史文吏，稀更軍事，必不違命也。”禕出門，馳馬而去。延尋悔，追之，已不及矣。延遣人覘儀等。遂欲案亮成規，諸營相次引軍還。延大怒。儳儀未發，率所領徑先南歸。所過燒絕閣道。儀等槎山通道，晝夜兼行，亦繼延後。延先至，據南谷口，遣軍逆擊儀等。儀等令何平在前禦延。平叱延先登曰：“公亡身尚未寒，汝輩何敢乃爾？”延士衆知曲在延，莫爲用命，軍皆散。延獨與其子數人逃亡，奔漢中。儀遣馬岱追斬之。儀領軍還，又誅討延，自以爲功勳至大，宜當代亮秉政。而亮平生密指，以儀性狷狹，意在蔣琬。琬遂爲尚書令，益州刺史。儀至，拜爲中軍師，無所統領，從容而已。初，儀爲先主尚書，琬爲尚書郎。後雖俱爲丞相參軍長史，儀每從行，當其勞劇。自謂年官先琬，才能踰之，於是怨憤形於聲色。時人畏其言語不節，莫敢從也。爲後軍師，費禕往慰省之。儀對禕恨望前後云云。又語禕曰：“往者丞相亡歿之際，吾若舉軍以就魏氏，處世寧當落度如此邪？令人追悔，不可復及。”禕密表其言。十三年，_魏青龍三年。廢儀爲民，徙漢嘉郡。漢青衣縣，後漢改曰漢嘉，蜀置郡，今四川雅安縣。儀至徙所，復上書誹謗，辭指激切。遂下郡收儀。儀自殺。案《延傳》言原延意不北降魏而南還者，但欲除殺儀等。[1] 平日諸將素不同，冀時論必當以代亮。本指如此，不便背叛。《注》引《魏略》曰：諸葛亮病，令延攝行己事，密持喪去。延遂匿之。行至褒口，乃發喪。亮長史楊儀宿與延不和。見延攝行軍事，懼爲所害。乃張言延欲舉衆北附，遂率其衆攻延。延本無此心，不戰軍走。追而殺之。裴松之謂此蓋敵國傳聞之言，不得與本傳争審。案謂延持喪還而楊儀突攻之，自非實録。然延嚝啎宿將，果使整衆攻儀，豈有不戰自潰之理，則儀必出不意攻延。謂以何平之叱，延衆知曲在延而遂散，則必非其實也。然則退軍節度，果出諸葛亮遺命與否，亦難言之矣。《蔣琬傳》言：亮密表後主曰：“臣若不幸，後事宜以付琬。”此即《儀傳》所謂亮生平密指在琬者，恐亦莫須有之辭。琬之遽躋權要，殆以其有雅量而處内，而儀則鋒芒畢露，爲時人所忌耳。儀若當國，必無以踰於蔣琬。然亮死後，蔣琬、費禕，才力皆不足以圖中原，使延猶在，當不至此，其才究可惜也。[2]

陳壽論諸葛亮，謂其“才於治戎爲長，奇謀爲短，理民之幹，優於將略”，此

---

① 史事：魏延、楊儀之事。

② 史事：或竟以其賊魏延而見徙也。

非由衷之言。① 用兵善於出奇者，宜莫如魏武。然所與對敵者，袁紹而外，皆無大略；且皆非有深根固柢，如魏之非力戰不可克也。魏延異道俱會之謀，不取似若可惜。然褒斜、子午，易出難繼，咸陽以西即可定，魏舉大兵以爭之，而隴右諸郡犄其後，蜀果能守之歟，此亮所以不欲涉險邪？《亮傳注》引張儼《默記》，論亮與司馬懿優劣曰："孔明提步卒數萬，長驅祁山，慨然有飲馬河、洛之志。仲達據十倍之地，據牢城，擁精銳，務自保全而已。若此人不亡，終其意志，則勝負之勢已決。"此非虛言。《注》又引《漢晉春秋》，言賈詡、魏平數請戰，曰："公畏蜀如虎，奈天下笑何？"宣王病之。表固請戰。使衛尉辛毗持節以制之。姜維謂亮曰："辛佐治杖節而到，賊不復出矣。"亮曰："彼本無戰情，所以固請戰者，以示武於其衆耳。將在軍，君命有所不受，苟能制吾，豈千里而請戰邪？"《魏志·明帝紀》，於是年特書詔宣王但堅壁拒守，以挫其鋒，丞祚固有深意也。亮論孫權，謂其志力不侔，故限江自保，而亮能蹈涉中原，抗衡上國，用兵不戢，屢耀其武，其才固未易幾矣。

第四節　魏氏衰亂

魏文帝頗有學問。嗣王位後，嘗令除池籞之禁，輕關津之稅，皆復什一。見《紀》延康元年《注》引《魏書》庚戌令。又命宦人爲官者，不得過諸署令，爲金策著令，藏之石室。黃初三年九月，詔曰："夫婦人與政，亂之本也，自今以後，羣臣不得奏事大后。后族之家，不得當輔政之任。② 又不得橫受茅土之爵。以此詔傳後世。若有背違，天下共誅之。"皆可謂善革前代之弊者。然性本矯僞。《辛毗傳注》引《世語》曰：毗女憲英，聰明有才鑒。初，文帝與陳思王爭爲太子，既而文帝得立，抱毗頸而喜曰："辛君，知我喜不？"毗以告憲英。憲英歎曰："大子代君主宗廟社稷者也，代君不可以不戚，主國不可以不懼，宜戚而喜，何以能久？魏其不昌乎？"《吳志·孫權傳》建安二十五年《注》引《江表傳》曰：是歲魏文帝遣使求雀頭香、大貝、明珠、象牙、犀角、瑇瑁、孔雀、翡翠、鬥鴨、長鳴雞。③ 羣臣奏曰："荊、揚二州，貢有常典，魏所求珍玩之物，非禮也。宜勿與。"權曰："彼在諒闇之中，而所求若此，寧可與言禮哉？"具以與之。此二事，可見文帝之爲人。其獲繼嗣，徒以矯情得之而已。又多猜忌。篡位後荒於游畋，④ 戴陵以諫不宜數行弋獵，減死罪一等，見《本紀》黃初元年。鮑勛停車上疏，帝手毀其表，而竟行獵，見本傳。崔琰、王朗等諫，各見本傳。棧潛諫見《高堂隆傳》。好營宮室，黃初元年，

---

① 史事：謂諸葛亮短於用兵之非。
② 史事：魏文帝抑后族。
③ 四夷：魏求南物於吳。明帝以馬易（第二九九頁）。
④ 四夷：魏文之惡劣。

即營洛陽宮。四年,又築南巡臺於宛,五年,穿天淵池。六年,又築東巡臺。皆見紀。實開明帝奢侈之原。其妄行殺戮,最殘虐者,魏文爲大子時,鮑勛爲中庶子,守正不撓,大子不能悦。後爲魏郡西部都尉。大子郭夫人弟爲曲周縣史,斷盜官布,罪應棄市,大子數手書爲之請,勛不敢擅縱,具列上,大子恚望滋甚。篡位後竟殺之。高柔爲廷尉,固執不從。乃召柔詣臺,遣使至廷尉考竟勛。勛死,乃遣柔還寺。勛父信,有大功於大祖,鍾繇華歆等表言之,竟不見聽也。《蘇則傳》載帝行獵,槎桎拔失鹿,大怒,踞牀拔刀,悉收督吏欲斬之。《高柔傳》謂其時有妖言,輒殺而賞告者。皆可見其暴虐。《于禁傳》:禁自吳還,文帝令謁高陵,豫於陵屋畫關羽戰克,龐德憤怒,禁降伏之狀。禁見,慙恚發病死。亦豈君人之道也。亦開明帝外任法而内縱情之漸。故魏之大壞自明帝,啓之者實文帝也。

　　武帝二十五子,而與文帝同母者四人。卞后生。曰任城威王彰、陳思王植、蕭懷王熊、燕王宇。武帝亦能任法,顧繼嗣不早定。初愛鄧哀王沖,數對羣臣稱述,有欲傳後意,而沖早卒。建安十三年。陳思王以才見異,丁儀、丁廙、楊脩等爲之羽翼。武帝狐疑,幾爲大子者數矣。而植任性而行,不自彫勵。文帝御之以術,矯情自飾,宮人左右,並爲之説,故遂定爲嗣。自武帝已重諸侯科禁。賓客交通,至同妖惡。見《趙王幹傳》。又以楊脩頗有才策,而又袁氏之甥也,於是以罪誅脩。《楊俊傳》:初,臨菑侯與俊善。大祖適嗣未定,密訪羣司。俊雖並論文帝、臨菑侯才分所長,不適有所據當,然稱臨菑侯猶美。文帝嘗以恨之。黄初二年,車駕至宛,以市不豐樂,發怒收俊。尚書僕射司馬宣王、常侍王象、荀緯請俊,叩頭流血。帝不許,俊曰:"吾知罪矣。"遂自殺。衆冤痛之。案臨菑侯陳思王初封,俊時爲南陽大守。然仍不能杜覬覦。武帝之殂,任城王時爲鄢陵侯。從長安來赴,問賈逵:時逵典喪事。先王璽綬所在。逵正色曰:"大子在鄴,國有儲君,先王璽綬,非君侯所宜問也。"蓋武帝諸子罕知兵,惟任城數從征伐,嘗北征烏丸,武帝東歸,又以行越騎將軍留長安,性氣麤猛,故不覺情見乎詞也。黄初四年,諸侯王朝京都,任城王暴薨,疑非良死。陳思王及楚王彪,欲同路東歸。監國使者不聽。《陳思王傳》注引《魏略》。陳思王初以監國謁者希旨奏其罪貶爵爲侯。後雖復封,然時法制峻迫,寮屬皆賈豎下材;兵人給其殘老,大數不過二百人;王以前過,事事復減半。《武文世王公傳注》引《袁子》曰:魏興,承大亂之後,民人損減,不可以則古始。於是封建侯王,皆使寄地,空名而無其實。王國使有老兵百餘人。雖有王侯之號,而乃儕於匹夫。縣隔千里之外,無朝聘之儀,鄰國無會同之制。諸侯游獵,不得過三十里。又爲設防輔監國之官以伺察之。王侯皆思爲布衣而不能得。明帝時,王上疏求自試。又求存問親戚。其疏有云:"婚媾不通,兄弟乖絶。吉凶之問塞,慶弔之禮廢。"所求者"沛然垂詔,使諸國慶問,四節得展;妃妾之家,膏沐之遺,歲得再通";亦可哀矣。而終不見聽。遂汲汲發疾薨。明帝時,高堂隆上疏言:宜防鷹揚之臣於蕭牆之内。可選諸王,使君國典兵,往往棊峙。曹爽秉政時,宗室曹冏上書，言"今之州牧郡守，古之方伯諸侯。皆跨有千里之土，兼軍武之任。或比國數人，或兄弟並據。而宗室子弟，曾無一人間厠其間，與相維持。非所以彊幹弱枝，備萬一之虞也。今之用賢，或超爲名都之主，或爲偏師之帥。而宗室有文者必限小縣之宰，有武者必置百人之上。泉竭則流涸，根朽則葉枯"。《武文世王公傳注》引《魏氏春秋》。蓋積重者難返，至明帝以後，勢已無可如何矣。然其原，亦文帝爲之也。

文帝在位七年而殂，子明帝叡立。《本紀注》引《魏書》，謂其"料簡功能，真僞不能相貿。務絶浮華譖毀之端。吏民士庶上書，一月之中，至數十百封，覽省究竟，意無厭倦"。蓋承武、文任法之後，又其才力尚優，故能如此。然任法最戒縱情，而帝淫侈多欲，不能自克，雖知術數，亦何益哉？《注》又引《世語》曰：帝與朝士素不接。即位之後，羣下想聞風采。居數日，獨見侍中劉曄，語盡日。衆人側聽。曄既出，問何如？曄曰："秦始皇、漢孝武之儔，才具微不及耳。"蓋譏其有二君之侈暴，而無其雄略也。亦可謂婉而彰矣。

明帝好土木。大和六年，治許昌宮。青龍三年，又大營宮室於洛。其奢侈，略見《注》所引《魏略》。是歲，洛陽崇華殿災，帝又更營之。以郡國有九龍見，改曰九龍殿。見《高堂隆傳》。景初元年，徙長安諸鐘簴、駱駝、銅人、承露盤。盤折。銅人重不可致，留於霸城。謂霸陵縣城，在陝西長安縣東。大發銅，鑄作銅人二，號曰翁仲，列坐於司馬門外。又鑄黃龍鳳皇各一。鳳高三丈餘，置内殿前。起土山於芳林園西北陬。使公卿羣僚，皆負土成山。樹松、竹、雜木、善草於其上。捕山禽雜獸置其中。《本紀注》引《魏略》。司徒掾董尋上書，譏其三公、九卿、侍中、尚書穿方舉土，面目垢黑，沾體塗足，衣冠了鳥焉。同上引《漢晉春秋》。《高堂隆傳》云：青龍中，大治殿舍，西取長安大鐘。隆上疏，亦言其使公、卿、大夫，與厮徒並供事役。帝又欲平北芒，即北邙山，在河南洛陽縣東北。令於其上作臺觀則見孟津，見《辛毗傳》。其侈欲如此。帝愛女淑，未期而夭，立廟洛陽，葬於南陵，見《楊阜傳》。臣下諫者甚多，皆不見聽。如鍾毓、王肅、陳羣、徐宣、衛臻、和洽、高柔、孫禮、辛毗、楊阜、高堂隆、王基、毌丘儉等，皆見本傳。高堂隆言：今宮室所以充廣，實由宮人猥多之故。《本紀注》引《魏略》，言帝錄奪士女。① 前已嫁爲吏民妻者，還以配士。既聽以生口自贖，又簡選其有姿色者，内之掖庭。大子舍人張茂上書，謂"富者傾家盡産，貧者舉假貸貰，貴買生口，以贖其妻。宮庭非員無錄之女，椒房母后之家，賞賜橫興，内外交引，其費半軍"。高堂隆疏，亦謂"宮人之用，與興戎軍國之費略齊。將吏奉禄，稍

---

① 婚姻：魏明帝錄士女以配士（第三三四頁）。

見折減。方之平昔，五分居一。諸受休者，又絕廩賜。不應輸者，今皆出半"。《高柔傳》云：時制遭大喪者百日後皆給役。以疾辭者，致遭罪責。使以馬易珠璣、翡翠、瑇瑁於吳。見《吳志·孫權傳》嘉禾四年。田豫破吳通公孫淵之船，讒者言其器仗、珠、金甚放散，皆不納官，則功不見列。蓋亦後宮之所耗也。帝又好獵，殺禁地鹿者，身死，財產沒官。有能覺告者，厚加賞賜。宜陽典農劉龜竊於禁內射兔，其功曹張京詣校事言之。帝匿京名，收龜付獄。高柔上疏言："羣鹿犯暴，殘賊生苗，處處爲害，所傷不貲。民雖障防，力不能禦。至如滎陽左右，周數百里，歲略不收。"又言"禁地廣輪且千餘里，無慮其中有虎大小六百頭，狼五百頭，狐萬頭"。見《高柔傳》及《注》引《魏名臣奏》。可謂壞宮室以爲汙池，棄田以爲苑囿矣。用法殊酷。臨時行刑，多不下吏。見《王肅傳》。楊阜議政治之不便於民者，以爲"舍賢而任所私，此忘治之甚者也。廣開宮館，高爲臺樹，以妨民務，此害農之甚者也。百工不敦其器，而競作奇巧，以合上欲，此傷本之甚者也。文俗之吏，爲政不通治體，苟好煩苛，此亂民之甚者也"。可謂極盡當時之弊。《吳志·諸葛瑾傳》載孫權與瑾論明帝之辭曰："近得伯言表，伯言，陸遜字。以爲曹丕已死，毒亂之民，當望旌瓦解，而更靜然。聞皆選用忠良，寬刑罰，佈恩惠，薄賦省役，以悅民心，其患更深於操時。孤以爲不然。操之所行，其惟殺伐，小爲過差；及離閒人骨肉，以爲酷耳。至於御將，自古少有。比之於操，萬不及也。今叡之不如丕，猶丕之不如操也。其所以務崇小惠，必以其父新死，自度衰微，恐困苦之民，一朝崩沮，故彊屈曲，以求民心，欲以自安住耳。寧是興隆之漸邪？聞任陳長文、羣字。曹子丹輩，真字。或文人諸生，或宗室戚臣，寧能御雄才虎將，以制天下乎？夫威柄不專，則其事乖錯。如昔張耳、陳餘，非不敦睦，至於乘勢，自還相賊，乃事理使然也。又長文之徒，昔所以能守善者，以操笮其頭，畏操威嚴，故竭心盡意，不敢爲非耳。逮丕繼業，年已長大。承操之後，以恩情加之，用能感義。今叡幼弱，隨人東西。此曹等輩，必當因此弄巧行態，阿黨比周，各助所附。如此之日，姦讒並起，更相陷懟，轉成嫌貳。自爾以往，羣下爭利，主幼不御。其爲敗也，焉得久乎？所以知其然者，自古至今，安有四五人把持刑柄，而不離刺轉相蹄齧者也？彊當陵弱，弱當求援，此亂亡之道也。子瑜，卿但側耳聽之。伯言常長於計校，恐此一事小短也。"此言於魏氏衰亂之由，可謂洞若觀火。明帝在位十三年崩，《志》云年三十六。《注》云："魏武以建安九年八月定鄴，文帝始納甄后，明帝應以十年生，計至此年正月，整三十四年耳。"然則其即位時，年止二十二也。性非天縱，所謂料簡功能，務絕浮華譖毀者，蓋特察察之明，並不能計國家之遠患而絕其萌蘗。加以侈欲無度，本實先撥，枝葉復何所附麗？《諸葛瑾傳注》云："明帝一時明主，政自己出，孫權此論，竟爲無徵，而史載之者？將以主幼國疑，威柄不一，亂亡之形，有如權言，宜其存錄，以爲鑒戒。或當以雖失之於明帝，而事著於齊王，不敢顯斥，表之微辭。"殊不知齊王時之亂，皆隱伏於明帝之時，權之所言，正不能謂其無驗也。

　　魏氏亦多宮閨之禍，文帝母武宣卞皇后，本倡家。文帝納甄后，本袁紹中子熙妻。生明帝。後郭后有寵，賜甄后死。將立郭后，中郎棧潛諫：不當使賤人暴貴，不從。明帝立，痛甄后之事，后遂暴崩。明帝爲王時，納河内虞氏爲妃。即位，絀還鄴宮，而立明悼毛皇后。后父嘉，本典虞車工，卒暴富貴。明帝令朝臣會其家飲宴。其容止舉動甚蚩騃，語輒自謂侯身，時人以爲笑。後后寵弛。景初元年，賜死。及疾困，乃立明元郭皇后爲后，亦以河右反叛而没入宮者也。其後三主幼弱，廢立之事，皆假其名以行。孫盛謂："魏自武王，暨於烈祖，三后之升，起自幽賤，本既卑矣，何以長世？"此固昔人等級之見。然宗姓既疏，而又外無彊輔，則權臣之篡竊彌易矣，此亦魏氏傾危之一因也。

第五節　魏平遼東

　　明帝政治雖亂，遼東公孫氏，自漢末據土自立，卻至帝時而平。則以席中原富彊之資，非偏方之所能禦也。公孫度本遼東襄平人。同郡徐榮，爲董卓中郎將，薦爲遼東大守。誅滅名豪大姓，郡中震栗。東伐高句麗，西擊烏丸，威行海外。初平元年，度知中國擾攘，語所親吏曰："漢祚將絕，當與諸卿圖王耳。"分遼東郡爲遼西、中遼郡，置太守。淵亡，二郡復合爲一。越海收東萊諸縣，後漢東萊郡，治黃，今山東黃縣東南。置營州刺史。自立爲遼東侯平州牧。曹操表爲武威將軍，封永寧鄉侯。度曰："我王遼東，何永寧也？"藏印綬武庫。度死，子康嗣位。以永寧鄉侯封弟恭。是歲建安九年也。十二年，袁尚等奔遼東，康斬送尚首，封康襄平侯，拜左將軍。康死，子晃、淵等皆小，衆立恭爲遼東大守。魏文帝踐阼，遣使即拜恭爲車騎將軍，假節，封平郭侯。追贈康大司馬。初，恭病陰消，爲閹人，劣弱不能治國。太和二年，淵脅奪恭位。遣使表狀。劉曄請因其新立，有黨有仇，先其不意，以兵臨之。明帝不聽。拜淵揚烈將軍遼東大守。淵顧遣使南通孫權。

　　大和三年，吳黃龍元年。權使校尉張剛、管篤之遼東。六年，吳嘉禾元年。又遣將軍周賀、校尉裴潛往。魏將田豫要擊，斬賀於成山。在今山東榮成縣東。十月，淵使稱藩於權，並獻貂馬。明年，權使大常張彌、執金吾許晏、將軍賀達將兵萬人，金寶珍貨，九錫備物，乘海授淵。淵斬彌等，送其首於魏，沒其兵資。權大怒，欲自征淵。尚書僕射薛綜等切諫，乃止。至景初三年，淵既爲魏所滅，權猶遣使者羊衜、鄭冑，將軍孫怡之遼東，擊魏守將張持、高慮等，虜得男女焉。案魏明帝之以馬求易珠璣等於吳也，見上節。權曰：“此皆孤所不用，而可得馬，何苦而不聽其交易？”①《吳志‧陸瑁傳》載瑁諫權親征之辭曰：“淵東夷小醜，屏在海隅，國家所爲不愛貨寶，遠以加之者，誠欲誘納愚弄，以規其馬耳。”陸遜亦謂“遠惜遼東衆之與馬，捐江東萬安之本業所不惜”，蓋時江東實乏馬也。然縣遠之援，既不足恃，而淵又不能專心事魏，遂至進退失據矣。

　　淵既斬送彌、晏等首，明帝拜淵大司馬，封樂浪公，持節領郡如故。使者至，淵設甲兵，爲軍陳，出見使者。又數對國中賓客出惡言。景初元年，乃遣幽州刺史毌丘儉等齎璽書徵淵。淵遂發兵，逆於遼隧，漢縣，後漢廢。公孫度復置，在今遼寧海城縣西。與儉等戰。儉等不利而還。淵遂自立爲燕王，置百官有司。遣使者持節假鮮卑單于璽，封拜邊民。誘呼鮮卑，侵擾北方。二年春，遣大尉司馬懿征淵。六月，軍至遼東。淵遣將軍卑衍、楊祚等步騎數萬屯遼隧，圍塹二十餘里。懿軍至，令衍逆戰。懿遣將軍胡遵等擊破之。懿令軍穿圍引兵東南向，而急東北即趨襄平。衍等恐襄平無守，夜走。諸軍進至首山。在今遼陽縣西南。淵復遣衍等迎軍殊死戰。復擊，大破之。遂進軍造城下，爲圍塹。會霖雨三十餘日，遼水暴長，運船自遼口徑至城下。雨霽，起土山，修櫓，爲發石連弩射城中。淵窘急。糧盡，人相食，死者甚多。將軍楊祚等降。八月，淵衆潰，與其子脩將數百騎突圍東南走。大兵急擊之，斬淵父子。遼東、帶方、樂浪、玄菟悉平。始度以中平六年據遼東，至淵三世，凡五十年而滅。

第六節　司馬氏專魏政

　　《三國志‧魏明帝紀》云：景初二年，十二月，乙丑，帝寢疾，不豫。以燕王宇爲大將軍。甲申，免。以武衛將軍曹爽代之。三年，春，正月，丁亥，大尉宣王還至河內。帝驛馬召到，引入臥內，執其手，謂曰：“吾疾甚，以後事屬君。君其與爽輔少子。吾得見君，無所恨。”宣王頓首流涕。即日，帝崩於嘉福殿。劉放、孫資《傳》云：帝寢疾，欲以燕王宇爲大將軍，及領軍將軍夏侯獻、武衛將

---

①　史事：孫權通公孫淵以求馬。

軍曹爽、屯騎將軍曹肇、驍騎將軍秦朗共輔政。宇性恭良，陳誠固辭。帝引見放、資入臥內，問曰："燕王正尒爲？"放、資對曰："燕王實自知不堪大任故耳。"帝曰："曹爽可代宇不？"放、資因贊成之。又深陳宜速召大尉司馬宣王，以綱維皇室。帝納其言。即以黃紙授放作詔。放、資既出，帝意復變，詔止宣王勿使來。尋更見放、資曰："我自召大尉，而曹肇等反使吾止之，幾敗吾事。"命更爲詔。帝獨召爽與放、資俱受詔命。遂免宇、獻、肇、朗官。大尉亦至，登牀受詔，然後帝崩，《本紀注》引《漢晉春秋》略同。《漢晉春秋》曰：帝以燕王宇爲大將軍，使與領軍將軍夏侯獻、武衞將軍曹爽、屯騎校尉曹肇、驍騎將軍秦朗等對輔政。中書監劉放，令孫資久專權寵，爲朗等素所不善，陰圖間之。而宇常在帝側，故未得有言。甲申，帝氣微。宇下殿呼曹肇有所議，未還，而帝少間，惟曹爽獨在。放知之，呼資與謀。資曰："不可動也。"放曰："俱人鼎鑊，何不可之有？"乃突前見帝，垂泣曰："陛下氣微。若有不諱，將以天下付誰？"帝曰：卿不聞用燕王邪？放曰："陛下忘先帝詔勅，藩王不得輔政？且陛下方病，而曹肇、秦朗等，便與才人侍疾者言戲；燕王擁兵南面，不聽臣等入；此即豎刁、趙高也。今皇大子幼弱，未能統政。外有彊暴之寇，內有勞怨之民。陛下不遠慮存亡，而近係恩舊。委祖宗之業，付二三凡士。寢疾數日，外內擁隔，社稷危殆，而己不知，此臣等所以痛心也。"帝得放言，大怒，曰："誰可任者？"放、資乃舉爽代宇。又白：宜詔司馬宣王使相參。帝從之。放、資出，曹肇入，泣涕固諫。帝使肇勅停。肇出戶，放、資趨而往，復說止帝。帝又從其言。放曰："宜爲手詔。"帝曰："我困篤不能。"放即上牀執帝手彊作之。遂齎出，大言曰："有詔免燕王宇等官，不得停省中。"於是宇、肇、獻、朗相與泣而歸第。放、資《傳注》引《世語》則曰：放、資久典機任，獻、肇心內不平。放、資懼，故勸帝召宣王。帝作手詔，令給使辟邪至，以授宣王。宣王在汲，漢縣，在今河南汲縣西南。獻等先詔令於軹關在今河南濟源縣西北。西還長安。《明帝紀注》引《魏略》亦云：燕王爲帝畫計，以爲關中事重，宜便道遣宣王從河內西還，事已施行。辟邪又至，宣王疑有變。呼辟邪具問，乃乘追鋒車馳至京師。帝問放、資："誰可與大尉對者？"放曰："曹爽。"帝曰："堪其事不？"爽在左右，流汗不能對。放躡其足，耳之曰："臣以死奉社稷。"曹肇弟纂爲大將軍司馬。燕王頗失悒。肇出，纂見，驚曰："上不安，云何悉共出？宜還。"已暮，放、資宣詔：宮門不得復內肇等。罷燕王。肇明日至門，不得入。懼，詣廷尉。以處事失宜免。帝謂獻曰："吾已差，便出。"獻流涕而出，亦免。雖樹置先後，所言不同，要之爲黨爽、懿而排宇等。《注》又引《資別傳》，謂帝詔資，圖萬年後計，使親人廣據職勢，而資無所適對。松之謂資之《別傳》，出自其家，欲以是言，掩其大失。案明帝無祿，財餘三十；加以荒淫悖戾，焉知豫慮身後？《資傳》之妄，灼然可見矣。《燕王宇傳》云：明帝少與宇同止，常愛異之。景初二年夏，徵詣京都。十二月，明帝疾篤，拜宇爲大將軍，屬以後事。受署四日，宇深固讓，帝意亦變，遂免宇官。宇之免在甲申，則其受署當在辛巳，距帝不豫，已旬有六日矣。

措置如此，豈似能豫慮萬年之後者邪？曹爽功名之士，固難保其不與放、資比而排燕王。然爽真子，少以宗室謹重，明帝在東宮，甚親愛之；及即位，爲散騎侍郎，累遷城門校尉，加散騎常侍，轉武衛將軍，亦皆親要之職；況亦本在五人之內，非如宣王迄受外任，未與心腹也。曹爽任事後，放、資各以年老遜位，及爽敗，資即復起爲侍中，可知放、資之黨宣王，必深於其黨爽也。[1]放、資當文帝初，即爲中書監、令，掌機密。明帝即位，尤見寵任。帝嘗欲用辛毗，而爲所隔，蓋亦蔽賢固寵之流。文、明二帝之寵任放、資，正猶漢宣、元之仍用弘恭、石顯，特漢時國本較固，傾危未在目前，魏則非其倫耳。開國承家，小人勿用，信矣。

　　明帝既崩，齊王芳立，年八歲。見《注》引《魏氏春秋》，又云：秦王九歲。《三國志‧本紀》云：明帝無子，養王及秦王詢，宮省事祕，莫有知其所由來者，《注》引《魏氏春秋》曰：或云任城王楷子。案楷，彰子。此亦所謂莫須有之辭也。曹爽爲大將軍，司馬懿爲大尉，輔政。二月，轉懿爲太傅，持節統兵都督諸軍事如故。《爽傳》云：外以名號尊之，內欲令尚書奏事，先來由己，得制其輕重也。傳又云：爽弟羲爲中領軍，訓武衛將軍，彥散騎常侍侍講。其餘諸弟，皆以列侯侍從，出入禁闥。南陽何晏、鄧颺、李勝，沛國丁謐，東平畢軌，咸有聲名，進趨於時，明帝以其浮華，皆抑黜之，及爽秉政，乃復進叙，任爲腹心。以晏、颺、謐爲尚書，晏典選擧，軌司隸校尉，勝河南尹，諸事希復由宣王。宣王稱疾避爽。嘉平元年，正月，車駕朝高平陵。明帝陵。爽兄弟皆從。宣王部勒兵馬，先據武庫。遂出屯洛水浮橋。奏爽"內則僭擬，外專威權。破壞諸營，盡據禁兵。羣官要職，皆置所親。殿中宿衛，歷世舊人，皆復斥出，欲置新人，以樹私計。外既如此，又以黃門張當爲都監，專共交關，看察至尊，候伺神器，離間二宮，傷害骨肉。大尉臣濟、蔣濟尚書令臣孚等，司馬孚。皆以爽爲有無君之心，兄弟不宜典兵宿衛，奏永寧宮。皇太后令勅臣如奏施行。臣輒勅主者及黃門令罷爽、羲、訓吏兵，以侯就第，不得逗留，以稽車駕。敢有稽留，便以軍法從事"。大司農沛國桓範聞兵起，不應大后召，矯詔開平昌門，拔取劍戟，略將門候南奔爽。說爽使車駕幸許昌，招外兵。爽兄弟猶豫未決。侍中許允、尚書陳泰說爽使早自歸罪。爽於是遣允、泰詣宣王，歸罪請死。遂免爽兄弟，以侯還第。初，張當私以所擇才人張何等與爽，疑其有姦，收當治罪。當陳與晏等陰謀反逆，

並先習兵，須三月中欲發。於是收晏等下獄。令公卿朝臣廷議。收爽、羲、訓、晏、颺、謐、軌、勝、範、當等，皆夷三族。史所言司馬氏誅曹爽事如此。案桓範謂曹羲曰："當今日，卿門户，求貧賤，復可得乎？且匹夫持質一人，尚欲望活，今卿與天子相隨，令於天下，誰敢不應者？"此豈爽等所不知？所以遲疑不決者？《注》引《世語》曰：宣王使許允、陳泰解語爽。蔣濟亦與書達宣王之旨。又使爽所信殿中校尹大目謂爽"惟免官而已"，以洛水爲誓。爽信之，罷兵。《濟傳》云：濟隨宣王屯洛水浮橋，誅曹爽等，進封都鄉侯，邑七百户。濟上疏固辭，曰："封寵慶賞，必加有功。今論謀則臣不先知，語戰則非臣所率。"《注》又引《世語》，言濟書與曹爽，言宣王旨，惟免官而已，爽遂誅滅，濟痛其言之失信，發病卒。景王之討文欽也，欽中子俶，小字鴦，夜攻其軍，軍中震擾。《毌丘儉傳注》引《魏氏春秋》。景王驚而目出。見《晉書·本紀》。《毌丘儉傳注》引《魏末傳》曰：殿中人姓尹，字大目，小爲曹氏家奴，常侍在帝側。大將軍將俱行。大目知大將軍一目已突出，啓云："文欽本是明公腹心，但爲人所誤耳。又天子鄉里。大目昔爲文欽所信，乞得追解語之，令還與公復好。"大將軍聽遣。大目單身往。乘大馬，被鎧胄，追文欽。遥相與語。大目心實欲曹氏安，繆言："君侯何若若，不可復忍數日中也？"欲使欽解其旨。欽殊不悟，乃更屬聲罵大目："汝先帝家人，不念報恩，而反與司馬師作逆，不顧上天，天不佑汝。"乃張弓傅矢，欲射大目。大目涕泣曰："世事敗矣，善自努力也。"然則當時居間使爽罷兵者，悉非司馬氏之人，此爽所以信之不疑邪？爽等頗務文治，見下。疆埸之吏，未必有何腹心，臨危徵召，大兵聚會，彊者爲雄，陳琳諫何進語，見《後漢書》本傳。豈能進退由己？何進之召董卓，董承之召魏武，前車可鑒矣，此爽所以不用桓範之謀歟？爽與羲、訓並握兵權，李勝尹河南，畢軌爲司隸，亦非無事權者。宣王臥病十年，一朝蹶起，爽等就第，安知不更有所圖？而不虞張當之誣，疾雷不及掩耳也。司馬氏之所以得天下者，事多深祕不可知，以當時情事推校，或當如此歟？

《三國志》言曹爽等罪狀云：晏等專政，共分割洛陽、野王典農部桑田數百頃，及壞湯沐邑，以爲產業。承勢竊取官物，因緣求欲州郡，有司望風，莫敢忤旨。爽飲食車服，擬於乘輿。尚方珍翫，充牣其家。妻妾盈後庭。又私取先帝才人七八人，及將吏師工鼓吹良家子女三十三人，皆以爲伎樂。詐作詔書，發才人五十七人送鄴臺，使先帝婕妤教習爲技。擅取大樂樂器，武庫禁兵。作窟室，綺疏四周，數與晏等會其中，縱酒作樂。此等荒淫之事，誠未敢保其必無，然亦不至若此其甚。況當時風氣，荒淫者必不止此數人，觀晉初之何曾等可知也。至謂爽等爲浮華，則其事見於《董昭》及《諸葛誕傳》。《昭傳》言：昭上疏陳末流之弊，帝於是發切詔，斥免諸葛誕、鄧颺等。《誕傳》云：入爲吏部郎，人有所屬託，輒顯其言而承用之，後有當否，則公議其得失，以爲襃貶。自是羣僚莫不慎其所舉。累遷御史中丞，尚書。與夏侯玄、鄧颺等相善。收名朝廷，京都翕然。言事者以誕等修浮華，合虛譽，漸不可長，免誕官。世豈有修浮華而能慎於選舉者乎？然則明帝之絀誕、颺等，其事究若何，殆不可知也。誕之敗也，麾下數百人坐不降見斬，皆曰"爲諸葛公死，不恨"，見本傳。《注》引干寶《晉紀》曰：數百人拱手爲列，每斬一人，輒降之，竟不變至盡，時人比之田橫。浮華者能若是乎？爽等與司馬懿相持十年，不幸而敗，其非恒人可知。然終於敗者何也？《蔣濟傳》謂丁謐、鄧颺等輕改法度，濟上疏靜其無益於治，適足傷民。《王淩傳注》引《漢晉春秋》，言淩謀立楚王彪，見下。使至洛陽語其子廣。廣曰："凡舉大事，應本人情。今曹爽以驕奢失民。何平叔晏字。虛而不治。丁、畢、桓、鄧，雖並有宿望，皆專競於世。加變易朝典，政令數改。所存雖高，而事不下接。民習於舊，衆莫之從。故雖勢傾四海，聲震天下，同日斬戮，名士減半，而百姓安之，莫之或哀，失民故也。今懿情雖難量，事未有逆。而擢用賢能，廣樹勝己。修先朝之政令，副衆心之所求。爽之所以爲惡者，彼莫不必改。夙夜匪懈，以恤民爲先。父子兄弟，並握兵要。未易亡也。"裴松之以爲如此言之類，皆前史所不載，而獨出習氏，且制言法體，不似於昔，疑悉鑿齒所自造。案習氏之言，於司馬氏誠有虛美。然謂爽等因好改革而失人心，則其言必有所本。非常之原，黎民懼焉。豈惟黎民，雖士大夫，能深鑒當世之弊，不狃於積習，而有遠大之圖者，蓋亦寡矣。觀史所載何晏奏戒之語，見《齊王本紀》正始七年。夏侯玄論治之言，見本傳。皆卓然不同於流俗。度其所爲，必有大過人者，而惜乎史之不盡傳也。然因違衆心故，遂爲敗亡之本矣，豈不哀哉？然文欽與郭淮書，稱昭伯爽字。及其親黨，皆一時之俊，《毌丘儉傳注》。則信不誣也。

　　誅曹爽後二年，而王淩之變起。淩，允兄子。歷刺兗、青、揚、豫。與吳戰，數有功。正始初，督揚州。淩外甥令狐愚爲兗州刺史，屯平阿，謀迎立武帝子楚王彪，都許昌。誅爽之年，愚使與彪相問往來，而愚病死。嘉平三年，淩遣將軍楊弘以廢立事告兗州刺史黃華。華、弘連名，以白司馬懿。懿將中軍乘水道討淩。掩至百尺。堰名。《水經注》：沙水過陳縣東南，注於潁水，水次有大堰，即古百尺堰。按陳縣，今河南淮陽縣。淩自知勢窮，乘船單出迎懿。懿遣送還京都。至項，漢縣，今河南項城縣東北。飲藥死。懿遂至壽春，窮治其事。彪賜死。諸相連者悉夷三族。悉録魏諸王公置於鄴，命有司監察，不得交關。見《晉書·本紀》。

是年，七月，懿卒。子師爲撫軍大將軍，録尚書事。四年正月，以師爲大將軍。六年，即高貴鄉公正元元年也。二月，中書令李豐與皇后父光禄大夫張緝等謀誅師，以夏侯玄代之。玄，尚子，尚，淵從子。爽之姑子。時爲大常。玄以爽抑絀，内不得意。豐雖宿爲師所親待，然私心在玄。遂結緝謀，欲以玄輔政。豐陰令弟兖州刺史翼求入朝，欲使將兵入，並力起。會翼求朝不聽。是月，當拜貴人。豐等欲因御臨軒，諸門有陛兵誅師，以玄代之，以緝爲驃騎將軍。豐密語黄門監蘇鑠、永寧署令樂敦、宂從僕射劉賢等曰：“卿諸人居内，多有不法。大將軍嚴毅，累以爲言。張當可以爲誡。”鑠等皆許以從命。師微聞其謀。請豐相見，豐不知而往，即殺之。事下有司。收玄、緝、鑠、敦、賢等送廷尉。豐、玄、緝、敦、賢等皆夷三族。三月，廢皇后張氏。九月，師以永寧大后令廢帝。師欲立武帝子彭城王據。大后以彭城王先帝諸父，於昭穆之序爲不次，乃立文帝孫東海定王霖子高貴鄉公髦爲明帝嗣。據《晉書·本紀》。

高貴鄉公正元二年正月，鎮東將軍毌丘儉、揚州刺史文欽反。儉與夏侯玄、李豐厚善。欽，曹爽之邑人也。《儉傳注》引《魏書》云：爽厚養待之。矯大后詔罪狀師。迫脅淮南將守諸别屯者及吏民入壽春城。分老弱守城。儉、欽自將五六萬衆渡淮，西至項。儉堅守，欽在外爲游兵。時師新割目瘤，創甚。或以可遣大尉孚往。惟傅嘏、王肅勸其自行。嘏曰：“淮、楚兵勁，而儉等負力遠鬥，其鋒未易當也。若諸將戰有利鈍，大勢一失，則公事去矣。”師乃蹶然起。據《三國志·傅嘏傳》及《注》引《漢晉春秋》。統中軍步騎十餘萬，倍道兼行。召三方兵，大會於陳、許之郊。據《晉書·本紀》。别使諸葛誕督豫州諸軍擬壽春，胡遵督青、徐諸軍出於譙、宋之間，絶其歸路。使監軍王基督前鋒諸軍據南頓。漢縣，在今項城縣北。以待之。《基傳》：毌丘儉、文欽作亂，以基行監軍，假節，統許昌軍。適與景王會於許昌。景王曰：“君籌儉等何如？”基曰：“淮南之逆，非吏民思亂也，儉等誑脅迫懼，畏目下之戮，是以尚羣聚耳。若大兵臨偪，必土崩瓦解。儉、欽之首，不終朝而縣於軍門矣。”景王曰：“善。”乃令基居軍前。議者咸以儉、欽慓悍，難與争鋒。詔基停駐。基以爲“儉等舉軍足以深入，而久不進者，是其詐僞已露，衆心疑沮也。今不張示威形，以副民望，而停軍高壘，有似畏懦，非用兵之勢也。若或虜略民人；又州郡兵家，爲賊所得者，更懷離心；儉等所迫脅者，自顧罪重，不敢復還；此爲錯兵無用之地，而成姦宄之源。吴寇因之，則淮南非國家之有。譙、沛、汝、豫，危而不安。此計之大失也。軍宜速進據南頓。南頓有大邸閣，計足軍人四十日糧，保堅城，因積穀，先人有奪人之心，此平賊之要也”。基屢請，乃聽進據㶏水。既至，復言曰：“兵聞拙速，未覩工遲之久。方今外有彊寇，内有叛臣，若不時決，則事之深淺，未可測也。議者多欲將軍持重，將軍持重是也，停軍不進非也。持重非不行之謂也，進而不可犯耳。今據堅城，保壁壘，以積實資虜，縣運軍糧，其非計也。”景王欲須諸軍集到，猶尚未許。基曰：“將在軍，君令有所不受。彼得則利，我得亦利，是爲争城，南頓是也。”遂輒進據南頓。儉等從項亦欲往争，發十餘里，聞基先到，復還保項。瀙水，今溵水，爲北汝水下游，俗稱沙河。自許昌東南經郾城、西華、商水諸縣入潁。令諸軍皆堅壁勿與戰。儉、欽進不得鬥，退恐壽春見襲，不得歸，計窮不知所爲。淮南將士，家皆在北，衆心沮散，降者相屬。惟淮南新附農民爲之用。師遣兗州刺史鄧艾督泰山諸軍萬餘人之樂嘉，示弱以誘之。昭尋自洙至。欽不知，果夜來，欲襲艾等。會明，見大軍兵馬盛，乃引還。師縱驍騎追擊，大破之。欽遁走。是日，儉聞欽戰敗，恐懼夜走。衆潰。比至慎縣，漢縣，今安徽潁上縣西北。左右兵人稍棄儉去。儉藏水邊草中，爲人所射殺。傳首京都。儉子旉，爲治書侍御史，先時知儉謀，將家屬逃走新安靈山上，別攻下之。夷儉三族。欽亡入吳。師死於許昌。弟昭爲大將軍，録尚書事。

　　諸葛誕本與夏侯玄、鄧颺等相善，爲明帝所免，已見前。正始初，玄等並任職，復以誕爲御史中丞尚書。出爲揚州刺史。司馬懿伐王淩，以誕爲鎮東將軍，假節，都督揚州諸軍事。諸葛恪興東關，遣誕督諸軍討之，與戰，不利。時毌丘儉爲鎮南將軍，領豫州刺史。乃令儉、誕對換。儉、欽反，遣使詣誕，誕斬其使。儉、欽之破也，誕先至壽春。壽春中十餘萬口，聞儉、欽敗，恐誅，悉破城門出，流迸山澤，或散走入吳。以誕久在淮南，乃復以爲鎮東大將軍，都督揚州。轉爲征東大將軍。傾帑藏振施，以結衆心。厚養親附及揚州輕俠者數千人爲死士。甘露二年五月，徵爲司空。誕遂反。召會諸將，自出攻揚州刺史樂琳，殺之。斂淮南及淮北郡縣屯田口十餘萬、官兵、揚州新附勝兵者四五萬人，聚穀足一年食，閉城自守。遣長史吳綱將小子靚至吳請救。吳人大喜。遣將全懌、全端、唐咨、王祚等率三萬衆，密與文欽俱來應誕。議者請速伐之。昭曰：“誕以毌丘儉輕捷傾覆，今必外連吳寇，此爲變大而遲。吾當與四方同力，以全勝制之。”六月，奉帝及太后東征。徵兵青、徐、荊、豫，分取關中遊軍，皆會淮北。師次於項，進軍丘頭。據《晉書・本紀》。《三國志・誕傳》云：軍凡二十六萬。使鎮南將軍王基、安東將軍陳騫等圍壽春。表裏再重，塹壘甚峻。又使監軍石苞、兗州刺史州泰等簡銳卒爲游軍備外寇。欽等數出犯圍，逆擊走之。吳將朱異再以大衆來迎誕等。泰等逆與戰，每摧其鋒。孫綝以異戰不進，怒而殺之。城中食轉少，外救不至。石苞、王基並請攻之。昭曰：“損游軍之力，外寇卒至，表裏受敵，此危道也。但堅守三面。若賊陸道而來，軍糧必少，吾以游兵輕騎絶其轉輸，可不戰而破。外賊破，欽等必成禽矣。”據《晉書・本紀》。將軍蔣班、焦彝，皆誕爪牙計事者也。言於誕曰：“朱異等以大衆來而不能進，孫綝殺異而歸江東，外以發兵爲名，而內實坐須成敗，其歸可見矣。今宜及衆心尚固，士卒思用，併力決死，攻其一面，雖不能盡克，猶有可全者。”文欽曰："江東乘戰勝之威久矣，未有難北方者也。況公今舉十餘萬之衆內附，而欽與全端等，皆同居死地。父兄子弟，俱在江表。就孫綝不欲，主上及其親戚，豈肯聽乎？且中國無歲無事，軍民並疲。今守我一年，勢力已困。異圖生心，變故將起。以往準今，可計日而望也。"班、彝固勸之。欽怒，而誕欲殺班。二人懼，且知誕之必敗也，十一月，踰城而降。《諸葛誕傳注》引《漢晉春秋》。全懌琮子，琮孫權之昏親重臣也。琮權時尚公主。琮孫靜，從子端、翩、緝等皆將兵來救誕。懌兄子輝、儀留建業，與其家內爭訟，攜其母將部曲數十家渡江歸魏。鍾會建策，密爲輝、儀作書，使輝、儀所親信齎入城告懌等。說吳中怒懌等不能拔壽春，欲盡誅諸將家，故逃來歸命。懌等恐懼，遂將所領開東城門出降。《鍾會傳》。城中震懼，不知所爲。三年正月，誕、欽、咨等大爲攻具，晝夜五六日攻南圍，欲決圍而出。圍上諸軍臨高，以發石車、火箭逆燒，破其攻具。弩矢及石雨下。死傷者蔽地，血流盈塹。復還入城。城中食轉竭，降出者數萬口。欽欲盡出北方人省食，與吳人堅守，誕不聽，由是爭恨。欽素與誕有隙，徒以計合，事急愈相疑。欽見誕計事，誕遂殺欽。欽子鴦、虎踰城出。昭使將兵數百騎馳巡城，呼語城內云："文欽之子，猶不見殺，其餘何懼？"城內喜且擾。又日飢困。昭乃自臨圍，四面進兵，同時鼓譟登城。城內無敢動者。誕窘急，單乘馬，將其麾下突小城門出。昭司馬胡奮部兵逆擊，斬誕。傳首，夷三族。唐咨、王祚及諸裨將皆面縛降。吳兵萬衆，器仗軍實山積。案司馬氏專魏政後，揚州凡三起兵抗之。王淩意在廢立。毌丘儉，據《三國志注》載其表辭，謂師罪宜加大辟，然懿有大功，依《春秋》十世宥之之義，議廢師以侯就第，而舉昭以代師，且舉司馬孚爲保傳，司馬望爲中領軍，則已無絕其根株之意。至諸葛誕，則徒欲連吳自守，無意進取，可見司馬氏之不易除。然儉擁江、淮輕銳，頓重兵以俟中朝之變，誕則進可以戰，退可以守，其勢皆未可輕，故師、昭必竭全力以搏之也。誕死，魏將無復能與司馬氏抗者，而篡國之勢成矣。

高貴鄉公即位時，即減乘輿服御，後宮用度。罷尚方御府百工技巧靡麗無用之物。遣使持節分適四方，觀風俗，勞士民，察冤枉失職者。此蓋司馬氏收攬人心之政，非帝所自爲。然史稱帝好學夙成，詳載其甘露元年幸大學與諸儒講論事，時帝年僅十六，則或係有爲之主，勝於文帝、明帝，亦未可知，而惜乎其不遇時也。五年五月，帝見威權日去，不勝其忿。乃召侍中王沈、尚書王經、散騎常侍王業謂曰："司馬昭之心，路人所知也。吾不能坐受廢辱，今日當與卿自出討之。"王經曰："昔魯昭公不忍季氏，敗走失國，爲天下笑。今權在其門，爲日久矣。朝廷四方，皆爲之致死，不顧逆順之理，非一日也。且宿衛空闕,兵甲寡弱,陛下何所資用,而一旦如此,無乃欲除疾而更深之邪？禍殆不測,宜見重詳。"帝乃出懷中版令投地曰:"行之決矣。正使死,何所懼？況不必死邪？"於是入白大后。沈、業奔告文王。文王爲之備。帝遂帥僮僕數百,鼓譟而出。文王弟屯騎校尉伷入,遇帝於東止車門。左右呵之。伷衆奔走。中護軍賈充又逆帝,戰於南闕下。帝自用劍。衆欲退。大子舍人成濟問充曰:"事急矣,當云何？"充曰:"畜養汝等,正爲今日,今日之事,無所問也。"濟即前刺帝,刃出於背。以上見《注》引《漢晉春秋》。裴松之謂習鑿齒書雖最後出,然述此事差有次第,故先載習語,以其餘所言微異者次其後,然所載《世語》、《晉紀》、《魏氏春秋》、《魏本傳》,實與習氏書無甚異同也。高貴鄉公既死,昭乃以大后令誣其圖爲弑逆,以王禮葬之,而迎立燕王宇子常道鄉公奐。夷成濟三族。殺王經。

第七節　蜀　魏　之　亡

蜀諸葛亮死後,以左將軍吳壹爲車騎將軍,假節,督漢中。以蔣琬爲尚書令,總統國事。明年蜀建興十三年,魏青龍三年。四月,進琬位大將軍。延熙元年,魏明帝景初二年。魏有遼東之役,詔琬出屯漢中,須吳舉動,東西犄角,以乘其釁。明年,進琬位大司馬。四年魏齊王芳正始二年。琬以爲昔諸葛亮數闚秦川,道險運艱,竟不能克,不若乘水東下。乃多作舟舩,欲由漢、沔襲魏興、魏郡,今陝西安康縣西北。上庸。會舊疾連動,未得時行。而衆論咸謂如不克捷,還路甚難,非長策也。於是遣尚書令費禕,中監軍姜維等喻指。琬上疏言:"吳期二三,連不克果。輒與費禕等議:以涼州胡塞之要,進退有資,賊之所惜。且羌、胡乃心,思漢如渴。又昔偏軍入羌,郭淮破走。算其長短,以爲事首,宜以姜維爲涼州刺史。若維征行,銜持河右,臣當帥軍爲維鎮繼。今涪水陸四通,惟急是應。若東北有虞,赴之不難。"五年,魏正始三年。姜維督偏軍自漢中還屯涪縣。六年魏正始四年。十月,琬自漢中還住涪。先是費禕代琬爲尚書令,及是遷大將軍,錄尚書事。以姜維爲涼州刺史。七年,魏正始五年。魏鄧颺等爲曹爽謀,欲令爽立威名於天下,勸使伐蜀。爽從其言。西至長安,大發卒六七萬人,從駱谷入。駱谷,在今陝西盩厔縣西南。蜀使王平拒興勢圍。興勢山,在今陝西洋縣北。費禕督諸軍赴救。因山爲固,兵不得進。爽乃引軍還。蔣琬固讓州職,費禕復領益州牧。九年,魏正始七年。十一月,蔣琬卒。十年,魏正始八年。隴西、南安、金城、西平諸羌叛魏,南招蜀兵,涼州名胡白虎、文治無戴應之。十一年,魏正始九年。姜維迎

逆安撫，居之繁縣。<small>今四川新繁縣東北。兼據《魏志·郭淮》、《蜀志·後主傳》。</small>是爲姜維出
涼州之始。十一年，<small>魏正始九年。</small>費禕出屯漢中。十二年，<small>魏嘉平元年。</small>魏殺曹爽
等，右將軍夏侯霸降蜀。秋，姜維出攻雍州，不克。初，維依麴山築二城，<small>麴山，
在今甘肅岷縣東南。</small>使句安、李歆守之。聚羌、胡質任等，攻逼諸郡。魏陳泰代郭
淮爲雍州刺史，進兵圍之。維往救。泰告淮絕其後，維懼而還。安等遂皆降
魏。十三年，<small>魏嘉平二年。</small>維復出西平，不克而還。十四年<small>魏嘉平三年。</small>夏，費禕還
成都。冬，復北駐漢壽。十六年，<small>魏嘉平五年。</small>爲魏降人所殺。

　　姜維自以練西方風俗，兼負其材武，欲誘諸羌、胡，以爲羽翼，謂自隴以
西，可斷而有也。每欲興軍大舉，費禕常裁制不從，與其兵不過萬人。禕卒，
夏，維率數萬人圍南安。魏陳泰解圍。維糧盡還。明年，<small>魏正元元年。</small>加督中外
軍事。魏狄道長李簡降。維因簡之資，復出隴西，<small>據《蜀志·張嶷傳》。</small>多所降下。
十八年，<small>魏正元二年。</small>復與夏侯霸等俱出狄道。時陳泰督雍、涼，王經爲雍州刺
史。維大破經於洮西。經衆死者數萬人，退保狄道。維圍之。陳泰解圍。維
卻住鍾題。<small>在今甘肅成縣西北。</small>十九年<small>魏甘露元年。</small>春，就遷維爲大將軍。更整勒
戎馬，與鎮西大將軍胡濟期會上邽。濟失誓不至。時魏以鄧艾爲安西將軍，
假節，領護東羌校尉。與維戰於段谷，<small>今甘肅天水縣東南。</small>大破之。星散流離，死
者甚衆。衆庶由是怨讟，而隴以西亦騷動不寧。維謝過引負，求自貶削，爲後
將軍，行大將軍事。魏以艾爲鎮西將軍，都督隴右諸軍事。二十年，<small>魏甘露二年。</small>
諸葛誕反，魏分關中兵東下。維欲乘虛向關中，復率數萬人出駱谷。魏大將
軍司馬望拒之。鄧艾亦自隴右至。維數挑戰，望、艾不應。景曜元年，<small>魏甘露三
年。</small>維聞誕破敗，乃還成都。復拜大將軍。初，先主留魏延鎮漢中，皆實兵諸
圍，以禦外敵。敵若來攻，使不得入。及興勢之役，王平捍禦曹爽，皆承此制。
維建議：以爲“錯守諸圍，適可禦敵，不獲大利。不若使聞敵至，諸圍皆斂兵聚
穀，退就漢、樂二城，<small>蜀時以沔陽爲漢城，成固爲樂城，見《華陽國志》。</small>使敵不得入平。且
重關鎮守以捍之。有事之日，令游軍並進，以伺其虛。敵攻關不克，野無散
穀，千里縣糧，自然疲乏。引退之日，然後諸城並出，與游軍併力搏之，此殄敵
之術”。於是令督漢中胡濟卻住漢壽，監軍王含守樂城。護軍蔣斌守漢城。
又於西安、建威、<small>在甘肅成縣西北。</small>武街、<small>今成縣治。</small>石門、<small>在四川平武縣東南。</small>建昌、臨
遠，皆立圍守。五年，維衆出漢侯和<small>在舊洮州南洮水之南。</small>爲鄧艾所破，還住沓中。
<small>在舊洮州西南。</small>自諸葛亮死後，蔣琬、費禕相繼秉政，身雖在外，慶賞威刑，皆遙先
諮斷，然後乃行。董允爲侍中，專獻納之任。後主漸長大，愛宦人黃皓。皓便
僻佞慧，欲自容入。允常上則正色匡主，下則數責於皓。皓畏允，不敢爲非。

終允之世,位不過黃門丞。延熙七年,允以侍中守尚書令,爲大將軍褘副貳。九年,卒。呂乂代爲尚書令。陳祗爲侍中,與皓互相表裏,皓始豫政事。十四年,乂卒,祗又以侍中守尚書令。姜維雖班在祗上,常率衆在外,希親朝政。祗上承主指,下接閹宦,深見信愛,權重於維。景耀元年,卒。《後主傳》於是年書宦人黃皓始專政,蓋又非徒預政矣。董厥代爲尚書令。遷大將軍,平臺事。而樊建代焉。後爲侍中,守尚書令。四年,魏景元二年。諸葛亮子瞻與厥並平尚書事。史言自瞻、厥、建統事,姜維常征伐在外,黃皓竊弄威柄,咸共將護,無能匡矯。《維傳》云:維本羈旅託國,累年攻戰,功績不立,而宦官黃皓等,弄權於內。右大將軍閻宇,與皓協比,而皓陰欲廢維樹宇,維亦疑之,故自危懼,不復還成都。《諸葛亮傳注》引孫盛《異同記》曰:瞻、厥、宇以維好戰無功,國內疲弊,宜表後主,召還爲益州刺史,奪其兵權。蜀長老猶有瞻表以閻宇代維故事。諸葛瞻之爲人,雖難詳知,似不至與黃皓比。《譙周傳》云:於時軍旅數出,百姓彫瘁,周與尚書令陳祗論其利害,退而書之,謂之《仇國論》。周端人,必不與陳祗比者。又《張翼傳》云:延熙十八年,與姜維俱還成都。維議復出軍,惟翼廷爭,以爲國小民勞,不宜黷武。則當時以用兵爲不宜者,自有其人。黃皓、閻宇乘此機而排維則有之,謂不宜用兵之論,專爲排維而發則非也。進戰退守,各有是非;抑戰亦視其如何戰,守亦視其如何守;不能但執戰守二字,以爲功罪也。姜維用兵,固功績未立,然諸葛亮伐魏,亦曷嘗有大功?段谷之役固喪敗,亦何以過於街亭乎?仍歲征戰,百姓彫瘁誠有之,謂其足以亡國亦過也。蜀之亡,蓋亡於內外乖午,政權不一耳。

晉至司馬昭時,篡魏之勢已成。然欲圖篡奪,必先謀立功,此伐蜀之役所由興也。《晉書・文帝紀》載昭伐蜀之謀云:"略計取吳,作戰船,通水道,當用千餘萬功,此十萬人百數十日事也。又南土下溼,必生疾疫。計蜀戰士九萬,居守成都及備他郡,不下四萬。然則餘衆不過五萬。今絆姜維於沓中,使不得東顧。直指駱谷,出其空虛之地,以襲漢中。彼若嬰城守險,兵勢必散,首尾離絕。舉大衆以屠城,散銳卒以略野。劍閣不暇守險,關頭不能自存。以劉禪之闇,而邊城外破,士女內震,其亡可知也。"於是徵四方之兵十八萬以伐蜀。

魏陳留王景元三年,蜀漢後主之景曜五年也。冬,以鍾會爲鎮西將軍,假節,都督關中諸軍事。昭勅青、徐、兗、豫、荊、揚諸州,並使作船。又令唐咨作浮海大船,外爲將伐吳者。四年,蜀炎興元年。秋,使鄧艾、諸葛緒各統諸軍三萬餘人。艾趨甘松、今四川松潘縣西北。沓中,連綴維。緒趨武街、橋頭,今甘肅文縣。

絕維歸路。會統十餘萬衆，從斜谷、駱谷入。蜀令諸圍皆不得戰，退還漢、樂二城。會分兵圍漢、樂。使護軍胡烈等行前，攻破關城。會長驅而前。時蜀遣廖化詣沓中爲維援，張翼、董厥詣陽安關口，即陽平關。以爲諸圍外助。維自沓中還，至陰平，見第三節。集合士衆，欲赴關城，未到，聞其已破，退趨白水，與翼、厥合，保劍閣以拒會。鄧艾上言："從陰平趣涪，劍閣之守必還赴涪，則會方軌而進；不還，則應涪之兵寡矣。"艾與諸葛緒共行。緒以本受節度邀姜維，西行非本詔，遂向白水與會合。會欲專軍勢，密白緒畏懦不進，檻車徵還。軍悉屬會。進攻劍閣，不克。十月，艾自陰平道行無人之地七百餘里，鑿山通道而進。至江油，戌名，今四川江油縣東。蜀守將馬邈降。諸葛瞻到涪，盤桓未進。尚書郎黃崇權子。屢勸瞻宜速行據險，無令敵得入平地。瞻猶豫未納。艾長驅而前。瞻卻。戰於緜竹，大敗。瞻、崇皆死。艾進軍到雒。蜀本謂敵不便至，不作城守調度。及聞艾已入陰平，百姓擾擾，皆迸山野，不可禁制。後主使羣臣會議。或以爲宜奔吳。或以爲宜奔南。惟譙周以爲"自古以來，無寄他國爲天子者。今若入吳，固當臣服。且政理不殊，則大能吞小。由此言之，魏能併吳，吳不能併魏。再辱之恥，何與一辱？若欲奔南，則當早爲之計。今大敵已近，禍敗將及，羣小之心，無一可保，恐發足之日，其變不測。南方遠夷之地，平常無所供爲，猶數反叛。自丞相亮南征，兵勢逼之，窮乃幸從。是後供出官賦，取以給兵，以爲愁怨。今以窮迫，欲往依恃，恐必復反叛。北兵之來，非但取蜀，必因勢衰，及時追赴。勢窮乃服，其禍必深"。乃降於艾。艾承制拜禪行驃騎將軍。大子奉車，諸王駙馬都尉。蜀羣司各隨高下，拜爲王官，或領艾官屬。《晉書·文帝紀》：鄧艾以爲蜀未有釁，屢陳異議，帝患之，使主簿師纂爲艾司馬喻旨，艾乃聽命。隴西大守牽弘等領蜀中諸郡。維等初聞瞻破，或聞後主欲固守成都，或聞欲東入吳，或聞欲南入建寧。蜀郡，今雲南曲靖縣西。於是引軍由廣漢郪道郪，漢縣，今四川三台縣南。以審虛實。尋後主勑維等降會，乃詣會於軍前，將士咸怒，拔刀斫石焉。

　　鍾會禁檢士衆，不得鈔略。虛己誘納，以接蜀之羣司。與姜維情好歡甚。而鄧艾深自矜伐。謂蜀士大夫曰："諸君賴遭某，故得有今日耳。如遇吳漢之徒，已殄滅矣。"又曰："姜維自一時雄兒也，與某相值，故窮耳。"有識者笑之。艾言於司馬昭曰："兵有先聲而後實者。今因平蜀之勢以乘吳，吳人震恐，席卷之時也。然大舉之後，將士疲勞，不可便用。且徐緩之。留隴右兵二萬人，蜀兵二萬人。煑鹽興冶，爲軍農要用。並作舟船，豫順流之事。然後發使，告以利害。吳必歸化，可不征而定也。今宜厚劉禪以致孫休，安士民以來遠人。

若便送禪於京都,吳以爲流徙,則於向化之心不勸。宜權停留,須來年秋冬。
比尒,吳亦足平。以爲可封禪爲扶風王,錫其資財,供其左右。郡有董卓塢,
爲之官舍。爵其子爲公侯,食郡内縣。以顯歸命之寵。開廣陵、城陽以待吳
人。則畏威懷德,望風而從矣。"昭使監軍衞瓘喻艾:"事當須報,不宜輒行。"
艾言"承制拜假,以安初附,謂合權宜。若待國命,往復道途,延引日月。《春
秋》之義,大夫出疆,有可以安社稷,利國家,專之可也。今吳未賓,勢與蜀連,
不可拘常,以失事機。兵法:進不求名,退不避罪。終不自嫌,以損於國"。鍾
會、胡烈、師纂等皆白艾所作悖逆,變釁以結。詔書檻車徵艾。昭奉魏主西
征,次於長安。時魏諸王侯悉在鄴城,命從事中郎山濤行軍司事鎮於鄴。遣
護軍賈充督諸軍據漢中。《晉書·文帝紀》。勑鍾會進軍成都。監軍衞瓘在會前
行,以昭手筆令宣喻艾軍,皆釋仗。遂收艾入檻車。會尋至,獨統大衆,遂謀
反。欲使姜維等皆將蜀兵出斜谷,會自將大衆隨其後,既至長安,令騎士從陸
道,步兵從水道順流浮渭入河。以爲五日可到孟津,與騎會洛陽,一旦天下可
定也。會得昭書,云:"恐鄧艾或不就徵,今遣賈充將步騎萬人徑入斜谷,屯樂
城,吾自將十萬屯長安。相見在近。"會得書,驚,呼所親語之曰:"但取鄧艾,
相國知我能獨辦之。今來大重,必覺我異矣。便當速發。事成可得天下;不
成,退保蜀漢,不失作劉備也。"會以五年正月十五日至。其明日,悉請護軍、
郡守、牙門騎督以上及蜀之故官,爲大后發喪於蜀朝堂。明元郭皇后,以景元四年十
二月崩。矯大后遺詔,使會起兵廢昭,更使所親信代領諸軍。所請羣官,悉閉著
益州諸曹屋中。城門、宮門皆閉,嚴兵圍守。會帳下督丘建,本屬胡烈,烈薦
之昭,會請以自隨,任愛之。建愍烈獨坐。啓會:使聽内一親兵,出取飲食。
諸牙門隨例各内一人。烈紿語親兵及疏與其子曰:"丘建密説消息:會已作大
坑,白棓數千。欲悉呼外兵入,人賜白帢,拜爲散騎,以次棓殺坑中。"諸牙門
親兵亦咸説此語。一夜傳相告皆徧。或謂會:"可盡殺牙門騎督以上。"會猶
豫未決。十八日,日中,烈軍兵與烈兒名淵。雷鼓出門。諸軍兵不期皆鼓譟出
會。無督促之者,而爭先赴城。時方給與姜維鎧仗。會驚,謂維曰:"兵來似
欲作惡,當云何?"維曰:"但當擊之耳。"會遣兵悉殺所閉諸牙門、郡守。内人
共舉機以柱門。兵斫門,不能破。斯須,門外倚梯登城,或燒城屋,蟻附亂進,
矢下如雨。牙門、郡守各緣屋出,與其卒兵相得。姜維率會左右戰,手殺五六
人。衆既格斬維,爭赴殺會。將士死者數百人。艾本營將士追出艾檻車,迎
還。衞瓘遣田續等討艾。遇於緜竹西,斬之。子忠,與艾俱死。餘子在洛陽
者悉誅。徙艾妻子及孫於西域。及泰始元年,乃因大赦得還,聽使立後。《晉

書・衛瓘傳》云：鄧艾、鍾會之伐蜀也，瓘以本官持節監會、艾軍事，行鎮軍司，給兵千人。蜀既平。艾輒承制封拜。會陰懷異志，因艾專擅，密與瓘俱奏其狀。詔使檻車徵之。會遣瓘先收艾。會以瓘兵少，欲令艾殺瓘，因加艾罪。瓘知欲危己，然不可得而距。乃夜至成都。檄艾所統諸將：稱詔收艾，其餘一無所問。若來赴官軍，爵賞如先。敢有不出，誅及三族。比至雞鳴，悉來赴瓘。惟艾帳內在焉。平旦開門，瓘乘使者車徑入。至成都殿前，艾臥未起，父子俱被執。艾諸將圖欲劫艾，整仗趨瓘營。瓘輕出迎之。僞作表章，將申明艾事。諸將信之而止。俄而會至，乃悉請諸將胡烈等，因執之，囚益州解舍。遂發兵反。於是士卒思歸，內多騷動，人情憂懼。會留瓘謀議。乃書版云欲殺胡烈等，舉以示瓘。瓘不許，因相疑貳。瓘如廁，見胡烈，故給使使宣語三軍，言會反。會逼瓘定議，經宿不眠。各橫刀膝上。在外諸軍，已潛欲攻會，瓘既不出，未敢先發。會使瓘慰勞諸軍。瓘心欲去，且堅其意，曰："卿三軍主，宜自行。"會曰："卿監司，且先行，吾當後出。"瓘便下殿。會悔遣之，使呼瓘。瓘辭眩疾動，詐仆地。比出閣，數十信追之。瓘至外解，服鹽湯，大吐。瓘素羸，便似困篤。會遣所親人及醫視之，皆言不起。會由是無所憚。及暮，門閉，瓘作檄宣告諸軍。諸軍並已唱義。陵旦，共攻會，會率左右距戰，諸將擊敗之。惟帳下數百人隨會繞殿而走，盡殺之。瓘於是部分諸將，羣情肅然。鄧艾本營將士復追破檻車，出艾，還向成都。瓘自以與會共陷艾，懼爲變，又欲專誅會之功，乃遣護軍田續至縣竹，夜襲艾於三造亭，斬艾及其子忠。初，艾之入江由也，以續不進，將斬之，既而赦焉。及瓘遣續，謂之曰："可以報江由之辱矣。"案此所述鍾會死事，不如《三國志》之可信，蓋有瓘事後邀功之語。惟言瓘所以殺鄧艾，則當得其實也。**按鍾會之叛，實爲魏諸將中思扶王室之最後者。①**《三國志・會傳》云：文王欲遣會伐蜀，西曹屬邵悌求見，言不若使餘人行。文王笑曰："我寧當復不知此邪？敗軍之將，不可以語勇；亡國之大夫，不可與圖存；心膽已破故也。若蜀已破，遺民震恐，不足與圖事。中國將士，各自思歸，不肯與同也。若作惡，祇自族滅耳。"及會白鄧艾不軌，文王將西，悌復曰："鍾會所統，五六倍於鄧艾，但可勅令取艾，不足自行。"文王曰："卿忘前時所言邪？而更云可不須行乎？"此乃事後附會之辭，非情實。觀會白艾叛時司馬昭之張皇可知。聞艾叛而猶如此，況於會乎？《姜維傳注》引《漢晉春秋》：言會陰懷異圖，維見而知其心，謂可構成擾亂，以圖克復也，乃詭說之，由是情好歡甚。此亦附會之談。維與會甫爲敵國，維即知人，豈能一見而知其有叛心？縱知之，豈能即說之以叛？蓋會爲繇子，本魏世臣，固有扶翼魏室之心。會佐司馬氏，迄當帷幄之任，而伐蜀之役，忽膺專閫，未必非其自請而行，而其所以自詭伐蜀，乃正欲得所藉手以扶魏也。既欲扶魏而鋤晉，自不能專任北兵；不能專任北兵，自不能不有取於姜維矣。《注》又引《華陽國志》曰：維教會誅北來諸將。諸將既死，徐欲殺會，盡坑魏兵，還復蜀祚。密書與後主曰："願陛下忍數日之辱。臣欲使社稷危而復安，日月幽而復明。"孫盛《晉陽秋》曰：盛以永和初從

---

①　史事：鍾會欲扶魏。姜維心存漢室（第三一五頁）。

安西將軍平蜀，見諸故老，及姜維既降之後，密與劉禪表疏，説欲僞服事鍾會，因殺之以復蜀土。會事不捷，遂至泯滅。蜀人於今傷之。此所傳雖不必盡實，維當日能否密與後主表疏，事殊可疑。然維乘會叛，別有所圖，則理有可信。裴松之言：若令魏將皆死，兵在維手，殺會復蜀不難，此誠可乘之機也。維，天水冀人。冀今甘肅甘谷縣。仕本郡，參軍事。建興六年，諸葛亮軍向祁山。時天水大守適出案行。維及功曹梁緒、主簿尹賞主記梁虔等從行。大守聞蜀軍垂至，而諸縣響應，疑維等皆有異心，於是夜亡保上邽。維等覺大守去，追遲，至城門，城門已閉，不納。維等相率還冀，冀亦不入維等。維等乃俱詣諸葛亮。蓋涼州降下晚，其民多不服魏，此大守之所以疑維等。然以維之才，果其盡忠於魏，豈不能爲楊阜，而遽詣諸葛亮？則亮與張裔、蔣琬書，稱其心存漢室，誠不誣也。郤正著論論維曰："姜伯約維字。據上將之重，處羣臣之右。宅舍弊薄，資財無餘。側室無妾媵之褻，後庭無聲樂之娛。衣服取供，輿馬取備。飲食節制，不奢不約。官給費用，隨手消盡。察其所以然者，非以激貪厲濁，抑情自割也，直謂如是爲足，不在多求。凡人之談，常譽成毀敗，扶高抑下。咸以姜維投厝無所，身死宗滅，以是貶削，不復料摘，異乎《春秋》褒貶之義矣。如姜維之樂學不倦，清素節約，自一時之儀表也。"可謂知言矣。

　　魏景元四年，吳景帝休永安六年也。十月，蜀以魏見伐告。吳使大將軍丁奉向壽春，將軍留平別詣施績於南郡，議兵所向，將軍丁封、孫異如沔中，皆救蜀。後主降魏聞至，然後罷。時蜀建寧大守霍弋，巴東領軍羅憲，各保全一方。明年，吳鎮軍陸抗、撫軍步協、征西將軍留平、建平大守盛曼建平，吳所立郡，今四川巫山縣。圍憲。凡六月。魏荆州刺史胡烈救憲，抗等引還。魏以憲爲武陵大守，巴東監軍。據《霍峻傳注》引《襄陽記》。

　　劉禪降後，司馬昭以相國總百揆。還自長安，進爵爲王。明年八月，昭卒，大子炎嗣相國晉王位。十二月，遂廢魏而自立，是爲晉武帝。

第八節　孫吳盛衰

　　孫權爲人，頗有知略。孫策之將終也，呼權佩以印綬，謂曰"舉江東之衆，決機於兩陳之間，與天下爭衡，卿不如我；舉賢任能，各盡其心，以保江東，我不如卿"；此非虛言，觀權所任，呂蒙、陸遜等，皆望輕資淺之人；即赤壁之役，專聽周瑜、魯肅，與中國相抗，亦爲危道；而能行之不疑，可見其知人之明。堅凡四子：長策，次權，次翊，次匡。《三國志·翊傳》稱其驍悍果烈，有兄策風。

《注》引《典略》云：翊名儼。性似策。策臨卒，張昭等謂策當以兵屬儼，而策呼權，佩以印綬。蓋深知江東草創，能守土者，在知略不在勇悍，不徒以序舉也。當權初立之時，基業未定。史稱寄寓之士，以安危去就爲意，未有君臣之固。張昭、周瑜等謂權可與共成大業，故委心而服事焉。《張紘傳》云：曹公欲令紘輔權內附，出紘爲會稽東部都尉。《張昭傳》言：策創業，命昭爲長史撫軍中郎將。文武之事，一以委昭。昭每得北方士大夫書，專歸美於昭。蓋是時中原猶未知權爲何如人也。其創業亦云不易矣。然權之爲人，究偏於輕俠。故雖能驅策武士，而不能任用文臣。張昭以嚴見憚，以高見外，不處宰相，又不登師保。虞翻疏直，卒放交州。張溫以聲名大盛，亦致廢絀。信任呂壹，至於大子數諫而不納，大臣莫敢言。後以朱據見誣，乃誅之。見《權傳》赤烏元年及《據傳》。據與秦博俱爲中書，見《顧雍傳》。據事又見步隲、潘濬、是儀等《傳》。專藉威刑劫制，而無學焉而後臣之之風，此其所以雖承中國喪亂，獲保江東，而其爲治之規模，卒無足觀，亦無以裕後也。

　　權長子登。魏黄初二年，權爲吴王，立爲大子。太和三年，權黄龍元年。權稱尊號，立爲皇大子。是歲，權遷都建業。徵陸遜輔登鎮武昌，領宮府留事。魏正始二年，權赤烏四年。卒。明年，立子和爲大子，霸爲魯王。和以母王有寵見愛。後王夫人與全公主隙，權女，全琮妻。譖之。夫人憂死。和寵稍損。魯王覬覦。侍御賓客，造爲二端。仇黨離貳，滋延大臣，舉國中分。嘉平二年，權赤烏十三年。和廢處故障，秦郢郡，漢廢爲故障縣，在今浙江長興縣西南。霸賜死。立子亮爲大子。亮，權少子也。權春秋高而亮最少，故尤留意。全公主嘗譖大子和子母，心不自安。因倚權意，欲豫自結。數稱述全尚女，公主尚之從祖母。遂立全氏爲妃。三年，權大元元年。亮母潘氏立爲皇后。冬，權寢疾。先是陸遜卒，以諸葛恪爲大將軍，假節駐武昌，代遜領荆州事。及是，徵恪，以大將軍領大子大傅。中書令孫弘領少傅。明年四月，權疾困。召恪、弘及大常滕胤、將軍吕據、侍中孫峻，靜曾孫。屬以後事。權薨，大子即尊號。以恪爲帝大傅。胤爲衛將軍，領尚書事。弘素與恪不平，懼爲恪所治。祕權死問，欲矯詔除恪。峻以告恪。恪請弘諮事，於坐中誅之。乃發喪制服焉。

　　吴之於魏也與蜀異。蜀地褊小，諸葛亮知其不足自守，故言漢賊不兩立，王業不偏安，仍歲出兵，以攻爲守。蔣琬、費褘、姜維，亦仍斯志。吴則據地較廣。北方之兵，不利水戰，進取較難。大帝在位雖久，自取荆州之後，稍已衰遲；魏自武帝崩殂，文帝、明帝繼立，其才更無足圖混一者；故雖仍歲交兵，迄無大舉也。魏明帝大和二年，孫權黄武七年。吴都陽大守周魴僞叛，以誘魏揚州牧曹休。明帝因之,使司馬懿下漢水,休督諸軍向尋陽,賈逵向東關。即濡須塢。
會冬水淺,大船不得行,乃詔懿駐軍。見賈逵、張郃《傳》。權至皖口。在今安徽懷寧縣
西。使陸遜督諸將,大破休於石亭。今安徽潛山縣東北。是役也,全琮與朱桓爲左
右督。桓議斷夾石挂車道,在今安徽桐城縣北。則彼衆可盡而休可虜。因此乘勝
長驅,以規許、洛。權先與陸遜議,遜以爲不可,故計不施行。據《魏志•賈逵
傳》,時明帝詔逵與休合兵,逵已疾行據夾石,時魏兵頗盛,吳即用朱桓計,亦
未必能有大功也。是歲,曹休卒。滿寵代督揚州。青龍元年,吳嘉禾二年。寵疏
言"合肥城南臨江湖,北遠壽春。賊攻圍之,得據水爲勢。官軍救之,當先破
賊大輩,然後圍乃得解。宜移城内之兵其西三十里。有奇險可依,更立城以
固守。此爲引賊平地而擒其歸路,於計爲便"。詔報聽。權向合肥新城,遣全
琮攻六安,後漢侯國,治六,今安徽六安縣北。皆不克。明年五月,權遣陸遜、諸葛瑾
屯江夏、沔口,孫韶、張承等向廣陵、睢陽。權率大衆圍合肥新城。寵欲拔新
城,致賊壽春。明帝不聽。七月,自率水軍東征。未至壽春,權退還。孫韶亦
罷。景初元年,吳嘉禾六年。權遣朱然圍江夏,全琮襲六安,皆不克。廢帝正始
二年,吳赤烏四年。四月,權遣全琮略淮南,諸葛恪攻六安,朱然圍樊,諸葛瑾取
柤中。[①] 在今湖北南漳縣西,其地在當時爲沔南沃壤,見《吳志•朱然傳注》引《襄陽記》。五月,
魏司馬懿救樊。六月,吳軍還。零陵大守殷札言於權曰:"曹氏喪誅累見,幼
童蒞事,宜約蜀乘時大舉。若循前輕舉,則不足大用,易於屢退。民疲威消,
時往力竭,非出兵之策也。"權弗能用。《權傳注》引《漢晉春秋》。四年,吳赤烏六年。
諸葛恪復攻六安。五年、吳赤烏七年。七年,吳赤烏九年。朱然再攻柤中。袁淮言
於曹爽曰:"吳、楚常爲中國患者,以陸鈔不利則入水,攻之道遠,中國之長技,
無所用之也。孫權自十數年以來,大田江北,繕治甲兵,精其守禦,數出盜竊,
敢遠其水,陸次平土,此中國所願聞也。夫用兵者當以飽待飢,以逸擊勞。師
不欲久,行不欲遠。守少則固,力專則彊。當今宜捐淮、漢以南,退卻避之。
若賊能入居中央,來略邊境,則隨其所短,中國之長技得用矣。若不敢來,則
邊境得安,無鈔盜之憂矣。襄陽孤在漢南,賊循漢而上,則斷而不通,一戰而
勝,則不攻而自服,故置之無益於國,亡之不足爲辱。自江夏已東,淮南諸郡,
三后已來,其所亡幾何? 若徙之淮北,則民人安樂,何鳴吠之驚乎?"不從。《魏
志•齊王紀注》引《漢晉春秋》。嘉平二年,吳赤烏十三年。都督荊、豫王昶奏"孫權流放
良臣,適庶分争,可乘釁而制吳、蜀。白帝、夷陵之間,黔、巫、秭歸、房陵,皆在

---

① 史事:殷札、諸葛恪之戰略(第三一七—三一九頁)。

江北,民夷與新城郡接,可襲取也"。乃遣新城大守州泰襲巫、秭歸、房陵,荆州刺史王基詣夷陵,昶詣江陵,吳使陸凱拒之。皆引還。明年,吳大元元年。王基、陳泰攻吳,破之。降者數千口。置南郡之夷陵,以居降附。又明年而權卒。

孫權既卒,論者議欲伐吳。而三征獻策各不同。征南大將軍王昶,征東大將軍胡遵,鎮南將軍毌丘儉,皆表請征吳。詔訪尚書傅嘏。嘏言惟進軍大佃,最差完牢。可令三方一時前守,奪其肥壤。時不從。初,孫權遷都建業,築東興隄遏湖水。後征淮南,敗以内船。由是廢不復修。權卒之歲,十月,諸葛恪會衆於東興,更作大隄。即東關。左右結山,俠築兩城,各留千人,使全端、留略守之。是月,魏詔王昶攻南郡,毌丘儉攻武昌,胡遵、諸葛誕以步騎七萬圍東興。恪興軍四萬,晨夜赴敵。大破之。魏軍死者數萬,資器山積。加荆、揚州牧,都督中外諸軍事。明年春,魏嘉平五年,吳建興二年。恪復欲出軍。諸大臣以爲數出罷勞,同辭諫恪。恪不聽。著論以諭衆意曰:"昔秦但得關西耳,尚以併吞六國。今賊皆得秦、趙、韓、魏、燕、齊九州之地,比古之秦,土地數倍。① 以吳與蜀比古六國,不能半之。今所以能敵之,但以操時兵衆,於今適盡,而後生者未悉長大,正是賊衰少未盛之時。加司馬懿先誅王淩,續自隕斃,其子幼弱,而專彼大任。雖有知計之士,未得施用。當今伐之,是其厄會。自本已來,務在産育。今者賊民,歲月繁滋,但以尚小,未可得用耳。若復十數年後,其衆必倍於今。而國家勁兵之地,皆已空盡,惟有此見衆,可以定事。若不早用之,端坐使老,復數十年,略當損半。而見子弟,數不足言。若賊衆一倍,而我兵損半,雖復使伊、管圖之,末可如何。"衆莫敢復難。二月,大發州郡二十萬衆以伐魏。恪意欲曜威淮南,驅略民人。而諸將或難之,曰:"今引軍深入,疆場之民,必相率遠遁,恐兵勞而功少。不如止圍新城。新城困,救必至,至而圖之,乃可大獲。"恪從其計。還圍新城。攻守連月,城不拔。士卒疲勞,因暑飲,水泄下流,腫病者大半,死傷塗地。魏遣司馬孚拒之。七月,恪引軍還。士卒傷病,流曳道路,或頓仆阬壑,或見略獲,而恪晏然自若。出住江渚一月,圖起田於潯陽。詔召相銜,徐乃還師。愈治威嚴,多所罪責。又改易宿衛,用其親近。復勑兵嚴,欲向青、徐。孫峻因民之多怨,衆之所嫌,構恪欲爲變。與亮謀,置酒請恪,伏兵殺恪於殿堂。瑾之死,恪已自封侯。弟融襲爵,攝兵駐公安。遣孫壹靜孫。等攻之。融飲藥死。壹督夏口。以峻爲丞相大將軍,督中外諸軍

---

① 户口:諸葛論魏之彊弱與人口之關係。科出亡叛(第三二二頁)。三國人口數(第三四一——三四二頁)。

事。案恪之欲大舉,即殷札之旨。觀其諭衆之論,可謂意思深長。《恪傳注》引《漢晉春秋》,言恪使司馬李衡説姜維同舉,曰:"今敵政在私門,外内猜隔。兵挫於外,而民怨於内。自曹操以來,彼之亡形,未有如今者也。若大舉伐之,使吳攻其東,漢入其西。彼救西則東虛,重東則西輕。以練實之軍,乘虛輕之敵,破之必矣。"此即亟肄以疲,多方以誤之策。初欲驅略淮南,意蓋即在於此。惜乎其誤聽諸將之計,頓兵堅城之下,違天時,失地利,轉遭挫折,遂致隕身也。自是以後,吳亦宵小當國,僅圖自保,無復能圖大舉者矣。

孫峻素無重名,驕矜險害,多所刑殺,百姓囂然。諸葛恪,故大子和妃張之舅也。恪有徙都意,便治武昌宮。民間或言欲迎和。峻素媚事全主,全主遂勸峻奪和璽綬,徙之新都。吳都,見第十一章第七節。遣使賜死。正元元年吳五鳳元年。秋,故大子登子吳侯英謀殺峻。覺,英自殺。《登傳注》引吳歷曰:孫和以無罪見殺,衆庶皆懷憤歎。前司馬桓慮,因此招合將吏,欲共殺峻立英。事覺,皆自殺。英實不知。二年吳五鳳二年。秋,魏使來聘。將軍孫儀等欲因會殺峻。事泄,儀等自殺。死者數十人,並及公主魯育。朱據妻。初,全主譖害王夫人,欲廢大子立魯王。朱據妻公主魯育,不聽。由是有隙。至是,全主因言朱主與儀同謀。峻殺朱主。甘露元年,吳大平元年。文欽説峻征魏。峻使欽與吕據、劉纂、朱異、唐咨自江都入淮、泗,以圖青、徐。九月,峻卒,以後事付從弟綝。爲侍中武衞將軍,領中外諸軍事。召還吕據等。據與諸督將連名共表薦滕胤爲丞相。時大司馬吕岱卒,綝以胤爲大司馬,代岱駐武昌。據引兵還。使人報胤,欲共廢綝。綝聞之,遣從兄慮三嗣主傳作憲。將兵逆據於江都。使兵攻圍胤,夷三族。據自殺,獲之。據、胤,皆孫壹之妹夫也。壹弟封又知據、胤謀,自殺。綝遣朱異潛襲壹。壹將胤妻奔魏。慮與誅諸葛恪之謀,峻厚之,綝遇慮薄於峻時,慮怒,與將軍王惇謀殺綝。綝殺惇。慮服藥死。二年,吳大平二年。四月,亮始親政事。綝所表奏,多見難問。又料兵子弟年十八已下,十五已上,得三千餘人,選大將子弟爲之將帥,日於苑中習焉。五月,魏諸葛誕請降。遣文欽、唐咨、全端、全懌等帥三萬人救之。突圍入城。朱異帥三萬人爲欽勢。異敗退。綝大發卒出屯鑊里。復遣異帥五萬人攻魏輜重,敗歸。綝授兵三萬人,使異死戰。異不從。綝斬之。綝既不能拔出誕,而喪敗士衆,自戮名將,莫不怨之。綝還建業,稱疾不朝。使弟據入宿衞,恩、幹、闓分屯諸營,欲以專朝自固。亮知朱主爲全主所害,問朱主死意。全主懼曰:"我實不知,皆據二子熊、損所白。"亮乃推朱主見殺本末,責熊、損不匡正孫峻,命丁奉殺熊、損。損妻,峻妹也。綝益忌亮。亮與公主魯班、大常全尚、將軍劉承議誅綝。亮妃,綝從姊女也。以其謀告綝。綝率衆夜襲尚,遣弟恩殺承。遂圍宮，黜亮爲會稽王，徵立權第六子琅邪王休。徙尚於零陵。遷公主於豫章。綝爲丞相荆州牧。恩御史大夫衞將軍，據右將軍，皆縣侯。幹雜號將軍，亭侯。闓亦封亭侯。綝一門五侯，皆典禁兵，權傾人主，自吳國朝臣，未嘗有也。休與張布休爲王時，布爲左右將督，素見信愛。時爲輔義將軍。及丁奉謀。十二月臘，百寮朝賀。詔武士縛綝。即日伏誅。闓乘船欲北降，追殺之。夷三族。景元元年，吳永安三年。會稽郡謠言亮當還爲天子。而亮宮人告亮使巫禱祠，有惡言。黜爲侯官侯，侯官，後漢縣，今福建閩侯縣。遣之國，道自殺。張布頗專權。休銳意典籍，欲畢覽百家之言。與博士祭酒韋曜、盛沖講論道藝。曜、沖素皆切直，布恐入侍發其陰失，妄飾説以拒遏之。休竟如布意，廢其講業。休居會稽，大守濮陽興深與相結，以爲丞相，與布相表裏。蜀亡之歲五月，交阯郡吏吕興等反。殺大守孫諝。使使如魏請大守及兵。明年七月，休薨。諡曰景帝。初，孫和之死也，嫡妃張氏亦自殺。何姬曰：「若皆從死，誰當養孤？」遂拊育和子皓及其三弟。孫休立，封皓爲烏程侯。烏程，秦縣，今浙江吳興縣南。是時蜀初亡，而交阯攜叛，國内震懼，貪得長君。左典軍萬彧，昔爲烏程令，與皓相善，乃勸興、布。於是興、布廢休大子雺而立皓。貶大后爲景皇后。封雺爲豫章王。或譖興、布追悔前事。十一月朔，入朝，皓因收興、布徙廣州。道追殺之。夷三族。明年晉武帝泰始元年，吳甘露元年。七月，逼殺景后。送休四子於吳小城。又追殺其大者二人。

第九節　孫吳之亡

吳自大帝死後，權戚紛争，綱紀蕩然。孫皓立，復益之以淫虐，其勢乃不可支矣。皓即位之歲，司馬昭爲魏相國。遣吳降將徐紹、孫彧致書於皓，陳事勢利害，求結歡弭兵。明年，晉武帝泰始元年，吳甘露元年。三月，皓遣使隨紹、彧報書。紹行到濡須，召還殺之，徙其家屬建安，吳郡，今福建建甌縣。始有白紹稱美中國者故也。九月，從西陵督步闡請，徙都武昌。使至洛，遇司馬昭死，乃遣還。是歲，晉武帝受魏禪。明年，晉泰始二年，吳寶鼎元年。正月，遣大鴻臚張儼、五官中郎將丁忠弔祭司馬昭。及還，儼道病死。忠説皓曰：「北方守戰之具不設，弋陽可襲而取。」漢縣，魏改郡，今河南潢川縣西。皓遂與晉絶。十月，永安山賊施但等聚衆數千人，永安，吳縣，今浙江武康縣西。劫皓庶弟永安侯謙出烏程。比至建業，衆萬餘人。丁固、諸葛靚敗之，獲謙。謙自殺。十二月，皓還都建業。泰始三年，吳寶鼎二年。六月，起昭明宮。《三國志》作顯明宮，係避晉諱，見《注》引《大康三年地記》。

二千石以下，皆自入山督攝伐木。又破壞諸營，大開園囿。起土山樓觀，窮極技巧。功役之費，以億萬計。《皓傳注》引《江表傳》。《三國志·華覈傳》曰：制度弘廣，飾以珠玉，所費甚多。盛夏興工，農守並廢。十二月，皓移居之。四年，吳寶鼎三年。九月，皓出東關。丁奉至合肥。是歲，遣交州刺史劉俊前部督修則等擊交阯。爲晉將毛炅等所破，皆死。兵散還合浦。漢郡，治徐聞。後漢徙治合浦，今廣東合浦縣東北。五年，吳建衡元年。遣監軍虞汜、威南將軍薛珝、蒼梧大守陶璜由荆州，監軍李勗、督軍徐存從建安海道，皆就合浦擊交阯。是歲，晉以羊祜督荆州。六年，吳建衡二年。李勗以建安道不通利，殺導將馮斐，引軍還。爲殿中列將何定所白。勗及徐存家屬皆伏誅。《注》引《江表傳》曰：定，汝南人，本孫權給使也。後出補吏。定佞邪僭媚。自表先帝舊人，求還內侍。皓以爲樓下都尉，典知酤糴事。專爲威福。而皓信任，委以衆事。定爲子求少府李勗女，不許。定挾忿，譖勗於皓，皓尺口誅之，焚其尸。孫匡孫秀匡，權弟。爲前將軍夏口督。皓意不能平。九月，遣何定將五千人至夏口獵。秀驚，奔晉。七年，吳建衡三年。正月，皓舉大衆出華里。在今首都西南。皓母及妃妾皆行。東觀令華覈等固爭，乃還。《注》引《江表傳》曰：初，丹陽刁玄使蜀，得司馬徽與劉廙論運命曆數事，玄詐增其文，以誑國人，曰：「黃旗紫蓋，見於東南。終有天下者，荆、揚之君乎？」又得國中降人，言壽春下有童謠曰：「吳天子當上。」皓聞之，喜，曰：「此天命也。」即載其母妻子及後宮數千人，從牛渚陸道西上。云青蓋入洛陽，以順天命。行遇大雪。道途陷壞。兵士被甲持仗，百人共引一車。寒凍殆死。人不堪苦，皆曰：「遇敵便當倒戈耳。」皓聞之，乃還。牛渚，山名，在今安徽當塗縣西北。其突出山中處，名采石磯。汜潢破交阯，禽殺晉所置守將。九真、日南皆還屬。初，步騭在孫權之世，久督西陵。及卒，魏正始九年，吳赤烏十一年。子協嗣統所領。協卒，弟闡繼業爲西陵督。八年，吳鳳皇元年。召爲繞帳督。自以失職，又懼有讒禍，於是據城降晉。樂鄉都督陸抗抗，遜子。樂鄉，城名。今湖北松滋縣東。聞之，部分諸軍，剋日攻闡。晉使羊祜出江陵，荆州刺史楊肇迎闡。巴東監軍徐胤攻建平。抗以江陵城固，赴西陵敗肇兵。祜等皆引還。抗遂陷西陵城，誅闡及同計數十人，皆夷三族。是歲，右丞相萬彧被譴，憂死。徙其子弟於廬陵。《注》引《江表傳》曰：初，皓游華里，彧與丁奉、留平密謀曰：此行不急。若至華里不歸，社稷事重，不得不有還。語頗泄。皓聞知，以彧等舊臣，且以計忍，而陰銜之。後因會，以毒酒飲彧。傳酒人私減之。又飲留平。平覺之，服他藥以解，得不死。彧自殺。平憂懣，月餘亦死。何定姦穢發聞，伏誅。《注》引《江表傳》曰：定使諸將各上好犬，皆千里遠求，一犬至直數千匹。御犬率ླྀ纓，直錢一萬。一犬一兵，養以捕兔供厨，所獲無幾。吳人皆歸罪於定。而皓以爲忠勤，賜爵列侯。九年，吳鳳皇二年。皓愛妾或使人至市，劫奪百姓財物。司市中郎將陳聲，素皓幸臣也，恃皓寵遇，繩之以法。妾以愬皓。皓大怒。假他事燒鋸，斷聲頭，投其身於四望之下。《賀邵傳》云：中宮內豎，分佈州郡，擅興事役，競造姦利，則其惡尚不止於是。或云中宮當作中官，恐不然也。十年，吳鳳皇三年。

會稽妖言章安侯奮當爲天子。臨海大守奚熙{臨海，吳郡，治章安。今浙江臨海縣東南。}與會稽大守郭誕書，非論國政。誕但白熙書，不白妖言。送赴建安作船。遣三郡督何植收熙。熙發兵自衛，斷絶海道。熙部曲殺熙，送首建業，夷三族。奮，權弟。《奮傳》云：建衡二年，孫皓左夫人王氏卒。皓哀念過甚，朝夕哭臨，數月不出。由是民間或謂皓死。訛言奮與上虞侯奉當有立者。奮母仲姬，墓在豫章，豫章大守張俊疑其或然，掃除墳塋。皓聞之，車裂俊，夷三族。《注》引《江表傳》曰：奮以此見疑。本在章安，徙還吳城禁錮。使男女不得通婚。年恰三十、四十，不得嫁娶。奮上表，乞自比禽獸，使男女自相配偶。皓大怒。遣察戰齎藥賜奮。奮不受藥，叩頭千下，曰："老臣自將兒子，治生求活，無豫國事，乞丐餘年。"皓不聽。父子皆飲藥死。奉，策孫，亦誅死，見《策傳》。又《孫和何姬傳注》引《江表傳》曰：皓以張布女爲美人，有寵。皓問曰："汝父所在？"答曰："賊以殺之。"皓大怒，棒殺之。後思其顔色。使巧工刻木作美人形象，恒置座側。問左右："布復有女否？"答曰："布大女適故衛尉馮朝子純。"即奪純妻入宮。大有寵，拜爲左夫人。晝夜與夫人房宴，不聽朝政。使尚方以金作華燧步搖假髻以千數，令宮人著以相撲。朝成夕敗，輒出更作。工匠因緣偷盜，府藏爲空。會夫人死，皓哀慼思念，葬於苑中。大作冢。使工匠刻柏作木人内冢中，以爲兵衛。以金銀珍玩之物送葬，不可稱計。已葬之後，皓治喪於内，半年不出。國人見葬大奢麗，皆謂皓已死，所葬者是也。皓舅子何都，顔狀似皓，云都代立。臨海大守奚熙信讒言，舉兵欲還誅都。都叔父信時爲備海督，擊殺熙，夷三族。讒言乃息，而人心猶疑。案《何姬傳》云：吳末昏亂，何氏驕僭，子弟横放，百姓患之，故民間讒言皓久死，立者何氏子云。讒言非一，可見人心之不安也。七月，遣使者二十五人分至州郡，科出亡叛。陸抗卒。抗自建衡二年，都督信陵、西陵、夷道、樂鄉、公安諸軍事。{信陵，吳縣，在今湖北秭歸縣東。}疾病，上疏曰："西陵、建平，國之蕃表。既處下流，受敵二境。若敵汎舟順流，舳艫千里，星奔電邁，俄然行至，非可恃援他部，以救倒縣也。此乃社稷安危之機，非徒封疆侵陵小害也。臣父遜昔在西垂，陳言以爲西陵國之西門，雖云易守，亦復易失。若有不守，非但失一部，則荆州非吳有也。如其有虞，當傾國争之。臣往在西陵，得涉遜迹。前乞精兵三萬。而至者循常，未肯差赴。自步闡以後，益更損耗。今臣所統千里，受敵四處。外禦彊對，内懷百蠻。而上下見兵，財有數萬。羸弊日久，難以待變。臣愚以爲諸王幼沖，未統國事，無用兵馬。又黄門豎官，開立占募，兵民怨役，逋逃入占。乞特詔簡閲，一切料出，以補疆場受敵常處。使臣所部，足滿八萬。省息衆務，信其賞罰。雖韓、白復生，無所展巧。若兵不增，此制不改，而欲克諧大事，此臣之所深戚也。"讀此疏，可知皓時兵備之空虛矣。咸寧元年，吳郡言"掘地得銀，長一尺，廣三分，刻上有年月字"。於是大赦，改年天册。二年，吳郡言"臨平湖{在浙江杭縣東北。}自漢末草穢壅塞，今更開通。長老相傳：此湖塞，天下亂；此湖開，天下平。又於湖邊得石函。中有小石，青白色，長四寸，廣二寸餘，刻上作皇帝字"。於是大赦，改年天璽。會稽大守車浚、湘東大守張詠{湘東，吳郡，治酃，今湖南衡陽縣。}不出算緡，就在所斬之，徇首諸郡。《注》引《江表傳》曰：浚在公清忠，值郡荒旱，民無資糧，表求振貸。皓謂浚欲樹私恩，遣人梟首。又尚書熊睦，見皓酷虐，微有所諫。皓使人以刀環撞殺之，身無完肌。八月，京下督孫楷降晉。楷，韶子。韶伯父河，本姓俞氏。孫策愛之，賜姓爲孫，列之屬籍。後爲將軍，屯京城。孫權殺吳郡大守盛憲。憲故孝廉媯覽、戴員亡匿山中。孫翊爲丹陽，皆禮致之。覽爲大都督，督兵。員爲郡丞。翊爲左右邊鴻所殺。河馳赴，責怒覽、員。覽、員殺河。韶統河部曲。後爲廣陵大守，鎮北將軍，數十年。赤烏四年卒，子越嗣。楷，越兄，代越爲京下督。初，永安施但劫皓弟謙襲建業，或白楷二端，不即赴討。皓數遣詰楷。楷常惶怖。是年徵楷爲宮下鎮驃騎將軍，遂將妻子親兵數百人歸晉。鄱陽言歷陽山石文理成字，又吳興陽羨山有空石，長十餘丈，名曰石室。在所表爲大瑞。乃遣兼司徒董朝、兼大常周處至陽羨縣，今江蘇宜興縣。封禪國山。在宜興西南。又改元爲天紀。初，騶子張俶多所譖白，累遷爲司直中郎將，封侯，甚見寵愛。是歲，姦情發聞，伏誅。《注》引《江表傳》云：俶表立彈曲二十人，專糾司不法。於是愛惡相攻，互相謗告。彈曲承言，收繫圄圉。聽訟失理，獄以賄成。人民窮困，無所措手足。俶奢淫無厭，取小妻三十餘人。擅殺無辜。衆姦並發，父子俱見車裂。晉以王渾督揚州。四年，吳天紀二年。羊祜卒，以杜預督荆州。五年，吳天紀三年。合浦大守部曲郭馬反。自號都督交、廣二州諸軍事。八月，以丞相張悌領廣州牧，從東道，徐陵督陶濬從西道討馬。徐陵，即京城。而晉軍旋至矣。

晉武帝雖藉父祖餘業篡魏，然性實因循，故久未以吳爲事。時朝議亦多不欲伐吳。而羊祜、杜預、王濬等咸欲滅吳以爲功。朝臣中惟張華贊之。是冬，乃使琅邪王伷出涂中，伷，懿子。涂水，今滁河。王渾及揚州刺史周浚向牛渚，王戎出武昌，胡奮出夏口，杜預出江陵，王濬、唐彬以巴、蜀之卒浮江而下。皓使張悌督沈瑩，丹陽大守。諸葛靚副軍師。率衆三萬渡江逆之。至牛渚。瑩曰："晉治水軍於蜀久矣。今傾國大舉，萬里齊力，必悉益州之衆，浮江而下。我上流諸軍，無有戒備。名將皆死，幼少當任。恐邊江諸城，盡莫能禦。晉之水軍，必至於此矣。宜畜衆力，待來一戰。若勝之日，江西自清。上方雖壞，可還取之。今渡江逆戰，勝不可保。若或摧喪，則大事去矣。"悌曰："吳之將亡，賢愚所知。蜀兵來此，衆心必駭。懼不可復整。今宜渡江，決戰力爭。若其敗喪，同死社稷。若其克勝，則北敵奔走，兵勢萬倍，便當乘威西上，逆之中道，不憂不破也。若如子計，恐行散盡，相與坐待敵到，君臣俱降，無復一人死難者，不亦辱乎？"遂渡江戰。吳軍大敗。《皓傳注》引《襄陽記》。悌、瑩皆死。陶濬至武昌，聞北軍大出，停駐不前。初，皓每宴會羣臣，無不咸令沈醉。置黃門郎十人，特不與酒，侍立終日，爲司過之吏。宴罷之後，各奏其闕失。迕視之咎，繆言之愆，罔有不舉。大者即加威刑，小者輒以爲罪。《韋曜傳》云：時有愆過，或誤犯皓諱，輒見收縛，至於誅戮。後宮數千，而采擇無已。《皓滕夫人傳》云：後宮數千，佩皇后璽綬者多矣。《注》引《江表傳》曰：皓又使黃門備行州郡，科取將吏家女。其二千石大臣子女，皆當歲歲言名。年十五六一簡閱。簡閱不中，乃得出嫁。後宮千數，而采擇無已。《陸凱傳》：凱上疏言：“昔先帝時，後宮列女，及諸織絡，數不滿百。伏聞織絡及諸徒坐，乃有千數。”又激水入宮，宮人有不合意者，輒殺流之。或剥人之面，或鑿人之眼。《陸抗傳》載抗疏曰：“已死之刑，固無所識。至乃焚爍流漂，棄之水濱。”案皓所枉殺者，如張紘之孫尚，及王蕃、樓玄、賀邵、韋曜等，均見各本傳。岑昏險諛貴幸，致位九列。好興功役，衆所患苦。《華覈傳》：覈上疏言：“都下諸官，各自下調。不計民力，輒興近期。長吏畏罪，晝夜催民。委舍田事，皇赴會日。定送到部，或蘊積不用。而徒使百姓消力失時。到秋收月，督其限人。如有逋縣，則籍没財物。”是以上下離心，莫爲皓盡力。太康元年吳天紀四年。三月，殿中親近數百人叩頭請皓殺岑昏。皓惶懼從之。陶濬從武昌還，即引見，問水軍消息。對曰：“蜀船皆小。今得二萬兵，乘大船戰，自足擊之。”於是合衆，授濬節鉞。明日，當發，其夜，衆悉遁走。王濬克丹陽。吳人於江險磧要害之處，並以鐵鏁橫截之。又作鐵椎，長丈餘，暗置江中，以逆距船。濬乃作大筏數十，亦方百餘步。縛草爲人，被甲持丈。令善水者以筏先行。筏遇鐵椎，椎輒著筏去。又作火炬，長十餘丈，大數十圍，灌以麻油，在船前。遇鏁，然炬燒之。須臾，融液斷絶。於是船無所礙。剋西陵、荆門、山名，在湖北宜都縣西北。夷道、樂鄉、夏口、武昌，無相支抗。皓遣游擊將軍張象率舟軍萬人禦濬，象軍望旗而降。濬順流將至。仙、渾皆臨近境，皓分遣使，奉書於濬、仙、渾。濬先到，受皓之降。舉家西遷，封爲歸命侯，五年死於洛陽。其江陵爲杜預所克，自沅、湘以至交、廣，皆望風歸命焉。

第十節　三國時四裔情形

匈奴單于於扶羅，以漢獻帝興平元年死，弟呼廚泉立。數爲鮮卑所鈔。建安二十一年，來朝。曹操因留於鄴，使右賢王去卑監其國。《晉書·匈奴傳》云：魏武帝始分其衆爲五部，部立其中貴者爲帥，《劉元海載記》：以豹爲左部帥，其餘部帥，皆以劉氏爲之。選漢人爲司馬以監督之。魏末，復改帥爲都尉。《劉元海載記》云：大康中改署都尉。案《三國·魏志·明帝紀》：大和五年，復置護匈奴中郎將。其左部都尉所統可萬餘落，居於大原故玆氏縣。今山西高平縣。右部都尉可六千餘落，居祁縣。今山西祁縣。南部都尉可三千餘落，居蒲子縣。今山西隰縣。北部都尉可四千餘落，居新興縣。今山西忻縣。中部都尉可四千餘落，居大陵縣。今山西平陸縣。左部帥豹，於扶羅子，呼廚泉以爲左賢王，即劉淵之父也。《三國志·鄧艾傳》云：嘉平中，并州右賢王劉豹並爲一部。艾上言：“自單于在外，莫能牽制長卑。誘而致之，使來入侍，由是羌夷失統，合散無主，以單于在內，萬里順軌。今單于之尊日疏，外土之威寖重，則胡虜不可不深備也。聞劉豹部有叛胡，可因叛割爲二國，以分其勢。去卑功顯前朝，而子不繼業，宜加其子顯號，使居雁門。離國弱寇，追錄舊勳，此御邊長計也。”蓋左部獨強之勢，已稍顯矣。

烏桓丘力居，獻帝初平中死，子樓班年少，從子蹋頓有武略，代立。總攝三王，據《三國志·烏丸傳》。《後漢書》作總攝三郡。蓋指上谷之難樓，遼東之蘇僕延，右北平之烏延。部衆皆從其教令。袁紹與公孫瓚連戰不決，蹋頓遣使詣紹求和親，助紹擊瓚，破之。紹矯制，賜蹋頓、難樓、蘇僕延、烏延等皆以單于印綬。後難樓、蘇僕延率其部落，奉樓班爲單于，然蹋頓猶秉計策。廣陽人閻柔，少沒烏桓、鮮卑中，爲其種人所歸信，柔乃因鮮卑衆殺烏桓校尉邢舉而代之。袁紹因寵慰柔，以安北邊。及紹子尚敗奔蹋頓，時幽、冀吏民奔烏桓者十餘萬戶，尚欲憑其兵力，復圖中國。會曹操平河北，閻柔帥鮮卑、烏桓歸附。操即以柔爲校尉。建安十二年，曹操自征烏桓，大破蹋頓於柳城，斬之。袁尚與樓班、烏延等皆走遼東，公孫康並斬送之。其餘遺迸皆降。及幽州、并州柔所統烏桓萬餘落，悉徙其族居中國，帥從其侯王大人種衆與征伐。由是三郡烏桓，爲天下名騎。《三國·蜀志·先主傳》：與田楷救陶謙時，自有兵千餘人，及幽州烏丸雜胡騎，則用烏丸爲騎兵，由來已久。明帝景初元年秋，遣幽州刺史毌丘儉率衆軍討遼東。右北平烏丸單于寇婁敦，遼西烏丸都督率衆王護留葉，昔隨袁尚奔遼西，聞儉軍至，率衆五千餘人降。寇婁敦遣弟阿羅槃等詣闕朝貢。封其渠帥三十餘爲王，賜輿馬、繒采各有差。《三國志·烏丸傳注》引《魏略》。

鮮卑魁頭死，弟步度根立。衆稍衰弱。中兄扶羅韓，亦別擁衆數萬，爲大人。軻比能本小種鮮卑，以勇健，斷法平端，不貪財物，衆推以爲大人。部落近塞。自袁紹據河北，中國人多亡叛歸之，教作兵器鎧楯，頗學文字，故其勒御部衆，擬則中國。大祖定幽州，步度根與軻比能等因閻柔上貢獻。建安二十三年，代郡、上谷烏丸無臣氐等叛，據《本紀》。《鮮卑傳》作能臣氐。比能復助爲寇，大祖以鄢陵侯彰爲驍騎將軍，北征，大破之。比能走出塞。《彰傳》云：比能將數萬騎觀望強弱，見彰力戰，所鄉皆破，乃請服，北方悉平。《裴潛傳》云：代郡大亂，以潛爲大守。烏丸王及其大人凡三人，各自稱單于，專制郡事，前大守莫能治正，大祖欲授潛精兵，以鎮討之。潛辭曰：“代郡戶口殷衆，士馬控弦，動有萬數。單于自知放橫日久，內不自安。今多將兵往，必懼而拒境，少將則不見憚，宜以計謀圖之，不可以兵威迫也。”遂單車之郡。單于驚喜。潛撫之以靜。單于以下，脫帽稽顙，悉還前後所略婦女器械財物。潛案誅郡中大吏與單于爲表裏者郜温、郭端等十餘人。北邊大震，百姓歸心。在代三年，還爲丞相理曹掾，大祖褒稱治代之功，潛曰：“潛於百姓雖寬，於諸胡尚峻。今繼者必以潛爲治過嚴，而事加寬惠。彼素驕恣，過寬必弛，既弛又將攝之以法，此訟爭所由生也。以勢料之，代必復叛。"於是大祖深悔還潛之速。後數十日，單于反間至，乃遣鄢陵侯彰爲驍騎將軍征之。《本紀》：建安二十一年，代郡烏桓行單于普富盧與其侯王來朝，蓋潛在郡時也。後復通貢獻。能臣氐等之叛也，求屬扶羅韓，扶羅韓將萬餘騎迎之。到桑乾，漢縣，今山西山陰縣。氐等議以爲扶羅韓部威禁寬緩，恐不見濟，更遣人呼軻比能。比能即將萬餘騎到。當共盟誓，比能即於會上殺扶羅韓。扶羅韓子泄歸泥及部衆悉屬比能。比能自以殺歸泥父，特又善遇之。步度根由是怨比能。延康中，比能遣使獻馬，文帝立爲歸義王。文帝踐阼，田豫爲烏丸校尉，持節，並護鮮卑，屯昌平。漢縣，今河北昌平縣東南。步度根遣使獻馬。帝拜爲王。素利、彌加、厥機在遼西、右北平、漁陽塞外，道遠，初不爲邊患，然其種衆多於比能。建安中，因閻柔上貢獻，通市，大祖皆表寵以爲王。厥機死，又立其子沙末汗爲親魏王。[①] 文帝立素利、彌加爲歸義王。比能與素利、步度根更相攻擊，田豫和合，使不得相侵。步度根部衆稍寡弱，將其衆萬餘落依大原雁門郡。使人招呼泄歸泥，歸泥將其部落逃歸步度根。比能追之，弗及。黄初五年，步度根詣闕貢獻。厚加賞賜。是後一心守邊，不爲寇害。是年，比能復擊素利，豫帥輕騎徑進掎其後，由是懷貳。帝復使豫招納安慰。《豫傳》：文帝初，北狄彊盛，侵擾邊塞，乃使豫持節護烏桓校尉牽招、解雋，並護鮮卑。自高柳以東，濊貊以西，鮮卑數十部，比能、彌加、素利割地統御，各有分界。乃共要誓，皆不得以馬與中國市。豫以戎狄爲一，非中國之利，乃先構離之，使自爲讎敵，互相攻伐。素利違盟，出馬千匹與官，爲比能所牧，求救於豫。豫恐遂相兼併，爲害滋深，單將銳卒，深入虜庭。胡人衆多，鈔軍前後，斷絕歸路。豫從他道引去。胡追豫到馬城，圍之數十里。豫出虜不意，追討二十餘里，僵尸蔽地。又烏丸王骨進，桀黠不恭，豫因出塞案行，斬進，以進弟代。自是胡人破膽，威震沙漠，馬城，漢縣，在今察哈爾懷安縣北。比能衆遂彊盛，控弦十餘萬騎，餘部大人皆敬憚之，然猶未能及檀石槐也。六年，并州刺史梁習討比能，大破之。明帝即位，務綏和戎狄，以息征伐，兩部羈縻而已。大和二年，田豫遣譯詣比能女婿鬱築鞬部，爲鞬所殺。其秋，豫將西部鮮卑蒲頭、泄歸泥出塞討鬱築鞬，大破之。還至馬城，比能自將三萬騎圍豫七日。上谷大守閻志，柔之弟也，素爲鮮卑所信，志往解喻，即解圍去。後幽州刺史王雄並領校尉，撫以恩信，比能數款塞，詣州奉貢獻。《明帝紀》：大和五年，鮮卑附義王軻比能率其種人及丁零大人兒禪詣幽州貢名馬。《蜀志·諸葛亮傳》：亮以建興九年出祁山，注引《漢晉春秋》云：亮圍祁山，招鮮卑軻比能，比能等至故北地石城以應亮。建興九年，即大和五年，則比能之服，非誠服也。至青龍元年，比能誘步度根使叛并州，與結和親。自勒萬騎迎其累重於陘北。并州刺史畢軌遣將軍蘇尚、董弼等擊之。比能遣子將騎與尚等會戰於樓煩，漢縣，在今雁門關北。臨陳害尚、弼。於是步度根將泄歸泥及部衆悉保比能，寇鈔并州，殺略吏民。帝遣驍騎將軍秦朗征之。歸泥叛比能，將其部衆降。拜歸義王。居并州如故。步度根爲比能所殺。三年，王雄遣勇士韓龍刺殺比能，更立其弟。素利以大和二年死，子小，以弟成律歸爲王，代攝其衆。案自後漢之世，匈奴分裂敗亡以來，烏丸、鮮卑之衆，實遠較匈奴爲盛，特皆不能統一，故尚不爲大患也。

　　後漢之於西域，中葉以後，朝威稍損，已見第十章第六節。然往還迄未嘗絕，至三國之世而猶然。《魏志·四夷傳》云：“魏興，西域雖不能盡至，其大國龜茲、于寘、康居、烏孫、疏勒、月氏、鄯善、車師之屬，無歲不奉朝貢，略如漢氏故事。”其見於帝紀者：文帝黃初元年，焉耆、于闐王皆各遣使奉獻。三年，鄯善、龜茲、于闐王各遣使奉獻。明帝大和元年，焉耆王遣子入侍。三年，大月氏王波調遣使奉獻，以調爲親魏大月氏王。齊王景初三年二月，西域重譯獻火浣布。詔大將軍、大尉臨試，以示百寮。陳留王咸熙二年，康居、大宛獻名馬，皆其事。然《晉書·宣帝紀》載正始元年，焉耆、危須來獻，而志無其事，知帝紀所載，尚不完具也。《崔林傳》：遷大鴻臚。龜茲王遣侍子來朝，朝廷嘉其遠至，褒賞其王甚厚。餘國各遣子來朝，間使連屬。林恐所遣或非真的，權取疏屬賈胡，因通使命，利得印綬，而道路護送，所損滋多。乃移書敦煌喻旨，並錄前世待遇諸國豐約故事，使有恒常。亦見是時來者之多也。魏涼州刺史領戊己校尉，護西域，如漢故事。見《晉書·地理志》。《三國·魏志·徐邈傳》：邈爲涼州刺史，西域流通，荒戎入貢，皆邈勳也。《蜀志·後主傳》：建興五年，丞相亮出屯漢中。《注》引《諸葛亮集》載後主詔曰“涼州諸國王，各遣月支、康居胡侯支富、康植等二十餘人詣受節度”，則西胡之居涼州者不少矣。故姜維欲用之也。《魏志·四夷傳注》引《魏略·西戎傳》曰：西域諸國，漢初開其道，時有三十六，後分爲五十餘。從建武以來，更相吞滅，於今有二十。據其所載：則且志、當係且末之誤。小宛、精絕、樓蘭，並屬鄯善。鄯善，本樓蘭改名，而此云樓蘭並屬鄯善者，此所謂國，皆指城邑而言，非如今所謂國者，兼該四竟之內，此時鄯善或已遷治，其故治仍名樓蘭也。戎盧、扜彌、渠勒、皮穴，《漢書》皮山。並屬于寘。罽賓、大夏、高附、天竺，並屬大月氏。尉梨、危須、山王，《漢書》山國。並屬焉耆。姑墨、溫宿、尉頭，並屬龜茲。楨中、《後書·班超傳》損中城，《注》作頓中。莎車、竭石，今喀什噶爾。渠沙、《北史》：渠莎，居故莎車城。西夜、依耐、滿犂、《漢書》蒲犂。億若、漢德若。榆令、前後《書》皆無此國。捐毒、休脩、《漢書》休循。琴國，前後《書》皆無。並屬疏勒。東西且彌、《後書》無西且彌。單桓、畢陸、漢卑陸。蒲陸、蒲類。烏貪，前後《書》烏貪訾離。並屬車師後部。王治于賴城，魏賜其王壹多雜守魏侍中，號大都尉，受魏玉印。《臧洪傳注》引謝承書載洪父旻對袁逢之問,謂西域三十六國,後分爲五十五,稍散至百餘國。《後書·洪傳注》引同。蓋其分者以人口漸繁,拓地漸廣,建城邑亦漸多;其合,則以中國既衰,匈奴亦弱,莫能干與其事,狡焉思啓者,因得遂其吞併之計也。《西戎傳》又言:"從玉門關入西域,前有二道,今有三道。"其南道與《漢書》南道同。中道即《漢書》北道。其北別有新道,從玉門關西北出,轉西與中道合龜兹。更轉西北,即入烏孫、康居云。又云:"凡西域所出,有前史已具詳,今故略説南道。"其南道,自罽賓經大夏、高附、天竺至臨兒,即佛所生國。轉東南入盤越。盤越,一名漢越王,在天竺東南數千里,與益部相近,蜀人賈似至焉。此國當在今緬甸、阿薩密之間,則中國西南行,陸道亦抵印、緬間,與水道幾相遇矣。《西戎傳》又云:"前世繆以爲條支在大秦西,今其實在東。前世又以爲彊於安息,今更役屬之,號爲安息西界。前世又繆以弱水在條支西,今弱水在大秦西。前世又繆以爲從條支西行二百餘日近日所入,今從大秦西近日所入。大秦國,一號犁軒,在安息、條支西,大海之西。從安息界安谷城,乘船直截海西,遇風利二月到,風遲或一歲,無風或三歲。其國在海西,故俗謂之海西。有河出其國。西又有大海。海西有遲散城,從國下,直北至烏丹城。西南又渡一河,乘船一日乃過。西南又渡一河,一日乃過。凡有大都三。卻從安谷城陸道直北行,之海北,復直西行,之海西,復直南行,經烏遲散城,渡一河,乘船一日乃過。周圍繞海,凡當渡大海六日乃到其國。常欲通使於中國,而安息圖其利,不能得過。大秦道既從海北陸通,又循海而南,與交阯七郡外夷北又有水道通永昌,故永昌出異物。前世但論有水道,不知有陸道,今其略如此。大秦西有海水,海水西有河水,河水西南北行有大山。西有赤水。赤水西有白玉山。白玉山有西王母。西王母西有修流沙。流沙西有大夏國、堅沙國、屬繇國、月氏國。四國西有黑水。所傳聞西之極矣。"案安息、大秦間之海,必即紅海無疑。此即甘英之所臨。當時僅知有渡海而西之道,尚未知此所云繞海之道也。弱水、赤水、黑水、白玉山、流沙、西王母等,乃自古相傳以爲極西之地,隨所至輒以爲更在其表,已見第九章第四節。大夏、月氏,必不得在大秦之西,而此云流沙、西王母在大秦之西,大夏、月氏更在流沙、西王母之西者?一説以流沙、西王母在大夏、月氏之東,一説又推而致之大秦之西,爲此説者,本不知大夏、月氏之所在,既推流沙、西王母於大秦之表,又采舊説,以流沙、西王母在大夏、月氏之裏者,緄而一之,致有此顛倒錯亂之語也。《梁書·諸夷傳》云:孫權黃武五年,有大秦賈人字秦論,來到交阯。交阯大守吳邈遣送詣權。權問方土謠俗,論具以事對。時諸葛恪討丹陽,獲黝、歙短人,論見之曰:"大秦希見此人。"權以男女各十人,差吏會稽劉咸送論。咸於道物故,論乃徑還本國。此則歐人之自海道來者也。其自新疆向西北諸國：《魏略》云：大宛、安息、條支、烏弋無增損。惟云：烏弋一名排持。持，北宋本作特。烏孫、康居亦無增損。烏伊別國在康居北。又有柳國，又有嚴國，又有奄蔡國，一名阿蘭，皆與康居同俗，西與大秦，東南與康居接。故時羈屬康居，今不屬也。案嚴國，《後漢書》作嚴國，云在奄蔡北，屬康居。

自昭帝棄真番、臨屯，光武復罷東部都尉，漢室在東北之威靈，頗爲失墜，至漢、魏間乃復一振，則公孫度、毌丘儉爲之也。高句麗王伯固死，有二子：長子拔奇，小子伊夷模。拔奇不肖，國人共立伊夷模爲王。自伯固時數寇遼東，又受亡胡五百餘家。建安中，公孫康出軍擊之，破其國，焚燒邑落。拔奇怨爲兄而不得立，與涓奴加各將下戶三萬餘口詣康降。還住沸流水。降胡亦叛伊夷模。伊夷模更作新國。當在丸都山上，見下。其後復擊玄菟。玄菟與遼東合擊，大破之。伊夷模無子，淫灌奴部，生子名位宮。伊夷模死，立以爲王。句麗呼相似爲位。其曾祖宮，生能開目視，位宮生墮地亦能開目視人，故名之曰位宮。位宮有勇力，便鞍馬，善獵射。司馬懿討公孫淵，位宮遣主簿、大加將數千人助軍。正始三年，寇西安平。在今遼寧蓋平縣東南。五年，幽州刺史毌丘儉督諸軍步騎萬人出玄菟，從諸道討之。位宮將步騎二萬人進軍沸流水上。大戰梁口，宮連破走。儉遂束馬縣車，以登丸都。屠句麗所都，斬獲首虜以千數。宮單將妻子逃竄。儉引軍還。六年，復征之。宮遂奔買溝。儉遣玄菟大守王頎追之。過沃沮千有餘里，至肅慎氏南界，刻石紀功，刊丸都之山，銘不耐之城，諸所誅納，八千餘口云。右據《三國·魏志·毌丘儉傳》。其《沃沮傳》云：毌丘儉討句麗，句麗王宮奔沃沮，遂進師擊之，沃沮邑落皆破之。宮奔北沃沮。北沃沮一名置溝婁，去南沃沮八百餘里，與挹婁接。王頎別遣追討宮，盡其東界。問其耆老：海東復有人否？耆老言：國人嘗乘船捕魚，遭風見吹，數十日，東得一島，上有人，言語不相曉。其俗常以七月取童女沈海。又言有一國，亦在海中，純女無男。又説得一布衣，從海中浮出，其身如中國人衣，其兩袖長三丈。又得一破船，隨波出在海岸邊。有一人，項中復有面。生得之，與語不相通。不食而死。其域皆在沃沮東大海中。買溝，疑置溝婁之脱誤，其地當在朝鮮咸鏡道北境也。《濊傳》云：自單單大領以西屬樂浪，自領以東七縣，都尉主之，皆以濊爲民。後省都尉，封其渠帥爲侯，今不耐濊皆其種也。漢末皆屬句麗。此位宮所由奔之也。又云：正始六年，樂浪大守劉茂、帶方大守弓遵以領東濊屬句麗，興師伐之。不耐侯等舉邑降。其八年，詣闕朝貢。詔更拜不耐濊王。居處雜在民間，四時詣郡朝謁。二郡有軍征賦調，供給役使，遇之如民。劉茂、弓遵之師，蓋與毌丘儉並出，是年可謂大舉矣。然其後卒亡於三韓。

《韓傳》云：韓有三種：一曰馬韓，二曰辰韓，三曰弁韓。辰韓者，古之辰國也。馬韓在西，凡五十餘國，大國萬餘家，小國數千家，總十餘萬戶。辰韓始有六國，稍分爲十二。弁辰亦十二國。弁辰、辰韓，合二十四國。大國四五千家，小國六七百家，總四五萬戶。其十二國屬辰王。辰王常用馬韓人作之，世世相繼，辰王不得自立爲王。《注》引《魏略》曰：明其爲流移之人，故爲馬韓所制。"其十二國屬辰王"，"辰王不得自立爲王"之辰王，蓋指辰韓之王，"辰王常用馬韓人作之"之辰王，則指三韓之共主，《國志》此文，疑有奪誤，故其辭不別白也。韓，漢時屬樂浪郡，四時朝謁。桓、靈之末，韓、濊彊盛，郡縣不能制，民多流入韓國。建安中，公孫康分屯有縣即臨屯。以南荒地爲帶方郡。漢江以北之地。帶方，漢縣，在錦江流域。遣公孫模、張敞等收集遺民，興兵伐韓、濊，舊民稍出。是後倭、韓遂屬帶方。景初中，明帝密遣帶方大守劉昕、樂浪大守鮮于嗣越海定二郡。諸韓國臣智、加賜邑君印綬。其次與邑長。部從事吳林以樂浪本統韓國，分割辰韓八國，以與樂浪。吏譯轉有異同，臣智激韓忿攻帶方郡崎離營。時大守弓遵、樂浪大守劉茂興兵伐之。遵戰死。二郡遂滅。

夫餘本屬玄菟，公孫度雄張海東，夫餘王尉仇台更屬遼東。時句麗、鮮卑彊，度以夫餘在二虜之間，妻以宗女。尉仇台死，簡位居立。無適子。有孽子麻余。位居死，諸加共立麻余，牛加兄子名位居，爲大使，輕財善施，國人附之。歲歲遣使詣京都貢獻。毌丘儉討句麗，遣王頎詣夫餘。位居遣大加郊迎，供軍糧。季父牛加有二心，位居殺季父父子，籍沒財物，遣使薄斂送官。

《倭傳》云：其國本亦以男爲王。住七八十年，倭國亂，相攻伐，歷年，乃共立一女子爲王，名曰卑彌呼。事鬼道，能惑衆。年已長大，無夫壻，有男弟佐治國。《後漢書》云：桓、靈間，倭國大亂，更相攻伐，歷年無主。有一女子，名曰卑彌呼。年長不嫁，事鬼神道，能以妖惑衆，於是共立爲王。案光武中元二年，倭奴國奉貢朝賀。中元二年，下距桓帝建和元年九十年，靈帝建寧元年百十一年，《國志》所謂住七八十年者，蓋即自中元二年起計也。景初二年六月，倭女王遣大夫難升米等詣郡，求詣天子朝獻。大守劉夏遣吏將送詣京。詔封爲親魏倭王。以難升米爲率善中郎將，次使牛利爲率善校尉，賜物答其貢直，又別有特賜。正始元年，大守弓遵遣建中校尉梯儁等奉詔書印綬詣倭國，拜假倭王，並齎詔賜以物。倭王因使上表，答謝詔恩。其四年，倭王復遣使大夫伊聲耆掖邪狗等八人上獻。掖邪狗等壹拜率善中郎將。《本紀》：四年十二月，倭國女王卑彌呼遣使奉獻。其六年，詔賜倭難升米黃幢，付郡假授。其八年，大守王頎到官，倭女王卑彌呼與狗奴國男王卑彌弓素不和，遣倭載斯烏越等詣郡說相攻擊狀。遣塞曹掾史張政等因齎詔書黄幢，拜假難升米，爲檄告喻之。卑彌呼已死，更立男王，國中不服，更相誅殺，當時殺千餘人。復立卑彌呼宗女壹與年十三爲王，國中遂定。政等以檄告喻壹與。壹與遣倭大夫率善中郎將掖邪狗等二十人送政等還，因詣臺上獻。案男弟佐治，乃社會學家所謂舅權之遺俗。卑彌呼死，復立壹與，則當時倭女王必不止一人。豈倭真嵎夷之東徙者，亦有齊地巫兒之俗與？

魏文帝黄初元年，濊貉、夫餘來朝，見《三國志・本紀》。《注》引《典論・自叙》云：建安十年，始定冀州，濊貉貢良弓。《齊王紀》：正始七年二月，幽州刺史毌丘儉討高句麗，五月，討濊貉皆破之。韓那奚等數十國各率種落降。《陳留王紀》：景元二年七月，樂浪外夷韓、濊各率其屬來貢。則漢、魏之際，艮維諸國，猶有陸讋水慄之概也。此等聲威，晉初猶未盡墜，至鮮卑據東北，而形勢乃一變。

第十三章　秦漢時社會組織

第一節　昏　制

　　宗法昌盛之世，抑壓女子必甚。斯時之女子，殆全爲家族之奴隸，觀班昭所作《女誡》可知。見《後漢書・列女傳》。鮑永以妻於母前叱狗，即去之。李充家貧，兄弟六人，同食遞衣。妻竊謂充曰："今貧居如此，難以久安。妾有私財，願思分異。"充僞酬之曰："如欲別居，當醖酒具會，請呼鄉里內外，共議其事。"婦從充，置酒燕客。充於坐中前跪白母曰："此婦人無狀，教充離閒母兄，罪合遣斥。"便呵叱其婦，逐令出門。婦銜涕而去。此雖矯激之行，然當時重視家族，輕視婦女之風，則於此可見矣。

　　漢世昏姻，尚頗重本人之意，非如後世專由父母主持者。《後漢書・宋弘傳》：光武姊湖陽公主新寡。帝與共論朝臣，微觀其意。主曰："宋公威容德器，羣臣莫及。"帝曰："方且圖之。"後弘被引見。帝令主坐屏風後，因謂弘曰："諺言貴易交，富易妻，人情乎？"弘曰："臣聞貧賤之知不可忘，糟糠之妻不下堂。"帝顧謂主曰："事不諧矣。"此與《左氏》公孫楚、公孫黑爭昏徐吾氏，而徐吾犯使其妹自擇之同。見昭公元年。可見男女本非不可相悅，特不當親求親許而已。此古風之未盡泯者也。昏姻所以寖由父母主持者？蓋因家族權力大，其結昏姻，每藉此以圖利，遂置本人之願否於不顧。大之如有國有家者之結和親，圖外援，漢時嫁女於匈奴、烏孫，尚沿此習。小之則匹夫匹婦利聘幣，覬嫁資皆是。陳平少時，家貧，及娶富人張負女孫，齎用益饒，遊道日廣。卓文君奔司馬相如，卓王孫亦分予僮百人，錢百萬，及其嫁時衣被財物。可見當時娶妻，多有利其嫁資者。藉嫁女以牟利者，則尤多矣。《潛夫論・斷訟篇》云："諸一女許數家，雖生十子，更百赦，勿令得蒙一，還私家，則此姦絕矣。不則殿其夫妻，徙千里外劇縣，乃可以毒其心而絕其後。"其深惡之至於如此，可見當時此等風氣之甚。又云："貞潔寡婦，遭直不仁世叔，無義兄弟，或利其聘幣，或貪其財賄，或私其兒子，則迫脅遣嫁，有自縊房中，飲藥車上，絕命喪軀，孤捐童孩者。又或後夫多設人客，威力脅載。"此則以劫略而兼賣買矣。《後漢書·列女傳》：劉長卿妻，桓鸞之女。生一男五歲而長卿卒。防遠嫌疑，不肯歸寧。兒又夭殁。乃豫刑耳以自誓。陰瑜之妻，荀爽之女。瑜卒，爽強嫁之。至於自縊。士大夫之家如此，況細民邪？孝景王皇后，嫁爲金王孫妻，生一女矣，其母臧兒，奪之入大子宮，則已嫁之女，猶見奪者。昏姻既全由家長主持，不顧本人之意，遂有許婚甚早者。《三國·魏志·王脩傳注》引王隱《晉書》云：同縣管彥，少有才力，未知名。裒獨以爲當自達，常友愛之。男女各始生，共許爲婚。彥果爲西夷校尉。裒後更以女嫁人。彥弟馥問裒。裒曰："吾薄志畢願，山藪自處。姊妹皆遠，吉凶斷絕，以此自誓。賢兄子葬父於帝都，此則洛陽之人也，豈吾欲婚之本旨邪？"馥曰："嫂齊人也，當還臨淄。"裒曰："安有葬父河南，隨妻還齊？用意如此，何婚之有？"遂不婚。當時視昏約不甚重，故其弊尚不甚大；後世昏約，一成而不可變，則其弊彌甚矣。

《漢書·文帝紀》：元年三月，有司請立皇后。皇大后曰：立大子母竇氏爲皇后。何焯曰："立大子母上，《史記》有諸侯皆同姓五字。蓋周之天子，逆后於嬀、姜之國。今諸侯皆同姓，則不可拘以舊制，必貴姓也。然自此，景立王，武立衛，安於立賤矣。此等皆漢事與三代始判分處。"案魏氏三世立賤，棧潛抗疏以諫，孫盛著爲譏評，見第十二章第四節。則時人之於族姓，視之未嘗不重。特社會等級究漸平；而徇俗之意，亦或不敵其好色之情，自古相沿之禁忌，遂至日以陵夷耳。魏文德郭皇后外親劉斐，與他國爲婚。后聞之，勅曰："諸親戚嫁娶，自當與鄉里門戶匹敵者，不得因勢彊與他方人昏也。"蓋鄉里難得高門，與外方人婚差易，故劉斐於是求之耳。此又民間婚娶之扳援門第者也。

男女交際，尚視後世爲廣。漢高祖還過沛，置酒沛宮，沛父兄、諸母、故人日樂飲極驩，道故舊爲笑樂。見《本紀》十二年。光武祠舊宅，觀田廬，置酒作樂，宗室諸母因酣悦相與語曰："文叔少時謹信，與人不款曲，惟直柔耳，今乃能如此。"[1]《本紀》建武十七年。可見州閭之會，婦女之與者尚多也。

離昏再嫁，亦爲習見之事。外黃富人女，庸奴其夫，亡抵父客，父客即爲請決，別嫁張耳。朱買臣妻，亦以家貧求去更嫁。魏文帝甄后，本袁紹中子熙妻。孫權徐夫人，亦初適陸尚。權長女魯班，前配周瑜子循，後配全琮。少女魯育，前配朱據，後配劉纂。帝王之家如此，氓庶可知。谷永勸漢成帝益納宜

---

[1]　道德：文叔與人不款曲，惟直柔耳。此與之隗囂書□□辭同。

子婦人，毋避嘗字，則帝王亦不諱取再嫁之女。王章攻王鳳，謂鳳知其小婦弟張美人，已嘗適人，於禮不宜配御至尊，託以爲宜子，内之後宫。且羌、胡尚殺首子，以盪腸正世，況於天子，而近已出之女也。見《漢書·元后傳》。此乃有意攻擊，非當時之通論也。當時守一不貳者，大率當存亡之際，感激意氣而然，非庸行。曹爽從弟文叔早死，妻夏侯文寧女，名令女，居止常依爽。① 及爽被誅，曹氏盡死，令女叔父上書與曹氏絶婚，彊迎令女歸。文寧使風之。令女以刀斷鼻，血流滿牀席。或謂之曰：“人生世間，如輕塵棲弱草耳，何至辛苦乃爾？且夫家夷滅已盡，守此欲誰爲哉？”令女曰：“聞仁者不以盛衰改節，義者不以存亡易心。曹氏前盛之時，尚欲保終，況今衰亡，何忍棄之？”《三國志·爽傳注》引皇甫謐《列女傳》。彼其視衰亡時之不可棄背，尤甚於其盛時也。弘農王之見殺，謂妻唐姬曰：“卿王者妃，勢不復爲吏民妻，自愛。”亦謂尊卑不敵，非以再嫁爲不可，故其歸鄉里，其父猶欲嫁之也。惟貞婦亦稍見重，故漢宣帝神爵四年有賜潁川貞婦帛；平帝元始元年，有復貞婦鄉一人之舉。然此自貴其信義，而亦非專責諸女子，故光武善赤眉酋長，本故妻婦無所改易；見《後漢書·劉盆子傳》。而馮衍亦自傷有去兩婦之名也。《后漢書·衍傳注》引衍《與宣孟書》。

　　《周官》媒氏、《管子》合獨之政，嫁娶本由官主，已見《先秦史》第十一章第一節。漢世遺意猶有存者。淮南王異國中民家有女者，以待遊士而嫁之是也。見《漢書·地理志》。降逮三國，録奪婦女，以配將士之事尤多。《三國·魏志·杜畿傳注》引《魏略》，言畿初在河東，被書録寡婦。是時他郡，或有已自相配偶，依書皆録奪，啼哭道路。畿但取寡婦，故所送少。《明帝紀》青龍三年《注》引《魏略》，言是時録奪士女，前已嫁爲吏民妻者，還以配士。既聽以生口自贖，又簡選其有姿色者内之掖庭。暴政之亟行，亦舊制之流失也。鼂錯《論徙民塞下》曰：“人情非有匹敵，不能久安其處。”欲“亡夫若妻者，由縣官買予之”。王莽時，民犯鑄錢，伍人相坐，没入爲官奴婢，傳詣鍾官，到者易其夫婦，見第七章第二節。此乃其夫婦既經離散，官爲擇配，非謂猶相匹偶，而故革易之，亦古者合男女之政也。然遂成爲暴政，可見今古之異宜矣。

　　《漢書·王吉傳》：吉言“世俗嫁娶大早，未知爲人父母之道而有子，是以教化不明而民多夭”。② 今觀班昭十四而適曹氏，見其所作《女誡》。陸績女鬱生十三而適張白，見《三國·吴志·績傳注》。吉之言似信。然漢惠帝六年，令女子年十

---

① 婚姻：守一不二者，大率感激意氣，非庸行。

② 婚姻：漢時昏年。

五以上至三十不嫁五算，猶以其過遲爲慮者，蓋亦蕃育人民之意耳。然亦可見當時習以十五爲始嫁之年矣。

漢妃妾之制，初沿自秦，後武帝、元帝皆有增置，凡十四等，皆有爵秩。後漢惟皇后、貴人。貴人金印紫綬，奉不過數十斛。又有美人、宮人、采女三等，並無爵秩。魏制凡十二等。見《漢書·外戚傳》、《後漢書·皇后紀》、《三國·魏志·后妃傳》。和、嬪、美、御之制，乃王莽所僞託。見第七章第三節。《三國·魏志》：王朗上疏，言《周禮》六宮内官百二十人，①《周官》無此文，蓋其説。而諸經常説，咸以十二爲限。《蜀志·董允傳》：後主欲采擇以充後宮，允以爲古者天子后妃之數，不過十二，今嬪嬙已具，不宜增益，強執不聽。可見莽世僞造之説，儒者並不之信也。大子有妃，有良娣，有孺子，凡三等；皇孫妻妾無號位，皆稱家人子；亦見《漢書·外戚傳》。諸侯王以令置八子，秩比六百石，見《漢書·高五王傳》。後漢制，諸王娶小夫人，不得過四十人，見《續漢書·百官志注》引胡廣説。以號位論，於古似未甚侈，然其所限人數，則稍褒矣，況其實，尚有不止於此者乎？貢禹言武帝後宮數千；諸侯妻妾或至數百；豪富民畜歌者至數十人；《漢書·史丹傳》言丹後房妻妾數十人是也。惟後漢梁節王暢上疏，自言臣暢小妻三十七人，尚未越法令所定。

漢世貴族，淫亂頗甚。趙翼《廿二史劄記·漢諸王荒亂》一條極言之。又云：武帝姊館陶公主寡居，寵董偃十餘年。主欲使偃見帝，乃獻長門園地。武帝喜，過主家。主親引偃出。偃奏館陶公主庖人偃昧死拜謁。帝大歡樂，呼爲主人翁。案事見《漢書·東方朔傳》。武帝女鄂邑蓋公主寡居。昭帝初立，年八歲，主以長姊入禁中供養。而主素私通丁外人。帝與霍光聞之，不絕主歡，詔外人侍長公主。上官桀諂外人，欲援列侯尚主例，爲外人求封侯。②燕王旦亦上書，言陛下幸使丁外人侍公主，宜有爵號。《霍光傳》。趙氏以帝女私幸之人，天子聞之，不以爲怪，親王大臣，且爲上書乞封爲可異，實則其可異尚有不止於是者。漢諸王荒亂，如第四章第六節所述者，或係病狂，不可以常理度。若漢武帝衛皇后，乃自帝幸平陽主家時，侍尚衣軒中得幸，可見貴人之淫亂，③不擇地而施，而霍光欲上官皇后擅寵有子，致宮人使令，皆爲窮袴，多其帶，又不足言矣。班超子始，尚清河孝王女陰城公主。主貴驕淫亂，至與嬖人居帷中，而召始入，使伏牀下。始積怒，拔刃殺主。始坐要斬，同產者皆棄市。光武女

---

① 婚姻：周禮内宮百二十人。

② 婚姻：事主者援列侯尚主例封侯。

③ 婚姻：漢貴人淫亂。

酈邑公主,亦爲新陽侯世子陰豐所害。豐誅死。父母當坐皆自殺。《陰識傳》云:"帝以舅氏故,不極其刑",蓋謂未如始之要斬,同産皆坐也。尚主之禍如此,桓帝欲以公主妻楊喬,而喬不食以死,又何怪邪?

　　許后姊爲淳于長小妻,見第六章第二節。竇融女弟亦爲王邑小妻,見《後漢書》本傳。則漢世雖貴家女,亦不諱爲妾媵,[1]民間更無論矣。後漢光武建武七年、十三年,有略爲下妻及依託人爲下妻,欲去者恣聽之,敢拘留者,以賣人法略人法從事之詔。[2]見第十四章第二節。賈誼言當時之賣僮者,爲之繡衣絲履,偏諸緣,内之閑中,此所謂賣;《後漢書·酷吏傳》:黃昌婦歸寧,遇賊被獲,遂流轉入蜀爲人妻,則所謂略也。是時貴富之家,多娶妻婦,亦非盡爲淫欲。如後漢周舉對策,言竪宦之人,虚以形勢,威侮良家,娶女閉之,至有白首,歿無配偶;《宦者傳》言四侯之横,亦云多娶良人美女,以爲姬妾,蓋俗以多妾媵爲榮,故如此。亦猶之侈僕從之衆多耳。古臣妾本同物也。

　　周舉咎宦官娶女閉之,至於白首,則當時婢妾,過期原可遣出。[3]蓋尚視爲婢僕之流,不視爲家屬也。故宮人亦多遣出。文帝十二年,出孝惠後宮美人令得嫁。及崩,遺詔歸夫人以下至少使。景帝崩,亦出宮人歸其家。復終身。成帝永始四年,出杜陵未嘗御者歸家。哀帝綏和二年,掖庭宮人年三十以下出嫁之。平帝崩,則行之以遺詔。出媵妾皆歸家得嫁,如孝文時故事。惟霍光厚葬武帝,且以後宮女置於園陵,爲宦官宮妾之孝耳。參看第五章第十二節。魏文帝疾篤,即遣後宮淑媛、昭儀以下歸其家,尤非漢諸帝所及。有學問者,舉措究與恒人不同也。張敞奏言"昌邑哀王歌舞者張脩等十人無子,又非姬,但良人,無官名,王薨當罷歸,大傅豹等擅留以爲哀王園中人,所不當得爲,請罷歸"。則漢世貴人姬妾,當罷與否,視乎其位,著於法令。然漢之美人,魏之淑媛、昭儀,固亦皆有位號者也。則此等法令,亦應改正矣。

　　適庶之别頗嚴。[4]觀《漢書·外戚恩澤侯表》:孔鄉侯傅晏,元壽二年,坐亂妻妾位免,徙合浦可知。王符無外家,爲鄉人所賤。公孫瓚家世二千石,以母賤爲郡小吏。漢景帝子常山憲王舜,有不愛姬,生長男梲,雅不以爲子數,不分與財物。大子代立,又不收恤梲。鄭季與衛媼通而生衛青,青少時歸其父,父使牧羊,民母之子,皆奴畜之,不以爲兄弟數。則適庶出之子,貴賤亦相

－－－－－－－－－－－－－－－－

① 婚姻:漢貴家女不諱爲妾媵。
② 婚姻:略賣(第三五六頁)。
③ 婚姻:鋦姥則遣出,宮人亦然。
④ 婚姻:漢適庶子,貴賤不同。

去頗遠。

貢禹言豪富吏民，畜歌者至數十，此即所謂倡伎也。張禹身居大第，後堂理絲竹管絃。其弟子戴崇，每候禹，常責師：宜置酒設樂，與弟子相娛。禹將崇入後堂飲食。婦女相對，優人筦絃鏗鏘，極樂，昏夜乃罷。馬融常坐高堂，施絳紗帳，前授生徒，後列女樂。則漢世士大夫之家，尚多有伎樂。①《史記·貨殖列傳》言：中山女子，鼓鳴瑟，跕屣，遊媚貴富，入後宮，徧諸侯。又云“趙女、鄭姬，設形容，揳鳴琴，揄長袂，躡利屣，目挑心招，出不遠千里，不擇老少者，奔富厚也”，即指此等人言之也。此等人尚未必能自粥其伎，大抵有為之主者。《漢書·外戚傳》：宣帝求得外祖母王媼。令大中大夫與丞相、御史屬雜考問。媼言名妄人，家本涿郡蠡吾平鄉。<small>漢蠡吾，今河北博野縣。</small>年十四，嫁為同鄉王更得妻。更得死，嫁為廣望王迺始婦。<small>廣望，漢縣，今河北清苑縣西南。</small>產子男無故、武，女翁須。翁須年八九歲時，寄居廣望節侯子劉仲卿宅。仲卿謂迺始曰：“予我翁須，自養長之。”媼為翁須作縑單衣送仲卿家。仲卿教翁須歌舞。往來，歸取冬夏衣。居四五歲，翁須來，言“邯鄲賈長兒求歌舞者，仲卿欲以我與之”。媼即與翁須逃走之平鄉。仲卿載迺始共求媼。媼皇急，將翁須歸。曰：“兒居君家，非受一錢也，奈何欲予他人？”仲卿詐曰：“不也。”後數日，翁須乘長兒車馬過門，呼曰：“我果見行，當之柳宿。”<small>蘇林曰：聚邑名也。在中山盧奴東北三十里。漢盧奴，今河北定縣。</small>媼與迺始之柳宿，見翁須，相對涕泣。謂曰：“我欲為汝自言。”翁須曰：“母置之。何家不可以居？自言無益也。”媼與迺始還求錢用，隨逐至中山盧奴。見翁須與歌舞等比五人同處。媼與翁須共宿。明日，迺始留視翁須，媼還求錢，欲隨至邯鄲。媼歸糶買，未具，迺始來歸，曰：“翁須已去，我無錢用隨也。”因絕。至今不聞其問。賈長兒妻貞及從者師遂辭：往二十歲，大子舍人侯明從長安來求歌舞者，請翁須等五人，長兒使遂送至長安，皆入大子家。此即宣帝母被誣粥之始末也。廣望節侯者，景帝子中山靖王之子。其子之所為如是，可見漢時此等事之盛也。《三國志·楊阜傳》言曹洪禦馬超還，置酒大會，令女倡著羅縠之衣蹋鼓，則軍中亦有伎樂。

第二節　族　　制

古代士大夫，親族之聚居者較多，農民則五口八口之家而已，已見《先秦

---

① 婚姻：漢士大夫家，多有伎樂。

史》第十一章第二節。此種情形，秦、漢之世猶然。漢高祖謂諸功臣："諸君獨以身從我，多者三兩人，蕭何舉宗數十人皆隨我。"董崇説寇恂曰："君所將皆宗族昆弟。"伯升之起也，陰識率子弟、宗族、賓客千餘人往詣。孫堅舉事，其季弟静，糾合鄉曲及宗室五六百人，以爲保障，衆咸附焉。沮授知袁紹將敗，會其宗族，散資財以與之。孟代讒審配曰：族大兵强。則當時居軍中者，多有宗族相隨。避亂者亦然。韓融將宗親千餘家避亂密西山中。見《後漢書·荀彧傳》。密，漢縣，在今河南密縣東南。荀彧將宗族從韓馥。高柔從兄幹在河北呼柔，柔舉宗從之。董和率宗族西遷。田疇歸魏大祖，盡將其家屬及宗人三百餘家居鄴，則其隱徐無時，亦必與宗人俱可知也。蓋時去封建之世近，各地方皆有强宗鉅家。疇與管寧、邴原、王烈等，能爲流人之主，爲之立紀綱，平静訟，興教化者以此，以其素爲民所歸仰也。參看第四節。然此特舊制之惰力，以事勢論，則仍趨於分。[1] 故賈誼言秦人家富子壯則出分。《漢書·地理志》，亦云河内好生分，潁川好分異。當時論者，多以是爲俗之薄。於同居者則稱道之。如《後漢書·魏霸傳》，稱其少喪親，兄弟同居，州里慕其雍和。《崔駰傳》云：子瑗，兄弟同居數十年，鄉里化之。《蔡邕傳》云：與叔父從弟同居，三世不分財，鄉黨高其義是也。夫僅三世同居，兄弟同居，而亦爲人所稱道，則分異之風之甚可知矣。《漢書·酷吏傳》言濟南瞷氏，宗人三百餘家，豪猾，二千石莫能制。孫嵩之藏趙岐也，曰："我北海孫賓石，闔門百口，勢能相濟。"然則强宗鉅家，多爲政令之梗，是以武帝時，徙强宗大族，不得族居，見《後漢書·鄭弘傳注》引謝承書。而其時之刑誅，亦必波及親族。唐玹之毒趙岐也，收其家屬宗親，陷以重法，盡殺之。段潁殺蘇不韋，亦誅一門六十餘人。《後漢書·蘇章傳》。馬超門宗二百餘家，爲孟德所誅略盡。蓋皆慮其報復，或不自安以致反側也。生計之情形，既不容不分異，其不分異者，復爲政令所摧殘，欲宗法之不廢墜，難矣。

當時宗族大者，非封建之世之遺孽，則新興之豪富民，如樊重是也。見第十五章第二節。不然，則雖至行如薛包，弟子求分財異居，包亦不能止矣。包事見《後漢書·劉平等傳》首。應劭《風俗通義·過譽篇》議汝南戴伯起讓財於兄之失引之，非矯激之人也。《後漢書·何敞傳》：遷汝南大守，百姓化其恩禮，其出居者，皆歸養其父母。《獨行傳》：繆肜少孤，兄弟四人，皆同財産。及各娶妻，諸婦遂求分異，又數有鬥爭之言，肜乃掩户自撾。弟及諸婦聞之，悉叩頭謝。遂更爲敦睦之行。此等皆不免矯激。然分異之勢，矯激者亦不能止，乃又藉讓財以立名。《後書·

---

[1]　宗族：漢時士大夫宗族大，然總看全局，仍趨於分。

循吏傳》：許荆祖父武，以二弟晏、普未顯，欲令成名。乃割財產，以爲三分，武自取肥田廣宅，奴婢强者，二弟所得，並悉劣少。鄉人皆稱爲克讓，而鄙武貪婪。晏等以此，並得選舉。武乃會宗親，泣言其故，悉以財推二弟。此等舉動，閱之令人作惡。應劭曰：“同居上也，通有無次也，讓其下耳。”不能通有無於隱微之間，而必行遜讓於昭著之地，不益見同居之不能維持邪？當時親族之間，能互相救卹者，亦間有之。如《後書·文苑傳》載侯瑾少孤貧，依宗人居其事。然《逸民傳》又載周黨家產千金，少孤，爲宗人所養，遇之不以理，及長，又不還其財，黨詣鄉縣訟乃還之，則與今世之惟利是圖者無異矣。財產私有之世，安能真有仁讓之風邪？

　　漢世去古近，故母系遺俗，猶未盡泯。《廿二史剳記》言漢皇子未封者率以母姓爲稱，舉衛大子、史皇孫爲例。然景帝十三子，其母五人，而《史記》稱其世家爲《五宗》，則明係以子系母，非僅稱號而已。[①] 此實與黄帝子二十五人，得姓者十四人同，蓋猶是母系之世之遺俗也。《漢書·外戚侯表》有扶柳侯呂平，以皇大后姊長姁子侯。師古曰“平既呂氏所生，不當姓呂，蓋史家惟記母族”，此逕從母姓者也。呂平《史記》作昌平，蓋字誤。其冒改他姓者，亦非所諱。滕公曾孫頗，尚平陽公主，主隨外家姓，號孫公主，而滕公子孫，更爲孫氏。衛青以同母姊子夫得幸武帝而冒姓爲衛氏。張孟爲灌嬰舍人，得幸，因進之，至二千石，則蒙灌氏姓爲灌孟。張燕本姓褚，以張牛角死，令衆奉燕，因改姓張。此因古人之氏，本可隨意改易故也。至古之所謂姓者，漢時已不可知，漢世有吹律定姓之法。《漢書·京房傳》：房本姓李，推律自定爲京氏。《潛夫論·卜列篇》述俗人之說云：“大皞木精，承歲而王，夫其子孫，咸當爲角。神農火精，承熒惑而王，夫其子孫，咸當爲徵。黄帝土精，承填而王，夫其子孫，咸當爲宮。少皞金精，承大白而王，夫其子孫，咸當爲商。顓頊水精，承辰而王，夫其子孫，咸當爲羽。”乃誣妄之說，不足信也。《三國·蜀志·衛繼傳》云：父爲縣功曹。繼爲兒時，與兄弟隨父遊戲庭寺中。縣長蜀郡成都張君無子，數命功曹呼其子省弄，甚憐愛之。因言宴之間，語功曹欲乞繼。功曹即許之。遂養爲子。時法禁以異姓爲後，[②]故復爲衛氏。然朱然本姓施，朱治養以爲子，後然爲治行喪竟，乞復本姓，而孫權不許，則其法猶未甚嚴矣。

---

① 宗族：漢猶以子系母。

② 宗族：異姓爲後。

第三節　戶口增減

　　漢世戶籍,謂之名數。《漢書・高帝紀》五年五月,詔曰"民前或相聚保山澤,不書名數"是也。[1] 師古曰:名數,謂户籍也,《石奮孔光傳注》同。亦或但謂之名。《漢書・張耳傳》:嘗亡命遊外黄。師古曰:"命者,名也。凡言亡命,謂脱其名籍而逃亡。"《淮南厲王傳》:丞相等奏長曰"爲亡命棄市詐捕命者以除罪",命即名也。又或但謂之數。《漢書・叙傳》:昌陵後罷,大臣名家,皆占數於長安。亡命二字,習用既久,遂若但作亡字用者,然其本意自謂脱籍,或謂直作自逃其命解,非也。劉敞説。《史記・秦始皇本紀》:十六年,初令男子書年,[2]是前此户籍,男女皆不書年,此時女子猶不書年,則古代户籍之法,頗爲龐疏。然《漢書・淮南厲王傳》:薄昭遺王書曰:"亡之諸侯,遊宦事人,及舍匿者,論皆有法。"案《史記・扁鵲倉公列傳》:倉公言:"誠恐吏以除拘臣意也,故移名數左右,不修家生,出遊行國中,問善爲方數者事之。"必移名籍左右,乃得出行,蓋即所謂亡之諸侯,及遊宦事人之法;《王子侯表》:陸侯延壽,坐知女妹夫亡命笞二百首匿罪免,蓋即所謂舍匿之法;則其法頗嚴矣。蓋小國寡民之世,上下相親,耳目周市,民不欲爲姦欺,爲姦欺亦非易,故户籍之法,無待嚴密,其後稍欲逃避賦役,則法亦隨之而苛也。

　　《鹽鐵論・未通篇》:御史言:"民不齊出於南畝,以口率被墾田而不足。"文學言:"往者軍陳數起,用度不足,常取給見民,田家又被其勞,故不齊出於南畝也。大抵逋流皆在大家,吏不敢督責,刻急細民,細民不堪,流亡遠去。後亡者爲先亡者服事。故相去愈甚,而就少愈多。"此户口不實,及民因賦役而流亡之情形。《後漢書・光武帝紀》:建武十五年,詔下州郡:檢覈墾田頃畝及户口年紀。《劉隆傳》謂是時天下墾田,多不以實,又户口年紀,互有增減,故下州郡檢覈其事。又謂刺史大守,多不平均,或優饒豪右,侵刻羸弱。百姓嗟怨,遮道號呼。時諸郡各遣使奏事,帝見陳留吏牘上有書,視之,云:"潁川、弘農可問,河南、南陽不可問。"帝詰吏由趣。吏不肯服。時顯宗爲東海公,年十二,在幄後,言曰:"吏受郡勑,當欲以墾田相方耳。河南帝城多近臣,南陽帝鄉多近親,田宅踰制,不可爲準。"帝令虎賁將詰問吏,吏乃實首服,如顯宗對,此墾田户口,不易檢覈之情形也。《續漢書・禮儀志》曰:仲秋之

---

　　① 户口:漢世户籍謂之名數。入籍曰占著(第三四三頁)。
　　② 户口:秦始皇十六年始令男子書年。

月，縣道皆案户比民。《後書·江革傳》曰：建武末年，與母歸鄉里。每至歲時，縣當案比，革以母老，不欲搖動，自在轅中輓車，不用牛馬。則是時檢覈户口，[1]官吏初不親歷閭里，顧召人民而驗之，安有得實之理乎？《史記·蕭相國世家》云：沛公至咸陽，諸將皆爭走金帛財物之府分之，何獨先入，收秦丞相、御史、律令、圖書藏之。漢王所以具知天下阨塞，户口多少强弱之處，民所疾苦者，以何具得秦圖書也。則郡縣户口，中央皆有其籍，然亦未必得實耳。

前漢户口，以元始二年爲最盛。其數見於《漢書·地理志》。凡户千二百二十三萬三千六十二，口五千九百五十九萬四千九百七十八。《殿本考證》：齊召南云：“《帝王世紀》曰：民户千三百二十三萬三千六百一十二，口五千九百一十九萬四千九百七十八。皇甫謐所計户口，必本此志，而數目參差，似所見古本異也。”後漢户口，永和五年之數，見於《續漢書·郡國志》。凡户九百六十九萬八千六百三十，口四千九百一十五萬二百二十。《注》：“應劭《漢官儀》曰：永和中，户至千七十八萬，口五千三百八十六萬九千五百八十八。又《帝王世紀》：永嘉二年，户則多九十七萬八千七百七十一，口七百二十一萬六千六百三十六，應載極盛之時，而所殊甚衆；舍永嘉多，取永和少，良不可解。皇甫謐校覈精審，復非繆記，未詳孰是。豈此是順朝時書，後史即爲本乎？伏無忌所記，每帝崩，輒最户口及墾田大數，今列於後，以見滋減之差焉。”案歷代史籍所載户口，均係出賦役者之數，而非生齒之數。即以賦役之數論，亦未必得實。故《後書注》所引伏無忌所載之數，不更備引，以避繁碎。至《續志》所載，不取最多之數者，本於順朝之書之說，當得其實也。案中國見在人數，爲四萬五千餘萬，雖不必實，相去初不甚遠，而歷代户口，無及萬萬者，其非情實可知。蓋人民欲避賦役，隱匿者多；官吏不能覈實，且亦不欲以實數上聞，故其去實在情形，如此之遠也。

《史記·高祖功臣侯年表》曰：“漢興，功臣受封者百有餘人，天下初定，故大城名都散亡，户口可得而數者十二三。是以大侯不過萬家，小者五六百户。後數世，民咸歸鄉里，户益息。蕭、曹、絳、灌之屬，或至四萬。小侯自倍。”此秦末凋喪，及漢初增殖之情形也。《漢書·昭帝紀贊》曰：“承孝武奢侈餘敝，師旅之後，海内益耗，户口減半。[2]　光霍光。知時務之要，輕繇薄賦，與民休息。至始元、元鳳之間，匈奴和親，百姓充實。”此武帝時耗損及昭帝後增殖情形也。仲長統言：“王莽之亂，殘夷滅亡，倍於秦、項。以及今日，名都空而不居，百里絶而無民者，不可勝數。”可見莽末傷殘之甚。《三國·蜀志·後主傳注》引王隱《蜀記》：謂劉禪遣尚書郎李虎送士民簿，領户二十八萬，男女口九十四萬，帶甲將士十萬二千，吏四萬人。《吳志·孫皓傳注》引《晉陽秋》：謂王濬收

---

① 户口：檢覈户口召民往驗。

② 户口：昭帝時户口減半。莽末傷殘之甚。

吳圖籍,領户五十二萬三千,吏三萬二千,兵二十三萬,男女口二百三十萬。《續漢書·地理志注》引《帝王世紀》云:景元四年,與蜀通計,民户九十四萬三千四百二十三,口五百三十七萬二千八百九十一。又案正始五年,揚威將車朱照日所上吳之所領,兵户九十三萬二千,推其民數,不能多蜀矣。昔漢永和五年,南陽户五十餘萬,汝南户四十餘萬。方之於今,三帝鼎足,不踰二郡。①案《三國·魏志·杜畿傳》,載畿子恕上疏曰:"今大魏奄有十州之地,而承喪亂之弊,計其户口,不如往昔一州之民。"《蔣濟傳》:景初中,濟上疏曰:"今雖有十二州,至於民數,不過漢時一郡。"《陳羣傳》:青龍中,羣上疏曰:"今承喪亂之後,人民至少,比漢文、景之時,不過一大郡。"《注》云:"案《晉大康三年地記》:晉户有三百七十七萬,吳、蜀户不能居半。魏雖始承喪亂,方晉當無大殊。長文之言,於是爲過。"然彫殘之實,要不可諱矣。脱漏隱匿,自亦於斯爲甚。《蜀志·吕乂傳》曰:累遷廣漢、蜀郡大守。蜀郡一都之會,户口衆多;又亮卒之後,士伍亡命,更相重冒,姦巧非一。乂到官,爲之防禁,開喻勸道。數年之中,漏脱自出者萬餘口。以葛亮爲政之覈實,而身殁未幾,蜀郡情形,遽至如此,亡命者之多,自可想見。《魏志·袁紹傳注》引《九州春秋》云:"袁譚在青州,别使兩將,募兵下縣。有賂者見免,無者見取。貧弱者多,乃至竄伏丘野之中,放兵捕索,如獵鳥獸。邑有萬户者,著籍不盈數百。收賦納稅,三分不入一。"暴戾如此,曷怪人民之竄匿邪?《魏武帝紀》:興平七年正月令曰:"舊土人民,死喪略盡。國中終日行,不見所識。"《蘇則傳注》引《魏名臣奏》:雍州刺史張阮答文帝令問,言"金城郡昔爲韓遂所見屠剥,死喪流亡,或竄戎狄,或陷寇亂,户不滿五百。則到官,内撫彫殘,外鳩離散,今見户千餘"。此等因兵荒而凋敝之情形,夫豈無有?然終不如逃竄者之多也。

　　《魏志·衛覬傳》,言覬留鎮關中,時四方大有還民,關中諸將,多引爲部曲。覬書與荀彧,言郡縣貧弱,不能與爭,兵家遂强,一旦變動,必有後憂。《吳志·諸葛瑾傳》言瑾卒,子恪已自封侯,故弟融襲爵攝兵業,駐公安。注引《吳書》曰:赤烏中諸郡出部伍。新都都尉陳表,吳郡都尉顧承,各率所領人會佃毗陵,男女各數萬口。表病死,權以融代表。後代父瑾領攝諸部曲。士卒親附之。疆外無事。《陳武傳》庶子表,所受賜復人得二百家,在會稽新安縣。表視其人,皆堪好兵。乃上疏陳讓,乞以還官,充足精鋭。權甚嘉之。下郡縣

---

① 户口:三國不踰二郡。萬户著籍不盈數百。

料正户贏民，以補其處。此等皆不屬於郡縣，①故郡縣之民，彌見其少也。

入籍者謂之占著。《漢書・宣帝紀》：地節三年，詔膠東相成，勞來不怠，流民自占者八萬餘口。師古曰：占者，謂自隱度其户口而著名籍是也。成以此賜爵爲關内侯，秩中二千石。然後詔使丞相御史問郡國上計長吏、守、丞以政令得失，或言前膠東相成，僞自增加，以蒙顯賞，是後俗吏，多爲虚名云。見《循吏傳》。後漢殤帝延平元年，亦以郡國“覆蔽災害，多張墾田；不揣流亡，競增户口”，勅司隸校尉部刺史。匿實數於承平之日，以避誅求；張虚數於流亡之時，以誇撫字；所由來者舊矣。

古代政令，率務求庶，漢世去古未遠，故其用意猶然。惠帝六年，令女子年十五以上至三十不嫁五算。《高帝紀》：七年，令民產子復勿事二歲。《後書・章帝紀》：元和二年，詔曰：“令云：人有產子者，復勿算三歲。今諸懷妊者，賜胎養穀人三斛，復其夫勿算一歲。”元和三年詔云：“嬰兒無父母親屬，及人有子不能養食者，稟給如律。”②則於嬰兒乳婦，亦咸有惠政矣。然此等恐徒成具文。《貢禹傳》：禹言“民產子三歲則出口錢，故民重困，至於生子輒殺”。《王吉傳》：吉言“世俗聘妻送女無節，貧人不及，故不舉子”。③則雖有惠政，亦無補於生計之艱難，況重之以苛政邪？《史記・日者列傳》言：產子者必先占吉凶，然後有之。《後書・張奐傳》言：武威俗多妖忌，凡二月五月產子，及與父母同日生者悉殺之。此等雖貌似迷信，實皆爲生計所迫而然。《後書・侯霸傳》：言霸王莽時爲淮平大尹。更始元年，遣使徵之。百姓遮使者車，或卧當道乞留。至戒乳婦勿得舉子：侯君當去，必不能全。此雖飾説非實，然不舉子者之多，則於此可見。《三國・吳志・駱統傳》：統上疏言：“民間非居處小能自供，生產兒子，多不起養。屯田貧兵，亦多棄子。”此亦三國時户口凋耗之大原耶？當時法律，非不禁之。如《後漢書・賈彪傳》言：彪補新息長。新息，今河南息縣東。小民困貧，多不養子。彪嚴爲其制，與殺人同罪。城南有盜劫害人者，北有婦人殺子者，彪出案發，而掾吏欲引南。彪怒曰：“賊寇害人，此則常理。母子相殘，逆天違道。”遂驅車北行，案驗其罪。王吉爲沛相，生子不養，即斬其父母，合土棘埋之。《魏志・鄭渾傳》：遷下蔡長，邵陵令。下蔡，今安徽鳳臺縣。邵陵，今湖南寶慶縣。天下未定，民皆剽輕，不念產殖。其生子無以相活，率皆不舉。渾所在奪其漁獵之具，課使耕桑。又增開稻田，重去子之法皆是：然其效

───────────

① 户口：兵家之人不屬郡縣。
② 生計：嬰兒無父母親屬，及人有子不能養食者，稟給如律（第三八五頁）。
③ 户口：生子不舉。

亦僅矣。

貧民生子不舉者雖多，貴族則增殖頗速。①《漢書・平帝紀》：元始五年詔曰："惟宗室子，皆大祖高皇帝子孫，及兄弟吳頃、楚元之後。漢元至今，十有餘萬人。"以三人之後，二百有七年之間，而其數至於如是，其增殖亦可謂速矣。此蓋貴人多妾媵；又生計寬裕，生子無不舉，養育亦較優故也，固非所語於凡民矣。

第四節　人民移徙

漢法，人民流移，本干禁令，然流亡既所不免，即不得不從而許之，但望其仍能占著而已。② 成帝鴻嘉四年，以水旱爲災，關東流尤者衆，流民欲入關者輒籍內。後漢明帝即位，賜天下男子爵。流人無名數欲自占者人一級。其後諸帝即位，立皇后、大子、改元、大赦，多有是詔，蓋爲東京之故事矣。然徒許其遷移，尚未必其能徙，故國家又時有移民之政焉。

秦及漢初之移民，徒爲强幹弱枝之計，已見第二章第一節。《漢書・地理志》言："漢興，立都長安，徙齊諸田，楚昭、屈、景及諸侯功臣家於長陵，後世世徙吏二千石、高訾、富人及豪桀並兼之家於諸陵，③蓋亦以强幹弱枝，非獨爲奉山園也。"則婁敬之策，漢且世世行之矣。

移民實邊之利，文帝時鼂錯極陳之。文帝從其言，募民徙塞下。後武帝元朔二年，募民徙朔方十萬口。元鼎六年，分武威、酒泉地置張掖、敦煌郡，徙民以實之。平帝元始四年，置西河郡，徙天下犯禁者處之。其規畫皆頗遠大。鼂錯言移民之計曰："以便爲之高城深壍，具藺石，布渠荅。復爲一城。其內城間百五十步。要害之處，通川之道，調立城邑，毋下千家。爲中周虎落。先爲室屋，具田器，乃募罪人及免徒復作令居之。不足，募以丁奴婢贖罪，及輸奴婢欲以拜爵者。不足，乃募民之欲往者。皆賜高爵，予冬夏衣，廩食，能自給而止。郡縣之民，得買其爵以自增，至卿。其亡夫若妻者，縣官買予之。"其計慮之周詳如此。錯之言多有所本，蓋亦古之遺規也。然其能行之與否，則

---

① 户口：貴族增殖之速。
② 移民：秦漢移民規模大（十三章第四節）。
③ 移民：
　　1. 强幹弱枝。兼爲治理計（第三四五頁）。
　　2. 調劑人土滿（第三四五、三七八頁）。
　　3. 實邊（第三四四頁）。羣盜徒邊者妻子隨軍爲卒妻婦（第三四五頁）。

難言之矣。後漢明帝永平八年，詔三公募郡國中都官死罪繫囚，減罪一等，勿笞，詣度遼將軍營，屯朔方、五原之邊縣。妻子自隨便占著邊縣。父母同産欲相代者恣聽之。其大逆無道殊死者，一切募下蠶室。亡命者令贖罪各有差。凡從者，賜弓弩衣糧。九年，詔郡國死罪囚減罪，與妻子詣五原、朔方，占著所在。死者皆賜妻父若男同産一人復終身。其妻無父兄獨有母者，賜其母錢六萬，又復其口賦。待之亦未嘗不厚。然伍被爲淮南王畫反計，欲詐爲丞相、御史請書，徙民朔方，以恐動其民，見第四章第六節。則民之視遷徙爲畏途久矣。

景帝元年，詔曰：“間者歲比不登，民多乏食，夭絶天年，朕甚痛之。郡國或磽陿，無所農桑畜，或地廣，薦草莽，水泉利而不得徙。其議民欲徙寬大地者聽之。”此真知土滿人滿之當互相調劑者也。然特聽其徙而已。至武帝世，乃更有大舉移民之事。《漢書・武帝本紀》：元狩四年，有司言關東貧民徙隴西、北地、西河、上郡、會稽，凡七十二萬五千口。《史記・平準書》云：“徙貧民於關以西，及充朔方以南新秦中，七十餘萬口。衣食皆仰給縣官，數歲。假與産業。使者分部護之，冠蓋相望。其後山東被河菑，及歲不登數年，又令飢民得流，就食江、淮間。欲留留處，遣使冠蓋相屬護之。”其行之雖未知如何，其於民，亦可謂盡心焉爾矣。平帝元始二年，罷安定呼池苑，以爲安民縣。募徙貧民。縣次給食。① 至徙所，賜田宅、什器，假與犂牛、種食。其振恤之亦極周至。此等皆古代之遺規，未盡廢墜者。至後世，言治者益以無動爲大，更不能有此等舉措矣。

移民亦有爲治理計者。《史記・貨殖列傳》言：秦末世遷不軌之民於南陽，漢武帝元狩五年，徙天下姦猾吏民於邊是也。主父偃說武帝曰：“天下豪桀兼并之家，亂衆民，皆可徙茂陵，內實京師，外消姦猾。此所謂不誅而害除。”成帝時，陳湯言：“天下民不徙諸陵三十餘歲矣。關東富人益衆，多規良田，役使貧民。可實初陵，以彊京師，衰弱諸侯。又使中家以下，得均貧富。”然則充奉陵邑，仍有裁抑並兼、整齊風俗之意也。然諸陵實爲遊俠出入之地，鬥雞走狗之場，宣帝即因上下諸陵，周知閭里姦邪，見第五章第十二節。則不惟不足昭軌物，轉足敗壞風俗矣。《後漢書・賈復傳》言：舊內郡徙民在邊者，率多貧弱，爲居人所僕役，不得爲吏。《漢書・李廣傳》：李陵出兵時，關東羣盜妻子徙邊者，隨軍爲卒妻婦，大匿車中。皆可見豪彊之不易裁抑，而新徙之民，未易令其得所也。

---

① 移民：平帝時罷苑爲縣，徙民實行之，甚優惠。

　　後漢之末，九州雲擾，人民蕩析，邑里丘墟，兵爭者乃多欲移民以自利。①魏武帝得漢中，卒徙其民而棄之，已見第十一章第十一節。曹仁入襄陽，徙漢南附化之民於漢北。孫策破皖城得袁術百工及鼓吹部曲三萬人，皆徙詣吳。《三國志》本傳《注》引《江表傳》。孫權破廬江，徙其部曲三萬餘人。亦見本傳《注》引《江表傳》事在建安五年。建安十二年、十三年西征黃祖，皆虜其人民而還。諸葛亮箕谷之役，拔西縣千餘家還漢中。延熙十七年，姜維出隴西，拔狄道、河間、臨洮三縣之民，居於繁縣。吳赤烏六年，諸葛恪征六安，破魏將謝順營，亦收其民人。此尚其犖犖大者，其小者，史未必備載也。此時移民，頗多一切不顧利害者。《三國·魏志·辛毗傳》：文帝欲徙冀州士家十萬户實河南。時連蝗，民飢，羣司以爲不可，而帝意甚盛。毗與朝臣俱求見。帝知其欲諫，作色以見之。皆莫敢言。毗曰：“陛下欲徙士家，其計安出？”帝曰：“卿謂我徙之非邪？”毗曰：“誠以爲非也。”帝曰：“吾不與卿共議也。”毗曰：“陛下不以臣不肖，置之左右，厠之謀議之官，安得不與臣議邪？臣所言非私也，乃社稷之慮也，安得怒臣？”帝不答，起入内。毗隨而引其裾。帝遂奮衣不還。良久乃出，曰：“佐治，卿持我何大急邪？”毗曰：“今徙，既失民心，又無以食也。”帝遂徙其半。觀毗諫諍之切，而知當時徙民之危矣。魏武欲徙淮南之民，本問蔣濟，濟言民實不樂徙，而武帝不聽，卒至皆叛入吳，見第十一章第九節。其前鑑也。

　　凡事國家代謀者，恒不如人民自爲謀之切，而人民不願行之事，亦未易以政令迫之。故秦、漢時之移民，規模雖大，計慮雖周，卒之弊餘於利，而人民之自行移殖者，其成功轉大有可觀焉。②邊方之開發，山澤之墾闢，尤其彰彰在人耳目者也。當時九州雲擾，惟海道所通之地較完，故適遼東、交阯者極多。如邴原、管寧、王烈、許靖等皆是。諸人後雖復還，然與之俱徙者，必不能皆與之俱還也。其時去封建之世近，民之遷徙者率成羣，其士大夫恒能爲之率將，而宗族親黨之間，亦恒能互相救恤，故其力强而足以自立。邴原在遼東，一年中往歸者數百家。管寧至遼東，廬於山谷，越海避難者皆來就之，旬月而成邑。楊俊以兵亂方起，河内處四達之衝，必爲戰場，乃扶持老弱，詣京、密山間。同行者百餘家。俊振濟貧乏，通共有無。宗族知故，爲人所略作奴僕者凡六家，俊皆傾財贖之。此非故名族而能然邪？田疇入徐無山數年，百姓歸之者五千餘户。鄭渾遷左馮翊，時梁興等略吏民五千餘家爲寇鈔，諸縣不能

---

① 移民：兵爭者移民以自利。

② 移民：民自遷者 { 1. 邊遠如遼東交阯。
2. 入山守險——山越。大族山越所附（第三五五頁）。

禦,皆恐懼,寄治郡下。議者悉以爲當移就險。渾曰:"興等破散,竄在山阻,雖有隨者,率脅從耳。今當廣開降路,宣喻恩信,而保險自守,此示弱也。"乃聚斂吏民,治城郭,爲守禦之備。遂發民逐賊。又遺吏民有恩信者,分佈山谷告喻,出者相繼。乃使諸縣長吏,各還本治,以安集之。呂虔領泰山大守。郡接山海,世亂聞,民人多藏竄。袁紹所置中郎將郭祖、公孫犢等數十輩,保山爲寇,百姓苦之。虔將家兵到郡,開恩信。祖等黨屬皆降服。諸山中亡匿者,盡出土安業。觀此,可知當時避亂者,爲亂者,守土者,皆有入山守險之事。入者不必遽出,而山澤闢矣。此等事北方究尚不甚多,南方尤盛,所謂山越是也。世或聞越之名,遂以爲異族,此實大誤。其人一出平地,即能輸税賦,充行伍,安得目爲異族? 蓋皆漢人之遭亂入山,與越錯處者耳。入山者多,則主客易位,而越人悉爲所化矣。故當時山越之繁滋,寇賊郡縣之禍小,開拓山地之功大。以郡縣見寇賊論,庸或視爲亂人,以民族相親和論,則百萬異族之同化,悉於平和中奏其功矣。此實我先民偉烈之不可忘者也。山越之名,昉見靈帝建寧二年,《後書·本紀》:是年九月,丹陽山越賊圍大守陳夤,夤擊破之。其實當不始此,特前此與郡縣無交涉,史不之及耳。至獻帝世而大盛。其所蟠據之地,幾盡江東西境。孫吳諸將,無不以勒山越見稱,而諸葛恪爲尤著。《恪傳》曰:恪以丹陽山險,民衆果勁,雖前發兵,徒得外縣平民而已,其餘深遠,莫能禽盡。屢自求乞爲官出之。三年可得甲士四萬。衆議咸以丹陽地勢險阻,與吳郡、會稽、新都、鄱陽四郡鄰接。周旋數千里,山谷萬重。其幽邃民人,未嘗入城邑,對長吏。皆仗兵野逸,白首於林莽。逋亡宿惡,咸共逃竄。山出銅鐵,自鑄甲兵。俗好武習戰,高尚氣力。其升山赴險,抵突叢棘,若魚之走淵,猨狖之騰木也。時觀閒隙,出爲寇盜。每致兵征伐,尋其窟藏。其戰則蜂至,敗則鳥竄。自前世以來,不能羈也。皆以爲難。恪父瑾聞之,亦以事終不逮。恪盛陳其必捷。權拜恪撫越將軍,領丹陽大守。恪移書四部屬城長吏,令各保其疆界,明立部伍。其從化平民,悉令屯居。乃分内諸將,羅兵幽阻。但繕藩離,不與交鋒。俟其穀稼將熟,輒從兵芟刈,使無遺種。於是山民飢窮,漸出降首。歲期人數,皆如本規。夫云逋亡宿惡,咸共逃竄,則其本非越人可知,故稱之者亦或曰山民,或曰山賊,不盡曰山越也。山越雖爲寇盜,必不能專恃此爲生。觀諸葛恪以芟刈禾稼困之,則知其人仍事耕作。此等人民,風氣必極淳樸。陶潛之《桃花源詩》,世恒視爲寓言,其實觀清喬光烈之《招墾里記》,①知

---

①　移民:《桃花源詩》非寓言,《招墾里記》。

其所記必係實事也。見《經世文編》卷二十三。民自耕鑿食飲，而有國有家者，必欲強出之以爲兵，亦可哀矣。夫苟欲用兵力，則宜陳之邊方之地，以禦異族，而不當内自相争。《漢書·地理志》云：河西諸郡，“吏民相親，風雨時節，穀糴常賤，少盗賊，有和氣之應，賢於内郡，此政寬厚吏不苛刻之效”。夫豈吏至邊郡則賢？新闢之區，地有餘利，則民富厚而俗自淳也。《鹽鐵論·未通篇》：御史曰：“内郡人衆，水泉薦草，不能相澹；地勢温濕，不宜牛馬。民蹠耒而耕，負檐而行，勞罷而寡功，是以百姓貧苦，而衣食不足。老弱負輅於路，而列卿大夫，或乘牛車。孝武皇帝平百越以爲囷圄，卻羌、胡以爲苑囿。是以珍怪異物，充於後宫；騊駼駃騠，實於外厩；匹夫莫不乘堅良，而民間厭橘柚。由此觀之，邊郡之利亦饒矣。”以珍怪充後宫，騊駼實外厩爲利，其義未之前聞。云匹夫乘堅良，民間厭橘柚，亦必誣妄之辭。如《漢志》之所云，則庶乎開邊之利矣。然亦必有兵力以守之。然後能爲我有。魏武之破三郡烏丸也，胡、漢降者二十餘萬口。梁習言并州承高幹荒亂之餘，胡狄在界，張雄跋扈，吏民亡叛，入其部落。猶是恃新闢之地以爲生也，然而轉爲他人奉矣。故曰有文德者不可無武備也。惜哉，如孫吴之流，祇知攘竊於國内也。内亂不已，外寇乘之，而神州奧區，轉爲五胡殖民之地矣。

第五節　各地方風氣

自分立進於統一，各地方之風氣，必自異而漸即於同，此同化之實也。《漢書·地理志》曰“凡民，函五常之性，而其剛柔緩急音聲不同，繫水土之風氣，故謂之風。好惡取舍，動静亡常，隨君上之情欲，故謂之俗。聖王在上，統理人倫，必移其本而易其末，混同天下，壹之乎中和，然後王教成也”，蓋謂以人力齊自然之不齊，可謂知此義矣。又曰：“漢承百王之末，國土變改，民人遷徙。成帝時，劉向略定其地分。丞相張禹使屬潁川朱贛條其風俗，猶未宣究。故輯而論之，終其本末，著於篇。”蓋因朱贛所論，而有所增益，文皆舉犖犖大端，使千載之下，於當時各地方之風氣，猶可見其大概焉，亦可寶矣。今刪略其説如下：

《漢書》所謂秦地者，包今之陝、甘及川、滇。《漢書》言其俗曰：后稷封氂，公劉處豳，大王徙邠，文王作酆，武王治鎬，其民有先王遺風，好稼穡，務本業。有鄠、今陝西鄠縣。杜秦縣，漢後更名杜陵，在今長安縣東南。竹林，南山檀柘，號稱陸海，爲九州膏腴。始皇之初，鄭國穿渠，引涇水溉田，沃野千里，民以富饒。漢興，立都長安,徙齊諸田,楚昭、屈、景及諸功臣家於長陵。後世世徙吏二千石、高訾富人及豪桀並兼之家於諸陵。是故五方雜厝,風俗不純。其世家則好禮文,富人則商賈爲利,豪桀則遊俠通姦。瀕南山,近夏陽,漢縣,今陝西韓城縣。多阻險,輕薄易爲盜賊,常爲天下劇。又郡國輻湊,浮食者多,民去本就末。列侯貴人,車服僭上,衆庶放效,羞不相及。嫁娶尤崇侈靡,送死過度。天水、隴西及安定、北地、上郡、西河,皆迫近戎狄,修習戰備,高上氣力,以射獵爲先。漢興,六郡良家子選給羽林、期門,以材力爲官,名將多出焉。此數郡民俗質木,不恥寇盜。自武威以西,本匈奴昆邪王、休屠王地。武帝時攘之,初置四郡,以通西域,鬲絕南羌、匈奴。其民或以關東下貧,或以報怨過當,或以誖逆亡道家屬徙焉。習俗頗殊。地廣民稀,水艸宜畜牧,故涼州之畜爲天下饒。保邊塞二千石治之,咸以兵馬爲務,酒醴之會,上下通焉,吏民相親。是以其俗風雨時節,穀糴常賤,少盜賊,有和氣之應,賢於內郡。巴、蜀、廣漢本南夷,秦並以爲郡。土地肥美,有江水、沃野、山林、竹木、疏食、果實之饒。南賈滇、僰,滇、僰僮,西近邛、莋,莋馬、旄牛。民食稻魚,亡凶年憂,俗不愁苦。而輕易淫泆,柔弱褊阨。景、武間,文翁爲蜀守,教民讀書法令,未能篤信道德,反以好文刺譏,貴慕權執。及司馬相如遊宦京師、諸侯,以文辭顯於世,鄉黨慕循其迹。後有王褒、嚴遵、揚雄之徒,文章冠天下。武都地雜氐、羌及犍爲、牂柯、越嶲,皆西南外夷,武帝初開置。民俗略與巴、蜀同,而武都近天水,俗頗似焉。故秦地三分天下之一,而人衆不過什三,然量其富居什六。

魏地爲今山西省西南,河南省黃河以北及東北境。河內俗剛彊,多豪桀侵奪。薄恩禮,好生分。河東土地平易,有鹽鐵之饒。其民有先王遺教,君子深思,小人儉陋。

周地爲今洛陽附近之地,巧僞趨利,貴財賤義,高富下貧。憙爲商賈,不好仕宦。

韓地爲今河南鄭縣附近及西南境。鄭國土陿而險,山居谷汲,男女亟聚會,故其俗淫。陳,其俗巫鬼。潁川、南陽,本夏禹之國,夏人上忠,其敝鄙樸。秦既滅韓,徙天下不軌之民於南陽,故其俗夸奢,上氣力,好商賈,漁獵臧匿難制御也。宛西通武關,東受江、淮,一都之會也。宣帝時,鄭弘、召信臣爲南陽大守,治皆見紀。信臣勸民農桑,去末歸本,郡以殷富。潁川韓都,士有申子、韓非刻害餘烈,高仕宦,好文法。民以貪遴、爭訟、生分爲失。韓延壽爲大守,先之以敬讓。黃霸繼之,教化大行。獄或八年亡重罪囚。

趙地爲今河北之西南境,山西省除河東外亦皆屬焉。又有今綏遠南境。

趙、中山地薄人衆。丈夫相聚遊戲，悲歌慷慨，起則椎剽掘冢，作姦巧，多弄物，爲倡優。女子彈弦跕躧，遊媚富貴，徧諸侯之後宫。邯鄲北通燕、涿，南有鄭、衛，漳、河之間一都會也。其土廣俗雜，大率精急，高氣埶，輕爲姦。大原、上黨，又多晉公族子孫，以詐力相傾，矜夸功名，報仇過直，嫁娶送死奢靡。漢興，號爲難治。常擇嚴猛之將，或任殺伐爲威。父兄被誅，子弟怨憤，至告訐刺史、二千石，或報殺其親屬。鍾、代、石北，迫近胡寇。民俗懻忮，好氣爲姦，不事農商，自全晉時已患其剽悍，而武靈王又益厲之，故冀州之部，盜賊常爲它州劇。定襄、雲中、五原，本戎狄地，頗有趙、齊、衛、楚之徙。其民鄙樸，少禮文，好射獵。雁門亦同俗。

燕地爲今河北東北境，及熱河、察哈爾、遼寧，並包括朝鮮北境。薊南通齊、趙、勃、碣之間一都會也。其俗愚悍少慮，輕薄無威。亦有所長，敢於急人。上谷至遼東，地廣民希，數被胡寇，俗與趙、代相類。有漁、鹽、棗、栗之饒，北隙烏丸、夫餘，東賈真番之利。玄菟、樂浪，武帝時置，皆朝鮮、濊貉、句麗蠻夷。樂浪朝鮮民犯禁八條：相殺以當時償。殺相傷以穀償。相盜者，男没入爲其家奴，女子爲婢。欲自償者，人五十萬。雖免爲民，俗猶羞之，嫁娶無所讎。是以其民終不相盜，無門户之閉；婦人貞信不淫辟。其田民飲食以籩豆，都邑頗放效吏及内郡賈人，往往以杯器食。郡初取吏於遼東，吏見民無閉藏，及賈人往者，夜則爲盜，俗稍益薄。今於犯禁寖多，至六十餘條。

齊地爲今山東東北境、河北東南境。齊俗彌侈，織作冰紈綺繡純麗之物，號爲冠帶衣履天下。士多好經術，矜功名，舒緩闊達而足智。其失夸奢朋黨，言與行繆，虚詐不情。急之則離散，緩之則放縱。臨淄，海、岱之間一都會也，其中具五民云。

魯地爲今山東西南境及江蘇之淮北。地陿民衆。頗有桑麻之業，亡林澤之饒。俗儉嗇愛財，趨商賈。好訾毁，多巧僞。喪祭之禮，文備實寡。然其好學猶愈於它俗。漢興以來，魯、東海多至卿相。

宋地跨今山東、河南、江蘇三省之間。昔堯作遊成陽，舜漁靁澤，湯止於亳，故其民猶有先王遺風，重厚多君子。好稼穡，惡衣食，以致畜藏。沛、楚之失，急疾顓己。地薄民貧，而山陽好爲姦盜。

衛地跨今河南、河北之間。有桑間、濮上之阻，男女亦亟聚會，聲色生焉，故俗稱鄭、衛之音。其俗剛武，尚氣力。漢興，二千石治者亦以殺戮爲威。宣帝時，韓延壽爲東郡大守，崇禮義，尊諫争，至今東郡號善爲吏，延壽之化也。其失頗奢靡，嫁娶送死過度。而野王好氣任俠，有濮上風。

楚地爲今湖南北、漢中及河南東南境。楚有江漢川澤山林之饒。江南地廣，或火耕水耨。民食魚稻，以漁獵山伐爲業。果蓏、蠃蛤，食物常足。故呰窳媮生而亡積聚。飲食還給，不憂凍餓，亦亡千金之家。信巫鬼，重淫祀。而漢中淫失枝柱，與巴、蜀同俗。汝南之別，皆急疾有氣執。江陵故郢都，西通巫、巴，東有雲、夢之饒，亦一都會也。

吳地，今江蘇、安徽南境及浙江、江西之地。吳、粵之君皆好勇，故其民至今好用劍，輕死易發。壽春、合肥，受南北湖皮革鮑木之輸，亦一都會也。漢興，高祖王兄子濞於吳，招致天下之娛遊子弟。枚乘、鄒陽、嚴夫子之徒，興於文、景之際；而淮南王安亦都壽春，招賓客著書；而吳有嚴助、朱買臣，貴顯漢朝，文辭並發，故世傳楚辭。其失，巧而少信。本吳、粵與楚接比，數相並兼，故民俗略同。吳東有海鹽、章山之銅，三江、五湖之利，亦江東之一都會也。豫章出黃金，然堇堇物之所有，取之不足以更費。江南卑溼，丈夫多夭。

粵地，今兩廣及越南之地。處近海，多犀、象、毒冒、珠、璣、銀、銅、果布之湊。中國往商賈者，多取富焉。番禺其一都會也。自合浦、徐聞南入海，得大州。東西南北方千里。武帝元封元年，略以爲儋耳、珠崖郡。民皆服布，如單被，穿中央爲貫頭。男子耕種禾、稻、紵麻。女子桑蠶織績。亡馬與虎，民有五畜，山多塵麠。兵則矛、盾、刀、木弓弩、竹矢，或骨爲鏃。自初爲郡縣，吏卒、中國人多侵陵之，故率數歲一反，元帝時，遂罷棄之。

以上皆《漢書·地理志》之說也。漢人議論，涉及風俗者，多可與此相發明。如鄒陽言"鄒、魯守經學，齊、楚多辯智，韓、魏時有奇節"。《漢書·趙充國辛慶忌傳贊》言："關東出相，關西出將。"《後漢書·虞詡傳》：詡亦引之，以爲諺語。《司馬相如傳》載相如喻巴、蜀檄曰："夫邊郡之士，聞烽舉燧燔，皆攝弓而馳，荷兵而走；流汗相屬，惟恐居後。觸白刃，冒流矢，議不反顧，計不旋踵。人懷怒心，如報私讎。今奉幣役至南夷，即自賊殺，或亡逃抵誅，身死無名，謚爲至愚。恥及父母，爲天下笑。人之度量相越，豈不遠哉？"此辭固不盡實，然巴、蜀之民怯戰，亦必非盡誣。以其地閉塞，先世用兵本少也。《鹽鐵論·通有篇》：文學曰："荊、揚南有桂林之饒，內有江湖之利，左陵陽之金，陵陽，漢縣，今安徽石埭縣東北。右蜀漢之材。伐木而樹穀，燔萊而播粟，火耕而水耨，地廣而饒材。然後呰窳偷生，好衣甘食。雖白屋草廬，歌謳鼓琴。日給月單，朝歌暮戚。趙、中山帶大河，纂四通神衢，當天下之蹊，商賈錯於路，諸侯交於道。然民淫好末，侈靡而不務本。田疇不修，男女矜飾。家無斗筲，鳴琴在室。是以楚、趙之民，均貧而寡富。宋、衛、韓、梁好本稼穡。編戶齊民，無不家衍人給。"皆與《地理志》之言相出入也。綜其大要：是時生業最盛者，爲黄河中下遊。其人之勤力、嗜利及淫侈亦最盛。渭水流域，蓋自周室東遷以後，淪爲戎狄之區，然其地故肥沃，秦人收而用之，至戰國之世，文明程度稍足肩隨東方，而惇樸之風猶在，用克兼並六國。自漢代秦，稍習於豐亨豫大，又徙東方豪民以實之，而風氣遂漸變矣。自西北至東北邊，地皆新闢。其俗鄙野，而右武之風未衰。漢代武功之盛，於此蓋重有賴焉。長江流域，生業遠後北方。故其貧富較均。其人之勤力及淫侈，亦不如北方之甚。① 其右武之風亦未衰。張良説漢高祖曰："楚人剽疾，願上無與争鋒。"周亞夫亦言："楚兵剽輕，難與争鋒，願以梁委之。"李陵以步卒絶漠，爲古今所罕有，而其言曰："臣所將屯邊者，皆荆楚勇士，奇材劍客也。"《漢書・淮南王傳》，謂江、淮間多輕薄，以厲王遷死感激安。又論其事曰："此非獨王也，亦其俗薄，臣下漸靡使然。夫荆楚剽輕，好作亂，乃自古記之矣。"孫堅與策，皆以"輕佻躁果，隕身致敗"，《三國志》本傳評語。而孫權亦以此屢瀕於危。權攻合肥，爲張遼所襲，賴凌統等以死扞衛，乃得乘駿馬越津橋逸去，見本傳建安十九年及《張紘傳》，又《賀齊傳注》引《江表傳》。又乘新裝大船，於武昌遇風，與是役皆賴谷利以免，見本傳是年《注》引《獻帝春秋》，及黄武五年《注》引《江表傳》。親乘馬射虎，馬爲虎所傷，見本傳建安二十三年及《張昭傳》。諸葛誕厚養親附及揚州輕俠。後麾下數百人，坐不降死，皆曰："爲諸葛公死不恨。"論者比之田横。《誕傳注》引干寶《晉紀》曰："數百人拱手爲一列，每斬一人，輒降之，竟不變至盡。時人比之田横。"可見當時南方風氣。華覈言"江南精兵，北土所難，欲以十卒，當東一人"，良非偶然。當時南人所以不敵北者，乃其文明程度不逮，而非關其人之强弱。羊祜言："其俗急速，不得持久。弓弩戰楯，不如中國。惟有水戰，是其所便。"蓋訓練未精，械器不利也。袁淮言："吴、楚之民，脆弱寡能。英才大賢，不出其土。比技量力，不足與中國相抗。"則偏見矣。祜言見《晉書》本傳。淮言見《三國・魏志・齊王紀》正始七年《注》引《漢晉春秋》。晉室東渡，不能用之驅除五胡，顧溺於晏安，使其民化之，亦日即於脆弱，亦可哀矣。

_____

① 風俗：南方風氣之强。

第十四章　秦漢時社會等級

第一節　豪　強

　　秦、漢之世去古近，故其人等級之見頗深。《史記·項羽本紀》：東陽少年殺其令，彊立陳嬰爲長，欲立嬰使爲王。嬰母謂嬰曰：“自我爲汝家婦，未嘗聞汝先古之有貴者。今暴得大名不祥。不如有所屬，事成猶得封侯，事敗易以亡，非世所指目也。”嬰乃不敢爲王。謂其軍吏曰：“項氏世世將家，有名於楚，今欲舉大事，將非其人不可。我倚名族，亡秦必矣。”於是衆從其言，以兵屬項梁。此當時中流人士之見解。《陳涉世家》：涉與吳廣，召令從衆曰：“壯士不死即已，死即舉大名耳。王侯將相，寧有種乎？”此無賴子之口吻，非通常見地也。然人心雖尚如是，事勢則已大變。《廿二史劄記》曰：“漢初諸臣，惟張良出身最貴，韓相之子也。其次則張蒼，秦御史；叔孫通，秦待詔博士。次則蕭何，沛主吏掾；曹參獄掾；任敖獄吏；周苛泗水卒史；傅寬魏騎將；申屠嘉材官。其餘陳平、王陵、陸賈、酈商、酈食其、夏侯嬰等皆白徒。樊噲則屠狗者。周勃則織薄曲、吹簫給喪事者。灌嬰則販繒者。婁敬則輓車者。一時人才，皆出其中，致身將相，前此所未有也。”蓋貴族此時，業已不能自振；中流人士，亦或拘文牽義，不能進取；惟下流無賴之人，無所忌憚，無所不敢爲，故卒能有所成就；若偶然而實非偶然也。劉、項成敗，亦以此爲大原，說見第三章第四節。

　　漢世選舉，並不重視門閥。唐柳芳論氏族，謂漢高祖起徒步，有天下，命官以賢，詔爵以功，先王公卿之胄，才則用不才棄之是也。見《唐書·柳沖傳》。然亦不能全免。《漢書·地理志》云：“漢興，六郡良家子選給羽林、期門。”謂隴西、天水、安定、北地、上郡、西河。《李廣傳》：以良家子從軍擊胡。《趙充國傳》：以六郡良家子善騎射補羽林。《甘延壽傳》：少以良家子善騎射爲羽林。① 如淳曰：“醫、商賈、百工不得與也。”期

————————

　　① 階級：六郡良家子，醫商賈百工不得與。

353

門、羽林如此，他要職可知。漢世權戚，如西京之金、張，《漢書·張湯傳》：安世子孫相繼，自宣、元以來，爲侍中、中常侍、諸曹、散騎、列校尉者，凡十餘人。功臣之世，惟有金氏、張氏，親近寵貴，比於外戚。東京之鄧氏、《后漢書·鄧禹傳》：鄧氏自中興後，累世寵貴，凡侯者二十九人，公二人，大將軍以下十三人，中二千石十四人，列校二十二人，州牧、郡守四十八人。其餘侍中、將、大夫、郎、謁者，不可勝數。東京莫與爲比。耿氏，《後漢書·耿弇傳》：耿氏自中興已後，迄建安之末，大將軍二人，將軍九人，卿十三人，尚公主三人，列侯十九人，中郎將、護羌校尉及刺史、二千石數十百人。遂與漢興衰云。竇氏，《后漢書·竇融傳》：竇氏一公，兩侯，三公主，四二千石，皆相與並時。自祖及孫，官府邸第，相望京邑。奴婢以千數。於親戚、功臣中，莫與爲比。雖貴盛實不爲久，然門第之見，則已漸入人心；如楊氏自震至彪，四世爲大尉，與袁氏俱爲名族，其後擾亂之際，袁紹頗爲人心所歸，即其一證。《三國·魏志·王朗傳注》引《魏略·儒宗傳》云："天水舊有姜、閻、任、趙四姓，常推於郡中，而薛夏爲單家，不爲降屈。四姓欲共治之。夏乃遊逸，東詣京師。後四姓又使囚遙引夏，關移潁川，收捕繫獄。大祖告潁川，使理出之。召署軍謀掾。黃初中爲祕書丞。大和後病亡。敕其子無還天水。"又《張既傳注》引《魏略》云："初，既爲郡小吏，功曹徐英，嘗自鞭既三十。英馮翊著姓。自見族氏勝既，於鄉里名行在前，加以前辱既，雖知既貴顯，終不肯求於既。既雖得志，亦不顧計本原，猶欲與英和。嘗因醉欲親狎英，英故抗意不納。"當時大族單門，地位相去之遠，可以概見。夏侯玄恥與毛曾並坐；賈詡男女嫁娶，不結高門，世稱其善於自守；蓋已漸啓南北朝昏姻不通，起居不相儕偶之習矣。

　　强宗巨家，在平時實爲治化之梗，至亂時，則更有不堪設想者。[1]《三國·吳志·步騭傳》：騭以世亂，避難江東，單身窮困，與廣陵衛旌同年相善，俱以種瓜自給。會稽焦征羌，《吳錄》曰：征羌名矯，嘗爲征羌令。郡之豪族，人客放縱。騭與旌求食其地，懼爲所侵，乃共修刺，奉瓜以獻征羌。征羌方在内臥，駐之移時。旌欲委去。騭止之曰："本所以來，畏其彊也。而今舍去，欲以爲高，祗結怨耳。"良久，征羌開牖見之。方隱几坐帳中，設席致地，坐騭、旌於牖外。征羌作食，身享大案，殽膳重沓，以小盤飯與騭、旌，惟菜茹而已。當時豪民，其無禮敖慢如此。此已足敗壞風俗矣。然尚不過無禮而已，甚有躬爲剽奪者。如《漢書·酷吏傳》言：涿郡大姓西高氏、東高氏，自郡吏以下，皆畏避之，莫敢與牾。賓客放爲盜賊，發輒入高氏，吏不敢追，浸浸日多，道路張弓拔刃，然後敢行，其亂如此。《三國·魏志·司馬芝傳》：芝爲管長。郡主簿劉節，舊族豪

---

[1]　階級：大族爲亂源。

俠。賓客千餘家，出爲盜賊，入亂吏治。頃之，芝差節客王同等爲兵。掾史據
白：節家前後未嘗給繇。若至時藏匿，必爲留負。芝不聽。與節書：幸時發
遣。兵已集郡，而節藏同等。因令督郵以軍興詭責縣。縣掾窮困，乞代同行。
芝乃馳檄濟南，具陳節罪。大守郝光，素敬信芝，即以節代同行。青州號芝以
郡主簿爲兵。遷廣平令。今河北廣平縣。征虜將軍劉勳，貴寵驕豪，又芝故郡將。
賓客子弟在界數犯法。勳與芝書，不著姓名，而多所屬託。芝不報其書，一皆
如法。此遇良吏則然，若不肖，則將反與之交結矣。魏武之定河北也，下令
曰："有國有家者，不患寡而患不均，不患貧而患不安。袁氏之治也，使豪强擅
恣，親戚兼併，下民貧弱，代出租賦。衒粥家財，不足應命。審配宗族，至乃藏
匿罪人，爲逋逃主。欲望百姓親附，甲兵彊盛，豈可得邪？"《三國志·武帝紀》建安九
年《注》引《魏書》。公孫瓚罪狀紹，謂其割剝富室，收考責錢，《三國志》本傳《注》引《典
略》。蓋非虛辭矣。無怪鮑宣謂民有七亡，豪强大姓蠶食無厭其一也。平時之
撓法亂政既如此，至戰時，則有如魏文所言"飄揚雲會，萬里相赴"者。《典論·自
叙》。《三國志·文帝紀注》引。田儋及從弟榮，榮弟橫，皆豪桀宗彊，能得人。武臣之
死也，客有說張耳、陳餘曰："兩君羈旅，而欲附趙，難獨立。立趙後，扶以義，
可就功。"羈旅不敵土著，此王郎之所以能窘光武也。王脩守高密令，高密孫
氏素豪俠，人客數犯法。民有相劫者，賊入孫氏，吏不能執。脩將吏民圍之。
孫氏拒守，吏民憚不敢近。賀齊守剡長。縣吏斯從，輕俠爲奸。齊欲治之。
主簿諫曰："從縣大族，山越所附。今日治之，明日寇至。"齊聞大怒，便立斬
從。從族黨遂糾合衆千餘人，舉兵攻縣。袁紹逆公孫瓚於界橋，鉅鹿大守李
邵及郡冠蓋以瓚兵彊，皆欲屬瓚。紹使董昭領鉅鹿。時郡右姓孫伉等數十
人，專爲謀主，驚動吏民。昭即斬之，一郡皇恐。蓋自擅於一隅之地，反側於
兩軍之間者，莫非此曹，根柢槃互，卒不可除，亂勢之難於爬梳，此亦其一因也。

漢世政治，遇强宗巨家亦特嚴。二千石阿附豪强，爲刺史奉詔所察六條
之一。[①] 杜延年以故九卿，外出爲邊吏，治郡不進，上以璽書讓之。延年乃選
用良吏，捕擊豪彊，郡中清静。馬援爲隴西大守，總大體而已。諸曹時白外
事，援輒曰："此丞掾之任，何足相煩？若大姓侵小民，黠羌欲旅距，此乃大守
事耳。"然則秦、漢之置守，其視豪强，乃至與外寇等也。嚴延年爲治，務在摧
折豪强，扶助貧弱。貧弱雖陷法，曲文以出之；其豪桀侵小民者，以文內之。
史弼爲政，特挫抑彊豪。小民有罪，多所容貸。看似失平，實亦有所不得已

---

① 階級：漢世遇豪强特嚴（第三五五—三五六頁）。

也。《後書·酷吏傳》云："漢承戰國餘烈，多豪猾之民。故臨民之職，專事威斷。族滅姦軌，先行後聞。"漢末名士，待宦官支黨特酷。後人或疑爲過激，而不知當時風氣固如此也。嚴延年、史弼皆名列《酷吏傳》。然不列《酷吏傳》而務於摧折豪彊者亦多，如趙、尹、韓、張、兩王即是。

豪彊與貴勢相結，則其爲害彌甚。《漢書·酷吏傳》言：王温舒多諂，善事有勢者。即無勢，視之如奴。有勢家，雖有姦如山，弗犯。無勢，雖貴戚必侵辱。舞文，巧請下户之猾，以動大豪。酷吏如此，況庸人乎？周紆徵拜洛陽令，下車先問大姓主名。吏數閭里豪彊以對。紆屬聲怒曰："本問貴戚若馬、竇等輩，豈能知此賣菜傭乎？"王暢拜南陽大守。前後二千石逼憚帝鄉貴戚，多不稱職。暢深疾之。下車，奮屬威猛。其豪黨有釁穢，莫不糾發。會赦，事得散。暢追恨之。更爲設法，諸受臧二千萬以上，不自首實者，盡入財物。若其隱伏，使吏發屋伐樹，堙井夷竈。豪右大震。能如是者蓋寡矣。況漢自宣帝、光武，已不能裁抑貴戚邪？見第五章第十二節，第九章第一節。

第二節　奴客門生部曲

奴婢之原有三：一曰俘略：《史記·項羽本紀》：秦軍降諸侯，諸侯吏卒乘勝，多奴虜使之。秦吏卒多竊言曰："今能入關破秦，大善。即不能，諸侯虜吾屬而東，秦必盡誅吾父母妻子。"[①]及羽屠咸陽，收其寶貨婦女而東。其破田榮，皆阬榮降卒，係虜其老弱婦女。漢王既滅項羽，諸民略在楚者皆歸之，此戰時所虜也。欒布爲人所略賣，爲奴於燕。孝文竇皇后弟廣國，四五歲時，爲人所略賣。《漢書·景武昭宣元成功臣表》：蒲侯蘇夷吾，鴻嘉三年，坐婢自贖爲民，後略以爲婢免。此皆平時恃强爲之，實爲罪大惡極。然王莽言當時之弊曰"置奴婢之市，與牛馬同蘭，制於民臣，顓斷其命，姦虐之人，因緣爲利，至略賣人妻子"，本傳始建國元年行王田時語。則其事幾與粥賣同其普徧矣。二曰罪人：此即所謂官奴婢，然亦可賞賜粥賣。如武帝賜異母姊脩成君奴婢三百人；後漢東平憲王歸國，特賜奴婢五百人；清河孝王出居邸，賜奴婢三百人；晉武踐阼，以奴婢二人賜王基。又如漢傅大后使謁者買諸官婢，賤取之，復取執金吾官婢八人，見《漢書·毋將隆傳》。是也。官奴婢既可賞賜粥賣，則有罪爲奴者，自亦可在私家，故季布匿濮陽周氏，周氏髠鉗布，並與其家僮數十人之魯朱家

---

① 兵：秦吏卒言：諸侯虜吾屬而東，秦必盡誅吾父母妻子。

所賣之也。三曰粥賣：此本民間因困窮而起。《漢書·食貨志》云："漢興，接秦之敝，諸侯並起，民失作業而大饑饉。凡米石五千，人相食，死者過半。高祖乃令民得賣子。"①則賣買人口，本爲法令所禁。然此實所謂"法不能禁，義不能止"者。_{賈捐之語，見本傳。}故賈誼謂當時之民，歲惡不入，請爵賣子，幾視若故常也。又有初以爲質，後遂没爲奴婢者。嚴助爲淮南王諫伐閩越曰："間者數年，歲比不登，民待賣爵贅子，以接衣食。"如淳曰："淮南俗賣子與人作奴婢，名曰贅子，三年不能贖，遂爲奴婢。"贅即質也。又有販賣外國人者。《史記·貨殖列傳》曰："巴、蜀南御滇僰，僰僮。_{《漢書·地理志》作南賈滇、僰、滇、僰僮。}西近邛、筰，筰馬、旄牛。"《西南夷列傳》曰："巴、蜀民或竊出商賈，取其筰馬、僰僮、髦牛，②以此巴、蜀殷富。"《三國志·陳羣傳》：子泰，爲護匈奴中郎將。京邑貴人，多寄寶貨因泰市匈奴婢。此與歐人販粥黑奴無異，人類之罪惡，真可謂今古同符，東西一轍矣。官奴婢有罪與否，已自難言，猶可諉曰：法固以爲有罪，私奴婢則以無告而粥賣，國家所當媿恥而矜恤之者也，乃亦躬與爲市。鼂錯説漢文帝徙民塞下曰"其亡夫若妻者，縣官買予之"，足徵官可賣買人口，由來已久。又欲募徙以丁奴婢贖罪，及輸奴婢欲以拜爵者，此武帝時募民入奴婢，得以終身復，爲郎增秩之策也。至即治郡國緡錢，得民奴婢以千萬數，則又視同財産而没入之矣。梁冀起別第，取良人爲奴婢，名曰自賣人，則又賣買其名，劫略其實。

　　奴婢之數，似降而愈多。③ 張良家僮三百人，在周、秦之際，似已不爲少矣。漢世貴戚：則王商私奴千數。_{張匡之言，見《商傳》。}史丹僮奴以千數。王氏僮奴以千百數。_{《元后傳》。}竇氏奴婢以千數。_{《竇融傳》。}馬防兄弟，奴婢各千人以上。濟南安王，_{光武子。}奴婢至千四百人。梁節王_{明帝子。}以罪見削，上疏辭謝，猶欲選擇謹敕奴婢二百人。其豪富：則卓王孫僮客八百人。_{《司馬相如傳》。《貨殖傳》同。}王孫分與文君僮百人。程鄭數百人。折像父國，家僮八百人。_{《後漢書·方術列傳》。}曹仁弟純，僮僕人客以百數。_{《三國志·仁傳注》引《英雄記》。}糜竺祖世貨殖，僮客萬人。先主轉軍廣陵，竺進奴客二千。哀帝時名田之制，限諸侯王奴婢二百人，列侯公主百人，關内侯吏民三十人。官所爲限如此，未限之數可知。戰國時三世爲相，僅有家僮三百人者，方之蔑矣。漢人恒言："耕當問奴，織當問婢。"張安世家僮七百人，皆有手技作業。刁閒收取桀黠奴，使逐漁、鹽、商賈

---

① 奴婢：賣子爲法律所禁。官亦買賣奴婢（第三五八頁）。

② 奴婢：僰僮匈奴婢。

③ 奴婢：漢奴婢多於古。待之頗虐（第三五八頁）。

之利。《貨殖列傳》。當時之有奴婢者，皆使事生産，故奴婢愈多，主人愈富。《貨殖傳》言童手指千，比千乘之家。顔師古曰："指千則人百。"然則有僮百人者，富可敵萬乘之國；而如糜竺者，其富且十倍於古之天子矣。蓋井田廢而民失職；工商之業，資本小者，亦不足與大者競；故民之淪爲私屬者愈多也。漢武帝世，没入奴婢，分諸苑養狗馬禽獸，及與諸官，其用之亦一如私家。然當時徙奴婢衆，下河漕度四百萬石，及官自糴乃足，其爲損益，已自難言。後貢禹言："諸官奴婢十餘萬人，戲遊無事，税良民以給之，歲費五六鉅萬"，則彌爲失策矣。公家之營利，固終不如私家也。

當時豪民，待奴婢頗虐。竇安國爲人略賣，至宜陽，爲其主入山作炭，寒，臥岸下百餘人。岸崩，盡壓殺臥者，可見主人虐待奴婢，置其生死於不顧之情形。侯應議罷邊塞云："邊人奴婢苦，欲亡者多。曰：聞匈奴中樂，無奈候望急何？然時有亡出塞者。"《漢書·匈奴傳》。亦無怪其然矣。《漢書·田儋傳》：儋陽爲縛其奴，從少年之廷，欲謁殺奴。服虔曰："古殺奴婢皆當告官。"然雖有此律，未必能行。故董仲舒説武帝：去奴婢，除專殺之威。《漢書·食貨志》。王莽亦謂當時之奴婢，制於民臣，顓斷其命也。新室王田之制，名奴婢爲私屬，且不得賣買，自亦不得專殺，惜其制不傳。光武建武十一年二月，詔曰："天地之性人爲貴。其殺奴婢不得減罪。"八月，詔曰："敢炙灼奴婢論如律。所炙灼者爲庶民。"十月，詔除奴婢射傷人棄市律。疑實承新室之法而然。[1] 不然，何前漢二百年，迄未之及也。

奴婢之子，亦仍爲奴婢。《漢書·陳勝傳》：秦免驪山徒、人奴産子，悉發以擊楚軍。服虔曰："家人之産奴也。"師古曰：奴産子，猶今人云家生奴也。此民間奴婢之子也。[2]《司馬遷傳注》引應劭曰："揚雄《方言》云：海、岱之間，罵奴曰臧，罵婢曰獲。燕之北郊，民而墻婢謂之臧，女而歸奴謂之獲。"則良人與奴婢相配，亦視如奴婢矣。漢文帝除肉刑，張蒼等請定律：罪人獄已決，完爲城旦舂。滿三歲爲鬼薪白粲。鬼薪白粲一歲爲隸臣妾。隸臣妾一歲免爲庶人。《漢書·刑法志》。此有一定年限。然《三國志·毛玠傳》載鍾繇之言：謂漢律，罪人妻子，没爲奴婢，黥面，今真奴婢，祖先有罪，雖歷百世，猶有黥面供官。[3] 則文帝時所定之律，惟施諸免刑者耳。以貧窮粥賣者，自與犯罪没入者殊科，故可以詔令放免。《漢書·高帝紀》：五年五月，詔民以飢餓自賣爲人奴

---

① 奴婢：疑新室不得專殺奴婢而光武因之。
② 奴婢：奴婢子及與奴婢相配者。
③ 奴婢：真奴婢及有年限免者。

婢者,皆免爲庶人是也。官奴婢亦有援此例者。文帝後四年,赦天下,免官奴婢爲庶人。哀帝時,定名田之制,官奴婢五十以上,免爲庶人是也。此蓋其罪較輕者。後漢光武建武二年五月,詔曰:"民有嫁妻賣子,欲歸父母者恣聽之。敢拘執,論如律。"五年五月,詔見徒免爲庶人。六年十一月,詔王莽時吏民没入爲奴婢,不應舊法者,皆免爲庶人。七年五月,詔"吏民遭饑亂,及爲青、徐賊所略,爲奴婢、下妻,欲去留者,恣聽之。敢拘制不還,以賣人法從事"。十三年十二月,詔"益州民自八年以來,被略爲奴婢者,皆一切免爲庶民。或依託人爲下妻,欲去者恣聽之。敢拘留者,比青、徐二州以略人法從事"。十四年十二月,詔"益、涼二州奴婢,自八年以來,自訟在所官,一切免爲庶民。賣者無還直"。中元二年,明帝既即位,詔"邊人遭亂,爲内郡人妻,在己卯赦前,一切遣還,恣其所樂"。蓋猶承建武之遺規也。光武可謂中國之林肯矣。然官吏能否奉行,仍不可必。《三國·魏志·齊王芳紀》:芳即位,詔官奴婢六十已上,免爲良人。正始七年八月,詔曰:"屬到市觀,見所斥賣官奴婢,年皆七十,或癃疾殘病,所謂天民之窮者也。且官以其力竭,而復粥之,進退無謂,其悉遣爲良民。若有不能自存者,郡縣振給。"裴松之謂:"即位詔宜爲永制,七八年間,而復貨年七十者;且七十奴婢及癃疾殘病,並非可讎之物;而粥之於市;此皆事之難解者。"其實何難解之有?此直是有法令而不奉行耳。彼買奴者,自能計其出入是否相當,而豈慮老病者之無所用邪?

　　私家免奴,有出於好義者。如韓卓,以臘月奴竊食祭其先,義其心,即日免之。《後漢書·符融傳注》引袁山松書。華歆,公卿嘗並賜没入生口,惟歆出而嫁之是也。此等義舉,自非可多得。通常皆以財贖。前所引楊俊避亂,宗族知故,爲人略作奴僕者六家俊皆傾財贖之是也。見第二節。俊後避地并州,本郡王象,少孤特,爲人僕隸,年十七八,見使牧羊,而私讀書,因被箠楚。俊嘉其才質,即贖象著家,娉娶立屋,然後與別。可謂好行其德矣。

　　古所謂食客者,非必名卿大夫如四公子之徒,然後有之也,雖士庶人之家亦有之。韓信嘗從下鄉亭長寄食;吴漢家貧,給事縣爲亭長,以賓客犯法亡命;其明徵矣。樓護有故人吕公,無子,歸護。護身與吕公,妻與吕嫗同食。及護家居,妻子頗厭吕公。護聞之,流涕責其妻子曰:"吕公以故舊窮老,託身於我,義所當奉。"遂養吕公終身。此等美德,非人人所能有。灌夫食客日數十百人。戴良曾祖父遵,食客常三四百人。鄭太知天下將亂,陰交豪桀,有田四百頃,而食常不足。此等人亦難多覯。故所謂賓客者,名雖爲賓客,實亦從事於生産作業。①《後漢書・馬援傳》，言援亡命北地，因留牧畜，賓客多歸附者，遂役屬數百家。後將家屬歸洛陽。居數月，無他職任，援以三輔地曠土沃，而所收賓客猥多，求屯田上林苑中。可見賓客非安坐而食者矣。其地位較卑於賓客者，謂之門生。《三國・魏志・牽招傳》，言招年十餘歲，詣同縣樂隱受學。後隱爲何苗長史，招隨卒業。直京都亂，苗、隱見害。招與隱門生史路等觸蹈鋒刃，共殯斂隱尸，送喪還歸。《吳志・孫策傳注》引《吳録》，載策與袁術書曰："其忽履道之節，而彊進取之欲者，將曰：天下之人，非家吏則門生也，孰不從我？"蓋門生乃常居門下執事者，於其所主，若子弟之於父兄，賓客則猶爲敵體。故《滿寵傳》言"汝南袁紹之本郡，門生賓客，布在諸縣，擁兵拒守"，以門生、賓客分言之也。

又有所謂部曲者，則其名自行伍中來。②《續漢書・百官志》云：大將軍營五部，部下有曲，曲下有屯，則部曲之名，正與今之團營連排等。亂離之世，其人或無所歸，而永隨其將帥。當其不事戰陳之時，或使之從事於屯墾等事。其後見其有利可圖，則雖不益兵之日，亦或招人爲之，而部曲遂爲私屬之名矣。如《三國志・衛覬傳》，謂關中大有還民，諸將多引爲部曲是也。詳見第十三章第三節。爾時賓客與部曲亦混淆不分。《三國志・李典傳》言：典從父乾，合賓客數千家在乘氏。初平中，以衆隨大祖。後爲吕布別將所殺，子整將其兵。整卒，典將其兵。大祖與袁紹相拒官渡，典率宗族及部曲輸穀帛供軍。後遂徙部曲宗族萬三千餘口居鄴。此平時之賓客，亂時以兵法部勒之，即成部曲之證。《吳志・孫策傳》言：袁術召策爲折衝校尉，行殄寇將軍。賓客願從者數百人。《甘寧傳注》引《吳書》，言寧將僮客八百人就劉表，依黄祖。祖令人化誘其客，客稍亡。蘇飛白祖，聽寧之縣招懷亡客，並義從者，得數百人。《吕範傳》言：範將私客百人歸策。此等賓客，亦皆可以充兵。《吳書》所謂僮客，亦即《蜀志・麋竺傳》所謂奴客，蓋又以家奴充兵者也。《蜀志・霍峻傳》：峻兄篤，於鄉里合部曲數百人。《魏志・鄧艾傳》：艾言於司馬景王，謂吳名宗大族，皆有部曲，阻兵仗勢，足以違命。無軍職而有部曲，亦即奴客而已。《蜀志・先主傳》，言廬江雷緒率部曲數萬口稽顙。《吳志・朱桓傳》，言其部曲萬口，妻子盡識之，可見其數之衆。全悰子懌，懌兄子輝、儀留建業，與其家内争訟，攜其母將部曲數十家渡江歸魏；《魏志・鍾會傳》。孫壹率部曲千餘家歸魏；《吳

①　階級：賓客門生亦事生産。
②　階級：部曲（第三六〇—三六一頁）。

志·孫靜傳》。韓當子綜，載父喪，將母、家屬、部曲男女數千人奔魏；皆部曲永屬
其人之證。而國家亦即從而許之，且或以之爲賞賜。《吳志·周瑜傳》，言瑜
卒，孫權迎其喪蕪湖，衆事費度，一爲共給。後著令曰：“故將軍周瑜、程普，其
有人客，皆不得問。”《吕蒙傳》：蒙與成當、宋定、徐顧，屯次比迫。三將死，子
弟幼弱，權悉以其兵並蒙。蒙固辭。陳啓顧等皆勤勞用事，子弟雖小，不可廢
也。書三上，權乃聽。不能將而付之以兵，亦即許其有部曲耳。部曲既不必
爲兵，遂有特賜其家者。潘璋卒，子平以無行徙會稽，璋妻居建業，賜田宅復
客五十家是也。陳表所受賜復人，得二百家，在會稽新安縣。表簡視其人，皆
堪好兵，乃上疏陳讓，乞以還官，充足精銳。詔曰：“先將軍有功於國，國家以
此報之，卿何得辭焉？”表乃稱曰：“今除國賊，報父之仇，以人爲本。空枉此勁
銳，以爲僮僕，非表志也。”皆輒料取，以充部伍。所在以聞。權甚嘉之，下郡
縣，糾正户羸民，以補其處。所謂賜復人，亦即所謂復客。此等皆不欲以之爲
兵，故《蔣欽傳》言欽卒，權以蕪湖民二百户，給欽妻子也。

第三節　游　俠

　　游俠者，古武士之遺也。《史記·游俠列傳》曰：“韓子曰：儒以文亂法，而
俠以武犯禁，二者皆譏。”[1]蓋當封建全盛，井田未壞之時，所謂士者，咸爲其上
所豢養，民則各安耕鑿，故鮮浮游無食之人。及封建、井田之制稍壞，諸侯大
夫，亡國敗家相隨屬，又或淫侈不恤士，士遂流離失職，而民之有才智覬爲士
者顧益多。於是好文者爲游士，尚武者爲游俠。《史記》曰：“今游俠，其行雖
不軌於正義，然其言必信，其行必果，已諾必誠，不愛其軀，赴士之阨困；既已
存亡生死矣，而不矜其能，羞伐其德，蓋亦有足多者焉。”又言“其私義廉潔退
讓，有足稱者”。此皆古武士之遺風。然此特少數人能之，而終亦必漸滅以
盡。《史記》又言：“朋黨宗彊比周，設財役貧；豪暴侵陵孤弱，恣欲自快；游俠
亦醜之。予悲世俗不察其意，猥以朱家、郭解與暴豪之徒同類而共笑之也。”
夫世俗之所笑者，乃凡游俠之徒，豈指一二人言之；況所謂一二人者，其行亦
未必可信邪？
　　《東門行》古辭曰：“出東門，不顧歸。來入門，悵欲悲。盎中無斗儲，還視
桁上無縣衣。拔劍出門去，兒女牽衣啼。他家但願富貴，賤妾與君共餔糜。

---

　　① 階級：游俠（第三六一──三六五頁）。

共餔糜，上用倉浪天故，下爲黄口小兒。今時清廉，難犯教言，君復自愛莫爲非。平慎行，望君歸。"《宋書·樂志》。此古游俠者流，迫於貧困，欲爲作姦犯科之事，而其家室止之之辭也。所謂游俠者，原不過如此。《史記》言郭解藏命作姦，剽攻不休，鑄錢掘冢，不可勝數。《漢書·貨殖列傳》言：王孫卿以財養士，與雄桀交。又言掘冢搏掩，犯姦成富，曲叔、稽發、雍樂成之徒，猶復齒列。蓋亦所謂游俠者流也。何以異於暴豪之徒邪？《史記》言朱家家無餘財。衣不完采。食不兼味。乘不過駙牛。劇孟死，家無餘十金之財。徙豪富茂陵也，郭解家貧不中訾。《漢書》言原陟身衣服車馬纔具，妻子内困。此蓋其所謂廉潔退讓者。然郭解之徒也，諸公送者出千餘萬；鄭莊行千里不齎糧；《史記·汲鄭列傳》。原陟費用皆仰給諸富人長者；豈有身爲游俠魁桀，而真以貧爲患者哉？服食之美，宮室車馬之侈，本非人人之所欲。劇孟母死，自遠方送喪者蓋千乘。杜季良父喪，致客，數郡畢至。斂衆人之財，而又少散其所餘，此狙公朝暮三四之術，游俠魁桀，莫不如是，而豈真足語於廉潔退讓邪？不寧惟是，爲游俠魁桀者，莫不有陰鷙之性。《史記》言郭解年長，更折節爲儉，以德報怨，然其陰賊著於心，卒發於睚眦如故。《漢書》言原陟性略似郭解，外溫仁謙遜，而内隱好殺。非此等人，固不能爲魁桀。老子曰："民不畏死，奈何以死懼之？"人之所不得已者，孰如求活？結黨求活者，固亦有其所謂義。《漢書》所謂"自與於殺身成名，若季路、仇牧"者也。貢禹述當時之俗，以處姦而得利者爲壯士，兄勸其弟，父勉其子。以陰鷙善謀之士，馭憨不畏死之徒，是則所謂游俠也已矣。

　　游俠之微末者，不過今江湖流丐，地方惡棍之流。《漢書·張敞傳》云：長安偷盜酋長，居皆溫厚，出從童騎，閭里以爲長者。《游俠傳》云：長安街閭，各有豪俠，萬章在城西柳市，號曰城西萬子夏：是其事也。《酷吏傳》云：長安中姦猾寖多。閭里少年，羣輩殺吏，受賕報讎。相與探丸爲彈。得赤丸者斫武吏，得黑者斫文吏，白者主治喪。城中薄暮，塵起剽劫，行者死傷横道，枹鼓不絕，其亂如此。然此等不過爲暴於都邑之中，其爲害，實不如朋黨宗彊比周者之烈。《史記·魏其武安侯列傳》言：灌夫交通豪桀大猾，家累數千萬。陂池田園，宗族賓客爲權利，横於潁川。潁川兒歌之曰：潁水清，灌氏寧，潁水濁，灌氏族。其爲患可謂甚矣。

　　秦、漢之世，士大夫多喜與游俠交通。張良居下邳，爲任俠。項伯殺人，嘗從良匿。季布弟心殺人，亦亡吳從袁絲匿。《袁盎傳》。甚至好黄、老如汲黯、田叔者亦爲之。劇孟嘗過袁盎，盎善待之。安陵富人有謂盎曰："吾聞劇孟博徒，將軍何自通之？"盎曰："劇孟雖博徒，然母死，客送喪車千餘乘，此亦有過人者。且緩急人所有。夫一旦叩門，不以親爲解，不以在亡爲辭，天下所望者，獨季心、劇孟。今公陽從數騎，一旦有緩急，寧足恃乎?”遂罵富人，弗與通。蓋當時之士大夫，其性情，實與游俠近而與商賈富人遠，而游俠中亦自有佳人。《史記》言張耳、陳餘，賓客、厮役，莫非天下俊桀。及張敖獄竟，而漢高祖賢張王賓客，盡以爲諸侯相、郡守，亦以其人本堪任用也。然此等亦特少數，語其多數，則未有不入於作奸犯科者。東平思王通姦犯法，交通郡國豪猾，攻剽爲姦。見《漢書·江充傳》。廣川王姬昆弟及王同族宗室劉調等，爲賊囊橐。見《漢書·張敞傳》。紅陽侯立父子臧匿姦猾亡命，賓客爲羣盜。見《漢書·元后傳》。戴聖子賓客亦爲羣盜。見《漢書·何武傳》。義縱少時與張次公爲羣盜：此殺人越貨之爲也。梁孝王怨袁盎，使人刺之。薛宣子況怨申咸，賕客創其面目。周榮辟司徒袁安府，安舉奏竇景，及與竇憲爭立北單于，皆榮所具草，竇氏客乃以悍士刺客滿城中相脅：此所謂借交報仇者也。甚有服官而相結爲姦利者：鄭當時爲大農，任人賓客僦，入多逋負。起昌陵也，營作陵邑，貴戚、近臣子弟、賓客，多辜榷爲姦利者。翟方進部掾史覆案，發大姦數千萬。萬章與石顯交善，顯當去，留牀席器物數百萬直，欲以與章。游俠之所爲如此，尚得曰其私義廉潔退讓哉？鄭當時，孝景時爲大子舍人。每五日洗沐，常置驛馬長安諸郊，存諸故人，請謝賓客。夜以繼日，至其明旦，常恐不徧。爲大吏，誠門下，客至無貴賤，無留門者。執賓主之禮，以其貴下人。每朝，候上之閒説，未嘗不言天下之長者。其推轂士及官屬丞史，誠有味其言之也。常引以爲賢於己。未嘗名吏。與官屬言，若恐傷之。聞人之善，言進之上，惟恐後。山東士諸公，以此翕然稱鄭莊。朱博爲人廉儉，不好酒色游宴。自微賤至富貴，食不重味，案上不過三桮。夜寢早起，妻希見其面。有一女，無男。然好樂士大夫。爲郡守九卿，賓客滿門。欲仕宦者薦舉之；欲報仇怨者，解劍以帶之；其趨事待士如是。博以此自立，然終用敗。陳遵居長安中，列侯、近臣、貴戚皆貴重之。牧守當之官，及郡國豪桀至京師者，莫不相因到遵門。遵者酒，每大飲，賓客滿堂，輒關門，取客車轄投井中，雖有急，終不得去。果好賢如《緇衣》邪？抑相結託謀進取，且爲所識窮乏者得我也。《衛霍列傳》言：青日衰，去病日貴，青故人門下多去事去病，惟任安獨不肯去，若不勝其忻慕之誠。《汲鄭列傳》言：翟公爲廷尉，賓客闐門。及廢，門外可設雀羅。復爲廷尉，賓客欲往，翟公乃大署其門曰：“一死一生，乃知交情。一貧一富，乃知交態。一貴一賤，交情乃見。”若不勝其怏怏之意者。魏其、武安，互相齮齕，終成禍亂，亦不過爭賓客盛衰耳，豈不哀哉？然當時貴人，殊不悟此。武帝威刑雖峻，而爲庶大子立博望苑，使通賓客，從其所好，多以異端進者。光武亦不能裁抑外戚、諸王，卒致沛王之禍；竇氏、馬氏等，亦卒以此敗。《樊宏傳》：建武中，禁網尚闊，諸王既長，各招引賓客。《蔡茂傳》：光武時，茂言今者外戚憍逸，賓客放濫，宜勑有司，案理姦罪。《後漢書·桓譚傳》：哀、平間，傅皇后父孔鄉侯晏深善於譚。是時董賢寵幸，女弟爲昭儀，皇后日已疏。譚說以謝遣門徒，務執謙愨，而傅氏終全於哀帝之時。《馬援傳》：援兄子壻王磐，王莽從兄平阿侯仁之子也。莽敗，磐擁富貲，居故國。爲人尚氣節，而愛士好施，有名江、淮間。後游京師，與衞尉陰興大司空朱浮、齊王章共相友善。援謂姊子曹訓曰：“王氏廢姓也，子石當屛居自守，而反游京師長者，用氣自行，多所陵折，其敗必以。”後歲餘，磐與司隸校尉蘇鄴、丁鴻事相連，坐死洛陽獄。而磐子肅，復出入北宮及王侯邸第。援謂司馬呂種曰：“建武之元，名爲天下重開。自今以往，海内日當安耳。但憂國家，諸子並壯，而舊防未立。若多通賓客，則大獄起矣。卿曹戒慎之。”及郭后薨，有上書者，以爲肅等受誅之家，客因事生亂，慮致貫高、任章之變。帝怒，乃下郡縣，收捕諸王賓客。更相牽引，死者以千數。呂種亦豫其禍。臨命歎曰：“馬將軍真神人也。”蓋其禍福之皎然如此，然諸人雖終被其禍，而民之受其害者，則已不可勝數矣。孫寶不能捕杜穉季，光武亦不能裁抑湖陽公主，見第九章第一節。且以趙王故免李春，《後漢書·趙憙傳》。虞延亦卒爲陰氏所陷。貴戚與豪黨相比周，其禍可勝言哉？

　　漢時豪貴，每有犯上作亂之舉。匡衡子昌，爲越騎校尉，醉殺人繫詔獄，越騎官屬與昌弟謀篡之。浩商爲義渠長所捕，亡，長取其母，與猳豬連繫都亭下。商兄弟會賓客，自稱司隸、掾、長安縣尉，殺義渠長妻子六人。《漢書·翟方進傳》。亦見《酷吏傳》。第五種徙朔方，孫斌將俠客追及之於大原，遮險格殺送吏，與歸而匿之。任延誅田紺，紺少子尚，聚會輕薄，夜攻武威。陽球母爲郡吏所辱，結少年數十人殺吏，滅其家。此尚在平時。至亂時。則更有不堪設想者。《史記》言：吳、楚反時，條侯乘傳車將至河南，得劇孟，喜曰：“吳、楚舉大事，而不求孟，吾知其無能爲已矣。”天下騷動，宰相得之，若得一敵國云。吳以兵屯聚而西，無他奇敗，設使吳得如劇孟者以助之，其患又寧止如周丘也？漢世諸侯王謀亂者，如淮南厲王、梁孝王、燕刺王等，無不收合亡人，結連郡國豪桀。武帝天漢二年，詔郡國都尉曰：“今豪桀多遠交，依東方羣盜。其謹察出入者。”遠交正游俠之所爲也。蓋游俠與暴豪之徒，其不可分也久矣。漢高爲游俠者流，顯而易見。光武藏亡匿死，吏不敢到門，見第九章第一節。其所謂謹厚者安在也？魏武游俠放蕩，不治行業。蜀漢先主好交結豪俠，年少爭附。孫堅欲娶吳夫人，吳氏親戚嫌其輕狡。袁紹好養士。袁術以俠氣聞。張邈亦以俠聞。邈與魏武，首舉義兵。蓋一時風起雲涌，無非輕俠之徒者。周忠爲大司農，子暉，兄弟好賓客，雄江、淮間。靈帝崩，暉聞京師不安，來候忠。董卓聞而惡之，使兵劫殺其兄弟。《後漢書・周榮傳》。亦有由也。

　　漢世之治游俠，法亦特重。《史記》言濟南瞯氏，陳周庸以豪聞。景帝聞之，使使盡誅此屬。其後代諸白，梁韓無辟，陽翟薛況，陝韓孺紛紛復出。《漢書》亦言：自魏其、武安、淮南之後，天子切齒，《衛霍傳贊》。衛、霍改節，然郡國豪桀，處處所有，京師親戚，冠蓋相望，蓋其徒恃此爲生，實非法令之力所能勝也。《史記》又言：關中長安樊仲子，槐里趙王孫，長陵高公子，西河郭公仲，大原鹵公孺，臨淮兒長卿，東陽田君孺，雖爲俠，而逡巡有退讓君子之風，此亦去戰國之世愈遠，尚氣健鬥之風益衰耳，遂謂爲刑誅之效，未必然也。鄭莊爲俠，乃以武安、魏其時議貶秩。在朝，常趨承意，不敢甚引當否，俠者之風安在哉？董仲舒對策言吏與姦爲市，貧窮孤獨，冤苦失職。侮鰥寡，畏彊圉，是則游俠之所爲而已矣。

　　或曰：緩急人所時有，非俠無以濟。然能濟人於厄者，任卹，非游俠。任卹者利人，游俠名爲利人，實圖自利，不可不察也。漢世賢者，莫如王丹，丹家累千金，鄉鄰遭喪憂者，輒待丹爲辦。鄧禹西征，丹率宗族上麥二千斛，以濟軍糧，好施周急，非虛語矣。然疾惡彊豪。寧載酒肴於田間，候勤者而勞之。其輕黠游蕩，廢業爲患者，不徒不加拂拭，且曉其父兄，使黜責之。此與無賴專收合亡命子弟者何如哉？陳遵友人喪親，遵爲護喪事，賻助甚豐。丹乃懷縑一匹，陳之於主人前曰：“如丹此縑，出自機杼？”世之巧取豪奪，而以周急爲解者，聞之能無媿乎？陳遵欲結交於丹，丹不許。侯霸欲與交友，丹徵爲大子少傅，遣子昱候於道。昱迎拜車下，丹下答之。昱曰：“家公欲與君結交，何爲見拜？”丹曰：“君房有是言，丹未之許也。”丹子有同門喪親，欲往奔慰。丹怒而撻之，令寄縑以祠焉。鄭莊之徒，聞其風能無愧乎？或曰：郎顗拒孫禮而見殺，夏馥敖高蔡而見仇，見《後漢書・黨錮傳》。全身遠害，雖孔子，亦未嘗拒見南子，不拜陽貨也。然不曰危行言遜乎？全身遠害可，同流合污，如之何其可也？郎顗之見殺，夏馥之見仇，又安知其不有他故哉？

第四節　秦漢時君臣之義

　　秦、漢去封建之世近，故其民猶有各忠其君之心。漢景帝子臨江閔王榮，坐侵廟壖地爲宮,上徵榮,榮行,祖於江陵門外,既上車,軸折車廢,江陵父老流涕竊言曰:"吾王不反矣。"此等民情,即非後世所有。漢制:三公得自置吏,刺史得置從事,二千石得辟功曹、掾史,爲所辟置,即同家臣,故其風義尤篤。臧洪、田疇、楊阜之事,固已夫人知之矣。其類此者,尚不勝枚舉。王脩爲孔融主簿,守高密令,聞融有難,夜往奔融。虞翻爲王朗功曹,朗戰敗浮海,翻追隨營護。桓範欲詣曹爽,城門閉。門候司蕃,故範舉吏也。範呼之,矯曰:"有詔召我。"蕃欲求見詔書。範呵之曰:"卿非我故吏邪?何以敢爾!"乃開之。《三國·魏志·曹爽傳注》引《魏略》。又諸葛誕反,將左右數百人攻揚州刺史樂琳。揚州人欲閉門,誕叱曰:"卿非我故吏邪?"徑入。遂殺琳。見《誕傳注》引《世語》。此皆生死成敗之際,不相棄背者也。即或事無可爲,亦能皎然不欺其志。劉虞之死也,故常山相孫瑾,掾張逸、張瓚,忠義奮發,相與就虞,罵公孫瓚極口,然後同死。《三國志·公孫瓚傳注》引《英雄記》。焦觸、張南,驅率諸郡大守、令、長,背袁鄉曹。陳兵數萬,殺白馬盟。令曰:"違命者斬。"衆莫敢語,各以次歃。至別駕韓珩,曰:"吾受袁公父子厚恩。今其破亡,智不能救,勇不能死,於義闕矣,若乃北面於曹氏,所弗能爲也。"龐淯以涼州從事守破羌長。武威大守張猛反,殺刺史邯鄲商。淯衰匕首詣猛門,欲因見以殺猛。兗州刺史令狐愚,辟單固爲別駕,固不欲應,母夏侯氏强之,不獲已,遂往。及敗,當死。母謂之曰:"汝爲人吏,自當爾耳。此自門戶衰,我無恨也。"《三國志·王凌傳注》引《魏略》。蓋雖婦人女子,猶知之矣。劉備舉袁渙茂才,呂布欲使渙作書詈辱備,渙不可。後事魏大祖,有傳備死者,羣臣皆賀,渙獨不。朱治舉孫權孝廉,權歷位上將,及爲吳王,治每進見,權常親迎,執版交拜。袁譚爲先主故茂才,先主走青州,譚將步騎迎之。伍孚爲郡門下書佐,其本邑長有罪,大守使孚出教,勅曹下督郵收之,孚不肯受教,伏地仰諫曰:"君雖不君,臣不可以不臣。明府奈何令孚受教勅外收本邑長乎?"《三國志·董卓傳注》引謝承《後漢書》。泰山大守薛悌,命高堂隆爲督郵,郡督軍與悌爭論,名悌而呵之,隆按劍叱督軍曰:"昔魯定見侮,仲尼歷階;趙彈秦筝,相如進缶;臨臣名君,義之所討也。"督軍失色,悌驚起止之。蓋於虛文禮節之間,其不肯苟焉又如此。此皆其事之較著者。此外戰陳之際,出身扞衛,或見俘獲,而以死免其君。如後漢時之徐平,見《後漢書》本傳。袁祕、封觀等七人,見《袁安傳》。劉茂、所輔、彭脩、周嘉皆見《獨行傳》。茂事又見《鮮卑傳》。又有楊穆,亦見《鮮卑傳》。段崇、王宗、原展見《西羌傳》。應余見《三國·魏志·高貴鄉公紀》甘露三年《注》引《楚國先賢傳》。張登,見《王朗傳注》引朗集。姜維父冏,見《蜀志·維傳》。刑辟之餘,則舍命申理,或代之受罪。如貫高即是,見第四章第二節。又如索盧放、周燕、戴就,皆見《後漢書·獨行傳》。張登,見《三國·魏志·王朗傳注》引朗集。常播、楊玩，見《蜀志·楊戲傳》末附錄《益部耆舊雜記》。邵疇，見《吳志·孫晧傳》鳳皇三年《注》引《會稽邵氏家傳》。公孫瓚爲郡小吏，太守劉君，坐事檻車徵。官法不聽吏下親近。瓚乃改容服，詐稱侍卒，身執徒養，御車到洛陽。太守當徙日南，瓚具豚酒，於北芒上祭辭先人，酹觴祝曰：“昔爲人子，今爲人臣。當詣日南。日南多瘴氣，恐或不還，便當長辭墳塋。”慷慨悲泣，再拜而去。觀者莫不歎息。此雖不免矯激，究亦不失忠義也。**終已無可奈何，則或冒死收葬**，趙戩葬王允，見《三國·蜀志·先主傳》建安十九年《注》引《典略》，亦見《後漢書·允傳》。桓階葬孫堅，王脩葬袁譚，皆見《魏志》本傳。馬隆葬令狐愚，見《王淩傳注》引《晉紀》。皇甫晏葬王經，見《曹爽傳注》引《世語》。向雄葬鍾會，見《會傳注》引《漢晉春秋》。**或經紀其家**。廉范父丹，遭喪亂，客死蜀漢，范遂流寓西州。西州平，歸鄉里，年十五，辭母西迎父喪。蜀郡太守張穆，丹之故吏，乃重資送范。見《後漢書》本傳。袁術死，妻子依術故吏廬江太守劉勳，見《三國志》本傳。趙昱察張紘孝廉。昱後爲笮融所殺，紘甚傷憤，而力不能討。昱門户絶滅。及紘在東部，遣主簿至琅邪設祭，並求親戚爲之後。見《吳志·紘傳注》引《吳書》。**即在安常處順之時，亦或持喪、送葬，負土成墳，守墓立祠**。胡廣死，故吏自公卿、大夫、博士、議郎以下數百人，皆縗絰殯位，自終及葬。此外如桓榮曾孫鸞、李恂、傅燮、荀爽、王允，均見《後漢書》本傳。長官死事者，如劉平，見《後漢書》本傳。龐淯，見《三國志》本傳。被罪者，如桓榮玄孫典及樂恢，亦見《後漢書》本傳。《三國志·荀攸傳》：祖父曇，廣陵太守。攸少孤。及曇卒，故吏張權，求守曇墓。攸年十三，疑之。謂叔父衢曰：“此吏有非常之色，殆將有姦。”衢悟，乃推問，果殺人亡命。此等弊端，亦以其時此等風氣正盛，有以致之也。時又有以人民而送長官之喪者。《魏志·高貴鄉公紀》：甘露二年，以玄菟郡高顯縣吏民反叛，長鄭熙爲賊所殺。民王簡負擔熙喪，晨夜星行，遠致本州。忠節可嘉。特拜簡爲忠義都尉。此特凡民猶爾。後漢張綱爲廣陵太守，招降張嬰。及綱卒，嬰等五百餘人，制服行喪，送到犍爲，負土成墳，自更不足怪矣。**又或有因之去官者**。如童恢弟朔是也，見《後漢書·循吏傳》。案漢法，官吏不得去位行喪。[①] 安帝元初三年，鄧太后秉政，初聽大臣、二千石、刺史行三年喪。建光元年，復斷之。桓帝永興二年，聽刺史、二千石；永壽二年，聽中官行三年喪。延熹二年，刺史、二千石復見斷。此事是非姑措勿論，然去位行喪是一事，交代而去又是一事，去位行喪可許，不俟交代，則必不可許也。《三國·吳志·孫權傳》：嘉禾元年，詔“前故設科，長吏在官，當須交代，而故犯之。雖隨糾坐，猶已廢曠。其更平議”。丞相雍奏從大辟。其嚴如此，因舉主喪而去官，自更不可恕矣。《三國·魏志·常林傳注》引《魏略》云：吉茂兄黃，爲長陵令。時科禁長吏擅去官，而黃聞司徒趙溫薨，自以爲故吏，違科奔喪，爲司隸校尉鍾繇所收，遂伏法，則時亦本有禁令。然《邢顒傳》云：顒以故將喪棄官。有司舉正。太祖曰“顒篤於舊君，有一致之節，勿問也”，則仍時有獲宥者。亦以其時此等風氣方盛也。**史傳所載，數見不鮮。雖不免矯激沽名，然非其時封建之餘習猶盛，此等矯激之行，亦不足動衆也**。劉表遣韓嵩詣許。嵩曰：“嵩使京師，天子假嵩一官，則天子之臣，而將軍之故吏耳。在君爲君，則嵩不得復爲將軍死也，惟將軍垂思，無負嵩。”《三國志·劉表傳注》引《傅子》。孫盛亦以諸侯之臣，義有去就，譏田豐之不去袁紹。《三國志·紹傳注》引。**此等見解，當**

---

① 職官：漢法大臣不得去位行喪，案此違三年不呼其門之義。

時蓋不甚通行。公孫淵令官屬上書自直於魏曰"臣等聞仕於家者,二世則主之,三世則臣之",《三國志·公孫度傳注》引《魏略》。此則時人通有之見解也。漢末之易於分裂,此亦爲其一因。觀周瑜、魯肅等力勸孫權毋下曹操可知。

　　事長事君,本同一理,故時弟子之於師,亦恭敬備至。如謁煥,先爲諸生,從廖扶學。後臨扶郡,未到,先遣吏至門人之禮。見《後漢書·方術傳》。爲之服喪送葬,鄭玄之卒,自郡守以下嘗受業者,縗絰赴會千餘人。樂恢死,弟子縗絰輓者數百人。桓榮事朱普,普卒,榮奔喪九江,負土成墳。荀淑卒,李膺自表師喪。皆見《後漢書》本傳。李郃卒,門人馮冑,制服心喪三年,見《方術傳》。又趙康隱於武當山,清静不仕,以經傳教授,朱穆年五十,奉書稱弟子。及康殁,穆喪之如師,見《朱暉傳》。或奔喪去官。延篤以師喪棄官奔赴,見《後漢書》本傳。孔昱以師喪去官,見《黨錮傳》。任末奔師喪,於道物故,見《儒林傳》。張季遠赴師喪,見《獨行傳》。《三國·蜀志·二牧傳》,劉焉亦以師喪去官。危難之際,亦或冒險送葬,經紀其家。鄭弘師同郡河東大守焦貺。楚王英謀反,發覺,引貺。貺被收捕。疾病,於道亡殁。妻子閉繫詔獄,掠考連年。諸生故人,懼相連及,皆改變名姓,以逃其禍。弘獨髡頭,負斧質,詣闕上章,爲貺訟罪。顯宗覺悟,即赦其家屬。弘躬送貺喪及妻子還鄉里。見《後漢書》本傳。竇武府掾胡騰,少師事武,武死,獨殯斂行喪,坐禁錮,見《武傳》。牽招,年十餘歲,詣同縣樂隱受學。後隱爲車騎將軍何苗長史,招隨卒業。值京都亂,苗、隱見害。招與隱門生史路等觸蹈鋒刃,共殯斂隱尸,送喪還歸。道遇寇鈔,路等皆悉散走。賊欲斫棺取釘,招垂淚請赦,賊義之,乃釋而去。由是顯名。見《三國魏志》本傳。冤抑之餘,或代爲申理。如鄭弘即是。楊政從范升受梁丘《易》。升爲出婦所告,繫獄。政乃肉袒,以箭貫耳,抱升子潛伏道旁候車駕,而持章叩頭大言曰:"范升三娶,惟有一子。今適三歲,孤之可哀。"武騎虎賁懼驚乘輿,舉弓射之,不肯去。旄頭又以戟叉政傷脅,政猶不退。哀辭乞請,有感帝心。詔曰"乞楊生師",即尺一出升。見《後漢書·儒林傳》。高獲師事歐陽歙,歙下獄,當斷,獲冠鐵冠,帶鐵鎖,詣闕請歙,見《方術傳》。皆自君臣之義推之也。可見秦、漢之世,封建餘習入人之深矣。

第五節　士大夫風氣變遷

　　專制之世,所恃爲國家之楨幹者,士大夫也。士大夫之美德,不愛錢、不惜死二語,足以盡之。① 賈生曰:"爲人臣者,主耳忘身,國耳忘家,公耳忘私。利不苟就,害不苟去,惟義所在。故父兄之臣,誠死宗廟;法度之臣,誠死社稷;輔翼之臣,誠死君上;守圉扞蔽之臣,誠死城郭封疆。彼且爲我死,故吾得與之俱生;彼且爲我亡,故吾得與之俱存;夫將爲我危,故吾得與之皆安。故曰:聖人有金城者,比物此志也。"此不惜死之説也。董子曰:"皇皇求財利,常恐匱乏者,庶人之意也。皇皇求仁義,常恐不能化民者,大夫之意也。公儀子

---

　　① 風俗：士大夫風氣變遷(第三六八—三七一、三七六、三七七頁)。

相魯,之其家,見織帛,怒而出其妻;食於舍而茹葵,愠而拔其葵;曰:吾已食禄,又奪園夫紅女利乎? 古之賢人君子在列位者皆如是,故下高其行而從其教,民化其廉而不貪鄙。"此不愛錢之説也。此等風氣之成,實由封建之世,臣皆受豢於其君,而其君之豢之也,則初本使事戰鬥,凡受豢於其君者,其養生送死之奉,自亦優於齊民,有以致之。其後封建之制漸壞。爲人君者,或則縱侈好便辟嬖佞,又或亡國敗家,不復能豢養其臣,則鄉之受豢於人者,不得不自謀生活,於是慷慨之武夫,廉潔之臣工,不得不躬爲商賈之行矣。此正猶無恒産者無恒心,救死不瞻,雖欲驅而之善,卒不可得,非如賈、董之言,爲人君者,加以風屬,或躬行教化,遂克挽回也。

　　秦、漢之世,貞亮伉直之士,亦非無之,如蓋寬饒、息夫躬是也。然皆不得其死。其能安然無患,或且取富貴以去者,則皆庸碌之徒,取巧之士也。魏其、武安之齟齬,最足見之。夫以灌夫之横暴,其罪寧不當誅? 然武安尤齷齪小人,灌夫當誅也,武安則非可誅灌夫之人。故當時輿情,實右魏其。武帝所以必廷辯之者,亦欲藉公論以折大后耳。乃除汲黯是魏其外,韓安國則持兩可之論;鄭當時初是魏其,後不敢堅;餘皆莫敢對。致上怒當時曰:"公平生數言魏其、武安長短,今日廷論,局促效轅下駒,吾並斬若屬矣。"餘子碌碌不足論,安國帥臣,當時大俠,依違腼腆如是,寧不可媿乎? 杜欽、谷永亦若侃侃直節,然史言"孝成之世,委政外家,諸舅持權,重於丁、傅在哀帝時,故杜鄴敢譏丁、傅,而欽不敢言王氏",此當時之士氣也。其爲大臣者:孔光"舊相名儒,天下所信",而不能折王莽。成帝敬重張禹,可謂備至,禹顧陰爲王氏道地。胡廣當沖、質、桓、靈之世,常位三公,録尚書。歷李固、陳蕃之變,迄無所患。徒以達練事體,明解朝章聞。京師爲之語曰:"萬事不理問伯始,天下中庸有胡公。"亦孔光之類也。陳萬年善事人。以此爲御史大夫,而子咸,以萬年任爲郎,伉直,數言事,刺譏近臣。萬年嘗病,命咸教戒於牀下。語至夜半,咸睡,頭觸屏風。萬年大怒,欲杖之,曰:"乃公教戒汝,汝反睡,不聽吾言,何也?"咸叩頭謝曰:"具曉所言,大要教咸諂也。"王章爲諸生,學長安,獨與妻居。章疾病,無被,臥牛衣中。與妻訣,涕泣。其妻呵怒之曰:"仲卿! 京師尊貴在朝廷人,誰踰仲卿者? 今疾病困厄,不自激卬,乃反涕泣,何鄙也?"後章仕宦歷位。及爲京兆,欲上封事言王鳳。妻又止之曰:"人當知足,獨不念牛衣中涕泣時邪?"章曰:"非女子所知也。"書遂上。果下廷尉獄死。合此二事觀之,安得不令人短氣? 《史記·游俠列傳》曰:"鄙人有言曰:何知仁義? 已嚮其利者爲有德。故伯夷醜周,餓死首陽山,而文、武不以其故貶王;跖、蹻暴戾,其徒誦義無窮。由此觀之，竊鉤者誅，竊國者侯；侯之門，仁義存；非虛言也。"《續漢書·五行志》曰：順帝之末，京都童謠曰："直如弦，死道邊。曲如鉤，反封侯。"賞罰之所加，毀譽之所被，雖鄙人亦知之矣。人孰肯徇虛名而受實禍？百鍊剛安得不化爲繞指柔哉！

　　文臣如此，武士亦然。李廣，史言其得賞賜輒分麾下，飲食與士共之。爲二千石四十餘年，家無餘財。終不言家産事。其孫陵，司馬遷言其"事親孝，與士信；臨財廉，取與義；分別有讓，恭儉下人，常思奮不顧身，以殉國家之急"。此誠古武士之氣質也。然其所食之報，爲何如哉？然此等人之不克大用，放大眼光觀之，未始非中國之福。何者？苟使重用此等人，則中國之武功必更盛，生事於外更多，勞民益深，政治益紊，風紀益壞，其所招之患，必不僅如五胡之亂也。李廣之出雁門而無功也，當斬，贖爲庶人。家居數歲。嘗夜從一騎出，從人田間飲。還至霸陵亭，霸陵尉醉，呵止廣。廣騎曰："故李將軍。"尉曰："今將軍尚不得夜行，何乃故也？"止廣宿亭下。居無何，匈奴入，天子召拜廣爲右北平大守。廣即請霸陵尉與俱，至軍而斬之。其爲隴西守也，羌反，廣誘降八百餘人，詐而同日殺之。此等人能安民，能守法乎？趙甌北《廿二史劄記》，盛稱漢時奉使者，皆有膽決策略，往往以單車斬名王，定屬國。又有擅發屬國兵定亂者。《漢使立功絶域》條。殊不知論一時風氣，不能偏據一二人。觀第五章第八節所引《大宛列傳》，則當時之奉使者，乃多冀侵盜幣物，私市外國者耳。伐宛之役，勞民可謂最深，豈不以使者之椎埋，有以致之乎？常惠之護烏孫兵攻匈奴也，《匈奴列傳》云："虜馬、牛、羊、驢、驘、橐駝七十餘萬。"《烏孫傳》同。本傳云："得馬、牛、驢、驘、橐駝五萬餘匹，羊六十萬頭。"似爲奇功矣。然《烏孫傳》及本傳皆云"烏孫皆自取所虜獲"，則其虛實無可徵驗，乃要功之虛辭耳。此等事細求之，尚不可一二盡。漢世征伐所招後患，不過如五胡之亂，未始非中國崇尚文教，不右武人使之然也。故封建之世之風氣，即能維持，亦非美事也。

　　漢世進趨，多由鄉曲之譽，故士多好爲矯激之行以立名。參看第十八章第四節可知。又如第十三章第一節所引之李充，真可謂不近人情，鮮不爲大姦慝者矣。周澤爲大常，臥病齋宮，其妻哀澤老病，闚問所苦，澤大怒。以妻干犯齋禁，遂收送詔獄，謝罪。《後漢書·儒林傳》。此等行爲，更可發一大噱，而在當時亦足欺人，讀《風俗通義·愆禮》、《過譽》、《十反》等篇可見。《後漢書·荀淑等傳贊》曰"漢自中世以下，閹豎擅恣，故俗遂以遁身矯絜放言爲高。士有不談此者，則芸夫牧豎，已叫呼之矣"，可見一時之風氣矣。杜根得罪鄧后，爲宜城縣山中酒家保,積十五年,及鄧氏誅,乃出。或問根曰:"往者遇禍,天下同義知故不少,何至自苦如此?"根曰:"周旋民間,非絕迹之處。邂逅發露,禍及親知,故不爲也。"張儉所經歷,伏重誅者以十數,宗親殄滅,郡縣爲之殘破,《後漢書·黨錮傳》。對之宜有媿色矣。然此以制行論,友朋相容隱,固不得藉口於此也。乃岑晊以黨事逃亡,親友多匿焉,賈彪獨閉門不納。時人望之。彪曰:"傳言相時而動,無累後人,公孝以要君致釁,自遺其咎。吾不能奮戈相待,反可容隱之乎?"亦見《黨錮傳》。此畏禍之遁辭耳,而世又服其裁正。然則是非竟何所準也? 張讓父死,歸葬潁川,雖一郡畢至,而名士無往者,讓甚恥之。陳寔乃獨弔焉。及後復誅黨人,讓感寔故,多所全宥。然則逮捕黨人時,餘人多逃避求免,寔曰"吾不就獄,衆無所恃",乃請囚焉,蓋亦有恃而然耳,何其巧也? 應劭譏韋著,曹節起之爲東海相,驪以承命,駕言宵征,《風俗通·十反篇》。其賢不肖之相去,又豈能以寸哉?

第十五章　秦漢時人民生計情形

第一節　秦漢人貲産蠡測

《漢書·食貨志》載李悝盡地力之教曰："今一夫挾五口,治田百畞,歲收畞一石半,爲粟百五十石。除十一之稅十五石,餘百三十五石。食人月一石半,五人終歲,爲粟九十石,餘有四十五石。石三十,爲錢千三百五十。除社閭嘗新春秋之祠,用錢三百,餘千五十。衣,人率用錢三百,五人終歲用千五百,不足四百五十。不幸疾病死喪之費,及上賦斂,又未與此。此農夫所以常困,有不勸耕之心,而令糴至於甚貴者也。"此説可略見當時農民生計情形。《史記·貨殖列傳》引計然之言,謂糴二十病農,九十病末;上不過八十,下不過三十,則農末俱利;而李悝之説,粟石以三十計,蓋農夫糶穀所得,皆其最下之價,其餘之利,皆入於商賈矣。宣帝時穀石五錢,農民無利,耿壽昌以立常平之法。劉虞爲幽州牧,史稱民悦年登,穀石三十。以三十爲石最下之價,蓋終兩漢之世,未之有改。漢世鑄錢甚多,蓋其流通亦數,故物價無甚變動。持此以計漢人貲産,則其高下,有可得而言者焉。漢世石、衡法。斛量法。大小略等。一石略當今二斗。《後漢書·伏湛傳注》引《九章算術》曰："粟五十,糲率三十,一斛粟得六斗米爲糲。"然則百五十石,當今三十石,不足十五石,當今三石。疾病死喪之費及上賦斂,假使亦以十五石計,又當得三石。五口之家,當得粟百八十石,即今三十六石,糲米二十一石六斗,乃可勉支。糲米以石五元計,共得百有八元,人得二十一元六角而已。文帝以百金爲中人十家之産,漢世黄金一斤直錢萬,則中人一家之産,爲錢十萬。以糴中價計之,假設爲石五十,略當今二千元。《漢書·景帝紀》:後二年五月,詔令貲算十以上乃得官。服虔曰:"十算,十萬也。"《哀帝紀》:綏和二年,水所傷縣邑,及他郡國災害什四以上,民貲不滿十萬,皆無出今年租賦。《平帝紀》:元始二年,天下民貲不滿二萬,及被災之郡不滿十萬,勿租税。《揚雄傳》:雄自序言家産不滿十金。蓋皆以中人之家爲率。其富者：伍被爲淮南王畫策，詐爲丞相御史請書，徙家産五十萬以上者朔方，此猶今之有萬元。《漢書·平當傳》：當祖父以訾百萬，自下邑徙茂陵，猶今有二萬元。《武帝紀》：元朔二年，徙訾三百萬以上於茂陵，猶今有六萬元。《楊敞傳》：子惲，再受訾千餘萬，父及後母。皆以分施，則如今二十萬。張湯死，家産直不過五百金，史稱其廉；王嘉奏封事，言孝元皇帝時，外戚訾千萬者少；可見是時官吏、貴戚，訾産約在今十萬元、二十萬元之間。《漢書·酷吏傳》：甯成稱："仕不至二千石，賈不至千萬，安可比人乎？"亦以今二十萬元爲率也。是時豪右及商賈，蓋多能致此者。甯成貰貸陂田千餘頃，假貧民，役使數千家，數年致産數千萬。灌夫家累數千萬。《史記·魏其武安侯列傳》。宛孔氏家致數千金。刁閒起數千萬。姓偉訾五千萬。師史、張長叔、薛子仲十千萬。師古曰：十千萬，即萬萬也。自元成迄王莽，京師富人，杜陵樊嘉，茂陵摯網，平陵如氏、苴氏，長安丹王君房，豉樊少翁、王孫大卿，爲天下高訾，嘉五千萬，其餘皆鉅萬。皆見《貨殖列傳》。《楚元王傳》：功費大萬百餘。應劭曰："大萬，億也。大，鉅也。"案《詩伐檀毛傳》，以萬萬爲億。《鄭箋》以十萬爲億。《疏》云："今數萬萬爲億，古十萬爲億。"①蓋《毛詩》雖自號古學，實出依託，故不覺露出馬腳也。《後漢書·鮮卑傳》：青、徐二州，給歲錢二億七千萬。此語當本漢時計帳，知漢人以萬萬爲億。五千萬若今百萬，萬萬若今二百萬。董賢之誅也，縣官斥賣其財，凡四十三萬萬；梁冀之誅也，收其財貨，縣官斥賣，合三十餘萬萬，則若今六千至八千餘萬。此如清世之和珅，非尋常所有也。《貨殖列傳》：言封者食租稅，歲率戶二百。千户之君，則二十萬，朝覲聘享出其中；庶民商賈，率亦歲萬息二千。百萬之家，則二十萬，更徭租賦出其中；衣食之欲，恣所好美矣。然則歲入二十萬，爲當時之鉅富，此同於今之二千四百元，息率以十二計，其本不過萬二千元耳。大將軍、三公歲奉四千二百斛，略與此相當。其少者，斗食歲百三十二斛，佐史歲九十二斛，尚不逮農夫一家五口之入，故論者言其薄也。

　　什二爲通行利率。如李悝所計，粟石三十，農民之家，終歲所費爲百五十石，不足四百五十，合錢四千九百五十，乃訾二萬四千七百五十之息。更益以疾病死喪及上賦斂之所費，亦以四百五十計，亦訾二萬七千耳。四百五十，爲訾二千二百五十之息。中人之産十金，歲得息二萬，四倍於農夫之入而有餘矣。此農夫所以常困，有不勸耕之心歟？

　　《漢書·元帝紀》：初元元年，以三輔、大常、郡國公田及苑可省者，振業貧

---

① 數：古十萬爲億，漢萬萬爲億。

民。訾不滿千錢者，賦貸種食。《貢禹傳》：禹自言家訾不滿萬錢。《枚乘傳》：乘在梁時，取皋母爲小妻。乘之東歸也，皋母不肯隨。乘怒，分皋數千錢，留與母居。此皆訾不逮中人者。然貢禹又自言有田百三十畝，則漢人計訾者，土田不在其列。① 蓋距井授之世猶近，未以土田爲私有也。《後漢書·和帝紀》：永和五年，詔言郡國上貧民，以衣履釜鬵爲訾，則漢世計訾，未嘗不酷，特較之後世之並計田宅，或專論丁糧者，猶爲寬耳。

漢世踐更顧直月二千，過更三千，別見第十八章第六節。《溝洫志》：治河卒非受平賈者，爲著外繇六月。蘇林曰：“平賈，以錢取人作卒，顧其時庸之平賈也。”如淳曰：“《律説》：平賈一月得錢二千。”《卜式傳》：乃賜式外繇四百人。蘇林曰：“外繇，謂戍邊也。一人出三百錢，謂之過更。式歲得十二萬錢也。”此可略見漢時工賈，行役内地者月二千，戍邊者三千。在當地者，恐不及此。案李悝言食人月一石半，則日得五升。《莊子·天下篇》述宋銒、尹文之言曰：“五升之飯足矣。先生不得飽，弟子雖飢，不忘天下。”五升，蓋戰國、秦、漢間計人日食之率。《三國志·管寧傳注》引《魏略》，言官廩焦先、扈累、寒貧皆日五升，而常使先埋藏疫病死者，蓋食之則可役之，此似亦原於民間之工賈。焦先飢即爲人客作，飽食而已，不取其直，蓋當時顧庸本如此，非先之獨廉也。而游手者之所得，顧有倍蓰於此者。嚴君平卜筮於成都，裁日閲數人，得百錢，足以自養，則閉肆下簾而授《老子》。《漢書·王貢兩龔鮑傳》。夫日得百錢，則歲三萬六千，侔於戍邊，而八倍於農夫之所得矣。刺繡文不如倚市門，此民之所以競逐於浮食歟？不然，何山不可居，而必於成都之市邪？

第二節　秦漢時豪富人

秦漢時豪富者，一爲大地主，一爲大工商，已見第五章第一節。《後漢書·樊宏傳》：父重，世善農稼，好貨殖。② 其營理産業，物無所棄；課役童隸，各得其宜。故能上下戮力，財利歲倍，開廣田土，三百餘頃。其所起廬舍，皆有重堂高閣，陂渠灌注。又池魚牧畜，有求必給。嘗欲作器物，先種梓漆，時人嗤之。然積以歲月，皆得其用，向之笑者，咸求假焉。年八十餘終，素所假貸人間者數百萬。此可見漢時之大地主，經營之規模皆頗大。故多有以開拓

---

① 地權：漢人計訾土田不在其列。
② 地權：大規模農業如樊宏，兼併如張禹（第三七五頁），又見第三節。

邊地致富者。《史記·貨殖列傳》言：塞之斥也，橋姚以致馬千匹，牛倍之，羊萬頭，粟以萬鍾計。《漢書·叙傳》：始皇之末，班壹避地樓煩，致馬、牛、羊數千羣。《後漢書·馬援傳》：亡命北地，遇赦，因留牧畜。賓客多歸附者。遂役屬數百家。轉游隴、漢間，因處田牧。至有馬、牛、羊數千頭，穀萬斛。《廉范傳》：范世在邊，廣田地，積財粟。皆以地廣而荒，易於多占故也。其在内地，則所謂兼併之家。有依貴勢爲之者，如張禹家以田爲業，及富貴，多買田至四百頃，皆涇、渭漑灌，極膏腴是也。有恃財力爲之者，鼂錯《貴粟疏》言商人兼併農人是也。以大勢論，商賈之力，尤雄於豪家。故《平準書》言富商大賈，或蹛財役貧；轉轂百數，廢居居邑；封君皆氏首仰給焉。漢世雖有抑商之法，初無濟於事。鼂錯所謂法律賤商人，商人已富貴；尊農夫，農夫已貧賤也。漢武、新莽欲行輕重斂散之術，以抑豪強，然所用者仍係商人。[①] 東郭咸陽齊之大煑鹽，孔僅南陽大冶，桑弘羊洛陽賈人子。僅、咸陽行鹽鐵，除故鹽鐵家富者爲吏。義和置命士以督五均、六斡，郡有數人，皆用富賈。固不敢謂此輩中無公忠體國之人，如桑弘羊即是其一。然必圖自利者多，知利國利民者少，則無疑矣。察之安可勝察？事即易行，猶不能保其無弊，況其本不易邪？此漢武時所以民愁盜起，而新莽時遂至不可收拾。又當時貴勢之家，亦有兼事貿遷者。觀貢禹欲令近臣自諸曹、侍中以上，家毋得私販賣，與民争利可知。[②] 挾貴勢以謀奇赢，民又安能與之哉？

　　雜業致富者多，惟農田爲獨苦。《史記·貨殖列傳》言：“陸地牧馬二百蹏，牛蹏角千，千足羊，澤中千足彘，[③]水居千石魚陂，山居千章之材。安邑千樹棗，燕、秦千樹栗，蜀、漢、江陵千樹橘，淮北、常山已南河、濟之間千樹萩，陳、夏千畝漆，齊、魯千畝桑麻，渭川千畝竹，及名國萬家之城，帶郭千畝，畝鍾之田，若千畝卮茜，千畦薑韭：此其人皆與千户侯等。”又曰：“通邑大都：酤一歲千釀，醯醬千瓨，醬千甔。屠牛羊彘千皮。販穀糶千鍾。薪槀千車。船長千丈。木千章，竹竿萬個。其軺車百乘，牛車千兩。木器髹者千枚，銅器千鈞，素木、鐵器若卮、茜千石。馬蹏噭千，牛千足，羊、彘千雙。僮手指千。筋骨、丹沙千斤。其帛絮、細布千鈞，文采千匹，榻布、皮革千石。漆千斗。蘗麴、鹽豉千荅。鮐、鮆千斤，鮿千石，鮑千鈞。棗栗千石者三之。狐貂裘千皮，羔羊裘千石，旃席千具。佗果菜千鍾。子貸金錢千貫。節駔會。貪賈三之，廉賈五之：此亦比千乘之家。”《史》、

《漢》《貨殖傳》數當時豪富者：冶鑄，商賈，賒貸，鹽井，丹穴，陂田，魚鹽，畜牧，子錢，小至丹、荴、販脂、賣漿、洒削、胃脯、馬醫。惟秦楊以田農而甲一州，爲本業耳。故曰"用貧求富，農不如工，工不如商"也。

漢世富人，率多踰侈。田蚡治宅甲諸第，田園極膏腴。市買郡縣器物，相屬於道。前堂羅鐘鼓，立曲旃。後房婦女以百數。諸侯奉金玉、狗馬、玩好，不可勝數。史丹僮奴以百數。後房妻妾數十人。內奢淫，好飲酒，極滋味聲色之樂。張禹內奢淫，身居大第，後堂理絲竹管絃。馬融居宇器服，多存侈飾。常坐高堂，施絳紗帳，前授生徒，後列女樂。[1]此權戚之所爲也。此特就前所未及者舉之。其實此諸人，在漢世權戚中，不爲最侈。其大奢僭者，諸侯如梁孝王，外戚如前漢之霍氏，後漢之梁氏，以及桓、靈時之宦官，前已言之，兹不更贅。漢世權戚，守禮法者極少。後漢馬氏稱最賢，而馬防兄弟猶以踰侈就國，他可知矣。賈生言："今民賣僮者，爲之繡衣絲履，偏諸緣，是古天子后服，所以廟而不宴者也，而庶人得以衣婢妾。白縠之表，薄紈之裹，緁以偏諸，美者黼繡，是古天子之服，今富人大賈嘉會召客者以被牆。"其踰侈之情形，可以概見。仲長統之言曰："館舍布於州郡，田畝連於方國。身無半通青綸之命，[2]而竊三辰龍章之服。不爲編戶一伍之長，而有千室名邑之役。榮樂過於封君，勢力侔於守令。財賂自營，犯法不坐。刺客死士，爲之投命。至使弱力少智之子，被穿帷敗，寄死不斂；冤枉窮困，不敢自理。"此則所謂富民者之爲之也。王符言："今舉俗舍本農，趨商賈。牛馬車輿，填塞道路。游手爲巧，充盈都邑。務本者少，浮食者衆。商邑翼翼，四方是極。今察洛陽：資末業者，什於農夫；虛僞游手，什於末業。是則一夫耕，百人食之；一婦桑，百人衣之。以一奉百，孰能供之？天下百郡千縣，市邑萬數，類皆如此。"[3]蓋自奢侈之風盛行，而都邑遂爲罪惡之藪矣。

貧富相縣如此，風俗遂爲之大變。《漢書·貨殖傳》曰："飾變詐爲姦軌者，自足乎一世之間；守道循理者，不免乎飢寒之患。"人孰肯慕虛名而受實禍？天之報施善人，《史記·伯夷列傳》久惑之矣。是以俗皆曰："何以孝弟爲？財多而光榮。"《漢書·貢禹傳》。《潛夫論·交際篇》曰："俗人之相與也：有利生親，積親生愛，積愛生是，積是生賢。情苟賢之，則不覺心之親之，口之譽之也。無利生疏，積疏生憎，積憎生非，積非生惡，情苟惡之，則不覺心之外之，口之毀之也。"蓋是非爲利害所淆亂矣。人固不肯慕虛名而受實禍，然固有徇

---

① 音樂：漢時富貴者，皆有家樂（第五五四頁）。

② 文具：仲長統言身無半通青綸之命。

③ 生計：王符言城鄉之別已顯。

名之烈士焉。至於是非淆亂，而人益無所勸懲矣。此漢人言風俗之惡者，所以多歸其咎於貧富之不均也。

第三節　秦漢時地權不均情形

秦、漢之世，工商之流，雖云跋扈，然人民之以農爲業者究多，故地權之不均，關係於民生者實大。案地權不均情形，已略見第五章第一節、第七章第二節。張禹買田至四百頃，皆涇、渭漑灌，極膏腴，上賈；案《東方朔傳》云：豐、鎬之間，號爲土膏，其賈畝一金。甯成貰貸陂田千餘頃；見第一節。樊重有田三百餘頃；見第二節。鄭泰有田四百餘頃；濟南安王光武子。有私田八百頃，奴婢千四百人；此董仲舒所謂富者田連阡陌者也。王立使客因南郡大守李尚占墾草田數百頃，頗有民所假少府陂澤；見《漢書·孫寶傳》。蘇康、管霸固天下良田美業，山林湖澤；《後漢書·黨錮·劉祐傳》。黃綱恃程夫人權力，求占山澤以自營；《後漢書·獨行·劉翊傳》。此仲舒所謂又專川澤之利，筭山林之饒者也。陳涉少時爲人傭耕，第五訪少孤貧，亦傭耕以養兄嫂，《後漢書·循吏傳》。可見無田者之多。如李悝所計，農民有田百畝，尚極困苦，貢禹自言有田百三十畝，然妻子穤豆不贍，短褐不完，被徵乃賣田百畝以供車馬其證。然地主之於農民，剝削殊甚。董仲舒言："或耕豪民之田，見稅十五。"王莽亦云"厥名三十，實十稅五"；此蘇洵所謂"田主日累其半以至於富强，耕者日食其半以至於窮餓"者也，貧民復何以自活？荀悅所以謂"官家之惠，優於三代，豪彊之暴，酷於亡秦"也。見《漢紀·文帝紀》。仲長統云："今欲張大平之紀綱，立至化之基趾，齊民財之豐寡，正風俗之奢儉，非井田莫由。"此爲漢儒公有之見解。然其事卒不易行，故董仲舒有限民名田之論。時未能行。哀帝即位，師丹輔政，首建其議。孔光爲丞相，何武爲大司馬，即奏請行之。其制：諸王、列侯，得名田國中；列侯在長安，及公主名田縣道；關內侯、吏民名田；皆無過三百頃。① 諸侯王奴婢二百人，列侯公主百人，關內侯吏民三十人。年六十以上、十歲以下，不在數中。賈人皆不得名田爲吏，犯者以律論。諸名田、畜奴婢過品，皆没入縣官。《食貨志》云："期盡三年，犯者没入官。時田宅、奴婢，賈爲減賤。丁、傅用事，董賢隆貴，皆不便也。詔書且須後，遂寢不行。"其時權貴頗有出其私產以予民者。《哀帝紀》：建平

---

① 地權：漢時名田之法。賈人皆不得名田，則商人已事兼併，田令商者不農（第三七八頁）。名田之論（第三七八頁）。

元年，大皇大后詔外家王氏田非冢塋，皆以賦貧民。①《平帝紀》元始二年，安漢公、四輔、三公、卿大夫、吏民爲百姓困乏，獻其田宅者二百三十人，以口賦平民是也。此特好爲名高，不足語於制度。王莽遂斷行王田之法，三年而廢。自此以後，遂無敢行激烈之舉矣。荀悦言："井田之制，土地布列在豪强，卒而革之，並有怨心，則生紛亂，制度難行。若高祖初定天下，光武中興之後，人衆稀少，立之易矣。既未悉備井田之法，宜以口數限田，爲之立限，人得耕種，不得賣買，以贍貧弱，以防兼併，且爲制度張本，不亦善乎？"案此即《申鑒》所謂"耕而勿有，以俟制度"也。仲長統《昌言》云："今者土廣民希，中地未墾。雖然，猶當限以大家，勿令過制。其地有草者，盡曰官田，力堪農事，乃聽受之。若聽其自取，後必爲姦也。"司馬朗亦以爲宜復井田。謂"往者民各有累世之業，難中奪之，是以至今。今承大亂之後，民人分散，土業無主，皆爲公田，宜及此時復之"。則乘亂而行井授，殆爲當時論者之公意。然井田之制，不難於法之立，而難於法之行；不難於强行於一時，而難於維持於不敝。何者？緩急人所時有，稱貸勢不能無以爲質，而農民除田宅外，無物可以爲質故也。自晉之户調式，至唐之租庸調法，皆行漢人限民名田之論，而卒無驗者以此。

漢世土地，在官者尚頗多，觀其賞賜可知。如蘇武賜公田二頃；卜式賜十頃者再，武帝賜異父姊脩成君公田百頃；見《漢書·外戚傳》。哀帝時，董賢賜田至千餘頃見《師丹傳》。是也。② 三國時，魏賜滿寵僅十頃，蓋由其時墾田尚少之故。吕蒙卒後，吳復其田五十頃；蔣欽卒，賜其妻子蕪湖田二百頃；則其數不可云菲。諸葛亮自表成都有桑八百株，田十五頃，蓋云儉矣。③ 時亦有以公田賦與貧民者宣帝地節元年、三年，元帝初元元年、永光元年，後漢明帝永平九年，安帝永初元年，皆有是詔。章帝元和元年，詔令郡國募民無田欲徙它界就肥饒者恣聽之。到，在所賜給公田，爲顧耕傭，賃種餉，貰與田器，勿收租五歲，除算三年。其後欲還本鄉者勿禁。三年，北巡狩，告常山、魏郡、清河、鉅鹿、平原、東平郡大守、相曰："今肥田尚多，未有墾闢，其悉以賦貧民。給與糧種。務盡地力，勿令游手。"其所以招徠之者頗殷。至以苑囿假貧民，則元帝初元元年、二年，章帝建初元年，咸有是詔。《後漢書·文苑·黃香傳》：遷魏郡大守。郡舊有內外園田，常與人分種，收穀歲數千斛。香曰："《田令》：商者不農。案武帝時，大農上鹽鐵丞孔僅、咸陽言，亦曰：賈人有市籍及家屬皆無得名田以便農，敢犯令者没入田

①　地權：大后詔王氏田非塚塋，皆以賦貧民，則古荒地多，苑囿之類，苑囿賦民。

②　地權：漢世公田頗多。

③　地權：吕蒙五十頃，諸葛亮十五頃。

貨。哀帝時制，賈人亦不得名田。此所云《田令》，未知爲何時令，然漢世商賈名田，法令常加禁止，則較然矣。《王制》：仕者不耕。伐冰食祿之家，不與百姓爭利”，乃悉以賦民，亦其事也。其規模最弘遠者，當推平帝時罷呼池苑爲安民縣一事，已見第十三章第四節。漢高帝五年詔曰：民前或相聚保山澤，今天下已定，令各歸其縣，復故爵田宅。又曰：諸侯子及從軍歸者，甚多高爵，吾數詔吏先與田宅。九年，徙齊、楚大族關中，亦與利田宅。《後漢書·張綱傳》：降廣陵賊，親爲卜居宅，相田疇。可見漢世田宅，尚多在官。俞正燮《癸巳類稿》云：“《王制》云：古者以周尺八尺爲步，今以周尺六尺四寸爲步。古者百畞，當今東田百四十六畞三十步。東田之名，鄭、王、熊、皇、劉、孔皆不悉，至以爲南東其畞之東。案謂之今東田者，漢文帝時洛濱以東，河北燕、趙，及南方舊井地，武帝以後即無之。《史記·秦本紀》云：商鞅開阡陌，東地渡洛，則盡秦地井田皆改，而六國仍以步百爲畞，故謂之東田，對秦田言之也。東田之改，在漢武帝時。《漢書·食貨志》云：武帝末年詔曰：十二夫爲田一井一屋，故畞五頃。案井九百畞，屋三百畞，以千二百畞改五頃，是畞二百四十步也。桓寬《鹽鐵論》云：先帝制田二百四十步而一畞。《論》作於昭帝時，知制田指武帝也。所以知武帝改是東田者，西田是秦成制，則漢制是改東田。又商鞅言開阡陌，而武帝詔不言十二頃爲五頃，而云一井一屋爲五頃，明是續開商鞅未開之阡陌，井田至是始盡。合《王制》與《秦本紀》、《食貨志》、《鹽鐵論》讀之，東田之義始見，一井一屋之文亦見。而文散義隱，故解者不知也。”讀此，知古代遺制，多有存於秦、漢時者。凡物成敗，皆非一朝一夕之故，理固宜然。然其事之能行與不能行，則固不以其遺制之有無也。《三國·魏志·倉慈傳》：遷敦煌大守。舊大族田地有餘，而小民無立錐之土。慈皆隨口割賦，稍稍使畢其本直。[1] 敦煌爲新闢之土，而其併兼之烈如此，而況於內郡乎？

第四節　漢世禁奢之政

漢人議論，無不以風俗之惡，歸咎於物力之屈；物力之屈，歸咎於用度之奢；用度之奢，歸咎於制度之不立者。[2] 賈生曰：“淫侈之俗，日日以長。生之者甚少，而靡之者甚多。天下財產，何得不蹶？”《漢書·食貨志》。嚴安曰：“今天下人民，用財侈靡。車馬，衣裘，宮室，皆競修飾。調五聲使有節族，雜五

---

① 地權：倉慈在敦煌割大族地賦小民，使徐畢其直。
② 生計：漢人皆咎制度不立。其禁令（第三七九頁）。其不行或行之而反擾累（第三七九頁）。能自守制度者（第三八一—三八二頁）。

色使有文章，重五味方丈於前，以觀欲天下。彼民之情，見美則願之，是教民以侈也。侈而無節，則不可澹。民離本而徼末矣，末不可徒得，故縉紳者不憚爲詐，帶劍者夸殺人以矯奪，而世不知媿，故姦軌浸長。臣願爲民制度，以防其淫。使貧富不相燿，以和其心。"王吉曰："古者衣服、車馬，貴賤有章。今上下僭差，人人自制。是以貪財誅利，不畏死亡。周之所以能致治，刑措而不用者，以其禁邪於冥冥，繩惡於未萌也。"貢禹曰："亡義而有財者顯於世，欺謾而善書者尊於朝，誖逆而勇猛者貴於官。故俗皆曰：何以孝弟爲？財多而光榮。何以禮義爲？史書而仕宦。何以謹慎爲？勇猛而臨官。故黥劓而髡鉗者，猶復攘臂爲政於世。行雖狗彘，家富勢足，目指氣使，是爲賢耳。故謂居官而置富者爲雄桀，處姦而得利者爲壯士，兄勸其弟，父勉其子。俗之壞敗，乃至於是。自成、康以來，幾且千歲，欲爲治者甚衆，然而大平不復興者，何也？以其舍法度而任私意奢侈行而仁義廢也。"漢人議論，如此者甚多。故改正制度之事，猶時有之。其大者，欲行井田之政，輕重斂散之法，說已略見於前矣。其於用度，亦欲爲之節制。今其可考最早者，爲成帝永始四年之詔，已見第六章第二節。後漢明帝永平十二年，詔曰："百姓送終之制，競爲奢淫。又車服制度，恣極耳目。有司其申明科禁宜於今者，宣下郡國。"章帝建初二年詔曰："今貴戚近親，奢縱無度。嫁取送終，尤爲僭侈。有司廢典，莫肯舉察。《春秋》之義，以貴理賤。今自三公，並宜明究非法，宣振威風。其科條制度，所宜施行，在事者備爲之禁。先京師而後諸夏。"和帝永元十一年，詔曰："吏民踰僭，厚死傷生。是以舊令，節之制度。頃者貴戚近親，百僚師尹，莫肯率從。有司不舉，怠放日甚。又商賈小民，或忘法禁。奇巧靡貨，流積公行。其在位犯者，當先舉正。市道小民，但且申明憲綱，勿因科令，加虐羸弱。"安帝永初元年，詔"三公明申舊令，禁奢侈，無作浮巧之物，殫財厚葬"。元初五年，詔"舊令制度，各有科品。欲令百姓，務崇節約。遭永初之際，人離荒戹。朝廷躬自菲薄，去絕奢飾。食不兼味，衣無二采。比年雖獲豐穰，尚乏儲積。而小人無慮，不圖久長。嫁娶送終，紛華靡麗。至有走卒奴婢，被綺縠，著珠璣。京師尚若斯，何以示四遠？設張法禁，懇惻分明。而有司惰任，迄不奉行。秋節既立，鷙鳥將用。且復重申，以觀後效"。桓帝永興二年，詔"輿服制度，有踰侈長飾者，皆宜損省。郡縣務存儉約，申明舊令，如永平故事"。觀此諸詔，知漢世用度，本有程品，特莫之能行耳。《續漢書·輿服志注》載蔡邕表曰："永平初，詔書下車服制度。諸侯王以下，至於士庶，嫁娶被服，各有秩品。當傳萬世。臣以爲宜集舊事、儀注、本奏以成志也。"《後漢書·荀爽傳》：爽對策陳便宜，欲略依古禮尊卑之差，及董仲舒制度之別，嚴督有司，必行其命。皆漢世本有制度之證。《張酺傳》：病臨死，敕其子曰："顯節陵掃地墓祭，欲率天下以儉。吾爲三公，既不能宣揚王化，令吏人從制，豈可不務節約乎？其無起祠堂。可作藥蓋廡，施祭其下而已。"此法令不能行之證也。夏侯玄言："漢文雖身衣弋綈，而不革正法度，似指立在身之名，非篤齊治制之意。"司馬宣王既誅曹爽，乃奏博問大臣得失。王昶陳治略五事，其五欲絕侈靡，務崇節儉。令衣服有治，上下有叙。其論猶與漢人同。《三國·魏志·崔琰傳注》引《世語》，言陳思王妻衣繡，大祖登臺見之，以違制，命還家賜死，則其行之頗嚴。然終成具文者？有司行法，孰肯得罪於鉅室？雖有嚴明之主若魏武，安得事事躬察之乎？《蜀志·董和傳》言：和爲成都令。蜀土富實，時俗奢侈，和躬率以儉。防遏踰僭，爲之軌制。縣界豪強，憚和嚴法，遂說劉璋，轉和爲巴東屬國都尉。此等事蓋不少矣。江充爲繡衣使者，禁察踰侈。貴戚近臣多奢僭，充皆舉劾。奏請没入車馬，令身待北軍擊匈奴。貴戚子弟皇恐，皆見上叩頭求哀，願得入錢贖罪。陽球爲司隸校尉，權門屏氣。諸奢飾之物，皆各緘縢，不敢陳設。韓延壽治潁川，與長老議定嫁娶喪祭儀品。略依古禮，不得過法。令文學校官諸生，皮弁執俎豆，爲吏民行喪嫁娶禮。百姓遵用其教。賣偶車馬下里僞物者，棄之市道。召信臣治南陽，禁止嫁娶送終奢靡，務出於儉約。張魯依月令，春夏禁殺，又禁酒。流移其地者，不敢不奉。此等皆偶得其人，行諸一時一地，其爲效無幾。而行之不善，轉有徇虛名而受實禍者。漢宣帝五鳳二年詔，謂"今郡國二千石，或擅爲苛禁，禁民嫁娶不得具酒食相賀召"。此等禁令，必僅施諸小民，故和帝有勿因科令，加虐羸弱之戒也。當時賢者，亦有自能守法者。《漢書·王吉傳》，言自吉至崇，吉子駿，駿子崇。世名清廉。皆好車馬衣服。其自奉養，極爲鮮明，而亡金銀錦繡之物。及遷徙去處，所載不過囊衣。不蓄積餘財。去位家居，亦布衣疏食。天下服其廉而怪其奢。故俗傳王陽能作黃金。此乃以小人之腹，度君子之心。漢世高官，禄賜頗厚。苟不爲後日計，居官奉養，自可鮮明。去位即布衣疏食，彼蓋以爲法度當然。楊震子孫常蔬食步行；費禕雅性儉素，家不積財，兒子皆令布衣素食，出入不從車騎，無異凡人；《三國志》本傳《注》引《禕別傳》。亦王陽之志也。古人蓋以爲居官用度，當由官給，至家計則當自謀，不當仰給於官。故諸葛亮表後主曰："成都有桑八百株，薄田十五頃，子弟衣食，自有餘饒。至於臣在外任，無別調度。隨身衣食，悉仰於官。① 不別治生，以長尺寸。若臣死之日，不使内有餘帛，外有贏財，以負陛下。"

_____

① 職官：隨身衣食悉仰於官，家計不與。

然徒恃此一二人，何補於大局哉？

　　行法禁奢，曾收一時之效者，莫過於建安之世。《三國·魏志·毛玠傳》言：玠與崔琰，並典選舉。務以儉率人。由是天下之士，莫不以廉節自厲。雖貴寵之臣，輿服不敢過度。《注》引《先賢行狀》曰："於時四海翕然，莫不屬行。至乃長吏還者，垢面羸衣，常乘柴車。軍吏入府，朝服徒行。人擬壺飧之潔，家象濯纓之操。貴者無穢欲之累，賤者絶姦貨之求。吏潔於上，俗移乎下，民到於今稱之。"此等效驗，蓋已不易致。然激詭之行，徒容隱僞，和洽之言。終不可以持久。加以軍人縱恣，法不能馭，名非所歆，故人亡政息，而其隄防遂至大潰矣。《三國·魏志·曹洪傳注》引《魏略》，言大祖爲司空時，以己率下。每歲發調，使本縣平貲。於時譙令平洪貲財與公家等。大祖曰："我家貲那得如子廉邪？"以大祖之嚴明，而不能禁軍人之居積，況其他乎？諸葛瑾及其子恪並質素，雖在軍旅，車無采飾，而恪弟融獨爲奢綺。潘璋性奢泰，末年彌甚。[1] 服物僭擬。吏兵富者，或殺取其財物。偏方之國如此，而況中原？曹爽自一時之傑，而以奢敗，蓋亦風氣使然。何夔，史稱其於節儉之世，最爲豪汰，然則何曾之日食萬錢，亦有由來。晉初王、石之驕奢，武帝之荒怠，非一朝一夕之故也。人情孰不好奢？況於武人之全不知禮義者乎？兵亂之爲禍博矣。

第五節　漢世官私振貸

　　漢世士大夫，讓爵，讓爵之著者，先漢有韋玄成，後漢尤盛。讓而見許者，如耿況子國，劉般子愷及鄧彪。不見許者，如徐防子衡，郭躬弟子鎮之子賀。劉愷不見許而逃，有司奏請絶其國，蕭宗美其義，特優假之。張奮則以違詔勑收，懼而就國。丁鴻友責以大義乃出。桓榮子郁，不許而分其租人。陰識弟興之子慶，嗣位而讓其財物。皆見《後漢書》本傳。又有讓仕者：魯恭見本傳。封觀見《袁安傳》。許荆、劉矩、童翊，皆見《循吏傳》。讓産者頗多。王商見《漢書》本傳。郭昌，見《後漢書·郭皇后紀》。北海敬王，見《齊武王傳》。春陵侯敞，見《城陽恭王傳》。鮑永、張堪、樊宏、孫梵、張禹、韓棱，皆見本傳。分財自薄者薛包，見《劉趙淳于江劉周趙傳》首。詐訟以卻仕者高鳳，見《逸民傳》。又有不受賕者，如後漢之廉範、張禹、袁閎。不受餽者，如三國魏之華歆，吳之劉寵、周景。贈遺不用，及去皆以還之者，如魏之張範。不受賜者，如吳之吕蒙。劉寵事見《三國·吳志·劉繇傳注》引《續漢書》。餘皆見《後漢書》、《三國志》本傳。能分施者亦不少。如楊惲，初受父財五百萬，及身封侯，皆以分宗族。後母無子，財亦數百萬，死皆與惲，惲盡復分後母昆弟。郇越散其先人貲千餘萬，以分施九族州里是也。見《王貢兩龔鮑傳》。任卹之

---

[1] 兵：三國軍人之富。

行,亦頗有之。如張堪素有名聲,嘗於大學見朱暉,甚重之,接以友道。乃把暉臂曰:"願以妻子託朱生。"暉以堪先達,舉手未敢對。自後不復相見。堪卒,暉聞其妻子貧困,乃自往候視,厚振贍之。張喬,少與犍爲楊恭友善。恭蚤死,遺孤未數歲。喬迎,留與分屋而居。事恭母如母。恭之子且長大,爲之娶婦,買田宅產業,使立門戶。張嶷得疾困篤。家素貧匱。廣漢大守蜀郡何祗,名爲通厚。嶷夙與疏闊,乃自輿詣祗,託以治疾。祗傾財醫療,數年除愈。陸瑁,少好學篤異。陳國陳融、陳留濮陽逸、沛郡蔣纂、廣陵袁迪等,皆單貧有志,就瑁遊處。瑁割少分甘,與同豐約。及同郡徐原,爰居會稽,素不相識。臨死遺書,託以孤弱。瑁爲起立墳墓,收導其子。皆其卓然在人耳目者也。喪亂之際,又多能互相扶持。如管寧,每所居,姻親、知舊、鄰里有困窮者,家儲雖不盈儋石,必分以贍救之。《三國志》本傳《注》引《傅子》。王朗,雖流移窮困,朝不謀夕,而收卹親舊,分多割少,行義甚著。楊俊避兵京、密,京,漢縣,今河南榮陽縣東南。密,見第十三章第二節。同行者百餘家,俊振濟貧乏,通共有無。趙儼避亂荆州,與杜襲、繁欽通財同計,合爲一家。許靖避難交州,陳國袁徽與荀彧書,稱其"自流宕已來,與羣士相隨。每有患急,常先人後己。與九族中外,同其飢寒。其紀綱同類,仁恕惻怛,皆有效事,不能復一二陳之"。陳武,仁厚好施。鄉里遠方客,多依託之。[1]　全琮,父柔,嘗使琮齎米數千斛到吳,有所市易。琮至皆散用,空船而還。柔大怒。琮頓首曰:"愚以所市非急,而士大夫方有倒縣之患,故便振贍,不及啓報。"柔更以奇之。時中州士人,避亂而南,依琮居者以百數。琮傾家給濟,與共有無。遂顯名遠近。此等高風,尤爲後人所跂慕。然瑰奇之行,必非夫人之所能,且其中或有好爲名高者。[2]　好名者能讓千乘之國,苟非其人,則簞食豆羹見於色矣。王符論當時之弊曰:"疏骨肉而親便辟,薄知友而厚犬馬。寧見貫朽千萬,而不忍貸人一錢。情知積粟腐倉而不忍貸人一斗。骨肉怨望於家,細人謗讟於道。"此普徧之情形也。求睦媬任卹之風,於財產私有之世,安可得哉?

　　官家振貸之事,最常行者,爲貸與種食。如第一節所引元帝初元元年之詔是。所貸者後或免之。如文帝二年,開籍田,詔貸種食未入,入未備者皆舍之;昭帝元鳳三年,詔三年以前所振貸,非丞相御史所請,邊郡受牛者勿收責;元帝永光四年,詔所貸貧民勿收責是。又有與逋租並免者:如武帝元封元年

---

[1]　借貸:貸穀以充振給(第四〇五頁)。

[2]　生計:振疏徒名高,王符所言慳吝乃普徧情形。

詔，謂"民田租逋賦貸已除"是。後漢順帝永和六年，詔假民有貲者户錢一千，此爲漢世僅見之事。又有貸以田者。宣帝地節三年，詔流民還歸者，假公田，貸種食。元帝永光元年，赦天下，令屬精自新，各務農畝。無田者皆假之，貸種食如貧民。師古曰：此謂遇赦新免罪者。《食貨志》謂武帝徙貧民於關以西及充新秦，貸與産業，蓋指此。武帝元狩三年，遣謁者勸有水災郡種麥。舉吏民能假貸貧民者以名聞。《食貨志》云"募豪富人相假貸"，蓋特奏名以歆動之。宣帝本始四年，丞相以下至都官令丞，上書入穀輸長安倉助貸貧民者，得毋用傳。後漢桓帝永壽元年，司隸、冀州飢，人相食。勅州郡振給貧弱。若王侯、吏民有積穀者，一切貲得十分之三，以助稟貸。其百姓吏民，以見錢顧直。王侯須新租乃償。此又借助於貴富之家，以振卹貧民者也。然此等事容難普徧，而務邀倍稱之息者乃日聞。

《貨殖列傳》言：子貸金錢千貫者，比千乘之家；又言吳、楚兵起，長安中列侯、封君行從軍旅，齎貸子錢家；[1]則當時已有專以放債爲事者。然營此業者，似以商賈爲多。桓譚上疏陳時政之宜曰："今富商大賈，多放錢貨。中家子弟，爲之保役。趨走與臣僕等勤，收税與封君比入。今可令諸商賈，自相糾告。若非身力所得，皆以臧界告者。如此，則專役一己，不敢以貨與人，事寡力弱，必歸功田畝。"以貨與人，蓋即所謂賒貸，秦、漢間多有行之者。漢高祖從王媼、武負貰酒。呂母益釀醇酒，賒與少年來酤者。《後漢書·劉盆子傳》。潘璋家貧好賒酤。《鹽鐵論·水旱篇》言："故民得鼓鑄之時，得以財貨、五穀新敝易貨，或貰。"此皆貰之凡民者。桓譚所言，則小商借資本於大商，或受取其物，爲之分銷者也。《貨殖傳》言魯丙氏貰貸行賈徧郡國，所謂貰貸，蓋亦如是。此皆爲數較鉅，猶今商業銀行及錢莊所營。其民間自相假貸，則鼂錯《貴粟疏》謂急政暴虐，賦斂不時，朝令而暮改，當其有者半賈而賣，亡者取倍稱之息；如淳曰：取一償二爲倍稱。新室泉府之政所欲救正者，猶今民間之放債者也。古來借貸，本出於官。故漢時尚有倚恃官勢爲之者。《漢書·貨殖列傳》言羅裒致千餘萬，舉其半賂遺曲陽、定陵侯，依其權力，賒貸郡國，人莫敢負；《谷永傳》：永言掖庭獄爲人起責，分利受謝是。《王子侯表》：旁光侯殷，元鼎元年，坐貸子錢不佔租，取息過律免，此貴人自行放債者。《後漢書·虞詡傳》：詡上疏言"永平、章和中，州郡以走卒錢給貸貧人"，司空案劾，州及郡縣皆坐免黜，則官且躬自爲之矣。

---

① 借貸：子錢家。

　　後漢光武建武六年，詔郡國有穀者，給稟高年、鰥、寡、孤、獨及篤癃無家屬，貧不能自存者如律。章帝元和三年，詔嬰兒無父母、親屬及有子不能養食者，稟給如律。獻帝建安二十三年，魏王令：吏民男女：女年七十已上無夫、子，若年十二已下無父母、兄弟，及目無所見，手不能作，足不能行，而無妻子、父兄、產業者，廩食終身。幼者至十二止。貧窮不能自贍者，隨口給貸。老耄須侍養者，年九十已上，復不事家一人。《三國·魏志·武帝紀注》引《魏書》。此等皆養民之政，見於法令者，然亦告朔之餼羊而已矣。

第十六章　秦漢時實業

第一節　農　業

農業之進步，在於耕作之日精。此在漢世，見稱者無過代田。《漢書·食貨志》言：武帝末年，悔征伐之事，乃封丞相爲富民侯，以趙過爲搜粟都尉。過能爲代田。代田之法，漢人託諸神農，已見《先秦史》第十二章第一節。其耕耘、下種、田器，皆有便巧。一歲之收，常過縵田一斛以上。善者倍之。謂過縵田二斛以上。過使教田大常、三輔。大農置工巧奴與從事，爲作田器。二千石遣令、長、三老、力田及里父老善田者受田器，學耕種養苗狀。民或苦少牛，亡以趨澤。故平都令光教過以人輓犁。過奏光以爲丞，教民相與庸輓犁。令命家田三輔公田。又教邊郡及居延城。是後邊城、河東、弘農、三輔、大常民皆便代田。後漢劉般，以郡國牛疫，通使區種增耕。三國時，段灼上疏理鄧艾，言艾修治守備，積穀強兵。直歲凶旱，艾爲區種身被烏衣，手執耒耜，以率將士。可見漢時教耕者，多以代田區種爲務矣。[①]

《史記·河渠書》言：河東守番係，請引汾溉皮氏、汾陰下，皮氏，漢縣，今山西河津縣西。引河溉汾陰、蒲阪下。天子以爲然。發卒數萬人作渠田。數歲，河移徙，渠不利，田者不能償種。久之，河東渠田廢。與越人，令少府以爲稍入。案田者不能償種，而越人田之，猶能有所入於少府，可見治水田以越人爲精。然漢世良吏，亦有能開稻田者。[②]《後漢書》：張堪爲漁陽大守，於狐奴開稻田八千餘頃。狐奴，漢縣，今河北順義縣。秦彭爲山陽大守，興起稻田數千頃。《三國志》：夏侯惇領陳留、濟陰大守。時大旱蝗，惇乃斷大壽水作陂，身自負土，率將士勸種稻，民賴其利。其時劉馥都督河北諸軍，種稻於薊南

---

① 農業：漢教耕者多務代田。
② 農業：漢時稻田。

北。鄭渾守沛郡，亦開稻田於蕭、相二縣界。又魏武以朱光爲廬江大守，屯皖，大開稻田，呂蒙因此説孫權急攻皖。皆可見水田之利也。

灌漑之利，莫大於陂渠。《河渠書》述鴻溝、雲夢、江、淮、齊、蜀諸水見《先秦史》第十三章第四節。曰：“此渠皆可行舟，有餘則用漑，百姓饗其利。”可見溝洫修舉，交通與灌漑兼資。漢武帝時，鄭當時爲大司農，言異時關東漕粟，從渭中上，度六月而罷。而漕水道九百餘里，時有難處。引渭穿渠，起長安，並南山下，至河，三百餘里，徑易。漕度可令三月罷，而渠下民田萬餘頃，又可得以漑田。天子以爲然。令水工徐伯表，悉發卒數萬人穿漕渠。三歲而通。通，以漕，大便利。其後漕稍多，而渠下之田，頗得以漑田矣。可見漢人之言漕事者，尚多兼計灌漑也。良吏能就所治之地，興修水利者亦頗多。召信臣爲南陽大守，行視郡中水泉，開通溝瀆，起水門提閼，凡數十處，以廣漑灌。歲歲增加，多至三萬頃。民得其利，蓄積有餘。後漢杜詩守南陽，修治陂池，廣拓土田，郡內比室殷足。南陽爲之語曰：“前有召父，後有杜母。”鮑昱拜汝南大守，郡多陂池，歲歲決壞，年費常三千餘萬。昱乃上作方梁石洫，水常饒足，漑田倍多，民以殷富。王景爲廬江大守。先是百姓不知牛耕，致地力有餘，而食常不足。郡界有楚相孫叔敖所起芍陂稻田。景乃驅率吏民，修起蕪廢。教用犁耕。由是墾闢倍多，境內豐給。皆其功之最著者也。任延守武威，河西舊少雨澤，乃爲置水官吏，修理溝渠。三國時，徐邈刺涼州，亦廣開水田，募貧民佃之。皇甫隆爲敦煌大守。敦煌初不甚曉田，常灌漑，稸水使極濡洽，然後乃耕。又不曉作樓犁，功力既費，收穀更少。隆到，教作樓犁，又教衍漑，歲終率計，所省庸力過半，得穀加五。《三國‧魏志‧倉慈傳注》引《魏略》。則雖西北乏水之地，水利亦可興修矣。

偏方閉塞之地，多藉中國良吏以啓牖之。《後漢書‧循吏傳》言：孟嘗遷合浦大守。郡不産穀實，而海出珠寶，與交阯比境，常通商販，貿糴糧食。時宰守並多貪穢，詭人采求，不知紀極，珠遂漸徙於交阯郡界。於是行旅不至，人物無資，貧者死餓於道。嘗到官，革易前弊。曾未踰歲，去珠復還。百姓皆反其業，商貨流通。稱爲神明。又云：九真俗以射獵爲業，不知牛耕，民常告糴交阯，每致困乏。任延爲守，令鑄作田器，教之墾闢。田疇歲歲開廣，百姓充給。此可見當時交、廣之域，尚有全不知耕作者也。

《漢書‧藝文志》農九家。《神農》、《野老》，《注》皆云六國時。《宰氏》，《注》云不知何世。葉德輝曰：“《史記‧貨殖傳集解》云：計然者，葵丘濮上人，姓辛氏，字文子。其先晉國亡公子，嘗南遊於越，范蠡師事之。《元和姓纂》十五海宰氏姓下引《范蠡傳》云：陶朱公師計然，姓宰氏，字文子，葵丘濮上人。

據此，則唐人所見《集解》作宰氏。宰氏即計然，《志》云不知何世，蓋班所見乃後人述宰氏之學者，非計然本書也。"王先謙《漢書補注》。案謂計然姓宰氏，又謂爲范蠡師，説皆附會不足信。惟此書原出先秦，則當不誣耳。《董安國》十六篇，《注》云：漢代内史，不知何帝時。《尹都尉》十四篇，《趙氏》五篇，《王氏》六篇，《注》皆云不知何世。其書皆次《董安國》書下，當係漢時書。《氾勝之》十八篇，《注》云：成帝時爲議郎。師古曰：劉向《別録》云：使教田三輔。有好田者師之。徙爲御史。《蔡癸》一篇：《注》云：宣帝時，以言便宜，至弘農大守。師古曰：劉向《別録》云：邯鄲人。周壽昌曰："《齊民要術》引崔寔《政論》，有趙過教民耕植，其法三犂共一牛云云。《御覽》八百二十二引作宣帝使蔡癸教民耕事，文正同。蓋癸書述過法，而崔氏引之。"亦據《漢書補注》引。案氾勝之書，後人徵引最多。趙過與氾勝之，蓋漢時農學之兩大家也。

漢末大亂，農業荒廢特甚，而屯田之政乃大行。《三國·魏志·武帝紀》：建安元年，是歲，用棗祗、韓浩議，始興屯田。《注》引《魏書》曰："自遭荒亂，率乏糧穀。諸軍並起，無終歲之計。飢則寇略，飽則棄餘。瓦解流離，無敵自破者，不可勝數。袁紹之在河北，軍人仰食桑椹。袁術在江、淮，取給蒲蠃。民人相食，州里蕭條。是歲，乃募民屯田許下，得穀百萬斛。於是州郡例置田官，所在積穀。征伐四方，無運糧之勞。遂兼滅羣賊，克平天下。"《毛玠傳》：大祖臨兗州，辟爲治中從事。玠語大祖曰："今天下分崩，國主遷移，生民廢業，饑饉流亡。公家無經歲之儲，百姓無安固之志，難以持久。今袁紹、劉表，雖士民衆彊，皆無經遠之器，未有樹基建本者也。夫兵義者勝，守位以財。宜奉天子以令不臣，修耕殖，畜軍資。"大祖敬納其言。可見屯墾之政，實爲大祖夙定之策。《任峻傳》：棗祗建置屯田，大祖以峻爲典農中郎將。數年中，所在積粟，倉廩皆滿。軍國之饒，起於祗而成於峻。《司馬芝傳》：芝奏言：武皇帝特開屯田之官，專以農桑爲業。建安中，天下倉廩充實，百姓殷足。可以見其成效矣。《王昶傳》：文帝踐阼，爲洛陽典農。時都畿樹木成林，昶斫開荒萊，勤勸百姓，墾田特多。則至魏初，此職猶相需孔殷。然其民與州縣異統，非可久之計，故至陳留王咸熙元年，遂罷之以均政役，[1]諸典農皆爲大守，都尉皆爲令長焉。其戰守之地，藉屯田以爲軍資，則終三國之世如一。文帝以孫權侍子不至，車駕徙許昌，大興屯田，欲舉軍東征。《王朗傳》。王基、鄧艾策攻吳，亦以屯田爲本。劉馥在合肥，胡質在青、徐，王昶在荆、豫，亦皆致力於屯田。大

---

[1]　農業：三國屯田初與郡縣異統，故罷之可均政役。

祖征漢中，以鄭渾爲京兆尹，渾亦遣民田漢中。諸葛亮務農殖穀，《蜀志・後主傳》建興二年。然後南征。其後屢出伐魏，亦休士勸農於黃沙。《後主傳》建興十年。時雖以木牛、流馬運，建興九年、十二年。然仍分兵屯田渭濱。《諸葛亮傳》。《吳志・孫權傳》：黃武五年，陸遜以所在少穀，表令諸將增廣農畝。權報曰："甚善。今孤父子親自受田，車中八牛，以爲四耦，雖未及古人，亦欲與衆均等其勞也。"及孫休永安二年，復咎州郡吏民及諸營兵，皆浮船長江，賈作上下，良田漸廢，見穀日少。案《魏志・司馬芝傳》，亦言諸典農各部吏民，末作治生，以要利入。[①] 蓋商賈之利，饒於耕農，實事之無可如何者也。蓋凋敝既甚，雖欲不務本而不可得矣。《甘寧傳》：寧説孫權取黃祖，亦言其怠於耕農，財穀並乏，與毛玠之譏袁紹、劉表，異地同符。可知喪亂擾攘之餘，麤能自立者，必其知重民事者也。

漁、獵、畜牧、種樹之利，皆較田農爲饒，故《貨殖傳》言其人與千户侯等，橋姚、馬援、班壹等，已見第十五章第二節矣。《三國・吳志・孫休傳注》引《襄陽記》，言李衡每欲治家，其妻輒不聽。後密遣客十人，於武陵龍陽汎洲上作宅，種甘橘千株。臨死，勑兒曰："汝母惡吾治家，故窮如是。然吾州里有千頭木奴，不責女衣食，歲上一匹絹，亦可足用耳。"吳末，衡甘橘成，歲得絹數千匹，家道殷足。此大史公之言之驗也。然此等事必有廣土，乃能爲之，當時山澤多爲豪强所佔，故平民享其利者甚寡。惟南方生業，不如北方之盛，故人民猶克分享其利焉。《漢書・地理志》言楚地民以漁獵山伐爲業，果蓏嬴蛤，食物常足是也。《漢書・王莽傳》：莽以費興爲荆州牧，問到部方略。興對曰："荆、揚之民，率依阻山澤，以漁採爲業。閒者國張六筦，稅山澤，妨奪民之利；連年久旱，百姓飢窮，故爲盜賊。"莽怒，免興官。然後亦卒開山澤之防。《後漢書・劉般傳》：明帝時禁民二業。般上言："郡國以官禁二業，至有田者不得漁捕。今濱江湖郡，率少鹽桑，民資漁採，以助口實。且以冬春閒月，不妨農事。"可見其利之饒。此王匡、王鳳等，所由能入野澤偷活也。即北方亦有其利，但較南方爲微耳。龔遂爲渤海大守，秋冬課民收斂，益畜果實菱芡，勞來循行，郡中皆有蓄積。後漢和帝永元五年，令郡縣勸民蓄疏食以助五穀。[②] 其官有陂池，令得採取，勿收假稅二歲。十一年、十二年、十五年，亦有被災之處，山林陂澤，勿收假稅之詔。安帝永初二年，詔長吏案行在所，皆令種宿麥疏食。桓帝永興二年，詔司隸校尉、部刺史：蝗災爲害，水變仍至。其令所傷

① 農業：典農部民末作，以要利入。

② 農業：疏食之利。

郡國種蒔菁。皆民食不限穀物之證。建武之初，野穀旅生，人收其利。《後漢書·光武紀》建武二年。馮異之入關也，軍士悉以果實爲糧。獻帝幸安邑，亦以棗栗爲糧。《伏皇后紀》。合《魏略》所言袁紹、袁術之事觀之，可見蔬食之利，惜乎平時知務此者少也。牧畜之利，亦必有山澤然後能爲之。如卜式入山牧羊，吳祐牧豕於長垣澤中是。故山澤亦爲豪民之所欲兼併也。

《漢書·地理志》：丹楊郡有銅官。豫章郡、鄱陽郡有黄金採。諸郡國有鐵官者尤多。《志》云："豫章出黄金，然菫菫物之所有，取之不足以更費。"《貢禹傳》：禹言："今鑄錢及諸鐵官，皆置吏，卒徒攻山取銅鐵，一歲功十萬人已上。"蓋官辦之事，不甚計度盈虧，故其弊如此。私家經營礦業，則得利者甚多。猗頓用鹽鹽起；郭縱以鑄冶成業；巴寡婦清，其先得丹穴，擅其利數世；蜀卓氏用鐵冶富；程鄭事冶鑄；羅裒擅鹽井之利；宛孔氏用鐵冶爲業；魯丙氏以鐵冶起；皆見《貨殖傳》。王章妻子徙合浦，以採珠致產數百萬；皆其犖犖大者。《史記·平準書》言縣官大空，冶鑄，煑鹽，財或累萬金，而不佐公家之急。蓋鹽鐵二者，於民生日用最切，故其利亦最饒矣。

第二節　工　業

工官見於《漢書·地理志》者凡十：懷、河南、潁川、宛、東平陵、泰山、奉高、廣漢、雒、成都是也。《漢書》稱孝宣之治，"技巧，工匠，器械，自元、成閒鮮能及之"。《本紀贊》。《三國志》稱諸葛亮亦曰："工械技巧，物究其極。"《後漢書·宦者傳》：蔡倫爲尚方令，監作祕劍及諸器械，莫不精工堅密，爲後世法。此皆官家之業，雖不盡無裨實用，奢侈之物究多，於民生日用無與也。《漢書·貢禹傳》：禹言："方今齊三服官，作工各數千人，一歲費數鉅萬。蜀、廣漢主金銀器，歲各用五百萬。三工官官費五千萬。東西織室亦然。臣禹嘗從之東宮，見賜杯案，盡文畫金銀飾。"《循吏傳》：文翁減省少府用度，買刀、布、蜀物，齎計吏以遺博士。如淳曰："金馬書刀，今賜計吏是也。作馬形，於刀環内以金鏤之。"晉灼曰："舊時蜀郡工官作金馬書刀者，似佩刀形，金錯其拊。"皆可見工官所造物之侈。其關係民生日用最鉅，獲利亦極多者，當推鐵器。高后時，有司請禁粤關市鐵器，趙佗因之反叛。後佗上文帝書，述高后令曰"毋與蠻夷外越金、鐵、田器"，則銅器亦在所禁。《西域傳》言：自宛以西至安息，"不知鑄鐵器。及漢使、亡卒降，教鑄作它兵器"。[①]此中疑有奪文。教鑄作當指農器，它兵器則謂以鐵爲

---

①　工業：《西域傳》"教鑄作它兵器"疑有奪文。

兵也。此中國有造於西胡最大者矣。

漢世，士能藉自然之力，制器以利民用者亦有之。《後漢書·杜詩傳》，言其爲南陽大守，造作水排，鑄爲農器，用力少，見功多，百姓便之。《注》曰："冶鑄者爲排以吹炭，令激水以鼓之也。"《三國·魏志·韓暨傳》：徙監冶謁者。舊時冶作馬排，每一熟石，用馬百匹。更作人排，又費功力。暨乃因長流爲水排。計其利益，三倍於前。又《明帝紀》青龍五年《注》引《魏略》，言其引穀水過九龍殿前，使博士馬均作司南車，水轉百戲。此皆能用自然之力者也。馬均，《杜夔傳注》作馬鈞，扶風人。引傅玄序之曰：舊綾機五十綜者五十躡，六十綜者六十躡。先生患其喪功費日，乃皆易以十二躡。其奇文異變，因感而作者，猶自然之成形，陰陽之無窮。爲給事中，與常侍高堂隆，驍騎將軍秦朗爭論於朝。言及指南車。二子謂"古無指南車，記言之虛也"。先生曰："古有之。未之思耳，夫何遠之有？"二子哂之。先生曰："虛爭空言，不如試之易效也。"於是二子遂以白明帝，詔先生作之，而指南車成。居京都，城內有坡，可爲囿，患無水以灌之，乃作翻車，令童兒轉之而灌。水自覆，更人更出，其巧百倍於常。其後人有上百戲者，能設而不能動也。帝以問先生："可動否？"對曰："可動。"帝曰："其巧可益否？"對曰："可益。"受詔作之。以大木彫構，使其形若輪，平地施之，潛以水發焉。設爲歌樂舞象。至令木人擊鼓、吹簫。作山嶽。使木人跳丸、擲劍，緣絙倒立，出入自在。百官行署，舂磨、鬥雞。變巧百端。見諸葛亮連弩，曰："巧則巧矣，未盡善也。"言作之可令加五倍。又患發石車，敵人於樓邊縣溼牛皮，中之則墮，石不能連屬而至，欲作一輪，縣大石數十，以機鼓輪，以斷縣石，飛擊敵城，使首尾電至。嘗試以車輪縣瓴甓數十，飛之數百步矣。玄爲言之曹羲，羲言之曹爽，爽忽忽不果試。玄論之曰："此既易試之事，又馬氏巧名已定，猶忽而不察，況幽深之才，無名之璞乎？"又曰："馬先生之巧，雖古公輸般、墨翟、王爾，近漢世張平子，不能過也。公輸般、墨翟，皆見用於時，乃有益於世。平子雖爲侍中，馬先生雖給事省中，俱不典工官，巧無益於世。用人不當其才，聞言不試以事，良可恨也。"張平子事，別見第十九章第七節。諸葛亮損益連弩，謂之元戎，以鐵爲矢，矢長八寸，一弩十矢俱發，見《亮傳注》引《魏氏春秋》。亮又作木牛、流馬，其法亦見《注》引亮集。時蜀又有張裔，典作農戰之器；李譔，能致思弓弩機械之巧；而吳亦有張奮，昭弟子。能造大攻車；則一時巧思之士，爲不少也。案巧思之士，所以或有成或無成，又或雖有成而旋失其傳者，乃由其物不適於其時，故莫肯勤於試造，繼緒傳習，如蜀漢與中原戰爭既息，不復須運巴、蜀之糧，踰越劍閣，則木牛流馬之制，①自不能不失傳矣。然則張裔、李譔、張奮等，所由紛紛皆以造戰器聞者，亦以其時攻戰方烈也。又凡機械之巧，必前後相因。諸葛亮損益連弩，而馬鈞又謂其更可損益。翻車即今水車之原，人皆謂其制始於鈞，然靈帝已用以灑南北郊路，見第十章第五節。則當時亦必固有是物，鈞特從而損益之耳。長巧思者不必擅文字，事記載者又或不知制器，但驚異其所成就，而不知其所自來，遂使後人忽其成功之由，一若偶然得之者，非其實也。

《三國·吳志·甘寧傳注》引《吳書》，言寧出入，步則陳車騎，水則連輕舟，侍從被文繡，所如光道路。常以繒錦維舟，去或割棄以示奢。此以作賊則可耳。乃《賀齊傳》言：黃武初，魏使曹休來伐，齊住新市爲拒。齊性奢綺，尤好軍事。兵甲器械，極爲精好。所乘船，雕刻丹鏤，青蓋絳襜。干櫓戈矛，葩瓜文畫。弓弩矢箭，咸取上材。蒙衝鬥艦之屬，望之若山。②休等憚之，遂引軍還。世豈有雕文刻鏤，可以退敵者邪？乃《朱然傳》猶以文采惟施軍器爲美談。此直是事權在手，恣意揮霍，不顧國計民生耳。官自制器之弊有如此，亦不容不施以督責也。

第三節　商　業

商業在秦、漢時頗盛。鼂錯比較農商苦樂之語，已見第五章第一節。貢禹言："商賈求利，東西南北，各用知巧。好衣美食，歲有什二之利，而不出租稅。農夫父子暴露中野，不避寒暑。捽草杷土，手足胼胝。已奉穀租，又出藁稅。鄉部私求，不可勝共。故民棄本逐末，耕者不能半。"其言與鼂錯若合符節。③蓋財産私有之世，通工易事之鍵，本操於商人手中。又天下一統，戰爭息而生計舒，交易之事益盛，則商人之利益多。通關梁，一符傳，漢人恒以爲美談。伍被稱漢之美曰"重裝富賈，周流天下，道無不通"，雖或不免過當，亦未必全虛也。此皆秦、漢之世，商人之所以益形跋扈者也。

古代之市，率自爲一區，設官以管理之，漢世猶然。《續漢書·百官志注》：雒陽有市長一人，丞二人。《大史公自序》言其先無擇，爲漢市長。《漢書·丙吉傳》，言吉爲軍市令。皆當時治理交易之官也。《後漢書·班彪傳注》引《漢宮闕疏》曰：長安九市，其六在道西，三在道東。《漢書·胡建傳》：

---

① 工業：木牛流馬不運糧則無須。
② 生計：軍人制器之侈。
③ 交通：漢交通之便。

天漢中守軍正丞。監軍御史穿北軍壘垣，以爲賈區，建斬之。《三國‧吳志‧陸遜傳》：潛遣將擊石陽，漢縣，今江西吉水縣東北。石陽市盛，皆捐物入城，城門噎不得關，敵乃自斫殺己民，然後得入。皆可見市之別爲一區。①《漢書‧尹翁歸傳》：霍光秉政，諸霍在平陽，奴客持刀，入市鬥變，吏不能禁。及翁歸爲市吏，莫敢犯者。公廉不受餽，百賈畏之。《張敞傳》：守京兆尹，長安市偷盜尤多，百賈苦之。敞既視事，求問長安父老。偷盜酋長數人居皆溫厚，出從童騎，閭里以爲長者。②敞皆召見責問，因貰其罪，把其宿負，令致諸偷以自贖。一日捕得數百人。窮治所犯，或一人百餘發。盡行法罰。由是枹鼓希鳴，市無偷盜。《後漢書‧祭遵傳》：從征河北，爲軍市令。舍中兒犯法，遵格殺之。《第五倫傳》：京兆尹閻興，署爲督鑄掾，領長安市。倫平銓衡，正斗斛，市無阿枉，百姓悅服。《三國‧吳志‧孫皓傳》：鳳皇二年，皓愛妾或使人至市劫奪百姓財物。案《漢書‧王嘉傳》：嘉奏封事論董賢亦云：“使者護視，發取市物，百賈震動。”司市中郎將陳聲，素皓幸臣也，恃皓寵遇，繩之以法。《潘璋傳》：璋爲吳大市刺姦，盜賊斷絕，由是知名。又可見治市之官，頗有威權也。

　　漢世抑商頗甚。③《漢書‧高帝紀》：八年，“令賈人毋得衣錦繡、綺縠、絺紵、罽，操兵，乘騎馬”。此即《食貨志》所謂“令賈人不得衣絲乘車”者。《續漢書‧輿服志》亦云：“賈人不得乘馬、車。”此異其禮數也。《食貨志》又云：“重稅租以困辱之。”哀帝時定名田之法，賈人不得名田。見第十五章第三節。成帝算舟車，商賈人軺車二算。所謂七科謫者，曰賈人，曰故有市籍者，曰父母有市籍者，曰大父母有市籍者，賈人居其四焉。見第十八章第六節。《後漢書‧班超傳》：超發龜茲、鄯善等八國兵，合七萬人，及吏、士、賈客千四百人討焉耆。《三國志‧孫堅傳》：朱儁表請堅爲佐軍司馬。堅募諸商旅及淮、泗精兵，與儁併力。是當時商賈，多能從軍。一由其時去古近，人民尚習於兵，一亦由法令恒迫商人充兵也。此限其制產，又重其賦役也。《食貨志》云：孝惠、高后時，爲天下初定，復弛商賈之律。然市井子孫，亦不得宦爲吏。《貢禹傳》：禹言：孝文皇帝時，賈人、贅壻及吏坐贓者，皆禁錮不得爲吏。此絕其進取也。習俗岐視，尤不俟論。《漢書‧楊敞傳》敞子惲報孫會宗書云：“惲幸有餘祿，方糴賤販貴，逐什一之利。此賈豎之事，汙辱之處，惲親行之。下流之人，衆毀所歸，不寒而栗。雖雅知惲者，猶隨風而靡，尚何稱譽之有？”《後漢書‧崔駰傳》：孫寔窮困，以酤釀販鬻爲業，時人多以此譏之。《獨行

---

① 商業：市皆別爲一區。

② 階級：偷盜亦有其長。

③ 商業：漢世抑商及賤視商人。

傳》：王烈避地遼東，公孫度欲以爲長史，烈乃爲商賈以自穢，得免。《逸民傳》：王君公儈牛自隱。韓康常採藥名山，賣於長安市。口不二價，三十餘年。時有女子，從康買藥，康守賈不移。女子怒曰：“公是韓伯休那，乃不二賈乎？”康歎曰：“我本欲避名，今小女子皆知有我，何用藥爲？”乃遁入霸陵山中。當時商賈之與士大夫，蓋若薰蕕之不同器矣。然鼂錯言其交通王侯，力過吏埶，《貨殖傳》：宛孔氏連騎遊諸侯，有游閒公子之名；刁閒之奴，且或連車騎交守相。何哉？一以讎淫侈之物者，多與王公貴人爲緣。一以當時商賈，多兼事放債，賒貸亦放債之類。見第十五章第五節。《平準書》言富商大賈，或蹛財役貧，轉轂百數，廢居居邑，封君皆低首仰給，疑必有資其財賄以救緩急者。又《酷吏列傳》言：三長史陷張湯，使吏案捕湯左田信等，曰：“湯且欲奏請，信輒先知之，居物致富，與湯分之。”湯死，家產直不過五百金，皆所得奉賜，無他業，此言蓋誣。然當時有此等事可知。鄭當時爲大農，任人賓客僦，入多逋負，則當時官吏，確有與人相交通，藉以牟利者。[①]富商大賈，惟利是圖，何憚而不爲此？此又其所以互相狼狽邪？刁閒多取桀黠奴，使事商賈。仲長統謂當時豪人，奴婢千羣，徒附萬計，船車賈販，周於四方；廢居積貯，滿於都城。蓋身居闤闠者，皆其所奴役之流，而躬爲富商大賈者，則又匪特長安酋長，居溫厚而出從騎，見目爲長者而已。

王君公以儈牛自隱，此即《貨殖列傳》所謂“節駔會”，後世之牙行也。《漢書·武帝紀》：元狩五年，天下馬少，平牡馬匹二十萬。王莽之法，諸司市常以四時中月，實定所掌，爲物上中下之賈，各自用爲其市平。[②]鄭司農釋《周官》之質劑，謂若其時之市平。則漢世百物，官家本有平賈。然其事未必能行，而其權遂操諸駔會之手。趙敬肅王使使即縣爲賈人權會，入多於國租稅。《漢書·景十三王傳》。可見是業之盛已。

凡兩地物產，相異愈甚，則其相資愈深。故中外通商，自古代即頗盛。巴、蜀、廣漢，南賈滇、僰，西近邛、笮，燕北隙烏丸、夫餘，東賈真番。卓氏賈滇、蜀民，程鄭亦賈椎結民，皆其證。又不獨緣邊也，漢朝絶未知西域及西南夷，而邛竹杖、蜀布、枸醬，業已遠致其地。案《魏略》言盤越國在天竺東南數千里，蜀人賈似至焉，參看第十二章第十節。此即大夏人告張騫，所謂從東南身毒國可數千里，得蜀賈人市者。蓋自陸路西行。《貨殖傳》謂番禺爲珠、璣、

---

① 商業：官吏與商人交通。

② 商業：漢時市平。

犀、瑇瑁、果、布之湊。越巂王、閩侯以荃、葛、珠、璣、犀甲、翠羽、幭、熊奇獸遺江都王建，《漢書·景十三王傳》。《魏略》又謂大秦循海通交阯，又有水道通永昌，故永昌出異物。此則自海道而來者也。此當時之中歐交通也。後漢之撫烏桓、鮮卑，於寧城開胡市。見第十二章第十節。劉虞牧幽州，猶開上谷胡市之利。魏黃初三年，軻比能帥其部落及代郡烏丸，驅牛馬七萬餘口來交市，此東北邊之互市也。《後漢書·孔奮傳》云：姑臧通貨羌、胡，市日四合。《三國·魏志·倉慈傳》云：遷敦煌大守。西域雜胡欲來貢獻，而諸豪族多逆斷絕。既與貿遷，欺詐侮易，多不得分明。胡常怨望。慈皆勞之。欲詣洛者，爲封過所。欲從郡還者，官爲平取。輒以府見物，與共交市。使吏民護送道路。由是民夷翕然，稱其德惠。數年卒官。西域諸胡聞慈死，悉共聚會於戊己校尉及長吏治下發哀。或有以刀畫面，以明血誠。又爲立祠，遥共祠之。此西北邊之互市也。《漢書·西域傳》言：罽賓自以絕遠，漢兵不能至，數剽殺漢使。成帝時，遣使獻，謝罪，漢欲遣使者報送。杜欽説王鳳，言其悔過來而無親屬貴人奉獻者，皆行賈賤人，欲通貨市買，以獻爲名耳。欽述其路途，險阻危害，不可勝言，而其使猶能數年而一至，亦可謂難矣。

　　《漢書·高惠高后文功臣表》：宋子侯九，孝景中二年，坐寄使匈奴買塞外禁物免。此所買者爲何物不可知。《後漢書·朱暉傳》：尚書張林上言："宜因交阯、益州上計吏往來市珍寶，收採其利，武帝時所謂均輸者也。"此其意，蓋猶宋人之用香藥寶貨。《梁冀傳》云：冀遣客出塞，交通外國，廣求異物。《三國·魏志·蘇則傳》：文帝問則曰："前破酒泉、張掖，西域通使，敦煌獻逕寸大珠，可復求市益得否?"《吳志·孫權傳》：嘉禾四年，魏使以馬求易珠璣、翡翠、瑇瑁。《魏志·夏侯尚傳注》引《世語》，言王經爲江夏大守，曹爽附絹二十匹，令交市於吳，蓋亦欲求此等物耳。古代遠國通商，固多如是也。

第四節　錢　幣

　　《漢書·食貨志》云："秦併天下，幣爲二等：黃金以溢爲名，上幣。銅錢質如周錢，文曰半兩，重如其文。而珠、玉、龜、貝、銀、錫之屬，爲器飾、寶藏，不爲幣。然各隨時而輕重無常。"不爲幣，謂國家不以之爲幣，隨時而輕重無常，則謂民間仍通用之也。國家偏重金銅，必由民間先偏重金銅之故，①在各種用

---

①　錢幣：偏重金銅之始。

爲易中之物中，金屬漸翹然獨異矣。

《食貨志》又云："漢興，以爲秦錢重，難用，更令民鑄莢錢，黃金一斤。[①] 而不軌逐利之民，畜積餘贏，以稽市物，痛騰躍。米至石萬錢，馬至匹百金。"案《史記·貨殖列傳》言穀賈，上者不過八十。漢初戰爭，實不甚烈，穀賈安得翔踴如此？疑當時實以鑄錢爲籌款之策，乃至是也。參看第四章第一節。《高后紀》：二年，行八銖錢。應劭謂即秦半兩。六年，行五分錢。應劭曰："所謂莢錢者。"《文帝紀》：五年，更造四銖錢。《食貨志》云"爲錢益多而輕"，又云"其文爲半兩"。應劭曰："今民間半兩錢最輕小者是也。"案古不甚更錢文，故自隋以前，所鑄錢皆曰五銖。見《日知錄·錢法之變》條。八銖、四銖，皆曰半兩，職是之故。古以二十四銖爲兩，若秦半兩即重八銖，《漢志》不應云重如其文。然則應劭謂八銖即秦半兩，乃劭時秦錢已不可見，故有此誤也。《志》述莢錢，云令民鑄，則漢初並無私鑄之禁。是年，《紀》及《志》皆云除盜鑄錢令，未知其令起於何時。[②] 自此令除，而錢法大亂。《志》載賈誼之諫曰："法使天下公得顧租鑄銅錫爲錢，敢雜以鉛、鐵，爲他巧者，其罪黥。然鑄錢之情，非殽雜爲巧，則不可得贏，而殽之甚微，爲利甚厚。夫事有召禍，而法有起姦。今令細民人操造幣之勢，各隱屏而鑄作，因欲禁其厚利微奸，雖黥罪日報，其勢不止。"又云："乃者民人抵罪，多者一縣百數。及吏之所疑，榜笞奔走者甚衆。又民用錢，郡縣不同。或用輕錢，百加若干。或用重錢，平稱不受。法錢不立。吏急而壹之乎？則大爲煩苛，而力不能勝。縱而弗呵乎？則市肆異用，錢文大亂。"其禍可謂博矣。鼂錯對策，顧以"鑄錢者除"，爲文帝大功之一者？當時私鑄之罪爲大辟，錯蓋謂盜鑄令除，則民命可全，而不知其所損者實大也。不特此也。是時吳王濞既即章郡銅山鑄錢，文帝又賜鄧通以蜀嚴道銅山，今四川滎經縣。得自鑄，見《史》、《漢》《佞幸傳》。《志》言吳、鄧錢布天下。《佞幸傳》亦云：鄧氏錢布天下，《鹽鐵論·錯幣篇》：大夫曰："文帝之時，縱民得鑄錢、冶鐵、煮鹽。吳王擅邦海澤，鄧通專西山。山東奸猾，咸聚吳國。秦、雍、漢、蜀因鄧氏。吳、鄧錢布天下。"此亦開兼併之端。賈山諫除鑄錢令，謂富貴者人主之操柄，令民爲之，是與人主共操柄，不可長，蓋爲此發也。文帝之政，亦可謂敝矣。至景帝中六年，乃定鑄錢、僞黃金棄市律。武帝建元元年，行三銖錢。五年，罷三銖錢，行半兩錢。元狩四年，行皮幣白金。五年，罷半兩錢，行五銖錢。又令京師鑄鍾官赤側。其後白金、赤側皆廢，悉禁郡國

---

① 錢幣：漢初似鑄輕錢。
② 錢幣：漢盜鑄令不知起何時。

毋鑄錢，專令上林三官鑄，幣制乃稍定。已見第五章第十節。《鹽鐵論・錯幣篇》：文學曰："往古幣衆財通而民樂。其後稍去舊幣，①更行白金龜龍。民多巧新幣。幣數易而民益疑。於是廢天下諸錢，而專命水衡二官作。吏近侵利，或不中式，故有薄厚輕重。農人不習，物類比之，信故疑新，不知姦真。商賈以美貿惡，以半易倍。買則失實，賣則失理。其疑惑滋甚。"然則專令上林三官鑄後，至始元時，圜法猶未大定也。然是時措置已合，故終能漸趨安定，而五銖遂爲最得民信之錢。

　　錢幣者，物賈之度量衡也。度量衡可一不可二，錢幣亦然。故古雖各物並用，秦、漢間遂專重金、銅。然事變之來，每非其時之人所能解。不能解，遂欲逆之而行。漢武欲行皮幣白金。哀帝時，又有上書，言古者以龜、貝爲寶，今以錢易之，民以故貧，宜可改幣者。見《漢書・師丹傳》。皆與文學謂往者幣衆財通而民樂，同一見解也。又有謂錢可廢而代之以穀帛者。鼂錯曰："珠、玉、金、銀，飢不可食，寒不可衣。其爲物輕微易臧，在於把握，可以周海內而亡飢寒之患。此令臣輕背其主，而民易去其鄉；盜賊有所勸，亡逃者得輕資也。粟米、布帛，生於地，長於時，聚於力，非可一日成也。數石之重，中人弗勝，不爲姦邪所利。一日弗得而飢寒至。是故明君貴五穀而賤金玉。"貢禹曰："鑄錢採銅，一歲十萬人不耕。民坐盜鑄陷刑者多。富人臧錢滿室，猶無厭足。民心動搖，棄本逐末，耕者不能平，姦邪不可禁，原起於錢。疾其末者絕其本，宜罷採珠、玉、金、銀、鑄錢之官，毋復以爲幣。除其販賣租銖之律。師古曰：租銖，謂計其所賣物價，平其鎦銖而收租也。租稅、祿賜，皆以布帛及穀。使百姓壹意農桑。"皆見《漢書・食貨志》。後漢肅宗時，張林言穀所以貴，由錢賤故也。可盡封錢，一取布帛爲租。詔諸尚書通議，爲朱暉所駁，事寢。後陳事者復重述林前議，以爲於國誠便。《後漢書・朱暉傳》。均係此等見解。景帝後三年詔曰："農，天下之本也。黃金、珠、玉，飢不可食，寒不可衣，以爲幣用，不識其終始。間歲或不登，意爲末者衆，農民寡也？其令郡國務勸農桑，益種樹，可得衣食物。吏發民若取庸採黃金、珠、玉者，坐臧爲盜。二千石聽者與同罪。"昭帝元鳳二年、六年，皆詔三輔、大常郡得以叔粟當賦。皆可謂頗行其議者。王莽之見解，蓋亦主張衆幣，故其定制，至有五物、六名、二十八品，已見第六章第二節。事與時違，卒至大敗。其時公孫述廢銅錢，置鐵官錢。注云：置鐵官以鑄錢。百姓貨幣不行。蜀中童謠曰："黃牛白腹，五銖當復。"蓋民習於舊，不願更張也。光武建

---

① 錢幣：文學言往古幣衆財通而民樂，則五銖有統一之功。此王莽所以多其幣邪。

武十六年，以馬援議，行五銖錢。終後漢一朝無大變。至漢末，董卓出，乃大壞。

　　桓帝時，有上書言人以貨輕錢薄，故致貧困，宜改鑄大錢。事下四府羣僚，及大學能言之士。劉陶上議，以爲當今之憂，不在於貨，在乎民飢。竟不鑄錢。靈帝中平三年，鑄四出文錢。《宦者傳》云："錢皆四道。識者竊言侈虐已甚，形象兆見，此錢成，必四道而去。及京師大亂，錢果流佈四海。"此蓋董卓改幣時，爲惡幣所逐也。獻帝初平元年，董卓壞五銖錢，更鑄小錢。《卓傳》云：悉取洛陽及長安銅人、鍾、虡、飛廉、銅馬之屬以充鑄焉。故貨賤物貴，穀石數萬。《三國志·卓傳》作穀一斛至數十萬。案《後書·卓傳》述李傕、郭汜作亂時情形云："穀一斛五十萬，豆麥二十萬，人相食啖，白骨委積。"《獻帝紀》興平元年，亦有是語。則穀一斛數十萬，自在傕、汜入長安後，卓時物價雖貴，尚未至此，《志》蓋要其終言之也。又錢無輪廓，不便人用。錢法自此大壞。魏文帝黃初二年三月，復五銖錢。十月，以穀貴，復罷。《三國·蜀志·劉巴傳注》引《零陵先賢傳》曰：初攻劉璋，備與士衆約：若事定，府庫百物，孤無預焉。及拔成都，士衆皆舍干戈赴諸藏，競取寶物。軍用不足。備甚憂之。巴曰："易耳。但當鑄直百錢，平諸物賈，令吏爲官市。"備從之。數月之間，府庫充實。《吳志·孫權傳》：嘉禾五年，鑄大錢，一當五百。詔使吏民輸銅，計銅畀直，設盜鑄之科。赤烏元年，鑄當千大錢。九年《注》引《江表傳》曰：是歲權詔曰："謝宏往日，陳鑄大錢，云以廣貨，故聽之。今聞民意，不以爲便，其省息之，鑄爲器物，官勿復出也。私家有者，勅以輸藏，計畀其直，勿有所枉也。"吳行大錢，十年而廢。蜀直百錢後亦無聞，疑亦未能久行也。

　　《史記·貨殖列傳》言：宣曲任氏之先，爲督道倉吏。秦之敗也，豪桀皆爭取金、玉，而任氏獨窖倉粟。楚、漢相距滎陽也，民不得耕種，米石至萬，而豪桀金、玉，盡歸任氏。《三國·魏志·文昭甄皇后傳》云：天下兵亂，加以饑饉，百姓皆賣金、銀、珠、玉、寶物。時后家大有儲穀，頗以買之。此即《漢志》所謂隨時而輕重無常者。《呂后本紀》言：呂禄信酈寄，時與出遊獵。過其姑呂嬃。嬃大怒曰："若爲將而棄軍，呂氏今無處矣。"乃悉出珠、玉、寶器散堂下，[1]曰："毋爲他人守也。"可見是時貴戚之家，藏珠、玉等甚多。《史記·留侯世家》言：漢王賜良金百鎰，珠二斗，良具以獻項伯。《漢書·高帝紀》：四年，破曹

_____

　　[1]　錢幣：古藏珠玉他寶者，軍中亦然。金銀情形（第三九九頁），鑄造有常形制（第四〇〇頁），比價（第四〇一頁），黃金之少由散之民間（第四〇一頁）。

咎汜水，盡得楚國金、玉、貨賂。《史記·項羽本紀》但云盡得楚國貨賂。《漢書·李廣傳》：李陵軍將敗，盡斬旌旗及珍寶埋地中。《後漢書·西羌傳》：唐喜討破杜季貢、王信，收金、銀、采帛一億以上。《三國·魏志·董卓傳》：牛輔取金寶，獨與素所厚友胡赤兒等五六人相隨，踰城北渡河。赤兒等利其金寶，斬首送長安。《魏武帝紀》：破袁紹於官渡，盡收其輜重、圖書、珍寶。《注》引《獻帝起居注》載公上言云：輜重財物鉅億。《齊王紀》：正始元年，詔出黃金、銀物百五十種，千八百餘斤，銷冶以供軍用。《閻溫傳注》引《魏略·勇俠傳》言：酒泉大守徐揖，誅郡中彊族黃氏。時黃昂在外，得脫，乃以其家粟金數斛募衆，得千餘人，以攻揖。《蜀志·麋竺傳》：先主轉軍廣陵海西，竺進金、銀、貨幣，以助軍資。《先主傳》：成都降，置酒大饗士卒。取蜀城中金、銀，分賜將士。據《張飛傳》，是時賜飛及諸葛亮、法正、關羽金各五百斤，銀千斤，錢五千萬，錦千匹。《後主傳》景耀六年《注》引王隱《蜀記》：後主降魏，遣尚書郎李虎送金、銀各二千斤，蓋亦以犒軍也。《吳志·甘寧傳》言：寧受勅出斫敵前營。孫權特賜米、酒、衆殽。寧乃料賜手下百餘人食之。畢，寧先以銀盌酌酒，自飲兩盌。乃酌與其都督。又通酌兵各一銀盌。凡此，皆可見當時軍中，多有珠、玉、金、銀。《史記·陳丞相世家》言：平間行杖劍亡渡河。船人見其美丈夫，疑其亡將，要中當有金、玉、寶器，目之。平恐，乃解衣，躶而佐刺船。《後漢書·獨行傳》言：王忳詣京師，於空舍中見一書生，疾困，愍而視之。生謂忳曰：“要下有金十斤，願以相贈，死後乞藏骸骨。”則行者多以爲資。《楊震傳》：震遷東萊大守，當之郡，道經昌邑，故所舉荊州茂才王密爲昌邑令，謁見至夜，懷金十斤以遺震。《獨行傳》：雷義嘗濟人死罪，罪者後以金二斤謝之。則行賄者亦用之矣。故鼂錯謂其爲姦邪所利，而令亡逃者得輕資也。《續漢書·禮儀志注》引丁孚《漢儀》述《酎金律》云：食邑九真、交阯、日南者，用犀角長九寸以上，《後漢書·章帝紀》建初七年《注》引作用犀角二，長九寸。若瑇瑁甲一，鬱林用象牙長三尺以上，若翡翠《後書注》引作翠羽。各二十，準以當金。此爲國家於金、銀外特許以他寶貨當幣者。《後漢書·張堪傳》：樊顯言公孫述破時，珍寶山積，捲握之物，足富十世，則民間亦極流通。然終不敵金銀之廣。《漢書·疏廣傳》：廣父子俱告歸，加賜黃金二十斤，皇大子贈以五十斤。廣既歸鄉里，日令家共具，設酒食，請族人、故舊、賓客，與相娛樂。數問其家：“金餘尚有幾所？趣賣以共具。”王忳受書生之屬，亦粥金一斤，營其殯葬。可見金銀兌換，已極便易，珠玉等恐不能如是也。金銀在當時，雖多以之制器皿，如前引甘寧以銀盌酌酒，第二節引貢禹言蜀、廣漢主金銀器，歲用各五百萬是也。《三國·魏志·衛覬傳》：明帝時，覬上疏言：“尚方所造金銀之物，漸更增廣。"《吳志·孫亮傳》大平二年《注》引《江表傳》，謂亮使黃門以銀盌並蓋，就中藏吏取交州所獻甘蔗餳。《孫綝傳》：綝遣宗正楷奉書於琅邪王休，言亮於官中作小船三百餘艘，成以金銀，師工晝夜不息。《華覈傳》：覈上疏曰："今民貧而俗奢。兵民之家，內無儋石之儲，而出有綾綺之服。至於富賈商販之家，重以金銀，奢恣尤甚。"皆當時多用金銀以作器物之證也。然觀其鑄造有常形制，即可知其多用作錢幣矣。何以知其鑄造有常形制也？案《漢書·食貨志》言：秦黃金以溢爲名，孟康曰："二十兩爲溢也。"師古曰："改周一斤之制，更以溢爲金之名數也。高祖初賜張良金百溢，此尚秦制也。"案項王使項悍拜陳平爲都尉，亦賜金二十溢。漢黃金一斤。《蕭望之傳》：張敞言今有金選之品。應劭曰："選音刷，金銖兩名也。"師古曰："音刷是也。字本作鋝，鋝即鍰也。其重十一銖二十五分銖之十三。一曰重六兩。"似皆以權度計多寡。然《武帝紀》：大始二年，詔曰："有司議曰：往者朕郊見上帝，西登隴首，獲白麟以饋宗廟；渥洼水出天馬；渥洼水，在今甘肅安西縣，黨河支流。泰山見黃金；宜改故名。今更黃金爲麟趾裹蹏，以協瑞焉。"師古曰："既云宜改故名，又曰更黃金爲麟趾裹蹏，則舊金雖以斤兩爲名，而官有常形制，亦由今時吉字金挺之類矣。今人往往於地中得馬蹏金，金甚精而形製巧妙。"今案《後漢書·董卓傳》引《獻帝紀》，謂牛輔自帶二十餘餅金；《三國·魏志·陳矯傳注》引《世語》，言文帝以金五餅授矯，《齊王芳紀》：嘉平五年，賜刺費褘之郭修子銀千餅，絹千匹；則餅亦爲當時金銀形制之一，師古之言，信不誣也。《漢書·馮唐傳注》引如淳曰"黃金一斤直萬"，蓋據王莽時制言之。《惠帝紀注》引晉灼，即據《食貨志》爲説，見下。比例是否有常，固難遽斷。然徧讀兩漢之書，未嘗見有異説，則其價必無大差。《惠帝紀》：帝即位後，賜視作斥土者：將軍四十金，二千石二十金，六百石以上六金，五百石以下至佐史二金。《注》引鄭氏曰："四十金，四十斤金也。"晉灼曰："此言四十金，實金也。下凡言黃金，真金也。不言黃，謂錢也。《食貨志》：黃金一斤直錢萬。"師古曰："諸賜言黃金者，皆與之金；不言黃者，一金與萬錢也。"案《景帝紀》：元年，詔曰："吏受所監臨以飲食免重，受財物賤買貴賣論輕，廷尉與丞相更議著令。"廷尉信與丞相議："吏遷罷免，受其故官屬所將監治送財物，奪爵爲士伍，免之。無爵罰金二斤。"此罰金沿襲古之罰鍰，本爲制兵，必不折錢。金選或重十一銖餘，或重六兩，蓋即一指黃金，一指赤金。然則漢時賜與，當有三法：與之黃金，一也。予之錢，二也。予之金，即今之銅，三也。三者晉灼所謂實金也。然此法行之甚少，大都非與之黃金，即與之錢。云賜黃金而實與之錢者，必以萬錢當一斤，故王莽因之而定制也。鑄造有常形制，與錢有常比價，其用之之廣可知矣。職是故，黃金散之民間者遂日多。舊時讀史者，率言漢世黃金多，後世漸少，歸咎於佛

象塗金，及世俗泥金寫經，帖金作榜。漢時佛教雖已入中國，傳佈未廣，耗金
必不能甚多。然以後方前，黃金亦漸覺其少。梁孝王死，藏府餘黃金四十萬
斤。漢武帝征匈奴，一次賞賜用黃金二十餘萬斤。王莽遣九虎東行時，省中
黃金萬斤者爲一匱，尚有六十匱。黃門、鉤盾、藏府、中尚方，處處各有數匱。
史傳所載漢世金多之事，亦有不可盡信者，如漢高祖與陳平黃金四萬斤，以閒疏楚君臣等是也。然此
所引三事，必非虛誣。董卓凶暴，聚斂何所不至？然郿塢中不過有金二三萬斤，銀
八九萬斤而已。《漢書·王莽傳》：有司奏故事聘皇后黃金二萬斤，莽聘皇后
三萬斤，而《三國·魏志·武帝紀注》引《獻帝起居注》：獻帝之聘曹皇后，但齎
璧帛玄纁絹五萬匹。蓋喪亂之後，黃金難得使然。黃金不能銷蝕，官家藏少，
必流入民間矣。此古今幣制無形中之變遷也。

第十七章　秦漢時人民生活

第一節　飲　食

漢人飲食，漸較古代爲奢，而視後世則猶儉。[①]《鹽鐵論·散不足篇》曰：
"古者燔黍食稗，而燀豚以相饗。其後鄉人飲酒，老者重豆，少者立食，一醬一
肉，旅飲而已。及其後，賓昏相召，則豆羹白飯，綦膾熟肉。今民間酒食，殽旅
重疊，燔炙滿案。"又曰："古者糲食藜藿，非鄉飲酒、腰臘、祭祀無酒肉。故諸
侯無故不殺牛羊，大夫士無故不殺犬豕。今閭巷縣伯，阡陌屠沽，無故烹殺，
相聚野外。負粟而往，易肉而歸。"又曰："古者不粥餁，不市食。及其後，則有
屠沽、沽酒、市脯、魚鹽而已。今熟食徧列，殽施成市。"一似漢人飲食，極其奢
侈者。然《論衡·譏日篇》，謂海內屠肆，六畜死者，日數千頭，則僅當今日一
大市而已。固知漢人生活程度，猶遠低於今日也。

《史記·陳丞相世家》言：里中社，平爲宰，分肉食甚均，此所謂非祭祀無
酒肉者也。王吉去位家居，即布衣疏食；楊震子孫嘗疏食步行；費禕兒子皆布
衣疏食：已見第十五章第一節。《漢書·霍光傳》：昌邑王道上不素食。師古
曰："菜無肉食也。言王在道常肉食，非居喪之制也。而鄭康成解喪服素食云
平常之食，失之遠矣。"案此正可證漢人平時不肉食耳。茅容止郭林宗宿，殺
雞爲饌，林宗謂爲己設，既而以共其母，自以草蔬與客同飯，此皆古非老者、貴
者不肉食之舊法。崔瑗好賓客，盛修肴膳，單極滋味，居常疏食菜羹。任公家
約，非田畜所生不衣食。公事不畢，則不得飲酒食肉。此居家之恒法也。即
貴人及待賓客，飲食亦不甚侈。淮南厲王之廢也，有司奏請處蜀嚴道邛郵，遣
其子子母從居縣爲築蓋家室，皆日三食，給薪、菜、鹽、炊食器、席等。制曰：
"食長給肉日五斤，酒二斗。令故美人、材人得幸者十人從居。"案後漢和熹鄧

---

① 飲食：古今飲食侈儉（第四〇二—四〇三頁）。

皇后朝夕一肉飯。《三國·魏志·武宣下皇后傳注》引《魏書》曰：帝爲大后弟秉起第。第成，大后幸第，請諸家外親。厨無異膳。大后左右，菜食、粟飯。張禹食彭宣，不過一肉后酒相對。則貴人日食若尋常待客，亦無兼肉；從者亦不過疏食。故漢文制書，明言酒肉以食屬王，明其子與妻妾同居者，皆不得酒肉也。然鼂錯言“人情一日不再食則飢”，而此曹皆日三食，則較之平民，已稍侈矣。

古人之食，大抵以羹飯爲主，有加則非常饌。漢人亦然，故汝南童謠，言“飯我豆食羹芋魁”也。《漢書·翟方進傳》。食狗肉者似尚多。《漢書·樊噲傳》云：以屠狗爲事。師古曰：“時人食狗，亦與羊豕同，故噲專屠以賣。”然則師古時民已不甚食狗矣。[①] 其調和之法，有稍與古異者。《左氏》昭公二十年，“異如和羹焉，水、火、醯、醬、鹽、梅，以烹魚肉”。《疏》云：“此説和羹而不言豉，古人未有豉也。[②]《禮記·内則》、《楚辭·招魂》備論飲食，而不言及豉。史游《急就篇》，乃有蕪荑鹽豉，蓋秦、漢以來始爲之焉。”案《史記·貨殖傳》言蘖麴鹽豉千荅，比千乘之家；《漢書·貨殖傳》有豉樊少翁、王孫大卿爲天下高訾；可知時人嗜豉之深矣。

酒在漢世仍有禁。[③]《文帝紀》：帝即位，賜民酺五日。文穎曰：“漢律，三人以上無故羣飲酒，罰金四兩。今詔横賜，得令會聚飲食五日也。”然羣飲有禁，酤在平時卻不犯法。故高祖嘗從王媪、武負貰酒，吕母散家財以酤酒也。年不登則禁之。景帝中三年，夏，旱，禁酤酒。後元年，夏，大酺五日，民得酤酒。《魏相傳》：相好觀漢故事及便宜章奏。以爲古今異制，方今務在奉行故事而已。數條漢興以來國家便宜行事，及賢臣賈誼、鼂錯等所言，奏請施行之。曰：“竊伏觀先帝，遣諫大夫、博士巡行天下，寬租賦，弛山澤、陂池，禁秣馬、酤酒、貯積。”觀此，知禁酤漢世常行。蓋遇饑饉則行之，歲登則已。後漢和帝永元十六年，順帝漢安二年，皆禁酤酒。後漢末，吕布、張魯皆嘗禁酒。大祖亦嘗制酒禁，而孔融書嘲之，見《三國志·崔琰傳注》引張璠《漢紀》。《徐邈傳》云：魏國初建，爲尚書郎。時科禁酒，而邈私飲，至於沈醉。校事趙達問以曹事。邈曰：“中聖人。”達白之大祖。大祖甚怒。渡遼將軍鮮于輔進曰：“平日醉客謂酒清者爲聖人，濁者爲賢人，邈性修慎，偶醉言耳。”竟坐得免刑。案《漢書·楚元王傳》言元王敬禮申公等。穆生不耆酒，元王每置酒，嘗爲穆生設醴。

---

①　飲食：食狗漸少。
②　飲食：古未有豉。
③　飲食：酒禁。

《周官》酒正五齊：泛齊、醴齊、盎齊、緹齊、沈齊。鄭《注》云：“自醴以上尤濁，盎以下差清。”時人以清酒爲聖，濁酒爲賢，可見其所好，皆其味之厚者矣。《食貨志》：魯匡請官作酒，一釀用麤米二斛，麴一斛，得成酒六斛六斗。《平當傳注》引如淳曰“律：稻米一斗得酒一斗爲上尊，稷米一斗得酒一斗爲中尊，粟米一斗得酒一斗爲下尊”，師古曰：“稷即粟也。中尊者宜爲黍米，不當言稷。且作酒自有澆醇之異，爲上中下耳，非必繫之米。”案律文自係當時實事，師古妄駁之，非。此漢人釀酒之法也。蜀漢先主亦嘗以天旱禁酒，釀者有刑，見《三國·蜀志·簡雍傳》。

《三國·吳志·韋曜傳》言：孫晧每饗宴，無不竟日。坐席無能否，率以七升爲限。雖不悉入口。皆澆灌取盡。曜素飲酒不過三升。初見禮異時，常爲裁減，或密賜茶荈以當酒。此爲飲茶見於正史之始。[1]《漢書·地理志》：長沙國茶陵。師古曰：“荼音弋奢反，又音丈加反。”此亦即茶字之音。師古說不知確否。然茶陵產茶，固事所可有也。

貴人飲食，頗多遠方之物。[2]《漢書·地理志》：南海郡有圃羞官，交阯郡贏陵有羞官。《三國·魏志·明帝紀》大和元年《注》引《三輔決錄注》，言孟他以葡桃酒一斛遺張讓。《吳志·孫亮傳注》引《吳歷》，謂亮出西苑食生梅，使黃門至中藏取蜜漬梅。《江表傳》則謂亮使黃門以銀盌並蓋就中藏吏取交州所獻甘蔗餳。裴松之謂《吳歷》之言，不如《江表傳》之實，其說蓋是。何者？蜜在是時爲常食，蔗餳則罕見，譌蔗餳爲蜜，事所可有，譌蜜爲蔗餳，理所難通也。一騎紅塵妃子笑，食之者甚樂，供億者甚苦。《記》曰：“三牲魚臘，四海九州之美味也。”以是爲孝，其見解亦與流俗人等耳。故曰：“賢者與民並耕而食，饔飧而治，今也滕有倉廩府庫，則是厲民而以自養也，惡得賢？”

《漢書·文帝紀》：帝即位，賜民爵一級，女子百戶牛酒。[3]蘇林曰：“男賜爵，女子賜牛酒。”師古曰：“賜爵者，謂一家之長得之也。女子，謂賜爵者之妻也。率百戶共得牛若干頭，酒若干石，無定數也。”三年，幸大原。諸民里賜牛酒。師古曰：“里別率賜之。”案帝元年詔曰：“老者非帛不煖，非肉不飽。今歲首不時使人存問視長老，又無布帛酒肉之賜，將何以佐天下子孫孝養其親？今聞吏稟當受鬻者，或以陳粟，豈稱養老之意哉？具爲令。”有司請令縣道年八十已上，賜米人月一石，肉二十斤，酒五斗。其九十已上，又賜帛人二疋，絮三斤。賜物及當稟鬻米者，長吏閱視，丞若尉致。不滿九十，嗇夫令史致。二

---

① 飲食：茶見正史之始。
② 飲食：貴人食遠方異物。
③ 飲食：賜糜粥牛酒等。

千石遣都吏循行，不稱者督之。刑者及有耐罪已上，不用此令。武帝建元元年詔言民年九十已上，已有受鬻法，當即此所云吏稟當受鬻者，此則又加賜之也。元狩元年，使謁者賜縣三老、孝者，鄉三老、弟者、力田帛。年九十已上，及鰥、寡、孤、獨帛絮。八十已上米。縣鄉即賜，毋贅聚。後漢安帝元初四年，詔曰："《月令》仲秋養衰老，授几杖，行糜粥。當今案比之時，郡縣多不奉行。雖有廩粥，糠粃相半。"蓋古代養老及恤鰥寡孤獨之政，漢世猶存其文，雖多不克奉行，然告朔餼羊，究猶賢於後世之視若無睹者也。

第二節　倉儲漕運糴糶

　　秦、漢之世，穀粟之用，尚重於錢幣。如後漢桓帝永壽元年，司隸、冀州飢，貸吏民穀以助稟貸，以見錢雇直；延熹五年，武陵蠻叛，假公卿以下俸，又換王侯租，以助軍糧，出濯龍中藏錢還之；皆可見其所關者，乃穀而非錢也。職是故，倉儲、漕運，在當時均爲要政。[1]

　　沛公入關，軍霸上，秦民多持牛羊、酒食，獻享軍士。沛公讓不受，曰："倉粟多，不欲費民。"可見秦人藏粟之富。然是時穀粟，非僅各地方皆有儲峙，形要之地，所積尤多。酈生說高帝曰："夫敖倉，天下轉輸久矣。"漢惠帝六年，亦嘗修敖倉。枚乘說吳王，言漢"轉粟西鄉，陸行不絶，水行滿舟，不如海陵之倉"，此時言倉儲，已必兼轉漕矣。趙充國論羌事曰："金城、湟中，穀斛八錢。吾謂耿中丞：糴二百萬斛，羌人不敢動矣。"此則言倉儲者又當兼糴糶也。蓋各地方之生計，互有關係，已不容各自爲政矣。

　　歷代帝都所在，穀食率不能自給，必轉漕他處以濟之，此事自漢已開其端。漢初漕關東粟數十萬石，以給京師。桑弘羊時，關東漕歲益六百萬石。其時用度奢廣，固非常典。然五鳳中，耿壽昌奏言故事歲漕關東穀四百萬斛，以給京師，亦已十倍其初矣。昭帝元鳳二年詔云："前年減漕三百萬石。"三年詔："其止四年毋漕。"亦一時之事，非常典。轉漕最爲勞費。伍被言秦之暴曰："轉海濱之粟，致之西河。"史言楚、漢之際曰："丁壯苦軍旅，老弱疲轉漕。"又言漢武通西南夷道，作者數萬人，千里負儋餽饟，率十餘鍾致一石。東置滄海郡，人徒之費，疑於南夷。當時所以一有事輒覺騷然不寧者，轉漕實爲其大端。故漢人議論，多欲充實郡縣儲峙。然其策亦在有無相通。鼂錯說文帝，募天下人粟縣官，得以

---

[1]　食儲：倉儲猶重轉漕漸盛。

拜爵，得以除罪。文帝從錯言，令民入粟邊拜爵。錯復奏言："邊食足以支五歲，可令入粟郡縣矣。足支一歲以上，可時赦，勿收農民租。"上復從其言。乃下詔：賜民十二年租稅之半。明年，遂除民田之租稅。後十三年，孝景二年，乃令民半出田租。漢郡縣積穀之多，當莫此時若矣。武帝時，桑弘羊請令民得入粟補吏，及罪以贖。令民入粟甘泉各有差，以復終身。他郡各輸急處。因此得不復告緡。一歲之中，大倉、甘泉倉滿，邊餘穀。民不益賦，而天下用饒。鼂錯謂"取於有餘，以共上用，則貧民之賦可損，所謂損有餘補不足，令出而民利"，其效如此。然此不過欲得高爵及免罪者，出其所有而已，未能制馭操縱穀價之徒也。真有衰多益寡之意者，厥惟常平。

　　常平之議，創自李悝。《漢書·食貨志》載其説云："善平糴者，必謹觀歲有上中下孰。上孰，其收自四，餘四百石。中孰自三，餘三百石。下孰自倍，餘百石。小飢則收百石。中飢七十石。大飢三十石。平歲收百五十石，已見第十五章第一節。故大孰則上糴三而舍一，中孰則糴二，下孰則糴一，使民適足。賈平則止。小飢則發小孰之所斂，中飢則發中孰之所斂，大飢則發大孰之所斂而糴之。故雖遇饑饉水旱，糴不貴而民不散。"此古所謂輕重斂散之法也。漢宣帝時，穀石五錢，農人少利。五鳳中，大司農中丞耿壽昌奏言：故事漕關東穀四百萬斛，以給京師，用卒六萬人。宜糴三輔、弘農、河東、上黨、大原郡穀，足供京師，可以省關東漕卒過半。天子從其計。事果便。壽昌遂白令邊郡皆築倉，以穀賤時增其賈而糴，貴時減賈而糴，名曰常平倉。[1] 民便之。上乃下詔，賜壽昌爵關内侯。常平之政，後世常行之，以理論自無可訾議，然效不如其所期者？一時愈晚，糧食之交易愈廣，官家之資本，相形而益微，不足以制輕重。二官辦之事，有名無實，甚或轉以厲民也。漢雖近古，然《後書·第五倫傳》言：倫拜會稽大守，受俸裁留一月糧，餘皆賤貿與民之貧羸者，[2] 則官吏有與民爲市者矣，而況商人？欲制馭之，自非易事。元帝即位，天下大水，關東郡十一尤甚。二年，齊地飢，穀石三百餘，民多餓死。琅邪郡人相食。在位諸儒，多言鹽鐵官及北假田官、常平倉可罷，毋與民爭利。上從其議，皆罷之。據本紀，事在初元五年。後漢明帝欲置常平倉，公卿議者多以爲便。劉般獨對以常平倉外有利民之名，内實侵刻百姓。豪右因緣爲姦，小民不能得其平。置之不便。帝乃止。則辦理亦不能無弊矣。然以立法之意言之，究有抑强扶弱之

---

① 食儲：漢常平倉已不能無弊。
② 生計：第五倫受俸貿與貧民。

意，非如後世之義倉、社倉，徒使貧民相呴以沫，坐視富人之操縱而不敢問也。《漢書・酷吏・嚴延年傳》，河南府丞義出行蝗蟲，言壽昌爲常平倉利百姓，則辦理雖或有弊，究不能謂其無利。凡水運必便於陸，故酈生以“蜀漢之粟，方舟而下”恐動齊。武帝時，山東被河災，所以振之者，亦藉下巴、蜀之粟也。蕭望之議壽昌欲近糴漕關內之穀，築倉治船，費直二萬萬餘，有動衆之功，恤小費而昧大計，尤見其不知務矣。

第三節　衣　　服

秦、漢之世，尚頗重視等威。賈生言：“今民賣僮者，爲之繡衣絲履，偏諸緣，內之閑中，是古天子后服，所以廟而不宴者也，而庶人得以衣婢妾。白縠之表，薄紈之裏，緁以偏諸，美者黼繡，是古天子之服，今富人大賈嘉會召客者以被牆。古者以奉一帝一后而節適，今庶人屋壁得爲帝服；倡優下賤，得爲后飾，然而天下不屈者，殆未有也？且帝之身自衣皂綈，而富民牆屋被文繡；天子之后以緣其領，庶人孽妾緣其履；此臣所謂舛也夫！百人作之，不能衣一人，欲天下亡寒，不可得也。一人耕之，十人聚而食之，欲天下亡飢，不可得也。飢寒切於民之肌膚，欲其亡爲姦邪，不可得也。國已屈矣，盜賊直須時耳。然而獻計者曰：毋動爲大耳，夫俗至大不敬也，至亡等也，至冒上也，進計者猶曰無爲：可爲長大息者此也。”以物力之屈，歸諸奢侈，是矣。然欲以貧富隨貴賤，貴者侈靡自恣，賤者禁不得爲，終非人心之所服，富有者終必違法而自恣。封建之世嚴上之心，既已隨時代而俱去，有財即是權勢，吏必與相句結，不能治，雖有法令，皆成具文矣。此制節謹度之道，所以終至蕩焉無存也。

《漢書・景帝紀》：中六年，詔曰：“夫吏者，民之師也。車駕衣服宜稱。吏六百石以上，皆長吏也。亡度者或不吏服，出入閭里，與民亡異。令長吏二千石車朱兩轓，千石至六百石朱左轓，車騎從者不稱其官衣服，下吏出入閭巷亡吏體者，二千石上其官屬，三輔舉不如法令者，皆上丞相、御史請之。”史言“先是吏多軍功，軍服尚輕，故爲設禁”云。其欲分別等級如此。成帝永始四年，安帝元初五年之詔，見第六章第二節及第十五章第四節。雖重責貴戚，亦仍以等威制度爲言。《三國志・華覈傳》覈言：“今事多而役繁，民貧而俗奢。百工作無用之器，婦人爲綺靡之飾。不勤麻枲，並繡文黼黻。轉相放效，恥獨無有。兵民之家，猶復逐俗。內無儋石之儲，而出有綾綺之服。至於富賈商販之家，重以金銀，奢恣尤甚。天下未平，百姓不贍，宜一生民之原，豐穀帛之業，而棄功於浮華之巧，妨日於侈靡之事；上無尊卑等級之差，下有耗財費力之損。今吏士之家，少無子女。多者三四，少者一二。通令戶有一女，十萬家則十萬人，人織績一歲一束，則十萬束矣。使四疆之内，同心戮力，數年之間，布帛必積。[1]恣民五色，惟所服用。但禁綺繡無益之飾。且美貌者不待華采以崇好，豔姿者不待文綺以致愛。五采之色，足以麗矣。若極粉黛，窮盛服，未必無醜婦。廢華采，去文繡，未必無美人也。若實如論，有之無益，廢之無損者，何愛而不暫禁以充府藏之急乎？此救乏之上務，富國之本業也。"其言可謂痛切矣。然卒莫能行也。或曰：《漢書·朱博傳》：遷琅邪大守，齊部舒緩養名。博新視事，右曹掾史皆移病臥。博問其故。對言皇恐。故事，二千石新到，輒遣吏存問致意，乃敢起就職。博奮髯抵几曰："觀齊兒欲以此爲俗邪？"乃召見諸曹史書佐及縣大吏，選視其可用者，出教置之。皆斥罷諸病吏，白巾走出府門。《吳志·呂蒙傳》：蒙襲荊州，伏其精兵膁�中，使白衣搖櫓，作商賈人服。是當時平人，猶不能加冠、服采色也。[2] 然病吏白巾，特府中事，歸家後安可究詰；而搖櫓者亦豈富商大賈哉？

織工以齊爲最優。[3]《史記·貨殖列傳》言：大公望封於營丘，地瀉鹵，人民寡，於是大公勸其女功，故齊冠帶衣履天下。以齊擅女功，歸本大公，自屬附會，然其所由來者舊，則可知矣。《漢書·地理志》言齊"織作冰紈、綺繡、純麗之物，號爲冠帶衣履天下"。蓋奢侈之物，日用之資，兼而有之矣。《元帝紀》：初元五年，罷齊三服官。李斐曰："齊國舊有三服之官。春獻冠、幘、縰爲首服，紈、素爲冬服，輕綃爲夏服，凡三。"如淳曰：《地理志》曰：齊冠帶天下。胡公曰：服官主作文繡，以給袞龍之服。《地理志》云：襄邑亦有服官。"師古曰："齊三服官，李説是也。縰與纚同，即今之方目紗也。紈素，今之絹也。輕綃，今之輕紗也。襄邑自出文繡，非齊三服也。"案如師古説，襄邑殆所以給禮服，故不可罷。元帝罷三服官，實以貢禹之言。禹言"故時齊三服官，輸物不過十笥，方今作工各數千人，一歲費數鉅萬"。其踵事增華，亦足驚歎矣。哀帝即位，復詔齊三服官、諸官織綺繡難成，害女紅之物，皆止無作輸。則三服官實未嘗罷，而織作者亦不止一官也。後漢章帝建初二年，亦詔齊相省冰紈、方空縠、吹綸絮。又李熊説公孫述，言蜀女工之業，覆衣天下，則蜀中女紅，亦甚盛也。

---

[1] 衣服：責吏士女績數歲，布帛必積。

[2] 衣服：漢時平民不能采色。

[3] 服飾：齊蜀女工盛。

邊方之地,女紅有極陋者。《後漢書·崔駰傳》:駰孫寔,爲五原大守。五原土宜麻枲,而俗不知織績。[1] 民冬月無衣,積細草而臥其中,見吏則衣草而出。寔至官,斥賣儲峙,爲作紡績、織紝、練縕之具以教之。民得以免寒苦。《循吏傳》:南陽茨充,代衛颯爲桂陽,教民種植桑、柘、麻、紵之屬,勸令養蠶、織屨。又王景遷廬江大守,亦訓令蠶織。又《衛颯傳注》引《東觀記》曰:元和中,荊州刺史上言:"臣行部入長沙界,觀者皆徒跣。臣問御佐曰:人無履,亦苦之否? 對曰:十二月盛寒時,並多剖裂血出。然火燎之,春温或膿潰。建武中,桂陽大守茨充教人種桑蠶,人得其利。至今江南頗知桑蠶織屨,皆充之化也。"《三國·吳志·薛綜傳》:綜上疏言:"交州椎結徒跣,貫頭左衽。錫光爲交阯,任延爲九真大守,乃使之冠履。"又言:日南郡男女倮體,不以爲羞。蓋越至三國時仍有裸體者,然《後書·獨行傳》言:陸續建武中爲尚書令,喜著越布單衣。光武見而好之。自是常勅令會稽郡獻越布。[2] 則會稽越人織布,又極精美。蓋其地之開塞異,故其民之巧拙殊也。《三國·蜀志·龐統傳》:統弱冠往見司馬徽,徽採桑於樹上,坐統在樹下共語。《吳志·陸凱傳》:凱陳孫皓二十事,其十三曰:"先帝歎曰:國以民爲本,民以食爲天,衣其次也。三者孤存之於心。今則不然,農桑並廢。"統襄陽人,後世襄、郢殊乏蠶桑之利,吳中則衣被天下,當時之情勢,相反如此。文化之轉移,所繫固不重哉?

異域殊服,亦有傳入中國者。《魏志·齊王紀》:景初三年二月,西域重譯獻火浣布。詔大將軍、大尉臨試,以示百寮。《注》引《傅子》曰:"漢桓帝時,大將軍梁冀,以火浣布爲單衣。常大會賓客,冀陽爭酒失杯而汙之。僞怒,解衣曰:燒之。布得火煒煒,赫然如燒凡布。垢盡火滅,粲然若用灰水焉。"又引《搜神記》曰:"崐崙之虛,有炎火之山。山上有鳥獸、草木,皆生於炎火之中。故有火浣布,非此山草木之皮枲,則其鳥獸之毛也。漢世西域,舊獻此布。中間久絕。至魏初,時人疑其無有。文帝以爲火性酷烈,無含生之氣,著之《典論》,明其不然之事,絕智者之聽。及明帝立,詔三公曰:先帝昔著《典論》,不朽之格言,其刊石於廟門之外及大學,與石經並以永示來世。至是,西域使至,而獻火浣布焉,於是刊滅此論,而天下笑之。"裴氏言:"昔從征西至洛陽,歷觀舊物,見《典論》石在大學者尚存,而廟門外無之。問諸長老,云晉初受禪,即用魏廟,移此石於大學,非兩處立也。竊謂此言爲不然。"又引東方朔

---

① 服飾:五原不知績織。

② 服飾:越布。

《神異經》曰："南荒之外有火山。長三十里,廣五十里。其中皆生不燼之木。晝夜火燒,得暴風不猛,猛雨不滅。火中有鼠,重百斤,毛長二尺餘,細如絲,可以作布。常居火中,色洞赤。時時出外而色白。以水逐而沃之,即死。績其毛,織以爲布。"諸附會之談,雖屬可笑,然漢、魏時有火浣布則真矣。《朱建平傳》言:文帝將乘馬,馬惡衣香,驚齧帝膝。後世香料,多來自南洋,疑古亦然。《倉慈傳注》引《魏略》云:皇甫隆爲敦煌大守。敦煌俗婦人作裙,攣縮如羊腸,用布一匹,隆禁改之,所省不訾。攣縮之裙,疑亦來自西域也。

　　衣服裁制,北窄南寬。吾國文化,原起南方,故以寬博爲貴。[1]《鹽鐵論·利議篇》言:大夫訾文學,"褒衣博帶,竊周公之服"。《漢書·儒林傳》:唐生、褚生應博士弟子選,詣博士,摳衣登堂,頌禮甚嚴。《朱博傳》:遷琅邪大守,敕功曹、官屬,多褒衣大裙,不中節度。自今掾史衣皆令去地三寸。此皆好講頌禮者,以寬博爲貴之證也。其右武及服勞者則不然。《景十三王傳》言:廣川王去,殿門有成慶畫,短衣、大絝、長劍。去好之,作七尺五寸劍,被服皆效焉。《李陵傳》:陵便衣獨步出營。師古曰:"謂著短衣小襦也。"《蓋寬饒傳》:初拜爲司馬。未出殿門,斷其襌衣,令短離地。《三國志·崔琰傳》:大祖征并州,留琰侍文帝於鄴。世子仍出田獵,變易服乘。琰書諫曰:"惟世子燔翳捐褶。"《吳志·諸葛瑾傳》:孫峻與亮謀,置酒請恪。酒數行,亮還內,峻起如廁,解長衣,著短服,出曰:"有詔收諸葛恪。"恪驚起,拔劍未得,而峻刀交下。此以用武而短服者也。《史記·司馬相如列傳》言:相如身自著犢鼻襌,與保庸雜作,此以服勞而短服者也。張敞言昌邑王疾痿,行步不便,衣短衣大絝。此求行動之便捷,亦與右武服勞者短服同。《漢書·文帝紀贊》,美其所幸慎夫人,衣不曳地。《王莽傳》:母病,公卿列侯遣夫人問疾。莽妻迎之,衣不曳地,布蔽膝。見之者以爲僮使。又言唐尊爲大傅。尊曰"國虛民貧,咎在奢泰",乃身短衣小襦。此則講頌禮者以長大爲美,崇節儉者乃與之相反也。又南方天氣較熱,好美觀者雖尚寬博,求適體者究宜窄小,故日常服用,北方又較南方爲寬大。《史記·叔孫通列傳》通儒服,漢王憎之,乃變其服,服短衣楚製其證。《索隱》云:高祖楚人,故從其俗裁製。

　　冠服變遷,必自煩難稍趨簡便,此於冠巾之變見之。鮑衍、馮永,聞更始已亡,幅巾降於河內,此尚意存自貶。楊賜特辟趙咨,使之飾巾出入,則舍禮容而求簡便矣。《三國·魏志·武帝紀》建安二十五年《注》引《傅子》云:"漢

---

[1]　服飾:講究禮者寬博,崇儉、右武、服勞者反之。

末王公，多委王服，以幅巾爲雅。是以袁紹、崔豹之徒，雖爲將帥，皆著縑巾。魏大祖以天下凶荒，資財乏匱，擬古皮弁，裁縑帛以爲帢。合於簡易隨時之義，以色別其貴賤。於今施行。可謂軍容，非國容也。"帢製雖緣凶荒，幅巾之尚，初不由是，實去拘束而趨簡易，機動於不自知也。

　　王章疾病無被，臥牛衣中，已見第十四章第五節。師古曰："牛衣，編亂麻爲之。"沈欽韓曰："《晉書》劉寔作牛衣，賣以自給。亦作烏衣，義同也。《魏志》：鄧艾身被烏衣。《隋五行志》：北齊後主於苑內作貧兒村，令人服烏衣，以相執縛。程大昌《演繁露》云：牛衣編草使煖，以被牛體，蓋蓑衣之類。案《南齊書·張融傳》：融悉脱衣以爲賻，披牛被而反是也。今以稻稿作之，被牛背。"據王先謙《補注》引。案《三國·魏志·管寧傳注》引《魏略》，言焦先結草以爲裳，自作瓜牛廬，净掃其中，營木爲牀，布草蓐其上。又引《高士傳》云：及魏受禪，嘗結草爲廬於河之湄，獨止其中。冬夏恒不著衣。臥不設席，又無草蓐，以身親土。其土垢汙，皆如泥漆。此皆以草爲衣被。又《常林傳注》引《魏略》，言吉茂冬則被裘，夏則短褐，蓋無絺綌使然。賤者之服，大致仍與古同也。

　　《後漢書·虞詡傳》：鄧騭兄弟欲以吏法中傷詡。後朝歌賊寧季等數千人攻殺長吏，屯聚連年，州郡不能禁，乃以詡爲朝歌長。詡潛遣貧人能縫者，傭作賊衣，以采綖縫其裾爲幟。《注》幟，記也。《續漢書》曰：以絳縷縫其裾也。有出市里者吏輒禽之。則當時已有以縫衣爲業者矣。

第四節　宮　　室

　　秦、漢之世，營造之技頗精，惜皆爲富貴者所享，平民之居，則甚簡陋耳。秦始皇帝宮室之侈，已見第二章第三節。漢初，蕭何營未央宮，即極壯麗。其後文帝惜百金之臺而不爲，稱爲節儉。至武帝，遂大奢縱。起柏梁、《本紀》在元鼎二年。甘泉通天臺、長安飛廉館，元封二年。建章宮、大初元年。明光宮。四年。宣帝亦以鳳皇集，起步壽宮、鳳皇殿。武、宣二世之事，略見《漢書·食貨志》、《郊祀志》。翼奉言："漢德隆盛，在於孝文皇帝。躬行節儉，外省繇役。其時未有甘泉、建章及上林中諸離宮館也，未央宮又無高門、武臺、麒麟、鳳皇、白虎、玉堂、金華之殿。獨有前殿、曲臺、漸臺、宣室、溫室、承明耳。孝文欲作一臺，度用百金，重民之財，廢而不爲。其積土基，至今猶存。又下遺詔，不起山墳。故其時天下大和，百姓洽足，德流後嗣。如令處於當今，因此制度，必不能成功名。"因勸元帝徙都成周。"衆制皆定，無復繕治宮館，不急之費，歲可餘一年之蓄。"觀奉之言，而知漢時土木之侈矣。其後成帝爲趙昭儀，哀帝爲董賢築宮，亦皆極奢侈。王莽雖躬行節儉，而其作事，規模侈大，故所爲九廟，亦極閎壯。又以方士蘇樂言，起八風臺於宮中，臺成萬金。見《郊祀志》。其勞民亦甚矣。權戚之家，亦均縱恣。梁孝王事已見第四章第六節。魯共王好治宮室，其所爲靈光殿，至後漢猶存，見《後漢書·東海恭王傳》。後漢宗室好土木者，有濟南安王康、琅邪孝王京。先漢外戚最盛者爲霍氏、王氏，嬖倖最盛者爲董賢，後漢外戚最盛者爲梁氏。安帝爲王聖起第舍，樊豐、謝惲等亦遂因之造作，見《後漢書·楊震傳》。其後又有侯覽等大起居宅，見《宦者傳》。吕强言："外戚四姓，貴倖之家，及中官公族，造起館舍，凡有萬數。樓閣相接，丹青素堊。雕刻之飾，不可彈言。"蓋縱侈者之多，又非先漢之比矣。喪亂之際，董卓造郿塢，公孫瓚造易京，亦皆彈竭民力。三國之世，北則魏明南則孫晧，權戚如曹爽等，亦均極奢侈。已述於前，今不更及。

　　苑囿之設，費地殊廣。漢武帝度爲上林苑，舉籍阿城以南，師古曰：本秦阿房宮，以其牆壁崇廣，故俗呼爲阿城。盩厔以東，宜春以西，漢宜春苑，在長安南。見《漢書·東方朔傳》。宣帝神爵三年，起樂游苑。後漢順帝陽嘉元年，起西苑。桓帝延熹元年，置鴻德苑。二年，造顯陽苑。靈帝造畢圭靈琨苑。洛陽宮殿名有平樂苑、上林苑。據《後漢書·楊震傳注》。又有池籞，以畜魚鳥。《宣帝紀》：地節三年，詔池籞未御幸者，假與貧民。蘇林曰："折竹，以繩綿連禁籞，使人不得往來，律名爲籞。"服虔曰："籞在池水中作室，可用棲鳥，鳥入中則捕之。"應劭曰："池者，陂池也。籞者，禁苑也。"臣瓚曰："籞者，所以養鳥也。設爲藩落，周覆其上，令鳥不得出，猶池之畜獸，池之畜魚也。"師古曰："蘇、應二說是。案服虔、臣瓚之說，亦必有所據，不能億造也。"雖恭儉之主，閒或弛以與民，然不能多得也。漢高祖二年，故秦苑囿園池，令民得田之然後蕭何爲民請"長安地陿，上林中多空地，願令民得入田，毋收稾爲獸食"，遂爲高祖所械繫，可見所謂仁政者，多不足恃也。

　　漢代去古近，故產業之在官者猶多。《漢書·高帝紀》：十二年，詔曰："爲列侯食邑者，皆佩之印，賜大第。"注引孟康曰："有甲乙次第，故云第也。"《夏侯嬰傳》：賜嬰北第第一。師古曰："北第者，近北闕之第，嬰最第一也。"是時列侯功臣，屢有賜第之舉，可見官有第宅之多。鼂錯言："古之徙遠方以實廣虛也：相其陰陽之和，嘗其水泉之味，審其土地之宜，觀其草木之饒。然後營邑立城，製里割宅，通田作之道，正阡陌之界。先爲築室，家有一堂二內，門戶之閉，置器物焉。民至有所居，作有所用。"此蓋司空度地居民之法。平帝元始二年，罷安定呼沱苑，以爲安民縣。① 起官寺市里。募徙貧民。縣次給食。

---

① 宮室：安漢公在長安中，又置安民縣起屋居民。

412

至徙所，賜田、宅、什器，假與犂牛、種、食。又起五里於長安城中，宅二百區，以居貧民。民疾疫者，舍空邸第，爲置醫藥。此固非安漢公之盛德弗能行，然亦可見宅地及屋舍在官者之多也。① 息夫躬歸國，未有第宅，寄居丘亭；張堪拜大中大夫，居中東門候舍；亦由於此。其時官寺、鄉亭漏敗，牆垣陁壞不治，爲上計吏遣勅之一端，見《續漢書·百官志》司徒公《注》引《漢舊儀》。

　牆仍多用土築。賈山言秦皇帝籣土築阿房之宮；韋孟《在鄒詩》曰"我徒我環，築室於牆"是也。土牆不美觀，故富者或被以文錦。《漢書·貨殖列傳》。作瓦之技頗佳，甎則罕用。故董卓欲遷都，言武帝時居杜陵南山下有成瓦窰數千處，引涼州材木東下，② 以作宮室，爲功非難；《三國志·董卓傳注》引華嶠書。亦見《後漢書·楊賜傳》。而吳人爲孫堅廟，乃至發吳芮冢而用其塼也。見《三國志·諸葛誕傳注》引《世語》。《後漢書·酷吏傳》：周紆廉潔無資，常築墼以自給。劉攽曰："墼非築所成，當作甎。"殿本《考證》引楊慎《丹鉛續録》曰："攽本南人，不知土墼也。《字林》：磚未燒曰墼。《埤蒼》：刑土爲方曰墼。今之土墼，以金爲模，實土其中，非築而何？"蓋時用墼者多，用磚者少也。《漢書·地理志》言：天水、隴西，山多林木，民以板爲室屋。董卓欲引涼州材木東下，則西北産木最多。然《後書·陳球傳》言零陵編木爲城，則南方材木，亦未嘗乏。蓋凡未啓闢之區皆然。鼂錯論移民云："爲之中周虎落。"③ 鄭氏曰："虎落者，外蕃也，若今時竹虎也。"蘇林曰："作虎落於塞要下，以沙布其表。旦視其迹，以知匈奴來入。一名天田。"師古曰："蘇説非也。虎落者，以竹篾相連遮落之也。"沈欽韓曰："《六韜·軍用篇》：山林野居，結虎落柴營。環利鐵鎖，長二丈以上，千二百枚。其護城笓籬，亦謂之虎落。《舊五代史》：慕容彥超設虎落以護城是也。《管子·度地篇》：樹以荊棘，上相穚著，所以爲固也。"蓋虎落本以竹爲藩，在塞下則又加沙及鐵鎖。蘇林之説，乃因虎落而備言塞下之制。師古駁之，亦誤也。揚雄《羽獵賦》云："尒乃虎路三嵏，以爲司馬。"晉灼曰："路音洛。"服虔曰："以竹虎落此山也。"亦即鼂錯所謂虎落也。《後書·鍾離意傳注》引《東觀記》曰："意在堂邑，漢縣，今江蘇六合縣北。爲政愛利。初到縣，市無屋。意出俸錢，帥人作屋。人齎茅竹，或持林木，爭起趨作，浹日而成。"則當時造屋用竹者正多。④ 吾丘壽王禁民挾弓弩對曰："三公有司，或由窮巷，起白

① 宮室：漢時在官之屋猶多。官寺鄉亭修茸，責在地方官。
② 宮室：漢時材木多處（第四三一頁）。
③ 宮室：虎落。
④ 宮室：漢時建屋用茅竹多，瓦少（第四一四頁）。

屋，裂地而封。”師古曰：“白屋，以白茅覆屋也。”韋孟《在鄒詩》曰：“爰戾於鄒，
鬋茅作堂。”《後書·班彪傳》：固奏記東平王蒼，言扶風掾李育，客居杜陵，茅
舍土階。《張禹傳注》引《東觀記》，言禹遷下邳相，鄰國貧人來歸之者，茅屋草
廬千户。《申屠蟠傳》云：乃絶迹於梁、碭之間，因樹爲屋。《注》引謝承書曰：
“居蓬萊之室，依桑樹以爲棟也。”《三國·魏志·高柔傳注》引《陳留耆舊傳》，
言柔祖父慎，草屋蓬户。《蜀志·秦宓傳》言：廣漢大守請爲師友祭酒，領五官
掾，宓稱疾臥在茅舍。則當時民間造屋，用瓦者極少。諸葛亮表後主，言先帝
猥自枉屈，三顧臣於草廬之中，非虚語矣。《史記·陳丞相世家》，言其家負郭
窮巷，以弊席爲門。可見是時民居之簡陋也。其修築少精者，謂之精廬，亦曰
精舍，讀書談道者多居之。《後漢書·姜肱傳》：盗就精廬求見。《注》：“精廬，即精舍也。”于吉
往來吴會，立精舍，見《江表傳》，《三國志·孫策傳》及《後漢書·襄楷傳注》皆引之。又《蜀志·諸葛亮
傳注》引《魏略》：言徐庶折節學問始詣精舍，諸生聞其前作賊，不肯與共止。尤陋者，謂之瓜牛
廬，《三國志·管寧傳注》云：“案《魏略》云：焦先及楊沛，並作瓜牛廬止其中。
以爲瓜當作蝸。蝸牛，螺蟲之有角者也，俗或呼爲黄犢。先等作圜舍，故謂之
蝸牛廬。”案楊沛事見《賈逵傳注》。竊謂此廬本以居牛，後守瓜者亦居之，故
謂之瓜牛廬，未必如裴松之所云也。山居之民，或有以石爲室者。《後漢書·
逸民傳》：臺佟隱於武安山，《注》：武安縣之山也今河南武安縣。鑿穴爲居，矯慎隱遯
山谷，因穴爲室是。

　　古人不甚能造樓，居高明者輒作臺，已見《先秦史》第十三章第三節。《後
漢書·鄭玄傳》：言馬融召見玄於樓上；《酷吏·黄昌傳》言：陳人彭氏，造起
大舍，高樓臨道；《三國蜀志·周羣傳》言：羣於庭中作小樓，家富多奴，嘗令奴
更直於樓上視天災；則後漢時能作樓者已多矣。①《漢書·陳勝傳》言：勝攻
陳，守丞與戰譙門中。師古曰：“譙門，謂門上爲高樓以望者。樓一名譙，故謂
美麗之樓爲麗譙。譙亦呼爲巢，所謂巢車者，亦於兵車之上爲樓以望敵也。
譙巢聲相近，本一物也。”《三國志·曹爽傳注》引《魏末傳》，言爽兄弟歸家，勅
洛陽縣發民八百人，使尉部圍爽第四角。角作高樓，令人在上望視爽兄弟舉
動。可見人家之樓，實承城樓及巢車之制也。

　　古士大夫之居，前爲堂，後爲室，室之左右爲房。鼂錯言古之徙民也，爲
之築室，家有一堂二内，蓋以室爲堂，以房爲室也。《後漢書·逸民傳》：梁鴻
至吴，依大家皋伯通居廡下。《注》引《説文》曰：“廡，堂下周屋也。”下有周屋，

────────────────

① 宫室：漢時能作樓。

可以居人，則必非以室爲堂者矣。《延篤傳》：篤與李文德書云："吾嘗昧爽櫛梳，坐於客室。朝則誦羲、文之《易》，虞、夏之《書》，歷公旦之典禮，覽仲尼之《春秋》。夕則消搖内階，詠《詩》南軒。百家衆氏，投閒而作。"客堂，蓋即古士大夫家之堂，内階即北階；南軒即堂下周屋也。《漢書・鼂錯傳》：景帝以袁盎言屏錯，錯趨避東箱，甚恨。《楊敞傳》：霍光與張安世謀廢昌邑王，使田延年報敞，敞驚懼，不知所言。延年起至更衣，敞夫人遽從東箱謂敞。《金日磾傳》：莽何羅袖白刃從東箱上。可見大第宅皆有兩箱。《萬石君傳》：子建，每五日洗沐歸謁，親入子舍，竊問侍者，取親中裙、厠牏，身自澣洒，復與侍者，不敢令萬石君知。師古曰："入諸子之舍，自其所居也。若今言諸房矣。"此古父子異宫之舊也。《漢書・食貨志》言："將出民，里胥平旦坐於右塾，鄰長坐於左塾。"而《張敞傳》言：敞守京兆尹，求問偷盜酋長，令致諸偷以自贖。偷長曰："今一旦召詣府，恐諸偷驚駭，願一切受署。"敞皆以爲吏。遣歸休置酒。小偷悉來賀。且飲醉，偷長以赭汙其衣裾。吏坐里閭閲出者，汙赭輒收縛之。《後漢書・齊武王傳》言：王莽使長安中官署及天下鄉亭皆畫伯升像於塾，旦起射之。可見閭之兩側仍有塾：[①]凡此，皆漢時宫室近古之處也。

　　古屋多飾以圖畫，漢世亦然。《漢書・成帝紀》：生甲館畫堂。應劭曰："畫堂畫九子母。"師古曰："畫堂但畫飾耳，豈必九子母乎？霍光止畫室中，是則宫殿通有采畫之堂室也。"案應劭之言，必有所據，師古駁之非也。然謂宫殿通有采畫堂室，說自不誣。《後漢書・西南夷傳》述朱輔刺益州招徠遠夷事，曰："是時郡尉府舍，皆有雕飾，畫山神、海靈、奇禽、異獸以眩燿之，夷人益畏憚焉。"則雖偏方亦有之矣。

　　秦始皇所修長城，多係六國時舊迹，已見第二章第二節。其功程雖不如流俗所設想之大，然亦有頗堅實處。韓安國言蒙恬累石爲城，樹榆爲塞是也。《漢書・匈奴傳》：侯應議罷邊塞云："起塞以來，百有餘年，非皆以土垣也，或因山巖石，木柴僵落，谿谷水門，稍稍平也。"可與安國之言參觀。

　　古人率席地而坐，其後則亦用牀。《三國・魏志・呂布傳注》引《英雄記》，言布請劉備於帳中，坐婦牀上。《管輅傳注》引《輅别傳》，言裴使君與輅清論終日，不覺疲倦。天時大熱，移牀在庭前樹下，乃至雞鄉晨然後出。《蜀志・龐統傳注》引《襄陽記》，言孔明每至龐德公家，獨拜牀下。《吳志・魯肅傳》言，孫權獨引肅還，合榻對飲是也。其坐仍以膝著牀，故《管寧傳注》引《高

---

① 宫室：閭兩側有塾。

士傳》，言寧自越海及歸，常坐一木榻，積五十餘年，未嘗箕股，其榻上當膝處皆穿。《蘇則傳》言文帝大怒，踞牀拔刀，則以爲非禮矣。然《武帝紀》建安十六年《注》引《曹瞞傳》，言公將過河，前隊適渡，馬超等奄至，公猶坐胡牀不起。《裴潛傳注》引《魏略》，言潛爲兗州時，嘗作一胡牀，及其去也，畢以挂柱。軍中倉卒，裴潛清省，而猶有此，可見胡牀稍已通行矣。

第五節　葬　埋

秦、漢時，厚葬之風頗盛。秦始皇帝之葬，已見第二章第三、第四節。賈山至言述始皇之葬，與劉向略同。漢文帝居霸陵，北臨厠，意悽愴悲懷，顧謂羣臣曰：“嗟乎！以北山石爲椁，用紵絮斲陳漆其閒，豈可動哉？”劉向《諫起昌陵疏》語。則初亦未能免俗。然其後遺詔令“霸陵山川因其故，無有所改”。又治霸陵皆瓦器，不以金、銀、銅、錫爲飾。爲秦漢後薄葬者之先導，究不失爲賢君。至霍光，乃復厚葬武、昭，已見第五章第十一節。宣帝雖賢，猶以水衡錢爲平陵徙民起第宅。見《本紀》本始二年。《注》引應劭曰：水衡與少府，皆天子私藏耳。縣官公作，當仰給司農，今出水衡錢，言宣帝即位，爲異政也。案就當時言之爲異政，以正道衡之，仍爲妄費也。惟元帝初陵，不置縣邑，[①]《本紀》：永光四年，詔曰：“令百姓遠棄先祖墳墓，破業失產，親戚別離。人懷思慕之心，家有不安之意。是以東垂被虛耗之害，關中有無聊之民。”可見是時徙民爲害之烈。而哀帝遵之，《本紀》建平二年。實爲漢代之仁政。成帝即位，有司言乘輿、車、牛馬、禽獸皆非禮，不可以葬，奏可，亦能革前世之陋習。其後聽將作大匠解萬年言，營昌陵，詒害甚鉅。見《本紀》永始元年、二年及《劉向谷永傳》。參看第六章第二節。平帝元始元年，復命義陵民冢不妨殿中者勿發，則以王莽秉政故也。《晉書·索綝傳》：建興中，盜發漢霸、杜二陵，杜陵，宣帝陵。多獲珍寶。帝問琳曰：“漢陵中物何乃多邪？”綝對曰：“漢天子即位一年而爲陵。天下貢賦三分之：一供宗廟，一供賓客，一充山陵。武帝享年久長，比崩而茂陵不復容物。其樹皆已可拱。赤眉取陵中，不能減半。於今猶有朽物委積，珠玉未盡。此二陵是儉者耳。”然則漢諸帝之葬，雖儉者亦未嘗不侈也。後漢以前漢爲鑒，較爲節儉。光武建武二十六年，令“地不過二三頃。毋爲山陵，陂池裁令流水而已”。及崩，遺詔“皆如孝文皇帝制度”。明帝初作壽陵，制令“流水而已”。“石椁廣一丈二尺，長二丈五尺，無得起墳。”順帝遺詔：“無起寢廟。斂以故服。珠玉玩好，皆不得下。”皆見《本紀》。殤帝康陵，方中祕藏，及諸工作，事事減約，十分居一，見《和

_____

① 葬埋：漢薄葬始元帝。

熹鄧皇后紀》。沖帝之崩，李固議起陵於憲陵塋內。依康陵制度。其於役費，三分減一。見本傳。惟順帝憲陵，地二十頃，樂巴以諫毀小人墳冢獲罪，少過。魏武帝建安二十三年六月令曰："古之葬者，必居瘠薄之地。其規西門豹祠西原上爲壽陵。因高爲基，不封不樹。"及崩，遺令"斂以時服，無藏金玉珠寶。"魏文更自作終制。見《本紀》黃初三年。自殯及葬，皆以終制從事。郭后亦以終制營陵，見《明帝紀》青龍三年及本傳。有學問者，舉措究與流俗不同也。偏方之君，孫晧嘗厚葬其妾，見《孫和何姬傳注》引《江表傳》。又孫權命陳武妾殉葬，見《武傳注》引《江表傳》。案殉葬之事，漢代尚間有之。《漢書·景十三王傳》：趙繆王元病，先令令能爲樂奴婢從死。[1] 師古曰"先令者，豫爲遺令"是也。但其事不多見。

　　《漢官儀》曰："古不墓祭。秦始皇起寢於墓側，漢因而不改，諸陵寢皆以晦望、二十四氣、三伏、社、臘及四時上飯。天子以正月上原陵。公卿百官及諸侯王郡國計吏，皆當軒下占其郡國穀價，四方改易，欲先帝聞之也。"《後漢書·明帝紀》永平元年《注》引。案此禮爲後漢明帝所創，詳見《續漢書·禮儀志注》引謝承書。重視冢墓之風，由來甚久。[2] 高祖十二年，與秦始皇帝守冢二十家，楚隱王、陳勝。魏安釐王、齊愍王各十家，趙悼襄王及魏公子毋忌各五家。後漢諸帝，有幸羣臣墓者。光武建武六年，過湖陽，祠樊重墓。後每南巡，常幸其墓。見《後書·樊宏傳》肅宗北巡守，以大牢具上郭主冢，見《光武郭皇后紀》。有遣使祠其墓者。肅宗使祠桓譚墓，見《後漢書·譚傳》。羣臣歸家，或過家，每許其祠冢。因會賓客、宗族，散財振施。其臣亦有自求上冢者。王林卿歸長陵上冢，見《漢書·何並傳》。林吉自表上師冢，見《儒林傳》。樓護爲諫大夫，使郡國護假貸，多持幣帛。過齊，上書求上先人冢。因會宗族、故人，各以親疏與束帛，一日散百金之費。見《游俠傳》。班伯爲定襄大守，上徵伯。伯上書：願過故郡上父祖冢有詔：大守、郡尉以下會。因召宗族，各以親疏加恩，施散數百金。見叙傳。後漢清河孝王慶，以母宋貴人見殺，竇大后崩，求上冢致哀，又乞葬母冢旁。後漢時羣臣許歸家或過家上冢者，有王常、馮異、岑彭、韋彪、宋均、韓稜，三國時有徐晃等，均見《後書·國志》本傳。又有官其子弟近墳墓，俾守冢祠者。祭遵卒，無子，光武追傷之，以其從弟彤爲偃師長，令近遵墳墓，四時奉祠，見《後書·遵傳》。各地方爲名人立祠，亦多近其冢墓。諸葛亮初亡，所在各求爲立廟。朝議以禮秩不聽。百姓遂因時節私祭之於道陌上。步兵校尉習隆、中書郎向充等共上表，以爲宜因近其墓，立之沔陽，從之。見《三國志·亮傳注》引《襄陽記》。又或祠於其冢。九江郡二千石，歲時帥官屬祠召信臣冢，見《漢書·循吏傳》。又《魏志·杜襲傳注》引《先賢行狀》：長吏下車，嘗先詣其祖父根、父安墓致祠。而刑亦有掘冢剖尸。殘賊尸體之事，漢季最甚。《三國志·董卓傳注》引《魏書》：卓發何苗棺，出其尸，

---

　　① 封建：漢趙繆王令奴婢能樂者從死。
　　② 葬埋：重視塚墓，殘賊尸體。

枝解節棄於道邊。《公孫度傳》：故河南大守李敏，郡中知名。惡度所爲，將家屬入於海。度大怒。掘其父冢，剖棺焚尸。誅其宗族。《王淩傳》：朝議咸以爲《春秋》之義，齊崔杼、鄭歸生皆加追戮，陳尸斷棺，載在方策，淩、愚罪宜如舊典。乃發淩、愚冢，剖棺，暴尸於所近市三日。燒其印綬，親土埋之。《鍾會傳注》引《咸熙元年百官名》：文王聞會功曹向雄收葬會，召而責之。雄曰：“殿下讎對枯骨，捐之中野，百歲之後，爲臧獲所笑。”執政者所爲如此，誠可笑矣。諸葛恪之死，亦以葦蓆裹身，篾束其要，投之石子岡，見《吴志》本傳。在上者之重視形魄如此，民安得不從風而靡？於是有廬墓者。如蔡邕是，見《後漢書》本傳。有負土成墳者。並有成長吏之墳，如繆肜，見《後漢書·獨行傳》。治朋友之墓者。如范式，亦見《後漢書·獨行傳》。家居則上冢，朱買臣故妻與夫家俱上冢，見《漢書·買臣傳》。出行則辭墓。參看第十四章第四節所引公孫瓚事。居廬行服，或以過禮爲賢。《後漢書·袁紹傳》：遭母憂，三年禮竟，追感幼孤，又行父服。《注》引《英雄記》云：凡在家廬六年。甚有如趙宣，葬親而不閉埏隧，因居其中，行服二十餘年，而實則五子皆服中所生者。見《後漢書·陳蕃傳》。又有如李充，遭母喪行服墓次，有人盜其墓樹，充遂手自殺之者。見《後漢書·獨行傳》。蓋當時之人，多以魂神仍依墟墓，故其所爲如此。《後漢書·周磐傳》言：蔡順母平生畏雷，自亡後，每有雷震，順輒圜冢泣曰：“順在此。”《三國·魏志·龐淯傳注》引《典略》：言張猛爲武威大守，被攻，自知必死，曰：“使死者無知則已矣，若有知，豈使吾頭東過華陰，歷先君之墓乎？”乃登樓自燒而死。又《韓暨傳》謂同縣豪右陳茂，譖暨父兄，幾致大辟，暨陰結豪士，禽茂，以首祭父墓。皆其證也。

　　夫如是，厚葬之風，自不得不甚。《續漢書·郡國志》安平國觀津縣注引《決録》注曰：“孝文竇皇后父，隱身漁釣，墜淵而卒。景帝立，后爲大后，遣使者更填父所墜淵而葬，起大墳於縣城南，民號曰竇氏青山。”衛青爲冢象廬山。霍去病冢象祁連山，蓋雖人臣冢墓，亦幾有山陵之盛矣。哀帝豫賜董賢葬具，爲作冢。後漢章德竇皇后及兄憲弟篤、景等並東海出，故睦於中山簡王焉。光武子。與廢大子東海恭王彊同爲郭皇后所生。大爲修冢塋，開神道。平夷吏民冢墓以千數。作者萬餘人。發常山、鉅鹿、涿郡柏黄腸雜木。三郡不能備，復調餘州郡。工徒及送致者數千人。凡徵發，搖動六州十八郡。其虐民以厚所私暱如此。其後宦官縱恣。趙忠喪父，僭爲璠璵、玉匣、偶人；見《後漢書·朱暉傳》。侯覽喪母，還家大起塋冢，督郵張儉奏其豫作壽冢，石椁雙闕，高廡百尺。破人居室，發掘墳墓；《宦者傳》。則更不足論矣。無勢位而有資財者，亦競爲奢侈。《潛夫論·浮侈篇》曰：“今者京師貴戚，必欲江南檽、梓、豫章之木。邊遠下土，亦競相放效。伐之高山，引之窮谷，入海乘淮，逆河泝洛。工匠離刻，連累日月。會衆而後動，多牛而後致。重且千斤，功將萬夫。而東至樂浪，西達敦煌，費力傷財於萬里之地。”又云：“今京師貴戚，郡縣豪家，生不極養，死乃崇喪。或至金縷、玉匣、檽、梓、梗、柚。多埋珠寶、偶人、車馬。造起大冢。廣種松柏。廬舍祠堂，務崇華侈。"案習俗移人，固由愚昧以是爲孝，亦緣欲相誇耀。韓信母死，無以葬，乃行營高燥地，令旁可置萬家。原陟父，哀帝時爲南陽大守。天下殷富，郡二千石死官，賦斂送葬，皆千萬以上，妻子通共受之，以定產業。①涉讓遺賻送，自以身得其名，而令先人墳墓儉約非孝也，乃大治起冢舍，周閣重門。初，武帝時京兆尹曹氏葬茂陵，民謂其道爲京兆阡，涉慕之，乃買地，開道立表，署曰南陽阡。崔寔父卒，剝賣田宅，以起冢塋，立碑頌。葬訖，資產竭盡，以酤釀販粥爲業。賢者不免，況於凡民哉？禁厚葬之詔，漢世屢有之。光武建武七年，明帝永平十二年章帝建初二年，和帝永元十一年，安帝永初元年，元初五年，皆見《紀》。建安十年，魏武平冀州，亦禁厚葬，見《三國志·武帝紀》。並有以葬過律獲罪者。《漢書·高惠高后文功臣表》：武原侯不害，孝景後二年，坐葬過律免。又有如韓延壽，爲民定嫁娶喪祭儀品者。史云"百姓遵用其教，賣偶車馬下里偽物者，棄之市道"，此亦過情之談。《後漢書·宋均傳》：遷上蔡令。時府下記：禁人喪葬不得侈長。均曰："夫送終制，失之輕者。今有不義之民，尚未循化，而遽罰過禮，非政之先。"竟不肯施。踰侈敗俗，豈是小惡？而均不欲禁之者？蓋亦以其事不易行，慮有名而無實也。然下之於上，不從其令而從其意，亦卒不能挽此頹風也。

歸葬之風，漢世亦盛。《漢書·高帝紀》：四年八月，"漢王下令：'軍士不幸死者，吏爲衣衾棺斂，轉送其家，四方歸心焉。'"八年十一月，令士卒從軍死者，爲槥歸其縣。縣給衣衾棺椁葬具。《注》引如淳曰："《金布令》曰：不幸死，死所爲檳傳歸所居縣，賜以衣棺"，則遂爲常法矣。故王恢述匈奴之禍，謂"邊竟數驚，中國槥車相望"也。《三國·魏志·文帝紀》：帝嗣爲魏王後，令曰"諸將征伐，士卒死亡者，或未收斂，吾甚哀之。其告郡國給槥檳殯斂，送致其家，官爲設祭"，亦修此故事也。然淮南王安諫伐閩越曰："前時南海王反，陛下先臣使將軍閒忌將兵擊之。以其軍降。處之上淦。後復反。會暑天雨，樓船卒水居擊櫂，未戰而疾死者過半。親老涕泣，孤子謕號。破家散業，迎尸千里之外，裹骸骨而歸。"則《金布令》未必能行，王恢所謂槥車，恐亦民閒自行迎喪者矣。《成帝紀》：河平三年，遣光祿大夫博士嘉等十一人行舉瀕河之郡。其爲水所流壓死，不能自葬，令郡國給槥檳葬埋。此所以給槥檳，但爲省費，不爲傳送。《後漢書·獨行傳》：溫序爲隗囂別將所拘劫，不屈而死。光武憐之。賜冢地，葬之洛陽。後其長子壽爲鄒平侯相，夢序告之曰："久客思鄉里。"壽即棄官，上書乞骸骨歸葬。帝許之。乃反舊塋焉。蓋時人以魂神依於丘墓如此。故有千里迎喪者。如高柔，父靖卒於西

州,柔冒艱險,詣蜀迎喪,辛苦荼毒,無所不嘗,三年乃還。見《三國·魏志》本傳。有遺命歸葬者。《三國·蜀志·譙周傳》:周卒,息熙上言:"周臨終屬熙曰:若國恩賜朝服衣物者,勿以加身。當還舊墓。道險行難,豫作輕棺。殯斂已畢,上還所賜。"其不受賜,乃不願臣魏之意,必歸葬則仍首丘之思也。友朋之際,亦以送喪歸葬爲美談。《後漢書·獨行傳》:戴封在大學,同學石敬平溫病卒,封養視殯斂,以所齎糧市小棺送喪到家。更斂,見敬平行時書物,皆在棺中,乃大異之。《風俗通義·正失篇》言:"袁賀早失母,其父彭不復繼室。及臨病困,勑使留葬。慎無迎取汝母喪柩。亡者有知,往來不難。如其無知,祇爲煩耳"。抱此等見解者殊不多。其見於《後漢書》及《三國志》者,如張霸、崔瑗、孔僖、梁鴻、郝昭等,不過數人而已。孔僖見《後漢書·儒林傳》。梁鴻見《逸民傳》。郝昭見《三國·魏志·明帝紀》大和二年《注》引《魏略》。

一種風氣方盛,必有賢知之士能矯之。漢世主薄葬者,曰楊王孫,曰朱雲,曰龔勝。後漢則有祭遵、王堂、樊宏、梁商、鄭玄、張霸、周磐、趙咨、東海恭王、張酺、何熙、見《梁瑾傳》。崔瑗、馬融、盧植、張奐、孔僖、《儒林傳》。范冉、《獨行傳》。謝夷吾、《方術傳》。李穆姜。《烈女傳》。三國則有陳思王、中山恭王、裴潛、高堂隆、諸葛亮、沐並等。沐並事見《三國·魏志·常林傳注》引《魏略》。然三數賢知之士,亦不能挽千萬人之沈迷也。

掘冢之於厚葬,可謂如影隨形。秦始皇帝無論已。孝文號稱薄葬,然孝武時盜已發其園瘞錢,見《史記·酷吏·張湯傳》。赤眉入關,發掘諸陵,取其寶貨,至汙辱呂后尸。《後漢書·劉盆子傳》。沖帝建康元年,羣盜發憲陵。順帝陵。何后葬,開文陵,靈帝陵。董卓悉取藏中珍物。又使呂布發諸帝陵及公卿已下冢墓,收其珍寶。事在初平二年,見《後漢書·獻帝紀》。魏文帝終制言:"喪亂以來,漢氏諸陵,無不發掘,至乃燒取玉柙、金縷,骸骨並盡。"《魏志·文帝紀》黃初三年。亦見《續漢書·禮儀志注》。後漢光武建武二十六年詔,言"遭天下反覆,而霸陵獨完",魏文終制亦云然,而至晉世,亦卒見發掘,見前。則漢世諸陵,殆無不見發者矣。光武建武七年詔曰:"世以厚葬爲德,薄終爲鄙。至於富者奢僭,貧者單財。法令不能禁,禮義不能止。倉卒乃知其咎。"《後漢·郅惲傳》:陳俊禮請惲,上爲將兵長史。俊軍士發冢陳尸。惲勸其親率士卒,收傷葬死,哭所殘暴。百姓悅服,所向皆下。《三國志·袁紹傳注》引《魏氏春秋》載紹檄州郡文數魏武帝罪狀曰:"梁孝王先帝母弟,而操率將校吏士,親臨發掘,破棺裸尸,略取金寶。又署發丘中郎將,摸金校尉,所過墮突,無骸不露。"其詆魏武或誣,然謂魏武軍中無是事,固不可也。《明帝紀》大和二年《注》引《魏略》載郝昭遺令戒子曰:"吾數發冢取其木,以爲攻戰具",則雖非有所利者,亦不免於椎埋之爲矣。

《漢書·景十三王傳》：趙敬肅王彭祖，使人椎埋攻剽。師古曰：椎埋剽劫也。顧亭林曰：椎埋即掘冢。
《南史·蕭穎達傳》：梁州有古墓，名曰尖冢。有欲發者，輒聞鼓角與外相拒。椎埋者懼而退。《論
衡·死僞篇》曰："歲凶之時，掘丘墓取衣物者以千萬數。"又豈待喪亂之世哉？

　　富貴人之葬，逾侈如此，貧民則有死不得葬者。貢禹言："今民大飢而死，
死又不葬，爲大豬所食。"被災之郡，賜棺錢，郡縣爲收斂之事，後漢時有之，安
帝延光元年，順帝永建三年、四年，永和三年，桓帝永壽元年，皆見紀。又有以兵災，令收枯骸，
或隨宜賜卹者。質帝永嘉元年，本初元年。《三國·魏志·高貴鄉公紀》：正元二年，詔征西、安西
將軍，各令部人，於戰處及水次鉤求洮西之戰尸喪，收斂藏埋。《後漢書·獨行傳》：周嘉從
弟暢，爲河南尹，收葬洛城旁客死骸骨凡萬餘人。平時不葬者之多如此，況戰
爭災祲之際乎？區區詔令，竟何裨哉？

第六節　交　　通

　　秦、漢之世，開拓之地漸廣，道路不能皆修；而舊有之路，或且廢壞；此由郡
縣之世，政事不能如封建之世之精詳。故騎者漸多於乘。當時之必須乘車者，大抵爲
體制起見。如韋玄成以列侯侍祠孝惠廟，天雨淖，不駕駟馬車而騎至廟下，有
司劾奏，等輩數人，皆削爵爲關内侯；張敞罷朝會，走馬章臺街，時人譏其無威
儀；何晏奏齊王，請絶後園習騎乘馬，出必御輦乘車見《三國·魏志》本紀正始八年。
是也。① 乘車不如法，亦有見劾者。漢時大夫乘官車駕駟，見《漢書·朱買臣傳注》引張晏説。鮑宣
爲豫州牧，行部乘傳，去法駕，駕一馬，爲司直所奏。又陳遵爲河南大守，初除，乘藩車入閭巷，過寡婦
左阿君，亦爲司直所奏。《漢書·高帝紀》：八年，令"賈人毋得衣錦繡、綺縠、絺紵
罽，操兵，乘、騎馬"。師古曰："乘，駕車也。騎，單騎也。"足見騎馬者之多，略
與乘車相等矣。軺車之算，見第五章第十節。所以不及於馬者，以其法沿之自舊；
亦且算及於騎，或使人民不敢畜馬耳。

　　民間畜養，求耕作負載之多力，而不求其行之速，故畜牛者較馬爲多。漢
宣帝外祖母王媼，隨使者詣闕，乘黃牛車，百姓謂之黃牛嫗。光武起兵，初騎
牛，殺新野尉乃得馬。管輅族兄孝國二客，飲酒醉，夜共載車，牛驚下道，入漳
河中溺死。可見民間駕車多用牛。即士大夫之貧者儉者亦然。《史記·平準
書》言漢初"將相或乘牛車"；② 蔡義給事大將軍幕府，家貧常步行，門下好事者

---

　　①　交通：乘車爲體制起見。

　　②　交通：牛車多於馬。司農市車，縣次易牛。則牛驛矣，驢車轉運（第四二三頁）。

相合爲買犢車；其貧也。朱家乘不過軥牛；朱雲居鄠，乘牛車從諸生；則其儉也。亦有由於體制者。《後漢書·宦者傳》言四侯僕從，皆乘牛車而從列騎。此非不能駕馬，乃僕從不容駕馬耳。魯肅謂孫權曰："今肅迎操，操當以肅還付鄉黨，品其名位，猶不失下曹從事，乘犢車，從吏卒，交游士林，累官故不失州郡也。"此下吏家貧者，車騎不必甚都，亦猶其衣服之不必修飾也。《貨殖列傳》言"輬車千乘，牛車千兩"；《後漢書·鮮卑傳》：順帝陽嘉四年冬，烏桓寇雲中，遮截道上商賈車牛千餘兩；可見民間輸運，亦多用牛。《漢書·匈奴傳》：天鳳二年，莽使送右厨唯姑夕王，因奉歸前所斬侍子登及諸貴人從者喪，皆載以常車。《注》引劉德曰："縣易車也。舊司農出錢市車，縣次易牛也。"《三國·魏志·曹爽傳注》引《魏略》，言丁斐從大祖征吴，以家牛羸困，私易官牛，爲人所白，被收送獄奪官。又《梁習傳》：領并州刺史。建安十八年，州并屬冀州，更拜議郎西部都督從事，統屬冀州，總故部曲。習表置屯田都尉二人，領客六百夫，於道次耕種菽粟，以給人牛之費。則官家運轉，亦多用牛矣。

《漢書·劉敬傳》言：敬脱輓輅而説高祖。蘇林曰："一木橫遮車前，二人輓之，三人推之。"此即古之輦。《貨殖傳》言卓氏遷蜀，夫妻推輦行，亦其物也。兒寬爲左内史，以負課租殿當免。民聞，皆恐失之，大家牛車，小家儋負輸租，繦屬不絶。課更以最。《三國志·管寧傳注》引《先賢行狀》言：王烈國中有盜牛者，牛主得之，盜者曰："幸無使王烈聞之。"人有以告烈者，烈以布一端遺之。閒年之中，行路老父儋重，人代儋行數十里。推之，乃當時盜牛人也。此貧無車牛者，運轉即恃儋負。亦有以畜負之者。《漢書·趙充國傳》云："以一馬自佗負三十日食。"師古曰"凡以畜載負物者皆爲佗"是也。又有人乘車即以人輓之者。《後漢書·江革傳》言：縣當案比，革以母老，不欲搖動，自在轅中輓車，不用牛馬是也。此爲罕見之事，惟山險之地，多用人力。淮南王諫伐閩越曰："輿轎而隃嶺。"①《漢書·嚴助傳》。此即後世之轎，古之輦，已見《先秦史》第十三章第四節。《漢書·張耳傳》：貫高篋輿前仰視泄公。師古曰："篋輿者，編竹木以爲輿，形如今之食輿矣。高時榜笞刺爇委困，故以篋輿處之也。"《王莽傳》：莽下書言臨久病，雖瘳不平，朝見孚茵輿行。服虔曰"有疾，以執茵輿之行也"，晉灼曰："《漢儀注》：皇后、婕妤乘輦，餘者以茵，四人舉以行，豈今之板輿而鋪茵乎？"師古曰："晉説非也。此直謂坐茵褥之上，而令四人對舉茵之四角輿而行，何謂板輿乎？"《後漢書·逸民傳》：陰就起，左右進

---

① 交通：轎隃嶺。宮中用輦。

輦，井丹笑曰：“吾聞桀駕人車，豈此邪？”就不得已，而令去輦。可見除宮中及病困之人外，無以人舁人之事也。即宮中之輦，亦有駕馬者。《霍光傳》：“召皇大后御小馬車。”張晏曰：“皇大后所駕遊宮中輦車也。漢廄有果下馬，高三尺，以駕輦。”果下馬非民間所易得，故祇得舁之以人耳。

《史記·匈奴列傳》云“其奇畜則橐駝、驢、蠃、_{《索隱》按《古今注》云：驢牡馬牝生蠃。}駃騠、_{《索隱》：《説文》云：駃騠，馬父蠃子也。}騊駼、驒騱”，蓋皆非中國所有。然《漢書·百官公卿表》：云大僕屬官有騊駼監長丞。又有牧橐令丞。師古曰：“牧橐，言牧養橐駝也。”則官已畜養之矣。民間所用，以驢爲最廣。《續漢書·五行志》：“靈帝於宮中西園駕四白驢，躬自操轡，驅馳周旋，以爲大樂。於是公卿貴戚，轉相放效。至乘輻軨，以爲騎從。互爲侵奪，賈與馬齊。夫驢，乃服重致遠，上下山谷，野人之所用耳，何有帝王君子而驂服之乎？”可見當時野人之用驢者，爲不少矣。《後漢書·鄧禹傳》：永平中，理虖沱、石臼河，從都慮至羊腸倉，欲令通漕大原。吏民苦役，連年無成。建初三年，拜訓_{禹弟六子。}謁者，使監領其事。訓知大功難立，具以上言。肅宗從之。遂罷其役，更用驢輦。歲省費億萬計，全活徒士數千人。《杜茂傳》：茂鎮守北邊，建屯田，驢車轉運。_{亦見《章帝紀》。}《張霸傳》：子楷，常乘驢車至縣賣藥。《虞詡傳》：遷武都大守。先是運道艱險，舟車不通，驢馬負載，僦五致一。詡乃自將吏士，案行川谷。由沮_{漢縣，今陝西略陽縣東。}至下辨_{漢縣，今甘肅成縣西。}數十里，皆燒石翦木，開漕船道，以人僦直，雇借傭者。於是水運通利，歲有四千餘萬。《魏志·胡質傳注》引《晉陽秋》，言質爲荆州，其子威自京都省之，家貧無車馬、僮僕，自驅驢單行。皆可見民間用驢之多。《蜀志·後主傳》引《晉諸公贊》，言劉禪乘蠃車詣鄧艾，則蠃亦有服乘者矣。此亦與外國交通之利也。

然馬於置傳及用兵，關係究屬最鉅，故民間能畜馬者，國家獎厲之甚至。鼂錯説文帝曰：“今令：民有車騎馬一匹者，復卒三人。”_{見《漢書·食貨志》。}武帝輪臺之詔曰“當今務在修《馬復令》以補缺，毋乏武備”，_{見《漢書·西域傳》。}所欲修者，即此等令也。《平準書》述武帝初年之盛曰“衆庶街巷有馬，阡陌之間成羣；而乘字牝者，擯而不得會聚”，雖或失之於誇，然元狩四年衛青出定襄，霍去病出代，私負從馬凡十四萬匹，_{見《漢書·匈奴傳》。}師古曰：“私負衣裝者及私將馬從者，皆非公家發與之限。”則民間馬確不少，其報效國家，亦不爲不踴躍。乃元朔五年、六年之役，《平準書》云：“漢軍士馬死者十餘萬。”於是役又云：“漢軍馬死者十餘萬匹。”_{《衛將軍驃騎將軍列傳》云：兩軍之出塞，塞閲官及私馬凡十四萬匹，而復入塞者不滿三萬匹。}將吏之驕恣不恤軍事如此，即胥中國爲牧地，亦豈足供之？《平準書》云：

武帝爲伐胡盛養馬。馬之來食長安者數萬匹。卒牽掌者關中不足，乃調近旁郡。又除千夫、五大夫爲吏，不欲者出馬。令民得畜牧邊縣，官假馬母，三歲而歸，及息十一。事在元鼎四年。李奇曰：十母馬還官一駒。又著令：令封君以下至三百石吏，以差出天下牝馬亭。亭有畜特馬，歲課息。其苛擾如此。《漢書·高惠高后文功臣表》：黎侯延，元封六年，坐不出持馬要斬。師古曰："時發馬給軍，匿而不出也。"可見其時行法之嚴，然卒無益。元狩五年，平牡馬至二十萬。大初二年，卒籍吏民馬以補車騎馬焉。皆見《漢書·本紀》。昭帝始元四年，詔往時令民共出馬，其止勿出。五年，罷天下亭母馬及馬弩關。孟康曰："舊馬高五尺六寸，齒未平，弩十石以上，皆不得出關，今不禁也。"沈欽韓曰："《新書·壹通篇》：禁游宦諸侯及無得出馬關者，豈不曰諸侯國衆車騎則力益多？馬不出關之制，漢初已有也。"案《漢書·景帝紀》：中四年，御史大夫綰奏禁馬高五尺九寸以上，齒未平，不得出關，孟康蓋據是爲說。元鳳二年，詔前年減漕三百萬石，頗省乘輿馬及苑馬，以補邊郡三輔傳馬，其令郡國今年毋斂馬口錢，文顥曰：往時有馬口出斂錢，今省。民始稍及寬典。王莽復事四夷，亦令公卿以下至郡縣黃綬吏皆保養軍馬。吏復盡以予民。見《食貨志》。《莽傳》云："多少各以秩爲差。"事在天鳳六年。其時乘傳使者，經歷郡國，日且十輩，倉無見穀以給，傳車馬不能足，至賦取道中車馬焉。《莽傳》地皇元年。誅求之禍，至斯而極矣。

《漢書·百官公卿表》：大僕屬官，有大廐、未央、家馬三令，各五丞一尉。又車府、路軨、騎馬、駿馬四令丞，又龍馬、閑駒、橐泉、騊駼、承華五監長丞，又邊郡六牧師苑令，各三丞，又牧橐、昆蹏令丞，皆屬焉。家馬，武帝大初元年，更名挏馬。水衡都尉屬官有六廐令丞。《注》引《漢舊儀》云："天子六廐：未央、承華、騊駼、騎馬、輅軨、大廐也，馬皆萬匹。"此六廐皆屬大僕，師古說殆誤。疑水衡別有一廐，名爲六廐也。此等皆以共奉皇室，本失之侈，故"中興省約，但置一廐"，未央。後置左駿令廐，別主乘輿車馬。後或並省。牧師苑亦省。惟漢陽有流馬苑，但以羽林郎監領。見《續漢書·百官志》。亦未聞其關於事也。《食貨志》云：景帝"始造苑馬以廣用"，其初意當爲共給軍國，非僅以共皇室。《漢儀注》云"牧師諸苑三十六所，分置北邊、西邊，《續志》云：分在河西六郡界中。以郎爲苑監，官奴婢三萬人，分養馬三十萬匹"，《百官公卿表》及《景帝紀》中六年《注》引。其規模不可謂不大，地利亦不可謂不得，畜牧必於邊地。《漢書·地理志》：大原郡有家馬官，此即大僕之屬。臣瓚曰："時以邊表有事，故分來此。"此未必然，蓋亦以就地利耳。使善者爲之，未始不可有裨軍國，惜仍未能善其事，而臨事不免賦取於民也。諸廐及苑監，既徒爲共奉皇室，故苟或減省之，或出之以共國用，亦爲仁政。如前引昭帝元鳳二年之詔；又如文帝二年，詔大僕見馬遺財足，餘皆以給傳置；賈山《至言》，稱文帝"省廐馬以賦縣傳"，當指此。

武帝建元元年,罷苑馬以賜貧民;後漢和帝永元五年,詔有司省減内外厩及涼州諸苑馬皆是。

　　路之最平坦者爲馳道,其修治頗難,故黄霸守京兆尹,坐發民治馳道不先以聞貶秩;而賈山等言秦之虐,輒以其治馳道爲言也。見第二章第三節。案馳道之最近者,僅在朝廟之間。《漢書·鮑宣傳注》引如淳曰:"令:諸使者有制,得行馳道中者,行旁道,無得行中央三丈"是也。成帝爲大子時,不敢絶馳道。《高惠高后文功臣表》:平周侯昭涉昧,元狩五年,坐行馳道中免即此。時凡天子所幸之地,即治馳道,故游幸愈廣,爲害愈深。《平準書》言:既得寶鼎,立后土大一祠,公卿議封禪事,"而天下郡國,皆豫治道橋,繕故宫,及當馳道縣,①縣治官儲,設共具,而望以待幸",蓋車駕未出,而民之勞擾已甚矣。驕侈之主如漢武帝者,又以供帳之善否爲賞罰。《漢書·王訢傳》:訢守右扶風,上數出幸安定、北地,過扶風,宫館馳道修治,供張辦,武帝嘉之,駐車拜訢爲真是也。民安得不塗炭乎?平帝元始元年,罷明光宫及三輔馳道,此在王莽秉政時,確爲仁政也。其用兵之際,則有築甬道者。《漢書·高帝紀》:二年,築甬道屬河,以取敖倉粟。應劭曰:"恐敵鈔輜重,故築垣牆如街巷也。"《三國·魏志·武帝紀》:建安十六年,公曰:"連車樹柵,爲甬道而南。"裴松之曰:"不築垣牆,但連車樹柵,以扞兩面。"邊方又有深開小道者。②《漢書·匈奴傳》:侯應議罷邊備塞吏卒曰:"建塞徼,起亭隧。"師古曰:"隧謂深開小道而行,避敵鈔寇也。"平時又或因數蹕煩民,築爲復道。③見《史記·叔孫通列傳》,梁孝王亦欲築復道朝大后,見第四章第六節。此等自非尋常所有。其尋常道路,修治之責,在於地方官。④故薛宣子惠爲彭城令,宣過其縣,見其橋梁郵亭不修,而知其不能。然大致臨事始加修治。故王吉諫昌邑王,言今大王幸方與,百姓頗廢耕桑,治道牽馬;朱買臣爲會稽大守,會稽聞大守至,發民除道;桓帝備禮以聘韓康,亭長以韓徵君當過,發人牛修道橋;而武帝病鼎湖,卒起幸甘泉,至於以道不治而殺義縱也。見《漢書·酷吏傳》。臨事修治,勞民特甚。故章帝幸河内,下詔曰:"車駕行秋稼,觀收穫,因涉郡界,皆精騎輕行,無它輜重,不得輒修橋道。"《本紀》建初七年。其南巡狩,詔所經道上郡縣,毋得設儲峙;命司空自將徒支柱橋梁。元和元年。魏齊王正始七年八月己酉詔曰:"吾乃當以十九日親祠,而昨出已見治道。得雨當復更治,徒棄功夫。⑤每念百姓,力少役多,夙夜存心。軍路但當期於通利。聞乃攝捶老小,務崇修飾,疲困流離,以致哀歎。吾豈安乘此而行,致馨德於宗廟邪?自今

────────────

① 交通:天子所幸即治馳道,此等道亦不能久,故卒幸道不治殺義縱。
② 交通:遼東樹柵以當甬道。隧,深開小道而行。
③ 交通:因數蹕煩民,則築爲復道。
④ 交通:道路修治責在地方官。
⑤ "功夫"二字見正始七年詔。

已後，明申勑之。"得雨即當更治，可見路工之劣。如此之路，安得不時加修治？恤民勞而不修，而道不可行矣。觀精騎輕行，無他輜重，不得輒修橋道之詔，而可知車之所以易爲騎也。

邊方之道，艱阻尤甚。趙充國治湟陜以西道橋七十所，令可至鮮水，從枕席上過師。衞颯遷桂陽大守。含洭、今廣東英德縣西。滇陽、今英德縣東。曲江今廣東曲江縣西。三縣，去郡遠者，或且千里，吏事往來，輒發民乘船，名曰傳役。每一吏出，徭及數家。百姓苦之。颯乃鑿山通道，五百餘里，列亭傳，置郵驛。於是役省勞息，姦吏杜絶。①《後漢書·循吏傳》。此等事能行之者蓋甚罕。唐蒙見夜郎侯，將千人，食重萬餘人；《史記·西南夷列傳》。王莽發十萬人擊益州，轉輸者合二十萬人，軍糧前後不相及；《漢書·西南夷列傳》。可見邊方轉運之難。《漢書·武帝紀》：元光五年，發巴、蜀治西南夷道。又發九十萬人治雁門阻險。《史記·西南夷列傳》言：帝"通西南夷道，戍轉相饟，數歲道不通，士罷餓，離濕死者甚衆"。《傳》又言秦時嘗略通五尺道。《正義》引如淳曰："道廣五尺也。"可知其往來之難。《後漢書·和帝紀》：舊南海獻龍眼荔支，十里一置，五里一候，奔騰阻險，死者繼路。時臨武長汝南唐羌，臨武，漢縣，今湖南臨武縣，縣接南海，乃上書陳狀，由是遂省焉。《三國·吳志·孫權傳》：赤烏八年，遣校尉陳勳將屯田及作士三萬人鑿句容中道。句容，漢縣，今江蘇句容縣。句容近境，而其勞師至於如此，況其遠者乎？《後漢書·順帝紀》：延光四年，詔益州刺史罷子午道通褒斜路。《注》：子午道，平帝時王莽通之。《三國志·王肅傳》：曹真征蜀，肅上疏言其"發已踰月，行裁半谷，治道功夫，戰士悉作"，其所由者即子午道也。蓋道非經行，每易廢壞。非但開闢，即維持亦不易也。

《續漢書·百官志》：將作大匠，掌樹桐、梓之類，列於道側。《注》引《漢官篇》曰："樹栗、椅、桐、梓。"胡廣曰："古者列樹以表道，並以爲林囿。"蓋既以爲蔭，又收其利也。《漢書·五行志》：成帝永始元年二月，河南街郵樗樹生支如人頭，此道側有樹之證。《後漢書·宦者傳》言靈帝作翻車渴烏，見第十章第五節。施於平門外橋西，用灑南北郊路，以省百姓灑道之費，則道上更有司灑者。然此等惟都邑中爲然耳。賈山言秦爲馳道，三丈而樹，此乃古者列樹表道之意，馳道外未必能有，即當馳道上者，道失修，樹亦未必能終保也。

《漢書·高帝紀》五年《注》引如淳曰："律：四馬高足爲置傳。四馬中足爲馳傳。四馬下足爲乘傳。一馬二馬爲軺傳。《梅福傳注》云：'軺傳，小車之傳也。'"急者

---

① 交通：置郵驛而役者勞息。

乘一乘傳。”師古曰：“傳者，若今之驛。古者以車，謂之傳車。其後又單置馬，謂之驛騎。”①案《魏律序》曰：“秦世舊有厩置、承傳、副車、食厨。漢初承秦不改。後以費廣稍省。故後漢但設騎置而無車馬。”見《晉書·刑法志》。則前後漢之間，驛法嘗一大變。漢世傳車，官吏若受上命，或有急事者，皆得乘之。段熲爲護羌校尉，乘驛之職。王球欲殺王允，刺史鄧盛聞之，馳傳辟爲別駕從事。此官吏得乘驛，並得使驛傳命之徵。② 漢武帝與方士傳車。見《封禪書》。龔勝徵爲諫大夫。引見，勝薦龔舍及亢父甯壽、濟陰侯嘉。有詔皆徵。勝曰：“竊見國家徵醫巫常爲駕，徵賢者宜駕。”上曰：“大夫乘私車來邪？”勝曰：“唯唯。”有詔爲駕。此受上命者皆得乘傳之徵。賁赫言變事，乘傳詣長安。《史記·黥布傳》。梅福去官歸壽春，數因縣道上言變事。求假輶傳詣行在所，條對急政。此有急者得乘傳之徵也。武帝拜司馬相如爲中郎將，馳四乘之傳，因巴、蜀吏幣物以賂西南夷。文帝與宋昌、張武等六人乘六乘傳詣長安。昌邑王乘七乘傳，日中發，晡時至定陶，行百三十五里。侍從者馬死相望於道。王吉諫王曰：“今者大王幸方與，曾不半日而馳二百里。”《續漢書·輿服志注》言：奉璽書使者乘馳傳。其驛騎也，三騎行。晝夜千里爲程。《三國志·陳羣傳》：羣子泰，每以一方有事，輒以虛聲擾動天下，故希簡白上事，驛書不過六百里。合此諸文觀之，可見當時驛傳速率也。

　　私家亦可置驛。上官桀、桑弘羊與燕王通謀，置驛往來相約結；③見《漢書·昭帝紀》元鳳元年詔，亦見《武五子傳》。鄭當時每五日洗沐，常置驛馬長安諸郊，存諸故人，請謝賓客是也。又有專爲一事置者。王溫舒遷河內大守，令郡具私馬五十匹爲驛，自河南至長安。捕郡中豪猾，上書請，大者至族，小者乃死，家盡沒入償臧。奏行不過二日，得可事，論報至流血千里。後漢東平憲王病，章帝置驛馬，千里傳問起居。是其事。

　　置郵本主傳命，故《漢書·五行志》及《薛宣傳注》均云“郵行書之舍”，《王莽傳注》引《倉頡篇》亦曰：“郵過書之官”也。元始四年。《後漢書·郭泰傳注》引《說文》曰：“郵，境上傳書舍”也。又引《廣雅》曰：“郵，驛也。置，亦驛也。”又引《風俗通》曰：“漢改郵爲置。置者，度其遠近之間置之也。”《漢書·文帝紀注》曰：“置者，置傳驛之所。”《田儋傳注》引臣瓚曰：“案厩置，謂置馬以傳驛者。”則漢時郵、驛、置等，可以互稱。《李陵傳》云“因騎置以聞”，蓋其時多用

---

① 交通：後漢驛有騎置無車（第四二七頁）。郵主傳書蓋與驛分職（第四二七頁）。

② 交通：漢時得乘傳者。

③ 交通：驛傳速率。

單騎。凡公事率因之。京房去至新豐，因郵上封事。平帝元始四年，郡國置宗師，考察不從教令，有冤失職者，宗師得因郵亭書言宗伯，請以聞。《王莽傳》。劉陶因驛馬上便宜。張衡造候風地動儀，嘗一龍機發，而地不覺動，京師學者，咸怪其無徵，後數日，驛至，果地震隴西。順帝漢安元年，詔遣八使巡行風俗，刺史二千石有臧罪顯明者，驛馬上之。《後漢書·周舉傳》。光武遺詔：刺史二千石，無遣吏及因郵奏。袁安爲縣功曹，奉檄詣從事。從事因安致書於令。安曰：“公事自有郵驛，私請則非功曹所持。”辭不肯受。蓋公事非專遣吏者，無不因郵驛者矣。其事亦役民爲之。《楊震傳》“譴震諸子代郵行書”，《郭泰傳》“知范特祖郵置之役”是也。

　　更速於郵傳者爲烽燧。《漢書·賈誼傳注》引文穎曰：“邊方備胡寇：作高土櫓。櫓上作桔皋，桔皋頭著兜零，以薪草置其中，常低之，有寇即火然舉之以相告，曰烽。又多積薪，寇至即然之，以望其煙，曰燧。”《司馬相如傳注》：孟康曰：“燧如覆米籔，縣著契皋頭，有寇則舉之。燧積薪，有寇則燔然之也。”《史記索隱》引《字林》曰：“籔，漉米籔。”張晏曰：“晝舉烽，夜燔燧也。”師古曰：“張説誤也。晝則燔燧，夜則舉烽。”王先謙《補注》曰：“《周紀正義》、《司馬相如傳·索隱》並與張説合，師古自誤耳。”《三國·吳志·孫權傳》赤烏十三年《注》引庾闡《揚都賦注》曰：“烽火，以炬置孤山頭，皆緣江相望，或百里，或五十、三十里。寇至則舉以相告，一夕可行萬里。孫權時，令暮舉火於西陵、鼓山，竟達吳郡、長沙。”

　　驛有傳舍，行者率依止焉。漢高祖至高陽傳舍，使人召酈生。[1] 王郎軍起，光武自稱邯鄲使者入饒陽傳舍。何武爲刺史行部，必先即學宮見諸生，然後入傳舍。韓延壽守馮翊，行縣至高陵，有昆弟相與訟田者，延壽即引咎，移病，入臥傳舍，閉閣思過。可見承平時戰亂時皆然。不當驛道之地，則依於郵亭。《漢書·百官公卿表》云：“漢承秦制，大率十里一亭，十亭一鄉。”《續漢書·百官志注》引《漢官儀》云：“十里一亭，五里一郵，郵間相去二里半。”十里之間，得四宿會之所，《注》引《風俗通》曰：“亭，留也，蓋行旅宿會之所館。”亦云密矣。《注》又引蔡質《漢儀》曰：“雒陽二十四街，街一亭。十二城門，門一亭。”《史記·司馬相如列傳》：相如往臨邛，舍都亭。《索隱》云：“臨邛郭下之亭也。”此等皆在都邑之中，與行旅關係尚少，其在鄉間者，通稱爲鄉亭，《漢書·循吏傳》：召信臣躬勸耕農，出入阡陌，止舍離鄉亭。則其關係實大。《後漢書·獨行傳》言王忳除郿令，到官，至㶏亭。亭長曰：“亭有鬼，數殺過客，不可宿也。”忳不聽，入亭止宿。夜

――――――――――

　　[1]　交通：傳舍郵亭皆所止。邊方關係猶大（第四二九頁）。逆旅稍盛。

中,有女子訴曰:"妾夫爲涪令,之官,過宿此亭,亭長無狀,枉殺妾家十餘口,埋在樓下,悉盜取財貨。"忳問亭長姓名。女子曰:"即今門下游徼者也。"明旦,召游徼詰問,具服罪。此説雖近荒怪,然當時必有此等事,乃有此附會之説。《傳》又言張武父業,爲郡門下掾,送大守妻子還鄉里,至河内亭,盜夜劫之,業與賊戰死可證。此可見行旅止宿郵亭者之多矣。然當時亭傳,似皆厚奉貴勢,而薄待平民。漢宣帝元康二年詔書,以飾厨傳,稱過使客爲戒。《兩龔傳》云:昭帝時,涿郡韓福,以德行徵至京師,賜策書束帛遣歸。詔行道舍傳舍,縣次具酒肉,食從者及馬。王莽亦依故事白遣龔勝及邴漢。而後漢章帝建初元年,以兗、豫、徐三州旱,詔流人欲歸本者,其實稟,令足還到,聽過止官亭,無雇舍宿。舍宿有煩特詔,不則須出顧直,可見亭郵待平民之薄矣。《後漢書・趙孝傳》:父普,王莽時爲田禾將軍。任孝爲郎。每告歸,常白衣步儋。嘗從長安還,欲止睡亭,亭長先時聞孝當過,掃灑待之。孝既至,不自名。長不肯内。《循吏傳》:劉寵嘗出京師,欲息亭舍。亭吏止之曰:"整頓灑掃,以待劉公,不可得也。"皆亭吏趨承貴勢,慢易平民之證。職是故,逆旅之業遂日盛。《後漢書・張霸傳》云:霸子楷,門徒常百人。賓客慕之。自父黨宿儒,皆造門焉。車馬填街,徒從無所止。黃門及貴戚之家,皆起舍巷次,以候過客往來之利。此即逆旅,云專候造楷者,傳言之過也。《儒林傳》:周防父揚,少孤微,常修逆旅,以供過客,而不受其報。可見營是業者之多。《續漢書・百官志注》:永光十年,應順上言"郡計吏觀國之光,而舍逆旅,崎嶇私館",可見雖官吏亦有依之者矣。

　　亭傳之置,於邊方關係尤大。蓋内地殷繁,自有逆旅以供過客,而邊荒則惟恃此,故永光羌亂,詔書特言其"燔燒置亭";《漢書・馮奉世傳》。永光四年,漊中、澧中蠻反,《後漢書・南蠻傳》亦特記其"燔燒郵亭"也。《史記・漢興以來將相名臣年表》,於元光六年特書南夷始置郵亭,可見其與邊方交通關係之大。《三國・魏志・陳羣傳》:青龍中,大營宮室,羣上疏曰:"昔劉備自成都至白水,多作傳舍,興費人役,大祖知其疲民也。今中國勞力,亦吳、蜀之所願也。"案《蜀志・先主傳》:建安二十四年,備自漢中還治成都。《注》引《典略》曰"備於是起館舍,建亭障,從成都至白水關四百餘區",羣所指即此事也。疲民豈備所不知? 蓋亦勢不容已耳。

　　古代列國之間,交通多有制限,是爲關梁,漢世亦有之。侯應議罷邊塞,謂"自中國尚建關梁以制諸侯"是也。《漢書・匈奴列傳》。《漢書・文帝紀》:十二年三月,除關無用傳。張晏曰:"傳,信也。若今過所也。"如淳曰:"兩行書繒帛,分持其一,出入關合之乃得過,謂之傳也。"李奇曰:"傳,棨也。"師古曰:

"張說是也。古者或用棨，或用繒帛。① 棨者，刻木爲合符也。"案古人作書，或用竹木，或用繒帛，故過所之制因之。《後漢書·郭丹傳注》曰"符即繻也"，失之專輒矣。《漢書·終軍傳》：軍從濟南當詣博士，步入關。關吏予軍繻。軍問以此何爲？吏曰："爲復傳。還當以合符。"軍曰："大丈夫西游，終不復傳還。"棄繻而去。張晏曰："繻，符也。書裂帛而分之，若券契矣。"蘇林曰："繻，帛也。舊關出入皆以傳。傳煩，因裂繻頭，合以爲符信也。"然則用繻乃後起之事，其初本皆用棨。《後書·安帝紀》：永初元年十一月，勅司隸校尉、冀、并二州刺史："民謠言相驚，棄捐舊居，老弱相攜，窮困道路。其各勅所部長吏，躬親曉諭。若欲歸本郡，在所爲封長檄。不欲勿强。"固猶是用木也。乘車者亦當用傳。《漢書·平帝紀》：元始五年，徵天下通知逸經、古記、天文、曆算、鍾律、小學、史篇、方術、本草，及以《五經》、《論語》、《孝經》、《爾雅》教授者，在所爲駕一封軺傳。如淳曰："律：諸當乘傳及發駕置傳者，皆持尺五寸木傳信，封以御史大夫印章。其乘傳參封之。參，三也。有期會累封兩端，端各兩封，凡四封也。乘置馳傳五封也。兩端各二，中央一也。軺傳兩馬再封之，一馬一封也。"文帝之除關，實爲仁政。② 故鼂錯對策，美其"通關去塞"，而路温舒亦稱其"通關梁一遠近"。景帝四年春，"以七國新反，備非常"，應劭說。復置諸關，用傳出入。武帝初，魏其、武安等欲除關，卒未果，遂終兩漢之世。"無符傳出入爲闌。"《漢書·汲黯傳注》引臣瓚說。《高惠高后文功臣表》：長脩侯相夫，元封三年，坐爲大常，與大樂令中可當鄭舞人擅繇，闌出入關免，可見其制之嚴。《谷永傳》：永言百姓失業流散，羣輩守關。臣願開關梁，内流民，恣所欲之，可見其苛留之狀。《王莽傳》：莽令吏民出入，持布錢以副符傳。不持者，厨傳勿舍，關津苛留。事在始建國二年。故亦時有寬典。如宣帝本始四年，入穀輸長安倉助貸貧民，民以車船載穀入關者，得毋用傳；成帝陽朔二年，關東大水，流民欲入函谷、天井、壺口、五阮關者勿苛留；天井關，在今山西晉城縣南。壺口關，在今山西長治縣東南。五阮關，應劭曰：在代郡。《地理志》，代郡無五阮，有五原關。鴻嘉四年，詔水旱爲災，關東流尤者衆，青、幽、冀部尤劇，流民欲入關者、輒籍内是也。然《後書·郭丹傳》言：丹從師長安，買符入函谷關。《注》引《東觀記》曰："丹從宛人陳洮買入關符。既入關，封符乞人。"則既可賣買，又可贈遺，譏訶亦未必有益矣。《汲黯列傳》：渾邪王至，賈人與市者，坐當死五百餘人。黯請見曰："愚民安知？市買長安中，

---

① 交通：傳用木或用帛。
② 交通：除關。

而文吏繩以爲闌出財物如邊關乎？”《注》引應劭曰：“闌，妄也。律：胡市，吏民不得持兵器及鐵出關。雖於京師市買，其法一也。”此雖近深文，邊關禁令之嚴可想。然《後書·鮮卑傳》載蔡邕之議曰“關塞不嚴，禁網多漏，精金良鐵，皆爲賊有”，則亦具文而已矣。邊關隨國境而移。故南越王欲內屬，上書請除邊關；司馬相如略定西南夷，史亦言“除邊關，邊關益斥”。此從《漢書》。《史記》無下邊字。

傳信於郡國以符。《漢書·文帝紀》：三年九月，初與郡守爲銅虎符、竹使符。應劭曰：“銅虎符第一至第五。國家當發兵，遣使者至郡合符，符合乃聽受之。竹使符，皆以竹箭五枚，長五寸，鐫刻篆書，第一至第五。”張晏曰：“符以代古之圭璋，從簡易也。”師古曰：“與郡守爲符者，謂各分其半，右留京師，左以與之。”發兵皆以虎符，其餘徵調，竹使而已。《續漢書·禮儀志》：大喪亦下竹使符，告郡國二千石諸侯王。後漢初但以璽書發兵。杜詩上疏言之，乃復其制。

水運之功，省於陸運，此歷代皆然。張良説高帝都關中曰“諸侯安定，河、渭漕輓天下，西給京師，諸侯有變，順流而下，足以委輸”；伍被述吳王，亦言其伐江陵之木以爲船；足見水漕之便。故秦時已有令監禄鑿渠運糧之舉。見《漢書·嚴安傳》淮南諫伐閩越書。嚴安上書亦言之。淮南王書又言當時情形曰“抮舟而入水”，可謂艱苦已甚，然猶較陸運爲便也。漢通漕渠之事尤多。略見《漢書·溝恤志》。武帝元光六年，穿漕渠通渭，見《漢書》本紀。番係欲省砥柱之漕，穿汾河渠，以爲溉田；鄭當時爲漕渠回遠，鑿直渠，自長安至華陰，未成；見《史記·平準書》。魏武帝欲征蹋頓，鑿平虜、泉州二渠，入海通運，見《三國·魏志·董昭傳》。吳孫晧時，何定建議鑿聖谿以通江、淮，未成，見《三國·吳志·薛綜傳》。而後漢明帝時之汴渠，其工程之最大者也。海運之利亦漸著。《後漢書·鄭弘傳》：建初八年，代鄭衆爲大司農。舊交阯七郡，貢獻皆從東冶汎海而至。① 風波艱阻，沈溺相係。弘奏開零陵桂陽嶠道。於是夷通，至今遂爲常路。此雖云沈溺相係，然自嶠道未開以前，交、廣與北方，固恃海運爲常道也。即嶠道開後，海運亦未必能廢，此不過盛詡鄭弘之功耳。《潛夫論》言：當時江南之木，入海乘淮，逆河泝洛，見第五節。亦見河海連絡之效。王莽居攝，胡剛已亡命交阯。見《後漢書·胡廣傳》。後漢之末，桓曄、榮玄孫，見《榮傳》。袁忠、安玄孫，見《安傳》。許靖等，亦皆往焉。管寧等則適遼東，王朗亦走東冶。可見南北航行，皆極暢達。《魏志·齊王芳紀》：正始元年，以遼東汶、北豐縣民流徙渡海，規齊郡之西安、臨菑、昌國縣界，爲新汶、南豐縣，以居流民，此實僑置郡縣之始。其時民之依海島爲盜者

① 交通：交阯七郡貢汎東冶，因溺開嶠道。吳與遼東往還頗密（第四三二頁）。

甚多,亦見近海島嶼之日益開闢也。《魏志·武帝紀》:建安十一年八月,公東征海賊管承。至淳于,遣樂進、李典擊敗之。承走入海島。後天子策命公爲魏公,以海盜奔迸爲功狀之一。陳登在廣陵,海賊薛州之羣萬有餘户,束手歸命,見《吕布傳注》引《先賢行狀》。時又有海賊郭祖,寇暴樂安、濟南界,見《何夔傳》。孫堅年十七,以追海賊著聞;孫休永安七年,海賊破海鹽,殺司鹽校尉;皆見本傳。《傅嘏傳》:諸葛恪新破東關。乘勝揚聲,欲鄉青、徐。嘏議以爲:"淮海非賊輕行之路。又昔孫權遣兵入海,漂浪沈溺,略無孑遺。恪豈敢傾根竭本,寄命洪流,以徼乾没乎?"案《田豫傳》曰:公孫淵以遼東叛,使豫督青州諸軍往討之。會吳賊遣使與淵相結。帝以賊衆多,又已渡海,詔豫使罷軍。豫度賊船垂還,歲晚風急,必皆漂浪。東隨無岸,當赴成山。成山無藏船之處。輒便循海,案行地形,及諸山島,徼截險要,列兵屯守。賊還,果遇惡風,船皆觸山沈没,波蕩著岸,無所逃竄,盡虜其衆。嘏所言者,當即指此。然此特航行偶失。當時吳與遼東,往還頗密,多由海道,《公孫度傳注》引《魏略》載魏下遼東、玄菟赦文曰:比年以來,復遠遣船,越渡大海,多持貨物,誑誘邊民。邊民無知,與之交關。長吏以下,莫肯禁止。至使周賀浮舟百艘,沈滯津岸,貿遷有無。既不疑拒,齎以名馬。又使宿舒;隨賀通好云云。則吳與遼東交易頗盛。可參看第十二章第四節。吳使張彌等爲淵所殺,孫權且欲自征淵,可見航行並非甚難。魏欲伐淵,亦曾詔青、兗、幽、冀四州作大船;《明帝紀》景初元年。又嘗浮海入句章,漢縣,今浙江慈谿縣西南。略長吏賞林及男女二百餘口;《吳志·孫休傳》永安七年。則緣海航行,南北皆甚便易矣。海外航行,已見第九章第四節。《三國·吳志·孫權傳》:黄龍二年,遣將軍衛温、諸葛直將甲士萬人,浮海求夷洲及亶洲。亶洲在海中,長老傳言:秦始皇帝遣方士徐福將童男女數千人入海求蓬萊神山及仙藥,止此洲不還。① 世相承有數萬家。其上人民,時有至會稽貨布。會稽東海人海行,亦有遭風流移至亶洲者。所在絶遠,卒不可得至,但得夷洲數千人還。案《梁書》言日本人自稱爲徐福後,而今日本紀伊有徐福祠,熊野有徐福墓,因有疑其地爲日本者。黄公度《日本國志》即持此説。然觀第十二章第十節所述倭與中國往來之路,則時日本似未必能至會稽。其時横絶大海尚難,亶洲人能時至會稽,其距會稽必不甚遠,疑仍近海島嶼,衛温、諸葛直自不能至耳。傳説能使國家爲之興師,必非絶無根據,則徐福止於亶洲,殆必實有其事也。將還夷洲人至數千,若爲取信或屬時主好奇之心,安用如此之多?疑此數千人本華人,衛温、諸葛直拔還之。所謂遭風流移,非事先之傳聞,乃正將還之後,得之於其人之自述者耳。可見夷洲距中國,亦不甚遠也。

船工之奇者,有樓船,有戈船。樓船者,"作大船,上施樓"。《漢書·武帝紀》:

① 移民:亶州、夷州。

元封二年《注》引應劭説。戈船者：張晏曰：“越人於水中負人船，又有蛟龍之害，故置戈於船下，因以爲名也。”臣瓚曰：“《伍子胥書》有戈船，以載干戈，因謂之戈船也。”師古曰“以樓船之例言之，張説近之”，《武帝紀》元鼎五年《注》。蓋是。《漢書·地理志》：廬江郡有樓船官。漢武大修昆明池，治樓船高十餘丈。《史記·平準書》。馬援伐交阯，將樓船大小二千餘艘。《後漢書》本傳。而武帝算緡之法，船五丈以上一算，則時造船之技，亦大有可觀矣。《後漢書·岑彭傳》：公孫述遣其將任滿、田戎、程汎將數萬人乘枋箄下江關。《哀牢夷傳》：其王賢栗，遣兵乘箄船南下江、漢，擊附塞鹿茤夷。此即今之竹木筏。《鄧禹傳》：子訓，發湟中六千人，令任尚將之。縫革爲船，置於箄上以渡河，掩擊迷唐。《南匈奴傳》：永平八年，北虜遣二千騎候望朔方，作馬革船，欲度迎南部畔者。此即今日之皮船。偏方之地，各因其物産地利，而異其備器也。

　　然僻陋之區，舟船仍有極乏者，《史記·淮陰侯列傳》：“陳船欲渡臨晉，而伏兵從夏陽以木罌缻渡軍。”缻，《漢書》作缶。服虔曰：“以木枊縛罌缶以渡也。”韋昭曰：“以木爲器如罌缶也。”師古曰：“服説是。罌缶，謂瓶之大腹小口者也。”此由其地本少舟船，故並不能爲浮橋耳。

第十八章　秦漢政治制度

第一節　政　體

古者一國之主稱君，爲一方所歸往者稱王；戰國之世，七雄並稱王，加於王者則稱帝；已見《先秦史》第十四章第一節。故趙高弒二世，欲使秦去帝號復稱王；諸侯之相王，亦尊楚懷王爲義帝也。義帝僅據虛名，實權皆在霸王，蓋放東周之世，政由五伯之例，亦已見本篇第三章第二、第三兩節。至漢高帝滅項羽，諸侯將相復尊爲帝，而號稱皇帝者，乃復有號令天下之實權焉。

皇帝二字，漢時意尚有別。[①] 高帝六年，尊其父爲大上皇。蔡邕曰："不言帝，非天子也。"《史記·高祖本紀集解》引。顏師古《注》曰："不預治國，故不言帝。"案《三國·魏志·王肅傳》：山陽公薨，肅上疏曰："漢總帝皇之號，稱爲皇帝，有別稱帝，無別稱皇，則皇是其差輕者。故當高祖之時，土無二王，其父見在，而使稱皇，明非二王之嫌。今以贈終，可使稱皇，以配其謚。"漢人視皇與帝之別，其意可見。哀帝追尊其父但曰恭皇以此。又案秦始皇已追尊其父爲大上皇，則漢祖所爲，亦有所本，非創制也。

國非人君所私有，其義漢代尚明。[②] 諸侯將相之欲尊高帝也，高帝曰："吾聞帝，賢者有也；空言虛語，非所守也。吾不敢當帝位。"孝文帝元年，有司請立大子。上曰："朕既不德，上帝神明未歆享，天下人民未有嗛志。今縱不能博求天下賢聖有德之人而禪天下焉，而曰豫建大子，是重吾不德也，謂天下何？"又曰："楚王季父也，春秋高，閱天下之義理多矣，明於國家之大體；吳王於朕兄也，惠仁以好德；淮南王弟也，秉德以陪朕；豈爲不豫哉？諸侯王、宗

---

①　政體：皇帝之别。
②　政體：國非人君私有之義，漢世尚明（第四三四—四三五頁）。

室、昆弟、有功,多賢及有德義者,若舉有德以陪朕之不能終,社稷之靈,天下之福也。今不選舉焉,而曰必子,人其以朕爲忘賢有德者而專於子,非所以憂天下也。"雖曰空言,大義固皎然矣。革易之義,儒者尤昌言之,無所諱忌。眭弘勸漢帝誰差天下,求索賢人,禪以帝位。弘從嬴公學《春秋》,嬴公董仲舒弟子也。見《儒林傳》。故弘稱仲舒爲先師,見本傳。蓋寬饒引《韓氏易傳》言"五帝官天下,三王家天下。家以傳子,官以傳賢。若四時之運,功成者退,不得其人,則不居其位"。《漢書‧五行志》引京房《易傳》曰:"復,崩,來無咎。自上下者爲崩。厥應泰山之石顚而下。聖人受命人君虜。"又曰:"石立如人,庶士爲天下雄。立於山同姓,平地異姓。立於水聖人,於澤小人。"與眭弘之言,若合符節。谷永災異之對曰:"天生烝民,不能相治,爲立王者以統理之。方制天下,非爲天子;列土封疆,非爲諸侯,皆以爲民也。垂三統,列三正;去無道,開有德;不私一姓,明天下乃天下之天下,非一人之天下也。"永勸成帝益納宜子婦人,毋避嘗字。曰:"推法言之,陛下得繼嗣於微賤之間,乃反爲福。後宮女史、使令,有直意者,廣求於微賤之間,以遇天所開右。"劉向諫起昌陵,亦言王者必通三統。其著《説苑》,又設爲秦始皇既併六國,召羣臣議禪繼是非。《至公篇》。文帝答有司請立大子,以楚、吳、淮南王爲言。成帝無子,引大臣議所立,翟方進等皆主立弟子,孔光獨援殷及王之例,欲立中山王。然則漢景帝與梁孝王昆弟燕飲,酒酣,從容言曰"千秋之後傳梁王",而竇嬰引卮酒進上曰:"天下者高祖天下,父子相傳,此漢之約也,上何以得擅傳梁王?"乃特以折竇大后耳。謂有天下者必家,家必傳子,固非漢世儒者意也。然此義也,惟學者知之,流俗則視天下爲一人一家所私有;而其所以能有天下,則又出於蒼蒼者不可知之意耳。圖讖妖妄,自兹而作,而民主之古義稍湮矣。李雲以帝欲不諦之語誅,自漢人觀之,實爲妄殺,而魏明帝問王肅,乃謂其何得不死,知魏、晉之世,君臣之義,稍與漢世不同矣。

　　漢世每逢災異,輒策免三公,人徒訾爲迷信,而不知其爲民主古義之告朔餼羊也。夫餘俗水旱不調,輒歸咎於王,或言當易,或言當殺,《三國志》本傳。夫餘俗最類有殷,明此亦中國古法。尸其事者職其咎,義固當然。然其後爲一國之主者,地位稍尊,又其所係者重,不可加誅,則移其責於左右。古小國見誅於大國,輒殺其大臣以説;周公請代成王曰"王少未有識,奸神命者乃旦也";此災異策免三公之原,所策免者三公,其咎實在人君也。世事日新,人之見解亦日變,此等舊法,自不能維持矣。

第二節　封　　建

戰國之季,列國並立之制,業已不能維持,然人心殊未能悟。陳勝、吳廣之謀起事也,曰:"等死,死國可乎?"及會三老豪桀於陳,皆稱其復立楚社稷,功宜爲王。勝敗,范增説項梁,謂其"不立楚後而自立,其勢不長。今君起江東,楚蠭起之將皆爭附君者,以君世世楚將,爲能復立楚之後也"。周市不肯自立,而必欲立魏咎。武臣之死也,客説張耳、陳餘曰:"兩君羈旅,而欲附趙,難獨立。立趙後,扶以義,可就功。"此皆六國之民,以爲其國當復立之證:①而當戰國之世,諸稱王者,率封其臣爲侯。是時之崛起者,大者望專制一方,小者亦圖南鄉稱孤,皆是物也。諸侯之相王,及漢初之封建,皆列爵二等,職是故耳。

　高祖雖滅項籍,然謂一人可以專制天下,此當時之人心所必不許,而亦非高祖之所敢望也。②是時之所欲者,則分天下而多自予,使其勢足以臨制諸侯;又多王同姓,俾其勢足相夾輔耳。秦郡三十六,而漢初得其十五;語出《史記·漢興以來諸侯年表》,《漢書·諸侯王表》仍之。齊召南曰:"此以秦地計之。内史一,河東二,河南、河内即三川郡三,東郡四,潁川五,南陽六,南郡七,蜀郡八,巴郡九,漢中十,隴西十一,北地十二,上郡十三,雲中十四,以《史記》言内地北距山以東盡諸侯地推之,則上黨郡十五也。若計高帝所自立之郡,則不止於十五矣。見《漢書殿本考證》。又王子弟以大封由此也。高祖之不可信,韓信、彭越等寧不知之?猶奉之以帝號者?帝之與王,各有其君國子民之實。謂帝者可以隨意廢置其王,固非其時之人所能信。抑後來高祖之滅異姓,非詭謀掩襲,即舉兵相屠,此猶楚、漢之相爭,初非共主之征討也。是時所務者,爲鉏異姓,樹同姓,惠、文以後,則所患者轉在同姓矣。於是衆建而少其力之策稍行,封建遂名存實亡矣。《漢書·王子侯表》言:王莽擅朝,僞襃宗室,侯及王孫,居攝而愈多,猶此策也。

　漢初列爵二等,特依戰國以來故事。王莽秉政,乃列爵五等,地爲四等,而去王封。③案王爲專制一方之名,漢後來之諸王,既無其實,而襲其名,則爲不正,去之是也。後漢光武建武十五年,朱祐奏古者人臣受封,不加王爵,可改諸王爲公。帝即施行。及十七年,廢皇后郭氏爲中山大后,進右翊公輔爲

----

① 封建:秦末六國欲復爲國。

② 封建:獨有天下之想,非漢初所能有。

③ 封建:王莽封建去王名爲正。

中山王。其餘九國，皆即舊封進爵爲王。至十九年，又進趙、齊、魯三國公爵爲王。蓋因廢后故而爲是，可謂以私意亂制度矣。

《漢書·百官公卿表》云：“諸侯王，掌治其國。有大傅輔王，內史治國民，中尉掌武職，丞相統衆官。羣卿大夫都官如漢朝。景帝中五年，令諸侯王不得復治國。《續漢書·百官志》：令內史主治民。天子爲置吏。《續志》云：國家惟爲置丞相，其大夫以下，皆自置之。改丞相曰相。省御史大夫、廷尉、《續志》多“少府”二字。宗正、博士官。大夫、郎、謁者諸官皆損其員。武帝改漢內史爲京兆尹，中尉爲執金吾，郎中令爲光禄勳，故王國如故。損其郎中令秩。改大僕曰僕。成帝綏和元年，更令相治民如郡大守，中尉如郡都尉。”事由何武之奏，見《漢書》本傳。《續志》：大傅但曰傅。《注》引《東觀書》曰：其紹封削黜者，中尉、內史官屬，亦以率減。其時有左官之律，附益之法，已見第四章第六節。《後漢書·光武帝紀》：建武二十四年，詔有司申明舊制阿附蕃王法。《注》云：“即左官律、附益法也。”又漢制，王國人不得在京師，亦不得宿衛，見《漢書·彭宣》及《兩龔傳》。宮人出嫁不得適諸國，見《後書·孝明八王傳》。樂安靖王。後漢初，禁網疏闊，諸王引致賓客稍盛。然經沛王輔之禍，即不復自由矣。見本傳及《樊宏傳》。《三國·吳志·諸葛恪傳》：恪牋諫孫奮曰：“自光武以來，諸王有制，惟得自娛宮內，不得臨民干與政事。其與交通，皆有重禁。”其防制之嚴如此。此固由帝室之猜忌。然諸王多生於深宮之中，長於阿保之手，雖有中駟，亦成下材。既多昏愚，又益淫虐。如江都王建、膠西于王端、趙敬肅王彭祖、長沙王建德、廣川王去等皆是。《景十三王傳贊》云：“漢興至於孝平，諸侯王以百數，率多驕淫不道。”人民何辜，罹此荼毒？享虛號而不得有爲，已爲逾分矣。

《漢書·景武昭宣元成功臣表》云：“漢興，至於孝文時，乃有弓高、壯侯韓頹當，以匈奴相國降，故韓王信子。襄城哀侯嬰，以匈奴相國降，故韓王大子之子。之封，雖自外來，本功臣後。故至孝景始欲侯降者，丞相周亞夫守約而爭。帝黜其議，初開封賞之科。又有吳、楚事，至興胡、越之伐，將帥受爵，應本約矣。後世承平，頗有勞臣。”《外戚恩澤侯表》云：“至於孝武，元功宿將略盡。會上亦興文學，進拔幽隱。公孫弘自海瀕而登宰相，於是寵以列侯之爵。又疇咨前代，詢問耆老，初得周後，復加爵邑。自是之後，宰相畢侯矣。元、成之間，晚得殷世，以備賓位。見下。漢興，外戚與定天下侯者二人。故誓曰：非劉氏不王；若有亡功非上所置而侯者；天下共誅之。是以高后欲王諸呂，王陵廷爭；孝景將侯王氏，修侯犯色。卒用廢黜。是後薄昭、竇嬰、上官、衛、霍之侯，以功受爵；其餘，后父據《春秋》褒紀之義；帝舅緣《大雅》申伯之意，寖廣博矣。”此漢代侯封之大略也。若執初約，多不相應。故後漢趙典諫桓帝，言恩澤侯宜一切削免爵土也。後漢建武二年，封功臣皆爲列侯。大國四縣，餘各有差。宗室列侯爲王莽所廢者，並復故國。十三年，宗室及絕國封侯者，凡一百三十七人。功臣增邑更封，凡三百六十五人。其外戚、恩澤封者，四十五人。前代之封，始於武帝。元鼎四年，封周後嘉爲周子南君。元帝初元五年，以周子南君爲周承休侯。成帝綏和元年，據通三統之義，封孔吉爲殷紹嘉侯。旋與周承休侯皆進爵爲公。平帝元始四年，改殷紹嘉公曰宋公，周承休公曰鄭公。建武二年，以周後姬常爲周承休公。五年，封殷後孔安爲殷紹嘉公。十三年，以殷紹嘉公爲宋公，周承休公爲衛公。先是元始元年，又封周公後公孫相如爲褒魯侯，孔子後孔均爲褒成侯。追諡孔子曰褒成宣尼公。案封孔子後爲湯後，唱自匡衡，成於梅福，見《漢書·福傳》。其時通三統與封聖人之後，併爲一談，至此始分。後漢亦紹褒成之封，見《後書·孔僖傳》。魏文帝黃初二年，以議郎孔羨爲宗聖侯，奉孔子祀。

漢代婦人，亦有封爵。高祖兄伯之妻封陰安侯。[①] 見《史記·孝文本紀》。呂嬃封臨光侯。見《樊噲傳》。魯侯奚涓亡子，封其母疵。見《史記·功臣侯表》。《漢書·高惠高后文功臣表》作母底。後漢東海王彊無子，亦封其三女爲小國侯。《後漢書·皇后紀》云：“漢制：皇女皆封縣公主，儀服同列侯。其尊崇者加號長公主，儀服同蕃王。諸王女皆封鄉亭公主，儀服同鄉亭侯。皇女封公主者，所生之子，襲母封爲列侯，皆傳國於後。鄉亭之封，則不傳襲。”“皇后秩比國王”，見《續漢書·百官志注》。《三國·魏志·皇后傳》：黃初中，文帝欲追封大后父母。尚書陳羣奏曰：“案典籍之文，無婦人分土命爵之制。在禮典，婦因夫爵。秦違古法，漢氏因之，非先王之令典也。”帝曰：“此議是也。其勿施行。”以著作詔下，藏之臺閣，永爲後式。

宦者封列侯，始於前漢之張釋之，事在高后八年。[②] 見《漢書》本紀。時諸中官宦者令丞皆賜爵關內侯，食邑。後漢順帝陽嘉四年，詔宦官養子，悉聽得爲後，襲封爵。見本紀及《宦者·孫程傳》。

非劉氏不王之制，漢初果有其事以否，頗爲可疑，說見第四章第四節。[③] 然後遂執爲故實。《三國·魏志·武帝紀》：建安二十一年，天子進公爵爲魏王。《注》引《獻帝傳》載詔曰“自古帝王，雖號稱相變，爵等不同，

---

① 封建：秦漢婦人亦有封爵，魏乃罷。

② 封建：宦者之封。

③ 封建：非劉氏不王之制之破。

至乎褒崇元勳,建立功德,光啓氏姓,延於子孫,庶姓與親,豈有殊焉?昔我聖祖受命,創業肇基,造我區夏。鑒古今之制,通爵等之差。盡封山川,以立藩屏。使異姓、親戚,並列土地,據國而王。所以保乂天命,安固萬嗣。歷世承平,臣主無事。世祖中興,而時有難易。是以曠年數百,無異姓諸侯王之位"云云。蓋相傳數百年之制,至此不復能堅持矣。《董昭傳注》引《獻帝春秋》:昭與列侯、諸將議,以丞相宜進爵國公,九錫備物。書與荀彧,謂大祖之功,方之呂望、田單,若泰山之與丘垤。徒與列侯功臣,並侯一縣,豈天下之所望?此自事理之至平,非苟阿所好也。

《漢書·百官公卿表》曰:"爵:一級曰公士。二上造。三簪裊。四不更。五大夫。六官大夫。七公大夫。八公乘。九五大夫。十左庶長。十一右庶長。十二左更。十三中更。十四右更。十五少上造。十六大上造。十七駟車庶長。十八大庶長。十九關內侯。二十徹侯。皆秦制,以賞功勞。徹侯避武帝諱曰通侯,或曰列侯。改所食國令長名相。"《續漢書·百官志注》引劉劭《爵制》曰:"秦依古制,其在軍,賜爵爲等級。其帥人皆更卒也,有功賜爵,則在軍吏之例。自一爵以上至不更四等,皆士也。大夫以上至五大夫五等,比大夫也。自左庶長以上至大庶長,九卿之義也。關內侯者,依古圻內諸侯之義也。列侯者,依古列國諸侯之義也。"《漢書·樊噲傳》云:噲賜爵國大夫。文穎曰:"即官大夫也,爵第六級。"又賜爵七大夫。文穎曰:"即公大夫也,爵第七級。"又賜上聞爵。又賜爵五大夫。又賜爵卿。又賜爵封號賢成君。張晏曰:"食祿比封君而無邑也。"臣瓚曰:"秦制列侯乃有封爵。"師古曰:"瓚說非也。楚、漢之際,權設寵榮,假其位號,或得邑地,或空受爵,此例多矣。約以秦制,於義不通。"案上聞介第七第九級之間,其即公乘無疑。《高帝紀》:五年,詔軍吏卒七大夫以上,皆令食邑,則得食邑者吏不必列侯。然詔又言:"七大夫公乘以上,皆高爵也。諸侯子及從軍歸者,甚多高爵。吾數詔吏:先與田宅;及所當求於吏者亟與。爵或人君,上所尊禮,久立吏前,曾不爲決,甚亡謂也。"則七大夫、公乘,有望田宅而不可得者矣,安敢望封邑?[①]劉劭《爵制》曰:"吏民爵不得過公乘者,得貰與子若同產。"《後漢書·安帝紀》:元初元年,爵過公乘得移與子若同產、同產子,蓋權制。蓋爵至五大夫則免役,故靳而不與也。免役且不輕予,況於封邑?《留侯世家》謂高帝已封大功臣三十餘人,其餘爭功未得行封,上居南宮,從複道上,見諸將往往耦語,以問良。良言軍吏計功,天下不足徧封,

---

① 封建:七大夫,公乘,有望田宅而不敢得者,安得有封邑。爵不得過公乘者,得貰與子若同產。

而恐以過失及誅，故相聚謀反。非虛語也。留侯難酈食其謀封六國後曰："天下游士，離親戚，棄墳墓，去故舊，從陛下游者，徒欲日夜望咫尺之地"。所望者亦即此等封邑，非敢望通侯也。此大封之制格於事而不可行者也。

　　高帝詔言爵或人君，師古曰："爵高有國邑者，則自君其人，故云或人君也。"①《續漢書・百官志》云："列侯大者食縣，小者食鄉亭，得臣其所食吏民。"此乃後來定制，漢初或尚不止此。高帝十二年詔言列侯皆自置吏，得賦斂。文帝七年詔，令列侯大夫人、夫人、諸侯王子，及吏二千石，毋得擅徵捕。使人人自賦斂，擅徵捕，豈不縱百萬虎狼於民間？幸而當時諸侯皆樂在長安，不肯就國耳。然猶有吏卒遠繇之弊。《漢書・文帝紀》：二年，以列侯多居長安，邑遠，吏卒給輸費苦，令之國。三年十一月，詔曰："前日詔遣列侯之國，辭未行。丞相朕之所重，其爲朕率列侯之國。"遂免丞相勃，遣就國。《景帝紀》：後二年十月，省徹侯之國。然武帝初年，趙綰、王臧之敗，實以列侯不願就國，毀日至竇太后故，見第五章第二節，則文、景時雖屢有詔命，其事仍未能行也。《後漢書・光武帝紀》：建武六年，始遣列侯就國。其不得不去其臨民之實者勢也。《後漢書・黄瓊傳》：瓊言"今諸侯以户邑爲制，不以里數爲限。② 蕭何識高祖於泗水，霍光定傾危以安國，皆益户增封，以顯其功"。論户邑而不論里數，則意但在於食禄，自易與治民分離。其後遂有但錫名號而不與之邑者。《漢書・高后紀》八年《注》引如淳曰："列侯出關就國，關内侯但爵耳。其有加異者，與之關内之邑，食其租税。《宣紀》曰德、武食邑是也。"案此指劉德、蘇武，事見本始元年。《續志》云："關内侯無土，寄食在所縣。民租多少，各有户數爲限。"雖僅云關内侯，然霍去病封冠軍侯，本無縣，後乃以南陽穰縣盧陽鄉、宛縣臨駣聚爲冠軍侯國；《霍光傳》：光封博陸侯，文穎曰"博大，陸平，取其嘉名，無此縣也，食邑北海河東城"；則列侯亦有然者矣。然此尚實有所食，若明帝送列侯印十九枚與東平憲王，諸王子年五歲已上，能趨拜者，皆令帶之，則恐並無禄入。《三國・魏志・武帝紀》：建安二十年十月，始置名號侯至五大夫，與舊列侯關内侯凡六等，以賞軍功。《注》引《魏書》曰："名號侯爵十八級，關中侯爵十七級，又置關内外侯十六級，五大夫十五級，皆不食租，與舊列侯關内侯凡六等。"裴氏謂"今之虛封，蓋自此始"，實則其所由來者遠矣。封建之義有二：君國子民，子孫世襲，此自其爲部落酋長沿襲而來，錫以榮名，畀之租入，則凡人臣之所同也。有爵邑而不得有爲，或有爵而並無邑禄，封建固已徒存其名矣。

---

① 封建：列侯有國，漢初猶有君民之實。
② 封建：論户邑不論國土，則不治民矣。

封爵有遞減之法，又有終其身不得傳於後者。① 前引鄉亭公主之封不得傳襲，即其一端。《漢書·景武昭宣元功臣表》：荻苴侯韓陶，"封終身，不得嗣"。瓡讘侯扞者，"制所幸封不得嗣"。《後漢書·光武帝紀》：建武十三年，詔曰："長沙王興、真定王得、河間王茂皆襲爵爲王，不應經義。其以興爲臨湘侯，得爲真定侯，邵爲樂成侯，茂爲單父侯。"《注》曰："以其服屬既疏，不當襲爵爲王。"《鄧禹傳》：孫康，永初六年紹封。"時諸紹封者皆食故國半租，康以皇大后戚屬，獨三分食二"。《寇恂傳》：同産弟及兄子姊子以軍功封列侯者凡八人，終其身，不傳於後。

《漢書·惠帝紀》：元年，民有罪得買爵三十級，以免死罪。應劭曰："一級直錢二千，凡爲六萬，若今贖罪入三十疋縑矣。"六年，令民得買爵。文帝後六年，大旱蝗，民得買爵。《食貨志》言：帝從鼂錯之言，"令民入粟邊，六百石爵上造，稍增至四千石爲五大夫，萬二千石爲大庶長，各以多少級數爲差"。景帝時，"上郡以西旱，復修賣爵令，而裁其賈以招民"。案《貨殖列傳》言糶上者八十，下者三十。以三十計之，四千石當十二萬，萬二千石三十六萬；以八十計，則四千石三十二萬，萬二千石九十六萬矣；其賈遠較惠帝時爲貴。蓋民入粟較入錢爲易，故不可並論也。《食貨志》言：武帝時，有司請令民得買爵。又"請置賞官，名曰武功爵。級十七萬，②凡直三十餘萬金。諸買武功爵官首者，試補吏先除，千夫如五大夫，其有罪又減二等，爵得至樂卿"。臣瓚曰："《茂陵中書》有武功爵，一級曰造士，二級曰閑輿衛，三級曰良士，四級曰元戎，五級曰官首，六級曰秉鐸，七級曰千夫，八級曰樂卿，九級曰執戎，十級曰政戾庶長，《史記集解》引作左庶長。十一級曰軍衛，此武帝所制，以寵軍功。"師古曰："此下云級十七萬凡直三十餘萬金，今瓚所引《茂陵中書》，止於十一級，則計數不足，與本文乖矣，或者《茂陵書》說之不盡也。"《史記·平準書·索隱》曰："大顏云：一金萬錢也，計十一級，級十七萬，合百八十七萬金，而此云三十餘萬金，其數必有誤者。顧氏案或解云：初一級十七萬，自此已上，每級加二萬，至十七級，合成三十七萬也。"案《茂陵書》說武功爵級無不盡之理。顧氏之說，亦近鑿空。成帝鴻嘉三年，令民得買爵，級千錢。較惠帝時賈適裁其半。武功爵有罪得減，若案六萬之賈而裁其半，則級得三萬，十一級凡三十三萬。疑"級十七萬"四字爲級十一或級三萬之譌；"凡直三十餘萬金"之金，則衍字也。

① 封建：封爵遞減及不得傳後。
② 封建：級十七萬。

武功爵之置,事在元朔六年。本紀載詔,以“受爵賞而欲移賣者,無所流貤”,故有此舉。如一級貴至十七萬,尚安可賣,此亦級十七萬爲誤字之一徵也。《成帝紀》:永始二年,吏民以義收食貧民者,其百萬以上,加爵右更。此則本以義勸,與買爵又有不同也。

衆建親戚以爲屏藩之計,至漢末猶有存者。[①] 魏武帝建安十五年十二月己亥令,言“前朝恩封三子爲侯,固辭不受,今更欲受之,非復欲以爲勞,欲以爲外援,爲萬安計”;董昭説大祖建封五等,亦言“大甲、成王,未必可遭;今民難化,甚於殷、周;宜稍建立,以自藩衛”;則其事也。然魏世殊不能行。文帝黄初三年,始立皇子叡、霖,弟鄢陵侯彰等十一人皆爲王。初制封王之庶子爲鄉公,嗣王之庶子爲亭侯,公之庶子爲亭伯。五年,以天下損耗,詔改封諸王,皆爲縣王。見《武文世王公》、《彭城王據傳》。明帝大和六年,詔改封諸侯王,皆以郡爲國。魏世猜忌諸王最甚。大祖已重諸侯賓客交通之禁,使與犯妖惡同。明帝青龍二年賜趙王幹璽書,見本傳。文帝又著令:諸王不得在京都。見明帝大和五年詔。並勑藩王不得輔政。《明帝紀》景初二年《注》引《漢晉春秋》。劉放以此沮帝用燕王宇。國有老兵百餘人。縣隔千里之外,無朝聘之儀。鄰國無會同之制。游獵不得過三十里。又爲設防輔監國之官,以伺察之。皆思爲布衣而不能得。《武文世王公傳注》引《袁子》。可參看《陳思王傳》。蓋文帝本與陳思王爭爲繼嗣,而任城威王勢亦甚逼,時當革易之初,天澤之分,猶未大定,故其勢相激至此也。魏以孤立亡,晉復大封宗室,以招八王之亂。家天下者,莫不欲爲子孫帝王萬世之計,而患恒出於所備之外,自今日觀之,皆一丘之貉而已。魏封亦二等,陳留王咸熙元年,相國晉王乃奏復五等之爵。又文帝黄初元年,以漢諸侯王爲崇德侯,列侯爲關中侯,則前代有爵者降封之制也。

第三節　官　　制

漢代官制,大體承秦。《漢書·百官公卿表》云:“秦兼天下,建皇帝之號,立百官之職,漢因循而不革。”其後復有改易。至東漢世祖,乃大加併省。《續漢書·百官志》云:“故新汲令王隆作《小學漢官篇》,諸文倜説,較略不完。惟班固著《百官公卿表》,記漢承秦置官本末,訖於王莽,差有條貫。然皆孝武奢廣之事,又職分未悉。世祖節約之制,宜爲常憲,故依其官簿,麤注職分。”蓋兩漢官制,略具班、馬二家之表、志,而秦制亦可推考矣。三國之世,損益無多。今以班、馬《表》、

① 封建:衆建親戚以爲屏藩之思想,漢末猶存。

《志》爲本，述其大要如下：

　　相國、丞相，皆秦官。掌丞天子，助理萬機。秦有左右。高帝即位，置一丞相。十一年，更名相國。孝惠、高后置左右丞相。文帝二年，復置一丞相。哀帝元壽二年，更名大司徒。武帝元狩五年，初置司直，掌佐丞相舉不法。大尉，秦官。武帝建元二年省。《史記・絳侯世家》：孝惠帝六年，置大尉官，以勃爲大尉。《集解》引徐廣曰："《功臣表》及《將相表》，皆高后四年始置。"《漢書・文帝紀》：三年十二月，大尉灌嬰爲丞相，罷大尉官屬丞相。《景帝紀》：七年二月，罷大尉官。元狩四年，初置大司馬，以冠將軍之號。宣帝地節三年，置大司馬，不冠將軍，亦無官屬。成帝綏和元年，置官屬，祿比丞相，去將軍。哀帝建平二年，復去官屬，冠將軍如故。元壽二年，復置官屬，去將軍，位在司徒上。御史大夫，秦官。位上卿。掌副丞相。成帝綏和元年，更名大司空。祿比丞相。哀帝建平二年，復爲御史大夫。元壽二年，復爲大司空。王莽時，定三公之號，曰大司馬、大司徒、大司空。世祖即位因之。《續書》注引《漢官儀》。建武二十七年，令二府去大字，又改大司馬爲大尉。《續漢書・百官志注》引《漢官儀》曰："元狩六年，罷大尉，法周制置司馬。時議者以爲漢軍有官候、千人、司馬，故加大爲大司馬。綏和元年，罷御史大夫官，法周制，初置司空。議者又以縣道官獄司空，故復加大爲大司空。"案三公並去大名，議出朱祐，見《後漢書》本傳。獻帝初，董卓自大尉進爲相國，而司徒不省。及建安末，曹公爲丞相，郗慮爲御史大夫，則罷三公官。《續志注》。《注》又引荀綽《晉百官表注》曰："獻帝置御史大夫，職如司空，不領侍御史。"魏世仍有三公，但不與事，故《齊王紀》：嘉平元年，以司馬懿爲丞相，《注》引孔衍《漢魏春秋》載懿讓書曰"今三公之官皆備，橫復寵臣，違越先典"也。案《史記・蕭相國世家》言：上已聞淮陰侯誅，使使拜丞相何爲相國，益封五千戶。《曹相國世家》言：高帝以長子肥爲齊王，以參爲齊相國。孝惠帝元年，除諸侯相國法，更以參爲齊丞相。則相國之名，似較丞相爲尊。① 秦置兩相，其原不可考。《漢書注》引荀悅曰"秦本次國，命卿二人，是以置左右丞相"，億度無他證。然漢初但置一相，亦未聞其闕於事。孝惠、高后置二相者？初以王陵少戇，而以陳平佐之。陵免，則審食其爲左相、給事中，此爲高后所便安。孝文初立，平、勃同功，難去其一，遂因循焉。故勃免，即復一相之制矣。後惟武帝以劉屈氂爲左丞相，分丞相長史爲兩府，欲以待天下遠方之選，然右相亦卒未除人也。綏和改制，議出何武；建平復舊，事由朱博；見《漢書・博傳》。元壽改制，蓋欲以位置董賢，亦爲因人而設。惟何武及王莽，真欲釐正制度耳。武言"末俗之弊，政事煩多，宰相

---

① 職官：相國尊於丞相。

之材，不能及古，而丞相獨兼三公之事，所以久廢而不治"。當時議者，即以爲"古今異制。漢自天子之號，下至佐史，皆不同於古，而獨改三公，職事難分明，無益於治亂"。後漢仲長統亦云："任一人則政專，任數人則相倚，政專則和諧，相倚則違戾，未若置一人以總之。若委三公，則宜分任責成。"然據《續漢書·百官志》，三公雖各有所掌，大尉掌四方兵事。司徒掌人民事。司空掌水土事。而國有大造、大疑則通論，有大過則通諫爭，終不能截然分立也。竇融爲司空，以司徒舉人盜金下獄三公參職免，此或欲免融而藉口於此，然三公職事難分明，則於此可見矣，固不如專任一人之爲得也。朱博言："故事：選郡國守相高第爲中二千石，選中二千石爲御史大夫，任職者爲丞相。今中二千石未更御史大夫而爲丞相，權輕，非所以重國政。"以用人之序論，固亦不如舊制之善也。漢世宰相，體制頗尊，《續書·百官志注》引荀綽《晉百官表注》云：漢丞相府門無蘭，不設鈴，不警鼓，言其深大闊遠，無節限也。權限亦廣，觀申屠嘉欲殺鄧通及悔不先斬鼂錯可知。仲長統言之，猶神往焉。見本傳。所置掾屬尤詳，《續書·百官志注》引《漢書音義》曰："正曰掾副曰屬。"丞相府分曹不可考。《續志》載太尉所屬諸曹云："西曹主府史署用。東曹主二千石長史遷除及軍吏。户曹主民户、祠祀、農桑。奏曹主奏議事。辭曹主辭訟事。法曹主郵驛科程事。尉曹主卒徒轉運事。賊曹主盜賊事。決曹主罪法事。兵曹主兵事。金曹主貨幣鹽鐵事。倉曹主倉穀事。黄閣主簿録省衆事。"當略沿相府之舊也。蓋誠能總統衆事。東漢以後，事歸臺閣，非復舊觀矣。

御史大夫有兩丞。一曰中丞，在殿中蘭臺，掌圖籍祕書，外督部刺史，《薛宣傳》：成帝初即位，宣爲中丞，執法殿中，外總部刺史。内領侍御史，員十五人。受公卿奏事舉劾案章。成帝更名大司空。如同而。《晉書·職官志》引作而。中丞官職如故。《續志》云：爲御史臺率。後屬少府。

大傅，高后元年初置。後省。八年復置。後省。哀帝元壽二年復置，位在三公上。大師、大保，平帝元年皆初置。後漢大傅上公，一人，世祖以卓茂爲之。薨因省。其後每帝初即位，輒置大傅録尚書事，薨輒省。師、傅、保本天子私暱，説見《先秦史》第十四章第二節。每有幼帝輒置，猶沿斯義。世祖之處卓茂，蓋以其年高不能煩以職事故。董卓爲大師，位在大傅上，《續志注》引胡廣《漢官篇注》。則苟欲自尊，於義無取矣。

前、後、左、右將軍，秦位上卿。漢不常置。或有前、後，或有左、右，皆掌兵及四夷。後漢將軍比公者四：第一大將軍，次驃騎將軍，次車騎將軍，次衛將軍。又有前、後、左、右將軍。《續志》云：武帝以衛青爲大將軍，欲尊寵之。以古尊官惟有三公，皆將軍，始自秦、晉，以爲卿號，故置大司馬官號以冠之。其後霍光、王鳳等皆然。世祖中興，吳漢以大將軍爲大司馬，景丹爲驃騎大將軍,位在公下。及前、後、左、右雜號將軍衆多,皆主征伐。事訖皆罷。明帝初即位,以弟東平王蒼爲驃騎將軍。以王故,位在公上。數年後罷。章帝即位,西羌反,以舅馬防行車騎將軍征之。還後罷。和帝即位,以舅竇憲爲車騎將軍,征匈奴,位在公下。還,復有功,遷大將軍,位在公上。復征西羌。還,免,官罷。安帝即位,西羌寇亂,復以舅鄧騭爲車騎將軍征之。位如憲。數年,復罷。安帝始以嫡舅耿寶爲大將軍,常在京都。順帝即位,又以皇后父、兄、弟相繼爲大將軍,如三公焉。度遼將軍,明帝初置。以衛南單于衆新降有二心者。其後數有不安,遂爲常守。

　　奉常,秦官,掌宗廟禮儀。景帝中六年,更名大常。博士及諸陵縣皆屬焉。博士,《前書》云秦官,掌通古今。或云:《史記·循吏傳》云:公儀休爲魯博士;《漢書·賈山傳》云:祖父祛,故魏王時博士弟子;則六國蚤有博士之官。然六國縱有博士,漢之博士,無礙其爲承秦。凡《漢表》云秦官者,本指漢之所承,非謂其官始於秦也。[①]《續書》云:掌教弟子,蓋自武帝置五經博士弟子以來。參看第十九章第一節。陵縣,元帝永光元年,分屬三輔。大史,掌天時星曆,亦屬大常。

　　郎中令,秦官,掌宮、殿、掖門户。武帝大初元年,更名光禄勳。屬官有大夫、郎、謁者,皆秦官。又期門、羽林皆屬焉。大夫,掌論議。有大中大夫、中大夫、諫大夫,皆無員,多至數千人。武帝大初元年,更名中大夫爲光禄大夫。諫大夫,後漢曰諫議大夫。又有中散大夫,見《蕭望之傳》。郎,掌守門户,出充車騎。有議郎、中郎、侍郎、郎中,無員,多至千人。中郎有五官、左、右三將,所謂三署郎也。郎中有車、户、騎三將。車郎亦曰輦郎。後漢省。《續志》云:凡郎官,皆主更直執戟宿衛諸殿門,出充車騎。惟議郎不在直中。又云:凡大夫、議郎,皆掌顧問應對。蓋初任武士,後乃漸用文學之臣也。謁者,掌賓讚受事,員七十人。有僕射。期門,掌執兵送從。武帝建元三年初置。比郎。無員,多至千人。有僕射。平帝更名虎賁郎,置中郎將。羽林,掌送從,次期門。武帝大初元年初置,名曰建章營騎。蓋以衛建章宮。後更名羽林騎。常選漢陽、隴西、安定、北地、上郡、西河六郡良家補焉。又取從軍死事之子孫養羽林官,教以五兵,號曰羽林孤兒。荀綽《百官表注》曰"羽林諸郎,皆父死子代",後人所由以擬唐之長從也。羽林有令、丞。後漢省令,有左右監。宣帝令中郎將騎都尉監羽林。《續志》有騎都尉,云本監羽林騎。奉車都尉,掌御乘輿

---

①　職官:《漢表》云秦官者,指漢所承,非謂其官始於秦(第五〇三頁)。

車；駙馬都尉，掌駙馬；皆武帝置。後漢亦屬光禄勳。

衛尉，秦官，掌宮門衛屯兵。景帝初更名中大夫令。後元年，復爲衛尉。案武帝時李廣爲未央衛尉，程不識爲長樂衛尉，《表》有廣無不識；宣帝時范明友爲未央衛尉，鄧廣漢爲長樂衛尉，《表》有明友無廣漢；知《表》所列乃未央衛尉也。長樂、建章、甘泉等宮，亦有衛尉，而不常置。公車司馬，屬衛尉，有令、丞。天下上事及四方貢獻闕下，凡所徵召，皆總領之。據《漢書注》引《漢官儀》。

大僕，秦官，掌輿馬。有牧師諸苑三十六所，分置北邊、西邊，分養馬三十萬頭。中興省。惟漢陽有流馬苑，以羽林郎監領。

廷尉，秦官，掌刑辟。《續志》云：掌平獄奏當所應。凡郡國讞疑罪，皆處當以報。景帝中六年，更名大理。武帝建元四年，復爲廷尉。哀帝元壽二年，復爲大理。後漢仍爲廷尉。

典客，秦官。掌諸歸義蠻夷。景帝中六年，更名大行令。《史記・景帝紀》但作大行。武帝大初元年，更名大鴻臚。典屬國，秦官。掌蠻夷降者。《續志》云：別主四方夷狄朝貢侍子。成帝河平元年省，併大鴻臚。

宗正，秦官。掌親屬。《續志》云：掌序録王國適庶之次，及諸宗室親屬遠近，郡國歲因計上宗室名籍。若有犯法當髡以上，先上諸宗正，正以聞，乃報決。平帝元始四年，更曰宗伯。後漢仍曰宗正。

治粟内史，秦官。掌穀貨。景帝後元年，更名大農令。武帝大初元年，更名大司農。大倉、均輸、平準、都内、籍田五令、丞，斡官、鐵市兩長、丞，又郡國諸倉農監、都水、六十五官長、丞皆屬焉。後漢僅有大倉、平準兩令、丞，以鹽、鐵官中興皆屬郡縣也。《續志》云：掌諸錢穀、金帛諸貨幣。郡國四時上月旦見錢穀簿。其逋未畢，各具別之。邊郡諸官請調度者，皆爲報給。損多益寡，取相給足。實漢時財政之總匯也。

少府，秦官。掌山、海、池、澤之税，以給共養。屬官甚多。後漢山、澤、陂、池之税，改屬司農，考工轉屬大僕，都水屬郡國，先漢司農、少府，各有都水官。故設官較簡。然其中之尚書，則浸成政治之樞機焉。前表少府屬官有尚書，又有中書謁者令、丞，云"成帝建始四年，更名中書謁者令爲中謁者令。初置尚書員五人"。《續志》云："尚書令一人，承秦所置。武帝用宦者，更爲中書謁者令。成帝用士人，復故。"案《前書・成帝紀》：建始四年，罷中書宦官。臣瓚曰："漢初中人有中謁者令。孝武加中謁者令爲中書謁者令，置僕射。宣帝時，任中書官弘恭爲令，石顯爲僕射。元帝即位數年，恭死，顯代爲中書令。專權用事。成帝乃罷其官。"《霍光傳》：霍山言上書者益黠，盡奏封事，輒下中書令出取之，不關尚書，則中書、尚書，明係兩官。《司馬遷傳》言遷既被刑之後，爲中書令，尊寵任職，此孝武加中謁者令爲中書謁者令之徵。不云謁者，辭略。《佞幸傳》：石顯、弘恭，以選爲中尚書。宣帝時任中書官，恭爲令，顯爲僕射。元帝即位數年，恭死，顯代爲中書令。所言亦與臣瓚合。《蕭望之傳》言中書令弘恭、石顯，疑奪僕射二字。望之言"中書政本，宜以賢明之選"。《佞幸傳》作"尚書百官之本，國家樞機"，尚書乃中尚書之略。則《續志》謂武帝更尚書爲中書者誤也。成帝罷中書宦官，則閹豎專權之局，自此而終。其置尚書員五人，《注》引《漢舊儀》曰："尚書四人爲四曹：常侍尚書，主丞相御史事。二千石尚書，主刺史二千石事。户曹尚書，《晉書·職官志》作民曹。主庶人上書事。主客尚書，主外國事。成帝置五人，有三公曹，主斷獄事。"亦不過增置一曹，以掌文書而已，其權未嘗加廣也。《續志》：尚書令一人，掌凡選署及奏下尚書曹文書衆事。僕射一人，署尚書事。令不在則奏下衆事。尚書六人，無三公曹，而分二千石曹，又分客曹爲南北。左右丞各一人，掌録文書期會。侍郎三十六人，一曹六人，主作文書起草。《晉書·職官志》云：後漢光武以三公曹主歲盡考課諸州郡事。改常侍曹爲吏部曹，主選舉、祠祀事。民曹主繕修、功作、鹽池、園苑事。客曹主護駕羌、胡朝賀事。二千石曹主辭訟事。中都官曹主水火、盜賊事。合爲六曹，並令、僕二人，謂之八座。尚書雖有曹名，不以爲號。靈帝以侍中梁鵠爲選部尚書，於此始見曹名。及魏，改選部爲吏部，主選部事。又有左民、客曹、五兵、度支，凡五曹尚書、二僕射、一令爲八座。韋彪言天下樞要，在於尚書。陳忠言漢典舊事，丞相所請，靡有不聽。今之三公，雖當其名，而無其實。選舉誅賞，一由尚書。其職與前漢大異矣。仲長統言：光武"忿彊臣之竊命，政不任下，雖置三公，事歸臺閣"，此其見任之由。然"權移外戚之家，寵被近習之豎"，"光武奪三公之重，至今而加甚，不假后黨之權，數世而不行"。則徒失正色立朝之臣，使權戚宵小，益恣肆無所忌憚而已。廢宰相而任尚書，實君權相權之一大消長，然宰相所失之權，人君卒亦不能自有也。自此以後，遂成故事。高柔以魏初三公無事，又希與朝政，嘗上疏言之。陳壽亦言魏世事統臺閣，重内輕外。八座尚書，即古六卿之任。《三國·魏志·桓階》等傳贊。蜀漢先主即帝位，諸葛亮以丞相録尚書事。及病篤，託孤於亮，而以尚書令李嚴爲副。亮卒，蔣琬爲尚書令。俄録尚書事。後費褘代爲令。又遷大將軍，録尚書事。董允以侍中守尚書令爲之副。吕又、陳祗繼之。蜀人以亮、琬、褘、允爲四相，一號四英。《董允傳注》引《華陽國志》。而黄皓之亂政，論者歸咎於祗之與相表裏焉。孫權用顧雍爲相，初亦任職尚書者也。又自魏武帝爲魏王，置祕書令，典尚書奏事，文帝黄初，改爲中書，置監、令。據《晉書·職官志》。以劉放、孫資爲之。魏祚實由此而移，已見第十二章第六節。《三國志·蔣濟傳》：濟以中書監、令，號爲專任，嘗上疏言之。則近習專權，轉與彊臣相句結矣。

中書宦官雖廢，其人又以常侍等官爲窟穴。侍中、左右曹、諸吏、散騎、中常侍，在前漢皆加官。給事中亦加官。中黄門有給事黄門。後漢中常侍、小黄門，皆以宦者爲之。朱穆謂始於和熹鄧后，《後書·朱暉傳》：穆上疏曰：“案漢故事，中常侍參選士人。建武以後，乃悉用宦者。”後穆因進見，口復陳曰：“臣聞漢家舊典，置侍中、中常侍各一人，省尚書事。黄門侍郎一人，傳發書奏。皆用姓族。自和熹太后以女主稱制，不接公卿，乃以閹人爲常侍、小黄門，通命兩宫。”然後遂相沿不改云。

大常、光禄勳、衛尉、大尉所部。大僕、廷尉、大鴻臚、司徒所部。宗正、大司農、少府司空所部。爲九卿，分屬三公。此徒取應經説而已，無他義也。

水衡都尉，武帝元鼎二年初置。掌上林苑。應劭曰：“古山林之官曰衡，掌諸池苑，故稱水衡。”師古曰：“衡，平也，主平其税入。”案《食貨志》言初大農盡幹鹽鐵官布，多置水衡，欲以主鹽鐵，及楊可告緡，上林貯物衆，乃令水衡主上林，則其所豫甚廣，非徒掌山林者也。其均輸、鍾官、辨銅三令丞，即志所謂專令上林三官鑄者，見第五章第十節。後漢省，併其職於少府。鑄錢在前漢亦本屬少府。

中尉，秦官。掌徼循京師。武帝大初元年，更名執金吾。胡廣曰：“衛尉巡行宫中，執金吾徼於外，相爲表裏，以禽姦討猾。”

將作少府，秦官。掌治宫室。景帝六年，更名將作大匠。

護軍都尉，秦官。武帝元狩四年，屬大司馬。成帝綏和元年，居大司馬府，比司直。哀帝元壽元年，更名司寇。平帝元始元年，更名護軍。

司隸校尉，武帝征和四年初置。持節，從中都官徒千二百人，捕巫蠱，督大姦猾。後罷其兵，察三輔、三河、弘農。元帝初元四年，去節。成帝元延四年省。綏和二年，哀帝復置，但爲司隸，屬大司空，比司直。亦見《鮑宣傳》。後漢建武中復置。並領一州。

城門校尉，掌京師城門屯兵。中壘校尉，掌北軍壘門内外，掌西域。王念孫云：“西域當爲四城。《漢紀·孝惠紀》：中壘校尉，掌北軍壘門外及掌四城是其證。”案王説是也。屯騎校尉，掌騎士。步兵校尉，掌上林苑門屯兵。越騎校尉，掌越騎。長水校尉，掌長水宣曲胡騎。胡騎校尉，掌池陽胡騎。射聲校尉，掌待詔射聲士。虎賁校尉，掌輕車。王莽時有輕車都尉，即此。凡八校尉，皆武帝初置。後漢省中壘，但置中候以監五營。胡騎併長水。虎賁併射聲。事在建武七年，見《紀》。九年三月，初置青巾左校尉官。十五年，復屯騎、長水、射聲，改青巾左校尉爲越騎校尉。

西域都護，加官。宣帝地節二年初置。有副校尉，戊、己校尉，元帝初元元年置。已見第五章第十四節，第九章第三節。護羌校尉，見第五章第五節。

後漢亦有之。置於光武建武九年，見《本紀》。又有使匈奴中郎將，主護南單于。護烏桓校尉，主烏桓。《續志注》引應劭《漢官》曰："並領鮮卑。"又引《晉書》曰："漢置東夷校尉，以撫鮮卑。"

漢有大子大傅、少傅。又有詹事，掌皇后、大子家。將行，秦官。景帝中六年，更名大長秋。或用中人，或用士人。成帝鴻嘉三年，省皇后詹事，併屬大長秋。中興常用宦者。大子亦無詹事，少傅悉主官屬。大后亦置詹事，隨所居爲名。景帝中六年，更長信詹事爲長信少府。其後有大后等亦率置少府，崩則省。諸公主家令，屬宗正。

內史，秦掌治京師。景帝二年，分置左內史。師古曰："《地理志》云：武帝建元六年，置左右內史。據《史記》知《志》誤。"案《表》：景帝元年，中大夫鼌錯爲左內史，二年，左內史錯爲御史大夫，則分置又在景帝二年之前。右內史，武帝大初元年，更名京兆尹。左內史更名左馮翊。主爵中尉，秦官，掌列侯。景帝中六年，更名都尉。武帝大初元年，更名右扶風，治內史右地。列侯更屬大鴻臚。與左馮翊、京兆尹，是爲三輔。服虔曰：皆治在長安中。元鼎四年，更置二輔都尉。左輔都尉治高陵，右輔都尉治郿，見《地志》。中興，更以河南郡爲尹。以三輔陵廟所在，不改其號，但減其秩。

監御史，秦官。掌監郡。漢省。丞相遣史分刺州，不嘗置。武帝元封五年，初置部刺史，奉詔條察州。員十三人。成帝綏和元年，更名牧。哀帝建平二年，復爲刺史，元壽二年，復爲牧。光武建武十八年，復爲刺史。十二人，各主一州。其一州屬司隸校尉。十二州之名，據《續書·郡國志》，爲豫、冀、兗、徐、青、荊、揚、益、涼、并、幽、交。司隸校尉之設，事在征和四年，後於元封五年者十七年，而其察三輔、三河、弘農，更在其後，則武帝時之十三州缺其一。《漢書·地理志》言"武帝南置交阯，北置朔方之州；兼徐、梁、幽、并夏、周之制；《禹貢》九州外、益交阯、朔方、幽、并。改雍曰涼，改梁曰益；凡十三部，置刺史"；《後漢書·光武帝紀》：建武十一年，省朔方牧，併并州；則武帝時實有朔方，《平當傳》：坐法左遷朔方刺史可證。《注》云"武帝初置朔方郡，別令刺史監之，不在十三州之限"，非也。馮野王爲上郡大守，朔方刺史蕭育薦之。《續志注》引《古今注》曰："建武十一年十月，西河、上郡屬魏。"魏係誤字。此即朔方屬并州之事也。西河、上郡，蓋本隸朔方，五原亦當屬焉。《武帝紀》云"初置刺史部十三州"，而《百官公卿表》但云"置部刺史"，《武帝紀》亦但云"罷部刺史"，則當時實無州名，後乃借古名以爲稱。交阯、朔方非古州，又兩字可以成辭，故其下不加州字。《御覽》百五十七引應劭《漢官儀》，謂交、朔獨不稱州者以此。顏師古《平當傳注》，蓋由此致誤。《通典·職官》十四云："惠帝三年，又遣御史監三輔郡，察辭訟。所察之事凡九條。二歲更之。

常以十月奏事，十二月還監。其後諸州復置監察御史。文帝十三年，以御史不奉法，下失其職，乃遣丞相史出刺，併督察御史。"衛宏《漢舊儀》亦云："丞相初置吏員十五人，分爲東西曹。東曹九人，出督州爲刺。嘗以秋分行部。日食，即日下赦書，命刺史出刺。併察監御史。元封元年，御史止不復監。"是漢初實沿秦御史監郡之制，《史》、《漢》皆失載也。刺史之設：監糾非法，不過六條；傳車周流，匪有定鎮；《續志》劉昭注語。六條：《注》引蔡質《漢儀》曰："一條：强宗豪右，田宅踰制，以强陵弱，以衆暴寡。二條：二千石不奉詔書，遵承典制，倍公向私，旁詔守利，侵漁百姓，聚斂爲姦。三條：二千石不卹疑獄，風屬殺人，怒則任刑，喜則任賞，煩擾苛暴，剥戮黎元，爲百姓所疾。山崩石裂，妖祥譌言。四條：二千石選署不平，苟阿所愛，蔽賢寵頑。五條：二千石子弟，怙恃榮勢，請託所監。六條：二千石違公下比，阿附豪强。通行貨賂，割損政令。""非條所問即不省。"《漢書·薛宣傳》：成帝初即位，宣爲中丞，執法殿中，外總部刺史。上疏言："吏多苛政，政教煩碎，大率咎在部刺史，或不循守條職，舉錯各以其意，多與郡縣事。至開私門，聽讒佞，以求吏民過失。譴呵及細微，責義不量力。郡縣相迫促，亦内相刻。流至衆庶。是故鄉黨闕於嘉賓之懽，九族忘其親親之恩。飲食周急之厚彌衰，送往勞來之禮不行。"《朱博傳》：遷冀州刺史。博本武吏，不更文法。及爲刺史行部，吏民數百人，遮道自言，官寺盡滿。從事白請"且留此縣，錄見諸自言者，事畢乃發"，欲以觀試博。博心知之，告外趣駕。既白駕辦，博出就車，見自言者。使從事明敕告吏民："欲言縣丞尉者，刺史不察黄綬，各自詣郡。欲言二千石墨綬長吏者，使者行部還詣治所。其民爲吏所冤，及言盜賊辭訟事，各使屬其部從事。"博駐車決遣，四五百人皆罷去，如神。吏民大驚，不意博應事變乃至於此。後博徐問，果老從事教民聚會，博殺此史。《何武傳》：武爲刺史，二千石有罪，應時舉奏。其餘賢與不肖，敬之如一。是以郡國各重其守相，州中清平。《鮑宣傳》：哀帝初，遷豫州牧。歲餘，丞相司直郭欽奏宣"舉錯煩苛，代二千石署吏聽訟。所察過詔條。行部乘傳，去法駕，駕一馬，舍宿鄉亭，爲衆所非"。宣坐免。是漢之刺史，本以能擧弘綱爲美，苟細爲失，雖改牧後猶然也。《三國·魏志·賈逵傳》：逵曰："州本以御史出監諸郡，以六條詔書察長吏二千石已下，故其狀皆言嚴能鷹揚，有督察之才；不言安静寬仁，有豈弟之德也。"然嚴能鷹揚，非所施於百姓。即督守令，亦當循法。乃後漢靈帝本初元年詔曰："頃者州郡，輕慢憲防，競逞殘暴，造立科條，陷人無罪。或以喜怒，驅逐長吏。恩阿所私，罰枉仇隙。至令守闕訴訟，前後不絶。送故迎新，①人離其害。怨氣傷和，以致災眚。"桓帝建和元年，又"詔州郡不得迫脅驅逐長吏。長吏臧滿三十萬而不糾舉者，刺史二千石以縱避爲罪。若有擅相假印綬者，與殺人同棄市論。"當時刺史之專横下比，可以想見。**秩卑賞厚，勸功樂進**；《朱博傳》：博言部刺史"故事居部九歲，舉爲守相。其有異材、功效著者，輒登擢。秩卑而賞厚，咸勸功樂進。前丞相方進奏罷刺史，更置州牧，秩真二千石，位次九卿，九卿缺以高第補。其中材則苟自守而已，恐功效陵夷，姦軌不禁"。以老成任事，而使新進者司監察，實行政之微權也。朱博、劉昭，咸稱美之。而何武、翟方進，謂"《春秋》之義，用貴臨賤，不以卑臨尊，刺史位下大夫，秩六百石。而臨二千石，輕重不相準，失位次之序"，亦見《朱博傳》。因有綏和改牧之舉，非也。建平之

復,事由朱博。元壽改牧,亦緣泥古,與其改相職爲三公同。其實天子使大夫爲三監,①監於方伯之國,大夫秩本下於方伯,泥古者正乃不知古義耳。靈帝中平五年,因四方兵寇,復有改牧之舉。其議發自劉焉。焉謂"刺史威輕,既不能禁;且用非其人,輒增暴亂"。乃議"改置牧伯,鎭安方夏。淸選重臣,以居其任"。則所重者亦在於人,不專在制度也。此時所改,實僅數州;《後漢書·焉傳》云:"會益州刺史郤儉,在政煩擾,謠言遠聞;而并州刺史張懿,涼州刺史耿鄙,並爲寇賊所害;故焉議得用。出焉爲監軍使者,領益州牧,大僕黃琬爲豫州牧,宗正劉虞爲幽州牧,皆以本秩居職。州任之重,自此而始。"《三國·蜀志·二牧傳注》引《續漢書》曰:"是時用劉虞爲幽州,劉焉爲益州,劉表爲荆州,賈琮爲冀州。"裴松之曰:"靈帝崩後,義軍起,孫堅殺荆州刺史王叡,然後劉表爲荆州,不與焉同時也。"其後亦仍刺史與牧二制並行;然刺史無不兼兵者。因此不能專心民事,《三國·魏志·杜畿傳》:畿子恕,以爲州郡典兵,則專心軍功,不勤民事。宜別置將守,以盡治理之務。而轉生陵犯之釁。至晉武平天下,乃去之。而"雖有其言,不卒其事。後嗣續繼,牧鎭愈重。據地分爭,竟覆天下"。致"鎬京有衒璧之痛,秦臺有不守之酷"。"摩滅羣黎,流禍百世。"亦劉昭語。豈不哀哉?《獻帝紀》:興平元年六月,分涼州河西四郡爲廱州。《注》云:金城、張掖、酒泉、敦煌。建安十八年正月,復《禹貢》九州。《注》引《獻帝春秋》曰:"時省幽、并州,以其郡國併於冀州。省司隸校尉及涼州,以其郡國併爲雍州。省交州,併荆州、益州。於是有兗、豫、青、徐、荆、揚、冀、益、雍也。"《續漢書·百官志注》引《獻帝起居注》,所載較此爲詳。云司隸所部,分屬豫、冀、雍三州,其説是也。《三國·魏志·荀彧傳》:建安九年,大祖拔鄴,領冀州牧。彧説大祖:"宜復古置九州,則冀州所制者廣大,天下服矣。"大祖將從之。彧言曰:"若是,則冀州當得河東、馮翊、扶風、西河、幽、并之地,所奪者衆。前日公破袁尚,禽審配,海内震駭,必人人自恐,不得保其土地,守其兵衆也。今使分屬冀州,將皆動心。且人多説關右諸將以閉關之計。今聞此,以爲必以次見奪,一旦生變,雖有善安者,轉相脅爲非,則袁尚得寬其死,而袁譚懷貳,劉表遂保江、漢之間,天下未易圖也。願公急引兵先定河北;然後修復舊京,南臨荆州,責貢之不入;則天下咸知公意。人人自安。天下大定,乃議古制,此社稷長久之利也。"大祖遂寢九州議。然則初欲更張,特爲自大之計,復因有所顧忌中輟,至十八年天下形勢略定,乃復卒行之耳。刺史分部,特因監察之便,本非有意於疆理,其欲按地理而定制者,實始新莽,已見第七章第三節,此不更述。以上論兩漢州制,略據近人顧頡剛《兩漢州制考》。

---

① 職官:大夫爲三監,秩卑於方伯,何武、翟方進謂春秋之義,不以卑臨尊,改刺爲牧非。

　　衰敝之世，刺史不能舉其職，則或更遣使臣，此亦猶明之既有巡按，又遣巡撫耳。武帝所遣繡衣直指是也。見第五章第六節。後漢和帝即位，嘗分遣使者，微服單行，各至州縣，觀采風謠。見《後漢書·方術李郃傳》。順帝漢安元年，詔遣八使巡行風俗。皆選素有威名者。乃拜周舉爲侍中，與侍中杜喬，守光禄大夫周栩，前青州刺史馮羨，尚書欒巴，侍御史張綱，兗州刺史郭遵，大尉長史劉班，並守光禄大夫，分行天下。其刺史二千石有臧罪顯明者，驛馬上之。墨綬已下，便輒收舉。其有清忠惠利，爲百姓所安，宜表異者，皆以狀上。於是八使同時俱拜，天下號曰八俊。《周舉傳》。《雷義傳》在《獨行傳》中。謂義使持節督郡國行風俗，大守、令、長坐者，凡七十人焉。靈帝時，蔡邕上封事，言光和“五年制書，議遣八使，又令三公謠言奏事，是時奉公者欣然得志，邪枉者憂悸失色，未詳斯議，所由寢息”，特使之風采可想。《吳志·孫休傳》：永安四年，遣光禄大夫周奕、石偉巡行風俗，察將吏清濁，民所疾苦，爲黜陟之詔，蓋亦有志於漢安之舉。然《陸凱傳》載凱陳孫皓二十事，其十七云“今所在監司，已爲煩猥，兼有内使，擾亂其中，一民十吏，何以堪命？昔景帝時交阯反亂，實由於此”，案事在孫休永安六年。則其弊亦甚大。蓋此本起衰振敝之事，可以偶用而不可以常行；尤不可使小人竊之，以作威福也。

　　郡守，秦官。掌治其郡。景帝中二年，更名大守。有丞。邊郡又有長史，掌兵馬。《續志》云：“郡當邊戍者，丞爲長史。”《注》引《古今注》云：“建武十四年，罷邊郡大守丞，長史領丞職。”蓋亦取減省也。郡尉，秦官，掌佐守典武職甲卒。景帝中二年，更名都尉。關都尉，秦官。農都尉，屬國都尉，皆武帝初置。建武六年，省諸郡都尉，並職大守，無都試之役。省關都尉，事在建武九年。見《紀》，十九年，復置函谷關都尉。惟邊郡往往置都尉。案非邊郡亦有置者，惟多事已即罷。如桓帝永壽元年，置泰山、琅邪都尉官，延熹五年罷琅邪，八年又罷泰山是也。靈帝中平元年，置八關都尉。亦因亂而置，與桓帝同。及屬國都尉，稍有分縣治民，比郡。《漢書·武帝紀》元狩二年《注》云：“凡言屬國者，存其國號，而屬漢縣，故曰屬國。”郡有鹽官、鐵官、工官、都水官者，隨事廣狹，置令長及丞。秩次皆如縣道。案郡之設，本爲兵備，已見《先秦史》第十四章第一節。秦所以胥天下皆設郡者，即以六國初定，是處皆當設兵鎮壓也。故漢世議論，尚有甚忌郡守者。如嚴安上書，謂“今外郡之地，或幾千里，列城數十，形束壤制，帶脅諸侯，非宗室之利也”。又謂“今郡守之權，非特六卿之重也；地幾千里，非特閭巷之資也；甲兵器械，非特棘矜之用也；以逢萬世之變，則不可勝諱也”是也。漢宣帝以爲大守吏民之本，數變易則下不安，民知其將久，不可欺罔，乃服從其教化，故二千石有治理效，輒以璽書勉屬，增秩賜金,《漢書·循吏傳》。詳見第五章第十二節。此倚任之於平時者也。王嘉言諸侯“居其國,累世尊重,然後士民之衆附焉,是以教化行而治功立。今之郡守,重於古諸侯。孝文時,吏居官者或長子孫,其二千石、長吏,亦安官樂職,然後上下相望,莫有苟且之意。其後稍稍變易。公卿以下,傳相促急。又數改更政事。司隸、部刺史,察過悉劾,發揚陰私。吏或居官數月而退。送故迎新,交錯道路。中材苟容求全,下材懷危內顧,壹切營私者多。二千石益賤,吏民漫易之,或持其微過,增加成罪,言於刺史、司隸,或至上書章下。衆庶知其易危,小失意則有離畔之心。前山陽亡徒蘇令等從橫,吏士臨難,莫肯伏節死義,以守相威權素奪故也。國家有急,取辦於二千石,二千石尊重難危,乃能使下”。此欲倚杖之於亂世者也。其用意雖與嚴安不同,而其視郡守爲治亂之樞機則一。惟夏侯玄以爲“司牧之主,欲一而專”。“秦世不師聖道,私以御職,姦以待下。懼宰官之不修,立監牧以董之;畏督監之容曲,設司察以糾之。宰牧相累,監察相司,人懷異心,上下殊務。漢承其緒,不能匡改。”“若郡所攝,惟在大較,則與州同,無爲再重。宜省郡守,但任刺史。”“縣皆徑達,事不擁隔,官無留滯。簡一之化,庶幾可致。”蓋設郡本資鎮壓,非以爲治。郡之體制,優於魯、衞,雖去世襲,不能無猜,乃又重設監司,以相糾察。① 此自天下初定,不得不然。漢世天澤之分久嚴,久已有叛國而無叛郡,大守之制,實爲疣贅。夏侯氏之論,可謂正本清源者也。

　　縣令、長,皆秦官,掌治其縣。萬户以上爲令,減萬户爲長。皆有丞、尉。大率十里一亭,亭有長。十亭一鄉,鄉有三老、有秩、《續志》:“有秩,郡所署。其鄉小者置嗇夫一人,皆主知民善惡,爲役先後;知民貧富,爲賦多少;平其差品。”《張敞傳》以鄉有秩補大守卒史。師古曰:鄉有秩者,嗇夫之類也。嗇夫、游徼。三老掌教化。② 嗇夫職聽訟,收賦税。游徼掌徼循,禁賊盜。縣大率方百里,其民稠則減,稀則曠,鄉亭亦如之。皆秦制也。列侯所食縣曰國。皇大后、皇后、公主所食曰邑。有蠻夷曰道。《續志》云:又有鄉佐,屬鄉,主民,收賦税。里魁掌一里百家,什主十家,伍主五家,以相檢察。民有善惡事,以告監官。邊縣有障塞尉。案秦、漢之縣,即古之國,令長即古國君,與民實不相及。所恃以爲治者,則古鄉遂之官,即秦、漢鄉、亭之吏也。漢世三老,體制甚尊,其人亦多才智。高帝二年,嘗置縣三老,與縣令、丞、尉,以事相教,漢王爲義帝發喪,則新城三老建其策。戾大子

① 封建:漢忌郡守。
② 職官:漢三老,嗇夫權大。

走死,則壺關三老訟其冤。相如傳檄,讓三老、孝弟以不教誨之過。延壽閉閤,而令、丞、三老、嗇夫皆自繫。王尊免官,湖三老上書爲訟,守隄則白馬三老奏其狀。朱邑爲桐鄉嗇夫。後爲大司農。病且死,屬其子曰:"必葬我桐鄉。後世子孫奉嘗我不如桐鄉民。"民果共爲起冢立祠,歲時祠祭不絕。《漢書·循吏傳》。爰延爲鄉嗇夫,仁化大行,人但聞嗇夫,不知郡縣。秦彭遷山陽大守,以禮訓人,不任刑罰。有遵奉教化者,擢爲鄉三老,常以八月致酒肉勸勉之。此等事後世恒以爲美談。實由鄉遂之職,自古相傳,威權尚在,故民有嚴畏之心。民有嚴畏之心,則有擅作威福者,視爲固然而不以爲怨;有能稍施仁恩者,則相與稱頌不置矣。去古漸遠,民嚴上之心益亡;而鄉亭之吏,本出於民間之自相推擇者,亦益依附其上,以刻剥其下,則愁怨之聲,囂然起矣。左雄謂"鄉官部吏,職斯禄薄。車馬衣服,一出於民。廉者取足,貪者充家。特選橫調,紛紛不絕"。其暴虐之情形,可以想見,安得以一二賢者,遂謂其制可常行乎? 魏、晉以降,鄉遂之職,稍以廢墜,而終至於漸滅,蓋有由也。

　　孝、弟、力田,在漢世與三老同有教化人民之責。惠帝四年,舉民孝、弟、力田者復其身。高后元年,初置孝、弟、力田,二千石者一人。錢大昭曰:當是二千石各一人。文帝十二年,遣謁者勞賜三老、孝者、悌者、力田、廉吏帛,以户口率置三老、孝、弟、力田常員。武帝元狩六年,遣博士大等六人分循行天下,諭三老、孝、弟以爲民師。昭帝元鳳元年,賜郡國所選有行義者涿郡韓福等五人帛人五十匹,遣歸。詔曰:"朕閔勞以官職之事。其務脩孝弟,以教鄉里。"亦見《雋不疑傳》。成帝陽朔四年,詔"先帝劭農,薄其租稅,寵其强力,令與孝弟同科"。皆可見孝弟力田,與三老同有教化斯民之責,故司馬相如諭巴、蜀,以二者並舉也。

　　《續志》百官受奉例:大將軍、三公奉月三百五十斛。中二千石奉月百八十斛。二千石奉月百二十斛。比二千石奉月百斛。千石奉月八十斛。六百石奉月七十斛。比六百石奉月五十斛。四百石奉月四十五斛。比四百石奉月四十斛。三百石奉月四十斛。比三百石奉月三十七斛。二百石奉月三十斛。比二百石奉月二十七斛。一百石奉月十六斛。斗食奉月十一斛。《漢書·薛宣傳注》曰:"斗食者,禄少,一歲不滿百石,計日以斗爲數也。"佐史奉月八斛。凡諸受奉者,皆半錢半穀。此爲建武二十六年之例。《古今注》。《漢書·宣帝紀》神爵四年,及《汲黯傳》、《外戚傳》述二千石、真二千石、中二千石俸;《王莽傳》天鳳三年莽所下吏禄制度,大致相同。斗食、佐史之入,不足農夫一家五口之入,則下吏之禄頗薄。仲長統《昌言》曰"薄吏禄以豐軍用,緣於秦征諸侯,續以四夷,漢承其業,遂不改更",則其所由來者舊矣。宣帝神爵三年,嘗益百石以下奉十五,亦無濟於事也。弊之著者,厥爲妄取於下。漢人多以爲言者,在新舊迎送之間。《漢書・游俠原陟傳》言哀帝時天下殷富,大郡二千石死官,賦斂送葬,皆千萬以上。《後漢書・張禹傳》:父歆,終於汲令,汲吏人賻送前後數百萬。《漢書・循吏・黃霸傳》言許丞老,病聾,督郵白欲逐之,霸不聽。或問其故。霸曰:"數易長吏,送故迎新之費;及姦吏緣絕簿書,盜財物,公私費耗甚多,皆當出於民。"是其事。《高惠高后文功臣表》:清安侯更,元鼎元年,坐爲九江大守受故官送免。然觀前引左雄之言,則取民者又不獨送迎之際矣。

第四節　選　舉

秦、漢選舉之法,亦承古代而漸變。[1] 古者平民登庸,僅止於士,大夫以上,即不在選舉,已見《先秦史》第十四章第三節。至秦而父兄有天下,子弟爲匹夫;及漢,更開布衣卿相之局;實爲曠古一大變,亦已見本篇第三章第四節。然其制仍有相因者。古者地治之責,實在於士,秦、漢之三老、嗇夫其選。其仕於郡縣者,蓋猶古者之仕於諸侯、大夫。因計吏而進於朝,及以口率察舉秀、孝,則諸侯之貢士於天子也。天子屢詔公卿、郡國,使舉賢才;又或遣使咨訪;或下詔徵召;則古者聘名士、禮賢者之制也。士上書自衒鬻,則古之游説也。給事於官者古之宦。任子則古世禄之家,以父兄餘蔭進者也。事雖相承,然一統之世,規模遠較列國爲大,其利弊,遂亦難以一言盡矣。

漢高帝十一年詔曰:"蓋聞王者莫高於周文,伯者莫高於齊桓,皆待賢人而成名。今天下賢者智能,豈特古之人乎? 患在人主不交故也。士奚由進? 今吾以天之靈,賢士大夫,定有天下,以爲一家,欲其長久,世世奉宗廟亡絶也。賢人已與我共平之矣,而不與吾共安利之,可乎? 賢士大夫,有肯從我游

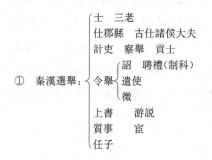

455

者,吾能尊顯之。佈告天下,使明知朕意。御史大夫昌下相國,相國酇侯下諸侯王。御史中執法下郡守,其有意稱明德者,必身勸爲之駕,遣詣相國府署行義年。有而弗言,覺免。年老、癃病,勿遣。"此爲漢有天下後首次求賢之詔。其後屢詔公卿、郡國等薦舉。其科目,以賢良方正直言極諫爲最多。文帝二年、十五年,武帝建元元年、元光元年,宣帝本始四年、地節三年,元帝永光元年,成帝建始二年、三年、元延元年,哀帝元壽元年,後漢光武建武六年,章帝建初元年、五年,安帝永初元年、五年。順帝漢安元年,沖帝即位後,桓帝建和元年、三年、永興二年、延熹八年、永康元年。又宣帝神爵四年,多可親民三字。此外曰明當世之務,習先聖之術。武帝元光五年。曰文學高第。宣帝本始元年。曰孝弟有行義,聞於鄉里。宣帝地節三年。曰厥身修正,通文學,明於先聖之術,宣究其意。宣帝元康元年。曰明陰陽災異。元帝初元三年。曰茂材異等。元帝永光元年。曰敦厚有行義,能直言。成帝鴻嘉元年。平帝元始元年,無有行義三字。曰勇猛知兵法。成帝元延元年。曰勇武有節明兵法。平帝元始二年。曰孝弟敦厚,能直言,通政事,延於側陋,可親民。哀帝建平元年。曰明兵法,有大慮。哀帝建平四年。明誤作民。《息夫躬傳》作明習兵法有大慮。曰至孝,與衆卓異。安帝永初五年。曰列將子孫,明曉戰陳,任將帥。同上。曰敦厚質直。安帝元初元年。曰有道之士。安帝建光元年,靈帝建寧元年。曰武猛堪將帥。安帝建光元年。曰剛毅武猛,有謀謨,任將帥。順帝永和三年。曰武猛,試用有效驗,任爲將校。順帝漢安元年。曰至孝篤行。桓帝建和元年。曰至孝。桓帝延熹九年,獻帝建安五年。隨所求而標舉之,無定格。此後世制科之先河也。

　　武帝元狩六年,遣博士大等六人分循行天下,舉獨行之君子,徵詣行在所。昭帝始元元年,遣故廷尉王平等五人持節行郡國,舉賢良。宣帝元康四年,遣大中大夫彊等十二人循行天下,舉茂材異倫之士。成帝永始三年,臨遣大中大夫嘉等循行天下,與部刺史舉惇讓有行義者。元帝建昭四年,臨遣諫大夫博士賞等二十一人循行天下,舉茂材特立之士。此爲漢世遣使聘賢之事。其特詔徵召者,則以後漢爲多。《後書·逸民傳》言:光武側席幽人,求之若不及。肅宗亦禮鄭均,徵高鳳。其後順帝備玄纁玉帛,以聘樊英。天子降寢殿,設壇席,尚書奉引,問失得,李固稱其猶待神明。然所徵之士,竟無他異。李固、朱穆等以爲處士純盜虛聲,無益於用。其中如黃瓊者,固足以雪斯恥,然究不能多得。此則其時風氣之敝也。此節采《後漢書·左周黃傳》、《逸民傳》、《方術傳》。

　　州郡舉茂材、孝廉,《漢書》云自董仲舒發之。[1] 仲舒對策曰:"長吏多出於

_____

[1]　選舉:舉秀才孝廉自仲舒,本欲求非常之才。

郎中、中郎、吏二千石子弟,選郎吏又以富訾,未必賢也。且古所謂功者,以任官稱職爲差,非所謂積日累久也。故小材雖累日,不離於小官;賢材雖未久,不害爲輔佐。今則不然。累日以取貴,積久以致官。是以廉恥貿亂,賢不肖渾殽,未得其真。臣愚以爲使諸列侯、郡守二千石各擇其吏民之賢者,歲貢各二人,以給宿衛。且以觀大臣之能。”其意蓋欲以求非常之才也。《漢書·武帝紀》:元光元年十一月,初令郡國舉孝、廉各一人。事在仲舒對策前數月。蓋創始雖與仲舒無涉,其後以爲恒典,或由仲舒之言;又古書記事,歲月多不審諦;不可泥也。《續漢書·百官志注》引胡廣説,謂州刺史狀州中吏民茂材異等,歲舉一人。《志》則謂郡舉孝廉,口二十萬一人。《後漢書·丁鴻傳》云:時大郡口五六十萬舉孝廉二人,小郡口二十萬並有蠻夷者亦舉一人。帝以爲不均,下公卿會議。鴻與司空劉方上言:“凡口率之科,宜有階品。蠻夷錯雜,不得爲數。自今郡國率二十萬口歲舉孝廉一人,四十萬二人,六十萬三人,八十萬四人,百萬五人,百二十萬六人,不滿二十萬二歲一人,不滿十萬三歲一人。”帝從之。此事當在和帝永元四年至六年之間。《傳》記此事於竇憲自殺之後,憲自殺在永元四年六月,而鴻以六年卒。及十三年,詔曰:“幽、并、涼州,戶口率少。邊役衆劇,束修良吏,進仕路狹。撫接夷狄,以人爲本。其令緣邊郡口十萬以上歲舉孝廉一人,不滿十萬二歲舉一人,五萬以下三歲舉一人。”蓋所以撫慰邊垂也。《三國志》:魏文帝黃初二年,初令郡國口滿十萬者,歲察孝廉一人。其有秀異,無拘戶口。蓋承大亂之後,人戶彫零,故口率之科,亦寬於平世矣。

漢武帝元朔元年,以詔書令二千石舉孝廉,而或至闔郡不薦一人,令有司議不舉者罪,蓋其初之難進如此。乃《後漢書·种暠傳》言:河南尹田歆,外甥王諶名知人。歆謂之曰:“今當舉六孝廉,多得貴戚書命,不宜相違。欲自用一名士,以報國家。余助我求之。”則舉之者與所舉者,皆已視爲利途矣。於是考試之法出焉。[①]《左雄傳》:雄上言:“郡國孝廉,古之貢士。出則宰民,宜協風教。若其面牆,則無所施用。請自今孝廉年不滿四十,不得察舉。《後漢書·樊儵傳》:儵上言:郡國舉孝廉,率取年少能報恩者;耆宿大賢,多見廢棄;《三國·蜀志·秦宓傳》:宓奏記劉焉,亦言海内察舉,率多英俊而遺舊齒;此限年之由也。皆先詣公府諸生試家法,文吏課牋奏。”帝從之。此事在順帝陽嘉元年。見《紀》。史稱自是“牧守畏栗,莫敢輕舉,迄於永熹,察選清平,多得其人”焉。雄所建白,胡廣與郭虔、史敞,皆不謂然,見《廣傳》。其說似無足采。其後黃瓊以雄所上孝廉之選,專用儒

457

學、文史，於取士之義，猶有所遺，乃奏增孝弟及能從政者爲四科。及魏文帝黃初三年，詔郡國所選，勿拘老幼。儒通經術，吏達文法，到皆試用。《華歆傳》謂三府議舉孝廉，本以德行，不復限以試經。歆以爲喪亂以來，六籍墮廢，當務存立，以崇王道。帝從其言。蓋人物彫敝，故復稍寬其選矣。漢世用人，多本行實。昭帝元鳳元年，賜郡國所選有行義者涿郡韓福等帛遣歸，已見上節。宣帝地節三年，令郡國舉孝弟有行義聞於鄉里者各一人。《馮唐傳》：唐以孝著爲郎中署長。郅惲守長沙，以孝子爲首舉；張酺守東郡，以王青三世死節，擢用極右曹；黃香年十二，大守劉護召署門下孝子；皆見《後書》本傳。又《韋彪傳》：陳事者多言郡國貢舉，率非功次，故守職益懈，而吏事寖疏。詔下公卿朝臣議。彪言"國以簡賢爲務，賢以孝行爲首。人才行少能相兼。忠孝之人，持心近厚，鍛鍊之吏，持心近薄。士宜以才行爲先，不可純以閥閲"。皆漢世用人重行實之證也。**或則試之以事。**元朔元年，有司議不舉孝不奉詔，當以不敬論，不察廉不勝任也，當免，則當時孝廉分爲兩項。孝本行實，廉必歷事，故和帝永元五年詔：謂郡國舉吏，"先帝明勅所在，令試之以職"也。孝廉雖不限曾歷職者，然欲觀其材能，自以曾歷職者爲宜，故孝宜又有吏六百石不得舉廉吏之詔也。後來此意微矣。**所謂策問者，亦以其人爲通於政理而咨詢之，非以其人爲意存冒濫而考校之。**《文獻通考》三十三云："自孝文策鼂錯之後，賢良方正，皆承親策。至孝昭年幼未即政，乃詔有司問以民所疾苦。"又言："漢武帝之於董仲舒也，意有未盡，則再策之，三策之，晉武帝之於摯虞、阮种也亦然。"皆策問意在咨詢之證也。後世則名爲策問，實與射策無異矣。**然意存冒濫者漸多，加以考試之事，遂終不可免。**章帝建初五年詔，稱建武詔書曰"堯試臣以職，不直以言語筆札"，可見言語筆札，已漸見重。左雄建策，則純乎考試矣。此後世科目之先河也。

《續漢書·百官志注》引應劭《漢官儀》曰："世祖詔方今選舉，賢佞朱紫錯用。丞相故事，四科取士：一曰德行高妙，志節清白。二曰學通行脩，經中博士。三曰明達法令，足以決疑，能案章覆問，文中御史。四曰剛毅多略，遭事不惑，明足以決，才任三輔令。皆有孝弟廉公之行。自今以後，審四科辟召。"又引《漢官目錄》曰："建武十二年八月乙未詔書：三公舉茂才各一人，廉吏各二人。光禄歲舉茂才四行各一人，察廉吏三人。中二千石歲察廉吏各一人。廷尉、大司農各二人。將兵將軍歲察廉吏各二人。監察御史、司隸、州牧歲舉茂才各一人。"[①]四行者，元帝永光元年詔：丞相御史，舉質樸、敦厚、遜讓、有行者。光禄歲以此科第郎從官。其後遂爲故事焉。何武以射策甲科爲郎，光禄勳舉四行，遷爲鄠令。《後漢書·吳祐傳》：祐以光禄四行遷膠東相。《注》引《漢官儀》曰：四行，敦厚、質樸、遜讓、節儉也。《黨錮·范滂傳注》引同。《後漢書·黃瓊傳》云：舊制：光禄舉三署郎，以高功久次，才德尤異者爲茂材四行。三署者？《漢官儀》曰："五官署，左、右

署也。各置中郎將以司之。郡國舉孝廉，以補三署郎。年五十以上屬五官，其次分在左、右署。凡有中郎、議郎、侍郎、郎中四等，無員。"《後漢書·和帝紀》元興元年《注》引。《後漢書·和帝紀》：永元十四年，初復郡國上計補郎官。《注》曰："《前書音義》曰：舊制使郡丞奉歲計。武帝元朔中，令郡國舉孝廉各一人，與計偕，拜爲郎中，中廢，今復之。"《楊秉傳》云延熹五年，代劉矩爲大尉。時郡國計吏，多留拜爲郎。秉上言："三署見郎，七百餘人。帑藏空虛，浮食者衆。而不良守相，欲因國爲池，澆濯釁穢。宜絶橫拜，以塞覬覦之端。自此終桓帝世，計吏無復留拜者。"《前書音義》似指孝廉言之。《後書》紀傳之文，皆指計吏，似非一事，《注》恐誤引也。漢世郎選，所係最重。楊惲遷中郎將，薦舉其高第有行能者，至郡守九卿。館陶公主光武女。爲子求郎，明帝不許。謂羣臣曰："郎官上應列宿，出宰百里。苟非其人，則民受其殃。"見《明帝紀》末。案章帝建初元年，初舉孝廉、郎中寬博有謀，任典城者以補長、相。和帝永元元年，初令郎官詔除者，得占丞、尉，以比秩爲真。七年，詔有司詳選郎官寬博有謀，才任典城者三十人。既而悉以所選出補長、相。元興元年，引三署郎召見禁中，選除七十五人補謁者、長、相。安帝元初六年，詔三府選掾屬高第，能惠利牧養者各五人，光祿勳與中郎將選孝廉郎寬博有謀，清白行高者五十人，出補令、長、丞、尉。皆郎官出任宰牧之事。故史公以入財者得補郎，而歎息於郎選之衰也。《平準書》。

《漢書·東方朔傳》云："武帝初即位，徵天下舉方正賢良文學材力之士，待以不次之位。四方士多上書言得失。自衒粥者以千數。"朱買臣、主父偃、徐樂、嚴安、終軍等，蓋其人也。《蕭望之傳》："宣帝初即位，思進賢良，多上書言便宜，輒下望之問狀。案望之時爲謁者。高者請丞相御史，次者中二千石。試事滿歲，以狀聞。下者報聞，或罷歸田里。"賈捐之以元帝初即位，上疏言得失，召待詔金馬門。此皆古游士之類也。梅福言："孝武皇帝好忠諫，說至言，出爵不待廉茂，慶賜不須顯功，是以天下布衣，各厲志竭精，以赴闕庭，自衒粥者，不可勝數。漢家得賢，於此爲盛。"揚雄《解嘲》言："鄉使上世之士，處乎今，策非甲科，行非孝廉，舉非方正，獨可抗疏時道是非，高得待詔，下賜問罷。"足見其爲進取之一途矣。漢世諸侯王好士者，亦能多致異材。如梁孝王、淮南王安皆是。然天下一家，競爭不烈，諸侯王能好士者卒少，故士之由此進者亦不多也。韓延壽守東郡，門卒本諸生，聞延壽賢，無因自達，故代卒，可見儒者進身之難。

博士及博士弟子入官，爲漢世特闢之途，與秦之燔燒詩書，欲學法令，以吏爲師適相反，蓋自武帝崇儒以來也。《儒林傳》：公孫弘請博士弟子。一歲皆輒課，能通一藝以上，補文學掌故缺。其高弟可以爲郎中，大常籍奏。即有秀才異等，輒以名聞。平帝時，王莽秉政，歲課甲科四十人爲郎中，乙科二十人爲大子舍人,丙科四十人補文學掌故。蕭望之以射策甲科爲郎。① 匡衡射策甲科,以不應令除爲大常掌故。師古曰:"射策者,謂爲難問疑義,書之於策,量其大小,署爲甲乙之科,刊而置之,不使彰顯。有欲射者,隨其所取,得而釋之,以知優劣。射之言投射也。對策者,顯問以政事、經義,令各對之,而觀其文辭,定高下也。"《蕭望之傳注》。《後漢書·順帝紀》陽嘉元年《注》引《前書音義》曰:"甲科,謂作簡策難問,列置案上。任試者意投射,取而答之,謂之射策。上者爲甲,次者爲乙。若録政化得失,顯而問之,謂之對策也。"此其考試之法也。博士亦由公舉,成帝陽朔二年,詔丞相、御史與中二千石、二千石雜舉可充博士位者是也。限年五十以上,見《後漢書·儒林楊仁傳注》引《漢官儀》。其選,成帝時爲三科:高爲尚書,次爲刺史,其不通政事,以久次補諸侯大傅,見《前書·孔光傳》。

漢世儒士,進取之途頗優。公孫弘言治禮、掌故,以文學、禮義爲官,遷留滯。請選擇其秩比二百石以上,及吏百石通一藝以上,補左右内史、大行卒史。比百石以下,補郡大守卒史。皆各二人。邊郡一人。先用誦多者。不足,擇掌故以補中二千石屬文學掌故補郡屬備員。請著功令。他如律令。制曰可。史稱"自此以來,公卿大夫士吏,彬彬多文學之士"焉。《儒林傳》。後漢章帝元和二年,令郡國上明經者,口十萬以上五人,不滿十萬三人。和熹聽政時,三署郎能通經術者,皆得察舉。《儒林傳》。順帝陽嘉元年,以大學新成,試明經下第者補弟子,增甲乙科員各十人,除郡國耆儒九十人補郎、舍人。《本紀》。《左雄傳》曰:"除京師及郡國耆儒年六十以上爲郎、舍人、諸王國郎者百三十八人。"案此事亦見《儒林傳》,辭又較略。質帝本初元年,令郡國舉明經年五十以上、七十以下詣大學。靈帝熹平五年,試大學生年六十以上百餘人,除郎中、大子舍人至王家郎、郡國文學吏。光和三年,詔公卿舉能通《尚書》、《毛詩》、《左氏》、《穀梁春秋》各一人,悉除議郎。獻帝初平四年,試儒生四十餘人。上第賜位郎中,次大子舍人,下第者罷之。詔曰:"今耆儒年踰六十,去離本土,營求糧資,不得專業。結童入學,白首空歸。長委農野,永絶榮望。朕甚愍焉。其依科罷者聽爲大子舍人。"魏明帝大和二年,勅郡國貢士以經學爲先。四年,詔郎吏學通一經,才任牧民,博士課試。擢其高第者亟用。其浮華不務道本者,皆罷退之。蓋自武帝崇儒以後,利禄之途,正不獨學校一端矣。亦有名爲招致文學,實則登庸嬖倖者,靈帝之鴻都門學是也。已見第十章第五節。

《漢書·哀帝紀》:帝即位,除任子令。《注》引應劭曰:"《漢儀注》:吏二

---

① 選舉:射策與對策。射策即今新法考試。

千石以上，視事滿三年，得任同產若子一人爲郎。不以德選，故除之。”案《漢書·馮唐傳》：武帝即位，求賢良，舉唐，唐時年九十餘，不能爲官，乃以子遂爲郎；《兩龔傳》：王莽白遣龔勝、邴漢，令上子若孫若同產子一人；則推恩又有出於定令之外者。此爲董仲舒所深非，王吉亦極言之。《後漢書·侯霸傳》：族父淵，以宦者有才辯任職，元帝時佐石顯等領中書，號曰大常侍，成帝時，任霸爲大子舍人，此爲宦者得任人之始。至後漢而其弊大著。李固言：“詔書禁侍中、尚書、中臣子弟不得爲吏，察孝廉，而中常侍子弟，禄仕曾無限極。詭佞之徒，望風進舉。今可爲設常禁，同之中臣。”《楊秉傳》：延熹五年，代劉矩爲大尉。是時宦官方熾，任人及子弟爲官，佈滿天下。秉與司空周景上言：“舊典，中臣子弟，不得居位秉勢。可遵用舊章，退貪殘，塞災謗。”蓋宦竪之禍，至斯而極矣。《漢書·元帝紀》：初元五年，除光禄大夫以下至郎中保父母同産之令。應劭曰：“舊時相保，一人有過當坐之。”師古曰：“除此令，所以優之也。”一家哭何如一路哭？此等寬典，誠不如其無有也。

漢世公府掾史，皆自辟除。見《續書·百官志》。而二千石所屬，亦由其任用。《張敞傳》：勃海、膠東盜賊起，敞上書自請治之。天子徵敞，拜膠東相。敞辭之官，請吏追捕有功者，願得一切比三輔尤異。天子許之。敞到膠東，吏追捕有功，上名尚書，調補縣令者數十人。其用人之權之大如此。

景帝後二年詔曰：“人不患其不知，患其爲詐也。不患其不勇，患其爲暴也。不患其不富，患其無厭也。其惟廉士，寡欲易足。今訾算十以上乃得官。廉士算不必衆。訾算四得官。亡令廉士久失職，貪夫長利。”應劭曰：“古者疾吏之貪，衣食足知榮辱，故有十算之限。”此與今之保證金，意頗相類。《韓信傳》言信家貧無行，不得推擇爲吏。王尊教府丞悉署吏行能，分別白之。賢爲上，毋以富。賈人百萬，不足與計事。此則習俗相沿，好用富人耳，未嘗著爲法令也。然《後書·第五倫傳》言：“遷蜀郡大守。蜀郡肥饒，人吏富實。掾史家貲，①多至千萬。皆鮮車怒馬，以財貨自達。倫悉簡其豐贍者遣還之。更選孤貧志行之人，以處曹任。於是爭賕抑絶。”《朱暉傳》：暉子穆作《崇厚論》，言“以韓、翟之操，爲漢名宰，猶不能振一貧賢，薦一孤士”，則孤寒之士，欲求聞達亦難矣。漢世爵得賣買，而試補吏則五大夫先除。② 及武帝置武功爵，則千夫如五大夫。又入奴婢者爲郎增秩。入羊爲郎。吏得入穀補官，郎至六百

---

① 選舉：富者樂爲掾史。此送迎者所以多，並有送長吏喪者（第三六八頁）。

② 選舉：漢世訾選。

石。株送徒入財者得補郎。桑弘羊又請令民入粟補吏。皆見《平準書》。王莽亦令民入米六百斛爲郎。其郎吏增秩，賜爵至附城。此皆公然粥賣。《成帝紀》：永始二年，詔曰："關東比歲不登。吏民以義收食貧民，入穀物助縣官振贍者已賜直。其百萬以上，加賜爵右更。欲爲吏補三百石。其吏也，遷二等。三十萬以上，賜爵五大夫。吏亦遷二等。民補郎。"雖出財者意不在得官爵，然國家之以官爵爲酬賞則一也。張釋之及司馬相如皆以訾爲郎。《釋之傳注》：蘇林曰：雇錢若出穀也。如淳曰：漢法，訾五百萬，得爲常侍郎。《循吏·黄霸傳》：武帝末，以待詔入錢賞官補侍郎、謁者。後復入穀沈黎郡，補左馮翊二百石卒史。馮翊以霸入財爲郎，不補右職。《楊敞傳》：郎官故事：令郎出錢市財用，給文書乃得出，名曰山郎。移病盡一日，輒償一沐。或致歲餘不得沐。其豪富郎日出游戲，或行錢得善部。貨賂流行，傳相放效。蓋雖政以賄成，然語其所由進，則終輕之也。靈帝賣官之事，已見第十章第五節。此亦亂政，非法令，不足論。

《史記·平準書》言孝惠、高后時，"爲天下初定，復弛商賈之律，然市井之子孫，亦不得仕宦爲吏"。《漢書·食貨志》作"亦不得爲官吏"。此乃妄人所改。宦、學也。^① 謂給事於官而未有爵位者。《漢書·惠帝紀》：帝即位後，爵五大夫，吏六百石以上，及宦皇帝而知名者，有罪當盜械者皆頌繫。師古謂"早事惠帝，特爲所知，故優之"。此即宦於大子家者也。貢禹言：文帝時，賈人、贅壻及吏坐臧者皆禁錮，不得爲吏。景帝後二年詔有市籍者不得官。《後漢書·逸民高鳳傳》：自言本巫家，不應爲吏。然孔僅、東郭咸陽幹鹽鐵，除故鹽鐵家富者爲吏；義和置命士督五均六幹，亦皆用富賈；流品之異，業已不能堅持。《後漢書·第五倫傳》：竇氏始貴，倫上疏言："諸出入貴戚者，類多瑕釁禁錮之人。三輔議論，至云以貴戚廢錮，當復以貴戚澣濯之，猶解酲當以酒。"《楊震傳》：震上疏言："周廣、謝惲兄弟，依倚近倖姦佞之人，與樊豐、王永等分威共權，屬託州郡，傾動大臣。宰司辟召，承望旨意。招來海内貪汙之人，受其貨賂。至有臧錮棄世之徒，^②復得顯用。"《後漢書·袁安傳》：爲河南尹，政號嚴明，然未曾以臧罪鞠人。常稱曰："凡學仕者，高則望宰相，下則希牧守，錮人於聖世，尹所不忍爲也。"《劉般傳》：安帝初，清河相叔孫光坐臧抵罪，增錮二世。《陳寵傳》：子忠，奏解臧吏三世禁錮。^③ 桓帝即位，詔臧吏子孫不得察舉。《黨錮傳》：岑晊，父以貪叨誅死，晊往候同郡宗慈，慈以晊非良家子不肯見。蓋

---

①　選舉：宦。
②　選舉：臧吏見略及禁錮。
③　選舉：錮。

漢於贓吏法特嚴，而俗亦疾之甚深。贓吏亦可顯用，而綱紀蕩然矣。左雄亦言："考奏捕案，亡不受罪，會赦行賂，復見洗滌。"則有罪禁錮，亦成空言矣。《漢書·息夫躬傳注》云："錮，謂終身不得仕。"然亦有行寬典者。平帝即位，詔諸有贓及内惡未發而薦舉者，皆勿案驗。殤帝延平元年，大后詔"自建武以來，諸犯禁錮，詔書雖解，有司持重，多不奉行，其皆復爲平民"是也。其時權戚牽引，後則重以黨人，禁錮所涉尤廣。章帝元和元年，詔曰："往者妖言大獄，所及廣遠。一人犯罪，禁至三屬。莫得垂纓，仕宦王朝。如有賢才，而没齒無用。朕甚憐之。非所謂與之更始也。諸以前妖惡禁錮者，一皆蠲除之，以明棄咎之路。但不得在宿衛而已。"此所錮僅及三屬。《順帝紀》：永建四年赦詔，閻顯、江京等知識昏姻禁錮，一原除之。靈帝建寧二年，鉤黨之禍，"諸附從者，錮及五屬"。熹平五年，詔黨人門生故吏父兄子弟在位者，皆免官禁錮。光和二年大赦，僅除小功以下而已。

左官之律，起自武帝，已見第四章第六節。後漢建武二十四年，申明《阿附蕃王法》，《注》云：即《左官律附益法》也，亦已見本章第二節。此亦仕進之一途也。安帝永初二年，詔王主官屬墨綬下至郎、謁者，其經明任博士，居鄉里有廉清孝順之稱，才任理人者，國相歲移名，與計偕上尚書、公府通調，令得外補。王主，劉攽謂當作王國，蓋是。主官屬祇有家令，無郎謁者也。

《後漢書·蔡邕傳》云："初，朝議以州郡相黨，人情比周，乃制婚姻之家，及兩州人士，不得對相監臨。至是復有三互法。禁忌轉密，選用艱難。"此爲回避之始。邕疏言"韓安國起自徒中，朱買臣出於幽賤，並以才宜，還守本邦"，可知前漢本無其法。《三國·魏志·劉馥傳注》引《晉陽秋》，言馥子弘在晉世爲荆州刺史。帝在長安，命弘得選用宰守。徵士武陵伍朝，高尚其事。牙門將皮初，有勳江、漢。弘上朝爲零陵大守，初爲襄陽大守。詔書以襄陽顯郡，初資名輕淺，以弘壻夏侯陟爲襄陽。弘曰："夫統天下者當與天下同心，治一國者當與一國推實。吾統荆州十郡，安得十女壻然後爲治哉？"乃表陟姻親，舊制不得相監臨，初勳宜見酬。報聽之。衆益服其公。則晉初猶可援引也。

漢世選舉，其權本在三府，東京以後，乃漸移於尚書。順帝陽嘉元年詔言："今刺史二千石之選，歸任三司。"二年，郎顗以公車徵，詣闕拜章，亦言"今選舉牧守，委任三府"。而靈帝時吕強上疏，言"舊典選舉，委任三府。三府有選，參議掾屬。咨其行狀，度其器能，受試任用，責以成功。若無可察，然後付之尚書。尚書舉劾，請下廷尉，覆案虚實，行其誅罰。今但任尚書，或復勑用"云云。似尚書之權，至末葉乃大張者。然《朱浮傳》言："舊制州牧奏二千石長吏不任位者，事皆先下三公，三公遣掾史案驗，然後黜退，帝光武。時用明察，不復委任三府，而權歸刺舉之吏，”則三司之喪權，由來舊矣。此亦有所不得已。楊興晉史高所舉，不過私門賓客，乳母子弟。見《漢書·匡衡傳》。楊震爲大尉。耿寶薦中常侍李閏兄於震，震不從。閻顯薦所親厚於震，震又不從。司空劉授聞之，即辟此二人，旬日中皆見拔擢。三公之徇私阿好如此。郎顗條便宜言："今選舉皆歸三司。每有選用，輒參之掾屬。公府門巷，賓客填集。送去迎來，財貨無已。其當遷者，競相薦謁。各遣子弟，充塞道路。開長姦門，興致浮僞。非所謂率由舊章也。尚書職在機衡，宮禁嚴密，私曲之意，差不得通；偏黨之恩，或無所用；選舉之任，不如還在機密。”觀此，可知其遷變之由矣。

　　慎舉於進用之初，終不過觀其大略，其人究可用與否，必歷試然後知之。故考課之法，實較選拔爲尤要。① 京房首創斯議，已見第六章第一節。魏盧毓爲吏部尚書。明帝詔之曰："選舉莫取有名。名如畫地作餅，不可啖也。”毓對曰："名不足以致異人，而可以得常士。常士畏教慕善，然後有名，非所當疾也。愚臣既不足以識異人，又主者正以循名案常爲職，但當有以驗其後。故古者敷奏以言，明試以功。今考績之法廢，而以毀譽相進退，故真僞渾雜，虛實相蒙。”其言可謂知本矣。帝納其言，即詔作考課法。《劉劭傳》云："景初中，受詔作都官考課七十二條，又作説略一篇。事成未上，會明帝崩，不施行。”劭、毓所爲，當即一物。杜恕言"奏考功者綴京房之本旨"，杜預亦言"魏氏考課，即京房遺意"，見《晉書》本傳。其學蓋有所承。劉劭言百官考課，歷代弗務。王昶亦受詔撰百官考課事。昶以爲唐、虞雖有黜陟之文，而考課之法不垂。周制冢宰之職，大計羣吏之治而誅賞，又無校比之制。杜恕亦謂歷六代而考績之法不著，閱七聖而課試之文不垂。傅嘏言劉劭考課論，雖欲尋前代黜陟之文，然其制度略以闕亡。則自京、焦以至盧毓輩，議論雖有所承，條例殆皆新造也。考績之弊有二：一爲專尚苛猛。章帝元初二年詔所謂"以苛爲察，以刻爲明"；左雄所謂"謂殺害不辜爲威風，聚斂整辦爲賢能，以理己安民爲劣弱，以奉法循理爲不化也"。一則參以私意。劉廙曰："長吏之所以爲佳者，奉法也，憂公也，卹民也，此三事者，或州郡有所不便，往來有所不安。”而"黜陟頗以州郡之毀譽，聽往來之浮言"，則阿不烹，即墨不封矣。二者之弊，皆起於無法。故奉行者無所準，而懷私者得肆其譸張。然則考課之法，蓋相需孔殷矣，而惜乎其終不成也。

---

① 選舉：考課。杜預委任達官，恐失其意。

漢世選舉不實，厥罰頗重，《漢書·百官公卿表》：竟寧元年，張譚爲御史大夫，陽朔三年，韓立子淵爲執金吾，後皆坐選舉不實免。綏和元年，遂義子贛爲左馮翊，坐選舉免，元壽二年，梁相爲大理，三年，坐除吏不次免。嚴延年爲河南尹，察獄史廉，有臧不入身，坐選舉不實貶秩。張湯曾孫勃舉陳湯茂材，以湯有罪削戶二百。湖三老訟王尊曰：“審如御史章，任舉尊者，當獲選舉之辜，不可但已。”知漢世選舉不實，未有能辭其責者也。然終不能絕其弊者，則以私黨牢固，力不能勝也。自封建之制既壞，士無恒產，競以游説爲務，至秦、漢之世猶然。① 陳涉之王，事至微淺，而縉紳先生之徒，負孔子禮器往委質爲臣。《史記·儒林傳》。叔孫通之降漢也，從儒生弟子百餘人。初無所言進，弟子皆竊罵。及高帝悉以爲郎，通又以賜金五百斤分賜諸生，則喜而稱爲聖人。其時酈生、陸賈之徒，以及後來伍被、羊詭、公孫勝、鄒陽、枚乘之輩，皆古游士之類也。既非縱衡之時，好士之主，不可數遇，則不得不結黨以相援引。孔光不結黨友，養游説，史家著其特操。薛宣無私黨游説之助，薦者以爲美談。何武恂恂，猶且問文吏必於儒者，問儒者必於文吏，以相參檢。見本傳。又云：“欲除吏，先爲科例，以防請託。”降逮東京，其弊彌甚。章帝建初五年，以日食詔公卿以下舉直言極諫之士。“其以巖穴爲先，勿取浮華。”和帝永元六年詔亦令昭巖穴，披幽隱。劉愷爲大常，史稱其每有徵舉，必先巖穴。所謂浮華者，謂其“講偶時之説，結比周之黨，更相歎揚，迭爲表裏，既獲者賢己而遂往，羨慕者並驅而從之”者也。《中論·譴交篇》語。當時風氣之弊，詳見《中論》此篇及《考僞篇》。又《潛夫論·務本》、《賢難》、《考績》、《潛歎》、《實貢》、《交際》，《抱朴子·審舉》、《交際》、《名實》、《漢過》諸篇。朱穆《絕交》、劉梁《破羣》之論，亦有激而然也。劉梁見《後漢書·文苑傳》。此曹既合黨連羣，其聲勢亦覺可畏，故當路者咸敷衍焉。《中論·譴交篇》言“桓、靈之世，公卿大夫，州牧郡守，王事不恤，賓客爲務。冠蓋填門，儒服塞道。飢不暇餐，倦不獲已，殷殷沄沄，俾夜作晝。下及小司，列城墨綬，莫不相商以得人，自矜以下士。星言夙駕，送往迎來。亭傳常滿，吏卒傳問，炬火夜行，闔寺不閉。文書委於官曹，繫囚積於圄圖。”甚至有如晉文經、黃子文者，炫曜上京，臥託養疾，而三公辟召，輒詢訪之，隨所臧否，以爲予奪。見《後漢書·符融傳》。尚復成何事體？夫顯爲名者，未有不陰爲利者也。當時李膺、郭泰等，所以爲士林所歸仰者，實亦欲藉彼聲華，以資進趨耳。然虛名所歸，率多矯僞之士，其居心有不可問者。黃允以儁才知名。司徒袁隗，欲爲從女求姻，見允而歎曰：“得婿如是，足矣。”允聞而黜遣其妻。婦大集賓客三百餘人，中坐攘袂，數允隱惡十五事。允以此廢於世。《後漢書·郭泰傳》。此與第十三章第一節所引李充事，可以參觀。彼爲充者，亦幸而其妻不能數其惡

---

① 選舉：士結黨，賢否混淆，九品中正所由立（第四六五—四六七頁）。

耳,設其能之,充亦一黃允也,而公卿倒屣,天子動容,其敗壞風俗,爲何如哉?孔融稱盛憲曰"天下譚士,依以揚聲",又曰:"今之少年,喜謗前輩,或能譏評孝章。"許劭初善李逵,後更爲隙。又與從兄靖不睦。劭爲郡功曹,遂排擯靖不得齒叙。《申鑒考僞》謂"父盜子名,兄竊弟譽,骨肉相紿,朋友相詐",信非虛言。卒之禄位有限。"求度者十,一未能得。"終至"身殁他邦,親戚隔絶,閨門分離",亦《譴交篇》語。亦何爲哉?然喪亂以來,斯風不革。《三國志·魏武帝紀》:建安十年九月令曰:"阿黨比周,先聖所疾也。聞冀州俗父子異部,更相毁譽。昔直不疑無兄,世人謂之盜嫂;第五伯魚三娶孤女謂之撾婦翁;王鳳擅權,谷永比之申伯;王商忠議,張匡謂之左道;此皆以白爲黑,欺天罔君者也。吾欲整齊風俗,四者不除,吾以爲羞。"《陳矯傳注》引《魏氏春秋》載公令曰:"喪亂以來,風教彫薄。謗議之言,難用褒貶。自建安五年以前,一切勿論。其以斷前誹議者,以其罪罪之。"其疾惡之至於如此。然大和中董昭上疏曰:"近魏諷伏誅建安之末,曹偉斬戮黃初之始。伏惟前後聖詔,深疾虛僞,欲以破散邪黨,常用切齒。而執法之吏,皆畏其權勢,莫能糾摘。毁壞風俗,浸欲滋甚。竊見當今年少,不復以學問爲本,專更以交游爲業。國士不以孝弟清修爲首,乃以趨勢游利爲先。合黨連羣,互相褒歎。以毁譽爲罰戮,用黨譽爲爵賞。附己者則歎之盈言,不附者則爲作瑕釁。至乃相謂:今世何憂不度邪?但求人道不勤,羅之不博耳。又何患其不知己矣?"則其風氣絶未變也。《昭傳》謂明帝以昭此疏,發切詔斥免諸葛誕、鄧颺等。案《誕傳》謂誕入爲吏部郎,人有所屬託,輒顯其言而承用之,後有當否,則公議其得失,以爲褒貶。自是羣僚莫不慎其所舉。則其人非騖浮華者。《傅嘏傳注》引《傅子》,力詆何晏、鄧颺、夏侯玄三人。則嘏本司馬氏之黨;其説亦事後附會,不必實也。史於曹爽之黨多溢惡。觀昭之疏,實非指誕、颺等言。然當時有此等風氣,則不誣也。王昶名子曰渾,曰深,兄子曰沈,曰默,可見時人惟口舌之尚。欲救此弊,惟有二法:一如魏武帝、諸葛武侯,專校功能。此可施之於考課之時,而不能用之於選拔之際。一如毛玠選舉,"拔貞實,斥華僞,進遜行,抑阿黨"。"雖於時有盛名,而行不由本者,終不得進。"然不能考之於其鄉里,而徒就典選者耳目所及,終不免爲矯僞所欺,此則九品中正之制所由立也。

漢世用人,本重鄉舉。故杜欽對策,有"觀本行於鄉黨,考功能於官職"之語,王吉爲沛相,"課使郡內各舉姦吏、豪人。諸常有微過,酒肉爲臧者,雖數十年,猶加貶棄,注其名籍"。《後漢書·酷吏傳》。則鄉里官司,於善惡之有記注舊矣。[①] 和帝

---

① 選舉:鄉里官司於善惡,舊有記注。

永元五年詔曰"科別行能,必由鄉曲,故先帝明勑所在,令試之以職,乃得充選",則薦舉亦本功能。自朋黨熾盛以來,遂舍歷試而憑虛譽,而毀譽則爲矯誣者所把持。①《後漢書·趙岐傳》,言中常侍唐衡兄玹,爲京兆虎牙都尉。郡人以玹進不由德,皆輕侮之。岐及從兄襲,又數爲貶議。玹深毒恨。《許劭傳》言:劭與從兄靖,俱有高名,好共覈論鄉黨人物。每月輒更其品題,故汝南俗有月旦評。《黨錮·范滂傳》云:大守宗資請爲功曹。滂外甥西平李頌,公族子孫,而爲鄉曲所棄。唐衡以頌請資,資用爲吏。滂以非其人,寢而不召。觀此三事,可知鄉評之重。夫既爲矯誣者所把持,其論復何足采? 然時人不知此義。何夔謂魏武:"自軍興以來,制度草創,用人未詳其本,是以各引其類。"以爲"自今所用,必先核之鄉閭,使長幼順叙,無相踰越",傅嘏難劉劭考課,亦謂"方今九州之民,爰及京城,未有六鄉之舉,選才之職,專任吏部,考課是先,爲本未立而治末"。時人所見如此,九品中正之法,安得不立? 其實鄉評所與,每多矯僞之人。畫餅充飢,正指是輩。魏武所以求盜嫂受金,不仁不孝之士,<small>建安十五年、十九年、二十二年令。見《本紀注》引《魏書》。</small>正有激而然也。然則九品中正之法之不足用,在三國之世,早見其端倪矣,而惜乎時人之不悟也。此法創自陳羣,其弊至晉世而始著,別於《晉南北朝史》中詳之。

第五節　賦　　稅

漢世輕典,莫如田租。《漢書·食貨志》言:高祖輕田租,什五而稅一。《惠帝紀》:帝即位,"減田租,復十五稅一。"鄧展曰:"漢家初十五稅一,中閒廢,今復之也。"②如淳曰:"秦作阿房之宫,收大半之賦,至此乃復十五而稅一。"師古曰:"鄧説是。"案秦以前不聞十五稅一之舉,師古然鄧説,當不誤也。文帝從鼂錯言,令民入粟邊拜爵。錯復奏邊食足支五歲,可令入粟郡縣;足支一歲以上,可時赦勿收農民租。上復從其言。乃下詔賜民十二年田租之半。明年,遂除民田之租税。後十三歲,孝景二年,乃令民半出田租,三十而稅一焉。<small>《食貨志》。亦見《本紀》。</small>據《文帝紀》,文帝二年,業已賜天下民今年田租之半。後漢光武建武六年十二月,詔曰:"頃者帥旅未解,用度不足,故行什一之税。今軍士屯田,糧儲差積。其令郡國收見田租,三十稅一如舊制。"自是終後漢世,未之有

<hr>

① 選舉:舍歷試,重虛譽,善惡由淆,而時人之見反之,爲九品中正所由立(第四五七—四五八頁)。

② 賦税:古無十五稅一之事,如淳謂詔復輕典耳。

改。惟桓帝延熹八年,初令郡國有田者畝斂稅錢;《注》曰:"畝十錢也。"靈帝欲鑄銅人,詔調民田畝斂十錢《陸康傳》。爲橫斂。① 然漢世田稅,本不收錢。此仍可謂之加賦,按田而賦。而不可謂之加稅也。三十稅一之制,仲長統非之,謂無以備稸積,豐吏祿。其言曰:"二十稅一,名之曰貉,況三十乎?"似矣。然古公稅之外,無復私租,故什一之稅不爲重。漢則"豪民侵陵,分田劫假,厥名三十,實十稅五",王莽行王田詔語。無以正之,而復重稅,可乎? 貢禹言農夫"已奉穀租,又出蒭稅。鄉部私求,不可勝供"。左雄言:"鄉官部吏,職斯祿薄,車馬衣服,一出於民,特選橫調,紛紛不絕。"則絕誅求誠爲急務。欲絕私求,固宜豐吏祿,然是否吏祿豐而私求即絕,亦復難言;況不能正豪民之侵陵,又重稅之以供吏祿,民力安可勝邪? 然則地權不均,文、景姑息之策,亦有所不得已也。蒭稅,亦曰蒭藁,後漢常與田租並免,②或令半入,或以實除,見《紀》建武二十二,中元元,元和二,永元四、九、十三、十四、十六,延平元,永初四,延光三,永建六諸年。蓋農田普出之稅。《光武紀注》引《東觀記》曰:帝嘗爲季父故舂陵侯詣大司馬府訟地皇元年十二月壬寅前租二萬六千斛,蒭藁錢若干萬,③更始元年。則穀租雖徵本色,蒭藁已徵折色矣。不知侯家如此邪? 抑民間亦然也?

　　《刑法志》言:"稅以足食,賦以足兵";《食貨志》云"稅謂公田十一及工商衡虞之入,賦共車馬、甲兵、士徒之役";則賦之始本專以共軍。然有所須即敷之於民,由來舊矣。故《食貨志》又言"賦充實府庫賜與之用"也。《高帝紀》:四年八月,初爲算賦。如淳曰"《漢儀注》民年十五以上至五十六,出錢人百二十爲一算,爲治庫兵、車馬",此仍以共軍用。《惠帝紀》:六年,女子年十五以上至三十不嫁五算。《注》引應劭曰:"漢律:人出一算,算百二十錢。惟賈人與奴婢倍算。今使五算,罪謫之也。"《後漢書·明帝紀》:永平九年,詔郡國死罪囚減罪,與妻子詣五原、朔方,占著所在。其妻無父兄,獨有母者,賜其母錢六萬,又復其口算。蓋古者兵役,女子亦與焉,故其算賦亦無分男女也。④ 奴婢之算,蓋當使主人出之。《王莽傳》:天鳳四年,一切調上公以下諸有奴婢者,率一口出錢三千六百其證。《昭帝紀》:元鳳四年,帝加元服,毋收四年、五年口賦。如淳曰:"《漢儀注》:民年七歲至十四,出口賦錢人二十三。二十錢以食天子。其三錢者,武帝加口錢以補車騎馬也。"《貢禹傳》:禹以爲"古民亡

---

① 賦稅:漢斂畝錢,乃加賦非加稅。
② 賦稅:蒭稅即曰蒭藁,與田租並言,蓋頗重。
③ 賦稅:蒭藁已有征錢者。
④ 賦稅:古兵役女子亦與,故算賦女亦出。女亦役(第四七頁)。

賦算、口錢，起武帝征伐四夷，重賦於民。民產子三歲則出口錢，故民重困，至於生子輒殺，甚可悲痛。宜令兒七歲去齒乃出口錢，年二十乃算”。天子下其議，令民七歲乃出口錢自此始。口錢算賦，初本兩事，其後遂爲通名。然三錢以補車騎馬仍不失賦以足兵之本意也。其隨意敷取於民者：賈捐之言文帝民賦四十，武帝民賦數百；輪臺之詔，言前有司欲益民賦三十助邊費《西域傳》。皆是。《高帝紀》：十一年二月，詔曰：“欲省賦甚。今獻未有程，吏或多賦以爲獻，而諸侯王尤多，民疾之。令諸侯王、通侯常以十月朝獻；及郡各以其口數率，人歲六十三錢，以給獻費。”《武帝紀》元鼎五年《注》引如淳曰：“《漢儀注》：諸侯歲以戶口酎黃金於漢廟。”此因貢獻而賦諸民者也。《文帝紀》：元年六月，令郡國毋來獻。後六年四月，大旱蝗，令諸侯毋入貢。蓋亦以貢獻須煩民也。賈山亦美文帝止歲貢。《高后紀》：二年，丞相臣平言：列侯幸得賜餐錢奉邑。《注》引文穎曰：“滄邑中更名算錢，如今長吏食奉自復膡錢，即租奉也。”《貨殖傳》言列侯、封君食租稅，歲率戶二百。此則封君自賦諸民者也。《昭帝紀》：元鳳二年，詔令郡國毋斂今年馬口錢。此蓋自武帝事四夷以來，《西域傳贊》所謂租及六畜者即指此。算賦、口錢，漢世屢有減免。賈山《至言》：文帝九十者一子不事，八十者二算不事。師古曰：“二算不事，免二口之算賦也。”《昭帝紀》：元鳳四年，帝加元服，毋收四年、五年口賦。元平元年，詔減口賦錢。有司奏請減什三。上許之。《宣帝紀》：五鳳三年，減天下口錢。甘露二年，減民算三十。師古曰：“一算減錢三十也。”《成帝紀》：建始二年，減天下賦錢算四十。後漢亦屢有復口算之舉，今不備徵。漢世錢賈貴，民於算賦、口錢，頗覺其重，減免實爲惠政。又民得錢頗難。[1] 昭帝元鳳元年、六年，皆詔三輔、大常以叔粟當賦，亦便民之事也。其橫調雜物，則無如何。《漢書·薛宣傳》：卬成大后崩，喪事倉卒，吏賦斂以趨辦。《三國·吳志·華覈傳》：覈言“都下諸官，所掌別異，各自下調，不計民力”。此等皆取之無定物，無定數，亦無定時，爲虐最甚。宜乎吳無賦而百姓歸心；史以民不益賦稱桑弘羊之功；而成帝時有司奏請加賦，谷永亟言其不可許矣。古無戶賦，魏武帝始行之。見《三國·魏志·趙儼傳》。《三國志》本紀建安九年《注》引《魏書》載公定河北後令曰“其收田租畝一升，戶出絹二匹，綿二斤而已，他不得擅興發”，蓋亦所以止橫斂也。

　　《續漢書·百官志》言：有秩、嗇夫，皆主知民善惡，爲役先後；知民貧富，爲賦多少；平其差品。《後漢書·劉平傳》言：平拜全椒長，政有恩惠，百姓懷感。人或增貲就賦，或減年從役。則漢世賦以貧富爲準，役以善惡、老少爲差。[2]《潛夫論·愛日篇》言：“化國之日舒以長，亂國之日促以短。舒長者非

謂義、和安行，乃君明民静而力有餘；促短者非謂分度損減，乃上闇下亂而力不足。禮義生於富足，盜竊起於貧窮。富足生於寬暇，貧窮起於無實。"可見役事繁簡，與民生關係實大。賈山稱文帝減外徭衞卒；賈捐之言文帝時丁男三年而一事；則其時縣役頗希。然能如此者卒鮮。漢世大役可考者：如惠帝三年、五年，發長安六百里内男女十四萬餘人城長安，皆三十日；武帝欲築通天臺，未有人，王温舒請覆中尉脱卒，得數萬人作皆是。然此尚非民所甚苦，其最苦者，則爲遠役。[1] 賈生言："古者天子地方千里，中之而爲都，輸將縣使，其遠者不五百里而至。公侯地百里，中之而爲都，輸將縣使，遠者不五十里而至。輸將者不苦其勞，縣使者不傷其費。及秦，輸將起海上而來，一錢之賦，十錢之費弗能致也。故陳勝一動而天下不振。""今淮南地遠者或數千里，越兩諸侯而縣屬於漢。其吏民縣役，往來長安者，自悉而補，中道衣敝，錢用諸費稱此。""漢往者家號泣而送之；其來縣使者，家號泣而遣之"；"其苦屬漢而欲得王至甚；逋逃而歸諸侯者，已不少矣"。雜采《新書》及《漢書》本傳。秦時諸侯吏卒，常以縣使屯戍過秦中，已見第三章第二節。《漢書·枚乘傳》言：梁孝王嘗上書，願賜容車之地，徑至長樂宫，自使梁國士衆築作甬道朝大后，此諸侯之虐用其人。然《魏相傳》言河南卒戍中都官者二三千人；朱買臣吳人也，而隨上計吏爲卒將車至長安；《三國·魏志·管寧傳》言：建安二十三年，陸渾長被書調丁夫給漢中；則王室之役使其民，其路亦不爲近矣。谷永對策，欲使民不苦踰時之役，安可得哉？邊戍之役亦特重。賈誼言："今西北邊之郡：雖有長爵，不輕得復，五尺以上，不輕得息。斥候望烽燧不得卧，將吏被介胄而睡。"魏王觀爲涿郡大守，明帝即位，下詔書使郡縣條爲劇、中、平者。主者欲言郡爲中平。觀教曰："此郡濱近外虜，數有寇害，云何不爲劇邪？"主者曰："若郡爲外劇，恐於明府有任子。"觀曰："夫君者所以爲民也。今郡在外劇，則於役條當有降差，豈可爲大守之私，而負一郡之民乎？"遂言爲外劇郡。此邊郡縣役重難之證。《平準書》言漢誅羌，滅南越，番禺以西至蜀南者，置初郡十七，且以其故俗治，無賦税。南陽、漢中以往，郡各以地比給初郡，吏卒奉食幣物傳車馬被具，此又以開邊而勞及内郡者也。其得復者：或以宗室。文帝四年，復諸劉有屬籍家無所與。或以帝王鄉里。漢高祖以沛爲湯沐邑，復其民，世世無有所與。後又復豐比沛，事在十二年。光武建武六年，改春陵爲章陵縣，世世復徭役，比豐、沛，無有所與。或以吏。惠帝即位，詔曰："吏所以治民也。能盡其治，則民賴之。故重其禄，所以爲民也。今吏六百石以上，父母

---

[1] 賦税：民苦遠役，因而謫發（第四七八頁）。奴隸（第四七九頁）、異族（第四七九頁）。

妻子與同居；及故吏嘗佩將軍、都尉印將兵；及佩二千石官印者；家惟給軍賦，他無有所與。”**或以爵**。《漢書·食貨志》：鼂錯說文帝曰：“令民入粟受爵，至五大夫以上，乃復一人耳。”武功爵，則千夫如五大夫。**或以功臣之後**。漢功臣之後多復家，見表。《王子侯表注》曰：“復家，蠲賦役也。”《高惠高后文功臣表注》引孟康曰：“諸復家皆世世無所與，得傳同產子。”《後漢書·王良傳》：“復其子孫邑中繇役。”**或以學**。《三國·魏志·王朗傳注》引《魏略》，言大和、青龍中，大學諸生千數，率皆避役。《王脩傳注》引王隱《晉書》：王裒門人爲本縣所役，求裒爲屬。裒曰：“卿學不足以庇身，吾德薄不足以蔭卿，屬之何益？且吾不捉刀筆，已四十年。”乃步擔乾飯，兒負鹽豉。門徒從者千餘人。安丘令以爲見己，整衣出迎之於門。裒乃下道，至土牛，磬折而立，云“門生爲縣所役，故來送別。”執手涕泣而去。令即放遣諸生。**或以有車騎馬**。《食貨志》：鼂錯言：“今令，民有車騎馬一匹者，復卒三人。”武帝欲修馬復令，見第十七章第六節。**或以老**。《漢書·武帝紀》：建元元年，年八十復二算。九十復甲卒。民年九十以上，爲復子若孫。《鹽鐵論·未通篇》：御史曰：“古者十五入大學，與小役。二十冠而成人，與戎事。五十以上，血脈溢剛曰艾壯。《詩》曰：方叔元老，克壯其猷。今陛下哀憐百姓，寬力役之政，二十三始賦，五十六而免，所以輔耆壯而息老艾也。”文學曰：“十九年以下爲殤，未成人也。二十而冠。三十而娶，可以從戎事。五十已上曰艾老，杖於鄉，不從力政。今五十已上至六十，與子孫服輓輸，並給繇役，非養老之意也。”是漢從戎事者自二十三至五十六，他役則不限此也。[1]　參看第六節。**或以喪**。宣帝地節四年，詔有大父母、父母喪者勿繇事。《後漢書·陳忠傳》：元初三年，上言：孝宣皇帝，人從軍屯及給事縣官者，大父母死未滿三月，皆勿繇，令將葬送。請依此制。大后從之。**或以流移**。宣帝地節三年，詔流民還歸者，假公田，貸種食，且勿算事。本始三年，三輔民就賤者且毋收事。**或以行義**。如《後漢書·列女傳》，漢中陳文矩妻，蠲除家繇。**或由粥賣**。漢武募民入奴婢，入粟，得以終身復。又民多買復，及千夫五大夫，徵發之士益鮮。見《平準書》、《食貨志》。**然仍有成爲具文者**。如魏明帝起宮室，公卿以下，至於學生，莫不展力。見《三國志·高堂隆傳》。參看第十二章第四節。又如孫權改作大初宮，諸將及州郡皆義作本傳赤烏十年。是也。**其酷者**：則或五人三人兼役，見《三國·吳志·孫休傳》永安元年詔。**或一家而父子並役**，見《三國·吳志·陸凱傳》。**又有役及女子者**：惠帝城長安即然，已見前。《三國·蜀志·楊洪傳》：先主爭漢中，急書發兵。諸葛亮以問洪。洪曰：“漢中益州咽喉，無漢中則無蜀矣。方今之事，男子當戰，女子當運，發兵何疑。”**其人或以賄免，或則鋌而走險**。《吳志·駱統傳》：統言“每有徵發，小有財貨，傾居行賂，不顧窮盡。輕剽者則迸入險阻，黨就羣惡”。案此當時山民之所以多也。**雖擅繇之律頗重，不能止也**。《漢書·王子侯表》：江陽侯仁，元康元年，坐役使附落免。師古曰：“有聚落來附者，輒役使之，非法制也。”又：柞陽侯仁，初元五年，坐擅興縣賦，削爵一級爲關內侯。《高惠高后文功臣表》：信武肅侯靳歙，子亭，孝文後三年，坐事國人過律免。又：東茅侯劉告，孝文十六年，坐事國人過員免。又：祝阿侯高成，孝文後三年，坐事國人過律免。又：平陽侯杜相夫，元封三年，坐爲大常，與大樂令中可當鄭舞人擅繇，闌出入關免。師古曰：“擇可以爲鄭舞而

擅役之，又闌出入關。"相夫，《百官公卿表》作杜相，未知孰是。此諸事可見擅縣之律之嚴。然梁冀起菟苑河南城西，發屬縣卒徒繕修樓觀，數年乃成，則有權勢者之擅縣，終莫之能止也。又更亦役之一，見第六節。王莽訾漢家"常有更賦，罷癃咸出"，行王田詔。見《食貨志》及本傳。其屬民亦不爲不甚也。

武帝榷鹽鐵，已見第五章第十節。昭帝即位，六年，詔郡國舉賢良文學之士，問以民所疾苦。皆對願罷酒榷、均輸官。御史大夫桑弘羊難，以爲此國家大業，所以制四夷，安邊足用之本，不可廢也。乃與丞相田千秋共奏罷酒酤。元帝時，嘗罷鹽鐵官，三年而復之。罷在初元五年，復在永光元年，見《紀》。云以用度不足。東漢鹽官、鐵官，皆屬郡縣。本屬司農，見《續書·百官志》。置令、長及丞，以主鹽税、鼓鑄。案《漢書·地理志》，郡有鹽官者二十八，鐵官四十。元和中，尚書張林上言鹽官可自賣，尚書僕射朱暉奏不可施行，事遂寢。後陳事者重述林議。帝然之。有詔施行。大司農鄭衆固執不可，不聽。和帝即位，乃以遺詔罷之。《三國志·王脩傳注》引《魏略》：脩爲司金中郎將，大祖與脩書云："察觀先賢之論，多以鹽鐵之利，足贍軍國之用。昔孤初立司金之官，念非屈君，餘無可者"云云。《大平御覽》引此事作河北始開冶，以脩爲司金中郎將。據殿本《考證》。《衛覬傳》云：覬留守關中，時四方大有還民，諸將多引爲部曲。覬書與荀彧，請置使者監賣鹽，以其直共給歸民。彧以白大祖。大祖從之。始遣謁者僕射監鹽官。蜀漢先主定益州，置鹽府校尉，較鹽鐵之利，王連、岑述等爲之，利入甚多，有裨國用，見《連》及《呂乂》、《楊洪傳》。又《張嶷傳》：定莋、臺登、卑水三縣，定莋在今西康鹽源縣南，臺登在今冕寧縣東，卑水在今會理縣北。舊出鹽鐵及漆。夷徼久自固食，嶷率所領奪取，署長吏焉。《吳志·朱桓傳》：桓卒，孫權賜鹽五千斛，以周喪事。則三國亦皆有鹽利也。鹽鐵之利，多以共軍。桓寬《鹽鐵論》寬，汝南人，見《漢書·田千秋傳贊》。備載大夫與賢良文學相難之語，理致殊有可觀。儒家一概斥之，非也。惟征榷所入，雖云有利於國，而辦理不善，則亦詒害於民，觀第五章第十節所引賢良文學之言可見。當時卜式來自郡國，亦言其不便，可知其非賢良文學訾謷之辭也。和帝詔言肅宗復收鹽鐵，由於匈奴未賓；而吏多不良，動失其便，可知東京利弊，正與西京同。董仲舒言秦田租、口賦、鹽鐵之利，二十倍於古，見《食貨志》。秦時未榷鹽鐵，《大史公自序》，其高祖昌爲秦主鐵官，當係漢時郡國鐵官之類。則郡國何嘗不可屬民？馬棱遷廣陵大守，穀貴民饑，奏罷鹽官以利百姓；《後漢書·馬援傳》。而徐偃矯制，使膠東、魯國鼓鑄鹽鐵，云從民望；《漢書·終軍傳》。則官賣鹽鐵，利弊亦不一矣。彭寵轉漁陽鹽鐵以貿穀，劉虞亦通漁陽鹽鐵之饒，此固開州郡割據之漸。衛覬勸魏武收鹽利以業還民，則又足以裁抑兵家。前漢陽朔、永始之間，潁川、山陽鐵官徒皆起爲亂。而《後書·循吏傳》：衛颯守桂陽。耒陽縣出鐵石。佗郡民庶常依因聚會，私爲冶鑄，遂招來亡命，多致姦盜。颯乃上起鐵官，罷斥私鑄。歲所增入，五百餘萬。則欲安民者，官榷與放民私營，亦各有利弊矣。要之官榷鹽鐵之病民，首以辦理不善，次則賣價大貴。宣帝地節四年，詔鹽民之食，而賈咸貴，衆庶重困，其減天下鹽賈。除此二弊，則人民所出少而官家爲利多，尚不失爲良稅也。

　　山海池澤之稅，屬於少府，已見第三節。《食貨志》言："山川、園池、市肆租稅之入，自天子以至封君湯沐邑，皆各爲私奉養，不領於天子之經費。"蓋自晚周以來，名山大澤，久爲有土者所障管，秦、漢皆承其舊也。山澤之稅，謂之假稅。有時亦或免收。《漢書·宣帝紀》：地節三年，詔池籞未御幸者，假與平民。《元帝紀》：初元元年，江海、陂湖、園池屬少府者，假與平民。《後漢書·安帝紀》：永初元年，以廣成諸苑及被災郡國公田假與貧民。皆不言有稅。然《和帝紀》永元五年詔，則云自京師離宮、果園，上林廣成圃，悉以假貧民，恣得採捕，不收其稅。又詔令郡勸民蓄疏食，以助五穀。其官有陂池，令得採取，勿收假稅二歲。其後九年、十一年、十五年之詔，亦咸有勿收假稅之文。則凡但言假之者，皆收其稅，李尋說王根省池澤之稅，蓋即指此。《漢書·文帝紀》：後六年，大旱蝗，弛山澤。《武帝紀》：元鼎二年詔言"京師山林池澤之饒，與民共之"，亦不過許其採取，不設禁籞而已，未嘗不收其稅也。案《食貨志》言：五鳳中，耿壽昌白增海租三倍。蕭望之奏言："故御史屬徐宮，家在東萊，言往年加海租，魚不出。長老皆言：武帝時，縣官嘗自漁，海魚不出，後復予民，魚乃出。"海漁之稅，亦名爲租，則先漢視海與田同。海可禁民漁而自漁，其非私有可知。然則土田雖云私有，而循田租之名，猶可知其義非私有，①特格於事而無可如何。山澤之稅，名之曰假，義亦同此。此皆古土地公有之遺迹也。《續漢書·百官志》：凡郡縣有水池及魚利多者，置水官、平水，收漁稅。《三國·魏志·王昶傳注》引《任嘏別傳》云：遇荒亂，家貧賣魚。會官稅魚，魚貴數倍，嘏取直如常。《吳志·孫皓傳》建衡三年《注》引《吳錄》云：孟仁除爲鹽池司馬。自能結網，手以捕魚，作鮓寄母。母因以還之，曰："汝爲魚官，而以鮓寄我，非避嫌也。"則三國時仍有魚稅矣。

　　《續志》又言郡縣有工多者，置工官，主工稅物，其稅當不甚多。若商稅則由來甚久。武帝之算緡錢、舟車，公卿言異時算軺車、賈人緡錢各有差，請算如故，可見非是時新創矣。緡錢、舟車之算，已見第五章第十節。今不更贅。主父偃言臨菑十萬户，市租千金。《漢書·高五王傳》。馮唐言魏尚爲雲中守，軍市租盡以給士卒。趙敬肅王使使即縣爲賈人榷會，入多於國租稅。何武弟顯，

---

① 地權：田海同名租；山澤之稅曰假，皆證地非私有。

家有市籍，租常不入，縣數負其課。市嗇夫求商捕辱顯家。後漢明帝永元六年，詔流民所過郡國，皆實稟之。其有販賣者，勿出租税。光武帝賜劉盆子滎陽均輸官地，以爲列肆，使食其税終身。皆漢代征商之事。《後書·朱暉傳》：尚書張林上言："宜因交阯、益州上計吏往來市珍寶，收採其利，武帝所謂均輸者也。"此即宋代藉香藥、寶貨以富國之策，然未能行。《三國·魏志·文帝紀注》引《魏書》，載延康元年二月庚戌令曰"關津所以通商旅，池苑所以禦災荒，設禁重税，非所以便民也，其除池籞之禁，輕關津之税，皆復什一"，則漢世商税之率，本爲什一，而漢季嘗行重税也。《吳志·孫皓傳注》：天璽元年，會稽大守車浚、湘東大守張詠不出算緡，就所在斬之，徇首諸郡，則孫皓時又嘗有算緡之法。

　　酒酤起於武帝天漢三年，罷於昭帝始元六年，已見第五章第十節。《昭帝紀》"罷榷酤，令民以律占租"，如淳曰："《律》：諸當占租者，家長身各以其物自占。占不以實，家長不身自書，皆罰金二斤，没入所不自占物及賈錢縣官也。"師古曰："蓋武帝時賦斂繁多，律外而取，今始復舊。"案下文又云："賣酒升四錢。"劉攽謂此數語"共是一事。以律占租者，謂令民賣酒，以所得利占而輸其租，租即賣酒之税也。升四錢，所以限民不得厚利爾。《王子侯表》：旁況侯殷坐貸子錢不占租免侯，義與此占租同。如顏説，官既罷榷酤矣，何處賣酒乎"？案其説是也。然則官不榷酤，亦仍有酒税也。榷如今之官賣。《武帝紀注》引韋昭曰："以木渡水曰榷，謂禁民酤釀，獨官開置，如道路設木爲榷，獨取利也。"其説蓋有所受之矣。《三國·吳志·顧雍傳》言：呂壹、秦博爲中書，典校諸官府及州郡文書。壹等因此，漸作威福，遂造作榷酤障管之利，舉罪糾奸，纖介必聞，重以深案醜誣，毀短大臣，排陷無辜，則吳時亦有榷酤，且詒害頗烈。

　　秦、漢賦税，用之之途，頗爲分明。《食貨志》言："賦共車馬甲兵士徒之役，充實府庫賜與之用。税給郊社宗廟百神之祀，天子奉養，百官禄食，庶事之費。"案《漢儀注》言"田租芻藁，以給經用；山澤、魚鹽、市税，少府以給私用"；《續漢書·百官志注》引。則《漢志》所謂給郊社、宗廟、百神之祀，百官禄食、庶事之費者，指田租言；所謂天子奉養者，指山澤之税言，而市税亦屬焉。此又《漢志》所謂"山川、園池、市肆租税之入，自天子以至封君湯沐邑，皆各爲私奉養"者也。毋將隆言："大司農錢，自乘輿不以給共養。共養勞賜，壹出少府。"武帝欲榷鹽鐵，孔僅、東郭咸陽言："山海天地之藏，宜屬少府，陛下弗私，以屬大農。"《路温舒傳》：遷廣陽私府長。師古曰："藏錢之府，天子曰少府，諸侯曰私府。"此蓋自古相傳之法，非秦、漢所創也。然其時郡國財計，已頗受中央指揮。《續漢書·百官志》云："大司農，掌諸錢穀、金帛、諸貨幣。郡國四時上月旦見錢穀簿。其逋未畢，各具別之。邊郡諸官請調度者，皆爲報給，損多益寡，取相給足。""郡國歲盡遣吏上計，《注》引盧植《禮注》曰："計斷九月，因秦以十月爲正故。"縣秋冬上計於所屬郡國。"則統屬之規模已具。《後漢書·伏湛傳》：湛上疏諫征彭寵云："漁陽以東，本備邊塞。地接外虜，貢税微薄。安平之時，尚資内郡，況今荒耗，豈足先圖？"《劉虞傳》言幽部應接荒外，資費甚廣，歲常割青、冀賦調二億有餘以給足之。此即《續志》所謂損多益寡，取相給足者，猶後世之協饟也。則中央又能令各地相調劑矣。《漢書·宣帝紀》：黄龍元年，詔責上計簿爲具文。《景武昭宣元功臣表》：衆利侯郝賢，元狩二年，坐爲上谷大守，入戈卒財物計謾免。則漢時財政，亦未可謂之清明。然此乃政事之失，與規制無涉也。桓譚《新論》云："漢百姓賦斂，一歲四十餘萬萬。吏奉用其半。餘二十萬萬，藏於都内，爲禁財。《漢書·外戚恩澤侯表》：陽城侯田延年，坐爲大司農，盜都内錢三千萬自殺。如淳曰："天子錢藏中都内，又曰大内。"《百官公卿表》：大司農屬官有都内令丞，即此。《續書·百官志》曰："凡山澤陂池之税，名曰禁錢，屬少府，世祖改屬司農"，與此相似，實不同也。少府所領園池作務之入，十三萬萬，以供常賜。"其歲出入大略如此。

第六節　兵　　制

秦、漢之世，爲中國兵制之一大變。古代兵農合一之説雖誣，然至戰國，業已成爲舉國皆兵之局，已見《先秦史》第十四章第五節。一統之後，疆理既恢，征戍之途彌遠。夫地大人衆，則不必舉國皆兵，而後足以禦侮；征戍遠則民勞，不得不加以體恤；於是罪人、奴隸與異族之降者雜用。蓋自秦已啓其端，至漢武之世而大盛。更經新室之亂，光武崛起，急欲與民休息，而民兵之制遂廢。[1] 國之强弱，誠不盡係乎兵；兵之强弱，亦不盡係乎制度；然使民兵之制猶存，終必略加以訓練，不致盜賊攻之而不能禦，戎狄略之而不能抗矣。然則典午以降，異族之憑陵，武夫之跋扈，其原雖不一端，要不得謂與民兵之廢無關係也。

《漢書·刑法志》述漢兵制云："天下既定，踵秦而置材官於郡國。京師有南北軍之屯。至武帝平百粤，内增七校，外有樓船。皆歲時講肄脩武備云。"案《漢書·高帝紀》：十一年，發上郡、北地、隴西車騎，巴、蜀材官，及中尉卒三

---

[1]　兵：民兵之廢，乃徵三邊（第四七九頁）。風氣轉變非難（第四八一頁）。中外强弱（第四八一頁）。

萬人,爲皇大子衛,軍霸上。《注》引應劭曰:"材官,有材力者。"張晏曰:"材官,騎士。習射御騎馳戰陳。常以八月,大守、都尉、令、長、丞會都試,課殿最。水處則習船。邊郡將萬騎行障塞。"《惠帝紀》:七年,發車騎材官詣滎陽。師古曰:"車,常擬軍興者,若近代之戍車也。騎,常所養馬,並其人使行充騎,若今武馬及所養者主也。"《鼂錯傳》:"材官騶發。"臣瓚曰:"材官,騎射之官也。"《高帝紀》:二年,蕭何發關中老弱未傅者悉詣軍。《注》引孟康曰:"古者二十而傅,三年耕有一年儲,故二十三而後役之。"如淳曰:"《律》:年二十三,傅之疇官,各從其父疇學之。高不滿六尺二寸以下爲罷癃。《漢儀注》云:民年二十三爲正,一歲爲衛士,一歲爲材官騎士,習射御、騎馳、戰陳。年五十六,衰老,乃得免爲庶民,就田里。"①據此諸説,材官、車騎是一。習射御爲車,習騎馳爲騎。有車騎之地,並徵發其車騎稱車騎;無車騎之地,徒徵發其人,則稱材官耳。有車騎與否,蓋視乎其地。大體北多而南少。故桓將軍説吳王,言吳多步兵,漢多車騎也。秦、漢之世,車戰雖未盡廢,要不若用騎之多,故諸書多言騎士。《漢書·馮唐傳》:"唐拜爲車騎都尉,主中尉及郡國車士。"則車與騎又別。水戰之士,亦稱輯濯士,見《劉屈氂傳》。亦曰棹卒,見《後漢書·岑彭傳》。南軍屬衛尉,北軍屬中尉,已見第三節。黃霸爲京兆尹,坐發騎士詣北軍,馬不適士,劾乏軍興;而《漢儀注》言民一歲爲衛士;則南北軍皆調自民間。《續書·禮儀志》有饗遣故衛士儀,其人蓋以時更代,故論者以擬唐府兵之番上,而以七校擬唐之長從也。《國語·齊語》述管子作内政寄軍令曰:"五家爲軌,故五人爲伍,軌長帥之。十軌爲里,故五十人爲小戎,里有司帥之。四里爲連,故二百人爲卒,連長帥之。十連爲鄉,故二千人爲旅,鄉良人帥之。五鄉一帥,故萬人爲一軍,五鄉之帥帥之。""内教既成令勿使遷徙。伍之人祭祀同福,死喪相恤,禍災共之。人與人相疇,家與家相疇"云云。則所謂疇官者,即軌長、里有司、連長、鄉良人、軍帥;各從父疇,猶言仍隸其父之伍耳。罷癃當免役,故王莽訾漢常有更賦,疲癃咸出也。《食貨志》載莽王田令。

《漢書·昭帝紀》:元鳳四年,帝加元服,三年以前逋更賦未入者皆勿收。《注》引如淳曰:"更有三品:有卒更,有踐更,有過更。古者正卒無常,人皆當迭爲之,一月一更,是爲卒更也。貧者欲得顧更錢者,次直者出錢顧之,月二千,是謂踐更也。天下人皆直戍邊三日,亦名爲更,《律》所謂繇戍也。雖丞相子亦在戍邊之調。不可人人自行三日戍;又行者當自戍三日,不可往便還;因

便住，一歲一更，諸不行者出錢三百入官，官以給戍者，是謂過更也。《律説》：卒踐更者，居也。居更縣中五月乃更也。後從《尉律》，卒踐更一月，休十一月也。《食貨志》曰：月爲更卒，已復爲正，一歲屯戍，一歲力役，三十倍於古，此漢初因秦法而行之也。後遂改易，有謫乃戍邊一歲耳。"《吳王濞傳》："卒踐更，輒與平賈。"《注》引服虔曰："以當爲更卒，出錢三百，謂之過更。自行爲卒，謂之踐更。吳王欲得民心，爲卒者顧其庸，隨時月與平賈也。"晉灼曰："謂借人自代爲卒者，官爲出錢，顧其時庸平賈也。"案如説與服説異，晉説同。如淳據律，似不當有誤，故師古以晉説爲是也。卒更蓋調民爲衛，律所謂縣戍者則守邊。此惟極小之國，[1]人數不多，不能借代，而邊地距所居不遠者，乃能行之，稍大，則無不行踐更、過更者矣。故吳王於卒踐更輒與平賈，而不聞其有惠於卒更；鼂錯言遠方之卒守塞，一歲而更；蓋寬饒之子自戍北邊，則當時以爲異聞矣。《漢書·酷吏傳》：人有變告王温舒受員騎錢；《游俠傳》：郭解陰請尉史，脱人於踐更時；則徵調不能無弊。鮑宣言民有七亡，縣官重責更賦租税其一；《後書》安帝永初四年，順帝永建五年，皆有免過更之詔；則過更亦由官責其錢矣。秦爵二十級，四曰不更。師古曰："言不與更卒之事。"蓋民之苦兵役久矣。[2]《後漢書·陳寵傳注》引謝承書，言施延取卒月直，賃作半路亭父，以養其母，則亭卒初亦行卒更法，而後變如踐更。

　　《漢書·武五子傳》："將軍都郎羽林。"師古曰："都，大也。謂大會試之。《漢光禄挈令》：諸當試者不會都所，免之。"《霍光傳》："光出都肄郎羽林。"孟康曰："都，試也。肄，習也。"蓋都本大義，因大試稱都試，後遂稱試爲都耳。觀都之名及《光禄挈令》，則知其初所試極爲普徧，而脱漏之法亦嚴。然《韓延壽傳》，述延壽在東郡試騎士，盛爲威儀，以奢僭見劾；《後漢書·耿弇傳》，言弇常見郡試騎士，由是好將帥之事；即可見其徒飾耳目之觀。《刑法志》言："春秋之後，滅弱吞小，並爲戰國，稍增講武之禮，以爲戲樂，用相夸視；而秦更名角抵；先王之禮，没於淫樂中矣。至元帝時，以貢禹議，始罷角抵，而未正治兵振旅之事也。"《武帝紀》：元封三年春，作角抵戲，三百里内皆來觀。《注》引應劭曰："角者，角技也。抵者，相抵觸也。"文穎曰："名此樂爲角抵者，兩兩相當，角技藝射御，故名角抵。蓋雜技樂也。巴、俞戲魚龍蔓延之屬也。漢後改名平樂觀。"元封六年夏，京師民觀角抵於上林平樂館。師古曰："抵者，當也，非謂抵觸。

---

①　兵：人人戍邊三日，必極古小國之制。

②　賦役：四爵不更，不與更賦，九乃五大夫，則免兵先他役。

文説是也。”案師古説非也。角抵之技，蓋起於兩人角力，後乃益以射御等事耳。此本與治兵振旅無關，宜其徒爲戲樂也。角抵如此，都試如彼，則講武久已徒有其名。《漢書·鄒陽傳》：公孫獲言吴、楚之王，練諸侯之兵，敺白徒之衆，而與天子爭衡。師古曰：“白徒，言素非軍旅之人，若今言白丁矣。”可見民之未經訓練者已多。然告朔餼羊猶在。故燕剌王欲反，數閲其車騎、材官、卒；光武與李通，初亦欲因都試起事也。光武建武六年，罷郡國都尉官，及罷輕車、騎士、材官、樓船士及軍假吏，還復民伍。《續書·百官志》云“自是無復都試之役”，而講武之意蕩然矣。《三國志·魏武帝紀》建安二十一年《注》引《魏書》：有司奏：“四時講武於農隙。漢承秦制，三時不講，惟十月都試車馬，幸長水南門，會五營士，爲八陳進退，名曰乘之。今金革未偃，士民素習。自今已後，可無四時講武，但以立秋擇吉日大朝車騎，號曰治兵。上合禮名，下承秦制。”奏可。乘之之制，見於《續漢書·禮儀志》，此亦徒飾耳目，三國相承，未能變也。是年，冬十月，治兵，遂征孫權。二十三年七月，治兵，遂西征劉備。文帝延康元年六月，治兵於南郊，西征。則征伐皆先治兵，不限於立秋之日也。

　　於役者最苦其遠，已見第五節。兵亦役之一，讀《鹽鐵論·備胡》、《執務》、《繇役》諸篇可知。爲免人民之困，於是乎有謫發。謫發緣起，已見第二章第二節。《漢書·武帝紀》：天漢四年，發天下七科謫以擊匈奴。張晏曰“吏有罪一，亡命二，贅壻三，賈人四，故有市籍五，父母有市籍六，大父母有市籍七”，即鼂錯所言秦法也。較鼂錯所言，多一亡命，蓋錯言之不具，貳師再伐大宛，亦發天下七科謫，《史記·大宛列傳》、《漢書·李廣利傳》同。七科中除第一二科外，皆不可謂之有罪，蓋特以免擾累。錯又言秦有閭左之戍，《伍被傳》亦有其文，案陳勝即其事。勝之令其徒屬曰：“藉第令毋斬，而戍死者固十六七。”可見其用之之酷，天下所由怨叛也。楚、漢之世，用兵仍徵自民間。《高帝紀》：五年五月，兵皆罷歸家。十年，陳豨反。高祖自言“吾以羽檄徵天下兵”。十一年，黥布反，赦天下死罪以下，皆令從軍，然仍徵兵於諸侯。其赦死罪，蓋亦如楚令適卒分守成皋，見《酈生傳》。聊以佐正卒之不足耳。是年，發上郡、北地、隴西車騎，巴蜀材官爲皇太子衛，已見前。高后五年，發河東、上黨騎屯北地。文、景之世，匈奴入寇，亦恒發郡國兵。武帝建元三年，救東甌，尚遣嚴助持節發會稽兵。及元朔六年，大將軍再出塞，詔言“諸禁錮及有過者，咸蒙厚賞，得免減罪”，蓋用謫發始多。其後元鼎五年平南越，元封二年定朝鮮，六年擊昆明，太初元年征大宛，四年伐匈奴，天漢元年屯五原，無不以謫發者。昭帝元鳳元年，擊武都氏，四年屯遼東,宣帝神爵元年征羌亦然。王莽亦大募天下囚徒、人奴,名曰豬突豨勇。見《漢書·食貨志》及本傳。皆因用兵多且數,不欲煩擾農民故也。漢自武、宣以後,不甚勞民之事,轉有發卒爲之者。如甘露三年單于入朝,發所過七郡二千騎爲陳道上,後又發邊郡士馬以千數,送之出雞鹿塞是也。真用以攻戰者,往往致敗。如王莽發巴、蜀、犍爲吏士擊益州,巴、蜀騷動;大發天水、隴西騎士,巴、蜀、犍爲吏以擊之,騷擾彌甚;即其一證。《漢書·蕭望之傳》:張敞以羌叛,欲令隴西、安定等八部贖,令罪人出財以誅之,賢於煩擾良民,橫興賦斂,此謫發代徵調而興之理也。就一時言之,自亦未嘗無益,然久之則民不習於兵矣。用奴隸者:章邯以人奴產子距楚,已見第三章第一節。漢誣淮陰侯欲詐赦諸官徒奴。貢禹欲免諸官奴婢,令代關東戍卒乘北邊亭塞候望。王莽募人奴爲豬突豨勇。後漢時有所謂家兵者,見《後漢書·朱儁傳》、《袁紹傳》、《三國志·曹洪傳》、《吕虔傳》。《後書注》曰"家兵,僮僕之屬"也。用異族者:趙破奴用屬國騎擊姑師。李廣利擊大宛,亦發屬國六千騎。皆見《史記·大宛列傳》、《漢書·西域傳》、《李廣利傳》同。范明友擊益州用羌。見《漢書·昭帝紀》元鳳四年詔。宣帝時擊羌用婼羌、月氏。見《趙充國傳》。元帝時平羌用呼速累嗕種。見《馮奉世傳》。而烏桓處五郡塞外,爲漢偵察匈奴,後漢南匈奴既降,列置諸王,爲郡縣偵羅耳目,其規模尤廣。偏隅用兵,後漢亦多用異族者:如建武十九年,劉尚發廣漢、犍爲、蜀郡民及朱提夷人擊益州;建初元年,肅宗募發越嶲永昌夷、漢討哀牢皆見《後漢書·西南夷傳》是也。戍邊亦多用繫囚,赦其罪,令與妻子俱往占著。明帝永平八年、十六年、十七年,章帝建初七年、元和元年、章和元年,和帝永元元年,安帝延光三年,順帝永建元年、五年,沖帝建康元年,桓帝建和元年、和平元年、永興元年,皆有是詔。其調發郡國兵者:建武二十三年,劉尚發南郡、長沙、武陵兵討南蠻,馬援發長沙、桂陽、零陵、蒼梧兵討交阯;永元十三年,巫蠻許聖反,明年,遣使者督荊州諸郡兵討之;皆見《後漢書·南蠻傳》。元初五年,代郡鮮卑入塞,發緣邊甲卒、黎陽營兵屯上谷,《鮮卑傳》。乃罕有之事矣。

郡國都尉之罷,一時似無甚關係,然未久而其弊即見。應劭言:"自郡國罷材官騎士之後,官無警備,實啓寇心。黔首囂然,不及講其射御,用其戒誓,驅以即敵,每戰常負。爾乃遠徵三邊。殊俗之兵,非我族類。忿鷙縱橫,多僵良善。財貨糞土。"《續漢書·百官志注》引。鄭泰策關東義兵曰"中國自光武以來,無雞鳴狗吠之警,百姓忘戰日久。仲尼有言:不教民戰,是謂棄之。雖眾不能爲害"。《三國志·鄭渾傳注》引張璠《漢紀》。《後漢書·泰傳》本之。王朗奏言:"舊時虎賁、羽林、五營兵及衛士,或商賈惰遊,或農野樸鈍;既不簡練,又希更寇,名實不副,難以備急。有警而後募兵,軍行而後運糧。或乃兵既久屯,而不務營佃,不修器械。一隅馳羽檄，則三面並荒擾。此亦漢氏近世之失，而不可式者也。當今諸夏已安，而巴、蜀在畫外。宜因年之大豐，遂寄軍政於農事。吏士小大，並勤稼穡。止則成井里於廣野，動則成校隊於六軍。"《三國志》本傳《注》引《魏名臣奏議》。司馬朗亦言："天下土崩之勢，由秦滅五等之制，而郡國無蒐狩習戰之備。今雖五等不可復行，可令州郡置兵，外備四夷，內威不軌。"《三國志》本傳。凡此所云，並足見民兵之廢，其詒患爲如何也。

　　民兵之制既廢，募兵之法旋起。《漢書·昭帝紀》：始元元年，益州二十四邑反，遣呂破胡募吏民及發犍爲、蜀郡奔命擊之。應劭曰："舊時郡國皆有材官、騎士，以赴急難。今夷反，常兵不足以討之，故權選取精勇。聞命奔走，故謂之奔命。"李斐曰："平居發者二十以上至五十爲甲卒，今者五十以上六十以下爲奔命。奔命，言急也。"師古曰："應説是也。"案《後漢書·任光傳》：光武欲入城頭子路、力子都兵，光勸云"可募發奔命，出攻旁縣，若不降者，恣聽略之，人貪財物，則兵可招而致"，此明是臨時選取。光武自信都而北，所過發奔命兵；《本紀》。武陵蠻圍劉尚，詔宋均發江夏奔命三千人救之，《均傳》。蓋亦此類。竊疑奔命本指發及贏老，後乃變爲選取精勇也。《漢書·王莽傳》：莽發郡國勇士、武庫精兵，各有所屯守。議滿三十萬眾，十道並出，窮追匈奴，內之丁令。勇士，蓋即李陵所將勇敢五千人之類，此亦當出召募。《淮南衡山王列傳》，言時有欲從軍輒詣京師；而衛青、霍去病之出塞，私負從馬至十四萬匹，則其時之人頗樂從軍。[1] 此召募之所以易集。馬援擊五谿蠻夷，以十二郡募士，則募兵之用漸廣矣。喪亂之世，民無所歸，或自託於營伍，故欲募兵更易。魏武帝建安十五年十二月己亥令言欲合兵能多得。《本紀注》引《魏武故事》。詳見第十二章第一節。孫策入曲阿，令告諸縣：劉繇、笮融等故鄉部曲"來降首者，一無所問。樂從軍者，一身行，復除門戶。不樂者勿強也"。旬日之間，四面雲集。得見兵二萬餘人，馬千餘匹。《三國志》本傳《注》引《江表傳》。呂乂遷巴西太守。諸葛亮連年出軍，調發諸郡，多不相救。乂募取兵五千人詣亮。慰喻檢制，無逃竄者。皆募兵易得之證。然《魏志·杜畿傳》言：衛固欲大發兵，畿説其徐以賞募，遂延至數十日乃定，則調發之成規尚存。田況之守翼平也，發民年十八以上四萬餘人，授以庫兵，赤眉聞之，不敢入界。《漢書·王莽傳》。羊續之守廬江也，發縣中男子二十以上，皆持兵勒陳。其小弱者，使負水灌火。會集數萬人，併勢力戰，大破黃巾。則未經訓練之眾，苟臨時有以部勒之，亦未嘗遂不可用。孫策絕袁術書，論當時

---

①　兵：樂從軍。

山東義兵曰："以中土希戰之兵，當邊地勁悍之虜。"然又曰："今四方之人，皆玩敵而便戰鬥矣。"本傳《注》引《吳錄》。可見風氣轉變非難。韓信之背水爲陳，自言驅市人而用之。戾大子之叛，驅四市人以爲用，見《漢書·劉屈氂傳》。此信言之明驗。故先漢之七科謫，賈人居其四焉。此承戰國之餘俗，人人習兵使然。然先主之起，實賴中山大商張世平、蘇雙等多與之財；而孫堅從朱儁討黃巾，亦募諸商旅以爲用；可見右武之遺風，東京末猶未盡泯。苟能善用之，固未始不可以戡亂禦侮也。然是時之取兵，則有如袁譚，名爲召募，實則放兵捕索者。又有如孫休，使勑交阯大守鎖送其民，發以爲兵者，呂興之亂，由此激成，見《魏志·陳留王紀》咸熙元年詔。案吳發調之弊亦極甚。陸遜陳便宜極言之，見《孫權傳》黃武五年。曷怪民之視充兵爲畏途，而民兵之制，日益廢墜哉？

外強中弱，自前漢時已肇其機。光武之定河北也，實以上谷、漁陽突騎。《後漢書·景丹傳》：從擊王郎將兒宏等於南欒。漢縣，今河北鉅鹿縣北。郎兵迎戰，漢軍退卻。丹等縱突騎擊，大破之。世祖謂曰："吾聞突騎天下精兵，今乃見其戰，樂可言邪？"可見是時突騎之強。然《吳漢傳》：廣樂之戰，廣樂，城名，在今河南虞城縣西。漢以烏桓突騎三千餘人齊鼓而進，則突騎中實頗雜異族。竇融欲據河西，而曰："張掖屬國，精兵萬騎。"則西北情形，亦與東北相類。後漢大舉外攘，每多兼用蕃兵。如永平十六年、永元元年之伐北匈奴，南單于而外，又有羌、胡、烏桓、鮮卑。延平元年西域之叛，梁懂以河西羌、胡赴之。永建元年遼東鮮卑寇邊，耿曄以烏桓率衆王擊之。任延守武威，選集武略之士千人，令將雜種胡騎休屠、黃石，屯據要害皆是。甚有以戡内亂者，如陳球被圍，度尚以幽、冀、黎陽烏桓騎救之是也。腹裏空虛，邊垂強悍，遂成偏重之勢。虞詡言：涼州"習兵壯勇，實過餘州。"傅燮言："邊兵多勇，其鋒難當。"鄭泰言："關西諸郡，數與胡戰，婦女猶載戟操矛，挾弓負矢，況其悍夫？以此當山東忘戰之民，譬驅羣羊向虎狼。"又言："天下強勇，今見在者，不過并、涼、匈奴、屠谷、湟中、義從、西羌八種，皆百姓素所畏服。"蔡文姬之詩曰："卓衆來東下，兵甲耀日光。平土人脆弱，來兵皆胡、羌。獵野圍城邑，所向悉破亡。斬戮無孑遺，尸骸相掌拒。馬邊縣男頭，馬後載婦女。長驅西入關，回路險且阻。所略有萬計，不得令屯聚。或有骨肉俱，欲言不敢語。失意幾微間，輒此斃降虜。要當以亭刃，我曹不活汝。豈復惜性命？不堪其詈罵。或便加捶杖，毒痛參並下。旦則號泣吟，夜則悲吟坐。欲死不能得，欲生無一可。彼蒼者何辜，乃遭此危禍？"讀此，乃知當時董卓、李傕、郭汜等殘暴無人理之由。邊章、韓遂爲寇，鄒靖欲開募鮮卑，應劭駁之曰："鮮卑天性貪暴不拘信義。數犯障塞，且無寧歲。惟至互市，乃來靡服。苟欲中國珍貨，非爲畏威懷德，計獲事足，旋踵爲害。是以朝家，外而不内，蓋爲此也。往者匈奴反叛，度遼將軍馬續、烏桓校尉王元發鮮卑五千餘騎。又武威大守趙沖，亦率鮮卑征討叛羌。斬獲醜虜，既不足言，而鮮卑越溢，多爲不法。裁以軍令，則忿戾作亂。制御小緩，則陸掠殘害。劫居人，鈔商旅。噉人牛羊，略人兵馬。得賞既多，不肯去，復欲以物買鐵。邊將不聽，便取縑帛，聚欲燒之。邊將恐怖，畏其反叛。辭謝撫順，無敢拒違。今狡寇未珍，而羌爲鉅害。如或致悔，其可追乎？"同爲中國之民，猶必主軍强於客軍，乃能藉以爲用，況其爲異族乎？此五胡之亂之一大原因也。

鼂錯比較漢與匈奴兵力曰："上下山阪，出入溪澗，中國之馬弗與也。險道傾仄，且馳且射，中國之騎弗與也。風雨罷勞，飢渴不困，中國之人弗與也。此匈奴之長技也。若夫平原易地，輕車突騎，則匈奴之衆易撓亂也。勁弩長戟，射疏及遠，則匈奴之弓弗能格也。堅甲利刃，長短相雜，游弩往來，什伍俱前，則匈奴之兵弗能當也。材官騶發，矢道同的，則匈奴之革笥木薦弗能支也。下馬地鬥，劍戟相接，去就相薄，則匈奴之足弗能給也。此中國之長技也。"二者相較，匈奴之衆，並不視中國爲强。然梁商移書馬續，言"良騎野合，交鋒接矢，決勝當時，戎狄之所長，而中國之所短也。强弩乘城，堅營固守，以待其衰，中國之所長，戎狄之所短也"。《後漢書·南匈奴傳》。則中國徒能自守，而野戰不如異族矣。此忘戰之禍也。趙充國策屯田曰："竊見北邊，自敦煌至遼東，萬一千五百餘里，乘塞列隧，有吏卒數千人，虜數大衆攻之而不能害。今留步士萬人屯田。地勢平易，多高山遠望之便。部曲相保，爲塹、壘、木樵，師古曰："樵與譙同，謂高樓以望敵也。"校聯不絶。便兵弩，飭鬥具。烽火幸通，勢及併力。以逸待勞，兵之利者也。"侯應議罷邊備塞吏卒曰："臣聞北邊塞至遼東。外有陰山。東西千餘里。草木茂盛，多禽獸。本冒頓單于依阻其中，治作弓矢，來出爲寇，是其苑囿也。至孝武世，出師征伐，斥奪此地，攘之於幕北，建塞徼，起亭隧，築外城，設屯戍以守之，然後邊竟得用少安。幕北地平，少草木，多大沙。匈奴來寇，少所蔽隱。從塞以南，徑深山谷，往來差難。邊長老言：匈奴失陰山之後，過之未嘗不哭也。"又曰："起塞以來，百有餘年，非皆以土垣也，或因山巖石，木柴僵落，谿谷水門，稍稍平之。卒徒築治，功費久遠，不可勝計。"《漢書·匈奴傳》。蓋其守禦之精嚴如此。《匈奴傳》述昭帝時事云"漢邊郡烽火候望精明，匈奴爲邊寇者少利，希復犯塞"，蓋有由也。有障塞而不乘，候望偵伺，責之異族，而地利轉爲他人用矣。

漢世兵器,猶多出於官。主製造者爲考工,成則藏諸武庫。《續漢書·百官志》:考工令一人。本《注》曰:主作兵器弓弩刀鎧之屬。成則傳執金吾入武庫。案《前書·百官公卿表》:中尉屬官,有武庫令及三丞。後漢改中尉爲執金吾。有武庫令一人,兵器丞一人。又漢世郡國,多有武庫。《成帝紀》:建始元年,立故上郡庫令良爲王。如淳曰:“漢官,北邊郡庫,官之兵器所藏,故置令。”又田千秋爲雒陽武庫令,見《魏相傳》。少府屬官若盧,亦主弩射。見《百官公卿表》。服虔曰:“若盧,詔獄也。”鄧展曰:“舊雒陽兩獄:一名若盧,主受親戚婦女。”如淳曰:“若盧,官名也。《藏兵器品令》曰:若盧郎中二十人,主弩射。《漢儀注》有若盧獄令,主治庫兵、將、相、大臣。”《王吉傳》:補若盧右丞。師古曰:“少府之屬官有若盧令丞,《漢舊儀》以爲主治庫兵者。”漢世作亂者多盜庫兵。[1] 事見《成帝紀》陽朔三年、鴻嘉三年、永始三年,《平帝紀》元始三年。《後漢書·梁統傳》:統言“隴西、北地、西河之賊,度州越郡,萬里交結,攻取庫兵,劫略吏人”。戾大子之叛,亦出武庫兵。燕刺王言武帝時受詔領庫兵。《後漢書·羌傳》述永初叛羌情形曰:“歸附既久,無復器甲。或持竹竿木枝以代矛,或負版案以爲楯,或執銅鏡以象兵。”説本《潛夫論》。則當時民間,兵器本少,賈生謂秦末起事者,“斬木爲兵,揭竿爲旗”,非盡形容之語,故秦皇欲銷天下之兵;公孫弘欲禁民挾弓弩;見《漢書·吾丘壽王傳》。王莽禁民挾弩鎧;《莽傳》始建國二年。徐邈爲涼州刺史,亦以漸收斂民間私仗,藏之府庫也。《日知錄》言:“古者以銅爲兵。戰國至秦,攻爭紛亂,銅不充用,以鐵足之。漸染遷流,遂成風俗。鐵工比肩,銅工稍絶。二漢之世,愈見其微。”案賈誼説漢文收銅勿令布,而云以作兵器,則漢世之兵,猶以銅爲貴。淮南厲王袖金椎擊辟陽侯,其椎未必鐵製也。賈山言秦爲馳道,隱以金椎,役夫未必有銅椎,蓋以習用之語言之,可見椎初亦以銅爲之也。張良爲鐵椎以擊秦皇,或轉爲特異之事。銅爲在官之物。鐵則用作農器,民間本多。[2] 以之作兵,兵遂散佈於民間矣。故吕母散家財買兵弩,見《漢書·王莽傳》。《後漢書·劉盆子傳》云“買刀劍”。光武起兵時,亦得市兵弩也。《律》:胡市,吏民不得持兵器出關。《漢書·汲黯傳注》引應劭説。然漢亡卒已教西域鑄鐵器及他兵器;見《漢書·西域傳》。鮮卑得賞賜,輒欲買鐵;見上引應劭説。蔡邕議伐鮮卑,謂“關塞不嚴,禁網多漏,精金良鐵,皆爲賊有”,則禁令亦成具文。文明之傳佈,固未易遏阻也。

公孫弘之議禁民挾弓弩也,曰:“十賊彍弩,百吏不敢前。禁民不得挾弓弩,則盜賊執短兵。短兵接則衆者勝。以衆吏捕寡賊,其勢必得。”則當時戰鬥,以弓弩爲利器。是故引强、蹶張,視爲長技;《史記·絳侯世家》言勃爲材官引强。《漢書·申屠嘉傳》,以材官蹶張從高帝擊項籍,遷爲隊帥。如淳曰:“材官之多力,能腳踏强弩張之,故

---

① 兵:漢作亂多盜庫兵。
② 兵:鐵作兵,則民間兵多。

曰蹶張。《律》有蹶張士。"師古曰："今之弩，以手張者曰擘張，以足蹋者曰蹶張。"《袁盎傳》：盎説嘉曰："君乃爲材官蹶張，遷爲隊帥。"良弩有遠射至千餘步者；見《後漢書・陳球傳》。而三國時諸葛亮及馬鈞，皆欲損益連弩之法焉。見第十六章第二節。短兵接則殺傷多，《漢書・劉屈氂傳》：武帝賜丞相璽書曰："毋接短兵，多殺傷士衆。"故能用短兵者，衆則譽爲勇敢。《漢書・地理志》言吳、粤之君皆好勇，故其民至今好用劍，輕死易發；李陵誇其衆爲奇材劍客；王允以劍客遇呂布，而魏武以許褚所將劍客爲虎士也。[1]《三國志・褚傳》：褚以衆歸大祖，即日拜都尉，引入宿衛。諸從褚俠客，皆以爲虎士。又云："初，褚所將爲虎士者從征伐，大祖以爲皆壯士也，同日拜爲將。其後以功爲將軍、封侯者數十人，都尉、校尉百餘人，皆劍客也。"案謂之客者，蓋謂不自食而寄食於人。《史記・游俠列傳》曰："要以功見言信，俠客之義，又曷可少哉？"當時之爲游俠者，固多不能自食之徒也。《漢書・景武昭宣元成功臣表》：衆利侯伊即靬，以從票騎將軍擊左王手劍合侯。

攻擊仍多用石，《三國志・袁紹傳》：紹爲高櫓，起土山射營中，營中皆蒙楯。衆大懼。大祖乃爲發石車，擊紹樓皆破。紹衆號曰霹靂車。《注》引《魏氏春秋》曰"以古有矢石，又《傳》言旝動而鼓，説曰：旝發石也，於是造發石車"，似即魏武之所造者。然此事非倉卒可成，亦必有所受之也。鼂錯言募民徙塞下曰："以便爲之高城、深塹，具藺石，佈渠荅。"服虔曰："藺石，可投人石也。"如淳曰："藺石，城上雷石也。"《李陵傳》：陵軍入陜谷，單于遮其後，乘隅下壘石，即如淳所謂雷石也。蘇林曰："渠荅，鐵蒺藜也。"如淳曰："墨子曰：城上二步一渠，立程長三尺，冠長十尺，臂長六尺，二步一荅。荅廣九尺，袤十二尺。"師古曰"藺石如説是，渠荅蘇説是也"。皆當時攻守之具也。

《陳涉世家》言：涉起蘄，行收兵，至陳，車六七百乘，騎千餘，卒數萬人。又云：周文西擊秦，行收兵，至關，車千乘，卒數十萬。似秦、漢間車尚與騎並重者。然時灌嬰、傅寬、靳歙等皆以騎將立功，未聞有以車將著者也。衛青令武剛車自環爲營。韓延壽都試騎士，會騎士兵車四面營陳。李陵軍至浚稽山，與單于相值，騎可三萬，圍陵軍，軍居兩山間，以大車爲營，且戰且引南行。數日，抵山谷中，連戰，士卒中矢傷，三創者載輦，兩創者將車，一創者持兵戰。陵曰："吾士氣少衰而鼓不起者，何也？軍中豈有女子乎？"始軍出時，關東羣盜妻子徙邊者，隨軍爲卒妻婦，大匿車中。陵搜得，皆劍斬之。及管敢亡降匈奴，教單于遮道急攻陵。陵乃棄車去，士徒斬車輻而持之。史言驃騎將軍車重與大將軍等。《漢書・趙充國傳》言義渠安國以騎都尉將騎三千，屯備浩

---

① 階級：劍客、俠客。

亹,爲虜所擊,失亡車重兵器甚衆。充國引兵至先零在所,虜久屯聚,解弛,望見大軍,棄車重,欲渡湟水。道阸狹。充國徐行驅之,鹵馬牛羊十餘萬頭,車四千餘兩。段熲策羌曰:"以騎五千,步萬人,車三千兩,三冬二夏,足以破定。"則當時用兵,無論中國外夷皆有車,特皆以爲營陳,供運載,而不以事馳突耳。車與騎之用有別,故車將與騎將皆異其人。灌嬰、傅寬、靳歙等傳言車司馬、候騎將、騎千人將、騎長、樓煩將;《張敞傳》:以正違忤大將軍,使主兵車皆是。其車騎連言,如灌嬰、靳歙之稱車騎將軍者,實則所主皆騎耳。《後漢書·南匈奴傳》言光武造戰車,可駕數牛,作樓櫓,置於塞上,以拒匈奴,亦用以拒馳突,而非以之逐利也。

第七節　刑　　法

吾國法律,完具而可考者,始於李悝之《法經》,而商君用以相秦,已見《先秦史》第十四章第六節。《漢書·刑法志》曰:高祖初入關,約法三章,曰:殺人者死,傷人及盜抵罪。蠲削煩苛,兆民大説。其後四夷未附,兵革未息,三章之法,不足以禦姦,於是蕭何攈摭秦法,取其宜於時者,作律九章。孝武即位,外事四夷之功,内盛耳目之好,徵發煩數,百姓貧耗,窮民犯法,酷吏擊斷,姦軌不勝,於是招進張湯、趙禹之屬,條定法令,作見知、故縱、監臨、部主之法,《史記·酷吏傳》:趙禹"與張湯論定諸律令,作見知,吏傳得相監司,用法益刻,蓋自此始"。《漢書》作"作見知,吏得傳相監司以法,盡自此始"。緩深故之罪,急縱出之誅。武帝又作《沈命法》,見第五章第十節。其後姦猾巧法,轉相比況,禁網寖密。律令凡三百五十九章。大辟四百九條,千八百八十二事。死罪決事比萬三千四百七十二事。文書盈於几閣,典者不能徧睹,是以郡國承用者駮,或罪同而論異。姦吏因緣爲市,所欲活則傅生議,所欲陷則與死比。議者咸冤傷之。宣帝即位,置廷平。見下。涿郡大守鄭昌上疏,言若開後嗣,不若删定律令。帝未及修正。至元帝初立,迺下詔曰:"其議律令可蠲除輕減者條奏。"成帝河平中,復下議減死刑及可蠲除約省者。有司徒鉤摭微細,毛舉數事以塞詔而已。案《漢志》所述先漢刑法始末,不甚完具。當以《晉書·刑法志》補之。《晉志》曰:秦、漢舊律,其文起自魏文侯師李悝。悝撰次諸國法,著《法經》。以爲王者之政,莫急於盜賊。故其律始於《盜》、《賊》。《盜賊》須劾捕,故著《網》、《捕》二篇。其輕狡、越城、博戲、借假不廉、淫侈踰制,以爲《雜律》一篇。又以其律具其加減。是故所著六篇而已。然皆罪名之制也。商君受之以相秦。漢承秦制,蕭何定律,除參夷、連坐之罪,增部主、見知之條,益事律《興》、《廄》、《户》三篇,合爲九篇。叔孫通益律所不及旁章十八篇。張湯《越宫律》二十七篇。趙禹《朝律》六篇。合六十篇。又漢時決事,集爲《令甲》以下三百餘篇。《漢書·宣帝紀》地節四年《注》引文穎曰:"蕭何承秦法所作者爲律,今《律經》是也。天子詔所增損,不在律上者爲令。令甲者,前帝第一令也。"如淳曰:"令有先後,故有令甲、令乙、令丙。"師古曰:"如説是也。甲乙者,若今之第一第二篇耳。"案《蕭望之傳》:望之與李彊議令民入穀贖罪事,引《金布令甲》,則諸令皆以甲乙丙次之。及司徒鮑公撰嫁娶辭訟決爲《法比》。《後漢書·陳寵傳》:辟司徒鮑昱府。轉爲辭曹,掌天下獄訟。時司徒辭訟久者數十年,事類涸錯,易爲輕重,不良吏得生因緣。寵爲昱撰《辭訟比》七卷。決事科條,皆以事類相從。昱奏上之。其後公府奉以爲法。都目凡九百六卷:世有增損。集類爲篇,結事爲章。一章之中,或事過數十。事類雖同,輕重乖異,而通條連句,上下相蒙。雖大體異篇,實相采入,《盜律》有賊傷之例,《賊律》有盜章之文,《興律》有上獄之法,《廄律》有逮逋之事。若此之屬,錯糅無常。後人生意,各爲章句。叔孫宣、郭令卿、馬融、鄭玄諸儒章句十有餘家,家數十萬言。凡斷罪所當由用者,合二萬六千二百七十二條,七百七十三萬二千二百餘言。漢高約法三章,已見第三章第三節。據此,則"與父老約,法三章耳",當於約字句絶,法字又一讀,謂於六篇之中,僅取殺人、傷人及盜三章,餘悉除去也。法律之原,一爲民間之習俗,一爲治者之所求,説亦已具《先秦史》。社會之演進愈深,則風俗之岐異愈甚,而上之所求於下者亦愈多,法令遂日益滋章,而亦益爲人民所不習。其未備者,姦吏既得以意輕重;雖有其文,而編排不合部次,用者又得上下其手;而人民益苦,風俗亦愈益薄惡矣。秦、漢之世,蓋正其時也。職是故,當時之所急者,乃在刪除繁宂,依條理纂次。然終漢世,迄未能舉其事。其所行者:元帝初元五年,輕殊刑三十四事。哀帝建平元年,盡四年,輕殊死者八十一事。其四十二事手殺人,皆減死罪一等。據《晉書·刑法志》。《後漢書·梁統傳》載統疏曰"元、哀二帝,輕殊死之刑,以一百二十三事,手殺人者減死一等",辭不别白。《注》引《東觀記》與《晉志》同。惟元帝初元五年輕殊刑作輕殊死刑,又哀帝建平元年下無盡四年三字。光武建武二年,詔議省刑法。本紀。十四年,羣臣上言宜增科禁。杜林奏宜如舊制,從之。《後漢書·林傳》。梁統以爲法令輕,下姦不勝,宜遵舊典。《後漢書·統傳》。請舉初元、建平之所穿鑿,擇其善者而從之,其不善者而改之。不從。《晉書·刑法志》。桓譚疏言:法、令、決事,輕重不齊。可令通義理、明習法律者校定科比,一其法度,班下郡國,蠲除故條。亦不省。《後漢書》本傳。章帝納尚書陳寵言,詔有司禁絶鑽鑽諸酷痛舊制,解袄惡之禁,除文致請讞五十餘事,定著於令。永元六年,寵又代郭躬爲廷尉。復校律令條法溢於《甫刑》者除之。曰:今律令犯罪應死刑者六百一十,耐罪千六百九十八,贖罪以下二千六百八十一,溢於

《甫刑》千九百八十九。其四百一十大辟，千五百耐罪，七十九矔罪。宜令三公廷尉集平律令，應經合義可施行者。大辟二百，耐罪矔罪二千八百，合爲三千，與禮相應。其餘千九百八十九事悉可詳除。未及施行，會寵抵罪，遂寢。寵子忠，後復爲尚書。略依寵意，奏上三十二條，爲決事比，以省請讞之弊。又上除蠶室刑；解臧吏三世禁錮；狂易殺人得減重論；母子兄弟相代死，聽赦所代者；事皆施行。以上據《晉書·刑法志》。《後漢書·陳寵傳》略同。惟陳忠奏上三十二條作二十三條，未知孰是。雖時有蠲革，而舊律繁廡，未經纂集。獻帝建安元年，應劭又刪定律令，以爲漢儀，表奏之。曰："故膠東相董仲舒，老病致仕，朝廷每有政議，數遣廷尉張湯，親至陋巷，問其得失。於是作《春秋折獄》《後書·應奉傳》作決獄。二百三十二事。動以經對，言之詳矣。逆臣董卓，蕩覆王室，典憲焚燎，靡有孑遺。臣竊不自揆，輒撰具律本章句，尚書舊事，廷尉版令，決事比例，司徒都目，五曹詔書，及春秋折獄，《後書》此處作斷獄。凡二百五十篇。蠲去復重，爲之節文。又集議駮《後書》作駁議。三十篇，以類相從。凡八十二事。其見《漢書》二十五，《漢記》四，皆刪叙潤色，以全本體。其二十六，博采古今瓖瑋之士，文章焕炳，德義可觀。其二十七，臣所創造"云云。於是舊事存焉。以上亦采《晉志》。《後書·應奉傳》略同。魏明帝下詔：但用鄭氏章句，不得雜用餘家。其後又下詔改定刑制。命司空陳羣，散騎常侍劉劭，給事黃門侍郎韓遜，議郎庾嶷，中郎黃休、荀詵等，刪約舊科，旁采《漢律》，定爲魏法。制新律十八篇，州郡令四十五篇，尚書官令、軍中令合百八十餘篇。其序略曰："舊律所以難知者，由於六篇篇少故也。篇少則文荒，文荒則事寡。是以後人稍增，更與本體相離。今制新律，宜都總事類，多其篇條"云云。其所定：集罪例以爲刑名，冠於律首。分律令爲劫略律、詐律、毀亡律、告劾律、繫訊斷獄律、請賕律、興擅律、之留律、郵驛令、變事令、驚事律、償臧律、免坐律。凡所定增十三篇，故就五篇，合十八篇。改漢舊律不行於魏者皆除之。文帝爲晉王，患前代律令，本注煩雜；陳羣、劉劭，雖經改革，而科網本密；又叔孫、郭、馬、杜諸儒章句，但取鄭氏，又爲偏黨，未可承用。於是令賈充定法律。令與大傅鄭沖、司徒荀顗、中書監荀勖、中軍將軍羊祜、中護軍王業、廷尉杜友、守河南尹杜預、散騎侍郎裴楷、潁川太守周權、齊相郭頎、都尉成公綏、尚書郎柳軌及吏部令史榮邵等十四人典其事。就漢九章，增十一篇。仍其族類，正其體號。改舊律爲刑名法例。辨囚律爲告劾，繫訊斷獄，分盜律爲請賕、詐僞、水火、毀亡。因事類爲衛宮、違制，撰《周官》爲諸侯律，合二十篇，六百二十條，二萬七千六百五十七言。其餘未宜除者，若軍事、田農、酤酒，權設其法，大平當除，故不入律，悉以爲令。施行制度，以此設教，違令有罪則入律。其常事品式章程，各還其府爲故事。凡律令，合二千九百二十六條，十二萬六千三百言，六十卷。故事三十卷。泰始三年，事畢表上。四年五月，大赦天下，乃班新律。以上皆據《晉志》。是爲《晉律》。自《晉律》定後，歷代大體相沿，無大改變矣。蓋自戰國以前，爲法律逐漸滋長之時，至秦、漢，則爲急待整齊之世，然皆徒託空言，直至曹魏而後行，至典午而後成也，亦可謂難矣。漢世小小改正，尚有見於史者，如漢惠帝四年，省法令妨吏民者，除挾書律。高后元年，詔曰：“前日孝惠皇帝言欲除三族罪妖言令，議未決而崩，今除之。”文帝二年詔曰：“今法有誹謗妖言之罪，其除之。民或祝詛上以相約，而後更謾，吏以爲大逆。其有他言，吏又以爲誹謗。此細民之愚，無知抵死，朕甚不取。自今以來，有犯此者勿聽治。”光武建武十八年，蠲邊郡盜穀五十斛死之法，同之内郡，皆是。

　　秦、漢法吏，亦有專門之學。[1] 李斯言欲學法令，以吏爲師；樊準請復召郡國書佐，使讀律令，魏明帝時，衛覬請置律博士，轉相教授，事遂施行；此官學也。郭躬父弘習小杜律，躬少傳父業，講授徒衆，常數百人，此私學也。史言郭氏自弘後，數世皆傳法律。子孫至公者一人，廷尉七人，侯者三人，刺史、二千石、侍中、郎將者二十餘人，侍御史、正、監、平者甚衆；而吳雄以明法律，斷獄平，起自孤宦，致位司徒；亦見《郭躬傳》。則國家之於法吏，用之亦不爲薄。然以大體言之，則儒家之學，漸奪法家之席。[2] 吕步舒治淮南獄，以《春秋》誼專斷於外，不請；見《漢書・五行志》。何敞遷汝南大守，分遣儒術大吏，案行屬縣，舉冤獄，以《春秋》義斷之；皆斷獄引用經義，不拘法律者。張湯決大獄，欲傅古義，乃請博士弟子治《尚書》、《春秋》補廷尉史；于定國少學法於父，後更迎師學《春秋》；丙吉起獄法小吏，後學《詩》、《禮》；皆法吏之折而入儒者也。史稱公孫弘習文法吏事，而又緣飾以儒術，此乃曲意詆毁之辭，實乃以儒正法耳。張湯爲廷尉，有疑奏，再見卻。及兒寬爲奏，即時得可。異日，湯見，上問曰：“奏非俗吏所及，誰爲之？”路温舒初爲獄小吏，後學法律丞相府，又受《春秋》通大義。讀其尚德緩刑一書，可見其宗旨所在。人心趨鄉如此，儒家之學，安得不日盛？法家之學，安得不日微？斷獄者既習用經義，則經義已入於比之中。應劭撰《春秋決獄》，又益之以説。知魏、晉定律，以儒家之義，正法吏之傅者，必不少矣。《白虎通義》：父殺其子者當誅，見《誅伐篇》。《晉律》亦父母殺子同凡論，見章炳麟《太炎文録・五朝法律索隱》。經義折獄，世人每以爲怪，其實事之饜於衆心者，即成習慣，經義折獄，亦猶之據習俗，援法理耳，絶無足異也。

　　漢世法律，並不十分畫一。《後漢書・馬援傳》言：援條奏越律與漢律

---

① 刑法：秦漢法學。
② 刑法：經義斷獄，儒術奪法之席。

駁者十餘事。與越人申明舊制，以約束之。自後駱越奉行《馬將軍故事》。是越人本承用舊律，即援亦未能盡一之也。《三國志·何夔傳》：夔遷長廣大守。是時大祖始制新科下州郡。夔以郡初立，近以師旅之後，不可卒繩以法。乃上言："此郡宜依遠域新邦之典。①其民間小事，使長吏臨時隨宜。上不背正法，下以順百姓之心。比及三年，然後齊之以法。"大祖從其言。則雖在邦域之中，亦不急求一律矣。新科蓋權造以適時。《蜀志·伊籍傳》言籍與諸葛亮、法正、劉巴、李嚴共造《蜀科》，亦其類也。君子行禮，不求變俗，此其所以能泛應曲當，與民相安。律之一，俗之一實爲之，非可強求也。然長吏擅立科條亦有弊。宣帝五鳳二年，詔言郡國二千石，或擅爲苛禁，禁民嫁娶不得具酒食相賀召；質帝本初元年，謂頃者州郡，輕慢憲防，競逞殘暴，造設科條，陷入無罪，皆其事。

　　刑法至孝文時爲一大變。《漢書·刑法志》言韓任申子，秦用商鞅，連相坐之法，造參夷之誅，增加肉刑、大辟，有鑿顛、②即顚。《後漢書·朱暉傳注》："顚首，謂鑿額涅墨也。"抽脅、鑊烹之刑。漢興之初，大辟尚有夷三族之令。令曰：當三族者，皆先黥、劓、斬左右趾；笞殺之，梟其首，菹其骨肉於市；《漢書·英布傳》，謂彭越之死，盛其醢以徧賜諸侯。師古曰："即《刑法志》所云菹其骨肉。"其誹謗詈詛者，又先斷舌；故謂之具五刑。彭越、韓信之屬，皆受此誅。文帝十三年，齊大倉令淳于公有罪當刑，防獄逮繫長安。淳于公無男，有五女。當行會逮，罵其女曰："生子不生男，緩急非有益也。"其少女緹縈，自傷悲泣。乃隨其父至長安。上書曰："妾父爲吏，齊中皆稱其廉平。今坐法當刑。妾傷夫死者不可復生，刑者不可復屬，雖欲改過自新，其道無繇也。妾願沒入爲官婢，以贖父刑罪，使得自新。"書奏天子，天子憐悲其意。遂下令曰："制詔御史。蓋聞有虞氏之時，畫衣冠、異章服以爲戮，而民弗犯，何治之至也？今法有肉刑三，而姦不止，其咎安在？非乃朕德之薄而教不明歟？吾甚自媿。故夫訓道不純，而愚民陷焉。《詩》曰：豈弟君子，民之父母。今人有過，教未施而刑已加焉，或欲改行爲善而道亡繇至，朕甚憐之。夫刑至斷支體，刻肌膚，終身不息，何其刑之痛而不德也？豈稱爲民父母之意哉？其除肉刑，有以易之，及令罪人各以輕重不亡逃有年而免，具爲令。"丞相張蒼御史大夫馮敬奏言："肉刑所以禁姦，所由來者久矣。陛下下明詔，憐萬民之一有過被刑者終身不息，及罪人欲改行爲善而道亡繇

---

① 刑法：新邦遠域，皆有特別法。
② 刑法：鑿顚——顚。

至，於盛德，臣等所不及也。臣謹議請定律曰：諸當完者臣瓚曰："完當作髡。"《惠帝紀注》：孟康曰："不加肉刑髡剔也。"案此亦曰刑。《高帝紀》：七年春，令郎中有罪耐，以上請之。應劭曰："輕罪不至於髡，完其耏鬢，故曰耏。①古耏字從彡，髮膚之意也。杜林以爲法度之字皆改寸，後改如是。耐音若能。如淳曰："耐猶任也。"師古曰："依應氏之説，耏當音而，如氏之解，則音乃代反。其義亦兩通。《功臣侯表》：宣曲侯通耏爲鬼薪，則應氏之説，斯爲長矣。案《説文》："而，頰毛也，象毛之形。耏，罪不至髡也。從彡而，而亦聲。耐，或從寸。諸法度字從寸。"説與杜林合。耏，而之累增字，耐因刑名新造，其聲皆同，而與乃代反，亦一音也。此完字乃耐字。完其耏鬢，正謂去其耏鬢。《説文段注》曰："髡者鬜髮也。不鬜其髮，僅去須鬢，是曰耐，亦曰完。謂之完者，言完其髮。"其説是也。耐者雖不剔髮，其須力作則同，如淳誤謂刑名之意，係指其力作而言，故釋之以任，誤也。《文帝紀》元年《注》引蘇林曰"耐，能任其罪也"，誤與如淳同。**完爲城旦春。**《惠帝紀注》：應劭曰："城旦者，旦起行治城。春者，婦人不與外徭，但春作米，皆五歲刑也。"**當黥者髡鉗**《漢書·高帝紀》九年《注》："鉗，以鐵束頸也。"案鉗者又加釱。②《後漢書·朱暉傳注》："繫趾謂之釱也。"不加鉗釱者曰弛刑，見《宣帝紀》神爵元年注。此謂尋常犯罪之人。其奴婢仍爲黥面。《三國志·毛玠傳》：鍾繇詰玠曰"《漢律》罪人妻子，没爲奴婢，黥面。今真奴婢祖先有罪，雖歷百世，猶黥面供官"是也。**爲城旦春。當劓者笞三百。當斬左止者笞五百。當斬右止，及殺人先自告，及吏坐受賕枉法，守縣官財物而即盜之，已論命復有笞罪者皆棄市。罪人獄已決，完爲城旦春。滿三歲爲鬼薪白粲。**《惠帝紀注》：應劭曰："取薪給宗廟爲鬼薪，坐擇米使正白爲白粲，皆三歲刑也。"**鬼薪白粲一歲爲隸臣妾。隸臣妾一歲免爲庶人。**王先謙曰："此自鬼薪白粲遞減，故隸臣妾一歲即免爲庶人，與下本罪爲隸臣妾者不同。"**隸臣妾滿二歲爲司寇。司寇一歲，及作如司寇二歲，皆免爲庶人。**如淳曰："罪降爲司寇，故一歲，正司寇故二歲也。"沈欽韓曰："《漢舊儀》：凡有罪：男髡鉗爲城旦，女爲春，皆作五歲，完四歲，男鬼薪，女白粲，皆作三歲。司寇，男備守，女爲作如司寇，皆作二歲。男爲戍罰作，女爲復作，皆一歲：此五歲刑至一歲刑之次也。後周世改爲五等徒，自一年至五年。唐因隋制，徒刑五：有一年，一年半，二年，二年半，三年。"案《宣帝紀》使女徒復作淮陽趙徵卿、渭城胡組更乳養。李奇曰："復作者，女徒也。謂輕罪，男子守邊一歲，女子輭弱不任守，復令作於官，亦一歲，故謂之復作徒也。"孟康曰："復音服，謂弛刑徒也。有赦令詔書，去其鉗、釱、赭衣，更犯事，不從徒加，與民爲例，故當復爲官作，滿其本罪年月。《律》名爲復作也。"又女徒後得顧山。③《平帝紀》：元始元年，天下女徒已論歸家，顧山錢月三百。如淳曰："已論者，罪已定也。《令甲》：女子犯罪，作如徒六月，顧山遣歸。説以爲當於山伐木，聽使入錢顧功直，故謂之顧山。"應劭曰："舊刑鬼薪取薪於山，以給宗廟，今使女徒出錢顧薪，故曰顧山也。"師古曰："如説近之。謂女徒論罪已定，並放歸家，不親役之，但令一月出錢三百以顧人也。"《後漢書·光武紀》：建武三年，女徒顧山歸家。《桓譚傳》：譚上疏陳時政之宜曰："今宜申明舊令，若已伏官誅而私相傷殺者，雖一身逃亡，皆徒家屬於邊。其相傷者加常二等。不得顧山贖罪。"**其**

---

① 刑法：不至髡，但去耏鬢曰耐。
② 刑法：鉗又加釱，不鉗釱曰弛刑。
③ 生計：顧山錢月三百。

亡逃，及有罪耐以上，不用此令。"制曰：可。案景帝元年詔，謂文帝"除宮刑，出美人，重絕人之世也"。鼂錯對策，亦美文帝"除去陰刑"。《三國志·鍾繇傳》：繇欲復肉刑，上疏言："其黥、劓、左趾、宮刑者，自如孝文易以髠笞。"可見孝文實並宮刑去之。①《史記·孝文本紀索隱》引崔浩《漢律序》云"文帝除肉刑而宮不易"，誤矣。文帝詔書，斷支體指斬止，刻肌膚指黥、劓，終身不息指宮，此所謂肉刑三。張蒼等議，亦以終身不息與欲改行爲善而道亡由至對舉。孟康以"黥、劓二，刖左右趾合一凡三"釋之，亦非也。宮刑之復用，蓋所以宥死罪。其可考者，始於景帝中四年。《紀》云死罪欲腐者許之。蓋後遂沿爲故事。《後漢書·明帝紀》永平八年，《章帝紀》元和元年、章和元年，《和帝紀》永元八年，皆募繫囚減死詣邊戍，其犯大逆無道殊死者，則募下蠶室，蓋亦以其罪重，故不能徒宥之也。古無虧體之刑，其後乃因軍事而貤及刑法，已見《先秦史》第十四章第六節。漢世儒者，追懷古化，稱不虧體者爲象刑。虧體者爲肉刑。②漢文詔書所稱，亦見伏生《書大傳》，實儒家經説也。肉刑實爲殘酷之事，乃以緹縈一書而廢，緹縈固孝子，文帝亦仁君，而儒學之有裨於治者亦大矣。

然自肉刑廢後，欲復之者頗多。《晉書·刑法志》曰："崔實、鄭玄、陳紀之徒，咸以爲宜復肉刑。漢朝既不議其事，故無所用。及魏武帝匡輔漢室，尚書令荀彧，博訪百官，復欲申之。而朝廷善少府孔融議，卒不改焉。及魏國建，陳紀子羣，時爲御史中丞。魏武帝下令，又欲復之。使羣申其父論。羣深陳其便。時鍾繇爲相國，亦贊成之。而奉常王修，不同其議，魏武帝亦難以藩國改漢朝之制，遂寢不行。魏文帝受禪，又議肉刑。詳議未定，會有軍事，復寢。明帝時，大傅鍾繇又上疏求復肉刑。詔下其奏。司徒王朗議又不同。時議百餘人，與朗同者多。帝以吳、蜀未平，又寢。"案諸家之論，略見《後漢書·仲長統》、《崔實》、《孔融》、《三國志·王修》、《鍾繇》、《王朗》、《陳羣傳》中。主復肉刑者，實非嫌刑之過輕，而轉有惡於其重。《漢志》述其事云："是後外有輕刑之名，内實殺人。斬右止者當死。斬左止者笞五百，當劓者笞三百，率多死。景帝元年，下詔曰：'加笞與重罪無異。幸而不死，不可爲人。其定律笞五百曰三百，笞三百曰二百。'猶尚不全。至中六年，又下詔曰：'加笞者或至死而笞未畢，朕甚憐之。其減笞三百曰二百，笞二百曰一百。'又曰：'笞者，所以教

① 刑法：文帝並除宮。
② 刑法：廢肉刑詔引書義。緹縈，紀念人物。

491

之也。其定箠令。'丞相劉舍,御史大夫衞綰請笞者箠長五尺,其本大一寸。其竹也,末薄半寸,皆平其節。當笞者笞臀。如淳曰:"然則先時笞背也。"案賈誼言伏中行說而笞其背,可見先時笞背。毋得更人。畢一罪乃更人。自是笞者得全。《三國·魏志·明帝紀》:青龍二年詔曰:"鞭作官刑,所以糾慢怠也,而頃多以無辜死,其減鞭杖之制,著於令。"然酷吏猶以爲威。死刑既重,而生刑又輕,民易犯之。"其論曰:"禹承堯、舜之後,自以德衰而制肉刑。湯、武順而行之者,以俗薄於唐、虞故也。今漢承衰周、暴秦極敝之流,俗已薄於三代,而行堯、舜之刑,是猶以羈而御駻突,違救時之宜矣。且除肉刑者,本欲以全民也,今去髡鉗一等,轉而入於大辟,以死罔民,失本惠矣。故死者歲以萬數,刑重之所致也。至乎穿窬之盜;忿怒傷人;男女淫佚;吏爲姦臧;若此之惡,髡鉗之罰,又不足以懲也。故刑者歲十萬數,民既不畏,又曾不恥,刑輕之所生也。故俗之能吏,公以殺盜爲威。專殺者勝任,奉法者不治。亂民傷制,不可勝條。是以罔密而姦不塞,刑蕃而民愈嫚。豈宜惟思所以清原正本之論。删定律令,籑二百章,以應大辟。其餘罪次,於古當生今觸死者,皆可募行肉刑。及傷人與盜;吏受賕枉法,男女淫亂,皆復古刑。爲三千章。詆欺文致微細之法悉蠲除。如此,則刑可畏而禁易避;吏不專殺;法無二門;輕　重當罪;民命得全。"仲長統之言曰:"肉刑之廢,輕重無品。下死則得髡鉗,下髡鉗則得鞭笞。髡笞不足以懲中罪,安得不至於死哉?今患刑輕之不足以懲惡,則假臧貨以成罪,託疾病以諱殺。"崔寔謂,"文帝除肉刑,雖有輕刑之名,其實殺也。當此之時,民皆思復肉刑"。陳紀謂"漢除肉刑而增加笞,本興仁惻,而死者更衆,所謂名輕而實重者也。名輕則易犯,實重則傷民"。陳羣以爲"漢律所殺殊死之罪,仁所不及也。其餘逮死者,可以刑殺。如此,則所刑之與所生,足以相貿矣。今以笞死之法,易不殺之刑,是重人支體,而輕人軀命也"。大祖下令,使平議死刑可宮割者。大和中,鍾繇上疏曰:"陛下遠追二祖遺意,惜斬趾可以禁惡,恨人死之無辜,乃明習律令,與羣臣共議,出本當右趾而入大辟者,復行此刑。若如孝景之令,其當棄市欲斬右趾者許之,其黥、劓、左止、宮刑者,自如孝文易以髡笞。下計所全,歲三千人。"其惡肉刑廢而刑重之意,過於其惡刑輕,昭然可見矣。然孔融謂"繩末世以古刑,非所謂與時消息。九牧之地,千八百君,若各剕一人,是常有千八百剕。且被刑之人,慮不全生,志在思死,類多趨惡。不能止人遂爲非,適足絶人還爲善"。其言亦殊有理致。陳羣謂"若用古刑,使淫者下蠶室,盜者剕其足,則永無淫放穿窬之盜矣",其說似是,而於理實不可通。善夫王朗之議曰:"科律自有減死一等之法,不待遠假斧鑿於彼肉刑,然後有罪次也。今可按繇所欲輕之死罪，使減死之髡刖嫌其輕者，可倍其居作之歲數。"①其言允矣，宜乎議者百餘人，多與之同也。

　　正刑而外，秦、漢時酷刑亦頗多。其用之最多者，曰要斬。曰烹。即所謂鑊烹也。項羽以沐猴而冠之言烹韓生。《史記》但作說者。又烹周苛。田廣烹酈食其。漢高祖欲烹酈徹。《漢書·諸侯王表》：廣川王去，本始四年，坐烹姬不道，廢徙上庸，與邑百戶。曰焚。《漢書·武五子傳》：焚蘇文於橫橋上。《王莽傳》：莽作焚如之刑，燒殺陳良等。曰車裂。後漢車裂馬元義，見《皇甫嵩傳》。呂壹罪發，或以為宜加焚裂，以闞澤言而止，見《三國·吳志·澤傳》。既殺之後，又梟其首。梟，謂縣首於木上，見《漢書·高帝紀》四年《注》。或磔之。《漢書·景帝紀》：中二年，改磔曰棄市，勿復磔。師古曰："磔謂張其尸也。"案其後復有行之者。翟義親屬二十四人，皆磔暴於長安都市四通之衢，見《漢書·翟方進傳》。王球僵磔王甫尸於夏城門，見《後漢書·酷吏傳》。又或殘賊其尸。李通與光武舉事，南陽殺其兄弟門宗六十四人，皆焚尸宛市，見《後漢書·通傳》。皇甫嵩平張角，剖棺斷頭，傳送京師，見《靈帝紀》及《嵩傳》。王淩、令狐愚之死，朝議傅會齊崔杼、鄭歸生，發其冢，剖棺，暴尸於所近市三日，燎其朝服，親土埋之，見《三國志·淩傳》。孫霸之死，其黨楊竺流尸於江，見《霸傳》。其後殺諸葛恪，亦投其尸於石子岡，已見第十七章第五節。孫皓殺陳聲，投其身於四望之下，見第十二章第九節。又時樓玄、王蕃、李勖並焚爍流漂，棄之水濱，見《陸遜傳》。又有隨意殺人，如和熹鄧后欲撲殺杜根於殿上者。族誅及收孥相坐之律，漢初皆嘗除之，後亦多復用。《漢書·刑法志》曰："高后元年，除三族罪訞言令，孝文二年，除收律相坐法。其後新垣平為逆復行三族之誅。"案據本紀，"盡除收帑相坐律令"，事在孝文元年。二年，詔除誹謗訞言罪，②師古曰："高后元年，詔除妖言之令，今此又有訞言之罪，是則中間曾重複設此條也。"案《王子侯表》溫子侯安固，本始三年，坐上書為妖言，會赦免。《景武昭宣元功臣表》：平通侯楊惲，坐為光祿勳誹謗政治免。《外戚恩澤侯表》：安平敬侯陽譚，五鳳四年，坐為典屬國，季父惲有罪，譚言誹謗免，而顏異且以腹誹誅，哀帝即位後，復除誹謗詆欺法。坐祝詛誅者，尤書不勝書，疑諸律令除者皆可以旋復，正不待復設科條也。王莽用法亦極酷，嘗作焚如之刑，又為投之四裔之法焉。以加非井田、私鑄、挾五銖錢、非阻寶貨者，見《食貨志》及本傳。

　　《漢書·惠帝紀》：元年，民有罪，得買爵三十級，以免死罪。而貢禹言文帝時亡贖罪之法，則此蓋權制也。《食貨志》：鼌錯說文帝募天下入粟縣官，得以拜爵，得以除罪，文帝僅許入粟拜爵，此禹言之徵。景帝時，上郡以西旱，復修賣爵令，乃許徒復作得輸粟於縣官以除罪。孝武時，有司請令民得買爵，及贖禁錮，免臧罪。桑弘羊又請令民得入粟補吏，及罪以贖。皆見《食貨志》。此尚為輕罪。淮南之獄，有司議"其非吏，它贖死金二斤八兩"，蓋因牽涉多而宥之，非普徧。武帝天漢四年，大始二年，並令民贖死罪，入錢五十萬，減死一

―――――――――

① 刑法：議復肉刑者王朗為是。案漢五歲刑（見第四九〇頁）。

② 刑法：誹謗妖言等多復用（第四九九頁）。

等,則鬻及死刑矣。後漢中元二年、十五年、十八年、建初七年、章和元年,並有令民入贖之詔。死罪縑二十匹,或三十匹,或四十匹。左趾至髡鉗、城旦舂十匹。完城旦舂至司寇五匹,或三匹。未發覺自告者半入贖。永初元年、熹平四年、六年、光和三年、五年、中平四年但云贖各有差。魏明帝大和四年,令罪非殊死,聽贖各有差。案《漢書·蕭望之傳》:宣帝時西羌反,張敞欲令諸有罪非盜、受財殺人及犯法不得赦者,入穀隴西以北、安定以西八郡贖罪。望之與少府李彊言:天漢四年,使死罪入錢減死,豪彊吏民請奪假貣,至爲盜賊以贖罪。《後漢書·虞詡傳》言:順帝時,長吏二千石聽百姓謫罰者輸贖,號爲義錢,託爲貧人儲,而守令因以聚斂。則流弊孔多矣。

　　陳羣等定《魏律》,更依古義,制爲五刑:其死刑有三,髡刑有四,完刑作刑各三,贖刑十一,罰金六,雜抵罪七,凡三十七名,以爲律首。至於謀反大逆,臨時捕之或汙潴,或梟菹,夷其三族,不在律令。亦據《晉志》。

　　令長之始,本即一國之君,殺生得以專決。故蒯通説范陽令,謂"足下爲令十餘年,殺人之父,孤人之子,斷人之足,黥人之首甚衆"也。然《漢書·酷吏傳》:嚴延年遷河南大守,冬月傳屬縣囚,會論府上。王温舒遷河内大守,令郡具私馬五十匹爲驛,捕郡中豪猾,上書請,大者至族,小者乃死,家盡没入償藏,奏行不過十日得可,則郡縣皆不能專決矣。高帝七年,制詔御史:"縣道官獄疑者,各讞所屬二千石官,二千石官以其罪名當報之。所不能決者,皆移廷尉,廷尉亦當報之。廷尉所不能決,謹具爲奏,傅所當比律令以聞。"孝景中五年,復下詔曰:"諸獄疑,若雖文致於法,而於人心不厭者,輒讞之。"後元年,又下詔曰"獄疑者讞有司。有司所不能決移廷尉。有令讞而後不當讞者,不爲失"。《漢書·刑法志》,景帝詔亦見《本紀》。是時廷尉"職典決疑,當讞平天下獄"。《漢書·朱博傳》語。而三公所屬辭曹及尚書,亦主斷決。《漢書·薛宣傳》:谷永上疏,稱宣爲左馮翊,辭訟者歷年不至相府。又云:宣爲相府辭訟例,不滿萬錢,不爲移書,後皆遵用薛侯故事。《後漢書·陳寵傳》:曾祖父咸,成、哀間以律令爲尚書。王莽誅何武、鮑宣等,咸乞骸骨。收斂其家律令文書等,皆壁藏之。[1] 寵明習家業,少爲州郡史。辟司徒鮑昱府。轉爲辭曹,掌天下獄訟。其所平決,無不厭服衆心。撰《辭訟比》七卷,已見前。《孔融傳》:張儉與融兄褒有舊,亡抵於褒。不遇,融舍之。後事泄,國相以下密就掩捕。儉得脱走。並收褒、融送獄。融曰:"保納舍藏者融也,當坐之。"褒曰:"彼來求我,非弟之過,請甘其罪。"吏問其母。母曰:"家事任長,妾當其辜。"一門爭死,郡縣疑不能決,乃上讞之,詔書竟坐褒焉。此漢世請讞之事也。漢宣帝地節三年,置廷尉平。又置治書侍御史。《續書》本注曰:凡天下諸讞疑事,掌以法律當其是非。又有專遣使平決者,如成帝

---

[1] 經籍:壁藏。

鴻嘉元年，臨遣諫大夫理等舉三輔、三河、弘農冤獄是也。此等意皆主於矜慎，然仍時有非法之事。如薄昭與淮南屬王書，咎其幸臣有罪，大者立斷，師古曰：“斷謂斬也。”小者肉刑；《三國志‧李通傳》，言是時殺生之柄，決於牧守是。蓋積習相沿，難於驟革，而在喪亂時，亦或不能以常理論也。人主亦時有軼法之舉。《漢書‧張釋之傳》：上行出，中渭橋。有一人從橋下走，乘輿馬驚。於是使騎捕之，屬廷尉。釋之奏當此人犯蹕，當罰金。上怒曰：“此人親驚吾馬，馬賴和柔，令他馬，固不敗傷我乎？而廷尉乃當之罰金？”釋之曰：“法者，天子所與天下共也。共同恭。今法如是，更重之，是法不信於民也。且方其時上使使誅之則已。今已下廷尉。廷尉，天下之平也。一傾，天下用法皆爲輕重，民安所錯其手足？惟陛下察之。”明知法之不可傾，而仍不能舉人主而範諸法之內，則積習之難改也。杜周曰：“三尺安出哉？前主所是著爲律，後主所是疏爲令。當時爲是，何古之法乎？”君主專制之世，固不能別有立法之司，然惟所是而即行之，亦終不慊於義也。《三國志‧夏侯尚傳注》引《魏氏春秋》，謂夜送李豐尸付廷尉，廷尉鍾毓不受，曰：非法官所治也。以其狀告，且勑之，乃受。其所持與張釋之同。《高柔傳》：柔爲廷尉，文帝欲殺鮑勛，柔固執不從，帝怒甚，遂召柔詣臺，而使殺勛。見第十二章第四節。

尋常審理，皆屬地方官。《續漢書‧百官志》謂縣令長掌理訟，郡國秋冬遣無害吏案訊諸囚，平其罪法是也。間有郡縣不能決者，如宗室有犯法當髡以上，郡國先上諸宗正，正以聞乃報決是。漢世嗇夫職聽訟，其權尚遠大於後世。[①]《潛夫論‧愛日篇》言：冤民仰希申訴，而令長以神自居，鄉亭部吏，亦有任決斷者，意欲令民不必赴縣，以省日力。然又言：“理直則恃正而不橈，事曲則諂意以行賕。不橈故無恩於吏，行賕故見私於法。若事有反覆，吏應坐之。吏以應坐之故，不得不枉之於廷，以羸民之少黨，而與豪吏對訟，其勢得無屈乎？縣承吏言，故與之同。若事有反覆，縣亦應坐之。縣以應坐之故，而排之於郡。以一民之輕，而與一縣對訟，其理豈得申乎？事有反覆，郡亦坐之。郡以共坐之故，排之於州。以一民之輕，與一郡爲訟，其事豈獲勝乎？既不肯理，乃遠詣公府。公府復不能察，而當延以歲月。貧弱者無以曠旬，彊富者可盈千日。理訟若此，何枉之能理乎？此小民之所以易侵苦，而天下所以多困窮也。”則鄉官聽訟之弊，亦已漸著矣。

別設偵緝之司，詒禍往往甚烈。如孫吳之有校事是也。其事已見第十二章第八節。《魏志‧高柔傳》言：魏國建，柔爲法曹掾。時置校事盧洪、趙達

---

① 刑法：郡斷不休則詣公府。斷罪者（第四九四、四九九頁）。

等,使察羣下。柔諫宜檢治之。大祖曰:"卿知達等,恐不如吾也。要能刺舉而辦衆事;使賢人君子爲之,則不能也。昔叔孫通用羣盜,良有以也。"達等後奸利發,大祖殺之,以謝於柔。文帝踐阼,以柔爲治書侍御史。轉加治書執法。校事劉慈等,自黄初數年之間,舉吏民奸罪以萬數。柔皆請懲虚實。其餘小小挂法者,不過罰金。《程昱傳》:昱孫曉,嘉平中爲黄門侍郎。時校事放横。曉上疏曰:"昔武皇帝大業草創,衆官未備。而軍旅勤苦,民心不安,乃有小罪不可不察,故置校事,取其一切耳。然檢御有方,不至縱恣也。其後漸蒙見任,復爲疾病。轉相因仍,莫正其本。遂令上察官屬,下攝衆司。官無局業,職無分限。隨意任情,惟心所適。法造於筆端,不依科詔。獄成於門下,不顧覆訊。其選官屬,以謹慎爲麤疏,以譖訴爲賢能。其治事,以刻暴爲公嚴,以循理爲怯弱。外則託天威以爲聲勢,内則聚羣奸以爲腹心。大臣恥與分勢,含忍而不言。小人畏其鋒芒,鬱結而無告。至使尹模公於目下,肆其姦慝。罪惡之著,行路皆知。纖惡之過,積年不聞"云云。於是遂罷校事官。則其詒患於魏,亦不下於其在吴也。

《漢書·張湯傳注》引蘇林曰:"《漢儀注》:獄二十六所。"《續書·百官志》云:"孝武帝以下置中都官獄二十六所。世祖中興皆省。惟廷尉及雒陽有詔獄。"息夫躬繫雒陽詔獄,見《前書》本傳。前漢時,魏郡亦有詔獄,見《江充傳》。漢獄名之可考者,如若盧,屬少府,主受親戚婦女,治將相大臣,見《百官公卿表》。《後漢書·和帝紀》:永元九年,復置若盧獄官。共工,亦屬少府,見《漢書·劉輔傳》。左右司空,亦屬少府,見《百官公卿表》。保宫,亦屬少府。本名居室,武帝大初元年更名保宫,見《百官公卿表》。《寶田灌韓傳》:劾灌夫罵坐不敬,繫居室。《李陵傳》:自痛負漢,加以老母繫保宫。都司空,屬宗正,見《百官表》。槀官,《漢書·張湯傳》:謁居病死,事連其弟,弟繫槀官。蘇林曰:"《漢儀注獄》二十六所,槀官無獄也。"師古曰:"時或以諸獄皆滿,故權寄在此署繫之。"掖庭詔獄,《漢書·劉輔傳注》引《漢舊儀》云:"令丞宦者,主理婦人女官。"《續書·百官志》:掖庭令有暴室丞,本《注》曰:宦者,主中婦人疾病者,就此室治,其皇后、貴人有罪,亦就此室。《前書·宣帝紀》:爲取暴室嗇夫許廣漢女。應劭曰:"暴室,宫人獄也。今曰薄室。許廣漢坐法腐爲宦者,作嗇夫也。"師古曰:"暴室者,掖庭主織染練之署,故謂之暴,字取暴曬爲名耳。或曰薄室者,薄亦暴也。蓋暴室職務既多,因爲置獄,主治其罪人。然本非獄名,應説失之矣。嗇夫者,暴室屬官,亦猶鄉之嗇夫也。"大鴻臚郡邸獄,《漢書·宣帝紀》:曾孫坐收繫郡邸獄。師古曰:"據《漢舊儀》,郡邸獄治天下郡國上計者,屬大鴻臚。此蓋巫蠱獄繁,收繫者衆,故曾孫寄在郡邸獄。"北軍尉,《漢書·楚元王傳》:更生上封事曰:"章交公車,人滿北軍。"如淳曰:"《漢儀注》:中壘校尉,主北軍壘門内,尉一人,主上書者獄。上章於公車,有不如法者,以付北軍尉,北軍尉以法治之。楊惲上書,遂幽北闕,北闕公車所在。"軍司空,《漢書·杜周傳》:少子延年補軍司空。蘇林曰:"主獄官也。"如淳曰:"《律》:營軍司空、軍中司空各二人。"都船獄,《漢書·薛宣傳》:少爲廷尉書佐,都船獄史。《王嘉傳》：廷尉收嘉丞相新甫侯印綬，縛嘉載致都船詔獄。案《百官公卿表》：中尉屬官有都船令丞。如淳曰：“《漢儀注》有都船獄令。”黃門北寺獄等皆是。谷永言掖庭詔獄之弊曰：“榜箠慘於炮烙，絕滅人命。主爲趙、李報德復怨。反除白罪，建治正吏。多繫無辜，掠立迫恐。至爲人起責，分利受謝。生入死出者，不可勝數。”范滂繫黃門北寺獄，桓帝使中常侍王甫以次辨詰。其流弊深矣。

　　秦、漢法吏，多務刻深。其可考見尤甚者：如周亞夫之子，爲父買尚方甲楯可以葬者，取庸苦之，庸知其盜買官器，怒而上變。廷尉遽責亞夫欲反。亞夫曰：“臣所買器，乃葬器也。”吏曰：“君侯縱不反地上，即欲反地下耳。”匈奴渾邪王來降，賈人與市長安中，吏繩以爲闌出財物於邊關，當死者五百餘人。《史記·汲鄭列傳》。可見其深文周內之狀。絳侯見囚，既出，曰：“吾嘗將百萬軍，然安知獄吏之貴乎？”無怪諺云“畫地爲牢勢不入，削木爲吏議不對”；見《漢書·司馬遷傳》，又見《路溫舒傳》。而李廣謂“廣年六十餘，終不能復對刀筆之吏”也。言其弊最深切者，莫如路溫舒。溫舒之言曰：“秦有十失，其一尚存，治獄之吏是也。”又曰：“今治獄吏上下相敺，以刻爲明。深者獲公名，平者多後患。故治獄之吏，皆欲人死。非憎人也，自安之道，在人之死。”《漢書·刑法志》曰：“今之獄吏，上下相驅，以刻爲明，深者獲功名，平者多後患。諺曰：鬻棺者欲歲之疫，非憎人欲殺之，利在於人死也，今治獄吏欲陷害人，亦猶此矣。”深者獲功名之功疑亦當作公。又曰：“人情安則樂生，痛則思死。箠楚之下，何求而不得？故囚人不勝痛，則飾辭以視之；吏治者利其然，則指道以明之：上奏畏卻，則鍛鍊而周內之。蓋奏當之成，雖咎繇聽之，猶以爲死有餘辜。何則？成練者眾，文致之罪明也。”《酷吏傳》言：嚴延年善史書，所欲誅殺，奏成於手中，主簿親近史不得聞知，而按其獄，皆文致不可得反，此所謂鍛鍊周內也。尹賞疾病且死，戒其諸子曰：“丈夫爲吏，正坐殘賊免，追思其功效，則復進用矣。坐頓弱不勝任免，終身廢棄，無有赦時，其羞辱甚於貪汙坐臧，慎無然。”此則所謂上下相敺者也。雖時主或務於寬仁，然其弊終難卒改，蓋所謂獄吏者，已自成爲一種風氣矣。[①]

　　《漢書·刑法志》言：“秦始皇專任刑罰，躬操文墨。晝斷獄，夜理書。自程決事，日縣石之一。赭衣塞路，囹圄成市。”《志》又曰：“孝惠高后時，百姓新免毒蠚，人欲長幼養老；蕭、曹爲相，填以無爲，從民之欲，而不擾亂。是以衣食滋殖，刑罰用希。及孝文即位，躬修玄默，勸趣農桑，減省租賦。而將相皆舊功臣，少文多質，懲惡亡秦之政，論議務在寬厚；恥言人之過失。化行天下，

告訐之俗易。吏安其官，民樂其業。畜積歲增，户口浸息。風流篤厚，禁網疏闊。選張釋之爲廷尉，罪疑者予民。是以刑罰大省，至於斷獄四百，有刑錯之風。”《志》言武帝時事已見前。《杜周傳》言：“至周爲廷尉，詔獄亦益多矣。二千石繫者，新故相因，不減百餘人。郡吏大府，舉之廷尉，一歲至千餘章。章大者連逮證案數百，小者數十人。遠者數千里，近者數百里會獄。吏因責如章告劾，不服，以掠笞定之。於是聞有逮證皆亡匿。獄久者至更數赦，十餘歲而相告言。”其煩擾亦云甚矣。《志》又云：“宣帝自在閭閻，而知其若此。及即尊位，廷史路温舒上疏，上深愍焉。迺下詔曰：今遣廷史與郡鞫獄，任輕禄薄。其爲置廷尉平，秩六百石，員四人。其務平之，以稱朕意。於是選于定國爲廷尉。求明察寬恕黄霸等以爲廷平。季秋後請讞時，上常幸宣室，齊居而決事。獄刑號爲平矣。”又述元、成時事，亦已見前，皆以輕刑爲主。然又云：“昭、宣、元、成、哀、平六世之間，斷獄殊死，率歲千餘口而一人；耐罪至右止，三倍有餘。”又言“郡國被刑而死者，歲以萬數。天下獄二千餘所，其冤死者，多少相覆，獄不減一人”。輕刑之效安在？豈不以獄吏之殘酷，已成風氣，在上者雖務寬仁，其弊亦非一時所能革邪？《志》又言：“自建武、永平，民亦新罹兵革之禍，人有樂生之慮，與高、惠之間同；而政在抑彊扶弱，朝無威福之臣，邑無豪桀之俠。以口率之，斷獄少於成、哀之間什八。”《晉書·刑法志》云：“光武中興，留心庶獄。常臨朝聽訟，斷決疑事。明帝臨聽訟觀，録洛陽諸獄。帝性既明察，能得下姦。故尚書奏決罰，近於苛碎。至章帝時，尚書陳寵上疏。帝納寵言，決罪行刑，務於寬厚。”蓋自先漢以來，在上者多以輕刑爲主，而獄吏之風氣，至斯亦稍變矣。《漢書·酷吏傳》：“漢興，破觚而爲圜，斲彫而爲樸，號爲罔漏吞舟之魚，而吏治烝烝，不至於姦，黎民乂安。高后時，酷吏獨有侯封，刻轢宗室，侵辱功臣。吕氏已敗，遂夷侯封之家。”又言：“自郅都以下，皆以酷烈爲聲。自此以至哀、平，酷吏衆多。”《後書·酷吏傳》言：“漢承戰國餘烈，多豪猾之民。其並兼者則陵横邦邑，桀健者則雄張閭里。且宰守曠遠，户口殷大。故臨民之職，專事威斷。族滅姦軌，先行後聞。肆行剛烈，成其不撓之威。違衆用己，表其難測之知。至於重文横入，爲窮怒之所遷及者，亦何可勝言？自中興以後，科罔稍密，吏人之嚴害者，方於前世省矣，而閹人親婭，侵虐天下。至使陽球磔王甫之屍，張儉剖曹節之墓，若此之類，雖厭快衆憤，亦云酷矣。”此亦可見後漢之酷刑，特由政事之昏亂，以治獄者之風氣論，較之前漢，固已稍變矣。漢世用刑寬平者，如于定國、虞經等，經，詡祖父，事見《詡傳》。兩《漢書》各有傳。

漢世每有大獄,被禍者必多。如武帝時淮南、衡山之獄,死者數萬人。見《漢書·本紀》元狩元年,又見《食貨志》。巫蠱之獄亦然。見《江充傳》。後漢廣陵、楚、淮陽、濟南之獄,徙者萬數。見《後漢書·楊終傳》。《傳》云:"章帝以終言,聽還徙者。"《光武十王傳》云:"楚獄累年,其辭語相連,自京師親戚,諸侯州郡豪桀,及考案吏阿附相陷,坐死徙者以千數。"而《紀》言建初二年,詔還坐楚、淮陽事徙者四百餘家,令歸本郡,則所歸者殊少矣。和帝永元十二年,東平、清河奏訴言卿仲遼等,所連及且千人。見《文苑·黃香傳》。靈帝熹平元年,宦者諷司隸校尉段熲捕繫大學諸生千餘,見《紀》。而鉤黨之獄無論矣。成帝鴻嘉四年,詔言"數詔有司,務行寬大而禁苛暴,迄今不改,一人有辜,舉宗拘繫",則在平時如此者亦不少也。其榜掠之酷,亦殊出意外。章帝元和元年詔曰"《律》云掠者惟得榜、笞、立,[1]而用酷刑者無數。如貫高以訟張王,"榜笞刺爇,身無完者"。江充治巫蠱,"燒鐵鉗灼"。戴就仕羣倉曹掾。揚州刺史歐陽參奏大守成公浮臧罪,遣部從事薛安案倉庫、簿領,收就於錢唐縣獄,幽囚考掠,五毒參至。就慷慨直辭,色不變容。又燒鋘斧,使就挾於肘腋。就語獄卒:"可熟燒斧,勿令冷。"每上彭考,因止飯食,不肯下干。肉焦毀墮地者,掇而食之。主者窮竭酷慘,無復餘方。乃卧就覆船下,以馬通熏之。一夜二日。皆謂已死。發船視之,就方張眼大罵曰:"何不益火,而使滅絕?"又復燒地,以大鍼刺指爪中,使以把土,爪悉墮落。《後漢書·獨行傳》。其慘酷,真聞之股栗矣。又漢世待士大夫至酷,賈生極言之。《傳》言文帝用誼說,大臣不受刑,武帝稍下獄,自寧成始焉。其後魏武猶加杖撾屬,[2]文帝時亦於殿前杖人,見《三國志·何夔傳》及《裴潛傳注》。

復讎之風,秦、漢時尚極盛。此觀淮南王事,可以知之。見第四章第六節。案賈誼諫侯壻王四子曰:"此人少壯,豈能忘其父哉?白公勝所爲父報仇者,大父與伯父、叔父也。白公爲亂,非欲取國代主也,發憤快志,剗手以衝仇人之匈,固爲俱靡而已。"於淮南王心事,可謂曲曲傳出。[3]此可見淮南王等所爲,皆受一時風氣所驅使,故人人能言之,且能豫知之也。當時雖女子,亦能手刃父讎。緱玉爲父報讎,殺夫氏之黨,見《後漢書·申屠蟠傳》。趙娥事見《列女傳》及《三國志·龐淯傳》。劉恭爲更始報殺謝禄,劉鯉又爲其父報殺恭,鯉,更始子。怨劉盆子害其父,結客報殺盆子兄恭,見《後漢書·光武十王傳》。王裒於晉文王,雖不能報,而終身不鄉西坐。見《三國志·王修傳注》引《漢晉春秋》。龐淯爲州從事,欲爲刺史報殺張猛。許貢之客,卒能報殺孫策。可見當時能腐心於君父之仇者極多。此外有報昆弟之

---

[1] 刑法:立。

[2] 刑法:魏武杖撾屬,文帝於殿前杖人。

[3] 刑法:賈誼諫侯淮南四子,於淮南心事曲曲傳出。七死之一(第五○一頁)。

怨者。崔瑗兄章，爲州人所殺，瑗手刃報仇，見《後漢書·崔駰傳》。魏朗兄爲鄉人所殺，朗白日操刃，報讎縣中，見《黨錮傳》。孫資兄爲鄉人所害，資手刃報讎，見《三國志·劉放傳注》引《資別傳》。更始弟爲人所殺，結客欲報之；王常爲弟報仇，亡命江夏；皆見《後漢書》本傳。**有復舅氏之讎者。**翟酺以報舅讎，當徙日南，亡於長安，爲卜相工，見《後漢書》本傳。賈淑爲舅宋瑗報讎，繫獄當死，郭泰爲言於郡而免之，見《泰傳》。**有爲友報讎者。**《後漢書·黨錮傳》：何顒友人虞偉高，有父讎未報，而篤病將終，顒往候之，偉高泣而訴，顒感其義，爲復讎，以頭醊其墓。徐庶中平末爲人報讎，見《三國志·諸葛亮傳注》引《魏略》。**有奴爲其主報讎者。**樂布爲人所略賣，爲奴於燕，爲其主家報仇，見《史記》本傳。**並有爲不知誰何之人報讎者。**如典韋爲襄邑劉氏報睢陽李永，蓋此類。此等蓋徒以其勇力結託之而已。見《三國志》本傳。**顏安樂，儒者也，而爲仇家所殺。**見《漢書·儒林傳》。**杜詩，循吏也，亦以遣客爲弟報讎被徵。桓譚言：“今人相殺傷，雖已伏法，而私結冤讎，子孫相報，後忿深前，至於滅户殄業，而俗稱豪健。故雖有怯弱，猶勉而行之。”**漢人議論，於復讎者率多賢之，即在上者亦恒加以寬典。郭泰之請免賈淑，即其一事。緱玉之報父讎也，外黄令梁配欲論殺之，申屠蟠時年十五，爲諸生，進諫，配善其言，乃爲讞，得減死論，亦其類也。趙娥詣縣自首，福祿長尹嘉義之，解印綬欲與俱亡。又有吴許升妻呂榮。升爲盜所害。刺史尹耀捕得之。榮詣州，請甘心讎人。耀聽之。榮乃手斷其頭，以祭升靈。亦見《後漢書·列女傳》。此亦非法正也。鍾離意爲堂邑令。縣人防廣，爲父報讎繫獄。其母病死，廣哭泣不食。意憐傷之。乃聽廣歸家，使得殯斂。廣斂母訖，果還入獄。意密以狀聞，得以減死論。朱暉遷臨淮大守。暉好節概，有所拔用，皆厲志士。其諸報怨以義犯率，皆爲求其理，多得生濟。其不義之凶，立時僵仆。杜安拜宛令。先是宛有報讎者，其令不忍致理，將與俱亡。縣中豪强，有告其處者，致捕得。安深疾惡之。到官治戮，肆之於市。見《三國志·杜襲傳注》引《先賢行狀》。其時吏之用法，尚不拘拘於法文也。**可見當時之復讎者，多爲風氣所鼓盪。夫爲風氣所鼓盪者，必至於過當而失直。**如劉鯉之報劉恭，即可謂失直之甚。《三國志·韓暨傳》：同縣豪右陳茂，譖暨父兄，幾致大辟。暨陰結死士，禽茂，以首祭父墓，由是知名。夫暨父兄未嘗竟至大辟也，而暨遽殺茂，不亦過當矣乎？其甚者：蘇不韋父謙爲郡督郵。時魏郡李暠爲美陽令，與中常侍具瑗交通。謙案得其臧，論輸左校。謙累遷至金城大守。去郡歸鄉里。漢法：免罷守令，自非詔徵，不得妄到京師，而謙後私至洛陽。時暠爲司隸校尉，收謙詰掠，死獄中，暠又刑其尸。不韋載喪歸鄉里，瘞而不葬。藏母武都山中。變名姓。盡以家財募劍客，邀暠於諸陵間，不克。會暠遷大司農。時右校芻廥在寺北垣下。不韋與親從兄弟潛入廥中。夜則鑿地，晝則逃伏。如此經月，遂得傍達暠之寢室，出其牀下。直暠在厠。因殺其妾，並及小兒，留書而去。暠大驚懼。乃布棘於室，以版籍地。一夕九徙，雖家人莫知其處。每出，輒劍戟隨身，壯士自衛。不韋知暠有備。乃日夜飛馳，徑到魏郡，掘其父阜冢。斷取阜頭，以祭父墳。又標之於市，曰：“李君遷父頭。”暠匿不敢言，而自上退位，歸鄉里，私掩塞冢椁。捕求不韋，歷歲不能得。憤恚感傷，發病歐血死。不韋後遇赦還鄉，乃始改葬行喪。士大夫多譏其發掘冢墓，歸罪枯骨，不合古義，而何休方之伍員，郭泰論之，以爲更優於員，議者於是貴之，漢人之議論可見矣。初，張奂睦於蘇氏，而段頴與暠素善。後奂、頴有隙。及頴爲司隸，以禮辟不韋。不韋懼，稱病不詣。頴既積憤於奂，因發怒，乃追咎不韋前報暠事。以爲暠表治謙事，被報見誅，君命天也，而不韋仇之。又令長安男

子告不韋多將賓客,奪舅財物。遂使從事張賢等就家殺之,並其一門六十餘人。如此冤冤相報,各逞私忿,尚復成何事體?《三國·蜀志·關羽傳注》引《蜀記》云:龐德子會,隨鍾、鄧伐蜀。蜀破,盡滅關氏家。夫羽之殺德,乃因兩國相爭,豈有報諸其後嗣之理乎?**故有白刃相讎,而所爭實不越於意氣恩怨之私者。**秦、漢間人,最重恩怨。高祖於羹頡侯之母,韓信於城下漂母、南昌亭長、屠中少年皆是。欒布爲燕相,至將軍,乃稱曰"窮困不能辱身下志,非人也,富貴不能快意,非賢也",於是嘗有德者厚報之,有怨者必以法滅之。此當時人人所有之想。嚴助、朱買臣、主父偃之倫,生平所志,不過如是而已。《後漢書·逸民傳》:周黨嘗於眾中爲鄉佐所辱。後遊學長安,讀《春秋》,聞復讎之義,便輟講而還,與鄉佐剋日相鬥。《春秋》之義,豈若是邪?夏侯惇年十四,就師學,人有辱其師者,惇殺之,此非所謂一朝之忿者乎?《後漢書·張敏傳》言:建初中,有辱人父者,而其子殺之,肅宗貰其死刑而降宥之。自後因以爲比。遂定其議,以爲輕侮法。敏爲駁議,謂輕侮之比,寖以繁滋,至有四五百科,可見時人之好爭意氣矣。**並有不自問其當受誅與否,而與吏爲讎者。**張敞病卒,所誅太原吏家隨至杜陵,刺殺敞中子璜。尹齊所誅滅淮陽甚多,仇家欲燒其尸,妻亡去歸葬。後漢安城孝侯賜,兄顯報怨殺人,吏捕顯殺之。賜與顯子賣田宅,同抛財產,結客報吏。祭遵常爲部吏所侵,結客殺之。永平時,謁者韓紆嘗考劾竇勳獄。竇憲令客斬紆子,以首祭勳家。不徒仇吏非理,即以報怨論,亦多失直,至呂母而其禍博矣。**夫豈謂吏之用法盡得其平?亦豈謂民間冤苦能盡假手於吏以平之?然如此兩下相殺,終非可久之道。**鮑宣謂民有七死,怨讎相殘其一。觀當時避仇者之多,而知良民之不安矣。揚雄家以避仇遡江上處岷山之陽,見《漢書》本傳。元后父翁孺,以與東방陵終氏爲怨,徙元城,見《元后傳》。張禹父歆,以報仇逃亡,見《後漢書·禹傳》。凌統父操,爲甘寧所殺,統常欲報。雖以孫權勑未敢動,然權亦令寧徙屯於半州,猶是古代令有仇者辟之之法也。**故當時言法令者,恒欲嚴禁之。**桓譚請"申明舊令,若已伏官誅,而私相傷殺者,雖一身逃亡,皆徙家屬於邊,其相傷者加常二等。不得以雇山贖罪"。魏武帝平冀州,令民不得復私讎,禁厚葬,皆一之於法。《三國志·本紀》建安十年。文帝黃初四年,詔敢有私復讎者,皆族之。其法似失之峻,蓋欲以一切止之也。《魏律》:賊鬥殺人,以劾而亡,許依古義,聽子弟得追殺之;會赦及過誤相殺,不得報讎;見《晉書·刑法志》。似頗能劑其平也。

第十九章　秦漢學術

第一節　學　校

　　古代士大夫之學，出於與宗教相合之哲學及官守；民間之教育，則隨順習俗，以前輩之所知所能者，傳諸後輩；《先秦史》第十五章第二、第四節已言之。東周以降，社會之等級漸平，人民之好學者日衆，士大夫所專之學，漸次被及於氓庶，此乃自然之勢，無可遏抑。秦始皇帝及李斯，顧力反之，而欲復諸政教合一之舊，於道可謂大悖。漢興，除挾書之律，設學校之官，既逢清晏之時，益以利祿之路，於是鄉學者益衆，學術爲士大夫所專有之局，至此全破矣。此實古今政教之一大變也。

　　《漢書・武帝紀》：建元五年，置五經博士。元朔五年，詔曰："蓋聞道民以禮，風之以樂。今禮壞樂崩，朕甚閔焉。故詳延天下方聞之士，咸薦諸朝。其令禮官勸學，講議洽聞，舉遺興禮，以爲天下先。①　大常其議與博士弟子崇鄉黨之化，以屬賢材焉。"丞相弘請爲博士置弟子員，學者益廣。《儒林傳》載弘議曰："聞三代之道，鄉里有教。夏曰校，殷曰庠，周曰序。《史記》作殷曰序，周曰庠。其勸善也，顯之朝廷。其懲惡也，加之刑罰。故教化之行也，建首善自京師始，繇內及外。今陛下昭至德，開大明；配天地，本人倫；勸學興禮，崇化屬賢，以風四方，大平之原也。古者政教未洽，不備其禮請因舊官而興焉。爲博士官置弟子五十人，復其身。大常擇民年十八以上，儀狀端正者，補博士弟子。郡、國、縣官《史記》作郡、國、縣、道、邑。有好文學，敬長上，肅政教，順鄉里，出入不悖所聞，令、相、長、丞上屬所二千石；二千石謹察可者，常《史記》作當。與計偕，詣大常，得受業如弟子。一歲皆輒試。能通一藝以上，補文學掌故缺。其高

第可以爲郎中，大常籍奏。即有秀才異等，輒以名聞。其不事學若下材，及不能通一藝，輒罷之，而請諸能稱者。”《史記》作“而請諸不稱者罰”。制曰可。案《賈山傳》：山祖父袪，故魏王時博士弟子；師古曰：“六國時魏也。”《董仲舒傳》曰：“孝景時爲博士，下帷講誦，弟子傳以久次相受業，或莫見其面”；則博士故有弟子，此時特官爲增置耳。故公孫弘議言得受業如弟子，《本紀》言學者益廣也。《儒林傳》又云：昭帝時舉賢良文學，增博士弟子員滿百人。宣帝末增倍之。元帝好儒，能通一經者皆復。數年，以用度不足，更爲設員千人。成帝末，或言孔子布衣，養徒三千人，今天子大學弟子少。於是增弟子員三千人。歲餘，復如故。平帝時，王莽秉政，增元士之子得受業如弟子，勿以爲員。歲課甲科四十人爲郎中，乙科二十人爲大子舍人，丙科四十人補文學掌故云。《本紀》：元帝初元五年，詔博士弟子毋置員，以廣學者。永光三年，復博士弟子員。以民多復除，無以給中外繇役。此先漢大學之大略也。

　　《漢書·禮樂志》言：成帝時，犍爲郡於水濱得古磬十六枚，議者以爲善祥。劉向因是説上：宜興辟雍，設庠序。成帝以向言下公卿議。會向病卒。丞相、大司空奏請立辟雍。案行長安城南。營表未作，遭成帝崩。羣臣引以定謚。及王莽爲宰衡，欲耀衆庶，遂興辟雍。《平帝紀》：元始四年，安漢公奏立明堂、辟雍。《蕭望之傳》：望之子由，元始中作明堂、辟雍，大朝諸侯，徵爲大鴻臚，會病不及賓贊是也。《王莽傳》云：莽奏起明堂、辟雍、靈臺，爲學者築舍萬區。《兒寬傳》云：武帝封泰山，還登明堂，寬上壽曰：“閒者聖統廢絶，陛下發憤，祖立明堂、辟雍。”《河閒獻王傳》：來朝，對三雍宮。《注》云：“三雍，明堂、辟雍、靈臺也。”《後漢書·光武帝紀》：中元元年，初起明堂、靈臺、辟雍。《儒林傳》云：中元元年，初建三雍。《文獻通考·學校考》謂“據《禮樂志》，則辟雍王莽時方立。武帝置博士弟子員，未嘗築宮以居之也。然考兒寬所言，與河閒獻王事，則似已立於武帝時，何也？蓋古明堂、辟雍，共爲一所。武帝時，濟南人公玉帶上黄帝時明堂圖，上令奉高作明堂汶上如帶圖，案見《史記·封禪書》。《漢書·郊祀志》同。《漢書·武帝紀》：元封二年，秋，作明堂於泰山下；《地理志》：泰山郡奉高，有明堂，在西南四里，武帝元封二年造，即此。然《志》又云：琅邪郡不其有大一僊人祠九所及明堂，武帝所起，則武帝所作明堂，尚不止奉高一處也。奉高，今山東泰安縣。不其，今山東即墨縣。修封時以祠大一、五帝。兒寬所指，疑此明堂；意獻王所對，亦是其處；非養士之庠序也。”案馬氏謂兒寬所登爲奉高明堂是也，謂河閒獻王所對亦其處則誤。《漢書·藝文志》，有《獻王對上下三雍宮》三篇。胡三省《通鑑注》謂對三雍之制度，非召對於三雍宮，其説是也。然馬氏謂辟雍非養士之所，武帝置博士弟子，未嘗築宮以居之則是矣。《後漢書·光武帝紀》：建武四年，初起大學。① 中元元年，初起明堂、靈臺、辟雍。《翟酺傳》言：明帝時辟雍始成，欲毀大學，大尉趙熹以爲大學、辟雍，皆宜兼存，故並傳至今，尤顯見其爲二事。馬氏又言："徐天麟《西漢會要》言：《三輔黄圖》：漢辟雍在長安西北七里，恐即王莽所立。又言大學亦在長安西北七里，有市有獄，豈即辟雍邪？或別一所邪？"《案黄圖》所云大學，疑即王莽爲學者所築舍。馬氏又引鮑宣得罪下獄，博士弟子王咸舉旛大學下，曰：欲救鮑司隸者集此下，諸生會者千餘人，謂"此亦西都已立大學之一證，當考"。案自王莽已前，雖未嘗爲學者築舍，然博士弟子，亦必有受學之處，此所謂大學，當指其地言之，特其所在不可考耳。馬氏又以建武已立大學，而班固尚言庠序未設爲疑，則漢人言庠序，皆指地方之學，不足疑也，見後。

　　《後漢書·儒林傳》云：光武中興，愛好經術。未及下車，而先訪儒雅；采求闕文，補綴漏逸。先是四方學士，多懷挾圖書，遁逃林藪，自是莫不抱負墳策，雲會京師。於是立五經博士，各以家法教授。《易》有施、孟、梁丘、京氏，《尚書》歐陽、大、小夏侯，《詩》齊、魯、韓、毛，毛字衍，見第三節。《禮》大、小戴，《春秋》嚴、顔，凡十四博士。大常差次總領焉。建武五年，仍修起大學。案《紀》云四年，蓋四年修起，五年成。中元元年，初建三雍。明帝即位，親行其禮。坐明堂而朝羣后。登靈臺以望雲物。袒割辟雍之上，尊養三老五更。饗射禮畢，帝正坐自講，諸儒執經問難於前。冠帶縉紳之人，圜橋門而觀聽者，蓋億萬計。事在永平二年，見《本紀》及《續書·禮儀志》。其後復爲功臣子孫，四姓末屬，別立校舍。《明帝紀》：永平九年，爲四姓小侯開立學校，置五經師。《注》云："外戚樊氏、郭氏、陰氏、馬氏。以非列侯，故曰小侯。"《張酺傳》：永平九年，顯宗爲四姓小侯立學於南宮，置五經師，酺以《尚書》教授。又《和熹鄧皇后紀》：元初六年，大后詔徵和帝弟濟北、河閒王子男女年五歲四十餘人，又鄧氏近親子孫三十餘人，並爲開邸第，教學經書，躬自監試。尚幼者使置師保。朝夕入宮，撫循詔導，恩愛甚渥。搜選高能，以受其業。自期門羽林之士，悉令通《孝經》章句。匈奴亦遣子入學。《樊宏傳》：樊準上疏云：匈奴遣伊秩訾王大車且渠來入就學。濟濟乎，洋洋乎，盛於永平矣。建初中，大會諸儒於白虎觀，考詳同異，連月乃罷。肅宗親臨稱制，如石渠故事。顧命史臣，著爲通義。又詔高才生受《古文尚書》、《毛詩》、《穀梁》、《左氏春秋》。雖不立學官，然皆擢高第爲講郎，給事近署。孝和亦數幸東觀，覽閱書林。及鄧后稱制，學者頗懈。時樊準、徐防，並陳敦學之宜。又言儒職多非其

_____

　　①　學校：西漢未立大學，大學與辟雍異物。

504

人。準疏言："今學者蓋少，遠方尤甚。博士倚席不講，儒者競論浮麗。忘謇謇之忠，習訑訑之辭。"於是制詔公卿，妙簡其選。三署郎能通經術者，皆得察舉。自安帝覽政，薄於藝文。博士倚席不講，朋徒相視怠散。學舍頹敝，鞠爲園蔬。牧兒薆豎，至於薪刈其下。順帝感翟酺之言，乃更修黌宇。凡所造構，二百四十房，千八百五十室。試明經下第補弟子，增甲乙之科員各十人。除郡國耆儒皆補郎、舍人。事在永建六年，見《紀》。陽嘉元年，帝臨辟雍饗射。《左雄傳》：雄上言：宜崇經術，繕修大學。帝從之。陽嘉元年，大學新成，詔試明經者補弟子，增甲乙之科員各十人。除京師及郡國耆儒年六十以上爲郎、舍人、諸王國郎者百三十八人。本初元年，梁大后詔曰：大將軍下至六百石悉遣子就學。《質帝紀》：本初元年，令郡國舉明經年五十以上七十以下詣大學。自大將軍至六百石，皆遣子受業。歲滿課試。以高第五人補郎中，次五人大子舍人，又千石、六百石、四府掾屬、三署郎。四姓小侯先能通經者，各令隨家法。其高第者上名牒，當以次賞進。案四府，謂諸大將軍、大尉、司徒、司空也。每歲輒於鄉射月一饗會之，以此爲常。《注》：《漢官儀》曰：春三月，秋九月習鄉射禮，禮生皆使大學學生。自是游學增盛，至三萬餘生。然章句漸疏，而多以浮華相尚，儒者之風蓋衰矣。

　　《三國·魏志·文帝紀》：黃初五年，立大學。制五經課試之法。置《春秋穀梁》博士。《王郎傳注》云：《魏略》以董遇、賈洪、邯鄲淳、薛夏、隗禧、蘇林、樂詳七人爲《儒宗》。引其《傳序》曰："從初平之元，至建安之末，天下分崩，人懷苟且。紀綱既衰，儒道尤甚。至黃初元年之後，新主乃復始，掃除大學之灰炭，補舊石碑之缺壞，備博士之員錄，依漢甲乙以考課。申告州郡：有欲學者，皆遣詣大學。大學始開，有弟子數百人。至大和、青龍中，中外多事，人懷避就。雖性非解學，多求詣求或作請，誤。大學，大學諸生有千數。而諸博士率皆麤疏，無以教弟子。弟子本亦避役，竟無能習學。冬來春去，歲歲如是。又雖有精者，而臺閣舉格大高；加不念統其大義，而問字指、墨法、點注之間；百人同試，度者未十。是以志學之士，遂復陵遲，而來求浮虛者各競逐也。正始中，有詔議圜丘，普延學士。是時郎官及司徒領吏二萬餘人，雖復分布，見在京師者，尚且萬人，而應書與議者，略無幾人。又是時朝堂公卿以下四百餘人，其能操筆者未有十人。多皆相從飽食而退。嗟夫！學業沈隕，乃至於此。是以私心常區區貴乎數公者，各處荒亂之際，而能守志彌敦者也。"《杜畿傳注》引《魏略》言：樂詳，"黃初中徵拜博士。於時大學初立，有博士十餘人。學多偏狹，又不熟悉。略不親教，備員而已。惟詳五業並授。其或難解，質而不解，詳無愠色，以杖畫地，牽譬引類，至忘寢食。以是獨擅名於遠近"。蓋能如是者寡矣。案前漢大學，頗多孤寒之士。如兒寬詣博士受業，貧無資用，常爲弟子都養，及時時閒行傭賃，以給衣食；翟方進西至京師受經，後母憐其幼，隨之長安，織屨以給；王章學長安，獨與妻居，疾病臥牛衣中皆是。① 後漢亦非無其人，如桓榮少學長安，貧窶無資，常客傭以自給；公沙穆游大學，無資糧，乃變服客傭，爲吳祐賃舂是也。然時儒學既行，時主復加提唱，貴游子弟，屢入其中，風氣遂至一變。《三國·魏志·董昭傳》：大和六年，昭上疏曰：竊見當今年少，不復以學問爲本，專更以交游爲業。國士不以孝弟清修爲首，乃以趨勢游利爲先。《劉馥傳》：馥子靖上疏曰：“自黄初以來，崇立大學，二十餘年，而寡有成者。蓋由博士選輕，諸生避役，高門子弟，恥非其倫。故大學者，雖有其名，而無其人，雖設其數，而無其功。宜高選博士，取行爲人表，經任人師者，掌教國子。依遵古法，使二千石以上子孫，年從十五，皆入大學。明制黜陟榮辱之路。其經明行修者，則進之以崇德；荒教廢業者，則退之以懲惡。舉善而教，不能則勸，浮華交游，不禁自息矣。”然則是時貴游子弟，不復入學，而浮華之風氣，則未變也。然標榜之風，本起大學，即如劉靖之議，悉驅之入學校，亦豈能矯正之哉？參看第十八章第四節自明。

前漢定制，雖云大常擇民年十八以上補博士弟子，然就學者多遲。蕭望之治《齊詩》，事同縣后蒼且十年，乃以令詣大常受業，其年必已頗長。翟方進年十二三，失父孤學，給事大守府爲小史，數爲掾史所詈辱，辭其後母，西至京師從博士受《春秋》，其年當較少，則積十餘年而後經學稱明習。終軍年十八，選爲博士弟子，軍固雅材，亦仍符法令年歲也。後漢杜安年十三，入大學，號奇童。安，根父，見《後書·根傳》。任延年十二，顯名大學，學中號爲任聖童。魯恭年十五，即與弟丕俱居大學。鍾會亦十五即入大學。見《三國志》本傳《注》引其母傳。甚至有如梁竦，弱冠即事教授者，竦，統子，見《後書·統傳》。聰慧夙成之士，世固非無其人，然此等豈能皆名副其實哉？此亦章句之所以漸疏邪？

今世學校，有所謂風潮者，漢世即已有之。《漢書·鮑宣傳》：宣爲司隸，鉤止丞相掾史，沒入其車馬。事下御史中丞。侍御史至司隸官，欲捕從事，閉門不肯内。坐距閉使者，下廷尉獄。博士弟子濟南王咸舉幡大學下，曰：“欲救鮑司隸者會此下。”諸生會者千餘人。朝日，遮丞相孔光自言，丞相車不得行。又守闕上書。《後漢書·儒林傳》：歐陽歙徵爲大司徒，坐在汝南臧罪千餘萬發覺下獄。諸生守闕爲歙求哀者千餘，至有自髡剔者。案宣本著高節。歙之被繫也，平原禮震，自繫上書，求代其死。高獲亦冠鐵冠，帶鐵鑕，詣闕請

歆。見《方術傳》。光武不赦，歆死獄中。歆掾陳元又上書追訟之，言甚切至。帝乃賜以棺木，贈印綬，賻縑三千匹，子復並獲嗣爵。則歆獄蓋實冤。[①] 不然，以光武用法之嚴，未必肯輕於平反也。楊政訟范升事，可以參觀，見《後書·儒林傳》。然則諸生之所爭者，固皆合於義，非徒集衆要挾也。桓帝時，梁冀專朝，而帝無子，連歲饑荒，災異數見，劉陶游大學，乃上疏陳事。朱暉孫穆，以治宦者趙忠，輸作左校，陶等數千人又詣闕上書訟之。桓帝覽其奏，爲之赦穆。時有上書言宜改鑄大錢者，事下四府羣僚及大學能言之士，陶上議沮之，帝竟不鑄錢。則漢於諸生，不徒不禁其言，又道之使言，且時能用其言也。靈帝時，皇甫規爲徐璜等所陷，下吏，論輸左校，諸公及大學生張鳳等三百餘人上書訟之，史云規以會赦歸家，不云由鳳等之訟，則靈帝之聽言，更不如桓帝。至熹平元年，有何人書朱雀闕，言天下大亂，曹節、王甫幽殺太后。侯覽多殺黨人。公卿皆尸禄，無有忠言者。司隸校尉劉猛不肯急捕，月餘主名不立，猛坐左轉，代以段熲，四出逐捕，及大學游生繫者千餘人。見《宦者傳》。《靈帝紀》云：“宦官諷司隸校尉段熲捕繫大學諸生千餘人。”則並公然與輿論爲敵矣。諸生之好言，固未必非激於意氣，然朝廷之拒之，亦適形其昏亂而已矣。陳蕃聞竇武難作，將官屬諸生八十餘人，並拔刃突入承明門，則漢世儒生，不徒主持清議，並有能奮身以赴國難者矣。要不失爲正氣也。

《續漢書·百官志》云：大常卿，每選試博士，奏其能否。然其事初非專由大常。《漢書·成帝紀》：陽朔二年，詔曰：“古之立大學者，將以備先王之業，流化於天下也。儒林之官，四海淵原，宜皆明於古今，温故知新，通達國體，故謂之博士。否則學者無述焉，爲下所輕，非所以尊道德也。工欲善其事，必先利其器。丞相御史，其與中二千石、二千石雜舉可充博士位者，使卓然可觀。”《後漢書·朱浮傳》：建武七年，浮上書曰：“舊事策試博士，必廣求詳選，延及四方。伏聞詔書，更試五人，惟取見在洛陽城者。臣恐求之容或未盡，而四方之學，無所勸樂。”《楊震傳》：元初四年，遷大常。先是博士選舉，多不以實。震舉薦明經名士陳留楊倫等，顯傳學業，諸儒稱之。《注》引謝承書云：“薦楊仲桓等五人，各從家拜博士。”仲桓，倫字。《儒林傳》：大常上楊仁經中博士，仁自以年未五十，不應舊科，上府讓選。《注》引《漢官儀》曰：“博士限年五十以上。”《漢書·兒寬傳》：治《尚書》，事歐陽生。以郡國選詣博士，受業孔安國。《景武昭宣元成哀功臣表》：山陽侯張當居，元朔五年，坐爲大常，擇博士弟子故不以實，完爲城旦。

---

① 史事：歐陽歆獄蓋實冤。

《百官公卿表》云："坐選子弟不以實免。"皆可見漢世法令，於博士及博士弟子之選，視之頗重也。

古代學業，多得之在官，漢世猶有其意。《漢書·馬宮傳》云"本姓馬矢，宮仕學稱馬氏"，此以仕學並稱也。《樓護傳》云：長者咸愛重之，共謂曰："以君卿之材，何不宦學乎？"此以宦學並稱也。然學術日益精深，終非徒習於事者所能深究，故雖以法令之最重當代者，亦且別有傳授，如第十八章第七節所述是也。王官之學，變爲九流，固由封建破壞，官失其守，亦由學術日精，非仕宦所能兼。秦皇、李斯，顧欲使欲學法令者，以吏爲師，倒行逆施，宜其終於無成也。

蜀漢以許慈、胡潛，並爲博士；慈子勛復爲博士；見《三國·蜀志·慈傳》：孫休永安元年，詔案古置學官，立五經博士。科見吏之中，及將吏子弟，有志好學者，各令就業。一歲課試，差其品第，加以位賞，見《吳志休傳》。

古代學校，本講教化，非重學業，漢人猶有此見解，故武帝興學之詔，以崇鄉里之化爲言；而公孫弘等之議，亦云建首善自京師始也。夫既講教化，自宜普及全國。故《漢書·禮樂志》言："顯宗宗祀光武皇帝於明堂，養三老、五更於辟雍，威儀既盛美矣，然德化未流洽者，禮樂未具，庠序未設之故也。"夫如是，則地方之學，當重於京師；人倫之教，當先於咕嗶。此自漢人議論推之則然，然漢人之所行，終未能與此見解相副也。

漢世郡國之學，始自文翁。《漢書·循吏傳》云："文翁，景帝末爲蜀郡守。仁愛，好教化。見蜀地辟有蠻夷風。乃選郡縣小吏開敏有材者張叔等十餘人，親自飭屬，遣詣京師，受業博士，或學律令。數歲，蜀生皆成就還歸。文翁以爲右職，用次察舉，官有至郡守、刺史者。又修起學官於成都市中。招下縣子弟，以爲學官弟子，爲除更繇。高者以補郡縣吏，次爲孝弟力田。常選學官僮子，使在便坐受事。每出行縣，益從學官諸生明經飭行者與俱。使傳教令，出入閨閣。縣邑吏民，見而榮之。數年，爭欲爲學官弟子。富人至出錢以求之。繇是大化。蜀地學於京師者，比齊、魯焉。至武帝時，乃令天下郡國皆立學校官，自文翁爲之始云。"武帝令郡國皆立學校官，[1]他無可考，恐雖有此令，郡國未盡奉行。然《何武傳》言：武爲刺史，行部必先即學宮見諸生，試其誦論，則亦非盡不奉行也。《儒林傳》言：元帝於郡國置五經百石卒史，蓋教官之設，至是而始普徧。《平帝紀》：元始三年，安漢公奏立學官。郡、國曰學，縣、

道、邑、侯國曰校，校、學置五經師一人。鄉曰庠，聚曰序，序、庠置《孝經》師一人。其制尤爲美備，然亦未必能行也。《續漢書·百官志》：司隸校尉所屬有《孝經》師，主監試經。

學校既講教化，故其所最重者爲行禮。《漢書·成帝紀》：鴻嘉二年三月，博士行飲酒禮，《漢紀》作鄉飲酒禮，《五行志》作大射禮，蓋射鄉並行。《後漢書·伏湛傳》：建武三年，爲大司徒，奏行鄉飲酒禮。《續漢書·禮儀志》：明帝永平二年三月，上始帥羣臣躬養三老五更於辟雍，行大射之禮。郡、縣、道行鄉飲酒於學校。皆祀聖師周公、孔子，牲以犬。《注》引鄭玄注《鄉飲酒禮》曰"今郡國十月行鄉飲酒禮"，蓋自永平，遂爲常典矣。韓延壽所至必修治學宫，春秋饗射，陳鐘鼓管絃，盛升降揖讓。李忠遷丹陽大守，以越俗不好學，嫁娶禮儀，衰於中國，乃爲起學校，習禮容，春秋鄉飲。鮑永拜魯郡大守。孔子闕里，無故荊棘自除。乃會人衆修鄉射之禮，因以格殺彭豐。永孫德，爲南陽大守。修起横舍。備俎豆黼冕，行禮奏樂。又尊饗國老，宴會諸儒。百姓觀者，莫不勸服。秦彭遷山陽大守。敦明庠序。每春秋饗射，輒修升降揖讓之儀。陳禪以北匈奴入遼東，拜爲大守。禪不加兵，但使吏卒往曉慰之。單于隨使還郡。禪於學行禮。爲説道義，以感化之。單于懷服，遺以胡中珍寶而去。則漢世良吏，確有能推行其事者。即私家講學亦然。如劉昆，王莽世教授弟子五百餘人。每春秋饗射，常備列典儀。以素木瓠葉爲俎豆。桑弧蒿矢，以射菟首。每有行禮，縣宰輒率吏屬而觀之是也。案《史記·孔子世家》言：諸儒講禮、鄉飲、大射於孔子冢。大史公自言：適魯，觀仲尼廟堂、車服、禮器，諸生以時習禮其家。《自序》言觀孔子之遺風，鄉射鄒嶧。則儒者之躬行禮樂，由來已久。《後書·酷吏傳》言："黃昌本出孤微，數見諸生修庠序之禮，因好之，遂就經學"，則爲所感化者，亦未嘗無其人。然果有益於治化乎？禮云禮云，玉帛云乎哉？樂云樂云，鐘鼓云乎哉？富必先教，救死不贍，奚暇治禮義；古之人早言之矣。禮者，履也。欲行禮，必不能離乎人生日用。韓延壽與郡中長老議定嫁娶、喪祭儀品，令文學、校官諸生，皮弁執俎豆，爲吏民行喪、嫁娶禮。黃霸使郵亭鄉官，皆畜雞豚，以贍鰥寡貧窮者。然後爲條教，置父老、師帥、伍長，班行之於民間，勸以爲善防姦之意，及務耕桑，節用殖財，種樹畜養，去食穀馬。仇覽爲蒲亭長，勸民生業，爲制科令，至於果菜爲限，雞豚有數。農事既畢，乃令子弟羣居，還就黌學。其剽輕游恣者，皆役以田桑，嚴設科罰。躬助喪事，振恤貧窮。似漢人之於禮樂，尚未大遠乎人生日用，亦非不知先富後教之義。然所謂貧富者，實不係乎足不足，而係乎其均不均。甘苦相共，雖寒餓無怨咨，有一飽暖者以覘欲之，而不平之聲，囂然起矣。漢世之言禮樂者，果能使其民皆守軌物乎？即不論此，能使其衣食皆饒足乎？不能，是救死不贍，而使之治禮義也，其效安可覩？騖聲華者，遂或徒飾觀聽，以徼虛譽。《漢書·循吏傳》言：黃霸代丙吉爲丞相。時京兆尹張敞舍鶡雀飛集丞相府。霸以爲神雀，議欲以聞。敞奏霸曰："竊見丞相請與中二千石、博士雜問郡國上計長吏、守、丞：爲民興利除害，成大化。條其對。有耕者讓畔，男女異路，道不拾遺，及舉孝子、弟弟、貞婦者爲一輩，先上殿。舉而不知其人數者次之。不爲條教者，在後叩頭謝。丞相雖口不言，而心欲其爲之也。長吏、守、丞對時，臣敞舍有鶡雀，飛止丞相府屋上。丞相以下見者數百人。邊吏多知鶡雀者，問之，皆陽不知。丞相圖議上奏，曰：臣問上計長吏以興化條，皇天報下神雀。後知從臣敞舍來，乃止。郡國吏竊笑丞相，仁厚有知略，微信奇怪也。臣敞非敢毀丞相也。誠恐羣臣莫白，而長吏、守、丞，畏丞相指，歸舍法令，各爲私教。務相增加，澆淳散樸，並行僞貌，有名無實，傾搖解怠，甚者爲妖。假令京師先行讓畔異路，道不拾遺，其實亡益廉貪貞淫之行，而以僞先天下，固未可也。即諸侯先行之，僞聲軼於京師，非細事也。漢家承敝通變，造起律令，即以勸善禁姦。條貫詳備，不可復加。宜令貴臣，明飭長吏守丞：歸告二千石：舉三老、孝弟、力田、孝廉、廉吏，務得其人。郡事皆以義、法令檢式。毋得擅爲條教。敢挾詐僞以奸名譽者，必先受戮。以正明好惡。"案叔孫通之制禮也，使徵魯諸生三十餘人。魯有兩生不肯行，曰："今天下初定，死者未葬，傷者未起。禮樂所由起，積德百年而後可興也，公所爲不合古。"此兩生所言真古義。不能富而言教，不能均而言富，終必至於飾僞奸名而後止也。漢儒言興教化者甚多，如《禮樂志》所引賈誼、董仲舒、王吉、劉向之論即是。誼、仲舒、吉之論，又詳見本傳。又如賈山，亦欲定明堂，造大學。匡衡言："今天下俗貪財賤義，好聲色，上侈靡，廉恥之節薄、淫辟之意縱。苟合徼幸，以身設利。不改其原，雖歲赦之，刑猶難使錯而不用也。臣愚以爲宜壹曠然大變其俗。"其用意亦與誼等同。然諸儒亦無不以革正制度均貧富爲言者。不言富而言教，不言均而言富，非黃霸則宋梟也。宋梟爲涼州刺史，謂蓋勳曰："涼州寡於學術，故屢致反叛。今欲多寫《孝經》，令家家習之，庶幾使人知義。"見《後漢書·蓋勳傳》。人莫不以爲笑矣。然不揣其本而齊其末者，何莫非宋梟之類邪？

　　漢人言庠序，尚多講教化，罕言學問，然其時之言教化者，多有名無實，而能講學問者，卻頗有之，蓋亦風氣使然也。劉梁除北新城長，大作講舍，延聚生徒數百人，身執經卷，試策殿最。《後漢書·文苑傳》。此爲郡縣校官講學之最著者。賈洪歷守三縣令，所在輒開除廨舍，親授諸生。《三國志·王肅傳注》引《魏略》。
杜畿守河東，開學官，親自執經教授。《三國志·管輅傳注》引《輅別傳》：父爲
琅邪即丘長，時年十五，來至官舍讀書。於時黌上有遠方及國內諸生四百餘
人，皆服其才。則雖喪亂之世，郡國絃誦，亦未盡廢也。

　　是時郡縣長官，於吏民之好學者，多能加以資助。如焦延壽以好學得幸
梁王，王共其資用，令極意學。《漢書·京房傳》。楊終年十三，爲郡小吏，大守奇
其才，遣詣京師受業。陳寔少作縣吏，常給事廝役。縣令鄧邵，與語奇之，聽
受業大學。公孫瓚爲郡門下書佐，大守器之，以女妻焉，遣詣涿郡盧植讀經
是也。其所任用，亦多簡有學者，或則令更就學。如李忠選用明經。欒巴遷
桂陽大守，雖幹吏卑末，皆課令習讀，程試殿最，隨任升授。任延守武威，造
立校官，自掾吏子孫，皆令詣學受業，復其徭役。章句既通，悉顯拔榮進之。
秦彭爲人設四誡，以定六親長幼之禮，有遵奉教化者，擢爲鄉三老，常以八月
致酒肉以勸勉之。顏斐爲京兆大守，起文學，聽吏民欲讀書者，復其小徭。
《三國志·倉慈傳注》引《魏略》。顧邵爲豫章大守，小吏姿質佳者，輒令就學，擇其
先進，擢置右職《吳志·顧雍傳》。皆是。穀熟長呂岐，善朱淵、袁津，遣使行學。
還召用之。與相見，出，署淵師友祭酒，津決疑祭酒。淵等因各歸家，不受
署。岐大怒，將吏民收淵等，皆杖殺之。《三國志·袁渙傳注》引《魏書》。蓋亦有激
而然也。

　　漢世良吏，多能興學於辟陋之地。如前引之文翁、李忠即是。欒巴守桂
陽，宋均長辰陽，應奉守武陵，衛颯守桂陽，見《後漢書·循吏傳》。錫光守交阯，任
延守九真，王追守益州，見《南蠻傳》、《西南夷傳》。徐邈刺涼州，亦咸有興學之效。
牽招守雁門，簡選有才識者，詣大學受業，還相教授，數年中，庠序大興，則所
就彌廣矣。孔融爲北海相，爲賊張饒等所敗，收散兵保朱虛縣，稍復鳩集吏民
爲黃巾所誤者，男女四萬餘人。更置城邑，立學校。劉表在荆州，開立學官，
博求儒雅。使綦毋闓、宋忠等撰定五經章句謂之後定。《三國志》本傳《注》引《英雄
記》。《後書·表傳》本之。劉馥爲揚州刺史，單馬造合肥空城，建立州治。數年中，
流民越江山而歸者以萬數。於是聚諸生，立學校。杜畿守河東，百姓勤農，家
家富實，畿乃曰：“民富矣，不可不教也。”於是冬月修戎講武，又開學宮。楊俊
守南陽，王基刺荆州，皆修立學校。劉璋以王商爲蜀郡大守，亦修學、廣農。
《三國·蜀志·許靖傳注》引《益州耆舊傳》。孫靜子瑜，領丹陽大守。濟陰人馬普，篤學
好古，瑜厚禮之，使將吏子弟數百人就受業。遂立學宮，臨饗講肄。弟奐亦愛
樂儒生，復令部曲子弟就業，後仕進朝廷者數十人。造次顛沛不廢如此，亦風

氣使然也。

《三國志·魏武帝紀》：建安八年七月，令曰：“喪亂已來，十有五年。後生者不見仁義禮讓之風，吾甚傷之，其令郡國各修文學。縣滿五百户置校官，選其鄉之俊造而教學之。庶幾先王之道不廢，而有以益於天下。”《高柔傳》：柔上疏言“大祖初興，在於撥亂之際，並使郡縣立教學之官”，蓋指此事也。二十一年，公進爵爲魏王。二十二年五月，作泮宫。

漢世文學之職，於郡國教化，關係頗大。諸葛豐及翟方進父翟公，皆嘗爲郡文學。匡衡調補平原文學。學者多上書薦衡“經明，當世少雙。今爲文學就官，京師後進，皆欲從衡平原，衡不宜在遠方”，可見當時文學，頗有名人爲之。《三國志·杜畿傳注》引《魏略》，言畿爲河東大守，署樂詳爲文學祭酒，使教後進。於是河東學業大興。《倉慈傳注》引《魏略》，言令狐邵爲弘農大守。是時郡無知經者。乃歷問諸吏，有欲遠行就師，輒假遣，令詣河東就樂詳學，經麤明乃還。因設文學。由是弘農學業轉興。皆可見文學一官，於地方教化，頗有裨益。

孔子舊居，既爲諸儒習禮之所，則亦不翅私立之學矣。魏文帝黄初三年，以孔羨爲宗聖侯，令魯郡修起舊廟，又於其外廣爲室屋，以居學者，則又不翅官爲立學矣。文翁終於蜀，吏民爲立祠堂。楊厚門人爲之立廟，郡文學掾史，春秋饗射常祠之，亦後世於先賢講學之地立書院之意也。

趙氏翼《陔餘叢考》，謂漢時受學者皆赴京師。[1] 蓋遭秦滅學，天下既無書籍，又少師儒；郡國雖已立學，然經義之專門名家，惟大學爲盛；故士無不游大學者。及東漢中葉以後，學成而歸者，各教授門徒，每一宿儒，門下著録者至千百人；由是學徧天下矣。此言頗爲失考。《漢書·儒林傳》言：“自武帝立五經博士，開弟子員，設科射策，勸以官禄。訖於元始，百有餘年，傳業者寖盛。支葉繁滋，一經説至百餘萬言，大師衆至千餘人，蓋禄利之途然也。”元始者，平帝年號也。疏廣家居教授，學者自遠方至；翟宣教授，諸生滿堂；吴章弟子千餘人；見《云敞傳》。皆前漢事。《後書》所載，諸儒門下，受業著録者之多，誠若遠過前漢者，然此或記載有詳略，又或有傳不傳，未必私家教授，後漢遠盛於前漢也。[2]《後書》所載，諸儒門下，受業著録，動至數千，甚或盈萬，其不及千人者，幾不足數矣。如楊厚，門生上名録者三千餘人。樊儵，門徒前後三千餘人。曹褒，諸生千餘人。鄭玄，弟子自遠方至者

---

① 學校：謂漢時受學者皆赴京師之誣。
② 學校：漢時學者不皆居門下。

數千。丁鴻，遠方至者數千人。周磐，門徒常千人。姜肱，士之遠來就學者三千餘人。張堪，養徒千人。李膺，免官還居綸氏，教授常千人。郭泰，閉門教授，子弟以千數。張興，著錄萬人。曹曾，門徒三千人。牟長，自爲博士，及在河內，諸生講學者，常有千餘人。著錄前後萬人。子紆，門生千人。宋登，教授數千人。楊倫，弟子千餘人。魏應，弟子自遠方至者，著錄數千人。杜撫，弟子千餘人。丁恭，諸生自遠方至者，著錄數千。樓望，諸生著錄九千餘人。張玄，著錄千餘人。潁容，避亂荊州，聚徒千餘人。謝該，門徒數百千人。蔡玄，門徒常千人，其著錄者萬六千人。杜恭，門徒常千餘人。索盧放，以《尚書》教授千餘人。徐房、李子雲，養徒各千人。以上皆見《後漢書》各本傳及《儒林》、《文苑》、《逸民傳》。又《三國志·杜畿傳注》引《魏略》：樂詳爲博士，年老罷歸，門徒亦數千人。《儒林傳贊》言："自光武中年以後，干戈稍戢，專事經學，自是其風世篤焉。其服儒服，稱先王，游庠序，聚橫塾者，蓋布之於邦域矣。若乃經生所處，不遠萬里之路，精廬暫建，贏糧動有千百。其耆名高義，開門受徒者，編牒不下萬人。"蓋其風至季世猶未衰也。案漢世儒生講學者，多不親授。《史記·儒林傳》言：董仲舒下帷講誦，弟子傳以久次相受業，或莫見其面蓋三年。《後漢書·馬融傳》言：融弟子以次相傳，鮮有入其室者。《鄭玄傳》言：融門徒四百餘人，升堂進者五十餘生。融素驕貴，玄在門下，三年不得見。乃使高業弟子傳受於玄，玄日或大會諸生，不過講正大義。《漢書·孔光傳》言：光自爲尚書，止不教授。後爲卿時，會門下大生，講問疑難，舉大義；《翟方進傳》言：方進候伺胡常大都授時，遣門下諸生至常所問大義疑難是也。甚有不過存一名籍者。《後書·黨錮傳》云：景毅子顧，爲李膺門徒，而未有錄牒，故不及於譴。毅乃慨然曰："本謂膺賢，遣子師之，豈可以漏奪名籍，苟安而已？"遂自表免歸。此即《儒林傳贊》所謂編牒。此等人自不必常居門下，故《儒林程曾傳》言會稽顧奉等數百人，常居門下也。閒有不然者，如《三國·吳志·程秉傳注》引《吳錄》，言徵崇好卜者從學，所教不過數人輒止，欲令其業必有成也。此等人蓋爲數甚少。徒務其名之風氣，最易於踵事增華。後漢容或更甚於前漢，然必謂私家教授至後漢而始盛，則理有難信也。不特此也，陳平家貧，兄伯常耕田，縱平使游學；叔孫通崎嶇戎馬之際，弟子從之者猶百餘人，則東周之世，孔子養徒三千，孟子後車數十乘，從者數百人之風，蓋自秦及漢初，未之有改矣。抑謂漢儒鄉學，皆爲利禄，亦近厚誣。夏侯勝每講授，常謂諸生曰："士病不明經術。經術苟明，其取青紫，如俛拾地芥耳。"桓榮拜大子大傅，賜輜車乘馬。榮大會諸生，陳其車馬印綬，曰："今日所蒙，稽古之力也，可不勉哉？"此二事最爲尚論者所鄙夷。《後書》云：自榮至典，父子兄弟，代作帝師；受其業者，皆至朝相，實非爲己之學。然究出耽慕榮寵之情，抑係勉人鄉學之意，尚難論定。《榮傳》又言：榮初遭倉卒，與族人桓元卿同飢戹。而榮講誦不息。元卿嗤榮曰："但自苦氣力，何時復施用乎？"榮笑不應。及爲大常，元卿歎曰："我農家子，豈意學之爲利，乃至是哉？"此説蓋亦出榮家，當時自有此等鄙論。翟方進給事大守府爲小吏，數爲掾史所詈辱，乃西至京師受經。郭丹買符入關，慨然歎曰："丹不乘使者車，終不出關。"王霸少爲獄吏，常慷慨不樂吏職，其父奇之，乃遣西學長安。馮良少作縣吏，年三十，爲尉從佐，奉檄迎督郵，恥在斯役，遁至犍爲從杜撫學。見《後漢書·周燮傳》。郭泰家世貧賤，而早孤，母欲使給事縣廷。泰曰："大丈夫焉能處斗筲之役乎?"遂辭就成皋屈伯彦學。范冉爲縣小吏,遁到南陽,受業樊英。又游三輔,就馬融通經,歷年乃還。《後漢書·獨行傳》。此等非爲富貴利禄之謀,則厭食貧居賤之苦,誠亦不得謂之爲己。然如孫期,牧豕大澤中,遠人從其學者,皆執經壟畔以追之。楊倫講授大澤中,弟子至千餘人。此皆窮居獨處之儒,從之有何利禄?《後漢書·吳祐傳》:年二十,喪父,居無儋石,而不受贍遺,常牧豕於長垣澤中。行吟經書。遇父故人,謂曰:"卿二千石子,而自業賤事。縱子無恥,奈先君何?"祐辭謝而已。可見牧豕在漢世爲賤業也。而其人雖桃李盈門,亦仍躬自作苦,又豈志於利禄者?承宮遭天下大亂,將諸生避地漢中。劉般轉側兵革中,甫歸洛陽,即修經學。潁容,初平中避亂荆州,聚徒千餘人。《後書·儒林傳》。國淵在遼東,常講學於山巖。《三國志》本傳《注》引《魏書》。管寧客遼東,亦講詩書,陳俎豆。《三國志》本傳《注》引《傅子》。當喪亂顛沛之餘,而其學之不廢如此,此豈有所利而爲之?周黨家產千金,散與宗族,免遣奴婢,而至長安游學,是爲欲富乎?然則漢世社會,好學之風實極盛,雖有若干志在利禄之人,要不敵不爲利禄者之衆也。當時朝廷之興學,實受民間風氣之鼓動而不自知耳。參看第五章第二節。據《史》、《漢》《儒林傳》,五經之學,固皆起自民間,安得謂遭秦滅學,民間遂無專門名家之大師哉?

漢儒居官者,多不廢教授。施讎與孟喜、梁丘賀,並爲田王孫門人。謙讓,常稱學廢,不教授。① 及賀爲少府,事多,乃遣子臨分將門人張禹等從讎問。則賀當未爲少府時,教授不廢,即爲少府,教授亦未盡廢也。翟方進以射策甲科爲郎。二三歲,舉明經,遷議郎。是時宿儒有清河胡常,與方進同經。常爲先進,名譽出方進下。心害其能,論議不右方進。方進知之。候伺常大都授時,遣門下諸生至常所問大義疑難,因記其說。如是者久之。常知方進之宗讓己,内不自得。其後居士大夫間,未嘗不稱述方進。遂相親友。是方進爲郎,教授亦未嘗廢也。魯恭弟丕拜趙相,門生就學者常百餘人;歐陽歙遷汝南大守,在郡教授數百人;牟長自爲博士,及在河内,諸生講學者,常有千餘人;伏恭遷常山大守,教授不輟,由是北州多爲伏氏學;皆見《後書·儒林傳》。則傳業彌盛矣。又有棄官教授者:如孔光左遷虹縣長,自免歸教授。吳祐爲梁冀長史,自免歸家,以經術教授。延篤爲京兆尹,忤梁冀,以病免歸,教授家巷。劉焉以宗室拜郎中,去官,居陽城山,精學教授是也。張奂爲使匈奴中郎將,休屠谷及朔方烏桓反叛,煙火相望。兵衆大恐,各欲亡去。奂安坐帷中,與弟子講誦自若。則雖在兵間,猶不廢教授矣。夫居官而猶教

___

① 學校:漢儒居官者不廢教授。

授,去官而必教授,似不免借此爲名高,抑或以結合徒黨;而就學者必走集於達官貴人之門,亦似欲借資援引者。《孔光傳》云：其弟子多成就爲博士大夫者,見師居大位,幾得其助力,光終無所薦舉,至或怨之。然楚王聘龔舍爲常侍,隨王歸國,固辭願卒學,復至長安;朱暉,光武召拜爲郎,尋以病去,卒業大學;則固有棄軒冕而就横舍者。宋均以父任爲郎,時年十五,好經書,每休沐日輒受業博士,是又宦而兼學者也。夫居官而猶學,所謂不挾貴也。朱穆年五十,奉書趙康稱弟子,及康歿,喪之如師,所謂不挾長也。然則漢世學者,雖或有所爲而爲之,要不能掩其好學之誠矣。

《後漢書·儒林傳贊》稱述儒學之效曰："所談者仁義,所傳者聖法也。故人識君臣父子之綱,家知違邪歸正之路。自桓、靈之間,君道秕僻,朝綱日陵,國隙屢啓;自中知以下,靡不審其崩離;而權強之臣,息其闚盜之謀,豪俊之夫,屈於鄙生之議者?人誦先王言也,下畏逆順勢也。至如張温、皇甫嵩之徒,功定天下之半,聲馳四海之表,俯仰顧盼,則天業可移,猶鞠躬昏主之下,狼狽折札之命,散成兵,就繩約而無悔心。暨乎剝橈自極,人神數盡,然後羣英乘其運,世德終其祚。迹衰敝之所由致,而能多歷年所者,豈非學之效乎?"乍觀此言,一似阿私所好。然試思：何進所召,苟非董卓而爲張温、皇甫嵩,漢室之禍,何遽至此?夫張温、皇甫嵩,固非有爲之人,蔚宗謂其俯仰顧盼,則天業可移,庸或大過。然魏武蹇蹇,終執臣節;諸葛亮鞠躬盡瘁,死而後已;謂非當時之風氣有以使之然乎?魏朗、徐庶、何顒,皆嘗殺人報讎。見第十八章第七節。顒爲宦官所陷,亡匿汝南閒,所至皆親其豪桀。袁紹慕之,私與往來,結爲奔走之友。是時黨事起,天下多罹其難。顒常私入洛陽,從紹計議。其窮困閉厄者爲求援救,以濟其患。有被掩捕者,則廣設權計,使得逃隱。此等皆豪俠者流,使無名教以範圍之,當九州涌洞之時,固未知其何以自處也。然則蔚宗之言,殆不爲阿好矣。不特此也,漢人不能均平貧富,而好講教化,空言無施,雖切何補,其弊前已言之。然此亦充類至義之盡之言,若論一時之效,固亦不能謂其無有。司馬均隱居教授,不應辟命,信誠行乎州里。鄉人有所計争,輒令祝少賓。均字。不直者終無敢言。《後漢書·賈逵傳》。蔡衍少明經講授,以禮讓化鄉里。《黨錮傳》。更觀管寧、邴原、王烈等之所爲,固不能謂無化民成俗之效也。要之,當時之所謂道德倫理者,得漢世之興學而益普徧益深入乎人心,則必不可誣矣。① 此勸學之效也。興學術

改變風俗，效亦不自後漢始。光武嘗之長安受《尚書》，伯升亦嘗與順陽懷侯俱學長安習《尚書》、《春秋》，一時佐命之臣，如李通、鄧禹、朱祐等，亦少嘗學問。故光武雖戎馬倥傯，而能興文教，諸將亦頗有不嗜殺人者，非偶然也。

　　游談之風，雖不足以概兩漢之學者，然終爲其時風氣之累。魯丕居大學，杜絕交游，不答候問之禮，士友以此短之。王渙署侯覽爲主簿，已而謝遣之，曰："今日大學，曳長裾，飛名譽，皆主簿後耳。以一月奉爲資，勉卒景行。"覽入大學。時諸生同郡符融有高名，與覽比宇，賓客盈室。覽常自守，不與融言。融觀其容止，心獨奇之。乃謂曰："與先生同郡壤，鄰房牖。今京師英雄四集，志士交結之秋，雖務經學，守之何固？"覽乃正色曰："天子修設大學，豈但使人游談其中？"高揖而去，不復與言。《後漢書・循吏傳》。觀此二事，當時大學中之風氣，可以概見。然亦非特大學中如此。邴原十一喪父家貧。鄰有書舍，原過其旁而泣。師問曰："童子何悲？"原曰："孤者易傷，貧者易感。夫書者必皆具有父兄，一則羨其不孤，二則羨其得學，心中惻然，而爲涕零也。"師哀其言，爲之泣，曰："欲書可耳。"答曰："無錢資。"師曰："童子苟有志，我徒相教，不求資也。"於是就書。一冬之間，誦《孝經》、《論語》。及長，欲遠游學。詣安丘孫崧。崧辭焉，曰："君鄉里鄭君，君知之乎？"曰："然。"崧曰："鄭君學覽古今，博聞彊識，鉤深致遠，誠學者之師模也。君乃舍之，躡屐千里，所謂以鄭爲東家丘者也。"原曰："人各有志，所規不同，故有登山而采玉者，有入海而采珠者。豈可謂登山者不知海之深，入海者不知山之高哉？君謂僕以鄭爲東家丘，君以僕爲西家愚夫邪？"崧辭謝焉。又曰："兗、豫之士，吾多所識，未有若君者，當以書相分。"原重其意，難辭之，持書而別。藏書於家而行。至陳留，師韓子助，潁川宗陳仲弓，汝南交范孟博，涿郡親盧子幹，歸以書還孫崧。《三國志・原傳注》引《原別傳》。夫經師易得，人師難求，原之學苟誠爲己，鄰舍生足以爲師矣，何待他求？必更遠游者，非是不足以立名。鄭君雖在鄉里，不肯相師者，收合徒黨者，必騖聲華，未必肯誘掖鄉里寒畯，[①]孫崧之辭原，亦未必不以此也。郭泰識拔茅容、孟敏、庾乘，皆勸之學，蓋亦以資推輓。然遂有如竇瓌，"妄搆講舍，外招儒徒，實會姦黨"者。周行劾瓌之語，見《後書・酷吏傳》。竇武得兩宮賞賜，悉散與大學諸生，及載肴糧於路，匄施貧民。其視諸生亦與貧民之受匄施者等耳，豈不哀哉？

────────

　　① 　學校：不肯誘掖鄉里後進。

第二節　文　　字

　　秦、漢之世，爲我國文字變遷最烈之時。綜其事：則字形變遷之多，一也。字數一面增加，一面洮汰，二也。文字之學，成於是時，三也。行文漸以古爲準，寖成文言分離之局，四也。書法漸成藝事，五也。蓋文字之用，遠較先秦時爲宏，故其變遷之烈如此。自經此大變後，其勢遂漸趨於安定矣。

　　歷來言文字變遷者，多據許氏《説文解字序》。據許《序》，則自皇古至漢末，文字凡經四大變：古文，一也。籀文，即大篆，二也。小篆，三也。隸書，四也。漢、魏閒之章程書，即今所謂正書，當又爲隸書後之一大變，而行草爲其旁支。此皆積漸而致，在當時之人，或不自覺。昧者乃謂有一人焉，創制新體，與舊體格不相入，後一時之人，見前一時之字，幾於不復能識，則大誤矣。

　　《漢書·藝文志》曰：“古者八歲入小學，故《周官》保氏，掌養國子，教之六書，謂象形、象事、象意、象聲、轉注、假借，造字之本也。漢興，蕭何草律，亦著其法。曰：大史試學僮，能諷書九千字以上，乃得爲史。又以六體試之。課最者以爲尚書御史史書令史。吏民上書，字或不正，輒舉劾。六體者，古文、奇字、篆書、隸書、繆篆、蟲書，皆所以通知古今文字，摹印章，書幡信也。”《説文解字序》則曰：“秦書有八體：一曰大篆，二曰小篆，三曰刻符，四曰蟲書，五曰摹印，六曰署書，七曰殳書，八曰隸書。《尉律》：學僮十七已上始試，諷書九千字，乃得爲史，又以八體試之。郡移大史並課。最者以爲尚書史。書或不正，輒舉劾。及亡新居攝，使大司空甄豐校文書之部。自以爲應制作，頗改定古文。時有六書：一曰古文，孔子壁中書也。二曰奇字，即古文而異者也。三曰篆書，即小篆，秦始皇帝使下杜人程邈所作也。四曰左書，即秦隸書。五曰繆篆，所以摹印也。六曰鳥蟲書，所以書幡信也。”衛恒《四體書勢》與許説略同。此中最可異者，《漢志》試學僮六體，蓋上承周之六書，故云亦著其法，許《序》則作八體，下承秦制；而《漢志》所謂六體者，卻與亡新六書相同。果如許《序》，《漢志》安得舛漏至此？若據《漢志》，則許《序》秦書八體及所述亡新之制，悉成億造矣，又安有是理邪？案《漢志》所云六書，非可以教學僮，已見《先秦史》第十五章第一節。《漢志》著錄之書有《八體六技》。八體，《注》引韋昭説，即以許《序》所謂秦書八體者説之，於六技則無説。隸之初興，與篆本非異體，小篆實

517

多用大篆,説亦已見《先秦史》。若合大小篆與隸書爲一,則八體實止六體。①
竊疑此即《周官》所謂六書,自戰國以來,相沿未改,至亡新始立新制。是時小
學漸興,務於辨别書體,以爲篆隸既殊,大小篆亦非同物,乃析六體爲八;然史
書之家,則仍守其師師相傳之舊,作大小篆與隸書,非有異法,故體雖八而技
則六。蔡邕《篆書勢》曰"體有六,篆爲真",亦守六體之説。許氏不知所謂八體者,乃後人
分别之辭,誤以爲秦制如是,叙之周、漢之間,而改《漢律》之六體爲八體以就
之,遂至殽亂史實矣。自周至秦、漢之六體,疑《漢志》曾述其名,而後人妄以
謂象形云云十八字易之也。六書本藝事之異,猶今彫刻、榜署,法各不同。至
論字體,則自皇古以來,皆有變遷而無改制,故許《序》述時人之語,稱隸書爲
倉頡時書也。新莽改制,始以古今字體之異,與史書家作書之技,並爲一談,
非復周、秦、漢相沿之舊法矣,此亦其時小學漸興爲之也。

　　東京之季,又有所謂科斗書者,蓋即擅蟲書之技者所爲,後人以爲古之遺
文,則又誤矣。《後漢書·盧植傳》:植上書曰:"古文科斗,近於爲實,而厭抑
流俗降在小學。"②《尚書僞孔傳序疏》引鄭玄曰:"《書》初出屋壁,皆周時象形
文字,今所謂科斗書。"此爲言科斗文字較早者。其後王肅《孔子家語後序》、
《尚書僞孔傳序》,皆稱古文《尚書》爲科斗字;杜預《春秋經傳集解·後序疏》
引王隱《晉書·束晳傳》,及今《晉書·束晳傳》,又稱汲冢所得《竹書》之字爲
科斗字;人遂以科斗爲古文真形。其實鄭玄固明言其稱名之出於當時,而王
隱亦明云:"其字頭麤尾細,似科斗之蟲,故俗名之"也。《經典釋文》云:"科
斗,蟲名,蝦蟆子,書形似之。"《書序疏》云:"頭麤尾細,狀腹團圓,似水蟲之科
斗,故曰科斗。"案今《晉書》及王隱《晉書》並云竹書漆字,而杜氏《後序》無是
語。汲冢得書事,兩《晉書》之所言,似不如杜説之確。竊疑漢世作書,多用簡
牘,罕用縑帛。見下。秦書八體,惟蟲書施諸縑帛,漆性膠黏,縑帛亦不滑易,故
畫之上半截濃厚,下半截枯淡,遂成頭麤尾細之形。《後漢書·蔡邕傳》,謂靈
帝時待詔鴻都門下者,多工爲鳥篆之人,而陽球劾之,亦曰"或鳥篆盈簡"。見
《後書·酷吏傳》。衛恒《四體書勢》曰:"魏初傳古文者,出於邯鄲淳。恒祖敬侯,
覬。寫淳尚書,後以示淳,而淳不别。至正始中,立三字石經,轉失淳法,因科
斗之名,遂效其形。大康元年,汲縣人盜發魏襄王冢,得策書十餘萬言。案敬
侯所書,猶有髣髴。"而《三國志·王粲傳注》引《魏略》,言淳善《倉》、《雅》、蟲

---

① 文字:八體實亦六禮,即周官六書,本藝事,非字體之異。
② 文字:科斗疑即蟲書,鳥方蟲圓,上麤下細。

篆。《衛覬傳》言覬好古文、鳥篆。明科斗書即工鳥蟲書者所爲。鳥篆之形，諸家無説，竊疑其當上豐下鋭，如鳥之喙。蟲書畫圓，鳥書畫方，其由漆性膠黏，縑帛亦不滑易以致畫之上半截與下半截麤細不能一律則一也。《後漢書·杜林傳》言：林於西州得漆書《古文尚書》一卷，可見時人之於經典，頗有以漆書之者矣。

《漢志》云：隸書“起於官獄多事，苟趨簡易，施之於徒隸也”。《四體書勢》曰：“秦既用篆，奏事繁多，篆字難成，即令隸人佐書，曰隸字。漢因用之，獨符璽、幡信、題署用篆。”蓋隸書即篆書之書寫草率者，本非異體，而初出時筆勢亦相近，故秦權、漢量上字，人多誤以爲篆也。其後沿用日久，復求美觀，乃又有所謂八分書者。顧藹吉《隸八分考》曰：“隸與八分，有波勢與無波勢微異，非兩體也。漢世統名曰隸，八分之名，亦後人名之耳。”又曰：“王僧虔能書人名云：鍾有三體：一曰銘石之書，最妙者也。二曰章程書，傳祕書、教小學者也。三曰行狎書，相聞者也。所謂銘石書，蓋八分也。《世説新語注》云：鍾會善效人書，於劍閣要鄧艾章程白事，皆易其言，又毀文王報書，手作以疑之。章程白事者，以章程書白事也。章程書者，正書也。當時以八分用之銘石，其章奏、箋表、傳寫、記録日用之字，皆用正書。唐所謂隸書，即今之正書。所謂八分，即漢之隸書。魏、晉以降，凡工正書者，史皆稱其善隸。《王羲之傳》云：善隸爲古今之冠是也。”愚案此蓋隸書之求美觀者變古，八分。而供日用者不變，故仍襲舊名耳。八分亦稱楷書，又謂之楷法。莊綬甲《釋書名》曰：“王愔《文字志》古書三十六種，有楷書而無八分；《初學記》蕭子良《古今篆隸文體》，亦有楷書而無八分；《玉海》引《墨藪》五十六種書，有程邈隸書王次仲八分而無楷法；明八分與楷，異名同實。”案莊氏説是也。然楷書之名，後亦移於正書。蓋楷字之意，但謂謹守法式，故凡能守法式者，皆可稱之耳。凡書體之變，皆積漸所致，鑿指一人爲作者，如云程邈立隸，見《四體書勢》。王次仲作八分等見張懷瓘《書斷》。皆非。

《説文》云：“漢興有草書。”《書勢》及《魏書》江式表同。《書勢》曰：“漢興而有草書，不知作者姓名。”式表曰：“又有草書，莫知誰始。”趙壹《非草書》曰：“夫草之興也，其於近古乎？蓋秦之末，刑峻罔密，官書繁尤，戰攻並作，軍事交馳，羽檄紛飛，故爲隸草，趨急速耳。”張懷瓘《書斷》引梁武帝《草書狀》曰：“蔡邕云：昔秦之時，諸侯爭長，簡檄相傳，望烽走驛。以篆隸之難，不能救速，遂作赴急之書，蓋今草書？”懷瓘曰：“王愔云：藁書者，似草非草，草行之際者非也。藁亦草也。因草呼藁，正如真正書寫，而又塗改，亦謂之草。楚懷王使屈原造憲令，草藁未上，上官氏見而欲奪之；董仲舒欲言災異，草藁未上，主父偃竊而奏之並是也。"案藁、草之名，蓋正原於起草，其事當自古有之，而諸家或以爲秦，或以爲漢者，蓋至是公家始許其行用耳，非謂人之能作草書，始於是時也。《三國志·劉廙傳》：文帝命廙通草書。廙答書曰："初以尊卑不踰，禮之常分也，是以貪守區區之節，不敢修草。必如嚴命，誠知勞謙之素，不貴殊異若彼之高，而敦白屋如斯之好，虧匹夫之節，成巍巍之美，雖愚不敏，何敢以辭？"此草書不能施於所尊之證。然當官獄多務之秋，羽檄交馳之際，許其作草逕上，固亦事所可有矣。張芝下筆則爲楷則，號恩恩不暇草書，蓋時人習以藁草相遺，故託言不暇爲此。魏武帝欲使十吏就蔡琰寫所誦憶。琰曰："妾聞男女之別，禮不親授，乞給紙筆，真草惟命"，此草書行用漸廣之證。崔瑗《草書勢》曰："爰暨末葉，典籍彌繁。時之多僻，政之多權。官事荒蕪，勦其墨翰。惟作佐隸，舊事是删。草書之法，蓋又簡略。應時諭指，用於卒迫。兼功並用，愛日省力。"其言，固亦與趙、蔡二家無異也。

　　當多務之際，書體輒因應急而更，及乎承平之時，則又因藝事而變，篆、隸、八分之遞嬗然，草書之變，亦無不然也。《書斷》云："章草者，漢黃門令史游所作也。衛恒、李誕並云：漢初而有草法，不知其誰。蕭子良云：章草者，漢齊相杜操始變藁法，非也。王愔云：漢元帝時，史游作《急就章》，解散隸體麤書之，漢俗簡惰，漸以行之是也。"又云："自杜度妙於章草，崔瑗、崔寔，父子繼能。伯英張芝字。得崔、杜之法，温故知新，因而變之，以成今草。字之體勢，一筆而成。偶有不連，而血脈不斷。及其連者，氣脈通其隔行。惟王子敬深明其旨。故行首之字，往往繼前行之末。世稱一筆書起自張伯英，即此也。"又曰："章草之書，字字區別。張芝變爲今草，上下牽連。或借上字之下，而爲下字之上。呼史游草爲章草，因伯英草而謂也。"杜操即杜度，大徐《説文注》作杜探，他書亦有作杜伯度者。莊綏甲云："作操是，探文相似而誤，伯度蓋其字。"惟史游乃撰《急就章》之人，王愔之意，若以解散隸體，即游之所爲，則誤耳。草書變爲張草，業成藝事，難供實用，[1]於是行書又興。

　　張懷瓘《書議》曰："行書非草非真，在乎季、孟之間。兼真者謂之真行，帶草者謂之行草。"案真行乃正書之草率者，行草則草書之凝重者耳。《書勢》曰："魏初有鍾、胡二家，俱學之於劉德昇，而鍾氏小異，然亦各有其巧。"《書斷》曰："行書者，漢潁川劉德昇所造也。即正書之小譌。務從簡易，相間流

---

　　①　文字：草因應急而興，美術而變，行書又行，以備實用。

行，故謂之行書。"王僧虔《古來能書人名》曰："鍾繇書有三體：三曰行狎書，相聞者也。河東衛覬子瓘，采張芝法，以覬法參之，更爲草藁，草藁是相聞書也。"曰正書之小譌，即真行；曰采張芝法，即行草也。行書至此，與草分途，然原其朔，則草之初興，正當略如後來之行書耳。《四體書勢》行書即在隸書中，可證其去隸不遠。

秦時李斯作《倉頡篇》，趙高作《爰歷篇》，胡毋敬作《博學篇》，亦已見《先秦史》。三書後之字書，《漢志》備載其名：曰《凡將》一篇，司馬相如作。曰《急就》一篇，元帝時黃門令史游作。曰《元尚》一篇，成帝時將作大匠李長作。曰《訓纂》一篇，揚雄作。曰《別字》十三篇。《漢志》云："閭里書師，合《倉頡》、《爰歷》、《博學》三篇，斷六十字以爲一章，凡五十五章，並爲《倉頡篇》。"其都數當得三千三百字。又云："《訓纂》順續《倉頡》，又易《倉頡》中重複之字，凡八十九章。"是雄所作者三十四章，得二千四十字。二書合計，五千三百四十字。許《序》云："凡倉頡以下十四篇，凡五千三百四十字"，蓋《倉頡》、《爰歷》、《博學》、《凡將》、《急就》、《元尚》、《訓纂》七書，時人各分爲上下篇，去其複字而計之，其數如此也。班氏云："臣復續揚雄作十三章，凡一百三章，無複字。"十三章當得七百三十二字，都計字數，凡六千有七十二。許書字數，九千三百十三，又增三千二百四十一，在字書中最爲完備矣。此等陸續增加之字，果何自來邪？觀許書中音義相同字之多，則知李斯所罷不與秦合之字，①爲諸家所搜采者不少。然亦有新造者。《三國·吳志·孫休傳》永安五年《注》引《吳錄》，載休爲四子作名字，各造新字。其詔云："夫書八體，損益因事而生。"又《虞翻傳注》引《會稽典錄》，言孫亮時有山陰朱育，少好奇字。凡所特達，依體象類，造作異字，千名以上。可見是時造新字者尚多。然以大體言之，新字實無庸增造，舊字且須淘汰。何也？文字之用，若主形而實主聲。聲同即可通用。除慮淆混者外。故假借之用漸廣。時人所造之字，彼此各不相謀，又或與舊有者重複；又複音之字漸多，單字更可減省；故隨造作隨淘汰。李斯所罷六國文字，亦必此等與秦文重複者。近人考證《石鼓文》爲秦物，則秦文頗類籀書。《倉頡》、《博學》、《爰歷》三篇，《漢志》許《序》，皆云取史籀大篆，或頗省改，與《籀篇》當無大異。今之許書，恐非復此三篇之舊也。漢世籀文罕用，則六國之字仍行，而秦文轉歸廢棄。蓋由字體繁簡，文化程度高低使然。然音義皆同之字，不必並存，即音同義異，借用而不虞混淆者，亦必汰多而存一，則事理之自然，莫能外也。

---

① 文字：李斯罷不與秦文合者，許書仍存，但亦多歸淘汰。

中國文字之學，早有萌芽，説亦已見《先秦史》。其成爲一種學問，則似在兩漢之間。[1] 試觀許書所引，字説之較早者，如王下引董仲舒説等是。緯書説字，亦多此類。皆借字體以言義理，而晚出者則多合於許氏所謂“字例之條”可知。許《序》云：“孝宣皇帝時，召通《倉頡》讀者，張敞從受之。涼州刺史杜業，沛人爰禮，講學大夫秦近，亦能言之。孝平皇帝時，徵禮等百餘人，令説文字未央廷中。以禮爲小學元士。黄門侍郎揚雄采以作《訓纂》篇。”《漢志》云：“《倉頡》多古字，俗師失其讀。宣帝時，徵齊人能正讀者，張敞從受之。傳至外孫之子杜林，爲作訓故。”《郊祀志》言宣帝時美陽得鼎獻之，下有司議，多以爲宜薦見宗廟，如元鼎時故事。張敞好古文字，按鼎銘勒而上議曰：“此鼎殆周之所以褒賜大臣，子孫刻銘其先功，臧之於宮廟，不宜薦見於宗廟。”《杜鄴傳》言鄴從敞子吉學問，得其家書。吉子竦又從鄴學問，尤長小學。子林，正文字過於鄴、竦。故世言小學者由杜公。《揚雄傳》言劉棻嘗從雄學作奇字。《後漢書·馬援傳注》引《東觀記》曰：援上書：“臣所假伏波將軍印，書伏字犬外鄉。成皋令印皋字爲白下羊，丞印四下羊，尉印白下人，人下羊。即一縣長吏，印文不同，恐天下不正者多。薦曉古文字者，事下大司空，正郡國印章。”奏可。《三國·魏志·劉劭傳注》引《魏略》云：蘇林博學，多通古今字指，凡書傳文閒危疑，林皆釋之。《蜀志·來敏傳》云：尤精於《倉》、《雅》訓詁，好是正文字。《吴志·嚴畯傳》云：少耽學，善《詩》、《書》、《三禮》，又好《説文》。《虞翻傳注》引《翻别傳》載翻奏鄭玄解《尚書》違失曰：“《顧命》康王執瑁，古文冃似同，從誤作同，既不覺定，復訓爲杯，謂之酒杯。成王疾困，馮几洮頮爲濯以爲澣衣成事此處文有奪誤。洮字虚更作濯，以從其非。又古大篆卯字讀當爲柳，古柳卯同字，而以爲昧。分北三苗，北古别字，又訓北，言北猶别也。若此之類，誠可怪也。”此皆漢世之小學家，能是正文字者也。六書之説，實當出於是時，已見《先秦史》，今不贅。

公孫弘請置博士弟子曰：“詔書律令下者，明天人之際，通古今之義，文章爾雅，訓辭深厚，恩施甚美。小吏淺聞，不能究宣，無以明布諭下。”顔師古曰：“爾雅，近正也。”案《史記·樂書》曰：“今上即位，作十九章。通一經之士，不能獨知其辭，皆集會五經家，相與共誦、講習之，乃能通知其意。多爾雅之文。”《漢書·王莽傳》言莽班符命四十二篇於天下，“其文爾雅依託，皆爲作説”。則爾雅之辭，實多近古，故吏弗能通。雅、夏一字。音讀之殊，實

_____

① 文字：小學興於漢世。

惟楚、夏。古蓋以夏言爲正，故《論語》言子所雅言，詩、書、執禮；《述而》。而孟子譏許行爲南蠻鴃舌之人。《滕文公上》。更由此引伸爲正。漢人好古，辭以近古者爲正，而爾雅之義，遂由近古變爲近正矣。① 此與秦人之同文字適相反。其好搜籀、篆以外之古字，亦此意耳。此爲文字語言分離之漸。洪興祖《楚辭補注》曰：漢宣帝時，九江被公能爲楚辭。隋有僧道騫者善讀之。能爲楚聲，音韻清切。至唐，傳楚辭者，皆祖騫公之音。則楚音仍有存者，然希矣。

　　文字始於象形，本與圖畫同原，自可寓有美術之意，六書早稱爲技者以此。然亦至漢世始盛。兩《漢書》中稱人善史書者，前漢實多指文字，後漢則多指書法矣。②《貢禹傳》：禹訾當時郡國，擇便巧史書，習於計簿，能欺上府者，以爲右職。《王尊傳》：少孤，歸諸父，使牧羊澤中，尊竊學問，能史書。年十三，求爲獄小吏。數歲，給事大守府。問詔書、行事，尊無不對。《酷吏·嚴延年傳》：尤巧爲獄文，善史書。所欲誅殺，奏成於手中，主簿親近，不得聞知。所謂史書，皆今所謂公文也。《張安世傳》：少以父任爲郎，用善書給事尚書。上行幸河東，嘗亡書三篋，詔問莫能知，惟安世識之，具作其事。後購求得書，以相校，無所遺失。此正王尊之類。《外戚傳》：孝成許皇后善史書，又載其疏辭頗美，此則嚴延年之類也。《西域傳》：楚主侍者馮嫽能史書，習事，嘗持漢節，爲公主使，行賞賜於城郭諸國。敬信之，號曰馮夫人。西域諸國，安知耽玩漢文字哉？《游俠傳》：陳遵性善書，與人尺牘，主皆藏去以爲榮，似指書法言之。然又云：遵爲河南大守，至官，當遣從史西，召善書吏十人於前，治私書謝京師故人。遵憑几口占書吏，且省官事。書數百封，親疏各有意。則藏去之者，亦仍貴其文辭也。《元帝紀贊》稱帝善史書，竊疑亦非指書法。帝之所以篤信弘恭、石顯者，正以其熟於文法耳。《後漢書·安帝紀》言帝年十歲，好學史書。《和熹鄧皇后紀》云：六歲能史書。《順烈梁皇后紀》云：少善女工，好史書。髫齔之年，焉知文法爲何事？所謂史書，必指書法矣。《齊武王傳》言其孫北海敬王睦善史書，當世以爲楷則。及寢病，明帝驛馬令作草書尺牘十首，其明徵也。《安帝紀注》曰："史書者，周宣王大史籀所作之書，凡十五篇，可以教童幼。"此言固失之拘，當時教學童恐未必用《史籀篇》。且據《漢志》，《史籀篇》建武時已亡其六矣。然和帝及鄧梁二后、北海敬王等，必閑於小學家之書則無疑。何者？識字習書，同爲小學所當務。觀

① 文字：漢重爾雅，以古爲準，與秦相反，爲言文分離之漸。

② 文字："史書"初指文辭，後指書法。

草書漸行，遂有解散隸體以書《急就章》者，可知識字之書，兼資楷則。樂成靖王黨，史亦稱其善史書，而又言其喜正文字，安帝生母左姬，史亦言其好史書，而又云其喜辭賦；見《章帝八王傳》。正由習書法者皆據識字之書而然。鴻都諸生，兼擅辭賦楷則，亦正由此也。漢、魏之間，藝事彌盛。《書勢》所稱：古文有邯鄲淳、衛覬。《三國志·覬傳》云：好古文。鳥篆、隸、草，無所不善。篆有曹喜、邯鄲淳、韋誕、蔡邕。隸有王次仲、師宜官、梁鵠、毛弘、左子邑。草有杜度、崔瑗、崔寔、張伯英、伯英弟文舒、名昶，見《後漢書·張奐傳》。姜孟穎、梁孔達、田彥和、韋仲將、即誕。羅叔景、趙元嗣、元嗣名襲，岐從兄，叔景名暉，見《後書·趙岐傳注》引《決錄注》。張超。見《後漢書·文苑傳》。此外見於史者，又有魏武帝、《本紀》建安二十五年《注》引《博物志》曰：漢世安平崔瑗，瑗子寔，弘農張芝，芝弟昶，並善草書，而大祖亞之。胡昭、《三國志·管寧傳》：胡昭善史書，與鍾繇、邯鄲淳、衛覬、韋誕並有名。尺牘之迹，動見模楷焉。索靖、衛瓘、《衛覬傳注》引《世語》曰：瓘與扶風內史敦煌索靖，並善草書。張紘、《吳志》本傳《注》引《吳書》曰：紘既好文學，又善楷、篆書。與孔融書自書。融遺紘書曰：前勞手筆多篆書。每舉篇見字，欣然獨笑，如復觀其人也。張昭、《吳志》本傳：少好學，善隸書。皇甫規妻等。《後漢書·列女傳》：善屬文，能草書，時爲規答書記，衆人怪其工。士大夫之好書法，已成爲風氣矣。

　　文具之用，仍以竹木爲多。《後漢書·光武帝紀》建武元年《注》引《漢制度》曰："帝之下書有四：一曰策書，二曰制書，三曰詔書，四曰誡敕。策書者，編簡也。① 其制長二尺，短者半之。篆書。起年月日，稱皇帝。以命諸侯王。三公以罪免亦賜策，而以隸書，用尺一寸，兩行，惟此爲異也。"《論衡·量知篇》云："截竹爲簡，破以爲牒，大者爲經，小者爲傳記。斷木爲槧，析之爲版，力加刮削，乃成奏牘。"秦始皇帝以衡石呈書。褚先生言：東方朔初入長安，至公車上書，凡用三千奏牘。公車令兩人共持擧其書，僅然能勝之。《史記·滑稽列傳》。此言自屬附會，然當時奏事用牘，則由此可見。《漢書·高帝紀》：十年，上曰：吾以羽檄徵天下兵。《注》曰："檄者，以木簡爲書，長尺二寸，用徵召也。其有急事，則加以鳥羽插之，示速疾也。"又引《魏武奏事》曰："今邊有警，輒露檄插羽。"《史記·匈奴列傳》：漢遺單于書，牘以尺一寸，中行説令單于遺漢書以尺二寸牘。《後漢書·循吏傳》言：光武以手迹賜方國，皆一札十行，細書成文。《漢書·路溫舒傳》：父爲里監門，使溫舒牧羊，溫舒取澤中蒲截以爲牒，編用寫書。曹襃撰新禮，寫以二尺四寸簡。吳恢爲南海大守，欲殺青簡寫經書。

---

① 文具：漢多用簡牘，紙貴而少。

《後漢書‧吳祐傳》。周磐令二子：命終之日，編二尺四寸簡，寫《堯典》一篇，並刀筆各一，以置棺前，示不忘聖道。朱博召見功曹，與筆札，使自記姦臧。對以實，乃投刀使削所記。原陟欲助所知之喪，削牘爲疏，具記衣被、棺木，下至飯含之物。可見大之詔令，奏議，小至尋常疏記，及寫經典者，無不惟簡牘之資。《漢書‧趙充國傳》言：張安世本持橐簪筆，事孝武帝數十年。《後漢書‧劉盆子傳》言：臘日，樊崇等設樂大會。公卿皆列坐殿上。酒未行，其中一人出刀筆書謁欲賀，其餘不知書者起往請之，各各屯聚，更相背鄉。《袁紹傳注》引《九州春秋》，言韓馥至廁，以書刀自殺。則時人刀筆，無不隨身者。縑帛則爲用頗希。《後書‧和熹鄧皇后紀》云：是時方國貢獻，競求珍麗之物，自后即位，悉令禁絶，歲時但供紙筆而已，是帝王之家也。《竇融傳注》引《孔融集》，言融玄孫章與融書，兩紙，紙八行，行七字，則貴戚之家也。《潛夫論‧淫佟篇》，皆巫者刻畫好繒，以書祝辭，侫神者於財物固匪所惜。《延篤傳》言：篤從唐谿典受《左氏》，《注》引《先賢行狀》，言篤欲寫《左氏傳》無紙，典以廢牋記與之，篤以牋記紙不可寫傳，乃借本諷之。《三國‧吳志‧闞澤傳》：居貧無資，常爲人傭書，以供紙筆。皆可見紙之難得。張芝家之衣帛，必書而後練之，《書勢》。《後書‧張奐傳注》引王愔《文字志》同。蓋亦以此也。《後書‧宦者蔡倫傳》曰："自古書契，多編以竹簡。其用縑帛，謂之爲紙。縑貴而簡重，並不便於人。倫乃造意，用樹膚、麻頭及敝布、魚網以爲紙。元興元年奏上之，帝善其能。自是莫不從用焉。故天下咸稱蔡侯紙。"《水經‧耒水注》：肥川西北逕蔡洲，洲西即蔡倫故宅，傍有蔡子之池。倫漢黃門。順帝之世，擣故魚網爲紙，用代縑素。案蔡洲，當在今湖南耒陽縣境。然《四體書勢》言：師宜官甚矜其能，每書輒削之而焚其柎，梁鵠乃益爲版而飲之酒，候其醉而竊其柎，則漢末工書之家，其技仍施諸簡牘。《三國志‧張既傳注》引《魏略》，言既爲郡下小吏而家富，自惟門寒，念無以自達，乃常畜好刀筆及版奏，伺諸大吏有乏者輒給與。觀此及《後書‧循吏傳》所記光武事，知簡牘亦未嘗不貴。紙之初興，價未必能甚賤，其通用，恐亦未必能甚廣也。

　　古欲傳諸久遠之文，輒鎸諸金石。至漢世猶然。《後漢書‧蔡邕傳》：靈帝熹平四年，邕與五官中郎將堂谿典，光禄大夫楊賜，諫議大夫馬日磾，議郎張馴、韓説，大史令單颺等奏求正定六經文字。靈帝許之。邕乃自書册於碑，使工鎸刻，立於大學門外。於是後儒晚學，咸取正焉。及碑始立，其觀視及摹寫者，車乘日千餘兩，填塞街陌。此以傳世之經典刻石，與秦刻石徒欲自誇耀者不同。正始中復刻三體石經，《後書‧儒林傳》云"爲古文、篆、隸三體，以相參檢"，乃誤以正始中事係之漢。又刻《典論》。見第十七章第三節。雖尚未知摹拓，然亦不能不推爲印刷術之遠源也。

第三節　儒　家　之　學

漢代之顯學莫如儒，然儒家自爲帝王所表章後，其學顧寖流於破碎，徒存形質，精意日漓，魏、晉以後，有思想者遂折而入於佛、老，此學術之一大變也。今先叙述其原流派别，及其風尚之變遷，然後進論其得失。

《史記·儒林傳》云：言《詩》，於魯則申培公，於齊則轅固生，於燕則韓大傅。言《尚書》，自濟南伏生。言《禮》，自魯高堂生。言《易》，自菑川田生。言《春秋》，於齊、魯自胡毋生，於趙自董仲舒。此漢代經師可考之最早者也。其後派别漸繁。據《漢書·儒林傳》：則《易》有施、孟、梁丘之學，施讎、孟喜、梁丘賀，皆田何三傳弟子。施氏復有張、張禹，本梁丘賀弟子，賀爲少府，事多，使子臨將禹等從施讎問。彭，彭宣，施讎再傳弟子。孟氏復有翟、翟牧。白，白光。《漢書》云“繇是有翟、孟、白之學”，蓋文有倒誤。梁丘復有士孫、士孫張。鄧、鄧彭祖。衡。衡咸，皆再傳。《書》有歐陽、伏生傳歐陽生。大、小夏侯，見下。歐陽復有平、平當。陳。陳翁生，歐陽生六傳。大夏侯又有孔、孔霸。許，許商。再傳。小夏侯又有鄭、鄭寬中。張、張無故。秦、秦恭。假、假倉。李。李尋。皆再傳。[1]《魯詩》有韋氏、韋玄成，再傳。又有張、張長安。唐、唐長賓。褚氏，褚少孫。皆三傳。張家復有許氏。許晏，長安再傳。《齊詩》有翼、翼奉。匡、匡衡。師、師丹。伏。伏理，與師丹皆匡衡弟子。《韓詩》有王、王吉。食、食子公，皆六傳。長孫。長孫順，吉弟子。《禮》有大小戴、慶氏。見下。大戴有徐氏。徐良。小戴有橋氏、橋仁。楊氏。楊榮。《春秋》分爲嚴、顔，顔氏復分爲泠、任、筦、冥。皆見下。既各自名家，則其説必有同異，今多不可考。然就遺説之存者觀之，其異同似尚無關大體也。至所謂古文經者出，而其分裂乃益甚。

得古文經之事，見於《漢書·藝文志》、《楚元王傳》、《景十三王傳》。《藝文志》所載：有《尚書古文經》四十六卷，《禮古經》五十六卷，《春秋古經》十二篇，《論語》古二十一篇，《孝經》古孔氏一篇。《志》云：“《古文尚書》者，出孔子壁中。武帝末，魯共王壞孔子宅，欲以廣其宫，而得《古文尚書》及《禮》、句。此即《禮古經》。下記字指《明堂陰陽》、《王史氏記》。《記》、《論語》、《孝經》，凡數十篇，皆古字也。共王往入其宅，聞鼓琴瑟鍾磬之音，乃止不壞。孔安國者，孔子後也。

_____

① 經學：李尋爲小夏侯之傳。

悉得其書。以考二十九篇，得多十六篇。安國獻之。遭巫蠱事，未列於學官。"又曰："《禮古經》者，出於魯淹中。及孔氏學七十篇當作十七篇。文相似。多三十九篇，及《明堂陰陽》、《王史氏記》。"又云："《論語》出孔子壁中。"又云："《孝經》諸家所傳，經文皆同，惟孔氏壁中古文爲異。"《楚元王傳》載劉歆移大常博士曰："及魯共王壞孔子宅，欲以爲宮，而得古文於壞壁之中，①《逸禮》有三十九，疑當作三十有九。《書》十六篇。天漢之後，孔安國獻之遭巫蠱倉卒之難，未及施行。"《景十三王傳》曰："共王初好治宮室，壞孔子舊宅，以廣其宮。聞鐘鼓琴瑟之聲，遂不敢復壞。於其壁中得古文經傳。"三説似相符會。然共王以孝景三年徙王魯，二十六年卒，《史記·五宗世家》。時在武帝元光五年，早於麟止者尚八年。《史記》言王好治宮室，苑囿、狗馬，下云季年好音，則其好治宮室，尚非季年事，距麟止更遠。《孔子世家》云："魯世世相傳，以歲時奉祠孔子冢，而諸儒亦講禮、鄉飲、大射於孔子冢。孔子冢大一頃。故所居堂，弟子內，後世因廟，藏孔子衣冠、琴、車、書。至於漢，二百餘年不絶。高皇帝過魯，以大牢祠焉。諸侯卿相至，嘗先謁然後從政。"聲靈赫濯如此，共王即好土木，安敢遽壞其宅？孔子宅果見壞，史公安得不及？而《漢書》除此三處外，亦更無一語及之乎？其可疑一也。《孔子世家》曰：安國爲今皇帝博士，遷臨淮大守，早卒。《漢書·兒寬傳》：寬詣博士受業，受業孔安國，補廷尉史，廷尉張湯薦之。《百官公卿表》：湯遷廷尉，在元朔三年。是安國爲博士在元朔三年以前。使其年甫二十，至巫蠱禍作，亦已過五十。安得云早卒？據崔適《史記探原》。崔氏又云：荀悦《漢紀》云：安國家獻之，此家字亦知安國之年不及天漢而增。案漢世博士之選，必年過五十，已見第一節。此法雖不知其起於何時，然武帝時，博士之年亦必不能甚少也。其可疑二也。孔子冢大一頃，非宅大一頃也。一頃之地，而弟子及魯人往從冢而冢者百有餘室，蓋室不逮一畝矣。孔子故居即少大，亦必不能甚大。淹中是否孔壁，姑措弗論，而《漢志》言《書》凡百篇合《論語》、《孝經》，已百二十篇矣，簡策繁重，安能容之？其可疑三也。《史記·六國表》言：《詩》、《書》所以復見者，多藏人家，則知焚書之令，行之實不甚嚴。即謂甚嚴，亦無天下之書無不焚燒之理。《漢書·藝文志》所載之書，凡五百九十六家，三千二百九十六卷。雖有漢人著述，究以先秦所遺爲多。固非盡藏之屋壁，亦豈皆出於記誦？挾書律之除，在孝惠帝四年，然漢高帝五年滅項羽至魯，已聞絃歌之音矣。見《儒林傳》。可見鄒、魯之閒，絃誦實未嘗絶。即自孝惠四年上溯，距秦焚書，亦僅二十二歲。壁藏非一

---

① 經學：孔壁得書之誣。

人一家所能爲。更謂惟孔氏爲之，而孔襄爲惠帝博士，當孔氏藏書時，亦必已有知識，何至遷延不發，寖至失傳，而待共王於無意中得之乎？其可疑四也。此尚僅就其大者言之，若深求之，可疑之端，實尚不止此，其不足信甚明。得古文經之事，《漢書》而外，又見於許慎之《説文解字序》，及《論衡》之《案書》、《正説》、《佚文》等篇。許《序》與班《書》略同。《論衡》多野言，無足深辯。或謂劉歆移大常博士，明言《書》、《禮》、《春秋》，臧於祕府，孝成皇帝陳發祕藏，校理舊文，得此三事，斷非誣妄之辭？苟其誣罔，博士豈不能據事折之。殊不知漢人之於史事，多不審諦。試觀王充號爲通人，而其述及史事，十九皆爲野言可知。然則不徒劉歆不知覈實，即博士亦未必知折歆當指其事之不實也。故漢世得古文經之事，以尋常事理折之，即知其不足信，正不必高談學術源流，求之深而反失之也。

古學家所言傳授源流，亦多誕謾不中情實。夫師師相授，固必有其淵源，①然斷無久而不昧之理。前人記識，偶有疏舛，後人爲之補正，亦爲事所可有，然必不能甚多。《漢書·外戚傳》：定陶丁姬，《易》祖師丁將軍之玄孫。師古曰：《儒林傳》，丁寬《易》之始師。蓋漢時學者，所溯止此，自此以上，寖以淡忘矣。《史記》所述八家，正是此類。乃羣經傳授源流，見於《史記》及兩《漢書·儒林傳》、《漢書·藝文志》、《隋書·經籍志》、《經典釋文·叙錄》者，大抵後詳於前，而其說又多不中情實。如《史記》言《易》，僅祖田何，而《漢書》則補出商瞿以下五傳，直接孔子。《史記》申公僅傳《詩》，《漢書》則兼傳《穀梁》，而瑕丘江公受焉。其述《古文尚書》，謂孔安國傳都尉朝，朝傳庸生，庸生傳胡常，胡常傳徐敖，徐敖傳王璜。夫胡常乃傳《穀梁》、《左氏》之人，徐敖則傳《毛詩》，王璜則傳費直《易》，何古文傳授，輾轉皆出此數人也？且《史記》僅言高祖過魯，申公以弟子從師入見，不言其師爲何人。下文又云：吕大后時，申公游學長安，與劉郢同師，絕不及楚元王。乃《漢書》謂申公與元王俱事浮丘伯，吕大后時，浮丘伯在長安，元王遣子郢與申公俱卒業，然則身受學不竟，而使其子繼之邪？申公爲漢名儒，《魯詩》早立學官，而其任意附會如此，他可知矣。《漢志》云：又有毛公之學，自謂子夏所傳，自謂云者，人不信之之辭，即毛公亦不知其爲何如人也。乃鄭玄《詩譜》，謂毛公有大小二人。《後書·儒林傳》云：毛萇傳《詩》，萇大毛公邪？小毛公邪？《經典釋文》引陸璣云：卜商傳曾申，曾申傳李克，李克傳孟仲子，孟仲子傳根牟子，根牟子傳荀卿，荀卿授魯人毛亨、趙人毛萇，何其言之歷歷也？今更綜合今古學，麤述其源流派別如下：

---

① 經學：古學傳授源流不足信。孔安國非書家，庸生非安國再傳（第五二九頁）。

　　《詩》三家已亡，其説略見於清陳喬樅所輯《三家詩遺説考》。其中除翼氏五際之説，附會災異外，大義實無以異，惟《毛詩》爲不同。《漢書·儒林傳》言：毛公，趙人也。治《詩》，爲河間獻王博士。授同國貫長卿。長卿授賈延年。延年爲阿武令，授徐敖。敖授九江陳俠，爲王莽講學大夫。由是言，《毛詩》者本之徐敖。然則自賈延年以上，其信否實不可知也。《後書·儒林傳》言：謝曼卿善《毛詩》，乃爲之訓。衛宏從曼卿受學，因作《毛詩序》。中興後鄭衆、賈逵傳《毛詩》，馬融作《毛詩傳》，鄭玄作《毛詩箋》。然則今之《毛詩詁訓傳》及《小序》，實成於衛曼卿、衛宏、馬融等數人之手也。

　　《書》之分裂較早。《漢書》兩《夏侯傳》言建師事勝及歐陽高，左右采獲。又從《五經》諸儒問與《尚書》相出入者，牽引以次章句。具文飾説。勝非之曰：“建所謂章句小儒，破碎大道。”建亦非勝疏略，不足應敵。建卒自專門名經。建之學蓋力求佐證之多，其大義，初未有以異於歐陽及大夏侯也。古文之學，託之孔安國，其不足信，已述於前。《漢書·儒林傳》言申公弟子爲博士十餘人，孔安國官至臨淮大守。又言歐陽生事伏生，授兒寬，寬又受業孔安國。蓋寬受《尚書》又受《詩》，孔安國且非今文《書》家，更無論其爲古文也。《漢書·儒林傳》言安國授都尉朝，朝授膠東庸生，此即劉歆移大常博士所謂傳問民間，則有魯國桓公、趙國貫公、膠東庸生之遺，學與此同者也。庸生之學，果出安國，劉歆無緣不知。不云其爲再傳弟子，而云學與之同，可乎？庸生授胡常，常授徐敖，敖授王璜、塗惲、桑欽。賈逵受《古文尚書》於塗惲。又《後書·杜林傳》云：河南鄭興、東海衛宏等，皆長於古學。興常師事劉歆。林既遇之，欣然言曰：“林得興等，固諧矣，使宏得林，且有以益之。”及宏見林，闇然而服。濟南徐巡，始師事宏，後皆更受林學。林前於西州得漆書《古文尚書》一卷，常寶愛之，雖遭艱困，握持不離身。出以示宏等曰：“林流離兵亂，常恐斯經將絶。何意東海衛子、濟南徐生，復能傳之，是道竟不墜於地也？古文雖不合時務，然願諸生無悔所學。”宏、巡益重之。於是古文遂行。賈逵一派之學，似即始於庸生，妄依附孔安國。杜林之學，則未必有何師承也。

　　《禮》之傳授，最爲混茫。《史記·儒林傳》曰：“諸學者多言禮，而魯高堂生最。本《禮》，固自孔子時而其經不具。及至秦，焚書，散亡益多。於今獨有《士禮》，高堂生能言之。而魯徐生善爲容。孝文帝時，徐生以容爲禮官大夫。傳子至孫徐延、徐襄。襄，其天姿善爲容，不能通《禮經》。延頗能，未善也。襄以容爲漢禮官大夫，至廣陵内史。延及徐氏弟子公户滿意、桓生、單次，皆嘗爲漢禮官大夫。而瑕丘蕭奮，以《禮》爲淮陽大守。”是漢世《禮》家，分爲二派：徐生一派，僅能爲容，而能通《禮經》之蕭奮，實不知其所祖也。然徐氏一派，亦非全不知《禮》，故《史記》又言是後能言《禮》爲容者由徐氏焉。《儒林傳》所云桓生，當即劉歆所謂魯國桓公其證。《漢書·儒林傳》云：孟卿事蕭奮，以授后倉。倉授聞人通漢、戴德、戴聖、慶普。其後二戴與后氏，並列於學官，見下。而曹褒父充，治慶氏禮，首創制禮之議，至褒卒成之。劉歆所立《逸禮》，無傳於後。至《周官》則本非《禮》類。《漢紀》言劉歆以《周官經》六篇爲《周禮》，王莽時奏以爲《禮經》，置博士，然至後漢仍廢。賈公彦《序疏》引馬融《傳》，言"歆末年乃知其爲周公致大平之迹。弟子死喪，徒有里人河南緱氏杜子春尚在。永平之初，年且九十，家於南山，能通其讀，頗識其説。鄭衆、賈逵，往受業焉。衆、逵洪雅博聞，又以經、書、記、轉當作傳。相證明爲解。"《後漢書·鄭興傳》言其好古學，尤明《左氏》、《周官》。《賈逵傳》云：父徽，從劉歆受《左氏春秋》，兼習《國語》、《周官》。逵亦作《周官解詁》。其後鄭玄出，乃稱《周官》爲經禮，《儀禮》爲曲禮焉。然經曲當如綱目之相附麗，而《周官》之與《儀禮》，則固非同類之物也。

《易》亦早有異説。《漢書·儒林傳》言：田何於王同之外，復授雒陽周王孫、丁寬、齊服生。又云：寬至雒陽，復從周王孫受古義，號《周氏傳》。則周王孫、丁寬之學，已不盡純。然未聞其有大異。觀下文劉向之言可知。至孟喜而異説興。《儒林傳》言：喜得《易》家候陰陽災變書，詐稱師田生且死時，枕喜郄獨傳喜。諸儒以此耀之。同門梁丘賀疏通證明之曰：田生絶於施讎手中，時喜歸東海，安得此事？又蜀人趙賓，好小數書。後爲《易》。持論巧慧。《易》家不能難，皆曰：非古法也。云受孟喜，喜爲名之。後賓死，莫能持其説，喜因不肯仞，以此不見信。又言京房受《易》梁人焦延壽。延壽嘗從孟喜問《易》。會喜死。房以爲延壽《易》即孟氏學，翟牧、白生不肯，皆曰：非也。至成帝時，劉向校書，考《易》説，以爲諸家《易》説，皆祖田何、楊叔、丁將軍，《史記·儒林傳》：田何傳王同，王同傳楊何。《漢書·儒林傳》：田何又傳丁寬。大誼略同，惟京氏爲異黨。焦延壽獨得隱士之説，託之孟氏，不相與同。案許慎《説文解字序》稱孟氏爲古文，則孟氏之學，必非純於田何者也。費直長於卦筮，亡章句，徒以《彖》、《象》、《系辭》、十篇《文言》解説《上下經》；高相亦亡章句，專説陰陽災異；蓋皆無本之學。相自言出於丁將軍，不足信也。

今古文相争之烈，莫如《春秋》。《史記·儒林傳》言：公孫弘頗受諸胡毋生。董仲舒弟子遂者，有褚大、殷忠、徐廣曰：殷一作段，又作瑕也。案《漢書》作段仲。吕步舒。《漢書》則又有嬴公，授孟卿、眭孟。嚴彭祖、顔安樂，俱事眭孟。顔安樂授泠豐、任公。由是顏家有泠、任之學。疏廣事孟卿，授筦路。貢禹事嬴公，成於眭孟，授棠谿惠。惠授冥都。都與路又事顏安樂。故顏氏復有筦、冥之學。此皆同出一原。《史記·儒林傳》言瑕丘江生爲《穀梁春秋》，自公孫弘得用，嘗集比其義，卒用董仲舒，可見胡毋生之學，與仲舒亦相近也。江生之學，《史記》不言其所自來。《漢書》則云：江公受《穀梁春秋》及《詩》於魯申公，傳子至孫爲博士。武帝時，江公與董仲舒並。仲舒通《五經》，能持論，善屬文。江公吶於口。上使與仲舒議，不如仲舒。而丞相公孫弘，本爲《公羊》學，比輯其議，卒用董生。於是上因尊《公羊》家，詔大子受《公羊春秋》。由是《公羊》大興。大子既通，復私問《穀梁》而善之。《武五子傳》：少壯，受《公羊春秋》，又從瑕丘江生受《穀梁》。其後浸微。惟魯榮廣、皓星公二人受焉。廣盡能傳其《詩》、《春秋》。高才捷敏，與《公羊》大師眭孟等論，數困之。故好學者頗復受《穀梁》。沛蔡千秋，梁周慶、丁姓，皆從廣受。千秋又事皓星公，爲學最篤。宣帝即位，聞衛大子好《穀梁春秋》，以問丞相韋賢，長信少府夏侯勝，及侍中樂陵侯史高，皆魯人也，言穀梁子本魯學，公羊氏乃齊學也，宜興《穀梁》。時千秋爲郎，召見，與《公羊》家並說。上善《穀梁》說，擢千秋爲諫大夫，給事中。後有過，左遷平陵令。復求能爲《穀梁》者，莫及千秋。上愍其學且絕，乃以千秋爲郎中户將，選郎十人，從受。汝南尹更始，本自事千秋，能說矣。會千秋病死。徵江公孫爲博士。劉向以故諫大夫通達待詔受《穀梁》，欲令助之，《楚元王傳》：會初立《穀梁春秋》，徵更生受《穀梁》。又曰：歆及向始皆治《易》。宣帝時，詔向受《穀梁春秋》，大明習。江博士復死，乃徵周慶、丁姓，待詔保宫，使卒授十人。自元康中始講，至甘露元年，積十餘歲，皆明習。乃召《五經》名儒大子大傅蕭望之等大議殿中，平《公羊》、《穀梁》同異，各以經處是非。時《公羊》博士嚴彭祖，侍郎申輓、伊推、宋顯，《穀梁》議郎尹更始，待詔劉向、周慶、丁姓並論。《公羊》家多不見從。願請内侍郎許廣。使者亦並内《穀梁》中郎王亥，各五人。議三十餘事。望之等十一人各以經義對，多從《穀梁》。由是《穀梁》之學大盛。又曰：漢興，北平侯張蒼及梁大傅賈誼、京兆尹張敞、大中大夫劉公子，皆修《春秋左氏傳》。誼爲《左氏傳訓故》，授趙人貫公，爲河間獻王博士。子長卿，授清河張禹。非成帝師張禹。禹與蕭望之同時，爲御史。數爲望之言《左氏》。望之善之，上書數以稱說。後望之爲大子大傅，薦禹於宣帝。徵禹待詔。未及問，會疾死。授尹更始。更始傳子咸及翟方進、胡常。常授黎陽賈護。護授蒼梧陳欽。欽以《左氏》授王莽。而劉歆從尹咸及翟方進受。《方進傳》：方進雖受《穀梁》，然好《左氏傳》、天文、星曆。其《左氏》則國師公劉歆，星曆則長安令田終術師也。由是言《左氏》者本之賈護、劉歆。此先漢時《春秋》三家之情形也。至後漢,《左氏》與《公羊》之爭尤烈,詳見《後漢書·范升》、《陳元》、欽子、《賈逵傳》。案《漢書·楚元王傳》言:"初,《左氏傳》多古字古言,學者傳訓詁而已。及歆治《左氏》,引傳文以解經,轉相發明,由是章句義理備焉。"《後漢書·鄭興傳》言:"少學《公羊春秋》。晚善《左氏傳》。遂積精深思,通達其旨。同學者皆師之。天鳳中,將門人從劉歆講正大義。歆美興才,使撰條例、章句、訓詁。"可見《左氏》之解經及其條例、章句,悉歆、興等所爲。今《左氏》解經處甚少,條例亦不備,蓋撰而未成。故范升謂《左氏》不祖孔子,而出於丘明,師徒相傳,又無其人也。《鄭興傳注》引《東觀記》云:興從博士金子嚴爲《左氏春秋》,其説殆不足信。後漢言《左氏》者多祖興,而賈逵自傳其父業,故有鄭、賈之學。

　　《漢書·儒林傳贊》言:初《書》惟有歐陽,《禮》后,《易》楊,《春秋》公羊而已。至孝宣世,復立《大》、《小夏侯尚書》,《大》、《小戴禮》,《施》、《孟》、《梁丘易》,《穀梁春秋》。《宣帝紀》:甘露三年,詔諸儒講《五經》同異。大子大傅蕭望之等平奏其議,上親稱制臨決焉。乃立《梁丘易》、《大》、《小夏侯尚書》、《穀梁春秋》博士。劉歆移大常博士,亦僅言宣帝廣立《穀梁春秋》、《梁丘易》、《大》、《小夏侯尚書》。《後漢書·章帝紀》:建初四年詔言孝宣皇帝以爲去聖久遠,學不厭博,故遂立《大》、《小夏侯尚書》,後又立《京氏易》,至建武中,復置《嚴氏》、《顏氏春秋》,《大》、《小戴禮》博士,則《大》、《小戴》似非宣帝所立。① 陳元言宣帝爲石渠之論而《穀梁》興。案石渠之論,亦見《漢書·劉向》及《韋玄成傳》。至元帝世,復立《京氏易》。范升言:《京氏》雖立,輒復見廢。平帝時,又立《左氏春秋》、《毛詩》、《逸禮》、《古文尚書》。《劉歆傳》:歆親近,欲建立《左氏春秋》及《毛詩》、《逸禮》、《古文尚書》,皆立於學官。哀帝令歆與《五經》博士講論其義。諸博士或不肯置對。歆因移書大常博士責讓之。諸儒皆怨恨。是時名儒光祿大夫龔勝,以歆移書,上疏深自罪責,願乞骸骨罷。及儒者師丹爲大司空,亦大怒。奏歆改亂舊章,非毀先帝所立。上曰:歆欲廣道術,亦何以爲非毀哉?歆由是忤執政大臣,爲衆儒所訕,懼誅,求出補吏。案《平帝紀》:元始五年,徵天下通知逸經、古記、天文、曆算、鍾律、小學、史篇、方術、本草,及以《五經》、《論語》、《孝經》、《爾雅》教授者,在所爲駕一封軺傳,遣詣京師,至者數千人。《王莽傳》事在前一年,云:是歲,莽奏起明堂、靈臺、辟雍,爲學者築舍萬區。立《樂經》。益博士員,經各五人。徵天下通一蓺,教授十一人以上,及有《逸禮》、《古書》、《毛詩》、《周官》、《爾雅》,天文、圖讖、鍾律、月令、兵法、史篇文字,通知其意者,皆詣公車。網羅天下異能之士,至者前後千數。皆令記説廷中,將令正乖繆,壹異説云。蓋《莽傳》繫於其徵之年,《平紀》記於其至之歲也。《儒林傳》言:孔安國以《古文尚書》授都尉朝,朝授膠東庸生,庸生授胡常,常又傳《左氏》,授徐敖,敖又傳《毛詩》,授王璜、塗惲,惲授桑欽,王莽時諸學皆立。宋祁曰:新本改論作諸,則本作論學,改諸者實誤。論學,即指記説廷中言之。《左氏春秋》、《毛詩》、《逸

___

① 經學:《大》、《小戴》非宣帝時立。

禮》、《古文尚書》之立，①當在此時也。光武中興，《易》有施、孟、梁丘賀、京房，《書》有歐陽和伯、夏侯勝、建，《詩》有申公、轅固、韓嬰，《春秋》有嚴彭祖、顏安樂，《禮》有戴德、戴聖，凡十四博士。《後漢書·徐防傳注》引《漢官儀》。時尚書令韓歆上疏，欲爲《費氏易》、《左氏春秋》立博士。詔下其議。建武四年正月，朝公卿大夫，博士見於雲臺。范升與歆及許淑等互相辨難。升退，復奏言之。陳元聞之，詣闕上疏。升復與元相辯難，凡十餘上。帝卒立《左氏學》。大常選博士四人，元爲第一。帝以元新忿爭。乃用其次司隸從事李封。於是諸儒以《左氏》立，論議讙譁。自公卿以下，數廷爭之。會封病卒，《左氏》復廢。肅宗好《古文尚書》、《左氏傳》。建初元年，詔賈逵入講。帝善逵說。使出《左氏傳》大義長於二傳者。逵具條奏。帝嘉之。令逵自選《公羊》嚴、顏諸生高才者二十人，教以《左氏》。逵數爲帝言：《古文尚書》與經傳爾雅訓詁相應。詔令撰《歐陽》、《大》、《小夏侯尚書》古文同異。逵集爲三卷。帝善之。復令撰《齊》、《魯》、《韓詩》與毛氏異同，並作《周官解故》。八年，乃詔諸儒各選高才生受《左氏》、《穀梁春秋》、《古文尚書》、《毛詩》。由是四經遂行於世。皆拜逵所選弟子及門生爲千乘王國郎，朝夕受業黃門署。學者皆欣欣羨慕焉。據《後漢書·逵傳》，事亦見《章帝紀》。案逵奏言光武皇帝奮獨見之明，興立《左氏》、《穀梁》，會二家先師，不曉圖讖，故令中道而廢，則《穀梁》當光武時亦嘗立學也。《安帝紀》：延光二年，詔選三署郎及吏民能通《古文尚書》、《毛詩》、《穀梁春秋》各一人。《靈帝紀》：光和三年，詔公卿舉能通《尚書》、《毛詩》、《左氏》、《穀梁春秋》各一人，悉除議郎。《尚書》上當毎奪古文二字。靈帝熹平四年，立大學石經。盧植又上書，言《毛詩》、《左氏》、《周禮》宜置博士，未見聽。魏文帝黃初五年四月，立大學，制《五經》課試之法，置《春秋穀梁》博士。齊王正始六年，詔故司徒王朗所作《易傳》令學者得以課試。此兩漢三國諸經立學之大略也。

　　淺者一聞今古文之名，每謂其經文必有大異，其實不然。②《漢書·藝文志》云：劉向以中古文校歐陽、大、小夏侯三家經文，《酒誥》脫簡一，《召誥》脫簡二，率簡二十五字者，脫亦二十五字，簡二十二字者，脫亦二十二字，果如所言，文義豈復可解？鄭注《儀禮》，備詳今古文異字，不過位作立，義作誼之類，有關大義者安在？知《漢志》之云，乃曲學既興後之讕言。《後漢書·劉陶傳》：推三家《尚書》及古文，是正文字三百餘事，名曰《中文尚書》。其後遂有行賂定蘭臺漆書經字者。見《後漢書·蔡邕傳》、《宦者·呂强傳》、《儒林傳序》及《張馴傳》。斤斤於文字之末，乃東京一種風氣，其原則自西京末葉開之，西京中葉以前無

――――――――――

① 經學：左氏、毛詩、逸禮、古文尚書之立。
② 經學：今古文之異不在文字。

是也。今古學之異，實不在經文而在經説，《六經》本相傳古籍，孔子取以立教，不過隨順時俗，因書見義，所重原不在其書。孔門之傳經者，亦以經爲孔子口説所寓而重之，非重其經也。故漢儒引用，經傳每不立別。且徒讀《堯典》，有何意義？一讀《孟子·萬章上篇》，則禪讓之大義存焉。此篇與伏生之《書大傳》，《史記》之《五帝本紀》、《夏本紀》，互相出入，蓋同述孔門書説也。王魯，新周，故宋，《春秋》之大義存焉，既不見於經，亦不見於《公羊傳》，而《繁露》之《三代改制質文篇》著之，此口説可貴之驗。鼂錯上書，言皇大子所讀書多矣，而未深知術數者，不問其説也，多誦讀而不知其説，所謂勞苦而不爲功，漢武帝言吾始以《尚書》爲樸學，弗好，及聞兒寬説，可觀，乃從寬問一篇，宜矣。口説皆師師相傳，非徒讀書可得。劉歆訾今文之家，“信口説而背傳記，是末師而非往古”，而不自知其蔽之正在於此。蓋口説雖出末師，而淵源有自。傳記雖出往古，而創通之者悉是今人，奮數人之私智，斷不能如積古相傳之義之精也。此今古學之優劣也。

　　然古學家之弊，實亦今學家有以開之。《漢書·藝文志》曰：“古之學者耕且養，三年而通一藝，承其大體，玩經文而已。是故用日少而畜德多，三十而《五經》立也。後世經傳既已乖離，學者又不思多聞闕疑之義，而務碎義逃難。便辭巧説，破壞形體。説五字之文，至於二三萬言。後進彌以馳逐，幼童而守一藝，白首而後能言。安其所習，毀所不見，終以自蔽。此學者之大患也。”案《法言寡見》：“或問司馬子長有言曰：《五經》不如《老子》之約也。當年不能極其變，終身不能究其業。案此乃史談之言，揚雄誤繫之於遷。曰：若是，則周公惑，孔子賊。古之學者耕且養，三年通一。今之學也，非獨爲之華藻也，又從而繡其鞶帨，惡在《老》不《老》也？”劉歆訾“綴學之士，不思廢絶之闕，苟因陋就寡，分文析字，煩言碎辭，學者罷老，且不能究其一藝”。此班《志》之言所本。公孫弘年四十餘乃學《春秋》、《雜説》，馮奉世年三十餘乃學《春秋》，兒寬帶經而鉏，朱買臣儋束薪行且誦，並耕且養三年而通一經之證。《漢志注》引桓譚《新論》，言秦近君能説《堯典》篇目，兩字之説，至十餘萬言，但説曰若稽古三萬言。《儒林傳》秦恭延君，學出小夏侯，增師法至百萬言，延君蓋即近君。可見繁碎之弊，[①]西京中葉已開。漢世論者，無不以此爲患者。《後漢書·章帝紀》：建初四年詔，引中元元年詔書：《五經》章句煩多，議欲減省。至永平元

---

①　經學：煩瑣之弊，今文自啓之由，雜博非通博。意説（第五三五頁），因此折入佛教，由利禄貴游（第五三六頁）。

年,長水校尉儵樊儵。奏言先帝大業,當以時施行。於是下大常,將大夫、博士、議郎、郎官及諸生、諸儒會白虎觀,講議《五經》同異。使五官中郎將魏應承制問,侍中淳于恭奏,帝親稱制臨決,如孝宣甘露石渠故事。作《白虎議奏》。事亦見《丁鴻》及《儒林·魏應》、《李育傳》。《楊終傳》:終言宣帝博徵羣儒,論定《五經》於石渠閣。方今天下少事,學者得成其業,而章句之徒,破壞大體,宜如石渠故事,永爲後世則。於是詔諸儒於白虎觀論考同異焉。是石渠、虎觀,用意相同,皆爲減省煩多也。《三國志·劉表傳注》引《英雄記》,言表開立學宮,博求儒士,使綦毋闓、宋忠等撰立《五經》章句,謂之後定。《荀彧傳注》引《彧別傳》,亦言彧說大祖:集天下大才通儒,考論《六經》,刊定傳記,存古今之學,除其煩重。足見其情勢至漢末而猶未變。漢世諸儒,從事於刪定者亦多。如樊儵刪定《公羊嚴氏章句》,世號樊侯學。張霸以其猶多繁辭,減定爲二十萬言,更名張氏學。桓榮受學朱普,章句四十萬言,浮辭繁長,多過其實。及榮入授顯宗,減爲二十三萬言。榮子郁,復刪省,定成十二萬言。由是有《大》、《小大常章句》。楊終著《春秋外傳》十二篇,改定章句十五萬言。張奐師事大尉朱寵,學《歐陽尚書》,初,《牟氏章句》浮辭繁多,有四十五萬餘言,奐減爲九萬言。後辟大將軍梁冀府,乃上書桓帝,奏其章句,詔下東觀。其患之可謂深矣。然自宣帝以來,每一考論,輒增立異家,欲損反益,何哉?荀悅《申鑒》曰:"語有之曰:有鳥將來,張羅待之,得鳥者一目也,今爲一目之羅,無時得鳥矣。道雖要也,非博無以通。博其方,約其說。"悅謂今古不同,一源十流,若天水之違行,欲比而論之,謂必有可參者焉。因主備博士,廣大學。此乃漢人之公意。其於緯書,亦曰:"仲尼之作則否,有取焉則可,曷其燔?"此即劉歆所謂"與其過而廢之,毋寧過而存之"者也。學問愈研索愈精詳,所參證者愈多,則其門徑愈廣。今文諸師,大抵誦習成說,罕所發明。其善者,如韓嬰能推詩人之意,而作《內外傳》數萬言,止矣。能稽合羣經,觀其會通者卒鮮。此兼通五經之家,所以爲世所貴。如王吉、龔舍、夏侯始昌等是。然學有通博,有雜博。通博者,能知其要領,得所會歸者也。雜博者則徒能多識以炫耀流俗而已。漢世儒生,爲後人所宗者,莫如鄭玄,其著書可謂極多,而其支離滅裂亦最甚,即可見一時風氣,騖於雜博。徐幹《中論》曰:"凡學者,大義爲先,物名爲後。鄙儒之博學,務於物名,詳於器械,考於詁訓,摘其章句,而不能統其大義之所極,以獲先王之心,此無異乎女史誦詩,內竪傳令也。故使學者勞思慮而不知道,費日月而無成功。"《治學》。其言之可謂深切著明矣。夫爲人之學,則何所不至?《後漢書·徐防傳》載防上疏曰:"伏見大學試博士弟子,皆以意說,不修家法。私相容隱,開生姦路。每有策試,輒興訟訟。論議紛錯,互相是非。孔子稱述而不作。又曰:吾猶及史之闕文,疾史有所不知而不肯闕也。今不依章句，妄生穿鑿。以遵師爲非義，意説爲得理。輕侮道術，寖以成俗。誠非詔書實選本意。臣以爲博士及甲乙策試，宜從其家章句開五十難以試之。解釋多者爲上第，引文明者爲高説。若不依先師，義有相伐，皆正以爲非。雖所失或久，差可矯革。"此以意説，非有獨見，特《後漢書·儒林傳》所謂"章句漸疏，專以浮華相尚"者耳。學而徒以炫耀流俗爲務，其弊未有不至於此者也。《三國·蜀志·尹默傳》云：益部多貴今文，而不崇章句。默知其不博，乃遠遊荆州，從司馬德操、宋仲子受古學，此亦當時學者章句漸疏之一證。口給禦人，安有真是非可見？漢世論學，每多廷辯以決是非，[1]益使學者務於徇外。《漢書·朱雲傳》云："少府五鹿充宗貴幸，爲《梁丘易》。自宣帝時善《梁丘易》説。元帝好之，欲考其異同，令充宗與諸《易》家論。充宗乘貴辯口，諸儒莫能與抗，皆稱疾不敢會。有薦雲者。召入，攝齊登堂，抗首而請，音動左右。既論難，連拄五鹿君。故諸儒爲之語曰：五鹿嶽嶽，朱雲折其角。繇是爲博士。"《後漢書·儒林傳》："戴憑，年十六，舉明經，徵試博士，拜郎中。時詔公卿大會，羣臣皆就席，憑猶立。光武問其意。對曰：博士説經皆不如臣，而坐居臣上，是以不得就席。帝即召上殿，令與諸儒難説。憑多所解釋。帝善之，拜爲侍中。正旦朝賀，百僚畢會。帝令羣臣能説經者更相難詰。義有不通，輒奪其席，以益通者。憑遂重坐五十餘席。故京師爲之語曰：解經不窮戴侍中。"此等徒聳觀聽之舉，可以論學乎？《後漢書·魯恭傳》：恭弟丕言："説經者傳先師之言，非從己出，不得相讓，相讓則道不明。"此言固亦有理，然真意乎此者恐寡。《桓榮傳》："車駕幸大學，會諸博士論難於前。榮被服儒衣，温恭有蘊藉。辨明經義，每以禮讓相厭服，不以辭長勝人，儒者莫之及。"足見不禦人以口給者少矣。高貴鄉公幸大學，問諸儒，其辭備載於《三國志·本紀》，蓋以爲美談，然其精義安在？學術固未聞可以築室道謀者也。《後漢書·袁安傳》：子京，習《孟氏易》，作《難記》三十萬言。《儒林傳》：何休作《公羊墨守》、《左氏膏肓》、《穀梁廢疾》。《鄭玄傳》：玄乃發墨守，鍼膏肓，起廢疾。休見而歎曰：康成入吾室，操吾矛以伐我乎？蓋著書者亦頗以攻伐爲務矣。爲學者誠不宜豫存致用之心，然此特謂其用較遠，不當以急功近利之心求之耳，真學問未有無用者，果無用，必非真學問，未有不爲世所厭棄者也。先秦諸子，本皆欲以其道移易天下，故其學必以能淑世爲歸。董仲舒老病致仕，朝廷每有政議，數遣廷尉親至陋巷問其得失，於是作《春秋決獄》。其弟子吕步舒，治淮南獄，以《春秋》義專斷不請。許商以治《尚書》，善爲算，舉治河。王式爲昌邑王師，昌邑廢，羣臣皆下獄。使者責問：師何以無諫書？式對曰："以三百五篇諫。"按龔遂諫王，亦曰："大王誦《詩》三百五篇，人事浹，王道備，王所行中《詩》一篇

---

[1] 經學：論學廷辯之非。

何等也?"《儒林傳》。則式之對,非苟免之辭也。此今學真傳,無不切於人事之證。《禹貢》治河,似近疏闊,然經文雖不足用,傳説未嘗不可備舉山川形勢及治水之方也。此亦精義存於傳説不在本文之一證。即古學之興,亦未嘗不如此。《漢書・藝文志》言:《樂》、《詩》、《禮》、《書》、《春秋》,"蓋五常之道,相須而備,而《易》爲之原"。"至於五學,世有變改,猶五行之更用事。"又論九流之學,謂其"各引一端,崇其所善,辟猶水火,相滅亦相生。天下同歸而殊塗,一致而百慮。若能修六藝之術,而觀此九家之言,舍短取長,則可以通萬方之略矣"。此誠足以開拓心胸,救拘墟之失。然其後,今古兩家,皆流於瑣碎,有形質而無精神,使明哲之士,不得不折而入於佛老者? 則其徒之謭世取寵實爲之。而儒生之徒務謭世取寵,則由利祿之途既開,競懷苟得之計;抑貴游之子,富厚之家,事此者多,其人皆飽食煖衣,輕淺寡慮,不復能深思力學,抑多輕俊自喜,徒欲誇耀流俗故也。然則儒學之見尊崇,未嘗非儒學之不幸矣。

第四節　百　家　之　學

百家二字有兩義:[①]一《漢書・藝文志》小説家有《百家》百二十九卷,此爲小説一家之學。一大史公言:百家言黄帝,其文不雅馴;《五帝本紀贊》。《漢書》稱孝武帝罷黜百家;《本紀贊》。此該儒家以外諸家言之也。近今論者,多謂自漢武帝以後,百家之學日就式微,謂學術之盛昌,由於時君之獎厲;時君之獎厲,由於國勢之阽危;故自嬴秦統一,競争絶而學術遂衰,此言似是而實非。[②]《漢書・藝文志》諸子十家,惟名、墨二家無秦、漢人著述;《兵書略》中《兵陰陽家》及《數術略》、《方技略》各四家,有無秦、漢人著述不明;餘率皆有,或頗多。抑先秦之學,所以異於後世者爲專門。專門之學,弟子率皆誦述其師之言,無甚出入。試觀賈誼陳政事,多襲《大戴》之言,鼂錯言兵事,或同《管子》之説《參患》。可知。然則即謂諸家中皆無秦、漢人之書,而能傳先秦之書,即是能傳先秦之學矣。況其傳授及好尚,見於《史》、《漢》、《三國志》者,尚章章不可誣邪?

漢初以道家之學著者爲蓋公,史稱其善治黄、老言;《史記・曹相國世家》。次則陳丞相,史稱其少時本好黄帝、老子之術;此皆出於漢初,其必爲先秦傳授無疑。此外:《田叔傳》稱其學黄、老術於樂鉅公所,《大史公自序》言其父談習

---

① 學術:漢百家之學皆有傳授(見第十九章第四節所輯略備)。
② 學術:謂漢時諸家之學皆衰非(第五三七一五四〇頁)。

道論於黃子，皆明著授受源流。《鼂錯傳》：鄧公子章、以修黃、老言顯諸公閒。《張釋之傳》：王生善爲黃、老言。《直不疑傳》：不疑學老子言。《汲鄭列傳》：黯學黃、老之言，莊好黃、老之言。《外戚世家》言竇大后好黃帝、老子言，景帝及大子諸竇，不得不讀《黃帝》、《老子》，《漢書》作老子書，無黃帝字，蓋傳寫奪漏。尊其術。《魏其武安列傳》言竇大后好黃、老言。《儒林傳》言竇大后好黃、老之術。又云竇大后好老子書。《漢書・楚元王傳》：元王曾孫德，少修黃、老術。《楊王孫傳》云：學黃、老之術。《王貢兩龔鮑傳》言嚴君平卜筮於成都市，裁月閲數人，得百錢足自給，則閉肆下簾而授《老子》。依老子、嚴周之指，著書十餘萬言。《叙傳》言班嗣雖修儒學然貴老、嚴之術。《後漢書・耿弇傳》：父況，與王莽從弟伋，共學《老子》於安丘先生。又云：弇少好學，習父業，則弇亦當通《老子》。《任光傳》：子隗，少好黃、老。《鄭均傳》：少好黃、老書。《楊厚傳》：修黃、老教授，門生上名録者三千餘人。《樊宏傳》：族曾孫準，父瑞，好黃、老言。《范升傳》：九歲通《論語》、《孝經》。及長，習《梁丘易》、《老子》，教授後生。《翟酺傳》：酺好《老子》。《馬融傳》：注《孝經》、《論語》、《詩》、《易》、《三禮》、《尚書》、《列女傳》、《老子》、《淮南子》、《離騷》。《蔡邕傳》：六世祖勳，好黃、老。《酷吏傳》：樊曄子融好黃、老。《方術傳》：折像好黃、老言。《逸民傳》：向長通《老》、《易》。高恢少好《老子》。見《梁鴻傳》。矯慎少學黃、老。《三國・吳志・虞翻傳》：爲《老子》、《論語》、《國語》訓注，皆傳於世。又《魏志・劉表傳注》引《零陵先賢傳》：言劉先尤好黃、老言。此皆正始以前，好道家言者具見於史者也。雖不皆言其傳授，然如楊厚者，門生著録至三千人，則其多有傳授可知矣。又有史不明言其學術，然觀其言行，即可知其宗尚者。如朱穆，史不言其學《老子》，然所作《崇厚論》，申貴道德賤仁義之旨，又明引老氏之經；周舉子勰，史亦不言其學《老子》，而言其隱處竄身，慕老聃清净，杜絶人事是也。此等若細加句考，恐尚不止此一兩人也。

　　陰陽家之傳，見於列傳者：《漢書・嚴安傳》載其上書引鄒子之言。又《公孫賀傳》：祖父昆邪，著書十餘篇。師古曰："《藝文志》陰陽家有《公孫渾邪》十五篇是也。"《五行志》曰："景、武之世，董仲舒治《公羊春秋》，始推陰陽，爲儒者宗。宣、元之後，劉向治《穀梁春秋》，數其禍福，傳以《洪範》，與仲舒錯。至向子歆，治《左氏傳》，其《春秋》意亦已乖矣，言《五行傳》又頗不同。"又曰："孝武時，夏侯始昌通《五經》，善推《五行傳》。以傳族子夏侯勝。下及許昌，皆以教所賢弟子。其傳與劉向同，惟劉歆傳獨異。"《眭弘等傳贊》曰："漢興，推陰陽言災異者：孝武時有董仲舒、夏侯始昌，昭、宣則眭孟、夏侯勝，元、成則京房、翼奉、劉向、谷永，哀、平則李尋、田終術。"案陰陽五行之説，原出明堂，儒家與陰陽家同祖焉。故賈誼欲改正朔、易服色、法制度，草具其事儀法，色尚黃，數用五；魏相表采《易》陰陽及《明堂月令》奏之；其說皆與陰陽家言相出入。然漢世通學之風既開，儒者多務左右采獲，安必不及於異家？然則諸儒之言陰陽者，或兼有取於陰陽家言，未可知也。《成帝紀》：陽朔二年，春，寒，詔曰："昔在唐堯，立羲和之官，命以四時之事，令不失其序，故《書》云：黎民於蕃時雍，明以陰陽爲本也。今公卿大夫，或不信陰陽，薄而小之，所奏請多違時政，傳以不知，周行天下，而欲望陰陽和調，豈不繆哉？其務順四時月令。"蓋漢自中葉以後，陰陽家之說，寖以盛行矣。惜多務於虛文，能言大改革者卒少耳。魏相好奉行故事，而亦好言陰陽，其明證也。

《史記·張叔傳》云：孝文時以治刑名侍大子。《儒林傳》言孝文帝本好刑名之言。《鼂錯傳》：學申、商刑名於軹張恢先所，先，《漢書》作生，蓋傳鈔者所改。與雒陽宋孟及劉禮同師。劉禮，《漢書》作劉帶。《自序》曰：鼂錯明申、商。蓋文帝本好刑名之言，景帝則夙受此學，故文帝於鼂錯，雖未大用，頗聽其言，景帝遂大用其策也。《漢書·東方朔傳》云：朔上書陳農戰彊國之計，因自訟獨未得大官，欲求試用。其言，專商鞅、韓非之語也。指意放蕩，頗復詼諧。辭數萬言。終不見用。朔之書，《藝文志》在雜家，雜家之學，兼儒、墨，合名、法，朔安足以語此？正所謂漫羨而無所歸心者耳。《漢志》蓋特因其書無所隸屬，而入諸雜家，非謂其能通雜家之學也。不通雜家之學，而能爲商鞅、韓非之語，正當於法家之書，略嘗誦習耳。《後漢書·酷吏傳》：周紆好韓非之術，陽球好申、韓之學，皆當有所受之也。

《史記·酷吏傳》云：邊通學長短，《漢書·張湯傳》作短長。應劭曰："短長術興於六國時，長短其語，隱謬，用相激怒也。"張晏曰："蘇秦、張儀之謀。趣彼爲短，歸此爲長，《戰國策》名短長術也。"案古以辭之多少，或其所言之大小，分簡策之短長。游說者固須抵掌陳辭，亦須談言微中；固當熟於民生國計，亦或兼及閭里謏聞；短長之書，實所兼習，遂以名其學耳。《主父偃傳》：學長短縱橫之術，則兼術與其所習之書以爲名也。縱橫之學，漢初最爲風行。隨何、酈食其、陸賈、劉敬、蒯通、安其生、田生、曹丘生，固當有所受之。說張耳、陳餘之厮養卒，說項羽之外黃舍人兒，似乎天資特高，無所承受。然古之學者耕且養，三年而通一經，本不如治章句者之必須下帷呫嗶，亦安知其無所受之邪？一統以後，此學稍衰，然王先生、公孫獲等，亦其類。見《漢書·鄒陽傳》。武帝賜嚴助書曰"具以《春秋》對，毋以蘇秦從橫"，則助亦能通從橫之學也。①

①　學術：雜家至漢實多，武帝賜嚴助書，具以《春秋》對，毋以蘇秦縱橫。可見賈生多通，鼂錯淺於書（第五四〇頁），博士不限儒家（第五四〇頁）。

　　雜家之學，見於列傳者，有武安侯。《史記》云：學《槃盂》諸書，《漢書》同。孟康曰："《孔甲盤盂》二十六篇，雜家書。"晉灼曰："案《藝文志》，孟説是也。"

　　兵法傳授，見於列傳者頗多。《史記·留侯世家》言其受一編書於下邳圯上老父，旦日，視其書，乃《大公兵法》也，其言誠涉荒怪。下文又言良數以《大公兵法》説沛公，似亦誕謾不足信。然《藝文志》言張良、韓信序次兵法，則良必通兵法可知。謂其受諸下邳老父，誕，其學必有所受之，則可知也。《漢書·馮奉世傳》云：讀《兵法》，明習。《宣元六王傳》：朱博遺淮陽憲王書曰："聞齊有駟先生，善爲《司馬兵法》，大將之才也。"《後漢書·耿弇傳》：弇弟子秉，能説《司馬兵法》。《竇融傳》：融弟子固，喜兵法。《馮緄傳》：少學《春秋》、《司馬兵法》。《左雄傳注》引謝承書，言徐淑善誦《大公六韜》。《孔融傳》：曹操與融書，言融盛歎郗慮明《司馬法》。《三國·魏志·賈逵傳》：自爲兒童戲弄，常設部伍，祖父習異之，口授《兵法》數萬言。《魏志·武帝紀注》引孫盛《異同雜語》：言大祖博覽羣書，特好兵法。抄集諸家兵法，名曰《接要》，又注孫武十三篇，皆傳於世。《吳志·孫權傳注》引《吳錄》：言沈友兼好武事，注《孫子兵法》。建安九年。《朱治傳注》引《吳書》，言治子才學兵法。此皆當有授受。《吕蒙傳注》引《江表傳》，言孫權謂蒙及蔣欽：宜急讀《孫子》、《六韜》，《蜀志·先主傳》引《諸葛亮集》，載其遺詔勅後主：間暇略觀《六韜》，此自與經生呫嗶有異，然專門之學，非有授受不能通，恐亦不容不迎師請益也。魏武帝自作兵書十餘萬言，諸將征伐，皆以《新書》從事。《紀》建安二十五年注引《魏書》。王昶著兵書十餘篇，言奇正之用。諸葛亮損益連弩木牛流馬，推演兵法，作《八陣圖》。皆見本傳。蓋亦因舊法而引伸之也。連弩、木牛流馬，疑原出兵技巧家。

　　秦、漢之世，百家之學，見於《史》、《漢》、《三國志》紀、傳者如此，合《漢志》所載之書觀之，諸學之未嘗廢絶；彌可見矣。安得謂一經漢武之表章罷黜，而百家之學，遂微不足道邪？

　　博士一官，爲學術之所繫，初亦不專於儒。秦世有名家黃公爲博士，又有占夢博士，已見第二章第三節。孔甲爲陳涉博士，漢王拜叔孫通爲博士，固屬儒家。然《史記·屈賈列傳》言：賈生年少，頗通諸子百家之書，而文帝召以爲博士。今觀生所作《鵩鳥賦》引禍福倚伏，《陳政事疏》引黃帝曰：日中必熭，操刀必割，又引屠牛坦解牛事，乃道家言；引《筦子》禮、義、廉、恥、國之四維，則法家言；欲改正朔，易服色，則陰陽家言；則信乎其於諸子百家之書，多所通曉也。《鼂錯傳》云：大常遣錯受《尚書》伏生所，還，因上書稱説，詔以爲大子舍人門大夫，遷博士。錯曾受《尚書》與否，事殊可疑。即謂其説可信，而就錯之言行觀之，殊未見其服膺儒術，必於張先所得深，於伏生所得淺矣。至公孫臣亦被召爲博士，《史記·本紀》、《封禪書》、《張丞相列傳》、《漢書·郊祀志》、《張蒼列傳》皆同。則更與儒學無涉。《漢書·景十三王傳》云：河閒獻王立《毛詩》、《左氏春秋》博士。《儒林傳》：毛公、貫公爲河閒獻王博士。《百官公卿表》言漢初王國羣卿大夫都官如漢朝，則列國皆有博士，河閒而外，鮮或崇儒，此亦博士不專於儒之一證。劉歆移大常博士云：“孝文皇帝時，天下衆書，往往頗出，皆諸子傳記，猶廣立於學官，爲置博士。”翟酺言“孝文皇帝始置一經博士”。趙岐《孟子題辭》言：“孝文皇帝欲廣游學之官，《論語》、《孝經》、《孟子》、《爾雅》皆置博士。後罷傳記博士，獨立《五經》而已。”則經學之漸重，蓋自文帝以來。《史記·循吏傳》云：公儀休爲魯博士，似是儒家。然《漢書·賈山傳》言：山祖父袪，故魏王時博士弟子，山受學袪，所言涉獵書記，不能爲純儒，則袪之非純儒可知。近人錢穆云：《五經異義》云：戰國時齊置博士之官，蓋即稷下先生。見所著《先秦諸子繫年考辨·稷下通考》。案《史記·田齊世家》言：宣王喜文學游説之士，自如騶衍、淳于髡、田駢、接子、慎到、環淵之徒七十六人；《新序》言騶忌既爲齊相，稷下先生淳于髡之屬七十二人皆輕騶忌，相與往見；而諸書多言博士七十餘人，蓋其制實昉自齊。錢氏言稷下諸生姓名顯者，有淳于髡、慎到、田駢、環淵、接子、宋鈃、尹文、鄒奭、荀卿，其人固多非儒家。則凡有學問者皆可爲博士，乃戰國以來相承之法，至漢武帝立《五經》博士而始一變也。《史記·叔孫通列傳》：陳勝起山東，使者以聞，二世召博士諸儒生問。博士諸生三十餘人前曰：人臣無將，將即反，罪死無赦。一似無不治《春秋》之學者，蓋古人於此等處，往往以意敷衍，非必紀實之辭，不足信也。然則自孝景以前，諸子之學，未嘗不平流而進，而何以其興盛卒不逮儒家邪？則知學術之盛衰，宗派之隆替，實與社會風尚之關繫深，而與國家政令之關繫淺矣。說見第五章第二節。

　　秦、漢人之著述，多已無傳於後。就其存者而觀之，凡可分爲三品：通博而好深沈之思，其上焉者也，如賈誼、董仲舒、揚雄、劉向、歆、桓譚之徒是也。賈生學最博通，讀《新書》可見。董生專於儒家，規模之恢廓，不逮賈生，然亦極精通貫。揚子雲及劉子政、子駿父子，皆極愽洽，而能爲深沈之思，則子雲、子駿似更勝。桓君山，宋弘稱其殫見洽聞，幾及揚雄、劉向父子，亦東京第一流人物也。持論能覈實者次之，如王充是也。①充最爲近人所稱道，幾以爲千古一人，此過於其實。充之論，蓋上承名法家之餘緒，凡名法家之持論，固多能覈實，試三復《韓非》可知。其專重物質，則形法家之見也。見《先秦史》第十五章第五節。《後漢書·儒林傳》言：趙曄著《詩細》，蔡邕讀而歎息，以爲勝於《論衡》。邕亦通人，所賞鑒必不妄。《論衡·訂妖篇》列時人之説凡八，第八説實與充同，而前七説亦多饒理致，未必短於充。知當時見解與充相類者，尚不乏人，

---

　　①　學術：《論衡》非獨絶之書。

特其説無傳於後耳。雖不能自成一家，而知解所及，亦能不爲凡俗所囿，其下焉者也，如孔融是也。《後漢書·融傳》：路粹奏融曰："與禰衡跌蕩放言。云父之於子，當有何親？論其本意，實爲情欲發耳。子之於母，亦復奚爲？譬如寄物缻中，出則離矣。"《三國志》融事附《崔琰傳》。《注》引《魏氏春秋》載大祖令曰："此州人説平原禰衡，受傳融論，以爲父母與人無親，譬若甀器，寄盛其中。又言若遭饑饉，而父不肖，寧贍活餘人。"此等見解，在當日似不易得，然特激於流俗之拘墟，敢於立異而已。父母之恩，不在生而在養，人人能言之，平心思之，原未必有何難解也。大抵當時之士，鶩心玄遠者，多好言哲學，欲窺見宇宙萬物之本原。此觀《大玄》之受人推重可知。劉歆、桓譚之説，已見《漢書·雄傳》，即班氏亦備致推崇。《後漢書·張衡傳》：衡好《玄經》，謂崔瑗曰："吾觀《大玄》，方知子雲妙極道數，乃與《五經》相擬，非徒傳記之屬。"衡欲説《彖》、《象》殘缺者不能就，而著《靈憲》等篇，其學問途轍，實與雄同也。《三國·魏志·王肅傳》：年十八，從宋忠讀《大玄》，更爲之解。《吳志·陸績傳》：作《渾天圖》，注《易》，釋《玄》，皆傳於世。《評》稱其於揚《玄》，是仲尼之丘明，老聃之嚴周。又陸凱好《大玄》，論演其意以筮。又《魏志·王粲傳》：下邳桓威，年十八而著《渾輿經》，皆好據天地自然之象，以言哲學者也。而其切於實際者則仍以儒、法二家爲盛。[1] 儒家爲時顯學，衆所共知。法家似較式微，實則明察之上，才智之臣，無不陰用之者。漢宣帝謂漢家自有制度，以霸王道雜之，王指儒，霸指法，已見第六章第一節。胡廣言漢承周、秦，兼覽殷、夏，祖德師經，參雜霸軌，亦即宣帝之説。足見一朝治法，爲閑於掌故者所共知。而崔寔言"今既不能純法八世，故宜參用霸政"，亦此意也。《史記·六國表》曰："傳曰法後王，何也？爲其近己而俗變相類，議卑而易行也。"張釋之補謁者，朝畢，前言便宜事。文帝曰："卑之，無甚高論，令今可行也。"於是釋之言秦、漢之閒事，秦所以失，漢所以興者，文帝稱善。此即法後王之説。張敞謂漢家承敝通變，造起律令，即以勸善禁姦，詳見第一節。亦此意也。桑弘羊實非聚斂之臣，深通名法之學，已見第十八章第五節。桓寬不祖法學，而亦稱弘羊博學通達，足見其學自不可誣。見《公孫劉車王楊蔡陳鄭傳贊》。考功課史之法，蓋出於焦延壽，而京房傳之，至劉劭等猶承其緒，亦已見第六章第一節、第十八章第四節。王符、仲長統、崔寔，著述具存，今日讀之，猶虎虎有生氣。魏武帝與孔融書曰："孤爲人臣，進不能風化海內，退不能建德和人，然撫養戰士，殺身爲國，破浮華交會之徒，計有餘矣。"此非徒相脅迫之言。《三國·魏志》載公建安八年五月已酉令，以"古之將者，軍破於外而家受罪於內。自命將征行，但賞功而不罰罪，非國典也。其令諸將出征，敗軍者抵罪，失利者免官爵"。《注》引《魏書》載庚申令曰："議者或以軍吏雖有功，德行不足堪任郡國之選，所謂可與適道，未可與權。管仲曰：使賢者食於能，則上尊，

---

① 學術：儒法最盛。

鬥士食於功，則卒輕於死，二者設於國，則天下治，未聞無能之人，不鬥之士，並受禄賞，而可立功興國者也。"此實法家之精義。陳壽稱其攬申、商之法術，信不誣矣。諸葛亮尤以任法稱。張裔稱其"賞不遺遠，罰不阿近，爵不可以無功取，刑不可以貴勢免"，而陳壽稱其效曰"吏不容姦，人懷自厲"，其能以一州之地，蹈涉中原，抗衡上國，固有其由。不特此也，《先主傳注》引《諸葛亮集》載先主遺詔，勑後主間暇歷觀諸子及《六韜》、《商君書》，益人意志。則凡嘗歷艱難之主，無不知名法之足以救時者矣，亦時勢使然也。專制之世，官吏之與人民，利害實正相反。君主則調停於其閒，使其不畸重輕，以至決裂。其要在於嚴以察吏，寬以馭民。法家之學，兼苞法、術二端。法以驅策其民，術以督責其吏。秦始皇帝既並天下，法家之學，宜退舍矣，而執持不變，卒以召亡。自漢初至於文、景清净不擾之治，及夫元帝以後務存寬恤之政，皆所謂寬以馭民；而如漢宣帝、後漢世祖、顯宗、魏武帝、諸葛武侯之所爲，則所謂嚴以察吏者也。諸學稍微，而儒法見任，固事勢使然，不容以淺見訾議矣。

第五節　史　　學

史籍之原有二：一爲史官所記，一則私家傳述也。《史記·六國表》云："秦既得意，燒天下詩書，諸侯史記尤甚，爲其有所刺譏也。詩書所以復見者，多藏人家，而史記獨藏周室，以故滅，惜哉！惜哉！獨有秦記，又不載日月，其文略，不具。"①此周室二字，當苞諸侯之國言，乃古人言語以偏概全之例，非謂王室能備藏列國之史籍也。然則秦記以外，列國史籍之在官者，皆付諸一炬矣。秦時有大史令，胡母敬居之。漢則司馬談、遷父子相繼居其職。《漢書·司馬遷傳注》：如淳曰：《漢儀注》：大史公，②武帝置，位在丞相上。天下計書，先上大史公，副上丞相。序事如古春秋。遷死後，宣帝以其官爲令，行大史公文書而已。晉灼曰：《百官表》無大史公，又衛宏所説多不實，未可以爲正。師古曰：談爲大史令耳，遷尊其父，故謂之爲公，如説非也。《史記·孝武本紀集解》：韋昭曰：《史記》稱遷爲大史公者，是外孫楊惲所稱。《索隱》：虞喜《志林》云，古者主天官者皆上公。自周至漢，其職轉卑，然朝會坐位，猶居公上，尊天之道。其僚屬仍以舊名尊而稱公。二名當起於此。桓譚《新論》以爲大史公造書，書成示東方朔，朔爲平定，因署其上。楊惲繼此而稱。又《自序·集解》引臣瓚曰：《茂陵中書》司馬談以大史丞爲大史令。《索隱》云公者，遷所著書尊其父云公也。案古重天道，史官既記天事，故其職甚尊，此理所可有。官屬稱謂，即當時口語，據以成文，亦當時史籍通

---

① 史籍：秦焚書，列國史籍皆盡。
② 職官：大史公稱公。大史藏書甚多（第五四四頁）。

例。虞喜之説,似最允當。《漢表》記百官沿革,未必皆具,漢初曾遣御史監郡,而《表》不及,即其一徵。《百官志》:大史令僅六百石,而《自序·索隱》引《漢舊儀》云:大史公秩二千石,恐亦不足據也。據《續漢書·百官志》,太史令之職,實以天文爲重,然其所藏圖籍極多。《漢書·宣元六王傳》:東平思王孚來朝,上疏求諸子,大史公書。王鳳言:諸子書或反經術,非聖人,或明鬼神,信物怪;大史公書有戰國縱橫權譎之謀,漢興之初,謀臣奇策,天官災異,地形阨塞,皆不宜在諸侯王,不可予。案談、遷之書無地理志,則鳳所言者乃大史之官之藏書,而非《藝文志》所著録之《大史公書》也。《大史公自序》言爲大史令,紬史記金匱石室之書,《史記》正鳳所謂戰國從橫權譎之謀,漢初謀臣奇策;金匱石室之書,則鳳所謂天官災異,地形阨塞者也。惟著述别是一事。談、遷有作,乃其私家之業,而非當官之職也。繼談、遷而序事者,或奉詔爲之,如劉駒驗、劉毅、劉珍、李尤,駒驗,臨邑侯復之子,復,齊武王縯之孫也。復與班固、賈逵共述漢史,駒驗及從兄平望侯毅,並有才學。永寧中,鄧大后詔毅及駒驗入東觀,與謁者僕射劉珍著中興以下名臣列士傳,事見《後漢書·齊武王傳》。《張衡傳》:永初中,謁者僕射劉珍校書郎劉駒驗等著作東觀,撰集漢記,因定漢家禮儀,上言請衡參論其事。會並卒,而衡常歎息,欲終成之。及爲侍中,上疏請得專事東觀,收拾遺文,畢力補綴。又條上司馬遷、班固所叙與典籍不合者十餘事。又以爲王莽本傳,但應載篡事而已,至於編年月,紀災祥,宜爲元后本紀。又更始居位,人無異望,光武初爲其將,然後即真,宜以更始之號,建於光武之初。書數上,竟不聽。珍及李尤,並見《文苑傳》。《珍傳》云:永寧元年,大后詔珍與駒驗作建武已來名臣傳。《尤傳》云:安帝時爲諫議大夫,受詔與謁者僕射劉珍俱撰漢記。盧植、馬日磾、蔡邕、楊彪、韓説《後漢書·盧植傳》:徵拜議郎,與諫議大夫馬日磾、議郎蔡邕、楊彪、韓説等並在東觀校中書五經、記傳,補續漢記。《蔡邕傳》:召補郎,校書東觀。光和元年,徙朔方。邕前在東觀,與盧植、韓説等撰補後漢記。會遭事流離,不及得成,因上書自陳,奏其所著《十意》。帝嘉其才高,會明年大赦,乃宥邕還本郡。楊終等是。《後漢書》本傳云:受詔删大史公書爲十餘萬言。《華陽國志·先賢仕女總贊》云:明帝時,與班固、賈逵並爲校書郎,删大史公書爲十餘萬言。案此指後來所記,非談遷之書。亦有私家發憤爲之者,則如馮商、班彪是也。見下。《三國·蜀志·後主傳平》云:"國不置史,①注記無官,是以行事多遺,災異不書。"然景耀元年,又書"史官言景星見"。蓋其史職,亦重天文,而闕於注記耳。吳有左、右國史,薛瑩、華覈爲之,皆見《吳志》本傳。又《韋曜傳》:諸葛恪輔政,表曜爲大史令,撰《吳書》。華覈、薛瑩等皆參與其事。則非專重天象者矣。

　　注記之職,漢世亦有之。《後漢書·明德馬皇后紀》,自撰顯宗起居注是也。《馬援傳》:援兄子嚴,永平十五年詔與校書郎杜撫、班固等雜定建武注記。《和熹鄧皇后紀》:元和五年,平望侯劉毅,以大后多德政,欲令早有注記,上書安帝,言漢之舊典,世有注記,宜令史官著長樂宮注。帝從之,則亦事後然後從事於哀輯也。

───────────

① 史籍:《國志》言蜀不置史,非無史官。

注記撰述,既由於官,遂不免於忌諱回護,而秉筆者或且因之而獲禍焉。《後漢書·蔡邕傳》:董卓被誅,邕在王允坐,言之而歎,有動於色。允勃然,即收付廷尉。邕陳辭謝,乞黥首刖足,繼成漢史。士大夫多矜救之,不能得。大尉馬日磾馳往,謂允曰:"伯喈曠世逸才,多識漢事,當續成漢史,爲一代大典。且忠孝素著,而所坐無名,誅之無乃失人望乎?"允曰:"昔武帝不殺司馬遷,使作謗書,流於後世。方今國祚中衰,神器不固,不可令佞臣執筆,在幼主左右,既無益聖德,復使吾黨蒙其訕議。"此事亦見謝承書,《三國志·董卓傳注》引之。裴松之謂邕情必不黨;縱復令然,不應言於王允之坐;斯殆謝承之妄記。固也。然時必有以馬遷之作爲謗書者,①後人乃有此附會之辭。《後書注》引《班固集》云:"司馬遷著書成一家之言,至以身陷刑故,微文刺譏,貶損當世,非義士也。"《三國志·王肅傳》:明帝問肅:"司馬遷以受刑之故,内懷隱切,著《史記》非貶孝武,令人切齒。"可見當時多有此説。善夫孔僖之言之也,曰:"凡言誹謗者,謂實無此事,而虚加誣之也。至如孝武皇帝,政之美惡,顯在漢史,坦如日月,是爲直説書傳實事,非虚謗也。"裴松之亦曰:"遷但不隱孝武之失,直書其事耳,何謗之有乎?"班彪豈不知新末起兵,假託劉氏者,但爲愚人習識姓號,乃以姻婭之故,強謂漢承堯後,必當復興,豈非偏私佞媚之尤?而固且敢曲詆司馬氏。烏乎!孟子曰"暴其民甚,則身弒國亡,不甚則身危國削,名之曰幽厲,雖孝子慈孫,百世不能改也",何其班氏之祖漢,愈於孝子慈孫之曖其父祖也?李法譏史官記事不實,後世有識,尋功計德,必不明信,坐失旨免爲庶人。馬后撰顯宗起居注,削去兄防參醫藥事。劉瑜上書陳事,譏切中官,竇武引爲侍中。武敗,瑜被誅,宦官悉焚其上書,以爲謅言。魏明帝詔收黄初中諸奏陳思王罪狀。公卿已下議:尚書、中祕書、三府、大鴻臚者皆削除之。蓋枉史事以順一人一家之好惡久矣,豈不哀哉!荀悦《申鑒》曰:"得失一朝,榮辱千載,善人勸焉,惡人懼焉。宜於今者,備置史官,掌其典文,紀其行事。每於歲盡,舉之尚書,以助賞罰,以弘法教。"亦幸而其議未行耳,使其行之,黨同伐異,惡直醜正之禍,又可勝道哉?

　　古史皆國自爲紀。公卿大夫所稱述,農夫野老之流傳,亦皆散無友紀。及談、遷有作,乃舉古事之可記者,下逮當世,悉網羅之於一編,誠通史之弘著也。抑通史之義有二:萃古今之事於一編,此通乎時者也。合萬邦之事於一簡,此通諸地者也。自古所謂世界史者,莫不以其所知之地爲限。當談、遷之

---

①　史籍:詆《史記》爲謗書之誣。

時，所知之世界，固盡於其書之所著，則謂其書爲當時之世界史可也。其創制之功，亦偉矣哉！遷書之作；班氏父子謂其采《左氏》、《國語》，删《世本》、《戰國策》，述《楚漢春秋》，①接其後事。據《漢書・遷傳贊》及《後漢書・彪傳》彪論《史記》之語。其言不甚可信。古人撰録舊書，例不改其辭句，如《漢書・陳勝列傳》仍《史記世家》至今血食之文，其明驗也。遷書所述之事，雖與《左》、《國》或同，而其辭絶異，安得謂其曾見《左》、《國》？又其所述，與今《戰國策》，亦有異同，《史記・呂不韋傳》：呂不韋者，陽翟大賈人也。《索隱》：《戰國策》以不韋爲濮陽人，又記其事迹，亦多與此傳不同，班固雖云大史公據《戰國策》，然爲此傳當别有所聞見，故不全依彼説。或者劉向定《戰國策》時，以己異聞，改易彼書，遂令不與《史記》合也。案此論甚通。則其所見者，亦非今之《戰國策》也。《漢書・遷傳贊》但云“漢興，伐秦定天下，有《楚漢春秋》”，不云誰撰；而《後書・班彪傳》云：“漢興定天下，大中大夫陸賈記録時功，作《楚漢春秋》九篇。”蓋妄人所改，非彪之舊。今就遷書而剖析之，其所據者蓋有五：②《春秋》，一也；《尚書》，其較後者曰語，二也；此古左右史之所記。《春秋》爲記事之史，《尚書》爲記言之史。由記言推廣之而及於記行，則成今之《國語》矣。《左氏》是否據《國語》纂輯姑措弗論，要其爲書，必與《國語》同類，則無疑也。《史記》列傳，即原於語。故在他篇中述及，仍稱爲語。如《秦本紀》述商鞅説孝公變法曰“其事在《商君語》中”，《孝文本紀》述大臣誅諸呂，謀立代王曰：“事在《吕后語》中”是也。《蕭相國世家》述吕后與何謀誅韓信曰“語在淮陰侯事中”，《留侯世家》述良解鴻門之危曰“語在項羽事中”，語、事二字，必淺人所互乙。《帝繫》、《世本》，三也，此古小史所職。經子之類，四也。身所聞見，五也。遷所據之書，雖不可知，其種類固猶可推見也。繼談、遷之後者：《漢志・春秋家》有《馮商所續大史公》七篇。《後漢書・班彪傳》曰：“司馬遷著《史記》，自大初已後，闕而不録。後好事者頗或綴集時事，然多鄙俗，不足以踵繼其書。彪乃繼采前世遺事，旁貫異聞，作後傳數十篇。”《注》曰：“好事者，謂揚雄、劉歆、陽城衡、褚少孫、史孝山之徒也。”《史通・古今正史篇》則云：“劉向，向子歆，及諸好事者，若馮商、衛衡、揚雄、史岑、梁審、肆仁、晉馮、段肅、金丹、馮衍、韋融、蕭奮、劉恂等，相次撰續，迄於哀、平間，猶名《史記》。至建武中，司徒掾班彪以爲其言鄙俗，不足以踵前史；又雄、歆褒美偽新，誤後惑衆，不當垂之後代。此可見新室美政，爲彪父子刊落殆盡，而今《漢書》述新室事，絶不足信也，可謂礦史矣。於是采其舊事，旁貫異聞，作後傳六十五篇。”諸家行事，向、歆、揚雄自有傳。馮商已見上。史岑見本集人物篇。晉

---

① 史籍：謂史公據《左》、《國》、《戰國策》非，《楚漢春秋》亦非陸賈撰（第五四八頁）。
② 史籍：《史記》所據五類。漢人治古史者不以司馬氏爲然（第五四八頁）。班氏刊落新室之美（第五四七頁）。

馮、段肅見《後書・班固傳》。馮衍自有傳。餘七人未詳。據浦起龍《通釋》。然知幾之言，必有所本也。彪子固，以彪所續前史未詳，乃潛精研思，欲就其業。人有上書顯宗，告固私改作國史者。有詔下郡收固繫京兆獄，盡取其家書。固弟超馳詣闕上書，得召見，具言固所著述意，而郡亦上其書。顯宗甚奇之。召詣校書部。除蘭臺令史。與前睢陽令陳宗、長陵令尹敏、司隸從事孟異共成《世祖本紀》。遷爲郎，典校祕書。固又撰功臣、平林、新市、公孫述事，作列傳、載記二十八篇，奏之。乃復使終成前所著書。固探續前記，綴集所聞，以爲《漢書》。起元高祖，終於孝平、王莽之誅，爲斷代史之首焉。彪女名昭，見《後書・列女傳》，云：兄固著《漢書》，其八表及《天文志》未及竟而卒，和帝詔昭就東觀藏書閣踵而成之。又云：《漢書》始出，多未能通者。同郡馬融，伏於閣下，從昭受讀。後又詔融兄續繼昭成之。其後則謝承作《後漢書》，見《三國・吳志・吳主權謝夫人傳》。王化作《蜀書》，《華陽國志・後賢志》：王化，字伯遠，廣漢郪人也。著《蜀書》及詩賦之屬數十篇。其書與陳壽頗不同。韋曜著《吳書》，見前。曜得罪後，華覈上疏救之，曰：《吳書》雖已有頭角，叙贊未述。昔班固作《漢書》，文辭典雅。後劉珍、劉毅等作《漢記》，遠不及固，叙傳尤劣。今《吳書》當垂千載。編次諸史，後之才士，論次善惡，非得良才如曜者，實不可使，闕不朽之書。如臣頑蔽，誠非其人。曜年已七十，餘數無幾。乞赦其一等之罪，爲終身徒，使成書業，永足傳示，垂之百世。晧不許，遂誅曜，徙其家零陵。又《吳志・步騭傳》：周昭與韋曜、薛瑩、華覈共述《吳書》。**斷代之體益盛。**

漢人頗多留意古史者。班彪譏司馬遷采撫經傳，分散百家之事，甚多疏略，不如其本。張衡條上遷、固所叙與典籍不合者十餘事，有曰：「史遷獨載五帝，不記三皇，今宜並録。」又曰：「《帝系》黃帝産青陽、昌意，《周書》曰：乃命少昊清，清即青陽也，今宜實定之。」韋曜因獄吏上辭曰：「囚昔見世間有《古歷注》，其所紀載，既多虛誣，在書籍者，亦復錯謬。囚尋按傳記，考合異同，采撫耳目所及，以作《洞紀》。起自庖犧，至於秦、漢，凡爲三卷。當起黃武以來，別作一卷。事尚未成。」此書與劉歆之《世經》，可並稱爲年代學之嚆矢也。譙周作《古史考》：《晉書・司馬彪傳》曰：「周以《史記》周、秦以上，或采俗語百家之言，不專據正經，於是作《古史考》二十五篇，皆憑舊典，以糾遷之謬誤。」案自西京末葉，考證之學漸興，故多不滿前人所爲者。然意存考證而其術未精，則其所去取，不免失當，轉不如博采或直録者，多存古史之真，此後世之言古史者，所以仍必以《大史公書》爲據也。然此特以今日之眼光觀之，在當時，則如譙周等，皆可謂能用心於古史者矣。漢人所作古史，存於今者，又有趙曄之《吳越春秋》，袁康之《越絶書》，皆以傳述之辭爲本，看似荒唐，然其可寶，轉在徒摭拾書傳者之上也。

　　述當代史實者：《漢志》所載：有《奏事》十二篇。《注》曰：秦時大臣奏事及刻石名山文也。《楚漢春秋》九篇。《注》云：陸賈所記。《大古以來年紀》二篇，蓋自大古至當代，故著之《大史公書》後。《漢著記》百九十卷。師古曰：若今之起居注。《漢大年紀》五篇，蓋專記漢世年代者也。《漢書·高帝紀》云："高祖不修文學，而性明達，好謀能聽。天下既定，命蕭何次律令，韓信申軍法，張蒼定章程，叔孫通制禮，陸賈造《新語》。"《史記·陸賈傳》曰："陸生時時前說，稱詩書。高帝罵之曰：乃公居馬上而得之，安事詩書？賈曰：居馬上得之，寧可以馬上治之乎？且湯、武逆取而以順守之。文武並用，長久之術也。昔者吳王夫差、知伯，極武而亡。秦任刑法不變，卒滅趙氏。鄉使秦已並天下，行仁義，法先聖，陛下安得而有之？高帝不懌，而有慚色，乃謂陸生曰：試爲我著秦所以失天下，吾所以得之者，及古成敗之國。陸生乃麤述存亡之徵。凡著十二篇。每奏一篇，高帝未嘗不稱善，左右呼萬歲。號其書曰《新語》。"夫既不知文學，安能遠鑑古初？陸生所述，雖或遠及古國，必以當世行事爲多也。《後漢書·應奉傳》云："著《漢書後序》，多所述載。"《注》引袁山崧書曰："奉又删《史記》、《漢書》及《漢記》，三百六十餘年，自漢興至其時，凡十七卷，名曰《漢事》。"子劭，又集解《漢書》。《荀悅傳》：獻帝好典籍，常以班固《漢書》，文繁難省，乃令悅依《左氏傳》體，以爲《漢紀》三十篇。此並因前賢以成書，要亦當世得失之林也。其志存當代掌故者，當以蔡邕爲最。邕所奏十意，曰《律曆》第一，《禮》第二，《樂》第三，《郊祀》第四，《天文》第五，《車服》第六，見《後書》本傳《注》引《邕別傳》。又《續書·律曆志注》載邕戍邊上章曰："臣自在布衣，常以爲《漢書》十志，下盡王莽，而世祖以來，惟有紀、傳，無續志者。臣所師事故大傅胡廣，知臣頗識其門戶，略以所有舊事。雖未備悉，麤見首尾。積累思惟，二十餘年。不在其位，非外吏庶人，所得擅述。天誘其衷，得備著作郎。建言十志皆當撰録。遂與議郎張華等分受之。"又言："科條諸志，臣欲删定者一，所當接續者四，前志所無臣欲著者三。及經典羣書，所宜捃摭，本奏詔書，所當依據，分別首目，併書章左。願下東觀，推求諸奏，叅以墳書，以補綴遺闕，昭明國體。章聞之後，雖肝腦流離，白骨剖破，無所復恨。"其志亦可謂勤矣。今所傳司馬彪之《律曆志》，仍本於邕。《禮儀》、《天文》二志，原出於邕，《禮儀志》譙周改定，《天文志》則周所續成，見《注》引謝沈書。《應奉傳》又云：奉爲司隸時，並下諸官府郡國，各上前人象贊，子劭乃連綴其名録，爲《狀人紀》。孔休有《季漢輔臣贊》，陳術著《益部耆舊傳》，《三國·蜀志·李譔傳》。皆網羅當世名人行事。李固之死，弟子趙承等共論固行迹，以爲《德行篇》。郭泰之卒，同志者共刻石立碑。蔡邕爲文。既而謂盧植曰："吾爲碑銘多矣，皆有慚德，惟郭有道無媿色耳。"此則專爲一人表章者也。然觀邕之言，則知阿私所好之弊，由來已久矣。

　　《漢志》史籍，附著《春秋》之末，後人因謂漢人尚不知重視史籍，非也。《漢書・楊惲傳》：戴長樂告惲，謂惲語長樂曰："正月以來，天陰不雨，此春秋所記，夏侯君所言也。"[1]張晏曰："夏侯勝諫昌邑王曰：天久陰不雨，臣下必有謀上者，《春秋》無久陰不雨之異也。漢史記勝所言，故曰春秋所記，謂説春秋災異者耳。"師古曰："《春秋》有不雨事，説者因論久陰附著之也。張謂漢史爲春秋，失之矣。"案上文又云"惲始讀外祖《大史公記》，頗爲春秋"，此兩春秋字，蓋皆泛指史籍言之，則張説實是。觀陸賈著書稱《楚漢春秋》可證。時人言史，蓋分《書》與《春秋》爲二科。[2] 司馬遷言《書》長於政，《春秋》長於治人。述其父談之言曰"今漢興，海内壹統，明主、賢君、忠臣、義士，予爲大史而不論載，廢天下之史文，予甚懼焉"，其自述其志，亦曰"予嘗掌其官，廢明聖盛德不載，滅功臣、賢士大夫之業，墮先人所言，罪莫大焉"；乃述當世之事之遜辭，其意則亦欲"善善惡惡，賢賢賤不肖"，以爲"天下儀表"耳。此《春秋》之科也。魏相好觀漢故事及便宜章奏，以爲古今異制，方今務在奉行故事而已，數條漢興已來國家便宜行事，及賢臣賈誼、鼂錯、董仲舒等所言，奏請施行之。此則《尚書》之科也。又有臨事求索者：如成帝欲治王氏，詔尚書奏文帝時薄昭故事，和帝將誅竇氏，欲得《外戚傳》，懼左右不敢使，乃令清河孝王慶私從千乘王求，夜獨内之。又令慶傳語中常侍鄭衆，求索故事。事見《漢書・元后傳》、《後漢書・章帝八王傳》。《三國・吳志・孫權傳》：嘉禾元年《注》引《江表傳》曰：是冬，羣臣奏宜修郊祀。權曰："郊祀當於土中，今非其所，於何施此？"重奏曰："昔周文、武郊於酆、鎬，非必土中。"權曰："武王伐紂，即祚於鎬京而郊其所也，文王未爲天子，立郊於酆，見何經典？"復奏曰："伏見《漢書・郊祀志》：匡衡奏從甘泉河東郊於酆"，此等，其視史籍，皆如後人之視成案也。然則《漢志》著《大史公書》於春秋家，乃當時之人視史籍流別如此，安有重經輕史之意乎？然此特學者之見，至流俗，則於記行事之書，通稱爲史記。《漢書・五行志》引史記成公十六年單襄公見晉厲公視遠步高云云。顏師古曰："此志凡稱史記者，皆謂司馬遷所撰也。"齊召南曰："單襄公見晉厲公，《晉世家》不載，此《國語》文也。下文尚有數處稱史記，皆《國語》文。"案顏説固非，齊説亦未爲是。下文又云："史記秦始皇帝三十六年，鄭客從關東來，至華陰，

---

[1]　史籍：《漢書・楊惲傳》稱漢史爲春秋。
[2]　史籍：漢人於史分春秋、尚書爲二科。

望見素車白馬從華山上下。知其非人，道住止而待之。遂至。持璧與客曰：爲我遺鎬池君。因言今年祖龍死。忽不見。鄭客奉璧，即始皇二十八年過江所湛璧也。"此事既不出《國語》，亦與《大史公書》不同，足見史記二字，爲史籍通稱，特以當時史籍少，故《大史公書》遂冒其一類書之總名耳。

士大夫之好史學者：司馬朗父防，雅好《漢書》名臣列傳，所諷誦者數十萬言。《三國志·朗傳注》引司馬彪《序傳》。張裔博涉《史》、《漢》。孟光銳意三史。尹默皆通諸經史。皆見《三國·蜀志》本傳。《吳志·孫峻傳注》引《吳書》云：留贊好讀兵書及三史。《殿本考證》云："三史，元本作三略。"孫權欲其子登讀《漢書》，習知近代之事，以張昭有師法，重煩勞之，乃令昭子休從昭受讀，還以授登。見《吳志·登傳》，亦見《昭傳》。合此及馬融受《漢書》於班昭之事觀之，知當時史學，亦有傳授，①如經生之業。此士大夫之受學者。若孫權謂呂蒙、蔣欽，自言統事以來，省三史、諸家兵書，自以爲大有所益，欲使蒙、欽亦讀之。《呂蒙傳注》引《江表傳》。王平生長戎旅，手不能書，所識不過十字，而使人讀《史》、《漢》諸紀傳聽之，備知其大義。② 往往論説，不失其指。此則所謂開卷有益，亦如治經者之不事章句也。

重言輕事，古人積習甚深。故雖愛好史籍，而於史事初不知求實。③《三國·魏志·崔琰傳注》引《魏氏春秋》曰："袁紹之敗，孔融與大祖書曰：武王伐紂，以妲己賜周公。大祖以融學博，謂書傳所記。後見問之，對曰：以今度之，想其當然耳。"時人於古事，率多如此。魏明帝問司馬遷於王肅。見上。肅對曰："漢武帝聞遷述史記，取孝景及己本紀覽之，於時大怒，削而投之，於今此兩紀有録無書。後遭李陵事，遂下遷蠶室，此爲隱切在孝武，而不在於史遷也。"及華覈疏救韋曜，則曰"武帝以遷有良史之才，欲使畢成所撰，忍不加誅"，皆設辭以悟主，非其實也。言史事如此，述當世之事亦然。《漢書·東方朔傳贊》言後世好事者，取奇言怪語，附著之朔。《朱雲傳贊》言世稱朱雲多過其實。《韋賢傳》言韋孟《諷諫》，乃其子孫所爲，可謂頗知覈實。然其能如是者亦寡矣。觀本書辨正諸端，亦可見其大略。《後漢書·馬援傳》云："援自還京師，數被進見。爲人明須髮，眉目如畫。閑於進對。尤善述前世行事。每言及三輔長者，下至間里少年，皆可觀聽。自皇大子、諸王侍聞者，莫不屬耳忘勌。"朱雲、東方朔等之見附會，皆善談説如援者之爲之也。④ 然時人頗好講史法。張

----

① 史學：漢時史學亦有傳授。
② 文學：王平所識不過十字，而使人讀《史》、《漢》聽之，漢文去口語近（第五五二頁）。
③ 史籍：言史事不必實。
④ 史籍：善談人樂聽。

衡欲作元后本紀,及以更始之號,建於光武之初,即其一端。韋曜撰《吳書》,執以孫和不登帝位,不肯順晧意作紀,亦其事也。裴松之譏孫盛制書,多用《左氏》以易舊文,見《魏武帝紀》建安五年及《陳泰傳注》。則重文辭而輕史實者,亦自漢、魏間始矣。

第六節　文　學　美　術

凡文字,必能與口語相合,而其用乃弘。此非古寡辭協音之文所能也。秦、漢繼春秋、戰國之後,爲散文極盛之時。然其時之人,所視爲文之美者,乃爲多用奇字,造句整齊,音調和緩,敷陳侈靡,於是辭賦之學盛,而散文亦稍趨於駢偶矣。

西京初葉,所謂文學者,尚不專指文辭。《漢書‧嚴助傳》:"郡舉賢良,對策百餘人,武帝善助對,繇是獨擢助爲中大夫。後得朱買臣、吾丘壽王、司馬相如、主父偃、徐樂、嚴安、東方朔、枚皋、膠倉、《藝文志》作聊蒼。從橫家有《待詔金馬聊蒼》三篇。終軍、嚴葱奇等,《藝文志》作莊忽奇,蓋避明帝諱改。官常侍郎。有賦十一篇。並在左右。是時征伐四夷,開置邊郡,軍旅數發,内改制度,朝廷多事,婁舉賢良文學之士。公孫弘起徒步,數年至丞相。開東閣延賢人與謀議,朝覲奏事,因言國家便宜。上令助等與大臣辯論,中外相應以義理之文,大臣數詘。其尤親幸者,東方朔、枚皋、嚴助、吾丘壽王、司馬相如。相如常稱疾避事,朔、皋不根持論,上頗俳優畜之,惟助與壽王見任用。"諸人中除朔、皋外,固皆有實學者也。然因如朔、皋者亦厠其中,遂爲世所輕視矣。《王襃傳》:宣帝令襃與張子僑等並待詔。數從襃等放獵。所幸宮館,輒爲歌頌,第其高下,以差賜帛。議者多以爲淫靡不急。上曰:"不有博弈者乎?爲之猶賢乎已。辭賦大者與古詩同義,小者辯麗可喜,辟如女工有綺縠,音樂有鄭、衛。今世俗猶皆以此虞説耳目。辭賦比之,尚有仁義諷諭,鳥獸、草木多聞之觀,賢於倡優博弈遠矣。"其後大子體不安,忽忽善忘,不樂。詔使襃等皆之大子宮虞侍大子。朝夕誦讀奇文,及所自造作。疾平乃復歸。辭賦之用如此,此人之所以輕之也。《揚雄傳》:"雄以賦者將以風之,必推類而言,極麗靡之辭,閎侈鉅衍,競於使人不能加也,既乃歸之於正,然覽者已過矣。往時武帝好神仙,相如上《大人賦》欲以風,帝反縹縹有陵雲之志。繇此言之,賦勸而不止明矣。又頗似俳優,淳于髠、優孟之徒,非法度所存,賢人君子詩賦之正也。於是輟而不爲。"夫説而不繹,聽者之過,勸而不止,誦者之失,以此爲風,安能與古詩同義?雄又稱東方朔爲滑稽之雄。"非夷、齊而是柳下惠，戒其子以上容。首陽爲拙，柱下爲工。飽食安步，以仕易農。"蓋小人志在衣食之流，尚不足語於患得患失之鄙夫，視淳于髠、優孟之流遠矣。《鹽鐵論·褒賢篇》：大夫曰："東方朔自稱辨略，消堅釋石，當世無雙，然省其私行，狂夫不忍爲。"①夫文學貴乎以情相感。有悲天閔人之心而未能喻諸人者多矣，徒爲飽食暖衣之計，而欲使人感動興起，不亦難乎？此等人在漢世，其進用亦僅恃人主之好尚。司馬相如以訾爲郎，爲武騎常侍，事孝景帝。會景帝不好辭賦。是時梁孝王來朝，從游說之士齊人鄒陽、淮陰枚乘、吳嚴忌之徒。相如見而悦之。因病免，客遊梁。得與諸侯遊士居。梁孝王薨，相如歸而家貧，無以自業。後武帝讀《子虛賦》而善之，乃得召。鄉使相如不遇梁王、武帝，則亦終老牖下耳。當時人君貴人，好文學者殊不多，僅漢武、宣、梁孝王、淮南王安、東漢靈帝、魏文帝等數人。魏明帝青龍四年，置崇文觀，徵善屬文者以充之，此亦猶漢靈帝之鴻都門學，然其規模不如前人之弘遠矣。陳思王等非必不好士，然其力又不足以養士也。故士之以此自業者尚少也。富饒之地，士亦有樂於事此者，然亦浮薄者多，如第十三章第五節引《漢書·地理志》言吳、蜀之俗是已。

漢世文字，去口語尚不甚遠，觀《史記》可知。《漢書》辭句，率較《史記》爲簡。後人以爲班氏有意爲之，非也。古人輯録舊文，例不改其辭句。《漢書·陳涉傳》於《史記》至今血食之文，尚未刊落，何暇校計虛字？蓋《史記》在唐以前，通行不如《漢書》之廣，其經傳鈔之次數，即不如《漢書》之多。②昔人讀書，不斤斤於字句，傳鈔時無謂之虛字，率加删節，鈔胥尤甚，故《漢書》之虛字，較《史記》減少也。然今《史記》雖較《漢書》爲繁，而視《史通·點煩篇》所引則已省，可見今之《史記》，亦爲累經删削之餘。此恐非獨《史》、《漢》爲然，一切古書，莫不如是。此可見東周、秦、漢之散文，與語言殊近，其通曉必甚易。王平手不能書，所識不過十字，而口授作書，皆有意理以此。蔡邕訾當時之爲辭賦者曰："高者頗引經訓風喻之言，下則連偶俗語，有類俳優。"可見辭賦之家亦未嘗不隨俗。漢武、宣之流，豈真能通乎文學？而亦若好尚存焉者，正以是時之文學，尚易通曉故耳。班昭、蔡琰，固天挺異才，馬倫、皇甫規妻等，亦能出言有章，則亦以其時之文字尚不甚艱深也。四人並見《後漢書·列女傳》。順烈梁皇后、安帝所生母左姬視此，見第一節。

崇尚文辭之風氣，蓋始於漢、魏之閒。③隋李諤謂魏之三祖，更尚文詞，競

---

① 史籍：東方朔史事，枉夫不忍爲。

② 文學：《漢書》較《史記》爲簡，乃鈔胥所節。

③ 文學：漢魏對文學觀念之異。

逞文華,遂成風俗是也。《三國·魏志·文帝紀注》引《魏書》曰:"帝初在東宮,疫癘大起,時人彫傷。帝深感歎。與素所敬者大理王郎書曰:生有七尺之形,死惟一棺之土。惟立德揚名,可以不朽。其次莫如著篇籍。疫癘數起,士人彫落。余獨何人,能全其壽?故論撰所著《典論》、詩、賦,蓋百餘篇。"然則其好文辭,乃欲徼幸於後世不可知之名,與夫悲天閔人,不能自已而有言者,異其趣矣。宜其崇尚文辭之風日盛,而文學反以陵夷也。《王粲傳》云:"始文帝爲五官將,及平原侯植皆好文學。粲與北海徐幹、廣陵陳琳、陳留阮瑀、汝南應瑒、東平劉楨,並見友善。自潁川邯鄲淳、繁欽、陳留路粹、沛國丁儀、丁廙、弘農楊脩、河內荀緯等,亦有文采,而不在此七人之列。"案七人謂粲等加一孔融,文帝《典論》以之並舉,後人稱爲建安七子者也。《傳》又云:瑒弟璩,璩子貞,咸以文章顯。瑀子籍:才藻艷逸。時又有譙郡嵇康,文辭壯麗。吳質濟陰人,以文才爲文帝所善。皆崇尚文辭之風氣中一時之佼佼者也。陳壽《上諸葛氏集表》曰"論者或怪亮文采不艷,而過於丁寧周至",當時重文輕實之風,亦可見矣。

詩歌之體,恒隨音樂而變,故欲知一時代之詩歌者,必先知其時之音樂。秦、漢詩、樂,蓋亦一新舊交替之會也。《漢書·樂志》云:漢興,樂家有制氏,以雅樂聲律,世世在大樂官,但能紀其鏗鏘鼓舞,而不能言其義。高祖時,叔孫通因秦樂人制宗廟樂。又有房中祠樂,高祖唐山夫人所作,服虔曰:高帝姬也。楚聲也。孝惠二年,使樂府令夏侯寬備其簫管,更名曰安世樂。高祖廟奏武德文始五行之舞,孝文廟奏昭德文始四時五行之舞,孝武廟奏盛德文始四時五行之舞。武德舞者,高祖四年作。文始舞者,曰本舜韶舞也。五行舞者,本周舞也。四時舞者,孝文所作。孝景采武德舞以爲昭德,以尊大宗廟。至孝宣,采昭德舞爲盛德,以尊世宗廟。諸帝廟皆常奏文始四時五行舞云。高祖六年,又作昭容樂、禮容樂。昭容主出武德舞,禮容主出文始五行舞。初,高祖既定天下,過沛,與故人父老相樂。醉酒歡哀,作風起之詩。令沛中僮兒百二十人習而歌之。至孝惠時,以沛宮爲原廟,皆令歌兒習吹以相和。常以百二十人爲員。文、景之間,禮官肄業而已。至武帝定郊祀之禮,乃立樂府,采詩夜誦,有趙、代、秦、楚之謳。以李延年爲協律都尉。多舉司馬相如等數十人,造爲詩賦。略論律呂,以合八音之調,作十九章之歌。是時河閒獻王有雅材,獻所集雅樂,天子下大樂官常存肄之,歲時以備數,然不常御。常御及郊廟,皆非雅聲。至成帝時謁者常山王禹,世受河閒樂,能説其義。其弟子宋曅等上書言之。下大夫博士平當等考試。當以爲宜領屬雅樂,以繼絕表微。事下公卿,以爲久遠難分明,當議復寢。是時鄭聲尤甚。黃門名倡丙彊、景武之屬,富顯於世。貴戚五侯、王氏。定陵、淳于長。富平,張放。外戚之家,淫侈過度,至與人主爭女樂。案貢禹言豪富吏民,畜歌者至數十人。則當時富貴之家,皆有家樂。參看第十五章第二節。哀帝自爲定陶王時,疾之,又性不好音,及即位,下詔曰:其罷樂府官。郊祭樂及古兵法武樂在經非鄭、衛之樂者,條奏,別屬他官。丞相孔光、大司空何武奏:大凡八百二十九人,其三百八十八人不可罷,可領屬大樂,其四百四十一人,不應經法,或鄭、衛之聲,皆可罷。奏可。然百姓漸漬日久,又不制雅樂,有以相變,豪富吏民,湛沔自若云。《王襃傳》云:神爵、五鳳之閒,天下殷富,數有嘉應,上頗作歌詩,欲興協律之事。丞相魏相奏言知音善鼓雅琴者勃海趙定、梁國龔德,皆召見待詔。於是益州刺史王襄欲宣風化於衆庶,聞王襃有俊材,請與相見,使作《中和樂職宣布詩》,選好事者,令依鹿鳴之聲,習而歌之。《何武傳》:益州刺史王襄使辯士王襃頌漢德,作《中和樂職宣布詩》三篇,武年十四五,與成都楊覆衆等共習歌之。《藝文志》有《雅琴趙氏》七篇,《雅琴龍氏》九十九篇,又有《雅琴師氏》八篇。《注》云:名中,東海人,傳言師曠後。《志》云:武帝時,河閒獻王獻八佾之舞,與制氏不相遠。《後漢書·儒林傳》:劉昆能彈雅琴,知清角之操。《三國志·杜夔傳》云:以知音爲雅樂郎。中平五年,疾去官,州郡司徒禮辟,以世亂奔荊州。荊州牧劉表令與孟曜爲漢主合雅樂。後表子琮降大祖,大祖以夔爲軍謀祭酒,參大樂事。因令創制雅樂。夔善鍾律,聰思過人,絲竹八音,靡所不能,惟歌舞非所長。時散郎鄧靜、尹齊善詠雅樂,歌師尹胡能歌宗廟郊祀之曲,舞師馮肅、服養曉知先代諸舞,夔總統研精,遠考諸經,近采故事,教習講肄,備作樂器。紹復先代古樂,自夔始也。統觀秦、漢之事,則古雅樂傳授非無其人,特人心之好尚已移,故終不如鄭聲之盛耳。詩歌之體,五言蓋即三百篇之變,樂府則依新聲而作者也。五言未嘗不樸茂有致,然不如樂府之有生氣矣。

　　與衆樂樂,莫如角抵。其原起,已見第十八章第六節。《史記·大宛傳》言:安息王發使隨漢使來,觀漢廣大,以大鳥卵及黎軒善眩人獻於漢。是時上方數巡狩海上。乃悉從外國客,大都多人則過之,散財帛以賞賜,厚具以饒給之,以覽視漢富厚焉。於是大觳抵,出奇戲諸怪物,多聚觀者,行賞賜,酒池肉林,令外國客徧觀各倉庫府藏之積,見漢之廣大,傾駭之,及加其眩者之工。而觳抵奇戲,歲增變甚盛益興,自此始。則武帝時角抵之戲,已雜以西域眩人之技矣。《漢書·西域傳贊》曰:設酒池肉林以饗四夷之客,作巴俞、都盧海中碭極漫衍魚龍角抵之戲,以觀視之。晉灼曰:"都盧國名也。"李奇曰:"都盧,體輕善緣者也。蓋都盧國人善爲此技。碭極，樂名也。"師古曰：巴人，巴州人也。俞水名，今渝州也。巴、俞之人，所謂賓人也。勁銳善舞。本從高祖定三秦有功，高祖喜觀其舞，因令樂人習之，故有巴、俞之樂。漫衍者，即張衡《西京賦》所云鉅獸百尋，是爲漫延者也。魚龍者，爲舍利之獸，先戲於庭極，畢，乃入殿前，激水化成比目魚，跳躍漱水，作霧障日。畢，化成黃龍八丈，出水敖戲於庭，炫耀日光。《西京賦》云："海麟變而成龍，即爲此色也。"可以見其概矣。宣帝時，烏孫使來迎少主，天子自臨平樂觀，會匈奴使者、外國君長，大角抵設樂而遣之。元帝初元五年，以貢禹言罷角抵。案王吉亦言去角抵，減樂府，見本傳。然後漢饗遣衛士，仍觀以角抵。見《續漢書·禮儀志》。順帝漢安二年，立兜樓儲單于，詔大常、大鴻臚與諸國侍子於廣陽城門外祖會，饗賜作樂，角抵百戲。見《後漢書·南匈奴傳》。而賀正宴饗，亦行魚龍曼延於德陽殿中。德陽殿周旋容萬人，陛高二丈，皆文石作壇，激沼水於殿下。《續書·禮儀志注》引蔡質《漢儀》。其侈如此，宜乎遷、固等之深譏之也。《後漢書·安帝紀》：延平元年十二月乙酉，罷魚龍曼延百戲。

　　書法成爲美術，已見第一節。圖畫則專於人物，多畫古今名人象。有意存法戒者，臧洪答陳琳書曰："昔晏嬰不降志於白刃，南史不曲筆以求存，故身傳圖象，名垂後世。"成帝幄坐，張畫屏風，畫紂醉踞妲己，作長夜之樂《漢書·叙傳》。是也。有侈其奇迹者，廣川殿門畫成慶短衣大袴長劍是也。《漢書·景十三王傳》。有徒以爲美觀者，宋弘燕見，御坐新屏風圖畫列女，光武數顧視之是也。其畫當代人物，有以其功德者，如宣帝畫功臣於麒麟閣，後漢畫列將於雲臺。桓帝徵姜肱不至，下彭城使畫工圖其形是也。有以示勸懲者，應劭《漢官》謂河南郡府聽事壁諸尹畫贊，自建武訖於陽嘉，注其清濁進退，不隱過，不虛譽，甚得述事之實，後人是瞻，足以勸懼是也。《續漢書·郡國志》河南尹《注》引。有以備掌故者，應奉爲司隷，並下諸官府、郡國各上前人象贊是也。人有聲名，爲時所慕，圖其形者，尤不可勝計。亦有畫神仙鬼怪之屬者，梁冀大起第舍，圖以雲氣仙靈是已。又能刻木爲人象。《三國志·王朗傳注》引《朗家傳》，言會稽舊祀秦始皇，刻木爲象，與大禹同廟是也。漢畫之存於今者，有武梁祠石刻等，可以見其大概。

第七節　自　然　科　學

　　秦、漢之世，自然科學，以天文曆法爲最盛。據《漢書·律曆志》：古代所傳，有黃帝、顓頊、夏、殷、周、及魯曆。秦以十月爲正。漢襲秦正朔。以張蒼言用顓頊曆，《張蒼傳贊》：張蒼好律曆，爲漢名相，而專遵用秦顓頊曆，何哉？比於六曆，疏闊中最爲微近。然朔晦月見弦望滿虧多非是。至武帝元封七年，大中大夫公孫卿、壺遂，大史令司馬遷等言：曆紀壞廢，宜改正朔。是時御史大夫兒寬明經術。上乃詔寬與博士共議：今宜何以爲正朔？服色何上？寬與博士賜等議，皆曰：推傳序文，則今夏時也。於是以七年爲元年。遂詔遷與侍郎尊大、典星射姓等議造漢曆。姓等奏不能爲算，願募治曆者，更造密度，各自增減，以造漢大初曆。乃選治曆鄧平及長樂司馬可、酒泉候宜君、侍郎尊，及與民閒治曆者凡二十餘人。方士唐都、巴郡落下閎與焉。都分天部，而閎運算轉曆，與鄧平所治同。乃詔遷：用鄧平所造八十一分律曆。罷廢尤疏遠者十七家。復使校曆律昏明宦者淳于陵渠覆大初曆。晦朔弦望皆最密。陵渠奏狀。遂用鄧平曆。以平爲大史丞。元鳳三年，大史令張壽王上書，言傳黃帝調律曆，漢元年以來用之。今陰陽不調，宜更曆之過也。詔下主曆使者鮮于妄人詰問。壽王不服。妄人請與治曆大司農中丞麻光等二十餘人雜候日月晦朔弦望、四節、二十四氣，鈞校諸曆用狀。奏可。詔與丞相、御史、大將軍、右將軍史各一人雜候上林、清臺，課諸曆疏密，凡十一家。以元鳳三年十一月朔旦冬至盡五年十二月，各有第。壽王課疏遠。案漢元年不用黃帝調曆。壽王非漢曆，逆天道，非所宜言，大不敬。有詔勿劾。復候。盡六年。大初曆第一。即墨徐萬且、長安徐禹治大初曆，亦第一。壽王及待詔李信治黃帝調曆，課皆疏闊。壽王曆，乃大史官殷曆也。壽王候課比三年下，終不服，再劾死，更赦，勿劾，遂不更言，誹謗益甚，竟以下吏。自漢曆初起，盡元鳳六年三十六歲而是非堅定。至孝成世，劉向總六曆，列是非，作《五紀論》。向子歆，究其微眇，得三統曆及譜，即《漢志》所本也。後漢光武建武八年，中大僕朱浮、大中大夫許淑等數上書，言曆不正，宜當改更。上以天下初定，未皇考正。至章帝元和二年，乃下詔改行四分曆焉。

言天體者有三家：一曰周髀，二曰宣夜，三曰渾天。宣夜之學，絕無師法。周髀數術具存，考驗天狀，多所違失，故史官不用。惟渾天近得其真。《續漢書·天文志注》引蔡邕表。《後漢書·張衡傳注》引《漢名臣奏》同。後漢時張衡善術學。安帝徵拜郎中。再遷爲大史令。作渾天儀，著《靈憲》、《算罔論》。《靈憲》見《續書·天文志注》中。《後書注》云："衡集無《算罔論》，蓋網落天地而算之，因名焉。"順帝初，再轉，復爲大史令。陽嘉元年，復造候風地動儀。以精銅鑄成。員徑八丈。合蓋隆起，形似酒尊。飾以篆文山龜鳥獸之形。中有都柱。旁行八道。施關發機。外有八龍，首銜銅丸，下有蟾蜍張口承之。其牙機巧制，皆隱在尊中。覆蓋周密無際。如有地動，尊則振龍，機發吐丸，而蟾蜍銜之，振聲激揚。伺者因此覺知。雖一龍發機，而七首不動，尋其方面，乃知震之所在。驗之以事，合契若神。嘗一龍機發，而地不覺動。京師學者，咸怪其無徵。後數日，驛至，果地震隴西，於是皆服其妙。自此以後，乃令史官記地動所從方起焉。

正朔之議，魏世又一紛更。《三國志·文帝紀》：黃初元年《注》引《魏書》曰：以夏數爲得天，故即用夏正。《辛毗傳》云：時議改正朔。毗以爲魏氏遵舜、禹之統，應天順民。至於湯、武，以戰伐定天下，乃改正朔。孔子曰：行夏之時。《左氏傳》曰：夏數爲得天正，何必期於相反？帝善而從之。則魏初之不改正朔，乃辛毗之議也。《明帝紀》：景初元年正月，山茌縣今山東長清縣東北。言黃龍見。於是有司奏以爲魏得地統，宜以建丑之月爲正。三月，定曆，改年爲孟夏四月，改大和曆曰景初曆。其春、夏、秋、冬孟、仲、季月，雖與正歲不同，至於郊祀、迎氣、礿、祠、蒸、嘗、巡守、蒐田、分至、啓閉、班宣時令，中氣早晚，敬授民事，皆以正歲斗建爲歷數之序。《注》引《魏書》曰："初，文皇帝即位，以受禪於漢，因循漢正朔弗改。帝在東宮，著論，以爲五帝、三王，雖同氣共祖禮不相襲，正朔自宜改變，以明受命之運。及即位，優游者久之。史官復著言宜改。乃詔三公、特進、九卿、中郎將、大夫、博士、議郎、千石、六百石博議。議者或不同。帝據古典詔曰：今推三統之次，魏得地統，當以建丑之月爲正月。"則此舉實出帝獨斷也。《齊王紀》：景初三年十二月，詔曰："烈祖明皇帝，以正月背棄天下。永惟忌日之哀，其復用夏正。雖違先帝通三統之義，斯亦禮制所由變改也。又夏正於數得天。其以建寅之月爲正始元年正月，以建丑月爲後十二月。"案歲之始終，宜與農時相合，孔子所以主行夏之時者以此。通三統別是一義。敬授民時，既不能無從夏正，多此紛擾，亦奚以爲？秦、漢之世，猶有此等空論，後世迷信既澹，遂無復議此者矣。

地理圖籍，頗爲詳備。《漢書·地理志》：琅邪郡長廣縣，奚養澤在西，秦地圖曰劇清池。于欽《齊乘》：高密縣有都濼者，《水經注》謂之夷安潭，秦地圖謂之劇清池。代郡班氏縣，秦地圖書班氏。此語當有譌誤。則秦代地圖，漢世猶有存者。蕭何入關所收，當即此類。《後漢書·鄧禹傳》：從至廣阿，光武舍城樓上，披輿地圖指示禹曰："天下郡國如是，今始乃得其一，子前言以吾慮天下不足定，何也？"《岑彭傳注》引《續漢書》：辛臣爲田戎作地圖，圖彭寵、張步、董憲、公孫述等所得郡國，云："洛陽所得如掌耳。"《馬援傳》：援爲書與隗囂將楊廣曰："前披輿地圖，見天下郡國百有六所，奈何欲以區區二邦，以當諸夏百有四乎？"此皆天下之總圖。《史記·三王世家》：請令史官御史奉地圖。《漢書·王莽傳》：莽定諸國邑采之處,使侍中講理大夫孔秉等與州部衆郡曉知地理圖籍者共校治。《後漢書·光武紀》:建武十五年,羣臣議封皇子曰:"臣請大司空上輿地圖。"《漢書·溝洫志》:齊人延年上書,言"河出昆侖,經中國注勃海,是其地勢西北高而東南下也。可案圖書,觀地形,令水工準高下,開大河上領,出之胡中,東注之海"。淮南王安日夜與左吳等按輿地圖,部署兵所從入。所據者蓋即此等圖。安諫伐閩越曰:"以地圖察其山川要塞,相去不過寸數,而閒獨數百千里。阻險林叢,弗能盡著。視之若易,行之甚難。"蓋其比例小,故不能詳備也。其臨時所畫以備行軍之用者:李陵伐匈奴,至浚稽山,止營,舉圖所過山川地形,使麾下騎陳步樂還以聞。桑弘羊請田輪臺以東,置校尉三人分護,各舉圖地形。《漢書·西域傳》。趙充國言臣願馳至金城,圖上方略。師古曰:圖其地形。李恂持節使幽州,宣布恩澤,慰撫北狄,所過皆圖寫山川、屯田聚落百餘卷,悉封奏上,肅宗嘉之。張松等畫地圖山川處所,先主由是盡知益州虛實。《三國·蜀志·先主傳》建安十六年《注》引《吳書》。此蓋專供行軍之用。《漢書·武帝紀》元鼎六年《注》引臣瓚曰"浮沮,井名,在匈奴中,去九原二千里,見漢輿地圖",亦以井泉爲朔漠行軍所急,故備著之也。《匡衡傳》:衡封僮之樂安鄉,僮縣,今安徽泗縣東北。鄉本田提封三千一百頃,南以閩佰爲界。初元元年郡圖,誤以閩佰爲平陵佰,積十餘歲。衡封臨淮郡,遂封真平陵佰以爲界,多四百頃。至建始元年,郡乃定國界,上計簿更定圖,言丞相府。衡以主簿陸賜署集曹掾。後賜與屬明舉計。郡即復以四百頃付樂安國。衡遣從史之僮收取所還田租穀千餘石入衡家。① 衡坐此免。《三國志·孫禮傳》:遷冀州牧。大傅司馬宣王謂禮曰:"清河、平原爭界,八年更二刺史,靡能決之。虞、芮待文王而了,宜善分明。"禮曰:"訟者據墟墓爲驗,聽者以先老爲正,而老者不可加以榎楚,又墟墓或遷就高敞,或徙避仇讎。如今所聞,雖臯陶猶將爲難。若欲使必也無訟,當以烈祖初封平原時圖決之。何必推古問故,以益辭訟? 今圖藏在天府,便可於坐上斷也。豈待到州乎?"宣王曰:"是也。當別下圖。"禮到,案圖宜屬平原。而曹爽信清河言,下書云:"圖不可用,當參異同。"禮上疏曰:"臣受牧伯之任,奉聖朝明圖,驗地著之界。界實以王翁河爲限。而鄃以馬丹侯爲驗,詐以鳴犢河爲界。假虛訟訴,疑誤臺閣。今二郡爭界八年,一朝決之者,緣有解書圖畫,可得尋案櫨校也。平原在兩河向東上,其閒有爵隄,爵隄在高唐西南,所爭地在高唐西北,相去二十餘里,可爲長歎息流涕者也。"觀此二事,可

---

① 封建:封者收租穀。

知當時郡各有圖，且附之以解，而登諸天府。總圖所據，當即此等分圖也。《後漢書·明德馬后紀》云：永平十五年，帝按地圖，將封皇子，悉半諸國。后見而言曰："諸子食數縣，不已儉乎？"帝曰："我子豈宜與先帝子等乎？歲給二千萬足矣。"《孝明八王傳》：肅宗案輿地圖，令諸國戶口皆等，租入歲各八千萬。則戶口之數，附著於圖。蕭何收秦圖書，而高祖具知戶口多少以此。《三國·蜀志·秦宓傳》：宓與王商書曰"《地里志》文翁唱其教，相如爲之師"，此蓋今《漢志》所本。又《魏志·四裔傳注》引《魏略·西戎傳》云"《西域舊圖》云：罽賓、條支諸國出琦石，即次玉石也"，則又附記物産。此可推見古代圖經之體，亦即後世方志之本也。地理之學，是時尚無足觀，然分野之說，雖云原本天文，亦頗能包舉山川大勢。見《漢書·地理志》。《續漢書·郡國志注》引《帝王世紀》，亦著其說。《漢志》推論九州風俗，本諸地理，頗有今人生地理學之意。《天文志》曰："自河山以南者中國。中國於四海之内，則在東南爲陽。其西北則胡、貉、月氏，旃裘引弓之民爲陰。故中國山川東北流，其維首在隴、蜀，尾没於勃海、碣石。"亦頗能包舉山川形勢也。

　　秦時焚書，所不去者，醫藥、卜筮、種樹之書。卜筮之書不足道。種樹之術，已略見第十六章第一節。醫家著於正史者，爲先漢之倉公，後漢之華佗。倉公者，齊大倉長。姓淳于氏，名意。即第十八章第七節所云犯罪當刑，其女緹縈上書，而文帝爲之除肉刑者也。倉公嘗見事數師，悉受其要事，盡其方書，而其最後受學者，爲臨菑元里公乘陽慶。慶謂意曰："盡去而方書，非是也。慶有古先道遺傳黄帝、扁鵲之《脈書》、《五色診病》；知人生死，決嫌疑，定可治，及藥論書甚精。我家給富，心愛公，欲盡以我禁方書悉教公。"意對詔問曰："病名多相類不可知，故古聖人爲之脈法，以起度量，立規矩，縣權衡，案繩墨，調陰陽，別人之脈各名之。與天地相應，參合於人，故乃別百病以治之。"又曰："意治病人，必先切其脈乃治之。"其自述治驗，無一不"切其脈"者。蓋治病之最難者爲診察，診察之術，古以望、聞、問、切並稱，而四診之中，又以切爲最難，故醫家之能致力於是者，其技必較精也。意對詔問所稱"大陽"、"少陽"、"陽明"、"厥陰"等名，與《傷寒論》同；又謂胃氣黄，黄者土色，說亦與《素問》等書合；知古醫學雖或有派別，而本原則同也。意治病雖亦兼用鍼灸，然用湯液時似多，亦或用藥酒。至華佗則尤以手術名。《三國志》本傳云：佗精方藥。其療疾，合湯不過數種。心解分劑，不復稱量，煮熟便飲，語其節度，舍去輒愈。若當灸，不過一兩處，每處七八壯，病亦應除。若當鍼，亦不過一兩處。下鍼言當引某許，若至語人。病者言已到，應便拔鍼，病亦行差。若病結節在內，鍼藥所不能及，當須刲割者，便飲其麻沸散。須臾，便如醉死無所知，因破取病。若在腸中，便斷腸湔洗，縫腹膏摩，四五日差，不痛，人亦不自寤。一月之閒，即平復矣。案今人動言中醫不知解剖之學，故不知人體生理，此説實誤。"人死則可解剖而視之"，語見《靈樞經·水篇》。《漢書·王莽傳》：莽得翟義黨王孫慶，使大醫、尚方與巧屠共刲剝之，量度五臟；以竹筵導其脈，知所終始；云可以治病。莽雖事事皆好求精，然此事必前有所承，不然，不能創爲也。關羽嘗中流矢，破臂作創，刮骨去毒，則刲割之事，亦非凡醫所不能爲，特其技有精有不精耳。《三國·魏志·賈逵傳注》引《魏略》云：逵前在弘農，與典農校尉爭公事，不得，乃發憤，生瘻。後所病稍大，自啓欲令醫割之。大祖惜逵忠，恐其不治，教謝主簿："吾聞十人割瘻九人死。"逵猶行其意，而瘻愈大。逵之不愈，或不容歸咎於醫，然諺語亦必有由，不容盡誣也。佗之妙，或在其麻沸散，麻醉藥爲醫家一大發明。病有非刲割不治者，無此，人或憚痛苦而不敢治；或雖不憚，而痛苦非人所能堪；於法遂不可治也。《三國·吳志·呂蒙傳》：蒙疾病，孫權時在公安，迎置內殿，每有鍼加，爲之慘慽，即以無麻醉藥，不能使病者免於痛苦也。然後世鈴醫猶有其方，見《串雅》。則亦非佗所獨也。是時醫家頗自祕其技。《史記·扁鵲列傳》：長桑君呼扁鵲私坐，閒與語曰："我有禁方，年老，欲傳與公，公毋泄。"此即陽慶所謂禁方。慶亦謂淳于意曰："慎毋令我子孫知若學我方也。"意又學於公孫光。既受方化陰陽及傳語法，未詳。欲盡受他精方。光曰："吾方盡矣，不爲愛公所。吾身已衰，無所復事之。是吾年少所受妙方也。悉與公。毋以教人。"意曰："意死不敢妄傳人。"光又告意曰："吾有所善者，皆疏同産，處臨菑。善爲方，吾不若。其方甚奇，非世之所聞也。吾年中時，嘗欲受其方。楊中倩不肯，曰：若非其人也。胥與公往見之。"醫家之自祕如此，此其技之所以多不傳與？淳于意言陽慶家富，不肯爲人治病。自言家貧欲爲人治病，而史亦言其或不爲人治病，病家多怨之。蓋通其術者少，則富給者敖很自尊，貧寠者靳其長以要重賞矣。《三國志·華佗傳》云："本作士人，以醫見業，意常自悔。後大祖親理得病，篤重，使佗專視。佗曰：此近難濟，恒事攻治，可延歲月。佗久遠家，思歸，因曰：當得家書，方欲暫還耳。到家，辭以妻病，數乞期不反。大祖累書呼，又勑郡縣發遣，佗恃能厭食事，猶不上道。大祖大怒。使人往檢。若妻信病，賜小豆四十斛，寬假限日。若其虛詐，便收送之。"佗卒以是死。《志》又言佗曉養性之術，時人以爲年且百歲，而貌有壯容，則亦李少君之流，恃方以自食者，安得云本作士人？其屢呼不應，全是富給之後，恃能驕蹇耳，宜乎魏祖之深惡之也。中國醫家，爲後世所宗者，莫如張仲景。仲景名機。《隋志》有其方十五卷。《新》、《舊唐志》同。又有其《療婦人方》十二卷，皆不傳。其傳於後者曰《傷寒雜病論》，凡十六卷。《新唐書・藝文志》作《傷寒卒病論》十卷。蓋傳者或析其論傷寒者十卷，論雜病者六卷各爲一書，《唐志》以十卷者冒全書之名，而又誤雜爲卒也。今《傷寒論》尚存，而序次有疑義，爲醫家聚訟之端。《雜病論》祇有節本，改名曰《金匱玉函要略》，乃趙宋之世館閣所藏也。仲景正史無傳，行事不可知。其《自序》云爲長沙大守。然《自序》似係僞物，不足信也。

　　本草之學，漢世亦自成一家。平帝元始四年所徵異能之士，有通本草者，已見第一節。《郊祀志》言成帝罷遣方士，方士使者副佐本草待詔七十餘人皆歸家。《游俠傳》：樓護父世醫，護少隨父爲醫長安，誦醫經、本草、方術數十萬言，皆是。又宣帝許后之死，由於乳醫淳于衍，見《漢書・霍光傳》。而黃憲父爲牛醫，淳于意、華佗皆鍼藥兼擅，《後漢書・方術傳》之郭玉，則特長於鍼科，蓋亦各有所長也。

第八節　經　　籍

　　秦世焚書之令，未必真能盡天下之書，已見第十九章第三節。劉歆移大常博士，謂漢興天下惟有易卜，未有它書，乃不審之辭也。或其時王室藏庋甚微耳。《漢書・藝文志》曰："秦燔滅文章，以愚黔首。漢興，改秦之敗，大收篇籍，廣開獻書之路。迄孝武世，書缺簡脫，禮壞樂崩，聖上喟然而歎曰：朕甚閔焉。於是建藏書之策，如淳曰：劉歆《七略》曰：外則有大常、大史、博士之藏，內則有廷閣、廣內、祕室之府。置寫書之官。下及諸子、傳說，對儒家之書言。皆充祕府。至成帝時，以書頗散亡，使謁者陳農求遺書於天下。詔光禄大夫劉向校經傳、諸子、詩賦，步兵校尉任宏校兵書，大史令尹咸校數術，侍醫李柱國校方技。《成帝紀》：河平三年，光禄大夫劉向校中祕書，謁者陳農使，使求遺書於天下。師古曰：言令陳農爲使。下使，使之求遺書也。竊疑以陳農爲都使，其下當更有分使。不然，一人安能徧行天下邪？每一書已，向輒條其篇目，最其指意，録而奏之。會向卒，哀帝復使向子侍中奉車都尉歆卒父業。歆於是總羣書而奏其七略。故有輯略，有六藝略，有諸子略，有詩賦略，有兵書略，有術數略，有方技略。事亦見向、歆本傳。《叙傳》云：班斿與劉向校祕書。《後漢書・蘇竟傳》，言王莽時與劉歆等共典校書。今删其要，以備篇籍。"蓋至武帝之世而藏書稍備，成、哀以後而校理始精。《班志》大凡書六略，三十八種，五百九十六家，萬三千二百六十九卷。此數諸書頗互異，顧實《藝文志講疏》曰：《論衡案書》：六略之録，萬三千篇。沈欽韓說：輯略彙別羣書，標列恉趣，若志之小序，實止六略耳。《廣弘明集》載《梁七録》引本志，二百作三百。總覈前載家數，多八十一，篇數少九百九十四。又載《七略》曰：書三十八種，六百三家，一萬三千二百一十九卷。較班《志》多七家。班自注入三家，省兵十家，足以相證，而篇數則難考。《隋志》誤言七略大凡三萬三千九十卷，《通考》同。《舊唐志》復言《漢志》載三萬三千九百卷，不足論矣。然總可見漢世王室藏書之大概也。

後漢藏書之處，時曰東觀。《後漢書·安帝紀》永初五年《注》曰：《洛陽宮殿名》曰：南宮有東觀。和帝嘗幸東觀，覽書林，閱篇籍，博選藝術之士，以充其官。《本紀》永元十三年。安帝時，和熹鄧皇后秉政，博選諸儒劉珍等，及博士、議郎、四府掾史讎校。見《后紀》。事在永初四年，見《紀》。劉珍見《文苑傳》。事又見《宦者蔡倫傳》。歷代名儒，從事校讎者甚多，如竇章、融玄孫，見《融傳》。賈逵、班固、馬融、蔡邕、皆見本傳。融又見《劉珍傳》。邕又見《盧植傳》。盧植、本傳。馬日磾、楊彪、韓說、皆見《盧植傳》。《三國志·袁術傳注》引《三輔決録注》：馬日磾與楊彪、盧植、蔡邕等典校中書。孔僖、本傳。傅毅、《文苑》本傳。劉騊駼、見《劉珍傳》。高彪《文苑》本傳。等是也。《儒林傳》云：“光武遷都洛陽，其經牒祕書，載之二千餘兩。自此以後，參倍於前。及董卓移都之際，吏民擾亂，自辟雍、東觀、蘭臺、石室、宣明、鴻都諸藏，典策文章，競共剖散。其縑帛圖書，大則連爲帷蓋，小乃製爲縢囊。及王允，所收而西者，裁七十餘乘。道路艱運，復棄其半矣。《王允傳》：董卓遷都關中，允悉收斂蘭臺、石室圖書、祕緯要者以從，既至長安，皆分別條上。經籍具存，允有力焉。後長安之亂，一時焚蕩，莫不泯盡焉。”此東京圖籍聚散之大略也。

魏之三祖，皆好文章，其所采集，當較廣博，惜史無可徵。《三國·蜀志》云：先主定蜀，承喪亂歷紀，學術衰廢，乃鳩合典籍，沙汰衆學。許慈、胡潛，並爲博士。與孟光、來敏等，典掌舊文。直庶事草創，動多疑議。慈、潛更相克伐，謗讟忿爭，形於聲色。書籍有無，不相通借。《許慈傳》。可見其所藏之少矣。東吳孫休，頗稱好學。嘗命韋曜依劉向故事，校定衆書。亦有東觀。孫晧時華覈嘗爲其令，皆見本傳。

漢世藏書，亦頗祕惜。《漢書·百官公卿表》：元鳳四年，蒲侯蘇昌爲大常。十一年，地節三年。坐籍霍山書泄祕書免。師古曰：“以祕書借霍山。”顧亭林曰：“師古說非也。蓋籍没霍山之書，中有祕記，當密奏之，而輒以示人，故以宣泄罪之耳。山本傳言山坐寫祕書，顯爲上書獻城西第，入馬千匹，以贖山罪。若山之祕書，從昌借之，昌之罪將不止免官，而元康四年，昌復爲大常，薄責昌而厚繩山，非法之平也。且如顏說，云坐借霍山祕書免足矣，何用文之重辭之複乎？”案顧說是也。觀東平思王求書不與之事，見第五節。可見漢世之祕惜，多屬無謂。然臣下之得受賜書者，則爲異數矣。《漢書·叙傳》言：班斿與劉向校書，每奏事，斿以選受詔進讀羣書，上器其能，賜以祕書之副。時書不布，自東平思王以叔父求大史公諸子書，大將軍白不許。案成帝賜班氏者，恐亦不能甚多，《叙傳》乃班氏自誇之辭，不足信也。《後漢書·竇融傳》：光武賜融以外屬圖及大史公《五宗》、《外戚世家》、《魏其侯列傳》，此乃意存風諭。章帝賜東平憲王以祕書列仙圖、道術方，則爲異數。明帝賜王景以《山海經》、《河渠書》、《禹貢圖》，亦非常典也。是時惟《五經》刻石以共衆覽，已見第二節，《三國·魏志·明帝紀》：大和四年，詔大傅三公以文帝《典論》刻石，立於廟門外。

　　《漢書·景十三王傳》曰：“河間獻王德，修學好古，實事求是。從民得善書，必爲好寫與之，留其真，加金帛賜以招之。當時獻書，多有賞賜。《後漢書·孔融傳》：魏文帝深好融文辭，募天下：有上融書者，輒賜以金帛。繇是四方道術之人，不遠千里。或有先祖舊書，多奉以奏獻王者。故得書多與漢朝等。是時淮南王安亦好書。所招致率多浮辯。獻王所得書，皆古文先秦舊書《周官》、《尚書》、《禮》、《禮記》、《孟子》、《老子》之屬，皆經、傳、説、記七十子之徒所論。”此文疑有竄易，非《班書》本文。① 古“有”“或”同音相借，二字連文，顯非古語。下文辭尤錯亂，《老子》豈七十子之徒所論邪？然河間、淮南藏書最富，則無足疑也。《後漢》私家藏書，當以蔡邕爲最多。《後書·列女傳》：曹操問邕女琰曰：“聞夫人家先多墳籍，猶能憶識之不？”琰曰：“昔亡父賜書四千餘卷，流離塗炭，罔有存者。今所誦憶，裁四百餘篇耳。”《三國志·鍾會傳注》引《博物記》云：蔡邕有書近萬卷。末年載數車書與王粲。粲亡後，相國掾魏諷謀反，粲子與焉。既被誅，粲所與書，悉入王業。《王粲傳》：粲徙長安，蔡邕見而奇之。② 時邕才學顯著，貴重朝廷。常車騎填巷，賓客盈坐。聞粲在門，倒屣迎之。粲至，年既幼弱，容狀短小，一坐盡驚。邕曰：“此王公孫也。有異才，吾不如也。吾家書籍文章，盡當與之。”可謂有大公之心矣。魏武帝破南皮，閲王脩家，有書數百卷。向朗年踰八十，猶手自校書，刊定繆誤。積聚篇卷，於時最多。亦士夫之好收藏者也。魏武帝破袁紹，盡收其輜重、圖書、珍寶。見本紀建安五年。呂布之破也，大祖給衆官車各數乘，使取布軍中物，惟其所欲。衆人皆重載，惟袁涣取書數百卷、資糧而已。《三國志》本傳《注》引《袁氏世紀》。則雖軍中亦有圖書，可見好尚者之衆。然無書而口相傳授者仍甚多。③ 《三國志·賈逵傳》云：自爲兒童，戲弄常設部伍。祖父習異之，曰：汝大必爲將率。口授兵法數萬言。曹操欲使十吏就蔡琰寫所憶書，琰繕送之，文無遺誤。其所執誦，亦不少矣。

---

① 經籍：《漢書》言河間獻王得書辭有竄亂。

② 經籍：保守似以贈人爲最美，如蔡邕之於王粲。猶禪讓也。

③ 學術：口耳相傳。

《後漢書·王充傳》云：家貧無書，常遊洛陽市肆，閱所賣書，一見輒能誦憶。《荀淑傳》：孫悦，家貧無書，每之人閒，所見篇牘，一覽多能誦記。亦以其時習於口耳相傳，故其記憶之力特强也。班固被召詣校書郎，弟超與母隨至洛陽，爲官傭書以供養。先主遺詔勑後主曰：聞丞相爲寫《申》、《韓》、《管子》、《六韜》一通已畢，未送道亡，可自更求聞達。《三國·蜀志·先主傳注》引《諸葛亮集》。劉梁少孤貧，賣書於市以自資。《後漢書·文苑傳》。闞澤爲人傭書，以共紙筆。此皆當時所謂寫書者。印刷未興，迻謄非易，此稺書者之所以難也。

《三國志·魏文帝紀》曰：帝好文學，以著述爲務。自所勒成垂百篇。又使諸儒撰集經傳，隨類相從，凡千餘篇，號曰《皇覽》。《楊俊傳注》引《魏略》云：王象受詔撰《皇覽》。從延康元年始，撰集數歲成，藏於祕府。合四十餘部，部有數十篇，通合八百餘萬字。此事蓋以象爲主，而桓範、《曹爽傳注》引《魏略》。劉劭，亦參與焉。《陳羣傳注》引《魏書》：正始中，詔撰羣臣上書，以爲《名臣奏議》。① 此爲官纂書籍及編類書之始。《後漢書·張奐傳》，奏所定《尚書章句》，詔下東觀，則私家著書之呈進者也。

愛好古物之風，亦始於漢。② 梁孝王有雷尊，直千金，戒後世：善寶之，毋得以與人。《漢書·文三王傳》。河閒獻王得善書，必寫與之而留其真，則亦不徒好其書矣。然作僞及附會之風，亦已萌蘗。《後漢書·竇融傳》云：南單于於漠北遺憲古鼎，容五斗。其旁銘曰：“仲山甫鼎。其萬年。子子孫孫永保用。”夫苟仲山甫物，何緣而入漠北邪？《光武十王傳》：建初三年，賜東平王蒼及琅邪王京書曰：“今魯國孔氏，尚有仲尼車輿、冠履。”《注》云：“孔子廟在魯曲阜城中。”伍緝之《從西征記》曰：“魯人藏孔子所乘車於廟中，是顏路所請者也。”《鍾離意傳注》引《意別傳》曰：“意爲魯相，到官，出私錢萬三千文付戶曹孔訢修夫子車身。入廟，拭几席、劍履。男子張伯除堂下草，土中得玉璧七枚，伯懷其一，以六枚白意。意令主簿安置几前。孔子教授堂下牀首有縣甕。意召孔訢，問其何甕也？對曰：夫子甕也。背有丹書，人莫敢發也。意曰：夫子聖人，所以遺甕，欲以縣示後賢。因發之。中得素書。文曰：後世修吾書，董仲舒。護吾車，拭吾履，發吾笥，會稽鍾離意。璧有七，張伯藏其一。意即召問伯，果服焉。”車而知爲顏路所請，已奇矣。甕中素書，不尤極弔詭之致邪？

---

① 經籍：《皇覽》蓋類書之始。魏相好觀漢故事。正始中魏撰《名臣奏議》。

② 古物：愛好古物始漢，作僞亦如此。

第二十章　秦漢宗教

第一節　祠祭之禮

古人率篤於教，故其祭祀之禮甚煩。又各地方各有其所奉之神，秦、漢統一以後，逐漸聚集於中央，其煩費遂愈甚。經元、成之釐正，而其弊乃稍除。此亦宗教之一大變，不能不歸其功於儒者之持正也。

秦襄公既侯，居西垂，自以爲主少皞之神，作西畤，祠白帝。其後十六年，秦文公東獵汧、渭之閒，卜居之而吉。文公夢黃蛇自天下屬地，其口止於鄜衍。鄜地名。後漢置鄜縣於此。今陝西洛川縣。山阪曰衍。文公問史敦。敦曰："此上帝之徵，君其祠之。"於是作鄜畤，用三牲，郊祭白帝焉。自未作鄜畤也，而雍旁故有吳陽武畤，雍東有好畤，皆廢無祠。或曰："自古以雍州積高，神明之隩，故立畤郊上帝，諸神祠皆聚云。蓋黃帝時嘗用事？雖晚周亦郊焉？"其語不經見，縉紳者不道。作鄜畤後九年，文公獲若石云。於陳倉北阪城祠之。其神或歲不至，或歲數來。來也，常以夜，光輝若流星，從東南來，集於祠城，則若雄雞其聲殷云。野雞夜雊。命曰陳寶。作鄜畤後七十八年，秦德公既立，卜居雍。後子孫飲馬於河。遂都雍。雍之諸祠自此興。秦宣公作密畤於渭南，祭青帝。秦靈公作吳陽上畤，祭黃帝。作下畤，祭炎帝。櫟陽雨金，秦獻公自以爲得金瑞，故作畦畤櫟陽，而祀白帝。始皇既封禪，遂出遊海上。行，禮祠名山大川及八神。見第五章第九節。二世元年，東巡碣石，並海南，歷泰山，至會稽，皆禮祠之。自五帝以至秦，名山大川，或在諸侯，或在天子，其禮損益世殊，不可勝記，及秦併天下，令祠官所常奉天地、名山、大川、鬼神，可得而序也。於是自殽以東名山五：曰大室、恒山、泰山、會稽、湘山。大川祠二：曰濟，曰淮。自華以西名山七：曰華山、薄山、岳山、岐山、吳岳、鴻冢、瀆山。水曰河、祠臨晉。沔、祠漢中。湫淵、祠朝那。江水。祠蜀。陳寶節來祠。灞、産、長水、灃、澇、涇、渭，皆非大川，以近咸陽，盡得比山川祠。汧、洛、二淵、鳴澤、蒲山、岳瀆山之屬爲小山川。而雍有日、月、星辰、南北斗、熒惑、大白、歲星、填星、二十八宿、風伯、雨師、四海、九臣、十四臣、諸布、諸嚴、諸逑之屬百有餘廟。西亦有數十祠。於湖，有周天子祠。於下邽，有天神。灃、滈有昭明，天子辟池。於社亳，徐廣云：京兆杜縣有亳亭。社字誤，合作杜。案杜縣，後改杜陵，在今陝西長安縣東南。有三社主之祠，壽星祠。而雍菅廟亦有杜主。各以歲時奉祠。惟雍四時上帝爲尊，其光景動人民惟陳寶。三年一郊。秦以冬十月爲歲首，故常以十月上宿郊見，通權火，拜於咸陽之旁，而衣尚白，其用如經祠云。西時、畦祠如其故，上不親往。諸此祠皆大祝常主，以歲時奉祠之。至如他名山川、諸鬼及八神之屬，上過則祠，去則已。郡縣遠方神祠者，民各自奉祠，不領於天子之祝官。

高祖初起，禱豐枌榆社。徇沛，爲沛公，則祠蚩尤，釁鼓旗。二年，東擊項籍，而還入關，問故秦時上帝祠何帝也？對曰：“四帝。有白、青、黃、赤帝之祠。”高祖曰：“吾聞天有五帝，而有四，何也？”莫知其説。於是高祖曰：“吾知之矣，乃待我而具五也。”乃立黑帝祠，命曰北祠。有司進祠，上不親往。悉召故秦祝官，復置大祝、大宰，如其故儀禮。因令縣爲公社。下詔曰：“吾甚重祠而敬祭。今上帝之祭及山川諸神當祠者，各以其時禮祠之如故。”後四歲，天下已定，詔御史：令豐謹治枌榆社。令祝官立蚩尤之祠於長安。長安置祠祝官、女巫。其梁巫祠天地、天社、天水、房中、堂上之屬。晉巫祠五帝、東君、雲中、司命、巫社、巫族人、先炊之屬。秦巫祠社主、巫保、族纍之屬。荊巫祠堂下、巫兒、司令、施糜之屬。九天巫祠九天。皆以歲時祠宮中。其河巫祠河於臨晉，而南巫祠南山秦中。其後二歲，或曰：周興而邑邰，立后稷之祠，至今血食天下。於是高祖制詔御史：其令郡國縣立靈星祠。十年春，有司請令縣常以春三月及時臘祠社稷，以羊豕。民里社各自財以祠，制曰可。直干戈之際，草創之時，日不暇給，而其篤於祠祭如此，可見其時之風氣矣。

其後十八年，孝文帝即位。始名山大川在諸侯，諸侯祝各自奉祠，天子官不領。及齊、淮南國廢，令大祝盡以歲時致禮如故。十五年春，黃龍見成紀，上乃下詔議郊祀。語據《漢書》本紀，參看第三節。夏四月，文帝始郊見雍五時。其明年，趙人新垣平以望氣見上。言“長安東北有神氣，成五采，若人冠絻焉。”或曰：“東北神明之舍，西方神明之墓也。天瑞下，宜立祠上帝，以合符應。”於是作渭陽五帝廟。夏四月，文帝親拜灞、渭之會，以郊見渭陽五帝。《漢書·郊祀志》：王莽奏言：孝文十六年，用新垣平，初起渭陽五帝廟。祭泰一、地祇，以大祖高皇帝配。日冬至祠泰一，夏至祠地祇，皆併祠五帝。權火舉而祠若光輝然，屬天焉。於是貴平上大夫，賜累千金，而使博士諸生刺《六經》中作《王制》，謀議巡狩封禪事。文帝出長安門，若見五人於道北，遂因其直北立五帝壇。其明年，新垣平使人持玉杯上書闕下獻之。平言上曰：“闕下有寶玉氣來者。”已視之，果有獻玉杯者，刻曰人主延壽。平又言臣候日再中。居頃之，日卻復中。於是始更以十七年爲元年，令天下大酺。平言曰：“周鼎亡在泗水中。今河溢通泗。臣望東北汾陰直有金寶氣，意周鼎其出乎？兆見，不迎則不至。”於是上使使治廟汾陰，南臨河，欲祠出周鼎。人有上書告新垣平所言氣、神事皆詐也。下吏治，誅夷新垣平。自是之後，文帝怠於改正朔服色、神明之事，而渭陽、長門五帝，使祠官領，以時致禮，不往焉。孝景即位，十六年，祠官各以歲時祠如故，無有所興。

武帝信方士，已見第五章第九節。凡其所興祠：大一、后土三年親郊祠。建漢家封禪，五年一修封。薄忌、大一及三一、冥羊、馬行、赤星五寬舒之祠，官以歲時致禮。凡六祠，皆大祝領之。至如八神、諸神、明年、凡山、他名祠，行過則祠，行去則已。方士所興祠，各自主其人，終則已，祠官不主。他祠皆如其故。以上略據《史記·封禪書》。昭帝即位，富於春秋，未嘗親巡祭。宣帝即位，霍光輔政，非宗廟之祠不出。神爵元年正月，上始幸甘泉，郊見泰畤。其三月，幸河東祠后土。詔大常以四時祠江、海、雒水。自是五嶽、四瀆，皆有常禮。時南郡獲白虎，獻其皮牙爪，上爲立祠。又以方士言，爲隨侯劍、寶玉、寶璧、周康寶鼎立四祠於未央宮中。又祠大室山於即墨，三户山於下密，漢縣，今山東昌邑縣東南。祠天封苑、火井於鴻門。又立歲星、辰星、大白、熒惑、南斗祠於長安城旁。又祠參山、八神於曲城。漢縣，今山東掖縣東北。蓬山、石社、石鼓於臨朐。之罘山於腄，成山於不夜。漢縣，今山東文登縣東北。萊山於黃。成山祠日，萊山祠月。又祠四時於琅邪，蚩尤於壽良。漢縣，今山東東平縣西南。京師近縣：鄠則有勞谷、五牀山、日月、五帝、僊人、王女祠。雲陽有徑路神祠，祭休屠王也。又立五龍山僊人祠，及黃帝、天神、帝原水凡四祠於膚施。或言益州有金馬碧雞之神，可醮祭而致。於是遣諫大夫王褒使持節而求之。以上據《漢書·郊祀志》。時頗侈言祥瑞。屢改元。神爵、五鳳、甘露、黃龍。嘗以鳳皇集祋祤，漢縣，今陝西耀縣東。於所集處得玉寶，起步壽宮。神爵二年。又以鳳皇集上林，起鳳皇殿。神爵四年。其於武帝，亦可謂具體而微矣。要之武、宣之世，乃漢室祭禮煩費最甚之時也。

其宗廟之禮，亦煩費不省。高祖十年，令諸侯王都皆立大上皇廟。至惠帝，尊高帝廟爲大祖廟。十二年，令郡諸侯王立高廟。景帝元年，尊文帝爲大宗。行所嘗幸郡國，各立大祖、大宗廟。宣帝本始二年，復尊孝武廟爲世宗廟。巡守所幸郡國亦立焉。是爲漢世所謂郡國廟。又諸陵皆有園寢。《續漢書·祭祀志》曰：承秦所爲也。説者以爲古宗廟前制廟，後制寢，以象人之居前有朝後有寢也。廟以藏主，以四時祭。寢有衣冠几杖象生之具，以薦新物。秦始出寢，起於墓側，漢因而弗改，故陵上稱寢殿，起居衣服象生人之具，古寢之意也。[①] 建武以來，關西諸陵，以轉久遠，但四時特牲祠，帝每幸長安謁諸陵，乃大牢祠。自雒陽諸陵至靈帝，皆以晦、望、二十四氣、伏、臘及四時祠廟日上飯。大官送用物，園令食監典省。其親陵所宮人，隨鼓漏理被枕，具盥水，陳嚴具。**惠帝又以叔孫通言作原廟。**《漢書·通傳》：惠帝爲東朝長樂宫及閒往，數蹕煩民，作復道。方築武庫南，通奏事，因請閒曰："陛下何自築復道？高帝寢衣冠月出遊高廟，子孫柰何乘宗廟道上行哉？"惠帝懼，曰："急壞之。"通曰："人主無過舉。今已作，百姓皆知之矣。願陛下爲原廟渭北，衣冠月出遊之，益廣宗廟，大孝之本。"上乃詔有司立原廟。師古曰："原，重也。先已有廟，今更立之，故云重也。"**凡祖宗廟在郡國六十八，合百六十七所，而京師自高祖下至宣帝，與大上皇、悼皇考**宣帝父。**各自居陵旁立廟，並爲百七十六。又園中各有寢便殿。日祭於寢，月祭於廟，時祭於便殿。寢日四上食，廟歲二十五祠，便殿歲四祠，又月一遊衣冠。而昭靈后、武哀王、昭哀后、孝文大后、孝昭大后、衛思后、戾大子、戾后各有寢園，與諸帝合凡三十所。一歲祠上食二萬四千四百四十五，用衛士四萬五千一百二十九人，祝宰、樂人萬二千一百四十七人，養犧牲卒不在數中。**《漢書·韋玄成傳》。**其煩費如此。

　　元帝時，貢禹奏言：古者天子七廟。今孝惠、孝景廟皆親盡宜毀，及郡國廟不應古禮，宜正定。天子是其議。未及施行而禹卒。初元五年。永光二年，韋玄成爲丞相。四年，乃下詔議罷郡國廟。因罷昭靈后、武哀王、昭哀后、衛思后、戾大子、戾后園，皆不奉祠，裁置吏卒守焉。五年，復以高帝爲大祖，文帝爲大宗，景帝以下爲四親廟，餘皆毀。歲餘，玄成薨，匡衡爲丞相。上寢疾，夢祖宗譴罷郡國廟。上少弟楚孝王亦夢焉。上詔問衡，議欲復之。衡深言不可。上疾久不平。衡皇恐，禱高祖、孝文、孝武廟，言不敢復之意。久之，上疾連年，遂盡復諸所罷寢廟園，皆修禮如故。建昭五年、竟寧元年。復申明孝武廟爲世宗。惟郡國廟遂廢。元帝崩，衡奏言："前以上體不平，故復諸所罷祠，卒不蒙福，請悉罷勿奉。"奏可。初，高后時，患臣下妄非議先帝宗廟寢園者，故定著令：敢有擅議者棄市。至元帝改制，蠲除此令。成帝時，以無繼嗣，河平元年，復復大上皇寢廟園，世世奉祠。昭靈后、武哀王、昭哀后並食於大上寢廟如故。又復擅議宗廟之令。成帝崩，哀帝即位。丞相孔光、大司空何武奏言迭毀之禮，當以時定，非令所爲擅議宗廟之意也。臣請與羣臣雜議。奏可。於是光禄勳彭宣等五十三人以爲孝武皇帝雖有功烈，親盡宜毀。大僕王舜、

---

① 葬埋：秦出寢於墓，亦見重形魄。

中壘校尉劉歆以爲不宜毀。制從舜、歆議。以上皆據《韋玄成傳》。成帝初即位，丞相衡，御史大夫譚奏言：郡縣治道供張，吏民困苦，百官煩費。甘泉、泰時、河東后土之祠，宜可徙置長安。於是作長安南北郊，罷甘泉、汾陰祠。紀在建始元年十二月。雍、鄜、密上下時及陳寶祠皆罷。紀二年正月。是歲，衡、譚復條奏長安厨官、縣官給祠，郡國候神方士、使者所祠凡六百八十三所。其二百八所應禮，及疑無明文，可奉祠如故。其餘四百七十五所不應禮，或復重，請皆罷。奏可。明年，匡衡坐事免官爵。衆庶多言不當變動祭祀者。又初罷甘泉、泰時作南郊日，大風壞甘泉竹宮，折拔時中樹木十圍以上百餘。天子異之，以問劉向。對曰："家人尚不欲絶種祠，況於國之神寶舊時？且甘泉、汾陰及雍五時始立，皆有神祇感應，然後營之，非苟而已也。武、宣之世，奉此三神，禮敬敕備，神光尤著。祖宗所立，神祇舊位，誠未易動。及陳寶祠，自秦文公至今，七百餘歲矣。漢興，世世常來。光色赤黄，長四五丈，直祠而息，音聲砰隱，野雞皆雊。每見，雍大祝祠以大牢，遣候者乘傳馳詣行在所，以爲福祥。高祖時五來，文帝二十六來，武帝七十五來，宣帝二十五來，初元元年以來亦二十來。案迷信者，其所信之理雖偽，所見之象或真，[1]此其所以能使人信之而弗疑也。此陽氣舊祠也。及漢宗廟之禮，不得擅議，皆祖宗之君與賢臣所共定。古今異制，經無明文，至尊至重，難以疑説正也。前始内貢禹之議，後人相因，多所動搖。《易大傳》曰：誣神者殃及三世，恐其咎不獨止禹等。"上意恨之。後上以無繼嗣，故令皇大后詔有司，復甘泉泰時汾陰后土如故。及雍五時陳寶在陳倉者，天子復親郊禮如前。《紀》在永始三年。又復長安、雍及郡國祠著明者且半。成帝末年，頗好鬼神。亦以無繼嗣故，多上書言祭祀方術者。皆得待詔祠祭上林苑中長安城旁，費用甚多，然無大貴盛者。成帝崩，皇大后詔有司復長安南北郊如故。哀帝即位，寢疾。博徵方術士。京師諸縣皆有侍祠使者。盡復前世所常興諸神祠官凡七百餘所，一歲三萬七千祠云。明年，復令大皇大后詔有司復甘泉泰時、汾陰后土祠如故。平帝元始五年，大司馬王莽奏復長安南北郊。渭陽祠勿復修。後莽又奏言：五帝兆居在雍五時，不合於古。又日、月、雷、風、山、澤，《易》卦六子之尊氣，所謂六宗也。星辰、水火、溝瀆，皆六宗之屬也。今或未特祀，或無兆居。今稱天神曰皇天上帝，泰一兆曰泰時，而稱地祇曰后土，與中央黄靈同。又兆北郊未有尊稱。宜令地祇稱皇地后祇，兆曰廣時。分羣神以類相從，爲五部。兆天地之别神，中央帝黄靈后土時及日廟、北辰、北斗、

---

①　宗教：象或真，如陳寶，故人信之。

填星、中宿、中宮於長安城之未地。兆東方帝大昊青靈句芒時及雷公、風伯
廟、歲星、東宿、東宮於東郊。兆南方炎帝赤靈祝融時及熒惑、南宿、南宮於南
郊。兆西方帝少皞白靈蓐收時及大白星、西宿、西宮於西郊。兆北方帝顓頊
黑靈玄冥時及月廟、雨師廟、辰星、北宿、北宮於北郊。奏可。於是長安旁諸
廟兆時甚盛矣。莽又言聖漢興，禮儀稍定，已有官社，未立官稷。臣瓚曰：高帝除
秦社稷，立漢社稷，禮所謂大社也。時又立官社，配以夏禹，所謂王社也。見《漢祀令》。遂於官社
後立官稷。以夏禹配食官社，后稷配食官稷。以上據《漢書·郊祀志》。莽又奏請奉
明園悼皇考園。毀勿修。罷南陵、孝文大后。雲陵園孝昭大后。爲縣。《韋玄成傳》。案
祭祀之禮，秦、漢閒最無軌則。自孝元以後，乃稍合乎義理矣。匡衡禱辭言：
"祭祀之義，以民爲本。閒者歲數不登，百姓困乏，郡國廟無以修立。"實最合
民視民聽之義。典禮之漸昭軌物，實惟玄成、衡等之功。故知有學術者之見
地，究與流俗不同也。

第二節　諸家方術

趙甌北《廿二史劄記》言："上古之時，人之視天甚近。逮人事繁興，情僞
日起，遂與天日遠一日。戰國紛爭，詐力相尚，至於暴秦，天理幾於滅絕。漢
興，董仲舒治《公羊春秋》，始推陰陽，爲儒者宗。宣、元之後，劉向治《穀梁春
秋》，數其禍福，傅以洪範，而後人之與天，又漸覺親切。而其時人君，亦多遇
災而懼，應之以實不以文。降及後世，機智競興，權術是尚，一若天下事皆可
以人力致而天無權。即有志圖治者，亦徒詳其法制禁令，爲人事之防，而無復
求端於天之意"云云。此說謂戰國、嬴秦，詐力相尚，天理幾絕，一若迷信既
除，而復興於漢代者，自非其實。然其闡發漢代仍爲一迷信之世界，則頗爲近
情。我國迷信之漸澹，實魏、晉之世，玄學大興，重明理而賤踐迹，尊人事而遠
天道，有以致之，若兩漢，固仍一鬼神術數之世界也。

觀上節所述，秦、漢人巫鬼之習，已可概見。然此特其通於中朝，見之記
載者耳。至其但存於郡縣，或爲民閒所崇奉，而無傳於後者，蓋不知其凡幾
矣。後漢和熹鄧皇后，詔有司罷諸祠官不合典禮者。魏文帝黃初五年十二
月，詔曰："叔世衰亂，崇信巫史，至乃宮殿之内，户牖之閒，無不沃酹，甚矣其
惑也！自今其敢設非祀之祭，巫祝之言，皆以執左道論，著於令典。"明帝青龍
元年，詔諸郡國：山川不在祀典者勿祠。能如是者蓋甚少，而此等詔令，能否
奉行，又在未可知之數也。凡淫祀，大率巫者主之。王符言婦人不修中饋，休

其蠱織，而起學巫祝，鼓舞事神，以欺誣細民，熒惑百姓。《潛夫論·浮侈篇》。案漢武所信之神君即巫，孫晧亦以信巫覡敗，已見第五章第九節、第十二章第九節。《三國·魏志·明帝紀》：景初三年，初青龍三年中，壽春農民妻自言爲天神所下，命爲登女，當營衛帝室，蠲邪納福。飲人以水，及以洗瘡，或多愈者。於是立館後宮，下詔稱揚，表見優寵。及帝疾，飲水無驗，於是殺焉。此其欺誣細民，熒惑百姓，亦神君之類；其飲人以水，或以洗瘡，則又張角之流也。《武宣卞皇后傳注》引《魏略》，言帝信巫女用水方，使人持水賜卞蘭，蘭不肯飲，即此巫女也。師丹薦丞相史能使巫下神，爲國求福，名儒大臣，惑之如此，無怪小民之奔走恐後矣。

巫術多端，詒害最甚者，莫如厭詛。武帝之世，敗及皇后、大子、宰相，劉屈氂。其後廣陵屬王、中山孝王大后，亦以此敗。息夫躬以祝詛敗東平王，卒亦自及。後漢和帝陰皇后、靈帝宋皇后、和帝幸人吉成，見《和熹鄧后紀》。光武子阜陵質王延，三國吳孫亮，無不遭此禍者，亦云酷矣。

龜卜後世罕用，漢世則猶未絕。文帝之見迎，卜之，兆得大橫，見《史記·本紀》。《續漢書·百官志注》：大史待詔三十七人，其三人龜卜。《後漢書·岑彭傳注》引《東觀記》，言田戎灼龜卜降，兆中坼，遂止。可知官與民間皆有其術。筮尤盛，漢宣帝將祠昭帝廟，旄頭劍落泥中，刃鄉乘輿，令梁丘賀筮之。魏延自謂功勳至大，宜代諸葛亮秉政，亦呼都尉趙正筮之。管輅尤專以此名，《三國·魏志》有傳。

以占夢名者周宣，《魏志》亦有傳。魏延夢頭上生角，以問占夢趙直。《楊洪傳注》引《益部耆舊傳》，亦云何祇夢井中生桑，以問趙直。《吳志·趙達傳注》引《吳錄》云：宋壽占夢，十不失一。二人蓋占夢之有名者也。《後漢書·和熹鄧皇后紀》：后嘗夢捫天，蕩蕩正青，若有鍾乳狀，乃仰嗽飲之。以訊諸占夢。言堯、舜攀天而上，湯夢及天而咶之，斯皆聖王之前占，吉不可言。可見當時占夢者之說也。

《史記·高祖本紀》言：吕公善相人，相高祖，因妻以女。又言吕后與兩子居田中耨，客有過，相其子母，皆大貴。其後孝宣許皇后、後漢明德馬皇后、章德竇皇后、和熹鄧皇后、順烈梁皇后、三國魏文帝甄后、蜀先主穆后，相者皆早言其當貴。許負相薄姬當生天子。又相周亞夫當餓死。黥布少時，客相之，當黥而王。鉗徒相衛青當封侯。班超，相者指曰："燕頷虎頭，飛而食肉，此萬里侯相也。"鍾繇與族父瑜俱至洛陽，道遇相者，曰："此童有貴相，然當厄於水，努力，慎之。"一行未十里，度橋，馬驚墮水，幾死。漢文帝使善相人者相鄧通，曰當餓死。李陵之敗，武帝召陵母及婦，使相者視之，無死喪色。黃霸少爲陽夏遊徼，與善相人者共載出。見一婦人。相者言："此婦人當富貴。不然，相書不可用也。"霸推問之，乃其鄉里巫家女也。霸即娶爲妻。王莽時，有用方技待詔黃門者。或問以莽形貌。待詔曰："莽所謂鴟目虎吻，豺狼之聲者也，能食人，亦當爲人所食。"問者告之。莽誅滅待詔，而封告者。後常翳雲母屏閒，非親近莫得見也。魏大祖不時立大子，大子自疑，是時有高元吕者，善相人，乃呼問之。對曰："其貴乃不可言。"問壽幾何？元吕曰："至四十當有小苦，過是無憂也。"無幾立爲大子，至四十而薨。《本紀注》引《魏略》。此等傳説，固不足信，然觀其傳説之盛，可見秦、漢閒人信相術之深。《史記·游俠列傳》，於郭解，明著其爲善相人者許負外孫；三國時善相人者朱建平，《魏志》有傳；而管輅亦頗善相，可見以相術著名者頗多。案骨相之説，本祇謂觀其形貌而可知其才性，因其才性而可知其窮通，[1]至禍福與善惡，窮達與賢不肖不符，則由於人事之紛紜，本非相者所能豫燭，讀《論衡·骨相》《命義》、《潛夫論·相列》等篇可知。流俗昧於此理，專言禍福窮達，甚至推諸六畜、器物，則於理不可通矣。《漢書·藝文志》有《相寶劍刀》二十卷，《相六畜》三十八卷。《三國·魏志·曹爽傳注》引《魏氏春秋》言許先善相印。《相印書》曰：相印法本出陳長文。長文以語韋仲將，印工楊利從仲將受法，以語許士宗利，以法術占吉凶，十可中八九。仲將問長文：從誰得法？長文曰：本出漢世，有《相印》、《相笏經》。又有《鷹經》、《牛經》、《馬經》，印工宗養以法語程申伯。是故有一十二家相法傳於世。然相法視他迷信，究較有憑，故信之者多也。

望氣之術，見於《漢書·天文志》。《志》云"海旁蜃氣象樓臺，廣野氣成宮闕，雲氣各象其山川人民所聚積"，蓋初睹蜃氣時，不知其理，以爲空中誠有人物，於是乎信有神仙，其後知其仍爲地上人物所反映，則望氣之術興焉矣。王朔謂北夷之氣如羣畜穹廬，南夷之氣類舟船幡旗，即由蜃氣而推之者也。更進，遂欲因之以測其地之盛衰，《志》所謂候息耗者入國邑，視封疆田疇之整治，室屋門户之潤澤，次至車服畜産之精華是也。此雖云徧觀各物，然究以遠望爲主。蘇伯阿爲王莽使者，至南陽，遙望見春陵郭，唶曰：氣佳哉，鬱鬱蔥蔥然，《後漢書·光武帝紀》。是其事。亦用之於軍中。望車騎卒之氣，以決其行之疾徐，將卒之勇怯。《藝文志》陰陽家有《別成子望軍氣》六篇，圖三卷，蓋其術。更後則傅會之於人。《史記·高祖本紀》：秦始皇帝嘗曰："東南有天子氣。"因東遊以厭之。高祖即自疑，亡匿，隱於芒、碭山澤之閒。吕后與人俱求，常得之。高祖怪問之。吕后曰："季所居上嘗有雲氣，故從往常得季。"《項羽本

---

① 宗教：相本止可知乎性。

紀》：范增説羽擊沛公曰："吾令人望其氣，皆爲龍虎，成五采，此天子氣"是也。其後此等説甚多。宣帝繫郡邸獄，望氣者言長安獄中有天子氣，見本紀，又見《丙吉傳》。又《外戚傳》：孝武鉤弋趙倢伃，家在河閒，武帝巡狩，過河閒，望氣者言此有奇女，天子亟使使召之。《後漢書·王昌傳》：素爲卜相工，明星曆，常以爲河北有天子氣。《三國·蜀志·二牧傳》：董扶謂劉焉曰："益州分野有天子氣。"《吳志·孫堅傳注》引《吳書》曰：堅世仕吳，家於富春，葬於城東，冢上數有光怪。雲氣五色，上屬於天，曼延數里。《孫晧傳》寶鼎元年《注》引《漢晉春秋》云：初，望氣者云"荆州有王氣，破揚州，而建業宮不利"，故晧徙武昌。遣使者發民掘荆州界大臣、名家冢與山岡連者以厭之。既聞施但反，自以爲徙土得計也，使數百人鼓譟入建業，殺但妻子，云天子使荆州兵來破揚州賊，以厭前氣。《吳範傳》：孫權爲將軍時，範嘗白言江南有王氣，亥子之間有大福。《趙達傳》：謂東南有王者氣，可以避難。又《蜀志·費禕傳》：建興十四年夏，還成都，望氣者云都邑無宰相位，故冬復北屯漢壽。而言神事者亦依附於是。新垣平言長安東北有神氣，成五采，已見第一節。武帝時，入海求蓬萊者言蓬萊不遠而不能至者，殆不見其氣，上乃遣望氣者佐候其氣焉。亦見《封禪書》。孝文時，以星、氣幸者，又有趙同。《史記·佞幸列傳》。《漢書》作趙談。武帝時，以望氣名者有王朔。《封禪書》及《李將軍列傳》皆稱爲望氣王朔。《漢書·天文志》曰：凡望雲氣，王朔所望，決於日旁。《漢書·谷永傳》：永言"元年成帝建始。正月，白氣起東方，至其四月，黃濁四塞，覆冒京師。白氣起東方，賤人將興之表也。黃濁冒京師，王道微絶之應也"。則雖儒者亦以爲言，且自雲氣推之風氣矣。《三國·吳志·呂範傳》言：範以治風氣聞於郡中。權討黃祖，及尋陽，範見風氣，因詣船賀，催兵急行，至即破祖。後權與魏爲好，範曰："以風氣言之，彼以貌來，其實有謀，宜爲之備。"皆其術也。《史記·河渠書》：元光中，河決於瓠子，田蚡言於上曰"江河之決皆天事，未易以人力爲"，而望氣用數者亦以爲然，於是久之不復事塞。《漢書·王莽傳》：望氣爲數者多言有土功象，乃營長安城南，起九廟。《趙廣漢傳》：廣漢先問大史知星氣者，言今年當有戮死大臣，即上書告丞相罪。董卓以大史望氣言：當有大臣戮死者，因殺張溫。其生心害政如此。然望氣之術，在秦、漢閒似甚盛也。

　　術數之學，《後書·方術傳》所叙，有風角、遁甲、七政、元氣、六日七分、逢占、日者、挺專、須臾、孤虛等。此類術數，後世亦恒有之，漢世所異者，則儒者信之者殊多。如郎顗父宗善風角、星、算、六日七分。能望氣占候吉凶，嘗賣卜自奉。王景循吏也，合衆家之書爲《大衍玄基》。見《後漢書·循吏傳》：云景以爲《六經》所載，皆有卜筮，作事舉止，質於蓍龜，而衆書錯雜，凶吉相反，乃參紀衆家數術文書、冢宅禁忌、堪輿、日、相之屬適於事用者，集爲《大衍玄基》。景鸞儒生也，而鈔風角雜書，列其占驗，作《興道篇》。何休亦注風角七分。諸如此類，難徧疏舉。可見當時之風氣，迥與後世不同矣。民間忌諱尤多，散見《論衡》、《潛夫論》等書。然因士夫信之者多其説亦時有理致，與一味迷信者不同，後人概目爲愚夫愚婦之流，則又過矣。《漢書·天文志》云：“陰陽之精，其本在地，上發於天，故政失於此，則變見於彼。”《論衡·談天》曰：儒者曰：天氣也，故其去人不遠。人有是非，陰爲德害，天輒知之，又輒應之，近人之效也。《變虛》曰：説災變之家曰：人生在天地之閒，猶魚在水中矣。其能以行動天地，猶魚鼓而振水也。《雷虛》曰：政事之家，以寒温之氣爲喜怒之候。人君喜即天温，怒則天寒。其言雖實不可通，然較之儒家《月令》、墨家《天志》等説，以天爲有喜怒欲惡如人者，則大異矣。《論衡·訂鬼篇》，歷述時人之説。或以爲病者誤見，與狂者及夢同。或以爲致病之氣，能象人形。或以爲鬼者老物之精，人之受氣，有與物同精者，及病，精氣衰劣，則來陵犯。或曰：鬼者本生於人，時不成人，變化而去，與人觸犯者病。或謂鬼者，甲乙之神。甲乙者，天之別氣，其形象人。一曰：鬼者物也，與人無異，常在四邊之外，時往來中國。天地生凶物，亦有似人、象鳥獸者，凶禍之家則見，或謂之鬼，或謂之凶，或謂之魅，或謂之魖，皆生存實有。一曰：鬼在百怪之中，或妖氣象人之形，或人含氣爲妖。象人之形，諸所見鬼是也。人含氣爲妖，巫之類是也。其所言雖不足信，然皆力求其理，與迷信者固殊科矣。

因中外交通，外國之迷信，亦有傳至中國者。如江充治蠱用胡巫，漢武平越有雞卜，江都王建使越婢下神呪詛，《漢書·景十三王傳》。趙炳能爲越方是也。《後漢書·方術傳》。而其最大者則爲佛教，見第七節。

第三節　五德終始之説

五德終始，[1]説出鄒子，乃謂有五種治法，當以時更易，意實同於儒家之通三統，已見《先秦史》第十五章第二節。至秦、漢之世，一變而爲改正朔、易服色等空談，參看第五章第二節。繼且推衍而入於迷信，則後人之不克負荷也。

行序之説，西京之季，蓋嘗經一大變。秦襄、文、獻三公，皆祭白帝，已見第一節。《封禪書》又云：“秦始皇既並天下而帝，或曰：黄帝得土德，黄龍地螾見。夏得木德，青龍止於郊，草木暢茂。殷得金德，銀自山溢。周得火德，有赤烏之符。今秦變周，水德之時。昔秦文公出獵獲黑龍，此其水德之瑞。於是秦更命河曰德水，以冬十月爲年首，色上黑，度以六爲名，音上大吕，事統上法。”一似秦本自謂金德，後乃改行水德者。然下文又云：“自齊威、宣之時，騶

---

[1]　宗教：五德終始，説出東方，秦先世事多附會。

子之徒，論著五德終始之運，及秦帝而齊人奏之，故始皇采用之。"又云：漢高祖問天有五帝，而有四，何也？莫知其說。見第一節。夫使秦人久知有五帝，何得獨闕一黑帝，逮始皇自謂水德而獨不立祠？則知《封禪書》襄公以後之事，多方士附會之辭，五德終始之說，實出自東方也。鄒子之說，五德相代，從所不勝。漢興，張蒼爲計相，時緒正律曆，以高祖十月始至霸上，故因秦時，本十月爲歲首不革。推五德之運，以爲漢當水德之時，上黑如故。吹律調樂，入之音聲，及以比定律令，若百工天下作程品。至於爲丞相，卒就之。蒼爲計相在高祖六年，爲丞相在孝文四年。文帝十三年，魯人公孫臣上書曰："始秦得水德，今漢受之，推《終始傳》，則漢當土德。土德之應黃龍見宜改正朔，易服色，色尚黃。"蒼以爲非，罷之。後三歲，黃龍見成紀。文帝召公孫臣，拜爲博士，與諸生草改曆服色事。張蒼由此自絀。而賈生草具儀法，亦色尚黃，數用五。見第五章第二節。則漢初言行序者，皆守鄒子之說。至末造而異說興。《漢書·郊祀志贊》曰："漢興之初，庶事草創。惟一叔孫生，略定朝廷之儀。若乃正朔、服色、郊望之事，數世猶未章焉。至於孝文，始以夏郊，而張蒼據水德，公孫弘、賈誼更以爲土德，卒不能明。孝武之世，文章爲盛。大初改制，而兒寬、司馬遷等，猶從臣、誼之言。服色度數，遂順黃德。彼以五德之傳，從所不勝，秦在水德，故謂漢據土而克之。劉向父子以爲帝出於震，[①]故包犧氏始受木德。其後以母傳子，孫而復始，後神農、黃帝下歷唐、虞、三代，而漢得火焉。故高祖始起，神母夜號，著赤帝之符，旗章遂赤，自得天統矣。"案王莽以漢爲火德，自謂得土德。莽班符命於天下，德祥五事，符命二十五，福應十二，凡四十二篇。其《德祥》引漢文、宣之世黃龍見於成紀，以爲新室之祥。又言平帝末年，火德銷盡，土德當代，皇天眷然，去漢與新，以丹石始命於皇帝。受命之日丁卯，丁火，漢氏之德也，卯劉姓所以爲字也，明漢劉火德盡而傳於新室也。而其稱假皇帝之奏，引哀帝建平二年改元易號之事，曰"案其本事，甘忠可、夏賀良讖書藏蘭臺"，其增益漏刻，亦與賀良等同，則其說實出忠可、賀良。哀帝號陳聖劉大平皇帝，陳田古同音通假，土田古同義通用，意若謂帝雖姓劉，所行實土德之政耳。莽與劉向父子，蓋同信忠可、賀良之說者也。此說蓋因赤帝子之說而附會，而赤帝子之說，則又因高祖爲沛公旗幟皆赤而附會，未必與行序有關。《史記·本紀》言旗幟皆赤，由所殺蛇白帝子，殺者赤帝子，疑出後人增竄，非談、遷元文也。自是之後，相生之說遂行。光武建武二年，始正火德，色

---

①　宗教：王莽與劉向父子同信甘忠可、夏賀良之說。自此主相勝者少（第五七六頁）。鄒子之說（第五七六頁）。

尚赤。《後書·本紀》。公孫述引《援神契》曰"西大守,乙卯金",謂五德之運,黃承赤而白繼黃,金據西方爲白德,而代王氏,得其正序。耿包密白袁紹曰:"赤德衰盡,袁爲黃胤,宜順天意。"袁術以袁氏出陳爲舜後,以黃代赤,德運之次,遂有僭逆之謀。李休謂赤氣久衰,黃家當興,欲使張魯舉號。《三國·魏志·曹爽傳注》引《魏略》。魏之興也,以黃龍見譙爲瑞。見《後漢書·方術傳》及《三國·魏志·文帝紀》。《武帝紀》建安二十四年《注》引《魏略》,言孫權上書稱臣,陳羣、桓階等奏,亦云桓、靈之間,諸明圖緯者,皆言漢行氣盡,黃家當興。羣臣勸蜀先主稱尊號,亦曰黃龍見武陽。桓帝建和二年,長平陳景自號黃帝子。此從監本。宋本黃作皇。案皇黃古通。張角自稱黃天,其部師三十六萬皆著黃巾。《後漢書·靈帝紀》。《續漢書·五行志注》引《物理論》云:黃巾被服純黃,不將尺兵,肩長衣,翔行舒步,所至郡縣無不從。《後書·皇甫嵩傳》云:角譎言蒼天已死,黃天當立。黃不代蒼,疑本云赤天已死,當時奏報者諱之,改赤爲黃也。皆相生之說。其主相勝之說者:學人惟一王充,見《論衡·驗符篇》。草澤之夫,惟沖帝永嘉元年,歷陽賊華孟自稱黑帝耳。見《本紀》。又見《滕撫傳》。蓋行序之說,至此已無理可言,故資以惑衆者,亦惟取其爲衆所習知耳。

鄒子之說,本主政教更易,受命者之爲誰,非其所計。新室以後,徒借此說以陳受命之符,而感生之說興焉矣。《史記·高祖本紀》言:劉媼嘗息大澤之陂,夢與神遇,是時雷電晦冥,大公往視,則見交龍於其上,但云交龍而已,不言龍爲何色也。及夏賀良,始作赤精子之讖。應劭曰"高祖感赤精而生,自謂赤帝之精,良等因作此讖文",其說蓋是。見《漢書·哀帝紀》。《漢書·高帝紀贊》曰:"劉向云:戰國時,劉氏自秦獲於魏。秦滅魏,遷大梁,都於豐。故周市說雍齒曰:豐故梁徙也。是以頌高祖云:漢帝本系,出自唐帝。降及於周,在秦作劉。涉魏而東,遂爲豐公。"可見漢帝本系,乃後來所附會。《左氏》文公十三年"其處者爲劉氏"一節,即疏家亦不得不切爲僞竄,而他可知矣。自是之後,自託古帝王之胄裔,①復成積習。王莽自本爲虞舜後,見《漢書·元后傳》。即漢人自謂堯後之故智也。後漢光武建武七年,詔三公曰:"漢當郊堯,其與卿士大夫博議。"侍御史杜林上疏,以爲"漢基業特起,不因緣堯。堯遠於漢,民不曉信。言提其耳,終不說諭。后稷近於周,民戶知之。世據以興,基由其祚,本與漢異"。《續漢書·祭祀志》及《注》引《東觀書》。亦可見作僞者之心勞日拙矣。

鄒子之書,今已不傳。《文選》沈休文《齊故安陸昭王碑》李善《注》引《鄒子》曰:"五德從所不勝,虞土,夏木,殷金,周火。"左思《魏都賦注》引《七略》亦

---

① 宗教:五德終始,後自託古帝王之胄成習。

曰："鄒子終始五德，從所不勝。土德爲始，木德次之，金德次之，火德次之，水德次之。"《呂覽·應同》以黃帝爲土德，禹爲木德，湯爲金德，文王爲火德；《淮南·齊俗》言有虞氏祀中霤，服尚黃，夏后氏祀户，服尚青，殷人祀門，服尚白，周人祀竈，服尚赤，與秦始皇所采之説同，皆鄒子之説也。據此推之，則顓頊木，帝嚳金，堯火，而舜爲土德，中闕水德一代。或謂鄒子之説，實五帝同德。或謂《管子·揆度》，稱共工之王，則共工當王堯、舜間。《漢書·律曆志》曰：共工氏霸九域，言雖有水德，在火土之間，非其序也，任刑知以彊，故伯而不王，意在挑秦而以漢承周耳。説亦可通。自劉歆之後，遂又有所謂正閏之説矣。

第四節　圖　讖

讖之由來甚遠。《説文》言部"讖，驗也，有徵驗之書"，此即今人所謂豫言。《淮南子·説山》曰："六畜生多耳目者不祥，讖書著之。"《史記·屈原賈生列傳》：賈生賦服鳥曰："發書占之兮，策言其度。"策，《漢書》作讖，蓋是。足見讖爲民生日用所資。王公大人，自亦不能獨異。《史記·趙世家》記秦繆公夢之帝所事，曰："秦讖於是出矣。"《扁鵲列傳》亦記之，讖作策。此夢前知晉獻公之亂，文公之霸，襄公敗秦師於殽而歸縱淫，正所謂豫言也。《後漢書·張衡傳》：衡上疏論圖緯之虛妄曰："臣聞聖人，明審律曆，以定吉凶，重之以卜筮，雜之以九宮，經天驗道，本盡於此。或觀星辰逆順，寒燠所由，或察龜策之占，巫覡之言，其所因者非一術也。立言於前，有徵於後，故智者貴焉，謂之讖書。"則讖之所資甚廣。《禮記·中庸》曰："至誠之道，可以前知。國家將興，必有禎祥；國家將亡，必有妖孽。"此爲古人信讖之原。蓋未審人事因果之理，以爲凡事皆由前定也。秦、漢之世，流行不絶。秦始皇時有亡秦者胡之文。《漢志·數術略》：天文家有《圖書祕記》十七卷，蓋即其術。然其時言政事者尚不甚援讖。故張衡又謂"自漢取秦，用兵力戰，功成業遂，可謂大事，當此之時，莫或稱讖"也。至西京之末而其説驟盛。故衡又言"夏侯勝、眭孟之徒，以道術立名，其所述著，無讖一言；劉向父子，領校祕書，閲定九流，亦無讖録；成、哀以後，乃始聞之"也。

或謂七略之中，既明有《圖書祕記》，安得云向、歆閲定無之？而不知成、哀以後之所謂讖者，與前此之讖不同也。[1] 前此之讖，民間所行者無論矣，即

---

① 宗教：漢末之讖與古不同。

如秦人所傳者,亦僅言一姓之事,此則總記歷代興亡。《論語·子罕篇·鳳鳥章》邢《疏》云:"鄭玄以爲河圖、洛書,龜龍銜負而出,其《中候》所說:龍馬銜甲,赤文綠色,甲似龜背,袤廣九尺,上有列宿斗正之度,帝王錄紀興亡之數"是也。又前此單行,而此時則與緯相雜。緯多稱說經義,謂孔子不敢顯然改先王之法,陰書於緯,以傳後王,《禮記·王制正義》引鄭玄説。此仍襲口説流行之故智,以己之所欲言者,託之於孔子耳。《論衡·實知篇》曰:"儒者論聖人,以爲前知千載,後知萬世,有獨見之明,獨聽之聰,事來則明,不問自曉,故稱聖則神矣。"其説具見《知實篇》。蓋時人之視聖人,皆以爲神而非人,故可以讖託之也。是時所謂讖者,大抵皮傅字形,曲解文義,非復如前此之讖,有數術以爲之本,故張衡譏其爲"不占之書"。衡又譏其"一卷之書,互異數事。徒采前世成事,至於永建復統,則不能知。又言別有益州,益州之置,在於漢世"。其爲僞作,本顯而易見。然迷信者流,本無理可喻,故以是誑之而已足矣。

　　世皆以造讖爲王莽罪,其實不然,後漢初之君臣,其造讖,恐更甚於莽也。[1] 光武之起兵,由李通等劉氏復起,李氏爲輔之説。其即位,則以彊華奉赤伏之符。皆見《紀》。祭告天地,皆援讖爲言。見《續漢書·祭祀志》。用孫咸爲大司馬,王梁爲大司空,亦以讖文。見《後漢書·景丹王梁傳》。又謂元功二十八將,上應列宿。安帝永初六年詔謂"建武元功二十八將,讖記有徵",見《後漢書·馮異傳》。又《朱祐等傳贊》曰:"中興二十八將,前世以爲上應二十八宿。"蓋自光武以來有此説。建武三十年,羣臣請封禪,不許,三十二年,夜讀《河圖會昌符》,感其赤劉之九,會命岱宗之語,卒行之。見《續書·祭祀志》。桓譚上疏諫帝聽納讖記,帝不説。其後有詔會議靈臺所處。帝謂譚曰:"吾欲讖決之,何如?"譚默然良久,曰:"臣不讀讖。"帝問其故。譚復極言讖之非經。帝大怒,曰:"桓譚非聖無法,將下斬之。"譚叩頭流血,良久乃得解。又問鄭興郊祀事,曰:"吾欲以讖決之,何如?"興對曰:"臣不爲讖。"帝怒曰:"卿之不爲讖,非之邪?"興皇恐,曰:"臣於書,有所未學而無所非也。"帝意乃解。其崇信之如此。讖文妖妄,豈有以中興之主而真信之之理?《儒林傳》:帝令尹敏校圖讖,又薛漢,建武初爲博士,亦受詔校定圖讖。使蠲去崔發所爲王莽著錄次比。敏對曰:讖書非聖人所作,其中多近鄙別字,有類世俗之辭,恐疑誤後生。帝不納。敏因其闕文增之曰:"君無口,爲漢輔。"帝見而怪之,召敏問其故。敏對曰:"臣見前人增損圖書,敢不自量,竊幸萬一。"帝深非之。雖竟不罪,而亦以此沈滯。此事之處置,較之於桓譚,寬嚴則大異矣。然

---

[1]　宗教:後漢君臣造讖更甚於莽。莽乃有緯,光武爲之將上有讖(第五八○頁)。

則譚之幾嬰不測，亦帝以他事不快於譚，乃借此以挫折之耳。《竇融傳》：隗囂使辨士張玄遊説河西。融等召豪桀及諸大守計議。其中智者皆曰："漢承堯運，曆數延長。今皇帝姓號，見於圖書。自前此博物道術之士谷子雲、夏賀良等建明漢有再受命之符，言之久矣。故劉子駿改易名字，冀應其占。及莽末，道士西門君惠言劉秀當爲天子，遂謀立子駿。事覺，被殺。出，謂百姓觀者曰：劉秀真汝主也。"案《鄧晨傳》：王莽末，光武與兄伯升及晨俱之宛，與穰人蔡少公等燕語。少公頗學圖讖，言劉秀當爲天子。或曰："是國師公劉秀乎？"光武戲曰："何用知非僕邪？"而彊華所奉赤伏符亦曰："劉秀發兵捕不道，四夷雲集龍鬥野，四七之際火爲主。"則劉秀當爲天子之言，乃光武輩所造，而傅之子駿者。《公孫述傳》：述夢有人語之曰："八厶子系，十二爲期。"既覺，謂其妻曰："雖貴而祚短，若何？"夫使述自造作，豈有以十二爲期者？此言蓋亦漢人所傅會。然則《述傳》謂述妄引讖記，其言又不讎矣。此皆後漢君臣，造作讖記，更甚於莽之徵也。而世皆以造讖爲莽罪，侯之門，仁義存，豈不信哉！

　　《吕覽·觀表》曰："聖人上知千歲，下知千歲，非意之也，蓋自有云也。緑圖幡簿，從此生矣。"《淮南·俶真》曰："洛出丹書，河出緑圖。"而《人間》曰："秦王挾録圖，見其傳曰：亡秦者胡也。"則以讖文附會圖書，亦由來已舊。然以河圖洛書爲有篇卷，則亦出後漢人附會也。[1]《漢書·五行志》云："劉歆以爲虙羲氏繼天而王，受河圖，則而畫之，八卦是也。禹治洪水，賜雒書。法而陳之，《洪範》是也。"又以初一曰丑行六十五字爲雒書本文。足見劉歆所云河圖雒書，雖有文字，未成篇卷。乃鄭注《易大傳》引《春秋緯》曰："《河圖》有九篇，《洛書》有六篇。"見《疏》。《説文》云："河、雒所出書曰讖。"光武封禪刻石文曰："皇帝惟慎《河圖》、《雒書》正文。秦相李斯燔詩書，樂崩禮壞。建武元年以前，文書散亡，舊典不具，不能明經文，以章句細微相況，八十一篇明者爲驗。又其十卷，皆不昭晳。"則八十一篇，實後漢初年所爲，又其十卷，則其所欲去者也。張衡非讖最甚，而云"河、洛六藝，篇籍已定，後人皮傅，無所容篡。"王充豈信讖者？乃曰："神怪之言，皆在讖記，所表皆效。孔子條暢增益，以表神怪。或後人詐記，以明效驗。"《論衡·實知》。於八十一篇，皆不敢訟言其爲僞，則以其由官定故也。《隋書·經籍志》曰："《河圖》九篇，《洛書》六篇，云自黄帝至周文王所受本文。又别有三十篇，云自初起至於孔子九聖之所增

---

[1]　宗教：以《河圖》、《洛書》有篇卷，出漢人附會。官定八十一篇（第五八一頁）。

演,以廣其意。又有《七經緯》三十六篇,並云孔子所作。並前合爲八十一篇。"此説蓋即後漢初所造作也。《三國·蜀志·先主傳》:羣臣勸進表曰:"《河圖》、《雒書》,《五經》讖緯,孔子所甄,應驗自遠。"東京各事,殆無不以讖決之者。南單于、烏桓降,張純案七經讖請立辟雍。《後漢書》本傳。至封禪之後,遂立明堂、靈臺、辟雍,宣佈圖讖於天下。見《紀》。曹充説顯宗制禮,引讖爲言。帝以其言改大樂官爲大予樂。事在永平二年。充子褒,章帝世正叔孫通漢儀,雜以《五經》讖記。定漢禮百五十篇。其後大尉翟酺、尚書尹敏奏其破壞聖術,宜加刑誅。和帝雖寢其奏,而漢禮遂不行,蓋亦知其矯誣矣。然樊儵與公卿定郊祀禮儀,以讖記正《五經》異説;章帝行四分曆詔,亦引讖文;見《續書·律曆志》。其上明帝廟號曰"聰明淵塞,著在圖讖";其重之也如此,皆光武輩之始作俑也。《隋志》云:"漢時詔東平王蒼正《五經》章句,皆命從讖。俗儒趨時,益爲其學。篇卷第目,轉加增廣。言《五經》者,皆馮讖爲説。惟孔安國、毛公、王璜、賈逵之徒獨非之,相承以爲妖妄,亂中庸之典,故因漢魯恭王、河閒獻王所得古文,參而考之,以成其義,謂之古學。① 當世之儒,又非毁之,竟不得行。"此説亦誤。所謂孔安國者,即《尚書》之《僞孔傳》,不足論。《毛詩》徒傳訓詁,不及義理,故不引讖。若賈逵,固明援讖文,以爭立《左氏》矣。世每以緯説多同今文,而爲古文家開脱,其實此乃由造作之初,古文説尚未出耳。援讖文以媚世諧俗,兩家經師,固無二致矣。敢行矯誣,遂致誣及學術,亦可羞矣。世或以漢時之言陰陽災異者,與讖緯併爲一談,其説亦非。② 觀張衡言夏侯勝、眭孟之徒,述著無讖一言;劉向父子,閒定九流,亦無讖録;已可明之矣,此皆言陰陽災異者之大宗也。《李尋傳》:尋説王根曰:"《五經》六緯,尊顯術士。"孟康以《五經》緯與《樂》緯,張晏以《五經》緯與《孝經》緯釋之,殊誤。上下皆言天文,此語不得忽及經籍也。緯雖與讖相雜,然既援引經説,自仍足爲考證之資。隋世一舉燔之,實可惜也。荀悦《申鑒·俗嫌篇》論緯曰:"以己雜仲尼乎?以仲尼雜己乎?若彼者,以仲尼雜己而已,或曰:燔諸?曰:仲尼之作則否,有取焉,曷其燔?"讖緯之爲物,與其當分別去取,漢人早知之矣。夫以讖雜緯,固爲亂經,然亦由新莽之造作,意欲以爲革政之資,故必有取於緯。若使光武輩爲之,則將有讖而無緯矣。後世讖文日出,更不聞復有所謂緯者,其驗也。

第五節　神　仙　家

秦、漢閒之方士,世率目爲神仙家,其實非也。方士之流甚雜,神仙家特

---

① 經學宗教:以古學不言讖非。

② 宗教:以言陰陽、災異與讖爲一談非。

神仙家 { 1. 疏食之羣多壽——服食——金丹(第五八一頁)　2. 導引(八段錦)(第五八一頁)　3. 房中(第五八二頁)

其一耳。

　　神仙之説，蓋覩燕、齊海上蜃氣，以爲人可不死，其所信之理雖僞，其所覩之象則真，已見《先秦史》第十五章第三節。其初意本欲自求不死，非欲以誑惑人，故其求不死之方，亦非盡虛幻，而與醫學關係極密。《漢書‧藝文志》，神仙與醫經、經方、房中並列，職是故也。案人當疏食之世，所食之物極多，其養人儘有勝於穀類者。安於疏食之民，其進化必遲，其與外閒之往來必少。與外閒往來少，則少傳染病；進化遲則其社會之組織安和，其人俯仰寬閒，優遊自得，且無淫樂之事以戕其生；自易至於老壽。文明之人，遂有從而慕效之者。留侯學道引不食穀，魏武帝習啖野葛，《三國志‧本紀注》引《博物志》。甘始能餌茯苓，《三國志‧華佗傳注》引《典略》。是其事。《三國‧魏志‧華佗傳》：樊阿從佗求可服食益於人者，佗授以漆葉青黏散。漆葉屑一升，青黏屑十四兩，以是爲率。言久服去三蟲，利五藏，輕體，使人頭不白。阿從其言，壽百餘歲。《注》引《佗別傳》曰：“青黏者，一名地節，一名黃芝，主理五藏，益精氣。本出於迷入山者見仙人服之以告佗。”所謂仙人，蓋山居之民，此服餌之法得之疏食之民之明證也。又古人不明物理，以爲人食某物，則其體寖與某物同。《抱朴子‧對俗篇》云：“金玉在於九竅，則死人爲之不朽；鹽鹵沾於肌髓，則脯臘爲之不爛；況以宜身益氣之物，納之於己乎？”是其説也。於是服餌之外，更信金丹矣。《封禪書》言漢武帝信李少君説，事化丹砂諸藥劑爲黃金；桓譚言光武窮折方士黃白之術；衛覬言漢武欲得雲表之露以餐玉屑，故立仙掌以承高露；《鹽鐵論‧散不足篇》述方士之説，謂仙人食金、飲珠，然後壽與天地長久是其事。其反而求之於身者，則爲導引之術。《華佗傳》載佗語吳普以五禽之戲。《後漢書‧方術傳》言王真能爲胎食、胎息是也。案莊子已有熊經、鳥申之言。《典論》言甘始來，衆人無不鷗視狼顧。《後漢書‧方術傳注》曰：熊經，若熊之攀枝自縣也，此即今《八段錦》中之兩手托天理三焦也。又曰：鷗顧，身不動而回顧也，此即其五勞七傷望後瞧也。《注》又引《佗別傳》，言魏明帝呼吳普使爲禽戲，普以年老，手足不能相及，則即其兩手攀足固腎要也。又引《漢武內傳》曰：王真習閉氣而吞之，名曰胎息，習漱舌下泉而咽之，名曰胎食，則即今所謂吞津及河車般運之術耳。故知導引之法，初無甚怪誕也。講導引之術者，必求清心寡欲。故王吉諫昌邑王遊獵曰：“俯仰屈伸以利形，進退步虛以實下，吸新吐故以練臟，專意積精以通神。”仲長統《卜居論》亦曰：“安神閨房，思老氏之玄虛，呼吸精和，求至人之仿佛”也。又古人以爲生人之質，於人身必有神益，欲攝取之以自補，其術乃流爲房中。《史記‧張丞相列傳》言其妻妾以百數，嘗孕者不復幸。《漢書‧王莽傳》言莽日與方士涿郡昭君等於後宮考驗方術，縱淫樂是其事。其後左慈、冷壽光、甘始、東郭延年，並通房中之術，見《後漢書·方術傳》及《三國志·華佗傳注》引《典論》。綜是觀之，神仙家之所求，雖云虛誕，而其所以求之者，則仍各有其理，不能謂其意存誑惑也。所以寖至於誑惑人者，則緣其與巫術相雜。① 其由來亦甚早。《封禪書》言宋毋忌、正伯僑、充尚、羨門子高、最後皆燕人，爲方仙道，形解銷化，依於鬼神之事。形解銷化即尸解。②《集解》引服虔。李少君病死，天子以爲化去不死，似其徒以此自解。然《三國·魏志·華佗傳注》引《典論》，言北海王和平好道術，自以當仙。濟南孫邕少事之。從至京師。會和平病死。邕因葬之東陶。有書百餘卷，藥數囊，悉以送之。後弟子夏榮言其尸解。邕至今恨不取其寶書、仙藥。則世固有深信是説者。案公孫卿言黃帝鑄鼎成，有龍垂胡髯下迎，黃帝上騎，羣臣後宮從上者七十餘人，則其始本謂肉身可以飛昇。其後知其終不可致，而於理亦不可通，而又不勝其不死之欲，遂折而爲是説耳，其意亦非必以是誑惑人也。然既云形解銷化，即已近於鬼神，於是祠祭之事繁興，與巫術互相結合，而其事遂不可究詰矣。《封禪書》言少翁以鬼神方見上。③ 漢武。上有所幸王夫人，夫人卒，少翁以方，蓋夜致王夫人及竈鬼之貌云。李少君以祠竈方見上，蓋亦其倫。若亳人繆忌，越人勇之，及神君、上郡巫等，則純乎其爲巫術矣。神仙家雖誕妄，然亦時有小術，如漢武使樂大驗小方，鬥棊，棊自相觸擊是。《索隱》引顧氏：案《淮南·萬畢術》云：取雞血磨針鐵擣和慈石棋頭置局上，自相抵擊也。盧生言秦法不得兼方，不驗輒死；陳思王《辨道論》言魏武遇甘始等，奉不過於員吏，賞不加於無功，始等亦不敢爲虛誕之言；《三國志·華佗傳注》引。則知能善御之，亦無大害，特漢武昏惑，故李少君、樂大之徒得以乘之耳。然即非淫侈之主，亦有信之者。元帝恭儉之主也，而谷永言初元中有天淵、玉女、鉅鹿神人、轑陽侯師張宗之姦。見《漢書·郊祀志》。《注》：轑陽侯，江仁也。元帝時坐使家丞上印綬隨宗學仙免官。案事見《景武昭宣元功臣表》永光四年，云還印符隨方士。新莽，有爲之君也，而《漢書·郊祀志》言其篡位二年，興神仙事。以方士蘇樂言，起八風臺於宮中，臺成萬金。作樂其上。順風作液湯。又種五粱禾於殿中，各順色置其方面，先煑鶴髓、毒冒、犀、玉二十餘物漬種，計粟斛成一金，言此黃帝穀仙之術也。以樂爲黃門郎令主之。莽遂崇鬼神淫祀。至其末年，自天、地、六宗以下至諸小鬼神凡千七百所，用三牲、鳥、獸三千餘種，後不能備，乃以雞當鶩雁，犬當麋鹿。

---

① 宗教：雜巫乃惑人。
② 宗教：初謂肉身，後進而云尸解（第五八四—五八五頁）。
③ 宗教：方士之方。

數下詔自以爲當仙云。亦且不必人主。劉向大儒也，而獻淮南枕中鴻寶苑祕之方，令尚方鑄作不驗坐論。亦見《郊祀志》。張楷隱者也，乃自謂能作五里霧，至與裴優牽涉繫獄。《後漢書·張霸傳》。求如虞翻等之卓然不惑者蓋寡，則以其時其説方盛，衆人之心，有以互相熏染，而其術亦時有小驗耳。

第六節　道教之原

神仙家之所求爲不死，非淫侈者無是欲，其所以致之之術，亦非優閒有財力者不能爲，故神仙家之説，流傳並不甚盛，而巫術則大行。此本無足爲怪。然巫術亦頗與神仙家相雜，而牽引遂及於老子，此則輵輵紛紜，有不得不加以辨正者矣。

漢世所謂黃、老者，黃指黃帝，老指老子，事本明白無疑。乃《後漢書·陳愍王寵傳》言寵與國相魏愔共祭黃老君求長生福，則所謂黃、老者，非復學術之名，而爲淫祀之一矣。[①] 黃老君似非黃、老，然《楚王英傳》言英晚節更喜黃、老學，爲浮屠齋戒祭祀。《桓帝本紀》：延熹八年正月，遣中常侍左悺之苦縣祠老子。十一月，使中常侍管霸之苦縣祠老子。九年七月，祠黃帝於濯龍宫。《論》言前史稱桓帝飾芳林而考濯龍之宫，設華蓋以祠浮屠、老子。注：前史，《東觀記》也。《襄楷傳》：楷上疏言：聞宫中立黃、老、浮屠之祠，則所謂黃老君者，亦必因黃、老之學之黃、老而附會者也。《逸民傳》言矯慎少學黃、老，隱遁山谷，仰慕松、喬導引之術。汝南吳蒼遺書曰："蓋聞黃、老之言，乘虛入冥，藏身遠遁。亦有理國養人，施於爲政。至如登仙絶迹，神不著其證，人不覩其驗。吾欲先生，從其可者，於意何如？"《三國·吴志·孫登傳》：臨終上疏曰："願陛下割下流之恩；修黃、老之術。"合上節所引仲長統《卜居論》之辭觀之，並可見黃、老之學，與神仙家言稍相殽雜。《後漢書·皇甫嵩傳》言張角奉黃、老道。《襄楷傳》：楷自家詣闕上疏云："臣前上琅邪宫崇受于吉神書，不合明聽。"十餘日，復上書曰："前者宫崇所獻神書，專以奉天地、順五行爲本，亦有興國、廣嗣之術。其文易曉，參同經典，而順帝不行，故國胤不興。孝沖、孝質，頻世短祚。"《傳》云："初順帝時，琅邪宫崇詣闕上其師于吉於曲陽泉上所得神書百七十卷。皆縹素朱介，青首朱目，號《大平青領書》。"[②] 其言以陰陽、五行爲宗，而

---

① 宗教：黃老與神仙家稍淆。
② 宗教：《大平青領書》之僞。

多巫覡雜語。有司奏崇所上妖妄不經,乃收藏之。後張角頗有其書焉。"而《三國志·張魯傳注》引《典論》,言張脩使人爲姦令祭酒,祭酒主以《老子》五千文使都習。則老子與張角、于吉、張脩等誣罔之徒,皆有關係矣。是何哉?案《史記·儒林傳》言:竇大后召轅固生問老子書。固曰:"此是家人言耳。"果爲今老子書,轅固生即不信其術,豈得謂爲家人言?蓋其所謂老子書,實非今之五千言,巫術之附會老子舊矣。① 所以然者,神仙家及巫術,皆依託黄帝,而黄、老同爲道家,故因黄帝而貤及老子。其使人都習五千言,則彼固不求其義之可解,抑或别有其附會之說也。襄楷前疏言《神書》其所自上,後疏又云宫崇獻,其語顯相矛盾。楷正士,安得獻此妖妄之書?古縑帛甚貴,其書安得有百七十卷?《三國·吴志·孫策傳注》引《志林》云百餘卷,亦大多。《注》謂《神書》即今道家《大平經》,蓋即造《大平經》者所僞託耳。神仙家與巫術,並依託老氏,遂開後世所謂道教者之原矣。

當時巫鬼之流,分爲兩派:一與士大夫交結,②如于吉是。一則熒惑細民,如張角、張脩是。于吉事見《三國·吴志·孫策傳注》引《江表傳》云:時有道士琅邪于吉。先寓居東方,往來吴會,立精舍,燒香讀道書,制作符水以治病,吴會人多事之。策嘗於郡城門樓上集會諸將賓客。吉乃盛服,杖小函,漆畫之,名爲仙人鏵,趨度門下。諸將賓客,三分之二,下樓迎拜。掌賓者禁呵不能止。策即令收之。諸事之者悉使婦女入見策母,請救之。母謂策曰:"于先生亦助軍作福,醫護將士,不可殺之。"策曰:"此子妖妄,能幻惑衆心,遠使諸將不復相顧君臣之禮,盡委策下樓拜之,不可不除也。"諸將復連名通白事陳乞之。策曰:"昔南陽張津,爲交州刺史,捨前聖典訓,廢漢家法律,嘗著絳帕頭,鼓琴,燒香,讀邪俗道書,云以助化,卒爲南夷所殺。此甚無益,諸君但未悟耳。今此子已在鬼籙,勿復費紙筆也。"即催斬之。縣首於市。諸事之者尚不謂其死,而云尸解焉,復祭祀求福。又引《搜神記》云:策欲渡江襲許,與吉俱行。時大旱,所在燋屬。策催諸將士,使速引船。或身自早出督切。見將吏多在吉許。策因此激怒,言"我爲不如于吉邪?而先趨務之"。便使收吉。至,呵問之曰:"天旱不雨,道途艱澀,不時得過,故自早出,而卿不同憂戚,安坐船中,作鬼物態,敗吾部伍。今當相除。"令人縛置地上暴之,使請雨。若能感天,日中雨者,當原赦,不爾行誅。俄而雲氣上

---

① 宗教:老子書不必今老子。
② 宗教:分交結士大夫,誑惑小民兩派。

蒸，膚寸而合。比至日中，大雨總至，溪澗盈溢。將士喜悦，以爲吉必見原，並往慶慰。策遂殺之。將士哀惜，共藏其尸。天夜忽更興雲覆之。明旦往視，不知所在。二説乖異殊甚。《注》又引大康八年廣州大中正王範上《交廣二州春秋》，知建安六年張津猶爲交州牧，則《江表傳》已不足信，《搜神記》更無論矣。然言辭不審，古人所恒有，不得以此謂其所言者悉爲子虚。于吉以符水治病，與張角同，尸解之説，同於李少君，而張津舍前聖典訓，[①]廢漢家法律，而欲以道書助化，蓋亦正如張脩、張魯之所爲也。可見其道之雜而多端矣。

張角之事，已見第十一章第七節。張魯：《三國志》本傳云：祖父陵，客蜀，學道鵠鳴山中，造作道書，以惑百姓。從受道者出五斗米，故世號米賊。陵死，子衡行其道。衡死，魯復行之。然《注》引《典略》云：熹平中，妖賊大起。三輔有駱曜。光和中，東方有張角，漢中有張脩。駱曜教民緬匿法，張角爲大平道。脩爲五斗米道。[②]《後漢書·靈帝紀》：中平元年，秋七月，巴郡妖巫張脩反，寇郡縣。《注》引劉艾紀曰：時巴郡巫人張脩療病，愈者雇以五斗米，號爲五斗米師。則爲五斗米道者，乃張脩而非張魯。《三國·蜀志·二牧傳》、《後漢書·劉焉傳》皆云：魯母挾鬼道，出入焉家。果使父祖均爲大師，則必已能致人崇奉如于吉，劉焉未必能致其母也。疑魯之法皆襲諸脩，特因身襲殺脩，不欲云沿襲其道，乃詭託諸其父祖耳。後漢自有一張陵，爲霸孫，楷子。霸蜀郡成都人。永元中爲會稽大守。卒，勑諸子：蜀道阻遠，不宜歸塋。諸子承命，葬於河南梁縣，因家焉。楷性好道術，能作五里霧，時關西人裴優亦能爲三里霧，自以不如楷，從學之。楷避不肯見。桓帝即位，優遂行霧作賊。事覺，被考，引楷，言從學術。楷坐繫廷尉詔獄，積二年。後以事無驗，見原還家。豈陵亦襲父術，而魯從而附會之歟？然《陵傳》絶不見其迹。且陵亦士大夫之流，非可妄託，疑張魯父、祖之事，實偽造不可究詰也。《典略》云：大平道者，師持九節杖爲符祝，教病人叩頭思過，因以符水飲之。得病或日淺而愈者，則云此人信道。其或不愈，則爲不信道。脩法略與角同，而加施靜室，使病者處其中思過。又使人爲姦令祭酒。祭酒主以《老子》五千文使都習。[③]號爲姦令。爲鬼吏。主爲病者請禱。請禱之法，書病人姓名，説服罪之意，作三通：其一上之天，著山上，其一埋之地，其一沈之水，謂之三官手書。使病者家出米五斗以爲常，故號曰五斗米師。實無益於治病，但爲淫妄，然小人昏愚，競共事之。後角被誅，脩亦亡。及魯在

① 宗教：張津者張角、張魯之類。
② 宗教：五斗米道出張脩。
③ 都習之都，蓋如都試之都，詔會衆而習。

漢中，因其民信行修業，遂增飾之。教使作義舍，以米肉置其中，以止行人。又教使自隱，有小過者，當治道百步則罪除。又依月令，春夏禁殺，又禁酒。流移在其地者，不敢不奉。《三國志·張魯傳注》引。《志》云：以鬼道教民。自號師君。其來學道者，初皆名鬼卒。受本道已信，號祭酒。各領部衆。多者爲治頭大祭酒。皆教以誠信，不欺詐。有病自首其過。大都與黃巾相似。諸祭酒皆作義舍，如今之亭傳。又置義米、肉，縣於義舍。行路者量腹取足。若過多，鬼道輒病之。犯法者三原，然後乃行刑。不置長吏，皆以祭酒爲治。民夷便樂之。雄據巴、漢，垂三十年。案張角之起也，殺人以祠天，見《後漢書·皇甫嵩傳》。此爲東夷之俗。修法略與角同，其原當亦出於東方。然《抱朴子·道意篇》極言信巫耗財之弊。又言張角、柳根、王歆、李申之徒，錢帛山積，富踰王公。[1] 縱肆奢淫，侈服玉食。伎妾盈室，管絃成列。刺客死士，爲其致用。威傾邦君，勢陵有司。亡命逋逃，因爲窟藪。而張魯、張津，頗得先富後教之意，則其宗旨又有不同。彌見其道之雜而多端也。

當時爲黃、老道者，似頗排擯異教。《後漢書·循吏傳》云：延熹中，桓帝事黃、老，悉毀諸房祀，[2]惟特詔密縣存故大傅卓茂廟，洛陽留王渙祠。《欒巴傳》云：遷豫章大守。郡土多山川鬼怪，小人常破資産以祈禱。巴素好道術，能役鬼神，乃悉毀壞房祀，翦理姦誣。於是妖異自消。百姓始頗爲懼，後皆安之。欒巴所好之道，疑即桓帝所奉，故其毀房祀同也。《三國·魏志·武帝紀注》引《魏書》，言大祖擊黃巾，時黃巾移之書曰："昔在濟南，毀壞神壇，其道乃與中黃大乙同，似若知道。今更迷惑。"中黃大乙，蓋即張角之所謂黃、老道者，與桓帝所奉，亦非二也。

《華陽國志·大同志》云：王濬爲益州刺史，咸寧三年，誅犍爲民陳瑞。瑞初以鬼道惑民。入道用酒一斗，魚一頭。不奉他神。貴鮮潔。其死喪、産乳者，不百日不得至道治。其爲師者曰祭酒。父母妻子之喪，不得撫殯；入弔，及問乳病者。轉奢靡。作朱衣、素帶、朱幘、進賢冠。瑞自稱天師。徒衆以千數百。濬聞，以爲不孝。誅瑞及祭酒袁旌等。焚其傳舍。益州民有奉瑞道者，見官二千石長吏巴郡大守犍爲唐定等皆免官除名。瑞之奢靡與張魯不同，然以祭酒治其下同，傳舍亦似即義舍，而其不奉他神，似亦與桓帝、欒巴及所謂中黃大乙者無異也。知當時此等邪教，流衍頗廣矣。

---

① 宗教：張角之徒爲豪傑。
② 宗教：毀房祀。陳瑞。

第七節　佛教東來

　　言佛教入中國者，大抵據《魏書‧釋老志》。《志》云："漢武元狩中，遣霍去病討匈奴。至皋蘭，過居延，斬首大獲。昆邪王殺休屠王，將其眾五萬來降。獲其金人。帝以爲大神，列於甘泉宮。金人率長丈餘。不祭祀，但燒香禮拜而已。此則佛道流通之漸也。及開西域，遣張騫使大夏。還，傳其旁有身毒國，一名天竺。始聞有浮屠之教。哀帝元壽元年，博士弟子秦景憲受大月氏王使伊存口授浮屠經。中土聞之，未之信了也。後孝明帝夜夢金人，頂有白光，飛行殿庭。乃訪羣臣。傅毅始以佛對。《後漢書‧楚王英傳注》引袁宏《漢紀》：佛長丈六尺，黃金色，頂中佩日月光。變化無方，無所不入，而大濟羣生。初，明帝夢見金人，長大，頂有日月光。以問羣臣。或曰：西方有神，其名曰佛，陛下所夢，得毋是乎？於是遣使天竺，問其道術，而圖其形象焉。帝遣郎中蔡愔，博士弟子秦景等使於天竺，寫浮屠遺範。愔仍與沙門攝摩騰、竺法蘭東還洛陽。中國有沙門及跪拜之法，自此始也。愔又得佛經四十二章，及釋迦立象。明帝令畫工圖佛象，置清涼臺及顯節陵上。經緘於蘭臺石室。愔之還也，以白馬負經而至，漢因立白馬寺於洛城雍門西。摩騰、法蘭，咸卒於此寺。"案《漢書‧霍去病傳》：元狩三年春，爲票騎將軍，將萬騎出隴西。上稱其功曰："收休屠祭天金人。"《金日磾傳贊》曰："本以休屠作金人爲祭天主，故因賜金氏。"如淳注《霍去病傳》亦曰："祭天以金人爲主也。"則張晏謂"佛徒祠金人"，師古謂"今之佛像是也"，非也。《地理志》：左馮翊雲陽有休屠金人及徑路神祠三所，《郊祀志》：雲陽有徑路神祠，祭休屠王也。則金人入中國，亦自有祠。而《後漢書‧西域傳論》曰："佛道神化，興自身毒，而二漢方志，莫有稱焉。張騫但著地多暑溼，乘象而戰；班勇雖列其奉浮圖，不殺伐；而精文善法，道達之功，靡所傳述。"則以獲金人爲佛道流通之漸，謂張騫使大夏而聞浮屠之教者，其言悉不讎矣。《後漢書‧光武十三王傳》：楚王英，少時好遊俠，交通賓客。晚節更喜黃、老，學爲浮屠齋戒祭祀。永平八年，詔令天下死罪皆入縑贖。英遣郎中令奉黃縑、白紈三十匹詣國相。國相以聞。詔報曰：楚王誦黃、老之微言，尚浮屠之仁慈，潔齋三月，與神爲誓，何嫌何疑，當有悔吝？其還贖，以助伊蒲塞、桑門之盛饌。則當明帝之初，佛教流傳已盛矣。《三國‧魏志‧四裔傳注》引《魏略‧西戎傳》曰："臨兒國，浮屠經云：其國王生浮屠。浮屠，太子也。父曰屑頭邪，母云莫邪。昔漢哀帝元壽元年，博士弟子景憲受大月氏王使伊存口授浮屠經，曰復立者其人也。此文諸書所引不同。或作秦景，或作景憲，或作秦景憲，見馮承鈞譯沙畹《魏略·西戎傳箋注》，商務印書館本。浮屠所載，與中國老子經相出入。蓋以爲老子西出關，過西域，之天竺教胡。"《後漢書·襄楷傳》：楷上書曰："又聞宮中立黃、老、浮屠之祠。此道清虛，貴尚無爲，好生惡殺，省欲去奢。今陛下嗜欲不去，殺伐過理。既乖其道，豈獲其祚哉？或言老子入夷狄爲浮屠。浮屠不三宿桑下，不欲久生恩愛，精之至也。天神遺以好女，浮屠曰：此但革囊盛血，遂不盼之。其守一如此，乃能成道。今陛下淫女艷婦，極天下之麗；甘肥飲美，單天下之味；奈何欲如黃、老乎？"合此及《楚王英傳》觀之，並可見佛教流傳，依附黃、老之迹。《三國·吳志·劉繇傳》：繇爲孫策所破，奔丹徒。遂泝江南保豫章，駐彭澤。笮融先至，殺其大守朱晧，入居郡中。繇進討融，爲融所破。更復招合屬縣，攻破融。融敗，走入山，爲民所殺。笮融者，丹陽人。初聚衆數百，往依徐州牧陶謙。謙使督廣陵、彭城運漕。遂放縱擅殺，坐斷三郡委輸以自入。乃大起浮屠祠。以銅爲人，黃金塗身，衣以錦采。垂銅槃九重。下爲重樓閣道，可容三千餘人。悉課讀佛經。令界内及旁郡人有好佛者聽受道，復其他役以招致之。由此遠近前後至者五千餘人户。每浴佛，多設酒飯，佈席於路，徑四十里。民人來觀及就食且萬人，費以鉅億計。曹公攻陶謙，徐土騷動，融將男女萬口，馬三千匹走廣陵。廣陵大守趙昱待以賓禮。先是彭城相薛禮爲陶謙所逼，屯秣陵。融利廣陵之衆，因酒酣殺昱，放兵大略，因載而去，過殺禮，然後殺晧。《後書》融事見《陶謙傳》。當時之奉佛者如此，宜其與張角等之黃、老道可以合流也。梁啓超作《中國佛教之初輸入》，疑佛初來自南方。[1]　馮承鈞《中國南洋交通史》亦云然。第一章《漢代與南海之交通》。商務印書館本。雖乏誠證、然以理度之，説固可通。《三國·吳志·孫琳傳》言琳壞浮屠祠，斬道人，可見南方已有立祠及出家者矣。少帝養於史道人家。《後書·西域傳贊》言："漢自楚英始盛齋戒之祀，桓帝又修華蓋之飾，將微義未譯，而但神明之邪？詳其清心釋累之訓，空有兼遣之宗，道書之流也。"亦可見是時之所謂佛教者，教理初無足觀，其説亦頗依附黃、老矣。《魏書》稱其《四十二章經》，其義殊淺。

---

[1]　宗教：佛入。